GRUNDRISSE DES RECHTS

Winfried Brohm · Öffentliches Baurecht

D1923246

Öffentliches Baurecht

Bauplanungs-, Bauordnungs- und Raumordnungsrecht

von

Dr. Winfried Brohm

o. Professor an der Universität Konstanz
ehem. Richter im Nebenamt
am VGH Baden-Württemberg

3. Auflage

Verlag C. H. Beck München 2002

© 2002 Verlag C. H. Beck oHG
Wilhelmstraße 9, 80801 München

Satz und Druck: Druckerei C. H. Beck
(Adresse wie Verlag)

Gedruckt auf säurefreiem, alterungsbeständigem Papier
(hergestellt aus chlolrfrei gebleichtem Zellstoff)

Vorwort und Hinweise zur Benutzung

Die Neubearbeitung für die 3. Auflage berücksichtigt Gesetzgebung, Rechtsprechung und Literatur bis August 2001. Das am 17. Juli 2001 in Vollzug von EG-Richtlinien erlassene Artikelgesetz zur stärkeren, frühzeitigen Einbeziehung der Umweltverträglichkeitsprüfung in das Bauplanungsrecht konnte noch eingearbeitet werden. Die zunehmende Bedeutung der naturschutzrechtlichen Eingriffs- und Ausgleichsregelung sowie der städtebaulichen Verträge, zwang zu erweiterten Problemerörterungen. Weiter wurde den bislang wenig beachteten Auswirkungen der neuen Rechtsprechung zur Stellung privilegierter Vorhaben im Außenbereich nachgegangen. Die dadurch unvermeidliche Erweiterung des Stoffes konnte zum Teil mit Kürzungen bei bislang umstrittenen Fragen kompensiert werden; so hat sich die Kritik an den Ansätzen zu einer reduzierten Antragsbefugnis für Normenkontrollverfahren gegen Bebauungspläne mit der damit übereinstimmenden neueren Rechtsprechung erledigt und diejenige am „Optimierungsgebot" wurde gekürzt, nachdem die neue Gesetzeslage seine Qualifizierung als lediglich „generelles Berücksichtigungsgebot" bestätigt hat. Zahlreiche Aktualisierungen, etwa im Hinblick auf die europäische Raumordnung, die Anpassung der Landesplanungsgesetze an das neue ROG, die erfreulichen Anzeichen, daß das BVerfG an der verfassungsrechtlichen Gewährleistung eines Kernbestandes der Baufreiheit festzuhalten gedenkt, wie zahlreiche aktuell diskutierte Einzelfragen, etwa zu den Factory-Outlet-Centers, den Windenergieanlagen etc., konnten in die bereits erörterten Problemzusammenhänge in der gebotenen Kürze eingefügt werden.

Angesichts der dennoch unvermeidbaren Erweiterung des Stoffes sei insbesondere zur Ermutigung für Studierende hervorgehoben, daß das **für das erste Examen erforderliche Grundwissen auf knapp 220 Seiten** erworben werden kann, wenn man die folgenden **Hinweise zur Benutzung** beachtet.

Das Buch versucht in einer Kombination von **Grundriß und Lehrbuch**, den Studierenden einen ersten „Einstieg" und den Fortgeschrittenen in Studium und Praxis den Durchblick und die Problemzusammenhänge zu vermitteln. Zu diesem Zweck werden **die Grundzüge** des Öffentlichen Baurechts **in der üblichen Schriftgröße** dargelegt. Sie vermitteln den Überblick. Für diejenigen, die sich zum ersten Mal mit dem Baurecht befassen, empfiehlt es sich, zunächt nur diesen Text zu lesen; er ist in sich verständlich. Außerdem können sie sich zunächst auf die **§§ 1, (2), 4–9, 11–16, 18–22** und **28–32** beschränken. Diese knapp **220 Seiten** in gewöhnlicher Schriftgröße enthalten bereits das unerläßliche Grundwissen **für das Referendarexamen.** In etwas **kleinerer Schriftgröße** werden jeweils im Zusammenhang stehende **komplexere Fragestellungen** und Lösungsansätze erörtert. Diese Darlegungen eignen sich dazu, generell vorhandene Grundkenntnisse zu erweitern oder auch punktuell einzelnen Sachproblemen nachzugehen. Auch dabei geht es in erster Linie um das Herausarbeiten der Grundlinien und nicht darum, eine Fülle von Entscheidungen und Lehrmeinungen, die ohne weiteres in jedem Kommentar nachgelesen werden können, aneinander zu reihen.

Jedem Kapitel bzw. Paragraphen ist eine detaillierte Gliederung vorangestellt. Sie dient nicht nur der Information, sondern kann auch in Frageform als **Testbogen** verwandt werden, um zu kontrollieren, was man nach der Lektüre zu diesen Stichworten auszuführen vermag.

In der Darstellung wird das Bauordnungsrecht nicht als eine Einheit behandelt; vielmehr werden zunächst die bauordnungsrechtlichen Anforderungen und anschließend die komplexeren bauplanungsrechtlichen Normierungen und ihre Aufstellung zusammen mit den Beteiligungsrechten und Rechtsschutzmöglichkeiten der Bürger erörtert. Danach werden die bauordnungsrechtlichen Instrumente zur einheitlichen Durchsetzung des materiellen Bauordnungs- und Bauplanungsrechts, sowie die Rechtsstellung und die

Rechtsschutzmöglichkeiten der Bürger auf Grund dieser Vorschriften erläutert. Das entspricht der praktischen Anwendung und wird an den **Fallbeispielen mit Aufbauschemata** zu den drei im Baurecht typischen Klageformen im Anhang zu §§ 16, 22 und 30 demonstriert. Die abschließende Behandlung der Raumordnung stellt die Stadtplanung als zentrale Materie des räumlichen Planungsrechts in den Zusammenhang mit der überörtlichen Raumplanung und erweitert so die in dem einführenden § 2 gelegten Grundlagen.

Bei der Aufbereitung des Materials kam mir meine nahezu 14-jährige Tätigkeit als nebenamtlicher Richter im Bausenat des VGH Baden-Württemberg unter dem Vorsitz von Dr. Georg Schlez sehr zustatten. Die 1. Auflage 1997 ist aus einer Kompaktvorlesung hervorgegangen, die ich im Herbst 1993 an der Staatlichen Kyushu Universität, Fukuoka/Japan, gehalten habe. Diese ist zusammen mit rechtsvergleichenden Hinweisen von Professor Dr. Ohashi 1995 in japanischer Sprache erschienen.

Dank schulde ich meinen Mitarbeitern am Lehrstuhl Jens Brambring, Michael Brass, Michael Busse, Gunther Herr, Nina Homes, Thilo Maaß und Christophe Samson, die als Doktoranden, Referendare oder Studenten die Arbeit an der dritten Auflage mit großem Engagement durch Sammlung und Aufarbeitung der umfangreichen Rechtsprechung und Literatur, durch Anregungen und Hinweise zeitweise mitgetragen haben; in besonderem Maße gilt mein Dank Gunther Herr und Thilo Maaß für ihre wertvolle Mitarbeit während der ganzen Bearbeitungszeit. Zahlreiche Anregungen erhielt ich auch durch Zuschriften von Studenten, Referendaren und Praktikern aus den verschiedensten Teilen Deutschlands, über die ich mich besonders gefreut habe. Frau Annemarie Träger hat wiederum unermüdlich vielfältige Schreibarbeiten übernommen; ihr sei dafür aufrichtig gedankt. Kritik und Anregungen, gerade auch von Studierenden, werde ich wieder gerne aufgreifen und soweit wie möglich berücksichtigen.

Konstanz, im September 2001 Winfried Brohm

Inhaltsverzeichnis

Abkürzungsverzeichnis

a. A.	anderer Ansicht
abw.	abweichend
a. E.	am Ende
a. F.	alte Fassung
aaO	am angegebenen Ort
AbfG	Abfallgesetz
Abs.	Absatz
AEG	Allgemeines Eisenbahngesetz
AG	Ausführungsgesetz
ALR	Preußisches Allgemeines Landrecht
Anm.	Anmerkung
AöR	Archiv des öffentlichen Rechts
ARL	Akademie für Raumforschung und Landesplanung
Art.	Artikel
AsylVfG	Asylverfahrensgesetz
AtVfV	Verordnung über das Verfahren bei der Genehmigung von Anlagen nach § 7 des Atomgesetzes (Atomrechtliche Verfahrensordnung)
Aufl.	Auflage
BauGB	Baugesetzbuch
BauGB-MaßnG	Maßnahmengesetz zum BauGB
BauNVO	Baunutzungsverordnung
BauO	Bauordnung
BauO-DDR	Bauordnung der DDR
BauR	Baurecht
BauROG 1998	Gesetz zur Änderung des Baugesetzbuchs und zur Neuregelung des Rechts der Raumordnung vom 18. 8. 1997
BauZVO	Bauplanungs- und Zulassungsverordnung (DDR)
Bay	Bayern
BayBO	Bayerische Bauordnung
BayVBl	Bayerische Verwaltungsblätter
BayVGH	Bayerischer Verwaltungsgerichtshof
BBauBl.	Bundesbaublatt
BBauG	Bundesbaugesetz
Bd.	Band
Bes.	Besonderes
bes.	besonders
BGB	Bürgerliches Gesetzbuch

BGBl.	Bundesgesetzblatt
BGH	Bundesgerichtshof
BGHZ	Entscheidungen des BGH in Zivilsachen
BImSch VO	Verordnung zum Bundesimmissionsschutzgesetz
BImSchG	Bundesimmissionsschutzgesetz
BNatSchG	Bundesnaturschutzgesetz
BO Bbg	Bauordnung für Brandenburg
BO Berl	Bauordnung für Berlin
BO LSA	Bauordnung für Sachsen-Anhalt
BO M-V	Bauordnung für Mecklenburg-Vorpommern
BO NW	Bauordnung für das Land Nordrhein-Westfalen
BO SL	Bauordnung für das Saarland
Brem. StGH	Bremischer Staatsgerichtshof
BRS	Baurechtssammlung
BT	Bundestag
BT-Drs.	Bundestagsdrucksache
BVerfG	Bundesverfassungsgericht
BVerfGE	Entscheidungen des Bundesverfassungsgerichts
BVerfGG	Bundesverfassungsgerichtsgesetz
BVerwG	Bundesverwaltungsgericht
BVerwGE	Entscheidungen des Bundesverwaltungsgerichts
BW	Baden-Württemberg
BWGZ	Die Gemeinde – Zeitschrift des Gemeindetages Baden-Württemberg
BWVPr	Baden-Württembergische Verwaltungspraxis
ders.	derselbe
DIN	Deutsche Industrie-Norm
Diss.	Dissertation
DÖV	Die öffentliche Verwaltung
Drs.	Drucksache
DSchG	Denkmalschutzgesetz
DVBl.	Deutsches Verwaltungsblatt
DVO	Durchführungsverordnung
ebd.	ebenda
EG	Europäische Gemeinschaft
EGV	Vertrag zur Gründung der Europäischen Gemeinschaft
Einl.	Einleitung
EnWG	Energiewirtschaftsgesetz
ESVGH	Entscheidungssammlung des Hessischen und des Baden-Württembergischen Verwaltungsgerichtshofs
EuGH	Europäischer Gerichtshof
f.	folgende/r (Seite, Paragraph)
ff.	folgende (Seiten, Paragraphen)
Fg.	Festgabe
Fn.	Fußnote
FS	Festschrift

FStrG .... Bundesfernstraßengesetz
G .... Gesetz
GABl. .... Gemeinsames Amtsblatt (BW)
GastG .... Gaststättengesetz
GBl .... Gesetzblatt
GewArch. .... Gewerbearchiv
GFZ .... Geschoßflächenzahl
GG .... Grundgesetz
GmS-OGB .... Gemeinsamer Senat der Obersten Gerichtshöfe des Bundes
GO .... Gemeindeordnung
Gr. Sen. .... Großer Senat
GRZ .... Grundflächenzahl
h. M. .... herrschende Meinung
HBO .... Hessische Bauordnung
HBStR .... Handbuch des Staatsrechts
Hess .... Hessen
HessVGH .... Hessischer Verwaltungsgerichtshof
Hrsg. .... Herausgeber
Hs .... Halbsatz
i. a. .... im allgemeinen
i. d. F. .... in der Fassung
i. e. .... im einzelnen
i. e. S. .... im engeren Sinn
i. S. .... im Sinne
i. V. m. .... in Verbindung mit
insbes. .... insbesondere
InV-WoBauLG ...... Investitionserleichterungs- und Wohnbaulandgesetz
JA .... Juristische Arbeitsblätter
JR .... Juristische Rundschau
JuS .... Juristische Schulung
JZ .... Juristenzeitung
KAG .... Kommunalabgabengesetz
KG .... Kammergericht
Komm. .... Kommentar
KrW-/AbfG........... Kreislaufwirtschafts- und Abfallgesetz
krit. .... kritisch
KStZ .... Kommunale Steuer-Zeitschrift
LAI .... Länderausschuß für Immissionsschutz
LBeschaffG .... Landbeschaffungsgesetz
LBO .... Landesbauordnung
LBO BW .... Landesbauordnung Baden-Württemberg
LBO RhPf .... Landesbauordnung für Rheinland-Pfalz
LBO SH .... Landesbauordnung für das Land Schleswig-Holstein
LEPl .... Landesentwicklungsplan
Lfg. .... Lieferung

lit.	litera
LKrO	Landkreisordnung
LKV	Landes- und Kommunalverwaltung
LNatSchG	Landesnaturschutzgesetz
LPlG	Landesplanungsgesetz
LS	Leitsatz
LSA	Land Sachsen-Anhalt
LuftVG	Luftverkehrsgesetz
LVG	Landesverwaltungsgesetz
LVwVG	Landesverwaltungsvollstreckungsgesetz
LWaldG	Landeswaldgesetz
m.	mit
m. a. W.	mit anderen Worten
m. w. N.	mit weiteren Nachweisen
MBO	Musterbauordnung
MDR	Monatsschrift für Deutsches Recht
MKRO	Ministerkonferenz für Raumordnung
NdsVBl	Niedersächsische Verwaltungsblätter
n. F.	neue Fassung
n. v.	nicht veröffentlicht
Nachw.	Nachweis
NBO	Niedersächsische Bauordnung
NJW	Neue Juristische Wochenschrift
Nr.	Nummer
NROG	Niedersächsisches Gesetz über Raumordnung und Landesplanung
Ns Städtetag	Niedersächsischer Städtetag
NuR	Natur und Recht
NVwZ	Neue Zeitschrift für Verwaltungsrecht
NVwZ-RR	NVwZ-Rechtsprechungsreport
NW	Nordrhein-Westfalen
NWVBl.	Nordrhein-Westfälische Verwaltungsblätter
NZM	Neue Zeitschrift für Mietrecht
OBG NW	Ordnungsbehördengesetz Nordrhein-Westfalen
OLG	Oberlandesgericht
OVG	Oberverwaltungsgericht
OVGE	Entscheidungen des OVG (Berlin, Lüneburg, Münster)
PBefG	Personenbeförderungsgesetz
PlanzVO	Planzeichenverordnung
PolG	Polizeigesetz
PrOVG	Preußisches Oberverwaltungsgericht
PrOVGE	Entscheidungen des PrOVG
RhPf	Rheinland-Pfalz
Rn.	Randnummer
ROG	Raumordnungsgesetz
Rspr.	Rechtsprechung

S.	Satz oder Seite
s.	siehe
Saarl.	Saarland
Sachs	Sachsen
Sächs BO	Bauordnung für Sachsen
SächsLPlG	Gesetz zur Raumordnung und Landesplanung des Freistaates Sachsen
SchutzBG	Gesetz über die Beschränkung von Grundeigentum für die militärische Verteidigung (Schutzbereichsgesetz)
st. Rspr.	ständige Rechtsprechung
StBauFG	Städtebauförderungsgesetz
StGH	Staatsgerichtshof
str.	streitig
StrG	Straßengesetz
StVO	Straßenverkehrsordnung
TA	Technische Anleitung
ThLPlG	Landesplanungsgesetz für Thüringen
ThürBO	Bauordnung für Thüringen
u. a.	unter anderem
u. U.	unter Umständen
UPR	Umwelt- und Planungsrecht
Urt.	Urteil
UVP	Umweltverträglichkeitsprüfung
UVPG	Gesetz über die Umweltverträglichkeitsprüfung
VBlBW	Verwaltungsblätter für Baden-Württemberg
VDI	Verband deutscher Ingenieure
Verw.	Verwaltung
VerwArch.	Verwaltungsarchiv
VerwRspr.	Verwaltungsrechtsprechung
VG	Verwaltungsgericht
VGH	Verwaltungsgerichtshof
vgl.	vergleiche
VO	Verordnung
Vorb.	Vorbemerkung
VVDStRL	Veröffentlichungen der Vereinigung der Deutschen Staatsrechtslehrer
VwGO	Verwaltungsgerichtsordnung
VWR	Verwaltungsrecht
VWV	Verwaltungsvorschrift
VwVfG	Verwaltungsverfahrensgesetz
VwVG	Verwaltungsvollstreckungsgesetz
w. N.	weitere Nachweise
WaStrG	Wasserstraßengesetz
WertV	Wertermittlungsverordnung
WHG	Wasserhaushaltsgesetz
WiVerw	Wirtschaft und Verwaltung

z. Zt.	zur Zeit
ZfBR	Zeitschrift für deutsches und internationales Baurecht
ZG	Zeitschrift für Gesetzgebung
ZUR	Zeitschrift für Umweltrecht
zust.	zustimmend

Literaturverzeichnis

1. Lehrbücher und häufig zitierte Standardliteratur

Achterberg, Allgemeines Verwaltungsrecht, 1988

Achterberg/Püttner/Würtenberger (Hrsg.), Besonderes Verwaltungsrecht, Band. I, 2. Aufl. 2000; zit.: Bearbeiter, in: Achterberg/Püttner/Würtenberger, BesVWR

Badura, Planung, in: Erichsen (Hrsg.), Allgemeines Verwaltungsrecht, 11. Aufl. 1998, S. 547–569

Battis, Öffentliches Baurecht und Raumordnungsrecht, 4. Auflage 1999; zit.: Battis, Baurecht

Bielenberg/Krautzberger/Söfker, Städtebaurecht in den neuen Bundesländern, 2. Aufl. 1992

Bosch/Schmidt, Praktische Einführung in das verwaltungsgerichtliche Verfahren, 7. Aufl. 2001

Dolde/Keinath, Städtebauliche Entwicklungsplanung in der Praxis, 1981

Dörr, Raumordnungs- und Landesplanungsrecht, in: Achterberg/Püttner/Würtenberger (Hrsg.), Besonderes Verwaltungsrecht, Band I, 2. Aufl. 2000, S. 544–626; zit. Dörr, RuL, in: Achterberg/Püttner/Würtenberger, BesVWR

Dürr, Baurecht für Baden-Württemberg, 10. Auflage 2001; zit.: Dürr

Dürr/Seiler, Baurecht für die neuen Bundesländer, 1992

Erbguth/Schoeneberg, Raumordnungs- und Landesplanungsrecht, 2. Aufl. 1992; zit.: Erbguth/Schoeneberg

Erbguth/Wagner, Bauplanungsrecht, 3. Aufl. 1998; zit.: Erbguth

Erichsen (Hrsg.), Allgemeines Verwaltungsrecht, 11. Aufl. 1998

Ernst/Hoppe, Das öffentliche Bau- und Bodenrecht, 2. Aufl. 1981; zit.: E/H

Finkelnburg/Ortloff, Öffentliches Baurecht, Bd. I, 5. Aufl. 1998; Bd. II, 4. Aufl. 1998; zit.: F/O

Forsthoff, Lehrbuch des Verwaltungsrechts, Bd. I, Allg. Teil, 10. Aufl. 1973; zit.: Forsthoff, VerwR I

Forsthoff/Blümel, Raumordnungsrecht und Fachplanungsrecht, 1970

Gaentzsch, Öffentliches Baurecht, 1978

Gaentzsch, Baurecht 93, 1994

Gelzer/Birk, Bauplanungsrecht, 5. Aufl. 1991

Grabis/Kauther/Rabe/Steinfort/Heintz, Bau- und Planungsrecht, 4. Aufl. 1997

Hesse, Grundzüge des Verfassungsrechts, 20. Aufl. 1996, Neudruck 1999

Hoppe/Grotefels, Öffentliches Baurecht, 1995; zit.: H/G

Hoppe/Menke, Raumordnungs- und Landesplanungsrecht des Bundes und des Landes Rheinland-Pfalz, 1986; zit.: Hoppe/Menke, RuL, RhPf

Hoppenberg (Hrsg.), Handbuch des Öffentlichen Baurechts, Stand 2001

Hufen, Verwaltungsprozeßrecht, 4. Aufl. 2000; zit.: Hufen, VwPrR

Katz, Staatsrecht, 14. Auflage 1999
Koch/Hendler, Baurecht, Raumordnungs- und Landesplanungsrecht, 3. Aufl. 2001
Krebs, Baurecht, in: Schmidt-Aßmann (Hrsg.), Besonderes Verwaltungsrecht, 11. Aufl. 1999, S. 334–459
Lenz/Heintz, Öffentliches Baurecht mit den Besonderheiten für die neuen Bundesländer, 3. Aufl. 1996
Lorenz, Verwaltungsprozeßrecht, 2000; zit.: Lorenz, VwPrR
Maurer, Allgemeines Verwaltungsrecht, 13. Aufl. 2000; zit.: Maurer, VWR
Maunz/Zippelius, Staatsrecht, 30. Auflage 1998
Muckel, Öffentliches Baurecht, 2. Aufl. 2000
Oldiges, Baurecht, in: Steiner (Hrsg.), Besonderes Verwaltungsrecht, 6. Aufl. 1999, S. 485–669
Peine, Öffentliches Baurecht, 3. Aufl. 1997; zit.: Peine, Baurecht
Pieroth/Schlink, Grundrechte, Staatsrecht II, 16. Auflage 2000
Pietzcker, Der Vorhaben- und Erschließungsplan, 1993
Ronellenfitsch, Einführung in das Planungsrecht, 1986; zit.: Ronellenfitsch, Einführung
Schenke, Bauordnungsrecht, in: Achterberg/Püttner/Würtenberger (Hrsg.), Besonderes Verwaltungsrecht, Bd. I, 2. Aufl. 2000, S. 748–839; zit.: Schenke, Bauordnungsrecht, in: Achterberg/Püttner/Würtenberger, BesVwR
Schenke, Verwaltungsprozeßrecht, 7. Auflage 2000
Schmidt, Einführung in das Umweltrecht, 5. Aufl. 1999; zit.: Schmidt, Umweltrecht
Schmidt-Aßmann, Bauordnungsrecht, in: Maurer/Hendler, Baden-Württembergisches Staats- und Verwaltungsrecht, 1990, S. 310–350
Schmidt-Aßmann (Hrsg.), Besonderes Verwaltungsrecht, 11. Aufl. 1999
Schmidt-Eichstaedt, Städtebaurecht, 3. Aufl. 1998
Schmitt-Glaeser, Verwaltungsprozeßrecht, 15. Aufl. 2000
Schwarzer, Handbuch des Baurechts in Bayern, 1990
Steinberg, Fachplanung: das Recht der Fachplanung unter Berücksichtigung des Nachbarschutzes und der Umweltverträglichkeitsprüfung, 2. Aufl. 1993
Steiner, Raumordnungs- und Landesplanungsrecht, in: Steiner (Hrsg.), Besonderes Verwaltungsrecht, 6. Aufl. 1999, S. 745–782; zit.: Steiner, Raumordnungsrecht
Stern, Staatsrecht I, 2. Aufl. 1984; Staatsrecht II, 1980
Stüer, Handbuch des Bau- und Fachplanungsrechts, 2. Aufl. 1998
Wahl, Rechtsfragen der Landesplanung und der Landesentwicklung, Bd. I u. II, 1978; zit.: Wahl
Wolff/Bachof/Stober, Verwaltungsrecht I, 10. Aufl. 1994 und 11. Auflage 1999

2. Fallsammlungen

Büchner/Klinter/Nachbar/Schulze, Öffentliches Baurecht: Fälle und Lösungen, 3. Aufl. 1993
Geis, Baden-Württembergisches Verwaltungsrecht – Übungs- und Examensklausurenkurs, 1998

Gubelt, Fälle zum Bau- und Raumordnungsrecht, 4. Aufl. 1995
Steiner, Baurecht: mit den Bezügen zum Raumordnungs- und Landesplanungsrecht, Reihe: PdW, 3. Aufl. 2001

3. Kommentare

v. Arnim/Büchner/Schlotterbeck, Baurecht, 2. Aufl. 1994
Battis/Krautzberger/Löhr, BauGB, 7. Auflage 1999; zit.: B/K/L
Bielenberg/Runkel/Erbguth, Raumordnungs- und Landesplanungsrecht des Bundes und der Länder. Kommentar und Textsammlung, Loseblattausgabe, Stand 2001; zit.: Bielenberg/Runkel/Erbguth
Bielenberg/Koopmann/Krautzberger, Städtebauförderungsrecht, Bd. I, II, Stand 2000; zit.: B/K/K
Bielenberg/Krautzberger/Söfker, Baugesetzbuch mit BauNVO, Leitfaden und Kommentierung, 5. Aufl. 1998
Bielenberg/Roesch/Giese, Baurecht für den Freistaat Sachsen, Bd. I, II, Stand 1998; jetzt: *Runkel*, Baurecht für den Freistaat Sachsen, Bd. I, II, Stand 2001
Boeddinghaus, Baunutzungsverordnung, Kommentar, 5. Aufl. 2000
Boeddinghaus/Hahn/Schulte, Bauordnung für das Land Nordrhein-Westfalen, Bd. I, II, Stand 2001
Brügelmann (Kohlhammer-Kommentar), Stand 2001; zit.: Brügelmann/Bearbeiter
Cholewa/Dyong/v. d. Heide/Arenz, Raumordnung in Bund und Ländern. Kommentar zum Raumordnungsgesetz des Bundes und Vorschriftensammlung aus Bund und Ländern, Loseblattausgabe, Stand 2001; zit.: Cholewa/Dyong, RO
Cholewa/Dyong/v. d. Heide/Sailer, BauGB, 3. Aufl. 1994; zit.: Cholewa/Dyong, BauGB
Degenhart/Reichelt, Das neue Baurecht in Sachsen, Stand Febr. 2000
Dieckmann/Lange, Die neue Landesbauordnung für Nordrhein-Westfalen, Stand 1993
Ernst/Zinkhahn/Bielenberg, BauGB, Stand 2000; zit.: E/Z/B
Fickert/Fieseler, BauNVO, 9. Aufl. 1998
Gaentzsch, BauGB 1991; zit.: *Gaentzsch*
Jäde/Dirnberger/Weiß, Baugesetzbuch 1998
Jäde/Weinl/Dirnberger, Die neue Bayerische Bauordnung, Stand 1994
Jäde/Weinl/Dirnberger/March, Bauordnungsrecht, Brandenburg, Bd. I, II, Stand 2001
Jarass, Kommentar zum Bundes-Immissionsschutzgesetz, 4. Aufl. 1999
Koch/Molodovsky/Rahm, Bayerische Bauordnung, Kommentar, Stand 2001
Kopp/Ramsauer, Verwaltungsverfahrensgesetz, Kommentar, 7. Aufl. 2000
Kopp/Schenke, Verwaltungsgerichtsordnung, Kommentar, 12. Aufl. 2000
Krebs/Böckenförde/Temme, Bauvorschriften für Nordrhein-Westfalen, Bd. I, II, Stand 2001
Lassak, Das neue Baurecht in Thüringen, Stand 1999
Leder/Scholtissek, Baunutzungsverordnung, 5. Aufl. 1992

v. Mangoldt/Klein/Starck, Grundgesetz, Kommentar, 4. Aufl. 1999; zit.: v. Mangoldt
Maunz/Dürig/Herzog/Scholz, Grundgesetz, Kommentar, Bd. I–IV, Stand 2001; zit.: M/D
Moelle/Rabeneck/Schalk, Bauordnung für das Land Nordrhein-Westfalen, Kommentar, Stand 2001
Müller/Neuffer/Weiss, Die Baunutzungsverordnung, Kommentar, 7. Aufl. 1991
Müller/Weiss/Allgeier/Jasch/Skoruppa, Das Baurecht in Hessen, Kommentar, Bd. I–V, Stand 2001
Neuffer/v. Arnim/Schlotterbeck, Das neue Baurecht in Baden-Württemberg, Bd. 4, Bauordnungsrecht, Stand 2001
Rist, Baunutzungsverordnung 1990, 2. Aufl. 1991
Ruf, Die neue Bauordnung in Baden-Württemberg, 1996
Sauter/Imig/Kiess/Hornung/Keßler, Landesbauordnung für Baden-Württemberg, Kommentar, 3. Aufl. 1999; zit.: Sauter
Schlez, Baugesetzbuch, Kommentar, 4. Aufl. 1994
Schlez, Baunutzungsverordnung, 3. Aufl. 1994
Schlez, Landesbauordnung Baden-Württemberg, Kommentar, 4. Aufl. 1996
Schlichter/Stich, Berliner Kommentar zum Baugesetzbuch, 2. Aufl. 1995; Schwerpunkte-Kommentar 1998; zit.: BK
Schmidt-Bleibtreu/Klein, Kommentar zum Grundgesetz, 9. Aufl. 1999
Schrödter, Baugesetzbuch, 6. Aufl. 1998
Simon, Bayerische Bauordnung, Bd. I, II, Kommentar, Stand 2001; zit.: Simon, BayBO
Stich/Gabelmann/Porger, Landesbauordnung, Rheinland-Pfalz, Text- und Bildkommentar, Bd. I, II, 2001
Thiel/Rößler/Schumacher, Baurecht in Nordrhein-Westfalen, Kommentar, Bauordnungsrecht, Bd. II, III/1, Stand 2001

Literaturnachweise zu Einzelfragen finden sich jeweils am Ende der einzelnen Paragraphen. Die hier zitierte übergreifende Literatur wird aus Raumgründen dort nicht mehr aufgeführt. Abgekürzte Literaturangaben im Text zu Kommentaren und Lehrbüchern beziehen sich auf diese Übersicht, sofern sie einschlägige Rechtsmaterien betreffen und daher häufiger zitiert sind; zu speziellen Fragen stehen sie zusammen mit den Aufsätzen und Monographien bei den Angaben am Ende des jeweiligen Paragraphen.

I. Teil. Grundlagen des Raumplanungs-, Raumordnungs-, Stadtplanungs- und Bauordnungsrechts

§ 1. Grundbegriffe des Stadtplanungs- und Bauordnungsrechts – Resultat historischer Erfahrung und verfassungsrechtlicher Entwicklung

Übersicht

1. Die Komplexität des modernen Baurechts

1 Das öffentliche Baurecht zählt zu den schwierigsten Materien des Besonderen Verwaltungsrechts. Es umfaßt sowohl das Bauplanungs-, Stadtplanungs- oder Städtebaurecht, das die örtliche Planung der Bodennutzung regelt, als auch das Bauordnungsrecht, das insbesondere die sicherheitsrechtlichen Anforderungen an das konkrete Bauwerk enthält. Das Bauplanungsrecht gehört zugleich aber auch zum **Raumplanungsrecht**, das weiter die überörtliche Planung in Form der **Raumordnung** und der **raumbedeutsa-**

men Fachplanungen betrifft und die Bau- oder Stadtplanung in den größeren Zusammenhang der überörtlichen Raumplanungen einbindet. Schon diese **Vielzahl von Begriffen**, die überdies nicht immer gleich verwendet werden, deutet an, daß es sich um ein sehr komplexes Rechtsgebiet handelt. Es ist nicht nach einer umfassenden Konzeption entworfen worden, sondern hat sich im Laufe der Geschichte organisch, aus den jeweiligen Problemlagen heraus, entwickelt. Daher entbehrt es weitgehend einer aus den gesetzlichen Regelungen erkennbaren Systematik und läßt sich auch wissenschaftlich nur schwer systematisch und dogmatisch erfassen. Einen tieferen Einblick in die Grundlagen und Grundbegriffe sowie ihre Zusammenhänge vermag man nur zu gewinnen, wenn man sie in ihrer geschichtlichen Entwicklung als Antwort auf bestimmte verfassungsrechtliche und soziale Problemlagen betrachtet und sich diesen Erfahrungsschatz bewußt macht. Insofern kann es nicht darum gehen, rein chronologisch den Werdegang des Bau- und Raumplanungsrechts nachzuzeichnen; vielmehr sollen die Grundlagen und Institutionen des geltenden Baurechts an Hand ihrer **historischen Genese** in ihrer heutigen Bedeutung aus den jeweiligen Problemzusammenhängen heraus verständlich gemacht werden.

2 Die heutige Rechtslage wird weiter dadurch kompliziert, daß sich in der Bundesrepublik Deutschland die staatlichen Steuerungsbefugnisse auf Bund, Länder und Gemeinden verteilen. Letztere gehören staatsrechtlich zwar zur Exekutive der Länder, bilden also keine eigene staatsrechtliche Ebene, sind aber auf Grund ihres Selbstverwaltungsrechts maßgeblich an der Planung der baulichen und sonstigen Nutzung des Bodens beteiligt. Insofern können wir im Bau- und Raumplanungsrecht von einer **Regelungs- und Vollzugsebene des Bundes**, der **Länder** und der **Gemeinden** sprechen. Im Verhältnis dieser drei Kompetenzträger zueinander ist streng zu unterscheiden, wer die Rechtsvorschriften erlassen und wer sie zu vollziehen hat. Da sich ihre Regelungen auf dasselbe Gebiet beziehen, können Überschneidungen und Kollisionen auftreten. Dabei ist die konkrete Regelungsbefugnis inhaltlich oft erst aus ihrer Zuordnung zu der einen oder anderen Regelungsebene und deren Grundauf-

gaben zu bestimmen. So läßt sich z. B. die Unterscheidung zwischen örtlicher und überörtlicher Planung nicht nach der territorial begrenzten Geltung einer Regelung vornehmen, sondern ist nach materiellen Kriterien zu treffen. Beispielsweise kann sich eine „überörtliche" Planung auch auf das Gebiet einer einzelnen Gemeinde beziehen, wenn es etwa um den Bau einer Ortsumgehungsstraße für den Fernverkehr geht. Auch in dieser Hinsicht gewinnt man einen ersten **Durchblick** durch das Bau- und Raumplanungsrecht am besten **an Hand der geschichtlichen Entwicklung** seiner wichtigsten Grundlagen, Grundbegriffe und Institutionen.

2. Die Anfänge moderner Stadtplanung – Planungsinstrumentarien, Baufreiheit, Unterscheidung: Bauplanungs- und Bauordnungsrecht – Grundlagen des heutigen Baurechts

a) Ansatzpunkt im 19. Jahrhundert?

Der Beginn des heutigen Baurechts, insbesondere des „Stadt- 3
planungsrechts", wird i.a. auf die 2. Hälfte des 19. Jahrhunderts datiert. Indessen handelte es sich damals nur um die Wiederaufnahme einer im Zeichen des Liberalismus teilweise kurzfristig unterbrochenen intensiven Stadtplanung. In der Folgezeit wurde das Planungsrecht laufend erweitert und verschärft, so daß wir uns heute einem Zustand nähern, der demjenigen des Mittelalters oder besser demjenigen des 17. und 18. Jahrhunderts mehr entspricht als dem des 19. Jahrhunderts. Insofern stellt sich aus heutiger Sicht die kurze Periode des staatspolitischen Liberalismus im Baurecht als eine Episode dar, die die Entwicklung der Stadtplanung seit dem Mittelalter nicht dauerhaft zu unterbrechen vermochte.

b) Stadtplanung im Mittelalter

Eine städtebauliche Planung entwickelte sich bereits im Zusam- 4
menhang mit den Stadtgründungen seit dem 10. Jahrhundert und

vor allem im 12. und 13. Jahrhundert. Für die Bautätigkeit auf dem Lande gab es grundsätzlich keine baurechtlichen Vorgaben, was vor allem den Burgherren und Klöstern zugute kam.

Im Unterschied zu Italien, Spanien und Südfrankreich wurde nach dem Zusammenbruch des Römischen Reiches in der Zeit der Völkerwanderung die kulturell hochstehende Tradition der römischen Stadt in Gallien und Germanien nicht fortgeführt. Bis zum Ende des 5. Jahrhunderts erlitten zahlreiche römische Städte annähernd das gleiche Schicksal: Die Thermen und Hallen verfielen und zwischen den Säulenhallen weideten die Tiere. Die städtische Zivilisation blieb den Eroberern zunächst fremd. Immerhin boten die Kaiserpfalzen wie auch zahlreiche Burgen und seit dem 11. Jahrhundert auch die Bischofssitze Kristallisationspunkte für eine städtische Entwicklung, indem sich Händler und Kaufleute in ihrem Schutzbereich ansiedelten. Im 11. Jahrhundert existierten auf deutschem Gebiet schätzungsweise 140 Orte mit einem ansatzweise städtischen Charakter, die meisten hatten nicht einmal 500 Einwohner; im 12. Jahrhundert gab es bereits etwa 250 und im 13. Jahrhundert sogar annähernd 2000 Orte, die man als Stadt bezeichnen konnte (*Gerteis*, S. 5 ff.). Für derart „gewachsene" Städte kam eine städtebauliche Gesamtplanung regelmäßig nur für Stadterweiterungen in Frage. Anders die Stadtneugründungen, die, wie die heutigen Stadtplanungen, nach einem durchaus rationalen Schema durchgeführt wurden und auf die Begrenztheit von Grund und Boden hinter den Stadtmauern Rücksicht nehmen mußten. Beispiele bilden im 12. Jahrhundert die zahlreichen Stadtgründungen im Norden Deutschlands, etwa Lübeck (1143) oder Braunschweig (1166), oder im Süden die Zähringer-Städte Villingen (1119) oder Freiburg (1120) und im 13. Jahrhundert die deutschen Stadtgründungen im Osten Europas, wie Breslau (1261), Stettin (1243) und Posen (1253).

Die **Stadtplanung** selbst – also etwa die Festlegung der Straßen, die Zonung, d. h. die Ausweisung bestimmter Nutzungsarten, oder die Regelungen über die Stellung der Gebäude auf den einzelnen Grundstücken – wurde weithin mit Hilfe des Eigentumsrechts verwirklicht. Der Stadtgründer und Grundherr gab Gelände an Bauwillige unter bestimmten (bauplanerischen) Auflagen und brachte so seine städtebaulichen Vorstellungen zur Wirkung.

Zeugnis von den damals bereits bestehenden Zonungen geben heute noch Straßennamen wie „Färbergasse", „Hafnergasse", „Gerbergasse", „Schmiedestraße" oder „Fleischerstraße". Sie spiegeln nicht nur die gesellschaftliche Ordnung wider, sondern erfolgten vielfach auch im Hinblick auf die Emissionen einzelner Handwerksbetriebe, also nach heutigem Verständnis aus Gründen des Umweltschutzes.

Die Bautätigkeit des einzelnen unterlag einer strengen **Aufsicht** vor allem im Hinblick auf die Feuersicherheit und die Wehrhaftigkeit der Gebäude. Wehrhaft durften nur die Burgen sein, damit sich in den Häusern keine Aufrührer verschanzen konnten. Insofern ist das heutige Problem der „Stadtguerilla" nicht neu.

c) Städtebau im Absolutismus

Im Zeitalter des Absolutismus (17./18. Jahrhundert) war man erfüllt von dem Glauben an die Vernunft und die Machbarkeit der Dinge. Die Fürsten nahmen sich im „Merkantilismus" der staatlichen Förderung und Lenkung der Wirtschaft an. Entsprechend erreichte auch im Städtebau die Planung einen gewissen Höhepunkt. Allerdings war in dieser Zeit die Stadtplanung weniger bedingt durch die Knappheit des Baugeländes innerhalb der Stadtmauern; deren Bedeutung schwand mit der Erfindung der Kanonen zunehmend. Die intensive Stadtplanung entsprang mehr dem Gestaltungswillen und dem Repräsentationsbedürfnis der Fürsten. Mit den Mauern verloren die Städte die Abgrenzung zur Landschaft. Weiträumige Gärten und der achsiale Blick in die Ferne unterscheiden deutlich die Stadt des Barocks von der des Mittelalters. Beispiele bilden die Fächerstadt Karlsruhe, das nach Planquadraten errichtete Mannheim oder Potsdam mit seinem „holländischen Viertel". 5

Die Reglementierung der baulichen Tätigkeit erfolgte teils durch besondere Bauordnungen oder „Baureglements", teils durch verbindliche Bebauungspläne, die die Landesfürsten ohne gesetzliche Ermächtigung auf Grund ihrer damals umfassenden **„Polizey-Gewalt"** erließen, teilweise auch wie im Mittelalter über das Bodeneigentum.

d) Liberalismus: Baufreiheit – Bauordnungsrecht und Bauplanungsrecht

Es war mit eine Reaktion auf die Überreglementierung aller Lebensbereiche im Absolutismus, wenn sich in der Folge der fran- 6 zösischen Revolution auch in Deutschland im Laufe des 19. Jahrhunderts mit der Wende zum **liberalen Rechtsstaat** die Idee umfassender Freiheitsrechte durchsetzen konnte. Das im Merkantilismus wirtschaftlich erstarkte Bürgertum verlangte vor allem Wirtschafts- und Eigentumsfreiheit. Gerade in einem absoluten Eigentumsrecht an Grund und Boden sah man die Befreiung von der politischen Abhängigkeit im Feudalismus.

7 Zur umfassenden Eigentumsfreiheit gehörte auch die **„Baufreiheit"**, d. h. das Recht des Eigentümers, sein Grundstück zu bebauen, wann, wo und wie er es wollte. Für die preußischen Staaten hatte schon das Preußische Allgemeine Landrecht von 1794 in § 65 I 8 den Eigentümer für befugt erklärt, „in der Regel ... seinen Grund und Boden mit Gebäuden zu besetzen". Diese Befugnis stand lediglich unter der Einschränkung, daß sie nicht zum Schaden oder zur Unsicherheit des Gemeinwesens oder zur Verunstaltung ausgeübt werde.

Weithin sieht man in dieser Bestimmung bereits eine Anerkennung der Baufreiheit. Indessen kam die Auffassung eines umfassenden Eigentumsrechts erst mit den Grundrechten der liberalen Verfassungen in der 1. Hälfte des 19. Jahrhunderts zum Tragen. Auch dauerte es vielfach noch lange, bis die Polizeigewalt von der ursprünglich umfassenden Anordnungsbefugnis auf die Gefahrenabwehr begrenzt wurde.

Eine allgemeine Anerkennung der Baufreiheit auch durch die Rechtsprechung brachte in Preußen letztlich erst das Kreuzberg-Urteil des PrOVG vom 14. Juni 1882 (PrOVGE 9, 353).

Darin erklärte das Gericht eine Polizeiverordnung des Berliner Polizeipräsidenten zur Regelung der Bebauung in der Umgebung des auf dem Kreuzberg errichteten Siegesdenkmals für ungültig, weil § 10 II 17 ALR zwar als polizeirechtliche Ermächtigung im Sinne des im Jahre 1850 in der Verfassung festgelegten Gesetzesvorbehalts zu deuten sei, jedoch nur als eine Ermächtigung für die Abwehr von Gefahren für die öffentliche Sicherheit und Ordnung, nicht aber für eine städtebauliche „Wohlfahrtspflege". Das entsprach ganz dem zu jener Zeit vorherrschenden staatspolitischen Liberalismus, der wie erwähnt, die Aufgaben des Staates allgemein auf die Abwehr von Gefahren für die öffentliche Sicherheit und Ordnung beschränken wollte.

8 In der Folge dieser Rechtsentwicklung reduzierte sich die Stadtplanung weithin auf polizeirechtliche Vorschriften, insbeson-

dere Regelungen über die Feuersicherheit der baulichen Anlagen. Zu den polizeirechtlichen Regelungen zählte man auch die Festlegung von Straßen, denn sie eröffneten nicht nur den Bürgern, sondern auch der Feuerwehr den Zugang zu den einzelnen Grundstücken.

Diese starke Zurückdrängung, wenn nicht gar Beseitigung der Stadtplanung ermöglichte in der 2. Hälfte des 19. Jahrhunderts eine rechtlich kaum eingeschränkte Bautätigkeit. Sie kam dem enormen Bevölkerungszuwachs und dem Wandel vom Agrarstaat zum Industriestaat, der eine ungeheure Landflucht zur Folge hatte, sehr entgegen. Die zügellose Expansion der Städte hatte zur Folge, daß in aller Eile notdürftige Unterkünfte in mehrfach hintereinander gestaffelten Mietskasernen errichtet wurden. Die Hinterhöfe brauchten selbst bei einem siebengeschossigen Gebäude nicht mehr als 5,3 qm zu betragen; das war gerade der Raum, den man zum Umdrehen einer Feuerwehrspritze benötigte. Zu dem städtebaulich und sozial unerwünschten Wohnungsbau kam als weiterer Negativposten die unkontrollierte Ausuferung der Städte durch Bauten im Umland hinzu.

Erste Ansätze zu einer städtebaulichen Planung brachten alsbald **9**
in Baden das Badische Ortsstraßengesetz von 1868 und in Preußen das Preußische Fluchtliniengesetz von 1875. Die Gemeinden erhielten hier das Recht, in eigener Autonomie Straßen und Baufluchten festzulegen, Anliegerbeiträge zur Finanzierung der Straßen zu erheben und – was als Maßnahmen gegen die Zersiedelung der Landschaft besonders wichtig war – das Bauen an unfertigen Straßen zu untersagen. Somit ergaben sich nach einer kurzen Zeit, in der die Baufreiheit nur aus polizeilichen Gründen begrenzt war, auf dieser gesetzlichen Grundlage erstmals wieder Möglichkeiten, die Baufreiheit kraft Planungsrechts einzuschränken. Was hinter den Fluchtlinien geschah, blieb allerdings einer Regelung der Gemeinden entzogen. Hier galten nach wie vor lediglich die Einschränkungen des Polizeirechts.

Das vornehmlich der Aufrechterhaltung der öffentlichen Sicherheit und Ordnung dienende Polizeirecht hatte der Staat in der Stein'schen Städtereform von 1808, mit der in Preußen die Selbstverwaltung der Gemeinden eingeführt wurde, nicht der Regelungskompetenz der Gemeinden anvertraut, sondern in seiner Hand behalten. So blieb auch jetzt bei der Ausweitung des Baurechts auf die Fluchtlinienplanung das bauliche Polizeirecht im Aufgabenbereich des Staates.

10 Seit jener Zeit unterscheiden wir zwischen dem **Stadtplanungsrecht** oder **„Bauplanungsrecht"**, das die Gemeinden kraft ihres Selbstverwaltungsrechts autonom schaffen, und dem **„Baupolizeirecht"** oder **„Bauordnungsrecht"**, das vom Staat erlassen wird: Das Bauplanungsrecht betrifft die Regelung der Bodennutzung eines ganzen Gebietes, also etwa die Festlegung der Straßen und der Baugrundstücke. Das Baupolizeirecht dagegen hat in erster Linie die Sicherheit des einzelnen konkreten Bauwerks zum Gegenstand, also seine bauliche Beschaffenheit, den Feuerschutz, die Statik und ähnliche Regelungen.

11 Die Trennung von Stadtplanungsrecht und Bauordnungsrecht ist heute durch die Kompetenzverteilung im Grundgesetz verfassungsrechtlich festgeschrieben. Danach hat, wie das **Bundesverfassungsgericht** in seinem bekannten **Rechtsgutachten** zu den Kompetenzen des Bundes für den Erlaß eines Baugesetzbuchs (BVerfGE 3, 407, 423ff.) darlegte, der Bund nach Art. 74 I Nr. 18 GG nur die konkurrierende Gesetzgebungskompetenz zur Regelung des „Grundstücksverkehrs" und des „Bodenrechts"; für das Bauordnungsrecht, das im wesentlichen die Errichtung des einzelnen Bauwerks im Auge hat und zum Polizeirecht gehört, hat das Gericht eine Gesetzgebungskompetenz des Bundes verneint. Es ist daher in den Landesbauordnungen der einzelnen Länder geregelt.

Zum „Bodenrecht" i. S. v. Art. 74 I Nr. 18 GG rechnet das BVerfG insbesondere die Bauleitplanung, Baulandumlegung, die Zusammenlegung von Grundstücken, das (jetzt ausgenommene – vgl. Art. 125 a I GG) Erschließungsrecht und die Bodenbewertung; zur Regelungskompetenz für den „Grundstücksverkehr" zählt es das Bodenverkehrsrecht einschließlich des Enteignungsrechts. Diese Fragen, aber auch nur diese, hat der Bundesgesetzgeber im BBauG (1960) und im nachfolgenden BauGB (1986, 1998) geregelt. Das „Baugesetzbuch" hat also eine irreführende Bezeichnung; es regelt nicht das Bauen an sich, sondern die Stadt- oder Bauplanung durch die Gemeinden; es ist also ein „Planungsgesetzbuch".

12 Das Bauordnungsrecht hat seine liberalistische Grundkonzeption als Recht der Gefahrenabwehr auf dem Gebiet des Bauwesens weitgehend beibehalten. Lediglich einzelne ästhetische, soziale und neuerdings auch umweltrechtliche Anforderungen kamen im Laufe

der Zeit hinzu. Anders steht es um die Fortentwicklung des Bauplanungsrechts.

3. Die Fortentwicklung der Stadtplanung – Funktionsprinzipien der Bauplanung heute

a) „Reaktionsplanung"

In ihren Anfängen in der 2. Hälfte des 19. Jahrhunderts stand die 13
städtebauliche Planung stark unter dem Zeichen des Liberalismus. Sie war zunächst nur darauf angelegt, auf gesellschaftliche Fehlentwicklungen zu „reagieren", sie zu stoppen oder zu beseitigen. Eine Stadtplanung, die allein diesen Zweck oder diese „Planungsfunktion" verfolgt, wird als „Anpassungsplanung" oder besser als **„Reaktionsplanung"** bezeichnet.

b) „Auffangplanung" – Von der Bauplanung zu einer umfassenden Bodennutzungsplanung

Bereits um die Jahrhundertwende verstärkten sich, vor allem 14
auch in der Wissenschaft, die Bemühungen um eine bessere Ordnung des Stadtgefüges.

So wurde die **Theorie der Gartenstadt** entwickelt. Sie schlug sich teilweise in neueren Stadtteilen mit Eigenheimen und großen Gärten (Margaretenhöhe in Essen) nieder. Später gewann das **Leitbild der funktional gegliederten Stadt** an Bedeutung, das auch in die sog. „Charta von Athen" (1933) Eingang fand. Danach sollten die Städte in die vier Funktionen des Wohnens, Arbeitens, der Erholung und Bildung sowie des Verkehrs gegliedert werden. Im Zusammenhang mit diesen Bestrebungen begann sich ein neues Verständnis der städtebaulichen Planung durchzusetzen.

Die Bauplanung sollte nicht länger der gesellschaftlichen Entwicklung „hinterherhinken", sondern diese vorausschauend in bestimmte Bahnen lenken, ihr einen Rahmen setzen, eine „Auffanglinie" markieren, bis zu der hin die Gesellschaft, also insbesondere die Eigentümer, sich frei entfalten durften. Diese Vorstellung von der Funktion der städtebaulichen Planung als einer **„Auffangplanung"** ließ sich zunächst jedoch nicht durchführen, weil das planungsrechtliche Instrumentarium dazu noch nicht in ausreichendem Maße zur Verfügung stand.

15 Zu umfassenderen Planungsmöglichkeiten kam es erst nach 1945, als es galt, die weithin zerstörten Städte wieder aufzubauen. Hier erließen zunächst die Länder sogenannte Aufbaugesetze, die den Gemeinden ein umfassendes Planungsinstrumentarium an die Hand gaben. Diese Planungsinstrumente wurden dann durch das Bundesbaugesetz von **1960 (BBauG)** einheitlich für das ganze Bundesgebiet festgelegt. Dabei entschied sich das Gesetz für eine zweistufige Stadtplanung, eine vorbereitende Grobplanung für das gesamte Gemeindegebiet in einem **Flächennutzungsplan** und eine verbindliche, konkrete Festlegung der Nutzung eines jeden Grundstücks in daraus entwickelten **Bebauungsplänen**. Die planerischen Möglichkeiten wurden durch die Novellierungen des Gesetzes in den Jahren 1976 und 1979 nochmals erheblich erweitert. Das nachfolgende Baugesetzbuch vom 8. 12. 1986 **(BauGB 1987)** wie auch ergänzend das Maßnahmengesetz zum BauGB **(BauGB-MaßnahmenG)** von 1990 und 1993, das nach seiner Erprobung zusammen mit umweltschützenden Maßnahmen und Verfahren in das BauGB vom 27. 8. 1997 **(BauGB 1998)** eingefügt wurde, setzten vor allem neue Akzente für die Stadtplanungspolitik und das Verhältnis des Bauplanungsrechts zum Umwelt- und Fachplanungsrecht. Auf sie ist im Abschnitt über die gegenwärtigen Entwicklungstrends zurückzukommen.

16 Nach den heute bestehenden gesetzlichen Grundlagen können die Gemeinden in Bebauungsplänen nahezu das gesamte zukünftige Baugeschehen auf einem Grundstück festlegen, z. B. die Größe des Bauwerks in allen drei Dimensionen, die Art der Nutzung, etwa mit Wohn- oder Industriegebäuden, die Stellung eines Gebäudes auf dem Grundstück und vieles andere mehr. Waren die Festsetzungsmöglichkeiten zunächst weitgehend auf die bauliche Nutzung der Grundstücke beschränkt, so wurden sie in den Novellierungen der siebziger Jahre erheblich erweitert. So können heute z. B. festgesetzt werden: Spiel- und Freizeitflächen, besondere Verkehrsflächen, wie z. B. Fußgängerzonen, aber auch Flächen für Abfallentsorgung sowie für umweltschutzrechtliche oder naturschutzrechtliche Belange (vgl. § 9 I BauGB). Die Stadtplanung ist **von einer „Bauplanung" zu einer umfassenden „Bodennutzungs-**

planung" geworden. Diese umfassende Planungsaufgabe kommt deutlich in der Formulierung des § 1 I BauGB zum Ausdruck, wonach die Bauleitplanung die bauliche „und" sonstige Nutzung der Grundstücke in der Gemeinde vorzubereiten und zu leiten habe. Zu Recht wird daher gegenwärtig der herkömmliche Terminus des „Bauplanungsrechts" zunehmend durch den Begriff des **„Stadtplanungsrechts"** oder Städtebaurechts ersetzt.

Machen die zuständigen Stellen von allen diesen planerischen Möglichkeiten Gebrauch, verbleibt dem Eigentümer heute von seiner ursprünglichen **Baufreiheit** im Rahmen der Auffangplanung im wesentlichen nur die Entscheidungsfreiheit, ob und wann er zu bauen beabsichtigt, und weiter, wie er die Nutzung seines Gebäudes im Rahmen der vom Bebauungsplan festgelegten Nutzungsart präzisieren möchte, etwa ob er bei der Ausweisung eines Gebietes im Bebauungsplan als „Allgemeines Wohngebiet" ein Einfamilien- oder Mehrfamilienhaus, Luxuswohnungen oder Sozialwohnungen errichten will.

Die dem Eigentümer bei der „Auffangplanung" verbliebene Entscheidungsfreiheit, ob und wann er bauen will, hat zur Folge, daß die tatsächliche Verwirklichung oder Durchführung des Bebauungsplanes nach wie vor in seiner Hand liegt. Insofern ist die Auffangplanung im Grundsatz nur eine Rahmenplanung, sie zieht Grenzen für die Aktivitäten der Eigentümer, auch wenn diese Grenzen u. U. sehr eng sein können, sie erlaubt aber den staatlichen Planungs- und Vollzugsinstanzen nicht, die Eigentümer zu einer aktiven Tätigkeit, also zur Planverwirklichung, zu verpflichten.

c) „Entwicklungsplanung" und ihre Problematik

Mit der 1976 erfolgten Novellierung des BBauG wurde dann **17**
allerdings den herkömmlichen Planungsfunktionen der Reaktions- und Auffangplanung eine weitere hinzugefügt, die „Entwicklungsplanung".

Entwicklungsplanung bedeutet: Man will nicht mehr länger die Entwicklung der Stadt den gesellschaftlichen Kräften überlassen, sie lediglich kanalisieren, also an einer bestimmten Grenze „auffangen", sondern man will die Entwicklung der Stadt von Staats wegen selbst in die Hand nehmen, also tatsächlich herbeiführen. Auf diese Weise soll gewährleistet werden, daß „zur rechten Zeit, am rechten Ort" die rechte städtebauliche Maßnahme wirksam wird. Z.B. sollen bei einem Neubaugebiet zur selben Zeit die Wohnungen bezogen und die Arbeitsstätten, die Einkaufsgeschäfte, die Schulen und der öffentliche Personennahverkehr in Betrieb genommen werden; und diese Einrichtungen sollen auch sinnvoll auf das Stadtgebiet verteilt sein, also sich am richtigen Ort befinden. Diese ausgedehnten Planungsbefugnisse werfen erst recht die Frage nach der Fortgeltung und Bedeutung eines Grundsatzes der Baufreiheit heute auf (dazu unten Rn. 21).

Genau genommen beinhaltet das Konzept der Entwicklungsplanung zwei Elemente, ein integratives und ein prozedurales (dazu näher *Brohm*, Die Verwaltung, 1976, 409ff.). Zusätzlich zur Festlegung der Bodennutzung muß man auch alle weiteren Bedürfnisse und Investitionen in die Planung miteinbeziehen („integrieren"), also z.B. die Verkehrspolitik, die Schul- und Bildungspolitik, die Kulturpolitik, die Wirtschaftspolitik u.a. Diese Planungen müssen mit den finanziellen Möglichkeiten zur Verwirklichung des Planes abgestimmt werden, also auch eine Finanzplanung einschließen. Eine derart **integrierte** („totale") **Planung** stößt in der Praxis sehr rasch an die Grenzen der menschlichen Informationssammlungs- und Informationsverarbeitungskapazität. Insofern läßt sich die Entwicklungsplanung nur für sehr begrenzte, noch überschaubare Planbereiche, wie begrenzte Stadtteile, wirksam durchführen.

Aus dem prozeduralen Element, also aus der Verwirklichungstendenz der Entwicklungsplanung folgt, daß die privaten Investitionen mit den öffentlichen Investitionen **zeitlich aufeinander abgestimmt** werden müssen. Dann aber kann der private Eigentümer nicht mehr frei bestimmen, ob und wann er bauen oder seine Wohnungen herrichten lassen will, vielmehr muß er durch Baugebote, Modernisierungsgebote, Pflanzgebote u. dgl. dazu gezwungen werden können (vgl. §§ 175ff. BauGB).

18 Hinzu kommt die praktische Notwendigkeit, die Nutzung der Grundstücke oder gar einzelner Geschosse der Gebäude detailliert und zwingend festzulegen, damit die von der Stadtplanung vorgestellten Nutzungen auch tatsächlich **„am rechten Ort"** anzutreffen sind, also die Gaststätte am Marktplatz und die Versorgungsläden in der Nähe der Wohnungen. Dementsprechend schuf die Novelle zum BBauG 1976 sogar die Möglichkeit, **detaillierte Regelungen** für einzelne Teile oder einzelne Geschosse der Gebäude („vertikale Gliederung" der Nutzung) zu treffen (vgl. jetzt § 9 I, III BauGB i.V.m. § 1 VII BauNVO). Damit geht der Charakter einer Rahmenplanung, wie er der Auffangplanung noch eigen ist, bei der Entwicklungsplanung tendenziell verloren. Detaillierte zwingende Nutzungsbestimmungen sind angesichts des raschen Bedürfnis- und Nutzungswandels gerade im Innenstadtbereich und wegen der langwierigen Planungsverfahren sowohl in wirtschafts- und städtebaupolitischer wie auch in eigentumsrechtlicher Hinsicht problematisch. Sie bedürfen daher in Anbetracht der Baufreiheit und des Verhältnismäßigkeitsprinzips einer besonderen Rechtfertigung. Dazu näher unten (§ 6 Rn. 22ff., 26 u. § 27).

Das Baugesetzbuch von 1986, das 1987 das Bundesbaugesetz ablöste und heute in der grundlegend novellierten Fassung v. 18. 8. 1997 (BGBl. I S. 2081) seit 1. 1. 1998 gilt, favorisiert in seiner Tendenz nicht mehr so sehr die Entwicklungsplanung und neigt eher dazu, wieder stärker die Entscheidungsfreiheit des Eigentümers zu betonen. Allerdings hat es die Entwicklungsplanung als Möglichkeit durchaus aufrechterhalten. 1993 wurde sogar die frühere Ermächtigung, bestimmte Gebiete einem strengen Entwicklungsregime zu unterwerfen, der Sache nach wieder eingeführt (§§ 165ff. BauGB). **19**

Es liegt heute bei der einzelnen Gemeinde, ob sie ihre städtebauliche Planung als Reaktionsplanung, als Auffangplanung oder als Entwicklungsplanung verstehen will. **20**

Ebenso steht es der Gemeinde frei, eine bestimmte Planungsfunktion mit den Mitteln einer anderen zu ergänzen, also etwa die Verwirklichung einzelner Ausweisungen in einem als Auffangplanung erlassenen Bebauungsplan durch Baugebote, Modernisierungsgebote und andere Maßnahmen der Planverwirklichung durchzusetzen. Darin aber zeigt sich die **Problematik der Entwicklungsplanung** als Planungsfunktion. Sie ist geeignet, die Grundsätze des überkommenen Planungssystems in Frage zu stellen. Die Ausweisung einer landwirtschaftlichen Fläche z.B. als Baugebiet oder etwa die Planung einer Tiefgarage über einzelne Grundstücke hinweg, stellen bei einer herkömmlichen Auffangplanung keine Benachteiligung des jeweiligen Eigentümers dar. Er kann seine bisherige Nutzung beibehalten, aber auch die im Bebauungsplan neu zugelassene wählen. Bei der Möglichkeit eines Baugebots aber ändert sich diese Lage. Da der betroffene Eigentümer beim Erlaß eines Bebauungsplans nie weiß, ob er eines Tages zur Planverwirklichung angehalten werden wird, also etwa eine Tiefgarage bauen muß, hat er sich bereits zu diesem Zeitpunkt die Frage zu stellen, inwieweit er gegen eine solche Ausweisung u. U. gerichtlich vorgehen soll. Kann überhaupt wegen der Möglichkeit eines späteren Baugebots jetzt schon eine Antragsbefugnis und ein Rechtsschutzinteresse für ein Normenkontrollverfahren (§ 47 I, II VwGO) angenommen werden? Kann es dabei bleiben, daß auch in diesem Fall die Frist für die „Bestandskraft" des Bebauungsplans nach § 215 I BauGB ab Bekanntmachung zu laufen beginnt? Diese

Fragen zeigen, daß die Auswirkungen der Entwicklungsplanung als neuer Planungsfunktion sich noch keineswegs abschätzen lassen.

Vergleicht man die drei Funktionsprinzipien der Bauplanung miteinander, läßt sich allgemein festhalten: Die **Reaktionsplanung** vermag den heutigen Notwendigkeiten in der Regel nicht mehr gerecht zu werden. Insofern wurde sie von der **Auffangplanung** verdrängt. Im Vergleich dazu schränkt die **Entwicklungsplanung** die „Baufreiheit" des Eigentümers noch weiter ein. Die Aufstellung eines entsprechenden Entwicklungsplanes wie auch einzelne Planverwirklichungsmaßnahmen bedürfen daher nach dem Grundsatz der Verhältnismäßigkeit einer besonderen Rechtfertigung, die von der zuständigen Stelle auch zum Ausdruck gebracht werden muß. Im Zweifel ist bei einem Bebauungsplan daher grundsätzlich davon auszugehen, daß er lediglich ein „Angebot" für eine bestimmte Grundstücksnutzung und eine Begrenzung der Dispositionsfreiheit des Grundstücksberechtigten im Sinne der Auffangplanung enthält (BVerwG, DVBl. 1993, 1357; BVerwG, NVwZ 1994, 275, 276; vgl. auch *Krautzberger*, B/K/L, § 1 Rn. 10).

4. Baufreiheit heute

21 Angesichts der weitgehenden Festsetzungsbefugnisse in der Bauplanung war vor allem in den siebziger Jahren außerordentlich umstritten, ob die mit der Wende zum liberalen Rechtsstaat anerkannte Baufreiheit (siehe oben Rn. 7ff.) heute überhaupt noch Bestandteil des Eigentums an Grund und Boden sei und vom Schutz des Art. 14 I GG umfaßt werde, oder ob nicht dem Eigentümer das Recht zur baulichen Nutzung erst durch eine entsprechende Festsetzung im Bebauungsplan verliehen werde (so etwa *Breuer*, Die Bodennutzung, S. 162ff.; *Schmidt-Aßmann*, Grundfragen, S. 89ff.; *Schulte*, DVBl. 1979, 133; *Pieroth/Schlink*, Grundrechte, Staatsrecht II, Rn. 901). Letzterem kann schon aus grundlegenden rechtssystematischen Gründen nicht zugestimmt werden.

Nach dem überkommenen Rechtssystem knüpfen die rechtsstaatlichen Kautelen des Gesetzesvorbehalts, des Verhältnismäßigkeitsprinzips und der Wesensgehaltssperre an den Eingriff in grundrechtlich gewährleistete Freiheitsrechte an. Sie können nicht mehr sachgerecht zur Geltung kommen, wollte man die bauliche Nutzbarkeit vom Inhalt des Grundeigentumsrechts abspalten. Zwar trifft es zu, daß – abgesehen von den Fällen der §§ 34 u. 35 BauGB – ein Grundstück nur nach Maßgabe eines Bebauungsplans bebaut werden darf. Insofern kann man auf der Ebene des Verwaltungsrechts von einem „Planvorbehalt" oder – allerdings mißverständlich – vielleicht auch noch von einer „Baufreiheit nach Maßgabe der Planung" sprechen (so jetzt *Hoppe/Grotefels*, § 1 Rn. 16; anders noch *Hoppe*, E/H, Rn. 166). Aber daraus läßt sich nicht schließen, daß auf der Ebene des Verfassungsrechts die Befugnis zur baulichen Nutzung eines Grundstücks nicht mehr zum Eigentumsrecht gehöre, vielmehr erst dem Eigentümer durch das öffentliche Bauplanungsrecht verliehen werde.

Ein absolutes, unbegrenztes Eigentumsrecht hat es in der konkreten Ausgestaltung durch die Rechtsordnung zu keiner Zeit gegeben, genausowenig wie eine unbegrenzte Handlungsfreiheit, Meinungsfreiheit oder ein sonstiges Freiheitsrecht. Indem aber das Eigentumsrecht „der Idee nach" als zunächst unbegrenzt angesehen wird, bedarf jede Regelung des Staates als „Einschränkung" der Rechtfertigung. Das bedeutet, daß Regelungen der Bodennutzung die rechtsstaatlichen Schranken beachten müssen. Sie dürfen insbesondere nur aus Gründen des öffentlichen Wohls erfolgen, bedürfen weiter nach dem Grundsatz vom Vorbehalt des Gesetzes einer gesetzlichen Grundlage und müssen nach dem Verhältnismäßigkeitsprinzip geeignet, erforderlich und angemessen (verhältnismäßig i. e. S.) sein. Der einzelne kann sich wegen Verletzung seines Rechts an die Gerichte wenden und die Rechtmäßigkeit der Regelungen oder ihre Anwendung im Einzelfall überprüfen lassen. Im übrigen ist die Baufreiheit als Bestandteil des grundrechtlich geschützten Eigentums auf Grund der objektiv-rechtlichen Bedeutung der Grundrechte als Wertentscheidung auch Auftrag an den Gesetzgeber und die planenden Instanzen, dieser Baufreiheit soweit wie möglich Raum zur Entfaltung zu geben. Darüber hinaus ist dieser Grundsatz auch eine Auslegungsmaxime für den Vollzug der Pläne. Wegen dieser dogmatischen und rechtssystematischen Bedeutung der Baufreiheit hat sie zu Recht weiterhin ihre Anerkennung behalten (dazu näher *Brohm*, Münchener Gutachten,

S. 43 ff. (Sondervotum); *Hoppe*, E/H, Rn. 166; *Papier*, M/D, Art. 14 Rn. 63 ff.; *Leisner*, DVBl. 1992, 1065; *Battis*, Baurecht, S. 82; *Peine*, Baurecht, § 8 D; BVerwGE 45, 309, 324; 48, 271, 274; *Krautzberger*, B/K/L, § 1 Rn. 123; *Gohrke/Brehsan*, NVwZ 1999, 932, 933; *Dürr*, VBlBW 2000, 457 ff., 458, jeweils m. w. N.).

Die Gegenansicht findet nur scheinbar eine Stütze in dem vom Bundesverfassungsgericht seit seiner Naßauskiesungsentscheidung von 1981 (BVerfGE 58, 300 ff.) immer wieder betonten Hinweis, daß nach Art. 14 I GG „Inhalt und Schranken" durch die Gesetze bestimmt werden. Der Hinweis verleitet weiterhin zu der Ansicht, daß auch der Inhalt des Eigentums „nur" durch die Gesetze bestimmt werde. Gleichwohl soll nach Ansicht des Gerichts aber die Verfassungsmäßigkeit dieser Gesetze an Art. 14 I GG gemessen werden. Dafür wird auf das Verhältnismäßigkeitsprinzip und die Wesensgehaltssperre verwiesen. Das **Verhältnismäßigkeitsprinzip** vermag indessen nur einen Maßstab abzugeben, wenn man i. S. des liberalen Grundrechtsverständnisses von einer ideell unbegrenzten Eigentumsfreiheit ausgeht, in die durch die gesetzlichen Regelungen „eingegriffen" wird. Ohne einen solchen Eingriff in die ideell unbegrenzte Eigentumsfreiheit des Bürgers verlieren die Kriterien der Erforderlichkeit und der Angemessenheit bzw. der Verhältnismäßigkeit i. e. S. ihre Kontur. Dann ist die Kritik von sozialwissenschaftlicher Seite, daß dem Verhältnismäßigkeitsprinzip kein Aussagewert zukomme, in der Tat berechtigt (vgl. *N. Luhmann*, 1968, 22, 59, 64). Denn in diesen Fällen bedeutet das Verhältnismäßigkeitsprinzip nur eine Zuordnung der Ziele und Mittel in einem ausgeglichenen Verhältnis; es stellt somit lediglich einen Hinweis auf das allgemeine Abwägungsgebot dar, **ohne** daß ein **Maßstab** dafür gegeben würde, wann im konkreten Konfliktsfall die eine oder andere Maßnahme als „geeignet", „erforderlich" und „angemessen" vorzugehen hat und in welchem Maße dies der Fall sein soll.

Versteht man das Bundesverfassungsgericht in dem kritisierten Sinne, stellen Änderungen des eigentumsrelevanten einfachen Rechts lediglich einen Eingriff in das nach altem Recht begründete Eigentum dar und definieren gleichzeitig das neue Eigentum (vgl.

K. Hesse, VerfR, Rn. 442f.; *Pieroth/Schlink*, Grundrechte 2000, Rn. 899). Es ist dann für den Gesetzgeber ein leichtes Unterfangen, ohne Verstoß gegen das Verhältnismäßigkeitsprinzip notfalls im Wege der **„Salamitaktik"**, also in mehreren kleinen Schritten, selbst gewichtigte Eigentumsrechte zu beseitigen. Sogar die **Wesensgehaltssperre** kann auf diese Weise zur Seite geschoben werden. Selbst eine Institutsgarantie ist bei diesem Ansatz inhaltlich kaum noch präzisierbar. Umso erfreulicher ist es, daß jetzt das Bundesverfassungsgericht (BVerfGE 100, 226 = DÖV 1999, 870 = JZ 1999, 895 m. zust. Anm. von *Ossenbühl*) in einer Einzelfallentscheidung zum Denkmalschutz- und -pflegegesetz RhPf im Hinblick auf Art. 14 I 1 GG eine unzumutbare Beschränkung angenommen hat, wenn für ein geschütztes Baudenkmal nur Kosten, aber keinerlei sinnvolle Nutzungsmöglichkeiten verbleiben. Für diese Fälle müsse das Gesetz eine Ausnahme- oder Dispensregelung oder sonstige Vorkehrungen zur Vermeidung der Unzumutbarkeit treffen. Eine entsprechende Schranke aus dem verfassungsrechtlichen Eigentumsschutz zog das Gericht jetzt auch hinsichtlich der Haftung des Grundstückseigentümers für Altlasten (BVerfG v. 16. 2. 00, NJW 2000, 2573 = DÖV 2000, 867).

Die dargelegten Einwände gegen das verbreitete Verständnis der Rechtsprechung des BVerfG beziehen sich allein auf die Maßgeblichkeit der Verfassung gegenüber dem Gesetzgeber. Sie schließen nicht die dem Wortlaut des Art. 14 I GG folgende Ansicht des BVerfG aus, daß sich der konkrete Eigentumsinhalt als Ausgleich zwischen der Eigentumsfreiheit einerseits und der Sozialpflichtigkeit des Eigentums andererseits aus der jeweiligen Grenzziehung durch den Gesetzgeber ergibt; allerdings ist hinzuzufügen, daß dies nur gilt, solange diese Grenzziehung in dem dargelegten Sinne verfassungsmäßig ist. Insofern markiert die Unterscheidung zwischen Inhaltsbestimmung (Art. 14 I 1 GG) und Enteignung (Art. 14 III GG) nicht zwei Eckpunkte einer Skala mit fließenden Übergängen, wie sie lange Zeit vom BGH und BVerwG in Form der modifizierten Einzelaktstheorie oder der materiellen Schweretheorie bestimmt wurde, sondern zwei nebeneinander stehende Rechtsinstitute.

Selbst wenn man die Auffassung eines ideell unbegrenzten Eigentumsrechts i. S. des liberalen Grundrechtsverständnisses als Bastion gegenüber einer unbegrenzten Gestaltungsmacht des Gesetzgebers leugnet, kann die bauliche Nutzung nach beachtenswerter Ansicht nicht als ein durch das Baurecht, etwa den Bebauungsplan, erst geschaffenes und dem Eigentümer damit verliehenes Recht qualifiziert werden. Denn die Befugnis zur Bebauung eines Grundstücks folgt auch nach der bestehenden Gesetzeslage bereits aus § 903 BGB und wird auch im öffentlichen Recht durch die regelmäßig erforderliche Baugenehmigung lediglich im präventiven Interesse eingeschränkt, nicht aber beseitigt. Das ergibt sich aus dem Rechtsanspruch auf Erteilung einer Baugenehmigung. Insofern ist die Baufreiheit in den Grenzen des Baurechts auch eine von der gesetzlichen Rechtsordnung konturierte Teilbefugnis des Eigentums an Grund und Boden (dazu näher *Burgi*, NVwZ 1994, 527, 531 f.).

5. Gegenwärtige Entwicklungstendenzen

22 Kann man in dem Übergang von der Reaktionsplanung zur Auffangplanung eine Schwerpunktverlagerung von einer Art „Gefahrenabwehr" zu einer „Gefahrenvorsorge" sehen, so ist man gegenwärtig bestrebt, die Stadtplanung auch auf dem Gebiete des Umweltschutzes präventiv, also für einen **„vorsorgenden Umweltschutz"** einzusetzen. Auf diese Weise soll erreicht werden, daß ein „repressiv-reagierender" Eingriff zur Abwehr einer konkreten Gefahr gar nicht mehr notwendig wird.

Das BauGB hat diese Aufgabe, eine „menschenwürdige Umwelt zu sichern und die natürlichen Lebensgrundlagen zu schützen und zu entwickeln" in § 1 V 1 BauGB ausdrücklich bei den allgemeinen Zielen der Bauleitplanung aufgeführt und in § 1 V Nr. 7 BauGB als Planungsleitlinie weiter konkretisiert. Zu ihrer Verwirklichung finden sich zahlreiche Möglichkeiten in dem Festsetzungskatalog des § 9 I Nr. 16, 20, 23, 25 BauGB.

23 Damit im Zusammenhang steht die Beeinträchtigung des urbanen Lebens durch den **ausufernden Individualverkehr** mit Verkehrsstaus, Luftverschmutzung und Lärmbelästigungen. Die Abwehrstrategien der Städte durch Einrichtung von Fußgängerbereichen und verkehrsberuhigten Zonen, planungs- oder bauordnungsrechtlich erlassene Beschränkungen oder gar Verbote von Garagen und Kfz.-Stellplätzen (§ 12 VI BauNVO, § 74 II Nr. 3 LBO BW), wie auch die Anstrengungen zur Verbesserung der ÖPNV-Systeme, haben bislang keine tiefgreifenden Wirkungen gezeigt. Erforderlich ist ein ganzes Bündel von Maßnahmen, nicht zuletzt eine vorsorgende, verkehrsvermeidende Stadtplanung. Das lange Zeit vorherrschende **Leitbild der „funktional gegliederten Stadt"**, wie es bereits in der Charta von Athen 1933 festgehalten wurde und etwa im „Trennungsgrundsatz" des § 50 BImSchG seinen rechtlichen Niederschlag gefunden hat, bedarf deshalb der **Relativierung**. Eine

wesentliche Ursache des städtischen „Verkehrsinfarkts" liegt nicht zuletzt in der planerischen Trennung der Lebensbereiche und der daraus resultierenden Notwendigkeit „zusammenführender Verkehrsströme".

Im Hinblick auf die Notwendigkeit, den umweltbelastenden Individualverkehr zu reduzieren, die Städte wiederzubeleben (Reurbanisierung), den Landschaftsverbrauch zu beschränken und unnötige Erschließungs- und Entwicklungskosten einzusparen, drängt sich heute, entgegen der früheren Tendenz zur Ausdehnung der Städte („Außenentwicklung"), mehr und mehr das stadtplanerische Leitbild der **„Binnenentwicklung"** in den Vordergrund. Es geht um die Erhaltung der bebauten Gebiete, die Verbesserung des Wohnumfeldes durch Verkehrsberuhigung, Bepflanzungsregelungen und andere Maßnahmen der Stadtgestaltung, und um die Ausschöpfung der in den bebauten Gebieten noch vorhandenen brachliegenden Reserven. Insofern überschneidet sich die Umweltschutzklausel (jetzt § 1 V 1, 2 Nr. 7 BauGB) mit der ebenfalls 1986 durch das BauGB eingeführten Bodenschutzklausel, wonach mit Grund und Boden sparsam und schonend umgegangen werden soll (jetzt § 1 a I BauGB) und landwirtschaftliche, als Wald oder für Wohnzwecke genutzte Flächen nur im notwendigen Umfang für andere Nutzungen vorgesehen werden sollen (§ 1 V 3 BauGB). Dementsprechend steht man heute auch den historisch gewachsenen kleineren **„Gemengelagen"** zwischen Wohnnutzung und gewerblicher Nutzung positiver gegenüber als zu Zeiten des noch unumstritten geltenden Trennungsprinzips. 24

Die Novellierung des BauGB 1998 hat das Verhältnis des Bauplanungsrechts zum Umwelt- und Fachplanungsrecht wie folgt geklärt: Wichtige **umweltschützende Maßnahmen** und Verfahren, vor allem die naturschutzrechtliche Eingriffs- und Ausgleichsregelung wie auch andere umweltschützende Verfahren, insbesondere die Umweltverträglichkeitsprüfung, sind jetzt in die Bauleitplanung als der rechtlich maßgeblichen Planung auf der örtlichen Ebene **integriert**. Die materiellen naturschutzrechtlichen Kernregelungen verbleiben zwar in den Naturschutzgesetzen, sie werden aber über die Abwägung in das Bauleitplanungsrecht eingeschmolzen. Damit wird verdeutlicht, daß ein naturschutzrechtlicher Eingriff mit sei- 25 nem Ausgleich einen selbstverständlichen Bestandteil jeder städtebaulichen Planung bildet (§ 1 a BauGB 1998).

Im Hinblick auf die gemeindeübergreifende Bedeutung **überörtlicher Fachplanungen**, etwa der Fernstraßenplanung, wurde in § 38 BauGB 1998 der prinzipielle Vorrang bestimmter Fachplanungen auf alle entsprechenden Planfeststellungsverfahren und gleichwertige andere Verfahren erweitert. Allerdings folgt nach neuerer Lehre aus der in Art. 28 II GG mit dem Selbstverwaltungsrecht verfassungsrechtlich gewährleisteten Planungshoheit der Gemeinde, daß auf diese bei der Ausübung der überörtlichen Planungskompetenz soweit wie möglich **Rücksicht** zu **nehmen** ist und sie keinesfalls ganz verdrängt werden darf („kompetenzielles Rücksichtnahmegebot"). Dies wird in § 38 BauGB mit dem Zusatz „städtebauliche Belange sind zu berücksichtigen" allerdings nur schwach angedeutet. Zu betonen ist, daß es sich dabei nicht um einen abwägungserheblichen Belang, sondern um das zwingende verfassungsrechtliche Gebot praktischer Konkordanz handelt (dazu unten § 9 Rn. 16 und § 12 Rn. 26).

26 Der allgemein sichtbare rasche Wandel sozio-ökonomischer Gegebenheiten, der laufend Anpassungen und neue Schwerpunktsetzungen für die Stadtentwicklung erfordert, bedingt, daß Pläne heute mehr als **„flexible Orientierungshilfen"** denn als starre Festlegungen erlassen werden. So ist die strikte Verbindlichkeit der als Satzungen (§ 10 I BauGB) und damit als Rechtsnormen erlassenen Bebauungspläne durch weitgehende Ausnahmeregelungen und Befreiungsmöglichkeiten gelockert. Eine Befreiung ist z.B. nach § 31 II Nr. 2 BauGB möglich, wenn die Abweichung vom Bebauungsplan städtebaulich vertretbar erscheint und die Grundzüge der Planung nicht berührt werden. Damit reduziert sich die strikte Verbindlichkeit der Planung praktisch auf die Grundzüge der Planung.

Ein ähnliches Ergebnis strebt die Planungspraxis seit längerer Zeit durch eine Zurückhaltung in den planerischen Festlegungen an. Diese **„planerische Zurückhaltung"** erfolgt nicht nur aus Gründen größerer Flexibilität, sondern auch zur Verfahrensbeschleunigung und Risikominderung. Planungen, die alle erdenklichen Konfliktlagen berücksichtigen wollen, dauern lang, können so dringende Investitionen verzögern und sind in hohem Maße fehleranfällig. Daher ist eine deutliche Tendenz bei den Gemeinden zu beobachten, sich auf einfache Bebauungspläne (vgl. § 30 III BauGB), also auf die Festlegung der stadtplanerischen Grundzüge zu beschränken oder bei im Zusammenhang bebauten Ortsteilen (vgl. § 34 BauGB) auf den Erlaß eines Bebauungsplans ganz zu verzichten.

Eine solche Zurückhaltung in der Planung kam bereits in hohem Maße auch den besonderen Bedürfnissen in den neuen Bundesländern zugute. Dort mußte eine rasche Projektverwirklichung gewährleistet sein. Daher konnten weder komplizierte und langwierige Planaufstellungsverfahren noch Verzögerungen bei der Planverwirklichung durch Rechtsschutzverfahren in Kauf genommen werden.

Der Gesetzgeber hat den Trend zur „planerischen Zurückhaltung" durch entsprechende neue Planungsinstrumente akzeptiert und gefördert. Sie wurden teilweise vom Baurecht der ehemaligen DDR übernommen, fortentwickelt und aus dem BauGB-MaßnG in das BauGB 1998 eingefügt. Hierher gehören die Satzungen zur Einbeziehung von Außenbereichsflächen in den im Zusammenhang bebauten Innenbereich (sog. „Ergänzungssatzung", § 34 IV Nr. 3 BauGB) oder zur Teilprivilegierung von Wohnbauten im Außenbereich (§ 35 VI BauGB), ferner der Vorhaben- und Erschließungsplan (§ 12 BauGB), aber auch die städtebaulichen Verträge (§ 11 BauGB und § 124 BauGB).

Literatur: *v. Strauß und Torney/Saß*, Straßen- und Baufluchtengesetz vom 2. Juli 1875, Kommentar, 7. Auflage 1934; *Luhmann*, Zweckbegriff und Systemrationalität, 1968; *Ernst/Bonczek*, Zur Reform des städtischen Bodenrechts, 1971; *Tamms/Wortmann*, Städtebau, 1973; *Grote* (Hrsg.), Die deutsche Stadt im 19. Jahrhundert, 1974 (zit.: Bearbeiter, in: Grote); *Kroeschel*, in: Neue und modifizierte Rechtsformen der Bodennutzung (Münchener Gutachten), Schriftenreihe des Bundesministers für Raumordnung, Bauwesen und Städtebau, Bonn 1977; *Brake* (Hrsg.), Stadtentwicklungsgeschichte und Stadtplanung, 1985; *Gerteis*, Die deutschen Städte in der Frühen Neuzeit, Zur Vorgeschichte der „bürgerlichen Welt", 1986; *Breuer*, Zur Entstehungsgeschichte eines modernen Städtebaurechts in Deutschland, Die Verwaltung 1986, 305 ff.; *Benevolo*, Die Stadt in der europäischen Geschichte, 1993.

Schmidt-Aßmann, Grundfragen des Städtebaurechts, 1972; *Brohm*, Stadtentwicklungsplanung und neues Bodenrecht, Die Verwaltung 1976, 409 ff.; *Breuer*, Die Bodennutzung im Konflikt zwischen Städtebau und Eigentumsgarantie, 1976; *Brohm* (Mitverf.), Neue und modifizierte Rechtsformen der Bodennutzung (Münchener Gutachten), Schriftenreihe des Bundesministers für Raumordnung, Bauwesen und Städtebau, Bonn 1977; *Schulte*, Das Dogma Baufreiheit, DVBl. 1979, 133; *Brohm*, Subsidiäre Bauplanung? Zur städtebaulichen Überplanung öffentlichen Betriebsgeländes am Beispiel der Bundesbahnanlagen, NVwZ 1985, 1; *Leisner*, Baufreiheit oder staatliche Baurechtsverleihung, DVBl. 1992, 1065; *K. Hesse*, Grundzüge des Verfassungsrechts der Bundesrepublik Deutschland, 1995; *Pieroth/Schlink*, Grundrechte, Staatsrecht II, 16. Aufl., 2000.

§ 2. Entwicklung der überörtlichen Raumplanung – Raumordnung und Fachplanung –

Übersicht

1. Die Einbeziehung der Gemeinde in überörtliche Planungen – Fach- und Gesamtplanungen
2. Raumbezogene Fachplanungen
   a) Planfeststellung – Plangenehmigung
      aa) Kennzeichen der Planfeststellungsverfahren
      bb) Modifikationen zur Beschleunigung der Zulassungen
   b) Schutzbercichsausweisungen
   c) Abwägungsrelevante (förmliche und beschlossene informelle) Fachpläne
3. Kommunale Planungsverbände und Stadtregionen – Ansätze zu einer überörtlichen Gesamtplanung
4. Raumordnung
   a) Entwicklungslinien
      Zweckverbände – Bundes- und EG-Raumordnung – Landesraumordnungsplan u. Regionalpläne
   b) Neuere Begriffsbestimmungen
5. Anhang: Schema der Raumplanung

1. Die Einbeziehung der Gemeinde in überörtliche Planungen – Fach- und Gesamtplanungen

1 Das Baugesetzbuch weist die Aufgabe der städtebaulichen Planung den Gemeinden als Selbstverwaltungsaufgabe zu (§ 2 I BauGB; dazu noch unten § 9). Diese Regelung bewirkt, daß die Planung ortsnah und unter Mitwirkung der Betroffenen erfolgen kann. Sie birgt aber die Gefahr in sich, daß dabei nur die örtlichen Gestaltungsinteressen der jeweiligen Gemeinde wahrgenommen und die übergreifenden Bedürfnisse der staatlichen Gemeinschaft vernachlässigt werden. Diese sind durch eine entsprechende **„überörtliche" Planung** zu gewährleisten. Sie kann sich als raumbezogene **Fachplanung** auf einzelne Vorhaben, wie die Festsetzung von Eisenbahnlinien, Fernstraßen, Wasserschutzgebieten oder ähnliches, beschränken, oder als **Gesamtplanung** eine Vielzahl planerischer Festlegungen miteinander abstimmen, koordinieren und integrieren, so daß die einzelnen grundstücksbezogenen Nutzungsregelungen – wie Steine eines Mosaikbilds – zu einer Einheit verbunden werden und die Gesamtverhältnisse eines Raumes gestalten.

Für die **Einbindung der Gemeinde** in die überörtlichen Raumplanungen gibt es zahlreiche Vorschriften und Grundsätze, die eine Berücksichtigung dieser Pläne bei der Aufstellung der gemeindlichen Bauleitpläne verlangen oder diesen Plänen eine strikte Verbindlichkeit über sogenannte Raumordnungsklauseln oder gar einen Geltungsvorrang gegenüber der gemeindlichen Bauplanung beilegen.

So enthalten etwa die Landschaftspläne (vgl. § 6 BNatSchG i. V. m. dem jeweiligen LNatSchG) regelmäßig Aussagen, die die Gemeinde bei der Aufstellung ihrer Bauleitpläne als öffentliche Belange von besonderem Gewicht in ihre Abwägung einzustellen hat (vgl. unten Schaubild zum System der Raumordnung: „Förmliche **abwägungsrelevante Fachplanungen**"; dazu im einzelnen ferner unten § 13 Rn. 5). Konkrete Festsetzungen in überörtlichen Gesamtplänen, sog. **Raumordnungsplänen** (§ 3 Nr. 7 ROG 1998), hat die Gemeinde als strikt **verbindliche Vorgaben** („Ziele der Raumordnung", §§ 3 Nr. 2; 7 I 3 ROG) in ihre Bauleitpläne aufzunehmen (vgl. § 1 IV BauGB). Bestimmte überörtlich bedeutsame Fachplanungen, wie z. B. die verbindlichen Planfeststellungen für Bundesfernstraßen oder Flughäfen, haben insofern einen **Geltungsvorrang** als sie von den Festsetzungen eines Bebauungsplans freigestellt sind (vgl. § 38 BauGB). Bei der Anwendung im Einzelfall sind diese Regeln erheblich zu differenzieren; darauf ist später (unten § 12 Rn. 7 ff., 22 ff.) näher einzugehen.

2. Raumbezogene Fachplanungen

Raumbezogene Fachplanungen erfolgen heute durch Planfeststellungsbeschlüsse oder „Planfeststellungen" und ihre Modifikationen, durch Schutzbereichsausweisungen und durch „abwägungsrelevante Fachpläne". Neben diesen gesetzlich in bestimmten For- 2 men vorgesehenen „förmlichen Fachplanungen" gibt es noch „informelle Fachplanungen", d.h. intern fixierte Überlegungen der Fachbehörden zu bestimmten Fragen, die vorbereitenden, aber keinen rechtsverbindlichen Charakter besitzen (zum Ganzen vgl. unten Schaubild zum System der Raumplanung).

a) Planfeststellung – Plangenehmigung

3 Für die behördliche Feststellung eines Planes zur Errichtung bestimmter raumbeanspruchender Anlagen, wie etwa Straßen, Telegrafenwege, Straßenbahnen, Flughäfen oder Abfallbeseitigungsanlagen, wurden seit der 2. Hälfte des 19. Jahrhunderts durch spezielle Fachplanungsgesetze sogenannte Planfeststellungsverfahren eingeführt. Sie haben heute eine allgemeine Regelung in §§ 72ff. VwVfG erfahren; diese Vorschriften kommen zur Anwendung, soweit das betreffende Spezialgesetz keine besondere Normierung enthält.

aa) Kennzeichen der Planfeststellungsverfahren

4 Charakteristisch für die Planfeststellungsverfahren ist die Durchführung eines umfangreichen **Anhörungsverfahrens**, in dem alle Einwendungen gegen das Vorhaben zu erörtern sind. Das Verfahren endet mit dem rechtsverbindlichen **Planfeststellungsbeschluß**, der als **Verwaltungsakt** qualifiziert wird (vgl. § 73f. VwVfG). Planfeststellungsbeschlüsse sind auf Grund einer **planerischen Abwägung** zu treffen, die vielfältige öffentliche und private Belange zu berücksichtigen, miteinander abzustimmen und auszugleichen hat. Die rechtlichen Anforderungen für diese komplexe Entscheidung ergeben sich aus dem eigens dafür entwickelten Abwägungsgebot (dazu näher unten § 13).

Den Planfeststellungsbeschlüssen kommt grundsätzlich eine **Konzentrationswirkung** zu (vgl. § 75 I 1 VwVfG), d.h. Planfeststellungsverfahren und Planfeststellungsbeschluß ersetzen weitere, in anderen Gesetzen vorgesehene Genehmigungsverfahren und Genehmigungen, fassen sie also zusammen bzw. „konzentrieren" sie.

Neben der Konzentrationswirkung besitzt die Planfeststellung auch eine **„Rechtsgestaltungswirkung"**, d.h. sie gestaltet alle öffentlich-rechtlichen Rechtsbeziehungen zwischen dem Träger des Vorhabens und den durch den

Plan in ihren Rechten betroffenen Dritten. Diese können daher etwaige subjektive öffentliche Rechte gegen das Vorhaben nicht mehr geltend machen (§ 75 I 2 VwVfG). Ist der Planfeststellungsbeschluß unanfechtbar geworden, sind auch die allgemeinen Unterlassungs- und Beseitigungsansprüche nach bürgerlichem und öffentlichem (Nachbar-)Recht, wie z. B. gemäß § 1004 i. V. m. § 906 BGB und die entsprechenden öffentlich-rechtlichen Ansprüche (dazu unten § 31 Rn. 5ff.) ausgeschlossen („Ausschlußwirkung", vgl. § 75 II VwVfG).

Regelmäßig ist das Planfeststellungsverfahren mit einer **„Präklusionswirkung"** verbunden, derzufolge Einwendungen, die im Anhörungsverfahren nicht vorgebracht worden waren, im weiteren Verlauf des Verfahrens unberücksichtigt bleiben (vgl. § 73 IV 3 VwVfG).

bb) Modifikationen zur Beschleunigung der Zulassungen

Das Planfeststellungsverfahren wurde im Interesse der Verfahrensbeschleunigung seit 1990 in zahlreichen Gesetzesnovellen z. T. erheblich modifiziert (vgl. den Überblick bei *Schmitz/Wessendorf*, NVwZ 1996, 955; *Wahl/Dreier*, NVwZ 1999, 606ff.). Sie betreffen im wesentlichen vier Vereinfachungen:

(1) Durch die Einführung von **Fristen** (vgl. jetzt allg. §§ 71d II, 5
73 II–IV VwVfG) und der **materiellen Präklusion**, d. h. des Ausschlusses nicht fristgerecht vorgebrachter Einwände selbst in späteren (Gerichts-)Verfahren (vgl. § 73 IV 3 VwVfG), soll das Verfahren erheblich gestrafft werden.

Die mit dem Planfeststellungsverfahren regelmäßig verbundene Präklusionswirkung war ursprünglich weitgehend als eine „formelle Präklusion" konzipiert, derzufolge Einwendungen, die im Anhörungsverfahren nicht vorgebracht worden waren, im weiteren Verlauf des Verwaltungsverfahrens unberücksichtigt bleiben konnten; ihre Geltendmachung in einem späteren gerichtlichen Verfahren, etwa einer Anfechtungsklage gegen den Planfeststellungsbeschluß, war damit aber nicht ausgeschlossen. Mit der „materiellen Präklusion", wonach nach Ablauf der Einwendungsfrist „alle Einwendungen ausgeschlossen" sind, entfällt jetzt diese Möglichkeit (vgl. z. B. § 17 IV FStrG; § 20 II AEG; § 7 I 2 AtVfG und allgemein § 73 IV 3 VwVfG. Zur Parallelregelung bei der Anlagegenehmigung vgl. § 10 III 3 BImSchG).

(2) In einfach gelagerten Fällen, d. h. wenn „Rechte" anderer 6
nicht wesentlich beeinträchtigt werden oder die Betroffenen sich mit der Inanspruchnahme ihrer Rechte einverstanden erklären, kann die Planfeststellung durch eine Plangenehmigung ersetzt werden; sie hat (mit Ausnahme der enteignungsrechtlichen Vorwir-

kung) dieselben Rechtswirkungen wie die Planfeststellung, also Konzentrations- und Rechtsgestaltungswirkung, ohne daß ein Planfeststellungsverfahren durchgeführt werden muß (**„qualifizierte Plangenehmigung“**, vgl. § 74 VI VwVfG).

Der Wegfall des Planfeststellungsverfahrens bei der **qualifizierten Plangenehmigung** (vgl. § 17 I a FStrG; § 18 II AEG; § 14 I a WStrG; § 31 III WHG; § 31 KrW-/AbfG; § 8 II LuftVG; § 28 I a PBefG und jetzt allgemein § 74 VI VwVfG) dürfte auch im Hinblick auf die grundrechtliche Schutzfunktion des Verfahrens mit seiner Öffentlichkeitsbeteiligung nicht bedenklich sein, weil nach den gesetzlichen Voraussetzungen die Plangenehmigung nur zulässig ist, wenn hiervon Rechte anderer nicht beeinträchtigt werden oder die Betroffenen sich mit dem Vorhaben einverstanden erklärt haben. Im Rahmen der Umsetzung der UVP-Änderungsrichtlinie (dazu unten § 6 Rn. 46 ff.) wurde ab 3. 8. 2001 der Anwendungsbereich der Plangenehmigung in den jeweiligen Fachgesetzen auf Vorhaben beschränkt, die nach dem UVP-Gesetz keiner Umweltverträglichkeitsprüfung unterliegen (vgl. §§ 17 I a Nr. 1 FStrG; 18 II Nr. 1 AEG; 31 III WHG, 28 II Nr. 1 PBefG). Die in der Vorauflage geäußerten europarechtlichen Bedenken sind damit entfallen.

7 Für „Projekte“ von „unwesentlicher Bedeutung“, d. h. wenn die Aufgabenbereiche anderer Träger öffentlicher Belange oder die echte anderer entweder nicht berührt oder wegen Zustimmung nicht beeinträchtigt werden, entfallen nach der Neuregelung beide Zulassungsformen und damit natürlich auch deren besondere Rechtswirkung (vgl. § 74 VII VwVfG). Die Bedeutung dieser Regelung ist noch unklar; es liegt nahe, darin eine Freistellung dieser Projekte von einer staatlichen Zulassung (Kontrollerlaubnis) zu sehen.

Der Klärung bedarf weiter das Verhältnis zwischen qualifizierter Plangenehmigung und dem **Entfallen von Planfeststellung und Plangenehmigung** bei Projekten von unwesentlicher Bedeutung, wie z. B. die Änderung oder Erweiterung von Straßen. In Fällen dieser Art konnte schon bisher nach dem Ermessen der zuständigen Behörde die Planfeststellung entfallen („Planverzicht“). Allerdings traten dann auch nicht deren (Konzentrations-, Rechtsgestaltungs- und Präklusions-)Wirkungen ein. Das Bundesverwaltungsgericht sah dennoch in diesem „Planverzicht“ zugleich eine Entscheidung über die Zulassung der geplanten Straßenbaumaßnahmen und qualifizierte sie – gleichsam wie die aus einzelnen Fachplanungsgesetzen früher bekannte (einfache) Plangenehmigung (dazu *Steinberg*, § 6 Rn. 32 ff.) – als Verwaltungsakt, weil mit der Möglichkeit des Planverzichts nicht das allgemeine Verbot mit Erlaubnisvorbehalt beseitigt worden sei (BVerwGE 64, 325, 329). Nach der Neuregelung besteht für die Behörde jetzt keine Wahlmöglichkeit mehr zwischen Planfeststellungsverfahren oder Plangenehmigung einerseits und dem Absehen von einer dieser Zulassungsformen andererseits. Hält man an der Annahme eines allgemein bestehenden präventiven Verbots mit Erlaubnisvorbehalt, also dem Erfordernis einer Kontrollerlaubnis, fest, kann gemäß der erwähnten Entscheidung des BVerwG in der Durchführung von Baumaßnahmen wohl noch eine vorgängige Entscheidung über das Vorliegen eines Projekts von unwesentlicher Bedeutung und dessen Zulassung gesehen werden. Das ist allerdings nur möglich, sofern Vorhabenträger und Planfeststellungsbehörde identisch sind. In allen anderen Fällen, insbesondere jetzt auch bei privaten oder privatisierten Vorhabenträgern, wie z.B. der DB AG, scheidet diese Konstruktion aus. Das legt es nahe, die Regelung über das Entfallen von Planfeststellung und Plangenehmigung als eine generelle Freigabe derartiger Projekte von dem Erfordernis einer Kontrollgenehmigung zu verstehen, wie es in größerem Maße nunmehr auch für städtebauliche Vorhaben in den einzelnen Landesbauordnungen vorgesehen ist. Wie dort trägt auch hier der Vorhabenträger das Risiko für die Rechtmäßigkeit seiner Maßnahmen. Dritte, die davon in ihren Rechten betroffen sind, können gegen hoheitliche Vorhabenträger u.U. auf Grund eines Folgenbeseitigungsanspruchs auf Unterlassung klagen; gegen private Vorhabenträger können sie auf Grund privatrechtlicher Ansprüche vorgehen; daneben können ihnen Ansprüche auf ein Einschreiten der zuständigen Behörden zustehen (vgl. auch *Ronellenfitsch*, DVBl. 1994, 441, 447; *Schmitz/Wessendorf*, NVwZ 1996, 955, 960).

(3) Für die Planfeststellung und die qualifizierte Plangenehmi- 8
gung als planerische Entscheidung gilt das Abwägungsgebot. Dadurch unterscheiden sie sich von der herkömmlichen Anlagegenehmigung, etwa nach dem Bundes-Immissionsschutzgesetz, die als sog. „Kontrollerlaubnis" ohne planerisches Ermessen zu erteilen ist, wenn die gesetzlichen Tatbestandsvoraussetzungen vorliegen (dazu *Wahl*, DVBl. 1982, 51, 52f.; *Steinberg*, § 6 Rn. 35). Ein weiteres Beschleunigungselement liegt nunmehr in der **eingeschränkten Relevanz** bestimmter **Abwägungsmängel** und der Behebung relevanter Fehler durch nachträgliche Ergänzung (vgl. § 75 Ia VwVfG). Diese Regelungen entsprechen denen zur „Planerhaltung" bei Bebauungsplänen (s. unten § 16 Rn. 8ff.). Die Regelungen finden sich bislang noch vorwiegend in den einzelnen Fachplanungsgesetzen (z.B. FStrG, AEG, WStrG, LuftVG, PBefG). Allgemein, also bereichsübergreifend, wurden sie 1996 in das VwVfG des Bundes aufgenommen; allerdings sind nach § 1 III VwVfG die meisten Zulassungsverfahren nach den Landesverwaltungsverfahrensgesetzen durchzuführen. Sobald die Länder entsprechende Regelungen in ihre Verwaltungsverfahrensgesetze aufgenommen haben, erübri-

gen sich die speziellen Regelungen in den einzelnen Fachplanungsgesetzen und können im Wege der Rechtsvereinheitlichung aufgehoben werden.

9 (4) Schließlich wurden zur Beschleunigung einzelne Planfeststellungsbeschlüsse und Plangenehmigungen kraft Gesetzes für **sofort vollziehbar** erklärt (z.B. § 17 VI a FStrG; § 20 V AEG), so daß eine Anfechtungsklage nicht ohne weiteres eine aufschiebende Wirkung hat (vgl. § 80 II 1 Nr. 3, V VwGO).

b) Schutzbereichsausweisungen

10 Neben den Planfeststellungen stehen verbindliche Fachpläne, die i.d.R. durch Rechtsverordnung erlassen werden. Sie regeln vor allem die Ausweisung von Schutzgebieten, wie Wasserschutzgebiete (§ 19 WHG), Naturschutzgebiete, Nationalparks, Landschaftsschutzgebiete u.ä. (§§ 13–16 BNatSchG), aber auch militärischer Schutzbereiche (§ 1 SchutzBG). Als Rechtsverordnungen beanspruchen die Festsetzungen rechtliche Verbindlichkeit für Behörden und Bürger. Auf Grund der Normenhierarchie gehen sie den als Satzungen erlassenen gemeindlichen Bebauungsplänen grundsätzlich vor (vgl. OVG Koblenz, NuR 1987, 231); einer besonderen Privilegierung, wie sie für Planfeststellungsbeschlüsse über Vorhaben von überörtlicher Bedeutung in § 38 BauGB gegenüber dem Bebauungsplan geregelt ist, bedarf es daher nicht.

Zu Besonderheiten der Stadtstaaten, in denen der Bebauungsplan als Parlamentsgesetz erlassen wird, vgl. BVerfGE 70, 35; BVerwG, NVwZ 1991, 1075. Zur umstrittenen Frage, ob Schutzbereichsausweisungen eine planerische Abwägung erlauben, vgl. *R. Schmidt*, Umweltrecht, § 6 Rn. 43.

c) Abwägungsrelevante (förmliche und beschlossene informelle) Fachpläne

11 Eine dritte Gruppe förmlicher Fachplanungen ist insbesondere durch das Umweltschutzrecht, etwa in Form der **Landschaftspläne** (vgl. § 6 BNatSchG) und der **forstlichen Rahmenpläne** (vgl. §§ 5ff. LWaldG BW), eingeführt worden. Diese Pläne stellen unter ökologischen Gesichtspunkten die geeignetste und daher an-

strebenswerte Grundstücksnutzung fest. Im Unterschied zu den zahlreichen informellen Planungen, die die Behörden zur internen Vorbereitung ihrer Maßnahmen erstellen, gehören diese Pläne ebenfalls zum „förmlichen", d.h. von der Rechtsordnung eingeführten rechtlich relevanten Planungsinstrumentarium. Sie unterscheiden sich jedoch von den Planfeststellungsbeschlüssen und den Schutzgebietsfestsetzungen in den meisten Ländern dadurch, daß sie (nach dem System der „integrierten Fachplanung") keine Verbindlichkeit gegenüber dem Bürger besitzen und auch gegenüber der Gemeinde als örtlicher Planungsinstanz nicht strikt verbindlich sind; die Gemeinde hat die in den Plänen getroffenen Feststellungen lediglich im Rahmen ihrer planerischen Abwägung bei der Aufstellung der Bauleitpläne mitzuberücksichtigen („abwägungsrelevante Fachpläne") und so in diese zu „integrieren" (vgl. etwa § 1a II Nr. 1 BauGB; *Brohm*, JuS 1986, 776, 778; *R. Schmidt*, Umweltrecht, § 6 Rn. 5ff.).

Das novellierte BauGB 1998 hat zusätzlich **informelle Fachpläne**, wie z.B. Bedarfspläne für Kindergärten oder Grundsätze für die Stadtgestaltung, die von den Gemeinden ohne gesetzliche Verpflichtung, lediglich zur internen Vorbereitung zukünftiger verbindlicher Fach- oder Gesamtpläne erarbeitet werden, für abwägungserheblich erklärt und ihnen damit eine gewisse rechtliche Bindungswirkung zugesprochen. Voraussetzung ist allerdings, daß ihre „Ergebnisse von der Gemeinde **beschlossen**" wurden (§ 1 V 2 Nr. 10 BauGB). Da es der Gemeindeverwaltung möglich sein muß, vorbereitende Planungen zu entwickeln und intern zu diskutieren, ohne daß sich daraus gleich rechtliche Bindungen ergeben, wird zu Recht für eine „Abwägungserheblichkeit" verlangt, daß diese Planungen einen gewissen Abschluß und eine entsprechende Festlegung durch Beschluß des zuständigen Gemeindeorgans, etwa des Gemeinderats, erfahren haben. 12

Durch ihre Begrenzung auf einzelne „Fachfragen" bewirken die verschiedenen Formen der Fachplanung nur eine punktuelle Einbindung der Gemeinde in übergeordnete Zusammenhänge. Sie reicht angesichts der heute bestehenden vielfältigen Interdependenzen nicht aus. Dazu bedarf es umfassenderer Gesamtplanungen, die

die Bodennutzung ganzer Gebiete regeln und über die Gemeindegrenzen hinaus den überörtlichen raumrelevanten Belangen Rechnung tragen.

3. Kommunale Planungsverbände und Stadtregionen – Ansätze zu einer überörtlichen Gesamtplanung

13 Zu ersten Ansätzen einer überörtlichen Gesamtplanung kam es anfangs des 20. Jahrhunderts. In den durch die Industrialisierung entstandenen Ballungsgebieten zeigte sich sehr bald, daß die auftretenden Probleme der Bodennutzung durch eine auf das Gemeindegebiet begrenzte Ortsplanung nicht zu meistern waren. Im Großraum Berlin (1911: Zweckverband Groß-Berlin), im Ruhrgebiet (1920: Siedlungsverband Ruhrkohlen-Bezirk) und in anderen Industriezentren strebte man daher großflächige, koordinierende Planungen an.

14 Die Entwicklung nach 1945 hat den Zwang zur Schaffung größerer Planungsräume erheblich verstärkt. So konzentrieren sich etwa die Dienstleistungsgewerbe und die kommunalen Einrichtungen im Stadtzentrum. Die Wohnungsprobleme werden dank gestiegener Mobilität oft in den Nachbargemeinden gelöst („Wohnen im Grünen"). Die einstige Trennung zwischen der Stadt und den umliegenden Landgemeinden verschwindet zusehends zugunsten einer Funktionsteilung zwischen einer Vielzahl von Gemeinden unter der herausragenden Stellung einer Stadt als Kern dieser organischen Einheit. Die überkommene Verwaltungsstruktur mit ihren Gemeinden, Kreisen und Regierungen oder Regierungspräsidien vermag diese Funktionseinheit organisatorisch nicht abzubilden. Sie wird vielfach mit dem Ausdruck der Stadtunion oder **Stadtregion** gekennzeichnet. Dieser Begriff wurde in den sechziger Jahren zunächst rein deskriptiv für die wissenschaftliche Erfassung von Verdichtungsräumen entwickelt, bald aber auch normativ als Modell einer neuen Planungs- und Verwaltungseinheit bzw. dritten kommunalen Verwaltungsebene verstanden, das die Stadtplanung und wohl auch die Stadt als Organisation in der Zukunft ablösen werde (*Boustedt*, DÖV 1963, 797).

Als Beispiel für die angestrebten organisatorischen Lösungen kann der 1962 gegründete **Stadt-Umland-Verband Großraum Hannover** dienen, der 1980 durch Gesetz aufgelöst und in einen „Zweckverband Großraum Hannover" umgewandelt wurde. Die Gemeindegebietsreformen in den siebziger Jahren ließen diese Organisationsebene weitgehend entbehrlich erscheinen (vgl. *Güldenberg/Ganseforth*, Der Landkreis 1977, S. 510, 512; *Wahl*, Bd. I, S. 240f.; Bd. II, S. 63f. Allgemein zur Problematik: Landtag BW, Drs. 11/3067, S. 31). 15

Neuerdings scheint das Modell der Stadtregion jedoch wieder an Boden zu gewinnen. So wurde durch Gesetz vom 7. 2. 1994 (GBl BW 1994, S. 92) für die hochbelastete Region der Stadt Stuttgart der **„Verband Region Stuttgart"** gebildet. 16

Er ist Körperschaft des öffentlichen Rechts mit dem Recht der Selbstverwaltung und umfaßt den Stadtkreis Stuttgart sowie die umliegenden Landkreise. Sein Vertretungsorgan wird unmittelbar von der Bevölkerung gewählt (§§ 8f. des Gesetzes). Dadurch ergibt sich eine starke Reduzierung des Einflusses der Mitgliedsgemeinden und Landkreise.

Der Verband ist Träger der Regionalplanung mit stark erweiterten Kompetenzen, die zusätzlich durch ein für Baden-Württemberg einmaliges Planungsgebot für die Region Stuttgart abgesichert sind (§ 15a LPlG BW). Im Hinblick darauf erhielt der Verband allerdings die angestrebte Kompetenz zur Flächennutzungsplanung für die gesamte Region nicht. Weitere wichtige Aufgaben des Verbandes liegen auf dem Gebiet des Regionalverkehrs und der Abfallentsorgung.

Durch die Zuweisung von Durchführungs-, Trägerschafts- und Investitionsaufgaben und durch die unmittelbare Wahl der Verbandsorgane seitens der regionalen Bevölkerung erlangt der Verband eine politische Eigenständigkeit gegenüber den Gemeinden und Kreisen. Insofern kann man in der Verbandsgründung erneut einen Schritt zum Ausbau einer dritten kommunalen Verwaltungsebene sehen. Inwieweit er eine Vorreiterfunktion ausüben kann, bleibt abzuwarten. Die Entwicklung wird vor allem durch die Konkurrenz zwischen den Landkreisen und den Regionalverbänden bestimmt werden. Bezeichnend ist auf der einen Seite die Forderung einiger Regionalverbände, ihnen dieselben Befugnisse wie dem Verband Region Stuttgart zu übertragen (Landtag BW, Drs. 11/3067, S. 34) und auf der anderen Seite das Bestreben einzelner parlamentarischer Gruppen, die Regionalverbände zugunsten der Kreise aufzulösen. 17

4. Raumordnung

a) Entwicklungslinien

Auch die Planung für eine Stadtregion läuft Gefahr, die partikularen Interessen der beteiligten Gemeinden und Kreise zu verabsolutie- 18 ren und die Bedürfnisse der größeren Einheit zu vernachlässigen. Insofern muß auch sie sich in eine übergreifende Gesamtplanung einfügen. Sie sollte angesichts der hohen Bevölkerungsdichte und eines sich verengenden Lebensraumes in einem zusammenwachsenden Europa nicht einmal an den nationalen Grenzen halt machen dürfen.

In der geschichtlichen Entwicklung sieht man die Anfänge einer überörtlichen „Raumplanung", wie sie als „Regional- und Landesplanung" seit Mitte der zwanziger Jahre zunehmend angestrebt wurde, in den ersten Planungsverbänden der industriellen Ballungsgebiete, also insbesondere im **Zweckverband für den Großraum Berlin** und in der **Verbandsordnung für den Siedlungsverband Ruhrkohlenbezirk**. Indessen kamen gesetzliche Regelungen zur Einführung einer großräumigen Bodennutzungsplanung in der Weimarer Republik angesichts wachsender anderer Probleme nicht mehr zustande. Nach 1933 brachten das WohnsiedlungsG und das SiedlungsordnungsG Ansätze zu einer überörtlichen Koordination im Siedlungswesen. Bald danach verfolgte man darüber hinaus das Ziel, eine übergreifende, das ganze Reichsgebiet überspannende Planung der Bodennutzung aufzubauen. Dafür wurde der Begriff der **„Raumordnung"** geprägt. Waren vor 1935 die Anfänge einer überörtlichen (regionalen) Planung „von unten her", auf kommunaler Basis, gewachsen, so sollte jetzt die „Raumordnung" auf größere Räume angelegt sein und eine zentrale, staatliche Lenkung, also Einwirkungsmöglichkeiten „von oben nach unten" ermöglichen (*Wahl*, Bd. I, S. 180; *Battis*, Baurecht, § 2 I 2). Dieses neue Verständnis der „Raumordnung" als großräumig zusammenfassende und übergeordnete Raumplanung löste die räumliche Planung aus ihrem bisherigen engen Zusammenhang mit dem Bau- und Siedlungswesen heraus und trat den Fachplanungen mit dem Anspruch einer „Gesamtplanung" gegenüber (*Wahl*, Bd. I, S. 181 f.). Allerdings konnten sich die dafür geschaffenen Planungsstellen letztlich gegenüber den Fachministerien, insbesondere gegenüber den Verkehrsplanungsstellen, kaum durchsetzen.

19 Nach 1945 bestanden zunächst erhebliche Vorbehalte gegenüber jeder Form einer zentralistischen Planung. So mußte sich die Raumplanung zunächst auf eine Koordination der Einzelplanungen vor allem im Wege der Überzeugung der Beteiligten beschränken (**„Persuasorische Planung"**; *Wahl*, Bd. I, S. 186 f.). Immerhin enthielt das GG bereits 1949 in der Regelung der Rahmenkompetenz des Art. 75 GG den Begriff der „Raumordnung" (dazu *Umlauf*, 1986, S. 12 f.) und 1960 brachte das BBauG in § 1 IV eine Raumordnungsklausel, wonach sich die örtlichen Bauleitpläne der Gemeinde den Zielen der „Raumordnung und Landesplanung" anzupassen haben. Allerdings hatte diese Klausel wenig Bedeutung, solange es praktisch keine Raumordnung und Landesplanung gab. Nach ersten Planungsgesetzen einzelner Bundesländer (*Evers*, Recht der Raumordnung, S. 25) folgte 1965 das Bundesraumordnungsgesetz (ROG). Obwohl das BVerfG in seinem Baurechtsgutachten (BVerfGE 3, 407,

412, 427f.) dem Bund eine ausschließliche Vollkompetenz zur Regelung der Raumplanung für den Gesamtstaat zugesprochen hatte, begnügte sich der Bundesgesetzgeber mit der Wahrnehmung seiner Rahmenkompetenz gemäß Art. 75 I Nr. 4 GG. Demgemäß lag die hauptsächliche Bedeutung des Bundesraumordnungsgesetzes darin, daß es die Länder verpflichtete, „Ziele der Raumordnung und Landesplanung" aufzustellen (§§ 5 I, 4 III ROG 1965). Im Zuge der sich anbahnenden Planungseuphorie in den sechziger Jahren haben dann auch die übrigen Bundesländer sog. „Landesplanungsgesetze" erlassen. Danach wurde eine Grobplanung auf Landesebene entweder einstufig in sog. „Landesentwicklungsplänen" oder auch zweistufig in Landesentwicklungsprogrammen und daraus entwickelten Landesentwicklungsplänen durchgeführt, die dann auf Regionalebene in sog. „Regionalplänen" weiter konkretisiert wurden.

Zur Raumordnung auf Bundesebene hat der Bund gemeinsam **20** mit den Ländern ein **Bundesraumordnungsprogramm** erarbeitet, das 1975 mehrheitlich von der Ministerkonferenz zur Raumordnung und anschließend vom Bundeskabinett verabschiedet und dem Bundestag vorgelegt wurde (BT-Drs. 7/3582). Es enthält keine konkreten räumlichen Zielvorstellungen oder gar Programme, sondern beschränkt sich auf allgemeine Vorschläge, wie die sozialen, wirtschaftlichen und kulturellen Disparitäten zwischen einzelnen Räumen gemildert oder beseitigt werden könnten. Dementsprechend ist es weitgehend wirkungslos geblieben. Nach der Wiedervereinigung wurde 1992 ein **„raumordnungspolitischer Orientierungsrahmen"** vom Bundesministerium für Raumordnung, Bauwesen und Städtebau unter Beteiligung der Ministerkonferenz für Raumordnung erarbeitet, der das Bundesraumordnungsprogramm ersetzt bzw. fortgeschrieben hat (*Krautzberger*, DÖV 1992, 911). Auch darin hat sich der Bund mit konkreten planerischen Aussagen sehr zurückgehalten; insofern dürfte ihm kein größerer Erfolg beschieden sein. Bei dieser Zurückhaltung des Bundes wird es auch künftig bleiben: Nach dem seit 1998 geltenden neu kodifizierten Raumordnungsgesetz stellt der Bund grundsätzlich keine Raumordnungspläne auf, sondern entwickelt lediglich in Kooperation mit den zuständigen Landesbehörden „Leitbilder der räumlichen Entwicklung" des Bundesgebiets als Grundlage für die Abstimmung von einschlägigen Planungen und Maßnahmen des Bundes und der Europäischen Gemeinschaft (§ 18 ROG 1998).

21 **Eine europäische Raumordnung** gewinnt zunehmend an Bedeutung, obwohl die EG über keine originäre Raumordnungskompetenz verfügt und nach dem Grundsatz der begrenzten Einzelermächtigung, vgl. Art. 5 I, 7 I 2 EGV i. d. F. v. Amsterdam (= Art. 3b I, 4 I 2 i. d. F. v. Maastricht = a. F.), nur tätig werden darf, wenn und soweit ihr eine entsprechende Befugnis zugewiesen ist.

Eine spezielle Raumordnungskompetenz kann insbesondere nicht Art. 175 II EGV (Art. 130 s II a. F.) entnommen werden. Dort ist zwar von Maßnahmen des Rats im Bereich der „Raumordnung" und der „Bodennutzung" die Rede. Darunter sind Tat- und Rechtshandlungen (vgl. Art. 249 EGV) auf dem Gebiet der Raumordnung und des Städtebaus zu verstehen, was deutlicher in der englischen Fassung „measures concerning town and country planning" zum Ausdruck kommt. Art. 175 II EGV trifft jedoch lediglich eine verschärfende Verfahrensregelung, nämlich das Einstimmigkeitsprinzip, für die in Art. 174 I EGV genannten umweltpolitischen Ziele. Insofern kann ihm lediglich eine Kompetenz zur Raumordnung auf dem Feld der Umweltpolitik entnommen werden. Die EG besitzt jedoch zahlreiche weitere „raumbedeutsame Kompetenzen", also Kompetenzen zu Sachfragen, deren Regelung sich auf die räumliche Ordnung einzelner Mitgliedsstaaten wie auch der Gemeinschaft insgesamt auswirken. Das gilt vor allem in Anbetracht der Zuständigkeiten für eine gemeinsame Agrar- und Verkehrspolitik (Art. 33 ff.; 70 ff. EGV), für den Auf- und Ausbau transeuropäischer Netze in den Bereichen Verkehr, Telekommunikation und Energie (Art. 154 ff. EGV), für die Regionalpolitik (Art. 158 ff. EGV) und für die bereits erwähnte Umweltpolitik (Art. 174 ff. EGV).

Von denjenigen Kompetenzen, deren Wahrnehmung raumbedeutsam, d. h. raumbedingt und/oder raumwirksam sind, hat unter dem Blickwinkel der Raumordnung die Kompetenz für die Regionalpolitik besonderes Gewicht. Für sie ist bei der Kommission die Generaldirektion XVI zuständig. Die Regionalpolitik stützt sich – sowohl was die Aufgabenbestimmung als auch die Ermächtigungsgrundlage anbelangt – auf die Regelung in Art. 158 EGV; ein Rückgriff auf Art. 2 i. V. m. Art. 308 EGV (Art. 235 a. F.) ist nicht (mehr) nötig. Im Rahmen der Regionalpolitik kann die Kommission beispielsweise Mittel aus den sog. „Strukturfonds" (Art. 159 EGV) oder aus den „Kohäsionsfonds" (Art. 161 II EGV) vergeben, um auf diese Weise den wirtschaftlichen und sozialen Zusammenhalt der Gemeinschaft zu stärken (vgl. *Spannowsky*, UPR 1998, 161). Ob darüber hinaus auf dem Gebiet der Europäischen Raumordnung (und der Stadtplanung) auf die Rechtsangleichungskompetenz des Art. 95 EGV und die Abrundungskompetenz des Art. 308 EGV zurückgegriffen werden kann, ist umstritten (bejahend *Jarass*, DÖV 1999, 661, 662f. m.w.N. auch zur Gegenansicht).

Im Hinblick auf die raumbedeutsamen Kompetenzbereiche, vor allem die Regionalpolitik, haben sich **institutionelle Strukturen** entwickelt, wie der bei der Kommission eingerichtete informelle Ausschuß für Raumentwicklung oder (seit 1994) der als Beratungsorgan für den Rat und die Kommission fungierende Ausschuß der Regionen (Art. 7 II, 263ff. EGV; dazu auch *P. M. Huber*, 1996, § 18). In ihm sind für Deutschland die Bundesländer, für Großbritannien die Stadtkreise, für Frankreich die régions und für Spanien die Autonomen Regionen vertreten. Die deutschen Bundesländer haben nach § 14 des Gesetzes über die Zusammenarbeit von Bund und Ländern in den Angelegenheiten der EU sicherzustellen, daß auch die Gemeinden und Gemeindeverbände mit drei Mitgliedern vertreten sind. Weiter wurde beim Europäischen Parlament ein Ausschuß für Regionalpolitik und Raumordnung gebildet. Daneben ist die Europäische Raumordnungs-Ministerkonferenz des Europarats zu erwähnen, die bereits 1983 eine Europäische Raumordnungscharta und 1990 ein Europäisches Raumordnungsschema verabschiedet hat. Als Konferenz der Minister für Raumordnung und Regionalpolitik der EG hat sie derzeit einen informellen Charakter. Wünschenswert wäre, die einzelnen Planungen der Kommission, etwa für Industrie, Landwirtschaft und Verkehr, an gesamteuropäischen raumordnerischen Leitbildern zu orientieren (dazu *Krautzberger/Selke*, DÖV 1994, 685, 688). Im Interesse einer größeren Koordination der Raumordnungspolitik der Mitgliedsstaaten hat die Kommission bereits 1991 das Dokument „Europa 2000 – Perspektive der künftigen Raumordnung der Gemeinschaft" entworfen. 1994 folgte das Dokument „Europa 2000 + Europäische Zusammenarbeit bei der Raumentwicklung". Basierend auf diesen beiden Dokumenten wurde auf den informellen Treffen der zuständigen Minister der Mitgliedsstaaten in Zusammenarbeit mit der Kommission ein „Europäisches Raumentwicklungskonzept" (EUREK) erarbeitet. Ziel ist es u.a., die gegenseitige Kommunikation und Rücksichtnahme zwischen den Mitgliedstaaten untereinander und zwischen Kommission und Mitgliedstaaten zu fördern. Das EUREK wurde im Mai 1999 durch einen „uneigentlichen Ratsbeschluß" angenommen (dazu näher: *Jarass*, DÖV 1999, 661, 664 m.w.N.). Bei allen diesen Dokumenten handelt es sich um Anregungen und Zielvorgaben, die den nationalen Handlungsspielraum nicht unmittelbar bestimmen.

Mit weit größerer Intensität wirkt das Europäische Sekundärrecht auf die Raumordnung der Mitgliedsstaaten ein. Hinzuweisen ist insbesondere auf die Fauna-Flora-Habitat-Richtlinie (FFH-

Richtlinie) und die Vogelschutzrichtlinie. Die Frage, ob ein Gebiet auszuweisen ist, bestimmt sich nach vorgegebenen Kriterien; es besteht grundsätzlich kein Ermessen. Die Konsequenz einer erfolgten Ausweisung sind einschneidend; bei allen Plänen, die das Schutzgebiet beeinträchtigen können, muß eine Verträglichkeitsprüfung durchgeführt werden; u. U. können derartige Schutzgebiete dem Erlaß eines Regionalplans, eines Flächennutzungsplans oder eines Bebauungsplans entgegenstehen (vgl. *Spannowsky*, UPR 1998, 161, 166 ff.; *Jarrass*, DÖV 1999, 661, 666 ff.; auf das die UVP-Richtlinie umsetzende UVPG wird unten in § 15 Rn. 21 eingegangen). Insofern kann das Europäische Raumordnungsrecht die kommunale Planungshoheit einschränken; ob und inwieweit sie europarechtlich gewährleistet ist, ist noch eine offene Frage; in jedem Fall ist das in Art. 5 II EGV enthaltene Subsidiaritätsprinzip zu beachten. Nach dieser Kompetenzausübungsschranke darf die Gemeinschaft im Bereich der konkurrierenden Zuständigkeit nur dann tätig werden, „sofern und soweit die Ziele der in Betracht gezogenen Maßnahmen auf der Ebene der Mitgliedsstaaten nicht ausreichend erreicht werden können."

22 Im Unterschied zu den „Planungen" auf europäischer und national auf Bundesebene hat sich die **Landesplanung**, wozu die Bundesländer nach § 6 ROG verpflichtet sind, zu einem wirksamen Instrument zur Regelung der Bodennutzung nach überörtlichen Interessen entwickelt. Der **„Raumordnungsplan für das Landesgebiet"** (§ 8 ROG) verfolgt das Ziel einer gleichmäßigen Versorgung der Bevölkerung und einer sinnvollen Nutzung des begrenzten Raumes vor allem durch das Konzept der zentralen Orte, also die Gliederung in Oberzentren, Mittelzentren und Unterzentren mit unterschiedlichen Versorgungsfunktionen, weiter durch die Bildung von Entwicklungsachsen und durch eine Freiraumplanung. Die in den Landesplänen im allgemeinen nur grobmaschig getroffenen Aussagen werden in **Regionalplänen** (§ 9 ROG) auf der Ebene der Region präzisiert und vor allem durch die Grünzonenplanung wirkungsvoll ergänzt. Beide Planungsstufen zusammen bilden die „Landesplanung". An deren **Zielvorgaben** sind dann die **Fachplanungen** auf Grund allgemeiner Raumordnungsklauseln (§ 4 I ROG) gebunden; z.T. bestehen auch sondergesetzlich vorgesehene Mitwirkungsbefugnisse der Raumordnungsbehörden (z.B. § 16 I FStrG). Die Gemeinden wiederum müssen ihre **Bauleitpläne** an die in den Raumordnungsplänen für das Landesgebiet und in den Regionalplänen (vgl. § 3 Nr. 7 ROG) festgelegten konkreten Aussagen als „Ziele der Raumordnung“ (§ 3 Nr. 2 ROG) anpassen (§ 1 IV BauGB). Auf diese Weise wird die Raumordnung mit der Stadtplanung verknüpft.

b) Neuere Begriffsbestimmungen

Da die Raumordnung und Raumplanung ein junges Rechtsgebiet darstellt, besteht über die genaue Präzisierung dieser Begriffe noch keine Einigkeit. Als Oberbegriff für alle raumbedeutsamen Planungen wird heute der Terminus **„Raumplanung“** gebraucht. Er umfaßt die räumliche Planung der öffentlichen Hand auf allen Ebenen und Sachgebieten. Zu ihr gehören die Bundes- und die Landesplanung, letztere in Form des Raumordnungsplans für das Landesgebiet und der daraus entwickelten Regionalplänen, sowie die Stadtplanung durch Bauleitpläne. Neben diesen „Gesamtplanungen“ werden zunehmend auch die raumbedeutsamen „Fachplanungen“ zur Raumplanung gerechnet. **23**

Der Zuordnung der raumbedeutsamen Fachplanungen zur Raumplanung ist insofern zuzustimmen, als es bei den Fachplanungen ebenfalls um die Planung der Bodennutzung geht, und sich Fach- und Gesamtplanung heute oft ohnehin nicht mehr scharf voneinander trennen lassen.

An der Einbeziehung der Stadtplanung in den Begriff der Raumplanung ist richtig, daß die überörtliche und die örtliche Planung der Bodennutzung aufeinander angewiesen sind und sich gegenseitig ergänzen. Indessen darf der umfassende Begriff der Raumplanung nicht im Sinne eines hierarchischen Planungssystems von der Bundes- bis zur Ortsplanung verstanden werden, das die Gemeinde als Vollzugsinstanz der Raumplanung interpretiert und damit die Stadtplanung ihrer verfassungsrechtlich garantierten Eigenständigkeit beraubt.

Aus der Garantie der Selbstverwaltung der Gemeinden in Art. 28 II GG **24**
folgt die Zuständigkeit der Gemeinden zur Ortsplanung als verfassungsrechtlich gewährleistete **„Planungshoheit“**. Bei aller Verflochtenheit der Stadtplanung mit der überörtlichen Raumplanung muß der Stadtplanung daher eine eigenständige Funktion erhalten bleiben. Diese Barriere besteht übrigens nicht nur

gegenüber Einengungen der gemeindlichen Planungsfreiheit durch übergeordnete umfassende Raumplanungen, also „Raumordnungspläne" i. S. v. § 3 Nr. 7 ROG; sie muß auch im Hinblick auf Fachplanungen von Bund oder Ländern beachtet werden, selbst wenn gesetzliche Vorschriften, wie z.B. § 38 BauGB, diese als vorrangig erklären (dazu unten § 12 Rn. 25 ff.). Nur wenn man sich dieser Eigenständigkeit der Stadtplanung bewußt bleibt, kann man ihrer Einordnung in den Begriff der Raumplanung folgen.

25 Folgt man dem neuen Begriffsverständnis von Raumplanung, dann bezeichnet **Raumordnung** nur noch die überörtliche (staatliche) Gesamtplanung, also die Bundesraumordnung, die Landesplanung und die Regionalplanung. Das entspricht auch der Terminologie des Bundesverfassungsgerichts in seinem Gutachten von 1954 (BVerfGE 3, 407, 425) und des Raumordnungsgesetzes des Bundes (vgl. ROG 1998, Abschn. 2 u. 3).

Allerdings faßt das Bundesraumordnungsgesetz unter den Begriff der Raumordnung nicht nur die Planungen, sondern auch einzelne **raumbedeutsame**, d. h. raumbeanspruchende oder raumbeeinflussende **Maßnahmen**, wie etwa Subventionen zu regionalpolitischen Zwecken (vgl. § 3 Nr. 6 ROG). In dieser Beziehung ist der Begriff der Raumordnung dann weiter als derjenige der Raumplanung.

Literatur: Zu 1 u. 2: *Blümel*, Die Bauplanfeststellung, Bd. I, 1961; *Wahl*, Genehmigung und Planungsentscheidung, DVBl. 1982, 51; *Laubinger*, Der Umfang der Konzentrationswirkung der Planfeststellung, VerwArch, Bd. 77 (1986), 77 ff.; *Brohm*, Die Planung der Bodennutzung, JuS 1986, 776; *Ronellenfitsch*, Die Planfeststellung, VerwArch, Bd. 80 (1989), 92 ff.; *Wahl*, Entwicklung des Fachplanungsrechts, NVwZ 1990, 426; *Steinberg*, Fachplanung, 2. Aufl. 1993; *Steiner*, Das Planungsvereinfachungsgesetz, NVwZ 1994, 313; *Ronellenfitsch*, Neues Verkehrswegeplanungsrecht, DVBl. 1994, 441; *Steinberg/Berg*, Das neue Planungsvereinfachungsgesetz, NJW 1994, 488; *Schmitz/Wessendorf*, Das Genehmigungsverfahrensbeschleunigungsgesetz, NVwZ 1996, 955; *Oberrath/Hahn*, Ende des effektiven Rechtsschutzes? Die Änderungen der VwGO u. des VwVfG, VBlBW 1997, 241.

Zu 3: *Nouvortne*, Das Gesetz zur Ordnung des Großraums Hannover als Teil des Kommunalrechts, DÖV 1963, 819; *Boustedt*, Die Stadtregion – ihre Bedeutung für Wissenschaft und Praxis, DÖV 1963, 797; *Güldenberg/Ganseforth*, Regionalplanung in Verdichtungsräumen, Der Landkreis 1977, 511; *Wagener*, Modelle der Stadt-Umland-Verwaltung, in: FS W. Weber 1974, 957 ff.; *Krajewski*, Flächennutzungsplanung als Aufgabe von Nachbarschaftsverbänden, DÖV 1978, 827; *Wagener*, Stadt-Umland-Verbände, in: Handbuch der kommunalen Wissenschaft und Praxis, Bd. 2: Kommunalverfassung, 2. Aufl. 1982, S. 413 ff.; *Münzenrieder*, Stadt-Umland-Verbände als kommunale Regelinstitutionen?, BayVBl 1995, 42.

Zu 4: *Buchsbaum*, Das Bundesraumordnungsprogramm und seine Verbindlichkeit, DÖV 1975, 545; *Salewski*, Geschichte der Landesplanung, ihr derzeitiger Standort und ihre Entwicklungschancen, Diss. Münster, 1979; *Umlauf*, Zur Entwicklungsgeschichte der Landesplanung und Raumordnung, 1986; *Hoppe/Appold*, Vorschläge und Überlegungen zur Novellierung des ROG unter Berücksichtigung der Entstehungsgeschichte des Gesetzes, DVBl. 1987, 179 ff.; *Krautzberg*, Orientierungsrahmen für die Raumordnungspolitik in der Bundesrepublik Deutschland, DÖV 1992, 911; *Baumheier/Wagner*, Raumordnung in Deutschland, VerwArch Bd. 83 (1992), 97 ff.; *Krautzberger/Selke*, Auf dem Weg zu einem Europäischen Raumentwicklungskonzept, DÖV 1994, 685; *dies.*, Perspektiven der bundesstaatlichen Raumplanungspolitik in der Europäischen Union 1996; *P. M. Huber*, Recht der europäischen Integration, 1996; *Spannowksy*, Die zunehmende Bedeutung des Rechts der Europäischen Gemeinschaft für die Regionalplanung, die Bauleitplanung und die Fachplanungen, UPR 1998, 161 ff.; *Jarass*, Wirkungen des EG-Rechts in den Bereichen der Raumordnung und des Städtebaus, DÖV 1999, 661 ff.; *H. Bauer*, Europäische Einwirkungen auf das öff. Baurecht, in: W. Erbguth, Europäisierung des nationalen Umweltrechts, 2001, S. 43 ff.

Anhang:
Schema der Raumplanung

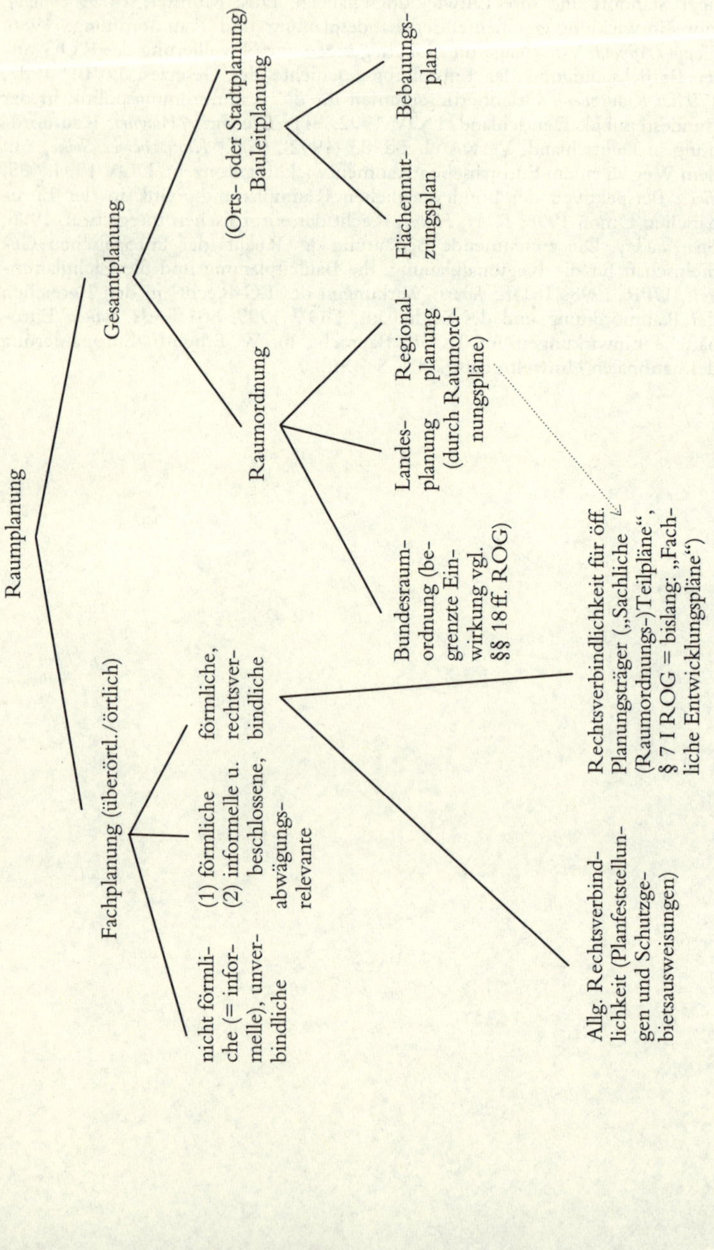

§ 3. Zusammenstellung der maßgeblichen Begriffe und Rechtsquellen

Übersicht

1. Die verschiedenen Bereiche des Bau- und Raumplanungsrechts
2. Bauordnungsrecht
3. Bauplanungsrecht
4. Komplementärnormen, Baunebenrecht
5. Überörtliches Raumplanungsrecht
6. Planungshoheit der Gemeinden
7. Baufreiheit
8. Reaktions-, Auffang- und Entwicklungsplanung

1. Auf Grund der dargestellten Entwicklung kommen heute im Rahmen des öffentlichen Baurechts drei Rechtsbereiche maßgeblich zur Geltung, das **Bauordnungsrecht**, das Bauplanungs- oder besser **Stadtplanungsrecht** und das Recht der überörtlichen Raumplanung oder **Raumordnung**. Bauordnungsrecht und Stadtplanungsrecht werden herkömmlich mit dem Terminus des „Baurechts" zusammengefaßt. Gleichzeitig fällt die Stadtplanung (zusammen mit der Raumordnung und den raumbedeutsamen Fachplanungen) unter den Begriff der räumlichen Planung oder **Raumplanung**. In der Zuordnung der Stadtplanung zu zwei unterschiedlichen Oberbegriffen, dem Baurecht und der Raumplanung, zeigt sich deren doppelte Funktion als „örtliche Bodennutzungsplanung" und als Bindeglied zur überörtlichen Raumplanung. Insofern ist das öffentliche Baurecht zu einem „Bau- und Raumplanungsrecht" geworden. 1

Nach allgemeinem Sprachgebrauch wird auch im Baurecht zwischen **Planen** als dem Vorgang und **Plan** als dem Ergebnis dieses Vorgangs differenziert; **Planung** wird oft mit Planen gleichgesetzt, kann in der Gesetzessprache jedoch in beide Richtungen gehen (vgl. BVerwGE 45, 309, 313). 2

2. Das **Bauordnungsrecht** enthält nach wie vor im Schwerpunkt Regelungen zur Gefahrenabwehr und gehört damit zum besonderen Polizei- oder Ordnungsrecht. Hinzu kommen traditio- 3

nell baugestalterische Anforderungen (z. B. § 11 LBO BW: Verunstaltungsverbot; § 74 I Nr. 1, 2 LBO BW: Ermächtigung zum Erlaß von Baugestaltungssatzungen) und neuerdings auch sozialrechtlich (z. B. §§ 9 II, 74 IV LBO BW: Kinderspielplätze; § 39 LBO BW: barrierefreie Anlagen) und umweltrechtlich motivierte Normierungen (z. B. §§ 3 I 1 LBO BW: „natürliche Lebensgrundlagen", 74 III Nr. 2 LBO BW: Sammelbecken für Niederschlagswasser etc.). Im Unterschied zum Bauplanungs- oder **Stadtplanungsrecht**, das die Bodennutzung regelt, somit **flächenbezogen** ist, hat das **Bauordnungsrecht** das einzelne Bauwerk im Auge, ist also **objektbezogen**. Als (besonderes) Polizeirecht fällt es in die Gesetzgebungskompetenz der Länder und ist in seinem Kern in den „Landesbauordnungen" geregelt. Die einzelnen **Bauordnungen der Länder** gehen auf von Bund und Ländern gemeinsam erarbeitete Musterbauordnungen zurück und stimmen daher inhaltlich weitgehend miteinander überein. Allerdings sind sie in jüngster Zeit einem raschen Wandel unterworfen, so daß die Gemeinsamkeiten abnehmen und sich eine „partikularistische" Rechtszersplitterung auf dem Feld des Bauordnungsrechts anbahnt (dazu näher unten § 4 Rn. 1). In der vorliegenden Darstellung werden beispielhaft die Vorschriften der Landesbauordnung von Baden-Württemberg angeführt und spezielle Eigenheiten anderer Länder besonders erwähnt. Eine Synopse der wichtigen Vorschriften in den einzelnen Landesbauordnungen im Anhang ermöglicht es, in den wenigen Zweifelsfällen leicht die entsprechende Vorschrift in dem jeweils interessierenden Landesgesetz zu finden.

Neben den materiell-rechtlichen Anforderungen enthalten die Landesbauordnungen organisatorische Bestimmungen über den Aufbau der Baurechtsbehörden und über den Vollzug der baurechtlichen Vorschriften. Ergänzt werden die Landesbauordnungen durch Verordnungen, die Detailregelungen zu einzelnen Bestimmungen der Bauordnung enthalten. Hinzu kommen, wie in allen Rechtsgebieten, zahlreiche Verwaltungsvorschriften, die vor allem einzelne unbestimmte Rechtsbegriffe interpretieren, wie z. B. die „Verwaltungsvorschrift Stellplätze", die angibt, welche Anzahl von Stellplätzen für Hotels und andere bauliche Anlagen als „ausreichend" im Sinne der gesetzlichen Stellplatzpflicht anzusehen sind (vgl. § 37 LBO BW; VWV Stellplätze vom 16. 4. 1996 (GABl. 1996, S. 289)).

Eine besondere Rolle spielen die **„Technischen Baubestimmungen"**. Sie enthalten technische Planungs- und Ausführungsregeln, die i. a. von der obersten Baurechtsbehörde durch öffentliche Bekanntmachung eingeführt werden; meistens liegen ihnen DIN-Normen des Normenausschusses Bauwesen im Deutschen Institut für Normung e. V. oder Regeln anderer privater Expertenvereinigungen zugrunde. Diese Regeln gelten als amtliche Interpretation unbestimmter Gesetzesbegriffe oder kraft gesetzlicher Fiktion als „allgemein anerkannte Regeln der Technik", selbst wenn sie noch nicht praktiziert werden oder in ihrer Richtigkeit noch umstritten sind. Sie haben damit eine den „normkonkretisierenden Verwaltungsvorschriften" entsprechende rechtsnormähnliche Wirkung (vgl. BVerwGE 72, 300; dazu näher unten § 5 Rn. 15).

3. Das **Bauplanungsrecht** hat sich immer mehr von einem Recht zur Planung der baulichen Nutzung zu einem Recht für eine umfassende Regelung der Bodennutzung entwickelt; deshalb wird es zunehmend als Städtebaurecht oder „Stadtplanungsrecht" bezeichnet. Es ist auf Grund der Gesetzgebungskompetenz des Bundes für das „Bodenrecht" und den „Grundstücksverkehr" (Art. 74 I Nr. 18 GG) heute im wesentlichen im **BauGB** in seiner novellierten Fassung v. 18. 8. 1997 (BGBl. I S. 2081) bundesrechtlich geregelt. Dieses Gesetz sieht eine zweistufige Bauleitplanung auf Gemeindeebene vor: Die Festlegung eines gemeindlichen Entwicklungskonzepts im Flächennutzungsplan und eine daraus zu entwickelnde rechtlich verbindliche Feinplanung in Bebauungsplänen, in denen die Nutzung der einzelnen Grundstücke festgesetzt wird. Weiter enthält das Baugesetzbuch Regelungen über die Sicherung der Bauleitplanung, die planungsrechtliche Zulässigkeit von Bauvorhaben, die Umlegung, Enteignung, Erschließung sowie spezielle Sanierungs- und Entwicklungsmaßnahmen. In das novellierte Baugesetzbuch wurden auch zahlreiche Vorschriften aus dem BauGB-MaßnahmenG übernommen, die sich seit dessen Erlaß 1990 allgemein bewährt hatten. Gleichzeitig wurde das BauGB-Maßnahmengesetz aufgehoben. Wichtige ergänzende Regelungen enthält die Baunutzungsverordnung **(BauNVO)**, die als Rechtsverordnung auf der Ermächtigungsgrundlage des § 2 V BauGB er- 4

gangen ist, sowie die Planzeichenverordnung (PlanzVO), die bundeseinheitlich die Zeichen für die einzelnen Festsetzungen in den Bauleitplänen regelt, und die Wertermittlungsverordnung (WertV). Im Unterschied zu den bundesrechtlichen Normierungen werden die Bebauungspläne als Satzungen von den Gemeinden erlassen, bilden also Ortsrecht. Von Bedeutung sind weiter gemeindliche Satzungen, etwa zur Abgrenzung der im Zusammenhang bebauten Ortsteile vom Außenbereich nach § 34 IV BauGB.

5 4. Schließlich gibt es zahlreiche Regelungen in anderen Rechtsbereichen, die auf baurechtliche Tatbestände einwirken **(„Komplementärnormen", „Baunebenrecht")**. Sie sind enthalten in Gesetzen, Rechtsverordnungen, Verwaltungsvorschriften oder privaten Regelwerken und finden sich vor allem auf den Gebieten des Immissionsschutz-, des Naturschutz- und des allgemeinen Bodenschutzrechts.

In planungsrechtlicher Hinsicht enthält das Bundes-Immissionsschutzgesetz **(BImSchG)** für den flächenbezogenen Immissionsschutz neben dem Trennungsgrundsatz (§ 50 BImSchG) Bestimmungen über Luftreinhalte- und Lärmminderungspläne (§§ 47, 47 a BImSchG). Für den Bereich des verkehrsbezogenen Immissionsschutzes ist auf die 16. BImSch-VO (Verkehrslärmschutzverordnung), für den Bereich der Sportanlagen auf die 18. BImSch-VO (Sportanlagenlärmschutzverordnung) hinzuweisen. Im Einzelfall können auch die Bestimmungen des Gesetzes über die Umweltverträglichkeitsprüfung (UVPG) anzuwenden sein (vgl. § 17 UVPG).

Das Naturschutzrecht enthält im Bundesnaturschutzgesetz **(BNatSchG)** für das Bau- und Raumplanungsrecht bedeutsame Rahmenregelungen (vgl. § 4 BNatSchG). Diese betreffen die Landschaftsplanung (§§ 5 ff. BNatSchG) und deren Integration in die Bauleitplanung (§ 6 IV BNatSchG) sowie die Anforderungen an „Eingriffe in Natur und Landschaft" (§§ 8 f. BNatSchG). Wichtig ist auch der naturschutzrechtliche „Flächenschutz" durch die Festsetzung etwa von Landschaftsschutzgebieten (§ 15 BNatSchG). Diese werden regelmäßig durch Rechtsverordnung festgesetzt (vgl. z. B. § 22 I NatSchG BW) und gehen deshalb im Kollisionsfall den als Satzung beschlossenen Bebauungsplänen vor.

Ergänzend ist auf das Bundesbodenschutzgesetz 1998 **(BBodSchG)** hinzuweisen, das die Funktionen des Bodens sichern oder durch die Beseitigung von Altlasten wieder herstellen soll. Allerdings gilt das Gesetz nur subsidiär (§ 3 BBodSchG), d. h. es kommt nur zur Anwendung, wenn die Materien nicht in Spezialgesetzen geregelt sind, was selbst bei den modern anmutenden Regelungen zur Ver- und Entsiegelung bereits geschehen ist (vgl. nur §§ 1 a I und 179 BauGB). Insofern liegt die Bedeutung des Gesetzes vor allem bei den Begriffsbestimmungen und den ergänzenden Vorschriften für Altlasten (§§ 2, 11 ff. BBodSchG).

Weiter kann man zu den Komplementärnormen rechnen die bereits oben erwähnten **„Technischen Baubestimmungen"**, also etwa die durch „Baunormbekanntmachung" eingeführten „DIN-Normen". Bedeutsam sowohl für die Planungsebene als auch für die Ebene des Planvollzugs durch die Baurechtsbehörden im Einzelfall sind **Verwaltungsvorschriften**, wie Erlasse unter Bezugnahme auf die DIN 18005 Teil 1 – Schallschutz im Städtebau oder die TA-Lärm und TA-Luft (Abdrucke bei *Fickert/Fieseler*, BauNVO, Anh. 5, 6, 7.1). Auf Grund verschiedener Richtlinien der EG und der Entscheidung des EuGH vom 30. 5. 1991 (UPR 1992, 24) wurden diese technischen Anleitungen, wie z. B. die TA-Luft, partiell in Rechtsverordnungen, wie etwa die 22. BImSch-VO, übernommen. Weiter gehören hierher **private Regelwerke**, wie die VDI-Richtlinien, insbesondere die VDI-Richtlinie 2058 Blatt 1 über Arbeitslärm in der Nachbarschaft. Mit Blick auf die besondere Problematik der Freizeitanlagen (mit Ausnahme der Sportanlagen; vgl. dazu die 18. BImSch-VO) ist schließlich die sogenannte „LAI-Freizeitlärm-Richtlinie" des Länderausschusses für Immissionsschutz (NVwZ 1997, 469) zu erwähnen.

Auf der Ebene des Vollzugs zeigt sich die Verknüpfung des Baurechts mit anderen Gebieten des öffentlichen Rechts in der Pflicht der Baurechtsbehörden, auch diese Vorschriften anzuwenden, sofern dafür nicht die spezielle Zuständigkeit einer anderen Behörde begründet wurde (§ 58 I 1 LBO BW). Das gilt z. B. für die in § 22 I BImSchG genannten Betreiberpflichten.

5. Das überörtliche **Raumplanungsrecht** betrifft die raum- 6
bedeutsamen, d. h. raumbeanspruchenden oder raumwirksamen Planungen (§ 3 Nr. 6 ROG), die in ihren Zielsetzungen über die örtlichen Belange hinausgehen. Es findet seine Rechtsgrundlage im **Raumordnungsgesetz** des Bundes v. 18. 8. 1997 (BGBl. I S. 2081 – ROG) und in den **Landesplanungsgesetzen** der Länder (z. B. Landesplanungsgesetz BW i. d. F. v. 8. 4. 1992 – GBl. S. 229). Besonderheiten gelten für die Stadtstaaten Berlin, Bremen und Hamburg, bei denen die Aufgabe der Landesplanung von der Flächennutzungsplanung erfüllt werden kann (§ 8 I 2 ROG).

Zur Raumplanung zählen vor allem die raumbezogenen **Ge-** 7
samtplanungen, die fachlich übergreifend die vielfältigen Bodennutzungen flächendeckend regeln. Sie lassen sich bei der überörtlichen Raumplanung nach den zuständigen Planungsträgern einteilen in die Raumordnung des Bundes und diejenige der Länder.

Letztere besteht im Augenblick noch in Landesprogrammen und daraus entwickelten Landesentwicklungsplänen oder allein in einem Landesentwicklungsplan. Diese Pläne werden auf regionaler Ebene in sogenannten „Regionalplänen" weiter konkretisiert. Nach dem seit 1998 geltenden neuen ROG muß die Raumordnung in den Ländern innerhalb der nächsten vier Jahre einheitlich durch einen **Raumordnungsplan** für das Landesgebiet und unter bestimmten Voraussetzungen weiter für Teilräume der Länder durch **Regionalpläne** erfolgen (§§ 3 Nr. 7, 8; 22 ROG; dazu näher unten § 37 Rn. 3).

8 Zur Raumplanung kann man in einem weiteren Sinne auch die raumbedeutsamen **Fachplanungen** rechnen, die, wie z.B. die Festlegung von Bundesfernstraßen oder Eisenbahnlinien, einzelne Fachfragen betreffen und vor allem im Wege von Planfeststellungsbeschlüssen und neuerdings planungsrechtlicher Genehmigungen rechtliche Verbindlichkeit erlangen (§ 17 I FStrG; § 18 AEG).

9 Mit dem Begriff der Raumplanung wird nicht nur die überörtliche, sondern auch die örtliche Bodennutzungsplanung in Form der Bauleitplanung bezeichnet. Insoweit die Raumplanung überörtlichen Zielen dient, stimmt sie weitgehend mit dem Begriff der **Raumordnung** überein, der für die staatliche, „von oben" erlassene Bodennutzungsplanung geschaffen wurde. Allerdings decken sich die Begriffe „Raumplanung" und „Raumordnung" nicht vollständig. Der Terminus der Raumordnung umfaßt auch einzelne raumbedeutsame, d.h. raumbeanspruchende und raumwirksame Maßnahmen (§ 3 Nr. 6 ROG), während mit Raumplanung nur Bodennutzungspläne gemeint sind. In dieser Hinsicht geht der Begriff der Raumordnung weiter. Andererseits fallen unter den Terminus der Raumordnung mit Ausnahme der „sachlichen Teilpläne" (§ 7 I 2 ROG) nur Gesamtpläne; sie alle werden mit ihren „Zielen der Raumordnung" gegenüber dem Bürger nur über den Bebauungsplan der Gemeinde verbindlich (§ 1 IV BauGB; § 3 Nr. 2 ROG). Dagegen werden zur Raumplanung zunehmend auch raumbezogene, unmittelbar auch dem Bürger gegenüber verbindliche Fachplanungen gerechnet; insofern ist der Begriff der

Raumordnung enger (vgl. dazu das Schema der Raumplanung oben § 2, Anhang).

6. Die Kompetenz zur Bauleitplanung gehört zu dem verfassungsrechtlich gewährleisteten Selbstverwaltungsrecht der Gemeinden (Art. 28 II GG). Diese Zuordnung der Planungskompetenz wird mit dem Terminus der **„Planungshoheit"** unterstrichen. Die Planungshoheit ist, wie das Selbstverwaltungsrecht insgesamt, allerdings nur „im Rahmen der Gesetze" garantiert, kann also durch Gesetz oder auf Grund eines Gesetzes eingeschränkt werden. Muß die Gemeinde „Ziele der Raumordnung" in ihre Bauleitplanung übernehmen (vgl. § 1 IV BauGB), stellen sich diese Vorgaben der überörtlichen Raumplanung als Einschränkung ihrer „der Idee nach" umfassenden Planungshoheit für die örtlichen Angelegenheiten dar. Sie bedürfen daher der Rechtfertigung, und ihre Zulässigkeit ist nach ähnlichen Kriterien wie die Einschränkung von Grundrechten zu beurteilen. **10**

7. Die bauliche Nutzung der Grundstücke als Bestandteil des Eigentumsrechts (Art. 14 GG) wird mit dem Terminus der **„Baufreiheit"** besonders zum Ausdruck gebracht. Als Folge der verfassungsrechtlich gewährleisteten Baufreiheit erscheinen bau- und planungsrechtliche Regelungen als Einschränkung. Sie bedürfen daher der Rechtfertigung durch das öffentliche Interesse, ferner einer gesetzlichen Grundlage und müssen dem Verhältnismäßigkeitsprinzip gerecht werden. Entsprechendes gilt für die einzelnen Vollzugsakte. Gegen Rechtsverstöße bei der Planung wie beim Planvollzug steht dem einzelnen der in Art. 19 IV GG garantierte Individualrechtsschutz vor den Gerichten offen. **11**

8. Die Bauleitplanung kann als **Reaktionsplanung** der Abwehr von Fehlentwicklungen dienen, sie kann aber auch als **Auffangplanung** Fehlentwicklungen vorbeugen und einen u. U. recht engen Rahmen für die Grundstücksnutzung des Eigentümers ziehen. Schließlich läßt sich mit der Bauleitplanung aber auch das Prinzip der **Entwicklungsplanung** verfolgen, bei dem der „Staat" die Verwirklichung des Bebauungsplans selbst in die Hand nimmt, sowohl durch eigene Investitionen als auch durch das Gebot zur Investition an einzelne Eigentümer, etwa in Form von Bau-, Moder- **12**

nisierungs- oder Pflanzgeboten. Im Hinblick auf die Baufreiheit, zu der auch die freie Entscheidung darüber gehört, ob und wann man bauen will, stellt die Entwicklungsplanung einen besonders schweren Eingriff in das grundrechtlich gewährleistete Eigentumsrecht dar. Der Übergang zu diesem Prinzip bedarf daher nach dem Grundsatz der Verhältnismäßigkeit einer besonderen Rechtfertigung für die Planung insgesamt wie auch für einzelne Planverwirklichungsmaßnahmen. Im Zweifel ist bei einem Bauleitplan von einer Angebots- und Auffangplanung auszugehen.

II. Teil. Das Bauordnungsrecht im Überblick und seine materiellen Anforderungen

§ 4. Gegenstand und Besonderheiten des Bauordnungsrechts

Übersicht

1. Formelles und materielles Bauordnungsrecht

1 Bei der Darstellung der geschichtlichen Entwicklung des Baurechts wurde bereits der Unterschied zwischen **Bauplanungsrecht** und Bauordnungsrecht herausgearbeitet: Das Bauplanungsrecht betrifft die Bodennutzung, bezieht sich somit auf das Grundstück, ist also flächenbezogen. Seine Rechtsgrundlagen sind im Baugesetzbuch geregelt. Demgegenüber regelt das **Bauordnungsrecht** die

materiell-rechtlichen Anforderungen an die Bauausführung und an das einzelne Bauwerk, ist also objektbezogen. Außerdem enthält es Regelungen, um die Einhaltung der baurechtlichen Bestimmungen zu gewährleisten, präventiv insbesondere durch das Erfordernis einer Baugenehmigung, repressiv durch gesetzliche Ermächtigungen, die Einstellung unzulässiger Bauarbeiten oder den Abbruch rechtswidrig errichteter Anlagen anzuordnen. Insgesamt verfolgt es damit den Zweck, Gefahren für die öffentliche Sicherheit und Ordnung im Bereich des Bauens abzuwehren: Es ist damit Ordnungs- oder Polizeirecht und nicht Bodenrecht i. S. v. Art. 74 I Nr. 18 GG. Als solches fällt es in die Gesetzgebungskompetenz der Länder (Art. 70 GG). Aus diesem Grund ist das Bauordnungsrecht in der Landesbauordnung des jeweiligen Bundeslandes enthalten.

Die Landesbauordnungen basieren in den Grundzügen auf einer Musterbauordnung, die von einer Kommission, besetzt mit Vertretern der Fachministerien des Bundes und der Länder, ausgearbeitet wurde (vgl. MBO von 1959 und MBO von 1981 i. d. F. von 1996). Dadurch stimmen sie vor allem in materiell-rechtlicher Hinsicht im wesentlichen überein. Unterschiede bestehen im einzelnen etwa bei der Behandlung sozialer oder ökologischer Belange, bei den Abstandsvorschriften und bei den Regelungen über die Stellplatzpflicht. Bei den verfahrensrechtlichen Regelungen divergieren sie neuerdings nicht unerheblich, vor allem in der erweiterten Freistellung baulicher Anlagen von der Genehmigungspflicht. Sie folgen damit den gegenwärtigen Reformintentionen einer „Zurückdrängung des Staates“ und einer „Beschleunigung der Verwaltungsverfahren“ (kritisch dazu *Ortloff*, NVwZ 1994, 229; NVwZ 1996, 647; NVwZ 1997, 337 m. zahlr. w. N.). Mit den Verfahrensänderungen gehen zahlreiche Neuformulierungen materiell-rechtlicher Vorschriften einher, oft ohne daß damit eine inhaltliche Änderung verbunden wäre. Sie erschweren insofern eine exakt am Gesetzeswortlaut ausgerichtete einheitliche Darstellung.

Beim Durcharbeiten dieses Bandes empfiehlt es sich, die betreffenden Regelungen in der eigenen Landesbauordnung selbst zu suchen. Für Zweifelsfälle und zur Vermeidung von Unsicherheiten ist eine **Synopse** der wichtigsten Regelungen der einzelnen **Landesbauordnungen** in der Anlage beigefügt, so daß an Hand eines zitierten Paragraphen ohne weiteres die entsprechende Vorschrift in der jeweils maßgeblichen Landesbauordnung gefunden werden kann. Auf textliche Abweichungen, die interpretatorische Schwierigkeiten bedingen, wird soweit wie möglich unter Hinweis auf paradigmatische Formulierungen in einzelnen Landesbauordnungen im jeweiligen Problemzusammenhang eingegangen.

Wie beim allgemeinen Polizeirecht kann man auch beim Bau- 2
ordnungsrecht zwischen formellen und materiellen Regelungen unterscheiden. Das **formelle Bauordnungsrecht** betrifft die Organisation und Zuständigkeit der Behörden, das Verfahren und u. U. spezielle Handlungsformen. Das **materielle Bauordnungsrecht** enthält inhaltliche Anforderungen an das Bauwerk, ferner Befugnisse der Behörden zur Durchsetzung der baurechtlichen Vorschriften und schließlich Ermächtigungen zum Erlaß von Rechtsverordnungen und Satzungen auf dem Gebiete des Bauordnungsrechts. Im folgenden werden nach einem kurzen Überblick über das Bauordnungsrecht zunächst nur die materiellen bauordnungsrechtlichen Anforderungen an den Bürger behandelt. Auf die Befugnisse zur Sicherung und Durchsetzung des Baurechts soll erst später (Teil IV, §§ 28f.) eingegangen werden, wenn zuvor (Teil III, §§ 6ff.) auch die bauplanungsrechtlichen Anforderungen, ihre Aufstellung und ihre Wirksamkeit dargelegt sind. Denn die erwähnten bauordnungsrechtlichen Befugnisse dienen der Sicherung und Durchsetzung des gesamten Baurechts, d. h. sowohl der bauordnungsrechtlichen als auch der bauplanungsrechtlichen Anforderungen. Über sie werden also beide Rechtsbereiche miteinander verbunden.

Da das Bauordnungsrecht ein Sonderpolizeirecht ist, kommen 3
die allgemeinen ordnungs- oder polizeirechtlichen Normen nur insofern zur Anwendung, als das Bauordnungsrecht keine speziellen Regelungen enthält. Das gilt vor allem für die Vorschriften über die polizeirechtliche Verantwortlichkeit, etwa als Verhaltens- oder Zustandsstörer (vgl. §§ 6–9 PolG BW). Wie bei allen speziellen Regelungen ist auch bei der Anwendung des Bauordnungsrechts immer zu fragen, für welchen Sachbereich dieses spezielle Recht gelten soll („Anwendungsbereich"), und sodann, worin die Abweichungen von den Regelungen des allgemeinen Polizei- oder Ordnungsrechts bestehen.

2. Der Anwendungsbereich des Bauordnungsrechts

a) Bestimmung nach dem Gegenstand

4 Vereinfacht kann man mit den Eingangsbestimmungen der Landesbauordnungen (z.B. § 1 I 1 LBO BW) feststellen: Das Bauordnungsrecht gilt für alle „baulichen Anlagen" und für „Bauprodukte". Vor allem der Begriff der **baulichen Anlage** bedarf der näheren Präzisierung. Sie ist notwendig, weil nicht nur die Bauordnungen, sondern auch das Baugesetzbuch (vgl. § 29 BauGB) und zahlreiche andere gesetzliche Regelungen, etwa im Straßen- und im Wasserrecht, an diesen Begriff anknüpfen. Insofern ist der Terminus der „baulichen Anlage" ein zentraler Begriff des gesamten öffentlichen Baurechts. Er differiert in Nuancen in den jeweiligen Rechtsgebieten, gilt aber in seinem Kerngehalt einheitlich.

So wird **im Bauplanungsrecht** der verhältnismäßig weite Begriff der baulichen Anlage eingeschränkt durch das Merkmal der „planungsrechtlichen" oder „städtebaulichen" Relevanz bzw. einer „(möglichen) bodenrechtlichen Relevanz". Voraussetzung für seine Annahme ist also, daß das Vorhaben für die städtebauliche Entwicklung erheblich und deshalb materiell Vorschriften des Bodenrechts zu unterwerfen ist (BVerwGE 44, 59, 61; dazu unten § 18 Rn. 19ff.). Parallel dazu ist für die Annahme einer „baulichen Anlage" **i. S. d. Bauordnungsrechts** von Bedeutung, daß die Anlage geeignet ist, die mit der Bauordnung verfolgten Ziele und Zwecke zu beeinflussen (vgl. BVerwG ebd., OVG Münster, NJW 1966, 1938, 1939; VGH BW, BRS 50 Nr. 143). Insofern gilt hier das Merkmal der bauordnungsrechtlichen Relevanz (dazu unten Rn. 10).

Im Umweltrecht wird der Begriff der „Anlage" in einem weiteren Sinne verwandt. Nach § 3 V BImSchG sind Anlagen nicht nur ortsfeste Einrichtungen (z.B. Betriebsstätten), sondern – soweit nicht der Straßenverkehr betroffen ist – auch ortsveränderliche Einrichtungen (z.B. Maschinen) und schließlich sogar Grundstücke zur Lagerung emissionsträchtiger Gegenstände oder zur Durchführung emissionsträchtiger Tätigkeiten (ausgenommen öffentliche Verkehrswege).

aa) Grunddefinitionen

5 Die Landesbauordnungen verstehen unter **„baulichen Anlagen"** alle „unmittelbar" mit dem Erdboden verbundenen Anlagen, die aus „Bauprodukten" und damit regelmäßig aus Baustoffen und Bauteilen „hergestellt" sind (vgl. § 2 I 1, X Nr. 1 LBO BW). Daraus ergeben sich genau genommen drei Merkmale der baulichen

Anlage: die (feste) Verbindung mit dem Erdboden, die Verwendung von „Bauprodukten“ und die „Herstellung“ der Anlage aus Bauprodukten, d.h. eine bauliche Tätigkeit.

Was die **Herstellung** i.S. einer Bautätigkeit kennzeichnet, wird weitgehend nach dem allgemeinen Sprachgebrauch und der Verkehrsauffassung bestimmt (*Sauter*, § 2 Rn. 16). So fällt z.B. die Herstellung von Maschinen aus Metall, das schließlich auch als Baustoff und damit als Bauprodukt verwendet wird, nach allgemeinem Sprachgebrauch nicht unter das „Herstellen“ baulicher Anlagen. Gleiches gilt für die Beschriftung oder Bemalung von Wandflächen, etwa zu Werbezwecken. Eine große, selbständige Bedeutung kommt dem Kriterium des Herstellens allerdings im allgemeinen nicht zu. Die Rechtsprechung verbindet daher das Merkmal des Herstellens in der Regel mit dem der Verwendung von Bauprodukten zu dem einen „Merkmal des Bauens“ (OVG Lüneburg, BRS 46 Nr. 132; VGH BW, BRS 50 Nr. 142).

Den Begriff **„Bauprodukte“** präzisieren die neueren Landesbauordnungen in Legaldefinitionen (vgl. etwa § 2 X LBO BW; Art. 2 VI BayBO). Außer den bereits erwähnten Baustoffen und Bauteilen gehören dazu auch Anlagen, die dazu bestimmt sind, in „bauliche Anlagen“ dauerhaft eingebaut zu werden, wie z.B. Heizungsanlagen, sowie aus Baustoffen und Bauteilen vorgefertigte Anlagen, die hergestellt werden, um mit dem Erdboden verbunden zu werden, wie Fertighäuser, Fertiggaragen oder Silos. Die Regelung über die „Bauprodukte“ erfolgte zur Umsetzung einer entsprechenden EG-Richtlinie (Einzelheiten dazu bei *Lichtenauer*, BBauBl 1994, 898; *Di Fabio*, DVBl. 1994, 1269; *Tünnessen-Harmes*, DVBl. 1994, 1334; *Schlotterbeck*, VBlBW 1996, 252; vgl. auch die Bestimmungen der §§ 17ff. LBO BW).

Das Kriterium der **unmittelbaren Verbindung mit dem Erdboden** liegt auf jeden Fall vor, wenn die Anlage fest, z.B. durch ein Fundament oder eine Verankerung, mit Grund und Boden verbunden ist.

Bauliche Anlagen im Sinne des Gesetzes sind daher nicht nur Häuser, sondern auch Holz- oder Maschendrahtzäune, Gartenhäuschen oder etwa ein Reklamemast vor einer Tankstelle. Von einer festen Verbindung ist weiter auch auszugehen bei Anlagen, die auf Grund ihrer Konstruktion mehrmals auf- und abgebaut werden können (vgl. § 69 LBO BW – Fliegende Bauten).

bb) Erweiterungen

6 Die Definitionsnormen der Landesbauordnungen (z.B. § 2 I 2 LBO BW) erweitern den Begriff der (festen) „Verbindung mit dem Erdboden" ganz erheblich. Es genügt dafür auch, daß die Anlage „**durch eigene Schwere** auf dem Boden ruht" oder nach ihrem Verwendungszweck „überwiegend ortsfest" benutzt werden soll.

Daher ist auch ein alter Omnibus oder ein Wohncontainer, der auf einem Grundstück zum Zwecke der zeitweiligen Unterkunft aufgestellt wird, eine bauliche Anlage. Gleiches gilt für einen Verkaufswagen oder einen Wohnwagen, sofern er auf dem Grundstück zur überwiegend „ortsfesten" Benutzung aufgestellt ist, also als Ersatz für ein Gebäude dienen soll (vgl. BVerwG, BauR 1977, 109 – Tragluft-Schwimmhalle; OVG Berlin, BRS 30 Nr. 181 – Verkaufswagen; HessVGH, BRS 44 Nr. 135 – Wohnwagen; OVG Saarl., BRS 48 Nr. 128 – Verkaufswagen). Die Frage der Bestimmung zur ortsfesten Benutzung ist im Einzelfall nach der Art der Aufstellung und der Benutzung zu beurteilen; insofern wird hier ausnahmsweise die aus den Umständen des Einzelfalls objektiv zu ermittelnde Willensrichtung des Bauherrn maßgeblich, während das Baurecht sonst regelmäßig allein an die objektiven Gegebenheiten des Grundstücks anknüpft.

7 Weiter gelten als bauliche Anlagen insbesondere auch Aufschüttungen und Abgrabungen, Ausstellungs-, Abstell- und Lagerplätze, Camping- und Zeltplätze sowie Stellplätze (§ 2 I Nr. 1–4 LBO BW – **„Fiktive bauliche Anlagen"**). Daher kann etwa die Einrichtung eines Lagerplatzes der Genehmigungspflicht unterliegen (vgl. §§ 49, 50 LBO BW).

Schließlich gelten die Bestimmungen der Bauordnung nicht nur für bauliche Anlagen, sondern auch für Bauprodukte und für **„Grundstücke, andere Anlagen und Einrichtungen"**, sofern an diese – etwa in einzelnen Vorschriften der Landesbauordnung – bauordnungsrechtliche Anforderungen gestellt werden (vgl. § 1 I 2 LBO BW). Z.B. ist nach § 11 III Nr. 1 LBO BW das Verunstaltungsverbot auch auf Werbeanlagen anzuwenden, wenn sie keine baulichen Anlagen darstellen.

cc) Zweifelsfälle: Unmittelbare oder auch mittelbare Verbindung mit dem Erdboden

Umstritten ist vielfach, ob eine aus Bauprodukten hergestellte 8 Anlage, die **über eine andere Anlage**, also nur mittelbar, **mit dem Erdboden verbunden** ist, lediglich Bestandteil der Hauptanlage wird oder selbst als bauliche Anlage zu betrachten ist. Davon hängt u. U. ab, ob sie etwa als unwesentliche Änderung der Hauptanlage keiner (vgl. Nr. 17 des Anhangs zu § 50 I LBO BW) oder als selbständige bauliche Anlage einer Baugenehmigung (vgl. §§ 49, 50 LBO BW) bedarf. Im Bauordnungsrecht wird i. a. eine bauliche Anlage nur bei einer unmittelbaren Verbindung mit dem Erdboden angenommen. Dies stellt § 2 I 1 LBO BW – anders als andere Bauordnungen – ausdrücklich klar.

Daher ist z. B. ein Verkaufs- oder Ausstellungsstand im Freien eine bauliche Anlage, nicht aber derselbe Stand in der Markthalle, weil dieser nur über den Fußboden der Markthalle mit dem Erdboden verbunden ist (*Sauter*, § 2 Rn. 7; *Gädtke/Böckenförde/Temme*, Bauordnung NW, § 2 Rn. 9). Gleiches gilt z. B. für Vorrichtungen zur Gewinnung von Windenergie, für Sonnenkollektoren oder Antennen. Werden sie direkt auf dem Boden errichtet, fallen sie unter den bauordnungsrechtlichen Begriff der baulichen Anlage; werden sie aber auf dem Dach angebracht, fehlt es an der „unmittelbaren" Verbindung mit dem Boden; es liegt dann keine bauliche Anlage vor. Das heißt aber nicht, daß das Errichten derartiger Einrichtungen auf anderen baulichen Anlagen nicht an sich, sondern nur als Änderung der „Trägeranlage" baugenehmigungspflichtig sein könnte. Eine Baugenehmigungspflicht kann sich hier vielmehr (auch) daraus ergeben, daß die Bauordnung derartige Einrichtungen unter bestimmten Voraussetzungen generell für genehmigungspflichtig erklärt, auch wenn im Einzelfall – aus dem Blickwinkel der „Trägeranlage" gesehen – nur deren unwesentliche Änderung in Rede stehen sollte (vgl. beispielsweise die prinzipielle Genehmigungspflicht von Windenergieanlagen bestimmter Größe nach § 49 I 2. Alt. LBO BW i. V. m. § 50 I u. Nr. 22 des Anhangs zu § 50 I LBO BW als den baulichen Anlagen gleichgestellte „andere Anlagen").

Strittig ist vor allem die Beurteilung der **Werbeanlagen**. Nach 9 herkömmlicher Auffassung werden sie nach dem Kriterium der unmittelbaren oder nur mittelbaren Verbindung mit dem Boden unterschiedlich eingeordnet: Eine Plakattafel, die selbständig durch Pfosten unmittelbar mit dem Boden verbunden ist, stellt unbestritten eine bauliche Anlage dar. Daß aber eine großflächige Plakattafel, die mit Dübeln an eine Hauswand angebracht wird, mangels unmittelbarer Verbindung mit dem Boden keine bauliche Anlage darstellen soll, wird neuerdings in Zweifel gezogen. Hier bahnt sich eine Änderung der Rechtsprechung an, die allerdings ohne Bedeutung für diejenigen Länder ist, die – wie Baden-Württemberg in § 2 I 1 LBO BW – das „Unmittelbarkeitserfordernis" in die gesetzliche Definition der baulichen Anlage aufgenommen haben.

Der Meinungsstreit ist nur selten von Belang, da in den Landesbauordnungen zahlreiche Vorschriften über bauliche Anlagen eine entsprechende Anwendung auf Werbeanlagen vorsehen oder spezielle Regelungen dafür vorhanden sind. Das gilt etwa für das Verunstaltungsverbot (vgl. § 11 III Nr. 1 LBO BW; Art. 11 II BayBO; § 13 II HBO; § 13 II BO NW; § 13 II SächsBO). Weiter wird die generelle Genehmigungspflicht für bauliche Anlagen in der einschlägigen Generalklausel (z. B. § 49 LBO BW) auf andere Anlagen und Einrichtungen ausgedehnt, sofern diese die Voraussetzungen in den Vorschriften über die bauordnungsrechtliche Freistellung untergeordneter Bauvorhaben nicht erfüllen (vgl. § 50 I LBO BW; § 63 I HBO; § 65 I BO NW; § 63 a I SächsBO). In allen diesen Fällen wird die Frage der begrifflichen Zuordnung der Werbeanlagen nicht praktisch. Aber einzelne bauordnungsrechtliche Vorschriften gelten nur für „bauliche Anlagen", wie z. B. § 16 II LBO BW, wonach die Sicherheit und Leichtigkeit des öffentlichen Verkehrs nicht durch bauliche Anlagen gefährdet werden darf. Dann kann die Frage, ob nur mittelbar mit dem Boden verbundene Werbeanlagen als bauliche Anlagen zu qualifizieren sind, nicht dahingestellt bleiben; hier könnten den öffentlichen Verkehr gefährdende Werbeanlagen an einem Gebäude nur über die Generalklausel (vgl. § 3 I i. V. m. § 47 LBO BW) oder über eine spezielle Vorschrift, wie z. B. § 33 StVO oder naturschutzgesetzliche Regelungen für Werbeanlagen außerhalb geschlossener Ortschaften (vgl. etwa § 20 NatSchG BW) untersagt werden.

Im **Bauplanungsrecht** interpretiert das Bundesverwaltungsgericht den Begriff der baulichen Anlage i. S. v. § 29 BauGB weit und rechnet darunter auch Werbemittel, die auf einer Hauswand, auf Einfriedungen, auf dem Dach oder an Brückengeländern angebracht und damit nur mittelbar mit dem Erdboden verbunden sind (vgl. BVerwG, BRS 20 Nr. 127 – Flachdach; OVG Lüneburg, BRS 46 Nr. 132 – Hauswand). Allerdings wird dieser weite Begriff dann wieder eingeschränkt durch das zusätzliche Erfordernis der „städtebaulichen Relevanz", das für alle bauplanungsrechtlichen Begriffe mitbestimmend ist (dazu näher unten § 18 Rn. 21). Sie ist nur gegeben, wenn das Vorhaben die in § 1 V BauGB genannten Belange in einer Weise berührt oder berühren kann, die geeignet ist, ein Bedürfnis nach einer ihre Zulässigkeit regelnden verbindlichen Bauleitplanung hervorzurufen (BVerwGE 44, 59, 62).

10 Einzelne Gerichte folgen bei Werbeanlagen auch für das **Bauordnungsrecht** der weiten Auslegung des Begriffs der baulichen Anlage i. S. des Bauplanungsrechts (OVG Berlin, BRS 20 Nr. 136; BayVGH, BRS 28 Nr. 86; VGH BW, BRS 50 Nr. 143; a. A. VGH BW, BRS 40 Nr. 159 u. BRS 46 Nr. 131; OVG Münster, BRS 22 Nr. 130; OVG RhPf., BRS 17 Nr. 94; OVG Saarl., BRS 24 Nr. 121). Es sei kein Unterschied zu erkennen zwischen einem Plakatständer, der direkt vor einer Hausmauer als selbständige bauliche Anlage aufgestellt werde und einer Plakattafel, die an das Haus mit Dübeln angemacht sei. Gegen diese neuere Ansicht wird eingewendet, sie führe zu dem abwegigen Ergebnis, daß dann auch Einrichtungsgegenstände in einem Gebäude, also etwa Verkaufsstände in einer Messehalle, als bauliche Anlagen dem Anwendungsbereich der jeweiligen Landesbauordnung unterliegen müßten. Dieses läßt sich jedoch – analog dem Erfordernis der städtebaulichen Relevanz im Bauplanungsrecht – über das zusätzliche Kriterium der „bauordnungsrechtlichen Relevanz" (vgl. oben Rn. 4) vermeiden. Sie ergibt sich aus der Zweckrichtung der Landesbauordnung und ist nur dann anzunehmen, wenn ein Bedürfnis nach präventiver Kontrolle unter sicherheitsrechtlichen oder gestalterischen Gesichtspunkten besteht. Mit diesem Kriterium erhält man zwar kein so exaktes Abgrenzungsmerkmal wie dasjenige der unmittelbaren bzw. mittelbaren Verbindung mit dem Erdboden, aber einleuchtendere Abgrenzungen. Bauliche Anlagen sind dann auch alle aus Bauprodukten hergestellten Anlagen, die zwar nur mittelbar fest mit dem Erdboden verbunden, aber bauordnungsrechtlich relevant sind. Diese Auslegung ist indes, wie erwähnt, nur dann möglich, wenn nach der betreffenden Landesbauordnung das Erfordernis der „unmittelbaren Verbindung" mit dem Erdboden nicht ausdrücklich vorgeschrieben ist.

b) Bestimmung nach den Verrichtungen

Die Bauordnungen bestimmen ihren Anwendungsbereich nicht **11**
nur nach dem Gegenstand, der „baulichen Anlage", sondern auch im Hinblick auf die Vorgänge oder Verrichtungen an der baulichen Anlage. So legt das Gesetz (z. B. in § 49 LBO BW) fest, daß eine Baugenehmigung sowohl für das Errichten als auch für den Abbruch baulicher Anlagen erforderlich ist. Dieser Anwendungsbereich wird wiederum durch Definitionsnormen wesentlich erweitert, die dem Errichten das Herstellen, Aufstellen, Anbringen, Einbauen, Einrichten, Instandhalten, Ändern sowie die Nutzungsänderung und dem Abbruch das Beseitigen gleichstellen (§ 2 XII LBO BW).

Wird also ein Kinoraum in eine Diskothek umgewandelt, indem lediglich die feste Bestuhlung in Reihen herausgenommen und durch Tische und Stühle ersetzt wird, aber keinerlei bauliche Maßnahmen vorgenommen werden, so ist dennoch für diese „Nutzungsänderung" grundsätzlich eine Baugenehmigung erforderlich. Davon kann lediglich abgesehen werden, wenn das Gesetz für bestimmte Fälle ausdrücklich eine Ausnahme vorsieht (wie z.B. in § 50 II LBO BW).

3. Besonderheiten des formellen Bauordnungsrechts

12 Ist die Anwendbarkeit der Landesbauordnung als polizeirechtliches Spezialgesetz geklärt, richten sich zunächst Zuständigkeit und Verfahren nach diesem Gesetz.

a) Organisation und Zuständigkeit

Durch die Landesbauordnungen sind Organisation und Zuständigkeit der Baurechtsbehörden regelmäßig dem organisatorischen Aufbau der allgemeinen Verwaltung des jeweiligen Landes angepaßt. Unterschiede ergeben sich vor allem zu den Zuständigkeiten der allgemeinen Polizei- oder Ordnungsbehörden.

So kennt z.B. das Polizeigesetz von Baden-Württemberg als Polizeibehörden die zuständigen Ministerien, die Regierungspräsidien, die Kreispolizeibehörden als untere Verwaltungsbehörden und die Ortspolizeibehörden (§§ 61, 62 PolG BW), geht also von einem 4-stufigen Aufbau der Polizeibehörden aus. Im Unterschied dazu sieht die Landesbauordnung von Baden-Württemberg nur einen dreistufigen Aufbau der Baurechtsbehörden vor (§ 46 LBO BW), nämlich das Wirtschaftsministerium als oberste Baurechtsbehörde, die Regierungspräsidien als höhere Baurechtsbehörden und die (in § 13 LVG BW aufgeführten) unteren Verwaltungsbehörden als untere Baurechtsbehörden. Allerdings können auch kleinere Gemeinden und Verwaltungsgemeinschaften unter bestimmten Voraussetzungen auf ihren Antrag hin zur unteren Baurechtsbehörde erklärt werden (§ 46 II LBO BW). Die Gemeinden als untere Verwaltungsbehörden (§ 46 I Nr. 3 LBO BW; § 13 I, III LVG BW) sowie kleinere Gemeinden als untere Baurechtsbehörden nach § 46 II LBO BW nehmen ihre Aufgaben als „Pflichtaufgaben nach Weisung“ wahr (§ 47 IV LBO BW), so daß dafür, wie im allgemeinen Polizeirecht, nach § 44 III GO BW der Bürgermeister zuständig ist.

b) Instrumente: Baugenehmigung und Baulast

aa) Baugenehmigung und Baugenehmigungsverfahren – Neue Verfahrensvarianten

13 In verfahrensrechtlicher und instrumenteller Hinsicht betont das Bauordnungsrecht in stärkerem Maße als das allgemeine Polizei-

recht die Gefahrenvorsorge. Man will nicht zuwarten, bis eine konkrete Gefahr sich entwickelt hat und dann erst eingreifen, sondern bereits im Vorfeld das Entstehen einer solchen Gefahr verhindern. Dazu dienen das Baugenehmigungsverfahren und in eingeschränktem Maße auch das „vereinfachte Genehmigungs-", das „Kenntnisgabe-" bzw. „Anzeigeverfahren" oder statt dessen das „Genehmigungsfreistellungsverfahren".

Grundsätzlich ist für die Errichtung, die Beseitigung oder Änderung von baulichen Anlagen, aber auch für eine Nutzungsänderung, wie erwähnt, eine **Baugenehmigung** erforderlich (vgl. z.B. §§ 49, 2 XII LBO BW). Sie muß erteilt werden, wenn das Vorhaben den bauordnungs- und bauplanungsrechtlichen Anforderungen genügt und keine anderen von den Baurechtsbehörden zu prüfenden öffentlich-rechtlichen Normen entgegenstehen (§ 58 I LBO BW).

Diese Regelung ist eine Folge des bereits erörterten Prinzips der Baufreiheit auf Grund Art. 14 I GG. Die grundsätzliche Genehmigungspflicht soll es der Baubehörde nur erleichtern, die Einhaltung des Baurechts zu kontrollieren. Es handelt sich also bei dem Verbot eines Bauens ohne Baugenehmigung lediglich um eine Präventivmaßnahme, ein sogenanntes „präventives Verbot mit Erlaubnisvorbehalt", nicht aber um eine inhaltliche Mißbilligung der baulichen Tätigkeit. Die Baugenehmigung ist also nur eine **Kontrollerlaubnis** (dazu *Maurer*, VWR, § 9 Rn. 51).

Für die Erteilung der Baugenehmigung sieht das Bauordnungsrecht ein besonderes Verfahren vor. Dabei sind vor allem die Eigentümer angrenzender Grundstücke zu dem Vorhaben anzuhören, so daß sie frühzeitig ihre eventuellen Einwendungen gegen das Vorhaben bei der Behörde vorbringen können.

Im Zuge der Deregulierung wurde das Erfordernis eines Bauge- **14**
nehmigungsverfahrens bei bestimmten baulichen Vorhaben durch **neue Verfahrensvarianten** ersetzt, die in den einzelnen Ländern sich z. T. erheblich voneinander unterscheiden. Sie vermögen die Funktion einer präventiven Kontrolle oft nur noch in begrenztem Maße zu erfüllen. Die einzelnen Verfahren lassen sich unter starker Vereinfachung folgendermaßen typisieren:

(1) Im **„vereinfachten Genehmigungsverfahren"** ist die bauaufsichtliche Prüfung auf bestimmte Anforderungen beschränkt, wie z.B. auf die Übereinstimmung des Bauvorhabens mit dem

Bauplanungsrecht oder den Abstandsvorschriften (vgl. z.B. § 67 HBO; Art. 73 BayBO). Damit verbunden ist z.T. eine Genehmigungsfiktion, wenn die Bauaufsichtsbehörde nicht innerhalb einer bestimmten Frist entschieden hat (§ 67 V HBO).

(2) Noch weiter eingeschränkt ist die präventive Kontrolle im **Kenntnisgabe-** (§ 51 LBO BW) bzw. **Anzeigeverfahren** (§ 63 SächsBO), das vor allem für die Errichtung von Wohngebäuden, ausgenommen Hochhäuser, ferner für landwirtschaftliche Betriebsgebäude und die dazugehörigen Garagen innerhalb des Geltungsbereichs eines qualifizierten Bebauungsplans (oder Vorhaben- und Erschließungsplans) in zahlreichen Ländern eingeführt wurde. Es unterscheidet sich vom Genehmigungsverfahren dadurch, daß ein Verfahren zur präventiven Kontrolle zwar mit Vorlage der erforderlichen Unterlagen eingeleitet wird, dieses aber nicht auf eine Entscheidung zielt. Nach Ablauf einer Frist entfällt regelmäßig das formelle Bauverbot. Allerdings ist nach verbreiteter Ansicht die Baugenehmigungsbehörde immer noch zu einer präventiven Prüfung berechtigt, nur dazu nicht mehr verpflichtet (so etwa *Sauter*, LBO BW, § 51 Rn. 5; a.A. – Unzulässigkeit einer präventiven bauaufsichtlichen Prüfung – *Pfaff*, VBlBW 1996, 281, 284).

Die Ansicht, daß die Behörde zur präventiven bauaufsichtlichen Prüfung zwar nicht verpflichtet, aber berechtigt sei, läßt sich bereits Regelungen, wie z.B. in § 51 V LBO BW, entnehmen. Danach hat die Baugenehmigungsbehörde auf besonderen Antrag über Abweichungen, Ausnahmen und Befreiungen zu entscheiden. „Im übrigen werden die Bauvorlagen" von ihr „nicht geprüft"; davon „bleibt" jedoch „unberührt" ihre Pflicht, auf die Einhaltung der in ihren Aufsichtsbereich fallenden Vorschriften zu achten und zur Wahrnehmung dieser Aufgaben die erforderlichen Maßnahmen zu treffen. Beide Regelungen zusammen können nur so verstanden werden, daß die Behörde gegenüber dem Antragsteller zwar nicht verpflichtet ist, die Bauvorlage zu prüfen, aber nach ihrem pflichtgemäßen Ermessen als Ordnungsbehörde in eine solche Prüfung u.U. einzutreten hat. Neben dieser Streitfrage soll (etwa nach *Jäde,* ZfBR 1996, 241, 246) weiter unklar sein, ob die Behörde, wenn sie bei einem rechtswidrigen Bau während der Anzeigefrist untätig bleibt und damit das (aus präventiven Aufsichtsgründen bestehende) formelle Bauverbot entfallen läßt, danach noch gegen das begonnene Vorhaben einschreiten darf. Für letzteres spricht vieles. Weiter wird diskutiert, ob sie in einem solchen Fall u.U. Amthaftungsansprüche (nach Art. 34 GG/§ 839 BGB) gewärtigen müsse. Das kann angesichts des mit der Anzeige begründeten Verfahrensverhältnisses nicht ohne weiteres verneint werden. Die Annahme eines solchen Verfahrensverhältnisses und daraus erwachsender Nebenpflichten kann nicht allein damit verneint werden, daß das Verwaltungsverfahrensgesetz nach § 9 VwVfG nur auf die Vorbereitung und den Erlaß eines Verwaltungsakts, nicht aber auf Realhandlungen anwendbar sei. Einmal wird bei einem solchen Vorgehen überprüft, ob die Behörde durch Verwaltungsakt einzuschreiten hat oder nicht, zum zweiten ist, wenn man das Verwaltungsverfahrensgesetz nicht für anwendbar hält, damit die Annahme eines Verfahrensverhältnisses und damit begründeter Nebenpflichten nicht ausgeschlossen, zumal dieses ohnehin im Verwaltungsverfahrensgesetz nicht geregelt ist.

Ob sich von dem Anzeigeverfahren das stattdessen in anderen Ländern eingeführte **„Genehmigungsfreistellungsverfahren"** (vgl. z.B. Art. 64 BayBO; § 67 BauO NW) wesentlich unterscheidet, ist zweifelhaft. Sieht man von Unterschieden in Einzelheiten ab, gilt es ebenfalls vor allem für Wohngebäude geringerer oder mittlerer Höhe, die z. T. bis zur Hochhausgrenze gehen kann, und setzt einen qualifizierten Bebauungsplan für das betreffende Gebiet voraus. Die baulichen Unterlagen sind (länderweise unterschiedlich) der Bauaufsichtsbehörde oder der Gemeinde vorzulegen. Diese kann dann entscheiden, ob für dieses Vorhaben doch ein Genehmigungsverfahren durchgeführt werden muß oder ob es bei der gesetzlich als Grundsatz geregelten Genehmigungsfreiheit bleibt.

Der Unterschied zum Kenntnisgabe- oder Anzeigeverfahren wird z. T. darin gesehen, daß im Genehmigungsfreistellungsverfahren die Behörden von jeder präventiven bauaufsichtlichen Kontrolle ausgeschlossen seien und zwar so weitgehend, daß eine bauaufsichtliche Überprüfung „auch nicht mehr der Möglichkeit nach" eröffnet sei. Soweit – wie in Niedersachsen und Mecklenburg-Vorpommern – der Bauherr die Bauaufsichtsbehörde von dem Vorhaben zu informieren habe, handle es sich nicht um eine „Anzeige", sondern um eine schlichte Information. Soweit, wie in den übrigen Ländern, die Genehmigungsfreiheit von der Gemeinde durch die Erklärung, daß ein Genehmigungsverfahren durchzuführen sei, beseitigt werden könne, würde diese lediglich eine Tatbestandsvoraussetzung der Genehmigungsfreiheit beseitigen (so insbes. *Jäde*, ZfBR 1996, 241, 246). Damit glaubt man die (vor allem von den Verfechtern des Genehmigungsfreistellungsverfahrens) aufgeworfenen Zweifelsfragen beim Anzeigeverfahren gelöst und das Risiko der formellen und materiellen Rechtmäßigkeit des Vorhabens eindeutig voll dem Bauherrn aufgebürdet zu haben. Zweifelhaft ist jedoch, ob den gesetzlichen Regelungen ein Verbot für die Behörde entnommen werden kann, eine bauaufsichtliche Prüfung der Unterlagen vorzunehmen. Kann sie die Durchführung eines förmlichen Verfahrens vom Bauherrn verlangen, wenn sie es wegen des „beabsichtigten Erlasses einer Veränderungssperre“, im Gesetz aufgeführten Anlässen „oder aus anderen Gründen“ für erforderlich hält (vgl. Art. 64 IV BayBO; § 67 III BO NW), muß es ihr doch wie im Kenntnisgabeverfahren erlaubt sein, zumindest evidente Verstöße zu berücksichtigen. Es ließe sich auch mit dem verfassungsrechtlich gebotenen Verhältnismäßigkeitsprinzip kaum vereinbaren, würde man der Behörde eine solche Prüfung untersagen und sie damit zwingen, sehenden Auges bis zu Beginn des rechtswidrigen Vorhabens zu warten und dann erst mit einer Baueinstellung oder gar Abbruchverfügung einzuschreiten (entspr. auch *Simon*, BayBO 1994, Art. 70 Rn. 18).

(3) Eine **Genehmigungsfreiheit** i. S. einer Freistellung von jeglichen Verfahrensanforderungen für bestimmte Vorhaben von baurechtlich untergeordneter Bedeutung (vgl. z. B. § 50 LBO BW; Art. 63 BayBO; § 63 HBO; § 65 BO NW; § 63a SächsBO) gibt es seit alters praktisch in allen Ländern. Für diese Vorhaben besteht kein formelles Bauverbot, sie können genehmigungsfrei, auch ohne vorherige Einreichung von Unterlagen und ohne Antrag errichtet werden. Natürlich müssen sie sich an die materiellen Bauvorschriften halten. Es entfällt hier im Hinblick auf ihre Unbedeutendheit nur eine präventive bauaufsichtliche Kontrolle.

Die neuen Verfahrensarten führen zu einer Reihe weiterer Probleme. Auf sie wird im jeweiligen Sachzusammenhang später eingegangen. So trägt z. B. der Bauherr das Risiko der formellen und materiellen Rechtmäßigkeit des Vorhabens weitgehend allein. Er erlangt keine durch eine Baugenehmigung vermittelte bestandsgeschützte Rechtsposition. Die Klagemöglichkeit des Nachbarn verfristet nicht mehr; sie ist jedoch nach Treu und Glauben i. d. R. ein Jahr nach Kenntniserlangung verwirkt (vgl. § 58 II VwGO; dazu *Lorenz*, VwPrR, § 20 Rn. 32ff.). Gegen Vorhaben ohne Baugenehmigung kann nicht mehr mit Widerspruch und Anfechtungsklage, sondern nur durch Antrag auf Einschreiten der Baurechtsbehörde und bei seiner Ablehnung durch Widerspruch und notfalls Verpflichtungsklage vorgegangen werden. Demzufolge gestaltet sich auch der einstweilige Rechtsschutz unterschiedlich (dazu unten § 30 Rn. 23ff., 25).

bb) Bauvorbescheid und Teilbaugenehmigung

15 Neben der Baugenehmigung gibt es für bestimmte Fälle besondere, meist gegenständlich begrenzte Genehmigungsformen. Sie werden später im einzelnen erörtert (vgl. unten § 28 Rn. 29ff.). Auf zwei, den Bauvorbescheid und die Teilbaugenehmigung, ist jedoch bereits wegen ihrer großen Bedeutung an dieser Stelle hinzuweisen: Unter einem **Bauvorbescheid** (z. B. § 57 LBO BW) versteht man eine durch eine sog. „Bauvoranfrage" des Bauwilligen ausgelöste verbindliche Entscheidung der Baugenehmigungsbehörde über einzelne Fragen des Bauvorhabens, z.B. ob das Grundstück überhaupt oder in dem beabsichtigten Umfange bebaut werden darf. Durch einen positiven Bescheid erhält der potentielle Bauherr Klarheit, ob sich die umfangreiche und kostspielige Ausarbeitung der Unterlagen für ein entsprechendes Baugesuch überhaupt lohnt. Eine **Teilbaugenehmigung** (z.B. § 61 LBO BW) ergeht nach einer umfassenden Prüfung aller Rechtsfragen für einen abgrenzbaren baulichen Teil einer Gesamtanlage, z.B. für die Werkstätte oder das Lagerhaus einer größeren Betriebsanlage. Sie stellt eine vollständige Baugenehmigung begrenzt auf das Teilobjekt dar.

cc) Die Baulast

Als besondere Institution neben den Instrumenten und Hand- **16**
lungsformen des Allgemeinen Verwaltungsrechts kennen die meisten Bauordnungen noch die sogenannte Baulast (z.B. § 71 LBO BW). Diese kann man als eine öffentlich-rechtliche Grunddienstbarkeit qualifizieren. Sie soll es ermöglichen, im Einzelfall öffentliche Belange durch die Belastung eines Grundstücks in einer stärkeren Weise zu garantieren als dies über das Zivilrecht möglich wäre.

Lassen sich z.B. bei einem Bauvorhaben die Abstandsflächen nicht auf dem Baugrundstück selbst einhalten (vgl. § 5 II LBO BW), kann dieser Mangel dadurch behoben werden, daß der Nachbar sich verpflichtet, den fehlenden Abstand auf seinem Grundstück einzuhalten (vgl. etwa § 7 LBO BW). Schließlich kommt es dem öffentlichen Recht nur darauf an, daß die gesetzlich vorgesehenen Abstandsflächen eingehalten werden; es ist für die Zwecke des Bauordnungsrechts aber gleichgültig, ob diese sich auf dem Grundstück des Bauwilligen oder seines Nachbarn befinden. Allerdings muß sichergestellt sein, daß entsprechende Vereinbarungen zwischen zwei Grundstückseigentümern nicht ohne Mitwirkung der Behörde abgeändert oder etwa durch gutgläubigen Erwerb aufgehoben werden können. Daher genügt die Eintragung einer privatrechtlich begründeten Grunddienstbarkeit (§§ 1018ff. BGB) nicht; vielmehr bedarf es einer entsprechenden öffentlich-rechtlichen Belastung, einer „Baulast", die durch eine öffentlich-rechtliche Willenserklärung gegenüber der Behörde begründet wird und eines Eintrags im Baulastenverzeichnis bedarf. Einzelne Bauordnungen kennen allerdings das Institut der Baulast nicht; in diesen Ländern muß dann eine Grunddienstbarkeit genügen (so für Bayern: BayVGH, BayVBl 1994, 632).

4. Besonderheiten des materiellen Bauordnungsrechts

a) Anforderungs-, Aufgaben- und Befugnisnormen

17 Im Unterschied zum materiellen allgemeinen Polizeirecht, das vorwiegend das Vorgehen der Polizeibehörden gegenüber einzelnen Bürgern regelt, die gegen gesetzliche Vorschriften verstoßen, enthält das materielle Bauordnungsrecht selbst zahlreiche **inhaltliche Anforderungen** an den einzelnen Bürger. Darauf wird sogleich (unten § 5) näher eingegangen. Daneben sehen die Landesbauordnungen, ähnlich wie das allgemeine Polizei- und Ordnungsrecht, eine Vielzahl von **Aufgabennormen** und vor allem auch von Befugnisnormen vor. Erstere weisen den Baurechtsbehörden die Aufgabe zu, darauf zu achten, daß die baurechtlichen Vorschriften eingehalten und die auf Grund dieser Vorschriften erlassenen Anordnungen befolgt werden. Damit erhält die Behörde die Kompetenz, entsprechende Handlungen vorzunehmen. Soweit sie diese ausführen kann, ohne den einzelnen in seinen Rechten zu tangieren, bedarf sie dazu keiner weiteren gesetzlichen Grundlage. Ein „Eigenhandeln" zur Gefahrenabwehr, wie etwa baupolizeiliche Beratung oder das Bereitstellen von Polizeikräften für ein evtl. erforderliches Eingreifen bei riskanten Baumaßnahmen, kann die Baurechtsbehörde allein auf Grund ihrer Aufgabennorm vornehmen.

Sind zur Erfüllung der polizeilichen Aufgabe jedoch Eingriffshandlungen, etwa Anordnungen, erforderlich, benötigt die Baurechtsbehörde dazu nach dem Grundsatz vom Vorbehalt des Gesetzes weiter eine spezielle gesetzliche Ermächtigung, eine sogenannte **„Befugnisnorm"**, die die zulässigen Maßnahmen und die Voraussetzungen dafür präzise festlegt. Der allgemeinen polizeilichen Generalklausel entspricht für das Bauwesen die bauordnungsrechtliche Generalklausel (vgl. § 47 I LBO BW). Sie legt in Satz 1 die Aufgabe der Baurechtsbehörde fest (Aufgabennorm) und gibt in Satz 2 die Ermächtigung, zur Wahrnehmung dieser Aufgabe diejenigen Maßnahmen zu treffen, die nach pflichtgemäßem Ermessen erforderlich sind (Befugnisnorm). Diese allgemeine Befugnisnorm wird durch spezielle Befugnisse, wie das Verbot unrechtmäßig gekennzeichneter Bauprodukte (§ 63 LBO BW), die Baueinstellung (§ 64 LBO BW) sowie die Abbruchsanordnung und die Nutzungsuntersagung (§ 65 LBO BW) ergänzt. Die zahlreichen Vollzugsinstrumentarien der Landesbauordnungen gelten sowohl für den Vollzug des materiellen Bauordnungsrechts als auch für die Durchsetzung der bauplanungsrechtlichen Pflichten auf Grund des Baugesetzbuchs und der gemeindlichen Bebauungspläne. Daher werden sie erst später, nach Erörterung aller normativen Anforderungen an den Bauwilligen (in Teil IV, §§ 28f.) im einzelnen erörtert.

b) Der Kreis der baurechtlich Verantwortlichen

Keiner eingehenderen Behandlung bedarf der Adressatenkreis 18
der am Bau Beteiligten (§§ 41ff. LBO BW), also der Kreis, der ebenfalls für die Einhaltung des gesamten Baurechts verantwortlichen Personen. Dazu gehört einmal der **Bauherr**, gegen den die Behörde bei Rechtsverstößen auch schon nach allgemeinem Polizeirecht als Handlungsstörer und i.d.R. auch als Zustandsstörer (vgl. z.B. §§ 6, 7 PolG BW) vorgehen könnte. Das Bauordnungsrecht erweitert aber den Kreis der polizeirechtlich Verantwortlichen auf den **Planverfasser** (Architekten), den **Bauunternehmer** und den **Bauleiter**. Diese Personen sind jeweils für ihren Aufgabenkreis zusätzlich der Behörde für die Einhaltung des Baurechts verantwortlich. Gegen sie können daher polizeirechtliche Anordnungen ebenfalls erlassen werden.

Literatur: *Weyreuther*, Bundes- und Landesbaurecht, BauR 1972, 1; *Krawietz*, Die Baulast als Rechtsinstitut, DVBl. 1973, 605; *Maier*, Bauordnungsrechtliche Anforderungen an die Gestaltung von Bauwerken, BayVBl 1980, 5; *Stühler*, Stellplatznachweispflicht bei wesentlichen Änderungen baulicher Anlagen, BauR 1982, 129; *Dürr*, Rechtsnatur und Bindungswirkung des Bauvorbescheids, JuS 1984, 770; *Jäde*, Verunstaltungsverbot und Einfügungsgebot, BayVBl 1984, 10; *Ziegler*, Über notwendige Stellplätze und Garagen, BWVPr 1984, 170; *Baier*, Die bauordnungsrechtliche Stellplatz- und Garagenbaupflicht und deren Ablösung in Baden-Württemberg, VBlBW 1985, 81; *Ehlers*, Die Zulässigkeit von öffentlich-rechtlichen Verträgen über die Ablösung der Stellplatz- oder Garagenbaupflicht, DVBl. 1986, 529; *Simon*, Das 16-m-Privileg nach der Entscheidung des Großen Senats des BayVGH (Art. 6 V BayBauO),

BayVBl 1986, 609; *Meßerschmidt*, Sonderabgaben und BVerwG – Zur Rechtsnatur des Ausgleichsbetrages zur Ablösung der Stellplatzpflicht, DVBl. 1987, 925; *Ortloff*, Inhalt und Bindungswirkungen der Baugenehmigung, NJW 1987, 1665; *Friedrich*, Anforderungen an Anlagen der Außenwerbung, BauR 1988, 524; *Gusy*, Leistungen und Grenzen technischer Regeln – am Beispiel der Technischen Baunormen, VerwArch 1988, 68; *Dürr*, Das Bauordnungsrecht in Baden-Württemberg in den Jahren 1983–1989, VBlBW 1989, 361; *Erbguth*, Normkonkretisierende Verwaltungsvorschriften, DVBl. 1989, 473; *Hager*, Grundfälle zur Zulässigkeit von Bauvorhaben, JuS 1989, 382 u. 460; *Grabosch*, Bebauungspläne und gestalterische Festsetzungen, NWVBl 1990, 293; *Meendermann/Lassek*, Rechtsfortbildung der Baulast, NJW 1993, 424; *Tünnessen-Harmes*, Die CE-Kennzeichnung zum Abbau technischer Handelshemmnisse in der Europäischen Union, DVBl. 1994, 1334; *Di Fabio*, Umweltschutz durch Bauproduktnennung, DVBl. 1994, 1269; *Erbguth*, Aktuelle Rechtsentwicklungen im Bauordnungsrecht, JZ 1995, 1141; *Böckenförde/Temme/Krebs*, Musterbauordnung, 5. Aufl. 1996; *Schlotterbeck*, Die Umsetzung der EU-Bauproduktenrichtlinie im Land Baden-Württemberg, VBlBW 1996, 252; *Pfaff*, Die neue Landesbauordnung für Baden-Württemberg – Ein Fehlgriff des Gesetzgebers, VBlBW 1996, 281; *Jäde*, Neuere Entwicklungen im Bauordnungsrecht, ZfBR 1996, 241; *Ortloff*, Die Entwicklung des Bauordnungsrechts, NVwZ 1999, 955; 2000, 750.

§ 5. Die Anforderungen des materiellen Bauordnungsrechts

Übersicht

1. Die Schutzzwecke und ihre Überschneidungen

Das materielle Bauordnungsrecht stellt eine Vielzahl gesetzlicher 1
Anforderungen an den Zustand von baulichen und anderen Anlagen, Grundstücken und Einrichtungen auf. Ihr Inhalt wird zunächst in einer materiellen bauordnungsrechtlichen Generalklausel festgehalten (vgl. § 3 LBO BW) und dann in zahlreichen Einzelregelungen weiter ausgestaltet und präzisiert (§§ 4ff. LBO BW). Dabei lassen sich traditionell vor allem drei Schutzzwecke feststellen:

Einen Schwerpunkt bildet die **Gefahrenabwehr**. Dementsprechend verlangt die Generalklausel der bauordnungsrechtlichen Anforderungen (§ 3 I 1 LBO BW), daß bauliche Anlagen so zu errichten und zu unterhalten sind, daß keine Gefahr für die öffentliche Sicherheit oder Ordnung entsteht und daß sie ohne Mißstände benutzbar sind.

Einen weiteren Schutzzweck bildet die **bauliche Gestaltung**: Die Bauordnungen untersagen nicht nur, daß die baulichen Anlagen verunstaltet wirken oder ihre Umgebung verunstalten, sondern verlangen auch, daß sie die von der Gemeinde beabsichtigte Gestaltung der Umgebung nicht beeinträchtigen (vgl. § 11 LBO BW; Art. 3 I, 11 BayBO; § 12 SächsBO, BO NW, HBO). Für eine positive Festlegung der gestalterischen Vorstellungen enthalten sie außerdem Ermächtigungen zum Erlaß sogenannter Gestaltungssatzungen (vgl. z.B. § 74 LBO BW).

Ein dritter Schutzbereich betrifft die Verwirklichung **sozialer Standards**. Da derartige positive Anforderungen nicht mit einer Generalklausel präzise erfaßt werden können, beschränken sich die Landesbauordnungen auf einzelne punktuelle Anforderungen. So verlangen z.B. einzelne Bauordnungen, daß die Belange von Behinderten, alten Menschen und Personen mit Kleinkindern nach Möglichkeit zu berücksichtigen seien (vgl. § 3 IV LBO BW; § 4 LBO RhPf).

Als weitere Schutzrichtung zeichnet sich neuerdings in den Landesbauordnungen der **Umweltschutz** ab. Er erscheint in den bauordnungsrechtlichen Generalklauseln mit unterschiedlichen Formulierungen, wie „Nichtbedrohung" oder „Nichtgefährdung der natürlichen Lebensgrundlagen" (§ 3 I 1 LBO BW, SächsBO; Art. 3 I 1 BayBO), „Schonung des Naturhaushalts" (§ 3 I Nr. 4 LBO SL) oder mit weit umfangreicheren detaillierten Umschreibungen (§ 3 I 2, III HBO; dazu etwa *Weber*, NVwZ 1995, 148, 149; *Herbert/Keckemeti/Dittrich*, ZfBR 1995, 67). Es ist zu erwarten, daß auch andere Länder entsprechende Anforderungen in ihre Landesbauordnung aufnehmen, so daß vom Umweltschutz als einer vierten Schutzrichtung des Baupolizeirechts gesprochen werden kann. Daraus können sich erhebliche Überschneidungen mit dem Naturschutzrecht und anderen umweltrechtlich relevanten Rechtsgebieten ergeben. Im Hinblick darauf wurden in einzelnen Bauordnungen bereits seit längerem bestehende spezielle umweltschutzrechtliche Regelungen gestrichen. So entfiel z.B. in Baden-Württemberg 1997 bei der Novellierung der Landesbauordnung die Ermächtigung zum Erlaß von Verbrennungsverboten für umweltschädliche Stoffe (§ 73 II Nr. 3 LBO BW a. F.) angesichts der umfassenderen Möglichkeit dazu in § 9 I Nr. 23 BauGB. Auch eine Ermächtigung zum Erlaß von Baumschutzsatzungen, wie z.B. in § 87 I Nr. 5 HBO oder in Art. 91 II Nr. 3 BayBO findet sich in diesem Gesetz nicht, da eine solche Satzung bereits nach § 25 I, II i.V.m. § 56 S. 2 NSchG BW erlassen werden kann.

2 Die genannten Schutzzwecke lassen sich im einzelnen **nicht streng voneinander abgrenzen**. Zum Beispiel dienen die Regelungen über die einzuhaltenden Abstandsflächen sowohl der Gefahrenabwehr, insbesondere der Feuersicherheit, wie auch sozialen Belangen, etwa dem Zutritt von Licht, Luft und Sonne. Weiter sind einzelne Bestimmungen kaum noch unter den heute herrschenden Begriff der Gefahrenabwehr zu bringen. Das gilt insbesondere für das Verbot von Verunstaltungen und für die Ermächtigung zu positiven Gestaltungssatzungen. Ebenso sind soziale Belange, wie das erwähnte Gebot zur Berücksichtigung der Belange von Behinderten oder die spezielle Regelung über die Pflicht,

Kinderspielplätze einzurichten, mit dem heute im Polizeirecht herrschenden Begriff der Gefahrenabwehr nicht zu erfassen. Das Bauordnungsrecht führt also zu einer Ausdehnung der polizeirechtlichen Zwecke. Auch für diese Regelungen gilt dann ergänzend das allgemeine Polizei- und Ordnungsrecht.

2. Anforderungen der Gefahrenabwehr

a) Überblick

Hinsichtlich der inhaltlichen Anforderungen zur Gefahrenabwehr enthalten die Landesbauordnungen in Präzisierung der materiellen bauordnungsrechtlichen Generalklausel noch zahlreiche spezielle Regelungen über die Beschaffenheit der Baugrundstücke, insbesondere die Notwendigkeit einer Zufahrt, die Gestaltung der baulichen Anlagen, die Einrichtung der Baustellen, die Standsicherheit der Gebäude, den Schutz gegen Erschütterung, Schall, Feuchtigkeit, Korrosion und Brand, die Zulassung von Bauprodukten sowie Verfeinerungen etwa des Brandschutzes durch Regelungen über die Herstellung und Anordnung von Dächern, Treppen und Aufzügen. Weitere Regelungen können für bauliche Anlagen besonderer Art oder Nutzung in Rechtsverordnungen getroffen werden, so etwa für die Einrichtung von Campingplätzen oder für die Ausstattung bestimmter Arten von Gebäuden, wie z.B. Geschäftshäuser, Hochhäuser, Krankenanstalten oder Altenheime (vgl. §§ 38, 73 I Nr. 2 LBO BW). Alle diese Regelungen sind mehr technischer Art und weitgehend aus sich selbst heraus verständlich. Es kann daher mit diesem groben Überblick sein Bewenden haben. 3

b) Grundfragen zu den Abstandsvorschriften

aa) Typische Abstandsregelungen und Abstandsberechnungen

Von den Regelungen zur Gefahrenabwehr haben die Abstandsvorschriften in der Verwaltungspraxis besonderes Gewicht. Sie weichen in den einzelnen Ländern z.T. erheblich voneinander ab. Die meisten Bundesländer gehen allein von „Abstandsflächen" aus, so daß sich hier Abweichungen lediglich im Detail der einzelnen 4

Regelungen ergeben. Vereinzelt muß von den Abstandsflächen bzw. Abständen noch der „Grenzabstand" (sog. Bauwich) unterschieden werden (§ 7 NBO); er wird nach dem Abstand des Gebäudes von den Grundstücksgrenzen berechnet (dazu *Ortloff*, F/O, Bd. II, S. 24 m.w.N.).

Im Abstandsflächenrecht geht es um die Bestimmung von Flächen vor den Außenwänden der Gebäude. Sie sind mit wenigen Ausnahmen (vgl. z.B. § 6 VI LBO BW) von der Bebauung freizuhalten und müssen im Prinzip auf dem Grundstück selbst liegen, dürfen jedoch auch öffentliche Verkehrs-, Grün- oder Wasserflächen miteinbeziehen (vgl. z.B. § 5 II LBO BW). Auch können sie dadurch nachgewiesen werden, daß der Nachbar sich verpflichtet, auf seinem Grundstück die fehlende Restfläche von der Bebauung freizuhalten. Eine solche Verpflichtung bedarf allerdings der Absicherung i.d.R. durch eine Baulast (vgl. oben § 4 Rn. 16). Die Tiefe der Abstandsfläche bemißt sich nach der Wandhöhe, und zwar wird sie senkrecht zur jeweiligen Wand gemessen (vgl. z.B. § 5 IV LBO BW).

Muß sie z.B. nach der gesetzlichen Vorschrift 0,6 der Wandhöhe entsprechen (so etwa nach § 5 VII Nr. 1 LBO BW für den Regelfall), ergibt sich bei einer Höhe von 10 m bis zum Schnittpunkt der Wand mit der Dachhaut oder bis zum oberen Abschluß der Wand eine Abstandsfläche von 6 m Tiefe.

5 Von den Vorschriften über die Regelabstandsflächen gibt es eine wichtige Ausnahme, die **„Grenzbebauung"** mit kleineren Gebäuden, vor allem mit „Grenzgaragen".

Bei Gebäuden und Gebäudeteilen, die nur Garagen oder Nebenräume enthalten und u.a. nur eine Wandhöhe von nicht mehr als 3 m erreichen, ferner bei kleineren Gebäuden zur örtlichen Versorgung oder auf öffentlichen Verkehrsflächen, sind Abstandsflächen nicht erforderlich. Diese baulichen Anlagen dürfen also bis zur Grundstücksgrenze gebaut werden (vgl. z.B. § 6 I LBO BW; Art. 7 II, IV BayBO; § 6 XI HBO, BO NW, SächsBO).

Diese Regelung gibt zu manchen **Streitigkeiten** Anlaß. Z.B. stellt sich häufig die Frage, ob ein Grundstückseigentümer, der seine Garage bis an die Grenze des Nachbargrundstücks baut, darauf auch eine Terrasse einrichten darf, von der aus er dem Nachbarn „auf den Teller schauen" kann. Die Frage ist nicht einfach zu beantworten. Denn nach dem Gesetz (vgl. z.B. § 5 VI LBO BW) bleiben bei der Berechnung der Abstandsflächen Dachvorsprünge,

Eingangs- und Terrassenüberdachungen sowie Vorbauten bis 5m Breite, wie z.B. Erker, Balkone u.ä., außer Betracht. Voraussetzung für die Zulässigkeit solcher Bauteile ist allerdings, daß sie als Vorbauten des Hauses erscheinen, nicht mehr als 1,5m (bei lichtdurchlässigen Baustoffen nicht mehr als 2m) vortreten und einen Mindestabstand von 2m zur Nachbargrenze einhalten. Die Benutzung des Flachdachs einer Garage als Balkon oder Fenstervorbau ist daher nur möglich, wenn die Garage nicht selbständig steht, sondern an das Haus angebaut ist und die Benutzung des Garagendaches durch eine Abgrenzung auf die gesetzlichen Maße eines zulässigen Balkons oder ähnlicher Vorbauten begrenzt wird (vgl. dazu VGW BW, BRS 57 Nr. 149 u. 150).

Die meisten Bauordnungen enthalten das sog. **Schmalseitenprivileg** (vgl. z.B. § 5 VIII LBO BW; § 6 VI SächsBO, BO NW, BO LSA). Es dient unter anderem der baulichen Verdichtung. Danach muß bei zwei einander gegenüberliegenden Gebäudeseiten eine geringere Abstandsfläche, i.d.R. lediglich die Hälfte der gesetzlichen, eingehalten werden, wenn die auf diesen Seiten vorgesehenen Gebäudewände nicht länger als jeweils 16m sind. 6

Bei dieser Regelung ist heftig umstritten, ob es auf die Länge der Außenwand insgesamt ankommt **(„natürliche Betrachtungsweise")**, oder ob nur diejenigen Wandflächen bei der Berechnung Berücksichtigung finden, vor denen die gesetzliche Abstandsfläche nicht eingehalten werden kann **(„rechnerische Betrachtungsweise")**. Läßt sich also eine über 16m lange Außenwand in einen Teil aufgliedern, vor dem die volle Abstandsfläche eingehalten ist, und in einen anderen Teil, bei dem die vorgeschriebene Abstandstiefe nicht erbracht wird, dann kommt nach der „rechnerischen Betrachtungsweise" das Abstandsprivileg dennoch zur Anwendung, sofern der privilegierungsbedürftige Teil der Außenwand insgesamt nicht mehr als 16m beträgt. (Für die „rechnerische Betrachtungsweise": Gr. Sen. BayVGH, BayVBl 1986, 397, 398f.; für die „natürliche Betrachtungsweise" OVG Münster, NVwZ-RR 1991, 527 = BRS 52 Nr. 100; zum Ganzen *Ortloff*, Das Abstandsflächenrecht der Berliner Bauordnung, 1993, Rn. 134ff.; *ders.*, F/O, Bd. II, S. 27). Da es bei dieser Frage um baupolizeiliche Sicherheits- und um nachbarliche Schutzinteressen geht, ist der rechnerischen Betrachtungsweise der Vorzug zu geben. Der Gesetzgeber geht davon aus, daß im Hinblick auf beide Interessen der reduzierte Flächenabstand genügt. Stadtgestalterischen Interessen, etwa der Vermeidung zu großer Wohnblocks, muß über das Bauplanungsrecht Rechnung getragen werden.

Im Großen und Ganzen sind die Abstandsvorschriften der Landesbauordnungen trotz mancher Kompliziertheit aus sich heraus verständlich. Sie bedürfen daher hier keiner näheren Interpretation. Von grundsätzlicher Bedeutung sind jedoch die Fragen der Kollision mit planungsrechtlich festgelegten Abständen und die Fragen des Rechtsschutzes des Nachbarn.

bb) Kollision mit planungsrechtlichen Festsetzungen

7 Bauordnungsrechtliche Abstandsvorschriften und planungsrechtliche Regelungen können miteinander konkurrieren und sich gegenseitig ausschließen.

Wird z.B. im Bebauungsplan eine geschlossene Bauweise, etwa zum Bau von Reihenhäusern, vorgeschrieben (vgl. § 22 III BauNVO), können die Abstandsvorschriften der Landesbauordnungen nicht eingehalten werden. Gleiches gilt, wenn der Bebauungsplan abweichend von den bauordnungsrechtlichen Abstandsregelungen Baulinien festsetzt, auf die gebaut werden muß (§ 23 II BauNVO). Entsprechend kann, auch ohne daß ein Bebauungsplan besteht, die faktische Bebauung der näheren Umgebung nach § 34 BauGB eine weitere Bebauung ohne Grenzabstand gebieten (*Dürr/Seiler*, Baurecht für die neuen Bundesländer, Rn. 167).

Die Bauordnungen räumen dem „planungsrechtlichen Abstand" in den Fällen der Grenzbebauung, insbesondere bei geschlossener Bauweise, generell einen Vorrang ein (vgl. § 5 I 2 LBO BW; § 6 I 2 BO NW; SächsBO; Art. 6 I 2 BayBO). Im übrigen lösen sie teilweise diesen Konflikt, indem sie das Bauordnungsrecht bei zwingenden Festsetzungen des Bebauungsplanes, u.U. unter weiteren Voraussetzungen, hinter das Bauplanungsrecht zurücktreten lassen (vgl. z.B. § 6 XVI BO NW; Art. 7 I BayBO; § 6 XV BO M-V, SächsBO; § 6 XVI ThürBO). Fehlt eine solche Regelung, stellt sich die Frage, ob der Bebauungsplan wegen Verstoßes gegen „sonstige Rechtsvorschriften" i.S.v. §§ 10 II, 6 II BauGB nichtig ist (so: *Weyreuther*, BauR 1972, 1 m.w.N.), oder ob lediglich das Bauvorhaben wegen Verstoßes gegen die Abstandsflächenregelung nicht genehmigt werden kann (so: *Ortloff*, F/O, Bd. II, S. 30). Die Lösung muß, ähnlich wie beim planungsrechtlichen Gebot der Konfliktbewältigung, davon abhängig gemacht werden, ob der Konflikt noch beim Einzelvollzug, also der Baugenehmigung, behoben werden kann. Sehen die Landesbauordnungen speziell für diese Fälle nicht die Möglichkeit einer Ausnahmebewilligung vor, kommen die allgemeinen Dispensermächtigungen in Betracht. Kann danach mit der Erteilung einer Ausnahme oder einer Befreiung gerechnet werden, hat der Bebauungsplan Bestand. Ist dies jedoch nicht der Fall, verstoßen die im Bebauungsplan getroffenen satzungsrechtlichen Regelungen gegen höherrangiges Recht und sind insoweit nichtig. Ob dann nur dieser Teil des Bebauungsplans oder der Bebauungsplan insgesamt als nichtig angesehen werden muß, hängt davon ab, ob der restliche Teil ohne den nichtigen sinnvoll bleibt und anzunehmen ist, daß der Bebauungsplan auch ohne den nichtigen Teil erlassen worden wäre (BVerwG, BauR 1989, 695, 696; DVBl. 1992, 37ff.; NVwZ 1994, 271; NVwZ 1994, 272; vgl. unten § 16 Rn. 6).

cc) Rechtsschutz des Nachbarn

Erteilt die Behörde eine Baugenehmigung für ein Bauvorhaben, 8
das die Abstandsvorschriften nicht einhält, stellt sich die Frage, ob ein Nachbar diese Genehmigung mit Erfolg anfechten kann. Dazu müßte er ein subjektives öffentliches Recht auf Einhaltung der Abstandsvorschriften haben. Davon ist nach allgemeinem Verwaltungsrecht auszugehen, wenn die Regelung nicht nur dem öffentlichen Interesse, sondern (zumindest) auch dem Interesse des Nachbarn zu dienen bestimmt ist. Bei Abstandsvorschriften ist dies grundsätzlich zu bejahen, schließlich dienen sie auch der Feuersicherheit des Nachbargebäudes und garantieren ein gewisses Maß an Licht und Luftzufuhr. Aber einzelne Landesbauordnungen modifizieren das subjektive öffentliche Recht des Nachbarn. So reduziert z.B. die Landesbauordnung Baden-Württemberg die nachbarschützende Wirkung ausdrücklich auf bestimmte Teile der Abstandsflächen, wobei sie Mindesttiefen festlegt (§ 5 VII 3 LBO BW). Nach Ansicht des Gesetzgebers reicht dies zur Abwehr von Brandgefahren wie auch im Interesse des Zutritts von Licht, Luft und Sonne aus. Eine darüber hinausgehende Klagebefugnis hat der Nachbar dann nicht.

c) Technische Normen

Die technischen Erfordernisse für die Sicherheit und für eine 9
von Mißständen freie Benutzbarkeit der baulichen Anlagen lassen

sich schon wegen ihres Umfangs nur schwer im einzelnen in einem Gesetz festlegen; außerdem müssen sie laufend an die wissenschaftliche und technische Entwicklung angepaßt werden, was im Gesetzgebungsverfahren kaum und nur unter erheblichen Verzögerungen zu bewältigen ist. Weiter müßte sich auch der Gesetzgeber dabei auf das Fachwissen der sachverständigen Kreise verlassen. Daher legen die Landesbauordnungen die Anforderungen an die baulichen Anlagen, Einrichtungen und Grundstücke meist durch generalklauselartige unbestimmte Gesetzesbegriffe fest, wie z. B. in der bauordnungsrechtlichen Generalklausel (etwa § 3 I LBO BW), daß die öffentliche Sicherheit und Ordnung, insbesondere Leben, Gesundheit oder natürliche Lebensgrundlagen nicht bedroht werden dürften, oder in Einzelvorschriften, daß etwa bei der Benutzung von Aufzugsanlagen keine Gefahren oder „unzumutbare Belästigungen" entstehen dürfen (vgl. § 29 I LBO BW). Zur Ausfüllung dieser unbestimmten Rechtsbegriffe wird dann auf die **„allgemein anerkannten Regeln der (Bau-)Technik"** (§ 3 I 2 BO NW) oder allein auf die öffentlich als Regeln der Technik bekanntgemachten **„Technischen Baubestimmungen"** (§ 3 III LBO BW) verwiesen, die zu beachten seien. Damit werden die allgemein anerkannten Regeln der Technik für das öffentliche Recht maßgeblich. Sie geben die unter den technischen Wissenschaftlern und Praktikern vorherrschende Meinung über die erforderlichen Sicherheitsvorkehrungen und Grundsätze der Baukunst wieder. „Allgemein anerkannt" ist eine Regel, wenn sie in der Theorie als unanfechtbar und richtig angesehen und gelehrt wird, in der Bauwirtschaft und den Fachkreisen bekannt ist und von der großen Mehrzahl der fachkundigen Personen als notwendig und richtig angesehen und angewendet wird (vgl. etwa BVerwG, NuR 1997, 289; *Simon*, BayBO, Art. 3 Rn. 60). Sie können mündlich überliefert werden, müssen also nicht unbedingt schriftlich fixiert sein, finden sich heute aber regelmäßig in Normierungen (sachverständiger) privatrechtlicher (als Verein) verfaßter Organisationen, z. B. in den DIN-Normen des Deutschen Normenausschusses für Bauwesen im Deutschen Institut für Normung e. V., in VDI-Vorschriften, d. h. Regeln des Verbandes Deutscher Ingenieure e. V., oder in Unfallverhütungsvorschriften der (öffentlich-rechtlich organisierten) Berufsgenossenschaften. Zunehmend bedeutsam werden auch Normierungen auf internationaler und europäischer Ebene (vgl. dazu *Neuffer*, Das neue Baurecht, § 3 LBO BW, Rn. 100).

Teilweise werden diese „technischen Regelwerke" in **Rechtsverordnungen** (vgl. etwa die Verordnungsermächtigung in § 73 I Nr. 1 LBO BW) oder in **Verwaltungsvorschriften** (vgl. § 3 III LBO RhPf) übernommen; überwiegend werden sie in der baurechtlichen Praxis jedoch im Wege der **öffentlichen Bekanntmachung** durch die zuständige Baurechtsbehörde, in Baden-Württemberg das Wirtschaftsministerium als oberste Baurechtsbehörde (§ 3 III i. V. m. § 46 I Nr. 1 LBO BW), als „Baunormerlasse" oder, wie es neuerdings heißt, als **„Technische Baubestimmungen"** förmlich eingeführt (vgl. § 3 III LBO BW, BO NW; dazu *Ruf*, § 3 Rn. 6). Fehlt ihnen die Form der Rechtsverordnung, bereitet ihre rechtliche Qualifizierung erhebliche Schwierigkeiten. Nach der herrschenden Rechtsquellenlehre sind sie keine Rechtsnormen. Regelmäßig von privaten Vereinigungen aufgestellt, sind sie lediglich als private Verlautbarungen zu charakterisieren. Werden sie in Verwaltungsvorschriften übernommen oder von der zuständigen Behörde öffentlich bekanntgemacht, übernimmt damit ein Hoheitsträger die Verantwortung für ihren Inhalt; aber die Verbindlichkeit einer Rechtsnorm vermag er ihnen auf diesem Wege nicht zu verleihen. Dennoch füllen sie höchst unbestimmte Gesetzesbegriffe inhaltlich aus und erlangen so eine Wirkung, die derjenigen von Rechtsvorschriften nahekommt. Für ihre rechtliche Einordnung muß zunächst unterschieden werden, ob und auf welche Weise sie eine staatlichen Anerkennung erfahren oder ob sie also allein Verlautbarungen privater Experten bleiben. Daraus ergibt sich folgende Einteilung:

aa) Normkonkretisierende Verwaltungsvorschriften

Werden die technischen Regelwerke in Verwaltungsvorschriften **10**
festgehalten, sind sie den normkonkretisierenden Verwaltungsvorschriften zuzuordnen.

11 **Verwaltungsvorschriften** kommt eine unterschiedliche rechtliche Bedeutung zu, je nachdem ob sie (1) Ermessens- oder (2) Auslegungs- oder (3) technische normkonkretisierende Richtlinien darstellen.

(1) Bei Verwaltungsvorschriften, die ein Ermessen der Verwaltungsbehörden steuern **(Ermessenrichtlinien)**, nimmt man allgemein über Art. 3 I GG eine Bindung der Verwaltung an die in den Verwaltungsvorschriften niedergelegte Verwaltungsübung an („Selbstbindung der Verwaltung"). Das gilt selbst dann, wenn die Verwaltungsvorschriften noch nicht angewendet worden sind; man argumentiert in diesem Falle, die Verwaltung lege in den Verwaltungsvorschriften fest, welche Verwaltungspraxis sie in Zukunft handhaben wolle.

(2) Im Unterschied zu diesen Ermessensrichtlinien kommt den sogenannten **Auslegungsrichtlinien** keine (Außen-) Bindungswirkung zu. Verwaltungsvorschriften, die unbestimmte Gesetzesbegriffe auslegen, stellen nur eine Interpretation des Gesetzes dar; ob sie richtig oder falsch ist, entscheidet letztlich das Gericht. Eine unrichtige Gesetzesinterpretation kann auch nicht über Art. 3 I GG verbindlich werden.

12 (3) Von diesen Grundsätzen machen die Gerichte bei den sogenannten **technischen Normen** oder technischen Regelwerken eine bemerkenswerte Ausnahme. Die Fragen, welche Grenzwerte bei Emissionen angenommen werden müssen, oder welche Sicherheitsvorrichtungen bei gefährlichen Anlagen erforderlich sind, verlangen ein spezielles Expertenwissen und müssen je nach dem rasch fortschreitenden Stand der Wissenschaft und Technik laufend neu beantwortet werden. Dazu ist die Verwaltung auf Experten angewiesen. Diese arbeiten oft in privaten Vereinigungen die jeweils gültigen Sicherheitsstandards und Grenzwerte aus, die dann in Verwaltungsvorschriften übernommen werden. Verwaltungsvorschriften dieser Art interpretieren, was unter den „Verbalmaßstäben" der unbestimmten Tatbestandsmerkmale, wie z.B. den dem „Stand der Technik entsprechenden Maßnahmen zur Emissionsbegrenzung" (§ 5 I Nr. 2 BImSchG), zu verstehen ist. Der Sache nach handelt es sich daher um Auslegungsrichtlinien, an die die Gerichte nicht gebunden sind.

Aus der Perspektive des Einsatzes als Kontrollnorm in der gerichtlichen Rechtskontrolle ist diese Unverbindlichkeit indes wenig sinnvoll. Das Gericht müßte nämlich den auch als Kontrollnorm aus sich heraus inoperablen gesetzlichen „Verbalmaßstab" (etwa des § 5 I Nr. 2 BImSchG) selbst mit Hilfe technischer Sachverständiger konkretisieren, wobei es sich oft um die gleichen Sachverständigen handeln wird, die bereits die Verwaltungsrichtlinien erarbeitet haben. Daher hat das BVerwG bei dieser Art von Verwaltungsvorschriften eine stärkere Bindung zunächst mit der Begründung akzeptiert, es handle sich um **„antizipierte Sachverständigen-Gutachten"** (BVerwGE 55, 250, 256). Diese Qualifizierung hat zur Folge, daß Gerichte dieser Festlegung folgen müssen, wenn sie nicht überzeugende Gründe für eine Widerlegung, etwa durch Gutachten von anderen Sachverständigen, erhalten haben. Neuerdings hat das Gericht derartige technische Normen als **„normkonkretisierende Verwaltungsvorschriften"** gekennzeichnet

(BVerwGE 72, 300, 320). Damit mißt es diesen Regelwerken wohl noch eine etwas stärkere Bindungskraft bei, ohne sie jedoch den Rechtsnormen gleichzusetzen.

Nach Ansicht des Bundesverwaltungsgerichts interpretieren **normkonkretisierende Verwaltungsvorschriften** lediglich die gesetzlichen Sicherheitsstandards, die in höchst unbestimmten Gesetzesbestimmungen festgelegt sind. Insofern sei ihre rechtliche Bindungswirkung allein im Gesetz begründet. Da es sich bei diesen Festlegungen aber um die Konkretisierung unbestimmter technischer Gesetzesbegriffe auf Grund technischen Expertenwissens handle, müßten sie von den üblichen „norminterpretierenden" oder „normergänzenden" Verwaltungsvorschriften unterschieden werden. Im Gegensatz zu diesen gehe bei ihnen die Interpretation durch die technischen Experten der Interpretation durch das Gericht vor (BVerwGE 72, 300, 320). Von ihnen dürfe nur in atypischen Fällen oder bei einem gesicherten Erkenntnisstand abgewichen werden. 13

Damit unterscheiden sich die **„normkonkretisierenden Verwaltungsvorschriften"** von Rechtsnormen, etwa von Rechtsverordnungen, einerseits und von Sachverständigen-Gutachten andererseits in folgender Weise: In formeller Hinsicht bedürfen sie **anders** als **Rechtsnormen** keiner gesetzlichen Ermächtigung i. S. v. Art. 80 I GG und keiner Bekanntmachung im Gesetz- und Verordnungsblatt. In der Wirkung sind sie i. d. R. im Unterschied zu den **„antizipierten Sachverständigen-Gutachten"** praktisch für die Behörden und für den Bürger verbindlich. Im Unterschied zu Rechtsnormen kann aber nach Ansicht des BVerwG in atypischen Fällen und bei gesichertem neuen Erkenntnisstand von ihnen abgewichen werden.

Mit dieser rechtlichen Qualifizierung glaubte man eine Form gefunden zu haben, mit der flexibel auf die raschen Veränderungen der Technik reagiert werden kann und die dennoch dem Bürger ein Höchstmaß an rechtsstaatlicher Sicherung gibt. Das BVerfG billigte diese Lösung im Hinblick auf die Gewährleistung eines „dynamischen Grundrechtsschutzes", der rasch einen dem jeweiligen technischen Entwicklungsstand optimalen Schutz des einzelnen ermögliche (vgl. BVerfGE 78, 214, 227; 80, 257, 265). Die Euphorie um die normkonkretisierenden Verwaltungsvorschriften wurde dann jedoch durch den EuGH erheblich gedämpft, der der Umsetzung einer EG-Richtlinie durch die normkonkretisierende Verwaltungsvorschrift TA-Luft seine Anerkennung mit dem Hinweis versagte, Verwaltungsvorschriften seien nicht unbedingt verbindlich (EuGH, NVwZ 1991, 866, 867; dazu *Guttenberg*, JuS 1993, 1006). Diese Entscheidung schränkt den Anwendungsbereich der normkonkretisierenden Verwaltungsvorschrift erheblich ein, da die Bundesregierung bei der 14

Umsetzung von EG-Recht weiter die Form einer Rechtsverordnung wählen muß, die weniger flexibel handhabbar ist (dazu oben § 3 Rn. 5).

bb) Öffentlich bekanntgemachte Baunormen oder „Technische Baubestimmungen" – Ersetzungsbefugnis des Bauherrn

15 Eine den normkonkretisierenden Verwaltungsvorschriften entsprechende Wirkung haben die von der zuständigen Baurechtsbehörde öffentlich (etwa im einschlägigen „Ministerialblatt" oder im „Gemeinsamen Amtsblatt") bekanntgemachten **„Technischen Baubestimmungen"**, denen in der baurechtlichen Praxis eine große Bedeutung zukommt.

Nach dem Wortlaut mancher Landesbauordnungen sind die **„allgemein anerkannten Regeln der Technik"** zu beachten (vgl. Rn. 9). Auf diese Weise werden gesellschaftliche, auf wissenschaftlichen Erkenntnissen und praktischen Erfahrungen beruhende, allgemein bekannte und bewährte Regeln für das öffentliche Recht relevant. Als allgemein anerkannte Regeln der Technik gelten je nach der betreffenden Landesbauordnung auch die durch öffentliche Bekanntmachung eingeführten technischen Bestimmungen (vgl. mit im einzelnen unterschiedlich weit reichenden Formulierungen etwa § 3 III SächsBO, HBO, BO Berl, BO NW; § 3 IV BO LSA; zu baukünstlerischen Regeln Beispiele bei *Neuffer*, Das neue Baurecht, LBO BW § 3 Rn. 98; vgl. auch *Simon*, BayBO, Art. 3 Rn. 60). Insofern werden diese Regeln durch die behördliche Publikation kraft gesetzlicher Fiktion den „allgemein anerkannten" Regeln der Baukunst oder der Technik gleichgestellt. Zweifel, daß sie in der Wissenschaft als theoretisch richtig und in der Praxis als Allgemeingut der Baukunst oder der technischen Erfordernisse bekannt und anerkannt seien, sind also rechtlich unzulässig. Sie gelten als „anerkannte Regeln der Technik", selbst wenn sie tatsächlich noch nicht praktiziert wurden oder in ihrer Allgemeingültigkeit umstritten sind. Insofern sind sie nach dem Wortlaut der jeweiligen bauordnungsrechtlichen Bestimmung im Ergebnis auf jeden Fall „zu beachten".

Neuere Landesbauordnungen erklären die „allgemein anerkannten Regeln der Technik" nicht generell für beachtlich, sondern bestimmen, daß **lediglich** die von der zuständigen Baurechtsbehörde öffentlich bekanntgemachten **„Technischen Baubestimmungen"** einzuhalten oder „zu beachten" seien (§ 3 III 3 LBO BW; § 3 III BO M-V). Insofern ist der Kreis der einzuhaltenden technischen Regeln auf die behördlich publizierten beschränkt, also insgesamt kleiner als bei der oben erwähnten Bezugnahme auf die allgemein anerkannten Regeln der Technik. Die gesetzliche Formulierung spricht an sich für eine strikte Verbindlichkeit. Zwar wird weithin anerkannt, daß „Technische Baubestimmungen" allein wegen der Publikation durch eine staatliche Stelle noch keine Rechtsnormen darstellen (a. A. *Große-Suchsdorf/Lindorf/Schmaltz/Wiechert*, NBO, § 96 Rn. 5); indessen sollen sie über die bauordnungsrechtliche Vorschrift, wonach sie zu „beachten" bzw. „einzuhalten" sind, in das Gesetz eingeführt und damit allgemeinverbindlich sein. Im Zusammenhang mit einer unbestimmten materiellen Rechtsvorschrift, deren Inhalt sie näher ausfüllen, bildeten sie eine gesetzliche Grundlage für entsprechende Anordnungen durch Verwaltungsakt gegenüber dem Bürger (so z. B. *Simon*, BayBO, Art. 3 Rn. 61; *Dieckmann/Lange*, Die neue Landesbauordnung für NW, § 3 Nr. 4.2).

Dieser Ansicht kann jedoch nicht gefolgt werden. Schließlich sind die Technischen Regeln grundsätzlich private Verlautbarungen technischer Experten. Auch ihre öffentliche Bekanntmachung durch die zuständige Behörde vermag ihnen – schon mangels einer Art. 80 I GG bzw. den entsprechenden landesverfassungsrechtlichen Bestimmungen (z. B. Art. 61 I LV BW) gemäßen Rechtssetzungsermächtigung – keine strikte rechtliche Verbindlichkeit zu verleihen. Dann kann diese auch nicht – unter Umgehung der genannten verfassungsrechtlichen Anforderungen – durch eine Bezugnahme in einer Vorschrift der Landesbauordnung hergestellt werden. Der Gesetzgeber darf nicht die Verantwortung für die technischen Normierungen des Bauordnungsrechts praktisch ganz an demokratisch nicht legitimierte (vorwiegend private) Organisationen abtreten. Das widerspräche den demokratischen wie rechtsstaatlichen Prinzipien, wonach die wesentlichen Regelungen, insbesondere im Grundrechtsbereich, von dem besonders demokratisch legitimierten Parlament selbst und in einer dem rechtsstaatlichen Bestimmtheitsgebot entsprechenden Weise getroffen werden müssen (zur Wesentlichkeitstheorie vgl. BVerfGE 49, 89; *Schmidt-Bleibtreu/Klein*, GG, Art. 20 Rn. 26 m. w. N.). Darum aber geht es gerade bei den technischen Regelwerken angesichts ihrer Einschränkungen für die Baufreiheit, die sich – entgegen einer weit verbreiteten Ansicht – nicht „aus der Natur der Sache" mit logischer Notwendigkeit ergeben, sondern oft durch politische (Kompromiß-)Entscheidungen getroffen werden. Daher können Technische Baubestimmungen nur als **bekanntgemachte Verwaltungsvorschriften** qualifiziert werden (so im Ergebnis auch *Neuffer*, Das neue Baurecht, Bd. 4, LBO BW, § 3 Rn. 101). Ihnen kann keine rechtliche Verbindlichkeit zukommen, die über diejenige der „normkonkretisierenden Verwaltungsvorschriften" hinausreicht: In ihrer Wirkung sind sie in Verbindung mit den unbestimmten generalklauselartigen Vorschriften der Bauordnungen i. d. R. praktisch für Behörden und Bürger verbindlich. Im Unterschied zu den antizipierten Sachverständigen-Gutachten können sie auch nicht ohne weiteres durch abweichende Meinungen anderer Experten in Frage gestellt werden. In atypischen Fällen sowie bei neuen Erkenntnissen und Entwicklungen kann jedoch von ihnen abgewichen werden.

Von öffentlich bekanntgemachten Technischen Baubestimmungen kann nach ausdrücklicher gesetzlicher Regelung im Einzelfall abgewichen werden, wenn eine gleichwertige Lösung nachgewiesen wird (vgl. § 3 III 4 LBO BW). Insofern erlangt der Bauherr eine **„facultas alternativa"**, d. h. eine Ersetzungsbefugnis. Kann er nachweisen, daß über andere technische Lösungen die Belange der Sicherheit in gleicher Weise erfüllt werden können, muß ihm diese Lösung zugestanden werden (§ 3 III 4 LBO BW); eine andere Entscheidung würde die verfassungsrechtlich garantierte Baufreiheit unverhältnismäßig einschränken. Eine entsprechende Regelung enthalten die Bauordnungen auch für Abweichungen von einzelnen technischen Vorschriften in Rechtsnormen (vgl. § 56 I LBO BW; dazu unten Rn. 30).

cc) Antizipierte Sachverständigen-Gutachten

16 Werden die technischen Regelwerke allein von privaten Sachverständigen-Vereinigungen aufgestellt und nicht noch zusätzlich von den Verwaltungsbehörden offiziell übernommen und als Verwaltungsvorschriften erlassen, kann man ihnen die Qualifikation „normkonkretisierender Verwaltungsvorschriften" nicht zusprechen. Denn dann fehlt es an der Übernahme der Verantwortung für diese Festlegungen durch ein demokratisch legitimiertes staatliches Organ. In diesen Fällen bleibt es dabei, daß diese Festlegungen **„antizipierte Sachverständigen-Gutachten"** darstellen mit der Folge, daß die Behörden und die Gerichte ihnen in der Regel folgen müssen, es sei denn, daß sie in Einzelheiten durch andere Sachverständige widerlegt oder zumindest überzeugend in ihrer Glaubwürdigkeit erschüttert werden (zum Ganzen: *Breuer*, NVwZ 1988, 104; *Brohm*, HBStR, Bd. II, § 36 Rn. 43). Unerheblich ist dabei, ob in den Bauordnungen auf diese allein von den privaten Sachverständigen-Vereinigungen verantworteten Regelwerke verwiesen wird oder ob ein solcher Hinweis im Gesetz fehlt (wie z.B. in § 3 LBO BW).

3. Baugestalterische Ziele

a) Allgemeine Grundsätze – Verunstaltungsabwehr und positive Baugestaltung

17 Die Bauordnungen legen in speziellen Verunstaltungsverboten (vgl. § 11 I, II LBO BW) fest, daß bauliche Anlagen nach Form,

Maßstab, Werkstoff, Farbe und Verhältnis der Baumassen und der Bauteile zueinander nicht verunstaltet wirken dürfen. Dieses Verunstaltungsverbot bezieht sich sowohl auf das einzelne Bauwerk als solches als auch auf seine Eingliederung in die Umgebung; danach darf es nicht das Straßen-, Orts- oder Landschaftsbild verunstalten. Der Begriff der **„Verunstaltung"** ist außerordentlich unpräzise. Es widerspräche dem Sinn des Gesetzesvorbehalts, wenn das subjektive ästhetische Empfinden des einzelnen Verwaltungsbeamten oder des Richters für die Anwendung dieser Verbotsnorm maßgeblich wäre. Daher hat die Rechtsprechung schon früh klargestellt, daß der Begriff der Verunstaltung verfassungskonform sehr eng auszulegen sei. Eine Verunstaltung liegt danach nur dann vor, wenn ein ästhetischen Eindrücken offener „Durchschnittsbetrachter" das Bauwerk als belastend oder Unlust erregend empfinden würde (BVerwGE 2, 172, 176f.; 17, 322, 326; 27, 129, std. Rspr.; VGH BW, BRS 30 Nr. 112; OVG Münster, BRS 54 Nr. 129). Voraussetzung für ein behördliches Verbot ist also, daß das ästhetische Empfinden des Betrachters nicht nur beeinträchtigt, sondern „verletzt" wird.

Damit sind zwei maßgebliche Voraussetzungen genannt. Die Anlage muß für den „Durchschnittsbetrachter" **sichtbar** sein, d.h. im Rahmen des üblichen Verkehrs auf der Straße gesehen werden können. Zweitens muß es das ästhetische Empfinden des Durchschnittsbetrachters nicht nur beeinträchtigen, sondern **„verletzen"**, d.h. geradezu häßlich wirken. Insofern kann das Verunstaltungsverbot nur in Extremfällen zur Anwendung kommen und es kann nur schwere Abirrungen untersagen, nicht aber positiv bestimmte Gestaltungen vorschreiben.

Eine Möglichkeit, **positiv** Regelungen über die **Baugestaltung** **18**
zu treffen, sehen allerdings die Bauordnungen ebenfalls vor. Sie enthalten durchweg eine Ermächtigung, durch Satzungen örtliche Bauvorschriften über die äußere Gestaltung baulicher Anlagen sowie von Werbeanlagen zu erlassen. Darin können sie nicht nur Form, Werkstoff, Farbe und das Verhältnis der Baumassen und Bauteile zueinander regeln, sondern auch Bestimmungen treffen über die Gestaltung von Werbeanlagen, die Beschränkung oder den Ausschluß von Außenantennen oder von Niederspannungsfreileitungen in neuen Baugebieten (§ 74 LBO BW).

Alle diese örtlichen Bauvorschriften gehen weit über den Begriff der Gefahrenabwehr hinaus; sie betreffen Fragen der ästhetischen Stadtgestaltung und kommen daher der in § 9 I BauGB abschließend geregelten Bauplanung als bodenrechtlicher Ortsbildgestaltung sehr nahe, ja können sich mit ihr überschneiden (vgl. § 12 VI BauGB). Sie sind solange zulässig, als sie sich – „ohne den Grund und Boden unmittelbar zum Gegenstand rechtlicher Ordnung zu haben" – auf die Gestaltung der einzelnen baulichen Anlagen beziehen (BVerwG, DÖV 1998, 77f.). Konsequent sehen das BauGB und die Landesbauordnungen vor, daß diese Satzungen auch in einen Bebauungsplan aufgenommen werden können (§ 9 IV BauGB; § 74 VII LBO BW; § 86 IV BO NW; § 93 V BO SL). In diesem Falle werden sie also nicht als „selbständige Ortsbausatzungen", sondern zusammen mit dem Bebauungsplan erlassen. Sie unterliegen dann im wesentlichen – nach dem jeweiligen Landesrecht in unterschiedlich geregeltem Umfang – den besonderen Vorschriften des Baugesetzbuches über das Verfahren zur Aufstellung eines Bebauungsplanes wie auch über dessen Rechtsgültigkeit nach den §§ 214–216 BauGB (zu dem nunmehr divergierenden Umfang nach § 74 LBO BW vgl. *Sauter*, § 74 Rn. 121; *Ruf*, § 74 Rn. 26). Darauf wird bei der Erörterung der möglichen Festsetzungen in Bebauungsplänen (unten § 6 Rn. 22ff., 24) zurückzukommen sein.

19 Auch ohne Erlaß einer Gestaltungssatzung kann die Gemeinde ihre gestalterische Absicht, in anderen, **nicht rechtssatzmäßigen Formen** konkretisieren und für jeden erkennbar machen, z.B. in einem Landschafts- oder Grünordnungsplan nach dem Naturschutzgesetz oder in der Veröffentlichung eines städtebaulichen Gestaltungskonzepts für bestimmte Gemeindebereiche. In diesen Fällen können nach wohl noch h.M. auf Grund der gesetzlichen Regelungen, wonach Anlagen „die beabsichtigte Gestaltung nicht beeinträchtigen" dürfen (vgl. § 11 I 1 LBO BW; Art. 11 II 1 BayBO; § 12 II 1 HBO, BO NW, SächsBO), Baugenehmigungen versagt oder eingreifende Maßnahmen getroffen werden (*Sauter*, LBO BW, § 11 Rn. 37f.; *Simon*, BayBO, Art. 11 Rn. 21). Diese Ansicht ist allerdings im Hinblick auf den Gesetzesvorbehalt verfassungsrechtlich nicht unproblematisch, da hier letztlich die inhaltliche Bestimmung der Anforderungen nicht durch Rechtssatz erfolgt (für eine ortsrechtliche Regelung: *Moelle/Rabeneck/Schalk*, BO NW, § 12 Rn. 7ff.; *Schlez*, LBO BW, § 11 Rn. 13).

b) Das Verunstaltungsverbot und Werbeanlagen

20 Auf Werbeanlagen ist das Verunstaltungsverbot kraft ausdrücklicher Regelung auch dann anzuwenden, wenn sie keine bauliche Anlage darstellen (vgl. § 11 III Nr. 1 LBO BW, ferner oben § 4 Rn. 9f.).

Für Wohngebiete ist die Rechtslage meistens kraft ausdrücklicher Regelungen in den Landesbauordnungen eindeutig (vgl. § 11 IV LBO BW); bei Gewerbe- und Industriegebieten wird i.d.R. eine Verunstaltung nicht in Betracht kommen. Erhebliche Schwierigkeiten bereitet jedoch die Anwendung des Verunstaltungsverbots vor allem bei Mischgebieten (vgl. § 6 BauNVO). Wie erwähnt, kann im Hinblick auf den Bestimmtheitsgrundsatz von „Verunstaltung" nur dann gesprochen werden, wenn ein gebildeter, ästhetischen Eindrücken offener Durchschnittsbetrachter in seinem ästhetischen Empfinden nicht nur beeinträchtigt, sondern verletzt wird. Bei der Anwendung dieses Kriteriums auf Werbeanlagen sind die Gerichte jedoch großzügig. Das gilt vor allem für die Anforderung, daß die Werbeanlagen mit ihrer Umgebung so in Einklang zu bringen sind, daß sie insbesondere das Straßen- oder Landschaftsbild nicht verunstalten (vgl. § 11 III LBO BW).

Weithin wird eine verunstaltende Wirkung Werbeanlagen an Brücken, Kaminen, Leitungsmasten, Bäumen, Felsen oder auf Dächern zugesprochen, auch wenn sie an sich einwandfrei gestaltet sind. Allerdings muß in allen diesen Fällen die Verunstaltung jeweils nach der Lage des Einzelfalls festgestellt werden; so wird eine Werbeanlage an einer Brücke im Industriegebiet i. d. R. nicht unter das Verdikt der Verunstaltung fallen. Weiter dürfen Werbeeinrichtungen nach ihrer Form nicht in einen unüberbrückbaren Gegensatz zu anderen Werbeanlagen in der Umgebung treten. So verunstaltet eine in ständigem Wechsel leuchtende Lichtanlage die Umgebung, wenn diese einheitlich mit einer ruhigen Werbung bestückt ist. Selbst vor einem häßlichen Hintergrund kann eine Werbeanlage verunstaltend wirken, wenn sie die bereits vorhandene Verunstaltung noch besonders betont oder gar steigert (BayVGH, BayVBl 1967, 280).

Ob eine Werbeanlage das ästhetische Empfinden eines Durchschnittsbetrachters geradezu verletzt, hängt nicht nur von ihrer Stellung und Größe, sondern ganz entscheidend auch von ihrer Funktion ab. Insoweit muß **„Fremdwerbung"** von der **„Eigenwerbung"** unterschieden werden. Letztere erfolgt an der „Stätte der Leistungserbringung" oder zur Information der im Baugebiet wohnenden Bevölkerung über Veranstaltungen kultureller und anderer Art. Hier besteht ein Funktionszusammenhang zwischen Werbung und Nutzung, so daß von einer Verunstaltung i. d. R. nicht ausgegangen werden kann (dazu BVerwG, DVBl. 1965, 203, 204; BVerwGE 91, 234, 238). Diese Ansicht läßt sich im Hinblick auf die Unternehmenswerbung auch auf Art. 14 I GG stützen, der auch den Kontakt nach außen umfaßt. **21**

Allerdings darf auch bei einem „Funktionszusammenhang" das harmonische Gesamtbild nicht beeinträchtigt werden. Dazu ist jedoch zu beachten, daß Werbeanlagen per definitionem dazu da sind, die Aufmerksamkeit der Öffentlichkeit auf sich zu ziehen. Insofern darf „Verunstalten" nicht mit „Auffallen" gleichgesetzt werden. Nur muß der Kontrast zur Umgebung maßvoll sein, d.h. der Durchschnittsbetrachter muß die Werbeanlage an dem Ort, an dem sie angebracht werden soll, als sachgerecht empfinden. Daran fehlt es z.B. bei Werbeanlagen in Vorgärten, was oft auch kraft positiver Regelung festgelegt ist (vgl. z.B. § 11 IV LBO BW).

Außerhalb des Baurechts gibt es zahlreiche **weitere Sonderregelungen für Werbeanlagen**, so z.B. nach dem Verkehrs- und Straßenrecht (§ 33 I Nr. 3 StVO; § 9 VI FStrG; § 22 V StrG BW), ferner nach den Landesnaturschutzgesetzen (z.B. § 20 I LNatSchG BW), wonach außerhalb der im Zusammenhang bebauten Ortsteile grundsätzlich Werbeanlagen unzulässig sind und Ausnahmen erteilt werden können, etwa für Werbeanlagen an der Stätte der Leistung. Schließlich wäre noch auf die Sondervorschriften der Denkmalschutzgesetze (z.B. §§ 7, 8, 15 u. 19 DSchG BW) hinzuweisen.

22 Die Vorschriften zum Schutz gegen Verunstaltungen dienen dem **öffentlichen Interesse** an einer ästhetisch erträglichen Einfügung eines Bauwerks in seine Umgebung. Sie sind in der Regel nicht dazu bestimmt, Nachbarn oder sonstige Dritte zu schützen (OVG Lüneburg, BRS 44 Nr. 118; OVG Saarland, BRS 44 Nr. 162; teilweise abweichend *Schlez*, LBO BW, § 11 Rn. 17).

4. Soziale Standards

a) Abstandsflächen und Kinderspielplätze

23 Als weitere Gruppe von Sonderbestimmungen enthalten die Landesbauordnungen Regelungen über soziale Anforderungen. Dazu zählen, wie bereits erwähnt, auch die oben behandelten Regelungen über die Abstandsflächen (§§ 5ff. LBO BW); sie dienen nicht nur der Feuersicherheit, sondern auch der Belüftung und der Tagesbelichtung. Weiter sehen die Landesbauordnungen i.a. vor, daß bei der Errichtung von Gebäuden mit mehr als zwei Wohnungen auf dem Grundstück regelmäßig ein Kinderspielplatz anzulegen ist (vgl. etwa § 9 II LBO BW).

b) Stellplätze und Garagen

24 Ferner regeln die Landesbauordnungen die Anlage von Stellplätzen und Garagen und teilweise von Abstellplätzen für Fahrräder.

Auch wenn die Regelungen in Einzelheiten voneinander abweichen, sind die Grundprobleme doch weitgehend gleich.

Bei der Errichtung, Änderung oder Nutzungsänderung baulicher und anderer Anlagen, bei denen ein Zu- und Abfahrtsverkehr zu erwarten ist, sind grundsätzlich geeignete Stellplätze in ausreichender Zahl und Größe zu errichten, wobei neuerdings teilweise auch die Angebote des öffentlichen Personennahverkehrs zu berücksichtigen sind (vgl. z.B. § 37 I 2 u. II LBO BW; § 51 I BO NW).

Die Ermittlung der Zahl der notwendigen Stellplätze wird durch landesrechtliche Verwaltungsvorschriften in gewissem Umfang vereinheitlicht. So wird in Baden-Württemberg beispielsweise bei der Errichtung von Tanzlokalen ein Stellplatz je 4–8 qm Gastraum gefordert, für die Errichtung einer Grund- und Hauptschule hingegen ein Stellplatz je 30 Schüler (vgl. Verwaltungsvorschrift des Wirtschaftsministeriums über die Herstellung notwendiger Stellplätze vom 16. 4. 1996, GABl. 1996, S. 289 ff.).

Ist dem Bauherrn die Herstellung der notwendigen Stellplätze **25**
oder Garagen auf dem Grundstück oder auf einem Grundstück in zumutbarer Entfernung aus rechtlichen oder tatsächlichen Gründen nicht oder nur unter unzumutbaren Schwierigkeiten möglich, kann er i. d. R. seine Stellplatzverpflichtung auch dadurch erfüllen, daß er an die Gemeinde einen Geldbetrag zahlt, sofern die Gemeinde dieser **Ablösung** zustimmt (vgl. z.B. § 37 V 1 LBO BW mit der Einschränkung für Wohnungen in Abs. VI). Anderenfalls scheitert das Bauvorhaben oder die ihr gleichgestellte Nutzungsänderung an entgegenstehenden Vorschriften des öffentlichen Rechts (§ 58 I LBO BW). Die Zustimmung der Gemeinde – wie auch, wenn sie nicht zugleich Baurechtsbehörde ist, die Entscheidung der Baurechtsbehörde – steht in deren Ermessen; einen Anspruch auf ihre Erteilung hat der Bauherr also nicht (VGH Kassel, UPR 1991, 200; *Ortloff*, F/O, Bd. II, S. 56; *Dürr/Seiler*, Baurecht für die neuen Bundesländer, Rn. 202; VGH BW, BRS 30 Nr. 108). Das Ermessen der Behörde betrifft nur die Alternative zwischen Herstellung und Ablösung; es kann – vorbehaltlich besonderer Regelungen wie etwa in § 37 VI 2 LBO BW – aber nicht von beidem abgesehen werden (OVG Münster, NJW 1983, 2834 f. und NVwZ 1992, 988, 989).

Die Regelungen über die Stellplatzpflicht werden von den Gemeinden oft auch dazu gebraucht, die Bodennutzung zu steuern. Will etwa jemand in einem Gebiet, in dem schon zahlreiche Stehbierlokale bestehen, ein weiteres eröffnen, oder will er eine Spielhalle einrichten, so sind die Gemeinden geneigt, mit der Stellplatzpflicht gegenzusteuern. Sie werden also verlangen, daß der Bauherr geeignete Stellplätze in ausreichender Zahl nachweist und ihm nicht gestatten, daß er diese Verpflichtung durch eine Geldzahlung ablöst. Anders werden sie verfahren, wenn er eine von ihnen städtebaulich akzeptierte Nutzung seines Grundstücks vorschlägt. Das wird vor allem bei einem Nutzungswandel von erheblicher Bedeutung. Neuerdings gibt es Ermächtigungen für den Erlaß örtlicher Bauvorschriften zur weiteren Ausgestaltung der Stellplatzpflicht, die ausdrücklich auch auf „städtebauliche Gründe" abstellen (vgl. § 74 II LBO BW).

Die Ablösung in Geld ist eine der Herstellung gleichwertige Erfüllung der Stellplatzverpflichtung; teilweise wird sie daher auch als „Erfüllungssurrogat" bezeichnet (BVerwG, NJW 1986, 600 = JuS 1986, 400 = BRS 44 Nr. 114; vgl. auch § 364 I BGB). Aus diesem Grunde bedarf es für die Ablösung der Stellplatzverpflichtung durch eine Geldleistung keiner zusätzlichen Befreiung im Rahmen des Baugenehmigungsverfahrens.

In den Landesbauordnungen ist vorgesehen, daß durch „örtliche Bauvorschriften" die **Herstellung von Stellplätzen** oder Garagen **untersagt**, erweitert oder eingeschränkt werden kann (z.B. § 74 II LBO BW; Art. 91 II Nr. 4 BayBO). Derartige Satzungen stehen wie die oben erwähnten Gestaltungssatzungen den bauplanungsrechtlichen Festsetzungen nahe. Eine entsprechende Regelung für Stellplätze und Garagen kann auch nach § 12 VI BauNVO durch Festsetzungen im Bebauungsplan erreicht werden. Macht die Gemeinde von dieser Befugnis Gebrauch, so bewirkt eine solche Regelung für den Bauherrn – angesichts der gesetzlichen Pflicht zur Herstellung von Stellplätzen – eine rechtliche Unmöglichkeit oder Teilungsmöglichkeit; er bleibt daher grundsätzlich zur Zahlung der Ablösung verpflichtet. (Die Regelungen der Landesbauordnungen, z.B. § 37 V LBO BW, gelten für tatsächliche und rechtliche Unmöglichkeit).

Die Ablösungssumme bestimmt sich nach den durchschnittlichen Herstellungskosten je abgelösten Stellplatzes einschließlich des Grunderwerbs, nach einzelnen Bauordnungen darf jedoch nur ein bestimmter Prozentsatz davon verlangt werden. Die Zahlungspflicht fällt unter die Kategorie der außersteuerlichen **„Sonderabgabe"**, die zur Finanzierung einer „besonderen Sachaufgabe" einer „homogenen gesellschaftlichen Gruppe" auferlegt werden kann, sofern diese Gruppe eine „besondere Sachnähe zu dem verfolgten Zweck" hat und das Aufkommen dafür, also „gruppennützig", verwendet wird (BVerwG, BauR 1985, 668 = NJW 1986, 600 = JuS 1986, 400; a. A. VGH BW, VBlBW 1996, 218, der nicht von einer Abgabe, d.h. einer hoheitlich auferlegten, sondern von einer vertraglich übernommenen Zahlungspflicht ausgeht; zu den Voraussetzungen von Sonderabgaben: BVerfGE 67, 256, 257, 274 ff.). Auf Grund dieser verfassungsrechtlichen Voraussetzungen für die Sonderabgabe ergibt sich, daß die Gemeinde zwingend die Ablösungssumme zur Herstellung zusätzlicher Parkeinrichtungen zu verwenden hat; verfassungsrechtlich ist damit aber nicht festgelegt, daß diese öffentlich oder privat geführt oder im Einzugsbereich des Bauvorhabens erstellt werden müßten. Ebensowenig besteht eine Pflicht, dem Bauherrn ein besonderes Nutzungsrecht daran einzuräumen. Derartige Regelungen können jedoch in den Landesbauordnungen getroffen werden. Es besteht auch die Möglichkeit, die Einnahmen aus der Stellplatzablösung für Einrichtungen des öffentlichen Personennahverkehrs oder für den Fahrradverkehr zu verwenden, um so den Bedarf an Parkeinrichtungen zu verringern (vgl. § 37 V 2 Nr. 3 LBO BW oder § 50 VII Nr. 3 u. 4 HBO).

Grundsätzlich ist der Bauherr nur gegenüber der Baugenehmi- 26
gungsbehörde zur Herstellung von Stellplätzen verpflichtet. Da die Ablösung ein Surrogat dieser Verpflichtung ist, bestehen auch insoweit lediglich Rechtsbeziehungen zwischen dem Bauherrn und der Baurechtsbehörde. Diese kann bei Nichtzahlung nach Baubeginn die weitere Bautätigkeit untersagen und u. U. sogar die Beseitigung der bereits erstellten Anlage verfügen. Denn sie allein ist „Herrin des Genehmigungsverfahrens" (vgl. OVG Lüneburg, BauR 1987, 672). Die von der Ablösungspflicht begünstigte Gemeinde hat, wenn sie nicht zugleich Baugenehmigungsbehörde ist, keinen unmittelbaren Rechtsanspruch auf Zahlung der Ablösungssumme. Sie kann jedoch mit dem Bauherrn einen öffentlichrechtlichen Vertrag schließen, der dann die Anspruchsgrundlage für den im Wege der allgemeinen Leistungsklage durchzusetzenden Zahlungsanspruch bildet (OVG Lüneburg, BauR 1987, 672; BVerwG, BauR 1979, 495, 496; VGH BW, BauR 1991, 66 zum Zusammenhang zwischen Zahlungsanspruch und Ausnutzung der Baugenehmigung).

Die Verpflichtung, Stellplätze und Garagen in ausreichender 27
Zahl und Größe herzustellen, dient allein **dem öffentlichen Interesse**, den fließenden Verkehr nicht durch den ruhenden Verkehr zu beeinträchtigen. Soweit die Bauordnungen allerdings spezielle Regelungen über die lokale Anordnung und Gestaltung der Stellplätze und Garagen zur Vermeidung von gesundheitlichen

Gefahren und sonstigen Störeinflüssen enthalten (vgl. z.B. § 37 VII LBO BW), sind diese Vorschriften nachbarschützend (VGH BW, BWGZ 1995, 152).

28 Grundsätzlich obliegt die Herstellung von Stellplätzen und Garagen, aber auch von Kinderspielplätzen und anderen Nebenanlagen dem einzelnen Bauherrn. Bei entsprechendem Bedarf und planerischer Notwendigkeit kann es jedoch erforderlich sein, daß für mehrere Bauvorhaben diese Nebenanlagen gemeinschaftlich errichtet werden. Unter diesen Voraussetzungen kann ein Bebauungsplan nach § 9 I Nr. 22 BauGB Flächen für **Gemeinschaftsanlagen** festsetzen. Ist dies erfolgt, obliegt die Herstellung, die Unterhaltung und der Betrieb dieser Gemeinschaftsanlagen den Eigentümern der Grundstücke, für die diese Anlagen bestimmt sind (§ 40 I 1 LBO BW).

5. Abweichungen, Ausnahmen und Befreiungen

29 Rechtsnormen, die notwendig generell-abstrakte Regelungen enthalten, müssen an besondere oder atypische Situationen angepaßt werden können. Ein Instrument dazu ist die gesetzliche Ermächtigung zu „Abweichungen", Ausnahmen oder Befreiungen. Die Trennung zwischen **Bauordnungsrecht** als Landesrecht und **Bauplanungsrecht** als Bundesrecht (s. oben § 1 Rn. 10f.) zwingt dazu, für jeden der beiden Rechtsbereiche gesonderte Regelungen zu treffen, auch wenn sie inhaltlich weitgehend miteinander übereinstimmen.

Die Regelungen der Landesbauordnungen weichen i.d.R. kaum voneinander ab. Besonderheiten, die hier nicht näher dargestellt werden sollen, gelten etwa in Bayern und Nordrhein-Westfalen. Deren Bauordnungen kennen nur noch „Abweichungen" und stellen dafür besondere Voraussetzungen auf (vgl. i.e. Art. 70 BayBO; § 73 BO NW).

a) Einfache Abweichungen

30 Von allgemein anerkannten Regeln der Technik, öffentlich bekanntgemachten Baunormen oder „technischen Baubestimmungen" kann abgewichen werden, wenn eine gleichwertige technische Lösung nachgewiesen wird (vgl. § 3 III 4 LBO BW; dazu oben Rn. 15). Gleiches gilt für **technische Bauvorschriften**, gleichgültig ob sie in Gesetzen, Verordnungen oder Verwaltungs-

vorschriften enthalten sind (vgl. § 56 I LBO BW). Diese Regelung soll es ermöglichen, neuartige technische Entwicklungen auch dann zu verwenden, wenn sie von bauordnungsrechtlichen Festlegungen oder DIN-Normen abweichen (vgl. auch *Dürr/Seiler*, Baurecht für die neuen Bundesländer, Rn. 223). Es handelt sich dabei nicht um eine Abweichung von den inhaltlichen Anforderungen dieser Normen, also nicht um ein Zugeständnis in der Sache angesichts eines außergewöhnlichen Sachverhalts; vielmehr wird an dem von der jeweiligen Bauvorschrift verfolgten Zweck und Inhalt uneingeschränkt festgehalten, lediglich das Mittel zum Zweck wird bei gleichwertigen oder besseren technischen Möglichkeiten für austauschbar erklärt. Insofern geht es bei den in den Landesbauordnungen vorgesehenen „Abweichungen" nicht um die Lockerung eines repressiven Verbots, sondern um eine echte **baurechtliche Ersetzungsbefugnis** („facultas alternativa"). Daher besteht beim Nachweis eines mindestens gleichwertigen Mittels auch ein Rechtsanspruch auf Ersetzung des in der Bauvorschrift vorgesehenen Mittels. Das ergibt sich bereits aus dem Wortlaut der gesetzlichen Ermächtigung zu diesen Abweichungen (z.B. § 56 I LBO BW: „sind zuzulassen"); bei anderen Formulierungen, wie z.B. für die Abweichungen von den allgemein anerkannten Regeln der Technik, folgt es, wie dargelegt, aus der Baufreiheit i.V.m. dem Verhältnismäßigkeitsprinzip. Insofern unterscheidet sich diese Ersetzungsbefugnis von den Ausnahmen und Befreiungen, die ebenfalls Abweichungen von den gesetzlichen Normierungen gestatten, aber eine besondere oder gar atypische Situation voraussetzen und nach Ermessen erteilt werden. Zur Verdeutlichung wird für die Fälle einer baurechtlichen Ersetzungsbefugnis der Terminus „einfache Abweichung" eingeführt.

Neuerdings finden sich auch Rechtsansprüche auf Abweichungen von bestimmten bauordnungsrechtlichen Vorschriften zur Modernisierung oder Schaffung von Wohnraum, zur Verwirklichung von Vorhaben zur Energieeinsparung oder zur praktischen Erprobung neuer Bau- und Wohnformen im Wohnungsbau, sofern die Abweichung mit den öffentlichen Belangen vereinbar ist (vgl. i.e. § 56 II LBO BW).

b) Ausnahmen

31 Ausnahmen und Befreiungen heben eine vom Gesetzgeber grundsätzlich für notwendig erachtete Regelung, etwa ein repressives Verbot, für einzelne eigengeartete Sonderfälle auf. Beide stehen daher grundsätzlich im Ermessen der Behörde und können sich nur ausnahmsweise, bei einer Ermessensreduktion auf Null, zu einer bestimmten Pflicht verdichten (*Wolff/Bachof/Stober*, VWR I, 10. Aufl. 1994, § 46 Rn. 46; 11. Aufl. 1999, § 31 Rn. 56).

Im Unterschied zur Befreiung beruht die **Ausnahmebewilligung** auf einem Ausnahmevorbehalt, der in der jeweiligen Vorschrift selbst enthalten ist. Der Gesetzgeber rechnet hier von vornherein mit **„typischen Sonderfällen"**, in denen von seiner Regelung abzuweichen ist. Seine Bestimmungen haben insofern nur den Charakter von Regelvorschriften. Nach den Landesbauordnungen ist davon grundsätzlich in drei Fällen auszugehen, nämlich (1) wenn die jeweilige Vorschrift des Bauordnungsrechts dies unter bestimmten Voraussetzungen ausdrücklich vorsieht, (2) wenn sie als Regel- oder Sollvorschrift konzipiert ist, und (3) wenn einzelne besondere Ausnahmetatbestände für eine Vielzahl bauordnungsrechtlicher Vorschriften gleichsam vor die Klammer gezogen sind (vgl. § 56 IV LBO BW; § 70 II BO M-V); so können etwa Ausnahmen erteilt werden bei Gemeinschaftsunterkünften, die der vorübergehenden Unterbringung oder dem vorübergehenden Wohnen dienen, bei Behelfsbauten oder Geschirrhütten und Wochenendhäusern (vgl. i.e. § 56 IV LBO BW).

Voraussetzung für die Erteilung einer im Gesetz geregelten Ausnahme ist i.d.R., daß diese sich mit den öffentlichen Belangen vereinbaren läßt (vgl. etwa § 56 III LBO BW). Die zu beachtenden öffentlichen Belange werden nicht nur durch die Bauvorschrift bestimmt, von der abgewichen werden soll; auch die weiteren Ziele der Bauordnung, Sicherheit und Ordnung, Baugestaltung oder soziale Aspekte, sowie sonstige, von der Baurechtsbehörde zu berücksichtigende öffentliche Belange (z.B. § 22 BImSchG) dürfen der Ausnahmeerteilung nicht entgegenstehen. Je genauer die Vorschrift selbst die Voraussetzungen für die Abweichung und damit die gesetzgeberische Zielsetzung normiert, desto weniger ist darüber hinaus auf die öffentlichen Belange abzustellen (*Sauter*, § 56 Rn. 30).

c) Befreiungen

Von allen sonstigen zwingenden Vorschriften des materiellen Bauordnungsrechts, die nicht unter dem Vorbehalt bestimmter Ausnahmen stehen, kann in nicht voraussehbaren **„atypischen Sonderfällen“** kraft spezieller Vorschrift in engen, in der gesetzlichen Ermächtigung enthaltenen Grenzen eine **Befreiung (Dispens)** erteilt werden (§ 56 V LBO BW). 32

Fraglich ist, ob auch von nicht zwingenden Vorschriften, also beispielsweise von den oben genannten Ausnahme- und Sollvorschriften, Befreiung erteilt werden kann. Dies ist mit der ganz überwiegenden Meinung jedenfalls dann zu bejahen, wenn deren Voraussetzungen für eine Abweichung nicht gegeben sind; bei dieser Fallkonstellation unterscheiden sie sich in nichts von zwingenden Vorschriften (*Sauter*, § 56 Rn. 37; *Ortloff*, F/O, Bd. II, S. 8, Fn. 35 m. w. N.). Allerdings werden dann regelmäßig auch die Voraussetzungen für eine Befreiung nicht gegeben sein.

Die **Befreiungstatbestände** der Landesbauordnungen entsprechen den üblichen Befreiungsvorschriften, insbesondere auch den klassischen Tatbeständen des § 31 II Nr. 1 und 3 BauGB für den Dispens von bauplanungsrechtlichen Festlegungen. Insofern lassen sich die herkömmlichen Auslegungen grundsätzlich auch darauf übertragen.

(1) Eine Befreiung ist zunächst möglich, wenn **„Gründe des Wohls der Allgemeinheit** die Befreiung **erfordern**“ (§ 56 V 1 Nr. 1 LBO BW).

Der Begriff des Allgemeinwohls entspricht dem Begriff der „öffentlichen Belange“ oder des „öffentlichen Interesses“. Öffentliche Belange, die eine Befreiungsmöglichkeit schaffen, sind beispielsweise die in § 1 V BauGB genannten Belange, aber auch gestalterische oder baukünstlerische ebenso wie Belange des Denkmalschutzes (BVerwGE 56, 71). Das Vorhaben muß potentiell einer unbestimmten Vielzahl von Personen und darf nicht nur dem privaten Interesse eines einzelnen dienen. „Gründe des allgemeinen Wohls“ liegen etwa nach § 56 V 2 LBO BW auch bei Vorhaben zur Deckung dringenden Wohnbedarfs vor. Bei diesen Vorhaben kann auch in mehreren vergleichbaren Fällen eine Befreiung erteilt werden (§ 56 V 3 LBO BW).

Öffentliche Belange „erfordern“ eine Befreiung, wenn es zur Wahrnehmung des jeweiligen öffentlichen Interesses vernünftigerweise geboten ist, mit Hilfe der Befreiung das Vorhaben zu verwirklichen; die Erfüllung des öffentlichen Interesses muß aber nicht mit der Befreiung „stehen oder fallen“, d. h. die

Befreiung muß nicht schlechterdings das einzige denkbare Mittel für die Verwirklichung des jeweiligen öffentlichen Interesses sein. Nicht ausreichend ist andererseits, daß das Vorhaben dem Gemeinwohl nur irgendwie nützlich oder dienlich ist (BVerwGE 56, 71).

(2) Eine Befreiung kann weiter erteilt werden, wenn die Einhaltung der bauordnungsrechtlichen Vorschrift zu einer **„offenbar nicht beabsichtigten Härte"** (§ 56 V 1 Nr. 2 LBO BW) führen würde.

Eine solche Härte kann nicht allein mit einer „harten" oder intensiven allgemeinen Inhalts- und Schrankenbestimmung des Eigentums begründet werden; vielmehr ist sie lediglich bei objektiv atypischen Sachverhaltskonstellationen in Betracht zu ziehen, d. h., wenn die schematische Anwendung der Vorschrift zu Ungerechtigkeiten führen würde, namentlich ein ganz unbilliges Ergebnis zur Folge hätte und der Normzweck eine Abweichung erlaubt. Zu fragen ist daher, ob der Normgeber die Vorschrift, von der abgewichen werden soll, auch in der geschehenen Weise erlassen hätte, wenn er den konkreten Sachverhalt des Bauherrn als Regelfall gekannt hätte. Anzuknüpfen ist dabei an die objektive Grundstückssituation, also an dessen Lage, Zuschnitt, Größe, bestandsgeschützte Bebauung etc., nicht aber an die besondere persönliche oder wirtschaftliche Situation des Bauherrn (vgl. BVerwGE 40, 268). Selbstverständlich darf eine Befreiung nur in dem Umfange erteilt werden, in dem die unbeabsichtigte Härte vorliegt.

33 In beiden Fällen muß nach der Regelung in zahlreichen Landesbauordnungen die Abweichung ferner **mit den öffentlichen Belangen auch unter Würdigung nachbarlicher Interessen vereinbar** sein (vgl. § 56 V 1 LBO BW; dazu auch BVerwG, BauR 1978, 387).

Die geschützten öffentlichen Belange sind zunächst im Wege der Auslegung der Norm, von der eine Abweichung begehrt wird, zu ermitteln. Daneben kommen allgemeine Anforderungen der öffentlichen Sicherheit und Ordnung sowie andere bauordnungsrechtliche Belange, beispielsweise auch die der Gestaltung oder der natürlichen Lebensgrundlagen in Betracht (vgl. Art. 3 I BayBO; § 1 I NBO; § 3 LBO BW).

Der Hinweis, daß die Abweichung „auch unter Würdigung nachbarlicher Interessen" mit den öffentlichen Interessen vereinbar sein müsse, wurde in Anpassung an die entsprechende Regelung des § 31 II BauGB inzwischen in die Befreiungstatbestände zahlreicher Landesbauordnungen aufgenommen. Diese Vorschrift ist vor allem bedeutsam, wenn die Norm, von der befreit wird, nicht dem Schutz des Nachbarn zu dienen bestimmt ist. Sie gibt dem Nachbarn als Ausdruck des **baurechtlichen „Grundsatzes der Rücksichtnahme"** ein subjektives öffentliches Recht auf Mitberücksichtigung seiner Belange.

Dementsprechend hat er ein einklagbares Recht auf fehlerfreie Ermessensausübung, wenn er in „qualifizierter und zugleich individualisierter Weise", d. h. unzumutbar in seinen Interessen zurückgesetzt wird. Ist in einer Landesbauordnung die „Würdigung nachbarlicher Interessen" nicht ausdrücklich vorgeschrieben, können diese Belange im Rahmen des Ermessens mitberücksichtigt werden; einen Rechtsanspruch auf eine entsprechende Ermessensausübung hat der Nachbar dann aber nicht. Stärker ist die Rechtsposition des Nachbarn, wenn es um die Befreiung von Vorschriften geht, die auch seinen Interessen zu dienen bestimmt sind, ihm also ein subjektiv-öffentliches Recht einräumen. Sollten die gesetzlichen Voraussetzungen für eine Befreiung nicht vorliegen, kann er hier auch bei relativ geringen Beeinträchtigungen auf der Einhaltung der Festlegung bestehen.

Da die Erteilung einer Befreiung eine Ermessensentscheidung ist, kann sie **34**
gemäß § 36 II VwVfG mit einer **Nebenbestimmung** erlassen werden. Hierdurch können Nachteile, die durch die Befreiung für die Allgemeinheit oder für Dritte entstehen, verhindert oder gemildert werden. Weiter kann die Baugenehmigungsbehörde ihre Erteilung vom Zustandekommen eines öffentlich-rechtlichen Austauschvertrages (sog. **Baudispensvertrag**) gemäß §§ 54, 56 I VwVfG abhängig machen. Der Inhalt eines solchen Dispensvertrages darf aber Rechtsvorschriften nicht entgegenstehen; dies bedeutet, daß der Vertrag an den Voraussetzungen der Befreiungsermächtigung (§ 56 V LBO BW) zu messen ist. Ferner gelten die allgemeinen Voraussetzungen über die Zulässigkeit baurechtlicher Verträge (dazu unten § 7 Rn. 6ff., insbes. 17ff.).

Literatur: *Weyreuther*, Bundes- und Landesbaurecht, BauR 1972, 1; *Breuer*, Direkte und indirekte Rezeption technischer Regeln durch die Rechtsordnung, AöR 101 (1976), 47, 82ff.; *Simon*, Das 16m-Privileg nach der Entscheidung des Großen Senats des Bayerischen Verwaltungsgerichtshofs (Art. 6 Abs. 5 BayBO), BayVBl 1986, 609; *Breuer*, Gerichtliche Kontrolle der Technik, NVwZ 1988, 104; *Lenz/Heintz*, Öffentliches Baurecht nach der Rechtslage in den neuen Bundesländern, 1992; *Guttenberg*, Unmittelbare Außenwirkung von Verwaltungsvorschriften? – EuGH, NVwZ 1991, 866 und 868, JuS 1993, 1006; *Weber*, Die neue hessische Bauordnung, NVwZ 1995, 148; *Herbert/Keckemeti/Dittrich*, Die neue Hessische Bauordnung (HBO 1993) – Umweltschutz und Verfahrensbeschleunigung?, ZfBR 1995, 67; *Große-Suchsdorf/Lindorf/Schmaltz/Wiechert*, NBO-Kommentar, 6. Aufl. 1996.

III. Teil. Die städtebauliche Steuerung der Bodennutzung durch Bauleitplanung und Plansubstitutionsnormen

A. Instrumente

§ 6. Die Bauleitpläne

Übersicht

1. Zweistufigkeit und zentrale Funktion der Bauleitplanung
   a) Die Bauleitplanung durch Flächennutzungsplan und Bebauungspläne
   b) Die Prinzipien der Planmäßigkeit und der Ausschließlichkeit der Plantypen
2. Der Flächennutzungsplan
   a) Programmierende und programmvollziehende Funktion
   b) Inhalt und Art der Darstellung
   c) Rechtswirkungen und Rechtsnatur
   d) Rechtsschutz gegen den Flächennutzungsplan für Bürger, Nachbargemeinde und heteronom betroffene Gemeinde
3. Der Bebauungsplan
   a) Form und Verbindlichkeit des Bebauungsplans
   b) Das Entwicklungsgebot
      aa) Inhalt
      bb) Ausnahmen und Modifikationen
      cc) Unbeachtlichkeit von Verstößen
   c) Bauliche und sonstige Festsetzungen (Überblick)
      aa) Festsetzungen auf Grund des BauGB – Einzelfestsetzung und umfassende Bodennutzungsplanung
      bb) Festsetzungen auf landesrechtlicher Grundlage
   d) Kennzeichnungen und nachrichtliche Übernahme
   e) Baufreiheit und Inhaltsbestimmung des Eigentums
   f) Begründung des Bebauungsplans
4. Bauliche Ausweisungen in Bauleitplänen – Ihre Typisierung durch die BauNVO
   a) Bedeutung der BauNVO
   b) Die Art der baulichen Nutzung

1. Zweistufigkeit und zentrale Funktion der Bauleitplanung

a) Die Bauleitplanung durch Flächennutzungsplan und Bebauungspläne

Die bauliche und sonstige Nutzung der Grundstücke wird durch 1 die „Bauleitplanung" in zwei Stufen vorbereitet und geleitet, einmal durch die Aufstellung eines Flächennutzungsplans und weiter durch daraus zu entwickelnde Bebauungspläne (§ 1 I, II BauGB). Der **Flächennutzungsplan** ist ein „vorbereitender Bauleitplan". In ihm wird in den Grundzügen die städtebauliche Konzeption für das gesamte Gemeindegebiet entworfen (§ 5 I 1 BauGB). Auf dieser konzeptionellen Grundlage werden dann nach und nach **Bebauungspläne** für Teile des Gemeindegebiets – u. U. auch nur für ein einzelnes Grundstück (BVerwG, NJW 1969, 1076) – erlassen, die im einzelnen die Bodennutzung in ihrem Geltungsbereich rechtlich verbindlich festsetzen.

Das Gesetz bringt diesen Unterschied zwischen dem vorbereitenden Charakter des Flächennutzungsplans und dem verbindliches Recht schaffenden Charakter des Bebauungsplans durch eine unterschiedliche Formulierung deutlich zum Ausdruck. Nach § 5 I 1 BauGB wird die beabsichtigte städtebauliche Entwicklung im Flächennutzungsplan „dargestellt". Nach § 8 I 1 BauGB enthält der Bebauungsplan die „rechtsverbindlichen Festsetzungen" und bildet die Rechtsgrundlage für weitere erforderliche Maßnahmen, z.B. für eine Enteignung (§ 85 BauGB) oder ein Baugebot (§ 176 BauGB).

Die vorbereitende Funktion des Flächennutzungsplans im Rahmen der zweistufigen Bauleitplanung (§ 1 II BauGB) darf nicht verwechselt werden mit der allgemeinen Aufgabe der Bauleitplanung insgesamt, also von Flächennutzungsplan und Bebauungsplan, die bauliche und sonstige Nutzung der Grundstücke in der Gemeinde „vorzubereiten und zu leiten" (§ 1 I BauGB). Die Bauleitplanung insgesamt hat insofern (nur) eine „vorbereitende" und leitende Funktion, als die Bauleitpläne, insbesondere auch der Bebauungsplan, erst noch verwirklicht werden müssen, um eine dem Plan entsprechende Grundstücksnutzung herbeizuführen (dazu unten § 8 Rn. 14ff.; §§ 23ff.).

b) Die Prinzipien der Planmäßigkeit und der Ausschließlichkeit der Plantypen

2 Mit der Aufgabe, die bauliche und sonstige Nutzung der Grundstücke in der Gemeinde nach Maßgabe des Baugesetzbuches zu ordnen, kommt der Bauleitplanung eine zentrale Bedeutung für die „städtebauliche Entwicklung und Ordnung" zu (§ 1 I u. III BauGB). Die städtebauliche Entwicklung soll nicht von Fall zu Fall, sondern planmäßig vor sich gehen, und zwar grundsätzlich mit Hilfe der Bauleitplanung in den genannten Plantypen des Flächennutzungsplans und des Bebauungsplans (**„Grundsatz der Planmäßigkeit"**; *Schmidt-Aßmann*, BauR 1978, 99f.; *Söfker*, E/Z/B, § 1 Rn. 19ff.; *Krautzberger*, B/K/L, § 1 Rn. 14). Die Plantypen sind im Gesetz abschließend aufgeführt, denn die Bauleitplanung hat „nach Maßgabe dieses Gesetzbuches" zu erfolgen und das Baugesetzbuch nennt keine weiteren Plantypen **(„Grundsatz der Ausschließlichkeit der Plantypen")**.

3 Die prinzipielle Maßgeblichkeit der Bauleitpläne gewährleistet, daß die speziellen Anforderungen an eine rechtsstaatliche Planung, insbesondere eine umfangreiche Beteiligung der Bürger und der öffentlichen Planungsträger am Planaufstellungsverfahren und eine darauf basierende umfassende Interessenabwägung, erfüllt werden.

So schließt der Grundsatz der Planmäßigkeit aus, daß eine Gemeinde mit anderen Mitteln als denen der Bauleitplanung oder ergänzender Bestimmungen des Baugesetzbuchs die Bodennutzung steuert, also z.B. ähnlich wie im Mittelalter oder auch zur Zeit des Absolutismus allein mit Hilfe des Eigentumsrechts, etwa durch den Verkauf von Grund und Boden unter bestimmten Auflagen oder entsprechende Rechtsgeschäfte. Dies zu betonen besteht Anlaß, weil die Praxis immer wieder zu solchen Möglichkeiten neigt (vgl. BGH, NJW 1985, 1892). Weiter können zusätzliche Planungsformen, wie informelle Pläne, vertragliche Absprachen (dazu unten § 7 Rn. 3ff.), Klarstellungs-, Entwicklungs- und Ergänzungssatzungen nach § 34 IV BauGB (dazu unten § 20 Rn. 6ff.) u.a. nur eine planergänzende Funktion haben; eine planersetzende kann zusätzlichen Planungsinstrumenten nur ausnahmsweise und nur dann zukommen, wenn sie die für die Bauleitpläne entwickelten rechtsstaatlichen Anforderungen insbesondere an das Aufstellungsverfahren und die planerische Abwägung, zumindest in vereinfachter Form beibehalten (*Schmidt-Aßmann*, FS Schlichter, S. 21; zu diesen ergänzenden Planungsformen s.u. § 7).

2. Der Flächennutzungsplan

a) Programmierende und programmvollziehende Funktion

Im Flächennutzungsplan ist für das ganze Gemeindegebiet die sich 4
aus der beabsichtigten städtebaulichen Entwicklung ergebende Art der Bodennutzung in den Grundzügen darzustellen (§ 5 I BauGB). Auf diese Weise vermag der Flächennutzungsplan andere Planungen, die sich nur auf Teile des Gemeindegebiets oder auf einzelne Fragen der Bodennutzung beziehen, in einen konzeptionellen Gesamtzusammenhang einzubinden **(„Programmierungsfunktion“)**.

Das gilt in erster Linie für den daraus nach § 8 II BauGB zu entwickelnden Bebauungsplan, einschließlich des „vorhabenbezogenen Bebauungsplans“ aufgrund eines zwischen Gemeinde und Vorhabenträger abgestimmten „Vorhaben- und Erschließungsplans“ (§ 12 BauGB); es gilt weiter aber auch für andere verbindliche Entscheidungen über die Bodennutzung in der Gemeinde, wie z.B. Entwicklungssatzungen über im Zusammenhang bebaute Ortsteile (§ 34 IV Nr. 2 BauGB) oder Ergänzungssatzungen nach § 34 IV Nr. 3 BauGB. In einem gewissen Umfange muß der Flächennutzungsplan sogar von den überörtlichen Fachplanungen berücksichtigt werden; allerdings entfällt diese Bindung, wenn die zuständigen Planungsinstanzen vor seiner Aufstellung oder, nach Maßgabe weiterer Voraussetzungen, danach Widerspruch gegen einzelne Darstellungen angemeldet haben (§ 7 BauGB).

Zu dieser Programmierungsfunktion des Flächennutzungsplans 5
kommt eine programmausfüllende oder besser **programmvollzie-**

hende Funktion hinzu. Die überörtlichen Gesamtplanungen, wie etwa die Landesentwicklungspläne und die Regionalpläne, sind für den Bürger nicht unmittelbar verbindlich; sie erlangen diese rechtliche Verbindlichkeit vielmehr erst durch ihre Übernahme in den Bebauungsplan, der seinerseits durch den Flächennutzungsplan inhaltlich gesteuert wird. Daher müssen die Bauleitpläne, also bereits auch der Flächennutzungsplan, ihre inhaltlichen Aussagen an die in den überörtlichen Raumplänen festgelegten „Ziele der Raumordnung" anpassen (§ 1 IV BauGB als lex specialis zu § 4 I ROG). Insofern erfüllt der Flächennutzungsplan auch eine „programmvollziehende Funktion" (vgl. auch *Löhr*, B/K/L, § 5 Rn. 3). Damit steht der Flächennutzungsplan an der Schnittstelle zwischen der überörtlichen Raumplanung und der Bauleitplanung als örtlicher Raumplanung.

6 Die Verknüpfung des Flächennutzungsplans mit der überörtlichen Raumplanung wird besonders deutlich in den Stadtstaaten, wo der Flächennutzungsplan die Aufgaben der Landesplanung übernehmen kann (§ 8 I 2 ROG). Weiter können benachbarte Gemeinden eine gemeinsame Flächennutzungsplanung aufstellen, wenn ihre städtebauliche Entwicklung durch gemeinsame Voraussetzungen und Bedürfnisse bestimmt ist oder Ziele der Raumordnung eine gemeinsame Planung erfordern (§ 204 BauGB). Schließlich besteht nach § 205 BauGB die Möglichkeit, Planungsverbände zwischen Gemeinden und Fachplanungsträgern zu bilden, um durch eine gemeinsame zusammengefaßte Bauleitplanung den Ausgleich der verschiedenen Belange zu erreichen (dazu näher unten § 10 Rn. 5 ff.).

b) Inhalt und Art der Darstellung

7 Gemäß seiner Programmierungs- und Programmvollziehungsfunktion werden im Flächennutzungsplan vor allem die verschiedenen Arten der Bodennutzung dargestellt.

Das gilt zunächst für die zur Bebauung vorgesehenen Flächen (§ 5 II Nr. 1 BauGB); sie sind in § 1 BauNVO eingeteilt in Wohnbauflächen (W), gemischte Bauflächen (M), gewerbliche Bauflächen (G) und in Sonderbauflächen (S). Darüber hinaus können diese „Bauflächen" nach § 1 II BauNVO weiter in „Baugebiete" ausdifferenziert werden, z. B. die Wohnbauflächen (W) in Kleinsiedlungsgebiete (WS), reine Wohngebiete (WR), Allgemeine Wohngebiete (WA) oder Besondere Wohngebiete (WB). Diese Ausdifferenzierung der Bauflächen nach der **Art der baulichen Nutzung** wird ergänzt durch Angaben zum **Maß der baulichen Nutzung** (vgl. § 16 BauNVO).

Ferner können im Flächennutzungsplan dargestellt werden die Flächen für **Infrastruktureinrichtungen**, nämlich für Versorgungseinrichtungen (Schulen, Kirchen, Sport- und Spielanlagen, vgl. § 5 II Nr. 2 BauGB), für den überörtlichen Verkehr und die örtlichen Hauptverkehrszüge (§ 5 II Nr. 3 BauGB) und für Ver- und Entsorgungsanlagen (§ 5 II Nr. 4 BauGB). Als **weitere Darstellungsmöglichkeiten** nennt der Katalog Grünflächen, Flächen für die verschiedensten Umweltschutzzwecke, Wasserflächen, Flächen für Abgrabungen, für die Landwirtschaft, für Natur- und Landschaftspflege u. v. a. Dabei können Flächen auch zum Ausgleich für an anderer Stelle geplante „Eingriffe in Natur und Landschaft" ausgewiesen und diesen zugeordnet werden. Auf diese Weise läßt sich der naturschutzrechtlichen Eingriffs- und Ausgleichsregelung Rechnung tragen (§ 5 II a BauGB; dazu näher unten Rn. 40ff.).

Das Baugesetzbuch führt die darzustellenden Bodennutzungen nur „insbesondere", d. h. beispielhaft und nicht abschließend auf. Dadurch unterscheidet sich die Aufzählung in § 5 II BauGB von dem Festsetzungskatalog in § 9 BauGB für den rechtsverbindlichen Bebauungsplan. Der Unterschied beruht darauf, daß der Flächennutzungsplan anders als der Bebauungsplan für den Bürger keine unmittelbare Rechtsverbindlichkeit besitzt. Insofern greift der Vorbehalt des Gesetzes beim Flächennutzungsplan nicht ein. Der Gesetzgeber konnte daher der planenden Gemeinde die Befugnis einräumen, weitere **Darstellungen** in den Flächennutzungsplan aufzunehmen. Auf der anderen Seite braucht die Gemeinde nicht alle in § 5 BauGB genannten Darstellungsmöglichkeiten wahrzunehmen. In jedem Falle müssen die Darstellungen einen bodenrechtlichen Bezug haben, damit sie nach § 9 BauGB auch Eingang in den Bebauungsplan finden können. **8**

Neben diesen Darstellungen sieht das Baugesetzbuch weiter vor, daß im Flächennutzungsplan einige Flächen „gekennzeichnet werden sollen" (§ 5 III BauGB), bei denen besondere bauliche Vorkehrungen gegen äußere Einwirkungen oder besondere Sicherheiten gegen Naturgewalten erforderlich sind, ferner unter denen Bergbau betrieben wird oder bei deren Bebauung eine umweltgefährdende Kontamination zu berücksichtigen ist. Letzteres betrifft insbesondere die sogenannten **Altlasten**, d. h. Ablagerungen durch frühere gewerbliche oder sonstige Nutzungen, von denen eine konkrete Gefährdung der menschlichen Gesundheit oder der Umwelt ausgeht. **„Kennzeichnung"** bedeutet im Unterschied zur „Darstellung" keine Festlegung der Bodennutzung, für die das Entwicklungsgebot (§ 8 II BauGB) gilt, sondern gibt lediglich einen Hinweis auf potentielle Gefahren bei der Wahrnehmung der im Flächennutzungsplan vorgesehenen Grundstücksnutzungen. Diese Gefährdungen müssen bei dem späteren Erlaß eines Bebauungsplans berücksichtigt werden. Sind sie zu diesem Zeitpunkt noch nicht beseitigt, kann im Bebauungsplan dennoch eine solche Grundstücksnutzung ausgewiesen werden, sofern sich die **9**

Gefährdungen durch bauliche oder technische Maßnahmen bei der Verwirklichung des Bebauungsplanes beheben lassen. Anderenfalls würde die Ausweisung einer entsprechenden Nutzung gegen das Abwägungsgebot verstoßen und den Bebauungsplan rechtswidrig machen; auch könnten sich daraus Schadensersatzansprüche gegenüber der Gemeinde wegen Amtspflichtverletzung ergeben (vgl. BGH, DVBl. 1989, 504 m. Anm. *Papier*, DVBl. 1990, 354; DVBl. 1990, 355 m. Anm. *Ossenbühl*, JZ 1990, 649; DVBl. 1990, 358; DVBl. 1992, 1093; OLG Düsseldorf, NVwZ 1992, 1019, dazu unten § 8 Rn. 10f.).

10 Weiter sollen rechtlich verbindliche Festsetzungen, die kraft besonderer Zuständigkeitsregelungen von anderen Stellen erlassen wurden, nachrichtlich in den Flächennutzungsplan übernommen werden. Das gilt insbesondere für rechtsverbindliche Fachplanungen, etwa die Planfeststellung von Bundesfernstraßen (§ 17 FStrG) oder die Ausweisung von Naturschutzgebieten durch Rechtsverordnung (§ 13 BNatSchG; § 21 NatSchG BW). Die **nachrichtliche Übernahme** hat nur informative Bedeutung, nimmt also an der Bindungswirkung des Flächennutzungsplans (§§ 7, 8 II BauGB) nicht teil, unterstreicht aber den Charakter des Flächennutzungsplans als Gesamtplan, auch wenn einzelne Regelungen in den Kompetenzbereich anderer Stellen fallen.

11 Die planerischen Darstellungen im Flächennutzungsplan sind **nicht parzellenscharf**, d.h. man kann aus ihnen nicht genau erkennen, welche Grundstücke und Grundstücksteile bei der Umsetzung des Flächennutzungsplans in verbindliche Bebauungspläne genau betroffen sein werden. Auch enthält die Darstellung im Flächennutzungsplan noch keine Details, z.B. einzelne kleinere Straßen und die genaue Straßenführung. Dementsprechend wird der Flächennutzungsplan kartographisch in einem kleinen Maßstab dargestellt, meistens 1:25000 oder auch 1:100000; schließlich muß auf der Karte das ganze Stadtgebiet in seiner Bodennutzung dargestellt werden. Es geht also nur darum, im Flächennutzungsplan zu skizzieren, wie die Gemeinde sich die räumliche Entwicklung ihres Gebiets insgesamt vorstellt. Welches einzelne Grundstück von den geplanten Bodennutzungen betroffen wird und in welchem Ausmaße das der Fall sein wird, ist hier noch unerheblich.

c) Rechtswirkungen und Rechtsnatur

12 Als Vorbereitung für spätere rechtsverbindliche Maßnahmen hat der Flächennutzungsplan lediglich „verwaltungsinterne" Bedeutung. Er besitzt keine unmittelbare Außenwirkung, ist für den Bürger also nicht rechtlich verbindlich, sondern entfaltet lediglich eine gewisse Bindungswirkung für die Gemeinde beim Erlaß von Bebauungsplänen (vgl. § 8 II BauGB) und anderen verbindlichen planungsrechtlichen Entscheidungen (vgl. etwa § 35 III Nr. 1 BauGB) sowie – sehr abgeschwächt – für andere öffentliche Planungsträger im Bereich der Fachplanungen (§ 7 BauGB). Aus diesen Gründen wird der Flächennutzungsplan nach ganz überwiegender Meinung in Literatur und Rechtsprechung als eine **hoheitliche Maßnahme eigener Art** angesehen, der jedenfalls keine Rechtsnormqualität zukommt (*Löhr*, B/K/L, § 5 Rn. 45; *ders.*, Die kommunale Flächennutzungsplanung, 1977, S. 133ff. m.w.N.; *Brügelmann/Grauvogel*, § 5 Rn. 156–158).

Auch wenn die Darstellungen im Flächennutzungsplan **keine unmittelbaren Rechtswirkungen** für den Bürger haben, können sie jedoch seine wirtschaftliche und auch seine rechtliche Stellung erheblich **mittelbar beeinflussen**. Denn aus dem Flächennutzungsplan werden nach § 8 II BauGB („Entwicklungsgebot") die Bebauungspläne entwickelt, die Vor- oder Nachteile bei der Nutzung der Grundstücke bewirken. Ferner gibt es zahlreiche gesetzliche Regelungen, deren Anwendung von den Darstellungen im Flächennutzungsplan mitbestimmt werden, sei es, daß sie auf diese direkt Bezug nehmen, sei es, daß unbestimmte Rechtsbegriffe danach auszulegen sind, sei es, daß bei der Ausübung des Ermessens darauf Rücksicht zu nehmen ist. 13

So reagiert der Grundstücksmarkt i.d.R. bereits auf Darstellungen im Flächennutzungsplan, etwa mit Preisanstieg für „Bauerwartungsland". Es handelt sich hier um rein **wirtschaftliche Folgen** auf Grund von Erwartungen, die mit dem Flächennutzungsplan verbunden werden. Sie sind immerhin für Wertermittlungsverfahren nach §§ 4, 15 der Wertermittlungsverordnung (WertV) relevant. Für die **Rechtsanwendung** werden die Darstellungen des Flächennutzungsplans etwa bedeutsam bei Vorhaben im Außenbereich, also in Gebieten, für die kein (qualifizierter) Bebauungsplan besteht und die auch nicht schon faktisch im Zusammenhang bebaut sind. Hier verweist § 35 III Nr. 1 BauGB ausdrücklich auf die Darstellungen des Flächennutzungsplans. Privilegierte Vorhaben, denen diese Darstellungen entgegenstehen, und nichtprivilegierte, die sie beeinträchtigen, sind unzulässig. So dürfte z.B. ein Baugesuch auf Errichtung eines Wochenendhauses im Außenbereich nicht genehmigt werden, wenn der Flächennutzungsplan an dem vorgesehenen Standort konkrete Darstellungen für eine landwirtschaftliche Nutzung vorsieht (§ 5 II Nr. 9a BauGB; zu diffizilen Differenzierungen vgl. *Löhr*, B/K/L, § 5

Rn. 31 u. 47). Die Darstellungen im Flächennutzungsplan erlangen damit über § 35 III BauGB bei nicht-privilegierten Vorhaben praktisch die Wirkung von Festsetzungen im Bebauungsplan. Entsprechendes gilt für die Interpretation des Begriffs der öffentlichen Belange etwa zur Erteilung eines Dispenses nach § 31 II BauGB.

14 Nicht zuletzt wegen der weitreichenden mittelbaren Rechtswirkungen des Flächennutzungsplans für den Bürger gelten für seine Aufstellung im wesentlichen die gleichen **Verfahrensvorschriften** wie für den Erlaß des rechtlich verbindlichen Bebauungsplans (§§ 2–4b BauGB), insbesondere muß der Flächennutzungsplan öffentlich ausgelegt und es muß allen Bürgern die Möglichkeit zu Einwendungen gegeben werden (§ 3 BauGB). Geringe Modifikationen ergeben sich aus seiner Rechtsnatur. Wie erwähnt, kann er mangels unmittelbarer rechtlicher Außenwirkung den herkömmlichen Handlungsformen der Rechtsnorm oder des Verwaltungsakts nicht zugeordnet werden; er stellt vielmehr eine verwaltungsinterne Vorbereitungsmaßnahme dar. Daher wird er auch nicht wie der Bebauungsplan (nach § 10 I BauGB) als Satzung erlassen, sondern durch einfachen Beschluß des Gemeinderates verabschiedet; diesem ist ein „Erläuterungsbericht" beizufügen (§ 5 V BauGB). Im Unterschied zum Bebauungsplan bedarf der Flächennutzungsplan jedoch in jedem Falle der Genehmigung der Rechtsaufsichtsbehörde (§ 6 I BauGB); ihre Erteilung ist ortsüblich bekanntzumachen. Mit der Bekanntmachung wird der Flächennutzungsplan wirksam (§ 6 V BauGB).

d) Rechtsschutz gegen den Flächennutzungsplan für Bürger, Nachbargemeinde und heteronom betroffene Gemeinde

15 Sucht der **Bürger** gegen Darstellungen im Flächennutzungsplan Rechtsschutz, scheidet mangels seiner unmittelbaren Außenwirkung eine Normenkontrolle nach § 47 I Nr. 1 oder 2 VwGO oder eine Anfechtungs- oder vorbeugende Unterlassungsklage gegen einzelne Darstellungen im Plan aus (BayVGH, BayVBl 1993, 721, 724). Für entsprechende Klagemöglichkeiten bestünde auch kein Rechtsschutzbedürfnis, da der Betroffene in zumutbarer Weise auf den nachträglichen Rechtsschutz gegen eine außenwirksame Re-

gelung verwiesen werden kann. So ist die Rechtmäßigkeit und damit die Gültigkeit des Flächennutzungsplans inzidenter im Rahmen eines Normenkontrollverfahrens gegen einen Bebauungsplan im Hinblick auf das Entwicklungsgebot des § 8 II BauGB zu überprüfen (BVerwG, NVwZ 1992, 882); vollendete Tatsachen können durch den Erlaß von einstweiligen Anordnungen verhindert werden (§ 47 VI VwGO; *Dürr*, Rn. 287, 297). Weiter kommt eine Inzidentkontrolle des Flächennutzungsplans im Rahmen einer Verpflichtungsklage, etwa auf Erlaß einer Baugenehmigung, oder im Rahmen einer Anfechtungsklage, etwa gegen eine Abbruchverfügung, in Betracht, wenn diese Verwaltungsakte auf eine Rechtsnorm gestützt werden, die ihrerseits auf den Flächennutzungsplan verweist (z.B. § 35 III Nr. 1 BauGB) oder deren unbestimmter Gesetzesbegriff inhaltlich durch den Flächennutzungsplan konkretisiert wird (z.B. § 31 II BauGB – „öffentliche Belange"). Soweit ein inhaltlich durch den Flächennutzungsplan geprägtes Rechtsverhältnis in Frage steht, kann dieses beim Vorliegen eines entsprechenden Feststellungsinteresses auch im Wege der Feststellungsklage überprüft werden.

Eine **Nachbargemeinde** kann sich gegen Darstellungen im Flächennut- **16**
zungsplan wegen Verletzung ihres in Art. 28 II GG gewährleisteten Selbstverwaltungsrechts (Planungshoheit) mit der Feststellungsklage wehren, weil sie bei ihrer Bauleitplanung nach § 2 II BauGB bereits auf diesen Flächennutzungsplan Rücksicht nehmen muß. Daneben wird man auch eine vorbeugende Unterlassungs- oder eine Feststellungsklage gegen die Aufstellung eines entsprechenden Bebauungsplans (BayVGH, NVwZ 1985, 837; BVerwGE 40, 323) für zulässig halten müssen, weil der benachbarten Gemeinde im Hinblick auf eventuelle planungsrechtliche Verfestigungen (vgl. § 33 BauGB) ein Zuwarten bis zu einer möglichen Normenkontrolle gegen den Bebauungsplan nicht zugemutet werden kann (*Battis*, B/K/L, § 2 Rn. 8; *Gaentzsch*, BK, § 2 Rn. 15; *Schrödter*, in: Schrödter, § 2 Rn. 49 m.w.N.). Eine Anfechtungsklage gegen die Genehmigung eines nicht abgestimmten Flächennutzungsplans durch die Aufsichtsbehörde (§ 6 BauGB) scheidet aus, weil diese nach allgemeiner Meinung gegenüber der Nachbargemeinde oder den Bürgern als unselbständiger Bestandteil des Bauleitplanungsverfahrens angesehen wird. Lediglich gegenüber der planenden Gemeinde, deren Planungshoheit dadurch beeinträchtigt sein kann, wird sie als Verwaltungsakt qualifiziert (*Gaentzsch*, BK, § 2 Rn. 15; s. ferner *Battis*, B/K/L, § 2 Rn. 88).

Neben dieser Problematik der „Gemeindenachbarklage" gewinnt in Zu- **17**
kunft aber auch die Frage eines Rechtsschutzes der **Gemeinde bei hete-**

ronomer Flächennutzungsplanung zunehmend an Bedeutung. Sie wird aktuell, wenn die Gemeinde für ihr Gebiet nicht selbst den Flächennutzungsplan aufstellt, sondern etwa ein Planungsverband, eine Verwaltungsgemeinschaft oder ein vergleichbarer Zusammenschluß (§§ 205, 203 BauGB). Werden hier Darstellungen für ihr Gemeindegebiet gegen ihren Willen durch Mehrheitsbeschluß getroffen, die nicht überörtliche Raumnutzungen betreffen und durch sie geboten sind, wird die Gemeinde dadurch in ihrem Selbstverwaltungsrecht auf eigenverantwortliche planerische Gestaltung unzulässig eingeschränkt. Ihr muß daher eine Anfechtungsklage gegen die Genehmigung des Flächennutzungsplans durch die Aufsichtsbehörde (§ 6 BauGB), aber auch eine Klage gegenüber der Planungsinstanz auf Feststellung, daß bezüglich dieser Darstellung keine Entwicklungspflicht (§ 8 II BauGB) besteht, zugestanden werden.

3. Der Bebauungsplan

a) Form und Verbindlichkeit des Bebauungsplans

18 Der Bebauungsplan wird „als Satzung" von der Gemeinde beschlossen (§ 10 I BauGB). Er setzt für ein bestimmtes Gebiet – bei sachlich begründeter Erforderlichkeit u. U. auch nur für ein einzelnes Grundstück (BVerwG, NJW 1969, 1076) – parzellenscharf die bauliche oder sonstige Nutzung der Grundstücke und Grundstücksteile fest und ist für den Bürger wie für die Behörden rechtlich verbindlich. Demgemäß werden die Festsetzungen in der Planungspraxis kartographisch in einem großen Maßstab, etwa 1:500 oder 1:1000, getroffen, so daß sie genau bestimmt werden können. Bei der Festlegung der einzelnen Grundstücksnutzungen kann sich die planende Instanz im Interesse einer sinnvollen Stadtgestaltung nicht an die durch Eigentum vorgegebenen Grundstücksgrenzen halten. Diese sind vielmehr durch Maßnahmen zur Vorbereitung der Planverwirklichung, wie z. B. die Umlegung oder die Grenzregelung, der städtebaulichen Planung entsprechend anzupassen.

b) Das Entwicklungsgebot

aa) Inhalt

19 Da die Gemeinden einzelne Gebietsteile erst dann rechtsverbindlich planen sollen, wenn sie sich über die Entwicklung der Stadt insgesamt eine Konzeption gemacht haben, schreibt das Baugesetzbuch vor, daß der Bebauungsplan aus dem Flächennutzungsplan zu „entwickeln" ist. Dieses „Entwicklungsgebot" (§ 8 II 1 BauGB) gilt für die (erstmalige) Aufstellung, aber auch für die Änderung, Ergänzung oder Aufhebung eines Bebauungsplans. Es setzt zunächst voraus, daß ein Flächennutzungsplan überhaupt besteht, bevor man einen Bebauungsplan aufstellt. Weiter ergeben sich aus dem Flächennutzungsplan inhaltliche Vorgaben für den Bebauungsplan. **„Entwickeln"** bedeutet nicht, daß die Gemeinde das grobe Raster des Flächennutzungsplans lediglich mit genaueren Festsetzungen auszufüllen hat; vielmehr darf sie innerhalb des vorgeplanten Rahmens eigenständig weiterplanen und dabei gegebenenfalls auch von den gegenständlichen Darstellungen im Flächennutzungsplan, etwa bezüglich Art und Maß der baulichen Nutzung, wie auch von den dargestellten räumlichen Grenzen abweichen. Der Bebauungsplan muß sich lediglich innerhalb der wesentlichen Grundentscheidungen des Flächennutzungsplans, d.h. an seine „Grundzüge" halten, darf also von der Grundkonzeption des Flächennutzungsplans nicht abweichen. Wann das der Fall ist, läßt sich nur unter Würdigung aller Umstände des jeweiligen Einzelfalls beurteilen.

Das Bundesverwaltungsgericht spricht (in seiner grundlegenden Entscheidung, BVerwGE 48, 70) davon, die Entwicklung des Bebauungsplans aus dem Flächennutzungsplan sei in ihrer gegenständlichen wie räumlichen Spezifizierung eine von der Gestaltungsfreiheit gekennzeichnete planerische Fortentwicklung der im Flächennutzungsplan dargestellten Grundkonzeption. Abweichungen vom Flächennutzungsplan seien vom Begriff des „Entwickelns" so weit gedeckt, als sie sich aus dem Übergang in eine stärker verdeutlichende Planungsstufe rechtfertigten und der Bebauungsplan trotz der Abweichung der Grundkonzeption des Flächennutzungsplans nicht widerspreche. Dabei ist die Freiheit für die Gestaltung des Bebauungsplans naturgemäß umso größer, je allgemeiner die Darstellungen des Flächennutzungsplans sind. So wurde die Ausweisung eines Kerngebiets im Bebauungsplan an der Stelle, wo der Flächennutzungsplan eine Wohnbaufläche dargestellt hatte, für zulässig erachtet (VGH BW, BRS 32 Nr. 9); ebenso die Ausweisung einer Grünfläche, wo der Flächennutzungsplan eine Wohnbaufläche vorgesehen hatte (VGH Kassel, NVwZ-RR 1989, 346).

bb) Ausnahmen und Modifikationen

Das Entwicklungsgebot und die Rechtsfolgen seiner Verletzung 20
können eine Gemeinde in große Schwierigkeiten bringen.

So kommt es nicht selten vor, daß mit der Zeit ein Flächennutzungsplan in einzelnen Darstellungen überholt ist. Ändert ihn die Gemeinde nicht rechtzeitig ab und will sie – etwa zur Ansiedlung eines Industriebetriebes – dann rasch einen Bebauungsplan erlassen, der von dem ursprünglichen Flächennutzungsplan abweicht, müßte sie an sich erst diesen abändern. Das kann zu erheblichen Verzögerungen und damit zum Scheitern des Investitionsvorhabens führen.

Das Gesetz sieht daher hinsichtlich des Entwicklungsgebots verschiedene **Ausnahmen und Modifikationen** vor:

(1) Ein Flächennutzungsplan ist nicht erforderlich, wenn der Bebauungsplan ausreicht, die städtebauliche Entwicklung zu ordnen (**„selbständiger Bebauungsplan"**, § 8 II 2 BauGB).

Diese Ausnahme von der grundsätzlichen Zweistufigkeit der Bauleitplanung soll der Situation bei kleinen dörflichen Gemeinden mit geringer Siedlungsentwicklung Rechnung tragen. Sie kommt heute angesichts der Komplexität der städtebaulichen Gegebenheiten und Anforderungen auch bei kleineren Gemeinden im ländlichen Raum nur noch selten in Betracht. Zwar verlangt das Baugesetzbuch nicht, daß der selbständige Bebauungsplan wie der Flächennutzungsplan das gesamte Gemeindegebiet abdeckt; er muß aber ausreichen, die städtebauliche Entwicklung für das gesamte Gemeindegebiet zu ordnen. Das kann bei einem Bebauungsplan, der nicht das gesamte Gemeindegebiet regelt, im allgemeinen nur im Zusammenhang mit einer informellen Planung im Sinne der erwähnten städtebaulichen Rahmenplanung angenommen werden (*Löhr*, B/K/L, § 8 Rn. 7; *Bielenberg*, E/Z/B, § 8 Rn. 12f. m. zahlr. Nachw. von Einzelfällen). Daneben wird z. T. ein Bebauungsplan nach § 8 II 2 BauGB auch zugelassen, wenn er nur einen verhältnismäßig kleinen Teil des Gemeindegebiets betrifft und die Grundzüge der Bodenordnung im Gemeindegebiet nicht berührt. (Für diese „konkrete Betrachtungsweise" vgl. insbes. VGH BW, ESVGH 19, 227, 229; VBlBW 1985, 21).

(2) Aus „dringenden Gründen" kann ein Bebauungsplan auch vor Erlaß eines wirksamen Flächennutzungsplans aufgestellt werden. Voraussetzung ist dann lediglich, daß der Bebauungsplan der beabsichtigten städtebaulichen Entwicklung der Gemeinde nicht entgegenstehen wird (**„vorzeitiger Bebauungsplan"**, § 8 IV BauGB).

„Dringende Gründe" sind solche, die keinen Zeitaufschub zulassen, etwa weil die Gemeinde sonst die Chance einer wichtigen Betriebsansiedlung verliert oder weil mit einer Sanierung nicht länger zugewartet werden kann (grundlegend BVerwG, NVwZ 1985, 745 f.). Die Voraussetzung, daß ein Flächennutzungsplan noch nicht aufgestellt ist, liegt auch dann vor, wenn er zwar beschlossen wurde, aber wegen Fehlerhaftigkeit nicht rechtswirksam ist oder wenn er später seine Rechtswirksamkeit verloren hat. Der vorzeitige Bebauungsplan darf der beabsichtigten städtebaulichen Entwicklung nicht entgegenstehen. Diese kann sich z. B. aus einer informellen Planung oder einem vorliegenden Entwurf für den Flächennutzungsplan ergeben. Im übrigen vermag auch eine bereits vorhandene Bebauung für die zukünftige städtebauliche Ordnung richtungweisend sein. Hat die Gemeinde die Aufstellung eines Flächennutzungsplans jahrelang verzögert, wird man genau zu prüfen haben, ob ein „dringender Grund" für einen vorzeitigen Bebauungsplan wirklich vorliegt (zur Streitfrage, ob subjektive Gegebenheiten mitberücksichtigt werden können, vgl. *Löhr*, B/K/L, § 8 Rn. 13).

(3) Ein Bebauungsplan kann auch gleichzeitig mit dem Flächennutzungsplan aufgestellt, geändert oder ergänzt werden (**„Parallelverfahren"**, § 8 III BauGB).

Das Parallelverfahren modifiziert lediglich das Entwicklungsgebot. Es hält im Unterschied zum „selbständigen Bebauungsplan" an der Zweistufigkeit der Bauleitplanung fest, verzichtet auch nicht, wie der „vorzeitige Bebauungsplan", auf die Vorrangigkeit und Maßgeblichkeit des Flächennutzungsplans, sondern läßt nur zur Verfahrensbeschleunigung das parallele Aufstellen beider Pläne zu. Insofern bleibt durch die gleichzeitige Planerarbeitung eine inhaltliche Abstimmung beider Pläne gewährleistet (BVerwG, NVwZ 1985, 485, 486 f.). Das Parallelverfahren hat vor allem Bedeutung in den Fällen, in denen noch kein Flächennutzungsplan besteht und ein vorzeitiger Bebauungsplan nicht angestrebt wird oder mangels eines dringenden Falles nicht zu rechtfertigen ist, weiter aber auch, wenn ein vorhandener Flächennutzungsplan einer beabsichtigten „dringenden" Maßnahme entgegensteht und deshalb zuerst abgeändert werden muß. Ein vorzeitiger Bebauungsplan kann in diesen Fällen, wie erwähnt, nicht aufgestellt werden; vielmehr bedürfte es zunächst der Abänderung des Flächennutzungsplans (BVerwGE 48, 70; vgl. auch *Finkelnburg*, F/O, Bd. I, S. 82 f.).

cc) Unbeachtlichkeit von Verstößen

Trotz dieser Ausnahmen und Modifikationen wird in der Planungspraxis immer wieder das Entwicklungsgebot verletzt. Im Interesse einer größeren Rechtsbeständigkeit der Bebauungspläne hat das Baugesetzbuch die Beachtlichkeit solcher Verstöße weitgehend eingeschränkt: Verletzungen des Entwicklungsgebots sind zwar von der Genehmigungsbehörde uneingeschränkt zu beanstanden (§ 216 BauGB), sie beeinträchtigen aber nach § 214 II BauGB in den meisten Fällen die Rechtswirksamkeit des Bebauungsplans nicht (dazu unten § 16 Rn. 8 ff.). Einem Gericht ist es **21** dann versagt, den Bebauungsplan wegen dieser Fehlerhaftigkeit für nichtig zu erklären.

c) Bauliche und sonstige Festsetzungen (Überblick)

aa) Festsetzungen auf Grund des BauGB – Einzelfestsetzung und umfassende Bodennutzungsplanung

22 Da der Bebauungsplan eine unmittelbare Rechtsverbindlichkeit gegenüber dem Bürger besitzt, stellen sich seine Festsetzungen grundsätzlich als Einschränkungen der in Art. 14 I GG gewährleisteten Baufreiheit dar. Die gesetzliche Ermächtigung dazu gibt § 9 BauGB. Im Unterschied zu den in § 5 II BauGB nur beispielhaft aufgeführten Darstellungsmöglichkeiten des Flächennutzungsplans sind die in § 9 BauGB genannten Festsetzungsmöglichkeiten abschließend (BVerwG, BRS 23 Nr. 6; *Löhr*, B/K/L, § 9 Rn. 5). Diese Begrenzung der Festsetzungsmöglichkeiten ergibt sich schon aus dem Prinzip vom Vorbehalt des Gesetzes.

23 Der heutige Festsetzungskatalog macht bereits deutlich, wie sehr die frühere Bauplanung in eine **umfassende Bodennutzungsplanung** übergegangen ist. So sieht § 9 I BauGB neben den Festsetzungen für eine vorwiegend bauliche Nutzung (Nr. 1–9) auch die Bestimmung anderer Bodennutzungen (Nr. 10–26) vor: Z.B. kann die Gemeinde etwa Verkehrsflächen einschließlich der Bundesfernstraßen auf Gemeindegebiet (vgl. § 9 I Nr. 11, 26 BauGB; § 17 III FStrG) ausweisen. Weiter kann sie Flächen für die Abfall- und Abwasserbeseitigung (Nr. 14), öffentliche und private Grünflächen (Nr. 15), Flächen für Landwirtschaft und Wald oder Flächen für Kinderspielplätze und andere Gemeinschaftsanlagen (Nr. 18, 22) festsetzen. Dem vorbeugenden Umweltschutz in der städtebaulichen Planung dienen Festsetzungen von Maßnahmen zum Schutz, zur Pflege und zur Entwicklung von Boden, Natur und Landschaft oder von Flächen für solche Maßnahmen (Nr. 20); sie ermöglichen es, die naturschutzrechtliche Landschaftsplanung (§ 6 BNatSchG; §§ 7ff. NatSchG BW) in die (verbindliche) Bauleitplanung zu integrieren (dazu i.e. *Löhr*, B/K/L, § 9 Rn. 70) oder „Eingriffe in Natur und Landschaft" durch Ausgleichs- oder Er-

satzmaßnahmen planerisch zu bewältigen (vgl. §§ 8f. BNatSchG; §§ 1a, 9 I a, 200a BauGB). Schließlich kann die Gemeinde (gleichfalls mit (stadt-)ökologischer Zielsetzung) Verwendungsverbote für luftverunreinigende Stoffe wie Heizöl oder Kohle (Nr. 23) vorschreiben, Vorkehrungen zum Schutz vor schädlichen Umwelteinwirkungen wie den Einbau von Schallschutzfenstern als „passive Schallschutzmaßnahme" (Nr. 24) festsetzen oder Bepflanzungsregelungen – auch zur Fassaden- und Flachdachbegrünung – (Nr. 25) treffen.

Es hängt weitgehend von der städtebaulichen Konzeption der Gemeinde ab, in welcher gegenständlichen und räumlichen Differenzierung von diesen Festsetzungsmöglichkeiten Gebrauch zu machen ist. Ein Bebauungsplan kann gegenständlich auch auf einige wenige Ausweisungen, u. U. nur auf die Festsetzung einer einzigen Straße (**„isolierte Straßenplanung"**), und auf wenige Grundstücke, u. U. auch nur auf ein einziges, begrenzt sein. Voraussetzung ist immer nur, daß die Festsetzungen nicht willkürlich getroffen werden, sondern der städtebaulichen Ordnung dienen.

bb) Festsetzungen auf landesrechtlicher Grundlage

Zu den im Prinzip „abschließend" genannten Regel-Festset- **24**
zungsmöglichkeiten nach § 9 I–III BauGB kommen weitere auf Grund landesgesetzlicher (§ 9 IV BauGB) oder spezieller bundesgesetzlicher Ermächtigungen hinzu.

Das BauGB stellt die Form und das Verfahren des Bebauungsplans den Ländern für den Erlaß örtlicher Bauvorschriften auf landesrechtlicher Grundlage zur Verfügung. Auf diese Weise kann in formeller Hinsicht die Trennung zwischen Bauplanungs- und Bauordnungsrecht überwunden werden, sofern und soweit der Landesgesetzgeber dies ausdrücklich bestimmt. Das ist vor allem für die in den Landesbauordnungen vorgesehenen **„Gestaltungssatzungen"**, also Regelungen über die Gestaltung baulicher Anlagen (Dachform, Hausfarbe, Werkstoff, Lichtreklame u.ä.), weithin erfolgt (vgl. § 74 VII LBO BW; § 86 IV BO NW; Art. 91 III Bay BO; dazu oben § 5 Rn. 18). Sie können als **selbständige Satzung** nach den allgemeinen verfahrensrechtlichen Regelungen des

Landes oder als **unselbständige Satzung** im Rahmen des Bebauungsplanverfahrens erlassen werden. Im zweiten Falle bleiben sie zwar materiell-rechtlich ebenfalls auf einer landesrechtlichen Ermächtigung beruhendes Satzungsrecht, bilden jedoch eine Einheit in verfahrensrechtlicher Hinsicht mit dem auf Grund des Baugesetzbuchs erlassenen Bebauungsplan. Dementsprechend gelten für sie – soweit der Landesgesetzgeber nicht ausdrücklich Abweichungen vorsieht – die gleichen Vorschriften wie für den Erlaß von Bebauungsplänen, und für die Folgen von Form- und Verfahrensfehlern sind, wie bei den übrigen Festsetzungen im Bebauungsplan, die §§ 214–216 BauGB maßgeblich (zum Ganzen: *Gaentzsch*, BauGB, § 9 Rn. 33; *Brügelmann/Gierke*, § 9 Rn. 523ff.; *Bielenberg*, E/Z/B, § 9 Rn. 170ff. – vgl. § 74 VII LBO BW. In zahlreichen Bauordnungen ist der Verweis auf die Regelungen des BauGB für Ausnahmen und Befreiungen nicht mehr enthalten, so daß dafür nunmehr die einschlägigen Bestimmungen der Landesbauordnungen maßgeblich sind; dazu oben § 5 Rn. 18).

Dementsprechend findet man in Bebauungsplänen etwa auch Festsetzungen zur Dachform (Satteldach, Pultdach, Walmdach), zum Neigungswinkel der Dächer, zur Richtung des Dachfirsts, zur Gestaltung der Dachgaupen, ja u. U. selbst sogar zur Farbe der Dachziegel, der Fenster oder des Hausverputzes und zur Gestaltung der Grundstückseinfriedungen, etwa „Scherenzaun aus Holz" (vgl. z. B. § 74 I Nr. 1 LBO BW).

In entsprechender Weise können durch besondere (selbständige) Satzung oder im Bebauungsplan selbst **Fremdenverkehrsgebiete** und **Erhaltungsgebiete** nach den besonderen Regelungen der §§ 22 I und 172 BauGB festgesetzt werden (dazu unten § 7 Rn. 29ff.).

d) Kennzeichnungen und nachrichtliche Übernahme

25 Einer rein informativen Funktion dient, wie beim Flächennutzungsplan, die Pflicht zur Kennzeichnung bestimmter nur unter Risiken bebaubarer Flächen (§ 9 V BauGB) und zur nachrichtlichen Übernahme bereits rechtsverbindlich getroffener Festsetzungen (§ 9 VI BauGB). Die **„Kennzeichnung"** weist auf faktische

Gegebenheiten, die **„nachrichtliche Übernahme"** auf anderweitig getroffene rechtliche Regelungen (z. B. Denkmalschutzfestlegungen) hin, die für die Verwirklichung der planungsrechtlich zugelassenen Nutzung des Grundstücks von Bedeutung sind. Beide Markierungen sind also von den „Festsetzungen" im Bebauungsplan streng zu unterscheiden; sie entfalten keine unmittelbaren Rechtswirkungen. Eine Verletzung dieser Pflicht zur Kennzeichnung und nachrichtlichen Übernahme hat daher für die Rechtswirksamkeit der Bauleitpläne grundsätzlich keinerlei Bedeutung; sie kann aber u. U. als Indiz für eine mangelhafte Abwägung gewertet werden und, insbesondere beim Bebauungsplan, eventuell auch Amtshaftungsansprüche begründen (vgl. BGH, DVBl. 1989, 504 m. Anm. *Papier*; BGH, DVBl. 1990, 354; DVBl. 1990, 355; ferner BGH, DVBl. 1990, 358; weiter *Bielefeldt*, DÖV 1989, 67).

e) Baufreiheit und Inhaltsbestimmung des Eigentums

Macht die Gemeinde von allen Festsetzungsmöglichkeiten im Bebauungsplan Gebrauch, reduziert sich die durch Art. 14 I GG gewährleistete Baufreiheit des Eigentümers auf die Verwirklichung dessen, was der Bebauungsplan mehr oder weniger detailliert vorsieht. Gewiß dienen die bauplanungsrechtlichen Regelungen dazu, den Inhalt des konkreten Eigentumsrechts zu bestimmen. Die Frage muß aber aufgeworfen werden, wo die **Grenzen dieser Inhaltsbestimmung des Eigentums** liegen. **26**

Solange ein Bebauungsplan lediglich die Art der baulichen Nutzung durch die Ausweisung von Baugebieten festlegt, kann man von einer **Rahmenplanung** sprechen, die dem Eigentümer Raum zu einer Präzisierung der möglichen Nutzungen läßt. Sie hält sich zweifellos im Rahmen der Sozialpflichtigkeit des Eigentums. Aber bei der Ausweisung von Grünflächen, Umweltschutzflächen, Gemeinschaftsanlagen (Spielplätze) und von **detaillierten Nutzungsbestimmungen**, wie z. B. der Festlegung von Flächen für Sozial- oder Behindertenwohnungen oder gar einer vertikalen Gliederung verschiedener Nutzungsmöglichkeiten innerhalb eines Gebäudes (§ 9 III BauGB) werden durch einen Bebauungsplan intensivere Nutzungsbestimmungen getroffen als sie ein Miteigentümer verlangen könnte. Indessen sind an die Sozialpflichtigkeit des Eigentums bei Grund und Boden hohe Anforderungen zu stellen; sie differieren je nach der konkreten Lage und damit nach der Eingebundenheit des Grundstücks in vorgegebene rechtliche und natürliche Situationen. Daraus können sich besondere Pflichtbindungen ergeben, die sich im Rahmen der Sozialbindung des Eigentums aktualisieren lassen (BVerfGE 25, 112; 58, 300 – Naßauskiesung; BGHZ 23, 30 – Grünflächenurteil; 48, 193 – Kölner Hinterhof-Urteil; BVerwGE 4, 57, 60; NJW 1976, 1760, 1763; kritisch: *Papier*, M/D, Art. 14 Rn. 385 ff.). Unter Beachtung dieses Gesichtspunkts der **„Situationsgebundenheit“** verlangt Art. 14 I GG lediglich, daß das Verhältnismäßigkeitsprinzip gewahrt wird und der Wesensgehalt des Eigentums erhalten bleibt (Art. 19 II GG). Zum Wesensgehalt gehört eine Verfügungs- und Nutzungsbefugnis. Da der Eigentümer auch bei derart weitgehenden Beschränkungen sein Grundstück immer noch veräußern und verpfänden kann und es nach den Bestimmungen des Bebauungsplans auch nutzen darf, ist der Wesensgehalt des Eigentumsrechts solange nicht verletzt, als eine wirtschaftliche Nutzung noch übrigbleibt (BVerfGE 100, 226; dazu oben § 1 Rn. 21). U.U. kann der Eigentümer die Übernahme seines Grundstücks durch die Gemeinde verlangen (§ 40 II BauGB) oder einen Entschädigungsanspruch geltend machen (§ 40 III BauGB).

f) Begründung des Bebauungsplans

27 Angesichts der weitreichenden und einschneidenden Festlegungen, die in einem Bebauungsplan getroffen werden können, verlangt § 9 VIII BauGB, daß dem Bebauungsplan eine Begründung beigefügt wird. Die Begründungspflicht dient der Verdeutlichung und Auslegung der Festsetzungen des Bebauungsplans (BVerwGE 77, 300, 306), aber auch der Rechtfertigung des Plans vor dem Bürger sowie der Selbstkontrolle der Gemeinde. Sie muß daher Ziel und Zweck der Maßnahme und bei detaillierten Festsetzungen auch deren besondere Notwendigkeit darlegen. Außerdem soll sie ggf. die Maßnahmen zur Verwirklichung des Bebauungsplans sowie die Kosten und die Finanzierung durch die Gemeinde enthalten. Ist die Begründung unvollständig, wird der Bebauungsplan dadurch jedoch noch nicht ungültig (§ 214 I Nr. 2 BauGB); fehlt sie aber vollständig oder besteht sie nur aus nichtssagenden Formulierungen, kann dies gegen den Bebauungsplan innerhalb eines Jahres auch gerichtlich geltend gemacht werden (§ 215 I Nr. 1 BauGB).

4. Bauliche Ausweisungen in Bauleitplänen – Ihre Typisierung durch die BauNVO

a) Bedeutung der BauNVO

Die „baulichen Nutzungen“, die nach § 5 II Nr. 1 u. 2 BauGB **28**
im Flächennutzungsplan dargestellt werden sollen, und vor allem nach § 9 I Nr. 1–9 BauGB im Bebauungsplan verbindlich festgesetzt werden können, werden in der Baunutzungsverordnung (BauNVO) weiter ausdifferenziert. Für die in § 5 II Nr. 3ff. und § 9 I Nr. 10–26 und Ia BauGB aufgeführten Ausweisungen einer im allgemeinen „nicht-baulichen“ Grundstücksnutzung gibt es ein derart weit differenziertes und damit unvermeidbar kompliziertes Regelsystem nicht.

Die Baunutzungsverordnung ist eine Rechtsverordnung des Bundesministers für Raumordnung, Bauwesen und Städtebau, die auf Grund der Ermächtigung in § 2 V BauGB erlassen wurde. Sie unterscheidet die bauliche Nutzung der Grundstücke nach Art, Maß, Bauweise und überbaubarer Grundstücksfläche. Indem sie zu diesen Sachbereichen generelle Regelungen aufstellt, die durch einheitliche in der Planzeichenverordnung festgelegte Planzeichen (z.B. WR: „Reines Wohngebiet“ (§ 3 BauNVO), GRZ 0,4: Grundflächenzahl in Dezimalzahlen (§§ 16, 19 BauNVO)) zu kennzeichnen sind, bewirkt sie eine Vereinheitlichung der Planfestsetzungen für das ganze Bundesgebiet. Dadurch wird die Vergleichbarkeit, Anwendung und Beurteilung der Bebauungspläne sowie die einheitliche Auslegung der Begriffe erheblich erleichtert. Die Regelungen über die Art der baulichen Nutzung, die je nach **Baugebiet** (Wohngebiet, Industriegebiet etc.) differieren, werden mit der Gebietsausweisung **im Bebauungsplan** zu **dessen Bestandteil** (§ 1 III BauNVO). Damit ersparen sie der planenden Gemeinde das Aufstellen und Definieren solcher Regelungen für jeden einzelnen Bebauungsplan. Die Form der Rechtsverordnung erlaubt es, diese Regelungen rasch den sich schnell ändernden Gegebenheiten und Bedürfnissen der Stadtplanung anzupassen. In der Tat wurde die Baunutzungsverordnung in den vergangenen Jahren immer wieder geändert und mehrfach auch neu erlassen. Daher ist bei der Anwendung eines Bebauungsplans unter Heranziehung der Überleitungsvorschriften (z.B. §§ 25ff. BauNVO 1990) darauf zu achten, welche **Fassung der BauNVO bei seinem Erlaß** gerade galt; denn die Gemeinde beschließt kraft ihres Selbstverwaltungsrechts („Planungshoheit“) den Bebauungsplan als Satzung und der staatliche Verordnungsgeber kann ihrem rechtsetzenden Willen nicht durch eine spätere Änderung der Baunutzungsverordnung einen anderen Inhalt geben. M.a.W.: **§ 1 III BauNVO** ist grundsätzlich nicht als „dynamische“, sondern als **„statische“ Verweisung** anzusehen. Diese Argumente entfallen etwa bei § 34 II BauGB. Da hier auf den „Willen“ einer Rechtsetzungsinstanz nicht zu achten ist, kommt die Baunutzungsverordnung in ihrer jeweils geltenden Fassung zur Anwendung. Hier liegt also eine „dynamische Verweisung“ vor.

b) Die Art der baulichen Nutzung

29 Die Art der baulichen Nutzung ist durch eine Typisierung vielfältiger Baugebiete (reine Wohngebiete, allgemeine Wohngebiete, besondere Wohngebiete, Dorfgebiete, Mischgebiete, Kerngebiete, Gewerbegebiete, Industriegebiete, Sondergebiete) außerordentlich ausdifferenziert worden. Diese „Spezialisierung“ bedingt eine gewisse Starrheit. Um ihr gegensteuern zu können, erlauben die Bestimmungen in §§ 1 IV–IX, 12 IV–VI, 14 I 3 BauNVO der Gemeinde eine **„planerische Feinsteuerung“**.

Angesichts der großen Bedeutung der BauNVO sind ihre Regelungen zunächst in ihrer einheitlichen Grundstruktur darzustellen und dann am Beispiel einer wichtigen Festsetzungsmöglichkeit in ihrer konkreten Anwendung zu verdeutlichen.

aa) Differenzierungen der Art der baulichen Nutzung durch rechtlich ausgestaltete Gebietstypen und Sondergebiete

30 Die bauliche Nutzung eines Grundstücks ist zunächst nach der **Art der baulichen Nutzung** zu bestimmen (§ 9 I Nr. 1, 1. Alt. BauGB). Sie wird durch die Baunutzungsverordnung durch eine Aufteilung in zahlreiche „Baugebiete“, wie „reine Wohngebiete“, „allgemeine Wohngebiete“ etc. weiter präzisiert (§ 1 II BauNVO). Die Aufzählung ist abschließend (§ 1 III 1 BauNVO). In den §§ 2–14 BauNVO werden dann für jeden einzelnen Baugebietstypus die speziellen zulässigen Nutzungen geregelt. Dabei folgen die einzelnen Bestimmungen einem **einheitlichen Schema**. In Abs. 1 wird der **Gebietstypus** nach der allgemeinen Zweckbestimmung des Baugebiets umschrieben. Abs. 2 bestimmt die in diesem Baugebiet regelmäßig zulässigen Nutzungen **(„Regelnutzungen“)**, Abs. 3 die nur ausnahmsweise zulässigen Nutzungen **(„Ausnahmenutzungen“)**. Setzt die Gemeinde ein bestimmtes Baugebiet fest, so werden die jeweiligen Bestimmungen über die zulässige Nutzung in diesem Gebietstyp „automatisch“ Bestandteil

des Bebauungsplans (§ 1 III BauNVO). Von ihnen kann nach § 31 II BauGB u. U. durch die Erteilung eines **Dispenses** abgewichen werden.

Von den durch die BauNVO ausgestalteten und festgelegten Gebietstypen weichen naturgemäß die **„Sondergebiete"** der §§ 10 u. 11 BauNVO ab. Hier legt die Gemeinde selbst die allgemeine Zweckbestimmung des Gebietes im Bebauungsplan fest. 31

Neben Wochenendhausgebieten, Campingplatz- und Ferienhausgebieten kommen als „sonstige Sondergebiete" etwa Kur-, Klinikgebiete und vor allem auch Gebiete für **„großflächige Handelsbetriebe"**, wie **Einkaufszentren**, **Verbrauchermärkte**, Fachmärkte, SB-Märkte sowie neuerdings sog. **„Factory-Outlet-** (oder „Sonderposten-) **Märkte"** in Betracht. Da sie geeignet sind, enorme Kaufkraft aus einer Region abzuziehen, können sie erhebliche negative Auswirkungen auf die Umwelt, die Raumordnung oder die städtebauliche Konzeption, insbesondere von benachbarten Gemeinden haben. (Zu der dadurch bedingten rechtlichen Konfliktslage vgl. das Fallbeispiel (Normenkontrolle) unten § 16 Rn. 14ff.). Deshalb hat das Raumordnungs- und das Bauplanungsrecht zunehmend Restriktionen eingeführt. Sie sind an den seit längerem bekannten Typen der Verbrauchermärkte und Einkaufszentren orientiert. Die entsprechende Einordnung der in Deutschland erst jüngst aufgekommenen Factory-Outlet-Märkte oder -Center ist weithin noch unklar; ihnen allen gemeinsam ist lediglich die Ausschaltung des Groß- und Zwischenhandels; des weiteren wird man an Hand der Kriterien für die herkömmlichen Handelsgeschäfte zu differenzieren haben: Erfolgt der Verkauf direkt ab Fabrik und hat er im Vergleich zum Gesamtumsatz eine „untergeordnete" Funktion, indem er etwa nur 10% davon beträgt, liegt ein echter Fabrikverkauf vor, wie er in der Kleider-, Porzellan- oder Schuhfabrikation seit langem geläufig ist Er ist in den allgemeinen „Gewerbegebieten" (§ 8 BauNVO) zulässig; auch Großhandlungen, die im Rahmen dieser 10% des Gesamtumsatzes direkt an Endverbraucher verkaufen, werden dadurch nach allgemeiner Meinung noch keine Einzelhandelsgeschäfte; sie fallen daher nicht unter die Restriktionen des § 11 BauNVO. Erfolgt der Direktverkauf der Fabrik jedoch nicht an der Produktionsstätte (bzw. der dazugehörenden Lagerstätte), handelt es sich also um einen „ausgelagerten Direktverkauf", liegt unabhängig vom Verhältnis der direkt verkauften Waren zur Gesamtproduktion ein Einzelhandelsbetrieb vor. Haben solche Direktverkaufsstellen über ca. 700 m^2 Verkaufsfläche, zählen sie nach der Rechtsprechung zu den „großflächigen Einzelhandelsbetrieben". Diese sind nach § 11 III Nr. 2 BauNVO, wenn sie sich auf die Ziele der Raumordnung und Landesplanung oder auf die städtebauliche Entwicklung und Ordnung – insbesondere auf Umwelt, Infrastruktur, Verkehr, Versorgung der Bevölkerung im Einzugsgebiet, Orts- oder Landschaftsbild, Naturhaushalt usw. – „nicht nur unwesentlich auswirken können", nur in Kerngebieten (vgl. § 7 BauNVO) oder dafür festgesetzten „Sondergebieten" zulässig. Solche Auswirkungen werden nach § 11 III 2 BauNVO „kraft Gesetzes“ vermutet, sobald die Geschoßfläche 1200 m² übersteigt. Diese Vermutung ist allerdings in beide Richtungen widerlegbar, es kann also im konkreten Fall auch bei einer kleineren Geschoßflächenzahl bereits eine erhebliche und umgekehrt bei einer größeren Flächendimension eine unerhebliche Auswirkung angenommen werden. Entscheidend ist die Magnetwirkung, die etwa nach Lage und Größe der Standortgemeinde unterschiedlich sein kann (dazu *Reith*, NVwZ 1999, 45 ff.). Berücksichtigt man, daß in Kerngebieten (vgl. § 7 BauNVO), also in den Geschäftszentren der Städte solche großen Flächen kaum zu finden, geschweige denn zu bezahlen sind, bedarf es zur Ansiedlung solcher Märkte heute in der Regel einer speziellen Sondergebietsfestsetzung.

Weiter finden sich in den §§ 12–15 BauNVO für alle Baugebiete geltende (gleichsam „hinter die Klammer gezogene“) Regelungen über Stellplätze, Nutzungen für freiberufliche Zwecke, Nebenanlagen und je nach Situation unzulässige bauliche Anlagen.

32 Das dargelegte einheitliche Schema für die in der BauNVO im einzelnen festgelegten Gebietstypen soll am **Beispiel des „allgemeinen Wohngebiets“** (§ 4 BauNVO) weiter verdeutlicht werden. Das allgemeine Wohngebiet (WA) dient nach der allgemeinen Zweckbestimmung des § 4 I BauNVO „vorwiegend dem Wohnen“. Es ist das städtebaulich bedeutsamste Wohngebiet und verdient wegen der möglichen städtebaulich sinnvollen Funktionsmischung den Vorrang vor dem „reinen Wohngebiet“ des § 3 BauNVO. Neben der vorherrschenden Nutzungsart „Wohnen“ sind der Versorgung des Gebiets dienende Läden, Schank- und Speisewirtschaften (ggf. mit Kegelbahn) und nicht-störende Handwerksbetriebe als **Regelnutzung** zulässig (§ 4 II BauNVO).

Diese Begriffe sind „städtebaulich“, nicht umgangssprachlich zu verstehen. So sind **„Wohngebäude“** alle Anlagen, die zum dauernden Wohnen, d. h. einer „freigestalteten Häuslichkeit“, geeignet und bestimmt sind. Dazu gehören auch einzelne Wohnheime, wie Studenten- oder Altenwohnheime, nicht aber Unterkünfte für Asylbewerber, bei denen die Merkmale der Dauer und der frei gestalteten Häuslichkeit schon wegen des Zwangscharakters der Unterbringung (vgl. § 56 I AsylVfG) nicht gegeben sind (VGH BW, BauR 1989, 584; VBlBW 1991, 301 = NVwZ 1991, 1008; OVG Münster, NVwZ 1992, 186).

„Läden“ sind von der Verkehrsfläche aus betretbare Räume mit begrenzter Verkaufsfläche. Auf Massenumsätze angelegte Betriebsformen gehören nicht dazu. Selbstbedienungs-Lebensmittelgeschäfte sind daher nur zur wohnungsnahen Versorgung („Nachbarschaftsläden“) mit einer begrenzten Verkaufsfläche zulässig.

„Handwerksbetriebe“ dürfen „nicht stören“. Zur Ausfüllung derartiger unbestimmter Rechtsbegriffe greift man auf die erwähnten technischen Regelwerke zurück, wie etwa die TA-Lärm, TA-Luft, DIN 18005 u. a. (dazu oben §§ 3 Rn. 5; 5 Rn. 9 ff., 14 f.). Schreinereien, Schlossereien oder Kfz.-

Werkstätten werden deshalb, von atypischen Fällen abgesehen, regelmäßig als zu lärmintensiv nicht zulässig sein; erlaubt sind hingegen Betriebe der Friseure, Bäcker, Metzger, Maler, Klempner oder Elektroinstallateure.

Im Hinblick auf gebietliche Besonderheiten und Bedürfnisse können weiter durch die Erteilung von **Ausnahmen** die in § 4 III BauNVO erwähnten Betriebe, also etwa eine „Ferienpension", zugelassen werden. Für die Planung der Stellplätze und für die Zulässigkeit von Gebäuden und Räumen für die Berufsausübung freiberuflich Tätiger (Arzt-, Rechtsanwaltspraxen) gelten die bereits erwähnten „allgemeinen Bestimmungen" der §§ 12 u. 13 BauNVO; Stellplätze sind also nur für den durch die jeweils zugelassene Nutzung verursachten Bedarf gestattet (§ 12 II BauNVO); Arztpraxen u. a. dürfen eingerichtet werden (§ 13 BauNVO). Daneben bleibt u. U. die Möglichkeit eines **Dispenses** nach § 31 II BauGB.

bb) Instrumente zur „planerischen Feinsteuerung"

Das ausdifferenzierte System der Baugebiete nach der Baunutzungsverordnung kann man allgemein als Ausdruck der Grundsätze moderner Stadtplanung verstehen. Dennoch muß angesichts der Komplexität und des raschen Wandels der Gegebenheiten der Gefahr der Inflexibilität vorgebeugt werden. Daher eröffnet die Baunutzungsverordnung zusätzliche Möglichkeiten für eine situationsgerechte Differenzierung der Baugebietstypen. Im Vordergrund dieser **„planerischen Feinsteuerung"** stehen die Befugnisse nach § 1 IV–X BauNVO. Allerdings darf die Gemeinde mit Hilfe dieses Instrumentariums **keine neuen Baugebietstypen** schaffen (§ 1 III BauNVO); die allgemeine Zweckbestimmung des jeweiligen Baugebietstyps muß erhalten bleiben (§ 1 V BauNVO; OVG Münster, BauR 1984, 47 f.). Daher ist z. B. die Schaffung eines „Bankenviertels" durch Anwendung von § 1 V BauNVO auf § 7 BauNVO ausgeschlossen (dazu *Fickert/Fieseler*, BauNVO, § 1 Rn. 102). Innerhalb dieses Rahmens aber kann die Gemeinde die Baugebiete „horizontal" nach Nutzungsarten oder Betriebseigenschaften gliedern und so z. B. Immissionskonflikte durch gleitende Übergänge bewältigen (vgl. § 50 BImSchG), indem sie etwa stärker störende Betriebe einem sich anschließenden Industriegebiet (§ 9 BauNVO) zuordnet und weniger störende im Anschluß an ein Mischgebiet (§ 6 BauNVO) oder gar an ein allgemeines Wohngebiet (§ 4 BauNVO) vorsieht (§ 1 IV–VI BauNVO). Eine **„vertikale Gliederung"** unterschiedlicher Nutzungen nach Geschossen, Ebenen und sonstigen Teilen der baulichen Anlagen, z. B. Läden im Erdgeschoß und Wohnungen in den Obergeschossen, ist nach §§ 9 III BauGB und 1 VII BauNVO zulässig, bedarf aber wegen der damit verbundenen qualifizierten Einschränkung des Eigentums einer speziell auf diese Differenzierung gerichteten städtebaulichen Begründung. (Insofern hat sich durch die Neuformulierung des § 9 III BauGB nichts geändert; vgl. dazu BVerwGE 88, 268: Unzulässigkeit einer vertikalen Gliederung in Läden und Wohnungen allein aus Gründen der Wohnungsknappheit). **33**

c) Maß der baulichen Nutzung, Bauweise, überbaubare Grundstücksflächen

34 Weniger differenziert und kompliziert sind die Konkretisierungen der BauNVO zu den übrigen Festsetzungsmöglichkeiten über die bauliche Nutzung der Grundstücke. Das **Maß der baulichen Nutzung** kann etwa bestimmt werden durch Grundflächenzahl (GRZ), Geschoßflächenzahl (GFZ), Baumasse, Anzahl der Vollgeschosse oder Höhe der baulichen Anlage (§ 16 II BauNVO). Die Begriffe und die Berechnungsweisen sind in den §§ 19–21a BauNVO erläutert.

Die Grundflächenzahl gibt in Dezimalzahlen Auskunft über das Verhältnis von bebaubarer und unbebaubarer Grundstücksfläche. GRZ 0,4 bedeutet z. B., daß von der Fläche eines 1000 qm großen Grundstücks höchstens 400 qm bebaut werden dürfen. Die Geschoßflächenzahl gibt an, wieviel Quadratmeter Geschoßfläche je Quadratmeter Grundstücksfläche insgesamt zulässig sind: GFZ 0,8 bedeutet also etwa bei einem 1000 qm großen Grundstück mit dreigeschossiger Bebauung max. 800 qm Geschoßfläche insgesamt.

Die Regelung der **Bauweise** (§ 22 BauNVO) schlägt eine Brücke zu den Abstandsregelungen in den Landesbauordnungen (etwa §§ 5f. LBO BW). Denn eine „offene Bauweise“ zwingt zum Bauen mit seitlichem Grenzabstand, eine „geschlossene“ dagegen zum Aneinanderbauen der Gebäude. Im Bebauungsplan kann auch eine davon abweichende Bauweise festgesetzt werden (§ 22 IV BauNVO), z. B. eine „halboffene“, bei der die Gebäude an der Grundstücksgrenze als „Doppelhaushälfte“ zusammengebaut werden, so daß große zusammenhängende Gartenflächen entstehen. Unter „Kettenbauweise“ versteht man, daß Gebäude im Erdgeschoß in geschlossener Bauweise (ohne Grenzabstand) und in den Obergeschossen mit Grenzabstand gebaut werden.

Die **überbaubare Grundstücksfläche** kann festgelegt werden durch **„Baulinien“**, das sind Linien, auf die gebaut werden muß, durch **„Baugrenzen“**, das sind Linien, bis zu denen gebaut werden darf, hinter denen man aber auch zurückbleiben kann, oder durch **„Bebauungstiefen“**, d. h. die Bestimmung der Baufläche durch den Abstand von der (tatsächlichen) Straßengrenze (§ 23 BauNVO).

Bei der Markierung der überbaubaren Grundstücksfläche geht es nicht (wie bei der GRZ) um die Festlegung des Maßes der baulichen Nutzung, sondern um die exakte Standortbestimmung der baulichen Anlage. Durch Baulinien werden sogenannte **„Baufenster"** gebildet, die genau bestimmen, wo die Außenwände eines Gebäudes zu stehen haben. Durch Baulinien läßt sich neben der Stellung des Gebäudes auf dem Grundstück (vgl. § 9 I Nr. 2 BauGB) aber auch die Höhenlage (vgl. § 9 II BauGB) festlegen. Z.B. legen Bebauungspläne in einzelnen Städten fest, daß bei einer Geschäftsstraße das Erdgeschoß bis zum Gehweg zu bauen ist, ab dem 1. Obergeschoß die Gebäude aber um 10 m zurückversetzt sein müssen, so daß ein größerer Luftraum zwischen den Gebäuden auf der einen Seite und denen auf der anderen Seite der Straße entsteht. Für Nebenanlagen (Kinderspielplätze, Stellplätze, Garagen; vgl. § 9 I Nr. 4 BauGB; § 14 BauNVO) gelten die Linienfestsetzungen im Zweifel nicht; diese Anlagen dürfen dann auch auf den nicht überbaubaren Grundstücksflächen, also etwa jenseits der Baugrenze errichtet werden (§ 23 V 1 BauNVO). Eine entsprechende Regelung findet sich in den Landesbauordnungen für die Abstandsflächen (vgl. § 6 I LBO BW). Allerdings kann der Bebauungsplan davon abweichend auch deren Standort genau festlegen (§ 23 V 1 BauNVO).

5. Umwelt- und Naturschutz durch Bauleitpläne

a) Einheitliche Grundlagen und Voraussetzungen

Hatte die Bauleitplanung ursprünglich im wesentlichen nur die **35**
bauliche Bodennutzung zum Gegenstand, so wurde ihr Aufgabenbereich laufend erweitert, insbesondere auf einen „flächenbezogenen" **Umweltschutz**, der etwa bei topographisch reduziertem Luftaustausch, über den „anlagenbezogenen Umweltschutz" (nach §§ 4ff., 22ff. BImSchG) hinausgeht, und dann auf das **Bodenschutz-, Naturschutz-** und **Landschaftspflegerecht**. Demgemäß sollen heute die Bauleitpläne nach **§ 1 V 1 BauGB** nicht nur eine nachhaltige städtebauliche Entwicklung und eine sozialgerechte Bodennutzung gewährleisten, sondern auch dazu beitragen, „eine menschenwürdige Umwelt zu sichern und die natürlichen Lebensgrundlagen zu schützen und zu entwickeln". Umweltschutz, Naturschutz und Landschaftspflege werden nochmals ausdrücklich im Katalog der Planungsleitlinien aufgeführt **(§ 1 V 2 Nr. 7 BauGB)**. Der schonende Umgang mit Grund und Boden, insbesondere eine Beschränkung der Bodenversiegelung auf das notwendige Maß, wird mit der „Bodenschutzklausel" in

§ 1a I BauGB gefordert. Der damit (und weiter in § 5 II Nr. 10 BauGB sowie § 9 I Nr. 20 BauGB) in die Bauleitplanung aufgenommene Bodenschutz ist Teil einer Bodenschutzkonzeption, die im Bodenschutzgesetz des Bundes von 1998 weiter präzisiert wird. Ferner wurde durch die Übernahme wesentlicher Teile des 1993 eingeführten § 8a BNatSchG in **§ 1a II Nr. 2 BauGB** 1998 auch die Durchführung der **naturschutzrechtlichen Eingriffs- und Ausgleichsregelung** dauerhaft dem Bauleitplanungsrecht anvertraut. Damit erlangte die Bauleitplanung eine zentrale Stellung bei der aktiven Gestaltung des Boden-, Umwelt-, Natur- und Landschaftsschutzes.

Zur Durchführung dieser Aufgaben sehen die Vorschriften des Baugesetzbuches ein reichhaltiges Instrumentarium vor, so insbesondere **§ 5 II Nr. 6 u. 10 BauGB** für die Darstellung im Flächennutzungsplan, **§ 9 Nr. 20, 23–25 BauGB** für die Festsetzungen im Bebauungsplan, weiter **§ 35 III Nr. 2, 3, 5 u. V BauGB** für einzelne Außenbereichsvorhaben und schließlich **§§ 178, 179 BauGB** zur Durchsetzung mit Hilfe von Pflanz-, Rückbau- und Entsiegelungsgeboten.

Hier interessieren vor allem die Ermächtigungen in § 9 BauGB zu entsprechenden rechtsverbindlichen Festsetzungen. Der Gefahr, daß es dabei leicht zu Kompetenzüberschneidungen und **Konflikten** mit Maßnahmen der **Umwelt-** und der **Naturschutzbehörden** kommen kann, hatte die **frühere** Fassung des BauGB 1987 dadurch gegengesteuert, daß die Ermächtigungen für wasserwirtschaftliche, naturschutzrechtliche und landschaftspflegerische Festsetzungen mit einer **Subsidiaritätsklausel** versehen waren; danach durften bauplanerische Festsetzungen nur erfolgen, wenn Festsetzungen dieser Art nicht nach anderen Vorschriften getroffen werden konnten (vgl. § 9 I Nr. 16 und Nr. 20 BauGB 1987). Um eine verstärkte Nutzungsmischung zu ermöglichen und den Umweltschutz durch die Bauleitplanung zu stärken, wurde in § 9 I Nr. 16 und Nr. 20 BauGB 1998 jeweils diese Subsidiaritätsklausel **gestrichen** und **lediglich** am Anfang des umfangreichen Absatzes generell darauf hingewiesen, daß derartige Festsetzungen durch die Bauleitplanung **nur „aus städtebaulichen Gründen"** erfolgen dürfen. Diese Voraussetzung ist bei allen Festsetzungsmöglichkeiten, die im folgenden zu erörtern sind, immer mitzubeachten.

b) Umweltschutz – direkt, indirekt; aktiv und passiv

Ihrem Auftrag zum Umweltschutz kann die Bauleitplanung, gleichsam **indirekt**, bereits durch zahlreiche Regelungen der baulichen Nutzung nachkommen, indem etwa Wohngebiete nicht unmittelbar neben Industriegebieten oder Parkanlagen im Stadtgebiet u. a. ausgewiesen werden. 36

So sind etwa nach dem in § 50 BImSchG verankerten **„Trennungsprinzip“** für eine bestimmte Nutzung vorgesehene Flächen einander so zuzuordnen, daß schädliche Umwelteinwirkungen auf Wohn- und andere schutzbedürftige Gebiete soweit wie möglich vermieden werden; demgemäß werden z. B. zwischen Wohn- und Industriegebieten Übergangszonen ausgewiesen. Weiter werden mit der Art des festgesetzten Baugebiets andere Grenzwerte nach den allgemeinen immissionsschutzrechtlichen Normen (z. B. TA-Luft und TA-Lärm) aktuell. Sie können durch eine planerische **Feinsteuerung** (vgl. § 1 IV–IX BauNVO) noch weiter differenziert werden. Schließlich haben Regelungen über öffentliche und private Grünflächen (§ 9 I Nr. 15 BauGB), das Anpflanzen von Bäumen und sonstigen Pflanzen (§ 9 I Nr. 25 BauGB) u. a. eine nicht unerhebliche Bedeutung für den Umweltschutz.

Direkt dem Umweltschutz i. S. eines Immissionsschutzes dienen neben der für den Flächennutzungsplan ausdrücklich erwähnten Darstellung von Flächen zum Schutz gegen schädliche Umwelteinwirkungen (§ 5 II Nr. 6 BauGB) vor allem die Ermächtigungen, im Bebauungsplan Gebiete und Flächen zum Schutz vor schädlichen Umwelteinwirkungen rechtsverbindlich festzusetzen (vgl. §§ 9 I Nr. 23 u. 24 BauGB).

Nach **§ 9 I Nr. 23 BauGB** kann die Gemeinde im Bebauungsplan für bestimmte Gebiete die Verwendung bestimmter **luftverunreinigender Stoffe** ausschließen oder beschränken, also etwa ein Verbot für das Heizen mit Kohle oder Öl erlassen, sofern dafür städtebauliche Gründe bestehen und der Bezug zur Bodennutzung gewahrt bleibt. 37

Solche **Verbrennungsverbote** bewirken mittelbar u. U. einen Anschlußzwang an die Gasversorgung oder an das Fernheizsystem. Darüber hinaus vermögen sie die Ansiedlung entsprechender Betriebe, etwa in einem von der

Gemeinde ausgewiesenen Gewerbegebiet, zu verhindern; die Gemeinde erhält auf diese Weise eine Differenzierungsmöglichkeit, die die Feinsteuerung nach § 1 IV–IX BauNVO noch erweitert.

Statt des Verbots bestimmter luftverunreinigender Stoffe kann die Gemeinde auch lediglich deren Verwendung „beschränken". Nach der jetzigen Fassung dieser Vorschrift sollte es in Zukunft unstreitig sein, daß sie dabei die **Emissionsgrenzwerte** auch unter den allgemein nach dem BImSchG festgesetzten Grenzwerten ansetzen darf. Allerdings müssen, wie erwähnt, diese Festsetzungen durch eine konkrete städtebauliche Situation gerechtfertigt und durch ihren bodenrechtlichen Bezug gekennzeichnet sein, also z.B. der Verbesserung des schlechten Stadtklimas infolge eines topographisch bedingten geringen Luftaustausches oder der Reinhaltung der Luft bei einem Rehabilitationszentrum, etwa für Asthmakranke, dienen. Allgemeine Umweltschutzinteressen ohne städtebaulich bedingte Gründe, wie etwa die Förderung der Sonnenenergie oder einer allgemeinen Energieeinsparung, reichen dafür nicht aus. Es kann nicht jede Gemeinde über den Bebauungsplan eine eigene Umweltschutzpolitik betreiben. Soweit geht die gesetzliche Ermächtigung durch das Baugesetzbuch nicht; dem stünde auch der Grundsatz der kompetenziellen Rücksichtnahme entgegen, da der generelle Schutz der Umwelt gegen Immissionen speziellen Immissionsschutzbehörden anvertraut ist. § 9 BauGB bringt das mit den Worten „aus städtebaulichen Gründen" gleich am Anfang des Textes zum Ausdruck.

38 **§ 9 I Nr. 24 BauGB** sieht zur Minderung von Emissionen aus dem Nebeneinander verschiedener Nutzungen weitere bauplanungsrechtliche Instrumente vor. Für diesen im wesentlichen **„nachbarlichen Immissionsschutz"** ist es gleichgültig, ob die schädlichen Umwelteinwirkungen durch Luftverunreinigungen oder durch Lärm bedingt sind. Auch hier müssen aber die Festsetzungen städtebaulich gerechtfertigt und durch ihren bodenrechtlichen Bezug gekennzeichnet sein. Die Vorschrift ermächtigt zur Festsetzung von **Schutzflächen** und deren Nutzung, etwa Trennzonen zwischen Industrie- und Wohngebiet, weiter von **Flächen für bestimmte Anlagen** zum Immissionsschutz, wie z.B. Lärmschutzwände, und/oder für **„Vorkehrungen"**, wie z.B. Anpflanzungen, bauliche oder technische Vorkehrungen zur Lärmminderung. Diese können getroffen werden sowohl zum Schutz vor solchen Einwirkungen, also zum **„aktiven Umweltschutz"**, z.B. durch den Einbau von Filtern, als auch zur Minderung solcher Einwirkungen, also zum **„passiven Umweltschutz"**, etwa durch Doppelfenster, lärmisolierende Außenwände u.a.

Insbesondere die **technischen Vorkehrungen** lassen sich festlegen, ohne zugleich „Flächen" festzusetzen; damit darf die Gemeinde aber nicht in die Genehmigungskompetenz, etwa der Immissionsschutzbehörde bei genehmigungsbedürftigen Anlagen oder der Baurechtsbehörde hinsichtlich bauordnungsrechtlicher Tatbestände, eingreifen; schließlich haben diese auf Grund umfangreicher wissenschaftlicher Erhebungen und Begutachtungen zu entscheiden, welche Vorsorgemaßnahmen im Rahmen der Genehmigung des konkreten Vorhabens erforderlich sind. Das kann die Gemeinde in der planerischen Abwägung der Bauleitplanung gar nicht leisten. Darüber hinaus würde die bauplanungsrechtliche Festschreibung immissionsschutzrechtlicher Bestimmungen die Frage aufwerfen, ob und unter welchen Voraussetzungen die nach §§ 4ff. BImSchG zuständige Behörde im Genehmigungs- oder nachträglichen Anordnungsverfahren höhere Anforderungen stellen darf, als sie im Bebauungsplan vorgesehen sind. Eine solche Festschreibung könnte somit die Anwendung des BImSchG ausschalten. Auch das kann nicht die Aufgabe der Bauleitplanung sein. Deshalb können **nur bodennutzungsspezifische Festsetzungen** getroffen werden und die Berücksichtigung der konkreten Grundstückssituation muß hinreichend abstrakt bleiben. Um solche Überschneidungen mit dem speziellen Immissionsschutzrecht zu vermeiden, wird zutreffend weithin aus der Formulierung, daß nur „bauliche" und sonstige „technische Vorkehrungen" festgesetzt werden können, geschlossen, die Festsetzung von **Immissionsgrenzwerten** sei der Bauleitplanung untersagt. Das trifft für isolierte Grenzwertfestsetzungen zu; schließlich sind sie keine „technischen Vorkehrungen". Diese Feststellung schließt aber nicht aus, Grenzwerte zur Bestimmung der Eigenschaft der baulichen und technischen Vorkehrungen festzusetzen, etwa welche Grenzwerte bei Doppelfenstern oder lärmisolierenden Außenwänden nicht unterschritten werden dürfen; auf diese Weise kann ein größeres Wahlrecht der Bauherren unter baulichen und sonstigen technischen Vorkehrungen gewährleistet werden. Allerdings lassen sich auch mit solchen subtilen Differenzierungen nicht immer klare Trennlinien ziehen. Legt die Bauleitplanung nämlich aus gebietsbezogenen Gründen Eigenschaften von Betrieben oder technischen Vorkehrungen fest, ergeben sich daraus Rückwirkungen auf den Kompetenzbereich der Genehmigungsbehörde, und umgekehrt wirken sich anlagebezogene Genehmigungsauflagen auch auf die Umgebung des Betriebes aus, greifen also auf die Bodennutzungskompetenz über. Insofern werden gerade auf diesem Gebiet Kompetenzüberschneidungen und Kompetenzkollisionen immer wieder auftreten. Sie sind dann im konkreten Einzelfall in erster Linie in Kooperation und wechselseitiger Abstimmung nach den Grundsätzen des Gebots kompetenzieller Rücksichtnahme zu lösen.

Keine „bauliche" oder „technische" Vorkehrung ist die Festlegung von Nutzungszeiten, etwa für Sportplätze: Sehen die textlichen Festsetzungen eines Bebauungsplans solche **Nutzungszeitenregelungen** vor, ist der Plan mangels einer entsprechenden Festsetzungsermächtigung – i.d.R. begrenzt auf diesen Teil – nichtig. Allerdings ist die Festlegung von Benutzungszeiten nach dem Gebot der Konfliktbewältigung u.U. Voraussetzung für eine sachgerechte Abwägung. Sie kann dann in der Begründung des Bebauungsplans oder in einem sonstigen rechtlich nicht bindenden Hinweis festgehalten werden, muß aber der Detailsteuerung in Nebenbestimmungen zur Baugenehmigung oder in einen städtebaulichen Vertrag (dazu unten Rn. 39) überlassen bleiben (VGH BW, DVBl. 1997, 439 (LS) = VBlBW 1997, 178).

c) Naturschutz und Landschaftspflege – originär und kompensatorisch

39 § 5 II Nr. 10 BauGB sieht ausdrücklich für den Flächennutzungsplan die Darstellung von Flächen für Maßnahmen zum Schutz, zur Pflege und zur Entwicklung von Boden, Natur und Landschaft vor. Neben § 9 I Nr. 9, 10, 15–17 BauGB ermächtigt vor allem **§ 9 I Nr. 20 BauGB** dazu, im Bebauungsplan entsprechende Festsetzungen zu treffen. Diese Festsetzungen können **originär** einer Aktivität der Bauplanung zur Förderung von Natur und Landschaft entspringen oder reaktiv der notwendigen Kompensation eines unvermeidbaren Eingriffs in Natur oder Landschaft dienen.

Bei der Anwendung dieser Vorschriften ist zu beachten, daß der Bauleitplanung **nur** ein **Teilbereich des Naturschutzes und der Landschaftspflege** zukommen kann, nämlich deren Integration in die Gesamtplanung der Bodennutzung, nicht aber die Ermittlung und Feststellung der anzustrebenden Maßnahmen des Naturschutzes und der Landschaftspflege an sich. Denn diese setzen eine Analyse und Begutachtung des Zustandes von Natur und Landschaft voraus, die in den Landschaftsplänen der Naturschutzbehörden ihren Niederschlag finden. Die Bauleitplanung ist zu solchen Erhebungen und Auswertungen gar nicht imstande. § 9 I Nr. 20 BauGB vermag daher nur einer „Teil- und Sekundärintegration" der Landschaftsplanung zu dienen (*Erbguth/Wagner*, Bauplanungsrecht, Rn. 83ff.), einer Teilintegration, weil lediglich deren städtebaulich relevante Festlegungen in die Bodennutzungsplanung der Gemeinde aufgenommen werden, einer Sekundärintegration, weil das Ergebnis der Landschaftsplanung bereits fertig abgeschlossen ist und mit dieser Form als Anforderung in die Abwägung bei der Aufstellung der Bauleitpläne eingeht. Insofern behält die Landschaftsplanung ihre Eigenständigkeit. Das bedeutet allerdings nicht ihre uneingeschränkte Übernahme in die Bauleitpläne, vielmehr muß die Bauleitplanung diese Anforderungen mit den anderen städtebaulichen Belangen bei der Abwägung in Einklang bringen.

Weiter ergibt sich eine Einschränkung der im Bebauungsplan festsetzbaren **„Maßnahmen"** aus der Funktion der Bauleitplanung als ein auf zukünftige Verwirklichung gerichtetes Aktionsprogramm.

Nach dem **Bundesnaturschutzgesetz** (§ 6 II Nr. 2 BNatSchG) fallen unter den Begriff der Maßnahmen im Naturschutzrecht die „allgemeinen", d. h. unabhängig von Schutzgebietsausweisungen möglichen Maßnahmen zum Ausgleich für Eingriffe in Natur und Landschaft (vgl. §§ 8f. BNatSchG), ferner die Schutzgebietsausweisungen, wie Natur- und Landschaftsschutzgebiete (§§ 12ff. BNatSchG) und schließlich der Artenschutz über den Schutz der Lebensgemeinschaften und Biotope wildlebender Tiere und Pflanzen (§§ 20ff. BNatSchG). Diese **Maßnahmen** können nach der jeweiligen Ermächtigung im Bundesnaturschutzgesetz **normativ oder durch Einzelanordnung** oder durch administrative Vollzugsakte getroffen werden. Die **Bauleitplanung** dagegen hat die Funktion ein auf zukünftige Verwirklichung gerichtetes Aktionsprogramm der Bodennutzung festzulegen; sie begründet aber grundsätzlich keine aktiven Handlungspflichten. Deshalb mußten auch im Baugesetzbuch zur Umsetzung einzelner Festsetzungen des Bebauungsplans die speziellen städtebaulichen Gebote nach §§ 172ff. BauGB eingeführt werden. M. a. W.: der Bebauungsplan trifft seine Regelungen auf einer den Handlungspflichten vorgelagerten Ebene; er besitzt **keine unvermittelte Sofortwirkung**, sondern bedarf zur Umsetzung noch einer speziellen administrativen Anordnung. Dadurch unterscheidet er sich wesentlich von den Regelungen der Naturschutzgesetze des Bundes und der Länder.

Da der **Bebauungsplan** grundsätzlich keine Vollzugsverpflichtung enthält, sondern zur Umsetzung erst noch eines Vollzugsaktes bedarf, und da er als Bodennutzungsplanung flächenbezogen und nicht personenbezogen ist, können mit ihm **keine aktiven Handlungspflichten** begründet werden. Daher lassen sich über die Bauleitplanung zwar Schutzzonen für bestimmte Tier- und Pflanzenarten, Erholungsflächen u. ä. festlegen, aber keine aktiven Handlungspflichten, wie etwa Verhaltenspflichten gegenüber Tieren und Pflanzen, keine Bewirtschaftungsregelungen, etwa über Entwässerung, Düngung oder das Mähen von Wiesen, keine Betretungsverbote, keine Einschränkungen für Fischerei oder Jagd und keine in § 11 BNatSchG vorgesehenen Pflegemaßnahmen zu einer der Landschaftspflege entsprechenden ordnungsgemäßen Unterhaltung der Grundstücke begründen. Zur Festlegung solcher Handlungspflichten, etwa zur Bewirtschaftung einer Gaststätte oder zur Einhaltung von Nutzungszeiten z. B. bei Sportplätzen, bietet sich, wie erwähnt, ergänzend ein städtebaulicher Vertrag nach § 11 I 2 Nr. 2 BauBG zur „Förderung und Sicherung der mit der Bauleitplanung verfolgten Ziele" an (vgl. *Krautzberger*, in: E/Z/B, § 11 Rn. 26 Ziff. 6.3.5 und unten § 7 Rn. 9 ff.). Insofern ändert sich nach dem oben (Rn. 35) erwähnten Wegfall der Subsidiaritätsklausel in der Sache nichts Wesentliches (vgl. auch die Gesetzesbegründung, BT-Drs. 13/6392, S. 48; *Gierke*, in: Brügelmann, BauGB, Stand 1997, § 9 Rn. 35).

Im Unterschied dazu könnte man erwägen, daß jetzt die Ausweisung von Naturschutz- und anderen **Schutzgebieten durch Bebauungsplan** zulässig ist, sofern dafür städtebauliche Gründe bestehen, also etwa bei Festsetzung eines Sondergebiets für ein Klinikzentrum für Asthmakranke am Rande des Naturschutzgebietes. Allerdings wäre dann immer noch der Grundsatz kompetenzieller Rücksichtnahme zu beachten; danach müßte die primäre naturschutzrechtliche Kompetenz für derartige Gebietsfestlegungen bei der Naturschutzbehörde verbleiben. Insofern kann die Gemeinde auch in diesen Fällen i. d. R. nur im Wege der Flächenausweisung ein Gebiet für eine entsprechende Ausweisung durch eine Schutzgebietsverordnung der Naturschutzbehörde freihalten. Das macht deutlich, daß solche Planungen nur in einem aktiv-kooperativen Zusammenspiel der verschiedenen Kompetenzträger unter wechselseitiger Rücksichtnahme auf die jeweiligen Kompetenzen des anderen zustandekommen können.

d) Speziell: Die naturschutzrechtliche Eingriffs- und Ausgleichsregelung

aa) Der Baurechtskompromiß – Grundlage eines kompensatorischen Naturschutzes

40 Neben den Festsetzungen, etwa auf Grund § 9 I Nr. 15 und 25 BauGB, hat vor allem die Flächenausweisung nach § 9 I Nr. 20 BauGB, ergänzt durch § 9 I a BauGB, große Bedeutung für einen kompensatorischen Naturschutz, den § 8 BNatSchG als Voraussetzung für die Zulässigkeit unvermeidbarer Eingriffe in Natur und Landschaft fordert. In Fortentwicklung des sog. Baurechtskompromisses von 1993 bestimmen jetzt **§ 8a BNatSchG** einerseits und **§ 1a II Nr. 2, III BauGB** (1998) andererseits für das Verhältnis des Naturschutzrechts zum Bauplanungsrecht, daß die materielle naturschutzrechtliche Kernregelung über die Zulässigkeit von Eingriffen in Natur und Landschaft vom Naturschutzrecht getroffen wird, deren Durchführung aber dem Bauplanungsrecht obliegt.

Demgemäß geht § 8a I BNatSchG von der naturschutzrechtlichen Grundregelung in **§ 8 BNatSchG** aus. Diese setzt in § 8 I BNatSchG beim „Eingriff" in Natur und Landschaft an und definiert ihn als jede Veränderung der gegenwärtigen Gestalt oder Nutzung von Grundflächen, durch welche die Leistungsfähigkeit des Naturhaushalts oder das Landschaftsbild „erheblich oder nachhaltig" beeinträchtigt werden „können". Für die Zulässigkeit eines solchen Eingriffs gibt § 8 II, III BNatSchG als Rahmengesetz des Bundes den Ländern ein mehrstufiges Entscheidungsprogramm vor. Danach sind **vermeidbare Beeinträchtigungen** von Natur und Landschaft zu **unterlassen**. **Unvermeidbare Eingriffe** sind **auszugleichen**, d.h. es dürfen keine erheblichen Beeinträchtigungen des Naturhaushalts zurückbleiben, und das Landschaftsbild muß landschaftsgerecht wiederhergestellt oder neu gestaltet sein. Ist ein **unvermeidbarer Eingriff nicht**, jedenfalls nicht vollständig **ausgleichbar**, darf er nur zugelassen werden, wenn im konkreten Fall nach einer entsprechenden **Abwägung** andere Belange der Allgemeinheit dem Natur- und Landschaftsschutz vorgehen; für diesen Fall überwiegender, nicht ausgleichbarer öffentlicher Belange können die Länder in ihren Naturschutzgesetzen **„Ersatzmaßnahmen"** vorsehen (§ 8 IX BNatSchG). Sie verlangen i.d.R., daß die Folgen soweit als möglich landschaftsgerecht ausgeglichen und für die so nicht ausgleichbaren Beeinträchtigungen Entschädigungszahlungen in einen Naturschutzfonds geleistet werden (vgl. §§ 11 III, V, 50 III Nr. 2 NatSchG BW).

Diese Grundregeln gelten nach § 8a BNatSchG auch für den Fall, daß von Bebauungsplänen oder von Satzungen, die nach § 34 IV BauGB den Innenbereich und damit die Bebaubarkeit der Grundstücke bestimmen, Eingriffe in Natur und Landschaft zu erwarten sind. Über die Vermeidbarkeit des Eingriffs, den Ausgleich bei unvermeidbaren Eingriffen und den Ersatz für nicht ausgleichbare unvermeidbare Eingriffe ist dann nach den Vorschriften des BauGB, insbesondere im Wege der bauplanerischen Abwägung nach § 1 VI BauGB, zu befinden (§ 1a II Nr. 2 BauGB, § 8a I BNatSchG). Insofern wird die naturschutzrechtliche Eingriffsregelung für die Bauleitplanung dem Abwägungsprinzip nach § 1 VI BauGB unterstellt. Demgemäß sind „geeignete Flächen zum Ausgleich" im Flächennutzungsplan darzustellen (§ 5 BauGB) und als „Flächen oder Maßnahmen zum Ausgleich" nach § 9 BauGB im Bebauungsplan festzusetzen (§ 1a III 1 BauGB).

Ein Bebauungsplan, bei dessen Aufstellung die Fragen der **Vermeidbarkeit des Eingriffs** und dessen **Ausgleichbarkeit nicht abgewogen** wurden, ist fehlerhaft. Da infolgedessen der erforderliche Ausgleich nach § 1a III BauGB unterblieb und dieser weiterer planerischer Erwägungen grundsätzlicher Art bedürfte, berührt dieser Fehler die Grundzüge der Planung. Ein ergänzendes Verfahren nach § 215a BauGB scheidet daher in diesem Falle aus. Der **Bebauungsplan** ist nicht nur „schwebend" unwirksam (§ 215a I BauGB), sondern **nichtig** (vgl. § 47 V VwGO).

Die im Naturschutzrecht im allgemeinen sinnvolle **Unterscheidung zwischen dem „Ausgleich"** eines unvermeidbaren Eingriffs in Natur und Landschaft **und** dessen **„Ersatz"**, wenn ein solcher Eingriff nicht ausgeglichen werden kann, hat mit dem Baurechtskompromiß ihre Berechtigung verloren. Da jetzt der „Eingriff" zu Recht bereits in der Bauleitplanung und nicht erst in der Ausführung des einzelnen Bauvorhabens gesehen wird, ist ein Ausgleich in der Planung praktisch immer möglich.

Genaugenommen sind „Ausgleichsmaßnahmen" im strengen Sinne des Wortes im Hinblick auf das „Landschaftsbild" nahezu unmöglich und hinsichtlich des Naturhaushalts nur selten an Ort und Stelle zu erreichen. So läßt sich z. B. beim Bau von Dämmen und Brücken das ursprüngliche Landschaftsbild nicht ausgleichen und auch das „optische Beziehungsgefüge" (BVerwGE 85, 348, 361) nicht annähernd fortführen; und die Errichtung von Wohngebäuden beeinträchtigt in nahezu allen Fällen Biotope und Habitate einzelner Tierarten. Die kompensatorische Umwandlung eines Waldes in Mischwald oder einer Wiese in eine Streuobstwiese ist regelmäßig nicht am Ort des Eingriffs, sondern allenfalls in einiger Entfernung in einem funktionalen Zusammenhang zu bewirken.

Unterscheidet sich nach allgemeinem Verständnis die Ersatzmaßnahme von der Ausgleichsmaßnahme dadurch, daß sie nicht unmittelbar auf den Eingriffsort zurückwirken muß, sondern ein funktionaler Zusammenhang genügt (vgl. BVerwG, NVwZ 1997, 486), so lassen sich beide Begriffe bei der bodenbezogenen Planung kaum voneinander trennen. Insofern **hat § 200 a BauGB** zu Recht diese Unterscheidung für das Bauplanungsrecht **aufgegeben**.

In Anbetracht dieser Regelung wird neuerdings für den „bauplanungsrechtlichen Ausgleich" sogar das Erfordernis eines **funktionalen Zusammenhangs** zwischen „Eingriff" und „Ausgleich" in Frage gestellt. Da der planerische Ausgleich der Abwägung unterliege, habe die Gemeinde nicht nur über das „Ob" und „Wieviel", sondern auch über das „Wie und Was" des Ausgleichs zu entscheiden. Daher könne je nach der örtlichen oder regionalen Situation im einen Fall die Wiederherstellung eines zerstörten Trockenrasens an anderer Stelle, im anderen Falle jedoch die Renatuierierung eines Bachlaufs eine angemessene Ausgleichsmaßname sein (*Löhr*, in: B/K/L, § 9 Rn. 98 d). Indessen verflüchtigt sich dann der „Ausgleich" in allgemeine naturschutzrechtliche Maßnahmen, die ohnehin im Rahmen der Bauplanung mit zu berücksichtigen und anzustreben sind. Auch bezieht sich die Abwägungsermächtigung nach dem Baurechtskompromiß auf die Vermeidung bzw. die Unvermeidbarkeit eines konkreten Eingriffs und den gerade darauf bezogenen sachgerechten Ausgleich. Insofern ist an dem Erfordernis eines funktionalen Zusammenhangs von Eingriff und **planerischem** Ausgleich festzuhalten.

Die bauplanungsrechtliche Lösung des naturschutzrechtlichen Ausgleichs ist nicht auf bauplanerische Regelungen, also Darstellungen im Flächennutzungsplan und entsprechende Festsetzungen im Bebauungsplan begrenzt. Vielmehr kommen dafür auch „vertragliche Vereinbarungen" gemäß § 11 BauGB und „sonstige geeignete Maßnahmen" auf Flächen, die von der Gemeinde bereitgestellt werden, in Betracht (§ 1 a III BauGB). Auf diese verschiedenen Möglichkeiten ist weiter einzugehen.

bb) Der bauplanerische Ausgleich – Probleme der Festlegung und der Durchführung

Eine Ausgleichsregelung mit Hilfe der Bauleitplanung erfolgt **41**
durch eine Darstellung der geeigneten Maßnahmen im Flächennutzungsplan und deren Festsetzung im Bebauungsplan (§ 1 a III 1,

§ 5, § 9 BauGB). Soweit es mit einer geordneten städtebaulichen Entwicklung und den Zielen der Raumordnung sowie des Naturschutzes und der Landschaftspflege vereinbar ist, kann der **Ausgleich** auch an **anderer Stelle als am Ort des Eingriffs** erfolgen. Diese Möglichkeit der **„räumlichen Entkoppelung"** stellt § 1 III BauGB für die Abwägung klar; § 9 I a BauGB präzisiert sie dahingehend, daß die Ausgleichsflächen auf dem Eingriffsgrundstück, an anderer Stelle im Geltungsbereich des Bebauungsplans oder sogar in einem anderen Bebauungsplan festgesetzt werden können.

Mit dieser Präzisierung hat der Gesetzgeber die bislang heftig umstrittene Frage entschieden, ob in „einem" Bebauungsplan neben den Eingriffsflächen auch Ausgleichsflächen ausgewiesen werden können, wenn sie sich nicht auf dem Eingriffsgrundstück oder zumindest an einer anderen Stelle des eigentlichen Plangebiets, sondern in einem ganz anderen Teil des Gemeindegebiets befinden. Die Zulässigkeit eines solchen **„Bebauungsplans mit zweigeteiltem Geltungsbereich"** wurde zuletzt aus praktischen Gründen in einem obiter dictum vom Bundesverwaltungsgericht (NVwZ 1997, 1215, 1217 f.) bejaht. Sie widerspricht jedoch der Vorstellung von der Funktion des Bebauungsplans, der nach dem jeweiligen tatsächlichen Bedarf einen Teil des Flächennutzungsplans konkretisieren soll. Auch kann die Zuordnung der einzelnen Grundstücksnutzungen im Wege der Abwägung nur sachgerecht erfolgen, wenn die Nutzungen sämtlicher Grundstücke eines Plangebiets aufeinander abgestimmt werden.

Diese Problematik eines einheitlichen Bebauungsplans mit zweigeteiltem Geltungsbereich sucht jetzt § 9 I a BauGB dadurch zu umgehen, daß er einen „anderen" Bebauungsplan, also einen selbständigen **„Ausgleichsbebauungsplan"** zuläßt, der **neben** den **Eingriffsbebauungsplan** tritt. Dadurch ergeben sich jedoch neue Probleme. Beim einheitlichen, aber zweigeteilten Bebauungsplan liegt immer noch de iure ein einziger Bebauungsplan vor. Er wird in einem einheitlichen Verfahren aufgestellt, in einem einheitlichen Abwägungsvorgang beschlossen und erfährt bei Rechtswidrigkeit auch nur eines Teiles ein einheitliches rechtliches Schicksal. Bei zwei selbständigen Bebauungsplänen, einem Eingriffs- und einem Ausgleichsbebauungsplan, versteht sich diese Gemeinsamkeit nicht von selbst. Gleichwohl kann die Rechtswirksamkeit des einen Planes nicht von der rechtlichen Geltung des anderen abgekoppelt werden (vgl. *Krautzberger,* in: E/Z/B, § 1 a Rn. 108; VGH BW, VBlBW 1998, 177, 182).

Wird der naturschutzrechtliche Ausgleich in einem vom Eingriffsbebauungsplan gesonderten Ausgleichsbebauungsplan geregelt, hängt die Rechtmäßigkeit der Abwägung beim Eingriffsbebauungsplan davon ab, daß der erforderliche naturschutzrechtliche Ausgleich über einen anderen Bebauungsplan erreicht wird. Ist daher der Ausgleichsbebauungsplan nicht wirksam, fehlt für den Eingriffsbebauungsplan eine sachgerechte Abwägung, so daß auch dieser als unwirksam anzusehen ist. Wird der Ausgleichsbebauungsplan später aufgehoben oder unter Beeinträchtigung der Ausgleichsregelungen abgeändert, etwa weil die Gemeinde das Gelände wegen eines dringenden Ausdehnungsbedarfs für Wohnzwecke benötigt, läge bei einem einheitlichen, Eingriff und Ausgleich regelnden Bebauungsplan, eine Planänderung vor, die nach den Regeln für die Planaufstellung zu erfolgen hätte. Gleiches muß dann auch bei zwei Bebauungsplänen gelten, wenn ihre **Eingriffs- und Ausgleichsfunktion** in einem **untrennbaren Abhängigkeitsverhältnis** zueinander stehen, weil beide Pläne durch das in ihnen zum Ausdruck kommende Ergebnis der Abwägung notwendig miteinander verknüpft sind (*Battis/Krautzberger/Löhr*, NVwZ 1997, 1145, 1153f.). Man könnte auch argumentieren, bei der Änderung eines Ausgleichsbebauungsplans sei zu berücksichtigen, daß die bestehende Ausgleichsfunktion nicht ohne einen entsprechenden anderweitigen Ausgleich abgeändert werden dürfe. Dogmatisch überzeugender ließe sich die funktionelle Bedingtheit von Eingriffs- und Ausgleichsbebauungsplan jedoch bewältigen, wenn man anerkennen würde, daß die Geltung von Bebauungsplänen auch von einer Bedingung abhängig gemacht werden kann (dazu *Brohm*, NVwZ 1985, 1f.; *ders.*, FS Blümel, 1999, 79, 91ff.; zust. *Koch*, FS Schlichter, S. 461, 470f.; wohl a.A. BVerwGE 81, 111, 117ff.).

Neben die **räumliche Entkoppelung** von Eingriff und Ausgleich tritt eine zeitliche. Bei einer Trennung von Eingriffs- und Ausgleichsbebauungsplan läßt sich letzterer zeitlich vorziehen. Eine solche **zeitliche Entkoppelung** sehen auch §§ 5 II a, 9 I a BauGB vor, wonach die Ausgleichsflächen im Flächennutzungsplan und in einem Bebauungsplan „ganz" oder auch nur „teilweise" den potentiellen Eingriffsgrundstücken zugeordnet werden können. Die Gemeinde vermag dadurch lange Zeit vor Aufstellung eines Eingriffsbebauungsplans, der die Bebaubarkeit eines Geländes und damit eine entsprechende Steigerung der Grundstückspreise bewirkt, kostengünstig Grundstücke zu erwerben. Auf diese Weise kann sie eine Vorratsplanung betreiben, sich also ein **„Ökokonto"** oder einen **„Flächenpool"** anlegen.

Die räumliche und zeitliche Entkoppelung wirft bei einer bauplanerischen Einschränkung der Eigentümer der Ausgleichsgrundstücke zugunsten der Eingriffsberechtigten **Probleme im Hinblick auf Art. 14 I und Art. 3 I GG** auf, die noch eingehender Erörterungen bedürften. Das gilt zunächst für den Fall, daß der Eingriff noch nicht konkretisiert ist. Solange die Gemeinde eigene Flächen einer Vorratsplanung unterwirft, ist dagegen kaum etwas einzuwenden. In anderen Fällen müssen jedoch derartige planerische Nutzungsbeschränkungen zu ihrer Rechtfertigung den bereits oben geforderten funktionalen Zusammenhang mit der beabsichtigten Eingriffsplanung, etwa der zukünftigen Ausweisung eines Wohngebiets, aufweisen. Anders sind die bauplanerischen Einschränkungen für einen möglichen späteren Eingriff kaum zu rechtfertigen. Geht es bei der beabsichtigten Eingriffsplanung – wie häufig – mehr oder weniger um eine Projektplanung, die u. U. nicht einmal einem öffentlichen Zweck dient, ist die Inanspruchnahme anderer Eigentümer zum Ausgleich für den Projektträger erst recht problematisch. Ist ein Eingriff allgemein und offensichtlich notwendig, etwa für eine dringend erforderliche Stadterweiterung, werden sich häufig zahlreiche Flächen prinzipiell zum Ausgleich für naturschutzrechtliche Eingriffe eignen, so daß die nach dem Verhältnismäßigkeitsgrundsatz zu prüfende Erforderlichkeit der Inanspruchnahme gerade dieser Grundstücke für den Ausgleich einer besonderen Rechtfertigung bedarf. Der anerkannte Grundsatz der „Situationsgebundenheit" als gleichsam immanente Schranke des Eigentums kann sie in diesem Falle wohl nur selten leisten. Die das Planungsermessen einschränkende Klausel in § 1a III BauGB, daß die Darstellungen im Flächennutzungsplan und die Festsetzungen im Bebauungsplan mit einer geordneten städtebaulichen Entwicklung und den Zielen der Raumordnung sowie des Naturschutzes und der Landschaftspflege „vereinbar" sein müssen, versteht sich eigentlich von selbst und stellt i. d. R. keine dem Grundsatz der Situationsgebundenheit gleichkommende Bindung dar. Insofern unterscheiden sich derartige Ausgleichsfestsetzungen von den durch die Stadtgestaltung als solche prägenden allgemeinen planerischen Anweisungen, die durchaus noch als gesetzliche Inhaltsbestimmung des jeweiligen Grundeigentums angesehen werden können. Selbst wenn man im Hinblick auf das gesetzliche Gebot zur städtebaulichen Planung (§ 1 III BauGB) und zum naturschutzrechtlichen Ausgleich (§ 8a I BNatSchG, § 1a BauGB) von einer zulässigen Inhaltsbestimmung des Eigentums zumindest bei bestimmten Fallgruppen ausginge, müßte dann doch die in Art. 3 I GG gewährleistete Gleichheit stärkere Beachtung finden. Schließlich wird nicht immer rational einsichtig sein, warum das eine Grundstück bebaut und gerade das andere zum Ausgleich für diesen Vorteil herangezogen wird.

Die **Durchführung des** im Bebauungsplan festgelegten **Ausgleichs** ist unproblematisch, wenn der Ausgleich **auf dem Grundstück** vorgenommen werden soll, auf dem auch der Eingriff vorgesehen ist. Der Bauherr oder „Vorhabenträger", der den Eingriff in Natur und Landschaft nach den Festsetzungen des Bebauungsplans vornimmt, ist nach dem aus dem Umweltschutzrecht bekannten Verursacherprinzip auch für die Durchführung der naturschutzrechtlichen Ausgleichsmaßnahmen verantwortlich (§ 135 a I BauGB). Aktualisiert wird diese Pflicht durch eine entsprechende Auflage oder andere Nebenbestimmung zu der i. d. R. erforderlichen Baugenehmigung für das den Eingriff in Natur und Landschaft auslösende Bauvorhaben. Soll dagegen der **Ausgleich an „anderer Stelle"**, also im sonstigen Geltungsbereich des Eingriffsbebauungsplans oder gar in einem davon gesonderten Ausgleichsbebauungsplan durchgeführt werden, ist dem Bauherrn die Ausgleichsmaßnahme rechtlich nicht möglich, wenn der über das Ausgleichsgrundstück Verfügungsberechtigte seine Zustimmung versagt. Dem trägt **§ 135 a II BauGB** Rechnung. Danach „soll", d. h. „hat im Regelfalle" die Gemeinde „anstelle und auf Kosten" der Vorhabenträger oder Bauherrn die Ausgleichsmaßnahme durchzuführen und hierfür auch die erforderlichen Flächen bereitzustellen, sofern nicht auf andere Weise, also etwa durch vertragliche Absprachen, die Realisierung gesichert ist. 42

I. d. R. wird die Gemeinde eine **„Sammel-Ausgleichsmaßnahme"** durchführen, d. h. ein größeres Gebiet für die Ausgleichsmaßnahme überplanen. Dessen Grundstücke können dann den Festsetzungen im Eingriffsbebauungsplan zugeordnet werden. Zur Durchführung der Ausgleichsmaßnahme ist grundsätzlich die Gemeinde verpflichtet. Von begründeten Ausnahmefällen abgesehen kann sie diese oder einen Teil davon also nicht dem Bauherrn im Rahmen der Baugenehmigung zur Auflage machen. Auf diese Weise will der Gesetzgeber die Durchführung des Ausgleichs sicherstellen. Die Gemeinde kann, ähnlich wie bei der Erschließung, die Erstattung ihrer Aufwendungen von dem Vorhabenträger verlangen (§§ 135 a III, 135 c BauGB; dazu näher unten § 26 Rn. 28 ff.).

Für den **Zugriff auf die** für die Ausgleichsmaßnahmen benötigten **Grundstücke** stehen der Gemeinde verschiedene **Möglichkeiten** offen. Sie kann mit dem Eigentümer etwa einen städtebaulichen Vertrag (§ 11 I Nr. 1 BauGB) über eine den Festsetzungen des Bebauungsplans entsprechende ökologisch wertvolle Bewirtschaftung abschließen, ihn u. U. mit Pflanzgeboten

(§ 178 BauGB) zur Umsetzung von ökologischen Festsetzungen nach § 9 I Nr. 25 BauGB zwingen; daneben kann sie versuchen, das Grundstück freihändig zu erwerben u. U. muß sie einem Übernahmeanspruch des Eigentümers nach § 40 II BauGB entsprechen. Fraglich ist, ob als letztes Mittel nicht sogar eine **Enteignung** in Betracht kommen kann. Das Bundesverwaltungsgericht (BVerwG v. 23. 8. 1996, NVwZ 1997, 480 ff. = DVBl. 1997, 68 ff.) hat bereits anläßlich einer Planfeststellung für eine Straße die Enteignung eines Grundstücks für den naturschutzrechtlichen Ausgleich auf Grund des Planfeststellungsbeschlusses prinzipiell für zulässig erklärt, weil es sich hier um eine gesetzlich vorgesehene Folgemaßnahme handle, die für den Straßenbau „notwendig" sei, sofern nicht die Festlegung einer entsprechenden Nutzungsbestimmung für das Grundstück allein ausreiche. Eine entsprechende Argumentation für Festsetzungen im Bebauungsplan dürfte i. d. R. jedoch größere Schwierigkeiten bereiten. Darauf wurde bereits oben hingewiesen. In jedem Falle müßte, wenn schon nicht der Eigentumsschutz, dann doch die in Art. 3 I GG gewährleistete Gleichheit stärkere Beachtung finden, zumal sich die bauplanungsrechtliche Eingriffsregelung oft einer nicht im öffentlichen Interesse notwendigen Projektplanung annähert. Allerdings wird die Annahme einer Enteignung i. d. R. schon deshalb ausscheiden, weil die entsprechenden Nutzungsfestsetzungen, etwa nach § 9 Nr. 20, 23–25 BauGB, grundsätzlich als Inhaltsbestimmung des Eigentums gelten. Für diese kommt allenfalls die Übernahme des Grundstücks nach § 40 II BauGB oder eine Entschädigung nach § 42 II BauGB in Betracht. Eine Enteignung muß nach der neuesten Rechtsprechung des BVerfG (BVerfGE 100, 226 = JZ 1999, 895 m. Anm. *Ossenbühl*, S. 899 ff. (Denkmalschutz); BVerfG, DÖV 2000, 867 (Haftung für Altlasten); dazu näher oben § 1 Rn. 21) allerdings wieder angenommen werden, sobald jegliche Privatnützigkeit entfällt. Wird eine Umlegung durchgeführt, werden die für den Ausgleich erforderlichen Grundstücke, sofern sie als Grünflächen festgesetzt sind, vorweg ausgeschieden (§ 55 II 2, 3 BauGB).

cc) Vertragliche und sonstige Ausgleichsmaßnahmen auf Gemeindegebiet und außerhalb

43 Anstelle bauplanerischer Festlegungen kann der Ausgleich auch durch „Vertrag" oder durch „sonstige geeignete Maßnahmen" erfolgen (§ 1 a III 3 BauGB).

(1) Wird der Ausgleich in einem städtebaulichen Vertrag der Gemeinde mit dem einzelnen Grundstückseigentümer oder sonstigen Bestimmungsberechtigten vereinbart, kann über die Festsetzungsmöglichkeiten in einem Bebauungsplan hinausgegangen werden. So lassen sich, wie (oben Rn. 39) dargelegt, über Festsetzungen im Bebauungsplan, der grundsätzlich keine Vollzugsverpflichtung enthält, keine aktiven Handlungspflichten, etwa über die

Unterhaltung von Biotopen als Ausgleichsflächen, begründen, sehr wohl aber über einen städtebaulichen Vertrag. **Grenzen** ergeben sich innerhalb der allgemein geltenden Regelungen im Einzelfall erst, wenn die vereinbarten **Leistungen** den gesamten Umständen nach **unangemessen** sind (§ 11 II 1 BauGB).

Ob dies bereits der Fall ist, wenn das ökologische Funktionieren einer Ausgleichsmaßnahme mangels der Fähigkeit zur Selbstregulierung eines ständigen Biotopmanagements bedarf (so *Kutschnerus*, NVwZ 1996, 235, 240), ist fraglich und auch davon abhängig, wie groß der Vorteil des im Bebauungsplan vorgesehenen Eingriffs für den Vertragspartner der Gemeinde ist.

Von selbst versteht sich, daß der vertraglich vereinbarte naturschutzrechtliche Ausgleich, der eine entsprechende Festsetzung im Bebauungsplan erst ersetzt, **zeitlich vor der Abwägung** und dem Beschluss über den Eingriffsbebauungsplan rechtlich wirksam abgeschlossen sein muß. Anders kann er nicht Bestandteil der bauplanerischen Abwägung werden. Um wirksam zu sein, darf die Vereinbarung nicht gegen bauplanungsrechtliche oder andere rechtliche Vorgaben verstoßen. Zusätzlich wird man fordern müssen, daß sie für die absehbare Zeit des Eingriffs wirksam ist.

Allerdings sind Verträge im Unterschied zu bauplanungsrechtlichen Festsetzungen nicht auf das Grundstück, sondern auf den Vertragspartner bezogen; insofern bedarf es zusätzlicher, insbesondere **dinglicher Sicherungen**, damit die Ausgleichsregelung auch gegenüber potentiellen Rechtsnachfolgern ihre Wirkung behält. Da Verträge jedoch von beiden Partien wieder aufgehoben werden können, wird auch die Absicherung durch eine (öffentlich-rechtliche) Baulast befürwortet (*Tidick*, in: Ramsauer (Hrsg.), 1994/95, S. 161, 167). Allerdings ist diese mehr zur Sicherung von Auflagen einer Baugenehmigung gedacht und wird deshalb gegenüber der Baurechtsbehörde erteilt. Indessen schließt dieser Umstand ihre Verwendung zumindest bei stadtnahen und damit potentiell bebaubaren Grundstücken nicht aus, auch wenn sie als statisches Element einer auf Fortschreibung angelegten Planung nur im Einzelfall begrenzt gerecht werden kann.

(2) Eine weitere Alternative zur Durchführung des naturschutzrechtlichen Ausgleichs besteht in **sonstigen geeigneten Maßnahmen** auf von der Gemeinde bereitgestellten Flächen (§ 1a III 3 BauGB). Die formlos mögliche **Bereitstellung von Flächen der Gemeinde** setzt zum einen voraus, daß die Gemeinde Eigentümer ist oder zumindest entsprechende Bestimmungsrechte an dem Grundstück besitzt; zum anderen muß die Verwendung der Grundstücke zu den vorgesehenen Ausgleichsmaßnahmen nach den bestehenden bauplanungsrechtlichen Regelungen, seien es Dar-

stellungen im Flächennutzungsplan oder gar Festsetzungen im Bebauungsplan, zulässig sein. Die Realisierung von letzterem erscheint im allgemeinen wenig problematisch, wenn die Grundstücke sich auf Gemeindegebiet befinden; schließlich kann der Gemeinderat nicht im Rahmen der planerischen Abwägung bei Aufstellung des Eingriffsbebauungsplans von Ausgleichsmaßnahmen durch bereitgestellte Grundstücke ausgehen und dann im selben Bebauungsplan oder einem anderen die Vornahme solcher Ausgleichsmaßnahmen verhindern; die Abwägung beim Eingriffsbebauungsplan wäre dann grob fehlerhaft und der Plan daher unwirksam.

(3) Komplexer ist die Sachlage, wenn die **Ausgleichsgrundstücke auf dem Gebiet der Nachbargemeinde** liegen. Wie dargelegt, ist das Baugesetzbuch zu Recht für den „planerischen Ausgleich" von dem Erfordernis eines unmittelbaren räumlichen Zusammenhangs zwischen Eingriff und Ausgleich abgewichen (§ 200a S. 2 BauGB). Insofern kann der Ausgleich nicht nur in einem anderen Teil des Gemeindegebiets, sondern gar auf dem Gebiet der Nachbargemeinde vorgesehen werden (dazu *Buntzel/Reitzig*, DÖV 1998, 995ff.). Voraussetzung dafür ist jedoch **neben der privatrechtlichen Verfügungsbefugnis** über das Grundstück, daß die vorgesehenen Ausgleichsmaßnahmen auf den von der Gemeinde bereitgestellten Flächen **mit den planungsrechtlichen Vorgaben** einer geordneten städtebaulichen Entwicklung und den Zielen der Raumordnung sowie des Naturschutzes und der Landschaftspflege vereinbar sind **(§ 1a III 2 BauGB)**. Insbesondere dürfen ihnen nicht planungsrechtliche Bestimmungen der Nachbargemeinde gegenwärtig oder zukünftig entgegenstehen, seien es Darstellungen im Flächennutzungsplan oder gar verbindliche Festsetzungen in einem Bebauungsplan.

Darauf hat die „Eingriffsgemeinde" jedoch nur einen geringen Einfluß; schließlich endet ihre Planungshoheit an den Gemeindegrenzen. Lediglich eine gewisse wechselseitige planerische Rücksichtnahme garantieren in materiellrechtlicher Hinsicht das Abstimmungsgebot nach § 2 II BauGB und formellrechtlich die damit korrespondierende Pflicht zur Beteiligung der Nachbargemeinde am Verfahren zur Aufstellung des Bebauungsplans (§ 4 I BauGB). Da bei der Aufstellung des Eingriffsbebauungsplanes die Gemeinde bereits die Ausgleichsmaßnahmen auf dem Gebiete der Nachbargemeinde mit abzuwägen hat, muß die Stellungnahme der Nachbargemeinde dazu eingeholt werden. Ihre diesbezüglichen Einwände sind nach den Grundsätzen des kompetenziellen Rücksichtnahmegebots bei der Abwägung zu berücksichtigen. Ergeben sich hier keine Konflikte, folgt aus dem **Abstimmungsgebot** umgekehrt die Pflicht der Nachbargemeinde, bei späteren Planungs- oder Planänderungsabsichten auf die Planung der ausgleichspflichtigen Gemeinde **Rücksicht zu nehmen**. Allerdings muß es ihr nach sorgfältiger Abstimmung je nach Sachlage gestattet sein, von den bisher im Flächennutzungsplan oder gar in einem Bebauungsplan vorgesehenen Nutzungen abzuweichen. Insofern ist der von der Eingriffsgemeinde geplante und ausgeführte Ausgleich in diesem Falle lediglich u. U. in den Grenzen eines Bestandsschutzes gesichert; wie weit dieser bei einer spezifischen naturschutzrechtlichen oder landschaftspflegerischen Nutzung überhaupt zum Tragen kommen kann, ist gerade angesichts der neueren Rechtsprechung (dazu unten § 22) zweifelhaft.

Insofern besteht bei Ausgleichsmaßnahmen, die das Gemeindegebiet überschreiten, ein vitales Interesse auf Seiten der den Eingriff planenden Gemeinde, eine stärkere **Absicherung der Ausgleichsmaßnahmen** auf dem Gebiete der Nachbargemeinde zu erreichen. Das läßt sich nicht über einen städtebaulichen Vertrag nach § 11 BauGB auf Erlaß oder Beibehaltung entsprechender Festsetzungen in einem Bebauungsplan erreichen. Ein solcher Vertrag wäre angesichts des nunmehr sogar ausdrücklichen Verbots in § 2 III BauGB nach § 59 I VwVfG i.V.m. § 134 BGB nichtig. Indessen läßt **§ 204 I 1 u. 2 BauGB** die Aufstellung eines **gemeinsamen Flächennutzungsplans** für benachbarte Gemeinden zu. Dieser ist über das Entwicklungsgebot des § 8 II BauGB für die Festsetzungen in ihren Bebauungsplänen wegleitend. Er kann von den Gemeinden nur gemeinsam aufgehoben, geändert oder ergänzt werden. Bezieht sich das Interesse für eine gemeinsame Planung, wie im vorliegenden Falle, nur auf einzelne räumliche oder sachliche Teilbereiche, kann auch eine Vereinbarung über bestimmte Darstellungen im Flächennutzungsplan der jeweiligen Gemeinde getroffen werden (§ 204 I 4 BauGB). Insofern läßt diese Regelung als lex specialis eine **Ausnahme von** dem Grundsatz des **§ 2 III BauGB** zu, die unter rechtsstaatlich-demokratischen Aspekten nicht ganz unproblematisch, aus praktischen Gründen jedoch notwendig erscheint. Haben sich die Voraussetzungen für die Vereinbarung entscheidend geändert, können die beteiligten Gemeinden jeweils für ihr Gebiet den Flächennutzungsplan nach Zustimmung der höheren Verwaltungsbehörde abändern (§ 204 I 5 BauGB).

dd) Realisierung und Refinanzierung der Ausgleichsmaßnahmen

44 Von der dargelegten Problematik der rechtlichen Festlegung und Sicherung der Ausgleichsmaßnahmen ist die **Sicherung der faktischen Durchführung** zu unterscheiden. Erfolgen Eingriff und Ausgleich **auf demselben Grundstück**, hat der Vorhabenträger die Ausgleichsmaßnahmen durchzuführen (§ 135 a I BauGB); über ihre Einhaltung wacht die Baurechtsbehörde. Erfolgt der Ausgleich **auf einem anderen Grundstück**, hat, wie erwähnt, die Gemeinde die erforderlichen Grundstücke bereitzustellen und die Ausgleichsmaßnahmen vorzunehmen. Dies erfolgt auf Kosten der Vorhabenträger oder der Eigentümer, denen die jeweilige Ausgleichsmaßnahme vorher oder nachher zugeordnet werden kann (§ 135 a II 2 BauGB). Von dieser **Vorleistungspflicht** ist die **Gemeinde** lediglich freigestellt, wenn der naturschutzrechtliche Ausgleich auf andere Weise gesichert ist (§ 135 a II 1 letzter HS BauGB). Das kann in erster Linie durch einen **städtebaulichen Vertrag** nach § 11 II BauGB auf Initiative des Vorhabenträgers oder auch der Gemeinde erfolgen; diese kann einem entsprechenden Anliegen „sanften Druck" verleihen, weil ihr die Terminierung des Planaufstellungsverfahrens obliegt. Das gilt vor allem für die Fälle einer Projektplanung; weniger bei einer Vielzahl von Kleingrundbesitzern. Als **wirkungsvolle Sicherungen** derartiger vertraglicher Absprachen kennt die Verwaltungspraxis Bürgschaften, Unterwerfungsklauseln nach § 61 VwVfG, Wiederkaufs- und Vorkaufsrechte oder auch Vertragsstrafen. Über die Einhaltung der gemeindlichen Pflichten wacht die Kommunalaufsichtsbehörde. Hat die Gemeinde die Ausgleichsmaßnahmen nach der vom Gesetz für den Regelfall festgelegten Vorleistungspflicht für den Vorhabenträger durchgeführt, kann sie von diesem die Kosten ersetzt verlangen. Umfang und Art ihrer Refinanzierungsmöglichkeiten werden im Anschluß an die Erörterung der Erschließungskosten unter § 26 Rn. 28 ff. dargelegt.

ee) Naturschutz außerhalb der bauplanerischen Eingriffsregelung

Die im Baurechtskompromiß gefundene Lösung der Eingriffs- **45**
und Ausgleichsregelung betrifft lediglich die Fälle, in denen ein Eingriff erst durch die Bauleitplanung ermöglicht wird. Sie gilt nicht in Gebieten mit bestehenden Bebauungsplänen, solange diese nicht neu überplant werden (§ 30 BauGB) oder innerhalb im Zusammenhang bebauter Ortsteile (§ 34 BauGB).

Für Vorhaben im Außenbereich (§ 35 BauGB) sowie für Bebauungspläne, die eine Planfeststellung ersetzen, bleibt die Geltung der Vorschriften über die Eingriffsregelung unberührt (§ 8a II BNatSchG). Darauf ist insbesondere bei der Erörterung der §§ 34 und 35 zurückzukommen (s. unten § 20 Rn. 17 und § 21 Rn. 26).

e) Stärkung des Umweltschutzes – Die Umweltverträglichkeitsprüfung

aa) Die Umsetzung der EG-Richtlinien zum Umweltschutz

Über die Eingriffs- und Ausgleichsregelung hat der Naturschutz **46**
ein wesentlich stärkeres Gewicht in der Bauleitplanung erhalten als er zuvor als bloßer Abwägungsgesichtspunkt besaß, über den sich leichter hinweggehen läßt. Für den Umweltschutz, soweit er, wie etwa beim Immissionsschutz, nicht daran partizipiert (vgl. oben Rn. 36 f.), gab es keine entsprechende Aufwertung. Er blieb damit in seinem Gewicht hinter dem Naturschutz erheblich zurück. Daran änderte die separat in § 17 UVPG geregelte Pflicht zur Umweltverträglichkeitsprüfung wenig. Insofern kann man das **„Gesetz zur Umsetzung der UVP-Änderungsrichtlinie, der IVU-Richtlinie und weiterer EG-Richtlinien zum Umweltschutz" vom 17. 7. 2001**, in Kraft seit 3. 8. 2001, das in seinem Artikel 12 das Städtebaurecht den Vorgaben der einschlägigen europarechtlichen Richtlinien anpaßt, zugleich auch als Versuch werten, dem Umweltrecht in der Bauplanung ein stärkeres Gewicht zu verschaffen; zum Teil wird dieses „Artikelgesetz" im Hinblick auf seinen Artikel 12 auch bereits als „Novelle BauGB 2001" bezeichnet (*Battis/Krautzberger/Löhr*, NVwZ 2001, 961 ff.). Die Regelung in § 17 UVPG, wonach sich bei der Aufstellung, Änderung oder Ergänzung

von Bebauungsplänen die Umweltverträglichkeitsprüfung (UVP) nach den Vorschriften des BauGB bestimmt, wird nunmehr durch detaillierte Regelungen im BauGB ergänzt.

bb) Die UVP und ihre Funktion im Bebauungsplanverfahren

47 Bei welchen Bebauungsplänen eine UVP durchzuführen ist, ergibt sich nach wie vor aus § 2 I, III Nr. 3 UVPG. Die **UVP** ist allgemein **ein unselbständiger Teil eines Verfahrens**, das der „Entscheidung über die Zulässigkeit von Vorhaben" dient (§ 2 I 1 UVPG). Nach **§ 2 III Nr. 3 UVPG** ist auch ein **Beschluß über** die Aufstellung, Änderung oder Ergänzung eines **Bebauungsplans** eine solche „Entscheidung", **wenn** der Bebauungsplan nach § 30 BauGB die Zulässigkeit von Vorhaben begründet, die **in der Liste UVP-pflichtiger Vorhaben**, Anlage 1 zum UVPG, enthalten sind. Gleiches gilt nach § 2 III Nr. 3 UVPG auch für Bebauungspläne, die Planfeststellungsbeschlüsse für die in der Anlage 1 enthaltenen Vorhaben ersetzen.

Neben der in das **Bebauungsplanverfahren** inkorporierten UVP ist nach § 2 III Nr. 1 UVPG **auch bei der späteren** behördlichen **Zulassung des einzelnen Vorhabens eine UVP** durchzuführen. Bedarf das Vorhaben etwa einer Genehmigung nach dem BImSchG, muß eine UVP sowohl im Bebauungsplanverfahren als auch bei der immissionsschutzrechtlichen Genehmigung durchgeführt werden (sog. **zweistufiges Verfahren**, vgl. dazu *Krautzberger*, UPR 2001, 241, 242). Nach § 17 S. 3 UVPG soll sich dann aber die zweite Prüfung auf zusätzliche oder andere erhebliche Umweltauswirkungen des konkreten Vorhabens beschränken. Gemäß § 17 S. 2 UVPG ist **jedoch bei Vorhaben** der **Anlage 1, Nummern 18.1 bis 18.8** (Hotelkomplexe, Campingplätze, großflächige Industrieanlagen oder entsprechende Einzelhandelsbetriebe, wie z.B. EKZ) die UVP **nur einmal**, nämlich im Rahmen der Bauleitplanung durchzuführen (sog. **einstufiges Verfahren**). Das UVPG spricht dabei im Anhang 1 Nr. 18 von **„bauplanungsrechtlichen Vorhaben"**.

Aufgabe der UVP ist es, sicherzustellen, daß bei bestimmten umweltbedeutenden Vorhaben zur wirksamen Umweltvorsorge die Auswirkungen der Vorhaben auf die Umwelt frühzeitig und umfassend erfaßt und bewertet werden und daß diese Bewertung so früh wie möglich bei allen behördlichen Entscheidungen über die Zulässigkeit der Vorhaben Berücksichtigung finden kann (§ 1 UVPG). Insofern stellt die UVP nur ein Verfahren dar; sie gibt keine zusätzlichen Maßstäbe für die Bewertung. Indessen darf die Bedeutung des Verfahrens für den Inhalt der Entscheidung nicht unterschätzt werden; darauf wurde bereits oben § 15 Rn. 5ff. eingehend hingewiesen. Im Hinblick darauf wurde das UVP-Verfahren jetzt weiter ausgestaltet.

cc) Die Neuerungen

Zur Steigerung der Effektivität der UVP hat jetzt die Gemeinde bei Bebauungsplänen für Vorhaben, für die nach dem UVPG eine Umweltverträglichkeitsprüfung durchzuführen ist, bereits für das **Aufstellungsverfahren** in die Begründung einen **Umweltbericht** aufzunehmen, aus dem sich die Auswirkungen des Vorhabens und die vorgesehenen Ausgleichsmaßnahmen einschließlich der erwogenen und geprüften Alternativen ergeben. Diese Angaben sind zum Schluß allgemein verständlich zusammenzufassen (vgl. § 2a I–III BauGB). Der Umweltbericht ist nach § 9 VIII Bestandteil der Begründung des Bebauungsplans. **48**

Die **Beteiligung der Bürger** am Aufstellungsverfahren wurde allgemein insofern gestärkt, als die Gemeinde im Auslegungsverfahren nunmehr **anzugeben** hat, **ob** eine **UVP** durchgeführt oder nicht durchgeführt werden soll; das gilt auch dann, wenn sie – etwa nach einer Vorprüfung – zu dem Ergebnis gelangt, daß keine UVP durchzuführen ist (§ 3 II 2 Hs. 2 BauGB).

Wird bei einem der Umweltverträglichkeitsprüfung unterliegenden Bebauungsplanverfahren der **Umweltbericht** nach der Auslegung **geändert oder ergänzt**, ist der Plan – wie allgemein bei einer **Planänderung** – nach § 3 III 1 BauGB erneut auszulegen.

Wenn zusätzliche oder **andere** erhebliche nachteilige **Auswirkungen zu besorgen** sind, ist der Planentwurf entsprechend zu ändern oder zu ergänzen; er ist dann ebenfalls **erneut auszulegen** (§ 3 III BauGB).

Die **Träger öffentlicher Belange** müssen wie bisher ihre Stellungnahmen fristgericht abgeben. Sie haben weiter nach § 4 II 3 BauGB **der Gemeinde** ihnen zugängliche **Umweltinformationen**, die diese für die Erstellung des Umweltberichts benötigt, zur Verfügung zu stellen. Ändert die Gemeinde ihren Umweltbericht im laufenden Verfahren, ist den hiervon in ihrem Tätigkeitsbereich berührten Trägern öffentlicher Belange Gelegenheit zu einer ergänzenden Stellungnahme zu geben.

Weiter ist eine **grenzüberschreitende Unterrichtung** der Behörden des Nachbarstaates vorgesehen (§ 4a II 1 BauGB). Diese erlangen, wenn eine Umweltverträglichkeitsprüfung vorgeschrieben ist, einen förmlichen Beteiligtenstatus (§ 4a II BauGB).

Nach § 1a II Nr. 3 BauGB hat die Gemeinde **in der Abwägung** nach § 1 VI BauGB auch die Bewertung der ermittelten und beschriebenen **Auswirkungen** eines Vorhabens **auf die Umwelt** entsprechend dem Planungsstand zu berücksichtigen, soweit im Bebauungsplanverfahren die planungsrechtliche Zulässigkeit von bestimmten Vorhaben begründet werden soll, für die nach dem UVPG eine Verpflichtung zur Durchführung einer UVP besteht.

Diese Gesetzesänderungen haben die verfahrensrechtlichen Fehlerquellen nicht unerheblich gesteigert; umso notwendiger war es, die **Planbestandsregelungen** in **§ 214 BauGB** zu **erweitern** (dazu unten § 16 Rn. 13).

Die Aufstellung von Flächennutzungsplänen bleibt von der Neufassung des BauGB unberührt. Sie unterliegt nach wie vor keiner Pflicht zu UVP.

49 **Anhang 1 Nr. 18.1–18.8** der mit dem Gesetz zur Umsetzung der EG-Richtlinien vom 17. 7. 2001 neu erstellten **Liste UVP-pflichtiger Vorhaben** unterwirft Vorhaben einer UVP-Pflicht, für die Bebauungspläne im bisherigen Außenbereich (§ 35 BauGB) aufgestellt werden und die gemäß § 3b I 2 UVPG die im Anhang 1 bestimmten Größenkriterien erreichen oder überschreiten. Sie sind in der Anlage mit einem „X“ in Spalte 1 gekennzeichnet. Vorhaben, die ein „A“ in Spalte 2 aufweisen, unterliegen einer allgemeinen Vorprüfung nach § 3c I 1 UVPG.

So begründet etwa Nr. 18.4 eine UVP-Pflicht für den Bau eines Parkplatzes, für den im bisherigen Außenbereich ein Bebauungsplan aufgestellt wird, wenn der Parkplatz mindestens eine Grundfläche von 1 ha aufweist. Liegt die Parkplatzfläche dagegen unter 1 ha, aber über 0,5 ha, so ist eine Vorprüfung durchzuführen.

Im Rahmen der Vorprüfung hat die zuständige Behörde, bei der Bauleitplanung also die Gemeinde, zu klären, ob eine UVP durchzuführen ist. Das ist nach § 3c I UVPG dann der Fall, wenn das Vorhaben auf Grund überschlägiger Prüfung erhebliche Umweltauswirkungen haben kann. Der Prüfungsumfang ist bei der Vorprüfung also geringer als bei der UVP. Die Vorprüfung dient bei der Planaufstellung dazu, herauszufinden, ob eine vertiefte Befassung mit den Auswirkungen der Vorhaben auf die in § 1 a II Nr. 3 BauGB aufgeführten Schutzgüter wegen der Besorgnis erheblicher nachteiliger Umweltauswirkungen der Vorhaben notwendig ist (vgl. dazu *Battis/Krautzberger/Löhr*, NVwZ 2001, 961, 964).

Nach der **Überleitungsvorschrift des § 245 c BauGB** sind bereits vor dem 3. 8. 2001 förmlich eingeleitete Bebauungsplanverfahren für Vorhaben, für die nach dem UVPG eine UVP durchzuführen ist, grundsätzlich nach dem neuen Recht zu Ende zu führen, es sei denn sie sind bereits vor dem 14. 3. 1999 förmlich eingeleitet worden. Für diese hat die Gemeinde ein Wahlrecht zwischen den Regelungen des neuen und des alten Rechts, sofern mit gesetzlich vorgeschriebenen Schritten des Verfahrens noch nicht begonnen wurde. Nach § 245 c III finden auf Bebauungsplanverfahren für UVP-pflichtige Vorhaben, die vor dem 3. 7. 1988 eingeleitet wurden, weder die Vorschriften des BauGB in seiner bisherigen Fassung noch in der ab dem 3. 8. 2001 geltenden Fassung Anwendung. Bebauungspläne, die vor dem 3. 8. 2001 abgeschlossen worden sind, bleiben von den Neuregelungen unberührt. **50**

Literatur: *Bielfeldt*, Rechtliche Probleme der Bebauung von Altlasten – Amtshaftung der Gemeinden?, DÖV 1989, 67; *Papier*, Anmerkung zu BGH, DVBl. 1989, 504 (Amtshaftung bei Altlasten), DVBl. 1989, 508; *Ossenbühl*, Anmerkung zu BGH, DVBl. 1990, 355 (Amtshaftung bei Altlasten), JZ 1990, 649; *Jäde*, Das Wohnungsbau-Erleichterungsgesetz: planungsrechtliche Proleme/baurechtliche Genehmigungsverfahren, UPR 1991, 50; *Ramsauer* (Hrsg.), Die naturschutzrechtliche Eingriffsregelung, 1994/95; *Bunge*, in: Lübbe-Wolff, Umweltschutz durch kommunales Satzungsrecht, 1997, Rn. 206; *Reidt*, Factory-Outlet- und Sonderpostenmärkte, NVwZ 1999, 45; *Otting*, Factory Outlet Center u. interkommunales Abstimmungsgebot, DVBl. 1999, 595; *Brohm*, Die naturschutzrechtliche Eingriffs- und Ausgleichsregelung, FS Hoppe, 2000, S. 511; *Müggenborg*, Das Phänomen von Industrieparks, DVBl. 2000, 417; *Stich*, Überplanung problematischer Flächen für Zwecke der Bebauung (Altlasten), DVBl. 2001, 409 ff.; *Krautzberger,* Die Neuregelung der UVP in der Bebauungsplanung durch die UVPG-Novelle 2001, UPR 2001, 241 ff.; *Battis/Krautzberger/Löhr,* Die Umsetzung des neuen UVP-Rechts in das Baugesetzbuch, NVwZ 2001, 961 ff.

§ 7. Ergänzende Planungsinstrumente

Informelle Pläne – Verträge – Vorhaben und Erschließungsplan Sicherungs- und Erhaltungssatzungen – Sozialplan

Übersicht

1. Die Instrumente – Ihre Ergänzungsfunktion

1 Der Nachteil der Bauleitpläne liegt darin, daß sie mit ihren Festlegungen einen momentanen Zustand festhalten, während Planung in Wirklichkeit sich als ein fortlaufender Prozeß erweist. Mit einer Anpassung der Pläne durch Interpretation der Festsetzungen oder einer laufenden Änderung kann darauf nicht reagiert werden; die Planfestlegungen sind oft zu unflexibel und die Verfahren zur Planänderung dauern zu lange. Daher hat sich in der Entwicklung des Planungsrechts die Notwendigkeit ergeben, zahlreiche zusätzliche Planungs-

formen einzuführen. Sie sind z. T. in Gesetzesbestimmungen geregelt, z. T. wird auf sie lediglich in einer Vorschrift Bezug genommen, z. T. ergeben sie sich allein aus der Planungspraxis. Insofern bereitet ihre systematische Erfassung erhebliche Schwierigkeiten. Genannt seien beispielsweise die **informellen Pläne** als verwaltungsinterne Vorüberlegungen, wie auf spezielle Problemsituationen reagiert werden soll, ferner **vertragliche** oder vertragsähnliche **Verpflichtungen** einzelner im Zusammenhang mit der Aufstellung und der Verwirklichung verbindlicher städtebaulicher Pläne, der **Vorhaben- und Erschließungsplan**, die **Klarstellungs-**, **Entwicklungs-** und **Ergänzungssatzungen** nach § 34 IV BauGB, Satzungen zur **Erhaltung der Fremdenverkehrsfunktion** (§ 22 BauGB) oder zur Erhaltung der städtebaulichen Gestalt (**„Städtebaulicher Denkmalschutz"** – § 172 I Nr. 1 BauGB), der Zusammensetzung der Wohnbevölkerung (**„Städtebaulicher Milieuschutz"** – § 172 I Nr. 2 BauGB) oder einer dem **Sozialplan** gemäßen Umstrukturierung eines Gebietes (§ 172 I Nr. 3 BauGB).

Nach dem oben (§ 6 Rn. 2) erläuterten Grundsatz der **Planmäßigkeit** „nach Maßgabe dieses Gesetzbuches" (vgl. § 1 I BauGB) können alle diese Planungsformen nur ergänzend zur Bauleitplanung hinzukommen. Sie dürfen weder an die Stelle der Entwicklungs- und Ordnungsfunktion der Bauleitplanung treten, noch dürfen sie diese zu einer formalen Hülse werden lassen. M. a. W.: Die **Ausschließlichkeit der Bauleitplanung** für die „Vorbereitung und Leitung der Grundstücksnutzung" **muß gewahrt bleiben** (vgl. *Krautzberger,* B/K/L, § 1 Rn. 14, 18). Liegt für ein Gebiet kein qualifizierter Bebauungsplan **(§ 30 I BauGB)** vor, wird dem Grundsatz der planmäßigen städtebaulichen Entwicklung durch die Plansubstitutionsnormen des Baugesetzbuches (vgl. **§§ 34, 35 BauGB**) Rechnung getragen (dazu *Krautzberger*, B/K/L, § 35 Rn. 1). In diesen vorgegebenen Ordnungsrahmen haben sich die übrigen Instrumentarien mit einer lediglich ergänzenden Funktion einzuordnen. Diese Ergänzungsfunktion ergibt sich bei den meisten Instrumenten aus ihrem Regelungsgegenstand von selbst. Beim Vorhaben- und Erschließungsplan als Bestandteil eines „vorhabenbezogenen Bebauungsplans" (§ 12 BauGB) dagegen ist die Funk- 2 tionsgrenze im Einzelfall u.U. nur schwer zu bestimmen; dazu bedarf es noch besonderer dogmatischer Anstrengungen. Es handelt sich hier eher um eine kooperative Modifikation der herkömmlichen Bauleitplanung. Auch die Klarstellungs-, Entwicklungs- und Ergänzungssatzungen nach § 34 IV BauGB nähern sich mit ihrer erweiternden Geltungsfunktion einer Modifikation.

Soweit diese Planungsformen für sich stehen, also eine **eigenständige Bedeutung** haben, wird auf sie **im folgenden** eingegangen. Soweit sie in einem engen Zusammenhang mit speziellen Sachbereichen stehen, wie z.B. das **Sanierungskonzept** (§§ 140, 142 BauGB) mit der Sanierung, der **Erschließungsvertrag** und der **Folgekostenvertrag** mit der Erschließung oder die Satzungen nach § 34 IV BauGB mit den planungsrechtlichen Zulässigkeitsregelungen für Bauvorhaben, werden sie in dem jeweiligen Sachzusammenhang erörtert (**vgl. unten** § 20 Rn. 6ff.; § 26 Rn. 19ff.; § 34 Rn. 1ff., 3).

2. Informelle Pläne

3 Neben der förmlichen Bauleitplanung hat sich in der Planungspraxis eine „informelle Planung" entwickelt. Sehr bald machte man nämlich die Erfahrung, daß die Stadtentwicklung sich nicht in umfassenden Planfestsetzungen langfristig festlegen läßt. Sie ist vielmehr ein kontinuierlicher Steuerungsprozeß, der ständig sich wandelnden Erkenntnissen, neuen Sachlagen sowie veränderten Bedürfnissen und politischen Prioritäten angepaßt werden muß. Dementsprechend begann man, zwischen dem sich laufend auf neue Situationen einstellenden Prozeß der Planung und seiner Verfestigung in den rechtsförmlichen Bauleitplänen stärker zu unterscheiden (*Krautzberger*, BBauBl. 1986, 210; vgl. auch *Dolde/Keinath*, Städtebauliche Entwicklungsplanung, 1981, S. 44ff.).

4 So werden heute in der Planungspraxis vor allem Vorüberlegungen über Maßnahmen, die vorbereitend oder koordinierend über die konkreten Regelungen der Bodennutzung hinausgreifen, in informellen Plänen festgehalten. Für sie finden sich unterschiedliche Bezeichnungen, wie Programm, Strukturplan, Stadtteilplan und seit den siebziger Jahren zunehmend der Terminus **„Rahmenplan"**. Der Ausdruck Rahmenplan ist nicht gerade glücklich ge-

wählt. Er ist zu unterscheiden von einer „Rahmenplanung“, die dem einzelnen Grundstückseigentümer einen verbindlichen Rahmen vorgibt, den er kraft seiner Baufreiheit selbst ausfüllen darf, vergleichbar der Regelungsbefugnis des Landesgesetzgebers bei der Ausfüllung eines Rahmengesetzes des Bundes. Mit dem Ausdruck soll wohl die Unverbindlichkeit der informellen Planung unterstrichen werden.

Informelle „Rahmenpläne“ können sich als **„informelle Fachpläne“** auf einzelne Sachfragen beziehen, wie z.B. kommunale Verkehrspläne, Kindergarten-, Jugendfreizeitheim-, Bäderbedarfs- und Altenheimpläne; sie können aber auch ganze Teilräume mit einheitlicher Planungsproblematik betreffen oder eine städtebauliche Entwicklungsplanung entwerfen, die die kommunalen Fachplanungen (Grünplanung, Verkehrsplanung, Wohnbauprogramme) und die dazugehörigen Finanz- und Investitionspläne und u.U. auch eine Terminplanung für die Planverwirklichung integriert (**„Informelle Gesamtpläne“**).

Informelle Pläne sind dadurch gekennzeichnet, daß für sie keine **5**
rechtlichen Vorgaben hinsichtlich Form, Verfahren oder Inhalt bestehen und daß sie als verwaltungsinterne Vorbereitungsmaßnahmen rechtlich unverbindlich sind. Indessen liegt darin gerade ihre Stärke. Im Unterschied zur Schwerfälligkeit und Inflexibilität der förmlichen Bauleitplanung können die informellen Pläne jederzeit und schnell abgeändert und der neuen Lage angepaßt werden.

Ein gesetzlicher Verweis auf die informelle Rahmenplanung findet sich in § 3 I 2 Nr. 2 BauGB, wonach die frühzeitige Bürgerbeteiligung auch „auf anderer planerischer Grundlage“ durchgeführt werden kann, weiter in § 1 V Nr. 10 BauGB mit den Ergebnissen „einer von der Gemeinde beschlossenen sonstigen städtebaulichen Planung“ als abwägungserheblicher Belang, und in § 140 Nr. 4 BauGB, der zur städtebaulichen Planung die „Bauleitplanung oder eine Rahmenplanung“ rechnet. Damit hat der Gesetzgeber die informelle Rahmenplanung billigend zur Kenntnis genommen, sie jedoch nicht in das förmliche Planungsinstrumentarium eingefügt. Das Prinzip der Planmäßigkeit und der Ausschließlichkeit der Plantypen des Flächennutzungsplans und des Bebauungsplans bleibt damit unverändert bestehen. Es wird gegenüber Rahmenplänen auch insofern wirksam, als diese nicht die mit der Bauleitplanung verbundenen Intentionen und verfahrensrechtlichen Absicherungen des Baugesetzbuches unterlaufen dürfen (*Krautzberger*, B/K/L, § 1 Rn. 18, 21, 113; *Krebs*, VerwArch 72 (1981), 49ff.).

Eine bedeutsame Ausnahme von der grundsätzlichen Unverbindlichkeit informeller Planung macht jetzt § 1 V Nr. 10 BauGB 1998. Danach sind die **Ergebnisse informeller Pläne**, die nicht nur durch die gemeindliche Administration aufgestellt, sondern auch von der Gemeinde, also etwa dem Gemeinderat als zuständigem Organ, **beschlossen** wurden, als öffentliche Belange bei der Abwägung zu berücksichtigen. Die Gemeinde kann bei der Aufstellung des Bebauungsplans von diesen Ergebnissen abweichen, aber die für den Satzungsbeschluß zuständige Vertretungskörperschaft muß sich der Tatsache der Abweichung bewußt sein und sachliche städtebauliche Gründe dafür haben, die die Abweichung nach den Grundsätzen über die Abwägung rechtfertigen.

3. Städtebauliche Verträge

a) Vollzugsbezogene und planungsbezogene Verträge

6 Baurechtliche Verträge können den Vollzug sowohl bauordnungsrechtlicher als auch bauplanungsrechtlicher Regelungen betreffen. Im Zusammenhang mit Baugenehmigungen, also als „vollzugsbezogene Verträge", sind sie seit langem gebräuchlich. Das gilt insbesondere für die Baudispens- und die Stellplatzablösungsverträge.

In einem **Baudispensvertrag** verpflichtet sich die Gemeinde (bzw. die Baugenehmigungsbehörde), dem Bauherrn eine Ausnahme oder Befreiung von bauordnungs- oder bauplanungsrechtlichen Regelungen zu erteilen, während dieser Verpflichtungen hinsichtlich des Baugrundstücks oder sonstiger wirtschaftlicher Gegenleistungen übernimmt. Die damit vergleichbaren, allein dem Bauordnungsrecht zuzuordnenden **Garagen- oder Stellplatzablösungsverträge** werden in Fällen geschlossen, in denen es dem Bauherrn nicht möglich ist, notwendige Stellplätze zu errichten (vgl. z. B. § 37 V LBO BW; dazu oben § 5 Rn. 25 f.).

7 Nach den Grundsätzen des allgemeinen Verwaltungsrechts sind Verträge ohne weiteres dem öffentlichen Recht zuzuordnen, wenn sie in Vollzug einer gesetzlichen Regelung des öffentlichen Rechts geschlossen werden, z.B. koordinationsrechtliche Verträge, etwa aufgrund des Gesetzes über die kommunale Zusammenarbeit, oder subordinationsrechtliche Verträge aufgrund einer speziellen Ermächtigung, wie etwa Erschließungsverträge nach § 124 I BauBG. Soweit eine solche Regelung fehlt, beurteilt sich die Zuordnung nach dem Gegenstand des Vertrags. Betrifft die Vereinbarung einen vom öffentlichen Recht geordneten Sachbereich bzw. – in der Formulierung des § 54 I 1 VwVfG – wird durch sie ein Rechts-

verhältnis auf dem Gebiet des öffentlichen Rechts begründet, geändert oder aufgehoben, kommen hierfür die Bestimmungen des öffentlichen Rechts zur Anwendung.

Demgemäß gelten für die einzelnen vollzugsbezogenen Verträge die Regelungen der Verwaltungsverfahrensgesetze über den Verwaltungsvertrag. Sie werden u.U. ergänzt oder verdrängt durch spezielle Regelungen der jeweiligen Fachgesetze, insbesondere auch der landesrechtlich maßgeblichen Bauordnung oder des Baugesetzbuches. Insofern könnte man erwägen bei einem Dispens von bauplanungsrechtlichen Bestimmungen, etwa die Zulässigkeit von Folgekostenvereinbarungen jetzt nach den weitreichenden Regelungen des § 11 I 2 Nr. 3 BauGB zu beurteilen. Indessen führte deren Anwendung kaum zu anderen Ergebnissen. Wie sich schon aus der systematischen Stellung des § 11 BauGB bei der Bauleitplanung ergibt, ist seine Bedeutung auch nicht in einer Reglementierung von Dispensverträgen zu sehen. Dafür reichen die allgemeinen Regeln über den öffentlich-rechtlichen Vertrag aus. Mit § 11 BauGB werden vielmehr in erster Linie diejenigen Verträge angesprochen, die sich auf die städtebauliche Planung beziehen. Ihre Problematik geht weit über die Frage der vollzugsbezogenen Verträge hinaus.

b) Die Problematik planungsbezogener städtebaulicher Verträge

Planungsbezogenen städtebaulichen Verträgen stand man an- 8
fänglich nicht zuletzt angesichts des Planmäßigkeitsgrundsatzes besonders skeptisch gegenüber. Inzwischen haben sie sich jedoch zu einem häufig angewandten Planungsinstrument im Zusammenhang mit der Planaufstellung und der Planverwirklichung entwikkelt (grundlegend *Schmidt-Aßmann/Krebs*, 1984, S. 149ff.; zur Bedeutung verwaltungsrechtlicher Verträge im Spiegel der Judikatur: *Maurer/Bartscher*, 1997, S. 49ff.).

Diese Entwicklung wird in Literatur und Rechtsprechung zwiespältig eingeschätzt: Die einen betonen, eine wirkungsvolle Stadtplanung bedürfe der Kooperation zwischen der Planungsinstanz und den Bürgern, insbesondere den privaten Investoren. Die meisten Bebauungspläne entständen nicht abgeschirmt von allen äußeren Einflüssen in den Köpfen der Planer, sondern im Gespräch zwischen Gemeinde und Investor (*Krautzberger*, Städte- und Gemeinderat, 1993, S. 44, 45). So ist es in der Tat sinnlos, z.B. Warenhäuser als „Magneten" am Anfang und am Ende einer Fußgängerzone zu planen, ohne zu wissen, ob sich dafür Unternehmen finden und welche planungsrechtlichen Voraussetzungen sie an eine solche Investition knüpfen. Das macht deutlich, daß in der Praxis **Planung** und **Planverwirklichung** oft in einer **untrennbaren Wechselbeziehung** zueinander stehen. Weiter kann über Verträge die Planverwirklichung individuell oft besser gesichert werden als mit den gesetzlichen Instrumentarien; ein Beispiel bildet der individuell vereinbarte zeitliche Ablauf einzelner Planverwirklichungsmaßnahmen im Vergleich mit den komplizierten gesetzlichen Anforderungen an den Erlaß städtebaulicher Gebote nach den §§ 175ff. BauGB. Im Hinblick auf die heute allgemein favorisierte **Kooperation zwischen Staat und Bürger** hat das Bundesverwaltungsgericht schon 1966 hervorgehoben, der öffentlich-rechtliche Vertrag trage in hervorragendem Maße der „im **modernen Rechtsstaat** gegenüber obrigkeitsstaatlichen Vorstellungen völlig geänderten rechtlichen Stellung des früher lediglich als Verwaltungsobjekt betrachteten Bürgers Rechnung" (BVerwGE 23, 213, 215f.).

Demgegenüber wird von anderer Seite hervorgehoben, öffentlich-rechtliche Handlungen dürften nicht zum Gegenstand eines Tauschgeschäfts oder Kaufvertrags werden. Bei Verträgen zwischen Hoheitsträger und Privaten werde das vorgegebene **Machtgefälle** zwischen Staat und Bürger ausgenutzt, so daß von einer echten Freiheit des vertragsschließenden Bürgers nicht gesprochen werden könne. Auch werde durch Absprachen leicht die **Bindung an Gesetz** und Recht gelockert und die **Gleichheit** vor dem Gesetz gefährdet: Wer nichts anzubieten habe, erhalte auch nichts (vgl. BVerwGE 42, 331ff.; prononciert *Burmeister*, VVD StRL 52 (1993), S. 190ff. m.w.N.). Die Problematik wird deutlich, wenn sich z.B. Gemeinden zur Ausweisung von neuem Bauland nur unter der Voraussetzung bereit erklären, daß sie zuvor von den Grundeigentümern das Gelände zu einem festgesetzten **günstigen Preis** erwerben können, um es später auf **Einheimische** oder sozial Schwächere zu übertragen oder es ihnen im Erbbaurecht zu überlassen. Anstelle des günstigen Erwerbs von Grund und Boden wird vielfach auch die **Abschöpfung planungsbedingter Wertsteigerungen** i.d.R. bis auf ein Drittel zum Verbleib vereinbart (dazu *Hien*, FS Schlichter, S. 129, 131ff. m.w.N.).

Seinem Mißbehagen an vertraglich vereinbarten weitgehenden finanziellen Vor- oder Gegenleistungen gab das Bundesverwaltungsgericht schließlich Ausdruck mit erheblich einschränkenden Zulässigkeitskriterien in den Entscheidungen zum Folgekostenvertrag (BVerwGE 90, 310) und zum Erschließungsvertrag (BVerwGE 89, 7) sowie in der zurückhaltenden Stellungnahme zum Einheimischenmodell (BVerwGE 92, 56).

Enthielt das Bundesbaugesetz 1960 allgemein zum städtebaulichen Vertrag noch keine Regelung und hatte das Baugesetzbuch 1987 in § 124 a.F. ohne Regelungsgehalt lediglich festgestellt, daß die Zulässigkeit anderer (als Erschließungs-)Verträge, insbesondere zur Durchführung von städtebaulichen Planungen und Maßnahmen „unberührt bleibt", so brachte § 6 BauGB-MaßnG 1993, z.T. auch als Antwort auf die erwähnte Rechtsprechung des Bundesverwaltungsgerichts, neben § 124 BauGB n.F. erstmals umfangreiche Regelungen über Inhalt und Grenzen städtebaulicher Verträge. Seine Vertragsregelungen wurden dann in das Baugesetzbuch 1998 übernommen.

Sedes materiae des städtebaulichen (planbezogenen) Vertragsrechts bilden jetzt die **§§ 11, 12 I, 124 BauGB**. Sie gehen als spezielle Regelungen denen der §§ 54ff. VwVfG vor, werden aber im übrigen durch diese ergänzt.

c) Das Planmäßigkeitsprinzip und die Zulässigkeit planungsbezogener Verträge

Nach **§ 11 I 1 BauGB** kann die Gemeinde mit Dritten städtebauliche Verträge schließen. Diese Feststellung muß im Zusammenhang **mit § 2 III 2. Hs. BauGB** gesehen werden, wonach durch Vertrag kein Anspruch auf die Aufstellung von Bauleitplänen und städtebaulichen Satzungen begründet werden kann; entsprechende Verträge sind also unzulässig. Mit dieser Regelung hält das Baugesetzbuch auch für den städtebaulichen Vertrag an dem **Planmäßigkeitsgrundsatz** des § 1 I, III BauGB fest: Die entscheiden- 9 den planerischen Festlegungen sind über die Bauleitplanung mit ihrem Beteiligungsverfahren und der Abwägung der daraus gewonnenen Belange zu treffen. Diese rechtsstaatlichen Elemente der Planung dürfen durch den städtebaulichen Vertrag nicht unterlaufen werden. Demgemäß können städtebauliche Verträge nur eine planergänzende Funktion haben.

§ 2 III BauGB erklärt ausdrücklich, daß sowohl eine gesetzlich (z. B. evtl. über § 1 III oder IV BauGB) begründete Planungspflicht als auch eine entsprechende vertragliche Abrede dem einzelnen keinen Anspruch auf die Aufstellung von Bauleitplänen und städtebaulichen Satzungen geben. Gleiches gilt für eine vertragliche Verpflichtung, einen Bebauungsplan nicht zu ändern oder bestimmte Grundstücke nicht zu überplanen. Damit wird gewährleistet, daß wesentliche gesetzliche Anforderungen zu deren Aufstellung, insbesondere das Beteiligungsverfahren und das Abwägungsgebot, nicht konterkariert werden (vgl. dazu auch BVerwGE 45, 309, 315). Im Hinblick auf städtebauliche Verträge stellt § 2 III 2. Hs BauGB somit eine spezielle Verbotsnorm i. S. v. § 59 I VwVfG i. V. m. § 134 BGB dar.

10 Mit der Feststellung der Zulässigkeit städtebaulicher Verträge, soweit sie die gesetzlich festgelegten Elemente der Planaufstellung nicht verdrängen oder aushöhlen (vgl. § 2 III BauGB), unterstreicht § 11 I 1 BauGB die Bedeutung kooperativen Handelns im Städtebaurecht. Dabei enthält sich die Regelung einer exakten gegenständlichen Begrenzung des städtebaulichen Vertrags. Sie versucht lediglich in § 11 I 2 BauGB die schwierige Frage, inwieweit gesetzliche Vorschriften einer vertraglichen Ergänzung oder Abweichung entgegenstehen, annähernd zu beantworten, indem sie für zweifelhafte Fälle auf einer mittleren Konkretisierungsebene beispielhaft zulässige vertragliche Regelungen anführt. Weitergehende Präzisierungen müssen anhand konkreter Problemstellungen und praktischer Erfahrungen durch Rechtsprechung und Wissenschaft erst noch erfolgen. Selbst die im Baugesetzbuch genannten Vertragskategorien sind, wie § 11 IV BauGB klarstellt, nicht abschließend. Die Entwicklung weiterer städtebaulicher Vertragstypen ist also offengelassen.

11 Nach **Nr. 1** des **§ 11 I 2 BauGB** können **planvorbereitende und plandurchführende** städtebaulicher Maßnahmen auf Kosten des Vertragspartners zulässige Gegenstände einer vertraglichen

Regelung sein. Sie gehen über den in § 124 BauGB geregelten Erschließungsvertrag weit hinaus und lassen insbesondere die Neuordnung der Grundstücksverhältnisse, die Bodensanierung, ja sogar die städtebauliche Planung auf Kosten eines privaten Investors zu.

Die Reichweite der hier zugelassenen, ganz unterschiedlichen Vertragsgestaltungen, denen lediglich gemeinsam ist, daß sie einen mehr oder weniger intensiven Bezug zur Aufstellung oder Durchführung von Bebauungsplänen haben, läßt sich nur anhand einer Typisierung näher erfassen (dazu insbes. *Birk*, VBlBW 1993, 457ff.; 1994, 3ff.; *ders.*, in: FS Schlichter, S. 113ff.):

aa) Zur **Vorbereitung** gehören die **Planungsverträge**, etwa Verträge mit privaten Planungs- und Ingenieurbüros über die Ausarbeitung von Entwürfen der Bauleitpläne, die Vorbereitung und Durchführung der notwendigen Untersuchungen (Datenerfassung, Altlasten, Marktgutachten, Umweltbericht, § 2a BauGB) und der parallelen Planungen (Umweltverträglichkeitsplanungen, Wasserrecht) einschließlich der Verfahrensorganisation. Hierbei handelt es sich regelmäßig um Werk- oder Dienstverträge nach § 631 oder § 611 BGB. Zu städtebaulichen öffentlich-rechtlichen Verträgen werden sie, wenn sie mit Grundstückseigentümern oder Investoren geschlossen werden und Regelungen über die Kostentragung meist zu deren Lasten enthalten, sei es, daß die Privaten diese Arbeiten selbst in Auftrag geben und bezahlen, sei es, daß sie die Kosten der Gemeinde als Auftraggeber ersetzen.

Auch über abwägungserhebliche Belange können Verträge geschlossen werden **(Abwägungsdatenverträge)**, solange sie als Datensammlung eine sachgerechte Abwägung vorbereiten und die Abwägung nicht entgegen den Anforderungen des Abwägungsgebots festlegen. So kann die Gemeinde einerseits in einem Vertrag bestimmte *Belange* eines Bürgers als *abwägungserheblich anerkennen* und dieser andererseits erklären, daß er weitere Interessen nicht geltend machen werde, sofern dieser Belang einer zufriedenstellenden Lösung zugeführt werde. Weitergehend können einzelne als abwägungsrelevant definierte Positionen mit bestimmten Lösungen, also mit *Handlungs- oder Unterlassungspflichten* verbunden werden, die diese Einwände auszuräumen imstande sind, wie z.B. die Festlegung von Spielzeiten bei einer Sportplatznutzung oder das Unterschreiten von an sich zulässigen Lärmgrenzwerten u. dergl. Derartige Fixierungen brauchen nicht auf das Baugenehmigungsverfahren verschoben zu werden, sondern sollten nach dem Grundsatz der Konfliktbewältigung gleich bei der Planaufstellung Berücksichtigung finden. Allerdings darf die Gemeinde im Interesse der Abwägungsfreiheit bei Satzungsbeschluß nicht durch den Vertrag zu einer bestimmten Berücksichtigungsmaßnahme verpflichtet werden; lediglich der Betroffene kann verbindlich erklären, daß er bei bestimmten ins Auge gefaßten Maßnahmen keine weiteren Einwände habe. Ein Abwägungsfehler läge vor, wenn die Interessen eines Betroffenen auf Kosten der Interessen anderer berücksichtigt würden, ohne daß sachliche städtebauliche Gründe in der Gesamtabwägung eine solche Lösung rechtfertigten.

bb) Bereits mehr zur **Durchführung** städtebaulicher Maßnahmen zählen Verträge, die der Vorbereitung der Bebaubarkeit überplanter oder zu überplanender Flächen dienen **(Baureifmachungsverträge)**. Hierzu gehören Verträge über die privatrechtliche Neuordnung der Grundstücke (*„freiwillige Umlegung"*), die *Bodensanierung,* etwa bei *Altlasten* oder die (oberirdische) Freilegung von Grundstücken, etwa durch *Abbruch und Beseitigung alter Anlagen* und über sonstige Maßnahmen als Voraussetzungen für die Bebauung. Auch der traditionell bei den Vorschriften über die Erschließung speziell geregelte Erschließungsvertrag (§ 124 BauGB) ist hier einzuordnen.

Zur Durchführung städtebaulicher Maßnahmen, aber bereits auch zu der in § 11 I 2 BauGB genannten Sicherung bauleitplanerischer Ziele kann man schließlich die **Planverwirklichungsverträge** rechnen. Sie bezwecken die Realisierung der mit der Bauleitplanung verfolgten Ziele innerhalb vertraglich vereinbarter Zeiträume. Sie entspringen also dem Gedanken der Entwicklungsplanung (dazu i. e. oben § 1 Rn. 17). Anstelle der gesetzlich vorgesehenen städtebaulichen Gebote (§§ 175 ff. BauGB) können so z. B. flexibler auf die jeweilige Situation angepaßte Bau- oder Modernisierungsgebote vereinbart werden.

12 **Nr. 2** des **§ 11 I 2 BauGB** führt unter dem Titel **Förderung und Sicherung** der mit der Bauleitplanung verfolgten **Ziele** vor allem die besonders problematischen gemeindlichen **„Planungsvorbehalte"** (vgl. *Schmidt-Aßmann/Krebs* (1988), S. 63 ff.) teilweise einer Regelung zu. Gemeint sind damit jene Fälle, in denen sich eine Gemeinde zur Aufstellung eines Bebauungsplans nur bereit erklärt, sofern sich die von der Planung begünstigten Grundeigentümer zu bestimmten Leistungen verpflichten. Das Gesetz nennt als Beispiele solcher vertraglichen Leistungspflichten, die Festlegung von Handlungspflichten, etwa Nutzungszeiten bei einem Sportplatz (vgl. oben § 6 Rn. 39), oder die über die Festsetzungsmöglichkeit nach § 9 I Nr. 8 BauGB hinausgehende Wohnraumversorgung (einkommensschwacher oder) mit sonstigen Wohnversorgungsproblemen konfrontierter Bevölkerungsgruppen, die Deckung des Wohnbedarfs Einheimischer zu erschwinglichen Preisen auf Grund eines preisreduzierten Landverkaufs an die Gemeinde (Einheimischenmodell; dazu BayVGH, BayVBl 1991, 47 ff.; BVerwG, DVBl. 1993, 654 = BVerwGE 92, 56; *Brohm*, JZ 2000, 321 ff.) und die Durchführung des naturschutzrechtlichen Ausgleichs i. S. v. § 1 a III BauGB.

Nach den *Einheimischenmodellen* macht die Gemeinde die Aufstellung eines Bebauungsplans davon abhängig, daß die Verwirklichung ihrer über die reine Planfestlegung hinausgehenden Entwicklungsziele durch entsprechende Leistungen der Grundstückseigentümer gesichert sind. Verträge dieser Art zeigen besonders deutlich, wie sehr Planaufstellung und Plandurchführung in der Praxis miteinander verflochten sind. Ihre besondere Problematik liegt in der Frage, welche über die reine Bodennutzungsregelung hinausreichenden Ziele die Gemeinde verfolgen darf, unter welchen Voraussetzungen und in welchem Maße sie dazu die Grundstückseigentümer in Pflicht nehmen kann, insbesondere inwieweit sie die Ausübung ihrer hoheitlichen Kompetenz davon abhängig zu machen vermag. Die zur Durchführung des *naturschutzrechtlichen Ausgleichs* angemessenen Maßnahmen wurden bereits (oben § 6 Rn. 40) als kompensatorischer Naturschutz näher dargelegt. Daß sie auch vertraglich vereinbart werden können, erleichtert Kostenregelungen und macht u. U. Zwangsmaßnahmen entbehrlich.

Nr. 3 des **§ 11 I 2 BauGB** normiert im wesentlichen die Rechtsprechung zu den **Folgekosten- oder Folgelastenverträgen** (vgl. BVerwGE 42, 331; 90, 310). Diese betreffen die Übernahme der Kosten der Gemeinde für Infrastrukturmaßnahmen, die nicht unter die beitragsfähigen Erschließungsanlagen fallen. **13**

Folgekosten- oder Folgelastenverträge haben die teilweise oder vollständige Übernahme von Kosten zum Gegenstand, die der Gemeinde für Maßnahmen als Folge bauplanerischer Ausweisungen entstehen, ohne daß sie über die beitragsfähigen Erschließungsanlagen refinanzierbar wären. Traditionelle Beispiele bilden die Aufwendungen für die Einrichtung von Infrastrukturanlagen i. w. S., wie z. B. Kindergärten, Schulen, Sportanlagen, ÖPNV und andere Gemeinbedarfseinrichtungen. Über diese *klassischen Folgelasten* für Infrastrukturmaßnahmen i. w. S. hinaus ermöglicht das Gesetz auch die Übernahme der *Kosten für Aufwendungen* für die städtebaulichen Planungen, andere städtebauliche Maßnahmen und die *Bereitstellung erforderlicher Grundstücke*; letzteres wird in § 11 I 2 Nr. 3, 2. Hs BauGB ausdrücklich klargestellt. Im Grunde ist jede Vereinbarung zur Übernahme von Kosten infolge städtebaulicher Maßnahmen möglich. Umso bedeutsamer sind die Grenzen, die das Gesetz in Anlehnung an die Rechtsprechung aufstellt, wenn es verlangt, daß Folgekosten „Voraussetzung oder Folge des geplanten Vorhabens", also von diesem „unmittelbar verursacht" sind (§ 11 I Nr. 3 BauGB) und allgemein die vereinbarten Leistungen „den gesamten Umständen nach angemessen" (§ 11 II BauGB) sein müssen. Darauf wird sogleich im Zusammenhang mit den allgemeinen Zulässigkeitsgrenzen für städtebauliche Verträge zurückzukommen sein.

d) Rechtsnatur der städtebaulichen Verträge

14 Aus der Regelung einzelner Vertragstypen in § 11 BauGB und in zahlreichen weiteren Regelungen des Baugesetzbuches ergibt sich nach einer (noch) verbreiteten Ansicht nicht zwingend, daß sie sämtlich den Maßstäben des öffentlichen Rechts unterliegen. Nach allgemeinen Grundsätzen ist, wie oben Rn. 7 ausgeführt, ein Vertrag dem öffentlichen Recht zuzuordnen, wenn „durch" ihn ein Rechtsverhältnis auf dem Gebiet des öffentlichen Rechts begründet, geändert oder aufgehoben wird, der Vertragsgegenstand also dem öffentlichen Recht angehört (vgl. § 54 VwVfG; GemS-OGB 1/85, BVerwGE 74, 368).

15 Bei einem **gegenseitigen Vertrag** können die einzelnen in einem Abhängigkeitsverhältnis zueinander stehenden Leistungsverpflichtungen nicht unterschiedlichen Regelungen unterstehen. Ist daher eine Leistungsverpflichtung dem öffentlichen Recht als dem Sonderrecht der Verwaltung zuzuordnen, so müssen auch die korrespondierenden Leistungen dem öffentlichen Recht unterstellt werden.

Ein solches wechselseitiges Abhängigkeitsverhältnis muß kein synallagmatisches i. S. einer Leistung um der Gegenleistung willen sein. Die Regel gilt auch für sog. hinkende Austauschverträge, die im Vertragstext nur explizit die Leistungspflicht des Bürgers festlegen, die Gegenleistung der Behörde aber implizit als Zweck oder Geschäftsgrundlage voraussetzen (*Maurer*, VWR, § 14 Rn. 11, 17). Lediglich außerhalb solcher Wechselbezüglichkeiten kann ein Vertrag aus einer Mischung von öffentlich-rechtlichen und privatrechtlichen Bestandteilen bestehen (BVerwG, UPR 1994, 232; NJW 1980, 2538 = DÖV 1981, 878; a. A. BGHZ 76, 16, 20 f.: Einordnung nach Gesamtbeurteilung).

Im Einzelfall mag die Zuordnung eines Vertrags zu dem einen oder anderen Rechtsgebiet Schwierigkeiten bereiten. So hat das BVerwG einen Vertrag über die Übernahme von Folgekosten allein deswegen dem öffentlichen Recht zugeordnet, weil der Sinn dieser vertraglichen Verpflichtung darin liege, daß die Gemeinde einen Bebauungsplan aufstelle (BVerwGE 42, 331). Dagegen hat es beim Einheimischenmodell, das vorgängig zur Aufstellung des Bebauungsplans die Grundstückseigentümer zum preisgünstigen Verkauf von Grundstücken zugunsten einheimischer Mitbürger verpflichtet, diese öffentlich-rechtliche Geschäftsgrundlage lediglich als nicht erhebliches Motiv abgetan (BVerwGE 92, 56; dazu näher *Hien*, FS Schlichter, S. 141; *Brohm*, JZ 2000, 321, insbes. 329 ff.). Das geschah allerdings noch vor Einführung des § 6 BauGB-MaßnG vom 1. 5. 1993 / jetzt § 11 BauGB 1998.

Für die Zuordnung dieser „städtebaulichen Verträge" zum Privat- oder zum öffentlichen Recht hat § 11 BauGB größere Klarheit geschaffen als man sich ursprünglich von ihm versprach. Danach gehören Verträge über die Vorbereitung und Durchführung der Bauleitplanung und deren Kostentragung (§ 11 I 2 Nr. 1 BauGB), weiter Vereinbarungen zur Förderung und Sicherung bestimmter mit der Bauleitplanung verfolgter Ziele, wie z.B. der vorgeschriebene Ausgleich von Eingriffen in Natur und Landschaft, aber auch die Deckung eines besonderen Wohnbedarfs, einschließlich der einheimischen Bevölkerung (§ 11 I 2 Nr. 2 BauGB) und schließlich Absprachen zur Übernahme der Folgekosten (§ 11 I 2 Nr. 3 BauGB) wie die Bauleitplanung selbst zum Städtebaurecht. Auch wenn § 11 I 2 BauGB relativ unstrukturiert nur „insbesondere", also beispielhaft einzelne einschlägige Vertragstypen anführt, wird mit diesen Hinweisen festgelegt, daß alle in einem wesentlichen Zusammenhang bzw. in einem wechselseitigen Abhängigkeitsverhältnis mit der städtebaulichen Planung stehen. Sie können also nicht, wie es vor dieser Regelung zumindest vertretbar war, als Vorbereitungs- oder Folgemaßnahme getrennt von der Bauleitplanung gesehen werden. Da die städtebauliche Planung eindeutig zur hoheitlichen Tätigkeit gehört, wird mit § 11 BauGB festgelegt, daß die für den Städtebau zuständigen Instanzen auch mit diesen Verträgen städtebauliche Planung, also hoheitliche Aufgaben verfolgen bzw. (hoheitliche) Kompetenzen wahrnehmen. Im Vergleich mit der im Polizeirecht geläufigen Unterscheidung zwischen Aufgaben- oder Kompetenznormen einerseits und Befugnisnormen andererseits stellt § 11 BauGB eine Kompetenz-, aber keine Befugnisnorm dar, er enthält also keine Eingriffsermächtigung. Insofern verbleibt der Gemeinde nur die Möglichkeit einer einvernehmlichen Regelung. Dafür hat sie nach der überkommenen – seit Anerkennung des öffentlich-rechtlichen Vertrags jedoch weitgehend überholten Auffassung (vgl. *Brohm*, JZ 2000, 321, 326f.) – ein Wahlrecht zwischen einem öffentlich-rechtlichen und einem zivilrechtlichen Vertrag, wobei letzterer allerdings an das Verwaltungsprivatrecht gebunden ist. Im Zweifel ist jedoch auch nach herrschender Meinung von einem öffentlich-rechtlichen Vertrag 16 auszugehen. Insofern müßten schon aufgrund dieser Vermutung die städtebaulichen Verträge dem öffentlichen Recht zugeordnet werden. Indessen kann dies hier dahingestellt bleiben. Denn ein Wahlrecht zwischen öffentlich-rechtlicher und (verwaltungs-) privatrechtlicher Vertragsgestaltung scheidet auch nach der überkommenen einhelligen Meinung aus, wenn eine Wechselbezüglichkeit zwischen Leistung und Gegenleistung besteht Dabei muß es sich nicht um ein synallagmatisches Abhängigkeitsverhältnis handeln. Vielmehr ist von einer solchen Wechselbezüglichkeit grundsätzlich bei den städtebaulichen Verträgen auszugehen; denn § 11 I 2 BauGB stellt diese Verträge in einen unmittelbaren Zusammenhang mit der allein nach öffentlichem Recht wahrzunehmenden Bauleitplanung. Sie stehen als Mittel zur Effektuierung der Bauleitplanung mit dieser in einem wechselseitigen Beziehungsverhältnis, so daß schon aus diesem Grunde auch nach herrschender Meinung nur eine einheitliche öffentlich-rechtliche Beurteilung in Frage kommen kann. Diese Annahme wird durch die Regelung in § 11 II und III BauGB bestärkt, die derartige Verträge – angesichts einer in dieser Hinsicht noch nicht gefestigten Dogmatik und der damit verbundenen Unsicherheit über ihre Qualifizierung – auf jeden Fall einheitlich den zentralen Vorschriften für öffentliche Verträge unterstellt. Die Angemessenheit von Leistung und Gegenleistung wird in § 11 II BauGB „den gesamten Umständen nach", also nicht nur zum Schutze des Bürgers, sondern angesichts politisch und finanziell einflußreicher Investoren auch zugunsten der Gemeinde gefordert. Zivilrechtliche Normen können dann nur ergänzend im Wege einer Analogie zur Wirkung kommen. Sie setzt voraus, daß das öffentliche Recht zu der entscheidungserheblichen Frage keine Regelung getroffen hat und daß der zivilrechtlichen Norm in beiden Teilrechtsordnungen auf Grund einer gleich gelagerten und übereinstimmend zu bewertenden Problemlage generell die gleiche Funktion zukommt.

e) Allgemeine Grundsätze und Grenzen des städtebaulichen Vertrags

Rechtsstaatliche Kautelen für die zunehmend beliebten Vertragsformen im öffentlichen Recht sind noch kaum entwickelt. Umso wichtiger ist es, die wenigen Grenzen öffentlich-rechtlicher Verträge zu beachten:

aa) Kompetenzwahrung

Von großer, vielfach jedoch nicht ausreichend beachteter Bedeutung ist, daß eine Behörde nur im Rahmen ihrer Kompetenz zu handeln befugt ist. Gleichgültig ob ein Hoheitsträger sich des Privatrechts oder des öffentlichen Rechts bedient, darf er immer nur zur Erfüllung der ihm zugewiesenen Aufgaben, also im Rahmen seiner Kompetenz, tätig werden. Im Unterschied zu Privaten verfügt er nicht über eine Privatautonomie. **17**

Dementsprechend haben die Gerichte bei den bereits erwähnten Einheimischenmodellen diffizil an Hand der Bestimmungen des Baugesetzbuches oder direkt des verfassungsrechtlich gewährleisteten Selbstverwaltungsrechts (Art. 28 II GG) geprüft, ob die Gemeinden die Kompetenz besitzen, den Einheimischen preislich günstige Wohngrundstücke zu beschaffen (BayVGH, NVwZ 1990, 979; wesentlich zurückhaltender BVerwGE 92, 56; ob das BVerwG in dieser Entscheidung wegen seiner großen Bedenken zum Einheimischenmodell in Abweichung von der bisherigen höchstrichterlichen Rechtsprechung für die Annahme eines privatrechtlichen Vertrags votierte, ist zweifelhaft. Schließlich kann auch über die privatrechtliche Vertragsgestaltung der Kompetenzrahmen eines Hoheitsträgers nicht erweitert werden). Durch § 11 I 2 Nr. 2 BauGB sind diese Zweifel jetzt zugunsten der Einheimischenmodelle beseitigt.

bb) Verbot vertraglicher Planungsverpflichtung – Faktische Bindungen, Haftungsfolgen

Weiter dürfen der vertraglichen Gestaltung keine zwingenden gesetzlichen Vorschriften entgegenstehen. Ein dagegen verstoßender Vertrag ist unwirksam. **18**

Die Unwirksamkeit wird z. T. aus § 54 I 1 VwVfG geschlossen, wonach ein öffentlich-rechtliches Rechtsverhältnis durch Vertrag gestaltet werden kann, „soweit Vorschriften nicht entgegenstehen". Neuerdings wird diese Rechtsfolge mehr mit § 59 I VwVfG i. V. m. § 134 BGB begründet. Danach ist ein Vertrag nichtig, der gegen ein gesetzliches Verbot verstößt. Darunter kann jedoch nicht jede Rechtsverletzung subsumiert werden. Sonst hätte § 59 II Nr. 2 VwVfG keinen Sinn, wonach Verträge „ferner" nichtig sind, wenn ein entsprechender Verwaltungsakt nach materiellem Recht rechtswidrig wäre „und" dies den Vertragsschließenden bekannt war. Auch im Privatrecht wird § 134 BGB nur als Verstoß gegen ein ausdrückliches oder ein sich inzidenter ergebendes Verbotsgesetz interpretiert. Entscheidend ist, ob ein Gesetz den vertraglich intendierten Erfolg mißbilligt („absolutes Verbotsgesetz") oder nur Art und Weise des Zustandekommens des Vertrags („relatives Verbotsgesetz"). Nur im ersten Fall liegt ein Verbotsgesetz i. S. v. § 134 BGB vor (*Palandt*, § 134 Rn. 1). Im öffentlichen Recht gibt es allerdings kaum Einzelvorschriften, die ein bestimmtes vertragliches Handeln untersagen. In der Regel muß daher aus der Gesamtheit der gesetzlichen Regelungen, ihrem Sinn und Zweck, oder aus rechtsstaatlichen Grundsätzen entnommen werden, daß eine bestimmte Regelung nicht durch Vertrag getroffen werden kann. Insofern kommt es für die Zulässigkeit öffentlich-rechtlicher Verträge maßgeblich auf die Verbindlichkeit und Bedeutung der jeweiligen fachgesetzlichen Bestimmungen an, für städtebauliche Verträge also vor allem auf die Regelungen des Baugesetzbuchs. So wurde vor Einführung des § 6 II BauGB-MaßnG (jetzt § 2 III 2. Hs BauGB) die Unzulässigkeit von Verträgen auf Erlaß eines Bebauungsplanes damit begründet, daß sonst durch eine bipolare Absprache das gesetzlich geregelte Beteiligungsverfahren bei der Planaufstellung (§§ 3, 4 BauGB) und die u. a. darauf basierende umfassende Abwägung (§ 1 VI BauGB) unterlaufen würden.

Wie oben dargelegt, kann jetzt § 2 III 2. Hs BauGB als das gesetzliche **Verbot eines Vertrags auf Erlaß eines Bebauungsplanes** oder auf Unterlassen einer Planaufstellung oder einer Planänderung verstanden werden, so daß ein entsprechender Vertrag nach § 59 I VwVfG i. V. m. § 134 BGB nichtig ist.

19 **Faktische Bindungen** auf Grund nichtigen Vertrags oder sonstige faktisch bindende Absprachen können gegen das Abwägungsgebot (§ 1 VI BauGB) verstoßen und den Bebauungsplan rechtswidrig (dazu unten § 13 Rn. 27 ff.) und damit u. U. im Rahmen der §§ 214 III, 215 I Nr. 2 BauGB unwirksam machen. Weicht die Gemeinde von faktischen Absprachen ab, oder ist der Bebauungsplan wegen Verletzung des Abwägungsgebots unwirksam, muß die Gemeinde allerdings mit **Ersatzansprüchen** des privaten Vertragspartners wegen nutzlos aufgewendeter Projektkosten (Planungskosten, Erwerb von Grundstücken im künftigen Plangebiet zu Bauerwartungslandpreisen) rechnen. Im Falle eines „nichtigen" Vertrags können sie nach Ansicht des BGH (BGH, NJW 1980, 1683) auf die Grundsätze der culpa in contrahendo gestützt werden. Auch ein Anspruch aus Amtspflichtverletzung (Art. 34 GG/ § 839 BGB) wird erwogen, sofern die Gemeinde es versäumt hat, den Ver-

tragspartner auf das Risiko eines Scheiterns des Bebauungsplanverfahrens hinzuweisen.

In seiner jüngeren Rechtsprechung neigt der BGH dazu, die in einem Vertrag zugesagte oder einem Vertrag beiderseits zugrunde gelegte Planaufstellung nicht als nichtige vertragliche Bindung zu qualifizieren, sondern als eine entsprechende Garantieerklärung zu interpretieren, also als eine vertragliche Risikoübernahme der Gemeinde, für das Scheitern schlechthin oder für ein Scheitern im Bereich ihrer Einflußsphäre einstehen zu wollen. Ist die Risikoübernahme nicht ausdrücklich vereinbart, könne sie aus den Grundsätzen ergänzender Vertragsauslegung hergeleitet werden; eine nichtige Vereinbarung über die Planaufstellung ließe sich u. U. in ein gemeindliches Garantieversprechen umdeuten (BGHZ 76, 16, 25 = BGH, NJW 1990, 245).

Gegen die Begründung solcher Ersatzansprüche spricht, daß damit im Ergebnis die gesetzlich geforderte Abwägungsfreiheit der Gemeinde doch erheblich eingeschränkt wird (*Ebsen*, JZ 1985, 57, 61). Das ist nach der Rechtsprechung des BGH jedoch gerechtfertigt, weil die Kooperation auch im öffentlichen Interesse liege (dazu *Dolde/Uechtritz*, DVBl. 1987, 446; *Jäde*, BayVBl 1992, 549; BGH, NJW 1990, 245).

cc) Privatautonomie – Schutz durch Gesetzmäßigkeitsprinzip statt AGB-Gesetz

Verpflichten sich Bürger vertraglich, beruhen ihre Erklärungen auf privatautonomer Entschließung. Insofern stellt sich die Frage des Gesetzesvorbehalts **für bestimmte Vertragsgegenstände** erst bei einer ernsthaften Gefährdung oder gar dem Verlust der Privatautonomie. Insoweit dieser Grenzfall nicht erreicht ist, können ohne Verstoß gegen den Grundsatz vom **Vorbehalt des Gesetzes** Verpflichtungen vereinbart werden, die mit Hilfe hoheitlicher Instrumentarien nicht begründet werden könnten. **Spezielle Grenzen** für hoheitlich nicht begründbare Verpflichtungen ergeben sich allein aus den fachgesetzlichen Verbotsnormen, also nach dem Prinzip vom **Vorrang des Gesetzes** (vgl. § 54 S. 1, Hs. 2 – „Vertragsformverbot"). Diese Verbotsnormen können, wie dargelegt, expressis verbis in den jeweils einschlägigen Fachgesetzen verankert sein oder sich aus Sinn und Zweck der fachgesetzlichen Regelungen ergeben. Insofern differieren die rechtlichen Gesichtspunkte je nach dem Vertragstypus und den damit angesprochenen einschlägigen Fachgesetzen (*Schmidt-Aßmann/Krebs*, S. 115ff.; *Schmidt-Aßmann*, FS Gelzer, S. 122; *Robbers*, JuS 1985, 925, 930; vgl. auch *Rengeling*, Das Kooperationsprinzip im Umweltrecht, 20

S. 128ff.). **Schranken im Einzelfall** ergeben sich aus dem öffentlich-rechtlichen **Koppelungs-** und dem **Übermaßverbot**.

Grundsätzlich **nicht geeignet** ist ein Schutz der Privatautonomie über eine analoge Anwendung des **AGB-Gesetzes**, etwa die Verneinung der „Angemessenheit" eines vereinbarten Wiederkaufrechtes der Gemeinde allein gegen Erstattung der erbrachten Aufwendungen des Käufers ohne Berücksichtigung etwa von Wertsteigerungen, sofern die Pflichten aus dem Einheimischenmodell nicht eingehalten werden. Schließlich benachteiligt in solchen Fällen die Gemeinde nicht als übermächtiger Wirtschaftspartner in rücksichtsloser Gewinnerzielungsabsicht unangemessen den Käufer, sondern sie garantiert auf diese Weise die Durchführung eines auch den Käufer begünstigenden öffentlichen Unterstützungsprogramms. Dementsprechend folgt die Einheitlichkeit der Vertragsbedingungen nicht – wie bei vorformulierten Verträgen üblich – aus einer einseitigen Ausnutzung privater wirtschaftlicher Macht, sondern aus dem sogar verfassungsrechtlich verankerten Gleichbehandlungsgebot. M. a. W.: Die strukturelle Überlegenheit durch Marktmacht, vor der das AGB-Gesetz, etwa § 9 AGBG, die Privatautonomie schützen soll, ist nicht vergleichbar mit der Machtüberlegenheit des die Gemeinschaft der Bürger verkörpernden Staates, die auf anderen Grundlagen beruht und anderen Zwecken dient. Insofern liegen den wertausfüllungsbedürftigen Begriffen, wie Angemessenheit, Sittenwidrigkeit etc., in den beiden Teilrechtsordnungen ganz andere Wertungen zugrunde, die auch eine andere Sinninterpretation erfordern. Das wird in der Rechtsprechung der Zivilgerichte weithin verkannt, wenn diese etwa im Anschluß an die inzwischen m. E. überholte privatrechtliche Qualifizierung der Verträge über den Kauf und den Weiterkauf der Grundstücke im Rahmen des Einheimischenmodells (in BVerwGE 92, 56) diese Regelungen in einer typisch individualrechtlichen Interpretation anwenden (dazu im einzelnen *Brohm*, JZ 2000, 321, 324, 329ff. m. zahlr. w. N.; vgl. auch OVG Münster, NJW 2001, 698).

dd) Koppelungsverbot

21 Ein Großteil städtebaulicher Verträge betrifft Vereinbarungen über die Übernahme von Kosten oder von Verpflichtungen zu anderen Leistungen, einschließlich der Eigentumsübertragung an Grundstücken, etwa nach dem „Einheimischenmodell", im Hinblick auf hoheitliche Gewährungen, etwa den Erlaß eines Bebauungsplans. Bei derartigen Austauschverträgen ist angesichts des vorgegebenen Machtgefälles zwischen Staat und Bürger die gleichrangige Verhandlungsposition des einzelnen oft gefährdet. Zu seinem Schutz und zur Verhinderung eines rechtsstaatswidrigen „Verkaufs von Hoheitsrechten" sieht das allgemeine Vertragsrecht in **§ 56**

VwVfG das sog. **Koppelungsverbot** vor. Danach sind Austauschverträge im Staat-Bürgerverhältnis nur zulässig, wenn die Gegenleistung des Bürgers (1) für einen bestimmten Zweck im Vertrag vereinbart ist, (2) der Behörde zur Erfüllung ihrer Aufgaben dient, (3) den gesamten Umständen nach angemessen ist und (4) in sachlichem Zusammenhang mit der vertraglichen Leistung der Behörde steht. Besteht ein Rechtsanspruch auf die betreffende Leistung, ist die Vereinbarung einer Gegenleistung unzulässig, es sei denn, daß sie auch als Nebenbestimmung zu einem Verwaltungsakt (vgl. §§ 56 II, 36 VwVfG) festgesetzt werden könnte. Diese allgemeinen Voraussetzungen für öffentlich-rechtliche Verträge können als **Konkretisierungen des Rechtsstaatsprinzips** angesehen werden. Sie gelten auch für alle städtebaulichen Verträge. Zum größten Teil ergeben sie sich aus der gesetzlichen Charakterisierung des jeweiligen Vertragstypus. Soweit dies nicht der Fall ist, werden sie in § 11 II BauGB nochmals ausdrücklich hervorgehoben.

Für die **„Folgekostenverträge"**, die unten (§ 26 Rn. 25f.) im einzelnen behandelt werden, stellt § 11 I 2 Nr. 3 BauGB in Anlehnung an die oben erwähnten Entscheidungen des BVerwG verschärfend klar, daß die als Folge der Bauplanung der Gemeinde entstehenden Kosten und Aufwendungen nur insoweit auf den Bürger überwälzt werden dürfen, als sie Voraussetzung oder Folge des vom Bauwilligen geplanten Vorhabens sind **(Grundsatz der unmittelbaren Kausalität)**. Insofern sind Folgekostenverträge nur bei größeren Vorhaben zulässig, nicht aber bei einzelnen kleinen Bauprojekten, die keine konkreten Aufwendungen verursachen (BVerwG, NJW 1981, 1747; BVerwGE 90, 310, 315; *Löhr*, B/K/L, § 11 Rn. 16f.).

Verstöße gegen das Koppelungsverbot machen den Vertrag unwirksam (§ 59 II Nr. 4 VwVfG) mit der Folge eines Erstattungsanspruchs auf Rückgewähr rechtsgrundlos erbrachter Leistungen.

Instruktiv BVerwG, DÖV 2000, 1050 = DVBl. 2000, 1853: Wird nach abgeschlossener Erschließung eines Neubaugebiets und Erhebung der Anliegerbeiträge einem Grundstückseigentümer die Einbeziehung seines unmittelbar angrenzenden Grundstücks durch einen ergänzenden Bebauungsplan in Aussicht gestellt, sofern er zuvor einen Betrag in Höhe der seinerzeit erhobenen Erschließungsbeiträge für die Errichtung gemeindlicher Kinderspielplätze entrichtet, kann er diese Summe nach Erweiterung des Baugebiets und ordnungsgemäßer Bebauung des Grundstücks zurückverlangen. Da der Gemeinde keine weiteren Erschließungskosten entstanden sind, fällt die Vereinbarung nicht unter § 11 I Nr. 3 BauGB. Als „hinkender Austauschvertrag", bei dem die (hoheitliche) Leistung der Gemeinde zumindest Geschäftsgrundlage für die Gegenleistung des Bürgers war, ist er jedoch an §§ 54, 56 VwVfG zu messen: Die Leistung ist ihrem Zweck nach genau bestimmt und fällt in den Aufgabenbereich des Hoheitsträgers. Weiterhin muß sie in einem sachlichen Zusammenhang mit der Leistung der Behörde stehen (Koppelungsverbot), d. h. es darf nichts miteinander verknüpft werden, was nicht ohnehin in einem inneren Zusammenhang miteinander steht, und es dürfen hoheitliche Entscheidungen nicht ohne konkrete gesetzliche Ermächtigung von wirtschaftlichen Gegenleistungen abhängig gemacht werden, es sei denn, durch die Gegenleistung würde ein der Entscheidung entgegenstehendes rechtliches Hindernis beseitigt. Hier aber steht die Zahlung in keinem Zusammenhang mit der Bauplanung. Daher ist der Vertrag nach § 59 II Nr. 4 VwVfG nichtig. Der Rückforderung der Geldzahlung steht nicht entgegen, daß die Leistung der Behörde nicht mehr zurückgenommen werden kann; sonst würde die gesetzlich angeordnete Sanktion der Nichtigkeit meistens rechtswirkungslos bleiben. Insofern kann nach Ansicht des Gerichts Treu und Glaube dem Rückforderungsanspruch nur entgegengehalten werden, wenn besondere Umstände in der Person oder im Verhalten des Begünstigten vorliegen, was das Gericht bei diesem Sachverhalt verneint hat.

ee) Verbot des Übermaßes und des Machtmißbrauchs – Schriftformgebot

22 Im Koppelungsverbot enthalten ist auch das rechtsstaatliche **Verbot des Übermaßes**, oder positiv formuliert, das Gebot der Angemessenheit der vereinbarten Leistung. Es gilt als verfassungsrechtlicher Grundsatz ganz allgemein für städtebauliche Verträge und besagt im Zusammenhang mit Austauschverträgen und speziell mit Folgelastenverträgen, daß die vom Vertragspartner zu erbringende Gegenleistung in einem angemessenen Verhältnis zur Leistung der Behörde und zum Wert des Bauvorhabens stehen muß. Nur dann ist sie den genannten Umständen nach angemessen (§ 11 II 1 BauGB, § 56 I 2 VwVfG).

Ferner ist nach allgemeinem Verwaltungsverfahrensrecht ein städtebaulicher Vertrag nichtig, wenn er infolge eines **Machtmißbrauchs** zustande kam. Das ergibt sich aus § 59 I VwVfG i. V. m. § 138 BGB; eine Verletzung der „guten Sitten" stellt auch die Ausnutzung einer Machtstellung dar (*Löhr*, B/K/L, § 11 Rn. 21; *Heinrichs*, in: Palandt, § 138 Rn. 93).

Nach allgemeinem Verwaltungsverfahrensrecht bedürfen öffentlich-rechtliche Verträge grundsätzlich der **Schriftform** (§ 57

VwVfG), u.U. sogar der notariellen Beurkundung (§ 62 VwVfG i.V.m. § 313 BGB). Nach § 11 III BauGB müssen die städtebaulichen Verträge, auch die in dieser Vorschrift mitgeregelten privatrechtlichen Verträge zur Vorbereitung oder Durchführung städtebaulicher Maßnahmen, schriftlich geschlossen werden.

4. Vorhaben- und Erschließungsplan – Vorhabenbezogener Bebauungsplan

a) Zweck und Struktur

Der „Vorhaben- und Erschließungsplan" stellt eine wesentliche Neuerung 23
des Bauplanungsrechts dar, die im Zusammenhang mit der Wiedervereinigung Deutschlands eingeführt wurde. Er war erstmals im Sommer 1990 in § 55 BauZVO der DDR geregelt, wurde danach durch § 246a I 1 Nr. 6 BauGB 1990 lediglich für die neuen Bundesländer zeitlich begrenzt in das Baugesetzbuch übernommen, mit einigen Erweiterungen durch das InV-WoBauLG in § 7 BauGB-MaßnG 1993 als allgemeines städtebauliches Instrument für das gesamte Bundesgebiet eingeführt und schließlich mit § 12 BauGB im Baugesetzbuch verankert.

Der Vorhaben- und Erschließungsplan zeigt bereits deutliche Anklänge an das oben (§ 1 Rn. 17) erläuterte Funktionsprinzip der Entwicklungsplanung, die am wirkungsvollsten in Kooperation mit den Betroffenen durchzuführen ist. Im Unterschied zur Entwicklungsplanung geht hier zwar die Initiative nicht von der gemeindlichen Planungsinstanz, sondern von einem einzelnen Vorhabenträger aus. Sein Plan muß jedoch mit den Vorstellungen der planenden Gemeinde abgestimmt und dann kraft öffentlich-rechtlicher Verpflichtung gegenüber der Gemeinde auch verwirklicht werden. Insofern ergeben sich hier ähnliche Interessenlagen wie bei der Entwicklungsplanung, bei der die Gemeinde auch die Durchführung des Planes zu gewährleisten trachtet. Allerdings ist dabei die Gefahr einer faktischen Vorentscheidung, die die freie Abwägung der öffentlichen und privaten Belange durch die gemeindliche Vertretungskörperschaft beeinträchtigen kann, in erhöhtem Maße gegeben. Insofern ist hier besonders darauf zu achten, daß die faktische Abstimmung zwischen Gemeinde und

Projektträger lediglich die Bedeutung behält, die Bauleitplanung informativ vorzubereiten und die spätere Verwirklichung des Planes zu sichern (dazu näher unten § 13 Rn. 28f.).

Die Planungssituation stellt sich wie folgt dar: Ein Vorhabenträger will ein konkretes Projekt auf einer bestimmten Fläche verwirklichen, das nach den bestehenden planungsrechtlichen Vorschriften ohne Aufstellung, Änderung oder Aufhebung eines Bebauungsplanes nicht zugelassen werden darf. Er kann dann mit der Gemeinde seinen Plan über das Projekt abstimmen und sich in einem Vertrag verpflichten, das Vorhaben und die erforderlichen Erschließungsmaßnahmen auf seine Kosten innerhalb einer bestimmten Frist durchzuführen. Dazu muß er auch „in der Lage" sein, was regelmäßig das Eigentum oder zumindest die Verfügungsbefugnis über die in Betracht kommenden Flächen erfordert. Unter diesen Voraussetzungen kann die Gemeinde durch den Erlaß eines „vorhabenbezogenen Bebauungsplans" die städtebauliche Zulässigkeit des Vorhabens bestimmen; dabei wird der Vorhaben- und Erschließungsplan zu dessen Bestandteil (§ 12 III 1 BauGB).

b) Bestandteile

24 Das neue Planungsinstrument besteht aus drei wesentlichen Elementen: (1) dem Vorhaben- und Erschließungsplan des Investors oder „Vorhabensträgers", von dem die Initiative zur Schaffung der städtebaulichen Zulässigkeitsvoraussetzungen ausgeht, (2) dem vorhabenbezogenen Bebauungsplan der Gemeinde, der rechtsverbindlich die erforderlichen planungsrechtlichen Regelungen trifft, und (3) dem Durchführungsvertrag zwischen der Gemeinde und dem Investor, der darin die Durchführung des Planes und i. d. R. die Übernahme sämtlicher Planungs- und Erschließungskosten zusagt.

aa) Das Vorhaben

Das Vorhaben oder Projekt, das Gegenstand der Vorhaben- und Erschließungsplanes ist, kann eine einzelne bauliche Anlage, oder auch einen ganzen Gebäudekomplex betreffen.

Nach beachtlicher Meinung (vgl. *Krautzberger*, B/K/L, § 12 Rn. 9 BauGB) soll es sogar ein Gebiet mit unterschiedlicher Nutzung, etwa mit gewerblichen Anlagen, Bürogebäuden und Wohnungen, umfassen. Dieses werde zu einem konkreten Projekt allein über die (juristische oder natürliche) Person des einen Vorhabenträgers, der bereit und in der Lage sei, die Maßnahmen innerhalb einer bestimmten Frist durchzuführen. Diese Auffassung, die allein auf den

Projektträger und nicht auf das Einzelprojekt abstellt, läuft allerdings Gefahr, die Leitfunktion der Bauleitplanung preiszugeben. Die geforderte Ergänzungsfunktion des Vorhaben- und Erschließungsplans kann nur gewährleistet bleiben, wenn sein Gegenstand vorwiegend durch das Einzelvorhaben, das Projekt, bestimmt wird. Bei Vorhaben, für die eine Umweltverträglichkeitsprüfung durchzuführen ist, muß die Begründung des Plans auch die nach § 2a BauGB für den Umweltbericht erforderlichen Angaben enthalten (§ 12 I 2 BauGB 2001).

bb) Der „vorhabenbezogene Bebauungsplan"

Der vorhabenbezogene Bebauungsplan hat den Vorhaben- und Erschließungsplan des Investors zum Inhalt (§ 12 III 1 BauGB). Darüber hinaus kann er auch einzelne benachbarte Flächen einbeziehen (§ 12 IV BauGB). Als Bebauungsplan bestimmt er wie herkömmliche Bebauungspläne die Zulässigkeit von Vorhaben. Er weist diesen gegenüber jedoch auch einige Besonderheiten auf, die sich aus § 12 I 2, II–IV BauGB, sowie aus weiteren Regelungen im Baugesetzbuch ergeben. 25

So steht der vorhabenbezogene Bebauungsplan nach § 30 II BauGB einem qualifizierten Bebauungsplan gleich, auch wenn er nicht dessen Voraussetzungen nach § 30 I BauGB erfüllt. Bei den Festsetzungen ist der Satzungsgeber nicht an § 9 BauGB und die Baunutzungsverordnung gebunden. Das rechtfertigt sich daraus, daß der Vorhabenträger selbst zur Durchführung dieser Maßnahmen bereit und in der Lage ist; es bedarf dann keiner „Eingriffsermächtigung" mehr. Dementsprechend ist die Rechtslage anders, wenn in den vorhabenbezogenen Bebauungsplan Flächen außerhalb des Vorhaben- und Erschließungsplans einbezogen werden (vgl. § 12 IV BauGB); hier müssen dann die allgemeinen Voraussetzungen für derartige Festlegungen, also auch § 9 BauGB und die BauNVO eingehalten werden. Angesichts der Möglichkeiten des Durchführungsvertrags und der Projektbezogenheit des vorhabenbezogenen Bebauungsplans hält sich der Gesetzgeber mit der Einräumung von Entschädigungsleistungen und hoheitlichen Plansicherungs- und Planverwirklichungsbefugnissen sehr zurück. So sind nach § 12 III 2, 2. Hs BauGB die in den §§ 14–28, 39–79, 127–135c BauGB geregelten Planungsinstrumente ausgeschlossen, also insbesondere die Veränderungssperre, die Vorkaufsrechte, die Entschädigungsregelungen sowie Maßnahmen der Bodenordnung, der Erschließung und der naturschutzrechtlichen Eingriffskompensation. Lediglich für Festsetzungen, die der vorhabenbezogene Bebauungsplan im Bereich des vom Investor verantworteten Vorhaben- und Erschließungsplans für öffentliche Zwecke nach § 9 BauGB trifft, kann gemäß § 85 I 1 BauGB eine Enteignung durchgeführt werden. Weitere Besonderheiten enthalten im Kontext mit dem Element der Entwicklungsplanung die Regelungen des Wechsels des Vorhabenträgers und der Zweckverfehlung, letztere mit der regelmäßigen

Pflicht und der Befugnis der Gemeinde, den vorhabenbezogenen Bebauungsplan im vereinfachten Verfahren nach § 13 BauGB aufzuheben, wenn er nicht termingerecht durchgeführt wird (§ 12 V, VI BauGB).

Angesichts der im übrigen bestehenden Gleichstellung des vorhabenbezogenen Bebauungsplans mit dem herkömmlichen Bebauungsplan kommen etwa die §§ 31, 33 u. 36 BauGB zur Anwendung. Weiter ändert ein vorhabenbezogener Bebauungsplan eine bestehende Bauplanung ab und kann seinerseits von einem herkömmlichen Bebauungsplan abgeändert werden. Ferner gelten für die Aufstellung des vorhabenbezogenen Bebauungsplans die formellen und materiellen Voraussetzungen für den Erlaß herkömmlicher Bebauungspläne, also §§ 1–4b, 8–10 BauGB, soweit ausnahmsweise § 12 II–VI BauGB nicht Abweichendes regelt.

Dementsprechend sind insbesondere zu beachten die Regelungen über die Beteiligung der Bürger (§ 3 I, II BauGB) und der öffentlichen Planungsträger (§ 4 BauGB), die Planrechtfertigung (§ 1 III BauGB), die Anpassungspflicht an die Ziele der Raumordnung (§ 1 IV BauGB), das Entwicklungsgebot (§ 8 II 1 BauGB), die Berücksichtigung der städtebaulichen Belange und das Abwägungsgebot (§ 1 V, VI BauGB). Über die Einbeziehung des von dem Investor erstrebten Vorhaben- und Erschließungsplans in den (vorhabenbezogenen) Bebauungsplan und über das Gebot, den vorhabenbezogenen Bebauungsplan aus dem Flächennutzungsplan heraus zu entwickeln (§ 8 II–IV BauGB), wird das Planmäßigkeitsprinzip und die zentrale Stellung der Bauleitplanung für die städtebauliche Entwicklung und Ordnung gewahrt.

Eine besondere Regelung für den vorhabenbezogenen Bebauungsplan trifft **§ 12 II BauGB**. Danach hat die Gemeinde auf Antrag des Vorhabenträgers nach pflichtgemäßem Ermessen über die Einleitung des Bauplanungsverfahrens zu entscheiden. Diese Regelung hat ihren Grund in dessen oft bereits vor Abschluß des Durchführungsvertrags und damit vor Erlaß der Satzung mit beträchtlichem Aufwand erbrachten Vorarbeiten für das Projekt. Wie sich eindeutig aus § 2 III BauGB ergibt, können sie keinen **Anspruch auf** Aufstellung eines bestimmten Bebauungsplans begründen, u. U. aber einen auf Schadensersatz nach c. i. c. und jetzt nach § 2 II BauGB auch einen auf eine **Entscheidung über** die Einleitung des **Bebauungsplanverfahrens** nach pflichtgemäßem Ermessen. Da sich in der Praxis für die Übernahme eines Projekts oft mehrere miteinander **konkurrierende Vorhabenträger** mit u. U. unterschiedlichen Lösungsvorschlägen bewerben, gewinnt die rechtliche Qualifizierung dieser Entscheidung zunehmend an Bedeutung. Die Meinungen reichen von einer bloßen Appellvorschrift über die Annahme einer öffentlich-rechtlichen Willenserklärung, die nicht im Wege der Anfechtungsklage (durch einen konkurrierenden Vorhabenträger) angefochten oder mit der Verpflichtungsklage erstritten werden könne, bis zur Bejahung eines Verwaltungsakts, der mit der Anfechtungsklage des konkurrierenden Projektträgers oder der Verpflichtungsklage des Erstinvestors auf Einleitung des Bebauungsplanverfahrens, nicht aber auf Erlaß des Bebauungsplans selbst zur Entscheidung des Gerichts gestellt werden könne. Schließlich wird die Ansicht vertreten, § 12 II BauGB gebe einen Anspruch auf fehlerfreie Ermessensentscheidung über die Einleitung eines vom Bebauungsplanverfahren zu trennenden Einleitungsverfahrens (zu den verschiedenen Meinungen vgl. VGH BW, DÖV 2000, 966 ff. = NVwZ 2000, 1060; *Stüer*, Handbuch, A Rn. 1172; *Krautzberger*, B/K/L, § 12 Rn. 22; *ders.*, E/Z/B, § 12 Rn. 102 ff.; *Dolderer*, UPR 2001, 41 ff. jew. m. zahlr. w. N.).

cc) Der Durchführungsvertrag und ergänzende Bestimmungen

Mit dem Durchführungsvertrag werden die Pflichten des Investors begründet. **26** Sie betreffen die Ausführung der einzelnen im Vorhaben- und Erschließungsplan angesprochenen Maßnahmen nach einem bestimmten Zeitplan (Fristen), ferner die Übernahme i. d. R. sämtlicher, ausnahmsweise auch nur eines Teils der Kosten für die Planung und die Erschließung (§ 12 I 1 BauGB). Außerdem lassen sich im Durchführungsvertrag Details zum Vorhaben- und Erschließungsplan bzw. zum vorhabenbezogenen Bebauungsplan regeln, die wegen der flexibleren Anpassungsmöglichkeiten des Vertragsrechts nicht im vorhabenbezogenen Plan als Satzung festgehalten werden. Weiter kann der Durchführungsvertrag auch nicht-städtebauliche Aspekte, etwa bauordnungsrechtliche Regelungen, zum Gegenstand haben (vgl. *Cholewa/Dyong*, BauGB, § 124 III Nr. 2 c). Als öffentlich-rechtlicher städtebaulicher Vertrag bedarf er nach § 11 III BauGB der Schriftform. Gleiches ergibt sich bereits aus der generellen Regelung des § 57 VwVfG; enthält der Durchführungsvertrag auch die Verpflichtung zur Übereignung von Grundstücken, etwa für Erschließungsanlagen (z. B. Straßen), bedarf er sogar der notariellen Beurkundung (§ 313 BGB i. V. m. § 62 VwVfG).

Durchführungsvertrag und vorhabenbezogener Bebauungsplan bedingen sich wechselseitig. Der Durchführungsvertrag muß vor dem Wirksamwerden des Bebauungsplans abgeschlossen sein (§ 12 I 1 BauGB); der letzte Zeitpunkt für den Vertragsschluß liegt also vor dem Satzungsbeschluß (§ 10 I BauGB). Die Wirksamkeit des Vertrags steht aber unter dem Vorbehalt des Inkrafttretens des

Bebauungsplans. Ist dieser fehlerhaft und nichtig, entfallen die Verpflichtungen aus dem Durchführungsvertrag. Umgekehrt verstößt der Bebauungsplan gegen die zwingende Vorschrift des § 12 I 1 BauGB und ist daher nichtig, wenn er dem Inhalt des Vertrags widerspricht und der Vertrag nicht darauf angepaßt wird.

5. Satzungen zur Sicherung planintendierter Stadtfunktionen (§§ 22, 172 BauGB)

a) Strukturelle Gemeinsamkeiten

27 Einzelne Planungsinstrumente dienen der Sicherung einzelner durch Planung oder faktische Entwicklung entstandener Stadtfunktionen. Im Unterschied zu den üblichen Planungsinstrumentarien zielen sie nicht auf eine Veränderung des Zustands in der Zukunft, sondern auf dessen Erhaltung und Bewahrung. Gleichwohl suchen sie zweckorientierte, in die Zukunft gerichtete planerische Intentionen zu verwirklichen: Sie wollen befürchtete Veränderungen verhindern und den erreichten Entwicklungsstand bewahren. Entsprechend dieser Funktion sind sie regelmäßig **zweistufig konstruiert**: Im Bebauungsplan oder durch eine sonstige Satzung werden das Gebiet sowie die Erhaltungswürdigkeit seiner Stadtfunktion festgestellt und Veränderungen unter ein präventives Verbot mit Genehmigungsvorbehalt gestellt. Für den Erlaß einer solchen Bestimmung genügt eine „mögliche", in der Terminologie des Polizeirechts „abstrakte" Gefahr für die von der Planung beabsichtigte Erhaltung der Stadtfunktion. Bei der Prüfung des Antrags auf Genehmigung eines Vorhabens ist zunächst festzustellen, ob dadurch die geschützte Stadtfunktion konkret gefährdet wird. „Die Genehmigung darf nur versagt werden", wenn dies in dem vorliegenden Fall zutrifft. Anderenfalls „muß" die Genehmigung erteilt werden. Der Antragsteller hat darauf also einen Rechtsanspruch. Das ist unbestritten. Unterschiedliche Ansichten werden vertreten für den Fall, daß durch das Vorhaben das öffentliche Interesse an der Erhaltung beeinträchtigt wird, also eine konkrete Gefährdung der Stadtfunktion anzunehmen ist. Nach der einen Auffassung

„muß" dann die Behörde den Antrag ablehnen, wenn nicht ein ausdrücklich genannter Ausnahmetatbestand zum Zuge kommt (so dezidiert etwa *Krautzberger*, B/K/L, § 22 Rn. 14; § 172 Rn. 19, 28; *Bielenberg/Stock*, E/Z/B, § 172 Rn. 50; VGH Kassel, UPR 1993, 69). Nach anderer Meinung kann die Behörde darüber nach Ermessen entscheiden (so etwa *Brügelmann/Dürr*, § 22 Rn. 21; *Henke*, DÖV 1983, 402, 405; *ders.*, Stadterhaltung als kommunale Aufgabe, 1985, S. 219ff.). Hier wird aus den nachstehenden Gründen der letzteren Ansicht gefolgt.

Die Konstruktion eines generellen Verbots mit Genehmigungsvorbehalt, **28**
wobei die Genehmigung nur versagt werden „darf", wenn bestimmte Voraussetzungen gegeben sind, findet sich in zunehmendem Maße in städtebaulichen Regelungen; Beispiele bieten die Regelungen zu den Genehmigungsvorbehalten in § 22 IV 1 BauGB (für die Begründung von Wohnungseigentum in Fremdenverkehrsgebieten), § 51 III BauGB (für Verfügungen und Veränderungen in Umlegungsgebieten), § 172 III–V BauGB (für Veränderungen in unter eine Erhaltungssatzung gestellten Gebieten), § 145 II BauGB (für Rechtsgeschäfte und Veränderungen in Sanierungsgebieten). Das Städtebaurecht hat mit dieser Konstruktion eine Vorreiterrolle für die allgemeine Ermessensdogmatik übernommen (zum Ganzen näher *Brohm*, JZ 1995, 369).

Mit der Formulierung, daß die Genehmigung „nur versagt werden darf, wenn" bestimmte, abschließend aufgezählte Tatbestände erfüllt sind, sagt das Gesetz nicht, daß die Genehmigung zu versagen „ist". Die Formulierung „darf" unterscheidet diese Bestimmung auch von einer „Soll-Vorschrift", die im Regelfall als „Muß-Regelung" zu verstehen ist und nur in atypischen Fällen eine Abweichung gestattet. Daraus folgt, daß hier der **Ermessensspielraum** bei einer Entscheidung **zugunsten des Bürgers** weiter geht. Die Behörde kann also auch beim Vorliegen einer konkreten Gefahr für die Fremdenverkehrsfunktion eine Genehmigung erteilen. Dadurch vermag sie ihre Entscheidung nach dem Grad der Gefährdung zu differenzieren. Lediglich bei einer negativen Entscheidung für den Bürger ist sie streng an die Voraussetzungen des Gesetzes, also das Vorliegen einer konkreten Gefahr, gebunden. Das ist im Hinblick auf den Gesetzesvorbehalt und den Bestimmtheitsgrundsatz für Eingriffe in den Grundrechtsbereich auch erforderlich. Für Begünstigungen bedarf es dieser strengen gesetzlichen Determination der Verwaltung nicht. Entgegen der apodiktischen Aussage: „Kein Ermessen im Grundrechtsbereich" (BVerfGE 20, 150, 157 – Sammlungsgesetz; 49, 89 – Kalkar) ist auf diese Weise ein lediglich zur Erweiterung des Freiheitsbereichs eingeräumtes Ermessen zulässig (vgl. BVerfGE 9, 137, 146ff.). Daß dieses Ermessen die Behörde nicht zur Willkür ermächtigt, ergibt sich aus den allgemeinen Ermessensschranken.

Die Rechtslage im Falle einer konkreten Gefährdung der planintendierten Stadtfunktion, in der die Behörde die Genehmigung versagen „darf“, **entspricht** damit dem Ermessen bei der Erteilung einer **Befreiung von einem repressiven Verbot**, z. B. nach § 31 II BauGB. Die Behörde hat hier zu erwägen, ob die Beeinträchtigung der geschützten Stadtfunktion angesichts der privaten Belange an der Durchführung des Vorhabens zurückstehen kann. Damit wird die Stadtplanung auf den Einzelfall des betroffenen Grundstücks angepaßt. Insofern verlagert sich die i. d. R. bereits im Bebauungsplan getroffene Festsetzung der Grundstücksnutzung auf diese zweite Stufe, die Entscheidung über den Genehmigungsantrag (vgl. *Krautzberger*, B/K/L, § 172 Rn. 29, 38). Allerdings handelt es sich hierbei um keine „planerische Abwägung“, sondern um die Ausübung administrativen Verwaltungsermessens. Im entsprechenden Umfange erfolgt die gerichtliche Kontrolle (a. A. wohl *Krautzberger*, aaO). Fehlt es in dem zu entscheidenden Falle an einer konkreten Gefährdung der planintendierten Stadtfunktion, entspricht die Rechtslage dem Genehmigungsanspruch bei einem präventiven Verbot mit Erlaubnisvorbehalt, also einer „Kontrollgenehmigung“.

b) Die Satzung zur Sicherung der Fremdenverkehrsfunktion durch Genehmigungsvorbehalt für die Begründung von Wohnungseigentum (§ 22 BauGB)

29 Der Bedarf für ein planungsrechtliches Instrument zur Sicherung der Fremdenverkehrsfunktion folgt aus der Entwicklung der Fremdenverkehrsgebiete in den letzten Jahrzehnten. Dort werden immer mehr Wohngebäude und Hotels in Eigentumswohnungen umgewandelt und von den Erwerbern als Zweit- oder Ferienwohnungen genutzt. Das hat zur Folge, daß außerhalb der Saisonzeiten die Orte zunehmend als „Geisterstädte“ erscheinen, d. h. kaum noch bevölkert sind, der Fremdenverkehr eingeschränkt wird, weil die Wohnungen oft nur für den Eigengebrauch oder einen engeren Freundeskreis genutzt werden und die Gemeinden gezwungen werden, laufend neues Bauland auszuweisen, wodurch immer mehr Land verbraucht und obendrein die Fremdenverkehrsfunktion des Ortes gestört wird.

§ 22 BauGB sieht vor, daß Gemeinden, die oder deren Teile überwiegend durch den Fremdenverkehr geprägt sind, in einem Bebauungsplan oder in einer sonstigen Satzung zur Sicherung einer entsprechenden Zweckbestimmung die Begründung oder Teilung von Wohnungseigentum in diesem Gebiet von der Erteilung einer Genehmigung abhängig machen können. In der Praxis wählen die Gemeinden meistens den Erlaß einer einfachen Satzung, um das komplizierte Verfahren zur Aufstellung eines Bebauungsplanes zu vermeiden.

Voraussetzung für die Einführung des Genehmigungsvorbehalts ist nach dem oben geschilderten zweistufigen Verfahren eine „mögliche" Beeinträchtigung der städtebaulich bedeutsamen Fremdenverkehrsfunktion (§ 22 I 3 BauGB), also gleichsam eine „abstrakte Gefahr". Ein Antrag auf Genehmigung zur Begründung von Wohnungseigentum darf dann aber nur versagt werden, wenn im konkreten Fall durch die Genehmigung die Zweckbestimmung des Gebiets für den Fremdenverkehr beeinträchtigt wird. Die Versagung hängt also davon ab, ob eine „konkrete Gefahr" für die Verkehrsfunktion durch den jeweiligen Antrag begründet wird (§ 22 IV BauGB). Das Genehmigungsverfahren ist in § 22 V BauGB durch Verweis auf das Verfahrensrecht der Teilungsgenehmigung (§ 19 III 2–5 BauGB) geregelt. Das erscheint sachgerecht, geht es doch in beiden Fällen um eine Einschränkung privatrechtlicher Rechtsgeschäfte durch das Erfordernis einer öffentlich-rechtlichen Genehmigung.

c) Die Erhaltungssatzungen nach § 172 I Nr. 1–3 BauGB

In einem der Sicherung der Fremdenverkehrsfunktion vergleich- 30
baren zweistufigen Verfahren kann die Erhaltung städtebaulicher Substanz oder Struktur angestrebt werden. Die Gemeinde legt durch Satzungsbeschluß das Erhaltungsgebiet fest. Das hat zur Folge, daß in diesem Gebiet praktisch alle baulichen Veränderungen, also „Rückbau" (in Form des bisherigen Total- und Teilabbruchs), Umbau und Nutzungsänderungen, wie auch die Errichtung von Gebäuden einer besonderen Genehmigung bedürfen. Über den Genehmigungsantrag entscheidet i. d. R. die Gemeinde bzw. die Baugenehmigungsbehörde im Einvernehmen mit der Gemeinde (§ 173 BauGB). Die Genehmigung darf im konkreten Fall nur versagt werden, wenn die beantragte Maßnahme das der Satzung zugrunde liegende Erhaltungsziel beeinträchtigt.

Das Baugesetzbuch sieht drei Erhaltungsziele vor: Die Erhaltung der städtebaulichen Eigenart des Gebiets auf Grund seiner städtebaulichen Gestalt (§ 172 I Nr. 1 BauGB), ferner die Erhaltung der Zusammensetzung der Wohnbevölkerung (§ 172 I Nr. 2 BauGB) und schließlich die städtebauliche Umstrukturierung (§ 172 I Nr. 3 BauGB).

31 **aa)** Bei der Erhaltung der städtebaulichen Eigenart auf Grund der städtebaulichen Gestalt **(„städtebaulicher Denkmalschutz" – § 172 I Nr. 1 BauGB)** „dürfen", nicht müssen (dazu oben Rn. 27f.), Anträge auf Genehmigung von Veränderungen dann versagt werden, wenn die bauliche Anlage als Bauwerk oder im Ensemble für das Ortsbild, die Stadtgestalt oder sonstwie städtebaulich, geschichtlich oder künstlerisch von Bedeutung ist. Während der herkömmliche – in die Kompetenz des Landesgesetzgebers fallende – Denkmal- und Ensembleschutz eine architekturhistorische Bedeutung des Bauwerks oder des Ensembles voraussetzt, genügt bei diesem städtebaulichen Denkmalschutz also bereits allein eine **städtebaulich prägende Bedeutung** einzelner Bauwerke, wie Fachwerkhäuser, Kirchen, Schlösser, Burgruinen, oder auch mehrere Gebäude, die zusammen das Ortsbild bestimmen. Entsprechend sind bei Anträgen auf Genehmigung die konkreten Vorhaben zu beurteilen (vgl. im einzelnen § 172 III BauGB).

32 **bb)** Eine Erhaltungssatzung kann weiter zum **„Milieuschutz" (§ 172 I Nr. 2 BauGB)**, d. h. zur Erhaltung der Zusammensetzung der Wohnbevölkerung, erlassen werden. Mit dieser Zielsetzung soll verhindert werden, daß durch kostspielige Komfort-Modernisierungen oder durch die Aufteilung in Wohnungseigentum ortsansässige einkommensschwächere Bevölkerungsgruppen aus bestimmten Stadtteilen verdrängt werden („Verdrängungsschutz"). Gegen die Umwandlung von Wohnraum in Eigentumswohnungen richtet sich insbesondere die den Landesregierungen in § 172 I 4 BauGB erteilte Ermächtigung, die Begründung von Wohneigentum im Geltungsbereich einer „Milieuschutzsatzung" durch Rechtsverordnung (maximal für 5 Jahre) genehmigungspflichtig zu machen. Dadurch sollen vor allem der Verlust preiswerten Wohnraums in Altbauten und die damit einhergehende Verdrängung der bisherigen Mieter bekämpft werden.

Über diesen Milieuschutz gehen die Belange der städtebaulichen Gestaltung allerdings leicht in sozialpolitische Ziele über. So z. B., wenn Städte eine Erhaltungssatzung für ein Gebiet erlassen, in dem die Toiletten noch weitgehend außerhalb der Wohnung liegen, weil durch eine Modernisierung die dort wohnenden, sozial schlechter gestellten Mitbürger aus diesen Wohnungen verdrängt würden und von der Sozialbehörde anderweitig untergebracht werden müßten (vgl. dazu VGH Kassel, DVBl. 1986, 693; zu weiteren Fällen: OVG Lüneburg, ZfBR 1983, 238, 240 m. Anm. Krautzberger; BVerfG, DVBl. 1987, 465; *Löhr*, NVwZ 1982, 19). Auch drohende soziale Veränderungen dürfen herangezogen werden, um Gefahren für eine geordnete städtebauliche Entwicklung zu begründen. Indessen muß letzteres ausschlaggebend bleiben.

Bei Milieuschutz-Satzungen sieht das Baugesetzbuch vor, daß eine danach erforderliche Genehmigung – aber auch eine (auf Grund einer nach § 172 I 4 BauGB erlassenen Rechtsverordnung) notwendige Genehmigung für die Umwandlung von Wohnraum in Eigentumswohnungen – im Einzelfall nur versagt werden darf, wenn die Zusammensetzung der Wohnbevölkerung **„aus**

besonderen städtebaulichen Gründen" erhalten werden soll. Sie muß aber in jedem Fall erteilt werden, „wenn auch unter Berücksichtigung des Allgemeinwohls die Erhaltung der baulichen Anlage – oder ein Absehen von der Begründung von Sondereigentum – wirtschaftlich nicht mehr zumutbar ist" (§ 172 IV BauGB). Diese Zusätze dienen dem Schutz des Grundeigentums; zugleich vermögen sie aber auch die schlimmsten Befürchtungen eines durch die Erhaltungssatzung programmierten städtebaulichen Abstiegs bestimmter Stadtteile zu mindern. Weitere spezielle Genehmigungsansprüche regelt § 172 IV 3 Nr. 1–6 BauGB. Danach ist die Genehmigung insbesondere zu erteilen, wenn bauliche Veränderungen dazu dienen, einen zeitgemäßen Ausstattungszustand einer durchschnittlichen Wohnung unter Berücksichtigung der bauordnungsrechtlichen Mindestanforderungen herzustellen.

cc) Bebauungspläne oder (einfache) Satzungen bei **„städtebaulichen Umstrukturierungen" (§ 172 I Nr. 3 BauGB)** dienen nicht der Substanzerhaltung, sondern einem sozial verträglichen Umstrukturierungsprozeß und damit einem „vorübergehenden Erhaltungsziel". Dementsprechend werden sie regelmäßig auch zeitlich befristet sein. Im Hinblick auf diese Relativierung des Erhaltungsziels darf nach § 172 V BauGB die Genehmigung von Vorhaben nur versagt werden, um einen den sozialen Belangen Rechnung tragenden Ablauf der städtebaulichen Umstrukturierung auf der Grundlage eines Sozialplans zu sichern. Für die Genehmigung kommt es also entscheidend auf den sog. „Sozialplan" an. 33

6. Der Sozialplan (§ 180 BauGB)

Die Pflicht der Gemeinde, dem Bebauungsplan eine Begründung anzufügen (§ 9 VIII BauGB) betrifft herkömmlich im wesentlichen die eigentumsrechtlichen und wirtschaftlichen Belange der Planung und der Plandurchführung. Die sozialen Belange werden darüber allzu leicht vergessen. Deshalb bestimmt § 180 BauGB, daß die Gemeinde in bestimmten Fällen diese sozialen Belange besonders zu erörtern und Abhilfen in einem speziellen „Sozialplan" darzustellen hat. Das gilt vor allem für diejenigen, die nicht zur Gruppe der Eigentümer gehören, sondern etwa als Mieter von der Bauleitplanung betroffen sind. Ihre Belange sind allerdings bereits bei der Aufstellung des Planes im Rahmen der Abwägung (§ 1 VI BauGB) mitzuberücksichtigen. Zur Sozialplanung kommt es daher erst dann, wenn diese im Plan nicht oder nicht voll berücksichtigt werden konnten. Daher dient der Sozialplan der Sache nach weniger der Begründung für die im Bebauungsplan getroffenen Maßnahmen als vielmehr dem Ausgleich unvermeidbarer Härten. Insofern hat ihn das BauGB jetzt zu Recht nicht bei 34 der Begründungspflicht für den Bebauungsplan, sondern in einem besonderen Teil über den Härteausgleich verankert. Das ändert jedoch nichts an der Funktion des Sozialplans. Er soll lediglich die Gemeinde zwingen, sich Gedanken über die sozialen Folgen ihrer Planung zu machen, nicht aber dem jeweils Betroffenen einen Rechtsanspruch geben. Der Sozialplan stellt also im wesentlichen nur eine verwaltungsinterne unverbindliche Planung und eine erweiterte, intensivere Begründung des Bebauungsplanes dar.

Literatur: *Dolde/Keinath,* Städtebauliche Entwicklungsplanung, 1981; *Löhr,* Wohnungsmodernisierung, Stadterneuerung und „Milieuschutz", NVwZ 1982, 19; *Henke,* Stadterhaltung durch Erhaltungssatzung nach § 35h BBauG, DÖV 1983, 402; *Schmidt-Aßmann/Krebs,* Rechtsfragen städtebaulicher Verträge, Schriftenreihe des Bundesministers für Raumordnung, Bauwesen u. Städtebau, 1984, 149; *Ebsen,* Der Bauplanungsgarantievertrag – ein neues Mittel vertraglicher Bindung der Gemeinde bei der Bauleitplanung?, JZ 1985, 57; *Henke,* Stadterhaltung als kommunale Aufgabe, 1985, S. 219; *Robbers,* Der Grundrechtsverzicht – zum Grundsatz „volenti non fit iniuria" im Verfassungsrecht, JuS 1985, 925; *Krautzberger,* Städtebauliche Rahmenplanung, Bericht über die Arbeitstagung eines Expertenkreises, BBauBl 1986, 210; *Dolde/Uechtritz,* Ersatzansprüche aus Bauplanungsabreden, DVBl. 1987, 446; *Rengeling,* Das Kooperationsprinzip im Umweltrecht, 1988; *Schmidt-Aßmann,* Verwaltungsverträge im Städtebaurecht, FS Gelzer, 1991, S. 122; *Jäde,* Neue Aspekte städtebaulicher Verträge, BayVBl 1992, 549; *Söfker,* Der Vorhaben- und Erschließungsplan – Eine vergleichende Betrachtung und Erläuterung einzelner Regelungsbereiche, ZfBR 1992, 149; *Pietzcker,* Der Vorhaben- und Erschließungsplan nach § 55 BauZVO, DVBl. 1992, 658; *Burmeister,* Verträge und Absprachen zwischen der Verwaltung und Privaten, VVDStRL 52 (1993), S. 190; *Krautzberger,* Public Private Partnership – Kooperationsmodelle aus städtebaulicher Sicht, Städte- und Gemeinderat, 1993, 44; *Jäde,* Vorhaben- und Erschließungsplan 1993; *Pietzcker,* Der Vorhaben- und Erschließungsplan 1993; *Birk,* Die neuen städtebaulichen Verträge nach dem BauGB und BauGB-MaßnG seit dem 1. 5. 1993 unter besonderer Berücksichtigung der Rechtslage in Baden-Württemberg, VBlBW 1993, 457 (Teil 1); VBlBW 1994, 3 (Teil 2); VBlBW 1994, 88 (Teil 3); *Busse,* Kooperatives Recht im Bauplanungsrecht, BayVBl 1994, 353; *May,* Erhaltung der Zusammensetzung der Wohnbevölkerung in Sanierungsgebieten, DÖV 1994, 862; *Brohm,* Ermessen und Beurteilungsspielraum im Grundrechtsbereich, JZ 1995, 369; *Birk,* Verträge als Möglichkeit der Problembewältigung in der Bebauungsplan-Abwägung, in: FS Schlichter, Planung und Plankontrolle, 1995, S. 113; *Birk,* Der Vorhaben- und Erschließungsplan, NVwZ 1995, 665; *Hien,* Bemerkungen zum städtebaulichen Vertrag, in: FS Schlichter, Planung und Plankontrolle, 1995, S. 129; *Stemmler,* Der Durchführungsvertrag zum Vorhaben- und Erschließungsplan, BBauBl 1995, 665; *Stüer,* Der Städtebauliche Vertrag, DVBl. 1995, 649;

Bielenberg, Aufstellung eines Vorhaben- und Erschließungsplans (VE-Plans) – Hinweise für die Praxis, ZfBR 1996, 6; *Looman*, „Ausverkauf von Hoheitsrechten" in Verträgen zwischen Bauherren und Gebietskörperschaften, NJW 1996, 1439; *Maurer/Bartscher*, Die Praxis des Verwaltungsvertrags im Spiegel der Rechtsprechung, 1997; *Brohm*, Städtebauliche Verträge zwischen Privat- und öffentlichem Recht, zugleich ein Beitrag zu den „Einheimischen Modellen", JZ 2000, 321; *Dolderer*, Die Einleitung des vorhabenbezogenen Bebauungsplanverfahrens: Rechtsgrundsätze und Rechtsschutz, UPR 2001, 41.

§ 8. Besonderheiten des Bebauungsplans als Rechtsnorm

Übersicht

1. Die zentrale Funktion des Bebauungsplans im System der Raumplanung

Der Bebauungsplan bildet mit seiner allgemeinen rechtlichen 1 Verbindlichkeit den **Angelpunkt** für das ganze **System der räumlichen Planung**. Mit Ausnahme der förmlichen, verbindlichen Fachplanungen durch Planfeststellung bzw. Plangenehmigung oder durch Gebietsfestlegungen im Verordnungswege besitzen die überörtlichen Planungen keine Verbindlichkeit gegenüber dem Bürger. Sie richten sich in einer vertikalen Stufung prinzipiell nur an die jeweils „nachfolgenden" Planungsinstanzen und haben allenfalls, ähnlich wie der Flächennutzungsplan, für einzelne Fälle eine mittelbare Außenwirkung.

2 So bestimmt z. B. § 35 III 2 BauGB, daß raumbedeutsame Außenbereichsvorhaben, also Vorhaben außerhalb des räumlichen Geltungsbereichs eines (qualifizierten) Bebauungsplans (§ 30 I u. II BauGB) und eines im Zusammenhang bebauten unbeplanten Ortsteils (§ 34 BauGB), den „Zielen der Raumordnung" nicht widersprechen dürfen. Voraussetzung für diese Anforderung ist, daß die Ziele, etwa durch Ausweisung in einem Regionalplan, hinreichend konkretisiert sind.

Die Verwirklichung und weitere Konkretisierung überörtlicher Planungen durch die nachfolgenden Planungsträger und schließlich durch die Gemeinden im Bebauungsplan wird durch verfahrensrechtliche, organisatorische und materiell-rechtliche Regelungen gesichert. Verfahrensrechtliche und organisationsrechtliche Koordinationsmechanismen gewähren den Gemeinden Mitwirkungsrechte an den überörtlichen Planungen, die sich von der Anhörung bis zur Mitarbeit in den regionalen Organisationen steigern können (vgl. §§ 7 V, 9 IV ROG), und sichern so die Bejahung und den engagierten Vollzug der Pläne. Umgekehrt haben die Gemeinden bei der Aufstellung eines Bauleitplans, also eines Flächennutzungsplans und erst recht eines Bebauungsplans, die Träger öffentlicher Belange, insbesondere andere Planungsinstanzen, daran zu beteiligen (§§ 4, 4 a BauGB). Materiell-rechtlich wird der Vollzug gesichert durch sogenannte Raumordnungsklauseln in den verschiedenen Gesetzen (z. B. § 4 I ROG) und allgemein durch die Anpassungspflicht der Gemeinde an die Ziele der Raumordnung und Landesplanung gemäß § 1 IV BauGB.

3 Die Pflicht der Gemeinde, die einzelnen überörtlichen Planaussagen durch die Bauleitplanung, insbesondere den Bebauungsplan, rechtlich verbindlich zu machen, schränkt die gemeindliche Planungsfreiheit ein. Im übrigen bestimmt jedoch die Gemeinde die Konzeption der städtebaulichen Entwicklung und Ordnung. In der Verfolgung beider Aufgaben legt der Bebauungsplan die Nutzung eines jeden einzelnen Grundstücks in seinem Planbereich fest. Damit wird er auch für den **Bürger** zur **zentralen Planungskategorie**. Für den aktiven Bürger steht die Mitwirkung an der Stadtgestaltung im Vordergrund des Interesses; darauf wird im Rahmen der Aufstellung des Bebauungsplans einzugehen sein. Für den einzelnen Planbetroffenen geht es u. U. ebenso vital um die Frage der Reichweite und Rechtsbeständigkeit des verbindlichen Bebauungsplans sowie um eventuelle Rechtsschutzmöglichkeiten dagegen. Diese Rechtsfragen stehen im folgenden im Mittelpunkt der Betrachtung.

2. Rechtliche Qualifizierung des Bebauungsplans

a) Die positivrechtliche Einordnung als Satzung

Im allgemeinen werden die rechtlichen Wirkungen einer Regelung und auch die Rechtsschutzmöglichkeiten des einzelnen dagegen aus der Rechtsnatur des Hoheitsaktes abgeleitet. Dabei kennt das überkommene Rechtssystem im wesentlichen **zwei zentrale Handlungsformen**: die Rechtsnorm und den Verwaltungsakt. 4

Rechtsnormen enthalten generell-abstrakte Regelungen, sind unmittelbar verbindlich und bei Fehlerhaftigkeit nichtig und unwirksam; gegen Rechtsnormen im Range unter dem förmlichen Gesetz gibt es die Möglichkeit eines Normenkontrollverfahrens vor dem jeweiligen Oberverwaltungsgericht (Verwaltungsgerichtshof), sofern das betreffende Landesrecht ein solches Verfahren vorsieht (§ 47 I Nr. 2 VwGO; dazu § 4 AGVwGO BW). **Verwaltungsakte** sind unmittelbar verbindliche, konkret-individuelle Anordnungen, die bei Fehlerhaftigkeit i. d. R. nicht unwirksam, sondern nur anfechtbar sind, so daß sie bis zu ihrer Aufhebung befolgt werden müssen (§§ 43 II, 44–46, 48 VwVfG). Als Akte der Verwaltung sind sie an die Rechtsnormen gebunden (Vorrang des Gesetzes) und bedürfen vielfach sogar einer gesetzlichen Grundlage (Vorbehalt des Gesetzes).

Die **Einordnung des Bebauungsplans** in die Handlungsformen der Rechtsnorm oder des Verwaltungsakts bereitet erhebliche Schwierigkeiten. Die überkommene rechtsstaatliche Formentypik ist von der staatspolitischen Konzeption des Liberalismus geprägt. Dieser genügten die Handlungsformen der generell-abstrakten Norm als Ordnung für das freie Spiel der Kräfte und des Verwaltungsaktes als Vollzugsakt zur Durchsetzung dieser Ordnung im Einzelfall gegenüber Abweichlern. In diesen beiden Kategorien läßt sich der rechtsverbindliche Plan nach den herkömmlichen Kriterien und nach den Rechtswirkungen nicht eindeutig und sachgerecht einordnen. Daher wurde er z. T. schon als Verwaltungsakt (z. B. VGH Stuttgart, DÖV 1954, 663, 664; ähnlich *Niehues*, DVBl. 1982, 317, 321), teilweise als Rechtsnorm (so schon das PrOVG, z. B. PrOVGE 25, 387, 390) und teilweise auch als aliud (so *Forsthoff*, VerwR I, 310) qualifiziert.

Berücksichtigt man, daß der Bebauungsplan für jedes einzelne Grundstück die Bodennutzung speziell festlegt, kann man ihn als Summe einzelner Verwaltungsakte charakterisieren. Seine Wirkung gegenüber allen gegenwärtig und zukünftig Verfügungsberechtigten am Grundstück läßt sich mit der Wirkung dinglicher Verwaltungsakte erklären, wie sie etwa in § 35 S. 2, 2. Alt. VwVfG für die Widmung öffentlicher Sachen im Gemeingebrauch anerkannt ist. Sieht man dagegen, daß der Bebauungsplan eine über das konkrete Einzelgrundstück hinausgreifende, allgemein gültige städtebauliche Ordnung schafft, die für jedermann Verbindlichkeit beansprucht, liegt die Annahme einer Rechtsnorm nahe. Insofern läßt sich der Bebauungsplan sowohl als eine Summe von Verwaltungsakten als auch als Rechtsnorm qualifizieren.

5 Seit dem Bundesbaugesetz von 1960 ist gesetzlich festgelegt, daß der **Bebauungsplan „als Satzung"** beschlossen wird (vgl. § 10 I BauGB). Seine Rechtskontrolle ermöglicht § 47 I Nr. 1 VwGO (bundeseinheitlich) durch gerichtliche Normenkontrolle. Der Umfang der gerichtlichen Kontrolle ist allerdings dadurch eingeschränkt, daß vor allem zahlreiche Verfahrensfehler und auch materielle Fehler für die Rechtswirksamkeit des Bebauungsplans als unbeachtlich erklärt wurden (§§ 214, 215 BauGB) und zu beachtende Fehler, die durch ein ergänzendes Verfahren behoben werden können, nicht zur Nichtigkeit der Satzung führen (§ 215a I BauGB).

Die gesetzliche Zuordnung des Bebauungsplans zu den gemeindlichen Satzungen, also zu den Rechtsnormen, ist verfassungsrechtlich nicht zu beanstanden. Da der Bebauungsplan sich nach den herkömmlichen dogmatischen Kriterien sowohl als Verwaltungsakt wie auch als Rechtsnorm qualifizieren läßt, muß es dem Gesetzgeber zustehen, über seine Zuordnung zu entscheiden. Davon ist jedenfalls solange auszugehen, als dadurch nicht wesentliche Gewährleistungen der Verfassung, wie etwa die Rechtsschutzgarantie in Art. 19 IV GG, wirkungslos werden. Das Vorliegen dieser Voraussetzung kann jedenfalls angesichts der Möglichkeit einer gerichtlichen Normenkontrolle und der Anerkennung eines Rechtsschutzbedürfnisses, bereits gegen den Bebauungsplan und nicht erst gegen seinen Vollzug vorgehen zu können (BVerwGE 50, 114, 119; BVerfGE 70, 35, 50ff.), nicht bezweifelt werden.

b) Die strukturelle Eigenart des Bebauungsplans

6 Mit der erwähnten Regelung in § 10 I BauGB, daß die Gemeinde den Bebauungsplan „als Satzung" beschließt, wird unmittelbar lediglich eine positiv-rechtliche Festlegung für das Aufstellungsverfahren und den Rechtsschutz bei Bebauungsplänen getroffen. Eine darüber hinausgehende allgemein-gültige rechtliche Qualifizierung, mit der sich zahlreiche weitere dogmatische Aussa-

gen, etwa über die Bestandskraft, die Fehlerfolgen und die unmittelbaren Rechtswirkungen des Bebauungsplans verbinden, ist damit jedoch nicht erfolgt. Ob auch in dieser Hinsicht der Bebauungsplan einer Rechtsnorm gleichgestellt werden kann, ist zweifelhaft.

(1) Der Bebauungsplan stellt zwar eine allgemeine, verbindliche Ordnung für einen ganzen Stadtbereich auf. Die Festlegung der einzelnen Grundstücksnutzungen ist jedoch i. d. R. so konkret, daß der spätere Vollzug bereits im Plan inhaltlich festgelegt ist und daher ein eigenständiger Subsumtionsakt weithin entfällt. Insofern ist der Bebauungsplan **„Vollzugsnorm"**. Anders als eine Rechtsnorm trifft er seine Regelungen nicht abstrahiert von der konkreten Sachlage eines Einzelfalles, sondern gerade umgekehrt „konkret-individuell im Angesicht der konkreten Sachlage". Er muß sie sogar im Hinblick auf die konkreten Gegebenheiten im Einzelfall treffen, anderenfalls wäre das Abwägungsgebot verletzt (BVerwGE 50, 114, 119 ff.). Auch läßt sich nur so die vage gesetzliche Ermächtigung an die Gemeinde verfassungsrechtlich rechtfertigen (vgl. §§ 2 I, 1 III, V BauGB; *Dolderer*, 1995, S. 185 ff.). Diese nennt in der Form eines Inhaltprogramms lediglich verschiedene, oft sich sogar gegenseitig ausschließende Ziele (§ 1 V BauGB) und einzelne Mittel zur Zielerreichung (§ 9 BauGB), überläßt es aber der Verwaltung, den Weg zum Ziel zu bestimmen (dazu bereits *Brohm*, VVDStRL 30 (1972), 245, 259 ff.; *Oberndorfer*, Die Verw. 1972, 257; *Hoppe*, DVBl. 1974, 641 ff.).

Diese weitgehende inhaltliche Koinzidenz von allgemeiner Ordnung und konkretem Vollzug wurde in der Literatur bereits früh herausgearbeitet und mit dem Begriff der Vollzugsnorm charakterisiert (*Brohm*, Rechtsschutz im Bauplanungsrecht, 1959, S. 61; *Bartlsperger*, DVBl. 1967, 360, 368 ff.; *Scholz*, VVDStRL 34 (1976), 145, 193, 196; *W. Schrödter*, in: Schrödter, BauGB, § 8 Rn. 5 (ebenso auch in den Vorauflagen); entsprechend *Hoppe*, E/H, Rn. 281; *ders.*, H/G, § 5 Rn. 16; das Bundesverwaltungsgericht hat diese Qualifizierung zunächst zurückgewiesen (BVerwGE 11, 14, 17; vgl. auch BVerwG, DÖV 1965, 169), dann aber eine weitgehend entsprechende Charakterisierung vorgenommen (BVerwGE 50, 114, 119 f.; vgl. jetzt auch BVerfGE 70, 35, 50 ff.).

Wegen dieser **Mischung** von Elementen des Rechtssatzes und des Einzelaktes ist bei Bebauungsplänen an Hand der konkreten Fragestellung zu ermitteln, ob die jeweiligen Voraussetzungen und

Rechtswirkungen sachgerechter denjenigen des Verwaltungsaktes oder der Rechtsnorm zu entnehmen sind. Insofern ergeben sich für den Bebauungsplan als „Satzung" **zahlreiche Sonderregeln**.

7 (2) Eine weitere grundlegende Besonderheit kommt hinzu. Sie besteht in den rechtlichen Wirkungen, die der Bebauungsplan für die jeweilige Grundstücksnutzung entfaltet. Im Unterschied zu den üblichen Rechtswirkungen von Rechtsnormen ist er weniger auf sofortige Befolgung als auf zukünftige Verwirklichung angelegt. Er stellt, m. a. W., eine Ordnung auf, die erst nach und nach zu verwirklichen ist und auf diese Weise in der Zukunft angestrebt wird. Insofern begründet der Bebauungsplan keine „aktiven Handlungspflichten", sondern stellt nur die Grundlage für weitere Maßnahmen dar (§ 8 I 2 BauGB). Das legt es nahe, ihn auch als **Prozeßnorm** oder verbindliches **Aktionsprogramm** zu begreifen.

3. Sonderregeln für den Bebauungsplan

8 Aus der strukturellen Eigenart des Bebauungsplans als **Vollzugsnorm** ergeben sich folgende Sonderregeln: Das Gebot konkreter Planung, die Möglichkeit der Amtshaftung für fehlerhafte Bebauungspläne, in einem gewissen Sinne auch die Vorrangigkeit der Planfeststellungsbeschlüsse und die Rechtsbeständigkeit der Bebauungspläne. Aus seiner Struktur als Prozeßnorm oder verbindliches **Aktionsprogramm** folgt seine Implementationsbedürftigkeit, das Fehlen einer Verwirklichungspflicht und die Reduktion der Planwirkung auf eine „Stop-Funktion"; schließlich läßt sich damit auch ein Bestandsschutz, das Fehlen eines Planverwirklichungsanspruchs und das Außerkrafttreten des Bebauungsplans wegen Funktionslosigkeit herleiten.

a) Das Gebot konkreter Planung

9 Abweichend von der klassischen Rechtsnorm, die begrifflich eine generell-abstrakte Regelung darstellt, also von den Besonderheiten des Einzelfalles abstrahiert, unterliegt der Bebauungsplan als Vollzugsnorm dem „Gebot konkreter Planung". Dieses besagt, daß der Bebauungsplan **„im Angesicht der konkreten Sachlage"**

(BVerwGE 50, 114, 119ff.) für das einzelne Grundstück konkret die bauliche oder sonstige Nutzung festlegen muß. Festsetzungen, die den Charakter von generell-abstrakten Vorschriften haben, also den Anforderungen an eine Rechtsnorm genügen, bedürfen daher beim Bebauungsplan einer zusätzlichen Rechtfertigung (dazu auch *Dolderer*, 1995, 185ff., 191ff.).

So z.B. wenn eine Stadt in einem Bebauungsplan festsetzt, daß auf den nicht überbaubaren Grundstücksflächen auf je 150 qm ein Baum zu pflanzen ist. Das BVerwG (BVerwGE 50, 114) hielt eine solche Regelung der Stadt Frankfurt für rechtswidrig und daher für nichtig; es fehle eine Bezogenheit auf die konkrete Sachlage, der auch das Abwägungsgebot und das Erforderlichkeitsprinzip zugeordnet seien.

b) Amtshaftung für Planungsfehler (insbesondere bei Altlasten)

Im allgemeinen wird eine Haftung wegen Amtspflichtverletzung **10**
im Bereich der Rechtsetzung (sog. **legislatives Unrecht**) abgelehnt. Zwar nehmen die rechtsetzenden Organe ein „öffentliches Amt" i.S.v. Art. 34 GG/§ 839 BGB wahr, die Mitglieder dieser Gremien sind also „Beamte" im haftungsrechtlichen Sinne. Indessen scheitert nach Ansicht der Rechtsprechung und eines großen Teils der Literatur ein Anspruch wegen Amtspflichtverletzung regelmäßig an der fehlenden Drittrichtung der Amtspflicht. Für die Drittbezogenheit der Amtspflicht genügt es nach zutreffender Ansicht nicht, daß gegen irgendwelche subjektiven Rechte, etwa die Grundrechte, verstoßen wurde, vielmehr muß auch der Kreis der geschützten Personen individualisierbar sein, sich also von der Allgemeinheit abheben. Daran fehlt es regelmäßig bei Rechtsnormen angesichts ihrer generell-abstrakten Regelung. Bei Bebauungsplänen dagegen ist die Möglichkeit einer Verletzung drittgerichteter Amtspflichten im Hinblick auf die konkrete Grundstücksbezogenheit der Festsetzungen und die damit gegebene Einengung des Kreises der Betroffenen sowie die Individualisierung der Rechtsadressaten inzwischen anerkannt (BGHZ 84, 292, 300; grundlegend BGH, JZ 1989, 1122 m. zust. Anm. Ossenbühl; BGH, DVBl. 1999, 609).

11 Die Frage wird besonders aktuell bei den sog. **Altlasten**, insbesondere bei der Ausweisung von Baugebieten auf Flächen, die durch eine frühere Nutzung kontaminiert und dadurch schädlicher Gasbildung ausgesetzt oder bei früherem Bergbau von Geländeeinbrüchen bedroht sind. Bestehen dadurch Gefahren für die Gesundheit und Sicherheit der Wohn- und Arbeitsbevölkerung, ist die in § 839 BGB/Art. 34 GG vorausgesetzte drittgerichtete Amtspflicht der entsprechenden Planungsleitlinie in § 1 V 2 Nr. 1 BauGB verletzt. Für die Frage des Verschuldens trifft die Ratsmitglieder die gleiche Sorgfaltspflicht wie die mit der Planung befaßten Bediensteten der Gemeinde. Soweit ihnen die erforderliche Sachkunde fehlt, müssen sie sich diese bei bekannten Altlasten von Fachbehörden oder außerhalb der Verwaltung stehenden Sachverständigen beschaffen. Lassen sich die Gefahren durch besondere bauliche Vorkehrungen beheben, kann die Gemeinde ihrer Sorgfaltspflicht durch die in § 9 V BauGB vorgesehene Kennzeichnung nachkommen (vgl. dazu BGH, NJW 1990, 381 und JZ 1991, 922; Rspr.-Übersicht bei *Gaentzsch*, Berl. Komm. § 9 Rn. 79; ferner *Schlichter*, DVBl. 2001, 409ff.).

c) Planfeststellungen als vorrangige Verwaltungsakte

12 Abweichend von der traditionellen Vorstellung über das Verhältnis von Rechtsnormen zu Verwaltungsakten können Planfeststellungsbeschlüsse (und die daneben eingeführten Verfahren und Entscheidungen mit gleichen Rechtswirkungen – vgl. oben § 2 Rn. 3ff.) als Verwaltungsakte dem Bebauungsplan als Rechtsnorm vorgehen. So erfolgt z. B. die Festsetzung von Bundesstraßen auch innerhalb des Gemeindegebietes nach dem Fernstraßengesetz durch Planfeststellungsbeschluß oder Plangenehmigung. Dieser Verwaltungsakt geht dann nach § 38 BauGB den gemeindlichen Festsetzungen im Bebauungsplan grundsätzlich vor (zu Ausnahmen unten § 12 Rn. 26).

d) Rechtsbeständigkeit des Bebauungsplans

13 Im Unterschied zu den Verwaltungsakten (vgl. §§ 44–46 VwVfG; §§ 70, 74, 58 II VwGO) sind rechtswidrige Rechtsnormen grundsätzlich nichtig; ihre Nichtigkeit kann auch vor Gericht unbefristet geltend gemacht werden. Für einen Bebauungsplan, der in der Zwischenzeit schon hinsichtlich zahlreicher Festlegungen verwirklicht wurde, wäre eine solche Konsequenz außerordentlich problematisch. Die §§ 214, 215, 215a BauGB geben ihm daher eine Rechtsbeständigkeit, die derjenigen von **Verwaltungsakten nahe-**

kommt (Einzelheiten s. unten § 16 Rn. 8ff.). Ferner ist ein selbständiges Normenkontrollverfahren nach § 47 I Nr. 1, II VwGO nur innerhalb einer Frist von zwei Jahren nach Bekanntmachung der Satzung zulässig; eine Inzident-Kontrolle bleibt allerdings unbefristet möglich. Insofern kommt den §§ 214ff. BauBG weit größere Bedeutung für die Rechtsbeständigkeit des Bebauungsplanes zu.

So können Verstöße gegen bestimmte Verfahrens- und Formvorschriften nur noch von der staatlichen Aufsichtsbehörde beanstandet werden (§ 216 BauGB), sind aber für eine gerichtliche Kontrolle von vornherein unbeachtlich (§ 214 BauGB). Die Verletzung der übrigen Verfahrens- und Formvorschriften kann nur innerhalb eines Jahres gerügt werden (§ 215 I 1 BauGB); insofern erreichen hier die Bebauungspläne die gleiche Rechtsbeständigkeit wie Verwaltungsakte, denen keine Rechtsmittelbelehrung beigefügt wurde (§ 58 II VwGO). Selbst materielle Mängel der Abwägung werden – wenn sie gemäß § 214 III BauGB überhaupt erheblich sind – nach Ablauf einer siebenjährigen Rügefrist unbeachtlich (§ 215 I Nr. 2 BauGB). Und beachtliche Fehler, die durch ein ergänzendes Verfahren behoben werden können, bedingen nicht die Nichtigkeit der Satzung, sondern nur deren schwebende Unwirksamkeit (§ 215a BauGB). Das gilt selbst für schwerwiegende und offenkundige Fehler, die sogar bei Verwaltungsakten (§ 44 I VwVfG) zur Nichtigkeit führen.

e) Implementationsbedürftigkeit (Planverwirklichungsbedürftigkeit)

Da der Bebauungsplan als Prozeßnorm bzw. **Aktionsprogramm** auf einen zukünftigen Zustand gerichtet ist, also auf eine bestimmte Ordnung hinlenken und diese dann aufrechterhalten soll, besitzt er keine unvermittelte Sofortwirkung, geschweige denn eine Selbstvollzugswirkung, d.h. er begründet grundsätzlich keine aktiven Handlungspflichten und ersetzt schon gar nicht hoheitliche Vollzugsakte; vielmehr muß er erst noch durch zahlreiche (u.U. aufeinander abgestimmte) Durchführungsmaßnahmen verwirklicht werden („Implementationsbedürftigkeit" oder „Verwirklichungsbedürftigkeit"). Im Unterschied zu Rechtsnormen, die als Verhaltensvorschriften mit ihrem Erlaß den Bürger zu einem bestimmten Verhalten verpflichten, entfalten die Festlegungen in einem Bebauungsplan erst durch spezielle Umsetzungsakte ihre Wirkung. Der Bebauungsplan bildet somit nur die rechtliche Grundlage für diese Maßnahmen (§ 8 I 2 BauGB). 14

So wird der Bebauungsplan z.B. hinsichtlich einer Baugebietsfestlegung durch Erteilung der Baugenehmigung und die Durchführung des Bauwerks durch den Bauherrn verwirklicht; und die Ausweisung einer Fußgängerzone bedarf erst noch der Umsetzung durch eine entsprechende Umwidmung der Straße seitens der zuständigen Behörde. Weitere Akte der Planverwirklichung sind etwa die Ausübung des Vorkaufsrechts (§ 24 BauGB), die Planverwirklichungsgebote, wie Baugebot oder Modernisierungsgebot (§§ 175ff. BauGB), die Umlegung (§§ 45ff. BauGB), die Enteignung (§§ 85ff. BauGB) oder die Erschließung, also z.B. die Herstellung von Straßen (§§ 125ff. BauGB).

f) Keine Planverwirklichungspflicht

15 Der Implementationsbedürftigkeit des Bebauungsplans entspricht auf Seiten des Bürgers das Fehlen einer Pflicht zur Planverwirklichung. Die Verbindlichkeit des Bebauungsplans wird erst aktualisiert, wenn der Grundstücksberechtigte eine (meist genehmigungs- oder anzeigepflichtige) Tätigkeit aufnimmt, also z.B. einen Bau errichten oder ein Gebäude umbauen will. Dies folgt aus den §§ 8 I 2, 29, 175ff. BauGB, läßt sich aber auch allgemein aus dem Verhältnismäßigkeitsprinzip folgern, wonach die Eigentumsfreiheit nicht mehr als erforderlich eingeschränkt werden darf.

g) Rahmensetzung mit Stop-Funktion

16 Als ein auf Kooperation zwischen Staat (Gemeinde) und Bürger angelegtes Aktionsprogramm dient der Bebauungsplan im Zweifel dem Funktionsprinzip der Auffangplanung. Er setzt privaten Investoren nur einen Rahmen, innerhalb dessen sie frei disponieren können. Anders würde die Baufreiheit unverhältnismäßig eingeschränkt. Kommt der Bebauungsplan zur Anwendung, muß das Vorhaben daher nicht völlig seinen Festsetzungen entsprechen, es darf ihm nur nicht „widersprechen“ (vgl. § 30 I, II BauGB).

So kann der Grundstückseigentümer bei einer im Bebauungsplan ausgewiesenen viergeschossigen Wohnbebauung, sofern sie nicht ausdrücklich zwingend festgesetzt ist (vgl. § 16 IV BauNVO), auch nur ein zweigeschossiges Wohnhaus errichten. Unzulässig sind Vorhaben erst bei einer ausgesprochenen Planwidrigkeit (dazu noch unten § 19 Rn. 2).

Entsprechendes gilt für die wenigen „sonstigen Nutzungen“, für deren Zulässigkeit der Bebauungsplan nach § 30 BauGB nicht maßgeblich ist, weil sie keine „Vorhaben“ i.S.d. § 29 BauGB darstellen. Als Satzung besitzt der Bebauungsplan auch hierfür rechtliche Verbindlichkeit; als Aktionsprogramm untersagt er jedoch nur solche Nutzungen, die seine Verwirklichung in der Zukunft „verhindern oder wesentlich erschweren" oder gegenwärtig dem festgesetzten Gebietscharakter **„wahrhaft zuwider"** sind („Ausschlußwirkung" oder **„Stop-Funktion"** des Bebauungsplans).

Kommt der Bebauungsplan nach § 29 BauGB für die Zulässigkeit von Vorhaben nicht zur Anwendung, bleibt er in seiner Stop-Funktion doch wirksam; denn als Satzung bedarf er keiner besonderen Geltungsvermittlung, sondern wirkt aus sich selbst heraus als verbindliches Recht (BVerwGE 25, 243, 251). Daraus kann jedoch nicht gefolgert werden, daß alles vom Bebauungsplan nicht zugelassene ausgeschlossen wäre (BVerwGE 42, 30, 35); sonst bestünde – in unverhältnismäßiger Einschränkung der Baufreiheit – eine Pflicht zur exakten Planverwirklichung ausgerechnet bei den unbedeutenderen und daher von § 29 BauGB nicht erfaßten Vorhaben. Diese „sonstigen Nutzungen" sind daher wie alle anderen auch nur dann unzulässig, wenn sie geradezu „planwidrig" sind, d. h. die vom Plan angestrebte städtebauliche Ordnung verhindern, wesentlich erschweren oder eine entsprechende bereits vorhandene Situation bedeutend verschlechtern, so daß der Bebauungsplan in seiner Ausschlußwirkung oder Stop-Funktion zur Geltung kommt. Mit dieser Begründung wurde in BVerwGE 42, 30, 34 ff. ein Gebrauchtwagenhandel auf einer Baulücke im Wohngebiet zugelassen (vgl. ferner BVerwG DVBl. 1979, 149 und unten § 19 Rn. 2; dazu auch *Brohm*, Verkehrsberuhigung, 1985, S. 74 f., 86 f.; *Zinkahn*, E/Z/B, § 29 Rn. 52).

h) Bestandsschutz

Das Fehlen einer Verwirklichungspflicht auf seiten des Bürgers **17**
gibt diesem bereits einen gewissen Bestandsschutz: Nach § 29 BauGB sind die jeweils geltenden bauplanungsrechtlichen Regelungen nur auf die dort genannten Vorhaben anzuwenden, also auf die Errichtung, Änderung oder Nutzungsänderung von baulichen Anlagen sowie auf Ausschüttungen oder Abgrabungen größeren Umfangs, Ausschachtungen und Ablagerungen. Dem Eigentümer bleibt es somit erlaubt, nicht nur die bisherige rechtmäßige Nutzung, die den neuen Festsetzungen des Bebauungsplans widerspricht, in dem bislang zulässigen Umfange fortzuführen, sondern auch Reparaturen, also Maßnahmen zur Instandhaltung der baulichen Anlage und zur Aufrechterhaltung der bisherigen Nutzung,

vorzunehmen. Voraussetzung ist allein, daß die Identität der baulichen Anlage erhalten bleibt, also keine „Änderung" vorgenommen wird. Selbst Modernisierungen sind in diesen Grenzen zulässig.

Im Hinblick auf neue bauordnungsrechtliche Regelungen sehen die Landesbauordnungen i. a. einen entsprechenden Bestandsschutz vor. So sind z. B. nach § 76 I LBO BW rechtmäßig bestehende oder nach genehmigten Bauvorlagen bereits begonnene Anlagen den neuen Rechtsvorschriften nur anzupassen, wenn Leben oder Gesundheit bedroht sind. Konsequent können Abbruchverfügungen zur Durchsetzung des Bauplanungs- oder Bauordnungsrechts nur erlassen werden, wenn die Anlage im Widerspruch zu öffentlich-rechtlichen Vorschriften „errichtet" wurde (vgl. § 65 LBO BW).

Die Reichweite dieses gesetzlich gewährleisteten Bestandsschutzes ist nicht in allen Fällen eindeutig. Die Rechtsprechung der Verwaltungsgerichte hatte daher ein ganzes System von Bestandsschutzregeln direkt aus Art. 14 I GG als verfassungsrechtlich gewährleisteten Eigentumsschutz entwickelt. Davon mußte sie sich auf Grund der vom Bundesverfassungsgericht seit der Naßauskiesungsentscheidung (BVerfGE 58, 300) immer wieder vertretenen Ansicht, wonach der Inhalt der jeweiligen Eigentumsposition allein durch die Gesetze konkretisiert werde, nach langem Widerstreben Schritt für Schritt lösen. Kennzeichnend für diese Entwicklung sind vor allem die Entscheidungen zu den Abstandsregelungen (BVerwGE 88, 191) und dann prinzipiell zu der Frage der Zulassung eines Vorhabens aufgrund eigentumsrechtlichen Bestandsschutzes (BVerwGE 106, 228 = DÖV 1998, 600 ff.). Im einzelnen bestehen noch manche Unsicherheiten; dazu näher unten § 22 Rn. 10 ff.).

i) Kein Planverwirklichungsanspruch des Bürgers

18 Hat der Bebauungsplan nur eine „baulenkende" Funktion für die Zukunft, begründet er aber keine Verwirklichungspflicht, dann kann es auch keinen „Planverwirklichungsanspruch des Bürgers" geben. M. a. W.: Der Bürger hat auf Grund des Bebauungsplans **kein subjektives Recht auf** eine **Ausführung** des Planes, auf Schaffung eines durch den Bebauungsplan vorgesehenen Zustandes. Das gilt für alle Planverwirklichungen, gleichgültig, ob sie durch den Bürger oder die öffentliche Hand durchzuführen sind.

Weist z. B. ein Bebauungsplan eine öffentliche Grünfläche, etwa eine Parkanlage, aus, können die anliegenden Grundstückseigentümer nicht von der Gemeinde verlangen, daß diese angelegt wird (vgl. auch VGH BW, BRS 25 Nr. 1).

Von diesem mangelnden Anspruch auf Planverwirklichung ist die Frage zu unterscheiden, ob der Bürger ein **subjektives Recht auf Einhaltung** eines bestehenden Bebauungsplanes z.B. bei Erteilung einer Baugenehmigung hat. Ein solches subjektives Recht hängt davon ab, ob die Festsetzungen im Bebauungsplan „zumindest auch" im Interesse des betreffenden Nachbarn getroffen wurden. Das wird i.a. **für die Art**, nicht aber für das Maß der baulichen Nutzung angenommen (dazu näher unten § 19 Rn. 17ff.).

Ist z.B. im Bebauungsplan ein reines Wohngebiet ausgewiesen und erhält ein Antragsteller im Wege des Dispenses die Genehmigung zur Errichtung einer Vergnügungsstätte neben den übrigen Wohngebäuden, liegt darin eine Rechtsbeeinträchtigung dieser Nachbarn. Sie können daher die rechtswidrig erteilte Genehmigung als Verletzung ihres Rechtes auf ein reines Wohngebiet mit der Anfechtungsklage angreifen.

k) Außerkrafttreten wegen Funktionslosigkeit

Eine weitere Besonderheit des Bebauungsplans ist sein Außerkrafttreten wegen Funktionslosigkeit. Wie jede andere Rechtsnorm kann der Bebauungsplan durch den Erlaß eines neuen Bebauungsplanes oder durch Gewohnheitsrecht, d.h. durch eine lang dauernde Übung verbunden mit der opinio iuris, abgeändert oder aufgehoben werden (BVerwGE 26, 282). Zusätzlich folgert die Rechtsprechung aus seiner Eigenart als verbindliches Aktionsprogramm, daß er seine Funktion durch die tatsächliche Entwicklung – im Zuge eines längeren Zeitablaufs oder auch schlagartig – verlieren und damit **„obsolet"**, d.h. unwirksam werden könne. M.a.W.: Eine bauplanerische Festsetzung – u.U. auch der gesamte Bebauungsplan – tritt wegen „Funktionslosigkeit" außer Kraft, wenn deren Verwirklichung wegen einer neuen tatsächlichen Entwicklung in evidenter Weise auf unabsehbare Zeit ausgeschlossen ist (BVerwGE 54, 5; 108, 71 = (ausführlicher) DÖV 1999, 555ff.; BGH, BauR 1983, 231). **19**

Ist z.B. in einem Bebauungsplan eine Bautiefe von 16 m vorgesehen, wird diese Festsetzung jedoch in einer Vielzahl von Fällen nicht eingehalten, dann verliert diese Festsetzung der Bebauungstiefe ihren Sinn. Der Bebauungsplan wird damit insoweit unwirksam. Gleiches ist anzunehmen, wenn ein Bebauungsplan etwa eine Zubringerstraße zur Stadtautobahn vorsieht, diese aber wegen inzwischen genehmigter Bauvorhaben an dieser Stelle nicht mehr gebaut werden kann.

Die Funktionslosigkeit kann auch Gegenstand eines Normenkontrollverfahrens sein (dazu unten § 16 Rn. 4). Die mit Inkrafttreten der 6. VwGO-Novelle eingeführte Befristung des Antragsrecht auf zwei Jahre (§ 47 II 1 VwGO n. F.) läßt sich auf diesen Fall schon deshalb nicht anwenden, weil eine Funktionslosigkeit kaum bereits innerhalb dieser Frist eintreten wird (vgl. VGH BW, VBlBW 1999, 423f.).

Literatur: *Brohm*, Rechtsschutz im Bauplanungsrecht, 1959; *Bartlsperger*, Die Bauleitplanung als Reservat des Verwaltungshandelns, DVBl. 1967, 360; *Kriele*, Plangewährleistungsansprüche?, DÖV 1967, 531; *Redeker*, Von der Nachbarklage zum Planbefolgungsanspruch (Plangewährleistungsanspruch), DVBl. 1968, 7; *Brohm*, Die Dogmatik des Verwaltungsrechts vor den Gegenwartsaufgaben der Verwaltung, VVDStRL 30 (1972), 245; *Oberndorfer*, Strukturprobleme des Raumordnungsrechts, Die Verw. 1972, 257; *Hoppe*, Zur Struktur von Normen des Planungsrechts. Bemerkungen zu rechtsstaatlichen Anforderungen an die Begriffsbildung im Planungsrecht, DVBl. 1974, 641; *Schenke*, Gewährleistung bei Änderung staatlicher Wirtschaftsplanung, AöR 101 (1976), 337; *Schmidt-Aßmann*, Übernahmeansprüche im Enteignungsrecht, BauR 1976, 145; *Scholz*, Verwaltungsverantwortung und Verwaltungsgerichtsbarkeit, VVDStRL 34 (1976), 145; *Niehues*, Die Bekanntgabe dinglicher Verwaltungsakte – Zugleich eine Anmerkung zum Vorlagebeschluß des HessVGH vom 10. 6. 1981 betreffend die Gültigkeit der Veröffentlichung von Bebauungsplänen –, DVBl. 1982, 317; *Leisner*, Eigentumswende? Liegt der Grundwasserentscheidung des Bundesverfassungsgerichts ein neues Eigentumsverständnis zugrunde?, DVBl. 1983, 61; *Brohm*, Verkehrsberuhigung in Städten, 1985; *Brohm*, Plangewährleistungsrechte, Jura 1986, 617; *Fronhöfer*, Schadensersatz- und Entschädigungsansprüche bei Planänderungen von Gemeinden, BayVBl. 1991, 193; *Ossenbühl*, Anmerkung zu BGH, JZ 1991, 920 (Amtshaftung im Rahmen der Bauleitplanung bei Altlasten), JZ 1991, 922; *Selmer*, Rechtsprechungsübersicht – Funktionslosigkeit eines Bebauungsplans, JuS 1994, 1080; *Dolderer*, Der weiträumige Textbebauungsplan, 1995; *Ibler*, Baugrundrisiko und Amtshaftung bei der Überbauung von Altlasten, BauR 1995, 595; *Koch/Schütte*, Bodenschutz und Altlasten in der Bauleitplanung, DVBl. 1997, 1415ff.; *Stich*, Überplanung problematischer Flächen für Zwecke der Bebauung, DVBl. 2001, 409ff.

B. Gemeinsame Grundsätze für die Bauleitplanung

§ 9. Die Planungshoheit der Gemeinde

Übersicht

1. Planungshoheit als Bestandteil des Selbstverwaltungsrechts – Die überkommene Dogmatik

a) Gegenständliche Bestimmung

Die Gemeinden haben den Flächennutzungsplan und die Bebauungspläne aufzustellen, sobald und soweit es für die städtebauliche Entwicklung und Ordnung erforderlich ist (§ 1 III BauGB). Diese Pflicht nehmen sie „in eigener Verantwortung", also autonom, als Selbstverwaltungsaufgabe, wahr (§ 2 I BauGB). Mit dieser Bestimmung trägt das Baugesetzbuch der verfassungsrechtlichen Lage Rechnung. Denn die **Planung der Bodennutzung** für das eigene Gemeindegebiet gehört mit zu den wichtigsten „Angelegenheiten der örtlichen Gemeinschaft", deren eigenverantwortliche Regelung in der Kompetenz der Gemeinden liegt und durch Art. 28 II GG verfassungsrechtlich „im Rahmen der Gesetze" garantiert wird. Das ist heute auch durchaus herrschende Meinung und wird mit dem Begriff der **„Planungshoheit"** verdeutlicht. Er besagt, daß neben vielen anderen, unbenannten Selbstverwaltungsaufgaben, wie z.B. Leistungen im Rahmen der Daseinsvorsorge, essentiell auch die 1 räumliche Planung für das eigene Gemeindegebiet zu den Selbstverwaltungsaufgaben der Gemeinde zählt. Den gleichen Zweck, einzelne Selbstverwaltungsbereiche inhaltlich zu benennen, verfolgen auch Begriffe wie Personalhoheit, Organisationshoheit oder Finanzhoheit.

2 Das Bundesverfassungsgericht hat in der Rastede-Entscheidung (BVerfGE 79, 127, 146, 150) erneut betont, daß Art. 28 II 1 GG keinen gegenständlich bestimmten oder nach feststehenden Merkmalen bestimmbaren Aufgabenkatalog gewährleiste, sondern grundsätzlich „alle Angelegenheiten der örtlichen Gemeinschaft" umfasse. Diese werden herkömmlich vor allem unter Berücksichtigung der geschichtlichen Entwicklung und der verschiedenen historischen Erscheinungsformen der Selbstverwaltung konkretisiert. Das Bundesverfassungsgericht bestimmt nunmehr diesen Bereich auch „funktional", zum einen in Abgrenzung zum „Zuständigkeitsbereich der allgemeinen Politik", also den überörtlichen Belangen der Allgemeinheit, und zum anderen durch die Zuordnung von Betätigungsfeldern für die grundgesetzlich gewollte Teilnahme der Bürger an der öffentlichen Verwaltung im Bereich der örtlichen Gemeinschaft. Bei dieser Bestimmung will das Gericht aber auch den bisherigen Kriterien der geschichtlichen Entwicklung und der verschiedenen Erscheinungsformen der Selbstverwaltung Rechnung tragen. Insofern bilden geschichtliche Entwicklung, historische Erscheinungsformen und funktionale Abgrenzung sich wechselseitig ergänzende Kriterien.

Im Hinblick auf das funktionale Kriterium besteht nach Ansicht des Gerichts eine Universalkompetenz der Gemeinde für alle „Bedürfnisse und Interessen, die in der örtlichen Gemeinschaft wurzeln oder auf sie einen spezifischen Bezug haben, die also den Gemeindeeinwohnern gerade als solchen gemeinsam sind, indem sie das Zusammenleben und -wohnen der Menschen in der (politischen) Gemeinde betreffen" (BVerfGE 79, 127, S. 151 f.). Entsprechend wurde auch der gesetzlich unentziehbare Kernbereich des gemeindlichen Selbstverwaltungsrechts offen, also ohne Festlegung auf bestimmte Aufgaben definiert, aber an der herkömmlichen Methode zu seiner Bestimmung – ergänzt um die funktionalen Gesichtspunkte des „Zuständigkeitsbereichs der allgemeinen Politik" einerseits und der „Betätigungsfelder für die grundgesetzlich gewollte Teilnahme der Bürger an der öffentlichen Verwaltung" andererseits – festgehalten (dazu *Schoch*, VerwArch 81 (1990), 18, 29 f.).

Dieser Ansicht, die jede Starrheit vermeidet und die Entwicklung offen hält, ist angesichts des raschen Wandels staatlicher Aufgaben und öffentlicher Interessen im Prinzip zuzustimmen. Sie schließt jedoch nicht aus, der Unbestimmtheit und Offenheit der Aussage etwas mehr Struktur und Bestimmtheit zu geben, indem man einzelne Sachbereiche, die, wie die Planungshoheit oder die Personalhoheit, sachlogisch in ihren Grundgedanken für eine gemeindliche Selbstverwaltung unverzichtbar sind, inhaltlich benennt. Man muß sich nur bewußt bleiben, daß sie nicht als bestimmte und starre Aufgabenkataloge verstanden werden dürfen, sondern nur als Grundelemente, die vor allem bei der Bestimmung des Wesensgehalts der gemeindlichen Selbstverwaltungsgarantie im konkreten Einzelfall erneut der Bestätigung bedürfen. Das folgt bereits aus der primär institutionellen Garantie des gemeindlichen Selbstverwaltungsrechts.

b) Gesetzliche Einschränkbarkeit: Gesetzesvorbehalt, Verhältnismäßigkeit, Wesensgehalt

Wie das Selbstverwaltungsrecht allgemein ist auch die Planungs- 3
hoheit als dessen Bestandteil nur **„im Rahmen der Gesetze"** gewährleistet. Sie kann also hinsichtlich des Umfangs der Aufgabe sowie des Grades der Eigenverantwortlichkeit durch Gesetz eingeschränkt werden. Nach h. M. ist darunter ein der Konstellation bei den Grundrechten ähnlicher Eingriffsvorbehalt zu verstehen (BVerfGE 56, 298, 313, 317 ff.; 76, 107, 117; 79, 127, 153; *Stern*, Staatsrecht I (1984), § 12 II 4; *Blümel*, Fg. v. Unruh, 1983, 265, 298 ff.; *Schmidt-Aßmann*, Kommunalrecht, Rn. 20 ff. jew. m. w. N.). Einschränkungen des gemeindlichen Selbstverwaltungsrechts sind danach nur unter Beachtung des Gesetzesvorbehalts und nur aus Gründen des Gemeininteresses und unter Wahrung des Übermaßverbotes oder **Verhältnismäßigkeitsprinzips** zulässig, d. h. „wenn anders die ordnungsgemäße Aufgabenerfüllung nicht sicherzustellen wäre" (BVerfGE 79, 127, 153). In keinem Fall darf der Wesensgehalt oder richtiger der **Kernbereich** des Selbstverwaltungsrechts angetastet werden. Zwar enthält Art. 28 II GG nur

eine institutionelle Garantie; gleichwohl hat die einzelne Gemeinde, solange sie realiter besteht, ein subjektives Recht, bzw. eine „subjektive Rechtsstellungsgarantie" auf Einhaltung dieser Grundsätze, insbesondere des Verhältnismäßigkeitsprinzips (vgl. etwa BVerfGE 71, 25, 36; 76, 107, 116; 79, 127, 141; *Blümel*, Fg. v. Unruh, 265, 285 ff. m. zahlr. w. N.). Demgemäß gibt Art. 93 I Nr. 4 b GG der Gemeinde gegen ungerechtfertigte gesetzliche Eingriffe sogar das Recht der Verfassungsbeschwerde.

4 Die Frage, ob die Planungshoheit zum gesetzlich unentziehbaren „Wesensgehalt" oder besser zum unentziehbaren „Kernbereich" des Selbstverwaltungsrechts gehört, ist noch ungeklärt. **Umstritten** ist, wie weit ein solcher **Kernbereich** im Hinblick auf die Bauleitplanung reicht, ja ob es ihn überhaupt gibt.

Teilweise wird zum gesetzlich unentziehbaren Kernbereich der Planungshoheit die Befugnis zur Aufstellung sowohl des **Flächennutzungsplans** als auch der **Bebauungspläne** gerechnet (so etwa *Cholewa*, in: Cholewa/Dyong, BauGB, § 2 Anm. 5; *W. Ernst*, in: J. H. Kaiser, Planung III, 1958, 129, 153; *Widera*, 1985, 116 ff., 127; wohl auch *Hoppe*, E/H Rn. 175; *ders.*, H/G, § 2 Rn. 34; *Gaentzsch*, BK, § 2 BauGB Rn. 3; vgl. auch Staatsgerichtshof BW, ESVGH 26, 1, 6 ff. = DÖV 1976, 595, 597).

Teilweise zählt man **nur** den Erlaß von **Bebauungsplänen** dazu (so z. B. *Schmidt-Aßmann*, Kommunalrecht, Rn. 21; *ders.*, DÖV 1973, 109, 111; *Heinemann*, DÖV 1982, 189, 191, 192; weitere Nachw. bei *Löhr*, Die kommunale Flächennutzungsplanung, 1977, 14 f.).

Die höchstrichterliche Rechtsprechung, insbesondere das Bundesverfassungsgericht, hat bislang **offengelassen**, ob überhaupt (und ggf. inwieweit) die Planungshoheit zum Kernbereich des gemeindlichen Selbstverwaltungsrechts zu rechnen ist (BVerfGE 56, 298, 313; 76, 107, 118 f.; vgl. auch die grundlegende Entscheidung in BVerwGE 40, 323, 329; ferner VGH BW, NVwZ 1990, 390; verneinend *Clemens*, NVwZ 1990, 834, 838 unter Berufung auf BVerfGE 79, 127 ff. – Rastede).

Da jede menschliche Aktivität letztlich „erdgebunden" bleibt, ist die Bestimmung der Ortsstruktur und der Entwicklung der Gemeinde, einschließlich der Betätigungsmöglichkeiten in der Gemeinde, untrennbar mit der Festlegung der Bodennutzung verbunden. Daher muß die gemeindliche Planungshoheit, **zumindest** hinsichtlich der verbindlichen Festlegungen durch den **Bebauungsplan**, zum unentziehbaren Kernbereich gerechnet werden. Wird die Flächennutzungsplanung auf andere Instanzen, etwa

Planungsverbände, übertragen, darf aber auch sie nicht die autonome gemeindliche Gestaltung ausschließen, also die Gemeinde durch eine zu große Dichte an Festlegungen „knebeln". Insofern kann auch die Flächennutzungsplanung nicht ganz aus dem Kernbereich ausgenommen bleiben (vgl. auch StGH BW, NJW 1976, 2205 u. 2209 (LS) = DÖV 1976, 599 u. 595).

Allerdings ist zu beachten, daß es bei dem Begriff der Planungshoheit nicht um die Fixierung einer isolierten oder ausschließlichen Gemeindekompetenz oder einzelner Wesenselemente geht, sondern lediglich um die Zuordnung eines bestimmten Aufgabenbereichs in seinem institutionellen Gehalt. Die Planungshoheit ist also in ihren Grundgedanken und nicht in einzelnen Ausprägungen für die Selbstverwaltungsgarantie unverzichtbar. Daher gehört zum Kerngehalt der gemeindlichen Selbstverwaltung kein gegenständlich bestimmter Aufgabenkatalog und schon gar nicht zählen alle einzelnen in § 9 BauGB für den Bebauungsplan aufgeführten Festsetzungsmöglichkeiten zum unentziehbaren Kern der Selbstverwaltungsgarantie (BVerfGE 79, 127, 146; *Schmidt-Aßmann*, Kommunalrecht, Rn. 21, 23). Entscheidend bleibt letztlich allein, daß den Gemeinden ein **substantieller Gestaltungsspielraum für die räumliche Ortsplanung** verbleibt (BVerwG, NVwZ 1993, 167, 168). Nicht mehr und nicht weniger besagt der Begriff der Planungshoheit in Bezug auf den Kernbereich des gemeindlichen Selbstverwaltungsrechts.

Im Hinblick auf die lediglich **institutionelle Garantie** in 5
Art. 28 II GG können einer einzelnen Gemeinde in extremen Ausnahmefällen auch weitergehende Einschränkungen auferlegt werden. Wenn die Rechtsprechung bislang offenlassen konnte, ob die Bauleitplanung insgesamt oder in bestimmten Beziehungen zum Kernbereich der Planungshoheit und damit der Selbstverwaltungsgarantie gehört, so ist das darauf zurückzuführen, daß es in den zur Entscheidung stehenden Fällen nur um entsprechende Einschränkungen der Planungshoheit einzelner Gemeinden ging (vgl. BVerfGE 76, 107, 118f.). Da die Wesensgehaltssperre beim gemeindlichen Selbstverwaltungsrecht als institutioneller Garantie nur bei allgemeinen, die Gemeinden schlechthin treffenden Einschränkungen wirksam wird, kommt es bei Einschränkungen einzelner Gemeinden regelmäßig nur auf die Einhaltung des Gesetzesvorbehalts, des Gemeinwohlerfordernisses und des Übermaßverbots an.

2. Die Planungshoheit als Kompetenzgarantie – Neuere Dogmatik: Das (kompetenzielle) Rücksichtnahmegebot

a) Individualrechtliche und kompetenzrechtliche Ansätze

6 Die übliche Gleichstellung des gemeindlichen Selbstverwaltungsrechts mit den Grundrechten ist nicht selbstverständlich; schließlich handelt es sich bei dem **Selbstverwaltungsrecht** der Gemeinden um eine **Kompetenz**, also eine staatsorganisatorische Aufgabenzuweisung und nicht um bürgerliche Freiheitsrechte.

Die Gleichstellung des gemeindlichen Selbstverwaltungsrechts mit den Grundrechten ergibt sich aus der geschichtlichen Entwicklung. Hier maß man dem Prinzip der Selbstverwaltung eine ähnliche Funktion zu wie den Freiheitsrechten. Verfolgte Freiherr vom Stein mit der Einführung der gemeindlichen Selbstverwaltung durch die preußische Städteordnung von 1808 vor allem antibürokratische Zwecke und die Stärkung des Staates durch Mitarbeit der Bürger, so begriff der staatspolitische Liberalismus sie in der Gegenüberstellung von Staat und Gesellschaft als Teil der staatsfreien gesellschaftlichen Sphäre. Folgerichtig verankerte die Paulskirchenverfassung die Selbstverwaltungsgarantie neben den Individualrechten der Bürger. Mit der Festigung des Konstitutionalismus schwächte sich die Entgegensetzung von Obrigkeitsstaat und Selbstverwaltung allmählich ab. Zwar führte die Weimarer Verfassung (Art. 127 WRV) das Selbstverwaltungsrecht noch unter den Grundrechten auf, doch setzte sich bald seine Interpretation als institutionelle Garantie durch. In Fortführung dieser Entwicklung ordnete das Grundgesetz die Selbstverwaltungsgarantie in Art. 28 II GG unter den staatsorganisatorischen Prinzipien ein; damit wurde die frühere „Gemeindefreiheit" zu einem „staatsorganisatorischen Aufbauprinzip" mit einer besonderen Kompetenz- bzw. Funktionsgarantie (*Frotscher*, Fg. v. Unruh, 127, 135; *Brohm*, DÖV 1989, 429, 430; in diese Richtung weist auch BVerfGE 79, 127 – Rastede). Das unterstreicht den kompetenziellen Charakter des Selbstverwaltungsrechts und der Planungshoheit. Das Kompetenzrecht als Teil des staatlichen Organisationsrechts folgt an sich grundsätzlich anderen Regeln als das „Außenrecht" der Verwaltung mit seinen rechtsstaatlichen individualrechtlichen Gewährleistungen (dazu jetzt BVerfGE 81, 310, 338); Diese lassen sich daher allenfalls in besonderen Ausnahmefällen im Kompetenzbereich zur Geltung bringen.

7 Der Umstand, daß es sich bei der Gewährleistung des Selbstverwaltungsrechts um eine Kompetenzgarantie, also die subjektivrechtliche Ausgestaltung einer Kompetenz, handelt, mag es nahelegen, die Zulässigkeit von Einschränkungen dieser Kompetenz nach

den Grundsätzen für die Einschränkung von Grundrechten zu beurteilen. Indessen stößt die **Übernahme individualrechtlicher Grundsätze** im Hinblick auf die grundsätzliche Verschiedenheit des staatsorganisatorischen Innenrechts von dem (das Verhältnis von Staat und Bürger betreffenden) Außenrecht auf prinzipielle Bedenken. Glaubt man dennoch, auf diese Maßstäbe nicht verzichten zu können, muß ihre Übernahme für die jeweilige Fallgruppe besonders zu rechtfertigen sein.

Eine weitgehend **gleiche rechtliche Struktur** besteht, wenn 8
der Gesetzgeber von seiner Befugnis Gebrauch macht, den Rahmen des Selbstverwaltungsrechts nach Art. 28 II GG abzustecken, also wenn ein **„Eingriff des Gesetzgebers"** vorliegt. Dem „Bürger" mit seinen der Idee nach unbegrenzten Freiheitsrechten entspricht die Gemeinde mit ihrer verfassungsrechtlich gewährleisteten prinzipiell unbegrenzten Regelungskompetenz für die örtlichen Angelegenheiten. Und dem „Eingriff" des Staates in die Freiheitssphäre des einzelnen entspricht die Einschränkung dieser gemeindlichen Universalkompetenz durch den staatlichen Gesetzgeber. Dabei ist es gleichgültig, ob der Gesetzgeber Sachbereiche, die zu den Angelegenheiten der örtlichen Gemeinschaft gehören, materiell selbst regelt und damit der Gestaltung durch die Gemeinde entzieht, oder ob er die Planungskompetenz für bestimmte Angelegenheiten auf andere Rechtsträger, etwa Planungsverbände, überträgt, diesen also die Befugnis erteilt, Sachbereiche zu regeln, die an sich in die Regelungskompetenz der Gemeinde fallen. In beiden Fällen wird die Regelungsbefugnis der Gemeinde durch den ihr übergeordneten Gesetzgeber (vgl. Art. 20 III GG) eingeschränkt. Auf die letzte Alternative, die Übertragung der Planungskompetenz auf einen anderen Rechtsträger, wird bei der Erörterung der „organisatorischen Dimension" der Planungshoheit zurückzukommen sein.

In den meisten **übrigen Fällen** tritt jedoch der **Unterschied** 9
zwischen dem Selbstverwaltungsrecht als institutionell garantierter Kompetenz einerseits und den Individualrechten andererseits deutlich hervor. Er zeigt sich in zahlreichen Abweichungen von den für die Grundrechte geltenden Rechtsgrundsätzen.

So kann die Gemeinde nicht auf ihre Planungshoheit bzw. auf deren Ausübung verzichten, wie ein Bürger in der Regel auf sein subjektives Recht; denn es handelt sich hier um eine Kompetenz im Rahmen des Aufbaus der staatlichen Organisation, über die die Gemeinde nicht verfügen kann. Als Kompetenzträger ist die Gemeinde auch nicht grundrechtsfähig; sie kann daher z. B. eine Verfassungsbeschwerde nicht auf die Beschränkung ihres Grundeigentums durch die staatliche Gewalt stützen (BVerfGE 61, 82, 100 ff.). Weiter ist die einzelne Gemeinde im Hinblick auf die lediglich institutionelle Garantie des Selbstverwaltungsrechts nicht in ihrem Bestand geschützt; dementsprechend können ihr auch einzelne Aufgaben, die zum Wesensgehalt gemeindlicher Selbstverwaltung zu rechnen sind, in Ausnahmefällen entzogen werden, solange sie generell bei den Gemeinden verbleiben und damit die gewährleistete Institution erhalten bleibt (BVerfGE 76, 107, 119). Weiter kann die Selbstverwaltungskompetenz auch durch Planungen anderer Gemeinden, also ranggleicher Kompetenzträger, beeinträchtigt werden, so daß auf die obige Parallele zum übergeordneten staatlichen Gesetzgeber nicht zurückgegriffen werden kann.

Hier bedarf es dann auf jeden Fall eines **spezifisch kompetenzrechtlichen Ansatzes**. Dieser sollte allerdings im Interesse einer sachgerechten und konsequenten Dogmatik in allen Fällen von Kompetenzabgrenzungen verfolgt werden (vgl. jetzt auch BVerfGE 81, 310, 338). Er ergibt sich aus dem in Parallele zur Bundestreue entwickelten Grundsatz kompetenzieller Rücksichtnahme. Das bedarf im folgenden der näheren Darlegung.

b) Kollision von Planungskompetenzen

10 Die Planungshoheit der Gemeinde kann nicht nur durch Regelungen des „übergeordneten" staatlichen Gesetzgebers und deren Vollzug beeinträchtigt werden, sondern auch durch die **Planungen** anderer **gleichranginger Kompetenzträger**, z. B. durch Bauleitplanungen der Nachbargemeinde oder durch Planungen seitens der Träger der Landesplanung in Ausübung der ihnen durch Gesetz zugewiesenen Planungskompetenzen (BVerfGE 21, 54, 68; 56, 298, 317 ff.; BVerwG, NVwZ 1984, 378) oder durch Fachplanungen einzelner Verwaltungsbehörden.

So bewirkt z. B. die bauplanungsrechtliche Ausweisung eines Wohngebietes an der Grenze des Gemeindegebietes, daß die Nachbargemeinde auf der angrenzenden Fläche ihres Gemeindegebietes kein Industriegebiet mehr ausweisen kann (vgl. § 50 BImSchG). Um eine rein tatsächliche Beeinträchtigung handelt es sich, wenn die Nachbargemeinde die Folgelasten dieser Bebauung tragen muß, weil ihre Schulen, ihre sozialen Einrichtungen und ihre Erschließungsanlagen wegen der größeren Nähe von den Bewohnern dieses Gebietes in Anspruch genommen werden (vgl. BVerwGE 40, 323, 328).

Demgemäß müßte die Zulässigkeit solcher Einschränkungen 11
nach den oben genannten, dem Individualrechtsbereich entnommenen Rechtsgrundsätzen, wie Gesetzesvorbehalt, Gemeinwohlinteresse, Verhältnismäßigkeitsprinzip und Kerngehalt des Selbstverwaltungsrechts beurteilt werden. Indessen entsprechen schon die Handlungsformen der Planungspraxis vielfach nicht den Anforderungen des Gesetzesvorbehalts. Die Rechtsprechung sieht i.a. darüber hinweg und konzentriert sich auf das Verhältnismäßigkeitsprinzip. Aber dieses vermag, genau besehen, in derartigen Fällen ebenfalls keinen Maßstab abzugeben (dazu unten Rn. 15). Alle diese Grundsätze lassen sich eben letztlich nicht sinnvoll auf die hier angesprochenen Konfliktsituationen übertragen. Sie sind für den Individualrechtsschutz gegen Eingriffe eines übergeordneten Rechtsträgers in einen rechtlich gewährleisteten Freiheitsraum entwickelt und allenfalls auf ähnlich strukturierte Rechtsbeziehungen im Kompetenzbereich übertragbar. Hier aber geht es um die Kollision von Planungen gleichrangiger Kompetenzträger (dazu noch unten Rn. 14).

Dementsprechend versagen gegenüber derartigen Plankollisionen weithin 12
bereits die Grundsätze des Gesetzesvorbehalts. Im Widerspruch dazu und zur „Wesentlichkeitstheorie" steht es z.B., wenn Bebauungspläne als Satzung die Planungshoheit der Nachbargemeinde beschränken oder Landesentwicklungsprogramme oder Landesentwicklungspläne z.T. nicht einmal in der Form materieller Rechtssätze, sondern als Verwaltungsvorschriften, erlassen werden. Dieses Defizit kann auch nicht durch einen gesetzlichen Verweis auf solche Planungen, wie z.B. in § 1 IV BauGB auf die Ziele der Raumordnung, behoben werden. Solchen Verweisnormen fehlt schon die erforderliche Bestimmtheit. Auch die Argumentation, Vorgaben, wie die Ziele der Raumordnung, gehörten nicht zum Selbstverwaltungsrecht der Gemeinde und könnten daher gar nicht deren Planungshoheit beeinträchtigen (so z.B. *Bielenberg*, E/Z/B (1987), § 1 Rn. 59ff., 61 (etwas modifiziert (1999), ebd.); dagegen *Brügelmann/Grauvogel*, Bundesbaugesetz, § 1 Rn. 53 (Stand 1986) jew. m.w.N.) geht fehl. Der Raum, den die überörtliche Planung für sich in Anspruch nimmt, steht der örtlichen Planung nicht mehr zur Verfügung. In ähnlicher Weise machen auch Planungen der einen Gemeinde damit unverträgliche Planungen der Nachbargemeinde unmöglich. Darin liegt jeweils eine Einschränkung der

Planungshoheit der betroffenen Gemeinde. Sonst könnte die Zulässigkeit von überörtlichen Raumplanungen oder von Planungen benachbarter Gemeinden auch nicht am Übermaßverbot geprüft werden, wie es die Rechtsprechung übereinstimmend praktiziert. Insofern bedarf auch die Frage des Gesetzesvorbehalts einer speziellen auf die Selbstverwaltungskompetenz bezogenen Lösung (dazu unten § 12 Rn. 12ff., 17).

13 Kommt es zu einem Kompetenzkonflikt zwischen prinzipiell gleichrangigen Kompetenzträgern, kann der Gesetzgeber in den Grenzen der Verfassung für einzelne Pläne einen Vorrang festlegen und damit dem einen oder anderen Gemeinwohlbelang den Vorzug geben. Einen solchen Vorrang gegenüber der Bauleitplanung hat er z.B. in § 38 BauGB – wenn auch seit der Novellierung 1998 erheblich reduziert – den Planfeststellungen für Vorhaben von überörtlicher Bedeutung eingeräumt (dazu näher unten § 12 Rn. 25ff.).

14 Fehlt die Festlegung eines Vorrangs für eine bestimmte Planung kraft Handlungsform oder spezieller gesetzlicher Regelung, stellt sich die **Frage, wessen Kompetenz** im Kollisionsfalle **vorgeht**. Daß im Konflikt zwischen den Planungen benachbarter Gemeinden keiner Gemeinde ein prinzipieller Vorrang zukommen kann, ist evident. Aber auch Bundesbehörden sind nicht schon wegen ihrer Zugehörigkeit zum Bund den Landesbehörden übergeordnet und Landesbehörden nicht den Gemeindeorganen. Jede Verwaltung kann nur auf Grund ihrer gesetzlich zugewiesenen Kompetenz und nur in deren Rahmen handeln. Ohne eine verfassungsrechtlich zulässige, rechtsnormative Festlegung einer Rangordnung haben alle vom Gesetz begründeten Kompetenzen gleichen Rang (dazu näher bereits *Brohm*, 1968, S. 28ff.; vgl. auch BVerwGE 29, 52, 58; NVwZ 1983, 474, 475; *Herzog*, M/D, Art. 20, IV, Rn. 60).

15 Für einen Konflikt bei der Ausübung gleichrangiger Planungskompetenzen vermag auch das viel bemühte **Verhältnismäßigkeitsprinzip** keine verläßlichen Maßstäbe zu geben. Denn inwieweit eine Einschränkung zur Zielerreichung „geeignet“, „erforderlich“ und „verhältnismäßig“ i.e.S. ist, läßt sich nur bemessen, wenn eine übergeordnete Instanz über das Vorrecht der Zieldefinition und im Interesse der Zielerreichung zugleich auch über die

Befugnis zum Eingriff in Rechtspositionen anderer verfügt. Nur bei Vorgabe verbindlich definierter Gemeinwohlbelange läßt sich abmessen, inwieweit eine zu ihrer Verwirklichung geeignete Einschränkung der verfassungsrechtlich gewährleisteten Planungshoheit wirklich „erforderlich" und „verhältnismäßig" ist.

Ohne eine solche Über- und Unterordnung, aufgrund deren sich eine Regelung als **Eingriff** in die Rechtsposition des Untergeordneten darstellt, verlieren die Kriterien der Erforderlichkeit und der Verhältnismäßigkeit i. e. S. ihre Kontur. Dann ist die Kritik von sozialwissenschaftlicher Seite, daß ihnen **kein Aussagewert** zukomme, in der Tat berechtigt (vgl. *N. Luhmann*, 1968, 22, 59, 64). Denn in diesem Falle bedeutet Verhältnismäßigkeit nur eine Zuordnung der Ziele und Mittel in einem ausgeglichenen Verhältnis. Darin liegt aber nicht mehr und nicht weniger als ein Hinweis auf das Abwägungsgebot, ohne daß ein Maßstab dafür gegeben würde, wann diese verhältnismäßige Zuordnung der einzelnen Belange anzunehmen ist, also welche Planung im konkreten Kollisionsfalle vorzugehen hat und in welchem Umfange dies der Fall sein soll. Die Entscheidung zugunsten der Kompetenz des einen bedeutet immer zugleich eine Einschränkung der Kompetenz des anderen.

Das Verhältnismäßigkeitsprinzip gibt Maßstäbe für eine eindimensionale Beziehung. Stehen sich aber gleichrangige Kompetenzträger gegenüber, läßt sich die Frage nicht beantworten, auf wessen Seite dann das Übermaßverbot zur Kompetenzbegrenzung Anwendung finden soll. M. a. W.: Für eine gleichrangige Beziehung vermag es keine Maßstäbe zu geben. In diesen Fällen versagen endgültig die individualrechtlichen-rechtsstaatlichen Schutzmechanismen. Spätestens hier bedarf es spezifischer kompetenzrechtlicher Grundsätze, wie des Gebots kompetenzieller Rücksichtnahme; dieses hat eine spezielle gesetzliche Ausprägung etwa im „Gegenstromprinzip" des Raumordnungsrechts (§ 1 III ROG) gefunden.

c) Das Gebot kompetenzieller Rücksichtnahme

Überschneiden sich Planungskompetenzen von Bund, Land und Gemeinden in ihren Auswirkungen und kommt es dabei zu Kollisionen, geht es um die Abstimmung der verschiedenen Planungen miteinander. Sucht man zur Lösung solcher Kompetenzkonflikte angesichts der soeben dargelegten Defizite des Verhältnismäßigkeitsgrundsatzes und mangels eines anerkannten Vorrangprinzips 16 oder einer speziellen gesetzlichen Regelung nach allgemeinen Grundsätzen, müssen diese aus der Funktion der jeweiligen Kompetenz und Kompetenzverteilung nach dem **Optimalprinzip der praktischen Konkordanz** ermittelt werden. Dafür wurde bereits früh der „Grundsatz der Rücksichtnahme" eingeführt. Dieser kompetenzrechtliche Grundsatz ist von dem inzwischen vom Bundesverwaltungsgericht praktizierten (baurechtlichen) Gebot der Rücksichtnahme zu unterscheiden. Letzteres betrifft die Abstimmung der Grundstücksnutzungen innerhalb eines Bauleitplanes und hat nichts mit einem Kompetenzkonflikt zu tun. Um Verwechslungen zu vermeiden, wird im folgenden nunmehr vom **„Grundsatz der kompetenziellen Rücksichtnahme"** oder dem „kompetenziellen Rücksichtnahmegebot" gesprochen.

Der Grundsatz wechselseitiger kompetenzieller Rücksichtnahme wurde allgemein im Verhältnis von Bund und Ländern sowie der Länder untereinander als eine **Konsequenz der Bundestreue** entwickelt; er gilt für jeden Planungsträger, wenn sich die Kompetenzbereiche in der Ausübung überschneiden (dazu im einzelnen *Brohm*, 1968, S. 37f.; *ders.*, 1979, 17ff., 27ff., 37; *ders.*, DÖV 1989, 429, 438). Das folgt aus der Überlegung, daß in einem pluralistischen Verwaltungssystem die einzelnen Planungsträger nicht für sich stehen, sondern Subsysteme eines einheitlichen Verwaltungssystems darstellen. Aus dieser Verbundenheit ergeben sich wechselseitige Pflichten zur Rücksichtnahme zwischen Gesamtsystem und Subsystemen sowie auch zwischen diesen untereinander. Der Grundsatz der kompetenziellen Rücksichtnahme wird heute, zumindest der Sache nach, bereits weithin als kompetenzbeschränkendes Regulativ für die Kompetenzausübung vertreten (vgl. z.B. BVerwG, DVBl. 1984, 88, 89; VGH BW, NJW 1977, 1465; VGH BW, VBlBW 1981, 45, 47 = DÖV 1981, 269, 271 und jetzt BVerfGE 81, 310, 338; 98, 106, 112; ferner *Brosche*, DVBl. 1980, 213; 218; *Bickel*, Fg. v. Unruh, 1983, S. 1035, 1040f.; ähnlich wohl *Hoppe*, Fg. v. Unruh, S. 555, 569; *Jarass*, 1991, S. 35ff., 49.

Nach dem **Gebot der kompetenziellen Rücksichtnahme** ist ein Kompetenzkonflikt nicht einseitig zugunsten des einen oder anderen Planungsträgers zu lösen, vielmehr gilt es, für die konkrete Sachlage eine Lösung zu finden, bei der keine Kompetenz von der anderen völlig verdrängt wird, sondern jede im Rahmen der staatlichen oder regionalen Einheit ihre Funktion optimal zu erfüllen vermag.

Das Gebot der kompetenziellen Rücksichtnahme führt im Verhältnis zwischen Raumordnungsplänen und gemeindlicher Bauleitplanung angesichts der Anpassungspflicht der Gemeinde (§ 1 IV BauGB) einerseits und ihrer Planungshoheit als Universalkompetenz (Art. 28 II GG) andererseits im wesentlichen zu gleichen Ergebnissen wie die herkömmliche, an der hoheitlichen Individualrechtsbegrenzung orientierte Anwendung des Verhältnismäßigkeitsprinzips auf den „Eingriff" einer „übergeordneten" Instanz in den prinzipiell universalen Regelungsbereich eines anderen Kompetenzträgers. In diesen Fällen ist das Gebot kompetenzieller Rücksichtnahme im wesentlichen nur Ausdruck einer sachgerechten und konsequenten Dogmatik (vgl. dazu jetzt auch BVerfGE 81, 310, 337 f.). Dagegen hilft bei Konflikten zwischen gleichrangigen Planungsträgern mit begrenzten Kompetenzen, wie bei der Fachplanung zwischen einzelnen Planungsträgern oder bei der Bauleitplanung zwischen benachbarten Gemeinden, nur das kompetenzrechtliche Denken wechselseitiger Rücksichtnahme i. S. einer praktischen Konkordanz weiter. Auf die praktische Umsetzung dieses Grundsatzes ist im Rahmen der „äußeren Grenzen des Planungsermessens" bei den überörtlichen raumplanerischen und den fachplanerischen Festsetzungen sowie bei der Abstimmungspflicht der planenden Gemeinde mit den Nachbargemeinden zurückzukommen (s. unten § 12 Rn. 19 ff., insbes. 21 ff.). **17**

3. Rechtsstellung und Rechtsschutz der Gemeinde

Die gemeindliche Planungshoheit kann auf vielfältige Weise beeinträchtigt werden: durch Regelungen des staatlichen Gesetzgebers, durch einzelne Vollzugsmaßnahmen, wie z. B. durch die Verweigerung einer gegebenenfalls erforderlichen Genehmigung von Bauleitplänen oder die Erteilung eines Dispenses von den Festsetzungen des Bebauungsplans durch die staatliche Baurechtsbehörde sowie durch Planungen anderer staatlicher oder kommunaler Planungsträger. In allen diesen Fällen kommt die subjektive Rechtsstellungsgarantie der Gemeinde, ihre **Planungshoheit** als Recht auf **verfahrensmäßige Beteiligung** und als **Abwehrrecht** gegen beschlossene Maßnahmen zur Geltung. Dafür ist es gleichgültig, ob man, wie herkömmlich, die Maßstäbe den Regeln über Eingriffe in Individualrechte oder dem Gebot der kompetenziellen Rücksichtnahme entnimmt. Lediglich die für die Begründetheit einer Klage entscheidende Frage, „wann" eine Beeinträchtigung rechtswidrig ist, muß u. U. unterschiedlich beantwortet werden. **18**

Aus der subjektivrechtlich ausgestalteten Planungshoheit ergibt sich zunächst für das Verwaltungsverfahren, daß die betreffende

Gemeinde vor Erlaß von Planungen, die sie in ihrer Planungshoheit beeinträchtigen, anzuhören ist. Diesem Grundsatz entsprechen spezielle Regelungen, wie z.B. § 4 BauGB, wonach an der Aufstellung von Bauleitplänen die von der Planung möglicherweise in ihrem Aufgabenfeld berührten Träger öffentlicher Belange, also u.U. auch die Nachbargemeinden, zu beteiligen sind. Ferner ist auf § 36 I BauGB hinzuweisen; nach dieser Vorschrift bedarf die Erteilung eines Dispenses durch die Baurechtsbehörde des „Einvernehmens", d.h. der Zustimmung der Gemeinde.

Gerichtlich kann die betroffene Gemeinde gegen ungerechtfertigte Einschränkungen ihrer Planungshoheit in unterschiedlicher Weise vorgehen. Ihre Verfahrensrechte vermag sie u. U. durch **Klage auf Beteiligung** am Verfahren geltend zu machen (vgl. BVerwG, NVwZ 1992, 878). Gegen Festlegungen in überörtlichen Gesamtplanungen stehen ihr, je nach deren Rechtsform, die **Verfassungsbeschwerde** beim Landesverfassungs- oder beim Bundesverfassungsgericht (Art. 93 I Nr. 4b GG) oder eine **Normenkontrolle** beim Oberverwaltungsgericht bzw. Verwaltungsgerichtshof (§ 47 I VwGO) zur Verfügung. Letztere kommt auch gegen Bebauungspläne von Nachbargemeinden in Betracht, die ungerechtfertigt ihre Planungshoheit beeinträchtigen (vgl. VGH BW, NJW 1977, 1465; VGH BW, VBlBW 1981, 45 = DÖV 1981, 269). Gegen Flächennutzungspläne der Nachbargemeinde besteht gegebenenfalls die Möglichkeit einer vorbeugenden **Feststellungs- oder Unterlassungsklage** (BVerwGE 40, 323; 54, 211). Gegen einen rechtswidrigen Planfeststellungsbeschluß oder eine rechtswidrige Plangenehmigung oder gegen einen fehlerhaft erteilten Dispens von Festsetzungen des Bebauungsplans steht ihr die **Anfechtungsklage** zur Verfügung. Wird ihr zu Unrecht von der Aufsichtsbehörde die erforderliche Genehmigung eines Bauleitplanes verweigert, kann sie eine **Verpflichtungsklage** anstrengen (vgl. § 42 I VwGO).

Literatur: *Ernst*, Raumordnung als Aufgabe der planenden Gesetzgebung und Verwaltung, in: J.H. Kaiser, Planung III, 1958, 129ff.; *Brohm*, Landeshoheit und Bundesverwaltung, 1968; *Luhmann*, Zweckbegriff und Systemrationalität, 1968; *Schmidt-Aßmann*, Der Städteverband als Modell kommunaler Neugliederung in Ballungsräumen, DÖV 1973, 109; *Löhr*, Die kommunale Flächennutzungsplanung, 1977; *Brohm*, Staatliche Straßenplanung und gemeindliche Bauleitplanung 1979; *Brosche*, Voraussetzungen und Umfang der Anpassungspflicht der Bauleitplanung an die Ziele der Raumordnung und Landesplanung sowie die Abstimmung der Bauleitpläne benachbarter Gemeinden, DVBl. 1980, 213; *Heinemann*, Rechtsfragen zur Übertragung der Flächennutzungsplanung auf die Kreis- oder Stadtverbandsebene, DÖV 1982, 189; *Bickel*, Sicherung der Selbstverwaltung in der Verwaltungsgerichtsbarkeit, in: v. Mutius (Hrsg.), Selbstverwaltung im Staat der Industriegesellschaft, Fg. v. Unruh, 1983, S. 1035 ff.; *Blümel*, Wesensgehalt und Schranken der kommunalen Selbstverwaltung, in: v. Mutius (Hrsg.) Selbstverwaltung im Staat der Industriegesellschaft, Fg. v. Unruh, 1983, S. 265 ff.; *Frotscher*, Selbstverwaltung und Demokratie, in: v. Mutius (Hrsg.), Selbstverwaltung im Staat der Industriegesellschaft, Fg. v. Unruh, 1983, S. 127 ff.; *Hoppe*, Kommunale Selbstverwaltung und Planung, in: v. Mutius (Hrsg.), Selbstverwaltung im Staat der Industriegesellschaft, Fg. v. Unruh, 1983, S. 555 ff.; *Widera*, Zur verfassungsrechtlichen Gewährleistung gemeindlicher Planungshoheit, 1985; *Brohm*, Gemeindliche Selbstverwaltung und staatliche Raumplanung, DÖV 1989, 429; *Clemens*, Kommunale Selbstverwaltung und institutionelle Garantie: Neue verfassungsrechtliche Vorgaben durch das BVerfG, NVwZ 1990, 834; *Schoch*, Zur Situation der kommunalen Selbstverwaltung nach der Rastede-Entscheidung des BVerfG, VerwArch 81 (1990), 18; *Jarass*, Kartellrecht und Landesrundfunkrecht, 1991; *Schmidt-Aßmann*, Kommunalrecht, in: ders., Bes. Verwaltungsrecht, 1999, S. 1 ff.

§ 10. Planungshoheit und Organisation der Bauleitplanung

Übersicht

1. Gleichstellung und Verflochtenheit von Stadt- und Landgemeinden – Gebiets- und Verwaltungsreformen zur Effektivitätssteigerung
2. Effektivitätssteigerung im Einzelfall durch Erhöhung der Verwaltungskraft
   a) Beiziehung öffentlicher und privater Institutionen
   b) Übertragung von Planungsaufgaben auf „Organisationen einer zweiten Gemeindeebene" (§ 203 BauGB)
3. Effektivitätssteigerung durch großräumig abgestimmte Planungen
   a) Die Pflicht zu gemeinsamer Flächennutzungsplanung (§ 204 BauGB)
   b) Planungsverbände (§ 205 BauGB)

1. Gleichstellung und Verflochtenheit von Stadt- und Landgemeinden – Gebiets- und Verwaltungsreformen zur Effektivitätssteigerung

In organisatorischer Hinsicht wirft die Planungshoheit die Frage 1
auf, wie die Gemeinde sich den für eine Stadtplanung erforderli-

chen Verwaltungsapparat und Sachverstand beschaffen kann und wie gemeindeübergreifende Planungsaufgaben zu bewältigen sind. Das Baugesetzbuch unterscheidet nicht zwischen Stadt- und Landgemeinden. Es gilt für alle Gemeinden in gleicher Weise, unabhängig davon, ob sie eine Million oder nur wenige tausend Einwohner haben. Die sachgerechte Aufstellung von Bauleitplänen und andere planerische Maßnahmen erweisen sich jedoch oft als schwierige und komplexe Aufgaben. Sie erfordern insbesondere umfangreiche Sachmittel und großen Sachverstand für Problemanalyse, Datenerhebung, Datenverarbeitung, Prognose und entsprechende Programmentwicklung. Kleinere Gemeinden sind dazu nach ihrer personellen und sachlichen Ausstattung kaum imstande. Hinzu kommt, daß Stadt- und Landgemeinden in ihren Problemen oft eng miteinander verflochten sind.

2 Zur Steigerung der Verwaltungskraft in der personellen und sachlichen Ausstattung, aber auch im Interesse einer großräumigeren städtebaulichen Planung wurde Mitte der sechziger und anfangs der siebziger Jahre in allen Flächenstaaten der damaligen Bundesrepublik eine **Gebiets- und Verwaltungsreform** durchgeführt. Im kommunalen Bereich führte sie zu größeren Gemeinden durch umfangreiche Eingemeindungen oder die Zusammenlegung kleinerer Gemeinden sowie zur Bildung von „Verwaltungsgemeinschaften" (vgl. §§ 59ff. GO BW; § 14 LVG BW) und anderen Verbandsformen kommunaler Selbstverwaltung. So verringerte sich die Zahl der Gemeinden von 24441 überwiegend selbständigen Gemeinden auf 8505.

Auch die Bildung von Planungsverbänden und Stadtregionen sowie andere Ansätze zum Aufbau einer dritten kommunalen Verwaltungsebene, die zu Gemeinde und Kreis hinzukommt (s. oben § 2 Rn. 14ff.), kann man in diesem Zusammenhang sehen. Indessen tragen diese Organisationsformen mehr der Entwicklung zu größeren Agglomerationsräumen Rechnung, wie sie seit den sechziger Jahren auf Grund gestiegener Mobilität und größeren Wohlstands breiter Bevölkerungsschichten durch die Verlegung der Wohnfunktion in das politisch-administrativ nicht zur Kernstadt gehörende Umland eingesetzt hat mit all den bekannten Folgeproblemen der Zersiedelung, des Pendelverkehrs, der Entvölkerung und der Einkommensteuerverluste der Kernstädte sowie der Disparitäten in der Infrastruktur. Sie verlangen eine Abstimmung der planerischen Maßnahmen in größerem Rahmen und entsprechende Organisationsformen.

2. Effektivitätssteigerung im Einzelfall durch Erhöhung der Verwaltungskraft

a) Beiziehung öffentlicher und privater Institutionen

Unabhängig von den allgemein wirkenden Verwaltungsreformen kann bei Bedarf auch im Einzelfall die Verwaltungskraft des Planungsträgers durch organisatorische Maßnahmen erhöht werden. So wenden sich Gemeinden häufig an private Institutionen, die sie mit der Ausarbeitung eines Entwurfs für einen Bauleitplan, meistens einen Bebauungsplan, beauftragen. Um die Gefahren einseitiger, privaten Interessen dienender Einflußnahmen zu reduzieren, gibt es auch öffentliche Stellen, die den Gemeinden mit Rat und Tat in dieser Frage zur Seite stehen. 3

Im privaten Sektor haben sich für derartige Aufgaben zahlreiche Architektengemeinschaften gebildet. Aber auch große Baugesellschaften bieten sich dazu an. Z. B. hatte sich in dieser Hinsicht die ehemalige Neue Heimat, ein gewerkschaftseigenes Unternehmen, hervorgetan. Daneben wurden z. T., etwa bei den Landkreisverwaltungen, auch öffentliche Stellen eingerichtet.

Einen **anderen Zweck** verfolgt die in § 4b BauGB 1998 vorgesehene Beiziehung eines Dritten zur Beschleunigung des Bauleitplanverfahrens durch die Vorbereitung und Durchführung von Verfahrensabschnitten. Sie hat den in der US-Verwaltungspraxis häufig beigezogenen **„Mediator“** zum Vorbild, der als neutrale Instanz zwischen gegensätzlichen Interessen der Verwaltung und der betroffenen Bürger, wie auch dieser untereinander, vermitteln und damit langwierige Verfahren vor den Verwaltungsinstanzen und Gerichten überflüssig machen soll. Hier geht es also nicht um die Erweiterung des Sachverstandes der Verwaltung, sondern um einen Interessenausgleich im Wege geschickter Verhandlung (dazu auch *Battis*, B/K/L, § 4b Rn. 1 ff.). 4

b) Übertragung von Planungsaufgaben auf „Organisationen einer zweiten Gemeindeebene“ (§ 203 BauGB)

Als weitere Möglichkeit sieht § 203 BauGB vor, daß die nach dem Baugesetzbuch der Gemeinde obliegenden Aufgaben auf andere Gebietskörperschaften und Verbände übertragen werden können. In Betracht kommen insbesondere die Bauleitplanung, die Durchführung der Bebauungspläne, die Erschließung, das Umlegungs- und andere Verfahren. Damit wird die einzelne Gemeinde von diesen Aufgaben entlastet; allerdings verliert sie auch wesentli- 5 che Teile ihrer Planungshoheit. Nach § 203 I BauGB erfolgt eine solche Übertragung durch Rechtsverordnung der Landesregierung im Einvernehmen mit der Gemeinde; nach § 203 II BauGB kann die Übertragung aber auch zwangsweise per Landesgesetz erfolgen. Selbst in den Fällen des Einvernehmens der Gemeinde ist jedoch zu beachten, daß die **Planungshoheit eine Kompetenz** darstellt, über die die Gemeinde nicht wie der Inhaber eines Individualrechts verfügen kann. Jede Schmälerung dieses Selbstverwaltungsrechts muß daher vor dem Übermaßverbot und der Wesensgehaltsgarantie, die allerdings nur eine institutionelle ist (vgl. oben § 9 Rn. 2, 5), zu rechtfertigen sein.

Verfassungsrechtliche **Voraussetzung für eine Übertragung** nach § 203 I BauGB ist daher, daß die Gemeinde auf Grund ihrer Sachmittel und ihrer Personallage die betreffenden Aufgaben nach dem Baugesetzbuch nicht oder nicht sachgerecht zu erfüllen vermag. Eine Übertragung ist unzulässig, wenn die Gemeinde über einen ausreichenden Verwaltungsapparat verfügt, aber an der Aufgabenwahrnehmung nicht interessiert ist (*Kalb*, E/Z/B, § 203 Rn. 5).

Als **weitere Voraussetzungen** verlangt § 203 I BauGB „das vollständige Einvernehmen der Gemeinde“ über Art, Umfang, Dauer und Empfänger der Übertragung, ferner die Übertragung der Aufgaben in Form einer Rechtsverordnung, sowie als Kompetenzempfänger eine Gebietskörperschaft oder einen Verband, an dessen Willensbildung die Gemeinde mitwirkt. In Betracht kommen juristische Personen des öffentlichen Rechts, wie Zweckverbände nach dem Zweckverbandsgesetz oder Planungsverbände nach § 205 BauGB, aber auch juristische Personen des Privatrechts als Beliehene. Im Hinblick auf ihre Planungshoheit kann die Gemeinde verlangen, daß ihre Bindung an die Einvernehmenserklärung gelöst wird, sobald sie imstande ist, die übertragenen Aufgaben sachgerecht selbst durchzuführen (*Kalb*, E/Z/B, § 203 Rn. 9, Anm. 7; *Battis*, B/K/L, § 203 Rn. 4).

§ 203 II BauGB darf in seiner **systematischen Stellung** zu Abs. 1 nicht mißverstanden werden. Da die Gemeinde auch nicht freiwillig auf ihre Planungshoheit als Kompetenz verzichten kann, liegt der Unterschied beider Absätze nicht entscheidend zwischen der einvernehmlichen und der „zwangsweisen“ Übertragung städtebaulicher Aufgaben. Der unterschiedliche primäre Normzweck ergibt sich vielmehr aus den in § 203 II BauGB aufgeführten Übertragungsempfängern. **§ 203 I BauGB** will kleinere Gemeinden von allzu schwierigen Aufgaben entlasten; **§ 203 II BauGB dagegen** will dem Landesgesetzgeber eine grundsätzliche **Modifikation der kommunalen Selbstverwaltung** offenhalten, wie sie im Rahmen der Gebietsreform in dem Ansatz zu einer dritten kommunalen Verwaltungsebene (mit den in § 203 II BauGB aufgeführten „Organisationsformen der zweiten Gemeindeebene“) angestrebt wurde (dazu oben Rn. 2 und § 2 Rn. 13ff.). Da diese Organisationsformen den Gemeinden eine gewisse Teilselbständigkeit belassen, stellen sie gegenüber der Eingemeindung oder dem Zusammenschluß in großen Einheitsgemeinden den geringeren Eingriff in das gemeindliche Selbstverwaltungsrecht dar (BVerfGE 77, 288, 306). Als Übertragungsempfänger kommen danach in Frage: Verbandsgemeinden, wie z.B. die rheinland-pfälzische Verbandsgemeinde, Verwaltungsgemeinschaften, wie diejenigen nach der Gemeindeordnung von Baden-Württemberg (nicht aber die Verwaltungsgemeinschaften des Freistaates Bayern, die keine Selbstverwaltungsaufgaben wahrnehmen), ferner „vergleichbare gesetzliche Zusammenschlüsse" bei neuen Organisationsformen der Kommunalverwaltung. Als eine gewisse **Kompensation** für die Beschränkung der gemeindlichen Planungshoheit muß das übertragende Landesgesetz ein **Mitwirkungsrecht der Gemeinde** an der Aufgabenerfüllung vorsehen. Wie bei der einvernehmlichen Übertragung von Selbstverwaltungsaufgaben ist erst recht bei der zwangsweisen Übertragung hinsichtlich des Selbstverwaltungsrechts der Gemeinde die Einhaltung des Übermaßverbots sowie der Wesensgehaltsgarantie zu beachten; das wird vor allem im Hinblick auf den Umfang der übertragenen Planungsaufgabe bedeutsam. Nur in Ausnahmefällen kann sogar die Bebauungsplanung der Gemeinde entzogen werden. In keinem Falle aber darf das herkömmliche Erscheinungsbild, die Struktur oder der Typus der gemeindlichen Selbstverwaltung generell erheblich verändert werden (vgl. StGH BW DÖV 1976, 595 u. 599, *W. Schrödter*, in: Schrödter, § 203 BauGB, Rn. 7f.; *Battis*, B/K/L, § 203 Rn. 6).

3. Effektivitätssteigerung durch großräumig abgestimmte Planungen

Als weitere Möglichkeit, die Planungseffizienz zu steigern, sucht 6
das Baugesetzbuch eine großräumige Abstimmung der Planungen zwischen benachbarten Gemeinden durch ein **gestuftes System interkommunaler Zusammenarbeit** zu erreichen: Bei der Aufstellung von Bauleitplänen sind im Rahmen der verfahrensmäßigen Beteiligung der Träger öffentlicher Belange (§ 4 BauGB) auch die von der Planung betroffenen Nachbargemeinden zu beteiligen; hinzukommt eine materielle **Abstimmungspflicht** (§ 2 II BauGB; dazu unten § 12 Rn. 19ff.). Über diese allgemeinen Regelungen hinaus besteht im Einzelfall die Pflicht zu einer **gemeinsamen Flächennutzungsplanung** (§ 204 BauGB), und als nächste Stufe kommt der Zusammenschluß in einem **Planungsverband** in Betracht (§ 205 BauGB).

a) Die Pflicht zu gemeinsamer Flächennutzungsplanung (§ 204 BauGB)

7 Abgesehen von besonderen Ausnahmefällen besteht eine Pflicht benachbarter Gemeinden zur Aufstellung eines gemeinsamen Flächennutzungsplans, wenn die Entwicklung der Gemeinden durch gemeinsame Voraussetzungen und Bedürfnisse bestimmt ist (§ 204 I BauGB). Dies kann etwa der Fall sein auf Grund räumlicher Gegebenheiten, z. B. der Zugehörigkeit zu einer geographischen Einheit oder des Zusammenwachsens verschiedener Gemeinden.

Als Beispiele für gemeinsame Voraussetzungen und Bedürfnisse nennt § 204 I 2 BauGB Ziele der Raumordnung, Anlagen des öffentlichen Verkehrs, wie z. B. Schnellstraßen, U-Bahnen, S-Bahnen, Straßenbahnen, sowie sonstige Infrastruktureinrichtungen, etwa Krankenhäuser, Sportplätze oder Kläranlagen. Im Gegensatz zu den Fällen der §§ 203 u. 205 BauGB wird hier die Planungshoheit nicht übertragen. Es besteht nur eine Pflicht zur Zusammenarbeit im Regelfall („Soll"-Vorschrift). Diese kann von der Aufsichtsbehörde durchgesetzt werden; die Nachbargemeinde kann dies notfalls im Klagewege erstreiten (*Battis*, B/K/L, § 204 Rn. 5). Allerdings ist die Pflicht zur Aufstellung eines gemeinsamen Flächennutzungsplans als Einschränkung des gemeindlichen Selbstverwaltungsrechts nach dem Übermaßverbot nur gegeben, wenn keine mildere Koordinationsform nach dem eingangs erwähnten Stufenmodell zu einem Ausgleich führt.

b) Planungsverbände (§ 205 BauGB)

8 Besteht ein noch weitergehender Koordinationsbedarf, reichen also die allgemeine Abstimmungspflicht und auch eine gemeinsame Flächennutzungsplanung nicht aus, steht die Gründung eines Planungsverbandes zur Verfügung. Diese kann auf freiwilliger Basis erfolgen und die Koordination der Bauleitplanung verschiedener Gemeinden, aber auch von Fachplanungen durch Einschluß von Trägern der Fachplanung, bezwecken (§ 205 I BauGB). Scheitert der Versuch einer freiwilligen Gründung, kann der Planungsverband auf Antrag eines Beteiligten (aus Gründen der Raumordnung auch auf Antrag der zuständigen Landesplanungsbehörde) im allgemeinen durch einen Entscheid der Landesregierung zwangsweise geschlossen werden, „wenn dies zum Wohl der Allgemeinheit dringend geboten ist" (§ 205 II BauGB).

Der **freiwillige Planungsverband** (§ 205 I BauGB) kommt durch Abschluß eines öffentlich-rechtlichen Vertrags zustande, in dem auch die Verbandssatzung festgelegt wird. Aus ihr ergeben sich die zwischen den Mitgliedern vereinbarten Aufgaben des Verbandes. Erlaubt ist die Übertragung aller Aufgaben, die der Gemeinde nach dem Baugesetzbuch obliegen, von der Bauleitplanung bis zur Durchführung der Bebauungspläne. Allerdings bedarf die Übertragung der Kompetenzen auf den Verband (entsprechend den Ausführungen zu § 203 I BauGB) im Hinblick auf die Planungshoheit der Gemeinde der Rechtfertigung mit Gründen des Gemeinwohls und muß sich im Rahmen des Verhältnismäßigkeitsprinzips und der institutionellen Kernbereichsgarantie halten. Deshalb kann insbesondere eine Übertragung der Befugnis zum Erlaß eines Bebauungsplans nur in extremen Ausnahmefällen in Betracht kommen.

Erst recht müssen diese Anforderungen für die **zwangsweise Gründung eines Planungsverbandes** gelten. § 205 II BauGB verlangt demgemäß, daß der Zusammenschluß zum Wohl der Allgemeinheit „dringend" geboten ist, es muß also das Tätigwerden des Planungsverbandes und der Umfang seiner Tätigkeit zur Abwendung eines erheblichen Schadens für die Allgemeinheit unumgänglich sein; dabei kann auch dem Zeitmoment besondere Bedeutung zukommen, so etwa bei der Planung einer mehrere Gemeinden verbindenden S-Bahn, einer Entlastungsstraße oder auch einer überregionalen Fachschule (*Brügelmann/Grauvogel*, § 205 Rn. 152). Die Entscheidung über den Zwangszusammenschluß stellt einen Verwaltungsakt dar, gegen den jeder Beteiligte die Anfechtungsklage erheben kann.

Außer der Gründung eines Planungsverbandes nach Bundesrecht 9
(§ 205 I, II BauGB) ist auch ein Zusammenschluß nach dem **Zweckverbandsrecht** der Länder oder durch besondere Landesgesetze möglich (§ 205 VI BauGB).

Das Bundesverfassungsgericht läßt für diese Verbände nur eine verbandliche Organisationsstruktur zu, bei der die Gemeinde selbst durch entsandte Vertreter an der Willensbildung beteiligt ist (BVerfGE 77, 288, 298 ff., 302 ff.). Denn die §§ 2 I, 203 u. 205 BauGB träfen eine abschließende Regelung der Organisation der Bauleitplanung. Der Begriff des „Zusammenschlusses" in § 205 BauGB verlange eine Organisationsform, bei der die Gemeinden entweder selbst Mitglieder seien (echte Verbandsstruktur) oder jedenfalls entsprechende Mitwirkungsrechte hätten. Das gleiche ergebe sich auch aus systematischen und teleologischen Gründen: **§ 205 BauGB** behandle die **(mitgliedschaftlich) organisierten Planungsverbände**, während im heutigen § 203 II BauGB die Übertragung der städtebaulichen Planungsbefugnisse auf gebietskörperschaftlich strukturierte kommunalrechtliche Volleinheiten (unechte Planungsverbände) geregelt sei.

Eine entsprechende mitgliedschaftliche Organisationsstruktur weisen etwa die **Nachbarschaftsverbände** in Baden-Württemberg auf, die nach § 4 II

NVerbG BW Träger der vorbereitenden Bauleitplanung sind, ferner der Umlandverband Frankfurt/M., nicht jedoch der in BVerfGE 77, 288 ff. beurteilte Stadtverband Saarbrücken, dessen Hauptorgan direkt von den Bürgern des Stadtverbandsgebiets gewählt wurde.

Aus der einleuchtenden Argumentation des Bundesverfassungsgerichts ergibt sich auch das **Verhältnis von § 205 VI zu § 203 II BauGB**. Bei § 205 VI BauGB handelt es sich um einen mitgliedschaftlich strukturierten Verband, bei § 203 II BauGB um einen „gebietskörperschaftlich" strukturierten. Insofern sind die Regelungsbereiche der beiden Normen grundverschieden. Daher kann § 205 VI BauGB kaum als lex specialis zu § 203 II BauGB angesehen werden (a. A. *Brügelmann/Grauvogel*, § 205 Rn. 226; *Zinkahn*, E/Z/B, § 205 Rn. 44 a. E.).

§ 11. Das Planungsermessen – Die materielle Dimension der Planungshoheit

Übersicht

1. Der Unterschied von Planungs- und Verwaltungsermessen – Final- und Konditionalprogramm
2. Äußere und innere Grenzen des Planungsermessens
   a) Parallelen zum Verwaltungsermessen
   b) Äußere Ermessensgrenzen
   c) Innere Ermessensgrenzen
3. Weitere Schranken: Die Doppelfunktion der Grundrechte und (zahlreicher) Rechtsgrundsätze

1. Der Unterschied von Planungs- und Verwaltungsermessen – Final- und Konditionalprogramm

1 Planungshoheit als Bestandteil von Selbstverwaltungsrecht und Autonomie der Gemeinde bedeutet Planungsermessen oder Gestaltungsfreiheit.

„Planungsermessen" und **„Gestaltungsfreiheit"** werden oft synonym gebraucht. Planungsermessen betrifft die Frage, ob die Gemeinde überhaupt einen Plan aufstellen will (Planungsfreiheit/Planungspflicht, s. u. § 12 Rn. 2 ff.) und wie sie ihn inhaltlich gestalten möchte; „Gestaltungsfreiheit" dagegen wird vorwiegend in Bezug auf letzteres verwandt. Hier liegt auch der Schwerpunkt der planungsrechtlichen Problematik.

Das **Planungsermessen** geht grundsätzlich wesentlich weiter als das übliche Verwaltungsermessen und verschafft diesem eine **andere Qualität**. Das Ermessen der Verwaltung beim herkömmlichen Gesetzesvollzug (vgl. § 40 VwVfG) ist auf einen relativ unkomplizierten, überschaubaren Fragenkreis beschränkt. Der größte Teil der gesellschaftlichen Interessenkonflikte wurde hier bereits durch den Gesetzgeber in der Aufstellung der Tatbestandsvoraussetzungen und der Anordnung bestimmter Rechtsfolgen entschieden. Die Verwaltung hat lediglich die generelle Konfliktbewältigung im Gesetz noch an Besonderheiten des Einzelfalles anzupassen. So bezieht sich etwa die Entscheidung bei der Erteilung eines Baudispenses (§ 31 II BauGB) nur auf die Frage, ob im konkreten Fall die Befreiung von einer Festsetzung des Bebauungsplans erteilt, nicht erteilt oder unter Auflagen erteilt werden soll. Im Unterschied dazu ist die **Planung** durch eine **komplexe Entscheidungssituation** gekennzeichnet. Es gilt, eine Vielzahl von Einzelentscheidungen aufeinander abzustimmen, gleichsam die Nutzung eines jeden Grundstücks – wie die Steinchen in einem Mosaikbild – zu einem einheitlichen Ganzen zusammenzufügen. Dabei müssen zahlreiche miteinander kollidierende, miteinander verträgliche oder auch sich wechselseitig verstärkende öffentliche und private Interessen berücksichtigt, zum Ausgleich gebracht und so zu einer Einheit „eingeschmolzen" werden. M. a. W.: „Bei der Planung geht es durchweg um einen Ausgleich mehr oder weniger zahlreicher, in ihrem Verhältnis zueinander komplexer Interessen, die überdies meist in eigentümlicher Weise miteinander verschränkt sind, so daß dem einen Interesse nichts zugestanden werden kann, ohne in einer Art Kettenreaktion zahlreiche andere Interessen zu berühren" (BVerwG, BRS 22 Nr. 3, S. 5 f.). Insofern hat die Verwaltung bei der Wahrnehmung ihrer Planungs- oder Gestaltungsfunktion die Aufgabe der Konfliktbewältigung weitgehend selbst zu leisten. 2

Das ist nur möglich, wenn ihr ein entsprechend großer Gestaltungsspielraum zur Verfügung steht. Die Form der klassischen Gesetze, die nach dem „Wenn . . . dann"-Schema auf Grund von Tatbestandsmerkmalen die Rechtsfolge präzise festlegen **(„Kondi-** 3

tionalprogramm"), läßt sich auf komplexe Planungssituationen nicht übertragen. Planungsgesetze müssen sich daher darauf beschränken, lediglich bestimmte Ziele und einzelne Mittel oder Handlungsbefugnisse zu benennen **(„Finalprogramm")**. Die Verwaltung hat dann nach der jeweils konkret vorliegenden Planungssituation selbst zu entscheiden, welche der vorgegebenen Ziele, in welchem Umfange und auf welche Weise erreicht werden sollen. Das erfolgt durch eine Bewertung und Gewichtung der einzelnen Ziele an Hand der konkreten Planungssituation im Wege der Abwägung nach den Anforderungen des „Abwägungsgebots". Demgemäß sieht § 1 V BauGB eine Vielzahl von **allgemeinen Planungszielen** und konkreteren Unterzielen, sogenannten **Planungsleitlinien**, vor und § 9 BauGB ermächtigt zu den Mitteln für ihre Verwirklichung. Planungsziele und Planungsleitlinien stellen lediglich beachtenswerte Gesichtspunkte, Direktiven oder „Belange" für die Abwägung (sog. **„Abwägungsdirektiven"**) dar, nicht aber zwingende Vorgaben. Die Planungsentscheidung selbst, d. h. das Ausbalancieren und Einschmelzen der vielfältigen Belange und Interessen in einem einheitlichen Plan im Wege der Abwägung, verbleibt daher bei der Gemeinde (§ 1 VI BauGB).

Der Unterschied zwischen klassischem Gesetz und Planungsgesetz läßt sich wie folgt näher erläutern: Die Struktur der klassischen rechtsstaatlichen Gesetze bildet ein **„Konditionalprogramm"** von Tatbestand und Rechtsfolge: „Wenn" bestimmte im Gesetz genannte Tatbestände erfüllt sind, „dann" tritt eine ebenfalls gesetzlich bestimmte Rechtsfolge ein. So ist nach den Landesbauordnungen z. B. die Baugenehmigung zu erteilen, wenn dem Vorhaben keine von der Baurechtsbehörde zu prüfenden öffentlich-rechtlichen Vorschriften entgegenstehen (vgl. § 58 I LBO BW) oder die Erlaubnis zum Betrieb eines Gaststättengewerbes ist zu widerrufen, wenn nachträglich Tatsachen eintreten, die die Annahme rechtfertigen, daß der Antragsteller nicht die für den Gewerbebetrieb erforderliche Zuverlässigkeit besitzt (§ 15 II GaststättenG).

Auf eine solche Weise lassen sich die komplizierten Zuordnungs- und Ausgleichsfunktionen einer Planung nicht festlegen. Das Gesetz vermag z. B. nicht an Hand einiger Tatbestandsmerkmale zu bestimmen, wann und wo ein Baugebiet auszuweisen ist und wie die einzelnen Grundstücke zugeschnitten, genutzt und einander zugeordnet werden. Das hängt von den jeweiligen örtlichen Gegebenheiten, geographischen, sozialen, ökonomischen, ökologischen und vielen anderen Bestimmungsfaktoren ab. Der Gesetzgeber muß sich daher darauf beschränken, Ziele und Mittel zu deren Verwirklichung zu bestimmen, es aber der Planungsinstanz überlassen, diese Ziele in der konkreten Planungssituation miteinander in Einklang zu bringen und die erforderlichen Mittel zu ihrer Verwirklichung zu wählen **(„Finalprogramm")**. Dadurch gewinnt die planende Verwaltung einen außergewöhnlichen Entscheidungsspielraum in der Präzisierung der Entwicklungsziele für ihr konkretes Plangebiet und in deren inhaltlicher Ausgestaltung. Diese „planerische Gestaltungsfreiheit" unterscheidet sich auch qualitativ von dem herkömmlichen Ermessen der Verwaltung (zu den Besonderheiten der Planungs- und Gestaltungsfunktion der Verwaltung vgl. bereits *Brohm*, VVDStRL 30 (1972), 245, 259 ff.; *Oberndorfer*, Die Verw., 1972, 257 ff.; *Hoppe*, DVBl. 1974, 641, 644; *Schulze-Fielitz*, Jura 1992, 201, 208 m. w. N.; z. T. abw. *Schmidt-Aßmann*, E/Z/B, § 1 BBauG 1960, Rn. 306).

Angesichts dieses weitreichenden Entscheidungsspielraums steht das Planungsermessen dem **gesetzgeberischen Ermessen** näher als dem herkömmlichen Verwaltungsermessen. Dennoch darf es nicht mit dem Ermessen des Gesetzgebers gleichgesetzt werden. Denn dieser hat bei seiner Regelung von den Besonderheiten des Einzelfalles zu abstrahieren; die Planungsinstanz dagegen muß gerade „im Angesicht der konkreten Planungssituation" und zur Gestaltung der konkret vorgegebenen Sachlage ihre städtebauliche Ordnung festlegen (vgl. dazu oben § 8 Rn. 9 und unten § 14 Rn. 4; ferner BVerwGE 50, 114, 119 ff. – Frankfurter Begrünungsplan). 4

Der notwendigen Unterscheidung zwischen Verwaltungsermessen und Planungsermessen steht nicht entgegen, daß neuerdings in einzelnen Bestimmungen planerische Elemente in die Ermessensentscheidung der Verwaltung eindringen. So genügt es für das in § 31 II Nr. 2 BauGB genannte Tatbestandsmerkmal der „städtebaulichen Vertretbarkeit", daß die Abweichung sich als ein nach § 1 V, VI BauGB zulässiger Inhalt eines Bebauungsplans darstellt. Damit kommen planerische Abwägungsgesichtspunkte in die Voraussetzungen für ein Verwaltungsermessen hinein.

2. Äußere und innere Grenzen des Planungsermessens

a) Parallelen zum Verwaltungsermessen

Trotz der dargelegten Verschiedenheit zwischen Planungs- und Verwaltungsermessen lassen sich einzelne Grundbegriffe des Verwaltungsermessens auf das Planungsermessen übertragen. Das gilt vor allem für die Systematisierung der gesetzlichen Anforderungen 5 an die Ermessensausübung. Ermessen als Wahlmöglichkeit zwischen mehreren Alternativen im Rahmen einer Wertverwirklichung (*Forsthoff*, Verwaltungsrecht 1973, 87) kann im Rechtsstaat nicht unbegrenzt sein. Die rechtlichen Bindungen lassen sich beim Verwaltungsermessen wie beim Planungsermessen mit den Kategorien der **äußeren und inneren Ermessensgrenzen** erfassen. Dabei darf der Terminus der „Grenzen" des Ermessens nicht dazu verleiten, diese einseitig unter dem Blickwinkel des Rechtsschutzes und der gerichtlichen Verwaltungskontrolle zu sehen. Vielmehr erfüllen diese rechtlichen Vorgaben auch eine **positive Steuerungsfunktion für die Verwaltung**. Diese kann, wie die §§ 214f., 216 BauGB zeigen, weit über die Kontrollfunktion des Gerichts hinausgehen. Entsprechendes gilt angesichts zahlreicher Unbeachtlichkeits- und Heilungsvorschriften auch für die herkömmliche Lehre vom Verwaltungsermessen.

6 Die Unterscheidung zwischen äußeren und inneren Grenzen des Ermessens geht auf eine lange Tradition zurück. In neuerer Zeit wurde sie für das administrative Ermessen vor allem durch *Wolff/Bachof* (Verwaltungsrecht I, 9. Aufl. 1974, § 31 II d) herausgearbeitet und wird u. a. von *Wolff/Bachof/Stober* (Verwaltungsrecht I, 10. Aufl. 1994, § 31 Rn. 39ff., 44, 46, 49) fortgeführt. Die gesetzlichen Bestimmungen für das administrative Ermessen sprechen in **§ 114 VwGO und § 40 VwVfG** von der Überschreitung der „gesetzlichen Grenzen des Ermessens" und von der Ausübung des Ermessens „in einer dem Zweck der Ermächtigung nicht entsprechenden Weise". Dementsprechend wird neuerdings die traditionelle Unterscheidung zwischen äußeren und inneren Ermessensfehlern vielfach nur noch mit den Begriffen der **Ermessensüberschreitung** und des **Ermessensfehlgebrauchs** (Ermessensmißbrauchs) charakterisiert und als Zwischengruppe die Ermessensunterschreitung (Ermessensnichtgebrauch) hinzugefügt (vgl. z. B. *Maurer*, VWR, § 7 Rn. 19–22). Indessen läßt die traditionelle Charakterisierung die in der Sache erfahrungsgemäß ohnehin schon schwierige Unterscheidung wesentlich plastischer hervortreten. Sie erleichtert es überdies, eine einseitige, an der Rechtswidrigkeit und dem Rechtsschutz orientierte Sichtweise der Ermessenslehre zu vermeiden und hilft dazu, die positive, steuernde Funktion der Abwägungsdirektiven und Grundsätze für die (innere) Ermessensausübung nicht aus dem Auge zu verlieren. Insbesondere für das wesentlich kompliziertere Planungsermessen kommt es auf die Lenkung durch eine Vielzahl von Abwägungsdirektiven an. Insofern wird hier der traditionellen Begrifflichkeit der äußeren und inneren Ermessensgrenzen der Vorzug gegeben. Die „Ermessensunterschreitung" läßt sich den inneren Ermessensfehlern zuordnen; entsprechend ist sie in dem ersten Kriterium des Abwägungsgebots enthalten.

b) Äußere Ermessensgrenzen

Äußere Ermessensgrenzen bezeichnen den **Rahmen**, der dem Ermessen der Verwaltung durch die Gesetze gezogen wird. Diese Regelungen stecken also den Ermessensbereich ab, begrenzen ihn gleichsam **von außen** her, indem sie zwingende Vorgaben machen, die erfüllt sein müssen, bevor die Verwaltung mit Ermessenserwägungen überhaupt beginnen kann. Im Bereich der äußeren Ermessensgrenzen ist die Verwaltung in vollem Umfange gesetzlich gebunden. Hier kann sie nur das Gesetz vollziehen. Stellt sie dennoch Ermessenserwägungen an, liegt eine Verletzung des Gesetzmäßigkeitsprinzips i. S. d. Vorrangs des Gesetzes vor; denn die Verwaltung nimmt für sich eine Ermessensfreiheit in einem Bereich in Anspruch, in dem sie ausschließlich auf den Gesetzesvollzug verwiesen ist. Parallel dazu legt für das administrative Ermessen § 40 VwVfG fest, die Behörde habe „die gesetzlichen Schranken des Ermessens einzuhalten". Und nach § 114 VwGO hat das Gericht bei Ermessensentscheidungen auch zu prüfen, ob deshalb ein Verwaltungsakt rechtswidrig ist, weil „die gesetzlichen Grenzen des Ermessens überschritten" wurden (Ermessensüberschreitung). 7

Die äußeren Ermessensgrenzen werden zum einen überschritten, wenn Tatbestandsvoraussetzungen in der Ermessensvorschrift selbst nicht vorliegen, zum anderen aber auch dann, wenn eine Ermessensausübung nach anderen Vorschriften unzulässig ist. Ein Beispiel für die erste Fallgruppe bietet aus dem Bereich des Verwaltungsermessens die bauordnungsrechtliche Ermächtigung zur Abbruchsanordnung (vgl. z. B. § 65 LBO BW). Danach „kann" der Abbruch einer Anlage angeordnet werden, wenn sie „im Widerspruch zu öffentlich-rechtlichen Vorschriften errichtet" wurde und „nicht auf andere Weise rechtmäßige Zustände hergestellt werden können". Das Ermessen der Verwaltung beginnt also erst, wenn die beiden zuletzt genannten gesetzlichen Voraussetzungen erfüllt sind. Ist das nicht der Fall und ordnet die Verwaltung dennoch den Abbruch an, hat sie ihr „Ermessen überschritten", also außerhalb ihres Ermessensbereichs im Bereich des Gesetzesvollzugs zwingende gesetzliche Vorschriften verletzt. Eine entsprechende Überschreitung der Grenzen des Ermessens i. S. der zweiten Fallgruppe müßte man annehmen, wenn trotz Vorliegens der genannten bauordnungsrechtlichen Voraussetzungen für eine Abbruchsanordnung nach einem besonderen Gesetz, etwa zur Förderung des Wohnungsbaus, der Abbruch von Wohngebäuden grundsätzlich untersagt oder nur unter zusätzlichen Voraussetzungen zulässig wäre. Im Planungsrecht spielt vor allem die zweite Fallgruppe eine große Rolle. Ein Beispiel bietet die Bindung der Gemeinde an die Ziele der Raumordnung (§ 1 IV BauGB). Sie begrenzt die Planungshoheit und damit das Planungsermessen der Gemeinde „von außen her", also prinzipiell und nicht nur unter den besonderen Umständen des Einzelfalles (dazu näher *Brohm,* DÖV 1989, 429, 440 m. Fn. 84; entspr. jetzt auch BVerwGE 90, 329, 335 f.).

c) Innere Ermessensgrenzen

8 Hält sich die Verwaltung innerhalb des ihr vom Gesetz gezogenen Ermessensrahmens, ist sie dennoch in ihrer Entscheidung nicht völlig frei. Ermessen bedeutet keine absolute Entscheidungsfreiheit, die bis zur Willkür reichen kann. Vielmehr muß die Behörde im Rechtsstaat ihr **Ermessen „pflichtgemäß"** ausüben.

Für das administrative Ermessen verlangt § 40 VwVfG, daß sie dieses „entsprechend dem **Zweck der Ermächtigung**" ausübt. Demgemäß geht § 114 VwGO von einem rechtswidrigen Verwaltungsakt aus, wenn „von dem Ermessen in einer dem Zweck der Ermächtigung nicht entsprechenden Weise Gebrauch gemacht" wurde. Insofern wird die Ermessensausübung durch den gesetzlichen Zweck gesteuert: Er bildet eine rechtliche Direktive für die Ermessenserwägungen der Behörde und präzisiert damit, was unter einer „pflichtgemäßen" Ermessensausübung zu verstehen ist. Dadurch wird das Ermessen rechtlich gelenkt, also selbst teilweise verrechtlicht. Derartige rechtliche Bindungen bei der Ermessensausübung kann man als „innere Ermessensgrenzen" bezeichnen. Sie setzen innerhalb des Ermessensbereichs der Verwaltung im konkreten Einzelfall Grenzen bei der Wahl zwischen einzelnen alternativen Maßnahmen. Bei einer Überschreitung spricht man in der Lehre vom administrativen Ermessen häufig von einem „Ermessensfehlgebrauch" oder „Ermessensmißbrauch".

9 Für eine „sachgerechte" Ausübung des **Planungsermessens** läßt sich nicht auf „den Zweck" der Ermessensermächtigung verweisen. Mit ihrem Planungsermessen muß die Verwaltung, wie dargelegt, gerade im Hinblick auf die inhaltliche Gestaltung des Planes eine hochkomplexe Entscheidungssituation meistern. Sie hat dabei einer Vielzahl von allgemeinen Interessen und Belangen

Rechnung zu tragen. Daher gibt das Baugesetzbuch (in §§ 1 V 1 u. 1a I BauGB) nicht einen Zweck, sondern gleich eine **Vielzahl von allgemeinen Zielen** oder auch „Oberzielen" vor: eine nachhaltige, d.h. sozial, ökonomisch, ökologisch und nicht nur für den Augenblick sachgerecht ausgewogene städtebauliche Entwicklung, eine dem Wohl der Allgemeinheit entsprechende sozialgerechte Bodennutzung, die Sicherung einer menschenwürdigen Umwelt, den Schutz der natürlichen Lebensgrundlagen, den Vorrang bestimmter Nutzungsarten sowie den sparsamen und schonenden Umgang mit Grund und Boden unter Begrenzung der Bodenversiegelung auf das notwendige Maß. Allerdings sind diese Ziele so allgemein, auf einer so hohen Abstraktionsebene formuliert, daß sie nur eine vage rechtliche Direktive für die Handhabung des Planungsermessens in einer konkreten Planungssituation abzugeben vermögen. Mit ihnen lassen sich allenfalls äußerste, extreme Fehlgriffe rechtlich ausschließen. Das kann jedoch nicht genügen. Schließlich lockert die bei der Planung notwendigerweise bestehende weite Gestaltungsfreiheit die traditionelle rechtsstaatliche Gesetzesbindung über den Vorbehalt des Gesetzes und das Bestimmtheitsgebot erheblich auf. Daher werden diese allgemeinen Planungsziele durch konkretere **Planungsleitlinien** (§ 1 V 2 Nr. 1–10 BauGB), Belange und Verfahren des Umweltrechts (§ 1a II Nr. 1–4 BauGB), allgemeine Rechtsgrundsätze und andere rechtliche Direktiven ergänzt. Sie sind im Rahmen des speziell für das Planungsermessen entwickelten Abwägungsgebots miteinander und gegeneinander abzuwägen und so zu einem Ausgleich zu bringen (§ 1 VI BauGB). Da sie Richtlinien oder Direktiven für die Ausübung des Planungsermessens geben, werden sie vielfach unter dem Obergriff der „Abwägungsgrundsätze" oder **„Abwägungsdirektiven"** (so BVerwGE 90, 329, 332) zusammengefaßt. Als rechtlich vorgegebene abwägungsrelevante Belange steuern und „begrenzen" sie die Ausübung des Planungsermessens im konkreten Fall. Insofern handelt es sich hier um „innere Ermessensgrenzen".

3. Weitere Schranken: Die Doppelfunktion der Grundrechte und (zahlreicher) Rechtsgrundsätze

10 Grundrechte bestimmen den ganzen Planungsvorgang. So wird etwa die Baufreiheit gleich zu Beginn der Planung wirksam: Festsetzungen im Bebauungsplan schränken sie ein; sie bedürfen daher einer gesetzlichen Ermächtigung (Gesetzesvorbehalt); daraus ergibt sich z.B. die abschließende Aufzählung der Festsetzungsmöglichkeiten in § 9 BauGB und der Typenzwang der sie konkretisierenden Baunutzungsverordnung. Die **Grundrechte als Abwehrrechte** werden vor allem aber gleichsam am Ende des Planungsvorgangs wirksam, insofern der fertige Plan nicht gegen eine grundrechtliche Gewährleistung verstoßen darf. Daneben bilden Grundrechte als **Elemente objektiver Ordnung**, also in ihrer Funktion als objektiv-rechtliche Wertentscheidungen oder Grundsatznormen (dazu etwa *Pieroth/Schlink*, Grundrechte/Staatsrecht II (2000), Rn. 76ff.), Gesichtspunkte, die das Ermessen leiten; sie stellen sich damit im Planungsrecht als abwägungsrelevante Belange oder Abwägungsdirektiven dar, die bereits bei der Abwägung für einzelne Festsetzungen zu beachten sind. Deswegen wird ein Grundrecht in seiner Funktion als Abwehrrecht aber noch nicht zu einem lediglich abwägungserheblichen Belang, der im konkreten Fall zugunsten eines anderen Belangs zurückgestellt werden könnte, sondern bleibt wie die äußeren Ermessensgrenzen eine zwingende gesetzliche Vorgabe, die lediglich vorwiegend nicht vor, sondern nach der Ausübung des Planungsermessens, also als Schranke gegenüber dem fertigen Plan wirksam wird. Das gilt jedenfalls in der Perspektive der gerichtlichen Kontrolle; aus der Perspektive der planenden Stelle ergibt sich die Notwendigkeit, diese absoluten Grenzen bereits bei der Planaufstellung zu beachten, damit der Plan rechtlich nicht an dieser Schranke scheitert.

11 Die im Staatsrecht allgemein anerkannten Funktionen der Grundrechte als Abwehrrechte und als objektive Wertentscheidungen der Verfassung werden im Bauplanungsrecht nicht immer deutlich unterschieden. Daher entsteht vielfach der Eindruck, als ob die Grundrechte nur im Rahmen der Abwägung

zu prüfen seien und damit lediglich einen Abwägungsbelang darstellten. Eine solche Auffassung widerspräche jedoch der in Art. 1 III GG angeordneten unmittelbaren Verbindlichkeit der Grundrechte für alle staatlichen Gewalten und damit auch für die Planungsinstanzen. Zwar führt die Mißachtung eines Grundrechts als Element objektiver Ordnung und damit als Abwägungsdirektive i. d. R. bereits zur Fehlerhaftigkeit des Bebauungsplans wegen eines Abwägungsmangels, so daß es auf die Funktion des Grundrechts als (absolutes) Abwehrrecht im Ergebnis nicht mehr entscheidend ankommt. Indessen kann im Einzelfall eine Zurückstellung des objektiven Gehalts eines Grundrechts bei der Abwägung durchaus als sachgerecht erscheinen, das Ergebnis aber dennoch gegen die absolute Geltung des Grundrechts als Abwehrrecht verstoßen. Mit solchen Fällen ist gerade dann zu rechnen, wenn man mit der neueren Rechtsprechung zur Abwägung zutreffend die Anforderungen an eine sorgfältige Zusammenstellung des Abwägungsmaterials beschränkt, so daß objektiv im Zeitpunkt der Abwägung geringwertig erscheinende oder nicht erkennbare Interessen den Abwägungsvorgang nicht fehlerhaft machen (vgl. unten § 13 Rn. 25). Die bei Aufstellung des Bebauungsplans unerkannten grundrechtsverletzenden Wirkungen können nicht über die Unangreifbarkeit des Abwägungsvorgangs unbeachtlich werden.

Die Doppelfunktion der Grundrechte als innere und äußere Ermessensschranke läßt sich für den Regelfall am **Beispiel der Berufsfreiheit** (Art. 12 I GG) und des Schutzes der Gesundheit (Art. 2 II GG) aufzeigen. Will z. B. eine Gemeinde im Textteil eines Bebauungsplans für einen Ortsteil bestimmte gewerbliche Nutzungen, etwa Gaststätten, ausschließen (vgl. § 1 V BauNVO), dann muß sie bei ihrer Abwägung u. a. stadtgestalterische Vorstellungen und etwa das Ruhebedürfnis der Wohnbevölkerung, aber – im Hinblick auf die objektivrechtliche Funktion des Grundrechts der Berufsfreiheit – auch das Interesse an der Errichtung von Gaststätten beachten. Würde sie diesen abwägungserheblichen Belang ohne sachliche Notwendigkeit gegenüber entgegenstehenden Belangen zurückstellen, etwa weil sie annimmt, gewerbliche Interessen seien entgegen der Wertentscheidung des rt. 12 I GG nur minder schutzwürdig, wäre der Bebauungsplan wegen einer Verletzung der inneren Ermessensgrenzen bzw. des Abwägungsgebots – vergleichbar dem Ermessensfehlgebrauch beim administrativen Ermessen – rechtswidrig. Rechtfertigen es dagegen im konkreten Fall vernünftige Gründe des Gemeinwohls, den Ausschluß im Bebauungsplan festzulegen, so heißt das noch nicht, daß eine solche Festsetzung ohne weiteres rechtlich zulässig wäre. Das Grundrecht in seiner Funktion als Abwehrrecht zieht diesem Ergebnis des Planungsermessens auch eine äußere Ermessensgrenze, die etwa bei einem Umschlag in eine Berufswahlregelung nicht überschritten werden darf. Seine durch die Grundsatznorm des Art. 1 III GG verbürgte strikte Bindungskraft kann nicht über die planerische Abwägung ausmanövriert werden. Gleiches gilt für die Beachtung des grundrechtlichen Gesundheitsschutzes nach Art. 2 II GG. 12

Komplizierter scheinen die Dinge beim **Eigentumsgrundrecht** aus Art. 14 I GG zu liegen. Das hat seinen Grund darin, daß der Inhalt des 13

Grundrechts „durch die Gesetze bestimmt" wird (Art. 14 I 2 GG), wobei zu den Gesetzen i. S. dieser Regelung auch der als Satzung beschlossene Bebauungsplan gehört. Davon ausgehend vertritt das Bundesverwaltungsgericht die Auffassung, ein – auch mit Blick auf die Eigentümerbelange – dem Abwägungsgebot entsprechender Bebauungsplan bestimme Inhalt und Schranken des Eigentums i. S. d. Art. 14 I 2 GG. Deshalb müsse ihm gegenüber die Berufung auf die Eigentumsgewährleistung versagen (BVerwGE 47, 144, 153). Ein abwägungserheblicher privater Belang, wozu auch das Eigentum gehöre, könne sich also nur innerhalb des Abwägungsrahmens durchsetzen. Werde er ohne Verstoß gegen das Abwägungsgebot hinter anderen Belangen zurückgestellt, könne er dem Abwägungsergebnis nicht jenseits der Abwägung ein weiteres Mal entgegengehalten werden (BVerwG, ebd., S. 154).

Damit scheint beim Eigentumsrecht eine dem hier vertretenen Ansatz der „Doppelfunktionalität" der Grundrechte entsprechende „Doppelprüfung" des Eigentumsrechts grundsätzlich nicht möglich zu sein. Das Gericht gesteht aber selbst zu, daß in exzeptionellen Fallgestaltungen ein rechtsfehlerfrei abgewogener Bebauungsplan dennoch gegen Art. 14 GG verstoßen könne, etwa wenn er „in seinem Zusammentreffen mit einem außerhalb des Plangebiets gelegenen Bestand enteignend" wirke (BVerwG, ebd. S. 153). Mit zunehmender Schwere der Einwirkung auf das Eigentum zeige dessen grundrechtliche Gewährleistung letzten Endes Grenzen für die planerischen Festsetzungen auf, jenseits derer sie über die durch Art. 14 II GG gedeckte (entschädigungslose) Eigentumsbindung hinausgingen (BVerwG, ebd. S. 154). Der Plan könne dann vor Art. 14 GG nur Bestand haben, wenn er entweder die Einwirkungen auf ein zumutbares Maß reduziere oder die außerhalb des Plangebiets betroffenen Grundstücke ausdrücklich in Anspruch nehme und dadurch die Voraussetzungen für eine Entschädigung nach den §§ 40 ff. BBauG/BauGB schaffe. Dementsprechend erkennt auch die jüngere Rechtsprechung des Gerichts zum verfassungsrechtlichen Eigentumsschutz immer wieder an, daß die Verfassungsmäßigkeit einer eigentumsrechtlich relevanten Regelung an Art. 14 I GG zu prüfen sei. So führt das Fehlen einer Entschädigungsregelung bei einer ausgleichspflichtigen Inhaltsbestimmung zu deren Rechtswidrigkeit und damit Nichtigkeit. Das wird vor allem relevant in Fällen, in denen die Auswirkungen einer planerischen Festsetzung nicht vorhersehbar waren oder sich die tatsächlichen Umstände danach geändert haben.

Insofern findet dann doch eine dem hier befürworteten „Doppelfunktionalitätsansatz" vergleichbare Doppelberücksichtigung des Grundrechts statt, zum einen im Rahmen der planerischen Abwägung, zum anderen im Rahmen der von der planerischen Abwägungsentscheidung gedanklich getrennten Prüfung, ob der (richtig abgewogene) Bebauungsplan nicht doch die grundrechtliche Eigentumsgewährleistung verletzt. Nur wird bei dieser Doppelprüfung dogmatisch nicht deutlich, daß sie sich einmal aus der objektiven Funktion der Grundrechte und ihrer Bedeutung für die inneren Grenzen des Planungsermessens und das andere Mal aus der abwehrrechtlichen Funktion und ihrer Bedeutung als absoluter Grenze ergibt.

Eine entsprechende Doppelfunktion als zwingende, den äußeren Ermessensgrenzen vergleichbare rechtliche Schranke und als innere Ermessensgrenze i. S. einer Abwägungsdirektive kommt auch zahlreichen allgemeinen **verwaltungsrechtlichen** und **planungsrechtlichen Grundsätzen** zu (vgl. auch *Maurer*, VWR, § 7 Rn. 23; allein zu den Abwägungsrichtlinien rechnet sie dagegen *Hoppe*, H/G, § 7 Rn. 19, 31, 140). Grundsätze, wie z. B. die Gebote der Planklarheit oder äußerer Planeinheit sind zwar allein absolute Schranken. Aber etwa das Gebot der Problembewältigung oder der Grundsatz gerechter Lastenverteilung erlauben ein graduelles Zu- und Abgeben, das je nach der konkreten Situation gerechtfertigt sein kann; insofern sind sie Abwägungsdirektiven. Allerdings gibt es Grenzpunkte, ab denen sie absolut wirken. Ist etwa eine durch die Planung geschaffene Konfliktsituation auch beim Vollzug des Planes nicht mehr zu lösen, liegt ein Verstoß gegen das Gebot der Problembewältigung als einer absoluten Schranke vor. Diese kann im Wege der Abwägung nicht überwunden werden. Insofern wird auch hier die Doppelfunktion als (innere) Ermessensdirektive und als äußere, absolute Ermessensschranke deutlich. **14**

In Anlehnung an die übliche Prüfungsreihenfolge im Rahmen eines Normenkontrollverfahrens gegen einen Bebauungsplan werden im folgenden zunächst die wichtigsten äußeren, dann die inneren Ermessensgrenzen und zuletzt die Grundrechte und allgemeinen Rechtsgrundsätze in ihrer häufigen Doppelfunktion als Abwägungsdirektive und als absolute Schranke für planerische Festsetzungen näher erörtert.

Literatur: *Brohm*, Die Dogmatik des Verwaltungsrechts vor den Gegenwartsaufgaben der Verwaltung, VVDStRL 30 (1972), 245 ff.; *Oberndorfer*, Strukturprobleme des Raumordnungsrechts, Die Verw. 1972, 257; *Hoppe*, Zur Struktur von Normen des Planungsrechts. Bemerkungen zu rechtsstaatlichen Anforderungen an die Begriffsbildung im Planungsrecht, DVBl. 1974, 641; *Brohm*, Gemeindliche Selbstverwaltung und staatliche Raumplanung, DÖV 1989, 429; *Schulze-Fielitz*, Das Flachglas-Urteil des Bundesverwaltungsgerichts (BVerwGE 45, 309) – Zur Entwicklung der Diskussion um das planerische Abwägungsgebot –, Jura 1992, 201.

§ 12. Äußere Grenzen des Planungsermessens – Zwingende gesetzliche Vorgaben

Übersicht

1. Die wichtigsten Einschränkungen im Überblick

1 Das sich aus der Planungshoheit ergebende Planungsermessen der Gemeinde wird durch zahlreiche gesetzliche Vorgaben, die bei der Aufstellung eines Bauleitplanes, insbesondere eines Bebauungs-

planes, absolut einzuhalten sind, von vornherein begrenzt. Diese gesetzlichen Anforderungen müssen erfüllt sein, bevor die planende Gemeinde mit Ermessenserwägungen überhaupt beginnen kann. Solche äußeren Ermessensgrenzen bestehen einmal in einem begrenzten Maße hinsichtlich der Entschließungsfreiheit. Die Aufstellung der Bauleitpläne ist der Gemeinde kommunalrechtlich zur Pflichtaufgabe gemacht, „sobald und soweit" sie für die städtebauliche Entwicklung und Ordnung erforderlich ist; und rechtsstaatlich müssen die Pläne nach diesen Kriterien gerechtfertigt sein **(§ 1 III BauGB)**. Zahlreiche weitere Eingrenzungen des Planungsermessens bestehen hinsichtlich der (inhaltlichen) Gestaltungsfreiheit. Sie folgen einmal aus anderen räumlichen Planungen, mit denen die Bauleitpläne in Einklang zu bringen sind und die deshalb nicht nur faktisch, sondern auch rechtlich von der Gemeinde beachtet werden müssen. Hierher gehören vor allem die Anpassungspflicht der Gemeinde an die in den Raumordnungsplänen aufgestellten Ziele **(§ 1 IV BauGB)**, die Abstimmungspflicht mit den Bauleitplänen benachbarter Gemeinden **(§ 2 II BauGB)**, die Vorgaben durch Planfeststellungen für Vorhaben von überörtlicher Bedeutung **(§ 38 BauGB),** die sog. Planungsleitsätze, ferner für das Aufstellen von Bebauungsplänen das Entwicklungsgebot **(§ 8 II BauGB)** und der **Typenzwang der Baugebiete** nach der BauNVO.

2. Die Planerforderlichkeit: Planrechtfertigung und Planungspflicht (§ 1 III BauGB)

a) Auslegungsprobleme

Eine erste Einschränkung der Planungshoheit der Gemeinde ergibt sich aus § 1 III BauGB. Danach „haben" die Gemeinden die Bauleitpläne aufzustellen, „sobald" und „soweit" es für die „städtebauliche Entwicklung und Ordnung" erforderlich ist. Diese Regelung beschränkt die Planungshoheit der Gemeinde in doppelter Hinsicht, zum einen negativ, als Planungsverbot: Die Gemeinde darf keinen Bauleitplan aufstellen, soweit kein Planungserfordernis besteht; zum anderen positiv, als Pflicht zur Planung, sobald und 2 soweit diese Voraussetzungen gegeben sind. Der Wortlaut der Bestimmung erweckt den Eindruck, daß die Planungspflicht sogar nach Zeitpunkt und Umfang zwingend vorgeschrieben sei, die Gemeinde also keinerlei Entschließungsfreiheit habe, „ob" sie planen möchte. Allerdings wäre dann die Planungshoheit der Gemeinde unverhältnismäßig eingeschränkt. Um dieses Ergebnis zu vermeiden, ist die Bestimmung des § 1 III BauGB „selbstverwaltungsfreundlich" dahingehend auszulegen: Das Tatbestandsmerkmal der „Erforderlichkeit" ergibt sich nicht allein aus den äußeren Gegebenheiten der jeweiligen Situation. Der Gemeinde muß vielmehr die planerische Konzeption für die Stadtentwicklung überlassen bleiben. „Erforderlich" sind daher alle Maßnahmen, die zur Verwirklichung der gemeindlichen Konzeption für ihre „städtebauliche Entwicklung und Ordnung" vernünftigerweise geboten sind. Insofern bestimmt also letztlich die Gemeinde mit ihrer **städtebaulichen Konzeption**, ob, wann und inwieweit zu planen ist; sie muß nur eine entsprechende Planungskonzeption haben.

An der städtebaulichen Konzeption fehlt es z. B., wenn ein Bebauungsplan nur aufgestellt wird, um einem Eigentümer aus wirtschaftlichen Gründen den Verkauf von Baugrundstücken zu ermöglichen (BVerwGE 34, 301, 305). Ebenfalls unzulässig ist eine Änderung des Bebauungsplans, die im wesentlichen nur dazu dient, eine vom ursprünglichen Bebauungsplan abweichende Fehlentwicklung im privaten Interesse eines Bauherrn zu legalisieren, ohne daß städtebauliche Gründe dafür sprächen (OVG Koblenz, NVwZ 1986, 937).

Die städtebauliche Konzeption kann sich aus den verschiedensten Äußerungen der Gemeinde ergeben, nicht zuletzt auch aus den oben (§ 7 Rn. 3 ff.) erwähnten informellen Plänen.

b) Die Planerforderlichkeit als Planrechtfertigung

3 Aus den dargelegten Erwägungen ergibt sich, daß die in § 1 III BauGB festgelegte Planerforderlichkeit als „Planungsverbot" nur eine äußerst selten wirksame Schranke des Planungsermessens darstellt. Letztlich bewirkt § 1 III BauGB angesichts der Planungshoheit der Gemeinde, wonach diese die Konzeption für die Stadtentwicklung selbst zu entwerfen vermag, nur einen Zwang zur Rechtfertigung der Planung. Schließlich trägt eine hoheitliche Planung ihre Rechtfertigung nicht etwa schon in sich selbst, sondern

ist im Hinblick auf die von ihr ausgehenden Einwirkungen auf Rechte Dritter für die jeweilige konkrete Planungsmaßnahme rechtfertigungsbedürftig (BVerwGE 48, 56, 60; 56, 110, 118). Dieser **„Grundsatz der Planrechtfertigung"** folgt auch bereits aus dem Prinzip des rechtsstaatlichen Gesetzesvorbehalts für Eingriffe in Freiheit und Eigentum i. V. m. dem Verhältnismäßigkeitsprinzip, wonach diese Eingriffe nur insoweit erfolgen dürfen, als sie geeignet, erforderlich und verhältnismäßig i. e. S. sind.

Das Bundesverwaltungsgericht verlangt demgemäß, daß die Planung **„vernünftigerweise geboten"** sei (BVerwGE 56, 110, 118f.; 71, 166, 168). Fehle eine Rechtfertigung, sei schon die Aufstellung eines Plans unzulässig; für eine Prüfung, ob die Abwägung sachgerecht erfolgt sei, bestehe dann kein Raum mehr (BVerwGE 45, 309, 312; BVerwG, NVwZ 1996, 888ff.). Diese Ansicht wird teilweise angezweifelt mit dem Hinweis, die Frage sei ohnehin bei der Beachtung des Abwägungsgebots zu berücksichtigen (vgl. *Hoppe*, H/G, § 7 Rn. 16 m. w. N.). Indessen ist § 1 III BauGB wie auch das Verhältnismäßigkeitsprinzip **nicht** bloß ein **„abwägungserheblicher Belang"**, der im Einzelfall auch einmal ganz zurückgestellt werden könnte, sondern zwingendes Recht. Deshalb ist auch ein Bebauungsplan wegen Verstoßes gegen das in § 1 III BauGB enthaltene Gebot seiner Erforderlichkeit nichtig, wenn er nicht „vollzugsfähig" ist, z. B. weil für die seinen Gegenstand bildende Sportanlage nach den einschlägigen immissionsschutzrechtlichen Anforderungen die erforderliche Anlagengenehmigung nicht erteilt werden darf (BVerwG, NVwZ 2000, 550. In DÖV 1998, 71 hatte das Gericht seine Ansicht noch zusätzlich mit dem Rechtsstaatsprinzip begründet). – Es handelt sich hier um das Gegenstück zu einer nach Erlaß des Bebauungsplans eingetretenen Funktionslosigkeit (dazu oben § 8 Rn. 19). 4

c) Die Planerforderlichkeit als Planungspflicht

Noch geringer ist die praktische Bedeutung der Planerforderlichkeit im Hinblick auf eine positive Planungspflicht der Gemeinde. Diese kann bestehen, etwa weil die konkrete städtebauliche Situation bauplanungsrechtliche Ausweisungen unbedingt verlangt, oder weil die Gemeinde im Hinblick auf ihre Pflichtenstellung im staatlichen Gesamtverband Maßnahmen der Landesplanung über einen Bebauungsplan zur rechtlichen Verbindlichkeit verhelfen muß. Solche Fälle einer Pflicht zur Planung können allerdings wiederum angesichts der Planungshoheit der Gemeinde, das Konzept ihrer städtebaulichen Entwicklung und Ordnung selbst festzulegen, nur in exzeptionellen Fällen angenommen werden. 5

Auch dann ist eine **Planungspflicht** der Gemeinde lediglich kraft **objektiven Rechts** anzunehmen; ein subjektives Recht des einzelnen, etwa auf Erlaß eines Bebauungsplanes, kann daraus nicht abgeleitet werden. Die diesbezüglichen Bestimmungen des Baugesetzbuches (§ 1 III u. § 2 I BauGB) sind ausschließlich im öffentlichen Interesse der städtebaulichen Planung erlassen und nicht dazu bestimmt, auch den Interessen des einzelnen Grundeigentümers zu dienen. Damit in dieser Hinsicht keine Zweifel aufkommen, bestimmt § 2 III BauGB noch ausdrücklich, daß auf die Aufstellung von Bauleitplänen kein Anspruch besteht. Kommt eine Gemeinde daher einer ausnahmsweise einmal bestehenden Planungspflicht nicht nach, kann der einzelne Bürger nicht auf deren Erfüllung klagen. Lediglich die staatliche Rechtsaufsichtsbehörde vermag die Gemeinde mit den üblichen Aufsichtsinstrumenten (vgl. z.B. §§ 118ff. GO BW) zur Wahrnehmung ihrer Pflicht anzuhalten.

d) Die Unzulässigkeit rechtsgeschäftlich begründeter Planungspflichten

6 Schon im Hinblick darauf, daß Bauleitpläne allein im öffentlichen Interesse an einer geordneten städtebaulichen Entwicklung aufzustellen sind, kann einem einzelnen auch nicht durch **Vertrag, Zusage** oder auf sonstige Weise ein subjektives Recht auf die Aufstellung eines bestimmten Bauleitplanes eingeräumt werden. Das ergibt sich weiter auch daraus, daß sonst die für die Planaufstellung maßgeblichen Verfahrensvorschriften über die Beteiligung der Bürger und anderer Planungsträger (§§ 3–4a BauGB) sowie das Abwägungsgebot (§ 1 VI BauGB) in ihrer Funktion ausgehöhlt und zur Farce würden. § 2 III, 2. Hs. BauGB stellt dies jetzt ausdrücklich klar.

Vielfach versuchen Gemeinden, Industriebetriebe anzusiedeln, indem sie ihnen zu günstigen Preisen das erforderliche Gelände verkaufen. Sagen sie in diesen Verträgen den Unternehmen auch zu, durch den Erlaß eines entsprechenden Bebauungsplanes die baurechtlichen Voraussetzungen zur Bebauung der Grundstücke zu schaffen, ist diese Zusage rechtlich unzulässig und nichtig (vgl. §§ 54, 59 I VwVfG; § 134 BGB). Es kann also weder durch öffentlichrechtlichen noch durch privatrechtlichen Vertrag eine Planungspflicht der

Gemeinde gegenüber einem einzelnen begründet werden. Daran hat auch die neuerliche Öffnung des Baurechts für den städtebaulichen Vertrag (vgl. § 11 BauGB) nichts geändert; das ist in § 2 III, 2. Hs. BauGB nochmals ausdrücklich festgehalten. Die bislang in der Literatur z. T. dazu vertretenen abweichenden Ansichten sind mit dieser positiv-rechtlichen Regelung überholt.

3. Die Anpassungspflicht an die Ziele der Raumordnung (§ 1 IV BauGB)

a) Art und Umfang der Anpassungspflicht

Aus Gründen der Koordination mit anderen Raumplanungen ist 7
die Planungshoheit der Gemeinde auch hinsichtlich der inhaltlichen Plangestaltung begrenzt. Eine zentrale Vorschrift in diesem Zusammenhang bildet § 1 IV BauGB. Danach hat die Gemeinde die Pflicht, ihre Bauleitpläne den **Zielen der Raumordnung** anzupassen. Diese sind über § 1 IV BauGB **strikt verbindliches Recht** und können nicht im Wege einer Abwägung im Einzelfall überwunden werden, wie das nach § 1 VI BauGB bei den in § 1 V BauGB aufgezählten „städtebaulichen Zielen" (oder besser Leitlinien) der Fall ist. Insoweit besitzt die Gemeinde also keine Gestaltungsfreiheit bei den inhaltlichen Festlegungen in einem Bauleitplan. Die Anpassungspflicht bewirkt eine „äußere Schranke" des Planungsermessens; sie zieht diesem einen für alle Fälle geltenden Rahmen (dazu VGH BW, DÖV 1981, 269; VBlBW 1998, 177 f.; *Brohm*, DÖV 1989, 429, 440 m. Fn. 84; BVerwGE 90, 329 = NVwZ 1993, 167 = DÖV 1993, 118).

Der Begriff „Raumordnung" bezeichnet die zusammenfassende überörtliche Planung und Ordnung des Raumes, zu der vor allem neben dem vielfach als Landesentwicklungsplan bezeichneten „Raumordnungsplan für das Landesgebiet" (vgl. § 8 I ROG) auch die Regionalplanung gehört (BVerfGE 3, 407, 425; dazu oben § 3 Rn. 7). Durch die Bindung an die in diesen Plänen festgelegten Ziele wird einerseits die Gemeinde in den Rahmen der raumbezogenen überörtlichen Planung eingefügt und andererseits die überörtliche Planung über den Bebauungsplan auch für den Bürger verbindlich gemacht (vgl. oben § 8 Rn. 1 ff.).

8 Eine Pflicht der Behörden und Planungsinstanzen von Bund und Ländern, die in den überörtlichen Raumplänen festgelegten Ziele zu „beachten", ist bereits im Raumordnungsgesetz des Bundes verankert (§ 4 I ROG). Die Landesplanungsgesetze haben sie noch einmal bekräftigt (z.B. § 6 III LPlG BW). § 1 IV BauGB jedoch spricht nicht von „Beachten", sondern von **„Anpassen"**. Damit geht er als lex specialis für die Bauleitplanung weiter (a.A. *Erbguth/Schoeneberg*, Rn. 79; in BVerwGE 90, 329, 332f. ist diese Frage ausdrücklich noch offen gelassen worden). Er verlangt erstens, daß die Gemeinde bei der Aufstellung ihrer Bauleitpläne die Ausweisungen in den überörtlichen Raumplänen **„beachtet"**. Zweitens begründet er die Pflicht der Gemeinde, bereits bestehende Bauleitpläne im Hinblick auf später aufgestellte oder geänderte Ziele der Raumordnung „anzupassen", sie also entsprechend **„abzuändern"**.

Auf Grund der Beachtenspflicht werden z.B. Flächennutzungspläne von der Aufsichtsbehörde nicht genehmigt und Bebauungspläne beanstandet, wenn die Gemeinde nach der überörtlichen Raumplanung in Naherholungsgebieten oder vorwiegend landwirtschaftlich orientierten Gebieten liegt und nunmehr ein Industriegebiet ausweisen will. Kommt eine Gemeinde bei bestehenden Bauleitplänen der Pflicht zur Anpassung an neue Anforderungen der Raumordnung durch eine entsprechende Änderung ihrer Bauleitpläne nicht nach, kann die Aufsichtsbehörde mit den gemeinderechtlichen Aufsichtsinstrumentarien (vgl. z.B. §§ 118ff. GO BW) dies erzwingen. Aus dem Gebot der kompetenziellen Rücksichtnahme ergibt sich, daß solche Änderungen ohne zwingenden Grund nicht sofort vorgenommen werden müssen.

9 Zweifelhaft ist, ob die „Anpassungspflicht" des Baugesetzbuchs auch eine **Erstplanungspflicht** begründet, d.h. ob sie die Gemeinde verpflichtet, Bauleitpläne für bislang noch unbeplante Gebiete aufzustellen, nur um Festsetzungen in überörtlichen Raumplänen zur Rechtswirkung gegenüber dem Bürger zu verhelfen.

Entgegen einer verbreiteten Meinung (*Schmidt-Aßmann*, Fortentwicklung des Rechts, 1977, S. 21; *Bielenberg*, E/Z/B, § 1 Rn. 65b; *Bielenberg/Erbguth/Söfker*, § 5 ROG Rn. 107ff.; *Steinberg*, DVBl. 1982, 13, 15; *Krautzberger*, B/K/L, § 1 Rn. 32; *Erbguth/Schoeneberg*, Rn. 79; *Battis*, Baurecht, S. 59; *Ronellenfitsch*, Einführung, S. 22f.) kann eine solche Pflicht zur Erstplanung § 1 IV BauGB nicht entnommen werden. Die Bestimmung verlangt eine Anpassung der „Bauleitpläne" und nicht der „Bauleitplanung"; sie knüpft also an das Resultat der Bauleitplanung, die bereits aufgestellten oder in der Aufstellung befindlichen Bauleitpläne an. Diese Interpretation aus dem Wortlaut deckt sich mit der Systematik des Gesetzes: Die Planungspflicht ist in § 1 III BauGB geregelt, die Anpassungspflicht folgt erst danach, ist also die speziellere Regelung. Ferner würde eine Erstplanungspflicht einen besonders schweren Eingriff in die Planungshoheit der Gemeinde bedeuten, weil sie der Gemeinde neben der inhaltlichen Bestimmung auch das Initiativrecht nähme – und das oft nicht nur für die Umsetzung der landesplanerischen Ziele, sondern auch für die städtebauliche Entwicklung der entsprechenden Gemeindebereiche, die damit u. U. untrennbar verbunden ist. Art. 28 II GG verlangt aber eine Auslegung zugunsten der gemeindlichen Planungshoheit. Hinzu kommt, daß eine Erstplanungspflicht kaum generell für jede Festsetzung in überörtlichen Plänen als erforderlich angesehen werden kann und daher gegen das Übermaßverbot verstoßen würde.

Die Bedenken gegen eine generelle Erstplanungspflicht lassen sich ausräu- **10**
men, wenn das Landesplanungsrecht, wie z. B. in Nordrhein-Westfalen, Thüringen und begrenzt in Baden-Württemberg für Fälle eines aktuellen Bedarfs ein spezielles **Planungsgebot** vorsieht (§ 21 II LPlG NW; § 16 III Thür. LPlG; § 15 a I LPlG BW). Fehlt eine solche Regelung, kann eine Erstplanungspflicht der Gemeinde aus dem der Bundestreue entsprechenden Prinzip der Gemeindetreue oder dem daraus abgeleiteten Gebot der kompetenziellen Rücksichtnahme gefolgert werden. Sie ist jedoch nur anzunehmen, wenn anderenfalls die überörtliche Konzeption der Landesplanung zum Scheitern verurteilt wäre (dazu näher *Brohm*, DVBl. 1980, 653, 655 m. w. N.).

b) Ziele und Grundsätze der Raumordnung

aa) Das Bestimmtheitserfordernis

Die Anpassungspflicht besteht nur hinsichtlich der **„Ziele"** der **11**
Raumordnung (§ 1 IV BauGB; vgl. auch § 4 I ROG). Davon zu unterscheiden sind die **„Grundsätze"** der Raumordnung (vgl. § 3 Nr. 3 ROG); sie sind lediglich Abwägungsdirektiven, also bei der Aufstellung der überörtlichen Raumpläne im Rahmen des Planungsermessens gegeneinander und untereinander abzuwägen (§§ 3 Nr. 3; 4 II; 7 I, VII ROG).

Die Grundsätze sind in § 2 ROG aufgeführt; sie können aber auch durch die Länder in den überörtlichen Raumplänen erweitert und ergänzt werden (§ 2 III ROG). Damit ergibt sich das Zuordnungsproblem, welche Aussagen in den Raumordnungsplänen der Länder als verbindliche Ziele und welche als abwägungsrelevante Grundsätze anzusehen sind. Die darin oft allgemein gefaßten und für das ganze Land aufgestellten „Ziele", wie z. B. eine Zersiedelung sei zu vermeiden oder wertvolle Landschaften seien zu schützen u. dergl., unterscheiden sich nicht wesentlich von den Grundsätzen des § 2 ROG; sie vermögen schon wegen der Allgemeinheit ihrer Aussage keine präzise Bindung zu entfalten. Daher ist fraglich, ob sie nicht den raumordnungsrechtlichen „Grundsätzen" zuzuordnen sind, selbst wenn sie in den jeweiligen Plänen anders bezeichnet werden. Angesichts der Schwierigkeiten einer derartigen Zuordnung allein nach materiellen Kriterien verlangt § 7 I 3 ROG, daß im Raumordnungsplan die Ziele der Raumordnung als solche zu kennzeichnen sind. Die Kennzeichnung ist also formelle Voraussetzung für die Annahme eines „Zieles". Hinzukommen muß allerdings nach wie vor eine inhaltliche Präzisierung, weil schon aus rechtsstaatlichen Gründen eine Bindung eine hinreichende Bestimmtheit erfordert. Für eine Bindung der Gemeinde nach § 1 IV BauGB ist daher neben der Kennzeichnung wie bisher zu verlangen, daß die Ziele der Raumordnung „inhaltlich und räumlich" hinreichend konkretisiert sind (vgl. BVerwGE 6, 342, 346; OVG Lüneburg, DVBl. 1967, 391, 393; VGH BW, BRS 36 Nr. 1; *Krautzberger*, B/K/L, § 1 Rn. 39; *Hoppe*, H/G, § 5 Rn. 63; *W. Schrödter*, in: Schrödter, § 1 Rn. 61 mit weiteren Differenzierungen).

Als **„Ziele"** der Raumordnung können über § 1 IV BauGB nur solche Festlegungen eine zwingende rechtliche Verbindlichkeit für die Gemeinde entfalten, die als Ziele der Raumordnung **gekennzeichnet** (§ 7 I 3 ROG) sowie in der lokalen Begrenzung und in der inhaltlichen Aussage, also **„räumlich** und **sachlich"**, **bestimmt** sind. Dieses Bestimmtheitserfordernis ergibt sich schon daraus, daß diese Ziele der Raumordnung die gemeindliche Planungshoheit einschränken. Allerdings bedeutet diese Voraussetzung für die Bindungswirkung nicht, daß es sich um Detailregelungen handeln müsse. Auch Rahmenregelungen können hinreichend bestimmt sein, indem sie die Grenzen zur Ausfüllung des Rahmens deutlich festlegen.

bb) Kompetenzielle Rücksichtnahme auf die Planungshoheit der Gemeinde

12 Die Ziele der Raumordnung werden in den nach Landesrecht vorgesehenen Plänen und Verfahren festgelegt, wobei nach § 7 V bzw. § 9 IV ROG die Gemeinde zu beteiligen ist. In materiellrechtlicher Hinsicht dürfen in Anbetracht der Planungshoheit der Gemeinde überörtliche Festlegungen nach Zahl und Konkretisierungsgrad nur soweit vorgenommen werden, als dies zur Verwirklichung der überörtlichen Planungsinteressen **erforderlich** ist (vgl. oben § 9 Rn. 3ff., 16f.; zum folgenden näher auch *Schmidt-Aßmann*, Fortentwicklung des Rechts, 1977; *Brohm*, DVBl. 1980, 653ff.; *ders.*, DÖV 1989, 429, 438ff.; *Wahl*, DÖV 1981, 597ff.; im wesentlichen übereinstimmend jetzt: BVerwGE 90, 329).

Daraus ergibt sich das geläufige Postulat, daß die überörtliche Raumplanung eine **„Rahmenplanung"** sein müsse, damit die Gemeinde im Rahmen dieser Vorgaben noch Raum habe, ihre Planungsfreiheit entfalten zu können. Allerdings können sich im Einzelfall auch **„bereichsscharfe"** Festlegungen, die bestimmte Teile des Gemeindegebiets betreffen, und sogar **„parzellenscharfe"** Festlegungen, die sich auf einzelne Grundstücke beziehen, als erforderlich erweisen. Umgekehrt kann aber auch eine Rahmenplanung gegen das Erforderlichkeitskriterium des Verhältnismäßigkeitsprinzips bzw. gegen den Grundsatz der kompetenziellen Rücksichtnahme verstoßen, wenn der Rahmen zu eng gezogen wird. Insofern stellt der für die überörtliche Planung aufgestellte Grundsatz der Rahmenplanung kein absolut geltendes Prinzip dar; er ist als **„Grundsatz einer tendenziellen Rahmenplanung"** zu relativieren. 13

Vielfach legen die Ziele der Raumordnung sich selbst für Einzelheiten nur einen **Richtliniencharakter**, also eine reduzierte Verbindlichkeit bei. Das Bundesverwaltungsgericht (BVerwGE 90, 329) spricht jetzt von einer je nach dem Grad der Aussageschärfe unterschiedlichen Konkretisierungsfähigkeit. So schließen großflächige Gebietsausweisungen, wie **„Vorranggebiete"** für Landwirtschaft, Wald, Erholung oder Spiel- und Campingplätze, andere Nutzungen nicht grundsätzlich aus; sie dürfen aber nur vorgesehen werden, wenn sie mit den vorrangigen Nutzungen vereinbar sind (vgl. § 7 IV Nr. 1 ROG; zu den sog. „Vorbehalts-" und „Eignungsgebieten", vgl. § 7 IV Nr. 2 u. 3 ROG). Auch hinsichtlich der gebietlichen Abgrenzung erfordert die Verwirklichung des überörtlichen Planungsziels i. d. R. nicht, exakt an der bereichs- und parzellenscharfen Festlegung festzuhalten. Die räumliche Genauigkeit der Festlegung ist oft nur eine tatsächliche Nebenfolge begrenzter Darstellungsmöglichkeit; schließlich lassen sich Ausweisungen dieser Art nicht ohne räumliche Abgrenzung sinnvoll darstellen. Dem Übermaßverbot bzw. dem Gebot der kompetenziellen Rücksichtnahme kann dann insbesondere im Hinblick auf die Erforderlichkeit der Einschränkung der gemeindlichen Planungshoheit in der Weise Rechnung getragen werden, daß man in den Festlegungen einen überschießenden Erklärungsgehalt ohne strenge Bindungswirkung für die räumliche Begrenzung sieht. Mit dieser Interpretation haben Gerichte bereits Gemeinden zugestanden, im Interesse ihrer eigenen planerischen Konzeption geringfügig von der räumlichen Grenzziehung des Regionalplans abzuweichen (VGH BW, VBlBW 1981, 45 = (stark gekürzt) DÖV 1981, 269). Das Bundesverwaltungsgericht vertritt – zumindest für den Fall einer „parzellenscharfen" Funktionsbestimmung – eine andere Ansicht (BVerwGE 90, 329, 337). Andererseits gestattet es aber bei Vorgaben des Flächennutzungsplans angesichts des „überschießenden Genauigkeitsgrades der zeichnerischen Darstellung" und der stufenweisen Konkretisierung auf den verschiedenen Planungsebenen, daß ein Bebauungsplan (z. T. sogar erheblich) von der vorgegebenen Grenzziehung des Flächennutzungsplans abweicht, sofern dadurch die städtebauliche Grundkonzeption nicht berührt wird. Erst recht müßte im Hinblick auf die Planungshoheit der Gemeinde diese Auffassung für die überörtliche Landesplanung gelten. 14

„Gemeindescharfe" Funktionsbestimmungen, wie die Zentralitätsfestsetzungen nach dem **Zentrale-Orte-Konzept** sind ggf. gemeindefreundlich zu 15 interpretieren. So hat z.B. der VGH BW (NJW 1977, 1465) die bauplanungsrechtliche Zulassung eines Verbrauchermarktes mit einem erwarteten Einzugsbereich von 80 km im Umkreis nicht als Verstoß gegen die Einstufung der betroffenen Gemeinde im Landesentwicklungsplan als Unterzentrum mit einem Verflechtungsbereich von i. d. R. mehr als 10 000 Einwohnern angesehen, weil die Zentrenkonzeption mit den damit verbundenen Ausstattungsanforderungen in erster Linie als Richtlinie für ein anzustrebendes Entwicklungsziel, nicht aber als Obergrenze zu interpretieren sei. Die Ansiedlung eines Verbrauchermarktes sei daher nur dann unzulässig, wenn dadurch die Gesamtkonzeption der Landesplanung für den konkreten Raum erheblich beeinträchtigt oder zunichte gemacht werde.

16 **Standortfestlegungen**, wie etwa **Standortvorsorgeplanungen** für Kernkraftwerke, die sehr intensiv in die gemeindliche Planungshoheit eingreifen, müssen regelmäßig dahingehend interpretiert werden, daß sie in allen Einzelheiten strikt verbindlich gelten sollen. Schließlich bezwecken sie angesichts der Probleme bei der Ansiedlung von Kraftwerken und anderen flächenintensiven Großprojekten, von einer bloßen Genehmigungspraxis zu einer Angebotsplanung überzugehen, also nicht den Unternehmen die Standortwahl zu überlassen und nur das Vorhaben zu genehmigen, sondern geeignete Flächen planerisch vorzuhalten (vgl. *Blümel*, DVBl. 1977, 301; *Wahl*, DÖV 1981, 597, 600 ff.; *Graf Vitzthum/März*, VBlBW 1987, 321, 364, 404). Dazu bedarf es grundsätzlich einer präzisen Ausweisung, die weder an der Funktion noch an der räumlichen Eingrenzung Abstriche zuläßt.

Voraussetzung für die Bindung ist allerdings auch hier, daß die Standortfestlegung rechtsgültig ist. Das ist insbesondere dann fraglich, wenn sie nicht für ein konkretes Vorhaben, sondern, wie üblich, als Vorsorgeplanung gleichsam „auf Vorrat" erfolgt. Hier werden die Gemeinden zur Freihaltung von Flächen gezwungen, die u. U. nie real benötigt werden und sie müssen u. U. im Bebauungsplan Grundstücksnutzungen festsetzen, die der Eigentümer nie verwirklichen kann. Dennoch können solche Standortvorsorgeplanungen weder im Hinblick auf die Planungshoheit der Gemeinde noch im Blick auf die Rechte des Eigentümers grundsätzlich für unzulässig gehalten werden. Planung „reagiert" heute nicht nur auf einen aktuellen Bedarf, sondern muß auch zukünftige Notwendigkeiten in die Steuerung der Bodennutzung einbeziehen (vgl. oben § 1 Rn. 13 ff., 16). Insofern ist eine Standortsicherung etwa für Kraftwerke im Hinblick auf die Planungshoheit der Gemeinde i. V. m. dem Übermaßverbot bzw. dem Gebot der kompetenziellen Rücksichtnahme sowie mit Blick auf die Eigentumsbeschränkung zulässig, wenn ein entsprechender Bedarf der Allgemeinheit nach anerkannten Prognosemethoden zu erwarten ist. Bei Standortfestlegungen für Talsperren, für den Abbau oberflächennaher Mineralien oder ähnliche Vorhaben mag man die Notwendigkeit einer Flächensicherung auch mit der naturbedingten Knappheit dieser Ressourcen rechtfertigen können. Dagegen ist bei sehr vagen Funktionsbestimmungen, wie z. B. „Vorrangstandort für großindustrielle Anlagen", weder die Art des zukünftigen Bedarfs auch nur annähernd zu präzisieren, noch eine besondere Eignung des Standorts zu erkennen. Insofern bestehen dagegen unter dem

Aspekt der gemeindlichen Planungshoheit wie auch der Eigentumsrechte der betroffenen Bürger bei der Umsetzung der Landesplanung in eine verbindliche Bauplanung erhebliche verfassungsrechtliche Bedenken.

cc) Der kompetenzrechtliche Gesetzesvorbehalt

Folgt man der traditionellen Auffassung, wonach raumordnungsrechtliche Programme und Pläne sich als Eingriffe in die durch die Selbstverwaltungsgarantie geschützte Planungshoheit der Gemeinde darstellen und deshalb dem Gesetzesvorbehalt unterliegen, so werden einzelne landesrechtliche Regelungen diesen Anforderungen hinsichtlich der Form und der inhaltlichen Bestimmtheit der gesetzlichen Ermächtigung, wie auch hinsichtlich der Rechtsform der Programme und Pläne, nicht gerecht. **17**

In der Praxis der Landesplanung fehlt es häufig bereits an der erforderlichen Zielangabe im Parlamentsgesetz. Daran muß jedoch als Mindestanforderung festgehalten werden. So war mangels entsprechender Zielsetzungen in den früheren Planungsgesetzen zu bezweifeln, daß der Kiesabbau z.B. in Baden-Württemberg über Festsetzungen der Landesplanung gesteuert werden könne (*Brohm*, NJW 1980, 857 ff.). Inzwischen (1983) wurde in § 8 II Nr. 6 LPlG BW und in § 2 II Nr. 9 S. 3 ROG die Sicherung von Rohstoffvorkommen ausdrücklich aufgenommen (zu den dennoch verbleibenden rechtlichen Problemen vgl. *Uechtritz*, VBlBW 1984, 5 ff.). Entsprechende Bedenken wurden gegenüber der Standortvorsorgeplanung für Kernkraftwerke vorgebracht (vgl. *Holzhauser*, 1983, S. 113; *Löffler*, 1985, S. 130 f.; *Graf Vitzthum/März*, VBlBW 1987, 321, 364, 404). Die weitere Anforderung einer außenrechtlichen Norm für die Regelung gegenüber der Gemeinde bereitet zusätzliche Schwierigkeiten. Denn die Programme und Pläne für das Landesgebiet werden in den einzelnen Landesrechten unterschiedlich z. T. als Gesetz, z. T. als Rechtsverordnung, z. T. aber auch nur als Verwaltungsvorschrift erlassen.

Erkennt man, daß es sich bei den Einschränkungen der Planungshoheit durch raumordnerische Pläne um ein Problem der **Überschneidung von Kompetenzen** handelt, wobei die Planungskompetenz der Gemeinde ihr wie ein eigenes Recht zuerkannt ist, sind die rechtsstaatlich-individualrechtlich bedingten Anforderungen an den **Gesetzesvorbehalt** und die Wesentlichkeitstheorie **modifizierbar**: Zwar erscheint eine gesetzliche Ermächtigung zumindest in Form einer präzisen Zielangabe angesichts der Einschränkung des gemeindlichen Selbstverwaltungsrechts unerläßlich. Im übrigen kann aber in der Tat im Hinblick auf das gesetzlich festgelegte System der verschiedenen Planungsstufen und Planungsebenen in § 1 IV BauGB eine gewollte Öffnung des gemeindlichen Kompetenzgefüges für die Regelungen der Raumordnung gesehen werden. Diese ist durch die Zielvorgaben der Landesplanungsgesetze für die Raumordnung ausreichend begrenzt und kann dann mit den innerhalb der Verwaltungsorganisation üblichen Verwaltungsvorschriften solange ausgefüllt werden, als die Belange der überörtlichen Raumplanung im Rahmen des Gebots der kompetenziellen Rücksichtnahme wahrgenommen werden (dazu auch unten § 37 Rn. 28ff.).

c) Durchsetzung der Anpassungspflicht und Rechtsschutz der Gemeinde

18 Die Anpassungspflicht der Gemeinde kann im Wege der **Kommunalaufsicht** durchgesetzt werden (vgl. BVerwGE 34, 301). Da eine entsprechende Anordnung der Aufsichtsbehörde in die Planungshoheit der Gemeinde als verfassungsrechtlich gewährleistete Kompetenz „eingreift", kann die Gemeinde ihre Rechtmäßigkeit im Wege der Anfechtungsklage gerichtlich überprüfen lassen. Von Seiten des Bürgers ist zu beachten, daß die Anpassungspflicht der Gemeinde wie auch die Kommunalaufsicht über ihre Einhaltung allein im öffentlichen Interesse besteht. Der einzelne hat daher weder ein subjektiv-öffentliches Recht auf Erlaß eines entsprechenden Bebauungsplanes (vgl. auch § 2 III BauGB) oder auf Überprüfung der inhaltlichen Anpassung noch auf ein entsprechendes Einschreiten der Aufsichtsbehörde. Allerdings wird im Rahmen einer zulässigen Normenkontrolle des Bebauungsplanes (vgl. § 47 VwGO) auch die Einhaltung der Anpassungspflicht überprüft, weil ihre Verletzung den Bebauungsplan rechtswidrig machen würde (dazu näher unten § 16).

4. Das interkommunale Abstimmungsgebot (§ 2 II BauGB)

a) Verfahrensrechtliche und materiell-rechtliche Dimension

19 Die Bauleitplanungen einer Gemeinde wirken sich u. U. auf die Planungen benachbarter Gemeinden aus. „Benachbart" in diesem

Sinne sind nicht nur die angrenzenden, sondern alle Gemeinden, die von den Auswirkungen einer Planung betroffen werden. Da die Regelungsbefugnis der Gemeinde an den Gemeindegrenzen halt macht, kann es sich bei diesen Beeinträchtigungen nur um **faktische Auswirkungen** handeln, die rechtliche oder faktische Folgewirkungen zeitigen können. Das Baugesetzbuch verlangt nun, daß die Bauleitpläne aufeinander abgestimmt werden. Diesem Zweck dient in verfahrensrechtlicher Hinsicht § 4 I BauGB, wonach die Träger öffentlicher Belange, zu denen auch die Nachbargemeinden gehören, am Verfahren zur Aufstellung eines Bebauungsplanes zu beteiligen sind. In materiell-rechtlicher Hinsicht verlangt § 2 II BauGB auch eine inhaltliche Abstimmung der Bauleitpläne benachbarter Gemeinden (vgl. dazu BVerwGE 40, 323, 328). Problematisch ist, was man unter der **materiellen „Abstimmung“** zu verstehen hat.

Kann z.B. die Nachbargemeinde B verlangen, daß die Gemeinde A an der Grenze zu ihr kein Industriegebiet ausweist, das dann die von ihr auf ihrem Gemeindegebiet beabsichtigte Festsetzung eines Wohngebiets unzulässig machte (rechtliche Folgewirkung, vgl. § 50 BImSchG), oder daß die Gemeinde es unterläßt, auf ihrem Gebiet ein Sondergebiet für einen **Verbrauchermarkt** auszuweisen, der durch seinen Einzugsbereich von 80 km im Umkreis die von ihr bereits eingeleitete Sanierung als Einkaufsstadt zu gefährden droht (faktische, rein ökonomische Folgewirkung)? Eine entsprechende Problematik ergibt sich neuerdings bei den „Factory Outlet Centers“ (dazu oben § 6 Rn. 31; vgl. auch unten Rn. 21 und § 16 Rn. 16).

Das Abstimmungsgebot ist vor dem Hintergrund der Planungs- 20
hoheit der Gemeinde zu sehen, die als Kompetenz ausnahmsweise wie ein subjektives Recht ausgestaltet ist (Art. 28 II GG). Daher kann sich die betroffene Gemeinde gegen rechtswidrige Beeinträchtigungen im Wege der Klage zur Wehr setzen. Wie erwähnt (vgl. oben § 9 Rn. 10ff.), besteht diese Rechtsposition nicht nur im Verhältnis der Gemeinde zum Staat, sondern auch zu jedem anderen Hoheitsträger. Die Abstimmungspflicht des § 2 II BauGB soll der Planungshoheit im zwischengemeindlichen Verhältnis zur Wirkung und Respektierung verhelfen. Insofern ist diese gesetzliche Regelung Ausdruck des oben erläuterten Gebots kompetenzieller Rücksichtnahme. Dieser Grundsatz kommt auch zum Zuge,

wenn die Nachbargemeinde noch keinen entsprechenden Bauleitplan aufgestellt hat. Erforderlich ist aber, daß entsprechende Planungsabsichten hinreichend konkretisiert sind oder daß gemeindliche Einrichtungen bestehen und diese von der Planung der anderen Gemeinde beeinträchtigt werden (BVerwG, DÖV 1985, 113; BVerwGE 74, 124, 132).

b) Der Maßstab nach dem Gebot kompetenzieller Rücksichtnahme

21 Die Abstimmungspflicht kann allerdings nicht bedeuten, daß die konkreten Planungen oder Planungsabsichten einer Gemeinde durch die Planung der benachbarten Gemeinde in gar keiner Weise beeinträchtigt werden dürften. Jede Planung einer Gemeinde kann negative Auswirkungen auf die Nachbargemeinde haben. Müßten sie alle vermieden werden, könnte bald keine Bauleitplanung mehr erfolgen. Dient die Abstimmungspflicht der Rücksichtnahme auf die Planungshoheit der Nachbargemeinde, dann muß auch die Planungshoheit auf Seiten der planenden Gemeinde berücksichtigt werden. Insofern ist im Rahmen des Abstimmungsgebots ein **Ausgleich** zwischen zwei Kompetenzträgern zu finden, die sich beide für ihre Planungen auf ihre subjektiv-rechtlich bewehrte Planungskompetenz berufen können. Kommt es zum Konflikt, muß daher nach dem dargelegten **Gebot kompetenzieller Rücksichtnahme** ähnlich wie bei Grundrechtskollisionen eine Abwägung nach dem Optimalprinzip vorgenommen werden. Demgemäß ist eine Lösung zu finden, bei der jeder Träger von seiner Kompetenz unter Berücksichtigung der Kompetenz des anderen optimal Gebrauch machen kann und bei der auf keinen Fall die Rechtsposition des einen ganz verdrängt wird (dazu im einzelnen oben § 9 Rn. 16f.).

Z. B. darf die bauplanungsrechtliche Ausweisung eines Sondergebiets für die Ansiedlung eines Verbrauchermarktes die Nachbargemeinde nicht derart beeinträchtigen, daß sie eine angestrebte städtebauliche Sanierung ihres geschäftsreichen Stadtzentrums überhaupt nicht mehr durchführen kann. Führt die Ansiedlung des Verbrauchermarktes jedoch in ihrer Innenstadt nur zu einem Branchenwechsel und zu einer erschwerten geschäftlichen Entwicklung, muß sie dies mit Rücksicht auf die Planungshoheit der planenden Gemeinde hinnehmen. Erst wenn im Innenstadtbereich das Geschäftsleben überhaupt absterben müßte, könnte von einer Verletzung der Abstimmungspflicht gesprochen werden (dazu das Fallbeispiel unten § 16 Rn. 14ff., 19).

In Literatur und Rechtsprechung wird z. T. die Auffassung vertreten, Richtung und Gehalt des Abstimmungsvorgangs ergäben sich aus den städtebaulichen Belangen und dem Abwägungsgebot (§ 1 V, VI BauGB), dessen Verletzung die benachbarte Gemeinde gemäß § 2 II BauGB geltend machen könne (dazu *Hoppe*, H/G, § 7 Rn. 177ff.; *Brosche*, DVBl. 1980, 213ff.; BayVGH, GewArch 1991, 314 ff.). Dabei bestehen dann allerdings erhebliche Meinungsverschiedenheiten, wie ein gerechter Ausgleich zu finden sei. Sie reichen von einer gegenseitigen Rücksichtnahme durch Vermeidung unzumutbarer Auswirkungen auf die Nachbargemeinde (BVerwGE 84, 209, 216; 40, 323) – was dem oben (§ 9 Rn. 16 f.) entwickelten Gebot kompetenzieller Rücksichtnahme nahekommt – bis zu einem umfassenden Interessenausgleich unter den verschiedensten städtebaulichen Belangen, auch der Nachbargemeinde (*Funke/Schroer*, ZG 1986, 256, 266; *Fingerhut*, Gemeindenachbarklage, 1976, S. 15ff.; *Bielenberg*, E/Z/B, § 2 Rn. 65 m. w. N.). Die **Zuordnung** des Abstimmungsgebots (§ 2 II BauGB) **zum planerischen Abwägungsgebot** (§ 1 VI BauGB) ist insofern **zweifelhaft**, als es hier um die Grenzbestimmung zwischen zwei von der Verfassung subjektiv-rechtlich bewehrten – und damit den Grundrechten vergleichbaren – Selbstverwaltungskompetenzen geht. Über dieses verfassungsmäßige Recht einer Nachbargemeinde kann die planende Gemeinde nicht nach ihrem (Planungs-)Ermessen befinden. Auch der Ausgleich bei Grundrechtskollisionen erfolgt nicht im Wege planerischer Abwägung, sondern nach dem Grundsatz praktischer Konkordanz. Deshalb sind diese Grenzbestimmungen als Verfassungsinterpretation auch gerichtlich voll nachprüfbar.

Insofern stellt der **Ausgleich** zwischen **kollidierenden Planungskompetenzen** der Gemeinden nicht das Ergebnis einer planerischen Abwägung dar, sondern markiert eine **absolute**, gerichtlich **voll nachprüfbare äußere Ermessensgrenze**, die erst eingehalten sein muß, um Raum für planerische Ermessenserwägungen zu haben. Die Rechtsprechung des Bundesverwaltungsgerichts läßt sich durchaus in diesem Sinne verstehen. Das Gericht spricht oft auch in anderen Zusammenhängen zur Betonung tiefgreifender Wertungen von einem „Abwägen", versteht dieses aber als eine (die allgemeinen Wertungen der Rechtsordnung) „nachvollziehende Abwägung" (BVerwGE 42, 8, 14; 55, 369, 383; 77, 300), die streng von der gestaltenden, planerischen Abwägung zu unterscheiden sei. So ist es durchaus zutreffend, wenn das Gericht auf die Vermeidung unzumutbarer Auswirkungen für die Nachbargemeinde abstellt. Das (oben § 9 Rn. 16) dargelegte Gebot kompetenzieller Rücksichtnahme gibt für diese Unzumutbarkeit einen Maßstab.

5. Vorgaben der Fachplanung

Wie die Planungen benachbarter Gemeinden, so bedürfen auch **22**
die Planungen und raumbedeutsamen Maßnahmen der übrigen Planungsträger der Abstimmung und gegenseitigen Rücksichtnah-

me, erst recht, wenn sie unmittelbar für denselben räumlichen Bereich verbindliche Festlegungen treffen. Das gilt vor allem für die zahlreichen Fachplanungen, die punktuell für die Errichtung eines konkreten Objekts getroffen werden. Die Tatsache, daß sie durch die Gesamtplanungen in die Gestaltung des gesamten Gebiets integriert werden sollen, besagt noch nicht, daß diese ihnen rechtlich vorgehen; im Gegenteil, der Bundesgesetzgeber hat bestimmten Fachplanungen im Hinblick auf die damit verfolgten überörtlichen Interessen sogar einen Vorrang vor der Bauleitplanung eingeräumt. In anderen Fällen fehlen eindeutige Kollisionsregeln. So besteht über die Rechtslage im einzelnen weithin noch Unsicherheit.

a) Allgemeine Abstimmungsregeln

23 Für alle raumbedeutsamen Maßnahmen und Planungen der verschiedenen Planungsträger verlangt § 14 ROG als bundesgesetzliches Rahmengesetz die landesrechtliche Regelung einer allgemeinen Abstimmungspflicht. Allerdings gibt das Raumordnungsgesetz dafür weder spezielle Verfahrensregelungen noch materielle Koordinationsregeln, also inhaltliche Maßstäbe für die Lösung von Konflikten vor.

Für die Gemeinden gilt daher in verfahrensrechtlicher Hinsicht § 4 I BauGB, wonach die Träger öffentlicher Belange, deren Aufgabenbereich durch die beabsichtigte Planung berührt wird, möglichst frühzeitig an der Aufstellung des Bauleitplans zu beteiligen sind. Ihre Einwendungen und Anregungen hat die Gemeinde dann bei der Ausübung ihres Planungsermessens abzuwägen (vgl. § 1 V, VI BauGB); dabei kann sie diesen aus sachlichen Gründen voll, nur teilweise oder überhaupt nicht Rechnung tragen.

24 Die öffentlichen Planungsträger sind an den Flächennutzungsplan gebunden, sofern sie nicht bis zum Ratsbeschluß darüber den entsprechenden Darstellungen widersprochen haben. Diese Bindungswirkung ist jedoch gering. Abgesehen von der Möglichkeit eines vorsorglich erhobenen Widerspruchs kann der Planungsträger bei veränderter Sachlage den Widerspruch auch noch nachträglich einlegen und damit die Bindungswirkung beseitigen (§ 7 BauGB). Gewiß darf ein solcher Widerspruch nicht willkürlich erhoben werden; insbesondere muß er im Zusammenhang mit der Planungskompetenz des widersprechenden Fachplanungsträgers stehen. Indessen läßt sich eine entsprechende Begründung i. d. R. leicht finden. Gleiches gilt für die Voraussetzungen eines nachträglich erhobenen Widerspruchs, insbesondere für die Annahme einer veränderten Sachlage.

Kommt für eine konkrete Planungskollision eine gesetzliche Koordinationsregel nicht zum Zuge, bleibt es bei dem Grundsatz kompetenzieller Rücksichtnahme, d. h. im Konfliktsfall ist eine Lösung zu finden, bei der jeder Rechtsträger von seiner Kompetenz unter Berücksichtigung der Kompetenz des anderen optimal Gebrauch machen kann und bei der auf keinen Fall die Kompetenz des anderen völlig verdrängt wird. Damit unvereinbare Planungen können von dem betroffenen Planungsträger bei den übergeordneten Verwaltungsinstanzen und Aufsichtsbehörden beanstandet werden. Den Gemeinden steht zusätzlich der Rechtsweg offen, da ihre städtebauliche Planungskompetenz als Bestandteil des Selbstverwaltungsrechts wie ein subjektives Recht geschützt ist.

b) Der gesetzlich normierte Vorrang überörtlich bedeutsamer Fachplanungen, insbes. § 38 BauGB

aa) Gesetzliche Vorrangklauseln

Bestimmten Fachplanungen ist im Kollisionsfall kraft Gesetzes ein Vorrang vor der Bauleitplanung eingeräumt. Auf diese Weise soll die Durchführung überörtlich bedeutsamer Vorhaben sichergestellt und eine rechtliche oder politische Überforderung der Gemeinde vermieden werden. Das gilt z. B. nach § 16 III 3 FStrG bereits für die vorbereitende Planung der Bundesfernstraßen in Form der „Linienbestimmung". Ferner bleiben Fachplanungen auf Grund von **Planfeststellungsverfahren** oder ihnen in der Rechtswirkung gleichgestellten Verfahren für **„Vorhaben von überörtlicher Bedeutung"** gemäß § 38 BauGB von den Zulässigkeitsvoraussetzungen nach dem Bauplanungsrecht (§§ 29 ff. BauGB) unberührt. **25**

Unter die derart privilegierten Fachplanungen fallen der Sache nach praktisch alle bisher in § 38 BauGB a. F. enumerativ aufgeführten Planfeststellungen für die z. T. infolge der Privatisierung neue Rechtsgrundlagen gelten. Ersatzlos weggefallen sind lediglich mit dem Telegraphenwegegesetz auch die darin vorgesehenen Planfeststellungen. Die nunmehr abstrakte Fassung des § 38 S. 1 BauGB 1998 ermöglicht es, Änderungen der Rechtsgrundlagen sowie neue gesetzliche Grundlagen für Planfeststellungen einzuführen, wie z. B. das Magnetschwebebahnplangesetz, ohne jeweils § 38 BauGB ändern zu müssen. Beispiele für diese privilegierten Fachplanungen bilden die Planfeststellungen für Straßen nach § 17 I FStrG, für Betriebsanlagen nach § 18 AEG (Allgemeines Eisenbahngesetz), für Flughäfen nach § 17 LuftVG, für Straßenbahnen, einschließlich Hoch-, Untergrund- und Schwebebahnen nach §§ 4 u. 28 PBefG, für Mülldeponien nach § 31 KrW-/AbfG sowie entsprechende Planfeststellungen für überörtliche Planungen nach dem Verkehrswege- und Wasserrecht der Länder (zum Ganzen *Löhr,* B/K/L, § 38, insbes. Rn. 6a ff.).

Die jetzt in § 38 BauGB formulierte Einschränkung des Vorrangs der Planfeststellung auf **„Vorhaben von überörtlicher Bedeutung"** wird unterschiedlich interpretiert. Teilweise wird darin lediglich eine unbeabsichtigte Abweichung des Gesetzgebers vom Vorschlag der Baurechtskommission gesehen (*Stüer,* UPR 1998, 408, 410). Überzeugender erscheint es jedoch, den Hinweis auf die Überörtlichkeit als Rechtfertigung und dann konsequent auch als **Voraussetzung des Vorrangs** dieser Planfeststellung zu verstehen. Dann kommt man konsequent zu der sich an den Wortlaut haltenden, zunehmend vertretenen Ansicht, daß der Vorrang der Fachplanung nur gilt, wenn dieser im konkreten Fall tatsächlich eine überörtliche Bedeutung besitzt (vgl. BayVGH, BayVBl. 1999, 147 ff.; *Grigoleit,* DÖV 2000, 182, 188 f. m. w. N.). Das wird man i. d. R. etwa bei einer auf das Gemeindegebiet begrenzten Planfeststellung für Straßenbahnen nach §§ 4 und 28 PBefG zu verneinen haben. Allerdings gilt es zu beachten, daß die Begriffe der Selbstverwaltung und des örtlichen Vorhabens normativ überlagert und daher nur situationsbedingt erfaßbar sind. Daß in jedem Falle beide Seiten aufeinander Rücksicht zu nehmen haben, ergibt sich aus dem allgemein gültigen kompetenzrechtlichen Rücksichtnahmegebot (dazu unten Rn. 26.).

Die Zulässigkeit dieser Vorhaben richtet sich also nicht nach den bauplanungsrechtlichen Festsetzungen und Anforderungen (§§ 29 ff. BauGB), sondern allein nach dem betreffenden Fachplanungsgesetz und den dafür maßgeblichen Rechtsvorschriften. Damit wird einmal die Entscheidungskompetenz über die Zulässigkeit dieser Vorhaben von der Gemeinde (oder dem Landratsamt) auf den Fachplanungsträger verlagert und weiter wird der Fachplanungsträger von den Festsetzungen in einem gemeindlichen Bebauungsplan (§ 30 BauGB) und von den Regelungen der Plansubstitutionsnormen (§§ 34, 35 BauGB) freigestellt.

Die Vorschriften der §§ 29 ff. BauGB, von denen § 38 BauGB den Fachplanungsträger freistellt, betreffen an sich nur die baulichen und sonstigen Vorhaben. Wenn aber die Festsetzungen, die für diese Vorhaben in der straßenrechtlichen oder sonstigen Planfeststellung getroffen werden, von den §§ 29 ff. BauGB unberührt bleiben, so folgt nach h. M. aus der engen Verzahnung von Planfeststellung und den darin niedergelegten Vorhaben, daß auch die Planfeststellung selbst von den Festlegungen der Bauleitpläne unberührt bleibt, mithin auch von den Teilen 1 und 2 des Baugesetzbuchs freigestellt ist (repräsentativ: *Schmidt-Aßmann*, Grundfragen, S. 138 m.w.N.; *Fickert*, BauR 1973, 1ff. (10); *Löhr*, B/K/L, § 38 Rn. 7; *Roeser*, BK, § 38 Rn. 12; *H. Schrödter*, in: Schrödter, § 38 Rn. 14; abweichend *Brügelmann/Dürr*, § 38 Rn. 24).

bb) Das Gebot kompetenzieller Rücksichtnahme bei vorrangigen Fachplanungen

Allerdings würde die nach Art. 28 II GG gewährleistete Planungshoheit der Gemeinde durch § 38 BauGB unzulässig stark eingeschränkt, wenn sich eine Fachplanungsinstanz über die städtebaulichen Belange der Gemeinde in jedem Falle ohne weiteres hinwegsetzen könnte. Insofern kann nach der Verfassung die städtebauliche Planung der Gemeinde über § 38 BauGB nur dann und nur insoweit durch eine vorrangige Fachplanung eingeschränkt werden, als dies zur Durchführung überörtlich bedeutsamer Vorhaben geeignet, erforderlich und verhältnismäßig ist und auf jeden Fall den Kernbereich der gemeindlichen Planungshoheit wahrt (vgl. bereits *Brohm,* 1968, S. 37f.; *ders.*, 1979, 17ff., 27ff., 37; OVG Koblenz, DVBl. 1995, 251, 252 m. Anm. *Weidemann*). **26**

Dies läßt sich angesichts der „Überordnung" dieser Fachplanungen durch § 38 BauGB sowohl mit dem Verhältnismäßigkeitsprinzip oder Übermaßverbot als auch (richtiger) mit dem Gebot der kompetenziellen Rücksichtnahme begründen (vgl. oben § 9 Rn. 6ff., 16ff.). Infolge dieser Überordnungskonstruktion kommt man hier mit der individualrechtlichen Argumentation zum gleichen Ergebnis wie mit dem sachgerechteren Gebot der kompetenziellen Rücksichtnahme, wonach im Falle einer Kollision nach dem Prinzip der praktischen Konkordanz nur eine Lösung rechtlich zulässig ist, bei der jeder Kompetenzträger seine Kompetenz optimal wahrzunehmen vermag und keine Kompetenz durch die Kompetenzausübung des anderen völlig verdrängt wird (dazu oben § 9 Rn. 16ff.).

Das Bundesverwaltungsgericht hat bei einer abfallrechtlichen Planfeststellung dieser Anforderung, wenn auch inhaltlich weniger präzise, insofern Rechnung getragen, als es die Festsetzungen des Bebauungsplans nicht als völlig unbeachtlich, sondern nur über eine ordnungsgemäße Abwägung der Fachplanungsbehörde für überwindbar ansah (BVerwG, DVBl. 1995, 238, 242; vgl. schon BVerwGE 70, 242, 244). Indessen ist das Gebot der kompetenziellen Rücksichtnahme nicht ein bloßer Abwägungsbelang, sondern ein kompetenzbegrenzendes Regulativ und damit eine „äußere Ermessensschranke". Insofern läßt sich der Argumentation des Gerichts nur folgen, wenn man sie i.S. der oben Rn. 21 a.E. zitierten Entscheidungen als eine die allgemeinen Wertungen der Rechtsordnung „nachvollziehende" und nicht als eine „planerische Abwägung" versteht.

Im Hinblick auf diese verfassungsrechtlich gebotenen Anforderungen hat der Gesetzgeber jetzt in § 38 BauGB 1998 die Nichtanwendbarkeit der §§ 29–37 BauGB auf Vorhaben, die mit den Rechtswirkungen der Planfeststellung beschlossen wurden, nicht nur materiell von ihrer „überörtlichen Bedeutung", sondern auch verfahrensrechtlich von der Beteiligung der Gemeinde an dem betreffenden Planfeststellungs- bzw. Genehmigungsverfahren abhängig gemacht. Darüberhinaus verlangt er, daß auf städtebauliche Belange Rücksicht genommen wird. Die Einhaltung dieser Berücksichtigungspflicht ist nach den Grundsätzen des kompetenziellen Rücksichtnahmegebots zu beurteilen.

cc) Alternativplanung und planungsrechtliche Ersetzungsbefugnis der Gemeinde

27 Nicht immer steht einwandfrei fest, welche von der Fachplanung gewählte Alternative eine bestehende städtebauliche Planung oder eine bereits konkretisierte Planungsabsicht der Gemeinde am wenigsten beeinträchtigt. Hier besteht eine ähnliche Interessenlage wie im Polizeirecht bei der Inanspruchnahme einzelner. Dort kann der Adressat einer polizeilichen Verfügung der Behörde ein anderes, ebenso geeignetes, ihn aber subjektiv weniger belastendes Mittel zur Gefahrenabwehr anbieten. Diese Ersetzungsbefugnis entspringt der Intention, den Eingriff so gering wie möglich zu halten, wobei auch subjektive Einschätzungen des Betroffenen berücksichtigt werden sollen. Für die Behörde muß allein entscheidend sein, daß der polizeiliche Zweck erreicht wird. Gleiches hat nach dem Verhältnismäßigkeitsprinzip bzw. dem Gebot kompetenzieller Rücksichtnahme im Verhältnis eines privilegierten Fachplanungsträgers zur Gemeinde zu gelten. Für den Fachplanungsträger steht im Vordergrund die Zielerreichung, etwa eine Fernstraße bis zur Staatsgrenze, also die Frage des „Ob" der Planung, und weniger die Frage des Trassenverlaufs im einzelnen, also des „Wie" der Planung. Bei der Rücksichtnahme auf die städtebaulichen Belange der Gemeinde, die § 38 S. 1, 2. Hs. BauGB jetzt ausdrücklich fordert,

ist in dieser Hinsicht gerade auch ihre „subjektive Einschätzung", d. h. ihr gestalterisches Ermessen zu respektieren. Eine solche **„planungsrechtliche Ersetzungsbefugnis"** kann allerdings erst geltend gemacht werden, wenn die Gemeinde zuvor ihre Vorstellungen in einem ordnungsgemäßen Bauleitplanungsverfahren festgelegt und abgeklärt hat, so daß auf dieser Grundlage die faktische Möglichkeit und die rechtliche Zulässigkeit ihrer Alternative überprüft werden können (zum Ganzen *Brohm*, Staatliche Straßenplanung und gemeindliche Bauleitplanung, 1979, S. 31 ff., bes. 40 f.). Ganz in diesem Sinne hat das Bundesverwaltungsgericht es für zulässig gehalten, daß eine Gemeinde einen Bebauungsplan allein zu dem Zweck aufstellt, für eine Ortsumgehung eine Alternative zu der bereits im laufenden Planfeststellungsverfahren vorgesehenen Trassenführung festzulegen (BVerwGE 72, 172; dazu auch *Gaentzsch,* WiVerw 1985, 235, 244; *Brügelmann/Dürr*, § 38 Rn. 22). Eine solche **Alternativplanung** kann allerdings dazu führen, daß am Ende zwei verschiedene Trassenführungen für die Bundesfernstraße Geltung beanspruchen. Erweist sich nach den dargelegten Kriterien diejenige des Fachplanungsträgers als rechtlich haltbar, kommt der Vorrang der Fachplanung zum Zuge und die Straße wird nach der Trassenführung in der Planfeststellung gebaut. Der Bebauungsplan wird dann insoweit obsolet (vgl. oben § 8 Rn. 19 sowie OVG Berlin, BRS 35 Nr. 6 = BauR 1980, 239; *Brügelmann/Dürr*, § 38 Rn. 22).

dd) Die Problematik der Vorrangerweiterung des § 38 BauGB auf Anlagegenehmigungen

Zur Beschleunigung des Genehmigungsverfahrens wurde durch das Investitionserleichterungs- und Wohnbaulandgesetz 1993 für **Abfallentsorgungsanlagen**, die nicht (als „Deponien") der Ablagerung von Abfällen dienen, das Planfeststellungsverfahren abgeschafft. Solche Anlagen sind nach dem BImSchG zu „genehmigen" (§ 7 I AbfG/jetzt: § 31 I KrW-/AbfG; §§ 4 I, 10 BImSchG). Gleichzeitig wurde der in § 38 BauGB statuierte Vorrang gegenüber der städtebaulichen Planung auf diese Anlagegenehmigungen ausgedehnt. Eine **Anlagegenehmigung** nach dem BImSchG ist aber im Unterschied zur Planfeststellung keine Planung mit der ihr eigenen ergebnisoffenen (planerischen) Abwägung, sondern eine Kontrollerlaubnis und als solche eine gebundene Entscheidung. Damit war hier ein absoluter, auch im Einzelfall nicht relativierbarer Vorrang statuiert. Er mußte die oben dargelegten verfassungsrechtlichen **28**

Bedenken an einer unverhältnismäßigen Einschränkung der gemeindlichen Planungshoheit erneut hervorrufen (in diesem Sinne *Engel*, UPR 1993, 209, 210 ff.; sowie hier in der Vorauflage).

Um **diese Konsequenz zu vermeiden**, wurde versucht, der Sache nach das Gebot der kompetenziellen Rücksichtnahme doch zur Geltung zu bringen. Man argumentierte, § 38 BauGB schließe zwar die in § 6 I Nr. 2 BImSchG festgelegte Bindung der immissionsrechtlichen Genehmigung an das Städtebaurecht aus; in Geltung bleibe aber die spezielle abfallrechtliche Gemeinwohlklausel des § 10 IV 2 Nr. 5 KrW-/AbfG, wonach die Abfallentsorgung so zu erfolgen habe, daß bestimmte öffentliche Belange, darunter auch die Belange des Städtebaus, nicht beeinträchtigt würden. Diese Bestimmung sei keine Genehmigungsvoraussetzung, sondern räume einen planerischen Freiraum zur Abwägung zwischen verschiedenen Gemeinwohlaspekten ein. Insofern sei die abfallrechtliche Anlagegenehmigung zwar als immissionsschutzrechtliche Genehmigung eine gebundene Entscheidung, sie werde aber durch ein planerisches Element hinsichtlich der städtebaulichen Rücksichtnahme ergänzt (vgl. *Weidemann*, DVBl. 1994, 263). Das OVG Koblenz (DVBl. 1995, 251) ging im Ansatz ebenfalls von einem Abwägungsspielraum aus, welcher der Genehmigungsbehörde durch § 2 I 2 Nr. 5 AbfG, jetzt § 10 IV 2 Nr. 5 KrW-/AbfG eingeräumt sei. Bei der dann vorzunehmenden Abwägung zwischen dem Gemeinwohlinteresse an der Abfallverarbeitung einerseits und den städtebaulichen Belangen der Gemeinde andererseits sei der Behörde ein Versagungsermessen eingeräumt, was im Einzelfall trotz Vorliegens der Genehmigungsvoraussetzungen zur Versagung der Genehmigung führen könne. Damit gab das Gericht der Gemeinde einen Anspruch auf gerechte Abwägung in dem Sinn, daß ihre städtebaulichen Belange nur in dem Umfang zurückgestellt werden dürften, in dem das öffentliche Interesse an einer umweltgerechten Abfallbeseitigung dies geboten erscheinen ließe (OVG Koblenz, aaO). Eine weitere Meinung wendete ebenfalls § 2 I 2 Nr. 5 AbfG, jetzt § 10 IV 2 Nr. 5 KrW-/AbfG grundsätzlich an, sah darin jedoch keine Ermessensausübung und auch keine planerische Abwägung, sondern eine von den Gerichten inhaltlich voll nachprüfbare gebundene Entscheidung (*Jarass*, BImSchG, § 6 Rn. 12; vgl. auch *Gaßner/Schmidt*, NVwZ 1993, 946; *Löhr*, B/K/L, § 38 Rn. 24). Dem war insofern zuzustimmen, als das Gebot der kompetenziellen Rücksichtnahme als kompetenzbegrenzendes Regulativ eine äußere Ermessensgrenze und nicht einen bloßen Abwägungsgesichtspunkt markiert.

Den verfassungsrechtlichen Bedenken gegen eine rein immissionsschutzrechtliche Anlagegenehmigung ohne Rücksichtnahme auf städtebauliche Belange hat der Gesetzgeber mit der Neufassung des § 38 BauGB durch das Bau- und Raumordnungsgesetz 1998 mittlerweile Rechnung getragen. Danach sind die §§ 29–37 BauGB auf die in Rede stehenden Abfallentsorgungsanlagen zwar nach wie vor nicht anzuwenden. Jedoch setzt dies die Beteiligung der Gemeinde am Genehmigungsverfahren voraus und die Immissionsschutzbehörde muß nach der ausdrücklichen, insoweit konstitutiven Regelung des § 38 S. 1, 2. Hs. BauGB „städtebauliche Belange“ berücksichtigen. Insofern verweist auch diese Regelung jetzt auf die Grundsätze des kompetenziellen Rücksichtnahmegebots.

c) Allgemeine Vorranggrundsätze – Folgen der Vorrangigkeit

Fehlen spezielle gesetzliche Rangbestimmungen, wie etwa in § 38 29
BauGB, kann sich der Vorrang einer Fachplanung gegenüber der Bauleitplanung aus allgemeinen Grundsätzen, insbesondere der **Tatbestandswirkung** von Hoheitsakten und dem allgemeinen Rangverhältnis auf Grund der **Normenhierarchie** ergeben. Rechtsgültige verbindliche Hoheitsakte regeln nicht nur eine Rechtsbeziehung zwischen den Beteiligten im Staat-Bürger-Verhältnis, sondern sind auch von allen Staatsorganen als gegebener Tatbestand zu beachten, bis sie rechtswirksam aufgehoben werden. Das kann bei Verwaltungsakten grundsätzlich nur durch die erlassende Behörde erfolgen. Bei Rechtsnormen kommt zusätzlich die Derogationswirkung der in der Normenhierarchie ranghöheren Regelung hinzu.

Besteht bereits eine rechtswirksame Planfeststellung, muß diese kraft der 30
Tatbestandswirkung des Verwaltungsakts von der Gemeinde beim Erlaß eines Bauleitplans beachtet werden. Umgekehrt kann der Träger der Fachplanung ohne Absicherung durch eine gesetzliche Vorrangklausel keine Planfeststellung (oder eine entsprechende Plangenehmigung) entgegen den Festsetzungen in einem Bebauungsplan treffen. Die Fachplanungsbehörde ist – selbst als Bundesbehörde – an das Gesetz und damit auch an die Satzung der Gemeinde gebunden. Die Funktion der Vorrangklausel des § 38 BauGB liegt also gerade darin, daß die dort genannten Planfeststellungen auch in Widerspruch zu einem bereits bestehenden Bebauungsplan erlassen werden können. Der Bebauungsplan kann in seinen entgegenstehenden Ausweisungen nicht mehr vollzogen werden; er wird insoweit funktionslos und unwirksam (abw. *Brügelmann/Dürr*, § 38 Rn. 24).

Ein Bebauungsplan, dessen Festsetzungen in Widerspruch zu einer Verord- 31
nung, etwa einer Landschaftsschutzverordnung, stehen, ist rechtswidrig und darf daher nicht nach § 10 III BauGB in Kraft gesetzt werden (BVerwG, DVBl. 1988, 499 = NVwZ 1988, 728). Umgekehrt vermag eine Landschafts-

schutzverordnung als höherrangiges Recht die Wirksamkeit eines entgegenstehenden Bebauungsplans zu beseitigen – natürlich nur insoweit, als sie rechtsfehlerfrei ergeht, insbesondere auch den Grundsatz der kompetenziellen Rücksichtnahme beachtet.

32 Dem Einwand, die Rechtsform könne für das Rangverhältnis nicht ausschlaggebend sein (vgl. dazu *Löhr*, B/K/L, § 38 Rn. 3), läßt sich entgegenhalten, daß unbestritten der Gesetzgeber die Rangordnung festlegen kann; mit der Bestimmung der Rechtsform (ohne eine abweichende Rangregelung) verweist er jedoch auf die allgemein geltende Rangordnung. Auch der Hinweis auf die Rechtssicherheit (*Brügelmann/Dürr*, § 38 Rn. 24) greift letztlich nicht durch. Ein Bebauungsplan, dessen Ausweisungen unvollziehbar werden, ist insoweit nichtig. Entweder nimmt man eine Derogation an oder der Bebauungsplan wird durch die (stärkere) Rechtsverordnung funktionslos und damit nichtig. An der Gemeinde liegt es dann, ihn den neuen Verhältnissen anzupassen – genauso wie bei einer sonstigen Teilnichtigkeit oder bei der oben erwähnten alternativen Planung der Gemeinde, die sich gegenüber einem rechtlich einwandfreien Planfeststellungsbeschluß nicht durchzusetzen vermochte (so OVG Berlin, NJW 1980, 1121 und selbst *Brügelmann/Dürr*, § 38 Rn. 22).

33 Den Vorrang einer Fachplanung kraft spezieller Vorrangregelung oder kraft allgemeiner Grundsätze braucht eine in ihrer Planungshoheit beeinträchtigte **Gemeinde** nur dann hinzunehmen, wenn die Fachplanung nicht rechtswidrig ist. Gegen eine rechtswidrige Fachplanung in der Form eines Verwaltungsakts kann sie im Wege der **Anfechtungsklage** vorgehen und gegen eine Planung in der Rechtsform einer untergesetzlichen Norm, also durch Rechtsverordnung oder Satzung, kann sie eine **Normenkontrolle** anstrengen. Für Satzungen, die auf Grund des Baugesetzbuches erlassen wurden, folgt dies aus § 47 I Nr. 1 VwGO; i.ü. bestimmt das jeweilige Landesrecht, ob eine Normenkontrolle zugelassen ist (vgl. § 47 I Nr. 2 VwGO z. B. i. V.m. § 4 AGVwGO BW).

6. Planungsleitsätze

34 Weitere Bindungen, die das Planungsermessen einschränken, finden sich vor allem in zahlreichen Fachgesetzen. Sie haben primär die Bedeutung **äußerer Ermessensschranken** für das Planungsermessen der Fachplanungsbehörden, also z.B. bei Fernstraßen der Straßenbaubehörden, gelten aber auch für Gesamtplanungen, wenn diese entsprechende Festsetzungen treffen.

So bestimmt z.B. § 1 III 1 FStrG, daß Bundesautobahnen keine höhengleichen Kreuzungen haben dürfen, oder daß außerhalb der Ortsdurchfahrten keine Hochbauten innerhalb einer Entfernung von 20 m zur Bundesstraße errichtet werden dürfen. Derartige Regelungen werden in Bebauungsplänen kaum relevant, obwohl dort auch isolierte Straßenplanungen, selbst für Bundesfernstraßen, getroffen werden können (vgl. § 9 I Nr. 11 BauGB i.V.m. § 17 III FStrG).

Derartige zwingende Vorgaben werden (in Abweichung von einem früheren Sprachgebrauch, vgl. z.B. BVerwGE 47, 144, 147) nach der jüngeren Terminologie des Bundesverwaltungsgerichts als **„Planungsleitsätze"** bezeichnet (BVerwGE 71, 163).

Die Planungsleitsätze sind von „Planungsleitlinien", „Zielvorgaben" und u.U. „Optimierungsgeboten" zu unterscheiden. Diese grenzen das Planungsermessen nicht absolut ein, sondern wollen lediglich als „Abwägungsdirektiven" seine Ausübung steuern. So verlangt z.B. § 1 BNatSchG, daß die Leistungsfähigkeit des Naturhaushalts, die Pflanzen- und Tierwelt sowie die Schönheit von Natur und Landschaft, nachhaltig gesichert werden und diese Anforderungen untereinander und gegen die sonstigen Anforderungen der Allgemeinheit an Natur und Landschaft abzuwägen sind. In ähnlicher Weise regelt § 50 BImSchG, daß bei raumbedeutsamen Planungen die für eine bestimmte Nutzung vorgesehenen Flächen einander so zuzuordnen sind, daß schädliche Umwelteinwirkungen auf Wohngebiete oder sonstige schutzbedürftige Gebiete „soweit wie möglich" vermieden werden. Bei diesen Regelungen ergibt sich aus der Formulierung des Gesetzes, daß sie nicht eine unbedingte Geltung für sich beanspruchen, also nicht den Raum zur Ermessensbetätigung der Planungsbehörde von außen her einschränken, sondern inhaltliche Zielvorgaben für den Planer enthalten, die im Konflikt mit anderen Zielen zumindest teilweise zurücktreten können. Damit gehören sie bereits zu den inneren Ermessensgrenzen, die anschließend behandelt werden. **35**

7. Das Entwicklungsgebot für Bebauungspläne

Die bisher erörterten äußeren Grenzen des Planungsermessens **36** gelten generell für alle Bauleitpläne, also für Flächennutzungs- und für Bebauungspläne. Beim Entwicklungsgebot (§ 8 II BauGB) haben wir eine weitere Einschränkung des Planungsermessens, die naturgemäß nur für den Bebauungsplan gilt. Darunter versteht man, wie bereits oben beim Flächennutzungsplan erörtert, die Pflicht der Gemeinde, den Bebauungsplan aus dem Flächennutzungsplan zu entwickeln. Der **Begriff des Entwickelns** läßt kleinere Abweichungen von den Festlegungen im Flächennutzungsplan zu, etwa das Verschieben einer Straße um einige Meter. Entscheidend ist, daß die **Grundkonzeption des Flächennutzungsplans** davon nicht berührt wird (im einzelnen, auch zu den Ausnahmen, siehe oben § 6 Rn. 19).

8. Der Typenzwang der Bauflächen und Baugebiete

37 Als weitere Schranke des Planungsermessens kann man die Festlegung der Gemeinde auf die in der **Baunutzungsverordnung** aufgeführten **Baugebietstypen** ansehen. Auf Grund der Ermächtigung in § 2 V BauGB wurde in der Baunutzungsverordnung abschließend festgelegt, welche Bauflächen als „allgemeine Art der baulichen Nutzung" im Flächennutzungsplan dargestellt (§ 5 II BauGB; § 1 I BauNVO) und welche Baugebiete als „besondere Art der baulichen Nutzung" im Bebauungsplan festgesetzt werden können (§ 9 I Nr. 1 BauGB; § 1 II, III 1 BauNVO). Die Gemeinde kann daher keine zusätzlichen Bauflächen- oder Baugebietstypen schaffen (vgl. BVerwG, BauR 1991, 169). Mit der Ausweisung eines dieser Baugebiete im Bebauungsplan werden die entsprechenden Regelungen der Baunutzungsverordnung zu dessen Bestandteil (§ 1 III BauNVO).

Im Hinblick auf den Gebietstypenzwang hat der VGH BW, VBlBW 1999, 24, z.B. einen Bebauungsplan für nichtig erklärt, der ausschließlich Wohn- und landwirtschaftliche Gebäude zuließ, also „reines Wohngebiet" und „Dorfgebiet" miteinander mischte und in dieser Form auch nicht einem anderen Baugebiettypus zugeordnet werden konnte. Obendrein sah der Bebauungsplan noch eine Windenergieanlage vor, welche die 6–7 m hohen Gebäude um 14 m überragen sollte, weshalb sie nach Ansicht des Gerichts nicht mehr unter den Begriff der Nebenanlage i.S.d. § 14 BauNVO einzuordnen war.

Literatur: *Breuer,* Die hoheitliche raumgestaltende Planung. Wirkungsbereich und Zusammentreffen von Planfeststellungen, fachlichen Nutzungsregelungen, Bauleitplänen und Plänen der Raumordnung, Bonn 1968 (zit.: Breuer, Planung); *Schmidt-Aßmann,* Grundfragen des Städtebaurechts, Göttingen 1972; *Fickert,* Zur Zumutbarkeitsgrenze bei Beeinträchtigungen durch Straßenverkehrslärm und ihre rechtliche Behandlung (zugleich ein Beitrag zum Verhältnis des Rechts der Straßenplanung zur Bauleitplanung), BauR 1973, 1; *Blümel,*

Die Standortvorsorgeplanung für Kernkraftwerke und andere umweltrelevante Großvorhaben in der Bundesrepublik Deutschland, DVBl. 1977, 300; *Schmidt-Aßmann*, Fortentwicklung des Rechts im Grenzbereich zwischen Raumordnung und Städtebau, Schriftenreihe des Bundesministers für Raumordnung, Bauwesen und Städtebau, Bonn 1977; *Brohm,* Staatliche Straßenplanung und gemeindliche Bauleitplanung, Hamburg 1979; *Brohm,* Rechtliche Möglichkeiten zur Rohstoffsicherung. Das Beispiel der Lenkung des Kiesabbaus, NJW 1980, 857; *Brohm,* Verwirklichung überörtlicher Planungsziele durch Bauleitplanung, DVBl. 1980, 653; *Brosche*, Voraussetzungen und Umfang der Anpassungspflicht der Bauleitplanung an die Ziele der Raumordnung und Landesplanung sowie die Abstimmung der Bauleitpläne benachbarter Gemeinden, DVBl. 1980, 213; *Dolde,* Die Entwicklung des öffentlichen Baurechts 1979, NJW 1980, 1657; *Schlarmann,* Privilegierte Fachplanungen als Ziele der Raumordnung und Landesplanung und ihre Umsetzung in die Bauleitplanung nach § 1 IV BBauG, DVBl. 1980, 275; *Wahl,* Aktuelle Probleme im Verhältnis der Landesplanung zu den Gemeinden, – Steuerung der Siedlungsentwicklung und Standortplanungen – DÖV 1981, 597; *Steinberg*, Verwaltungsgerichtlicher Schutz der kommunalen Planungshoheit gegenüber höherstufigen Planungsentscheidungen, DVBl. 1982, 13; *Holzhauser*, Probleme der Standortvorsorge für umweltbelastende Großvorhaben aus bundesrechtlicher Sicht, Köln 1983; *Goppel*, Die Rechtswirkungen des Regionalplans, BayVBl. 1984, 229; *Lorenz*, Das Landesstraßenrecht in der Rechtsprechung des Verwaltungsgerichtshofes Baden-Württemberg, VBlBW 1984, 329; *Uechtritz*, Lenkung der Naßauskiesung durch die Regionalplanung? Rechtswirkungen von Zielen der Regionalplanung im wasserrechtlichen Planfeststellungsverfahren, VBlBW 1984, 5; *Gaentzsch,* Bauleitplanung, Fachplanung, Landesplanung – zur „Konfliktbewältigung" zwischen verschiedenen Planungsträgern, WiVerw 1985, 235; *Grooterhorst,* Die Aufstellung von Bebauungsplänen zur Verwirklichung von flächenfreihaltenden Zielen der Raumordnung und Landesplanung, DVBl. 1985, 703; *Löffler*, Parlamentsvorbehalt im Kernenergierecht: Eine Untersuchung zur parlamentarischen Verantwortung für neue Technologien, Baden-Baden 1985; *Ronellenfitsch*, Einführung in das Planungsrecht, Darmstadt 1986; *Söfker*, Fortentwicklung des Raumordnungsrechts im Bauplanungsrecht und Raumordnungsgesetz, DVBl. 1987, 597; *Graf Vitzthum/März,* Die Standortvorsorgeplanung für Kraftwerke in Baden-Württemberg, VBlBW 1987, 321 (1. Teil), 364 (2. Teil), 404 (3. Teil); *Kühling,* Fachplanungsrecht, 1988; *Brohm*, Gemeindliche Selbstverwaltung und staatliche Raumplanung, DÖV 1989, 429; *Kühling,* Rechtsprechung des Bundesverwaltungsgerichts zum Fachplanungsrecht, DVBl. 1989, 221; *Engel*, Die Neufassung des § 38 BauGB durch das Investitionserleichterungs- und Wohnbaulandgesetz, UPR 1993, 209; *Gaßner/Schmidt*, Die Neuregelung der Zulassung von Abfallentsorgungsanlagen – Zu den Rechtsänderungen durch das Investitionserleichterungs- und Wohnbaulandgesetz –, NVwZ 1993, 946; *Schink*, Rechtsnormative Anforderungen an Standorte für Abfallentsorgungsanlagen, DVBl. 1994, 245; *Weidemann*, Kontrollerlaubnis mit Abwägungsvorbehalt? – Materiellrechtliche Fragen der Zulassung von immissionsschutzrechtlichen Abfallentsorgungsanlagen, dargestellt am Beispiel des § 38 BauGB –, DVBl. 1994, 263; *Erbguth*, Bauleitplanung und Fachplanung, NVwZ 1995, 243; *Höhenberg*, Art.: Instrumente zur Verwirklichung der Raumordnung und Landesplanung, HdWB der Raumordnung (ARL) 1995, S. 511; *Wahl/Dreier*, Entwicklung des Fachplanungsrechts, NVwZ 1999, 606 ff.

§ 13. Innere Grenzen des Planungsermessens – Abwägungsdirektiven und Abwägungsgebot

Übersicht

1. Abwägungsdirektiven

a) Arten und Bedeutung

1 Innerhalb der äußeren Ermessensgrenzen kann sich das Planungsermessen der Gemeinde bei der inhaltlichen Ausgestaltung der Pläne entfalten. Diese Gestaltungsfreiheit (dazu oben § 11 Rn. 1) berechtigt die Planungsinstanz allerdings nicht zu willkürlichen Entscheidun-

gen, vielmehr muß sie ihr **Planungsermessen „pflichtgemäß“**, d.h. sachgerecht ausüben. Dabei hat sie nicht nur verwaltungspraktische Erwägungen der Zweckmäßigkeit und Sachdienlichkeit anzustellen, sondern, wie (oben § 11 Rn. 8f.) bereits erwähnt, auch rechtlich vorgegebene Gesichtspunkte in Form von allgemeinen Planungszielen, speziellen Planungsleitlinien, fachgesetzlichen und fachplanerischen Leitlinien sowie allgemeinen planungsrechtlichen und verwaltungsrechtlichen Prinzipien in ihre Erwägungen einzubeziehen. Soweit diese das Planungsermessen steuernden Ermessens- oder **„Abwägungsdirektiven“** (so BVerwGE 90, 329, 332) im konkreten Zusammenhang beachtlich werden, sind sie als „öffentliche Belange“ zusammen mit den betroffenen privaten Belangen der Bürger „untereinander“ und „gegeneinander“ abzuwägen (vgl. § 1 VI BauGB). **Im Unterschied** zu den **„Planungsleitsätzen“**, die als äußere Ermessensgrenze der planerischen Ermessensausübung vorgelagert sind, also von der Verwaltung als zwingendes Recht strikt beachtet werden müssen, können die einzelnen sich aus den Abwägungsdirektiven ergebenden Belange im Rahmen der Abwägung mit anderen zu beachtenden Belangen mehr oder weniger zurückgestellt oder ganz überwunden werden; sie stehen also unter **„Abwägungsvorbehalt“**. Welcher Abwägungsdirektive im Einzelfall der Vorrang eingeräumt werden soll, ergibt sich aus der konkreten Planungssituation und der Gewichtung dieser Belange durch die Gemeinde, die diese kraft ihrer Gestaltungsfreiheit weitgehend nach ihrer städtebaulichen Konzeption vornehmen kann.

b) Abwägungsdirektiven als rechtsstaatliche Kompensation der Gestaltungsfreiheit

Durch die zahlreichen Abwägungsdirektiven wird das weitreichende, nur final programmierte **Planungsermessen rechtlich durchdrungen** und damit das Defizit an demokratisch und rechtsstaatlich geforderter gesetzlicher Determination der Verwaltung in gewisser Hinsicht kompensiert. 2

Wie oben (§ 11 Rn. 1ff.) dargelegt, muß sich der Gesetzgeber angesichts der komplexen bauplanerischen Aufgaben darauf beschränken, im Wege eines

Finalprogramms der Verwaltung Ziele vorzugeben und Mittel für die Zielerreichung zur Verfügung zu stellen, im übrigen es aber der Planungsinstanz überlassen, den Weg zum Ziel nach der jeweiligen konkreten Planungssituation selbst zu bestimmen. Die damit verbundene weite Entscheidungsfreiheit der Planungsinstanz stößt sich an den demokratischen und rechtsstaatlichen Anforderungen, wonach die politisch wichtigen Entscheidungen im parlamentarischen Gesetzgebungsverfahren zu treffen und die Maßnahmen der Verwaltung für den Bürger vorhersehbar bleiben müssen. Sie läßt sich auch angesichts der sozialstaatlich zugelassenen Planungsfunktion nur rechtfertigen, weil sich auf Grund einer Vielzahl gesetzlicher Direktiven für die Ausübung des Planungsermessens in Verbindung mit dem Abwägungsgebot aus der konkreten Planungssituation zumindest die Vertretbarkeit planerischer Festsetzungen rechtlich ermitteln läßt und damit willkürliche Planungen ausgeschlossen werden können.

2. Einzelne Abwägungsdirektiven

a) Allgemeine (baugesetzliche) Planungsziele

3 Zur rechtlichen Steuerung des Gestaltungsermessens nennt das BauGB zunächst **„allgemeine Ziele"** **(„Oberziele")** der Bauleitplanung. Die Bauleitpläne sollen der **nachhaltigen**, d. h. dauerhaft ökonomisch, ökologisch und sozial ausgeglichenen, **städtebaulichen Entwicklung**, einer dem **Wohl der Allgemeinheit** entsprechenden **sozialgerechten Bodennutzung**, dem Schutz und der Entwicklung einer **menschenwürdigen Umwelt** und der **natürlichen Lebensgrundlagen** sowie einem schonenden Landschaftsverbrauch unter Begrenzung der Bodenversiegelung auf das notwendige Maß **(„Bodenschutzklausel")** dienen (§§ 1 V 1 u. 1a I BauGB). Diese auf einer sehr hohen Abstraktionsebene gehaltenen „allgemeinen Planungsziele" werden dann in zahlreichen Planungsleitlinien näher präzisiert.

b) (Baugesetzliche) Planungsleitlinien

4 Die Planungsleitlinien sind nach thematischen Schwerpunkten in Gruppen zusammengefaßt und in § 1 V 2 Nr. 1–10 BauGB aufgeführt. Es ist bei ihrer Vielzahl wohl kaum ein Gesichtspunkt zu finden, der bei einer Bauleitplanung relevant werden könnte und nicht hier erwähnt wäre. Dennoch hat der Gesetzgeber vorsichtshalber bestimmt, diese Aufzählung erfolge lediglich **„insbesonde-**

re", d. h. beispielhaft, so daß die planende Gemeinde diesen Katalog durch weitere Gesichtspunkte ergänzen kann.

Sieht man sich diese **Planungsleitlinien** näher an, stellt man sehr rasch fest, daß sich zahlreiche Belange überschneiden, z. B. gesunde Wohn- und Arbeitsverhältnisse (Nr. 1) und Umweltschutz (Nr. 7). Andere Planungsleitlinien schließen sich u.U. in der konkreten Planungssituation gegenseitig aus; eine solche Kollision kann etwa auftreten zwischen gesunden Wohnverhältnissen (Nr. 1) und Belangen der Wirtschaft oder Belangen des Verkehrs (Nr. 8). Diese Belange können wiederum kollidieren mit Belangen des Sports und der Freizeit (Nr. 3).

Das verdeutlicht die oben abstrakt getroffene Feststellung, daß sich in einer konkreten Planungssituation nur einige Planungsleitlinien **nebeneinander** und auch diese oft nicht in gleichem Maße verwirklichen lassen; andere **kollidieren miteinander** oder **neutralisieren** sich wechselseitig. Einzelne Planungsleitlinien oder „Belange" können daher in der Abwägung mit anderen als geringer gewichtig eingestuft und deshalb in geringerem Maße berücksichtigt oder auch ganz überwunden werden. Aus der Reihenfolge der Aufzählung in § 1 V BauGB ergibt sich **keine Rangfolge** der Planungsleitlinien. Der Vorrang des einen oder des anderen Belangs muß grundsätzlich aus den Umständen des Einzelfalls im Rahmen der Abwägung ermittelt werden. Allerdings kann der Gesetzgeber zusätzliche Belange aufstellen und auch einzelnen ein prinzipiell größeres Gewicht beimessen. Ob und welche gesetzliche Fixierungen solche „Optimierungsgebote" darstellen und welche konkrete Rechtswirkungen sich damit verbinden, ist jedoch noch weitgehend unklar (dazu unten Rn. 6 ff.).

c) Fachgesetzliche und fachplanerische Planungsleitlinien

Weitere Planungsleitlinien können sich aus fachgesetzlichen und 5
fachplanerischen Festlegungen ergeben. So sind z. B. nach dem **Trennungsgrundsatz des § 50 BImSchG** die Grundstücksnutzungen einander so zuzuordnen, daß schädliche Umwelteinwirkungen auf die ausschließlich oder überwiegend dem Wohnen dienenden Gebiete sowie auf sonstige schutzbedürftige Gebiete „so-

weit wie möglich" vermieden werden. Weitere Planungsleitlinien lassen sich Festlegungen in förmlichen, **abwägungsrelevanten Fachplanungen** entnehmen, etwa dem Landschaftsprogramm eines Landes bzw. den konkreteren Landschaftsrahmenplänen für einzelne Landesteile (Regionen) und den Landschaftsplänen der Gemeinden (vgl. §§ 5 u. 6 BNatSchG). § 1a II Nr. 1 BauGB stellt dies ausdrücklich klar. Werden in diesen Plänen einzelne Gebiete, z.B. als notwendige Freiflächen zur Sicherung eines ökologisch ausgewogenen Naturhaushaltes, als besonders fruchtbare Ackerböden oder als zur Erholung besonders geeignete Landschaftsflächen, ausgewiesen, dann sollen diese Nutzungen nach dem Bundesnaturschutzgesetz in Verbindung mit dem jeweiligen Landesnaturschutzgesetz „soweit erforderlich und geeignet" in die Bauleitpläne aufgenommen werden (z.B. § 9 I 4 NatSchG BW; dazu noch unten Rn. 11). Die Formulierung macht deutlich, daß es sich hierbei nicht um zwingende Planungsleitsätze, sondern um dem Abwägungsvorbehalt unterliegende Planungsleitlinien handelt.

3. Gesetzliche Gewichtsungsvorgaben?

a) Optimierungsgebote

aa) Bedeutung

6 Abwägungsdirektiven oder abwägungsrelevante Belange, also Allgemeine Planungsziele („Oberziele"), baugesetzliche, fachgesetzliche und fachplanerische Planungsleitlinien, haben in der generell-abstrakten Fassung des Gesetzes grundsätzlich gleichen Rang. Ein größeres Gewicht und damit der Vorrang des einen oder anderen Belanges ergibt sich erst in der Abwägung aus der städtebaulichen Konzeption der Gemeinde und den Gegebenheiten in der konkreten Planungssituation. Dem Gesetzgeber ist es allerdings nicht verwehrt, einzelnen Planungsleitlinien, die etwa einer in allen planerischen Situationen bestehenden Gefährdungslage Rechnung tragen sollen, generell, also von vornherein, einen gewissen Vorrang vor den anderen Gestaltungsprinzipien einzuräumen. Das läßt sich gesetzestechnisch bewerkstelligen mit der Bestimmung, daß

einzelnen Belangen bei der Abwägung ein besonderes Gewicht zukommen soll oder daß bestimmte Belange nur in besonderen Ausnahmefällen gegenüber anderen zurückgestellt werden dürfen. Für derartige Regelungen hat sich in Rechtsprechung und Literatur der Begriff des **„Optimierungsgebots“** eingebürgert. Ein Optimierungsgebot ist kein Planungsleitsatz, also keine zwingende gesetzliche Vorgabe, sondern eine Planungsleitlinie für die Abwägung; sie muß aber bei der Abwägung in jeder Planungssituation eine möglichst weitgehende Beachtung finden. Soll sie dennoch gegenüber anderen (einfachen) Abwägungsdirektiven oder Abwägungbelangen zurücktreten, bedarf es eines ganz besonderen und auch besonders zu begründenden (§ 9 VIII BauGB) Gewichts der anderen Belange, die ihr vorgehen sollen. Im Hinblick auf diese besondere, auch schonendere Alternativen einbeziehende Untersuchungs-, Argumentations- und Begründungslast kann man Optimierungsgebote als „relative Vorrangbestimmungen“ charakterisieren. Allerdings bestehen über ihre genauere Präzisierung – und neuerdings sogar über die Berechtigung dieses Begriffes selbst – noch große Meinungsverschiedenheiten.

Nach einer breiter vertretenen Ansicht ist ein Optimierungsgebot eine Planungsleitlinie, die mit einem **„Gewichtungsprivileg“** ausgestattet ist. Sie verdient bei der Abwägung eine besondere, möglichst weitgehende Beachtung und hat insofern im allgemeinen den Vorrang vor damit kollidierenden einfachen Planungsleitlinien. Als Planungsleitlinie steht aber auch das Optimierungsgebot unter dem Abwägungsvorbehalt, kann also auf Grund besonderer Vordringlichkeit in der konkreten Planungssituation auch durch einfache Planungsleitlinien zurückgedrängt oder ganz überwunden werden. Insofern stellen Optimierungsgebote lediglich **„relative Vorrangbestimmungen“** dar und unterscheiden sich dadurch von den Planungsleitsätzen als „absoluten Vorrangbestimmungen“ (BVerwGE 71, 163, 165; 90, 329, 331 f.). Durch den gesetzlichen Vorrang verschiebt sich jedoch die Begründungs- und Argumentationslast. In diesem Sinne verwendet auch die überwiegende Literatur diesen Terminus (vgl. *Pfeifer*, DVBl. 1989, 337, 342 f. m. w. N.; *Penski*, JZ 1989, 105, 110 m. Fn. 51; *Gaentzsch*, BK, § 1 Rn. 59, 65 jew. m. w. N; *Erbguth/Schink*, UPVG, Kommentar, 1992, § 12 Rn. 64; *Söfker*, E/Z/B, § 1 Rn. 174; *Schulze-Fielitz*, Jura 1992, 201, 202; *Wahl/Dreier*, NVwZ 1999, 606, 617). 7

Daneben finden sich in der Literatur zahlreiche weitere Deutungen und Umsetzungsregeln. Teilweise mißt man den Optimierungsgeboten lediglich eine Hinweisfunktion auf die „Berücksichtigungsbedürftigkeit ökologisch sensibler Gefährdungslagen“ bei (vgl. *Erbguth/Wagner*, BauplanungsR, Rn. 78). In der praktischen Anwendung ergeben sich daraus jedoch kaum Unterschiede. Auch hier bleibt die Begründungs- und Argumentationslast für ihre Zurückstellung gegenüber anderen Belangen bestehen, kann deren Unzulänglichkeit zum Verdikt einer fehlerhaften Abwägung führen.

Andere sehen im Optimierungsgebot die Verpflichtung zur bestmöglichen und größtmöglichen Verwirklichung dieses Belanges. Sie habe zur Folge, daß dieser in der Gewichtungsphase noch wie jeder andere Belang allein nach seiner Bedeutung auf Grund der konkreten Planungssituation zu gewichten sei. Seine steuernde Funktion entfalte er erst in der Phase des Ausgleichs zwischen den verschiedenen Belangen. Hier solle der zu optimierende Belang möglichst vollständig realisiert werden (Maximierungsgebot), auch gegenüber anderen in der konkreten Planungssituation gewichtigen Belangen; diese müßten soweit wie möglich zurückgestellt werden (Minimierungsgebot). Mit dieser Präzisierung werden weitere nur schwer operationalisierbare Differenzierungen verbunden (zum Ganzen: *Hoppe*, DVBl. 1992, 853; *ders.*, DVBl. 1994, 1033, 1034; *ders.*, H/G, § 7 Rn. 33).

Offen bleibt, ob und inwieweit die unterschiedlichen Präzisierungen des Optimierungsgebots zu nennenswerten anderen Ergebnissen führen, ja ob dem Begriff selbst – jedenfalls nach Einbeziehung des Naturschutzes in die Bauleitplanung (dazu oben § 6 Rn. 35ff.) – überhaupt eine praktische Bedeutung zukommt. Das Bundesverwaltungsgericht, auf das diese Begriffsbildung zurückgeht, hat diese Zweifel mit einer Entscheidung (BVerWGE 104, 68 = NVwZ 1997, 1213) nunmehr selbst bestärkt. Es sieht in § 8a BNatSchG 1993, der das naturschutzrechtliche Vermeidungs-, Ausgleichs- und Minimierungsgebot dem Abwägungsvorbehalt unterstellt hat (und jetzt in § 1a BauGB 1998 eingegangen ist), nur eine „spezifisch fachrechtliche Anreicherung" des Abwägungsgebots, durch die dessen „abwägende Struktur" nicht verändert werde. Es sei daher „falsch oder zumindest mißverständlich", diese Regelung als Optimierungsgebot zu bezeichnen.

Zugleich betont das Gericht aber, daß die Belange des Naturschutzes und der Landschaftspflege wegen dieser Regelung eine „herausgehobene Bedeutung" hätten und mit „erheblichem Gewicht" bzw. „erhöhtem inneren Gewicht" in der Abwägung zu Buche schlagen würden. Es handle sich um ein „programmatisches Hauptziel jeder Bauleitplanung". Eine Zurückstellung dieser Belange könne daher nur zugunsten entsprechend gewichtiger anderer Belange in Betracht kommen und bedürfe einer besonderen Rechtfertigung; die Gemeinde müsse daher die Belange, die sie für vorzugswürdig halte, präzise benennen. Das sind genau die Kriterien, mit denen man bisher nach überwiegender Meinung das Optimierungsgebot charakterisiert hat.

Insofern wirft die Entscheidung die Frage auf, ob das Gericht an seiner Schöpfung des Optimierungsgebots überhaupt noch festhalten will. Konsequent wird bereits in der Fachliteratur die Forderung erhoben, die Differenzierung zwischen Optimierungsgebot und anderen (einfachen) Abwägungsbelangen gänzlich aufzugeben. Sie enthebe schließlich nicht der Ermittlung des Betroffenheitsgrades im (Planungs-)Einzelfall, führe nicht weiter und der Planungspraxis werde hierdurch nicht geholfen (*Erbguth*, Bauplanungsrecht, Rn. 78).

Davon zu unterscheiden ist ein praktisches Bedürfnis, unter der **8**
Vielzahl von Planungsleitlinien zu differenzieren zwischen solchen, die nach den Kriterien des Abwägungsgebots nur „nach Lage der Dinge", also angesichts der konkreten Planungssituation, „in die Abwägung einzustellen sind", im übrigen aber unbeachtet und unerwähnt bleiben können, und solchen Abwägungsdirektiven, die nach Ansicht des Gesetzgebers im Hinblick auf Gefährdungen der Allgemeinheit für jede Planungssituation – u. U. auch lediglich für spezifische Planungssituationen, wie etwa Gemengelagen – von genereller Bedeutung sind, und daher in jedem Fall in die Abwägung eingestellt und im Grad ihrer Berücksichtigung besonders begründet werden müssen. Allerdings wäre dafür der Ausdruck „Optimierungsgebot" nicht gerade glücklich gewählt, handelt es sich doch um generelle, d. h. bei jeder Abwägung beachtliche Planungsleitlinien oder kürzer **„generelle Berücksichtigungsgebote"** mit einer entsprechenden Untersuchungs- und Begründungslast.

bb) Kriterien

Nicht nur Begriff und Bedeutung, sondern auch die Frage, wann **9**
ein Optimierungsgebot anzunehmen ist, blieben bislang unklar und umstritten. Die Diskussion hat sich vor allem an umwelt- und naturschutzrechtlichen Regelungen entzündet. Zur Stärkung dieser Belange haben Gerichte und Literatur – oft allerdings mit wenig überzeugender Begründung – zahlreichen einschlägigen Tatbeständen die Festlegung eines Optimierungsgebots beigelegt. Das geschah auf Grund einzelner gesetzlicher Formulierungen, etwa daß schädliche Auswirkungen „so weit wie möglich" vermieden werden sollten, oder im Wege einer Gesamtwürdigung, wenn einschlägige Be-

lange sowohl in einem Fachgesetz als auch bei den baugesetzlichen Planungsleitlinien erwähnt wurden („Doppelregelung" oder „Doppelbenennung"). Zahlreiche Regelungen, die nach diesen Kriterien inzwischen als Optimierungsgebot weithin anerkannt worden sind, dürften diese Bedeutung mit der grundlegenden Novellierung des Baugesetzbuchs durch das BauROG 1998 eingebüßt haben.

Deshalb soll zunächst auf **die wichtigsten Argumentationsmuster** für die Annahme eines Optimierungsgebotes, sodann auf ihre bislang erfolgte Anwendung auf einzelne Bestimmungen und schließlich auf deren Fortgeltung als Optimierungsgebote auch nach dem novellierten BauGB 1998 in der gebotenen Kürze eingegangen werden.

Wenig überzeugend ist die Herleitung aus Formulierungen in den Planungsgesetzen, wie z.B. in § 1 V 1 und § 1 a I BauGB, daß bestimmte Planungsziele oder Planungsleitlinien gewährleistet werden **„sollen"** (so etwa *Pfeifer,* DVBl. 1989, 337, 343). Zwar sind nach allgemeiner verwaltungsrechtlicher Dogmatik in der herkömmlichen Vollzugsverwaltung „Soll"-Vorschriften im Regelfall als „Muß"-Vorschriften zu interpretieren. Für Planungsgesetze als Finalprogramme kann dies jedoch nicht gelten. Schließlich findet sich bei Planungsleitlinien, die, wie z.B. § 1 V 2 BauGB, unbestritten zu den einfachen, nicht durch einen Gewichtungsvorrang privilegierten Planungsleitlinien gehören, auch die Formulierung, daß sie „insbesondere" zu berücksichtigen „sind". Diese Fassung müßte dann konsequent, aber verfehlt, sogar als Steigerung begriffen werden.

In einzelnen Fällen vertretbar, aber nicht zwingend, ist die Annahme eines Optimierungsgebots, wenn das Gesetz festlegt, daß bestimmte, im Gesetz genannte Folgen, wie z.B. in § 50 BImSchG schädliche Einwirkungen, **„so weit wie möglich"** vermieden werden sollen.

Nicht überzeugender erscheint die häufige Annahme eines Optimierungsgebots bei **Doppelbenennungen** bzw. **Doppelregelungen**, also etwa wenn nach § 1 V 3 BauGB 1987 mit Grund und Boden sparsam und schonend umgegangen werden sollte und diese Regelung keine weiteren Sachgegenstände enthielt als mit dem Begriff des Umweltschutzes in § 1 II 2 Nr. 7 BauGB a.F. bereits festgelegt worden waren. Einer solchen Argumentation läßt sich entgegenhalten, daß gerade in gesetzlichen Finalprogrammen regelmäßig sehr allgemeine Planungsziele als Oberziele vorgegeben werden, die dann mit einzelnen konkreteren Unterzielen weiter präzisiert werden, ohne daß daraus ein Rückschluß auf einen bestimmten Gewichtungsvorrang geschlossen werden könnte.

10 Vergegenwärtigt man sich vor diesem Hintergrund einzelne in Rechtsprechung und Literatur als Optimierungsgebote qualifizierte Regelungen, so ergibt sich angesichts der in dieser Hinsicht weitreichenden Änderung des BauGB durch das BauROG 1998 folgendes:

Das **„Trennungsgebot" des § 50 BImSchG**, wonach schädliche Umwelteinwirkungen vor allem auf die dem Wohnen dienenden Grundstücke „so weit wie möglich" vermieden werden sollen, hat das Bundesverwaltungsgericht (BVerwGE 71, 163, 165) als Optimierungsgebot qualifiziert. Das Gesetz verlange die Vermeidung nicht absolut, enthalte also keinen Planungsleitsatz; die Formulierung „so weit wie möglich" sei jedoch auch nicht konditional, i. S. v. „wenn möglich", sondern i. S. v. „möglichst weit" zu interpretieren. Daraus ergebe sich die besondere Gewichtigkeit dieser Planungsleitlinie und ihre Qualifikation als Optimierungsgebot i. S. eines Gewichtungsvorrangs (vgl. dazu auch *Funke,* DVBl. 1987, 511, 516; *Hoppe,* DVBl. 1992, 853, 854; krit. *Trute,* 1989, S. 191 ff.). Die Novellierung des BauGB hat hier keine Änderung gebracht. Insofern ist das Trennungsgebot nach überwiegender Meinung unverändert als Optimierungsgebot zu verstehen.

Dagegen ist die entsprechend begründete Qualifizierung der **abwägungsrelevanten Fachplanungen** aufgrund § 6 BNatSchG i. V. m. dem jeweiligen Landesnaturschutzgesetz jetzt durch die eindeutige Regelung in § 1 a II Nr. 1 BauGB 1998, der sie den übrigen Planungsleitlinien zuordnet, obsolet geworden.

Entsprechendes gilt für **§ 1 BNatSchG**. Seine Einstufung als Optimierungsgebot (BVerwGE 71, 163, 165), weil er für speziell aufgeführte Naturschutzziele einen ausdrücklichen Abwägungsvorbehalt enthalte, war ohnehin schon angesichts ihrer den Oberzielen entsprechenden Abstraktheit zweifelhaft; eher ließe sich die Annahme eines Optimierungsgebotes auf die „nachhaltige" Sicherung dieser Ziele stützen. Aber auch dieses Argument ist mit der Betonung der Nachhaltigkeit in § 1 V 1 BauGB 1998 entfallen. Insofern besteht für eine darüber hinausgehende Berücksichtigung des Natur- und Landschaftsschutzes als Optimierungsgebot kein Raum mehr. Diese Folgerung wird bestärkt durch § 1 V 2 Nr. 7 BauGB 1998, der sämtliche Anforderungen des Umwelt- und Naturschutzes gemäß § 1 a BauGB einbezieht.

Im Wege einer Gesamtwürdigung des Gesetzestextes wurde in der Literatur weithin auch die **Bodenschutzklausel** des § 1 V 3 BauGB 1987, wonach mit Grund und Boden sparsam und schonend umgegangen werden soll, als Optimierungsgebot qualifiziert. Zur Begründung stützte man sich auf das Argument der „Doppelregelung", da der Bodenschutz bereits unter den Begriff der Umweltbelange in § 1 V 2 Nr. 7 BauGB a. F. falle und durch die nochmalige Erwähnung in § 1 V 3 BauGB a. F. als „Bodenschutzklausel" hervorgehoben werde. Indessen zeigt gerade dieser Fall die Fragwürdigkeit dieses Kriteriums bei gesetzlichen Finalprogrammen, die oft sehr allgemeine Planungsziele vorgeben und diese dann durch konkretere Unterziele („Planungsleitlinien") weiter präzisieren. Insofern können sie allenfalls die Funktion eines Oberziels im

Rahmen eines Zielbaums übernehmen, nicht aber einen Gewichtungsvorrang begründen. Dieser müßte übrigens dann allen „allgemeinen Planungsleitlinien" oder Oberzielen zukommen. Unabhängig davon ist jedenfalls mit der Neufassung des BauGB 1998 die Annahme eines Optimierungsgebots nicht mehr haltbar. Darauf ist unten Rn. 11 zurückzukommen.

Eine entsprechende Argumentation wurde auch für die Einordnung der **naturschutzrechtlichen Eingriffsregelung** in die bauplanungsrechtliche Abwägung gem. § 8a BNatSchG vertreten, wonach, wenn auf Grund von Festsetzungen der Bauleitplanung Eingriffe in Natur und Landschaft zu erwarten sind, über deren Vermeidung, Ausgleich und Ersatz in der Abwägung nach § 1 BauGB entschieden werden sollte. Allerdings gingen hier die Meinungen besonders weit auseinander (vgl. nur *Peine,* in: Ramsauer, Die naturschutzrechtliche Eingriffsregelung, S. 39, 44ff.; *W. Müller,* NVwZ 1994, 850, 852 und *Runkel,* NVwZ 1993, 1136ff.). Das Bundesverwaltungsgericht (BVerwGE 104, 68, 74) hat ebenfalls die Annahme eines Optimierungsgebots verneint. Durch die Neufassung des BauGB wurde der Streit auch durch den Gesetzgeber zugunsten der letzteren Ansicht entschieden.

cc) Würdigung

Das BauGB 1998 hat mit der Einbeziehung des Natur- und Umweltschutzes die weithin als Optimierungsgebote angesehenen Abwägungsdirektiven auf das „Trennungsgebot" des § 50 BImSchG, das in § 1a BauGB nicht angesprochen wird, reduziert. Dieses wird aber inzwischen durch die richterliche Interpretation als (baurechtliches) „Rücksichtnamegebot" verstanden, das ähnlich wie Grundrechte und einzelne Rechtsprinzipien sowohl als einfacher abwägungsrelevanter Gesichtspunkt als auch als zwingendes Rechtsprinzip anzusehen ist (dazu unten § 14 Rn. 1 u. 12f.). Dafür bedarf es dann jedoch keines speziellen Begriffs des „Optimierungsgebots". Allerdings werden die meisten bislang als Optimierungsgebote qualifizierten Belange praktisch bei jeder Planung berührt und müssen daher – i.S.v. BVerwGE 104, 68ff. – bei jeder Planaufstellung und Planbegründung beachtet werden. Sie sind also nach der hier vertretenen Auffassung **„generelle Berücksichtigungsgebote"**, haben aber keine darüber hinausgehende Bedeutung. Diese Ansicht wird an Hand der folgenden Darlegung der heute nach § 1a BauGB 1998/§ 8a BNatSchG geltenden Rechtslage im einzelnen erhärtet.

b) Die Rechtslage nach Einbeziehung des Umwelt- und Naturschutzrechtes (§ 1a BauGB)

Die planerische Bewältigung naturschutzrechtlicher Eingriffe auf Grund von Bebauungsplänen ist der Sache nach in **§ 1a BauGB 1998** geregelt. § 8a I BNatSchG beschränkt sich insofern auf einen Verweis darauf. **Lediglich** für Vorhaben im Innenbereich **(§ 34 BauGB)** und im Außenbereich **(§ 35 BauGB)** treffen **§ 8a Abs. 2** und **Abs. 3 BNatSchG** eigenständige Regelungen. 11

§ 1a I BauGB enthält die **„Bodenschutzklausel"**. Auch sie kann nicht mehr als „Optimierungsgebot" im herkömmlichen Sinne angesehen werden. Das ergibt sich – ungeachtet der oben bereits zur früheren Einstufung als Optimierungsgebot geäußerten Bedenken – aus der jetzigen Überschrift des § 1a BauGB: „Umweltschützende Belange in der Abwägung", ferner aus der anschließenden Formulierung am Anfang des § 1a II BauGB, daß in der Abwägung nach § 1 VI BauGB „auch" die nachfolgenden Belange zu berücksichtigen seien, wie auch aus § 1 V Nr. 7 BauGB, wonach die Belange des Umweltschutzes gem. § 1a BauGB wie jede andere Planungsleitlinie bei der Abwägung berücksichtigt werden müssen. Diese Feststellung schließt nicht aus, daß praktisch die meisten der in § 1a BauGB angesprochenen Belange von jeder konkreten Planung berührt werden und ihnen daher – nach der hier vertretenen Meinung – als einem „generellen Berücksichtigungsgebot" ein besonderes Augenmerk zu zollen ist.

Entsprechendes gilt für die in § 1 V 3 BauGB erwähnte Sollensanforderung, die zum Teil mißverständlich als **„Umwidmungsverbot"** bezeichnet wird, wonach der Bestand „landwirtschaftlich, als Wald oder für Wohnzwecke genutzter Flächen" nur „im notwendigen Umfang für andere Nutzungsarten" vorgesehen werden soll. Auch diese Anforderung hat rechtlich keine andere Bedeutung als die übrigen in § 1 V 1 BauGB genannten Abwägungsbelange.

Die in **§ 1a II Nr. 1 BauGB** genannten Darstellungen von **Landschaftsplänen** werden von den Gemeinden auf der Grundlage der Landschaftsprogramme für das betreffende Bundesland und der Landschaftsrahmenpläne für einzelne Landesteile entwickelt (vgl. §§ 5 u. 6 BNatSchG). Sie enthalten Bestandsaufnahmen und entsprechende Schutz- und Entwicklungsziele, etwa notwendige Freiflächen zur Sicherung eines ökologisch ausgewogenen Naturhaushalts oder als Naherholungsgebiet und dergleichen. Über § 1 a II 1 BauGB werden diese fachplanerischen Abwägungsdirektiven den baugesetzlichen Planungsleitlinien zugeordnet. Entsprechendes gilt für Darstellungen in **sonstigen Plänen** des Wasser-, Abfall- und Immissionsschutzrechts.

Die Eingriffs- und Ausgleichsregelung in **§ 1 a II Nr. 2 BauGB** dient der Beachtung der Belange des Natur- und Landschaftsschutzes. Sie gewährleistet, daß eine Abwägung nur dann rechtmäßig ist, wenn die Notwendigkeit des Eingriffs und der dann erforderliche natur- oder landschaftsschutzrechtliche Ausgleich in der Abwägung sachgerecht berücksichtigt wurden. Davon war bereits oben § 6 Rn. 35 ff. ausführlich die Rede.

Die in **§ 1 a II Nr. 3 BauGB** erwähnte und nach anderen Vorschriften in bestimmten Fällen erforderliche **Umweltverträglichkeitsprüfung** dient ebenfalls der sachgerechten Aufnahme der vorfindlichen Gegebenheiten und der umweltrechtlichen Auswirkung einzelner Vorhaben. Ihre Ergebnisse sind ebenfalls als abwägungserhebliche Belange in die Abwägung nach § 1 VI BauGB wie baugesetzliche und andere Planungsleitlinien einzustellen und je nach der konkreten Planungssituation im Hinblick auf die anderen Belange zu gewichten (dazu näher unten Rn. 13 ff.).

12 Eine begrenzte Abweichung von der einheitlichen Zuordnung der Umwelt- und Naturschutzbelange und der sie ergänzenden Hilfsmittel zu den an sich, d. h. abstrahiert von der konkreten Planungssituation, gleichrangigen Planungsleitlinien ergibt sich nach **§ 1 a II Nr. 4 BauGB** aufgrund der **europarechtlichen „Fauna-Flora-Habitat-Richtlinie“** (= FFH-RL) und der **„Vogelschutzrichtlinie“**. Angestrebt wird damit ein europäisches Biotopverbundsystem („Natura 2000“). Bis zum Erlaß entsprechender Bestimmungen im BNatSchG waren diese Richtlinien unmittelbar anzuwenden und gingen als sekundäres Gemeinschaftsrecht dem Baugesetzbuch vor. Jetzt sind sie durch die §§ 19 a ff. BNatSchG

(1998) umgesetzt. Insofern bezieht sich der Verweis in § 1a II Nr. 4 BauGB nunmehr auf diese Regelungen.

Nach §§ 19c und 19d S. 2 BNatSchG sind Bauleitpläne im Rahmen der Abwägung nach § 1 VI BauGB speziell auch auf ihre Verträglichkeit mit den Erhaltungszielen eines Gebiets von gemeinschaftlicher Bedeutung, also des europäischen Biotopverbundsystems oder eines europäischen Vogelschutzgebiets zu überprüfen. Eine gesonderte Verträglichkeitsprüfung ist somit ausnahmsweise bei Bauleitplänen und bei Satzungen nach § 34 IV 1 Nr. 3 BauGB nicht erforderlich; das folgt aus § 19d S. 2 BNatSchG, der auf § 19c BNatSchG unter Ausschluß von Satz 1 verweist. Ergibt die Prüfung der Verträglichkeit, daß „erhebliche Beeinträchtigungen" eintreten können, ist der Plan grundsätzlich nicht zulässig. Von diesem Grundsatz darf nur abgewichen werden, soweit es aus **zwingenden Gründen des überwiegenden öffentlichen Interesses** notwendig ist und zumutbare Alternativen nicht gegeben sind. Bei „prioritären" Biotopen oder Arten sind nur wenige „überwiegende öffentliche Interessen", z.B. die Gesundheit der Menschen und die öffentliche Sicherheit gesetzlich anerkannt. Für andere, die im Wege der **Rechtskonkretisierung** dieses unbestimmten Rechtsbegriffes und **nicht** nach **planerischem Ermessen** zu bestimmen sind, muß zuvor über das Bundesumweltministerium die Stellungnahme der Kommission eingeholt werden (§ 19c IV BNatSchG). Außerdem sind Maßnahmen vorzusehen, die zur Sicherung des Zusammenhangs des Verbundsystems erforderlich sind. Die Abwägung nach § 1 VI BauGB kann also nur soweit zum Zuge kommen, als ihr Ergebnis nicht die Grenzen überschreitet, die § 19c BNatSchG auf Grund höherrangiger Bindungen des Europarechts dem Planungsermessen – wie ein **„Planungsleitsatz"** – von außen zieht (vgl. *Müller-Terpitz,* NVwZ 1999, 26, 29; *Louis,* DÖV 1999, 374, 387f.; *H. Bauer,* in: W. Erbguth, 2001, S. 43ff.; *Halama,* NVwZ 2001, 506ff.).

Raum für die Annahme eines Optimierungsgebots im herkömmlichen Sinne verbleibt auch nach Einbeziehung des Umwelt- und Naturschutzrechts in das Bauplanungsrecht allenfalls für das in § 1a BauGB nicht erwähnte **Trennungsprinzip** nach § 50

BImSchG und vielleicht für die Sonderregelung in § 247 BauGB für Berlin als Hauptstadt, deren Belangen „besonders Rechnung getragen" werden soll. Indessen wird inzwischen das Trennungsprinzip nach § 50 BImSchG in der Rechtsprechung durchweg als Ausdruck des (baurechtlichen) Rücksichtnahmegebots verstanden. Dieses ist dann als Rechtsprinzip sowohl als Abwägungsdirektive wie auch hinsichtlich des Ergebnisses als absolute Schranke zu verstehen (dazu unten § 14 Rn. 1 u. 12f.). Die in **§ 247 BauGB** getroffene Abwägungsdirektive einer besonderen Berücksichtigung der sich aus der Entwicklung **Berlins als Bundeshauptstadt** ergebenden Belange nötigt ebenfalls nicht zu einer besonderen Begriffsbildung; sie läßt sich ebenso gut als allgemeines Abwägungsprinzip in den Fällen, in denen dieser Gesichtspunkt relevant wird, interpretieren. Insofern wäre mit der Aufgabe des Optimierungsgebots als „relativer Vorrangbestimmung" nichts verloren. Nach der gegenwärtigen Gesetzeslage jedenfalls gewinnen die zahlreichen Abwägungsdirektiven ihr Gewicht aus der jeweils vorliegenden konkreten Planungssituation.

4. Das Abwägungsgebot

a) Das Grundprinzip und seine Ausgestaltung

13 Angesichts der Tatsache, daß die einzelnen städtebaulichen, fachgesetzlichen und fachplanerischen Planungsleitlinien sowie die allgemeinen planungsrechtlichen und verwaltungsrechtlichen Grundsätze in der konkreten Planungssituation sich überschneiden oder miteinander konfligieren können und daß für sie keine allgemein gültige Rangordnung feststeht, stellt sich die Frage, welche Bedeutung ihnen für eine rechtliche Bindung des Planungsermessens bzw. der Gestaltungsfreiheit der Gemeinde zukommt. Den zentralen Ansatzpunkt für eine rechtliche Durchdringung des Planungsermessens bildet das in § 1 VI BauGB vorgesehene **Abwägungsgebot**. Danach sind die öffentlichen Belange und die privaten Belange jeweils untereinander, aber auch gegeneinander, also umfassend abzuwägen. Die **„privaten Belange"** ergeben sich aus den Interessen der von der Planung Betroffenen, also etwa Interessen,

die sich aus dem Eigentumsrecht und entsprechenden Rechten herleiten, aber auch Interessen der Pächter und Mieter, soweit sie etwa in den Schutzbereich der Grundrechte auf Gesundheit (Art. 2 II GG) oder Berufsfreiheit (Art. 12 GG) fallen. Sie beschränken sich nicht auf subjektive öffentliche Rechte, sondern umfassen jedes für die Bauleitplanung bei der Abwägung beachtliche private Interesse (vgl. BVerwGE 59, 87, 99; 107, 216; 110, 36 = DÖV 2000, 466f.). Die **„öffentlichen Belange"** sind beispielhaft in §§ 1 V u. 1a I, II BauGB aufgezählt, und zwar in einer derart umfassenden Weise, daß nur selten zusätzliche auftreten werden; sie kann man als amtliche „Interessen" der Behörden ansehen, die diese kraft der ihnen zugewiesenen Aufgaben wahrzunehmen haben. Im Einzelfall kann es schwierig sein, öffentliche und private Belange auseinanderzuhalten; so liegen die Anforderungen an gesunde Wohn- und Arbeitsverhältnisse oder die Belange der Wirtschaft im öffentlichen Interesse der Allgemeinheit und eines geordneten Städtebaus sowie im Interesse der einzelnen Privaten.

Die Rechtsprechung hat unter allgemeiner Zustimmung in der 14
Literatur das Abwägungsgebot der Bauleitplanung zu einem **jeder rechtsstaatlichen Planung innewohnenden Grundsatz** verallgemeinert und zur Kontrolle des Planungsermessens näher präzisiert (grundlegend BVerwGE 34, 301; ferner 45, 309; 47, 144; 59, 87). Dadurch wird es heute weithin einseitig unter dem Gesichtspunkt der Gerichtskontrolle, also in seiner Funktion als **„Kontrollnorm"** erörtert. Seine Funktion als **Handlungsnorm** zur Steuerung der planenden Verwaltung wird dadurch zu Unrecht vernachlässigt (*Hoppe*, DVBl. 1994, 1033, 1035). Als Handlungsnorm gibt das Abwägungsgebot Anweisungen für eine sachgerechte Planung. Als Kontrollnorm markiert es die inneren Grenzen der planerischen Gestaltungsfreiheit, zeigt es auf, wann die Mißachtung der Handlungsnorm zur Rechtswidrigkeit führt. Insofern bleiben die Anforderungen des Abwägungsgebots als Kontrollnorm hinter denen der Handlungsnorm zurück. Dessen muß man sich bewußt sein, wenn im folgenden, wie üblich, die Kriterien des Abwägungsgebots unter dem Aspekt der gerichtlichen Rechtswidrigkeitskontrolle dargestellt werden.

b) Die Anforderungen des Abwägungsgebots

15 Das Abwägungsgebot hat zwei Dimensionen: Es bezieht sich sowohl auf den **Abwägungsvorgang** wie auch auf das **Abwägungsergebnis** (grundlegend BVerwGE 45, 309, 312 f., 315). Im einzelnen verlangt es für eine rechtmäßige Ausübung des Planungsermessens,

16 1. daß eine Abwägung überhaupt stattfindet,

Diese Anforderung kann sich naturgemäß nur auf den Abwägungsvorgang beziehen. Fehlt es daran, so spricht man von einem **„Abwägungsausfall"**. Er macht die Planung rechtswidrig.

17 2. daß in die Abwägung eingestellt wird, was nach Lage der Dinge in sie einzustellen ist,

Aus der konkreten planerischen Situation muß also ermittelt werden, welche öffentlichen und privaten Belange für die konkrete Planung relevant werden. Werden bei der Abwägung gewichtige Belange bewußt oder aus Versehen übergangen, liegt ein **„Abwägungsdefizit"** vor. Es begründet ebenfalls die Rechtswidrigkeit der Planung.

18 3. daß die Bedeutung der betroffenen Belange nicht verkannt wird,

Als Handlungsnorm für eine sachgerechte Abwägung muß verlangt werden, daß die Verwaltung die betreffenden Belange richtig gewichtet, also die Bedeutung des jeweiligen Belanges richtig erfaßt. Als Kontrollnorm verlangt das Abwägungsgebot jedoch lediglich, daß die Bedeutung des betroffenen Belanges nicht „verkannt" wird. Das heißt, eine Gewichtung der einzelnen Gesichtspunkte, die das kontrollierende Gericht anders vorgenommen hätte, muß nicht bereits zur Rechtswidrigkeit der planerischen Festsetzung führen. Von einer **„Abwägungsfehleinschätzung"** kann angesichts des Planungsermessens der Gemeinde erst dann ausgegangen werden, wenn die Gemeinde „nicht mehr vertretbar" einen gewichtigen Belang als bedeutungslos angesehen hat. Insofern kann ein Rechtsverstoß in diesem Punkte nur in exzeptionellen Fällen angenommen werden.

19 4. daß der Ausgleich zwischen den von der Planung berührten Belangen nicht in einer Weise vorgenommen wird, die zur objektiven Gewichtigkeit einzelner Belange außer Verhältnis steht.

Auch hier bleibt die Formulierung als Kontrollnorm hinter den Anforderungen der Handlungsnorm an einen die objektive Gewichtigkeit der einzelnen Belange widerspiegelnden Ausgleich zurück. Die Zurückstellung eines Belangs kann von den Gerichten nicht schon dann beanstandet werden, wenn sie nicht im richtigen Verhältnis zu den anderen Belangen erfolgt ist, sondern nur dann, wenn sie „außer Verhältnis", d. h. nicht mehr vertretbar, erscheint. Nur in diesem Extremfall kann das Verdikt einer **„Abwägungs-**

disproportionalität" und damit einer Rechtswidrigkeit der planerischen Festlegung gefällt werden.

Die vorstehenden Kriterien beziehen sich nach nicht unbestrittener Auffassung, mit Ausnahme der ersten Anforderung, sowohl auf den **Abwägungsvorgang** als auch auf das **Abwägungsergebnis**. Der sich aus der Planung ergebende Planungsinhalt unterliegt also ebenfalls dem Abwägungsgebot; er muß „abgewogen sein" (BVerwGE 45, 309, 315, st. Rspr.). Die Unterscheidung spielt vor allem eine Rolle bei der Frage der rechtlichen Beachtlichkeit von Verstößen gegen das Abwägungsgebot (vgl. § 214 III 2 BauGB für den Abwägungsvorgang und § 215 I Nr. 2 BauGB für Abwägungsvorgang und -ergebnis; dazu näher unten Rn. 30 und § 16 Rn. 8ff.). **20**

Diese Grundsätze gelten für die Aufstellung von Flächennutzungsplänen und von Bebauungsplänen. Sie sind jedoch vor allem für Bebauungspläne von großer Bedeutung und werden in Rechtsprechung und Literatur auch vorwiegend in diesem Zusammenhang erörtert. **21**

5. Kontrolldichte und Einzelprobleme der Kontrolle

a) Die Unterscheidung zwischen Sammlung und Gewichtung des Abwägungsmaterials

Die für die richterliche Kontrolle aufgestellten Anforderungen des Abwägungsgebots lassen schon in ihrer Formulierung eine unterschiedliche Kontrolldichte erkennen. Das wurde oben bei der Erläuterung der einzelnen Bestandteile des Abwägungsgebots bereits angedeutet. Die beiden ersten Voraussetzungen für eine sachgerechte Abwägung stellen mehr formelle, verfahrensmäßige Anforderungen dar und betreffen die **„Sammlung des Abwägungsmaterials"**. Bei ihnen deckt sich die Reichweite der Kontrollnorm mit derjenigen der Handlungsnorm. Ihre Einhaltung wird von den Gerichten in vollem Umfange überprüft; der Verwaltung wird weder in der generell-abstrakten Bestimmung der Abwägungsbelange noch in der Auswahl der dafür relevanten Fakten eine Prärogative, ein Einschätzungsvorrang, zugestanden. Daher gibt es zu diesen Fragen eine umfangreiche Rechtsprechung, die lediglich bei **22** einzelnen Fallgruppen kleine Modifikationen im Umfang der Gerichtskontrolle erkennen läßt. Auf die wichtigsten wird im Anschluß an diese Darlegung der Grundsätze näher eingegangen.

23 Die dritte und die vierte Anforderung betreffen die **„Gewichtung des Abwägungsmaterials“**, d. h. die Gewichtung der von einer Planung berührten öffentlichen und privaten Belange. Sie ist als solche ein (wesentliches) Element der planerischen Gestaltungsfreiheit. Daher ist das Abwägungsgebot nicht verletzt, „wenn sich die zur Planung berufene Gemeinde in der Kollision zwischen verschiedenen Belangen für die Bevorzugung des einen und damit notwendig für die Zurückweisung eines anderen entscheidet“ (BVerwGE 34, 301, 309). Die Gerichte müssen sich hier also mit ihrer eigenen Bewertung zurückhalten und können nicht ihr Ermessen an die Stelle des Planungsermessens der Verwaltung setzen. Allerdings kann der durch die planerische Gestaltungsfreiheit eingeräumte Entscheidungsspielraum der Gemeinde nicht grenzenlos sein. Diese – von den Gerichten zu kontrollierende – rechtliche Grenze wird überschritten, „wo einer der beteiligten Belange in geradezu unvertretbarer Weise zu kurz kommt“. Das ist der Fall, wenn sein Gewicht einfach „verkannt“ wird (3. Kriterium des Abwägungsgebots) oder „wenn das Verhältnis zwischen ihm und dem Planungsinhalt auch bei Berücksichtigung der planerischen Gestaltungsfreiheit und aller sonstigen Gegebenheiten nicht mehr aufgeht“ (BVerwGE 45, 309, 326), d. h. wenn der Ausgleich zwischen den von der Planung berührten Belangen in einer Weise vorgenommen wird, die zur objektiven Gewichtigkeit einzelner Belange „außer Verhältnis“ steht (4. Kriterium). Rechtlich beanstandungsfähig ist also nicht eine mangelnde „Verhältnismäßigkeit“ oder besser eine unausgeglichene Gewichtung, sondern lediglich ein Ausgleich, der „außer Verhältnis“ steht, also überhaupt nicht mehr vertretbar erscheint.

b) Einzelprobleme der Abwägung

aa) Die Zusammenstellung des Abwägungsmaterials

24 Eine Abwägung setzt die Zusammenstellung des Abwägungsmaterials voraus. Ohne sie kann eine (sachgerechte) Abwägung

schon gar nicht stattfinden. Die Zusammenstellung des Abwägungsmaterials erfaßt zum einen die abstrakt-begriffliche (tatbestandliche) Abgrenzung der abwägungserheblichen Belange. Dazu müssen die Planungsleitlinien und die übrigen öffentlichen und privaten Belange ermittelt werden, die in der konkreten Planungssituation berührt werden. Weiter ist eine Entscheidung darüber zu treffen, welche konkret vorliegenden Umstände darunter zu subsumieren sind.

Angesichts der Vielzahl betroffener Belange und der Unbestimmtheit der entsprechenden gesetzlichen Planungsleitlinien läge es nahe, der Verwaltung dabei einen Ermessensspielraum einzuräumen. Allerdings würde dann der infolge der finalen Programmierung ohnehin weite Entscheidungsspielraum zusätzlich ausgedehnt. Im Unterschied zu Meinungen in der Literatur (vgl. etwa *Hoppe*, DVBl. 1974, 641; *Schmidt-Aßmann*, VVDStRL 34, 254 ff.) hat daher die Rechtsprechung immer wieder mit Entschiedenheit daran festgehalten, daß es sich bei diesen Vorgängen „um Rechtsanwendung und um nichts anderes als das" handle. Mit dieser Begründung wird auch jeder Versuch, der Verwaltung wenigstens einen Beurteilungsspielraum einzuräumen, zurückgewiesen (grundlegend BVerwGE 45, 309, 323).

Die Gerichte behalten sich bei der Kontrolle des Planungser- **25**
messens sowohl die letztverbindliche Auslegung und Abgrenzung der relevanten Planungsleitlinien und sonstigen Rechtsgrundsätze wie auch die Entscheidung darüber vor, ob die hierfür einschlägigen Fakten vollständig erfaßt wurden. M. a. W.: Es wird im Grundsatz eine vollständige Zusammenstellung des Abwägungsmaterials verlangt und gerichtlich überprüft. Wird nur ein wichtiger Belang übersehen, z. B. ein Lärmschutzfaktor, der einen Lärmschutz erforderlich gemacht hätte, ist der Bauleitplan rechtswidrig und damit nichtig (es sei denn, eine der Unbeachtlichkeitsregelungen der §§ 214 und 215 BauGB würde Platz greifen; dazu gleich unten). Angesichts der Viefalt und Komplexität der Belange stehen damit aber nahezu alle Bauleitpläne, und ganz besonders die Bebauungspläne mit ihren konkreten Festsetzungen, unter dem Damoklesschwert der Fehlerhaftigkeit und Rechtswidrigkeit. Gerade die in die Abwägung ebenfalls einzustellenden privaten Belange werden von der Verwaltung und von den einzelnen Bürgern oft sehr unterschiedlich gesehen. Die Planung kann nicht „alles" erkennen

und berücksichtigen müssen. Die Rechtsprechung sucht daher zu einer sachgerechten Beschränkung zu kommen.

Das entscheidende Urteil erging allerdings zu einer anderen Frage, nämlich zur Antragsbefugnis nach § 47 II VwGO (BVerwGE 59, 87, 102f.). Die hierzu angestellten Erwägungen beziehen sich aber auf das Abwägungsgebot (*Krautzberger*, B/K/L, § 1 Rn. 116; BVerwG, UPR 1995, 390f.). Danach müssen in die Abwägung alle öffentlichen und privaten Belange eingestellt werden, die nach Lage der Dinge in sie einzustellen sind. Das aber sind nicht alle irgendwie von der Planung objektiv betroffenen Interessen, sondern nur die „beachtlichen". Welche Interessen beachtlich und damit abwägungserheblich sind, bestimmt das Gericht negativ. **Nicht abwägungserheblich** sind einmal die Interessen, die **„objektiv geringwertig"** sind, ferner die Interessen, die bei der Entscheidung über den Plan **nicht** als abwägungserheblich **„erkennbar"** waren, sofern sie nicht von den Betroffenen vorgebracht wurden (BVerwGE 59, 87, 102) und schließlich alle **„nicht-schutzwürdigen"** Interessen. Letztere hat das Gericht später einschränkend präzisiert: Die Schutzwürdigkeit eines bei der Abwägung zu beachtenden Interesses entfalle nur dann, wenn dieses Interesse unter Mißachtung der Rechtsordnung entstanden sei, wenn es also von der Rechtsordnung mißbilligt werde, oder wenn sich sonst aus der Rechtsordnung ergäbe, daß dieses Interesse bei der Bauleitplanung nicht berücksichtigt werden solle, wie z.B. die Wettbewerbsinteressen des Einzelhandels (BVerwG, DVBl. 1994, 701 = NVwZ 1994, 683).

Danach müssen in der Abwägung nicht eingestellt werden: (1) **geringwertige**, (2) **nicht** (für den Planer) **erkennbare und nicht vorgetragene** sowie (3) nach der Gesamtrechtsordnung **nicht schutzwürdige** (private) **Belange** (dazu näher unten § 16 Rn. 2). M.a.W. die Anforderungen an eine sachgerechte Abwägung werden begrenzt durch die Merkmale der Geringwertigkeit, Erkennbarkeit und Schutzwürdigkeit der (privaten) Belange.

bb) Prognosen

26 Bei der Sammlung des Abwägungsmaterials und bei der Abwägung der einzelnen Belange gilt es vielfach, auch in der Zukunft liegende Tatbestände, Entwicklungen und Ereignisse zu erfassen und in Rechnung zu stellen. Vor allem sind die Folgen einzelner planerischer Maßnahmen abzuschätzen. So muß etwa bei der Ansiedlung eines Verbrauchermarktes prognostiziert werden, wie er sich auf den Einzelhandel im innerstädtischen Bereich und damit auf die Urbanität der planenden Gemeinde und der benachbarten Gemeinden auswirken wird. Die planende Gemeinde muß bei ihrer Entscheidung naturgemäß von den z.Zt. der Planung vorhandenen Daten und Erfahrungen ausgehen. Da sich die Entwicklung nie genau vorausberechnen läßt und der Geschehensablauf aus den verschiedensten Gründen eine unvorhergesehene Wendung nehmen kann, müssen Irrtümer über den Verlauf der Entwicklung in Kauf genommen werden. Die Tatsache, daß sich Prognosen nachträglich als unrichtig herausstellen können, macht sie für eine in die Zukunft gerichtete Planung jedoch nicht entbehrlich. Indessen kann eine Fehlprognose als solche noch nicht zur Ungültigkeit des Bauleitplanes führen. Verlangt werden muß aber, daß die Prognose den Anforderungen einer Wahrscheinlichkeitsanalyse genügt und nicht auf bloße Vermutungen gegründet ist. Sie muß also insbesondere auf Tatsachen aufbauen und sachgerecht prognostizierte Entwicklungen plausibel machen (**„Vertretbarkeitskontrolle“** – Zur ähnlichen Rechtslage bei wirtschaftslenkenden Gesetzen vgl. BVerfGE 50, 290, 332f.). Sind nach den vorgegebenen Tatsachen mehrere Geschehensabläufe denkbar, so darf die Gemeinde ihrer Planung nur jenen Ablauf prognostisch zugrunde legen, für den die überwiegende Wahrscheinlichkeit spricht (vgl. VGH BW, NJW 1977, 1465, 1468 – Massa-Verbrauchermarkt; dazu auch unten § 16 Rn. 14ff.).

Inwieweit für Prognosen Stellungnahmen von Sachverständigen einzuholen sind, auf generalisierbare Untersuchungen und Veröffentlichungen zurückgegriffen werden kann oder eigene Erfahrungen ausreichen, hängt vom Einzelfall ab. Dabei kann auch berücksichtigt werden, ob beim gegenwärtigen Stand der Wissenschaft von einem **Sachverständigen-Gutachten** eine wesentlich andere Prognose oder eine wesentlich größere Wahrscheinlichkeit der Vorhersage erwartet werden kann. Z.B. durften die Auswirkungen der Ansiedlung eines Verbrauchermarkts anfangs der siebziger Jahre, als es in Deutschland noch keine Erfahrungswerte dazu gab, auf Grund weniger, mehr spekulativer Abhandlungen prognostiziert werden.

Prognosen beziehen sich auf einen tatsächlichen Geschehensablauf in der Zukunft. Die hierfür der Verwaltung zugestandene **Einschätzungsprärogative** darf **nicht** verwechselt werden mit einem **Beurteilungsspielraum bei der Gesetzesanwendung**. Das ist insbesondere für die gesetzlichen Unbeachtlichkeitsbestimmungen der §§ 214, 215 BauGB bedeutsam. Wenn es z.B. nach § 214 II Nr. 1 BauGB für die Rechtswirksamkeit eines Bebauungsplans unbeachtlich ist, daß die für die Aufstellung eines „vorzeitigen Bebauungsplans“ i.S.v. § 8 IV 1 BauGB vorausgesetzten „dringenden Gründe“ nicht richtig beurteilt wurden, so bewirkt diese Bestimmung hinsichtlich der Gerichtskontrolle einen Beurteilungsspielraum für die Verwaltung. Es geht hier um die Interpretation dessen, was als „dringende Gründe" anzusehen ist. Nicht davon erfaßt wird die Prognose als Abschätzung eines zukünftigen faktischen Geschehensablaufs, etwa die Frage, ob bei längerer Wartezeit ein ansiedlungswilliges Unternehmen eine andere Standortwahl treffen wird. Für die Einbeziehung zukünftiger tatsächlicher Entwicklungen kommt es auch hier darauf an, daß die Mindestanforderungen an eine sachgerechte Prognose erfüllt sind.

cc) Faktische Vorentscheidungen

27 Nach der Intention des Baugesetzbuchs muß die Abwägung am Ende des Planungsverfahrens – nach Anhörung der von der Planung berührten Planungsträger und der betroffenen Bürger – erfolgen, also zu einem Zeitpunkt, in dem alle Gesichtspunkte gleichsam „auf dem Tisch liegen" und beim Bebauungsplan der Satzungsbeschluß gefaßt wird. Diese Anforderung verfehlt jedoch häufig die Realität. Gerade größeren Projekten, wie Industrieansiedlungen oder Gründungen von Universitäten, Rehabilitationszentren u.ä., gehen nicht selten **intensive Verhandlungen** voraus. Sie sind auch sachlich geboten, weil die Projektträger ihre Bedürfnisse mit den Gestaltungsvorstellungen der Gemeinde abstimmen müssen und umgekehrt auch die Gemeinde bei ihren Planungen die Notwendigkeiten der Projektträger mitzuberücksichtigen hat.

Rechtliche Bindungen über die Aufstellung eines bestimmten Bebauungsplanes kann die Gemeinde, wie oben dargelegt, nicht eingehen; entsprechende Zusagen oder Verträge wären rechtswidrig und nichtig (§ 59 VwVfG i.V.m. § 2 III, 2. Hs. BauGB, § 134 BGB; dazu oben § 7 Rn. 18; § 12 Rn. 6). Dennoch müssen die Projektträger eine gewisse Sicherheit über die Verwirklichungsmöglichkeiten eines solchen Projektvorhabens erhalten, bevor sie kostspielige Investitionen vornehmen, z.B. Standort-, Boden- und Marktanalysen sowie Architektenentwürfe u.a. in Auftrag geben.

28 Aus den Vorverhandlungen des Projektträgers mit der Gemeinde und der wechselseitigen Abstimmung der Interessen ergeben sich unvermeidbar **faktische Bindungen**. Angesichts der praktischen Notwendigkeiten läßt die Rechtsprechung die dadurch bedingten Defizite bei der Abwägung in engen Grenzen zu (grundlegend BVerwGE 45, 309, 315ff.). Unter folgenden **Voraussetzungen** nimmt sie **keine Verletzung des Abwägungsgebots** an:

(1) Die Vorwegnahme der Entscheidung muß sachlich gerechtfertigt sein; d.h. es muß dafür eine sachlogische Notwendigkeit bestehen.

(2) Es muß die planungsrechtliche Zuständigkeit gewahrt bleiben, d.h. soweit der Gemeinderat für die Planung zuständig ist, muß er die vorweggenommene Entscheidung treffen.

(3) Die vorgezogene (faktische) Entscheidung darf inhaltlich nicht zu beanstanden sein, d.h. es muß vor allem eine den Anforderungen des Baugesetzbuchs entsprechende Abwägung vorgenommen und ein nicht zu mißbilligendes Ergebnis erreicht worden sein.

Sind die Anforderungen erfüllt, ist ein Bebauungsplan, der wegen faktischer Vorabentscheidungen im wesentlichen mit den in den Vorbesprechungen erzielten Resultaten übereinstimmt, nicht mangels einer (sachgerechten) Abwägung fehlerhaft.

Diese besonderen Voraussetzungen für eine rechtlich nicht zu beanstandende faktische Vorentscheidung sind allerdings nicht erforderlich, wenn trotz einer vorgängigen faktischen Abstimmung der Gemeinderat beim Beschluß über den Bebauungsplan als Satzung sich in seiner Entscheidung völlig frei fühlte, die **faktische „Abstimmung“** also **lediglich informative Bedeutung** über einzelne private Belange hatte, somit nur einer „informativen Vorbereitung“ diente. Ein Abwägungsdefizit liegt dann in dem maßgeblichen Zeitpunkt der Beschlußfassung nicht vor. 29

6. Fehler- bzw. Rechtswidrigkeitsfolgen (§§ 214 ff. BauGB)

Leidet ein Bebauungsplan an einer fehlerhaften Abwägung, sei es an einem Fehler im Abwägungsvorgang oder im Abwägungsergebnis, ist der Bebauungsplan rechtswidrig und damit an sich auch rechtlich ungültig. Hier greifen jedoch die erwähnten Bestandskraft- bzw. **Planerhaltungsregelungen des Baugesetzbuchs** ein, die der Eigenart des Bebauungsplans als Vollzugsnorm und Aktionsprogramm Rechnung tragen wollen (vgl. oben § 6 Rn. 21; § 8 Rn. 13; unten § 16 Rn. 8ff.). Danach kann und muß ein Abwägungsfehler zwar von der Rechtsaufsichtsbehörde in einem u.U. erforderlichen Genehmigungsverfahren (§ 10 II BauGB) in vollem Umfange gerügt werden (§ 216 BauGB). Vor Gericht dagegen vermag der Bürger gegen einen Bauleitplan einen Fehler im Abwä- 30 gungsvorgang nur dann mit Erfolg geltend zu machen, wenn dieser offensichtlich ist und auf das Abwägungsergebnis von Einfluß war (§ 214 III 2 BauGB).

Im Hinblick auf die damit verbundene Einschränkung des verfassungsrechtlich gewährleisteten Rechtsschutzes des Bürgers (Rechtsstaatsprinzip, Art. 19 IV, 14 I GG; dazu *Schmaltz*, in: Schrödter, § 214 Rn. 4; *Schwerdtfeger*, JuS 1983, 270, 272) legt die Rechtsprechung die Bestimmung restriktiv aus (grundlegend BVerwGE 64, 33; ferner NVwZ 1992, 662, 663). **„Offensichtlich"** ist alles, „was zur äußeren Seite des Abwägungsvorgangs derart gehört, daß es auf objektiv faßbaren Sachumständen beruht", also etwa Fehler bei der Zusammenstellung oder Gewichtung des Abwägungsmaterials, die sich aus Akten, Protokollen oder sonstigen Unterlagen ergeben. „Nicht-offensichtlich" ist, was zur „inneren Seite des Abwägungsvorgangs" gehört, also etwa Motive, fehlende oder irrige Vorstellungen einzelner Mitglieder des Beschlußorgans o.ä. Diese Fehler sind bereits dann auf das Abwägungsergebnis **„von Einfluß gewesen"**, wenn an Hand der Planunterlagen oder sonst erkennbarer oder naheliegender Umstände die konkrete Möglichkeit besteht, daß der Mangel im Abwägungsvorgang von Einfluß auf das Abwägungsergebnis gewesen sein kann. Allerdings genügt nicht eine „nicht näher begründete Annahme", die Vermeidung des Fehlers hätte zu einem anderen Ergebnis führen können.

Nach Ablauf von sieben Jahren kann diese Rüge nicht mehr erhoben werden (§ 215 I Nr. 2 BauGB), sofern der Hinweis auf die befristete Geltendmachung nach § 215 II BauGB erfolgt ist. Diese Bestandskraftwirkung tritt nicht nur bei Mängeln im Abwägungsvorgang, sondern sogar bei inhaltlichen Mängeln der Planfestsetzung, also bei einem fehlerhaften Abwägungsergebnis, ein. Gerade letzteres bedeutet eine erhebliche Rechtsschutzverkürzung, die im Hinblick auf die Tragweite bauplanungsrechtlicher Festsetzungen verfassungsrechtlich nicht unbedenklich ist.

Literatur: *Schwerdtfeger*, Rechtsfolgen von Abwägungsdefiziten in der Bauleitplanung – BVerwGE 64, 33, JuS 1983, 270; *Trute*, Vorsorgestrukturen und Luftreinhalteplanung im BImSchG, 1989; *Koch*, Immissionsschutz durch Baurecht, 1991; *Hoppe*, Die Bedeutung von Optimierungsgeboten im Planungsrecht, DVBl. 1992, 853; *Schulze-Fielitz*, Das Flachglas-Urteil des Bundesverwaltungsgerichts – BVerwGE 45, 309 – Zur Entwicklung der Diskussion um das planungsrechtliche Abwägungsgebot, Jura 1992, 201; *Gassner*, Naturschutzrechtliche Eingriffsregelung im Bauleitplanungsrecht, NuR 1993, 252; *Runkel*, Das Verhältnis der naturschutzrechtlichen Eingriffsregelung zum Baurecht nach dem Investitionserleichterungs- und Wohnbaulandgesetz, UPR 1993, 203; *ders.*, Die naturschutzrechtliche Eingriffsregelung in der Bauleitplanung, NVwZ 1993, 1136; *Burgi*, Die Planfeststellung umweltrelevanter Vorhaben im Schnittpunkt von Planung und Verhaltenssteuerung, JZ 1994, 654; *Hoppe*, Das Abwägungsgebot in der Novellierung des Baugesetzbuchs, DVBl. 1994, 1033; *Löhr*, Der geteilte Himmel über Städtebauern und Naturschützern – Nochmals zum Bebauungsplan mit geteiltem Geltungsbereich, LKV 1994, 324; *Müller*, Die Eingriffsregelung des § 8 a BNatSchG als elementarer Grundsatz städtebaulicher Planung, NVwZ 1994, 850; *Stich*, Bedeutung der neuen bundesnaturschutzrechtlichen Eingriffs- und Ausgleichsvorschriften für die Bebauungsplanung und die Zulässigkeit von Bauvorhaben, BauR 1994, 205; *Schmidt-Eichstaedt*, Inhalt und Grenzen der Rechtspflichten zu Ausgleichs- und Ersatzmaßnahmen im Zusammenhang mit der Errichtung baulicher Anlagen, DVBl. 1994, 1165; *Peine*, Die Bedeutung des § 8 a Abs. 1 S. 1 BNatSchG für die Bauleitplanung, in: Ramsauer (Hrsg.) Die naturschutzrechtliche Eingriffsregelung, 1994/1995; *Lüers*, Bauleitplanung und Naturschutz – Zur vorgesehenen Fortentwicklung der planerischen Eingriffsregelung im Baugesetzbuch, UPR 1996, 401; *Krautzberger*, Ziele und Zwecke der Neuregelung des Städtebaurechts zum 1. 1. 1998, WiVerw 1997, 243; *Stüer*, Städtebaurecht 1998 – Vom Grundsatz der Planerhaltung zum Grundsatz der Normerhaltung, DVBl. 1997, 1201; *Schink*, Auswirkungen der Fauna-Flora-Habitat Richtlinie (EG) auf die Bauleitplanung, GewArch 1998, 41.; *Müller-Terpitz*, Zur Novellierung des BNatSchG, NVwZ 1999, 26 ff.; *Louis*, Die Umsetzung der FFH-Richtlinie durch das BNatSchG und ihre Rechtsfolgen, DÖV 1999, 374; *H. Bauer*, Europäische Einwirkungen auf das öff. Baurecht in Deutschland, in: *W. Erbguth*, Europäisierung des nationalen Umweltrechts, 2001, 43 ff.; *Halama*, Die FFH-Richtlinie – Unmittelbare Auswirkungen auf das Planungs- und Zulassungsrecht NVwZ 2001, 506 ff.

§ 14. Rechtsprinzipien und Grundrechte als Grenzen des Planungsermessens

Übersicht

1. Anwendungsgrundsätze

Wie oben (§ 11 Rn. 10 ff.) bereits dargelegt, können Grundrechte bei der Planung sowohl in ihrer objektiv-rechtlichen Funk- 1 tion als Abwägungsdirektiven wie auch in ihrer Abwehrfunktion als absolute Schranke wirksam werden. Entsprechendes gilt für allgemeine Rechtsgrundsätze, die oft als Abwägungsdirektiven wirken und erst in Extremfällen sich als absolute Schranke erweisen. Da die Rechtsgrundsätze i.a. aus verfassungsrechtlichen Grundsätzen oder Grundrechten entwickelt sind, also eine Konkretisierung dieser verfassungsrechtlichen Vorgaben darstellen, kommen sie nach den Regeln der Spezialität zuerst zur Anwendung. Soweit dann noch eine Rechtslücke besteht, kann schließlich direkt auf die Verfassung, insbesondere die Grundrechte zurückgegriffen werden. Daraus ergibt sich für eine **rechtliche Prüfung** folgende **Reihenfolge**: Zuerst kommen die besonderen planungsrechtlichen Grundsätze, dann u. U. die allgemeinen verwaltungsrechtlichen Grundsätze und erst in dritter Linie ein Rückgriff auf verfassungsrechtliche Aussagen in Betracht. Diese Reihenfolge gilt grundsätzlich unabhängig davon, ob die Grundsätze und Grundrechte als Abwägungsdirektiven oder als absolute Schranken wirksam werden. Im folgenden werden die wichtigsten planungsrechtlichen Grundsätze zusammengestellt und kurz erläutert.

2. Einzelne planungsrechtliche Grundsätze

a) Das Gebot der Planklarheit

2 Es besagt, daß die Ausweisungen möglichst bestimmt und eindeutig erfolgen sollen. Die betroffenen Eigentümer müssen vorhersehen können, welchen Beschränkungen sie unterworfen und welchen Belastungen, etwa durch Emissionen, sie ausgesetzt sein werden. Z.B. ist es unzureichend, lediglich eine „Grünfläche" im Bebauungsplan auszuweisen, um sie dann als Sport- oder Spielplatz zu nutzen (§ 9 Nr. 15 BauGB). Fehlt eine konkrete Zweckangabe, ist die Festsetzung zwar nicht unwirksam; sie kann aber keine über den allgemeinen Nutzungszweck als Grünfläche hinausgehende Nutzung zulassen (vgl. *Gaentzsch,* BK, § 9 Rn. 36; VGH BW, VBlBW 1986, 349; BVerwG, NVwZ 1998, 1179). Insofern entspricht das Gebot der Planklarheit dem Bestimmtheitsgrundsatz im Zusammenhang mit dem Vorbehalt des Gesetzes. Allerdings darf er

nicht dahingehend mißverstanden werden, daß alles bis ins letzte Detail festgelegt werden müßte (zum **Grundsatz der planerischen Zurückhaltung** vgl. oben § 1 Rn. 26 und BVerwG, BauR 1989, 306; VGH BW, VBlBW 1991, 19, 21).

b) Das Gebot äußerer Planeinheit

Nach diesem Grundsatz kann für ein Gebiet immer nur ein Bebauungsplan bestehen. Werden Änderungen vorgenommen, verschmilzt daher der Änderungsbebauungsplan mit dem bereits vorhandenen zu einem einheitlichen Plan. Das entspricht der Rechtslage bei Gesetzesänderungen und der Einordnung des Bebauungsplanes unter die Satzungen. Das Prinzip dient der Rechtssicherheit. 3

c) Das Gebot konkreter Planung

Danach muß der Bebauungsplan seine Nutzungsbestimmungen im Hinblick auf die konkrete Sachlage, also konkret für jedes einzelne Grundstück, treffen. So hat das Bundesverwaltungsgericht einen Bebauungsplan für rechtswidrig und nichtig angesehen, der das Anpflanzen von Bäumen und Sträuchern und die Erhaltung von Bäumen für alle nicht bebaubaren Flächen im gesamten als Baugebiet ausgewiesenen Stadtgebiet vorsah. Denn im Unterschied zu den traditionellen Rechtsnormen dürfe der Plan nicht von den konkreten Gegebenheiten abstrahieren, sondern müsse geradezu seine Regelungen konkret-individuell und damit sozusagen **„im Angesicht der konkreten Sachlage"** treffen. Anders könne man vor allem auch dem Abwägungsgebot nicht gerecht werden; es lasse eine derart allgemeine Festsetzung für alle überbaubaren Grundstücksflächen nicht zu (BVerwGE 50, 114 – Frankfurter Begrünungsplan). Davon war bei den Besonderheiten des Bebauungsplanes als Vollzugsnorm bereits ausführlich die Rede (vgl. oben § 8 Rn. 9). 4

d) Das Verbot der Negativplanung

Dieser Grundsatz wird § 1 III BauGB entnommen. Danach ist eine nach § 9 BauGB an sich zulässige planerische Festsetzung nur 5 rechtmäßig, wenn sie nach der städtebaulichen Konzeption der Gemeinde erforderlich ist (dazu vgl. oben § 12 Rn. 2ff.). Daher kann eine Gemeinde nicht eine Festsetzung treffen, deren Verwirklichung sie gar nicht anstrebt, sondern mit der sie nur eine andere, an sich rechtlich zulässige Grundstücksnutzung verhindern will. In der Praxis wird dieser Weg häufig gewählt, weil jede positive Festsetzung eine andere, ihr widersprechende Nutzung ausschließt.

In der dazu grundlegenden Entscheidung ging es darum, daß dem Antrag auf Erteilung einer Baugenehmigung nach den bauplanungsrechtlichen Vorschriften (§ 34 BauGB) hätte stattgegeben werden müssen. Die Gemeinde erließ daraufhin einen Bebauungsplan, in dem sie für das Grundstück eine landwirtschaftliche Nutzung vorsah. Diese Nutzung konnte schon nach der zeichnerischen Wiedergabe des Planes kaum der städtebaulichen Konzeption der Gemeinde entsprechen; aus der Begründung ergab sich dann auch eindeutig, daß mit ihrer Festsetzung in Wahrheit das Gebiet für den Braunkohleabbau von einer Bebauung freigehalten werden sollte. Die Ausweisung als landwirtschaftliche Nutzung ist aber nur zulässig, wenn sie nach der wahren planerischen Konzeption der Gemeinde „positiv" erforderlich ist (§ 1 III BauGB), nicht aber, um mit der Festsetzung lediglich eine „negative" Wirkung für andere Nutzungen zu erreichen, also praktisch eine Bausperre zu verhängen (BVerwGE 40, 258, 262f.; entspr. OVG Münster, NVwZ-RR 1997, 602; VGH BW, VBlBW 1998, 310; dazu noch unten Rn. 6).

Dieser Grundsatz darf jedoch **nicht streng gehandhabt** werden. Das BVerwG hat in **späteren Entscheidungen** sogar zugelassen, daß die Verhinderungsziele den Hauptzweck der planerischen Festsetzung bilden können, wenn die Gemeinde damit als städtebauliches Ziel mehr die Bewahrung als die Veränderung der vorhandenen Situation anstrebt. „Auch eine zunächst nur auf die Verhinderung einer – aus der Sicht der Gemeinde – Fehlentwicklung gerichtete Planung kann einen Inhalt haben, der rechtlich nicht zu beanstanden ist". Die Festsetzung darf nur nicht das „vorgeschobene Mittel sein, um einen Bauwunsch zu durchkreuzen" (BVerwG, NVwZ 1991, 875, 877; VGH BW, VBlBW 1998, 310). Insofern kommt es entscheidend auf den Willen und die planerische Konzeption der Gemeinde im Einzelfall an.

6 So hat das Bundesverwaltungsgericht den Erlaß eines Bebauungsplans für zulässig erklärt, der verhindern sollte, daß in einem mit Gewerbebetrieben bebauten Gebiet ein größeres Areal nach § 34 BauGB in einen Verbrauchermarkt umgenutzt wurde. Das Gericht vertrat die Ansicht, selbst wenn die Gemeinde den Bebauungsplan aufgestellt hätte, um das Entstehen eines Verbrauchermarkts zu verhindern, müsse darin keine unzulässige „Negativplanung" gesehen werden. Denn eine Planung, wie die vorliegende, könne im Hinblick auf die städtebaulichen Auswirkungen der Ansiedlung eines Verbrauchermarktes an einem dafür ungeeigneten Standort der Ordnung der städtebaulichen Entwicklung dienen (BVerwGE 68, 360, 364f.). Ebenso hielt es das Gericht in der amtlich als Fortführung von BVerwGE 40, 258 bezeichneten Entscheidung (NVwZ 1991, 875) für zulässig, eine landwirtschaftlich genutzte Fläche im Außenbereich, die der Eigentümer nunmehr zum Kiesabbau nutzen wollte, durch Bebauungsplan als „Fläche für die Landwirtschaft" auszuweisen und damit die bisherige Nutzung zu bewahren. Die Zweifel, ob eine solche Ausweisung allein zulässig sei, um die Fläche für eine noch ungewisse künftige Entwicklung offen zu halten (sog. **„Freihalteplanung"**; vgl. dazu auch VGH BW, VBlBW 1999, 136), hat das Gericht offen gelassen, obwohl eine solche Freihalteplanung dem Grundfall in BVerwGE 40, 258 sehr nahekommt. Das Gericht betonte, es gebe jedenfalls kein generelles Verbot negativer Festsetzungen; es komme allein darauf an, ob eine bestimmte Planung nach der planerischen Konzeption der Gemeinde erforderlich sei. Das aber lasse sich nur an Hand aller konkreten Umstände des jeweiligen Einzelfalles beantworten. Dementsprechend hielt es weiter die Festsetzung einer Fläche für die Landwirtschaft (Streuobstwiese) für zulässig, mit der landschaftspflegerische und klimatologische Zwecke verfolgt wurden. Ebenso hatte es keine Bedenken gegenüber einem auf §§ 1 V, X BauNVO gestützten Ausschluß von Einzelhandelsbetrieben bestimmter Branchen in einem Gewerbegebiet, wenn diese Differenzierung marktüblichen Gegebenheiten entspricht (BVerwG, NVwZ 1999, 984 u. 1138; NVwZ-RR 1999, 9).

e) Das Gebot der Konfliktbewältigung (Problembewältigung)

Dieses Gebot findet seine Rechtsgrundlage ebenfalls in § 1 III 7
BauGB. Die Pflicht, Bauleitpläne aufzustellen, sobald und soweit es für die städtebauliche Entwicklung und Ordnung erforderlich ist, begrenzt nicht nur Festlegungen im Plan auf das Erforderliche, sondern verlangt auch umgekehrt, daß alles Erforderliche im Plan geregelt wird. D.h. es sind in die planerische Regelung alle Maßnahmen einzubeziehen, die zu einer möglichst optimalen Verwirklichung der gesetzlich vorgegebenen Planaufgabe, „aber auch zur Bewältigung der von dem **Planvorhaben** in seiner räumlichen Umgebung erst **aufgeworfenen Probleme**" erforderlich sind (BVerwGE 57, 297, 300).

Dieser Grundsatz gilt für jede hoheitliche Planung, sei sie eine Gesamtplanung oder eine Fachplanung. So hat das BVerwG entschieden, daß die Planung zur Änderung einer Bundesstraße auch die Ersatzwege einbeziehen müsse, die erforderlich sind, um die Verbindung der Grundstücke zum Straßennetz den eingetretenen Veränderungen anzupassen (vgl. BVerwGE 57, 297, 300 m. w. N.).

Eine Verletzung des Grundsatzes der Konfliktbewältigung liegt jedoch nur vor, wenn das durch die Planung geschaffene Problem, z. B. Umweltkonflikte durch Emissionen eines im Bebauungsplan vorgesehenen Kohlekraftwerks, **nicht noch im Rahmen der Baugenehmigung** oder der immissionsschutzrechtlichen Anlagegenehmigung, etwa durch Auflagen und Schutzmaßnahmen oder auch durch Einschränkungen nach § 15 BauNVO, gelöst werden kann (BVerwG, NVwZ 1988, 351).

Die Gerichte qualifizieren derartige Verletzungen z. T. als Fehler im Abwägungsvorgang, z. T. stützen sie sich aber auch auf § 1 III BauGB als absoluter Schranke. Eine sachgerechte Lösung ergibt sich, wenn man sich die erwähnte Doppelfunktion solcher Rechtsgrundsätze deutlich macht. Dem entspricht die neuere Rechtsprechung, wonach die planerische Problemlösung „möglichst" bereits bei der Planaufstellung miteingeplant werden soll. Sie „muß" aber nur dann dort festgelegt sein, wenn die mit der Planung geschaffenen Probleme beim Vollzug nicht mehr gelöst werden können. Damit erhält der Grundsatz für den **Normalfall** den Charakter einer **Abwägungsdirektive**, also eines bei der Planung mitzuberücksichtigenden Belangs. Als solcher kann er bei der Abwägung aus sachlichen Gründen gegenüber anderen Belangen, etwa dem Grundsatz der planerischen Zurückhaltung, zurückgestellt werden. Bei einer unzulässigen Zurückstellung ist der Bauleitplan (i. d. R. der Bebauungsplan) wegen eines Abwägungsfehlers rechtswidrig. Kann die Problemlösung aber durch Einzelentscheidungen in der Planvollzugsphase überhaupt nicht mehr erreicht werden, liegt also der **„Extremfall"** vor, sind zwingende Anforderungen an den Mindestinhalt bauplanerischer Festsetzungen verletzt. Dann gilt das Gebot der Konfliktbewältigung als **äußere Schranke** der Gestaltungsfreiheit nach § 1 III BauGB absolut.

Für Planfeststellungsbeschlüsse gilt das Gebot der Konfliktbewältigung in vollem Umfange als strikt zu beachtender **Planungsleitsatz**. Denn beim Planfeststellungsbeschluß fallen infolge der Konzentrationswirkung (§ 75 I VwVfG) Planungs- und Vollzugsebene zusammen. Das Verwaltungsverfahren wird mit ihm also abgeschlossen, über die Zulässigkeit des Vorhabens ist nicht noch in einem anderen Verfahren zu entscheiden. Damit sind durch den Planfeststellungsbeschluß auch alle von dem Vorhaben ausgehenden Immissionen genehmigt und legalisiert. Die Möglichkeit nachträglich noch Auflagen zu erteilen (§§ 74 III, 75 II VwVfG) ist begrenzt und nicht vergleichbar mit den Möglichkeiten bei einer später erforderlichen Baugenehmigung (vgl. auch *Kopp/Ramsauer*, VwVfG, § 74 Rn. 21).

f) Grundrechtlich bedingte Rechtsgrundsätze

Aus den Grundrechten lassen sich weitere planungsrechtliche Grundsätze ableiten: 8

Aus Art. 3 I GG i.V.m. Art. 14 GG und dem Verhältnismäßigkeitsprinzip folgt das planungsrechtliche **Gebot gerechter Lastenverteilung**. Entsprechend der am Gebot der Konfliktbewältigung aufgezeigten Differenzierungen stellt es sich im Hinblick auf die objektive Funktion der grundrechtlichen Gewährleistung als Planungsleitlinie dar und besagt, daß bei einer Planung öffentlicher Anlagen, also etwa öffentlicher Grünflächen, öffentlicher Verkehrsflächen oder öffentlicher Einrichtungen, die Lasten nach Möglichkeit nicht einem einzigen auferlegt, sondern gleichmäßig auf die privaten Eigentümer verteilt werden sollen (BGH, NJW 1977, 388, 390; VGH BW, BRS 37 Nr. 7; *Schlez*, BauGB, § 1 Rn. 73).

So können besondere topographische Verhältnisse – etwa natürliche Geländehindernisse – es wegen des Gebots der Lastengleichheit nicht ohne weiteres rechtfertigen, nur einige wenige Privatgrundstücke mit der Trasse einer öffentlichen Straße zu belasten. Sofern möglich, muß die Gemeinde durch den Bebauungsplan die Grundlage dafür schaffen, daß die natürlichen Hindernisse gegenüber einer gleichmäßigen Belastung aller Eigentümer „gestaltend" beseitigt werden, etwa durch bodenordnende Maßnahmen, wie die Umlegung nach den §§ 45ff. BauGB (vgl. i.e. BGH, NJW 1977, 388).

Entsprechendes gilt für den **Grundsatz der vorrangigen Belastung des Eigentums der öffentlichen Hand**, der aus Art. 14 GG gefolgert wird. Kann für eine Maßnahme Gelände der öffentlichen Hand herangezogen werden, ist grundsätzlich das private Eigentum zu schonen. 9

Diese Abwägungsdirektive gebietet allerdings nicht, daß von der Inanspruchnahme im Privateigentum stehender Grundstücksflächen in jedem Falle abzusehen ist. Vielmehr kann z.B. eine Straßenerweiterung nach der ganzen Straßenführung u.U. auf der Seite vorgenommen werden, auf der sich das Eigentum des Privaten befindet. In Extremsituationen verdichtet sich auch dieses Gebot von der Abwägungsdirektive zu einer absoluten Schranke, sobald nämlich ein konkreter, etwa nach dem Verhältnismäßigkeitsprinzip unzulässiger Eingriff in das Grundrecht als Abwehrrecht angenommen werden muß. So darf z.B. eine Straße nicht über Privatgrundstücke geplant werden, wenn wenige Meter daneben Grundstücke im Eigentum der Gemeinde zur Verfügung stehen und der planerische Zweck auch bei ihrer Inanspruchnahme erreicht wird (BVerwG, NVwZ 1997, 486, 488; BGH, VerwRspr 30 (1979),

188, 192; BGH, DÖV 1979, 225 Ls.; vgl. auch VGH BW, ESVGH 13 (1964), 71, 76f.; VGH BW, BRS 29 Nr. 4 u. BauR 1983, 131, 133).

10 Weiter müssen die durch die Planung verursachten Einschränkungen grundrechtlicher Freiheiten bei der Abwägung mit in Rechnung gestellt und die Anforderungen des **Verhältnismäßigkeitsprinzips** auch bei der Wahl der Alternativen beachtet werden.

11 Schließlich ist der **Gleichbehandlungsgrundsatz**, der als allgemeiner verwaltungsrechtlicher Grundsatz heute seine verfassungsrechtliche Grundlage in Art. 3 GG findet, zu beachten. Er ist absolut verletzt, wenn das Planungsergebnis willkürlich ist. Der Plan ist dann wegen Verletzung der äußeren Grenzen des Planungsermessens rechtswidrig. Aber auch bei einem Plan, der inhaltlich unter dem Aspekt des Willkürverbots nicht zu beanstanden ist, kann bereits bei der Selektion der verschiedenen Alternativen die eine oder andere gewählt worden sein, die einen Dritten ohne Notwendigkeit ungleich belastet. Hier ist der Gleichheitssatz als Leitlinie oder Abwägungsdirektive für die planerische Gestaltung, also als innere Grenze des Planungsermessens, nicht oder zu wenig beachtet worden und daher der Plan wegen fehlerhafter Abwägung rechtswidrig.

g) Das baurechtliche Gebot der Rücksichtnahme

12 Ein besonderes Problem bildet das sog. „Gebot der Rücksichtnahme", das sich auf die Bodennutzung bezieht und daher als baurechtliches Gebot der Rücksichtnahme von dem kompetenziellen Rücksichtnahmegebot (vgl. oben § 9 Rn. 6ff., 16ff.) zu unterscheiden ist. Danach hat ein Vorhaben auf die Umgebung Rücksicht zu nehmen und Emissionen zu vermeiden, die für Nachbargrundstücke eine unzumutbare Beeinträchtigung bewirken. Dementsprechend dürfen grundsätzlich auch keine unverträglichen Nutzungen nebeneinander geplant werden.

So soll z. B. möglichst kein Industriegebiet direkt neben einem Wohngebiet ausgewiesen werden oder kein Wohngebiet in unmittelbarer Nähe eines großen Munitionslagers der Bundeswehr oder einer Schweinemästereianstalt. Vielmehr sind soweit möglich Übergangszonen zu schaffen, die die Unverträglichkeit der Grundstücksnutzungen abschwächen, so z. B. die Ausweisung eines Mischgebiets oder die Festlegung von Grünstreifen mit bestimmten Bepflanzungen oder von Lärmschutzwällen (Gebot der räumlichen Trennung, kurz

„Trennungsgebot"; grundlegend BVerwGE 45, 309 – Flachglas; VGH BW, BRS 28 Nr. 7; vgl. jetzt § 50 BImSchG; *Weyreuther*, BauR 1975, 1).

Allerdings bedarf es für eine solche Anforderung nicht eines besonderen „Gebots der Rücksichtnahme"; sie ergibt sich bereits aus der gesetzlichen Aufgabe, eine sachgerechte städtebauliche Ordnung und Entwicklung zu planen (§ 1 III BauGB) und bei der Planung die öffentlichen und privaten Belange zum Ausgleich zu bringen (§ 1 VI BauGB), ferner heute auch direkt aus § 50 BImSchG („Trennungsgebot"). Entgegen ursprünglich anderer Tendenzen geht die Rechtsprechung des Bundesverwaltungsgerichts jetzt auch **nicht mehr** von einem **eigenständigen Gebot** der Rücksichtnahme aus, sondern sieht dieses lediglich in einzelnen gesetzlichen Bestimmungen, etwa dem Trennungsgebot des § 50 BImSchG, verwirklicht. Im übrigen dient das baurechtliche Gebot der Rücksichtnahme heute hauptsächlich dazu, objektiv-rechtliche Normierungen in Extremfällen in subjektiv-öffentliche Rechte zu transformieren; auch dazu wird es allerdings nicht benötigt (dazu unten § 18 Rn. 29ff.).

Der Grundsatz, daß unverträgliche Nutzungen voneinander getrennt sein **13**
sollen, läßt sich oft nicht uneingeschränkt durchführen. Im Einzelfall kann sich aus der jeweiligen Planungssituation die Notwendigkeit ergeben, davon abzuweichen. Das trifft vor allem für bereits bebaute Gebiete zu, wo sich oft seit alters her Wohn- und Gewerbenutzungen in einer **„Gemengelage"** befinden. Aus den jetzt im BauGB aufgeführten Zielen des Bodenschutzes (§ 1 a I BauGB) und des Mittelstandsschutzes (§ 1 V 2 Nr. 8 BauGB) wird daher die Folgerung gezogen, daß der Gesetzgeber das Trennungsprinzip nur noch eingeschränkt verfolgt und zumindest eine Gemengelage zur Bestandssicherung ansässiger Betriebe zugelassen hat (dazu näher *Krautzberger*, B/K/L, § 1 Rn. 111 m. zahlr. w. N.; vgl. bereits auch BVerwGE 50, 49, 54; *Dolde*, NJW 1982, 1785, 1788f.; VGH BW, VBlBW 1982, 137; *Menke*, DVBl. 1985, 200; *Drosdzol*, NVwZ 1985, 785).

Literatur: *Weyreuther*, Das bebauungsrechtliche Gebot der Rücksichtname und seine Bedeutung für den Nachbarschutz, BauR 1975, 1; *Dolde*, Die Entwicklung des öffentlichen Baurechts 1981, NJW 1982, 1785; *Drosdzol*, Die städtebaurechtliche Gemengelagediskussion – ein Beitrag zum Nebeneinander von Gewerbe und Wohnnutzung, NVwZ 1985, 785; *Menke*, Neue Instrumente zur Unterstützung schrittweiser Umstrukturierungen in Gemengelagen, DVBl. 1985, 1; *v. Brünneck*, Das Wohl der Allgemeinheit als Voraussetzung der Enteignung, NVwZ 1986, 425; *Schmidt-Aßmann*, Bemerkungen zum Boxberg-Urteil des BVerfG, NJW 1987, 1587.

§ 15. Das Verfahren zur Aufstellung der Bauleitpläne

Übersicht

1. Überblick: Gesetzliche Regelungen, Bedeutung, besondere Fehlerfolgen

a) Die bundesrechtlichen Regelungen des Verfahrens und der Fehlerfolgen

1 Das **Verfahren zur Aufstellung** des Flächennutzungs- und des allgemein verbindlichen Bebauungsplanes sucht den vielfältigen rechtlichen Anforderungen an die inhaltliche Gestaltung dieser Pläne zu entsprechen. Es schafft, insbesondere durch die Beteiligung der in ihrem Aufgabenbereich tangierten Verwaltungsbehörden, ggf. auch derjenigen eines Nachbarstaates (vgl. § 4a BauGB), und der Bürger allgemein, die Voraussetzungen für die Koordination der Bauleitplanung mit den Planungen der staatlichen Organe und denen der Nachbargemeinden sowie für die Sammlung der sonstigen öffentlichen und der privaten Belange, die in der konkreten

Planungssituation bei der Abwägung zu berücksichtigen sind. Die bundesrechtlichen **Verfahrensbestimmungen** zur Aufstellung der Bauleitpläne finden sich in den **§§ 2 I, 3–4 a, 6, 10 BauGB**. Sie betreffen den Planaufstellungsbeschluß, die Beteiligung der Bürger, die Beteiligung der Träger öffentlicher Belange, den Planbeschluß, das u. U. (nach Landesrecht (vgl. § 246 Ia BauGB) vorgesehene Anzeigeverfahren oder) nach § 10 II BauGB erforderliche Genehmigungsverfahren und die Bekanntmachung.

Mit **§ 4 b BauGB** 1998 wurde in Anlehnung an das Recht der USA die Institution des Projekt- oder **Konfliktmittlers** („**Mediator**") gesetzlich verankert. Ihm können zur Beschleunigung des Bauleitplanverfahrens die Vorbereitung und Durchführung von Verfahrensschritten nach den §§ 3–4 a BauGB (Bürger- und Behördenbeteiligung) übertragen werden. Davon erhofft man sich, daß er als „neutrale" Instanz zwischen gegensätzlichen Interessen der Verwaltung und der betroffenen Bürger, oder auch dieser untereinander, eine Einigung zu finden und damit langwierige Verfahren vor den Verwaltungsinstanzen und erst recht danach vor den Gerichten zu vermeiden vermag. Mit diesen Vorteilen verbindet sich allerdings auch die Gefahr, daß einseitig nur die Interessen ökonomisch, politisch oder auch juristisch potenter Gruppen Berücksichtigung finden. Die Rechte und Pflichten der planenden Gemeinde berührt diese Regelung rechtlich gesehen nicht. Insoweit hat sich mit § 4 b BauGB allenfalls faktisch, nicht aber rechtlich etwas geändert. 2

Angesichts der besonderen Bedeutung des Verfahrens für den Inhalt der Bauleitpläne gilt dieses Verfahren auch für deren **Ergänzung, Änderung** oder **Aufhebung** (§ 2 IV BauGB). 3

Eines besonderen Aufhebungsverfahrens bedarf es indessen nur, wenn der Plan ersatzlos aufgehoben werden soll. Soll er durch einen anderen ersetzt werden, wird er schon durch den neuen Plan abgelöst. Dennoch kann es insbesondere bei Bebauungsplänen angezeigt sein, zugleich mit dem Beschluß über den neuen Plan den alten ausdrücklich aufzuheben. Sonst würde, wenn sich der neue Plan in einem verwaltungsgerichtlichen Normenkontrollverfahren als rechtsfehlerhaft und ungültig erweisen sollte, der alte Plan fortbestehen; u. U. ist aber der Gemeinde sehr daran gelegen, daß in diesem Falle ein Bauvorhaben statt nach dem alten Plan nach den §§ 34 oder 35 BauGB beurteilt wird.

Eines Aufhebungsverfahrens bedarf es auch dann, wenn die Gemeinde einen ihrer Ansicht nach rechtswidrigen und daher ungültigen Bebauungsplan „aus der Welt schaffen" möchte. Den Rechtsschein seiner Gültigkeit kann sie nicht durch einen einfachen Gemeinderatsbeschluß oder sonstwie beseitigen; ihr bleibt nur die Möglichkeit, im Bebauungsplanverfahren entweder einen neuen Bebauungsplan aufzustellen, der an die Stelle des alten tritt, oder den alten Bebauungsplan in dem Bebauungsplanverfahren besonders aufzuheben (dazu *Pietzcker*, DVBl. 1986, 806; BVerwGE 75, 142, 145; BVerwG, NVwZ 1991, 673; OVG Saarlouis, NVwZ 1990, 172). Unbeschadet bleibt allerdings die Möglichkeit, daß ein Bebauungsplan auf Grund Gewohnheitsrechts oder wegen Funktionslosigkeit außer Kraft tritt (dazu bereits oben § 8 Rn. 19).

4 Für geringfügige, unbedeutende Änderungen und Ergänzungen von Bauleitplänen sieht § 13 BauGB ein **vereinfachtes Verfahren** vor. Es gilt kraft Verweises (in §§ 34 V, 35 VI, 12 VI BauGB) auch für andere bauplanungsrechtliche Satzungen. Allerdings ist es nur zulässig, wenn die (wesentlichen) Grundzüge der Planung dadurch nicht berührt werden.

Das vereinfachte Verfahren des § 13 BauGB soll zugleich als „Grundform" für ein „einfaches" Verfahren dienen, das etwa beim Erlaß von Entwicklungs- oder Ergänzungssatzungen i. S. v. § 34 IV BauGB (vgl. § 34 IV Nr. 2 u. 3, V BauGB) sowie von Außenbereichssatzungen (vgl. § 35 VI BauGB) oder der Aufhebung eines vorhabenbezogenen Bebauungsplans (§ 12 VI BauGB) Anwendung findet. Nach der unterschiedlichen Bedeutung der einzelnen Satzungen gewinnt die einheitliche Anwendungsvoraussetzung, daß die „Grundzüge der Planung nicht berührt" werden, einen jeweils anderen Charakter. Bei einem Flächennutzungsplan, der nach § 5 I BauGB lediglich das städtebauliche Konzept der Gemeinde „in den Grundzügen darstellt", erscheint diese Anforderung gar widersprüchlich; indessen können auch hier die zeichnerischen Darstellungen von Flächen, wie z. B. die Standortangaben für neu zu errichtende Kraftwerke, Schulen, Friedhöfe etc., eine überschießende Genauigkeit haben, weil sie – technisch bedingt – mehr oder weniger bereichsscharfe Grenzen enthalten, auf die es nach der Planung gar nicht ankommt (vgl. *Löhr*, B/K/L, § 13 Rn. 2, § 5 Rn. 8 sowie im Text unten § 37 Rn. 36 f.).

5 Die Bedeutung des Verfahrens für den Inhalt der Verwaltungsentscheidung und die daraus resultierende Notwendigkeit, bestimmte Verfahren eingehend zu regeln, ist in ihrer Tragweite in Deutschland erst relativ spät erkannt worden.

Das deutsche Verwaltungsrecht hat sich lange Zeit weithin allein auf die Übereinstimmung der Verwaltungsentscheidung mit den materiell-rechtlichen Vorschriften konzentriert und den Einfluß des Verfahrens auf deren Ergebnis vernachlässigt. Diese Grundeinstellung ging von einem durch gesetzliche

Konditionalprogramme eng determinierten Gesetzesvollzug der Verwaltung aus. Sie mußte spätestens in dem Augenblick korrigiert werden, in dem die Verwaltung durch die wachsenden Planungsaufgaben („Gestaltungsfunktion") infolge der lediglich finalen Programmierung in den Planungsgesetzen über eine erhebliche Gestaltungsfreiheit verfügte (vgl. insbesondere *Häberle* und *Brohm*, VVDStRL 30 (1972), S. 43 ff. und 245 ff. sowie *Wahl* und *Pietzcker*, VVDStRL 41 (1982), S. 151 ff. u. 193 ff. mit den Diskussionsbeiträgen dazu, ebd.). Das Bundesverfassungsgericht hat 1979 die Bedeutung der Verfahrensregelungen für den Grundrechtsschutz anerkannt und damit diese Frage sogar auf die verfassungsrechtliche Ebene gehoben (Stichwort: **„Grundrechtsschutz durch Verfahren"**; BVerfGE 53, 30 – Mülheim-Kärlich). Den anfänglichen Bestrebungen, nunmehr alle Regelungen über die Beteiligung der Bürger an Verwaltungsverfahren als subjektive öffentliche Rechte zu interpretieren, trat das Bundesverwaltungsgericht entschieden entgegen (BVerwG, DVBl. 1982, 1096 = DÖV 1982, 941 = NVwZ 1983, 92). Inzwischen hat es (etwa für die Öffentlichkeitsbeteiligung nach §§ 5, 10 BImSchG) anerkannt, daß Beteiligungsrechte dann eine subjektiv-rechtliche Rechtsposition verleihen, wenn sie Privaten zustehen, die durch die im Verfahren zustandekommende Entscheidung in ihren Grundrechten betroffen werden (vgl. BVerwGE 61, 256, 275). Entsprechendes gilt für alle gesetzlich geregelten Verfahren über die Öffentlichkeitsbeteiligung.

Trotz der großen Bedeutung des Verfahrens für den Inhalt eines 6
Planes darf dieses nicht zur Lähmung der planenden Verwaltung und der Investitionsbereitschaft Dritter führen. Der Gesetzgeber hat daher für Änderungen, die die Grundzüge der Planung nicht berühren, nach § 13 BauGB das Verfahren im Umfang wesentlich vereinfacht und vor allem in §§ 214–215 a BauGB die **gerichtliche Kontrolle** über die Einhaltung der Verfahrensvorschriften erheblich **reduziert** (dazu oben § 8 Rn. 13 u. unten § 16 Rn. 8 ff.).

Lediglich die Rechtmäßigkeitskontrolle durch die höhere Verwaltungs- bzw. staatliche Aufsichtsbehörde bleibt nach § 216 BauGB im Rahmen des Genehmigungs- oder Anzeigeverfahrens gewahrt. Allerdings wurde auch die Genehmigungs- oder Anzeigepflicht für Bebauungspläne erheblich reduziert (vgl. §§ 10 II, 246 I a BauGB; dazu näher unten § 16 Rn. 8).

In der Reduktion der gerichtlichen Kontrolle liegt eine Einschränkung des Rechtsschutzes des betroffenen Bürgers (Art. 19 IV GG), die aber in gewissen Grenzen im Interesse der Rechtssicherheit zulässig ist. Angesichts dieser Grenzen wird, wie oben (§ 13 Rn. 30) gezeigt, zu Recht die Unbeachtlichkeitsklausel des § 214 III BauGB von der Rechtsprechung (verfassungskonform) eng ausgelegt, da sie zentrale, unmittelbar mit der inhaltlichen Planaussage zusammenhängende Verfahrensfragen betrifft.

Nach § 214 III 2 BauGB können Mängel im Abwägungsvorgang nur dann mit Erfolg gerügt werden, wenn sie „offensichtlich" und auf das „Ergebnis von Einfluß gewesen sind". „Offensichtlich" ist nach der Rechtsprechung (vgl. BVerwGE 64, 33, 38; BVerwG, UPR 1992, 193) aber alles, was zur „äußeren Seite des Abwägungsvorgangs" gehört, also auf objektiv faßbaren Sachumständen beruht und nicht allein der inneren Seite, den Motiven, zuzurechnen ist. „Auf das Abwägungsergebnis von Einfluß" ist etwas bereits dann, wenn die konkrete „Möglichkeit" eines Einflusses besteht. Durch diese Interpretation wird die Anwendbarkeit der Unbeachtlichkeitsklausel des § 214 III BauGB in der zentralen Frage der Abwägung erheblich eingeschränkt.

Bei anderen Verfahrensvorschriften fehlt eine solche unmittelbare Nähe zum inhaltlichen Ergebnis; hier sind die einzelnen Unbeachtlichkeitsregelungen ohne einengende Interpretation zu beachten. Über die Unbeachtlichkeit von Verstößen gegen landesrechtliches Verfahrensrecht geben die §§ 214ff. BauGB keinen Aufschluß; maßgeblich dafür ist das jeweilige Landesrecht; auf die in der Praxis besonders relevanten landesrechtlichen Bestimmungen wird im folgenden eingegangen.

b) Ergänzende landesrechtliche Vorschriften

7 Das BauGB regelt nur einzelne Verfahrensschritte; soweit es keine Regelung trifft, bestimmt sich das Verfahren für die Aufstellung der Bauleitpläne nach Landesrecht. Insofern wird die bundesrechtliche Regelung durch das Landesrecht ergänzt (BVerwGE 79, 200, 204). Dementsprechend regelt z.B. die Gemeindeordnung des jeweiligen Bundeslandes die Zuständigkeit der Gemeindeorgane für die Bauleitplanung oder für einzelne Verfahrensabschnitte sowie die Beschlußfassung der Gemeindeorgane, insbesondere die Öffentlichkeit der Sitzungen der Gemeindevertretung (vgl. etwa §§ 34ff. GO BW) und das Mitwirkungsverbot bestimmter Mitglieder wegen der Gefahr der Befangenheit und der Interessenkollision (vgl. etwa § 18 GO BW).

8 Besondere Schwierigkeiten bereiten in der gemeindlichen Planungspraxis vor allem die Mitwirkungsverbote (**„Befangenheitsregelungen"**; dazu eingehend *Menke*, 1990; *v. Mutius*, Kommu-

nalrecht, 1996, Rn. 746ff. jew. m.w.N.): Ein Mitglied der Gemeindevertretung darf weder beratend noch entscheidend mitwirken, wenn die Entscheidung einer Angelegenheit ihm selbst, seinen in der Gemeindeordnung näher präzisierten Verwandten oder Dritten (Einzelpersonen, Handelsgesellschaften, Verbänden), zu denen eine spezielle Bindung oder Abhängigkeit (Beschäftigungsverhältnis, Auftragsverhältnis) besteht, einen „unmittelbaren Vorteil oder Nachteil" bringen kann (z.B. § 18 GO BW; § 20 GO Sachs). Ein gelegentliches Tätigwerden, etwa als Lieferant oder Rechtsanwalt reicht dazu nicht aus. Maßgeblich ist nicht, ob eine tatsächliche Interessenkollision vorliegt; es genügt eine hinreichend wahrscheinliche Möglichkeit (VGH BW, VBlBW 1987, 24, 25; NVwZ-RR 1993, 97, 98); schließlich soll bereits der Anschein einer Interessenkollision, also „der böse Schein", vermieden werden (OVG Münster, BauR 1979, 477; VGH BW, VBlBW 1982, 51, 52; 1987, 24). In Anbetracht dieser ratio legis ist das Tatbestandsmerkmal der Unmittelbarkeit des Vor- oder Nachteils vom Empfängerhorizont her zu interpretieren und immer dann anzunehmen, wenn nach dem Eindruck des Bürgers das Ratsmitglied oder die ihm nach dem Gesetz nahestehende Person durch die Entscheidung direkt berührt wird, d.h. ein **„individuelles Sonderinteresse"** daran hat (vgl. OVG Münster, NVwZ 1982, 18).

Davon zu unterscheiden ist ein lediglich **„kollektives Interesse"** als Angehöriger einer Berufs- oder Bevölkerungsgruppe. Es rechtfertigt den Ausschluß wegen Befangenheit nicht. Das ist in den Gemeindeordnungen schon zur Erhaltung der Beschlußfähigkeit der Gemeindevertretungen weithin ausdrücklich geregelt (vgl. § 18 III GO BW). Verlangt ein individuelles Sonderinteresse, daß die individuelle Planbetroffenheit des einzelnen Gemeinderates klar erkennbar ist, ist ein kollektives Interesse anzunehmen, wenn die Betroffenen nicht von vornherein namentlich feststehen, sondern nur nach örtlichen, wirtschaftlichen oder sozialen Gesichtspunkten abgrenzbar sind. Daher entfällt im Prinzip ein Ausschluß wegen Befangenheit bei der Aufstellung eines **Flächennutzungsplanes**, dessen räumliche Regelungen das ganze Gemeindegebiet erfassen (OVG Münster, BauR 1979, 477; *Krebs*, VerwArch 71 (1980), 181). Weiter betreffen etwa **Gestaltungssatzungen**, die die Anbringung von Rundfunkantennen oder von gewerblichen Hinweisschildern regeln (dazu oben § 5 Rn. 18f.), die Rundfunkempfänger oder Gewerbetreibende als „Bevölkerungsgruppe". Dagegen spricht ein **Bebauungsplan** angesichts seiner konkreten Grundstücksbezogenheit regelmäßig das persönliche Interesse des jeweiligen

Grundstückseigentümers an. Das gilt auch dann, wenn sein Grundstück nur an das Plangebiet angrenzt, aber durch die Verwirklichung des Bebauungsplans unmittelbar betroffen wird (VGH BW, ESVGH 14, 162; 31, 93, 94; VBlBW 1987, 24). Es gilt weiter für die Gewerbetreibenden im Gebiet des Bebauungsplanes (VGH BW, VBlBW 1982, 51), u. U. auch für die Mieter (OVG Münster, NVwZ 1984, 667) sowie sonstige Nutzungsberechtigte von Grundstücken im Plangebiet. Enthält der Bebauungsplan aber als sog. „Textbebauungsplan" etwa nur ein Verbrennungsverbot für Heizöl für ein bestimmtes Gebiet (§ 9 I Nr. 23 BauGB), dürfte lediglich ein Kollektivinteresse anzunehmen sein, da das Gemeinderatsmitglied lediglich der mit Heizöl heizenden Bevölkerungsgruppe angehört. Entsprechendes gilt (nach VGH BW, VBlBW 1998, 177 ff.), wenn im Bebauungsplan allein eine Straße festgesetzt wird, von der ein Gemeinderatsmitglied als Grundstückseigentümer lediglich in gleichem Maße berührt wird, wie eine Vielzahl anderer Bürger dieses Ortsteils.

Das kommunale Mitwirkungsverbot erfaßt grundsätzlich nicht nur die eigentliche Abstimmung, sondern erstreckt sich auf die gesamte Entscheidungsvorbereitung, erfaßt also auch die einzelnen vorangehenden Verfahrensabschnitte. Der Betroffene ist verpflichtet, die Sitzung zu verlassen (vgl. z. B. § 18 V GO BW; § 31 IV GO NW). Wenn sie öffentlich ist, kann er sich jedoch, wie jeder Bürger, in den Zuhörerraum begeben (vgl. *Stober*, Kommunalrecht, 1996, § 5 II b). Ein Beschluß, an dem ein auszuschließendes Gemeinderatsmitglied bei der Beratung oder Beschlußfassung mitgewirkt hat, ist grundsätzlich rechtswidrig und nichtig. Dabei kommt es nicht darauf an, ob die Stimme des befangenen Ratsmitglieds ausschlaggebend war („abstrakte Kausalität" vgl. OVG Münster, NVwZ 1984, 667, 668; VGH BW, NVwZ 1990, 588; anders Art. 49 III GO Bay, dem eine konkrete Kausalität zugrunde liegt, vgl. BGH, DVBl. 1967, 618). Hat aber bei der Aufstellung eines Bebauungsplans ein ausgeschlossenes Ratsmitglied, etwa der Eigentümer eines Grundstücks im Plangebiet, lediglich an den vorbereitenden Beschlüssen, nicht aber am Satzungsbeschluß über den Bebauungsplan mitgewirkt, ist der Satzungsbeschluß nach Ansicht des Bundesverwaltungsgerichts (BVerwGE 79, 200, 203 f.) nicht rechtswidrig. Denn das Baugesetzbuch schreibe keine Ratsbeschlüsse – wie z. B. einen Aufstellungsbeschluß (§ 2 I 2 BauGB) oder einen Auslegungsbeschluß (vgl. § 3 II BauGB) – vor dem Beschluß des Bebauungsplans als Satzung (§ 10 I BauGB) zu dessen Wirksamkeit vor. Daher könnten **nach Landesrecht fehlerhafte vorausgehende Verfahrensabschnitte** den Satzungsbeschluß über den Bebauungsplan auch nicht per se, also zwingend, rechtswidrig machen. Eine unzulässige Mitwirkung befangener Ratsmitglieder in einem früheren, nach Bundesrecht nicht erforderlichen Verfahrensabschnitt könne sich im Einzelfall allenfalls auf den Abwägungsvorgang beim Satzungsbeschluß auswirken und so zu einem auch bundesrechtlich relevanten Abwägungsfehler führen (vgl. jetzt auch OVG Koblenz, BauR 1989, 433). Der vielfachen Kritik an dieser Rechtsprechung (vgl. *Menke*, 1990, S. 156 ff.) ist einzuräumen, daß der Bundesgesetzgeber keine Kompetenz dafür hat, die Folgen der Verletzung von Vorschriften des Landesrechts zu normieren; er kann aber in einer bundesrechtlichen Verfahrensregelung festlegen, welche Verfahrensabschnitte als Stufen eines einheitlichen Entscheidungsprozesses anzusehen sind, so daß es nur auf die Rechtmäßigkeit dieser Entscheidung als solcher ankommt.

Bei Verstößen gegen das Mitwirkungsverbot – beim Bebauungsplan also hinsichtlich des Satzungsbeschlusses – liegt ein Verfahrensmangel vor, der mangels einer Kompetenz des Bundes, die Rechtsfolgen der **Verletzung von Landesrecht** zu regeln, nicht nach §§ 214, 215 BauGB unbeachtlich sein kann. Dementsprechend spricht das BauGB in § 214 I nur von der Verletzung von Verfahrens- und Formvorschriften „dieses Gesetzbuches". Allerdings führen nach § 215a BauGB auch landesrechtliche Mängel, sofern sie in einem ergänzenden Verfahren behoben werden können, nicht zur Nichtigkeit der Satzung, also insbesondere des Bebauungsplanes. Vielmehr ist die Satzung bis zur Behebung der Mängel schwebend unwirksam (vgl. § 215a I 2 BauGB; § 47 V 4 VwGO). Bei Verfahrensmängeln kann der Bauleitplan sogar rückwirkend in Kraft gesetzt werden (§ 215a II BauGB). Diese Rückwirkung ist rechtsstaatlich nicht zu beanstanden, da der Bürger auf Grund des fehlerhaften Planes damit rechnen mußte, daß eine entsprechende (belastende) Regelung getroffen würde. 9

Für die Rechtsfolgen von Verstößen gegen das Landesverfahrensrecht haben die Länder weitgehend übereinstimmende Regelungen getroffen. Danach führt eine Verletzung des Mitwirkungsverbots – sei es, daß ein nach dem Gesetz ausgeschlossenes Gemeinderatsmitglied mitwirkte, sei es, daß es zu Unrecht von der Mitwirkung ausgeschlossen war – zur Rechtswidrigkeit und damit zur Nichtigkeit des Beschlusses bzw. der Satzung. Nach Ablauf von einem Jahr gilt jedoch der Beschluß als von Anfang an gültig; der Fehler wird also unbeachtlich (vgl. etwa § 18 VI GO BW); für Beschlüsse über Satzungen, anderes Ortsrecht und Flächennutzungspläne gilt regelmäßig die im wesentlichen damit übereinstimmende Unbeachtlichkeitsvorschrift für Satzungen (vgl. z. B. § 18 VI i. V. m. § 4 IV GO BW).

2. Die Verfahrensabschnitte im einzelnen und die besonderen Rechtsfolgeregelungen für Verfahrensfehler

Das Verfahren zum Erlaß von Bauleitplänen läßt sich in neun Abschnitte gliedern: (1) den Aufstellungsbeschluß (§ 2 I BauGB), (2) die Beteiligung der Träger öffentlicher Belange (§§ 4, 4a BauGB), (3) die frühzeitige Bürgerbeteiligung (§ 3 I BauGB), (4) das Auslegungs- und Einwendungsverfahren (§ 3 II BauGB), (5) u. U. eine Umweltverträglichkeitsprüfung, (6) den Planbeschluß (beim Bebauungsplan nach § 10 I BauGB), (7) eine u. U. nach Landesrecht (§ 246 Ia BauGB) erforderliche Anzeige des Plans bzw. die gegebenenfalls notwendige Genehmigung (§§ 6, 10 II BauGB), (8) die Ausfertigung und (9) die Bekanntmachung des Plans (§ 10 III 10

BauGB). Diese Verfahrensschritte sind im folgenden näher zu behandeln.

(1) Der Aufstellungsbeschluß (§ 2 I BauGB)

11 Das förmliche Planaufstellungsverfahren wird i. d. R. mit dem Beschluß, einen Bauleitplan aufzustellen, in Gang gesetzt. Dieser Planaufstellungsbeschluß ist ortsüblich bekanntzumachen (§ 2 I 2 BauGB).

§ 2 I BauGB spricht nur davon, daß der Planaufstellungsbeschluß ortsüblich bekanntzumachen sei. Daraus folgert die Rechtsprechung, daß ein besonderer Planaufstellungsbeschluß keine Rechtmäßigkeitsvoraussetzung für den Bauleitplan ist. Er muß nach § 2 I BauGB lediglich, wenn er gefaßt wird, ortsüblich bekanntgemacht werden (BVerwGE 79, 200, 204). Für bestimmte Maßnahmen zur Sicherung der Bauleitplanung ist er jedoch eine gesetzliche Voraussetzung, so z. B. für die Zulässigkeit des Erlasses einer Veränderungssperre (§ 14 I BauGB), die Zurückstellung von Baugesuchen oder den Erlaß eines vorläufigen Untersagungsbescheids (§ 15 I BauGB) sowie die Aussetzungsbefugnis zur Sicherung der Fremdenverkehrsfunktion nach § 22 VI 3 BauGB (dazu oben § 7 Rn. 29) oder auch die Ausübung des Vorkaufsrechts nach § 24 I 2 u. 3 BauGB. Weiter setzt die Zulassung von Vorhaben bereits während des Bebauungsplan-Aufstellungsverfahrens gegen Unterzeichnung einer Unterwerfungsklausel nach § 33 BauGB (dazu unten § 18 Rn. 8) einen Aufstellungsbeschluß voraus. Insofern wird in der Planungspraxis regelmäßig ein Aufstellungsbeschluß gefaßt.

12 Bei einem Bebauungsplan muß der Aufstellungsbeschluß das entsprechende Plangebiet bezeichnen, so daß jeder Bürger zu erkennen vermag, ob er von dem beabsichtigten Bebauungsplan betroffen sein kann (vgl. § 9 VII BauGB). Dazu bedarf es keiner parzellenscharfen Gebietsbezeichnung; sie kann man sich durch Einsichtnahme in den Planentwurf verschaffen. Es genügt eine Gebietsumschreibung durch Angabe von Straßen und Gewannbezeichnungen. Allerdings muß diese Bezeichnung so erfolgen, daß sie beim Bürger auch ein eventuelles Interesse an dem beabsichtigten Plan weckt (**„Anstoßwirkung"**).

So ist z. B. die Bezeichnung eines Plangebiets, das allgemein unter der Benennung „Sommerfeld" bekannt ist, allein mit den Flurstücksnummern zwar genau, aber dennoch ungenügend gekennzeichnet, weil beim Bürger die Flurstücksnummern im allgemeinen nicht bekannt sind und eine solche Kennzeichnung des Planentwurfs sein Interesse zur Mitwirkung nicht anzustoßen vermag (vgl. BVerwG, NJW 1985, 1570; VGH BW, VBlBW 1992, 420; zur Anstoßwirkung bei der öffentlichen Auslegung: BVerwGE 55, 369). Beim Flächennutzungsplan ist eine solche Präzisierung nicht erforderlich; er gilt ohnehin für das ganze Gemeindegebiet (§ 5 I 1 BauGB).

Zweckmäßig ist es, wenn die Gemeinde bereits in diesem Stadium nicht nur eine Planungsabsicht, sondern schon einen ersten Planentwurf hat. Er erleichtert die zweckmäßig bereits in diesem Stadium durchzuführende frühzeitige Beteiligung der „Träger öffentlicher Belange" (§§ 4 und u.U. 4a BauGB) und der Bürger (§ 3 I BauGB).

(2) Die Beteiligung der Träger öffentlicher Belange – „Behördenbeteiligung" – (§§ 4, 4a BauGB)

Bei der Aufstellung der Bauleitpläne sind die „Träger öffentlicher Belange" möglichst frühzeitig zu beteiligen (§ 4 I BauGB). **13** Das sind alle öffentlichen Stellen, die von der Planung in ihrem Zuständigkeitsbereich berührt werden, also etwa das Landratsamt, das Regierungspräsidium, der Regionalverband, das Straßenbauamt, das Wasserwirtschaftsamt, das Forstamt, die Bezirksstelle für Naturschutz und Landschaftspflege, die Industrie- und Handelskammer und eine Vielzahl anderer Kompetenzträger, nach Maßgabe des § 4a BauGB ggf. auch solche von Nachbarstaaten. Zu den Trägern öffentlicher Belange zählen auch von der Planung u.U. berührte Nachbargemeinden; das in § 2 II BauGB erwähnte zwischengemeindliche Abstimmungsgebot betrifft nur die materielle Abstimmung, also das inhaltliche Abgestimmtsein der Pläne, nicht aber das Verfahren. Dafür ist auch in diesem Falle § 4 I BauGB maßgeblich. Alle diese Kompetenzträger sind um ihre Stellungnahme zu dem Vorhaben der Gemeinde zu bitten. Durch ihre Beteiligung sollen die für die Abwägung der Gemeinde relevanten öffentlichen Belange (§ 1 VI BauGB) in ihrer vollen Breite erkannt und insbesondere auch die auf das Gemeindegebiet bezogenen raumbedeutsamen Planungen und Maßnahmen miteinander abgestimmt werden. Zur Beschleunigung des Verfahrens verpflichtet das Gesetz die Beteiligten, ihre Stellungnahme **innerhalb eines Monats** (§ 4 II 1 BauGB) abzugeben. Die Frist kann nur aus wichtigem

Grund durch die Gemeinde verlängert werden. Nicht fristgerecht vorgetragene Bedenken werden in der Abwägung nach § 1 VI BauGB nicht berücksichtigt, es sei denn, sie sind der Gemeinde bekannt oder hätten ihr bekannt sein müssen oder sie sind für die Rechtmäßigkeit der Abwägung von Bedeutung (§ 4 III BauGB).

Die „möglichst frühzeitige" Beteiligung der Träger öffentlicher Belange soll gewährleisten, daß ihre Stellungnahmen in einem Planungsstadium eingehen, in dem die Planung noch für Veränderungen offen ist. Je weiter der Planungsprozeß fortschreitet, desto schwieriger wird es rein faktisch, Änderungen des Planes zu erreichen, weil infolge der vielfältigen Interdependenzen zwischen den einzelnen Planfestlegungen u. U. zeitraubende Planungskompromisse hinfällig und neue Aushandlungsprozesse erforderlich werden.

Angesichts der vielfältigen Belange, die bei einer Planung berührt werden, können einzelne Stellen als Träger dieser Belange leicht übersehen werden. § 214 I 1 Nr. 1, 1. Hs. BauGB erklärt zwar die Verletzung der Vorschrift über die Beteiligung der Träger öffentlicher Belange grundsätzlich auch für die Gerichtskontrolle für beachtlich; aber unbeachtlich ist es, wenn lediglich einzelne Träger öffentlicher Belange nicht beteiligt wurden (§ 214 I 1 Nr. 1, 2. Hs. BauGB). Ein weitergehender und daher beachtlicher Verstoß gegen die Beteiligungsvorschrift muß innerhalb eines Jahres seit Bekanntmachung des Planes schriftlich gegenüber der Gemeinde geltend gemacht werden (§ 214 I 1 Nr. 1, 1. Hs. i. V. m. § 215 I Nr. 1 BauGB).

(3) Die frühzeitige Bürgerbeteiligung (§ 3 I BauGB)

14 Neben der „Behördenbeteiligung" nach §§ 4 (4 a) BauGB bildet die Bürgerbeteiligung ein zentrales Element des Planungsverfahrens. Sie dient vornehmlich dazu, die „privaten Belange" möglichst umfassend zu sammeln und damit eine ordnungsgemäße Abwägung der Gemeinde nach § 1 VI BauGB zu gewährleisten. Das Baugesetzbuch hat die **Bürgerbeteiligung** in zwei Verfahrensstufen aufgeteilt: die sog. **frühzeitige Bürgerbeteiligung** (§ 3 I BauGB) und das **Auslegungs- und Einwendungsverfahren** (§ 3 II BauGB). Letzteres ist im Anschluß gesondert zu betrachten.

Nach § 3 I BauGB sind die Bürger möglichst frühzeitig über die allgemeinen Ziele und Zwecke der Planung, über verschiedene Lösungsmöglichkeiten für die Neugestaltung oder Entwicklung eines Gebietes und über die voraussichtlichen Auswirkungen der Planung öffentlich zu unterrichten. Ihnen ist Gelegenheit zur Äußerung und Erörterung zu geben. Damit wird gewährleistet, daß die Gemeinde frühzeitig über Wünsche der Bürger unterrichtet wird, in einem Stadium, in dem sie leichter berücksichtigt werden können, weil sich die Planungsvorstellungen noch nicht verfestigt haben. Wie die frühzeitige Bürgerbeteiligung im einzelnen zu erfolgen hat, hat der Gesetzgeber bewußt nicht geregelt. Üblich sind vielfach öffentliche Erörterungstermine, etwa auf Bürgerversammlungen, in denen ein Vertreter der Gemeinde die Planungsabsicht darlegt und sie mit der Bürgerschaft und Vertretern gesellschaftlicher Verbände diskutiert.

§ 3 I 2 Ziff. 1 u. 2 BauGB führt im einzelnen auf, wann auf diese frühzeitige Bürgerbeteiligung verzichtet werden kann. Neben der sich auf das Plan- oder Nachbargebiet nur unwesentlich auswirkenden Aufstellung oder Aufhebung eines Bebauungsplans (Ziff. 1) kann von der frühzeitigen Bürgerbeteiligung auch abgesehen werden, wenn die Unterrichtung und Erörterung bereits zuvor „auf anderer Grundlage" erfolgt ist (Ziff. 2). Gemeint sind damit in erster Linie Unterrichtungen und Erörterungen im Rahmen der oben (§ 7 Rn. 3ff.) behandelten informellen Planungen. Aber auch Bürgerversammlungen kommen hier in Betracht. Daneben kann bei Änderungen oder Ergänzungen eines Bauleitplans im vereinfachten Verfahren von der frühzeitigen Bürgerbeteiligung abgesehen werden (§ 13 I Nr. 1 BauGB; dazu oben Rn. 4).

Verletzungen der Vorschrift über die frühzeitige Bürgerbeteiligung sind für die gerichtliche Beurteilung unbeachtlich; denn § 214 I 1 Nr. 1, 1. Hs. BauGB erklärt nur die Bürgerbeteiligung im Rahmen des Auslegungs- und Einwendungsverfahrens (§ 3 II BauGB) als für die gerichtliche Kontrolle beachtlich.

(4) Das Auslegungs- und Einwendungsverfahren (§ 3 II BauGB)

a) Anders als die frühzeitige Bürgerbeteiligung ist dieser Verfah- 15
rensabschnitt in § 3 II BauGB durch einzelne **Verfahrensschritte** detailliert geregelt. Er gehört seit alters zum zentralen Bestandteil der Planungsverfahren, fand sich z. B. bereits im Preußischen Fluchtliniengesetz von 1871 (dazu oben § 1 Rn. 9) und gilt als besonders wichtiger Verfahrensabschnitt.

16 Zur Vorbereitung des Auslegungs- und Einwendungsverfahrens erstellt die Gemeinde auf Grund der Beiträge in der Behörden- und der frühzeitigen Bürgerbeteiligung und auf Grund weiterer Daten den endgültigen **Planentwurf.** Er wird beim Flächennutzungsplan mit einem Erläuterungsbericht, beim Bebauungsplan mit einer Begründung versehen (§ 3 II 1 BauGB). Der Erläuterungsbericht bzw. die Begründung dienen dazu, die „Planungsabsicht" der Gemeinde zu verdeutlichen. Der Planentwurf wird mit dem Erläuterungsbericht bzw. der Begründung auf die Dauer eines Monats öffentlich ausgelegt (§ 3 II 1 BauGB).

17 Ort und Dauer der **Auslegung** sind mindestens eine Woche vorher ortsüblich bekanntzumachen mit dem Hinweis, daß Anregungen während der Auslegungsfrist vorgebracht werden können (§ 3 II 2 BauGB). Erforderlich, aber auch genügend ist, daß dem Bürger während der allgemeinen Zeit des Publikumsverkehrs hinreichend Gelegenheit zur Einsichtnahme gegeben wird (VGH BW, VBlBW 2001, 58f.). Die **Bekanntmachung** muß eine **„Anstoßwirkung"** haben, d.h. sie muß den Geltungsbereich des künftigen Plans so weit erkennen lassen, daß Planbetroffene sich zur Geltendmachung von Anregungen aufgefordert fühlen (dazu BVerwGE 55, 369; sowie oben Rn. 12). Die Träger öffentlicher Belange werden von dem Auslegungsverfahren speziell unterrichtet (§ 3 II 3 BauGB), so daß sie sich ebenfalls daran beteiligen können. Fristgerecht vorgebrachte Anregungen muß die Gemeinde prüfen und das Ergebnis ihrer Prüfung mitteilen.

Mit der Neufassung des § 3 II BauGB 1998, in der nicht mehr auch von „Bedenken", sondern allein von **„Anregungen"** die Rede ist, soll ohne Änderung in der Sache der positive Aspekt der Bürgerbeteiligung herausgestellt werden. Der bisherige Oberbegriff der **Einwendung** für Bedenken und Anregungen wird hier daneben beibehalten. Er macht deutlich, daß es in diesem Verfahren auch um die Wahrnehmung subjektiver Rechtspositionen gehen kann, wie sie die verfassungsgerichtliche Rechtsprechung zum Grundrechtsschutz durch Verfahren hervorgehoben hat (s. oben Rn. 5).

Insofern können die **Einwendungen** der Bürger einen erheblichen Einfluß auf die Beachtlichkeit und das Gewicht einzelner Belange in der Abwägung ausüben. Dies ist auch für die Antragsbefugnis in einem Normenkontrollverfahren nach § 47 II VwGO von Bedeutung. Verspätetes Vorbringen ist bei der Abwägung nur zu beachten, wenn sich der planenden Stelle „die Tatsache dieser Betroffenheit aufdrängen mußte" (BVerwGE 59, 87; ähnlich für die Planfeststellung nach dem Fernstraßengesetz: BVerwG, NVwZ 1986, 740; dazu auch oben § 13 Rn. 24f.). Insofern ergibt sich aus dieser Rechtsprechung zwar keine echte Ausschlußwirkung für Einwendungen, wie z.B. in § 10 III BImSchG, aber doch eine **beschränkte Präklusionswirkung**, die auch eine Beschränkung der Antragsbefugnis nach § 47 II VwGO und damit des Rechtsschutzes gegen Bebauungspläne bewirkt. Angesichts dieser u.U. negativen

Rechtsfolgen für den einzelnen kann man zwar nicht von einer Verpflichtung, aber von einer **„Obliegenheit" zur Geltendmachung** privater Belange sprechen (vgl. *W. Schrödter*, in: Schrödter, § 3 Rn. 6; *Battis*, B/K/L, § 3 Rn. 16; *Gaentzsch*, BK, § 3 Rn. 3).

Kommt es auf Grund der Anregungen von seiten der Bürger oder der Träger öffentlicher Belange oder aus sonstigen Gründen zu einer **Änderung des Planentwurfs**, muß zumindest im Hinblick auf diese Änderungen das Auslegungs- und Einwendungsverfahren erneut – ggf. mit einer bis auf zwei Wochen verkürzten Auslegungsfrist (§ 3 III 2 BauGB) – durchgeführt werden. Davon kann nur bei unwesentlichen Änderungen, die die Grundzüge der Planung nicht berühren, abgesehen werden; in diesen Fällen muß dann aber den betroffenen Bürgern und den Trägern öffentlicher Belange Gelegenheit zur Stellungnahme innerhalb einer angemessenen Frist gegeben werden (§§ 3 III 3; 4 IV i. V. m. § 13 Nr. 2 u. 3 BauGB). **18**

b) Die für den **Rechtsschutz im Einwendungsverfahren** maßgebliche Rechtsstellung des einzelnen ist umstritten. Nach allgemeiner Ansicht dient das Auslegungs- und Einwendungsverfahren der Erweiterung der Informationsbasis der Verwaltung. Daher ist auch „jedermann" berechtigt, daran teilzunehmen, unabhängig davon, ob er durch die Planung in einer individualrechtlichen Position betroffen wird oder nicht. Unter Hinweis auf diese Funktion des Einwendungsverfahrens wurde lange Zeit ein subjektives Recht des einzelnen auf Beteiligung verneint. Heute ist jedoch, wie oben (Rn. 5) dargelegt, anerkannt, daß den Grundrechten auch eine verfahrensrechtliche Dimension zukommt. Dann gewähren Verfahrensvorschriften über eine allgemeine Beteiligung der Bürger an einem Verwaltungsverfahren, wie die Regelung des Einwendungsverfahrens, zwar nicht jedermann ein subjektives Recht auf ihre Einhaltung, aber immerhin demjenigen, bei dem sich die Nichtbeachtung dieser Verfahrensvorschriften auf seine materielle Rechtsposition, seien es Grundrechte oder sonstige subjektiv-öffentliche Rechte, auswirken kann. **19**

Insofern ist eine Vorschrift, die eine Beteiligung nicht, wie z. B. §§ 137, 175 BauGB, auf die Betroffenen beschränkt, sondern wie § 3 I u. II BauGB jedermann einräumt, differenziert nach dem Grad der individuellen Betroffenheit zu interpretieren. Für denjenigen, bei dem sich die Nichtbeachtung der Beteiligungsvorschrift auf eine subjektiv-rechtliche (Grundrechts-)Position auswirkt, ist sie „zumindest auch seinen Interessen zu dienen bestimmt"; anderen dagegen räumt sie kein subjektiv-öffentliches Recht ein (so etwa *Battis*, B/K/L, § 3 Rn. 4; *Blümel*, in: Blümel (Hrsg.), Frühzeitige Bürgerbeteiligung, 1982, S. 23, 29ff., 42; *Wahl*, ebd., S. 113, 133ff.; *Schmidt-Aßmann*, in: Lerche/Schmitt Glaeser/Schmidt-Aßmann, Verfahren als staats- und verwaltungsrechtliche Kategorie, 1984, S. 1, 26ff.; – a.A: *Brügelmann/Grauvogel*, § 3 Rn. 8; *Schlichter*, NVwZ 1983, 641, 647; *Gaentzsch*, BK, § 2 Rn. 16; *W. Schrödter*, in: Schrödter, § 3 Rn. 7).

20 c) Entsprechend der differenzierten und komplizierten Verfahrensschritte dieses Abschnitts gibt es auch verschiedene **Regelungen über die Unbeachtlichkeit von Fehlern im Auslegungs- und Einwendungsverfahren:** Verstöße gegen die Vorschriften über den Erläuterungsbericht beim Flächennutzungsplan und die Begründung beim Bebauungsplan sind grundsätzlich beachtlich, aber nur innerhalb einer Rügefrist von einem Jahr (§§ 214 I 1 Nr. 2, 1. Hs.; 215 I Nr. 1 BauGB); allerdings bleibt eine Unvollständigkeit des Erläuterungsberichts oder der Begründung von vornherein unbeachtlich. Eine Verletzung der Vorschrift, daß die Auslegung mindestens eine Woche vorher ortsüblich und unter Hinweis auf die Möglichkeit zu Anregungen bekanntzumachen ist, ist beachtlich, kann aber nur innerhalb der Rügefrist von einem Jahr geltend gemacht werden (§§ 214 I 1 Nr. 1, 1. Hs.; 215 I Nr. 1 BauGB). Wird die Pflicht zur Benachrichtigung der öffentlichen Planungsträger (§ 3 II 3 BauGB) verletzt, so ist das innerhalb der Rügefrist von einem Jahr grundsätzlich beachtlich (§§ 214 I 1 Nr. 1, 1. Hs.; 215 I Nr. 1 BauGB); werden aber nur einzelne Träger öffentlicher Belange nicht beteiligt, ist dieser Verstoß unbeachtlich (§ 214 I 1 Nr. 1, 2. Hs. BauGB); vgl. zum Ganzen auch die Übersicht unten § 16 Rn. 8ff.

(5) Umweltverträglichkeitsprüfung

21 Nach § 17 UVPG ist bei der Aufstellung, Änderung oder Ergänzung von Bebauungsplänen, mit denen die Zulässigkeit der nach § 3 UVPG in der Anlage 1 aufgeführten „UVP-pflichtigen Vorhaben" hergestellt wird oder die eine Planfeststellung für ein UVP-pflichtiges Vorhaben ersetzen (z.B. § 9 I Nr. 11 BauGB i.V.m.

§ 17 III FStrG), eine Umweltverträglichkeitsprüfung (UVP) durchzuführen.

Die UVP ist allgemein als ein unselbständiger Teil verwaltungsbehördlicher Verfahren konzipiert. Sie hat vor allem die Aufgabe, sicherzustellen, daß zur wirksamen Umweltvorsorge nach einheitlichen Grundsätzen die Auswirkungen auf die Umwelt frühzeitig und umfassend ermittelt, beschrieben und bewertet werden und daß das Ergebnis der UVP so früh wie möglich Berücksichtigung findet.

Zur Steigerung der Effektivität des Umweltschutzes hat das oben (§ 6 Rn. 46 ff.) dargestellte Artikelgesetz vom 27. 7. 2001 in dem neu eingefügten **§ 2a BauGB** die Gemeinde verpflichtet, bereits im Verfahren zur Aufstellung eines Bebauungsplans für der UVP unterliegende Vorhaben in der Planbegründung einen **„Umweltbericht"** nach im einzelnen aufgeführten Kriterien aufzunehmen. Aus ihm müssen sich die Auswirkungen des Vorhabens, die vorgesehenen Ausgleichsmaßnahmen und eventuelle (verworfene) Alternativen ergeben. Wird diese Vorschrift verletzt, ist der Mangel nach § 214 I 1 Nr. 2 BauGB grundsätzlich beachtlich; die Rügefrist beträgt nach § 215 I Nr. 1 BauGB ein Jahr. Unbeachtlich ist jedoch, wenn der Umweltbericht lediglich unvollständig ist (§ 214 I 1 Nr. 2 HS. 2 BauGB).

Weiter hat die Gemeinde nach **§ 3 II 2 BauGB n. F.** in allen einen Bebauungsplan betreffenden Auslegungsverfahren den Bürgern mitzuteilen, ob eine UVP durchgeführt werden soll oder weshalb die Gemeinde diese nicht für erforderlich hält. Allerdings hat eine Verletzung dieser Vorschrift keine Auswirkungen auf die Gültigkeit des Bebauungsplans (§ 214 I 1 Nr. 1 HS. 2 BauGB).

Eine Änderung des Umweltberichts macht – wie eine Planänderung – eine neue Auslegung erforderlich **(§ 3 III BauGB n. F.)**.

Die nach § 4 BauGB am Aufstellungsverfahren zu beteiligenden Träger öffentlicher Belange haben der Gemeinde die für den Umweltbericht zweckdienlichen Informationen zur Verfügung zu stellen **(§ 4 II 3 BauGB n. F.)**; andererseits muß ihnen die Gemeinde bei einer Änderung des Umweltberichts erneut Gelegenheit zur Stellungnahme geben **(§§ 4 IV 2 BauGB n. F.)**.

Nach **§ 4a BauGB n.F.** erfolgt eine **grenzüberschreitende Beteiligung** in der Weise, daß über Bebauungspläne, die erhebliche Auswirkungen auf Nachbarstaaten haben können, die davon betroffenen Gemeinden und Träger öffentlicher Belange nach dem Gegenseitigkeitsprinzip unterrichtet werden. Bei Bebauungsplänen für UVP-pflichtige Vorhaben erlangen diese Stellen des Nachbarstaates sogar einen förmlichen Beteiligtenstatus.

Die **Bewertung** der Umweltauswirkungen des mit der Planung zugelassenen Vorhabens erfolgt **im Rahmen der planerischen Abwägung** nach den verfahrensrechtlichen Vorschriften des Baugesetzbuchs (vgl. dazu i.e. § 1a II Nr. 3 BauGB n.F.).

Für Bebauungspläne, die keine UVP-pflichtige Vorhaben betreffen, gilt diese Regelung nicht. In diesen Fällen bleibt es dabei, daß die Auswirkungen auf die Umwelt auf Grund der in § 1 V 2 Nr. 7 BauGB aufgestellten Planungsleitlinie „Umweltschutz" zu berücksichtigen sind. Insofern gewährleistet eine durchzuführende Umweltverträglichkeitsprüfung lediglich eine stärkere Hervorhebung und Präzisierung der Umweltauswirkungen einer Planung für ein konkretes Vorhaben (dazu *Wagner*, DVBl. 1993, 583, 585; *Erbguth/Schink*, UVPG 1996, § 17 Rn. 25ff.).

(6) Der Planbeschluß

22 Nach der Durchführung des Auslegungs- und Einwendungsverfahrens hat die Gemeinde die öffentlichen und privaten Belange gegeneinander und untereinander abzuwägen, wobei auch die Einwendungen der Träger öffentlicher Belange und der Bürger zu berücksichtigen sind. Dabei sind die Grundsätze des oben (in § 13 Rn. 13ff.) erörterten Abwägungsgebots zu beachten. War eine Umweltverträglichkeitsprüfung durchzuführen, sind ihre Ergebnisse ähnlich wie Festlegungen in abwägungsrelevanten Fachplanungen als abwägungserhebliche Belange zu berücksichtigen. Danach ist der Plan zu beschließen.

Kommt es bei der Abwägung zu Planänderungen, muß das Auslegungsverfahren nochmals durchgeführt werden. Für geringfügige oder unbedeutende Änderungen sieht das Gesetz ein vereinfachtes Verfahren vor. Werden Einwendungen zurückgewiesen, müssen die Einsprecher davon unterrichtet werden; ihre Einwendungen sind bei der Abwägung speziell zu erörtern. Davon war bereits (oben Rn. 15ff.) bei der Erörterung des Auslegungs- und Einwendungsverfahrens im einzelnen die Rede. Kommt es zu keinen Planänderungen mehr, erfolgt die Zurückweisung der einzelnen Einwendungen i. d. R. gleichzeitig mit dem Beschluß über den Bauleitplan.

Welches Organ für den Beschluß über den Bauleitplan zuständig ist, ist dem landesrechtlichen Kommunalverfassungsrecht in der Gemeindeordnung des jeweiligen Landes zu entnehmen. Es ist regelmäßig die **Gemeindevertretung** (Gemeinderat oder Stadtverordnetenversammlung). Diese hat, wie oben (Rn. 7ff.) erwähnt, ergänzend zu den Bestimmungen des Baugesetzbuchs die Verfahrensvorschriften der jeweiligen Gemeindeordnung zu beachten, insbesondere die Regelungen über die Öffentlichkeit der Gemeinderatssitzung und über das Mitwirkungsverbot einzelner Mitglieder der Gemeindevertretung wegen Befangenheit.

Da der **Flächennutzungsplan** keine allgemein verbindliche Satzung, sondern eine verwaltungsinterne Vorbereitungsplanung darstellt, wird er in der Form eines einfachen Beschlusses aufgestellt. Der **Bebauungsplan** dagegen wird nach der ausdrücklichen Vorschrift des § 10 I BauGB als Satzung beschlossen.

Die Zuständigkeit der Gemeindevertretung zur Beschlußfassung über den Bebauungsplan ergibt sich aus dessen rechtlicher Qualifizierung als Satzung (vgl. z. B. §§ 4, 24 I, 39 II Nr. 3 GO BW). Die Beschlußfassung über den Flächennutzungsplan ist im Baugesetzbuch nicht besonders geregelt. Die Zuständigkeit der Gemeindevertretung folgt daraus, daß sie im Zweifel, d. h. wenn keine abweichenden Regelungen bestehen, als oberstes Organ der Gemeinde zuständig ist (z. B. § 24 GO BW). Weiter ist der Gemeinderat bei der Beschlußfassung über den Bebauungsplan als Rechtsnorm auf Grund des Entwicklungsgebots (§ 8 II BauGB) an den Flächennutzungsplan gebunden; eine solche inhaltliche Bindung des Gemeinderates als Satzungsgeber, d. h. als normsetzende Instanz, kann aber, mangels gesetzlicher inhaltlicher Vorgaben, nur durch diesen selbst begründet werden.

(7) Das Genehmigungsverfahren (§§ 6, 10 II BauGB)

Der beschlossene Flächennutzungsplan (§ 6 I BauGB) und die 23
nach § 10 II BauGB genehmigungspflichtigen Bebauungspläne sind der höheren Verwaltungsbehörde zusammen mit den nicht berücksichtigten Anregungen und einer Stellungnahme der Gemeinde dazu vorzulegen (§ 3 II 6 BauGB). Auf Grund dieser Unterlagen wird der Behörde die Rechtmäßigkeitsprüfung erleichtert. Die

Zweckmäßigkeit der Planung darf sie nicht kontrollieren (vgl. etwa § 6 II BauGB), weil sie sonst in die gemeindliche Planungshoheit eingreifen würde. Die Rechtskontrolle geht bei ihr, wie erwähnt, weiter als die gerichtliche (vgl. § 216 BauGB).

Der **Flächennutzungsplan** bedarf immer der **Genehmigung** der höheren Verwaltungsbehörde (§ 6 I BauGB). **Bebauungspläne**, die aus einem Flächennutzungsplan entwickelt wurden, sind nach dem Baugesetzbuch weder anzeige- noch genehmigungspflichtig (§ 10 II BauGB 1998); insoweit findet also keine präventive staatliche Kontrolle statt. Allerdings können die Länder für die meisten Bebauungspläne ein Anzeigeverfahren weiterhin vorsehen (§ 246 Ia BauGB). Nur der selbständige (§ 8 II 2 BauGB), der vorzeitig bekanntgemachte (§ 8 III 2 BauGB, nicht aber der im Parallelverfahren nach dem Flächennutzungsplan bekanntgemachte Bebauungsplan) und der vorzeitige Bebauungsplan (§ 8 IV BauGB) sind noch genehmigungspflichtig (§ 10 II BauGB). Einzelheiten des Genehmigungsverfahrens regelt das Gesetz eingehend in § 6 II–VI und in § 10 II BauGB. Einige wichtige Fragen werden unten (Rn. 26) im Rahmen des Rechtsschutzes der Gemeinde gegenüber der Aufsichtsbehörde erörtert.

(8) Die Ausfertigung

24 Den als Satzung beschlossenen Bebauungsplan muß das nach Gemeinderecht zuständige Organ (Bürgermeister oder Gemeindedirektor) sodann ausfertigen, d.h. mit Namen und Amtsbezeichnung unterschreiben. Dies ist im Baugesetzbuch zwar nicht ausdrücklich vorgeschrieben, ergibt sich aber als rechtsstaatlicher Grundsatz für den Erlaß von Rechtsnormen (vgl. etwa BVerwG, NVwZ 1988, 916 = BVerwGE 79, 200, 203; *Ziegler*, DVBl. 1987, 280ff.). Mit der Ausfertigung wird bekundet, daß die Rechtsnorm in ihrem textlichen und zeichnerischen Inhalt mit dem Willen (Beschluß) des zur Rechtsetzung berechtigten Organs (Gemeinderat) übereinstimmt – **„Authentizität“** des Bebauungsplans – sowie das für die Normgebung gesetzlich vorgeschriebene Verfahren – (formelle) **„Legalität“** des Bebauungsplans – eingehalten wurde (OVG Koblenz, NVwZ-RR 1990, 61; VGH BW, BauR 1984, 611; *Löhr*,

B/K/L, § 10 Rn. 37; *Brügelmann-Gierke*, § 10 Rn. 270; instruktiv zu den allgemeinen Anforderungen an die Ausfertigung: VGH BW, ZfBR 1984, 294, 295; *Ziegler*, DVBl. 1987, 280ff.).

Der Erlaß örtlicher Rechtsnormen ist als staatliche Tätigkeit den Ländern zuzuordnen. Das rechtsstaatliche Erfordernis einer Ausfertigung ist oft in den Landesverfassungen ausdrücklich verankert (z.B. Art. 63 I LV BW). In jedem Falle stellt die Ausfertigung von Bebauungsplänen ein nach Landesrecht zu beurteilendes formelles Gültigkeitserfordernis dar. Fehlt sie, ist der Mangel also den „sonstigen Verfahrens- und Formfehlern nach Landesrecht" i.S.d. § 215a II BauGB zuzurechnen und nach dort genannten Möglichkeiten zu beheben (vgl. BVerwG, BauR 1989, 692; dazu auch *Ziegler*, NVwZ 1990, 533ff.).

(9) Die Bekanntmachung (§§ 6 V und 10 III BauGB)

Die Genehmigung des Flächennutzungsplans ist öffentlich bekanntzumachen; damit wird der Flächennutzungsplan wirksam (§ 6 V 2 BauGB). Entsprechendes gilt, wenn die höhere Verwaltungsbehörde einen genehmigungsbedürftigen Bebauungsplan genehmigt (oder bei einem nach Landesrecht – § 246 Ia BauGB – anzeigebedürftigen Bebauungsplan ihr Einverständnis erklärt bzw. den Bebauungsplan nicht innerhalb eines Monats beanstandet). Die Pläne selbst werden nicht bekanntgemacht; sie sind zusammen mit dem Erläuterungsbericht bzw. der Begründung zu jedermanns Einsicht bereitzuhalten. Diese Form der **„Ersatzverkündung"** genügt rechtsstaatlichen Anforderungen (BVerfGE 65, 283); es wäre auch außerordentlich schwierig und aufwendig, die Pläne mit ihren farbigen zeichnerischen Festsetzungen zu publizieren. 25

3. Rechtsschutz der Gemeinde gegenüber der Aufsichtsbehörde

Wird bei einem Flächennutzungsplan oder bei einem genehmigungsbedürftigen Bebauungsplan die Genehmigung zu Unrecht versagt, liegt darin eine rechtswidrige Beeinträchtigung der Planungshoheit der Gemeinde. Da die Planungshoheit zum Selbstverwaltungsrecht der Gemeinde gehört, kann diese gegen die Genehmigungsbehörde bzw. das Land eine Verpflichtungsklage 26 auf Erteilung der Genehmigung erheben. Wird ein u. U. nach Landesrecht (§ 246 I a BauGB) anzeigepflichtiger Bebauungsplan von der Aufsichtsbehörde beanstandet, liegt darin ein Verwaltungsakt, der wiederum die Planungshoheit der Gemeinde beeinträchtigt, was diese zur Erhebung der Anfechtungsklage berechtigt.

Statt einer Ablehnung der Genehmigung oder einer offiziellen Beanstandung bringen die Aufsichtsbehörden in der Praxis ihre Bedenken oft auf informellem Wege zu Gehör. Sie erlassen einen sog. **„Bedenkenerlaß"**, ein informelles, unverbindliches Schreiben, in dem sie ihre Bedenken zum Ausdruck bringen und der Gemeinde anheim stellen, entsprechende Änderungen vorzunehmen. Das entspricht einem **„kooperativen Verwaltungsstil"**, der heute in Abhebung von einer imperativen Aufsichtsführung allgemein angestrebt wird und seine gesetzliche Rechtfertigung darin findet, daß nach den Gemeindeordnungen der Gebrauch der Aufsichtsmittel grundsätzlich im Ermessen der Aufsichtsbehörde steht und auch so auszuüben ist, daß die Entschlußkraft der Gemeinden nicht beeinträchtigt wird (vgl. §§ 118 III, 120 ff. GO BW).

Statt einer informellen Beanstandung kann die Aufsichtsbehörde auch eine **Genehmigung unter Auflagen** erteilen oder im eventuell landesrechtlich vorgesehenen Anzeigeverfahren eine „Rechtsverletzung mit der Maßgabe nicht beanstanden", daß die Gemeinde entsprechende Änderungen vornimmt. Solche Erklärungen sind rechtlich als Genehmigung mit aufschiebender Bedingung oder als Beanstandung mit auflösender Bedingung zu werten. Sie können dementsprechend von der Gemeinde vor Gericht angefochten werden.

Literatur: *Brohm*, Die Dogmatik des Verwaltungsrechts vor den Gegenwartsaufgaben der Verwaltung, VVDStRL 30 (1972), 245 ff.; *Häberle*, Grundrechte im Leistungsstaat, VVDStRL 30 (1972), 43 ff.; *Dolde*, Mitwirkungsverbot für befangene Gemeinderäte bei der Aufstellung von Bebauungsplänen, BauR 1973, 350; *Krebs*, Zur Problematik des kommunalen Mitwirkungsverbots bei der Aufstellung von Flächennutzungsplänen, VerwArch 71 (1980), 181; *Blümel*, Grundrechtsschutz durch Verfahrensgestaltung, in: Blümel (Hrsg.), Frühzeitige Bürgerbeteiligung bei Planungen, Berlin 1982, S. 23 ff.; *Pietzcker*, Das Verwaltungsverfahren zwischen Verwaltungseffizienz und Rechtsschutzauftrag, VVDStRL 41 (1982), 193 ff.; *Wahl*, Bürgerbeteiligung bei der Landesplanung, in: Blümel (Hrsg.), Frühzeitige Bürgerbeteiligung bei Planungen, Berlin 1982, S. 113 ff.; *Wahl*, Verwaltungsverfahren zwischen Verwaltungseffizienz und Rechtsschutzauftrag, VVDStRL 41 (1982), 151 ff.; *Schlichter*, Baurechtlicher Nachbarschutz, NVwZ 1983, 641; *Schmidt-Aßmann*, Der Verfahrensgedanke in der Dogmatik des öffentlichen Rechts, in: Lerche/Schmitt/Glaeser/Schmidt-Aßmann, Verfahren als staats- und verwaltungsrechtliche Kategorie, Heidelberg 1984, S. 1 ff.; *Pietzcker*, Inzidentverwerfung rechtswidriger untergesetzlicher Rechtsnormen durch die Verwaltung, DVBl. 1986,

806; *Ziegler*, Die Ausfertigung von Rechtsvorschriften, insbesondere von gemeindlichen Satzungen, DVBl. 1987, 280; *ders.*, Ausfertigung und Heilung von Ausfertigungsmängeln bei Bebauungsplänen, NVwZ 1990, 533; *Menke*, Das kommunale Mitwirkungsverbot bei der Bauleitplanung, 1990; *Wagner*, Umweltverträglichkeitsprüfung in der Bauleitplanung und im Raumordnungsverfahren. – Änderungen durch das Investitionserleichterungs- und Wohnbaulandgesetz –, DVBl. 1993, 583; *Battis*, Umweltverträglichkeitsprüfung in der Bauleitplanung, NuR 1995, 448; *v. Mutius*, Kommunalrecht, 1996; *Erbguth/Schink*, Gesetz über die Umweltverträglichkeitsprüfung, 2. Aufl., 1996.

§ 16. Rechtsschutz und Rechtskontrolle bei Bauleitplänen – § 47 VwGO; §§ 214ff. BauGB: Aufbauschema und Fallbeispiel

Übersicht

1. Grundsätze der verwaltungsgerichtlichen Normenkontrolle

a) Die Normenkontrolle als selbständiges Kontrollverfahren

Bebauungspläne (und **andere Satzungen nach dem BauGB**, 1
wie z.B. die Veränderungssperre nach § 16 I BauGB oder Satzungen nach §§ 34 IV, 35 VI BauGB) können nicht nur im Rahmen einer Anfechtungsklage (z.B. gegen eine Abbruchverfügung) oder

einer Verpflichtungsklage (z.B. auf Erteilung einer Baugenehmigung) inzident gerichtlich überprüft werden, vielmehr kommt als selbständige Rechtsschutzmöglichkeit gegen sie noch eine Normenkontrolle nach **§ 47 I Nr. 1 VwGO** in Betracht. Eine gleichzeitig erhobene Anfechtungsklage oder Verpflichtungsklage, bei der auch die Gültigkeit des Bebauungsplans zu prüfen ist, schließt das Rechtsschutzbedürfnis für eine Normenkontrollklage nicht aus (BayVGH, BayVBl 1972, 443, 444; OVG Berlin, NVwZ 1982, 442; VGH BW, ESVGH 11, 128; *Kopp/Schenke*, VwGO, § 47 Rn. 69). **Flächennutzungspläne** unterliegen dagegen nicht der gerichtlichen Überprüfung im Wege der Normenkontrolle; schließlich werden sie nicht als Satzung erlassen, auch kommt ihnen keine (unmittelbare) Außenwirkung zu (BVerwG, DVBl. 1990, 1352; ferner oben § 6 Rn. 12).

Im **Normenkontrollverfahren** kann bereits vor Erlaß eines den Plan umsetzenden Verwaltungsakts über die Nichtigkeit oder Teilnichtigkeit des Bebauungsplans allgemein verbindlich entschieden werden. Bei einer **inzidenten Überprüfung** des Bebauungsplans im Rahmen einer Anfechtungs- oder Verpflichtungsklage muß dagegen jedesmal erneut über die Gültigkeit von Festsetzungen im Bebauungsplan befunden werden. Außerdem wirkt eine solche Entscheidung nur inter partes, braucht also von einem anderen Bauherrn nicht beachtet zu werden. Insofern dient das Normenkontrollverfahren nicht nur einem frühzeitigen Rechtsschutz, sondern auch der Verfahrensökonomie und der Verfahrensbeschleunigung sowie der Rechtssicherheit, indem widersprüchliche Entscheidungen vermieden werden.

Ein Normenkontrollverfahren über die „Gültigkeit" eines Bebauungsplans (§ 47 I Nr. 1 VwGO) setzt voraus, daß dieser bereits als Satzung beschlossen und bekanntgemacht wurde (vgl. § 10 BauGB), also „existent" ist. Allerdings kann nach § 33 BauGB eine Baugenehmigung im Hinblick auf die bauplanungsrechtliche Zulässigkeit bereits erteilt werden, wenn lediglich die Aufstellung des Bebauungsplans beschlossen und insbesondere das Auslegungs- und Beteiligungsverfahren durchgeführt (§ 33 Nr. 1 BauGB: sog. „formelle Planreife") und weiter anzunehmen ist, daß das Vorhaben den künftigen Festsetzungen des Bebauungsplans nicht entgegensteht (§ 33 Nr. 2 BauGB: „materielle Planreife"). Will ein Nachbar gegen eine demgemäß erteilte Baugenehmigung und einen bevorstehenden Baubeginn vorgehen, kommt hierfür keine einstweilige Anordnung im Rahmen eines Normenkontrollverfahrens nach § 47 VI VwGO in Betracht. Vielmehr stehen ihm allein die Möglichkeiten des Individualrechtsschutzes zur Verfügung, also Widerspruch und Antrag nach § 80a VwGO und gegen nicht genehmigte Baumaßnahmen ein Antrag auf behördliches Einschreiten und ein Antrag auf Erlaß einer einstweiligen Anordnung nach § 123 VwGO (BayVGH, NVwZ-RR 2000, 469f.; zum Ganzen näher unten § 30 Rn. 21).

Im Unterschied etwa zur Anfechtungsklage, die als reines Rechtsschutzverfahren auch bei einem rechtswidrigen Verwaltungsakt nur dann begründet ist und damit zum Erfolg führt, soweit die Rechtswidrigkeit ein subjektives Recht des Klägers betrifft (vgl. § 113 I VwGO, entsprechend § 113 V VwGO für die Verpflichtungsklage), ist das verwaltungsgerichtliche Normenkontrollverfahren **Rechtsschutz- und** zugleich **objektives Beanstandungsverfahren**. Sobald die Hürde der Zulässigkeit, insbesondere der Antragsbefugnis, genommen ist, prüft das Gericht in der Begründetheit alle Rechtsverletzungen, auch wenn sie nicht subjektive Rechtspositionen des Antragstellers betreffen und seine Interessen nicht negativ berühren.

b) Zulässigkeitsvoraussetzungen

aa) Antragsbefugnis wegen möglicher Verletzung eigener Rechte

Im Hinblick darauf, daß bei der Normenkontrolle nach Beja- 2
hung der Zulässigkeit jeder Rechtsverstoß – auch wenn er nicht Rechte oder Interessen des Antragstellers berührt – beachtlich ist, wollte der Gesetzgeber die Möglichkeit eines Normenkontrollverfahrens einschränken. Daher ist für dessen Zulässigkeit nach der seit 1. 1. 1997 geltenden Fassung des § 47 II VwGO für die Antragsbefugnis erforderlich, daß der Antragsteller – wie bei der Anfechtungs- und Verpflichtungsklage (§ 42 II VwGO) – **die Verletzung eigener Rechte** geltend macht.

Die ursprüngliche Fassung des § 47 II VwGO verlangte für die Antragsbefugnis, daß der Antragsteller durch die Rechtsvorschrift und deren Anwendung einen „Nachteil erlitten oder in absehbarer Zeit zu erwarten" habe; es genügte also nicht, daß – wie bei der Anfechtungsklage nach § 42 II VwGO – die Verletzung eines subjektiven Rechts geltend gemacht, d.h. behauptet wurde und auch möglich war, vielmehr mußte der „Nachteil" tatsächlich und nachweisbar „vorhanden" sein. Diese strengere Anforderung wurde jedoch dadurch abgeschwächt, daß einzelne Oberverwaltungsgerichte (so insbesondere VGH BW, DÖV 1978, 569, 571; a.A. BayVGH, BayVBl 1973, 294, 295) den Begriff des „Nachteils" über die Verletzung eines subjektiven Rechts hinaus auf bloße „tatsächliche" Nachteile erstreckten. In einer Grundsatzentscheidung stellte das BVerwG für die Bestimmung des „Nachteils" auf das jeweilige materielle Recht ab. Infolge des Abwägungsgebots nach § 1 VI BauGB war eine Antragsbefugnis nach dieser bald weithin akzeptierten Ansicht bereits immer dann gegeben, wenn der Antragsteller durch den Bebauungsplan oder dessen Anwendung in einem „privaten Interesse" (negativ) betroffen war, das nach Lage der Dinge in die Abwägung eingestellt werden mußte (BVerwGE 59, 87, 95ff.). Die Antragsbefugnis hing damit zwar nicht von der Verletzung einer vorgegebenen Rechtsposition, wohl aber von der möglichen fehlerhaften Berücksichtigung eines für die Abwägung erheblichen privaten Interesses ab. Damit wurde nicht jedes private Interesse zu einem subjektiven öffentlichen Recht; der einzelne hatte aber ein subjektives öffentliches Recht darauf, daß es sachgerecht abgewogen wurde.

Von der Angleichung der Antragsbefugnis des § 47 II VwGO an die Regelung der Klagebefugnis in § 42 II VwGO erhoffte man sich eine erhebliche Einschränkung bislang zulässiger Normenkontrollanträge, die sich über § 1 VI BauGB allzu leicht auf eine fehlerhafte Abwägung privater Interessen stützen lassen. Dieser Versuch war jedoch zum Scheitern verurteilt, weil die Frage, ob ein subjektives öffentliches Recht besteht, sich aus dem Recht des jeweiligen Sachgebiets ergibt; das Verwaltungsprozeßrecht kann mit § 47 II VwGO lediglich daran anknüpfen. Insofern muß man sich auch nach Einführung dieser Vorschrift nach wie vor für die Frage, ob ein subjektives Recht verletzt ist, auf die Regelungen des Bauplanungsrechts konzentrieren. In Betracht kommen verfahrensrechtliche und materiellrechtliche Vorschriften, die zumindest auch den Interessen des Antragstellers zu dienen bestimmt sind.

Den **Vorschriften über das Verfahren** zur Aufstellung von Bebauungsplänen wurde und wird auch heute noch weithin eine subjektiv-rechtliche Bedeutung abgesprochen. Sie dienen nach traditionellem Verständnis nur der Informationsgewinnung der Behörden. Speziell für das Bauplanungsverfahren wird zum Teil auch argumentiert, da kein Rechtsanspruch auf Aufstellung eines Bebauungsplans bestehe (vgl. § 2 III BauGB), könne es auch kein Recht auf die Durchführung einzelner Verfahrensvorschriften geben (vgl. etwa OVG Münster, NVwZ 1997, 694, 695). Indessen schließt das Fehlen eines Rechtsanspruchs auf Aufstellung eines Bebauungsplans nicht aus, daß mit dessen

Beginn die dafür geltenden Verfahrensvorschriften auch den Interessen der Betroffenen zu dienen bestimmt sind. Weiter hat das Bundesverfassungsgericht mehrfach betont, Grundrechtsschutz werde gerade auch durch Verfahren gewährleistet (dazu *K. Hesse,* Verfassungsrecht, Rn. 358ff.; *Katz,* Staatsrecht, Rn. 583f.; *Kopp/Schenke,* VwGO, § 42 Rn. 95 jew. mw.N.). Dementsprechend sind Verfahrensvorschriften nicht nur im atomrechtlichen (BVerfGE 53, 30) oder immissionsschutzrechtlichen (BVerfGE 61, 256, 275), sondern grundsätzlich in allen Verfahren mit Öffentlichkeitsbeteiligung auch als subjektive Rechte zumindest für diejenigen zu verstehen, deren Grundrechte durch die im Verfahren zustande kommende Entscheidung betroffen bzw. ausgestaltet werden. Das gilt im Bauplanungsverfahren für die vom Bebauungsplan unmittelbar betroffenen Eigentümer, aber u. U. auch für die nur mittelbar von den faktischen Auswirkungen der festgesetzten Bodennutzung Betroffenen (vgl. oben § 15 Rn. 5). Insofern läßt sich die These, die bauplanungsrechtlichen Verfahrensvorschriften seien nur im öffentlichen Interesse geschaffen, heute nicht mehr aufrechterhalten.

Auf Grund **materiellen Rechts** bestehen subjektive Rechte ebenfalls, wenn die entsprechende Norm zumindest auch den Interessen des einzelnen zu dienen bestimmt ist. Das ergibt sich aus der jeweiligen Regelung, wobei im Baurecht zusätzliche Kriterien, etwa der Gesichtspunkt der Opfer- und Nutzungsgemeinschaft, insbesondere bei Regelungen über die Art der baulichen Nutzung, und das einem Tatbestandsmerkmal zu entnehmende baurechtliche „Rücksichtnahmegebot" (dazu unten § 18 Rn. 29ff.) hinzukommen. Diese Kriterien stehen heute außer Frage.

Einen Ansatzpunkt für die mit § 47 II VwGO n. F. beabsichtigte Einschränkung der Antragsbefugnis sah man im materiellen Baurecht vor allem bei den nach § 1 VI BauGB für die Abwägung erheblichen „privaten Belangen". Alle dazu vertretenen restriktiven Meinungen versuchten letztlich, den Begriff der privaten Belange auf subjektive Rechte zu begrenzen und damit alle Belange des einzelnen, die (noch) nicht zu einer subjektiven Rechtsposition erstarkt sind – also lediglich Interessen bilden, in denen der Betroffene durch die Planung beeinträchtigt wird – aus dem Abwägungsgebot des § 1 VI BauGB zu eliminieren. Es läßt sich jedoch nicht daran zweifeln, daß der Begriff der „privaten Belange" nicht nur subjektiv öffentliche Rechte, sondern auch nicht zu einer subjektiven Rechtsposition erstarkte private Interessen umfaßt. Insofern sind auch diese Belange abwägungserheblich, sofern der Betroffene durch die beabsichtigte Planung darin negativ tangiert wird.

Diese ausgedehnte Interessenberücksichtigung in § 1 VI BauGB entspricht der Weite des Planungsermessens und kompensiert die Defizite hinsichtlich des rechtsstaatlichen Gesetzesvorbehalts bei den für die Planung charakteristischen Finalprogrammen. Im Unterschied zum herkömmlichen Verwaltungsermessen ist hier, wie (oben § 11 Rn. 2) dargelegt, nicht der größte Teil der gesellschaftlichen Interessenkonflikte bereits durch den Gesetzgeber in den Tatbestandsvoraussetzungen und Rechtsfolgeanordnungen gelöst. Insofern kann bei Finalprogrammen das Gesetz nicht nach Ermessen lediglich situativ auf eine atypische Besonderheit angepaßt werden, vielmehr muß der Ausgleich zwischen zahlreichen miteinander komplex verwobenen Interessen erst durch die Planung gefunden werden. Daher ist die Abwägung der öffentlichen und privaten Belange miteinander und untereinander auch als ein aus dem Rechtsstaatsprinzip abgeleiteter verfassungsrechtlicher Grundsatz für alle Planungen anerkannt, selbst dort, wo sie – wie bei den Fachplanungen – nicht speziell geregelt ist (vgl. BVerwGE 48, 56, 66; 67, 74; 87, 332, 342; 91, 17, 24; vgl. auch BVerwG, NVwZ 1995, 598). Hält man diesen in § 1 VI BauGB normierten Grundsatz zu Recht für eine Vorschrift, die nicht nur dem städtebaulichen, also dem öffentlichen Interesse, sondern auch dem privaten Interesse der von der Planung Betroffenen zu dienen bestimmt ist, gibt man ihr m. a. W. eine subjektiv-rechtliche Bedeutung, dann hat auch nach der Neufassung des § 47 II VwGO jeder, der behaupten kann, seine von der Planung betroffenen Interessen seien nicht hinreichend abgewogen worden, die Antragsbefugnis (so repräsentativ VGH BW, VBlBW 1997, 424; VGH München, BayVBl 1997, 591; a. A. OVG Münster, NVwZ 1997, 694). Da das Abwägungsgebot in der genannten Ausgestaltung nach überwiegender Meinung als durch das verfassungsrechtliche Rechtsstaatsprinzip geboten angesehen wird (BVerwG, DÖV 1970, 64; BRS 22 Nr. 3), ließe sich dieser Grundsatz auch nicht ändern.

Nachdem das Bundesverwaltungsgericht inzwischen in zahlreichen Entscheidungen zu Recht an dieser Ansicht festgehalten hat (BVerwG, NVwZ 1998, 732; grundlegend BVerwGE 107, 216 = DÖV 1999, 208 ff.; BVerwGE 110, 36 = DÖV 2000, 466 f.), erübrigt sich die in der Vorauflage an dieser Stelle breit geführte Auseinandersetzung mit den verschiedenen restriktiven Meinungen. Nach wie vor gilt: § 1 VI BauGB gibt den Betroffenen einen Anspruch auf eine sachgerechte Abwägung der öffentlichen und der privaten „Belange" – also nicht nur der privaten „Rechte" – und damit auf eine ausgewogene Festlegung der Bodennutzung. Insofern kann der Normbetroffene auch nach der Neufassung des § 47 II VwGO eine Verletzung des Abwägungsgebots wegen einer unzulässigen Mißachtung oder Vernachlässigung seiner privaten Belange geltend machen. Angesichts der Vielfalt privater Interessen und ihrer oft unterschiedlichen Bewertung durch die einzelnen Bürger ist allerdings eine Begrenzung auf die (wirklich) beachtlichen und damit abwägungserheblichen Belange, also auf die „berechtigten" Interessen, geboten. Diese präzisieren die Gerichte negativ durch Ausschluß der „objektiv geringwertigen", der (für den Planer) „nicht erkennbaren" sowie der (nach der Gesamtrechtsordnung) „nicht schutzwürdigen" Belange (dazu bereits oben § 13 Rn. 25 und im folgenden).

Somit ist festzuhalten: **Abwägungserhebliche** private Belange sind einmal positiv umschriebene **Rechtspositionen** des von den Festsetzungen des Bebauungsplans „unmittelbar Betroffenen"; dabei ist es für die Annahme einer unmittelbaren Betroffenheit gleichgültig, ob zur Erreichung der planerischen Vorstellung noch ein Vollzugsakt erforderlich ist oder nicht (dazu *Gerhardt*, in: S/SA/P, VwGO § 47 Rn. 50 m. w. N.). Bei „mittelbarer Planbetroffenheit", also faktischen Einbußen durch Nutzungsfestsetzungen anderer Grundstücke, können einfachgesetzliche Rechtspositionen mit einer entsprechenden Schutz- und Zweckrichtung in Betracht kommen, wie z. B. § 30 I BauGB, § 3 BauNVO für die Bewahrung des Wohngebietscharakters vor gewerblichen Störungen oder das neuerdings § 35 III Nr. 3 BauGB entnommene baurechtliche Rücksichtnahmegebot gegen eine heranrückende Wohnbebauung (BVerwG, DÖV 2000, 81; NVwZ-RR 2001, 89 – Parallele zum Schweinemästerfall). Entsprechendes gilt für einzelne Grundrechte, sofern der Sachbereich nicht bereits einfachgesetzlich geregelt ist und eine nachhaltige Veränderung der Grundstückssituation den Betroffenen in seinem Grundrecht „schwer und unerträglich" trifft (dazu näher unten § 18 Rn. 25 ff.). Daneben sind in die Abwägung **alle** sonstigen **privaten Interessen** einzustellen, **soweit** ihre Abwägungserheblichkeit **nicht** entfällt, weil sie (1) *objektiv geringwertig* sind, oder (2) für die planende Stelle bei der Entscheidung über den Plan *nicht* als abwägungserheblich *erkennbar* und von den Betroffenen *nicht vorgebracht* worden waren oder (3) im Einzelfall *nicht schutzwürdig* sind (BVerwGE 59, 87, 102 f.; dazu auch oben § 13 Rn. 25). Nicht schutzwürdig sind in erster Linie Interessen, die unter Mißachtung der Rechtsordnung (nur faktisch) entstanden sind, also von der Rechtsordnung an sich mißbilligt werden und deshalb auch für die planerische Abwägung nicht erheblich sein konnten. Ferner zählen dazu solche Interessen, denen gegenüber sich die Rechtsordnung – jedenfalls hinsichtlich ihrer Relevanz für die Bauleitplanung – bewußt neutral verhalten will, wie z.B. gegenüber den Wettbewerbsinteressen von Einzelhandelsunternehmen, auch wenn sie in tatsächlicher Hinsicht nicht als geringfügig anzusehen sind (BVerwG, DVBl. 1994, 701 = NVwZ 1994, 683). Kurz: Nicht schutzwürdig sind Interessen, die von der Rechtsordnung mißbilligt werden oder denen gegenüber sich die Rechtsordnung neutral verhält bzw. die nach der Rechtsordnung zumindest bei der Bauleitplanung nicht berücksichtigt werden sollen.

Insofern vermögen einschlägige Normen der Rechtsordnung i.S. einer „Gesamtbetrachtung des Regelungsprogramms" die nach § 1 VI BauGB abzuwägenden privaten Interessen einzuschränken (allgemein zu entsprechenden Einschränkungen der Schutznormtheorie *Schmidt-Aßmann*, M/D, Art. 19 IV Rn. 128ff.). Legt die Rechtsordnung etwa **Grenzwerte** für bestimmte **Emissionen** fest, so sind private Interessen an einer Unterschreitung grundsätzlich von der Rechtsordnung nicht geschützt. Etwas anderes hat im Hinblick auf die Situationsbedingtheit von Bodennutzungsregelungen zu gelten, wenn besondere Umstände, etwa eine ansässige Spezialklinik, erhöhte Emissionseinschränkungen erfordern (vgl. BVerwG, DÖV 2000, 81 = NVwZ-RR 2001, 82 zum Unterschied der Grenzwertfestsetzungen allgemein in 1. BImSchV und ortsbezogen für Sportanlagen in 18. BImSchV). Entsprechend mag man eine bauplanungsbedingte Verschlechterung der **Aussicht von einem Grundstück** angesichts der Sozialbindung des Eigentums und dessen Planmäßigkeit im Normalfall entweder als objektiv geringwertigen oder als nach der Rechtsordnung nicht schutzwürdigen Belang ansehen (VGH BW, VBlBW 2000, 482f.), aber bei einem Hausgrundstück am Bodensee mit Panoramablick auf See und Alpen sollte eine bauplanungsrechtlich bedingte erhebliche Beeinträchtigung doch als abwägungserheblicher privater Belang in die Abwägung einzustellen sein (so VGH BW, VBlBW 1997, 426; krit. dazu *Schütz*, Anm., ebd., S. 428).

bb) Antragsbefugnis der „Behörden"

3 Darüber hinaus hat nach § 47 II 1, 2. Alt. VwGO „jede Behörde", also auch diejenige einer Gemeinde, ohne weiteres ein Antragsrecht; sie muß im Gegensatz zu den natürlichen und juristischen Personen zur Begründung ihrer Antragsbefugnis keine Rechtsverletzung geltend machen. Die Rechtsprechung verlangt jedoch zutreffend auch für dieses Antragsrecht, daß die allgemeine Prozeßvoraussetzung eines Rechtsschutzinteresses vorliegt. Das setzt einen gewissen Bezug zu der fraglichen Rechtsvorschrift voraus. Dieser ist i.d.R. dann gegeben, wenn die Behörde mit der Ausführung der angegriffenen Norm befaßt ist oder zumindest in ihrer Tätigkeit davon berührt wird (VGH BW, VBlBW 1999, 67ff.). Daran fehlt es z.B. in Fällen, in denen sich eine Gemeinde gegen die Festsetzungen eines Bebauungsplans der Nachbargemeinde wendet; allerdings kann sie sich dann nach § 47 II 1, 1. Alt. VwGO als juristische Person auf die mögliche Verletzung ihrer Planungshoheit berufen (vgl. VGH BW, NVwZ 1987, 1088; BVerwG, NVwZ 1989, 654, 655).

cc) Antragsfrist

Ein Normenkontrollantrag ist nur innerhalb von zwei Jahren nach Bekanntmachung der bauplanungsrechtlichen Satzung zulässig. Diese Voraussetzung gilt für die in ihren Rechten betroffenen Personen ebenso wie für die in ihrem Aufgabenkreis durch den Bebauungsplan tangierten Behörden (§ 47 II VwGO 1997). Ob diese mit der erwähnten Novellierung des § 47 VwGO eingeführte Regelung der damit beabsichtigten Verfahrensbeschleunigung zu dienen vermag, ist zweifelhaft. Zwar ist damit praktisch die nach § 215 I Nr. 2 BauGB geltende Frist von 7 Jahren für die Beanstandung von Mängeln in der Abwägung im Normenkontrollverfahren auf die zweijährige Antragsfrist verkürzt. Daneben bleibt aber die Inzidentprüfung des Bebauungsplans erhalten; und für diese gilt die Fristbeschränkung des Normenkontrollverfahrens nicht. Selbst wenn durch die 2-Jahres-Frist eine Verfahrensbeschleunigung im Einzelfall einträte, würden jedenfalls die anderen Zwecke der Normenkontrolle, Rechtssicherheit und Prozeßökonomie, weitgehend verfehlt. 4

Eine Besonderheit muß für den Fall gelten, daß der Bebauungsplan funktionslos geworden ist (dazu oben § 8 Rn. 19). Schließlich wird die Funktionslosigkeit in den seltensten Fällen bereits innerhalb von zwei Jahren nach Erlaß der Satzung eintreten.

Das Bundesverwaltungsgericht (BVerwGE 108, 71, 75 = (ausführlicher) DÖV 1999, 555) hat die Frage offen gelassen, ob aus der neuerdings eingeführten Fristenregelung der Schluß zu ziehen sei, daß nunmehr die Funktionslosigkeit in einem Normenkontrollverfahren nicht mehr oder allenfalls im Rahmen der 2-Jahres-Frist zur Prüfung gestellt werden könne. Indessen wäre ein von Anfang an nicht durchführbarer Bebauungsplan von vornherein nichtig, könnte also gar nicht mehr „funktionslos" werden.

Insofern kann die allgemein für untergesetzliche Rechtsnormen und nicht speziell für den Bebauungsplan als Vollzugsnorm getroffene Fristenregelung in § 47 II VwGO 1998 nur so verstanden werden, daß die Frist in diesem Fall nicht mit der Bekanntmachung der Rechtsvorschrift, sondern mit dem Eintritt und Bekanntwerden ihrer Funktionslosigkeit zu laufen beginnt.

c) Entscheidung des Gerichts

5 Ist einmal die Hürde der Zulässigkeit genommen, hat das Gericht jeden Rechtsfehler zu prüfen, auch wenn die verletzte Rechtsnorm dem Antragsteller kein subjektives Recht verleiht (vgl. § 47 V 2, 4 VwGO). Insofern unterscheidet sich die Prüfung der Begründetheit des Normenkontrollantrags von derjenigen einer Anfechtungs- oder Verpflichtungsklage, die nur bei einem Rechtsverstoß erfolgreich ist, durch den der Kläger „in seinen Rechten" verletzt ist (§ 113 I 1, V VwGO). Der Grund liegt in der Doppelfunktion der Normenkontrolle als objektives **Beanstandungs-** und als **Rechtsschutzverfahren** (dazu oben Rn. 1 und BVerwGE 68, 12, 14; NVwZ 1990, 157, 158).

6 Kommt das Gericht zu der Überzeugung, daß der Bebauungsplan gegen höherrangiges Recht verstößt und dieser Mangel nicht nach den Unbeachtlichkeitsklauseln der §§ 214, 215 BauGB von vornherein oder wegen inzwischen eingetretener Verfristung unbeachtlich ist (dazu unten Rn. 8) und auch nicht durch ein ergänzendes Verfahren nach § 215a BauGB behoben werden kann, erklärt es ihn **ganz oder** auch nur **teilweise** für **nichtig**. Letzteres kommt in Betracht, wenn lediglich ein abtrennbarer Teil rechtswidrig ist und der rechtmäßige Teil für sich sinnvoll bleibt und anzunehmen ist, daß er auch ohne den nichtigen Teil erlassen worden wäre (§ 47 V 2 VwGO; zur teilweisen Nichtigkeit von Bebauungsplänen vgl. BVerwG, NVwZ 1990, 157, 159; *Paetow*, NVwZ 1985, 309, 312; BVerwG, NVwZ 1994, 271; VGH BW, NVwZ-RR 1998, 325; zu den Kosten: BVerwG, NVwZ 1997, 896). Die Entscheidung ist (anders als die Abweisung eines Normenkontrollantrags) **allgemeinverbindlich** und die Entscheidungs-

formel von der Gemeinde in der gleichen Weise zu veröffentlichen, wie der Bebauungsplan bekanntzumachen wäre (§ 47 V 2, 2. Hs. VwGO). Die von der Entscheidung ausgehende Bindungswirkung hindert die Gemeinde, bei unveränderter Sach- und Rechtslage einen Bebauungsplan mit gleichem Inhalt zu erlassen (VGH BW, VBlBW 1998, 222f.). Stellt das Gericht einen im ergänzenden Verfahren nach § 215a BauGB **behebbaren Mangel** fest, erklärt es den Bebauungsplan bis zur Behebung des Mangels für **nicht wirksam**; auch dieser Ausspruch wirkt „inter omnes" (§ 47 V 4 VwGO) und hat die entsprechenden Wirkungen.

Der Umfang der gerichtlichen Nachprüfung erstreckt sich sowohl auf die formellen, insbesondere verfahrensrechtlichen Voraussetzungen, als auch auf den materiell-rechtlichen Inhalt der Satzung. Will der Antragsteller nur einen Teil der in Frage stehenden Regelungen beanstanden, hat sich die materiellrechtliche Prüfung darauf zu beschränken, sofern nicht der unbeanstandete Teil mit dem beanstandeten in einem untrennbaren Zusammenhang steht (dazu *Schmitt-Glaeser*, Verwaltungsprozeßrecht, Rn. 435). Im übrigen kann für die Prüfung der Begründetheit einer Normenkontrolle gegen Bebauungspläne auf die obigen Ausführungen zum Verfahren der Aufstellung von Bauleitplänen (s. oben § 15) und auf die bei der Aufstellung des Planes zu beachtenden äußeren und inneren Ermessensgrenzen (s. oben §§ 12 u. 13) verwiesen werden. Sie sind im Aufbauschema (s. unten) zusammengefaßt wiedergegeben. 7

2. Planerhaltung – Unbeachtlichkeit und Behebung von Fehlern (§§ 214ff. BauGB)

a) Überblick und Grundsätze

Das komplizierte Aufstellungsverfahren und die vielfältigen ma- 8
teriellen Vorschriften, die beim Erlaß der städtebaulichen Pläne zu beachten sind, stellen ein **großes Fehlerpotential** dar. Da zahlreiche städtebauliche Pläne, und insbesondere der Bebauungsplan, als Satzung erlassen werden (§ 10 I BauGB), führen Fehler nach den allgemeinen Grundsätzen über die Fehlerfolgen bei Rechtsnormen – anders als bei Verwaltungsakten – zu deren Nichtigkeit. Das ist gerade angesichts der oben (§ 3 Rn. 4ff.) erwähnten Besonderheiten des Bebauungsplans, die ihn in die Nähe zum Verwaltungsakt bringen, außerordentlich problematisch. Entsprechendes läßt sich für die übrigen städtebaulichen Satzungen vertreten, vor allem auch

im Hinblick auf die Schutzwürdigkeit der im Vertrauen auf die Gültigkeit dieser städtebaulichen Festlegungen realisierten Vorhaben. Der Gesetzgeber hat daher in den **§§ 214–215 a BauGB** für die gerichtliche Kontrolle des Flächennutzungsplanes und von Satzungen des Städtebaurechts (vgl. oben § 8 Rn. 13) den Grundsatz durchbrochen, daß fehlerhafte Beschlüsse über Flächennutzungspläne und fehlerhafte bauplanungsrechtliche Satzungen nichtig sind, indem er zahlreiche Rechtsverstöße von vornherein oder nach Ablauf einer Frist grundsätzlich für unbeachtlich erklärt und im übrigen die Möglichkeit der Fehlerbehebung in einem ergänzenden Verfahren eröffnet. Bisweilen werden diese Regelungen als Ausdruck eines allgemeinen Rechtsprinzips verstanden, wonach ein Plan durch Schaffung eines differenzierten Systems der Fehlerfolgen möglichst aufrechtzuerhalten sei (sog. „Grundsatz der Planerhaltung", vgl. *Hoppe/Henke*, DVBl. 1997, 1407; zum Meinungsstreit hierzu vgl. *Battis*, B/K/L, Vorb. §§ 214–216 Rn. 1, Rn. 7 m. zahlr. Nachw.).

Davon unberührt bleibt jedoch die Verpflichtung der für das Genehmigungsverfahren nach §§ 6 I, 10 II BauGB (oder für ein gem. § 246 I a BauGB nach Landesrecht eingeführtes Anzeigeverfahren) zuständigen Behörde, im Rahmen des Genehmigungs- oder Anzeigeverfahrens sämtliche Rechtsverstöße zu rügen (§ 216 BauGB). Allerdings reicht diese Pflicht und das entsprechende Recht zu einer präventiven Aufsicht nur bis zum Abschluß dieses Verfahrens. Ebenso kann eine fehlerhaft – real oder wegen Fristablaufs fiktiv – erteilte Genehmigung nur bis zur Bekanntmachung nach §§ 6 V bzw. 10 III BauGB zurückgenommen werden, weil der VA danach im förmlichen Plansetzungsakt aufgeht und außerdem Gründe der Rechtssicherheit entgegenstehen (vgl. BVerwGE 75, 142). Nach Inkraftsetzung des Planes können im Wege der kommunalen Rechtsaufsicht (repressiv) nur noch Rechtsverstöße beanstandet werden, die nach §§ 214, 215 BauGB beachtlich sind.

Die Bedeutung der präventiven Rechtsaufsicht nach § 216 BauGB ist allerdings durch den Wegfall des bundesrechtlich vorgeschriebenen Anzeigeverfahrens erheblich reduziert worden. Für

Bebauungspläne, die weder genehmigungs- noch anzeigepflichtig sind, gilt die allgemeine kommunale Rechtaufsicht; diese ist jedoch nach Inkrafttreten des Bebauungsplans nach §§ 214, 215 BauGB auf die danach noch beachtlichen Rechtsverstöße begrenzt.

Die Unbeachtlichkeitsregelungen der **§§ 214, 215 BauGB** gelten **nur für** die Verletzung von **Bundesrecht**, also insbesondere für Fehler bei der Anwendung des Baugesetzbuchs; für landesrechtliche Vorschriften kann der Bund die Unerheblichkeit rechtswidriger Handlungen nicht regeln. Einige Länder haben deshalb entsprechende Unbeachtlichkeitsregelungen für bestimmte Verstöße gegen das Landesrecht getroffen (vgl. z.B. §§ 4 IV, V; 18 VI GO BW). Rechtsverletzungen, die weder nach §§ 214, 215 BauGB noch nach landesrechtlichen Unbeachtlichkeitsregelungen irrelevant sind, führen dennoch nicht notwendig zur Nichtigkeit der bauplanungsrechtlichen Satzung. Nach **§ 215 a BauGB** bleibt die Satzung vielmehr lediglich zunächst unwirksam, wenn der Mangel durch ein **ergänzendes Verfahren** behoben werden kann. Die Möglichkeit, einen Verfahrensfehler im Rahmen eines noch nicht abgeschlossenen Verfahrens dadurch zu beheben, daß man das Verfahren ab diesem Verfahrensabschnitt rechtsfehlerfrei wiederholt, ist anerkannt und bedarf keiner besonderen Regelung. § 215 a BauGB läßt eine solche Vorgehensweise jetzt ausdrücklich auch dann zu, wenn die bauplanungsrechtliche Satzung, also gleichsam das Endprodukt des Verfahrens, wegen eines Verfahrensfehlers rechtswidrig ist; selbst Verstöße gegen materielles Recht sollen nicht zur Nichtigkeit der Norm führen, „wenn sie auf diese Weise behoben werden können". Der an sich für Rechtsnormen geltende Grundsatz, daß sie bei einem Rechtsfehler nichtig sind und allenfalls unter Vermeidung dieses Fehlers erneut erlassen werden können, wird hier also modifiziert. Statt nochmals das Aufstellungsverfahren von Anfang an durchzuführen, kann die Gemeinde an dem fehlerhaften Verfahrensabschnitt einsetzen und von da an das Verfahren nunmehr dem Recht gemäß erneut zu Ende führen. 9

Dieses ergänzende Verfahren gilt auch für landesrechtliche Verfahrensfehler. Das ergibt sich schon aus § 215 a II BauGB, der eine Anschlußregelung zu

Abs. 1, nämlich die Möglichkeit einer „rückwirkenden" In-Kraft-Setzung der Satzung auch bei Verfahrensfehlern nach Landesrecht vorsieht. Da zur Gesetzgebungskompetenz des Bundes für das Bodenrecht (Art. 74 I Nr. 18 GG) auch Vorschriften über die Aufstellung von Bebauungsplänen gehören (BVerfGE 3, 407, 424f.), kann der Bund auch die Wiederholung landesrechtlich vorgesehener Verfahrensvorschriften für die Aufstellung eines Bebauungsplans regeln (BVerwG, NVwZ 2000, 676 = BVerfGE 100, 118).

Zu beachten bleibt, daß die nachträgliche Behebung von Rechtsmängeln durch die Wiederholung einzelner Verfahrensabschnitte, insbesondere bei Verstößen gegen materielles Recht, nicht in jedem Falle zulässig sein kann, wenn nicht Sinn und Zweck des gesamten Verfahrens konterkariert werden sollen. § 215a BauGB gilt daher nur, wenn die Mängel durch ein „ergänzendes" Verfahren „behoben" werden können. Das ist der Fall bei einzelnen isolierbaren Fehlern, etwa bei einem Verstoß gegen die Festsetzungsmöglichkeiten nach der BauNVO oder bei der Überplanung von Flächen, die durch Verordnung unter Landschaftsschutz gestellt sind, ohne daß davon eine Befreiung von der zuständigen Instanz erteilt worden wäre. Auch einzelne Abwägungsfehler können behoben werden (so bereits für die alte Rechtslage: BVerwG, DVBl. 1998, 331, 333), aber nur solange, als die Fehler **nicht** das **„Grundgerüst der Abwägung"** bzw. den Kern der Abwägungsentscheidung betreffen (BVerwG, DÖV 1999, 340 m.w.N.). Davon kann im wesentlichen nur ausgegangen werden, wenn die Fehler im vereinfachten Verfahren nach § 13 BauGB behoben werden können. Einer Wiederholung des vorangegangenen Verfahrens bedarf es dazu nur, wenn dieses schon selbst durch den Fehler „infiziert" wurde, also ein Fehler nicht nur bei der Abwägung, sondern auch schon (beispielsweise) beim Beteiligungsverfahren vorlag (BVerwG, DVBl. 1998, 331, 333).

Von einem ergänzenden Verfahren kann somit nur solange die Rede sein, als es nicht zu einem grundlegenden anderen Bebauungsplan führt; anderenfalls liegt eine „Ersetzung" und keine „Ergänzung" mehr vor (vgl. auch *Krautzberger*, WiVerw 1997, 243, 255). Diese Abgrenzung mag im Einzelfall gerade bei Abwägungsfehlern nicht leicht zu treffen sein, da die Abwägungsentscheidung einen einheitlichen, unteilbaren Entscheidungsakt darstellt, bei dem die einzelnen Belange sich gegenseitig bedingen und ein komplexes Interessengeflecht bilden. Im Hinblick darauf scheidet ein „ergänzendes" Verfahren jedenfalls dann aus, wenn der zu heilende Fehler die „Gesamtkonzeption" oder die „Grundzüge der Planung" betrifft. Zulässig sind nur „punktuelle Nachbesserungen bei ansonsten intakter Gesamtplanung" (*Hoppe/Henke*, DVBl. 1997, 1407, 1412 m.w.N.; *Henke*, Planerhaltung, S. 110ff., 165ff.). Insofern kann ein Abwägungsausfall keineswegs nach § 215a BauGB beseitigt werden, während andere Abwägungsfehler solange behoben werden können, als sie sich zum einen von der übrigen Planung „isolieren" lassen und zum anderen die sich aus der Behebung ergebenden Änderungen der Planung keinen erheblichen Einfluß auf die planerische Gesamtkonzeption der Gemeinde haben. Das Kriterium der „Gesamtkonzeption der Planung" entspricht in etwa den „Grundzügen der Planung" i.S.v. §§ 13 I und 31 II Nr. 2 BauGB (dazu *Löhr*, in: B/K/L, § 13 Rn. 2).

Gerade im Hinblick auf materiellrechtliche Fehler, deren Behebung (in Anbetracht des § 214 III BauGB) i.a. zu einem anderen Inhalt des Bebauungsplans führen wird, ist es nur konsequent, wenn § 215a I BauGB der Satzung bis zur Behebung der Mängel keine Rechtswirkungen zuschreibt, der Fehlerbehebung also lediglich eine **Wirkung ex nunc** beimißt. Eine Ausnahme von diesem Grundsatz macht § 215a II BauGB: Lag die zu behebende Rechtswidrigkeit lediglich in einem nach § 214 I BauGB oder nach Landesrecht relevanten Verfahrens- oder Formfehler, darf die Satzung sogar rückwirkend, also **ex tunc**, in Kraft gesetzt werden (§ 215a II BauGB). Insoweit entspricht diese Regelung dem zivilrechtlichen Begriff der „schwebenden Unwirksamkeit" (vgl. § 184 II BGB; *Palandt/Heinrichs*, Überblick vor § 104 Rn. 31f.).

Allerdings kann es auch bei der Behebung bloßer Verfahrens- oder Formfehler zu inhaltlichen Veränderungen an dem ursprünglichen Plan kommen. Schließlich muß die Abwägung im Zeitpunkt der Beschlußfassung über den Bebauungsplan, also nach dem aktuellen Entwicklungsstand, sachgerecht sein. Selbst Entwicklungen nach der Beschlußfassung über die Satzung können bei der Behebung eines danach erfolgten fehlerhaften Verfahrensschrittes, etwa der Ausfertigung einer Satzung erst Jahre nach dem Erlaß, nicht immer ganz außer Betracht bleiben. So hat das BVerwG (v. 25. 2. 1997, DVBl. 1997, 893) zutreffend entschieden, daß es für das Abwägungsergebnis, also das „Abgewogensein" im Sinne des Abwägungsgebots, auf den Zeitpunkt des Erlasses des Bebauungsplans ankomme. Eine erst einige Jahre danach erfolgte nachgeholte Ausfertigung erfordere also grundsätzlich keine erneute Abwägung unter Berücksichtigung inzwischen eingetretener Situationsänderungen. Indessen könne dies nicht gelten, wenn der Plan durch die veränderten Verhältnisse funktionslos geworden sei oder sich die rechtlichen Rahmenbedingungen grundlegend verändert oder sich in der Nachbarschaft die tatsächlichen Gegebenheiten so nachhaltig gewandelt hätten, daß die ursprünglichen Planungsgrundlagen nicht mehr tragfähig oder zumindest erschüttert seien. In Fällen dieser Art sei darauf abzustellen, ob das im Zeitpunkt der Beschlußfassung unbedenkliche Abwägungsergebnis im Zeitpunkt der Inkraftsetzung noch haltbar sei.

b) Die Systematik der gerichtlichen Unbeachtlichkeitsregelungen

10 Durch die §§ 214, 215 BauGB wird ein dreistufiges System für die Rechtsbeständigkeit fehlerhafter Flächennutzungspläne und bauplanungsrechtlicher Satzungen, insbesondere der Bebauungspläne, geschaffen, nämlich die Differenzierung nach unbeachtlichen Fehlern, zeitlich befristet beachtlichen Fehlern und absolut beachtlichen Fehlern.

(1) **Unbeachtliche Fehler**, durch die die Geltung des Flächennutzungsplans oder einer bauplanungsrechtlichen Satzung, insbesondere eines Bebauungsplans, nicht in Frage gestellt wird, sind zunächst alle Rechtsverstöße gegen Verfahrens- und Formvorschriften, sofern diese nicht in § 214 I BauGB speziell aufgeführt und geregelt sind. Verstöße gegen die ausdrücklich erwähnten Verfahrens- und Formvorschriften, also beachtliche Fehler, sind dann dennoch unbeachtlich, wenn sie in den dort im einzelnen aufgeführten, weniger gravierenden Fällen verletzt wurden (§ 214 I Nr. 1, 2. Hs.; Nr. 2, 2. Hs. BauGB: „Interne Unbeachtlichkeitsklauseln"; vgl. *Battis*, B/K/L, Vorb §§ 214–216 Rn. 2). Weiter gehören zu den unbeachtlichen Fehlern auch die in § 214 II BauGB genannten materiellen Anforderungen an das Verhältnis des Flächennutzungsplans zum Bebauungsplan (dazu oben § 6 Rn. 19ff.) sowie die in § 214 III BauGB genannten Fehler im Abwägungsvorgang. Die übrigen, nicht genannten materiellen Anforderungen sind aber beachtlich.

11 (2) Die 2. Stufe, die **„zeitlich befristet beachtlichen Fehler"**, bilden Verstöße gegen formelle und materielle Vorschriften, die das Gericht auch von Amts wegen nicht mehr beachten darf, sofern sie nicht innerhalb der genannten Frist ordnungsgemäß geltend gemacht worden sind. Liegt eine solche Rüge vor, bleibt der Fehler in jedem Gerichtsverfahren beachtlich (sog. „inter omnes-Wirkung",

vgl. BVerwG, DÖV 1982, 905; *Battis,* B/K/L, § 215 Rn. 6). Voraussetzung für diese „erweiterte Bestandskraft“ ist jedoch, daß bei Erlaß der Satzung auf diese Präklusion hingewiesen worden ist (§ 215 II BauGB).

In dieser Gruppe ist nochmals zu unterscheiden zwischen Verfahrens- und Formfehlern nach § 214 I, Nr. 1 und 2 BauGB, die nach § 215 I Nr. 1 BauGB nur innerhalb eines Jahres gerügt werden können, und Abwägungsfehlern, die nach § 215 I Nr. 2 BauGB innerhalb von sieben Jahren zu rügen sind.

Die Frage, ob ein Gericht Fehler dieser Gruppe beachten darf bzw. muß, wenn sie zwar (noch) nicht gerügt wurden, aber die Rügefrist noch nicht abgelaufen ist, ist eindeutig zu bejahen. Eine Bindung der Gerichte an unwirksame Flächennutzungspläne oder Bebauungspläne, deren Fehler der betroffene Bürger noch rügen kann, widerspräche der durch Art. 20 III GG angeordneten Bindung an Gesetz und Recht. Vor Ablauf der Rügefrist läßt sich nicht feststellen, ob der Flächennutzungsplan oder Bebauungsplan jemals als wirksam zu behandeln ist. Insofern muß schon mit Rücksicht auf den Rechtsschutz des noch Rügeberechtigten die Gültigkeit der Norm, also des Bebauungsplans, durch die höhere Verwaltungsbehörde oder das Gericht bis zum Ablauf der Rügefrist geprüft und entschieden werden dürfen (vgl. *Schmaltz*, DVBl. 1990, 77, 80; vgl. *ders.*, in: Schrödter, BauGB, § 214 Rn. 11 ff.). Für diese Ansicht spricht jetzt auch der geänderte Wortlaut des § 215 BauGB, wonach Fehler nach Ablauf der Frist nicht mehr unbeachtlich „sind“, sondern „werden“, also vorher – auch ohne Rüge – beachtlich waren (vgl. auch *Battis/Krautzberger/Löhr,* NVwZ 1997, 1145, 1166). In Parallele zur Rechtsprechung des Bundesverfassungsgerichts wurde früher schon erwogen, ob in diesen Fällen das Gericht statt der Nichtigerklärung lediglich die Feststellung der Rechtswidrigkeit aussprechen kann mit der Folge, daß der Normgeber alsbald die Rechtmäßigkeit herzustellen hat (vgl. *Kopp/Schenke*, VwGO, § 47 Rn. 92 f.; BVerwGE 64, 77, 81; *Schenke*, Verwaltungsprozeßrecht, Rn. 922 a). Eine gesetzliche Grundlage dafür findet sich jetzt in § 47 V 4 VwGO i. V. m. § 215 a BauGB (dazu oben Rn. 9), den man entsprechend anwenden kann. Zur restriktiven Auslegung von § 214 III BauGB („offensichtlich“: alles was auf objektiv faßbaren Sachumständen beruht; „von Einfluß auf das Abwägungsergebnis“: konkrete Möglichkeit eines Einflusses) siehe oben § 13 Rn. 30.

(3) Zur dritten Ebene, den **„absolut beachtlichen Fehlern“**, gehören schließlich Gesetzesverletzungen, die ohne eine zeitliche Befristung immer gerügt werden können. Darunter fallen zum einen alle Fehler der zweiten Gruppe, wenn bei Erlaß der Satzung 12

der Hinweis nach § 215 BauGB unterblieben ist. Praktisch bedeutsamer sind allerdings die in § 214 I Nr. 3 und I a BauGB genannten Verfahrensfehler sowie Verletzungen materiell-rechtlicher Vorschriften, die in §§ 214 II, 215 I Nr. 2 BauGB **nicht** genannt sind. Diese Rechtsverstöße wiegen so schwer, daß sie auch durch Zeitablauf nicht unbeachtlich werden; es kann dann aber immer noch ein „ergänzendes Verfahren" nach § 215 a BauGB in Betracht kommen (dazu oben Rn. 9).

3. Aufbauschema für die Prüfung von Bebauungsplänen im Rahmen eines Normenkontrollverfahrens (§ 47 VwGO) mit den Unbeachtlichkeitsregelungen

13 Ein Prüfungsschema ist lediglich eine Gedächtnisstütze, damit man möglichst keine einschlägigen Anforderungen übersieht. Alle möglichen Probleme lassen sich jedoch nicht in ein Schema pressen. Auf der anderen Seite dürfen aus einem Schema nur diejenigen Vorschriften erwähnt und geprüft werden, die nach dem Sachverhalt problematisch für die Fall-Lösung sind. Die Reihenfolge der Prüfung ergibt sich aus der Unterscheidung von Zulässigkeit und Begründetheit der Klage bzw. des Normenkontrollantrags; die Begründetheit betrifft die formelle und materielle Rechtmäßigkeit der Regelung. Innerhalb dieser Einteilungen ergibt sich die Prüfungsfolge aus der Logik der Zweckmäßigkeit. Die formelle Rechtmäßigkeit betrifft die *Zuständigkeit*, nämlich die Verbandskompetenz (Gemeinde gemäß §§ 2 I oder 14 I, 16 I etc. BauGB) und die Organkompetenz (nach dem Kommunalrecht, z. B. Gemeinderat gemäß § 24 GO BW), das *Verfahren* (§§ 2, 3, 4 BauGB) und die *Formvorschriften* (z. B. § 5 V BauGB (Erläuterung), § 9 VIII BauGB (Begründung)). Die materielle Rechtmäßigkeit betrifft die äußeren und inneren Ermessensgrenzen. Der Übersichtlichkeit halber werden hier bei der formellen Rechtmäßigkeit die Verbands- und die Organkompetenz, die praktisch nie problematisch sind, nicht erwähnt; ferner wird auf die Erläuterung oder Begründung des Plans im Zusammenhang mit dem betreffenden Verfahrensabschnitt hingewiesen.

I. Zulässigkeit der Normenkontrolle (NK)

1. Verwaltungsrechtsweg
(Vgl. § 47 I: „im Rahmen seiner Gerichtsbarkeit", d.h. wenn sich aus dem Vollzug der Norm öffentlich-rechtliche Streitigkeiten i.S.v. § 40 VwGO ergeben können)
2. Statthaftigkeit der Normenkontrolle
Bebauungspläne und sonstige Satzungen nach BauGB (§ 47 I Nr. 1 VwGO)
3. Antragsteller/Antragsgegner (§ 47 II VwGO)
Sachliche Zuständigkeit des Gerichts (§ 47 I VwGO)
4. Antragsbefugnis
   a) Natürliche oder juristische Personen, sofern sie substantiiert geltend machen können, in ihren Rechten verletzt zu sein oder in absehbarer Zeit verletzt zu werden (§ 47 II 1, 1. Alt. VwGO). Dies gilt auch für juristische Personen des öffentlichen Rechts, z.B. Gemeinden.
   Eine „Rechtsverletzung" liegt vor: bei einer Verletzung subjektiv öffentlicher Rechtspositionen des Antragstellers, aber auch – im Zusammenhang mit planerischen Abwägungsentscheidungen – bei Nichtbeachtung eines abwägungsrelevanten privaten Belangs, ausgenommen (1) objektiv geringwertige Interessen, (2) private Belange, die im Einwendungsverfahren nicht vorgebracht und für die planende Stelle nicht erkennbar waren, (3) nicht schutzwürdige Interessen.
   b) Behörden (keine spezielle Antragsbefugnis, aber Rechtsschutz- bzw. „Kontrollinteresse", s.u. Nr. 6)
5. Antragsfrist: 2 Jahre
6. Allgemeines Rechtsschutzbedürfnis
Die Behörde hat ein dem Rechtsschutzinteresse des Bürgers entsprechendes Kontrollinteresse zur Wahrnehmung ihres speziellen Antragsrechts nur, wenn sie mit der Ausführung der Rechtsnorm befaßt ist oder diese jedenfalls bei der Wahrnehmung ihrer Aufgaben zu beachten hat.

II. Begründetheit der NK

Die NK ist begründet, wenn die bauplanungsrechtliche Sat-zung infolge eines formellen oder materiellen Fehlers, der nach §§ 214, 215 BauGB beachtet werden muß, ungültig oder zumindest bis zur Behebung des Mangels unwirksam ist (§ 47 V 2, 4 VwGO).

Rechtmäßigkeit des Bebauungsplans	**Besondere Fehlerfolgen**
(I) Formelle Rechtmäßigkeit	
1. Planaufstellungsbeschluß, Bekanntmachung, § 2 I 2	**unbeachtlich**, keine Verfahrensvoraussetzung
2. Evtl. Vorprüfug (§§ 3c, e UVPG)	**nur unbeachtlich, wenn** erhebliche Umweltauswirkungen nicht zu erwarten waren od. nicht richtig beurteilt wurden, § 214 Ia Nr. 1, Nr. 2
3. Beteiligung der Träger öffentlicher Belange, §§ 4, 4a	**beachtlich**, Rügefrist 1 Jahr, § 214 I Nr. 1, 1. Hs., § 215 I Nr. 1; **unbeachtlich**: einzelne Träger nicht beteiligt, § 214 I Nr. 1, 2. Hs.
4. Frühzeitige Bürgerbeteiligung, § 3 I	**unbeachtlich**, § 214 I Nr. 1, 1. Hs.
5. Auslegungsverfahren, § 3 II	
a) Einmonatige Auslegung des Planentwurfs, § 3 II 1	**beachtlich**, Rügefrist 1 Jahr, § 214 I Nr. 1, 1. Hs., § 215 I Nr. 1
b) Begründung des Planentwurfs, § 3 II 1	**beachtlich**, Rügefrist 1 Jahr, § 214 I Nr. 2, 1. Hs., § 215 I Nr. 1; **unbeachtlich**: Unvollständigkeit, § 214 I Nr. 2, 2. Hs.
c) Bekanntmachung der Auslegung mindestens 1 Woche vorher, § 3 II 2	**beachtlich**, Rügefrist 1 Jahr, § 214 I Nr. 1, 1. Hs., § 215 I Nr. 1
d) Angabe über UVP, § 3 II 2	**unbeachtlich**, § 214 I Nr. 1, 2. Hs.
e) Benachrichtigung der Träger öffentlicher Belange, § 3 II 3	**beachtlich**, Rügefrist 1 Jahr, § 214 I Nr. 1, 1. Hs., § 215 I Nr. 1; **unbeachtlich**: einzelne Träger nicht benachrichtigt, § 214 I Nr. 1, 2. Hs.

Werden **Einwendungen** erhoben:
Bei Berücksichtigung: Neues Verfahren (§ 3 III 1), Ausn. § 3 III 3 sowie für aufge-

stellten BPlan § 13: Vereinfachtes Verfahren. Bei Zurückweisung d. Einwendung: § 3 II 6	
6. Beschluß über Bauleitplan	
a) Beschlußfassung	**beachtlich**, § 214 I Nr. 3
b) Nach Kommunalrecht, insbes.: (Nicht)Befangenheit von Gemeinderatsmitglied, z.B. § 18 GO BW	nach jew. Landesrecht **beachtlich**, jedoch i. d. R. **nur befristet**, vgl. z.B. § 18 VI GO BW
Öffentlichk. d. Sitzung, z.B. § 35 GO BW	**beachtlich**
c) Begründung zum Bauleitplan, § 5 V bzw. § 9 VIII Umweltbericht als Teil der Begründung des BPl. (§ 2a)	**beachtlich**, Rügefrist 1 Jahr, § 214 I Nr. 2, 1. Hs., § 215 I Nr. 1; jedoch **unbeachtlich** bei bloßer Unvollständigkeit, § 214 I Nr. 2, 2. Hs.
7. Genehmigung, § 10 II	**beachtlich**, § 214 I Nr. 3
8. Ausfertigung	**beachtlich**, rechtsstaatl. Grundsatz
9. Bekanntmachung der Genehmigung, § 10 III	**beachtlich**, § 214 I Nr. 3
(II) Materielle Rechtmäßigkeit	
A. Zwingende gesetzliche Anforderungen/Äußere Ermessensgrenzen	
1. Planrechtfertigung (städtebaul. Konzept, Erforderlichkeit), § 1 III	Keine Sonderregelung: stets **beachtlich**
2. Anpassungspflicht, § 1 IV	dto.
3. Abstimmungspflicht, § 2 II	dto.
4. Privilegierte Fachplanung, § 38	dto. (entgegenstehender Bebauungsplan wird funktionslos)
5. Entwicklungsgebot, § 8 II	– Abweichung vom FlNPl.: **nur unbeachtlich, wenn . . .**, § 214 II Nr. 2 – wegen Form- bzw. Verfahrensfehlers nichtiger FlNPl.: **nur unbeachtlich**, § 214 II Nr. 3 – kein FlNPl. bei falsch beurteilter Ausnahmevorschrift: **unbeachtlich**, § 214 II Nr. 1

	– Verstoß gegen Parallelverfahren: **nur unbeachtlich, wenn** . . ., § 214 II Nr. 4
6. Zul. Festsetzungen i. BPl., § 9	Keine Sonderregelung: stets **beachtlich**
7. Verstoß gegen Typenzwang (Unzulässigkeit zusätzlicher Festsetzungen) §§ 2 V, 9 I BauGB i. V. m. § 1 II, III 1 BauNVO	dto.
8. Bestimmtheitsgebot (Planklarheit)	dto.
B. Innere Ermessensgrenzen	
1. Abwägungsvorgang (Abwägungsausfall, -defizit, -fehleinschätzung, -disproportionalität)	nur **beachtlich**, wenn offensichtlich und auf das Abwägungsergebnis von Einfluß, § 214 III 2; Rügefrist 7 Jahre, § 215 I Nr. 2
2. Abwägungsergebnis (Abwägungsdefizit, -fehleinschätzung, -disproportionalität)	**beachtlich**, Rügefrist 7 Jahre, § 215 I Nr. 2
C. Zwingende Rechtsgrundsätze oder Grundrechtsschranken, z. B. Gebot der Konfliktbewältigung; (baurechtliches) Gebot der Rücksichtnahme (§ 50 I BImSchG)	Keine Sonderregelung: stets **beachtlich**

4. Fallbeispiel (Normenkontrolle)

Vorbemerkung: Die hier am Beispiel der Ansiedlung eines Verbrauchermarktes behandelte Problematik besteht auch bei der neuerdings besonders aktuellen Ansiedlung von **Factory Outlet Centers**, d. h. Verkaufsstellen mehrerer Fabriken unter einem Dach für im Preis erheblich reduzierte Waren zweiter Wahl, Auslaufmodelle, Restposten etc. Dazu oben § 6 Rn. 31; ferner *Erbguth,* NVwZ 2000, 969 ff.; *Otting,* DVBl. 1999, 595 ff.; *Reidt,* NVwZ 1999, 45 ff.

Sachverhalt

Die Großhandelskette V beabsichtigte, am Stadtrand der Gemeinde A einen Verbrauchermarkt zu errichten. Die Gemeindevertretung von A weigerte sich jedoch, den erforderlichen Bebauungsplan aufzustellen, da sie befürchtete, daß bei der Ansiedlung des Verbrauchermarktes angesichts seines Einzugsbereichs von 100 km im Umkreis der Kundenstrom aus der gerade sanierten Innenstadt zu einem großen Teil abgezogen und damit das städtebauliche Entwicklungskonzept der Gemeinde beeinträchtigt werde. Daraufhin begab sich V zur Nachbargemeinde B. Diese wies dann in einem – ohne frühzeitige Bürgerbeteiligung i. S. d. § 3 I BauGB beschlossenen – Bebauungsplan ein entsprechendes Sondergebiet aus. Entscheidend dafür war vor allem das Engagement des Gemeinderats X, eines Architekten, dem V die Bauleitung in Aussicht gestellt hatte. X hatte sowohl an den Beratungen und am Aufstellungsbeschluß, wegen Krankheit jedoch nicht am Beschluß des Bebauungsplans selbst mitgewirkt. Die zuerst von V angesprochene Gemeinde A befürchtet von dem Bebauungsplan der Gemeinde B die gleichen negativen Auswirkungen auf ihre sanierte Innenstadt, die sie von der Ansiedlung des Verbrauchermarktes abgeschreckt hatten. Ferner weist sie darauf hin, daß B im Landesentwicklungsplan als Unterzentrum ausgewiesen sei und daher kein Wirtschaftsunternehmen mit einem derart großen Einzugsbereich ansiedeln dürfe. Auch K, der Inhaber eines Kaufhauses im Zentrum von B, wendet sich gegen die Ausweisung des Sondergebiets für den Verbrauchermarkt. Er ist der Ansicht, die für ihn wie für den gesamten Einzelhandel zu erwartenden Umsatzeinbußen seien vom Gemeinderat zwar bedacht, aber unrichtig gewertet worden. Außerdem sei das vorgesehene Areal im Flächennutzungsplan als Grünfläche dargestellt, so daß die Ausweisung als Sondergebiet schon aus diesem Grunde rechtswidrig sei. 14

A und K stellen Normenkontrollanträge beim OVG (VGH) und berufen sich dabei jeweils auf die von ihnen geltend gemachten Einwendungen.

Prüfen Sie die Erfolgsaussichten der Anträge.

Abwandlung: Wie wäre die Rechtslage zu beurteilen, wenn X auch am Satzungsbeschluß mitgewirkt hätte?

Lösungsskizze

I. Zulässigkeit

15 1. Gegen den Bebauungsplan ist die Normenkontrollklage nach § 47 I Nr. 1 VwGO vor dem OVG (VGH) statthaft.

2. Zu Zweifeln am Vorliegen der allgemeinen Prozeßvoraussetzungen gibt der Sachverhalt keinen Anlaß. Gleiches gilt für die nach § 47 II 1 VwGO erforderliche zweijährige Antragsfrist.

3. Problematisch ist jedoch, ob A und K nach § 47 II VwGO antragsbefugt sind.

16 a) Die Gemeinde A kann sich nicht auf ihre Antragsbefugnis kraft der Behördeneigenschaft ihrer Organe (§ 47 II 1, 2. Alt. VwGO) berufen, denn sie hat den in Frage stehenden Bebauungsplan nicht zu vollziehen. Sie muß daher eine Rechtsverletzung i.S.v. § 47 II 1, 1. Hs. VwGO geltend machen können. Aus einer möglichen Verletzung des § 1 IV BauGB kann die A keine Antragsbefugnis herleiten, da das Anpassungsgebot nicht dem Schutz der begünstigten zentralen Orte, sondern allein dem öffentlichen Interesse an einer ausgewogenen Raumordnung (§ 2 II Nr. 2, 4 ROG) dient (vgl. OVG Dresden, DVBl. 1992, 1449; OVG Koblenz, NVwZ 1999, 435ff.). In Betracht kommt jedoch eine Verletzung der nachbargemeindlichen Abstimmungspflicht gemäß § 2 II BauGB. Sie ist Ausfluß ihrer wie ein subjektives Recht ausgestalteten Planungshoheit. Der Gemeinderat der B mußte berücksichtigen, daß sich die Sondergebietsausweisung für den Verbrauchermarkt in vielfacher Hinsicht grenzüberschreitend auf die Innenstadtentwicklung in der Gemeinde A negativ auswirken wird.

Für die Abstimmungspflicht des § 2 II BauGB ist es nicht erforderlich, daß die Gemeinden unmittelbar aneinander angrenzen, entscheidend sind die planungsrechtlichen Auswirkungen eines Vorhabens (BVerwG, NVwZ 1995, 694). Allerdings reicht allein die Annahme, daß Kaufkraft an die planende Gemeinde B abfließt, i.d.R. nicht aus, um einen Verstoß gegen das Abstimmungsgebot gem. § 2 II BauGB zu bejahen. Es muß vielmehr durch das Vorhaben die städtebauliche Entwicklung oder die vorhandene Ordnung der

Nachbargemeinde wesentlich beeinträchtigt bzw. nachhaltig gestört werden. Das setzt voraus, daß sich die Interessen der Nachbargemeinde zumindest zu planungsrechtlich relevanten Belangen i. S. v. § 1 VI BauGB verdichtet haben (*W. Schrödter*, in: Schrödter, Baugesetzbuch, § 2 Rn. 43; *Hendler*, JZ 1987, 495, 499). Es ist also nicht erforderlich, daß in dem betroffenen Gebiet bereits ein Bebauungsplan vorhanden oder zumindest seine Aufstellung beabsichtigt ist; es genügt, wenn die planende Gemeinde eine planerische Reaktion der Nachbargemeinde erzwingt (VGH BW, NJW 1977, 1465, 1466; ebenso NVwZ 1987, 1088) bzw. das Vorhaben unmittelbare Auswirkungen gewichtiger Art auf die städtebauliche Ordnung entfaltet, insbesondere wenn eine hinreichend bestimmte (informelle) Planung vorliegt und die Störung nachhaltig ist (BVerwG, NVwZ 1995, 694; BVerwGE 84, 209; OVG Saarlouis, BRS 57, Nr. 47; speziell zur Ansiedlung von Verbrauchermärkten, Factory-Outlet-*Centers* u. a. vgl. oben § 6 Rn. 31).

Laut Sachverhalt wird die Gemeinde A in der Weiterführung ihrer bisherigen städtebaulichen Konzeption für die Innenstadtentwicklung beeinträchtigt. Weiter ist zu bedenken, daß u. U. die Gemeinde A nach § 1 III BauGB gezwungen sein kann, planerisch auf die zu dem Verbrauchermarkt gehörenden Verkehrsströme zu reagieren (vgl. *W. Schrödter*, in: Schrödter, § 2 Rn. 44). Eine Verletzung des § 2 II BauGB erscheint damit möglich. Darin ist ein Eingriff in die einem subjektiven Recht gleichgestellte Planungshoheit der Gemeinde A zu sehen; auch die übrigen Voraussetzungen des § 47 II VwGO liegen vor. Der Antrag der Gemeinde A ist somit zulässig.

b) Ob K als betroffener Inhaber eines Kaufhauses im Normenkontrollverfahren antragsbefugt ist, ist zweifelhaft. Er müßte die mögliche Verletzung subjektiv öffentlicher Rechtspositionen geltend machen können. Die mögliche Rechtsverletzung kann dabei (1) auf einem Verstoß gegen ausdrücklich geregelte subjektive öffentliche Rechtspositionen, (2) auf der Verletzung des subjektiven öffentlichen Rechts auf sachgerechte Berücksichtigung abwägungsrelevanter Interessen oder (3) u. U. (subsidiär) auf der „schweren und unerträglichen" Mißachtung von Grundrechten beruhen.

Sein Vorbringen, das für den Verbrauchermarkt vorgesehene Gelände sei im Flächennutzungsplan als Grünfläche dargestellt, bezieht sich auf einen Verstoß gegen das Entwicklungsgebot nach

§ 8 II 1 BauGB. Diese Vorschrift ist jedoch allein städtebaulichen, also öffentlichen Interessen zu dienen bestimmt. Sie vermag daher seine Antragsbefugnis nicht zu begründen.

K kann sich auch nicht auf die Vorschrift des § 1 V Nr. 8 BauGB berufen, welche die Belange der Wirtschaft aufführt; diese dienen keinem bauplanungsrechtlichen Konkurrentenschutz einzelner, sondern – wie vor allem der Hinweis auf die verbrauchernahe Versorgung der Bevölkerung zeigt – ebenfalls allein dem Gemeinwohl (dazu BVerwGE 59, 87, 103; BVerwG, DÖV 1990, 479).

Fraglich ist damit lediglich, ob K die seiner Ansicht nach unrichtig bewertete Gefahr erheblicher Umsatzeinbußen geltend machen kann. Nach der bis zur Neufassung des § 47 II VwGO (1997) anerkannten Meinung hat der einzelne nach § 1 VI BauGB, der einen rechtsstaatlichen Grundsatz zum Ausdruck bringt, ein subjektives Recht auf sachgerechte Abwägung nicht nur hinsichtlich bereits zum subjektiven öffentlichen Recht erstarkter Rechtspositionen, sondern auch anderer privater Interessen, in denen er durch den Bebauungsplan negativ betroffen wird. Daran ist in Übereinstimmung mit der stdg. Rechtsprechung des BVerwG auch bei der jetzt geltenden Fassung schon angesichts des Umstandes festzuhalten, daß die Bauleitplanung durch das im Baugesetzbuch vorgesehene Finalprogramm mit seinen vielfältigen, sich in der konkreten Situation oft auch gegenseitig ausschließenden Zielen nur vage gesetzlich determiniert ist. Sie hat daher nicht nur Rechtspositionen, sondern auch vielfältige andere Interessen zu einem sachgerechten Ausgleich zu bringen und in eine harmonische Gesamtgestaltung einzuschmelzen. Insofern kann K grundsätzlich eine Rechtsverletzung auch wegen einer fehlerhaften Abwägung von noch nicht zum subjektiven öffentlichen Recht erstarkten privaten Interessen geltend machen. Allerdings sind davon nach anerkannter Meinung u.a. solche Interessen auszunehmen, die nach der Rechtsordnung nicht schutzwürdig sind. Zu diesen zählen nicht nur die von der Rechtsordnung mißbilligten Interessen, sondern auch diejenigen, denen gegenüber sich die Rechtsordnung bewußt neutral verhalten will bzw. die zumindest bei der Bauleitplanung nicht berücksichtigt werden sollen. Dazu gehören angesichts der grundrechtlich gewährleisteten „Wettbewerbsfreiheit“ (vgl. Art. 2 I bzw. richtiger Art. 12 I GG) auch die Interessen auf Schutz vor Konkurrenz (vgl. BVerwG, NVwZ 1994, 683). Der Normenkontrollantrag des K ist somit unzulässig.

II. Begründetheit des Normenkontrollantrags der A

(I) In **verfahrensrechtlicher Hinsicht** sind von den verschiedenen Anforderungen nach dem Sachverhalt allein problematisch, (1) daß der Bebauungsplan ohne frühzeitige Bürgerbeteiligung i.S.d. § 3 I BauGB beschlossen wurde und (2) daß Architekt X an dem Verfahren zur Aufstellung des Bebauungsplans teilgenommen hat: 17

(1) Nach § 3 I BauGB sind die Bürger möglichst frühzeitig über die Planung zu unterrichten, beispielsweise auf einer Bürgerversammlung. Das ist hier nicht geschehen. Der Verfahrensverstoß st jedoch, da in § 214 I Nr. 1 BauGB nicht genannt, unbeachtlich.

(2) In Betracht kommt ein Ausschluß des X wegen Befangenheit nach der jeweils maßgeblichen Gemeindeordnung (z.B. § 18 I, VI GO BW). Danach dürfte X als Gemeinderat weder beratend noch entscheidend mitwirken, wenn ihm die Aufstellung des Bebauungsplans und die nachfolgende Ausführung des Verbrauchermarktes einen unmittelbaren Vorteil bringen würde. Ein unmittelbarer Vorteil liegt nach dem Gesetzeszweck, auch nur den bösen Schein einer Interessenkollision zu vermeiden, immer dann vor, wenn der mitwirkende Gemeinderat ein „individuelles Sonderinteresse“ an der Entscheidung hat, das zu einer Interessenkollision führt und die Besorgnis rechtfertigt, daß der Betreffende nicht mehr uneigennützig und nur zum Wohl der Gemeinde handelt (VGH BW, BauR 1973, 368, 369; NVwZ-RR 1998, 63; 325). Nicht ausreichen würde es für einen Ausschluß wegen Befangenheit, wenn X als Architekt lediglich ein allgemeines Interesse an möglichen Aufträgen hätte; erforderlich ist, daß bereits eine konkrete Aussicht auf einen Vertrag besteht (vgl. OVG Münster, BRS 40 Nr. 30; VGH BW, NVwZ-RR 1997, 183; 692). Da X die Bau-

leitung in Aussicht gestellt worden war, hatte er ein individuelles wirtschaftliches Sonderinteresse an der Aufstellung des Bebauungsplans und der anschließenden Errichtung des Verbrauchermarktes.

X hat jedoch nicht am Beschluß des Bebauungsplans, sondern lediglich am Aufstellungsbeschluß und an den Verhandlungen mitgewirkt. Aus welchen Gründen er an der Beschlußfassung über den Bebauungsplan nicht mitwirkte, spielt keine Rolle. Nach einer Ansicht führt jegliche Mitwirkung eines befangenen Gemeinderats beim Verfahren zur Aufstellung eines Bebauungsplans zu dessen Nichtigkeit, da die maßgeblichen Entscheidungen häufig bereits vor dem endgültigen Satzungsbeschluß gefallen sind. Nach der in der Rechtsprechung überwiegend vertretenen Ansicht kommt es jedoch allein darauf an, ob der befangene Gemeinderat beim Satzungsbeschluß nach § 10 I BauGB mitgewirkt hat (dazu näher oben § 15 Rn. 9). Dem ist zu folgen; denn mit dem Satzungsbeschluß bestätigt der Gemeinderat konkludent alle zuvor getroffenen Entscheidungen. Auch verlangt das BauGB für den Satzungsbeschluß über den Bebauungsplan keine vorangehenden Beschlüsse, so daß es nach Bundesrecht für den Beschluß über den Bebauungsplan allein auf den Satzungsbeschluß und dessen Rechtmäßigkeit nach Bundes- und Landesrecht ankommt (BVerwGE 79, 200; VGH BW, BRS 57 Nr. 36). Somit führt die Befangenheit des X im vorliegenden Fall nicht (per se) zur Rechtswidrigkeit und damit zur Nichtigkeit des Bebauungsplanes. Sie kann allenfalls bei einer Auswirkung auf die Abwägung als Abwägungsfehler relevant werden.

Abwandlung: Hätte X bei dem Satzungsbeschluß mitgewirkt, so wäre dieser wegen seiner Befangenheit rechtswidrig. Sofern dieser Verfahrensfehler nach den kommunalrechtlichen Planerhaltungsvorschriften erheblich ist (z. B. § 4 IV, V GemO BW), etwa weil der Fehler rechtzeitig gerügt wurde, ist der Bebauungsplan formell rechtswidrig. Nach § 215 a BauGB ist er deswegen jedoch nicht nichtig, sondern schwebend unwirksam und kann durch nochmalige Beschlußfassung des Gemeinderates geheilt werden (vgl. OVG Rheinland-Pfalz, DVP 1998, 433; VGH BW, RspDienst 1998, Beilage 5, B 2) und dann sogar mit Rückwirkung zum ursprünglich geplanten Zeitpunkt (§ 215 a II BauGB) neu in Kraft gesetzt werden.

(II) In **materiell-rechtlicher Hinsicht** sind zu prüfen:

1. Äußere Ermessensgrenzen:

Im vorliegenden Fall sind problematisch:

(1) die Anpassungspflicht nach § 1 IV BauGB

Das landesplanerische Zentrale-Orte-Konzept (vgl. §§ 2 II Nr. 2, 18
4; 7 II Nr. 1 ROG 1998; § 3 II LPlG BW; dazu unten § 36 Rn. 9) läßt die Ansiedlung von Wirtschaftsunternehmen, wie eines großflächigen „Handelsbetriebs für Endverbraucher" (= Verbrauchermärkte, Factory-Outlet-Center etc.) in erster Linie in Oberzentren und u. U. auch in Mittelzentren zu, nicht aber in Unterzentren, welche als Orte zur Deckung des Grundbedarfs der Bevölkerung im Nahbereich konzipiert sind (*Bielenberg/Erbguth/Söfker*, Bd. 2, K § 1, Rn. 63; vgl. z.B. LEPl BW 1983, Plansatz 1.5.43; 2.2.34). Es handelt sich hierbei um eine räumlich und sachlich bestimmte Vorgabe, also ein „Ziel der Raumordnung" (§ 3 Nr. 2 ROG 1998), das jetzt auch als ein solches gekennzeichnet werden muß (§ 7 ROG). An dieses sind die Bauleitpläne, also Flächennutzungsplan und Bebauungsplan, anzupassen, d. h. bei der Erstaufstellung eines Bebauungsplans ist es zu beachten. Darin liegt eine Einschränkung der durch die Planungshoheit gewährleisteten Planungskompetenz der Gemeinde.

Die Rechtsprechung prüft die Zulässigkeit einer solchen Regelung herkömmlich nach dem Schema eines hoheitlichen Eingriffs in Individualrechte und kommt über das Verhältnismäßigkeitsgebot zur Frage, ob die Festsetzungen zur Verwirklichung der überörtlichen Planungsinteressen wirklich erforderlich sind. Sachgerechter ist es, in diesem Fall einen Kompetenzkonflikt zwischen der Landesplanung durch Raumordnungspläne und der gemeindlichen Bauleitplanung zu sehen, so daß die Kollision nach dem hier vertretenen Grundsatz der kompetenziellen Rücksichtnahme zu lösen ist. Ausgehend von der Gleichrangigkeit der staatlichen und gemeindlichen Planungskompetenz kann dieser Konflikt nicht einseitig zugunsten des einen oder anderen Planungsträgers gelöst werden, vielmehr muß eine Lösung gefunden werden, bei der jeder Kompetenzträger seine Funktion im Rahmen der staatlichen oder regionalen Einheit *optimal* erfüllen kann; auf keinen Fall darf eine Kompetenz durch die andere völlig verdrängt werden. Damit kommt man – im vorliegenden Fall – zu einem weithin mit der Lehre vom Eingriff eines übergeordneten Hoheitsträgers übereinstimmenden Ergebnis:

Die Landesplanung darf die Planungskompetenz der Gemeinde nicht mehr einschränken, als unbedingt erforderlich ist, und auf keinen Fall völlig verdrängen. Unbedingt erforderlich ist bei dieser Lösung aber nur, daß das landesplanerische Konzept der zentralen Orte durch die Gemeinde nicht zunichte gemacht wird. Daher muß die generelle Festlegung einer Gemeinde auf ein Unterzentrum in erster Linie als anzustrebender Mindeststandard, nicht aber als starre Obergrenze für die gemeindliche Entwicklung interpretiert werden. Einzelne Abweichungen nach oben sind also zulässig, solange dadurch das landesplanerische Gesamtkonzept einer gleichmäßigen Versorgung der Bevölkerung nicht gestört wird. Das läßt sich nicht generell, etwa nach Prozentsätzen des zu erwartenden Kaufpreisabzugs von der Gesamtkaufkraft des fraglichen Bereichs beantworten, sondern hängt von den gesamten für die Ziele der Landesplanung maßgeblichen Gegebenheiten ab. Unabhängig davon verfolgte wirtschaftsfördernde oder wettbewerbsregulierende Ziele bleiben allerdings außer Betracht. Ohne spezielle diesbezügliche Angaben kann allein mit der Ansiedlung eines Verbrauchermarktes eine Störung des landesplanerischen Konzepts nicht angenommen werden (VGH BW, NJW 1977, 1465, 1467; dazu *Brohm*, DVBl. 1980, 653, 659; *W. Schrödter*, in: Schrödter, § 1 Rn. 49. – Zur strikten Verbindlichkeit der Ziele des § 1 IV BauGB, aber ihrer gemeindefreundlichen Auslegung vgl. jetzt auch BVerwG, DÖV 1993, 118f. = BVerwGE 90, 329). Ein Verstoß gegen die Anpassungspflicht gemäß § 1 IV BauGB liegt danach nicht vor.

(2) die Abstimmungspflicht gemäß § 2 II BauGB

19 Die Frage, ob und unter welchen Voraussetzungen Festsetzungen von Sondergebieten für großflächige Verbrauchermärkte (vgl. § 11 III BauNVO) die materielle Abstimmungspflicht nach § 2 II

BauGB verletzen können, hat die Rechtsprechung schon vielfach beschäftigt (vgl. bereits VGH BW, NJW 1977, 1465 und aus jüngerer Zeit BayVGH, BayVBl 1994, 495; OVG Bautzen, LKV 1994, 116; VGH BW, VBlBW 1994, 353; BVerwG, NJW 1994, 285; NVwZ 1995, 694; OVG Koblenz, NWVBl 1995, 99; NVwZ 1999, 435ff.; ThürOVG, LKV 1997, 372). Problematisch sind die anzuwendenden Maßstäbe. Die anfänglichen Hinweise auf § 1 IV u. V BBauG (jetzt § 1 V u. VI BauGB) enthielten lediglich einen Verweis auf das Abwägungsgebot, ohne zu sagen, wie und zu wessen Gunsten die Abwägung erfolgen solle (vgl. BVerwGE 40, 323, 329ff.; 84, 209, 215ff.). Außerdem können die Grundsätze des Abwägungsgebots nach § 1 VI BauGB auch deshalb nicht maßgeblich sein, weil die Gemeinde nicht über verfassungsrechtlich gewährleistete Kompetenzen nach Ermessen zu entscheiden vermag. Deshalb kann das interkommunale Abstimmungsgebot des § 2 II BauGB hier nur als äußere Ermessensgrenze vor dem planerischen Abwägen stehen. Es geht um einen Konflikt der Planungskompetenz einer Gemeinde mit derjenigen einer Nachbargemeinde. Das Verhältnismäßigkeitsprinzip gibt, wie (oben § 9 Rn. 15) dargelegt, für die Lösung von Kompetenzkonflikten insbesondere zwischen gleichgeordneten Kompetenzträgern keine Maßstäbe. Die Grenzziehung hat insofern nach dem Grundsatz des kompetenziellen Rücksichtnahmegebots zu erfolgen, wonach – allmählich wie bei Grundrechtskollisionen – eine Abwägung nach dem Optimalprinzip vorzunehmen ist, d.h. eine Lösung gefunden werden muß, bei der jeder Träger von seiner Kompetenz unter Berücksichtigung der Kompetenz des anderen optimal Gebrauch machen kann und bei der auf keinen Fall die Rechtsposition des anderen ganz verdrängt wird. Insofern ergeben sich Maßstäbe nur über das Optimalprinzip des Grundsatzes der kompetenziellen Rücksichtnahme. Danach muß von der planenden Gemeinde im Rahmen der Abstimmungspflicht ein Ausgleich gefunden werden, der ihr und der Nachbargemeinde die optimale Wahrnehmung ihrer Planungskompetenzen ermöglicht und bei dem in keinem Fall deren planerischer Spielraum völlig beschnitten wird. Es kommt daher vorliegend entscheidend darauf an, ob der zu erwartende Abzug von Kaufkraft oder die Umlenkung von Verkehrsströmen so schwerwiegende Belange der Gemeinde A beeinträchtigt, daß überhaupt keine vernünftige städtebauliche Planung mehr durchgeführt werden kann. Dies ist nicht der Fall. Zwar werden die Sanierungs- und städtebaulichen Entwicklungsabsichten der Gemeinde A durch die Ansiedlung des Verbrauchermarktes u. U. erheblich beeinträchtigt. Da jedoch nicht zu befürchten ist, daß die Anziehungskraft der Innenstadt als Einkaufszentrum völlig beseitigt wird, es vielmehr allenfalls zu einem Branchenwechsel und einer erschwerten geschäftlichen Entwicklung kommen kann, muß sie dies mit Rücksicht auf die Planungshoheit der Gemeinde B hinnehmen.

Hinweis: Insoweit unterscheidet sich die Prüfung des interkommunalen Abstimmungsgebots nach § 2 II BauGB von der Prüfung der Grundrechte. Diese können sowohl als äußere Ermessensgrenzen (mit ihrer subjektiv-rechtlichen Funktion) als auch als innere Ermessensgrenzen (mit ihrem objektiv-rechtlichen Gehalt) relevant werden, müssen also „zweimal" geprüft werden.

(3) das Entwicklungsgebot nach § 8 II 1 BauGB

20 Die Beachtung des Entwicklungsgebots ist im vorliegenden Fall fraglich, da das Sondergebiet für den Verbrauchermarkt an einer Stelle ausgewiesen wurde, an der der Flächennutzungsplan eine Grünfläche vorsieht. Ein Bebauungsplan, der nicht aus dem Flächennutzungsplan entwickelt wird, ist jedoch nur dann ungültig, wenn hierbei die sich aus dem Flächennutzungsplan ergebende geordnete städtebauliche Entwicklung beeinträchtigt wird (vgl. § 214 II Nr. 2 BauGB). Er ist daher nicht schon dann unwirksam, wenn für einzelne Gebiete – durch die verbindliche Festsetzung einer anderen Nutzung – von der ursprünglich im Flächennutzungsplan vorgesehenen Nutzung abgewichen wird, ohne daß die Auswirkungen dieser Abweichung (vom Flächennutzungsplan) die benachbarten Baugebiete beeinträchtigt und die geordnete städtebauliche Entwicklung des Gemeindegebiets in seiner Gesamtheit gefährdet. Dies ist hier der Fall. Durch die Festsetzung des Sondergebiets wird die Funktion des Flächennutzungsplans als grundlegendes kommunales Instrument zur Steuerung der städtebaulichen Entwicklung nicht unterlaufen.

2. Innere Ermessensgrenzen

Nach § 1 VI BauGB sind bei der Aufstellung von Bebauungsplänen die öffentlichen und privaten Belange gegeneinander und untereinander gerecht abzuwägen. Insoweit ist zu prüfen: 21

1. ob eine Abwägung überhaupt stattgefunden hat („Abwägungsausfall");
2. ob alle wesentlichen Belange in die Abwägung eingestellt worden sind („Abwägungsdefizit");
3. ob die Bedeutung der betroffenen Belange nicht verkannt worden ist („Abwägungsfehleinschätzung");
4. ob der Ausgleich zwischen den von der Planung berührten Belange nicht in einer Weise vorgenommen wurde, die zur objektiven Gewichtigkeit einzelner Belange außer Verhältnis steht („Abwägungsdisproportionalität").

(1) Die wirtschaftlichen Belange des innerstädtischen Einzelhandels und die Versorgung der nicht-motorisierten Bevölkerung in der Innenstadt sind laut Sachverhalt im Rahmen der Abwägung zwar berücksichtigt, im Ergebnis jedoch hintangestellt worden. Dafür, daß durch das Engagement des Architekten X die Entscheidung der Gemeinde beim Satzungsbeschluß bereits im Vorfeld festgelegt gewesen sei, gibt der Sachverhalt keinen Anhaltspunkt. Insofern hat eine Abwägung stattgefunden.

(2) In die Abwägung wurden auch alle wesentlichen Belange eingestellt. Die planerischen Interessen der Gemeinde A sind im Rahmen des Abstimmungsgebots bereits berücksichtigt worden. Ist der Bebauungsplan i. S. v. § 2 II BauGB „abgestimmt", sind sie als dieser äußeren Ermessensgrenze zugehörig nicht auch noch abwägungserheblich.

(3) Fraglich ist, ob die Gemeinde B das Gewicht eines Belangs (völlig) „verkannt" hat. Die Belange des innerstädtischen Einzelhandels, seine Interessen am Schutz vor Konkurrenz, sind – wie ausgeführt (vgl. I 3b) – als nicht schutzwürdige Interessen eigentlich nicht abwägungsrelevant. Dennoch hat die Gemeinde B die möglichen Auswirkungen auf den innerstädtischen Einzelhandel in A durchaus ernsthaft erwogen. Ebenso wurden die sozialen Be-

dürfnisse der Bevölkerung, insbesondere die Einkaufsmöglichkeiten der nicht-motorisierten Einwohner, ernst genommen. Insofern wurde das Gewicht dieser Belange nicht verkannt.

(4) Zweifelhaft ist schließlich, ob die Gemeinde B den Ausgleich zwischen kollidierenden Belangen in einer Weise vorgenommen hat, die zur objektiven Gewichtigkeit einzelner Belange „außer Verhältnis" steht. Die Gemeinde hat das Interesse der Allgemeinheit an der Ansiedlung des Verbrauchermarktes und den damit verbundenen Vorteilen (bessere Einkaufsmöglichkeiten, Arbeitsplätze, Gewerbesteuereinnahmen) höher eingeschätzt als die subjektiven Interessen der ansässigen Einzelhändler an Freiheit von Konkurrenz und als die verschlechterte Versorgung der nicht-motorisierten Bevölkerung in ihrer Innenstadt. Darin liegt keine Zurücksetzung, die außer Verhältnis stünde. Denn die wirtschaftliche Existenz des Einzelhandels ist als nicht schutzwürdiger Belang schon nicht abwägungsrelevant und davon abgesehen hier auch nicht aufs Spiel gesetzt. Gleiches gilt für die Versorgung der Bevölkerung im Innenstadtbereich. Beides wird lediglich erschwert. Insofern ist das Abwägungsgebot nicht verletzt.

Da somit der Bebauungsplan nicht gegen höherrangiges Recht verstößt, ist der Normenkontrollantrag von A als unbegründet zurückzuweisen.

Literatur: *Löwer,* Die Antragsbefugnis im verwaltungsprozessualen Normenkontrollverfahren, NJW 1979, 165; *Brohm,* Verwirklichung überörtlicher Planungsziele durch Bauleitplanung, DVBl. 1980, 653; *Brohm,* Der Schutz privater Belange bei Bauplanungen, NJW 1981, 1689; *Paetow,* Erfahrungen mit der verwaltungsgerichtlichen Normenkontrolle – eine Zwischenbilanz, NVwZ 1985, 309; *Hendler,* Rechtsprechungsbericht zum öffentlichen Baurecht (Bauleitplanung), JZ 1987, 495; *v. Mutius,* Rechtsschutz im Baurecht, Jura 1989, 297; *Dürr,* Der Begriff des Nachteils bei der Normenkontrolle von Bebauungsplänen, DÖV 1990, 136; *Rasch,* Die Rechtsprechung zur Normenkontrolle von Bebauungsplänen nach § 47 VwGO seit dem Jahr 1985, BauR 1990, 521; *Linke,* Die Antragsbefugnis bei der Normenkontrolle von Bebauungsplänen, BauR 1990, 529; *Kohl,* Leitfaden für die Normenkontrolle von Bebauungsplänen, JuS 1993, 320; 499; *Battis/Krautzberger/Löhr,* Die Neuregelung des Baugesetzbuchs zum 1. 1. 1998, NVwZ 1997, 1145; *Henke,* Planerhaltung durch Planergänzung und ergänzende Verfahren, 1997; *Schoch/Schmidt-Aßmann/Pietzner,* VwGO, Kommentar, Stand 1999, zit. S/SA/P; *Otting,* Factory-Outlet-Center und interkommunales Abstimmungsgebot, DVBl. 1999,

595; *Erbguth,* Factory-Outlet-Center: Landesplanungs- und städtebaurechtliche Fragen, verfassungs- wie verwaltungsrechtliche Aspekte, DVBl. 2000, 969 ff.

§ 17. Plangewährleistung – Planungsschadensrecht

Übersicht

1. Plangewährleistung als Anspruch auf Planfortbestand bzw. Planentschädigung

a) Die Problematik eines allgemeinen Plangewährleistungsanspruchs

Rechtlich verbindliche Pläne stellen, wie oben (§ 8 Rn. 6 ff.) 1
dargelegt, nicht abstrakt eine von vornherein allgemein gültige Ordnung auf, sondern bilden ein Aktionsprogramm, das von öffentlichen und privaten Investoren zu verwirklichen ist. Diese sind auf Grund ihrer Investitionen am Fortbestand des Planes interessiert. Auf der anderen Seite verlangen die große Zahl der Unbekannten, die Unsicherheit der Prognosen und der rasche gesellschaftliche Wandel eine laufende Anpassung der Pläne an veränderte Daten und Bedürfnisse. Insofern bildet die Planänderung oder die „Fortschreibung" des Plans ein Wesenselement jeder Planung. In diesem **Spannungsfeld zwischen Stabilität und Flexibilität** ist die Frage eines Plangewährleistungsrechts zu verorten. Dabei werden mit dem Begriff der Plangewährleistung oft unterschiedliche Fragen angeschnitten: Zum einen geht es darum,

ob die Betroffenen unter bestimmten Voraussetzungen einen Anspruch auf „Planfortbestand", also auf eine unveränderte Beibehaltung des Planes, haben. Zum anderen könnten sie zumindest einen gleitenden Übergang oder sonst eine Berücksichtigung des Vertrauensinteresses bei der angestrebten neuen Regelung verlangen dürfen. Ist auch dies zu verneinen, bleibt die Frage, ob ihnen für die Aufwendungen, die im Vertrauen auf die Planausweisungen gemacht und infolge der Änderung wertlos wurden, ein Ersatzleistungsanspruch zusteht.

2 Versuche, dem Staat generell das **Risiko einer Planänderung** aufzubürden, werden der Zulässigkeit und Notwendigkeit von Planung im heutigen Sozialstaat nicht gerecht. Schließlich werden mit Planungen sozio-ökonomische Rahmenbedingungen gesetzt, die dem einzelnen lohnende Dispositionen oft erst ermöglichen, ohne daß diese Planungsgewinne abgeschöpft würden. Dann müssen die Planungen aber auch imstande sein, planungsrechtlich eingeräumte Möglichkeiten auf Grund von Sachnotwendigkeiten zu nehmen, ohne daß der Staat dafür zu haften hat. Diese rechtspolitischen Bedenken gegen einen allgemeinen Plangewährleistungsanspruch werden erhärtet, wenn man sich klar macht, daß es **kein einheitliches Rechtsinstitut der Planung** gibt. Die staatlichen Pläne und Planungsmaßnahmen reichen von wirtschaftspolitischen Konjunkturprogrammen, über Strukturprogramme bis zur räumlichen Landesplanung und gemeindlichen Stadtplanung, sind also schon von ihrer inhaltlichen Aussage her sehr unterschiedlich und auch auf verschiedene Dauer angelegt. Sie unterscheiden sich weiter in ihrer Regelungsintensität, die von rein **indikativen**, d.h. informierenden Plänen, über **influenzierende** Pläne (d.h. Einflußnahmen über Subventionen, Steuern und andere Anreize) bis zu **imperativen Plänen** mit Geboten und Verboten reichen. Schließlich erfolgen sie in **verschiedenen Rechtsformen**, in Parlamentsgesetzen, untergesetzlichen Rechtsnormen, Verwaltungsvorschriften oder Verwaltungsakten; hier besteht schon kein einheitlicher Bestandsschutz auf Grund unterschiedlicher Verfahrensanforderungen für die Änderung dieser Pläne. Gleiches gilt nach materiellem Recht. So geht der **Vertrauensschutz** bei Verwaltungsakten nach den Regeln über Widerruf und Rücknahme weiter als bei Gesetzen nach den Grundsätzen über die echte und unechte Rückwirkung. Diese Unterschiede in der Gewährung eines Vertrauensschutzes machen deutlich, daß ein allgemeiner, für alle Planungen gleichermaßen geltender Plangewährleistungsanspruch kaum angenommen werden kann.

b) Anspruch auf Planfortbestand

3 Die Versuche, einen Anspruch auf Planfortbestand aus allgemeinen verfassungsrechtlichen Grundsätzen herzuleiten, haben sich zu

Recht nicht durchzusetzen vermocht (dazu *Kriele*, DÖV 1967, 531, 534ff.; *Oldiges*, 1970, S. 164ff.; *Schenke*, AöR 101 (1976), 337, 372f. m.w.N.). Allgemeine Rechtsgrundsätze, wie Rechtsstaatlichkeit, Rechtssicherheit, Vertrauensschutz, Treu und Glauben u.ä. sind substanziell zu wenig aussagekräftig. Auch der Eigentumsschutz kann einer Planänderung nicht entgegenstehen, wenn Planung überhaupt möglich sein soll, weil zur Planung wesensmäßig die Planfortschreibung gehört. Aus dem positiven Gesetzesrecht ergibt sich nichts anderes.

c) Relativierter Anspruch auf Planfortbestand

Fehlt es auch an einem Plangewährleistungsanspruch i.S. eines **4** Anspruchs auf Planfortbestand, so läßt sich bei vielen Planungen in zahlreichen Lebensbereichen dem Vertrauensinteresse doch mit angemessenen Übergangsregelungen Rechnung tragen. Für das Baurecht ergibt sich eine ähnliche Wirkung bereits aus dem Bestandsschutz für eine rechtmäßig errichtete Anlage (dazu unten § 22). Im Bebauungsplan selbst lassen sich solche Übergänge allerdings kaum regeln; er erhebt ohnehin keinen unmittelbaren Verwirklichungsanspruch. Indessen ist das **Vertrauensinteresse** des Planbetroffenen auch bei der Bauplanung mit zu berücksichtigen; es muß als **„privater Belang" nach § 1 VI BauGB** in die Abwägung bei der Aufstellung des Änderungsplanes eingestellt werden. Insofern kann eine Änderung nur zulässig sein, wenn und soweit das städtebauliche Interesse an einer Änderung das private Vertrauensinteresse auf Planfortbestand überwiegt (zum Ganzen aus der umfangreichen Lit. vgl. *Brohm*, Jura 1986, 617ff.; *Fronhöfer*, BayVBl 1991, 193ff.; *Ossenbühl*, Staatshaftungsrecht 1998, S. 378ff.).

d) Planentschädigungsansprüche

In Betracht kommt letztlich i.d.R. allenfalls eine Plangewährlei- **5** stung in Form von Planentschädigungsansprüchen. Auch diese lassen sich nicht generell allgemeinen verfassungsrechtlichen Grundsätzen, sondern nur positivrechtlichen gesetzlichen Regelungen entnehmen.

6 Auch der grundrechtliche Eigentumsschutz verlangt nicht die Beibehaltung einer einmal festgelegten Nutzungsmöglichkeit; eine **„Herabzonung“** ist keine (entschädigungspflichtige) Eigentumsentziehung, solange noch eine wirtschaftliche Nutzbarkeit verbleibt. Der Plan gestaltet die mit der Baufreiheit der Idee nach unbegrenzte Eigentumsnutzung für das konkrete Grundstück im Rahmen des für Grundrechtseinschränkungen geltenden Verhältnismäßigkeitsprinzips jeweils nach den gegebenen sachlichen Notwendigkeiten aus. Das Prinzip der **Baufreiheit** hat also, wie jede grundrechtliche Freiheitsgewährleistung, vor allem den Zweck, die gesetzliche Ausgestaltung als Einschränkung dem Gesetzesvorbehalt, dem Übermaßverbot und der Wesensgehaltssperre zu unterstellen. Zu einem gegenteiligen Ergebnis müßte man kommen, wenn man der neuerdings z. T. vertretenen Meinung folgte, daß der Bebauungsplan das Eigentumsrecht zur baulichen Nutzung erst zuweise bzw. begründe – auch wenn dieses Ergebnis von keinem Vertreter dieser Ansicht angenommen wird (vgl. zum Meinungsstreit oben § 1 Rn. 21; ferner *Battis*, B/K/L, § 42 Rn. 3 m.zahlr. w. N.). Im Unterschied dazu ist nach der hier vertretenen Meinung im Interesse eines erweiterten Bestandsschutzes eine Enteignungsentschädigung verfassungsrechtlich nur dann geboten, wenn von der Nutzungsmöglichkeit bereits Gebrauch gemacht wurde (vgl. BVerfGE 58, 300, 338; dezidiert a. A. *Papier*, M/D, Art. 14 Rn. 377; *Leisner*, DVBl. 1983, 61, 67, die bei einer planungsrechtlichen Herabstufung der Eigentumsnutzung grundsätzlich eine Entschädigungspflicht bejahen).

7 Als Kompensation eines enttäuschten Vertrauens auf Planfortbestand sieht § 42 BauGB für eine nicht unwesentliche Wertminderung eines Grundstücks infolge Änderung oder Aufhebung einer zulässigen Nutzung einen Entschädigungsanspruch vor. Für Schäden, die nicht durch eine verminderte Nutzbarkeit des Eigentums, sondern durch Aufwendungen für die Verwirklichung der ursprünglich im Bebauungsplan vorgesehenen Nutzung verursacht wurden, gibt § 39 BauGB eine Entschädigungsgrundlage.

2. Das städtebauliche Planungsschadensrecht

a) Ersatzansprüche bei planbedingten Vertrauensschäden und Eigentumsbeschränkungen – Abgrenzung nachbarrechtlicher Ausgleichsansprüche

Von den beiden Generalnormen der §§ 42 u. 39 BauGB für Entschädigungsansprüche bei planänderungsbedingten Vermögensschäden aus Gründen des Vertrauensschutzes sind die Ansprüche nach §§ 40, 41 BauGB zu unterscheiden. Letztere sehen eine Entschädigung wegen Beeinträchtigung des Eigentümers durch planerische Festsetzungen von öffentlichen Flächen, Belastungen und Bindungen vor und leiten damit bereits zur ausgleichspflichtigen Inhaltsbestimmung des Eigentums und zum Enteignungsrecht über. Daher gehen sie auch der Generalnorm des § 42 BauGB vor (vgl. § 43 III 1 BauGB).

Folgt man der hier dargelegten Ansicht, daß es keinen verfassungsrechtlich gewährleisteten Vertrauensschutz auf Planfortbestand gibt und daß die Baufreiheit als ein ideell unbeschränktes Recht durch den Gesetzgeber und die Planungsinstanz im Rahmen des Verhältnismäßigkeitsprinzips nach den jeweiligen Erforderlichkeiten der Lage beschränkt und damit das jeweilige Grundeigentum inhaltlich, in seiner konkreten Ausgestaltung, bestimmt wird, stellt § 42 BauGB eine begrüßenswerte Billigkeitsregelung im Interesse des Vertrauensschutzes dar, aber keine verfassungsrechtlich gebotene Entschädigungsnorm für eine Enteignung, jedenfalls solange noch eine „privatnützige" Verwendungsmöglichkeit des Eigentums verbleibt. Anders steht es bei den Entschädigungsregelungen der §§ 40, 41 BauGB. Sie finden ihre Grundlage im Aufopferungs- und Enteignungsrecht. 8

Das Baugesetzbuch hat die auf dem Prinzip des **Vertrauensschutzes** basierenden Planentschädigungsansprüche der §§ 39 u. 42 BauGB und die im Aufopferungs- und **Enteignungsrecht** fußenden (Plan-)Entschädigungsregelungen der §§ 40 u. 41 BauGB im Hinblick auf die ihnen gemeinsame „Planentschädigung" zu einem einheitlichen, **„städtebaulichen Planungsschadensrecht"** zusammengefügt. **Nicht** zum städtebaulichen Planungsschadensrecht werden dagegen Ersatzansprüche für Schäden gerechnet, die infolge der **Verwirklichung städtebaulicher Pläne**, etwa durch Emissionen bei planungsrechtlich zugelassenen Nutzungen entstehen. Sie werden als öffentlich-rechtliche **Ausgleichsansprüche im Nachbarrecht** (dazu unten § 32) behandelt. 9

b) Vertrauensschäden

Als Kompensation für ein enttäuschtes Vertrauen in den Bestand eines Bebauungsplanes gewährt § 42 I u. II BauGB einen Entschädigungsanspruch bei einer nicht unwesentlich wertmindernden Nutzungsänderung innerhalb von 7 Jahren. Sie beläuft sich auf die Differenz zwischen dem Wert der ursprünglichen und der jetzt 10 zulässigen Nutzung. Nach Ablauf von 7 Jahren ist – angesichts der Anpassungsbedürftigkeit der Pläne an veränderte Gegebenheiten und Bedürfnisse – das Vertrauen auf den Fortbestand des Planes weniger schutzwürdig. Der Eigentümer kann daher nach § 42 III BauGB eine Entschädigung nur noch für Eingriffe in die ausgeübte Nutzung verlangen, also z.B. wenn er ein bereits teilweise errichtetes Rehabilitationszentrum nicht weiter bauen kann. Ein Anspruch wegen Enteignung steht ihm lediglich dann zu, wenn die neue Festsetzung im Bebauungsplan entgegen einem bestehenden eigentumsrechtlichen Bestandsschutz (s. oben § 8 Rn. 17) durchgesetzt werden soll, also die bisherige Nutzung ganz untersagt wird (§ 42 IV BauGB).

Für Vermögenseinbußen durch Planänderung, die sich nicht im Grundstückswert ausdrücken, sondern durch Aufwendungen bedingt sind, die der Eigentümer im berechtigten Vertrauen auf den Bestand eines rechtsverbindlichen Bebauungsplanes gemacht hat und die jetzt durch die Planänderung an Wert verlieren oder ganz wertlos werden, gibt § 39 BauGB die Anspruchsgrundlage. Darunter fallen z.B. Architektenhonorare für Planentwürfe, Kosten für Baugrunduntersuchungen oder Rentabilitätsberechnungen sowie Aufwendungen für die Vorbereitung der Baufinanzierung.

c) Enteignungs- und Aufopferungsschäden

11 Die §§ 40 u. 41 BauGB betreffen Planungsschäden, die dem Eigentümer durch Festsetzungen im Bebauungsplan zugunsten der Allgemeinheit entstehen. Dabei ist es gleichgültig, ob es sich um erstmalige oder durch Planänderung bedingte Festsetzungen handelt und ob diese durch die öffentliche Hand oder durch private Eigentümer verwirklicht werden sollen.

§ 40 BauGB sieht eine Entschädigung vor bei Festsetzungen von im einzelnen abschließend aufgezählten Flächen für fremdnützige Zwecke, die im öffentlichen Interesse liegen, wie z.B. Sport- und Spielflächen, Lärm- und andere Schutzflächen, Verkehrs- und Versorgungsflächen. Voraussetzung ist ein dadurch verursachter Vermögensnachteil, der sich i.d.R. in einem verminderten Verkehrswert zeigt.

Die **Entschädigung** besteht grundsätzlich nur in der **Übernahme des Grundstücks**, also nicht in Geld. Weitere Voraussetzung dafür ist allerdings, daß dem Eigentümer wirtschaftlich nicht mehr zumutbar ist, das Grundstück zu behalten (§ 40 II Nr. 1 BauGB) oder – bei künftigen Gemeinbedarfsflächen, die die Gemeinde eines Tages zur Planverwirklichung ohnehin erwerben muß – daß die bisherige Nutzung durch die Festsetzung aufgehoben oder wesentlich herabgesetzt ist. Eine **Geldentschädigung** ist in diesen Fällen nur **subsidiär** möglich, wenn die Gemeinde das Grundstück nicht alsbald benötigt und daher nicht auf seiner Übernahme besteht. 12

Nach § 41 BauGB erhält der Eigentümer eine Entschädigung in Fällen, in denen der Bebauungsplan Festsetzungen über die fremdnützige Belastung seines Grundstücks enthält, ohne daß ihm dadurch – wie in den Fällen des § 40 BauGB mit seiner heteronomen (Voll-)Nutzung – die privatnützige Verwendung seines Grundstücks genommen würde. § 41 I BauGB betrifft Flächen, die nach dem Bebauungsplan mit Geh-, Fahr- und Leitungsrechten zu belasten sind (vgl. § 9 I Nr. 21 BauGB); § 41 II BauGB betrifft Bindungen für Bepflanzungen (vgl. § 9 I Nr. 25 BauGB), sofern dafür Aufwendungen notwendig werden, die der Eigentümer sonst nicht getroffen hätte, oder sofern dadurch eine wesentliche Wertminderung des Grundstücks eintritt, etwa wegen einer dadurch beschränkten Bebaubarkeit.

d) Gemeinsame Regelungen

§ 43 BauGB enthält die Regelung des Verfahrens und der Bemessung der Entschädigung im Rahmen des Planungsschadensrechts. Kommt bei einem Anspruch auf Übernahme oder Begründung eines Rechts eine Einigung nicht zustande, kann der Eigentümer die Enteignung gegen sich selbst beantragen (vgl. §§ 43 I, 93ff. BauGB). 13

§ 43 III BauGB weist dem § 42 BauGB eine subsidiäre Funktion zu; er kommt nur zur Anwendung in denjenigen Fällen, die nicht in den §§ 40, 41 I BauGB geregelt sind. Zugleich begrenzt er aber auch einen Entschädigungsanspruch auf Grund der §§ 40 u. 41 BauGB nach den Grundsätzen des § 42 BauGB; wird z.B. einem Grundstück erst nach 7 Jahren die Bebaubarkeit durch Ausweisung einer öffentlichen Grünfläche (§ 9 I Nr. 15 BauGB) entzogen, bleibt bei der Bemessung der Entschädigung die ursprüngliche Baulandqualität außer Betracht.

Literatur: *Kriele*, Plangewährleistungsansprüche, DÖV 1967, 531; *Schmidt-Aßmann*, Übernahmeansprüche im Enteignungsrecht, BauR 1976, 145; *Schenke*, Gewährleistung bei Änderung staatlicher Wirtschaftsplanung, AöR 101 (1976), 337; *Leisner*, Eigentumswende?, DVBl. 1983, 61; *Brohm*, Plangewährleistungsrechte, Jura 1986, 617; *Fronhöfer*, Schadensersatz- und Entschädigungsansprüche bei Planänderungen von Gemeinden, BayVBl 1991, 193.

C. Zulässigkeit von Vorhaben nach Bauplanungsrecht – Abwehrrechte des Nachbarn

§ 18. Grundlagen: Zulässigkeit von Vorhaben – Nachbarrechte – Baurechtliches Rücksichtnahmegebot

Übersicht

1. Das Erfordernis bauplanungs- und bauordnungsrechtlicher Zulässigkeit – Die Baugenehmigung als Kontrollerlaubnis

1 Die oben (§ 5) dargelegten materiellrechtlichen Anforderungen des **Bauordnungsrechts** regeln **objektbezogen** die Vorausset-

zungen, unter denen ein bauliches oder anderes Vorhaben in seiner konkreten Ausführung rechtlich zulässig ist. Das **Bauplanungsrecht** gibt **flächenbezogen** Auskunft auf die Frage, ob eine entsprechende Nutzung von Grund und Boden gestattet ist, also z.B., ob ein bestimmtes Grundstück mit dem geplanten Vorhaben bebaut werden darf. Zur Kontrolle, daß ein Bauvorhaben nach allen einschlägigen bauplanungs- und bauordnungsrechtlichen Vorschriften zulässig ist, bedarf der Bauwillige in der Regel einer **Baugenehmigung** (dazu i.e. unten § 28). Insofern werden über das Instrument der Baugenehmigung das Bauplanungsrecht und das Bauordnungsrecht miteinander verzahnt.

Da die bauplanungsrechtlichen Vorschriften die Bodennutzung regeln, während die bauordnungsrechtlichen das einzelne Bauwerk in seiner baulichen Ausführung betreffen, ist es zweckmäßig, in einem konkreten Fall die **bauplanungsrechtlichen Voraussetzungen vor** den **bauordnungsrechtlichen** zu prüfen. Lassen erstere eine Bebauung des Grundstücks gar nicht zu, erübrigt sich die Frage, ob das beabsichtigte Bauvorhaben den statischen, hygienischen, gestalterischen oder sozialpolitischen Anforderungen des Bauordnungsrechts gerecht wird.

2. Drei Planbereichskategorien bauplanungsrechtlicher Zulässigkeit

2 Bebauungspläne regeln oft nicht alle Fragen der Grundstücksnutzung; sie können sich sogar auf einzelne Festsetzungen beschränken. Vielfach besteht überhaupt kein Bebauungsplan. Demgemäß ist zwischen drei Planbereichskategorien (BVerwGE 28, 148, 150, spricht von „Grundtatbeständen") zu unterscheiden, für die unterschiedliche bauplanungsrechtliche Anforderungen gelten:

a) (Qualifiziert) beplanter Innenbereich

3 Nach § 30 I BauGB liegt ein qualifizierter Bebauungsplan vor, wenn er „allein oder gemeinsam mit sonstigen baurechtlichen Vorschriften mindestens Festsetzungen über die Art und das Maß der baulichen Nutzung, die überbaubaren Grundstücksflächen und die örtlichen Verkehrsflächen enthält". Sind diese Mindestanforderungen erfüllt, beurteilt sich die Zulässigkeit eines baulichen oder son-

stigen Vorhabens allein nach diesen Festsetzungen. Soweit ein Vorhaben diesen nicht widerspricht, darf eine erforderliche Baugenehmigung aus bauplanungsrechtlichen Gründen nicht versagt werden (vgl. § 58 LBO BW; § 30 I BauGB). **Fehlt ein qualifizierter Bebauungsplan**, bedarf es zusätzlicher Grenzen der Baufreiheit („Auffanglinien") in Form gesetzlicher Regelungen, insbesondere der §§ 34 und 35 BauGB (vgl. § 30 III BauGB).

Dem qualifizierten Bebauungsplan ist der **vorhabenbezogene Bebauungsplan** gleichgestellt (§ 30 II BauGB). Er hat vor allem den Vorhaben- und Erschließungsplan des Investors zum Gegenstand (§ 12 III 1 BauGB). Insofern wird er oft nicht alle Mindestanforderungen des § 30 I BauGB für einen qualifizierten Bebauungsplan enthalten; z. B. können Festsetzungen der örtlichen Verkehrsstraßen fehlen. Um zu garantieren, daß er dennoch allein für die Zulässigkeit des Vorhabens maßgeblich ist und nicht ergänzend die §§ 34 oder 35 BauGB zur Anwendung kommen, die u. U. das ganze Projekt verhindern oder zumindest behindern könnten, ist diese Gleichstellung mit dem qualifizierten Bebauungsplan i. S. v. § 30 I BauGB geboten.

b) Nicht (oder nur einfach) beplanter Innenbereich

4 Liegt kein qualifizierter, sondern nur ein einfacher Bebauungsplan (§ 30 III BauGB) vor, oder besteht für ein bestimmtes Gebiet überhaupt kein Bebauungsplan – sei es, daß zur Zeit der Bebauung ein Bebauungsplan gesetzlich noch nicht vorgesehen war, sei es, daß der zugrunde liegende Bebauungsplan nichtig ist – und ist weiter dieser Ortsteil bereits im Zusammenhang bebaut, dann kommt § 34 BauGB zur Anwendung. Danach gilt, vereinfacht ausgedrückt, neben den evtl. in einem Bebauungsplan vorhandenen Festsetzungen die tatsächliche Bebauung als Maßstab für weitere Vorhaben. **§ 34 BauGB** wird daher oft als eine „planersetzende Zulässigkeitsregelung" oder kurz als **„Planersatz"** charakterisiert.

5 In den von § 30 I, II u. § 34 BauGB erfaßten Fällen spricht man im Bauplanungsrecht vom **„Innenbereich"**. In den ersten beiden Fällen wird der Innenbereich durch den qualifizierten oder den vorhabenbezogenen Bebauungsplan, also normativ, im dritten Fall

durch die tatsächlich vorhandene Bebauung, also faktisch, bestimmt. Zusätzlich kann die Gemeinde durch sogenannte „Innenbereichssatzungen" unter bestimmten Voraussetzungen nur teilweise bebaute Gebiete zu Innenbereichen erklären und damit § 34 BauGB zur Anwendung bringen (siehe unten § 20 Rn. 6ff.).

c) Außenbereich

Alle Grundstücke, die nicht im „Innenbereich" liegen, die sich **6**
also weder im räumlichen Geltungsbereich eines (gültigen) qualifizierten oder eines vorhabenbezogenen Bebauungsplans, noch im Geltungsbereich einer (gültigen) Innenbereichssatzung, noch im Bereich eines (faktisch) im Zusammenhang bebauten Ortsteils befinden, gehören zum **„Außenbereich"**. Im Außenbereich sind bauliche und sonstige raumbezogene Vorhaben nach **§ 35 BauGB** nur in seltenen Fällen zugelassen. Bestimmte Vorhaben, die, wie z.B. land- und forstwirtschaftliche Betriebe, stark emittieren, oder, wie z.B. Steinbrüche, als gewerbliche Betriebe ortsgebunden sind, sollen und dürfen grundsätzlich im Außenbereich errichtet werden. Sie sind in § 35 I BauGB abschließend aufgezählt **(„privilegierte Vorhaben")**. Die übrigen **(nicht privilegierten) Vorhaben** im Außenbereich (§ 35 II BauGB) unterliegen praktisch einem Bauverbot mit engen Ausnahmevorbehalten.

Weithin wird die **Privilegierung** in **§ 35 I BauGB** im Anschluß an eine frühe Entscheidung des BVerwG dahingehend verstanden, daß der Gesetzgeber die Ansiedlung der dort genannten baulichen Vorhaben im Außenbereich in einer „der Regelung des § 30 BauGB nahekommenden" Weise „generell geplant habe" (BVerwGE 28, 148, 151f.). Deshalb wird § 35 I BauGB vielfach auch als gesetzlicher **„Ersatzplan"** gekennzeichnet und damit von § 34 als „Planersatz" unterschieden. Inzwischen hat das BVerwG jedoch mit guten Gründen erkannt, daß § 35 I keine Standortzuweisung (BVerwGE 68, 311, 314f.) und keine Baugebietsausweisung (DÖV 2000, 81f.) darstelle, so daß den dort ansässigen Privilegierten im Unterschied zu § 30 BauGB kein Anspruch auf Erhaltung der ungestörten privilegierten Nutzung zukomme. Schließlich stelle der Außenbereich i.S.v. § 35 I BauGB keinen Baugebietstypus dar, er könne vielmehr in einem Bebauungsplan zu den verschiedensten Baugebieten ausgewiesen werden. Dann ist § 35 I BauGB ebenso wie § 34 BauGB lediglich als **„Planersatz"** zu qualifizieren. Das hat weitreichende Bedeutung vor allem für die bekannte „Schweinemäster"-Problematik (dazu unten § 21 Rn. 3, 28, 30).

3. Ergänzende Bestimmungen zur bauplanungsrechtlichen Zulässigkeit

7 Die zentralen Vorschriften der §§ 30, 34 u. 35 BauGB über die bauplanungsrechtlichen Anforderungen werden in einzelnen Beziehungen durch die §§ 31–33 und 36–38 BauGB ergänzt.

a) Modifikationen bei Bebauungsplänen (§§ 31–33 BauGB)

8 Zunächst bringt das Gesetz einige Regelungen im Zusammenhang mit dem **Bebauungsplan**: Nach **§ 31 BauGB** können unter bestimmten Voraussetzungen von den Festsetzungen im Bebauungsplan **Ausnahmen und Befreiungen** erteilt werden. Sieht der Bebauungsplan **Gemeinbedarfsflächen** (vgl. § 9 I Nr. 5 BauGB, z. B. Baugrundstücke für Schulen, Theater oder Krankenhäuser), Verkehrs- (vgl. § 9 I Nr. 11 BauGB), Versorgungs- (vgl. § 9 I Nr. 12 BauGB, z. B. für Heizkraftwerke, Kläranlagen) oder Grünflächen (vgl. § 9 I Nr. 15 BauGB) vor, dürfen auf ihnen nach **§ 32 BauGB wertsteigernde Änderungen** u. a. nur durchgeführt werden, wenn der Eigentümer schriftlich für sich und seine Rechtsnachfolger auf Ersatz der Werterhöhung für den Fall verzichtet, daß der Bebauungsplan durchgeführt wird.

Ist für ein Gebiet mit der Aufstellung eines Bebauungsplans begonnen und eine bestimmte Verfahrens- und inhaltliche Konkretisierungsstufe (**„formelle und materielle Planreife“**, § 35 I Nr. 1 und Nr. 2 BauGB) erreicht worden, „muß“ (§ 33 I BauGB) oder „kann“ (bei einer niedereren Verfahrensstufe – § 33 II BauGB) ein Vorhaben, dessen Erschließung gesichert ist, bereits zugelassen werden, wenn u. a. anzunehmen ist, daß es den künftigen Festsetzungen des Bebauungsplans nicht entgegensteht und der Antragsteller diese Festsetzungen für sich und seine Rechtsnachfolger schriftlich anerkennt (**„Unterwerfungsklausel“**).

b) Zustimmungsvorbehalte zugunsten von Gemeinde und höherer Verwaltungsbehörde (§ 36 BauGB)

9 Über die Zulässigkeit von Vorhaben entscheidet die zuständige Baugenehmigungsbehörde („Bauaufsichtsbehörde“ oder „Baurechtsbehörde“). Diese kann nach der Bauordnung des jeweiligen Landes eine Behörde dieses Landes („Staatsbehörde“) oder eine Behörde der Gemeinde sein.

So ist z. B. in Baden-Württemberg bei kleineren Gemeinden, die bestimmte, gesetzlich vorgeschriebene organisatorische oder personelle Voraussetzungen nicht erfüllen, das Landratsamt als Staatsbehörde untere Baugenehmigungsbehörde (vgl. § 46 I, V LBO BW; § 13 I LVG BW; § 1 III LKrO BW);

größere Gemeinden erledigen die Aufgaben der Baugenehmigungsbehörde i. d. R. selbst, allerdings je nach Landesrecht als Auftragsangelegenheit oder als Pflichtaufgabe nach Weisung (vgl. z. B. § 46 I Nr. 3 LBO BW; § 13 I, III LVG BW; § 44 III GO BW).

Gewährt die Baugenehmigungsbehörde eine Ausnahme oder einen Dispens (§ 31 I oder II BauGB) oder genehmigt sie ein Vorhaben bereits während der Planaufstellung (§ 33 BauGB) oder im nicht qualifiziert beplanten Innenbereich (§ 34 BauGB) oder im Außenbereich (§ 35 BauGB), kann dadurch die bestehende oder eine beabsichtigte Planung der Gemeinde unterlaufen oder erschwert werden. Darin läge eine Beeinträchtigung der gemeindlichen Planungshoheit. Aus diesem Grunde sieht **§ 36 BauGB** vor, daß die Baugenehmigungsbehörde solche Entscheidungen nur im **„Einvernehmen" mit der Gemeinde**, d. h. mit deren Zustimmung, treffen darf. 10

Gleiches gilt, wenn in einem anderen Verfahren über die bauplanungsrechtliche Zulässigkeit eines Vorhabens entschieden wird, wie z. B. im Anlagengenehmigungsverfahren nach §§ 4, 13 BImSchG. Dagegen finden nach § 38 BauGB die §§ 29–37 BauGB, und damit auch § 36 BauGB, keine Anwendung auf Planfeststellungs- und ihnen gleichgestellte Verfahren für Vorhaben von überörtlicher Bedeutung; stattdessen wird in dieser Vorschrift – im Hinblick auf das kompetenzielle Rücksichtnahmegebot – jetzt aber eine Beteiligung (Anhörung) der Gemeinde und die Berücksichtigung ihrer städtebaulichen Belange verlangt (siehe oben § 12 Rn. 25 ff.).

Zur Beschleunigung des Verfahrens enthält **§ 36 II 2 BauGB** nach Ablauf einer **Frist** von zwei Monaten die **Fiktion des Einvernehmens** der Gemeinde bzw. der Zustimmung durch die höhere Verwaltungsbehörde.

Allerdings beginnt die Frist erst zu laufen, wenn die einzureichenden Antragsunterlagen vollständig sind (VGH BW, VBlBW 1999, 178; BayVGH, BauR 1999, 1015). Das durch Fristablauf fingierte Einvernehmen der Gemeinde kann von dieser nicht widerrufen und eine danach erteilte Baugenehmigung nicht angefochten werden (vgl. OVG Lüneburg, NVwZ 1999, 1003). Die Gemeinde ist jedoch nicht gehindert, eine Veränderungssperre zu erlassen oder einen Bebauungsplan mit abweichendem Inhalt aufzustellen; dessen Maßgeblichkeit bestimmt sich dann nach den Bestandsschutzregeln.

Die Gemeinde kann ihre Zustimmung grundsätzlich **nur** aus 11
den sich **aus §§ 31, 33–35 BauGB** ergebenden **Gründen versa-**

gen, nicht aber etwa weil das Vorhaben ihren planerischen Vorstellungen nicht entspricht (§ 36 II 1 BauGB). Denn die verfahrensrechtliche Beteiligung der Gemeinde ist keine gesetzliche Ermächtigung gegenüber dem Bürger, seinen gesetzlichen Anspruch auf Erteilung der Baugenehmigung zu vereiteln (vgl. bereits BVerwG, DÖV 1970, 349). Es handelt sich bei § 36 BauGB nur um ein verwaltungsinternes Mitwirkungsrecht, damit die Gemeinde aus ihrer Sicht, also unter dem Aspekt der Planungshoheit, rechtliche Bedenken gegenüber einem behaupteten Anspruch auf Baugenehmigung geltend machen und evtl. erforderliche Planungen nach dem Baugesetzbuch einleiten kann. Verweigert sie zu Unrecht ihre Zustimmung, muß sie nach der Rechtsprechung des BGH (BGHZ 65, 182; 99, 262, 273) mit der Geltendmachung eines Amtshaftungsanspruchs und eines Anspruchs auf Entschädigung wegen enteignungsgleichen Eingriffs rechnen (dazu auch *Söfker,* in: E/Z/B, § 36 Rn. 48ff.).

12 Die **Baugenehmigungsbehörde** entscheidet **in eigener Verantwortung** über den Bauantrag. Die Einvernehmenserklärung, d.h. die Zustimmung der Gemeinde, hindert sie daher nicht, die Baugenehmigung in Anwendung der §§ 31, 33–35 BauGB zu versagen. **Für eine positive Entscheidung** über den Bauantrag ist sie jedoch auf das **Einvernehmen** der Gemeinde angewiesen. Auch wenn dieses von der Gemeinde rechtswidrig verweigert wird, muß sie den Bauantrag ablehnen (BVerwG, NJW 1966, 513; NVwZ 1986, 556), es sei denn, die Rechtsaufsichtsbehörde hat die Zustimmung im Wege der Ersatzvornahme **ersetzt** (vgl. z.B. § 123 GO BW; so z.B. BVerwG, NJW 1966, 513; UPR 1992, 234). Nach einzelnen **neueren Landesbauordnungen** kann auch die Baurechtsbehörde die Zustimmung der Gemeinde nach deren Anhörung ersetzen (vgl. i.e. Art. 74 BayBO; § 68a LBO RhPf; § 70a SächsBO). **Daneben** hat **§ 36 II 3 BauGB** 1998 die Möglichkeit der Ersetzung eines rechtswidrig versagten Einvernehmens bundeseinheitlich vorgesehen. Dabei bleibt den Ländern die Regelung überlassen, welche Behörde die Ersetzung vornehmen kann, die Baugenehmigungsbehörde, die Widerspruchsbehörde oder die Kommunalaufsicht. Fehlt eine Regelung im Landesrecht, soll nach allgemeiner Meinung die Kommunalaufsichtsbehörde zuständig sein. Für diese soll nach einer Meinung jedoch nicht das kommunale Aufsichtsverfahrensrecht gelten, weil sonst die bundesrechtliche Regelung keine eigenständige Bedeutung habe. Daher sei das Verwaltungsverfahrensgesetz anzuwenden, so daß die Aufsichtsbehörde ohne vorherige Beanstandung, Anordnung zur Entscheidungskorrektur und Androhung der Ersatzvornahme sogleich nach Anhörung der Gemeinde die Ersetzung des Einvernehmens aussprechen könne (so *Jäde*, in: Jäde/Dirnberger/Weiß, BauGB, § 36 Rn. 104). Indessen kann der Bund nach Art. 84 I GG das Verwaltungsverfahren nur mit Zustimmung des Bundesrates regeln. Der Bundesrat hat dem BauROG 1998 insgesamt zugestimmt; allerdings ist fraglich, ob er dabei in § 36 II BauGB n. F. überhaupt eine Regelung über das Verwaltungsverfahren sah bzw. sehen konnte. Außerdem wäre der Frage nachzugehen, ob eine solche Verkürzung des Aufsichtsverfahrens mit Art. 28 II GG im Hinblick auf das Verhältnismäßigkeitsprinzip bzw. den Grundsatz der kompetenziellen Rücksichtnahme noch vereinbar ist (im Erg. wohl übereinstimmend: VGH BW, NVwZ 1999, 442, 444).

Welches Organ der Gemeinde zur Erteilung der Einvernehmenserklä- 13
rung zuständig ist, ergibt sich aus dem Gemeinderecht des jeweiligen Landes. Da dieses Erfordernis der Wahrung der Planungshoheit dient, wird im Zweifel z. T. die Zuständigkeit der Gemeindevertretung bzw. des an ihrer Stelle handelnden Ausschusses angenommen (VGH BW, BRS 20 Nr. 50; BayVGH, BayVBl 1968, 176; *Schlez*, BauGB, § 36 Rn. 7; *Schlotterbeck*, VBlBW 2001, 15, 17). Teilweise wird die Erklärung des Einvernehmens auch zu den Geschäften der laufenden Verwaltung gerechnet, die der Bürgermeister in eigener Zuständigkeit erledigt (vgl. z. B. § 44 II GO BW), zumal die Gemeinde dabei nicht nach ihrem Planungsermessen entscheiden kann, sondern im wesentlichen rechtlich gebunden ist (vgl. § 36 II 1 BauGB); eine dritte Meinung stellt zu Recht auf die Regelmäßigkeit sowie die Häufigkeit und – wie man ergänzen muß – auf die Tragweite der Entscheidung, insbesondere ihre Relevanz für die städtebauliche Ordnung im Einzelfall ab (*Dyong*, E/Z/B (Aufl. 1997) § 36 Rn. 31 m. w. N.; *Söfker*, E/Z/B (Aufl. 1999) § 36 Rn. 35; *Brügelmann/Dürr*, § 36 Rn. 12 ff. m. w. N.).

Ist die **Gemeinde selbst Baugenehmigungsbehörde**, kann nach Ansicht des Bundesverwaltungsgerichts eine Einvernehmenserklärung gegenüber der Baugenehmigungsbehörde nicht erfolgen, da die Herstellung des Einvernehmens ihrem Wesen nach zwei verschiedene Willensträger voraussetze (BVerwGE 45, 207, 212 ff.). Diese Ansicht ist im Grundsatz rechtlich zutreffend, wird aber den tatsächlichen Gegebenheiten nicht gerecht, wenn die Zuständigkeiten auf verschiedene Gemeindeorgane, etwa Gemeindevertretung und Gemeindevorstand, verteilt sind. Dann muß intern das Einvernehmen von dem zuständigen Gemeindeorgan gegenüber der Baugenehmigungsstelle erklärt werden. Allerdings führt in diesem Falle das Fehlen einer entsprechenden förmlichen Erklärung des zuständigen Gemeindeorgans nicht zur Rechtswidrigkeit der Entscheidung der Baugenehmigungsbehörde; schließlich sind beide Stellen Organe der Gemeinde, so daß die Zustimmung gleichsam als ein „In-sich-Geschäft" erscheint (vgl. BVerwGE 28, 268, 273; 45, 207; a. A. *Gern*, VBlBW 1986, 451; vgl. auch VGH BW, VBlBW 1998, 458 ff., 460 f.).

Gegen die Ablehnung der Baugenehmigung kann der **Bürger Verpflich-** 14
tungsklage erheben. Das Einvernehmen der Gemeinde ist für ihn jedoch als ein verwaltungsinterner Vorgang anzusehen, gleichgültig, ob die Gemeinde selbst Baugenehmigungsbehörde ist, oder ob diese Funktion von einer Staatsbehörde (z. B. Landratsamt) wahrgenommen wird. Im Außenverhältnis zum

Bürger ist daher allein die Bescheidung eines Baugesuchs durch die Baugenehmigungsbehörde maßgeblich. Besteht ein Anspruch auf eine positive Bescheidung, ersetzt das Verpflichtungsurteil zugleich das fehlende Einvernehmen der Gemeinde.

Die Frage, ob auch ein **Nachbar** eine Baugenehmigung allein deswegen anfechten kann, weil die Zustimmung der Gemeinde nicht eingeholt worden war, ist zu verneinen. Das rechtliche Erfordernis des Einvernehmens mit der Gemeinde wurde im Interesse ihrer Planungshoheit, nicht aber im Interesse der privaten Nachbarn aufgestellt. Daher fehlt diesem mangels eines subjektiven öffentlichen Rechts die gem. § 42 II VwGO erforderliche Klagebefugnis.

15 Übergeht die Baugenehmigungsbehörde als Staatsbehörde die **Gemeinde** und holt sie deren Einvernehmen nicht ein, kann die Gemeinde wegen Verletzung ihrer Planungshoheit auf die Herstellung des Einvernehmens klagen. Ist die Baugenehmigung bereits erteilt, kommt sogar eine Anfechtungsklage der Gemeinde in Betracht (BVerwGE 31, 263). Das gilt auch dann, wenn das Einvernehmen nach den erwähnten Regelungen des § 36 II 3 BauGB und der neueren Bauordnungen durch die Baugenehmigung ersetzt wird (vgl. BVerwG, NVwZ 1986, 556; BauR 1988, 694). Hat das betreffende Bundesland, wie z.B. Baden-Württemberg, keine zuständige Behörde i.S.v. § 36 II 3 BauGB bestimmt, neigt auch der VGH BW zu der Ansicht, daß es bei der bisherigen Möglichkeit eines kommunalaufsichtlichen Verfahrens verbleibt. Allerdings hat nach der überwiegenden Meinung in der Rechtsprechung auch die Anfechtungsklage der Gemeinde gemäß § 212a BauGB keine aufschiebende Wirkung. Die Gemeinde kann jedoch als Drittbetroffene nach §§ 80a III, 80 V VwGO einen Antrag auf Gewährung vorläufigen Rechtsschutzes mit in der Regel guten Erfolgsaussichten stellen (vgl. VGH BW, NVwZ 1999, 442 m.w.N.).

16 Die Landesregierungen können nach § 36 I 4 BauGB für die Fälle des § 35 II u. IV BauGB durch Rechtsverordnung einen Zustimmungsvorbehalt zugunsten der höheren Verwaltungsbehörde einführen. Für diese Zustimmung gelten die Ausführungen zum Einvernehmen der Gemeinde entsprechend.

c) Sonderstellung besonderer Bundes- und Landesvorhaben und überörtlich bedeutsamer Planfeststellungen

17 Landesrecht und Ortsrecht sind grundsätzlich auch bei Vorhaben des Bundes oder des Landes zu beachten. § 37 BauGB enthält neben Verfahrens- und Zuständigkeitsregelungen die Möglichkeit, Vorhaben des Bundes oder eines Landes mit einer besonderen öffentlichen Zweckbestimmung, soweit erforderlich, von materiell-rechtlichen städtebaulichen Vorschriften freizustellen, seien sie im Baugesetzbuch oder in einem Bebauungsplan festgelegt. Das gilt etwa für technische Anlagen der Daseinsvorsorge, die sich wegen ihrer Aufgabe

nach Standort, Art, Ausführung und Auswirkungen von sonstigen Verwaltungsbauten abheben (§ 37 I BauGB), ferner aber auch, unter erleichterten Voraussetzungen, für Vorhaben der Landesverteidigung, des Bundesgrenzschutzes und des zivilen Bevölkerungsschutzes (§ 37 II BauGB). Einen ähnlichen Vorrang genießen überörtlich bedeutsame Planfeststellungen nach § 38 BauGB. Diese auch in der Praxis außerordentlich wichtige Regelung wurde bereits oben (§ 12 Rn. 25 ff.) erörtert.

4. Der Anwendungsbereich der bauplanungsrechtlichen Anforderungen

Wie im Bauordnungsrecht muß man sich auch im Bauplanungsrecht bei jedem Vorhaben zunächst Klarheit über den Anwendungsbereich der bauplanungsrechtlichen Anforderungen verschaffen, d. h. es gilt zu ermitteln, in welchen Fällen die in den §§ 30–37 BauGB festgelegten planungsrechtlichen Anforderungen zu beachten sind. 18

Zentrale Bestimmung dafür ist **§ 29 BauGB**, wonach die §§ 30–37 BauGB für Vorhaben gelten, die die Errichtung, die Änderung oder die Nutzungsänderung von baulichen Anlagen zum Inhalt haben. Daneben gelten sie für Aufschüttungen, Abgrabungen größeren Umfangs sowie für Ausschachtungen und Ablagerungen, einschließlich Lagerstätten, wozu das BVerwG (DÖV 1980, 175, 176 und BauR 1999, 1133) auch die einfache Lagerung ohne eine Befestigung oder andere bauliche Anlagen versteht, z. B. auf einem Grundstück zum Verkauf ausgestellte Landmaschinen. Insofern kommt heute das Bauplanungsrecht praktisch für alle Vorhaben mit bodenrechtlicher Relevanz zur Anwendung, unabhängig von einer etwaigen Genehmigungs- oder Anzeigepflicht nach Landesrecht.

Das früher nach § 29 BauGB a. F. für die Anwendung der bauplanungsrechtlichen Vorschriften zusätzliche Erfordernis, daß die baulichen Vorhaben einer bauaufsichtlichen Genehmigung, Zustimmung oder Anzeige bedürfen, ist mit der Novellierung 1998 entfallen. Damit reagierte der Bundesgesetzgeber auf die teils sehr großzügige landesrechtliche Freistellung bestimmter Bauvorhaben von einer Genehmigungspflicht. Das materielle Bauplanungsrecht gilt somit für alle Vorhaben mit bodenrechtlicher Relevanz, unabhängig von einer Genehmigungs- oder Anzeigepflicht nach Landesrecht. Das gilt auch dann, wenn das betreffende Vorhaben traditionell bislang nicht genehmigungspflichtig war (BVerwG, NVwZ 2001, 1046).

Ähnlich wie die Landesbauordnungen für das Bauordnungsrecht (vgl. z.B. § 2 I, XII LBO BW) bestimmt § 29 BauGB also den Anwendungsbereich des Bauplanungsrechts nach dem Gegenstand („bauliche Anlage", „Aufschüttungen" etc.) und den Verrichtungen (Errichtung, Änderung und Nutzungsänderung); der Begriff des Vorhabens bezieht sich auf beides.

a) „Bauliche Anlage" i. S. v. § 29 BauGB

19 Der Begriff der baulichen Anlage ist im Baugesetzbuch nicht definiert. In **Anlehnung** an den entsprechenden Begriff in den **Landesbauordnungen** kann er zunächst umschrieben werden als Anlage, die in einer auf Dauer gedachten Weise künstlich mit dem Erdboden verbunden und aus Baustoffen und Bauteilen hergestellt ist. Allerdings läßt sich der planungsrechtliche Begriff der baulichen Anlage mit dem entsprechenden Terminus in den Landesbauordnungen nicht völlig gleichsetzen; denn beide Rechtsgebiete verfolgen unterschiedliche Belange. **Zwei Abweichungen** sind vor allem zu beachten (grundlegend BVerwGE 44, 59 – Wohnfloß, präzisierend BVerwG, DVBl. 1975, 497, 498 und BVerwG, NJW 1977, 2090 – Tragluftschwimmhalle):

20 Erstens differenziert das Bauplanungsrecht nicht wie die Landesbauordnungen zwischen „baulichen Anlagen" und anderen Anlagen, wie z.B. Werbeanlagen. Daher wird der Begriff der **baulichen Anlage** im Bauplanungsrecht weit ausgelegt. Er umfaßt z.B. auch Werbeanlagen, die an einer Hauswand oder einem Brückengeländer angebracht wurden, also nicht unmittelbar, etwa durch eigene Ständer, sondern lediglich mittelbar mit dem Erdboden verbunden sind.

21 Zweitens hat der Bund die Gesetzgebungskompetenz nur für das Bodenrecht (Art. 74 I Nr. 18 GG). Daher müssen die Begriffe des bundesrechtlichen Bauplanungsrechts im Hinblick auf ihre **„bodenrechtliche"** oder **„städtebauliche Relevanz"** ausgelegt werden.

Das Bundesverwaltungsgericht entnimmt dieses Erfordernis allerdings nicht direkt der verfassungsrechtlichen Kompetenzverteilung, sondern den darauf beruhenden unterschiedlichen Zielsetzungen des Bauplanungsrechtes und des

Bauordnungsrechtes (vgl. oben § 1 Rn. 11). Die bundesrechtlichen Begriffe erfaßten nur das, „was innerhalb der Trennung von Bauordnungs- und Bodenrecht mit Rücksicht auf die spezifische Zielsetzung gerade des Bodenrechts von den §§ 30ff. (BauGB) erfaßt werden" solle (BVerwGE 44, 59, 62).

Eine bodenrechtliche Relevanz setzt voraus, daß das jeweilige Vorhaben (etwa die Errichtung der baulichen Anlage) die in § 1 V BauGB genannten Belange in einer Weise berührt oder zumindest berühren kann, die geeignet ist, das Bedürfnis nach einer seine Zulässigkeit regelnden verbindlichen Bauleitplanung hervorzurufen (grundlegend BVerwGE 44, 59 (61); 91, 234 (236); BVerwG, NVwZ 2001, 1046). Dabei muß nicht die Anlage als solche das **Planungsbedürfnis** fordern; vielmehr genügt schon die Einleitung einer bodenrechtlich unerwünschten Entwicklung (vgl. BVerwG, BauR 1975, 108 = BRS 28 Nr. 89; VGH BW, BRS 50 Nr. 142).

Einer gemauerten Grillstelle im Außenbereich wird man mit Blick auf die 22
durch Grillfeste verursachte Verkehrs- und Immissionsbelastung des Außenbereichs die bodenrechtliche Relevanz (§ 1 V 2 Nr. 7 BauGB) nicht absprechen können. Gleiches gilt u. U. im Hinblick auf das Landschaftsbild (§ 1 V Nr. 4 BauGB) für eine Gerätehütte. Dagegen fehlt es regelmäßig an einer „städtebaulichen (bodenrechtlichen) Relevanz" bei **Bagatellanlagen**. Das OVG Berlin (BRS 23 Nr. 122) spricht hier von „Primitivbauten" oder von „Kleinvorhaben". Demgemäß mag der notwendige Bezug zu städtebaulichen (bodenrechtlichen) Belangen vor allem bei kleineren Werbeschildern fehlen; **großflächige Werbetafeln** hingegen sind regelmäßig „planungsrechtlich bedeutsame" Anlagen und damit „Anlagen" i. S. d. § 29 S. 1 BauGB (BVerwG, BRS 20 Nr. 127; vgl. auch *v. Mutius*, Jura 1989, 245). Sportanlagen, Campingplätze, Kfz-Abstellplätze werden insgesamt zur baulichen Anlage, sobald sie eine Einfriedung aus Baustoffen (z. B. Holz, Eisen oder Steine), feste Bauwerke (Toiletten, Kioske, befestigte Spielgeräte (Fußballtore)) oder einen festen Bodenbelag (Beton, Asphalt, aber auch Rasengittersteine für Kfz-Stellplätze) aufweisen (zahlreiche weitere Beispiele und Rechtsprechungsnachweise bei *Brügelmann/Dürr*, § 29 Rn. 22). Regelmäßig besitzen solche Anlagen auch eine „bodenrechtliche Relevanz". Daher kommen die Unterschiede zwischen dem bauordnungsrechtlichen und dem bauplanungsrechtlichen Begriff der baulichen Anlage in der Praxis nur in seltenen Fällen zur Geltung.

Aufschüttungen, Ausschachtungen, **Ablagerungen** u. ä. sind, wie erwähnt, baurechtlichen Anlagen gleichgestellt (§ 29 I BauGB). Eine **Lagerstätte** ist im Hinblick auf die **städtebauliche Relevanz** schon anzunehmen, wenn auf dem Grundstück Gegenstände im weitesten Sinne abgelegt oder abgestellt werden (BVerwG, BauR 1999, 1133).

b) Der bauplanungsrechtliche Begriff der Nutzungsänderung

23 Entsprechend ist der Begriff der Nutzungsänderung im Bauplanungsrecht im Hinblick auf seine **„städtebauliche (oder bodenrechtliche) Relevanz"** zu interpretieren. Er verlangt, daß die Genehmigungsfrage unter bodenrechtlichem Blickwinkel „erneut aufgeworfen" wird (vgl. BVerwG, NJW 1977, 1932). Für die neue Nutzung müssen nicht unbedingt weitergehende Vorschriften als für die alte Nutzung gelten; es genügt vielmehr, wenn sich die Zulässigkeit der alten wie der neuen Nutzung zwar nach den gleichen Vorschriften richtet, die neue Nutzung aber auf deren Grundlage andere Anforderungen stellt. In Anlehnung an BVerwGE 47, 185, 189 kann man die bodenrechtlich relevanten Nutzungsänderungen als **„Funktionsänderungen"** charakterisieren.

Nutzungsänderungen dieser Art können mit baulichen Veränderungen verbunden sein; notwendig ist das aber nicht. Beispiele finden sich etwa in der Umstellung einer Alm-Gaststätte für Skiläufer auf einen ganzjährigen Betrieb (BVerwG, NVwZ 2000, 678) oder der Umwandlung einer Gaststätte in eine Diskothek (OVG Münster, NVwZ 1983, 685; HessVGH, NVwZ 1990, 583), eines Büros in eine Wohnung (BVerwG, BauR 1983, 443) oder eines Kinos in ein Tanzlokal (BayVGH, BRS 33 Nr. 127). Das **Gegenbeispiel** einer bodenrechtlich irrelevanten Nutzungsänderung, die die Genehmigungsfrage unter bodenrechtlichem Blickwinkel nicht erneut aufwirft, wäre die Umwandlung eines Spielwarengeschäfts in eine Modeboutique.

5. Nachbarrechte und „Gebot der Rücksichtnahme" bei planungsrechtlicher Unzulässigkeit

a) Der Begriff des Nachbarn

24 Werden bauplanungsrechtliche Vorschriften bei einem Vorhaben nicht eingehalten, stellt sich für den davon betroffenen Nachbarn die Frage, ob er dagegen bei Behörden oder Gerichten Rechtsschutz finden kann.

Nachbar ist dabei nicht nur der Eigentümer des angrenzenden Grundstücks, sondern jeder, der von der (geplanten) Anlage bzw. ihrer Nutzung in seinen **rechtlich geschützten Interessen** betroffen wird (dazu im einzelnen unten § 30 Rn. 7ff., 9). Das kann auch der Eigentümer eines Grundstücks außerhalb des Geltungsbereichs des Bebauungsplans sein, sofern er die Verletzung von Rechtsnormen geltend machen kann, die zumindest auch seinen Interessen zu dienen bestimmt sind („plangebietsüberschreitender Nachbarschutz").

Bei Atomkraftwerken haben die Gerichte z. T. sogar Eigentümer in 100 km Entfernung und im benachbarten Ausland als klagebefugte Nachbarn anerkannt (OVG Lüneburg, DVBl. 1975, 190; enger jetzt dasselbe Gericht, NVwZ 1985, 357 – Kraftwerk Buschhaus; BVerwGE 44, 244; BVerwG, NJW 1987, 1154 = DVBl. 1987, 375 m. Anm. Weber = JZ 1987, 351 m. Anm. Preu; zum Ganzen: *Schlichter/Roeser*, BK, Vorbem. zu §§ 29 ff. Rn. 53; *Dürr*, Rn. 255).

Wegen des bodenrechtlichen Bezugs des Bauplanungsrechts (Art. 74 I Nr. 18 GG, vgl. Nr. 3 a) ist der **Nachbarbegriff** grundsätzlich auf den **Eigentümer** und andere an dem Grundstück dinglich Berechtigte begrenzt. Nur insoweit personenbezogene Schutznormen verletzt werden, wie z. B. der Schutz vor Gesundheitsgefährdung oder erheblicher Belästigung des Nachbarn durch Immissionen in § 22 i. V. m. § 3 BImSchG, sind auch Mietern Abwehransprüche einzuräumen. Hierauf ist unten (§ 30 Rn. 9) näher einzugehen.

b) Subjektive Rechte auf Grund planungsrechtlicher Vorschriften

Eine Klage des Nachbarn kann nur Erfolg haben, wenn der Verwaltungsakt oder seine Unterlassung objektiv rechtswidrig ist und der Kläger dadurch in subjektiven Rechten verletzt wird (vgl. § 113 I, V VwGO). Insofern kommt es in erster Linie darauf an, daß die mißachtete öffentlich-rechtliche Norm nicht nur objektives Baurecht darstellt, sondern auch dem Nachbarn ein subjektives Recht einräumt. 25

Die früher zusätzlich verlangte Voraussetzung einer „tatsächlich spürbaren und nachweisbaren Beeinträchtigung des Nachbarn" (vgl. *Dürr*, Rn. 261) ist inzwischen aufgegeben worden (BVerwG, NJW 1994, 1546, 1548); für ausgesprochene Bagatellsachen kann es allerdings u. U. am Rechtsschutzinteresse fehlen.

Von einem subjektiven Recht ist nach der herrschenden **„Schutznormtheorie"** dann auszugehen, wenn die Vorschrift zumindest auch den Interessen des Nachbarn zu dienen bestimmt ist (BVerwGE 22, 129, std. Rspr., abw. etwa OVG Münster, NVwZ 1983, 414; kritisch *Breuer*, DVBl. 1983, 431; vgl. auch 26

Zuleeg, DVBl. 1976, 509). Die Frage nach der Schutzrichtung der einzelnen Regelung ist daher gerade im Baurecht von zentraler Bedeutung. Sie muß nach dem Wortlaut, etwa einem Verweis auf die Nachbarinteressen (vgl. z.B. § 31 II a.E. BauGB), und aus dem Sinn und Zweck der Vorschrift beantwortet werden. Das bereitet gerade bei planungsrechtlichen Vorschriften oft erhebliche Schwierigkeiten. Wenn in den folgenden Kapiteln bzw. Paragraphen die wichtigsten planungsrechtlichen Anforderungen näher dargestellt werden, soll daher die Frage der nachbarschützenden Funktion dieser Normen gleich miterörtert werden. Dabei wird sich zeigen, daß die Schutzrichtung der planungsrechtlichen Vorschriften zusätzlich durch **spezifische bauplanungsrechtliche Gesichtspunkte** bestimmt werden kann; so wird eine nachbarschützende Festsetzung auch dann angenommen, wenn die Regelung auf einen Ausgleich möglicher Bodennutzungskonflikte zielt und damit die Nachbarn zu einer **„Opfer- und Nutzungsgemeinschaft" bzw.** einer **„bau- und bodenrechtlichen Schicksalsgemeinschaft"** i.S. eines „Austauschverhältnisses" verbindet (*Brohm*, Rechtsschutz 1959, S. 96ff.; BVerwGE 44, 244, std. Rspr., vgl. NJW 1994, 1546). Ein solches Verhältnis ist grundsätzlich bei Festsetzungen über die Art der baulichen Nutzung anzunehmen. Daher kann z.B. in einem reinen Wohngebiet, in dem Vergnügungsstätten nicht zugelassen sind, der Nachbar eine entsprechende Baugenehmigung anfechten. Bei Festsetzungen des Maßes der baulichen Nutzung und der Bauweise wird ein subjektives Recht des Nachbarn in der Regel nicht anerkannt; jedenfalls bedarf es hier für eine solche Annahme weiterer Differenzierungen (dazu i.e. unten § 19 Rn. 17ff.).

c) Das baurechtliche Gebot der Rücksichtnahme und der direkte Rückgriff auf Art. 14 I GG

27 Verfolgen baurechtliche Vorschriften allein objektiv-rechtliche, städtebauliche Zwecke, wie i.d.R. die Vorschriften über das Maß der baulichen Nutzung oder die Festsetzung öffentlicher Parkflächen, kann es im Einzelfall dennoch geboten erscheinen, dem

Nachbarn einen Rechtsanspruch auf Einhaltung der planungsrechtlichen Vorschriften zuzugestehen. Dies gilt etwa, wenn der Bau einer Garagenanlage vor seinem Gebäude auf einem als öffentliche Grünfläche ausgewiesenen Grundstück genehmigt wird (vgl. BVerwG, NVwZ 1996, 170). Dafür gibt es verschiedene Wege.

In Rechtsprechung und Literatur wird herkömmlich beim Fehlen einer besonderen drittschützenden Gesetzesvorschrift ganz allgemein Drittschutz durch **unmittelbaren Rückgriff auf die Grundrechte** gewährt. 28

So wird etwa die wirtschaftliche Konkurrentenklage bei der Gewährung einer Subvention auf Art. 2 I oder Art. 12 I GG (Wettbewerbsfreiheit) oder die umweltrechtliche Nachbarklage bei Gesundheitsgefährdungen durch Immissionen auf Art. 2 II GG gestützt. In gleicher Weise griff man in derartigen Fällen für die baurechtliche Nachbarklage auf Art. 14 I GG zurück. Allerdings wird der direkte Rückgriff auf Grundrechte durch die **erschwerenden Voraussetzungen** begrenzt, daß die Situation des Drittbetroffenen, z. B. des Grundstückseigentümers im Baurecht oder Umweltrecht, „nachhaltig verändert" und er dadurch **„schwer und unerträglich" getroffen** sein muß (vgl. BVerwGE 32, 123; 54, 211, 222; 67, 334, 336). Diese Einschränkung ist notwendig, da etwa der Nachbar im Baurecht durch die Baugenehmigung keinen direkten Eingriff in sein Eigentum erfährt; es ergeht ihm gegenüber keine rechtliche Anordnung, vielmehr wird er nur von den Auswirkungen, die die Ausnutzung der Baugenehmigung durch den Bauherrn hervorruft, berührt. Es liegt also nur eine mittelbare oder faktische Betroffenheit vor. Für eine Klagebefugnis und erst recht für die Begründetheit einer Klage aber kann nicht jede, auch eine noch so schwache Berührung eines Grundrechts ausreichen. Sonst würde das Prinzip des verwaltungsgerichtlichen Rechtsschutzes, Schutz gegen staatliche Individualrechtsverletzungen und nicht eine objektiv-rechtliche Kontrolle der Verwaltung zu gewährleisten, ausgehöhlt und eine Popularklage ermöglicht. Schließlich hat jede Maßnahme eine unvorstellbare Vielfalt von Fernwirkungen.

Von den erschwerten Voraussetzungen wird nur abgesehen in den Fällen, in denen das Nachbargrundstück in seiner Substanz in Anspruch genommen wird, z. B. wenn die Zuführung von Wasser auf das Nachbargrundstück dort zur Versumpfung führt oder wenn eine rechtswidrige Baugenehmigung für den Nachbarn die Notwendigkeit mit sich bringt, ein Notwegrecht zu dulden (BVerwGE 44, 235, 243; 50, 282, 286).

Der **direkte Rückgriff auf die Grundrechte** ist dann **ausgeschlossen**, wenn der Ausgleich zwischen den Interessen etwa des Bauwilligen und des Nachbarn in verfassungsrechtlich zulässiger Weise durch **planungsrechtliche Normen** abschließend geregelt ist. Denn diese Vorschriften stellen im Rahmen ihres Anwendungsbereichs eine Regelung des Inhalts und der Schranken des Eigentums i. S. v. Art. 14 I 2 GG dar und schließen damit zugleich einen unmittelbaren Rückgriff auf Art. 14 GG aus (BVerwGE 84, 322, 334; 89, 69, 78; VGH BW, VBlBW 2000, 394).

29 Diese Situation wird im Bauplanungsrecht zunehmend zur Regel. Der Grund dafür liegt darin, daß nach der Rechtsprechung des Bundesverwaltungsgerichts neben den einzelnen planungsrechtlichen Festsetzungen mit nachbarschützender Wirkung auch das baurechtliche **„Gebot der Rücksichtnahme"** zum Rechtsschutz für den Nachbarn zur Verfügung steht. Dieses Prinzip (grundlegend Weyreuther, BauR 1975, 1 ff.) war anfänglich wohl als selbständiger, primär objektiv-rechtlicher Bewertungsmaßstab für das Nebeneinander verschiedener Gebietsarten gedacht. Diese sollten in einer Weise einander zugeordnet werden, die auf die jeweils andere Grundstücksnutzung Rücksicht nimmt und so zu nebeneinander verträglichen Nutzungen kommt (vgl. BVerwGE 29, 286, 288 f.; 45, 309, 327). Inzwischen wird das Gebot der Rücksichtnahme jedoch nur als Bestandteil gesetzlicher Tatbestandsmerkmale verstanden. Ein das gesamte Baurecht umfassendes außergesetzliches Rücksichtnahmegebot gibt es also nicht.

Ein derartiges Gebot läßt sich auch nicht aus dem Verfassungsrecht ableiten (BVerwG, JuS 1987, 751 (Bericht *Peter Selmer*) = NVwZ 1987, 409). Insofern ist das Gebot der Rücksichtnahme auch nach Ansicht des Bundesverwaltungsgerichts nur als **Topos für die Auslegung** der jeweiligen einfachrechtlichen Vorschrift zu verstehen. Ob ihm allerdings für die Auslegung einzelner städtebaulicher Regelungen in ihrem prinzipiell städtebaulichen, also objektivrechtlichen Gehalt irgendeine Bedeutung zukommt, ist nach zunehmender Ansicht in der Literatur sehr zweifelhaft (kritisch: *Breuer*, DVBl. 1982, 1065, 1068 ff.; *Schenke*, NuR 1983, 81 ff.; *Wahl*, JuS 1984, 577, 584 f.; *Wasmuth*, NVwZ 1988, 322; *Koch/Hendler*, Baurecht, § 2 VI u. a.). Seine **Funktion** besteht heute auch in der Rechtsprechung praktisch nur darin, allein im öffentlichen Interesse erlassene und daher nur objektiv-rechtlich wirkende **Regelungen in subjektiv-rechtliche Normierungen zu transformieren**.

Nach der Rechtsprechung kommt dem an sich objektiv-rechtlichen **Rücksichtnahmegebot** (bzw. den planungsrechtlichen Vorschriften, die es zum Ausdruck bringen) „ausnahmsweise" **nachbarschützende Wirkung** zu, **„soweit in qualifizierter**

und zugleich individualisierter Weise auf schutzwürdige Interessen eines erkennbar abgegrenzten Kreises **Dritter Rücksicht zu nehmen** ist" (BVerwGE 67, 334 = DÖV 1984, 295; DVBl. 1984, 143; BVerwG, NJW 1994, 1546). Allein um diese Herleitung subjektiver öffentlicher Rechte des Nachbarn geht es letztlich in allen Fällen, in denen das „Gebot der Rücksichtnahme" heute herangezogen wird.

Früher vertrat das Bundesverwaltungsgericht die Auffassung, eine nachbarschützende Funktion könne einer planungsrechtlichen Norm nur entnommen werden, wenn sie eine „überschaubare Abgrenzung eines zu schützenden Personenkreises ermögliche, also ausdrücklich einen fest abgrenzbaren Kreis der Betroffenen" benenne (so seit BVerwGE 27, 29 stdg. Rspr.; kritisch dazu *Schenke*, NuR 1983, 84; *Wahl*, JuS 1984, 577). Diese Rechtsprechung hat das Gericht inzwischen aufgegeben (vgl. bereits BVerwG, NVwZ 1987, 409 = JuS 1987, 751; BVerwGE 67, 334, 339; 82, 343, 345; ferner jetzt auch BVerwG, NJW 1994, 1546, 1547). Zutreffend verlangt es für die Annahme eines subjektiv-öffentlichen Rechts nur noch, daß sich aus individualisierenden Tatbestandsmerkmalen der Norm ein **Personenkreis** entnehmen lasse, der sich **von der Allgemeinheit unterscheide**. Das kann auch dadurch geschehen, daß auf eine bestimmte Schwelle der Beeinträchtigung abgestellt wird. Sie vermag die genannten Anforderungen zu präzisieren.

Die Voraussetzungen für die „ausnahmsweise" subjektiv-rechtliche Wirkung des Rücksichtnahmegebots lassen sich somit dahingehend präzisieren, daß erstens „tatsächliche Umstände handgreiflich ergeben, auf wen Rücksicht zu nehmen ist" und zweitens, daß „eine besondere rechtliche Schutzwürdigkeit des Betroffenen anzuerkennen ist". Liegen diese Voraussetzungen vor, so sind dann die „Schutzwürdigkeit des Betroffenen, die Intensität der Beeinträchtigung, die Interessen des Bauherrn und das, was beiden Seiten billigerweise zumutbar oder unzumutbar ist" gegeneinander abzuwägen (BVerwGE 82, 343, 347; BVerwG, NJW 1994, 1546).

Für praktisch alle Falltypen, in denen dem Nachbarn wegen 30
schwerer und unzumutbarer Beeinträchtigungen nach bisherigem Verständnis **gemäß Art. 14 I GG** Rechtsschutz zu geben wäre, hat das Bundesverwaltungsgericht **inzwischen** z. T. sehr „innovativ" in einer baurechtlichen Norm einen Ansatzpunkt für das baurechtliche **„Gebot der Rücksichtnahme"** und damit für ein

subjektives Recht des Nachbarn bei schwerer und unerträglicher Beeinträchtigung gefunden:

31 (1) Im **Außenbereich** sieht das Gericht das Gebot der Rücksichtnahme in „§ 35 BauGB, speziell in dessen Abs. 3 Nr. 3“ verankert (BVerwG, DÖV 2000, 81).

Ursprünglich hatte das Gericht das Rücksichtnahmgebot als unbenannten „öffentlichen Belang“ i. S. v. § 35 III BauGB zur Geltung gebracht (BVerwGE 52, 122, 125). Gegen eine solche Argumentation spricht jedoch, daß in § 35 III BauGB gerade „öffentliche Belange“ aufgeführt werden. Wenn ihnen „zugleich auch“ eine individualrechtliche Bedeutung zugunsten des Nachbarn zukommen sollte, müßte diese besonders zu begründen sein, ähnlich wie die polizeiliche Generalklausel erst im Hinblick auf die Gefährdung individualrechtlicher Schutzgüter eine subjektiv-rechtliche Bedeutung erlangen kann. Nach einer in diese Richtung deutenden Entscheidung (NVwZ 1994, 686, 687) hat es die oben erwähnte überzeugendere Formulierung gebraucht, in einer weiteren Entscheidung (NVwZ-RR 2001, 82) allerdings den präzisierenden Hinweis auf Abs. 3 Nr. 3 des § 35 BauGB in der extensiven Interpretation des Gerichts wieder unterlassen.

32 (2) Im qualifiziert **beplanten Innenbereich** hat man bislang keinen Anlaß gesehen, das Gebot der Rücksichtnahme in § 30 I BauGB hineininterpretieren zu müssen. Das Gericht sieht das Rücksichtnahmegebot in § 15 BauNVO verankert. Danach dürfen selbst nach dem Bebauungsplan zulässige Vorhaben nicht ausgeführt werden, wenn von ihnen Störungen ausgehen, die nach der Eigenart des Baugebiets „unzumutbar“ sind. Das gilt auch für rechtmäßig erteilte „Ausnahmen“ von Festsetzungen des Bebauungsplans. Allerdings betrifft § 15 BauNVO nach Inhalt und systematischer Stellung nur die „Art“ der baulichen Nutzung (BVerwG, NVwZ 1995, 899). Das Bundesverwaltungsgericht (BVerwGE 67, 334, 338 f.) wendet ihn jedoch zur Begründung des Rücksichtnahmegebots (wohl analog) auch auf das „Maß“ der baulichen Nutzung an. Wird rechtswidrig eine Ausnahme von einer nicht-nachbarschützenden Vorschrift erteilt, kommt das Rücksichtnahmegebot des § 15 BauNVO mit einem Erst-Recht-Schluß zur Anwendung (BVerwGE 82, 343, 346). Bei rechtswidrig erteilten „Befreiungen“ von allein objektiv-rechtlichen, also nicht-nachbarschützenden Normen sieht man das Gebot der Rücksichtnahme für den Nachbarschutz gegen schwere und unzumutbare Beeinträchtigungen in

§ 31 II BauGB, wonach die Abweichung auch unter „Würdigung nachbarlicher Interessen“ mit den öffentlichen Belangen vereinbar sein muß (BVerwGE 82, 343, 347).

(3) Im **nicht** oder nicht qualifiziert **beplanten Innenbereich** 33
ist der Begriff des „Einfügens“ in § 34 I BauGB nach Ansicht des Gerichts nur eine andere Formulierung für das Gebot der Rücksichtnahme (vgl. BVerwG, NJW 1981, 1973; NVwZ 1987, 128). In den Fällen des § 34 II BauGB läßt sich § 15 BauNVO wie im beplanten Innenbereich direkt, analog oder als Erst-Recht-Schluß heranziehen. Demgemäß kann ein Bauvorhaben im Einzelfall trotz Einhaltung der (landesrechtlichen) Abstandsvorschriften, z.B. wegen der zu überbauenden Grundstückstiefe, nach Bundesrecht „rücksichtslos“ und damit unzulässig sein (BVerwG, NVwZ 1999, 897; 2001, 813ff.; dazu *Gaentzsch,* NVwZ 2000, 993, 999).

Auf die einzelnen Vorschriften wird im jeweiligen Sachzusam- 34
menhang noch näher eingegangen. Der Überblick hat gezeigt, daß die Rechtsprechung über Gesetzesinterpretation, Analogien und Erst-Recht-Schlüsse mit dem **Gebot der Rücksicht**nahme eine planungsrechtliche Formel entwickelt hat, die es erlaubt, bei schweren und unzumutbaren Beeinträchtigungen dem betroffenen Nachbarn praktisch in allen Planbereichen auch dann Rechtsschutz zu gewähren, wenn ihm sonst keine subjektiv-rechtlichen Baurechtsnormen zur Seite stehen. Bei einer derart konstruierten **umfassenden einfachrechtlichen Bestimmung von Inhalt und Schranken des Eigentums** erscheint es nur konsequent, wenn das Bundesverwaltungsgericht im Baurecht die Zulässigkeit eines Rückgriffs direkt auf Art. 14 I GG generell in Zweifel zieht, auch dann, wenn die Berufung auf das Rücksichtnahmegebot in den §§ 31, 34, 35 BauGB oder § 15 BauNVO im konkreten Fall nicht zum Erfolg führen sollte (BVerwGE 89, 69, 78).

Angesichts der komplizierten und auch nicht immer überzeugenden Inter- 35
pretationen, Analogien oder Erst-Recht-Schlüssen, die oft an die Blütezeit der Begriffsjurisprudenz erinnern, bleiben ernsthafte Zweifel, ob es des baurechtlichen Rücksichtnahmegebots in seiner heutigen Bedeutung für die Annahme eines subjektiven Rechts des Nachbarn in Fällen unzumutbarer Beeinträchtigungen überhaupt bedarf. Dogmatisch **einfacher und einleuchtender wäre**

ein **direkter Rückgriff auf Art. 14 I GG**. Er entspräche auch der allgemeinen Systematik für den Rechtsschutz Drittbetroffener, wie z.B. im Wirtschafts- und im Umweltrecht. In diesem Dilemma vertritt das Gericht die Ansicht, der Nachbarschutz greife über das Gebot der Rücksichtnahme bereits früher ein als der direkte Rückgriff auf ein Grundrecht. Es könnten damit auch „rücksichtslose Beeinträchtigungen abgewehrt werden, die noch nicht den Grad der gegen Art. 14 I GG verstoßenden Unzumutbarkeit erreichen" (BVerwGE 67, 334, 337). Indessen wäre die „**Schwere und Unerträglichkeit** der Beeinträchtigung" von Art. 14 I GG im Baurecht „bereichsspezifisch" zu bestimmen, etwa im Hinblick auf die Ausgleichs- und Abstimmungsfunktion des Bebauungsplans und die damit verbundene Wechselwirkung von Beschränkung und Zuteilung. Insofern sind **nicht einmal Nuancen in der Schwere des Eingriffs** zu erkennen.

Gegen die zu Recht erhobene Kritik an den dargelegten Konstruktionen des „Gebots der Rücksichtnahme" ließe sich im Anschluß an den Naßauskiesungsbeschluß des Bundesverfassungsgerichts einwenden, ein unmittelbarer Rückgriff auf Art. 14 I 1 GG sei ausgeschlossen, weil nach Art. 14 I 2 GG Inhalt und Schranken des Eigentums durch die Gesetze bestimmt werden. Diese Formulierung wird weithin so verstanden, daß der Inhalt des Eigentums „ausschließlich" durch die Gesetze bestimmt werde. Indessen kann Art. 14 I GG mit dem Verweis auf die Konkretisierung des jeweiligen Eigentumsinhalts durch die Gesetze nicht jede inhaltliche Aussage eingebüßt haben; schließlich soll er das Eigentumsrecht verfassungsrechtlich gewährleisten. Entsprechend ist allgemein anerkannt, daß an Art. 14 I GG die Verfassungsmäßigkeit gesetzlicher Grenzziehungen zu prüfen ist. Wenn keine gesetzlichen Regelungen, die das Eigentum jeweils konkretisieren, bestehen, dann muß das Grundrecht, wenn es durch die Auswirkungen eines Hoheitsaktes „schwer und unerträglich" beeinträchtigt wird, mit seinem Wesensgehalt auch direkt zur Geltung kommen. Das folgt daraus, daß in diesen Fällen der Gesetzgeber die Grenzlinie zwischen Eigentumsfreiheit und Sozialpflichtigkeit nicht gezogen hat und daher sich die Verfassungsmäßigkeit einer Grenzbestimmung auch nicht nachprüfen läßt. Allenfalls könnten hier gesetzliche Schutzpflichten und entsprechende Gesetzgebungspflichten bemüht werden; deren verfassungsrechtliche Begründung und Durchsetzung erscheinen aber noch wesentlich problematischer als die Lösung über einen direkten Rückgriff auf das Grundrecht bei einem mittelbaren „schweren und unerträglichen" Eingriff in den grundrechtlichen Schutzbereich. Da nicht alle Fallkonstellationen voraussehbar sind und daher auch nicht mit noch so vielen Vorbehalts- und Ausnahmeregelungen erfaßt werden können, müßten beim Auftreten solcher Extremsituationen sämtliche für den Normalfall getroffenen Festlegungen als unzureichend und deshalb als verfassungswidrig deklariert werden. Ob dieses Dilemma dadurch zu vermeiden ist, daß über eine Vielzahl von Analogien, Erst-Recht-Schlüssen, Umkehrschlüssen u.ä. eine gesetzliche Inhalts- und Schrankenbestimmung konstruiert wird, ist zweifelhaft. Mit derartigen Argumentationen müßte sich das deutsche Recht in einer unüberschaubaren Komplexität begriffsjuristischer Konstruktionen verlieren, die eine Übernahme oder auch nur Anerkennung in einem europäischen oder gar weltweiten Rahmen unmöglich machte. Die vielfältigen Konstruktionen zur Begründung eines einheitlichen, gesetzlich fundierten baurechtlichen Rücksichtnahmegebots anstelle eines direkten Rückgriffs auf Art. 14 I GG wegen einer „schweren und unerträglichen faktischen Beeinträchtigung des Eigentums" mögen das verdeutlichen. Der Vorteil einer „unmittelbaren Geltung der Grundrechte", die der Verfassungsgeber mit Art. 1 III GG auch für Art. 14 I 1 GG gewährleisten wollte, sollte zugunsten einer überschaubaren und verständlichen Dogmatik erhalten bleiben.

d) Stufen der Prüfung des Nachbarschutzes

Nach dem Stand der Rechtsprechung ergeben sich damit folgende Stufen für die Prüfung subjektiver Rechte des Nachbarn gegen rechtswidrige Begünstigungen des Bauherrn: Zunächst ist festzustellen, ob einfachrechtliche Normen, Bestimmungen des Baugesetzbuchs oder darauf beruhendes Ortsrecht der Gemeinde, insbesondere Festsetzungen im Bebauungsplan, verletzt wurden, die zumindest auch den Interessen des Nachbarn zu dienen bestimmt sind. Diese **Schutzrichtung der Norm** ist zu ermitteln an Hand des Wortlauts, etwa der Erwähnung der Nachbarn (z.B. § 31 II BauGB), aus Sinn und Zweck der Regelung und aus dem 36

Gedanken eines bestehenden „Austauschverhältnisses" im Rahmen einer Opfer- und Vorteilsgemeinschaft.

Ergibt sich hier keine subjektiv-rechtliche Position des (mittelbar) betroffenen Nachbarn, ist nach der Rechtsprechung des Bundesverwaltungsgerichts zu fragen, ob eine Norm tangiert wird, die Ausdruck des **baurechtlichen „Rücksichtnahmegebots"** ist, die also dem Gedanken Ausdruck verleiht, daß die verschiedenen Bodennutzungen einander in einer Weise zuzuordnen sind, die auf die jeweils andere Grundstücksnutzung Rücksicht nimmt und so zu nebeneinander verträglichen Nutzungen kommt. Die Regelungen des Rücksichtnahmegebots haben zwar primär nur objektivrechtliche Bedeutung – schließlich besagen sie lediglich, daß die Bauleitplanung eine sinnvolle städtebauliche Ordnung und Entwicklung vorbereiten und lenken soll (vgl. § 1 I BauGB) – aber sie enthalten auch eine drittschützende Funktion, wenn eine bestimmte Schwelle der Beeinträchtigung überschritten wird, nämlich wenn in „qualifizierter und zugleich individualisierter Weise" auf einen von der Allgemeinheit abgrenzbaren, schutzwürdigen Personenkreis Rücksicht zu nehmen ist. Das ist letztlich dann zu bejahen, wenn der betroffene Nachbar schwer und *unzumutbar* in der Nutzung seines Eigentums beeinträchtigt wird. Zusätzlich kann bei einer schweren und *unerträglichen* Beeinträchtigung **direkt auf Art. 14 I GG** zurückgegriffen werden. Dazu besteht regelmäßig jedoch kein Anlaß, weil das Rücksichtnahmegebot bereits vorher zum Zuge kommt (s. dazu auch unten § 19 Rn. 21ff.).

Ein Rückgriff auf das **Rücksichtnahmegebot** oder auf **Art. 14 I GG** ist allerdings **ausgeschlossen**, wenn verfassungsrechtlich zulässige einfachrechtliche Normierungen den betreffenden Lebenssachverhalt abschließend regeln und damit den konkreten Inhalt des Rücksichtnahmegebots und des Eigentums im Hinblick auf das jeweilige Grundstück festlegen.

Literatur: *Gern*, Einvernehmen bei Identität zwischen Baugenehmigungsbehörde und Gemeinde, VBlBW 1986, 451; *Kühne*, Bauplanungsrecht, Bauordnungsrecht und Anlagengenehmigungsverfahren, NVwZ 1986, 620; *Hoppe*, Die „städtebauliche Vertretbarkeit" und das „Einvernehmen der Gemeinde" in FS Lukes (1989), S. 687; *v. Mutius*, Zulässigkeit von Vorhaben nach dem BauGB, Jura 1989, 245; *Labbé/Wölfel*, Stromleitungsbau ohne Beteiligung der

Gemeinden?, BayVBl 1990, 161; *Baumanns*, Eine Lanze für eine Neukodifikation des § 29 BauGB, BauR 1992, 557; *Hauth*, Das Gebot der Rücksichtnahme – vom Irrgarten in die Sackgasse, BauR 1993, 673; *Jäde/Weinl/Dirnberger*, Schwerpunkte des neuen Bauordnungsrechts, BayVBl 1994, 321; *Sarnighausen*, Nachbarrechte gegen Unterkünfte für Asylbewerber im öffentlichen Baurecht, NVwZ 1994, 741; *Schmidt-Preuß*, Nachbarschutz durch Baugebietsfestsetzung, DVBl. 1994, 288; *Sarnighausen*, Erweiterte Nachbarrechte im Bauplanungsrecht?, NJW 1995, 502; *Schulte*, Baurechtswidrige Baugenehmigungsfreistellung von Wohngebäuden durch Landesbauordnungen?, BauR 1995, 174; *Selmer*, Rechtsprechungsübersicht – Zum bauplanungsrechtlichen Begriff des Vorhabens, JuS 1995, 273; *Erbguth*, Das bauordnungsrechtliche Genehmigungsfreistellungsverfahren, BayVBl 1996, 65; *Gaentzsch*, Zur Entwicklung des Bauplanungsrechts in der Rechtsprechung des Bundesverwaltungsgerichts, NVwZ 2000, 993 ff.

§ 19. Vorhaben im (qualifiziert) beplanten Innenbereich

Übersicht

1. Die rechtliche Zulässigkeit nach Maßgabe des Bebauungsplanes (§ 30 BauGB)

a) Voraussetzungen

(1) **Alleinige Maßgeblichkeit des Bebauungsplans**: Im Geltungsbereich eines qualifizierten Bebauungsplans ist ein bauliches oder sonstiges Vorhaben zulässig, wenn es dessen Festsetzungen nicht widerspricht (§§ 29, 30 I BauGB). Maßgeblich sind also allein die Festlegungen im Bebauungsplan. Soweit keine Vorgaben 1

im Bebauungsplan bestehen, hat der Grundstückseigentümer kraft seiner Baufreiheit das Recht, die Grundstücksnutzung nach seinem Willen zu bestimmen. Dieses Recht gilt es im folgenden näher zu beschreiben.

2 (2) **Keine Planwidrigkeit des Vorhabens**: Rechtlich zulässig ist zunächst jedes Vorhaben, das den Festsetzungen des Bebauungsplans „nicht widerspricht" (§ 30 BauGB). Da im Regelfall bei einem Bebauungsplan von einer „Auffangplanung" auszugehen ist (s. oben § 8 Rn. 16), bilden seine Festsetzungen im Zweifel lediglich den Rahmen oder die Grenzen für die Ausübung der Befugnisse aus dem Eigentumsrecht („Baufreiheit"). Dann „widersprechen" ihm nur solche Nutzungen, die diese Grenze überschreiten. M. a. W.: Der Eigentümer muß nicht eine plangemäße Nutzung wählen, sondern lediglich die „Planwidrigkeit des Vorhabens" vermeiden.

Ist z. B. für ein Wohngebiet das Maß der baulichen Nutzung mit einer viergeschossigen Bebauung festgesetzt, so kann der Eigentümer sein Grundstück grundsätzlich auch nur zweigeschossig bebauen (vgl. § 16 IV 1 BauNVO).

Liegt **kein Vorhaben i. S. v. § 29 BauGB** vor, kommt § 30 BauGB nicht zur Anwendung. Als Satzung besitzt der Bebauungsplan dennoch Rechtsverbindlichkeit. Ihm widersprechen dann jedoch nur solche Nutzungen, die seine Verwirklichung in der Zukunft „verhindern oder wesentlich erschweren" oder die „gegenwärtig diesem Gebietscharakter (wahrhaft) zuwider sind, zu ihm (wahrhaft) in Widerspruch stehen" (BVerwGE 42, 30, 35, 37 – Kfz-Handel auf Baulücke im Wohngebiet; dazu oben § 8 Rn. 16).

3 Etwas anderes, d. h. die **„Plangemäßheit" des Vorhabens**, gilt nur dann, wenn der Bebauungsplan nicht einen Rahmen für die Grundstücksnutzung setzen, sondern allein die spezielle Nutzung in der festgesetzten Weise zulassen und jede Abweichung ausschließen will (vgl. § 16 IV 2 BauNVO). Diese Frage ist beim Fehlen einer ausdrücklichen Festlegung aus dem Sinn und Zweck der gesamten Ausweisungen zu ermitteln. Indikator dafür ist die Entscheidung der Gemeinde für eine Entwicklungsplanung und für Detailregelungen, insbesondere über unterschiedliche Nutzungen einzelner Geschosse (§ 9 III BauGB; § 1 VII BauNVO). Da eine solche Planung einen wesentlich intensiveren Eingriff in die verfassungsrechtlich gewährleistete Eigentums- bzw. Baufreiheit darstellt, bedarf sie einer besonderen städtebaulichen Rechtfertigung.

(3) **Gesicherte Erschließung**: Als weitere Voraussetzung für die Zulässigkeit eines Vorhabens verlangt § 30 BauGB, daß die Erschließung gesichert ist. Darunter ist nicht die Erschließung des ganzen Gebiets im Geltungsbereich des Bebauungsplans zu verstehen, sondern nur die Erschließung des einzelnen Baugrundstücks; schließlich regelt § 30 BauGB nur dessen Zulässigkeitsvoraussetzungen (**„grundstücksbezogener Erschließungsbegriff“**; *Hoppe*, H/G, § 8 Rn. 13; *Söfker*, E/Z/B, § 30 Rn. 40; *Löhr*, B/K/L, § 30 Rn. 14). Dabei muß es für die in § 30 BauGB angesprochene bauplanungsrechtliche Erschließung genügen, wenn der Anschluß an das öffentliche Straßennetz, die Versorgung mit Elektrizität und Wasser und die Abwasserbeseitigung gewährleistet sind (BVerwGE 64, 186). „Gesichert“ ist die Erschließung, sobald nach objektiven Kriterien (Ausweisung der Mittel im Haushalt der Gemeinde, Bereitstellung der erforderlichen Flächen, Stand und Fortgang der Erschließungsarbeiten) nach aller Erfahrung damit gerechnet werden kann, daß diese Erschließungsanlagen spätestens bis zur Fertigstellung des anzuschließenden Vorhabens benutzbar sein werden (BVerwG, DVBl. 1977, 41, 43; BVerwG, DVBl. 1986, 685, dort auch zur Verdichtung des Entscheidungsspielraums der Gemeinde zur „Erschließungspflicht“). 4

(4) Entsprechendes gilt nach § 30 II BauGB für den vorhabenbezogenen Bebauungsplan (§ 12 BauGB). Allerdings wird sich hier aus dem Durchführungsvertrag häufig eine Pflicht zur plangemäßen Ausführung des Vorhaben- und Erschließungsplanes ergeben, der Bestandteil des vorhabenbezogenen Bebauungsplanes ist. Insofern kommt dem Hinweis auf den Rahmencharakter des vorhabenbezogenen Bebauungsplans in § 30 II BauGB nur geringe Bedeutung zu.

b) Ausnahmen und Befreiungen

aa) Die Ermächtigungsnormen

Widerspricht ein geplantes Bauvorhaben planungsrechtlichen Regelungen, geht es z.B. über die im Bebauungsplan vorgeschriebene Höhe der baulichen Anlage oder die Bebauungstiefe hinaus, 5 kann die Baurechtsbehörde unter den Voraussetzungen des § 31 I oder II BauGB eine Ausnahme oder Befreiung erteilen. Von bauordnungsrechtlichen Anforderungen können Abweichungen jedoch nicht nach § 31 BauGB, sondern nur nach den oben bereits erwähnten einschlägigen Bestimmungen der Landesbauordnungen (z.B. § 56 LBO BW) zugelassen werden. Das gilt auch für örtliche Bauvorschriften, die in den Bebauungsplan aufgenommen sind; anderslautende Regelungen sind inzwischen in den Landesbauordnungen weithin nicht mehr enthalten.

bb) Der Unterschied zwischen Ausnahme und Befreiung

6 Wie bei den entsprechenden Regelungen der Landesbauordnungen müssen auch im Bauplanungsrecht grundsätzlich Ausnahme und Befreiung auseinander gehalten werden. Der materielle Unterschied zwischen Ausnahme und Befreiung ist nicht abschließend geklärt (vgl. *Sendler*, BBauBl. 1968, 63). Nach dem Gesetz unterscheiden sich beide Institute jedenfalls dadurch voneinander, daß die **Ausnahme** als planimmanentes Institut im Bebauungsplan vorgesehen und so vom planerischen Willen der Gemeinde umfaßt ist. M.a.W.: Der „Gesetzgeber" hat bei Erlaß seiner Norm an bestimmte Sonderfälle gedacht, für die seine Regelung nicht gelten soll. Insofern erscheint die Ausnahme als von vornherein in Rechnung gezogene Abweichung vom Grundsatz; sie ist daher bereits beim Vorliegen besonderer Gründe, also bei einer **„typischen Sondersituation"**, gerechtfertigt und darf, als äußerste Grenze, nur nicht dazu führen, daß die Abweichung zur Regel wird.

Die **Befreiung** dagegen ist als planexternes Institut geschaffen, um einer vom Plangeber nicht vorhergesehenen **„atypischen Sondersituation"** Rechnung tragen zu können. Anders ausgedrückt, der Gesetzgeber ist sich bewußt, daß auch einmal eine Situation eintreten kann, die er sich im Augenblick zwar nicht vorzustellen vermag, bei der aber ein Festhalten an der Norm völlig sinnlos und unzumutbar wäre. Für diese Fälle sieht er – gleichsam als „Notbremse" – eine Ermächtigung zur Freistellung von der rechtlichen Regelung vor. Es leuchtet ein, daß – schon im Hinblick auf das rechtsstaatliche Prinzip der Gesetzmäßigkeit der Verwaltung – die Voraussetzungen dafür wesentlich enger sein müssen als für eine Ausnahme. Ein Dispens kann daher nur zulässig sein, wenn eine wirklich ungewöhnliche, also eine **atypische Sondersituation** vorliegt. Diese muß sich im Bauplanungsrecht aus grundstücksbezogenen, also objektiven, und nicht aus bauherrenbezogenen, somit subjektiven Verhältnissen ergeben (grundlegend BVerwGE 56, 71; auch BVerwGE 40, 268).

Die für Befreiungen üblichen strengen Anforderungen an die Atypik hat der später eingefügte **§ 31 II Nr. 2 BauGB** erheblich gelockert; er verlangt als spezielle Voraussetzung für die Befreiung lediglich, daß sie städtebaulich vertretbar ist. Weiter wurde bei der Neufassung des § 31 II BauGB 1998 die allgemeine Voraussetzung für die Befreiung, wonach diese nur im „Einzelfall" erteilt werden durfte, gestrichen. Daraus wird z. T. gefolgert, damit sei jetzt im Interesse größerer Praktikabilität das Merkmal der Atypik ganz aufgegeben worden (vgl. BR-Drucks. 635/96, S. 56 zu Art. 1 Nr. 25 BauROG). Es geht hier jedoch nicht um eine Frage der Praktikabilität, sondern um die Wahrung des rechtsstaatlichen **Prinzips der Gesetzmäßigkeit** der Verwaltung, hier ihrer Bindung an den Bebauungsplan. Atypik ist nicht gleichbedeutend mit der Beschränkung auf einen Einzelfall. Nach der Neufassung des § 31 II BauGB ist jetzt die Erteilung einer **Befreiung** nicht nur in einem einzelnen Fall zulässig, sondern **auch in mehreren** gleichartig gelagerten **Fällen; aber** es muß sich gegenüber dem planerischen Normalfall **immer** noch um eine **atypische Situation** handeln. **Fehlt es daran**, erweist sich die planerische Grundkonzeption als falsch oder überholt; dann ist der Bebauungsplan entweder von Anfang an fehlerhaft oder er bedarf einer Änderung infolge einer neuen planerischen Situation, so daß das **Planerfordernis** nach **§ 1 III BauGB** gegeben ist. 7

Damit korrespondiert die für alle drei Befreiungstatbestände neu eingefügte Voraussetzung, daß durch die Erteilung eines Dispenses die in dem betreffenden Bebauungsplan verankerten **„Grundzüge der Planung nicht berührt werden"**. Zutreffend hielt das Bundesverwaltungsgericht (NVwZ 1999, 1110; entspr. VGH BW, VBlBW 2000, 78) diese Voraussetzung bereits nicht für erfüllt, wenn in anderen, nicht ganz unerheblichen Fällen die Abweichung vom Bebauungsplan in gleicher Weise zu begründen wäre.

Wenn das „Wohl der Allgemeinheit" (§ 31 II Nr. 1 BauGB) in mehr als nur einzelnen Fällen eine Befreiung erfordert oder wenn nach § 31 II Nr. 3 BauGB die Einhaltung des Bebauungsplans in mehreren Fällen zu einer „offenbar nicht beabsichtigten Härte" führen würde, ist grundsätzlich eine Planänderung erforderlich, also das „Planerfordernis" nach § 1 III BauGB gegeben.

Diese Grenze besteht aber auch in den Fällen des § 31 II Nr. 2 BauGB. Kann nämlich von einer Atypik nicht mehr die Rede sein, dann liegt – jedenfalls bei nicht ganz unerheblichen Abweichungen – regelmäßig auch die jetzt allgemein für Befreiungen in § 31 II BauGB geforderte Voraussetzung nicht vor, daß die „Grundzüge der Planung nicht berührt werden". Dementsprechend ließ das Bundesverwaltungsgericht (NVwZ 1999, 1110) mit dem Hinweis auf dieses neu eingefügte Dispenserfordernis im konkreten Falle die Frage dahingestellt, ob die Atypik noch eine allgemeine Voraussetzung für eine Dispenserteilung sei. (**Für** die weiterhin erforderliche **Atypik** des Falles: *Battis/Krautzberger/Löhr*, NVwZ 1997, 1145, 1160; *Brügelmann/Dürr*, § 31 Rn. 27 ff.; *Jäde*, in: ders./Dirnberger/Weiß, BauGB 1998, § 31 Rn. 13; *Schmaltz*, in: Schrödter, BauGB, 6. Aufl. 1998, Rn. 19 ff.; *Dolderer*, NVwZ 1998, 567; *Löhr*, B/K/L, BauGB, 7. Aufl. 1999, § 31 Rn. 26; *Söfker*, in: E/Z/B, BauGB, § 31 Rn. 31; **a. A.**: *Stüer*, Handbuch, 1998, Rn. 1399; *Erbguth/Wagner*, Bauplanungsrecht, 3. Aufl. 1998, Rn. 381; *Schütz*, VBlBW 2000, 355, 359; *Claus*, DVBl. 2000, 241.)

Der grundsätzlichen Verschiedenheit von Ausnahme und Befreiung entsprechen unterschiedliche Voraussetzungen und Anforderungen; nur das Ermessen und der Zustimmungsvorbehalt zugunsten der Gemeinde gegenüber einer nicht-gemeindlichen Baurechtsbehörde (§ 36 BauGB) sind gleich. Der Übersichtlichkeit halber werden für Ausnahme und Befreiung jeweils sämtliche Voraussetzungen im Zusammenhang dargelegt.

cc) Die Ausnahmeregelung des § 31 I BauGB

8 Nach § 31 I BauGB können **Ausnahmen** von Festsetzungen des Bebauungsplans zugelassen werden, wenn sie im Bebauungsplan ausdrücklich vorgesehen sind. Dies kann durch ausdrückliche Erwähnung der Ausnahme bei der einzelnen Festsetzung sowie durch eine gleichsam vor die Klammer gezogene Ausnahmeregelung für mehrere Festsetzungen geschehen.

Den wichtigsten Anwendungsfall der „Ausnahme" nach § 31 I BauGB bilden die (oben § 6 Rn. 30) bereits behandelten „Ausnahmenutzungen", die die

Baugebietsvorschriften der §§ 2 ff. BauNVO jeweils in ihrem 2. Absatz vorsehen und die nach Maßgabe des § 1 III 2 BauNVO Bestandteil des Bebauungsplans werden. Ebenso zählen die nach § 16 VI BauNVO möglichen Regelungen über Abweichungen von Festsetzungen des Maßes der baulichen Nutzung zu den Ausnahmen i. S. v. § 31 I BauGB. (Anderes gilt für § 23 II 2 BauNVO und § 23 V BauNVO; denn diese Vorschriften erlauben es der Baurechtsbehörde unmittelbar, Abweichungen von festgesetzten Baulinien oder Bebauungstiefen zuzulassen, ohne daß es der Anwendung des § 31 I BauGB bedürfte. § 23 II 3 BauNVO dagegen sieht wiederum Ausnahmen i. S. d. § 31 I BauGB vor).

Liegen die tatbestandlichen Voraussetzungen einer Ausnahme vor, entscheidet über deren Erteilung die Baurechtsbehörde nach **pflichtgemäßem Ermessen** (§ 31 I BauGB, § 40 VwVfG). 9

Bei Ausnahmen, die im Bebauungsplan vorgesehen sind, wird allerdings vereinzelt die Formulierung „können" in § 31 I BauGB im Hinblick auf Art. 14 I GG als „müssen" interpretiert (*Hoppe*, DVBl. 1969, 340). Indessen gibt Art. 14 I GG dem Bauherrn keinen Rechtsanspruch auf Verwirklichung der jeweils gerade gewünschten Bebauung (BVerwG, NJW 1987, 969 für § 31 I BauGB und BVerwGE 40, 268 zu § 31 II BauGB; *Brügelmann/Dürr*, § 31 Rn. 19, 43).

Ist die **Gemeinde nicht** zugleich **Baugenehmigungsbehörde**, bedarf die Erteilung der Ausnahme ihres Einvernehmens, d. h. ihrer vorherigen Zustimmung (§ 36 I BauGB).

dd) Die Befreiungstatbestände (§ 31 II Nr. 1–3 BauGB) und die allgemeinen Befreiungsvoraussetzungen

Die Voraussetzungen für eine **Befreiung** regelt das Gesetz in § 31 II Nr. 1–3 BauGB. Die Tatbestände des § 31 II Nr. 1 und 3 BauGB entsprechen den klassischen Dispensregelungen; Nr. 2 stellt eine planungsrechtliche Neuerung dar. Für **alle drei Tatbestände** gilt, daß eine, wenn auch nicht auf den Einzelfall beschränkte, aber sich vom planerischen Normalfall abhebende **atypische Sondersituation** gegeben sein muß. Das wurde bereits oben (Rn. 6) zur Unterscheidung des „Dispenses" von der „Ausnahme" dargetan. Im Hinblick auf das Prinzip der Gesetzmäßigkeit der Verwaltung sind die Befreiungstatbestände in Orientierung an der Atypik der Sondersituation **restriktiv** zu interpretieren. 10

Diese Notwendigkeit ergibt sich auch angesichts der verfassungsrechtlich gewährleisteten Planungshoheit der Gemeinde. Sie ist nicht nur tangiert, wenn staatliche Baurechtsbehörden für die Dispenserteilung zuständig sind und praktisch generell von den Festsetzungen des Bebauungsplans abgehen könnten, sondern auch bei Baugenehmigungsbehörden der Gemeinden im Hinblick auf die landesrechtlich geregelte Verteilung der Organkompetenzen zwischen der Gemeindevertretung und den ausführenden Organen. In jedem Fall können immer nur Randkorrekturen der Planung durch die Baugenehmigung zulässig sein.

11 (1) Nach **§ 31 II Nr. 1 BauGB** kann Befreiung erteilt werden, wenn „Gründe des Wohls der Allgemeinheit" dies erfordern. Dafür genügt es, daß „zur Wahrnehmung des jeweiligen öffentlichen Interesses" (also etwa für soziale, kulturelle, sportliche, Sicherheits-, Umweltschutz-, Verkehrs- oder Versorgungseinrichtungen) die Befreiung „vernünftigerweise geboten" ist (BVerwGE 56, 71).

Diese weite, an § 1 III BauGB angelehnte Auslegung des Erforderlichkeitsprinzips ist gerechtfertigt, weil die bereits erörterte Notwendigkeit „atypischer Sondersituationen" für die gebotene Eingrenzung des Befreiungstatbestandes sorgt. Deshalb kann z.B. das Anliegen, Arbeitsplätze zu schaffen, für sich allein keine Ausnahme nach § 31 I Nr. 1 BauGB rechtfertigen, weil es nicht auf eine grundstücksbezogene atypische Sondersituation zurückzuführen ist (*Brügelmann/Dürr*, § 31 Rn. 29).

12 (2) Nach **§ 31 II Nr. 3 BauGB** kann befreit werden, wenn die Durchführung des Bebauungsplans zu einer **offenbar nicht beabsichtigten Härte** führen würde. Dieser Befreiungstatbestand ermöglicht eine rein privatnützige Befreiung zugunsten eines einzelnen Grundstückseigentümers. Eine in diesem Sinne offensichtlich nicht beabsichtigte Härte liegt aber nur vor, wenn das Grundstück in bodenrechtlicher Beziehung Besonderheiten aufweist, die es im Verhältnis zu der im Bebauungsplan getroffenen Festsetzung als Sonderfall erscheinen lassen (BVerwGE 40, 268). Dies ist an Hand eines strengen Maßstabes zu beurteilen.

Ein „Härtefall" setzt deshalb voraus, daß das Grundstück bei Einhaltung der planerischen Festsetzungen entweder gar nicht oder nur mit unzumutbaren Einschränkungen bebaubar ist (VGH BW, BauR 1984, 52). Ursache der Härte müssen grundstücksbezogene Verhältnisse, etwa der Grundstückszuschnitt, sein; persönliche, wirtschaftliche oder familiäre Verhältnisse des Bauherrn spielen keine Rolle. Schließlich darf die Härte „nicht beabsichtigt, also von der planenden Gemeinde nicht erkannt und nicht gewollt sein" (VGH BW, VBlBW 1981, 399). Beabsichtigte „unzumutbare" Härten können allenfalls zur Nichtigkeit der planerischen Festsetzung führen, wenn sie auf einem rechtlich relevanten Abwägungsfehler beruhen.

(3) **§ 31 II Nr. 2 BauGB** weicht von diesen klassischen Befreiungstatbeständen erheblich ab. Er läßt Befreiungen zu, wenn die **„Abweichung städtebaulich vertretbar ist“**. Vertretbar ist die Abweichung schon dann, wenn sie sich als ein nach §§ 1 V, VI; 1a BauGB zulässiger Inhalt eines Bebauungsplans darstellt (BVerwG, DVBl. 1990, 572; DVBl. 1999, 782). 13

Diese Befreiungsmöglichkeit gibt der Baurechtsbehörde weitreichende Befugnisse, die ihre Grenzen erst an den änderungsfesten „Grundzügen der Planung“ finden. Diese und ergänzend das Erfordernis einer atypischen Sondersituation sorgen allerdings dafür, daß die Baurechtsbehörde über § 31 II Nr. 2 BauGB keine „Umplanungen auf kaltem Wege“ durchführen kann. Daran hat sich, wie (oben Rn. 7) dargelegt, nichts dadurch geändert, daß mit der Novellierung des BauGB die Beschränkung der Befreiung auf „Einzelfälle“ weggefallen ist. Trotzdem ist nicht zu verkennen, daß gerade § 31 II Nr. 2 BauGB die Bindungswirkung und damit das Gewicht planerischer Festsetzungen erheblich relativiert. Hier liegt einer der Gründe dafür, daß sich zahlreiche Gemeinden im Zuge „planerischer Zurückhaltung“ (dazu oben § 1 Rn. 26) auf – dem Zugriff der Baurechtsbehörden entzogene - planerische Grundzüge beschränken.

(2) Bei **allen drei Befreiungstatbeständen sind weiter** folgende Voraussetzungen und Grundsätze **zu beachten**: 14

Die Baurechtsbehörde entscheidet nach **pflichtgemäßem Ermessen** (§ 31 II BauGB, § 40 VwVfG).

Durch den Dispens dürfen die **Grundzüge der Planung** nicht **„berührt“** werden. M.a.W.: Die Abweichung (in einem oder mehreren Fällen) darf nicht der im Bebauungsplan nach Durchführung des Planaufstellungsverfahrens von der Gemeinde festgelegten Plankonzeption zuwiderlaufen. Sie darf nicht einmal durch den Dispens „berührt“ werden; d.h. es genügt bereits eine leichte Beeinträchtigung der „tragenden Festsetzungen“ (vgl. BVerwG, NVwZ, 1999, 1110), um die Möglichkeit einer Dispenserteilung auszuschließen. Davon ist regelmäßig auszugehen, wenn bei mehreren gleich gelagerten Fällen keine Atypik gegenüber dem planerischen Normalfall vorliegt. Insofern kann auch im Hinblick auf diese Voraussetzung auf das Kriterium der Atypik nicht verzichtet werden.

Ferner muß die durch die Befreiung gestattete Abweichung „auch **unter Würdigung nachbarlicher Interessen** mit den öffentlichen Belangen vereinbar sein“.

Zu den **„öffentlichen Belangen"** gehört insbesondere, daß der im Plan erreichte Interessenausgleich nicht in seinem Grundansatz in Frage gestellt wird, also insbesondere die Grundzüge der Planung und die städtebauliche Vertretbarkeit gewahrt bleiben. Das wird im Wesentlichen bereits durch die zuvor erwähnte präzisere Ermessensschranke erreicht. Bedeutsam bleibt bei dieser Regelung jedoch die **„Würdigung nachbarlicher Interessen"**. Sie erfolgt im Rahmen des pflichtgemäßen Ermessens, nach dem der Baudispens erteilt wird. Die Vorschrift gibt somit dem betroffenen Nachbarn einen Rechtsanspruch auf eine fehlerfreie **Ermessensentscheidung** im Rahmen des baurechtlichen **Rücksichtnahmegebots**. Die Regelung ist vor allem in denjenigen Fällen bedeutsam, in denen die Rechtsnorm, von der dispensiert wird, dem Nachbarn kein subjektives Recht verleiht. Er hat dann ein subjektives Recht auf fehlerfreie Ermessensausübung, wenn er „in qualifizierter und zugleich individualisierter Weise", d.h. unzumutbar, in seinen Interessen betroffen wird. Insofern gelten hier die Ausführungen zur Befreiung nach den betreffenden Landesbauordnungen entsprechend (dazu ausführlicher oben § 5 Rn. 33; *Löhr*, B/K/L, § 31 Rn. 35, 38, 41).

15 Ist die **Gemeinde nicht** zugleich **Baugenehmigungsbehörde**, muß sie dieser gegenüber ihr **Einvernehmen** zur Erteilung des Dispenses erklären (§ 36 I BauGB). Diese Regelung dient – wie bei der „Ausnahme" – dem Schutz der Planungshoheit der Gemeinde. Ihre Bebauungspläne sollen nicht von einer außergemeindlichen Baurechtsbehörde rechtswidrig (vgl. § 36 II BauGB) ausgehöhlt werden können.

Insofern darf die Gemeinde ihre Zustimmung nur bei einem rechtswidrigen Dispens (§ 36 II BauGB) versagen; andernfalls vermag ihre nach Landesrecht zuständige Aufsichtsbehörde das rechtswidrig versagte Einvernehmen zu ersetzen. Nach § 36 II 3 BauGB kann daneben ein selbständiges Verfahren zu diesem Zweck eingeführt werden. Für die Versagung ihres Einvernehmens hat die Gemeinde eine Frist von 2 Monaten. Danach wird ihre Zustimmung gesetzlich fingiert.

c) Der Vorbehalt allg. Zulässigkeit im Einzelfall (§ 15 BauNVO) als Ausprägung des baurechtlichen Gebots der Rücksichtnahme

16 Vorhaben, die nach der Art der baulichen Nutzung den Festsetzungen des Bebauungsplans nicht widersprechen und daher an sich genehmigt werden müßten, oder die im Wege einer Ausnahme nach § 31 I BauGB zugelassen werden dürften (BVerwG, BWVPr.

1984, 81; *Schlez*, BauNVO, § 15 Rn. 2), können dennoch nach § 15 BauNVO im Einzelfall unzulässig sein. Die Vorschrift gestattet der Baurechtsbehörde, beim Vollzug des Bebauungsplans die typisierenden Regelungen über die Art der baulichen Nutzung an die Notwendigkeiten der konkreten Situation „zum Nachteil" des Bauherrn anzupassen. Sie bildet damit das **Gegenstück zu den Ausnahme- und Befreiungsvorschriften**, die diese situationsgerechte Korrektur „zugunsten" des Bauherrn vorsehen. Die Zulässigkeit eines Vorhabens nach dem Bebauungsplan steht somit stets unter dem Vorbehalt allg. Zulässigkeit nach § 15 BauNVO. Insofern kommt dieser Vorschrift eine außerordentlich große Bedeutung in der baurechtlichen Praxis zu. Sie bietet eine Sicherung gegen gebietsfremde oder gebietsschädliche Anlagen (BVerwG, DÖV 1970, 787 = BRS 23, Nr. 36; zum Ganzen *Schlez*, BauNVO, § 15 Rn. 1–14).

§ 15 BauNVO betrifft drei Fallgruppen:

(1) Bebauungsplankonforme Vorhaben sind im Einzelfall unzulässig, wenn sie nach Anzahl, Lage, Umfang oder Zweckbestimmung der **Eigenart des Baugebiets widersprechen**.

Die Eigenart eines Baugebiets bestimmt sich einmal nach den betreffenden Rahmenregelungen der BauNVO, aber auch nach den konkreten Festsetzungen des Bebauungsplans und der tatsächlichen baulichen Entwicklung (VGH BW, ESVGH 25, 232 = BRS 28, Nr. 22). Die Genehmigung weiterer Einzelhandelsbetriebe, die in einem Mischgebiet (MI) an sich zugelassen sind, widerspricht nach „Anzahl und Umfang" der Eigenart dieses Baugebiets, wenn angesichts bereits zugelassener Betriebe das quantitative Mischungsverhältnis von Wohnen und nicht wesentlich störenden Gewerbebetrieben gestört würde (BVerwGE 79, 309). Die Errichtung von Großtankstellen an einem bestimmten Punkt eines Baugebiets kann einen Widerspruch nach „Umfang", die Konzentration mehrerer Tankstellen einen Widerspruch nach „Lage" begründen; ein Heizwerk in einem reinen Wohngebiet kann diesem trotz § 14 II BauNVO nach der „Zweckbestimmung" widersprechen.

(2) Unzulässig im Einzelfall sind außerdem Vorhaben, wenn von ihnen **Belästigungen oder Störungen ausgehen** können, die nach der Eigenart des Baugebiets im Baugebiet selbst oder in dessen Umgebung unzumutbar sind.

Die Interpretation dieser Vorschrift wirft weithin die gleichen Probleme auf wie die Anwendung der §§ 3 I, 22 I BImSchG, die im Baugenehmigungsverfahren ebenfalls zu prüfen sind (BVerwG, DVBl. 1987, 903; VGH BW, VBlBW 1998, 62). Besondere Schwierigkeiten bereitet die Bestimmung der Zumutbarkeitsgrenze. Sie kann nur unter Berücksichtigung aller Umstände des Einzelfalles getroffen werden (vgl. etwa BVerwG, NJW 1990, 925). Dabei ist auf den durchschnittlich empfindenden Mitbürger abzustellen. Für die Beurteilung von Lärmemissionen orientieren sich Behörden und Gerichte weitgehend an den bereits erwähnten (siehe oben § 3 Rn. 3, 5; § 5 Rn. 9ff.) technischen Regelwerken, wie der TA-Lärm, der VDI-Richtlinie 2058 oder der 16. bzw. 18. Bundesimmissionsschutz-Verordnung, die diese Präzisierung rechtsverbindlich treffen.

(3) Vorhaben sind weiter auch dann unzulässig, wenn sie den genannten **Belästigungen „ausgesetzt"** werden.

Die Errichtung eines bauplanungsrechtlich an sich zulässigen Studentenwohnheims neben einem bereits bestehenden größeren Schreinereibetrieb ist daher im Hinblick auf die zu erwartenden Lärmbelästigungen unzulässig (zum Sachverhalt: VGH BW, BauR 1992, 45; vgl. auch BVerwG, NVwZ 2000, 1050 = DÖV 2000, 463 mit Einbeziehung der Lärmvorbelastung). Der Vorbehalt der Zulässigkeit im Einzelfall nach § 15 BauNVO gilt auch für Vorhaben, die an sich nach § 31 I BauGB im Wege einer Ausnahme zugelassen werden könnten. Denn Ausnahmeregelungen gehören per definitionem zu den Bebauungsplanfestsetzungen, für die § 15 BauNVO gilt. Liegen dessen Voraussetzungen vor, kann insoweit also keine Ausnahme gewährt werden (vgl. BVerwG, BWVPr. 1984, 81; VGH BW, BRS 17 Nr. 20). Umstritten ist, ob von § 15 BauNVO im Wege des Dispenses nach § 31 II BauGB abgewichen werden kann. Das wird in der Rechtsprechung i.a. verneint (VGH BW, BRS 17 Nr. 52; vgl. auch BVerwGE 82, 343, 345; OVG Berlin, BRS 24, 250; a.A. *Schlez*, BauNVO, § 15 Rn. 4). Dieser Auffassung ist zuzustimmen. Denn § 31 II BauGB erlaubt lediglich Befreiungen von den „Festsetzungen des Bebauungsplanes"; nach § 1 III BauNVO werden aber nur die Vorschriften der §§ 2–14 BauNVO, und nicht § 15 BauNVO Bestandteil des Bebauungsplanes. Weiter ist eine Befreiung nach § 31 II BauGB nur zulässig, wenn sie nicht dem Rücksichtnahmegebot widerspricht, das auch § 15 BauNVO zum Ausdruck bringt (BVerwGE 82, 343, 347).

2. Nachbarschutz

a) Planungsrechtliche Festlegungen

17 Weicht eine Baugenehmigung rechtswidrig von planungsrechtlichen Vorschriften, insbesondere von den Festsetzungen im Bebau-

ungsplan ab, kann der Nachbar sie (im Hinblick auf die nach § 42 II VwGO erforderliche Klagebefugnis) nur anfechten, wenn er dadurch in eigenen Rechten beeinträchtigt wird, d.h. wenn diese Vorschrift zumindest auch seinen Interessen zu dienen bestimmt ist (**„Schutznormtheorie"** s. oben § 18 Rn. 26); maßgeblich dafür ist beim Bebauungsplan grundsätzlich der Wille der Gemeinde als Ortsgesetzgeber. Daher muß die Schutzrichtung der Norm im Einzelfall aus dem Wortlaut und aus dem Sinn und Zweck der jeweiligen Regelung ermittelt werden. Das gilt jedoch nicht ausnahmslos. Ergänzend sind besondere planungsrechtliche Gesichtspunkte zu beachten.

Insbesondere bei den Festsetzungen über die **Art der baulichen** **18**
Nutzung, wie z.B. die Ausweisung eines reinen Wohngebiets oder anderer Baugebiete, ist prinzipiell davon auszugehen, daß die Planfestsetzung **nachbarschützend** ist. Denn durch derartige Festlegungen werden dem einzelnen Eigentümer erhebliche Beschränkungen in der Nutzung seines Grundstücks auferlegt. Sie werden jedoch dadurch ausgeglichen, daß die anderen Grundstückseigentümer diesen Beschränkungen ebenfalls unterworfen sind; insofern erhält jeder auch den Vorteil einer optimalen Nutzung seines Grundstücks in der festgelegten Art, etwa als ruhiges Villengrundstück oder als emissionsträchtiges Industriegelände. Dieser Gedanke des **„wechselseitigen Austauschverhältnisses"** wurde schon früh unter den Bezeichnungen **„Opfer- und Nutzungsgemeinschaft"** (*Brohm*, Rechtsschutz im Bauplanungsrecht, 1959, S. 96ff.), **„bau- und bodenrechtliche Schicksalsgemeinschaft"** oder „Planungsverbund" (vgl. BVerwGE 27, 29, 32f.; 32, 173, 176f.; *Sendler*, BauR 1970, 4, 8ff.) zur Begründung eines subjektiven öffentlichen Rechts des Nachbarn auf Grund solcher Festsetzungen eingeführt. In seiner Entscheidung vom 16. 9. 93 (BVerwGE 94, 151) hat das Bundesverwaltungsgericht zu Recht ihm sogar grundsätzliche Geltung zugesprochen mit der Überlegung, daß eine Festsetzung über die Art der baulichen Nutzung, insbesondere von Baugebieten, die von der Gemeinde bei Erlaß des Bebauungsplans nicht als nachbarschützend gewollt sei, gegen das „Abwägungsgebot" des § 1 VI BauGB verstoßen würde. Infolgedessen hat der (gebiets-

interne) **Nachbar** einen Abwehranspruch gegen die Genehmigung eines Bauvorhabens, das dem Gebietscharakter widerspricht. Dieser „Gebietserhaltungsanspruch" besteht – anders als bei Abwehransprüchen von Betroffenen außerhalb des Gebiets – unabhängig davon, ob die von dem Bauvorhaben ausgehenden Belästigungen „unzumutbar" i.S.v. § 15 I 2 BauNVO oder „erheblich" i.S.v. § 5 I Nr. 1 oder § 22 I Nr. 1 BImSchG sind. Dem außergebietlichen Nachbarn verbleibt nur die Berufung auf das Rücksichtnahmegebot (§ 15 I 2 BauNVO oder § 35 III Nr. 3 BauGB), das eine unzumutbare Störung verlangt; dazu BVerwG, DÖV 2000, 81; bestätigt in NVwZ-RR 2001, 82; *Gaentzsch*, NVwZ 2000, 993, 999: dazu auch unten Rn. 21ff.).

19 Festsetzungen über das **Maß der baulichen Nutzung** (§§ 16ff. BauNVO) werden hingegen in der Regel nicht als nachbarschützend angesehen (BVerwG, NVwZ 1996, 170). Mit ihnen werden i.a. nur im öffentlichen Interesse liegende städtebauliche Anliegen, etwa die Auflockerung der Bebauung und ein besseres Stadtklima, verfolgt. Das ist einleuchtend z.B. für die Grundflächenzahl, die bestimmt, in welcher Quote ein Grundstück überbaut werden darf (vgl. *Hahn*, JuS 1987, 536; OVG Bremen, DÖV 1989, 732 LS). Pauschale Aussagen sind aber auch hier nicht möglich. Beispielsweise können Festsetzungen zur höchstzulässigen Geschoßzahl auch den Gebietscharakter entscheidend mitprägen und sich damit Festsetzungen über die Art der baulichen Nutzung annähern. Festsetzungen des Maßes der baulichen Nutzung, die „gebietsprägend" sind, muß daher eine nachbarschützende Funktion zuerkannt werden.

Sind z.B. für ein Villenviertel nur zweigeschossige Einfamilienhäuser zulässig, so wird durch die rechtswidrige Genehmigung einzelner achtgeschossiger Hochhäuser nicht nur der jeweilige Nachbar in der Zufuhr von Licht und Luft, in der Aussicht und durch einen erhöhten Zu- und Abgangsverkehr beeinträchtigt, sondern nach hier vertretener Ansicht allgemein der Gebietscharakter verändert. Hier gilt der Gedanke des Austauschverhältnisses einer bau- und bodenrechtlichen Schicksalsgemeinschaft, mit dem bei der Art der baulichen Nutzung das subjektive Recht des Nachbarn begründet wird, in gleicher Weise. Folgt man dieser Ansicht nicht, bleibt dann nur eine Lösung über das Rücksichtnahmegebot in entsprechender Anwendung des § 15 BauNVO (dazu oben § 18 Rn. 32 u. unten Rn. 23).

Regelungen über die **Bauweise**, also etwa über eine offene oder geschlossene Bebauung, werden ebenfalls meist nur als objektivrechtliche Normen eingestuft. Entsprechendes gilt für Festsetzungen der **überbaubaren Grundstücksflächen**, insbesondere durch Baugrenzen und Baulinien (§ 23 BauNVO). Das ist für straßenseitige Baugrenzen oder Baulinien einsichtig; sie sollen in der Regel allein das Straßenbild gestalten oder Flächen für Straßenausbaumaßnahmen sichern. Seitliche Baugrenzen oder Baulinien hingegen können durchaus auch den Schutz des seitlichen Grundstücksnachbarn bezwecken (VGH BW, NJW 1992, 1060). Hintere Baugrenzen schaffen vielfach (begrünte) Gartenzonen in rückwärtigen Grundstücksbereichen, die auch der Wohnruhe dienen sollen (VGH BW, VBlBW 1993, 351). Hier zeigt sich die Nähe zu den bauordnungsrechtlichen Abstandsregelungen. 20

b) Das Rücksichtnahmegebot (§ 15 I 2 BauNVO, § 31 II BauGB) – Ein allgemeiner Zulässigkeitsvorbehalt im Einzelfall

Auch wenn die Erteilung einer Baugenehmigung, einer Ausnahme oder einer Befreiung nicht gegen eine Rechtsnorm verstößt, die dem Nachbarn ein subjektives Recht verleiht, ist dieser gegenüber einer im konkreten Fall unzumutbaren Beeinträchtigung nicht schutzlos. Er kann sich dann u.U. gegenüber einer **Baugenehmigung** oder einer **Ausnahme** auf das in **§ 15 I 2 BauNVO** und gegenüber einer **Befreiung** auf das in **§ 31 II, 3. HS BauGB** zum Ausdruck kommende (baurechtliche) **Rücksichtnahmegebot** berufen (BVerwGE 67, 334, 338). Dieses den genannten Vorschriften entnommene Gebot, auf eine benachbarte Bebauung Rücksicht zu nehmen, bedarf der näheren Darlegung: 21

Nach **§ 15 I 2 BauNVO** ist selbst ein Vorhaben, das den Festsetzungen im Bebauungsplan entspricht, im Einzelfall unzulässig, wenn von ihm Belästigungen oder Störungen ausgehen können, die nach der Eigenart des Baugebiets unzumutbar sind, oder wenn es selbst solchen Belästigungen ausgesetzt wird. Wie oben (§ 18 Rn. 29) dargelegt, wird dieses zunächst allein objektiv-rechtliche

Rücksichtnahmegebot nach der Rechtsprechung dann zum subjektiven Recht, wenn „in qualifizierter und zugleich individualisierter Weise" schutzwürdige Interessen eines Personenkreises verletzt werden, der sich von der Allgemeinheit unterscheidet, bzw. wenn sich aus den tatsächlichen Umständen „handgreiflich" ergibt, daß gerade auf den betreffenden Nachbarn Rücksicht zu nehmen ist, und er „besonders rechtlich schutzwürdig" erscheint. Verletzt ist er, wenn bei Berücksichtigung der Intensität der Beeinträchtigung und seiner Schutzwürdigkeit einerseits sowie der Interessen des Bauherrn andererseits die angestrebte Nutzung für ihn als „unzumutbar" erscheint. Eine dennoch erteilte **Baugenehmigung** kann der betroffene Nachbar daher gestützt auf diese Rechtsnorm mit Erfolg anfechten (BVerwGE 82, 343, 345).

Dieses bauplanungsrechtliche Rücksichtnahmegebot kommt nach Ansicht des Bundesverwaltungsgerichts (DÖV 2001, 471) auch dann zur Wirkung, wenn ein dem Nachbarn unzumutbares Bauvorhaben in speziellen „bauordnungsrechtlichen Regelungen", etwa über die zulässige Anordnung oder Anzahl von Stellplätzen auf dem Nachbargrundstück, gestattet ist; denn § 15 I 2 BauNVO könne als Bundesrecht **auch nicht durch** eine **speziellere landesgesetzliche Regelung ausgeschlossen** werden. M.a.W.: Der Landesgesetzgeber hat auch keine Kompetenz, diesen in einer Rechtsverordnung des Bundes festgelegten Grundsatz einzuschränken. Insofern kann ein Nachbar auch eine Baugenehmigung anfechten, die ihm gegenüber unzumutbar erscheint, selbst wenn ein solches Vorhaben von einer bauordnungsrechtlichen Regelung ausdrücklich zugelassen wird.

Wird rechtswidrig eine **Ausnahme** von Festsetzungen gewährt, die nicht nachbarschützend sind, erlangt der Nachbar ebenfalls Rechtsschutz bei einer Verletzung des Rücksichtnahmegebots analog § 15 I 2 BauNVO (vgl. jetzt auch VGH BW, VBlBW 2000, 234).

Dies ergibt sich nach BVerwGE 82, 343, 346 auf Grund folgender Überlegung: Eine nach den Festsetzungen des Bebauungsplans zulässige Nutzung (oder eine rechtmäßig erteilte Ausnahme) darf nach § 15 BauNVO dennoch nicht verwirklicht werden, wenn sie im Hinblick auf die Nutzungen des benachbarten Grundstücks „rücksichtslos" erscheint. Der Nachbar hat darauf unter den genannten Voraussetzungen für eine subjektiv-rechtliche Geltung des Rücksichtnahmegebots ein subjektiv öffentliches Recht. Erlaubt nun eine unter Mißachtung einer objektiv-rechtlichen Festsetzung im Bebauungsplan erteilte und deswegen rechtswidrige Baugenehmigung oder auch eine zu Unrecht nach § 31 I BauGB gewährte Ausnahme eine dem Nachbarn gegenüber unzumutbare Grundstücksnutzung, muß sie erst recht, also noch viel mehr als eine gemäß den Festsetzungen des Bebauungsplans genehmigte Grundstücksnutzung, mit Hilfe des Rücksichtnahmegebots durch den Nachbarn angreifbar sein.

Für den Nachbarschutz bei einer **Befreiung** nach § 31 II BauGB 22
kommt man z. T. mit einer anderen Argumentation zum gleichen Ergebnis. Eine rechtswidrig erteilte Befreiung von nachbarschützenden Vorschriften verletzt den Nachbarn in jedem Falle in seinen Rechten. Bei einer Befreiung von nicht nachbarschützenden Normen kann sich der Nachbar bei „unzumutbaren Beeinträchtigungen" auf das ausnahmsweise subjektiv-rechtlich wirkende Rücksichtnahmegebot stützen. Denn die Regelung in § 31 II BauGB, wonach die Abweichung auch unter „Würdigung nachbarlicher Interessen" mit den öffentlichen Belangen vereinbar sein muß, verlangt eine Berücksichtigung und Gewichtung der Interessen des Bauherrn wie auch der Interessen des betroffenen Nachbarn an der Einhaltung der Festsetzungen des Bebauungsplans nach den Grundsätzen des Gebots der Rücksichtnahme (BVerwGE 82, 343, 347).

Bei der Abwägung der Interessen des Bauherrn und derjenigen des Nachbarn hat der Bauherr einen gewissen Vorrang, wenn sein Vorhaben den Festsetzungen eines Bebauungsplans entspricht, also nur ausnahmsweise über § 15 BauNVO unzulässig ist. Anders ist es bei einem Vorhaben, das von den Festsetzungen des Bebauungsplans abweicht und nur nach § 31 II BauGB zulässig sein kann (vgl. BVerwGE 82, 343, 348).

Angesichts einer derart breiten Anwendung der Bestimmungen 23
über das Rücksichtnahmegebot bleibt für einen Rückgriff unmittelbar auf **Art. 14 I GG** kaum noch Raum.

So wäre in dem oben (Rn. 19) erwähnten Beispiel der rechtswidrigen Genehmigung einzelner 8-geschossiger Hochhäuser in einem Villenviertel mit 2-geschossiger Bebauung – wenn man entgegen der hier vertretenen Ansicht zu „gebietsprägenden" Vorschriften über das Maß der baulichen Nutzung auch in diesen Fällen nur eine objektiv-rechtlich wirkende Festlegung des Maßes der baulichen Nutzung annimmt – Nachbarschutz über das Gebot der Rücksichtnahme analog § 15 BauNVO zu gewähren. Direkt auf Art. 14 I GG griff das Bundesverwaltungsgericht für den Nachbarschutz in Fällen zurück, in denen die nach § 30 BauGB allein im öffentlichen Interesse geforderte Voraussetzung einer gesicherten Erschließung nicht erfüllt war und dem Nachbarn deswegen ein Notwegerecht nach § 917 BGB auf seinem Grundstück aufgezwungen wurde, was dem Entzug eines Eigentumsrechts gleichkommt (BVerwGE 50, 282).

Allerdings sollte dieses nunmehr perfekte System eines Nachbarschutzes bei unzumutbaren Beeinträchtigungen nicht darüber hinwegtäuschen, daß sich alle diese Ergebnisse weit weniger kompliziert, rechtsdogmatisch einwandfreier und in Übereinstimmung mit der Grundrechtsdogmatik in anderen Rechtsgebieten auch über einen direkten Rückgriff auf Art. 14 I GG erzielen ließen (zur Kritik i. e. siehe oben § 18 Rn. 35).

Literatur: *Brohm*, Rechtsschutz im Bauplanungsrecht, 1959; *Sendler*, Zulässigkeit von Bauvorhaben §§ 29–34 BauGB, BBauBl 1968, 63; *Hoppe*, Das Ermessen bei der Erteilung baurechtlicher Ausnahmen und Befreiungen, DVBl. 1969, 340; *Sendler*, Der Nachbarschutz im Städtebaurecht Teil 1: Nachbarschutz im Planbereich, BauR 1970, 4; *Hahn*, Das baurechtliche Nachbarabwehrrecht, JuS 1987, 536; *Wasmuth*, Überlegungen zur Dogmatik des öffentlichen Nachbarrechtsschutzes, NVwZ 1988, 322; *Schmidt-Eichstaedt*, Die Befreiung im Spannungsfeld zwischen Bauleitplanung und Einzelfallentscheidung, DVBl. 1989, 1; *Stich*, Bedeutung der neuen bundesnaturschutzrechtlichen Eingriffs- und Ausgleichsvorschriften für die Bebauungsplanung und die Zulässigkeit von Bauvorhaben, BauR 1994, 205; *Schütz*, Bauschuttrecycling im Gewerbegebiet, VBlBW 2000, 355.

§ 20. Vorhaben im nicht (oder nicht qualifiziert) beplanten Innenbereich (§ 34 BauGB)

Übersicht

1. Anwendungsbereich

a) Funktion und praktische Bedeutung

1 Bei einem im Zusammenhang bebauten Ortsteil, für den kein Bebauungsplan oder nur ein nicht qualifizierter (bzw. einfacher, vgl. § 30 III BauGB) Bebauungsplan besteht, **ersetzt** praktisch die **faktische Bebauung** die Festsetzungen des **Bebauungsplanes**. Existiert überhaupt kein Bebauungsplan, bildet allein die vorhandene tatsächliche Bebauung den Maßstab für die Zulässigkeit von Bauvorhaben (§ 34 BauGB). Ist ein nicht qualifizierter Bebauungsplan vorhanden, gelten seine Festsetzungen; ergänzend ist die vorhandene Bebauung maßgebend; beide zusammen ergeben den Maßstab für die Nutzbarkeit der Grundstücke (§ 30 III BauGB).

2 Der lenkende Einfluß des vorhandenen Baubestandes läßt es den Gemeinden oft entbehrlich erscheinen, einen qualifizierten Bebauungsplan aufzustellen. Zwar bildet § 34 BauGB nur einen **„Planersatz"** (BVerwGE 62, 151), mit dessen Hilfe Fehlentwicklungen verhindert werden können; eine gestaltende Steuerung der Stadtentwicklung läßt sich damit nicht bewirken. Dazu bedürfte es eines Bebauungsplans. Aber die Gemeinden scheuen oft nicht nur den (personellen und finanziellen) Aufwand für dessen Aufstellung, sondern auch die umfassenden rechtsverbindlichen Festlegungen, die eine Abänderung und Anpassung des Planes an veränderte Umstände nur unter Schwierigkeiten ermöglichen, ferner das Risiko, daß der Bebauungsplan in Rechtsstreitigkeiten für unwirksam erklärt wird und daß im Zusammenhang mit ihm Entschädigungsansprüche geltend gemacht werden könnten. Daher werden viele gewachsene Innerortslagen von den Gemeinden nicht qualifiziert beplant; einzelne gestaltende Impulse können durch einfache Bebauungspläne oder durch Festsetzungen nach § 9 I, II, IV BauGB in erweiterten Entwicklungs- und Ergänzungssatzungen (§ 34 IV Nr. 2 u. 3 BauGB) mit erheblich reduziertem Aufwand und weit geringerem Risiko gegeben werden. Insofern ist es nicht verwunderlich, daß nach empirischen Erhebungen ca. 30% der Wohnbauvorhaben und 40% der übrigen Vorhaben nach § 34 BauGB genehmigt werden (*Scharmer*, S. 37).

b) Probleme der Bestimmung des Innenbereichs

3 Da es somit entscheidend auf die faktische Bausituation ankommt, können sich im Einzelfall erhebliche Zweifelsfragen ergeben. Das gilt vor allem für die Frage, wann von einem „im Zusammenhang bebauten Ortsteil" ausgegangen werden kann und wo der Bebau-

ungszusammenhang des Ortsteils i. S. d. § 34 BauGB endet und der baurechtliche Außenbereich i. S. d. § 35 BauGB beginnt. Viele Rechtsstreitigkeiten wegen der Bebauung von Ortsrandlagen drehen sich um diese Fragen; denn Innenbereichsgrundstücke sind Bauland und deshalb grundsätzlich bebaubar (BVerwGE 55, 272), Außenbereichsgrundstücke dagegen sind es nach § 35 II BauGB meistens nicht. Sofern keine Innenbereichssatzungen (§ 34 IV BauGB) vorliegen, muß die Grenze zwischen Innen- und Außenbereich aus der faktischen Bebauung ermittelt werden, was naturgemäß besondere Schwierigkeiten bereitet.

4 **Ortsteil** i. S. d. § 34 I BauGB ist zunächst jeder Bebauungskomplex im Gebiet der Gemeinde, der nach der Zahl der vorhandenen Bauten ein gewisses Gewicht besitzt und im Gegensatz zur unerwünschten „Splittersiedlung“ Ausdruck einer **organischen Siedlungsstruktur** ist (BVerwGE 31, 22, 26). Welche Mindestzahl von Bauten notwendig ist, um (schon) einen Ortsteil anzunehmen, läßt sich nur von Fall zu Fall entscheiden. So können schon 6 Häuser ausreichen, wenn die entsprechende Siedlungsform in der Gegend typisch ist (BVerwG, BRS 22 Nr. 76; vgl. auch OVG Münster, BRS 25 Nr. 42; VGH BW, BWGZ 1987, 105: 12 Wohngebäude; vgl. auch VGH BW, BWGZ 1987, 440). Für die Anforderung einer „organischen Siedlungsstruktur“ genügt es, daß die vorhandene Bebauung eine dem Siedlungscharakter angemessene Fortentwicklung erlaubt. Einem bestimmten städtebaulichen Ordnungsbild braucht sie nicht zu entsprechen (BVerwGE 31, 22, 27). So kann etwa auch eine bandartige Bebauung entlang einer Straße ein „Ortsteil“ sein (BVerwG, BRS 30, Nr. 38).

5 Das Baugrundstück muß weiter **innerhalb des Bebauungszusammenhangs** des Ortsteils liegen. Ein solcher „Bebauungszusammenhang“ setzt nach der Rechtsprechung voraus, daß „die aufeinanderfolgende Bebauung trotz vorhandener Baulücken den **Eindruck der Geschlossenheit** und Zusammengehörigkeit vermittelt“ (BVerwGE 75, 34; vgl. auch BVerwG, NVwZ-RR 1989, 6). Mit Blick auf die Funktion des § 34 BauGB als gesetzlichem Planersatz muß die Umgebungsbebauung noch prägende Wirkung entfalten können. Baulücken oder Freiflächen unterbrechen den Bebauungszusammenhang deshalb nicht, solange noch eine **prägende Wirkung** des Baubestandes möglich ist. Ausschlaggebend ist letztendlich die Verkehrsauffassung (BVerwGE 28, 268); allgemeine Grundsätze lassen sich wegen der starken Einzelfallabhängigkeit dieser Frage nicht aufstellen. So können große von Bebauung eingeschlossene Freiflächen durchaus sogenannte **„Außenbereichsinseln“** im Innenbereich bilden (dazu etwa BVerwG, NJW 1984, 1576; vgl. auch BVerwG, BRS 52 Nr. 146: 130 m Freifläche und VGH BW, VBlBW 1988, 23: 160 m Freifläche).

Die Kernfrage, wo der Bebauungszusammenhang endet, läßt sich nur nach sorgfältiger Ermittlung aller Umstände des konkreten Falles (regelmäßig durch

Augenschein) beantworten. Da es auf die Grundstücksgrenzen wegen der Maßgeblichkeit des „Geschlossenheitseindrucks" nicht ankommen kann, endet der Bebauungszusammenhang grundsätzlich unmittelbar hinter dem letzten noch zum Bebauungszusammenhang gehörenden Gebäude (BVerwG, DVBl. 1975, 509). Im Einzelfall kann sich so eine vielfach abgewinkelte Grenze ergeben (vgl. BVerwG, BRS 20 Nr. 38, 39). Besonderheiten gelten für Nebengebäude (dazu etwa OVG Saarland, BRS 39 Nr. 65). Modifikationen dieser Grundregel ermöglicht die grundsätzlich maßgebende Verkehrsanschauung außerdem dann, wenn sich im Einzelfall deutliche **„Zäsuren"** zwischen Innen- und Außenbereich **durch Landschaftsmarken** (wie Flüsse oder auch Straßen) feststellen lassen (dazu BVerwGE 31, 20, 22; VGH BW, BauR 1990, 576).

c) Festlegung der Grenzen des Innenbereichs durch Satzung

Die zur Bestimmung des Innenbereichs genannten Kriterien erlauben keine eindeutigen Abgrenzungen. Das Baugesetzbuch sieht deshalb in § 34 IV BauGB vor, daß die Gemeinde durch Satzung bestimmen kann, wo die Grenzen für den im Zusammenhang bebauten Ortsteil liegen und wo der Außenbereich beginnt. Gemäß dieser Zweckbestimmung lassen sich diese Satzungen unter dem Obergriff der **„Innenbereichssatzung"** zusammenfassen und von der „Außenbereichssatzung" nach § 35 VI BauGB abgrenzen (dazu unten § 21 Rn. 15). 6

§ 34 IV BauGB unterscheidet dabei drei Tatbestände:

(1) Die **Klarstellungssatzung** (§ 34 IV Nr. 1 BauGB): Sie legt **deklaratorisch** die Grenzen für die im Zusammenhang bebauten Ortsteile oder Teile davon fest. Die Gemeinde zeichnet hier nur nach, was sich aus den oben dargelegten Anforderungen zum Begriff des Ortsteils und des Bebauungszusammenhangs ergibt. 7

Demgemäß nennt § 34 IV Nr. 1 (anders als Nr. 2 und 3) BauGB keine Voraussetzungen für die Grenzziehung. Auch hat die Gemeinde kein planerisches Ermessen, Grundstücke, die diese Anforderungen nicht erfüllen, etwa aus städtebaulichen Gründen in den Innenbereich einzubeziehen; eine Satzung, die objektiv nicht zum Innenbereich gehörende Grundstücke einbezieht, ist insoweit rechtlich fehlerhaft und unwirksam. Umgekehrt sind Grundstücke, die diese Anforderungen erfüllen, aber außerhalb des Geltungsbereichs der Klarstellungssatzung geblieben sind, dennoch nach den baurechtlichen Zulässigkeitsvoraussetzungen des § 34 BauGB zu beurteilen, also als Innenbereichsgrundstücke bebaubar (BVerwG, NVwZ 1991, 61; überw. M.; a. A. *Brügelmann/Dürr*, § 34 Rn. 68).

8 (2) Die **Entwicklungssatzung** (§ 34 IV Nr. 2 BauGB): Mit ihr werden bebaute Gebiete im Außenbereich, die, etwa als Splittersiedlung, die Kriterien des „Ortsteils", oder als Streubebauung die Voraussetzungen des Bebauungszusammenhangs nicht erfüllen, **konstitutiv** als im Zusammenhang bebaute Ortsteile festgelegt.

Zum Erlaß einer solchen Satzung muß wenigstens ein Ansatz zu einem im Zusammenhang bebauten Ortsteil vorhanden sein, da die Anwendung des § 34 I, II BauGB, die die Entwicklungssatzung herbeiführen soll, ein „Einfügen in die nähere Umgebung" oder eine einem Baugebietstypus der BauNVO entsprechende Bebauung voraussetzt (*Schlichter/Hofherr*, BK, § 34 Rn. 86). Eine besondere (u. U. historisch entstandene) Siedlungsstruktur ist also nicht erforderlich; zur Einordnung der Satzung in die städtebauliche Entwicklung wird lediglich die Ausweisung dieses Gebiets im Flächennutzungsplan als Baufläche gefordert.

9 (3) Die **Ergänzungssatzung** (§ 34 IV Nr. 3 BauGB): Sie erlaubt einzelne Außenbereichsgrundstücke (größere Baulücken oder dem Bebauungszusammenhang oder den Siedlungsansätzen benachbarte Grundstücke) in den Innenbereich einzubeziehen, wenn die einbezogenen Grundstücke durch die bauliche Nutzung des angrenzenden Bereichs entsprechend geprägt sind.

10 In die Entwicklungssatzung oder Ergänzungssatzung können einzelne Festsetzungen nach § 9 I, II und IV BauGB, z. B. über Grünflächen, Verkehrsflächen oder Baulinien, aufgenommen werden. Diese Möglichkeit vermag in der Praxis die gestaltende Impulssteuerung mittels einfachen Bebauungsplans auf lange Sicht weitgehend abzulösen. Darin mag man einen weiteren Ansatzpunkt für den Trend zur „planerischen Zurückhaltung" erblicken; allerdings wird damit auch die zentrale Vorbereitungs- und Lenkungsfunktion der Bauleitplanung in Frage gestellt. Dies umso mehr, als diese Satzungen zur Bestimmung des Innenbereichs, auch wenn sie Festsetzungen nach § 9 BauGB aufnehmen, nicht im üblichen Bauplanungsverfahren, sondern im vereinfachten Verfahren erlassen werden (vgl. §§ 34 V 1; 13 Nr. 2 u. 3 BauGB). Dabei ist lediglich den „betroffenen" Bürgern und den Trägern öffentlicher Belange „Gelegenheit zur Stellungnahme innerhalb angemessener Frist" zu geben.

2. Zulässigkeit von Vorhaben im nicht (qualifiziert) beplanten Innenbereich

a) Die Grundregelungen in § 34 I u. II BauGB – Ihr Verhältnis zueinander

11 § 34 I BauGB verlangt, daß sich das Vorhaben „nach Art und Maß der baulichen Nutzung, der Bauweise" und der zur Bebauung vorgesehenen Grundstücksfläche „in die Eigenart der näheren Umgebung einfügt" und daß die Erschließung gesichert ist. Außerdem müssen die Anforderungen an gesunde Wohn- und Arbeitsverhältnisse gewahrt bleiben und es darf das Ortsbild nicht beeinträchtigt werden. Zentrales Tatbestandsmerkmal der Vorschrift ist das **„Einfügen"** in die Eigenart der näheren Umgebung, das jeweils für die genannten baurechtlichen Festsetzungskategorien geprüft werden muß.

12 Eine Besonderheit gilt nach **§ 34 II BauGB für die Art der baulichen Nutzung**. Sofern die Eigenart der näheren Umgebung des Baugrundstücks einem in der Baunutzungsverordnung typisierten Baugebiet, also z.B. einem reinen Wohngebiet (s. § 3 BauNVO) entspricht, ist die Nutzungsart ausschließlich nach den einschlägigen Bestimmungen der Baunutzungsverordnung zu beurteilen; sie gewährleisten, daß sich das Vorhaben in die Eigenart der näheren Umgebung einfügt, so daß diese Voraussetzung des § 34 I BauGB nicht mehr zu prüfen ist.

Insofern stellt sich § 34 II BauGB für die *Art* der baulichen Nutzung als **lex specialis** zu § 34 I BauGB dar und ist infolgedessen vor diesem zu prüfen.

Da hier die Regelungen der Baunutzungsverordnung nicht infolge einer Festsetzung im Bebauungsplan, sondern auf Grund tatsächlicher Gegebenheiten zur Anwendung kommen, spricht man in diesem Falle häufig von **„faktischen Baugebieten"**. Im Unterschied zu den durch Bebauungsplan festgelegten Baugebieten gelten hierfür die Vorschriften der Baunutzungsverordnung in ihrer jeweils aktuellen Fassung (**„dynamische Verweisung"**); schließlich gibt es hier keinen Willen eines Ortsgesetzgebers, auf den man Rücksicht nehmen müßte (dazu oben § 6 Rn. 28).

13 Von den Vorschriften der Baunutzungsverordnung können nach den allgemeinen Grundsätzen des § 31 BauGB **Ausnahmen und Befreiungen** erteilt werden.

Z.B. kann in einem Gebiet, das nach seiner tatsächlichen Bebauung einem allgemeinem Wohngebiet im Sinne von § 4 BauNVO gleicht, nach § 4 III BauNVO i.V.m. § 31 I BauGB auch ausnahmsweise eine Tankstelle zugelassen werden.

14 § 34 II BauGB und damit auch die Möglichkeiten zu Abweichungen nach § 31 I u. II BauGB gelten **nur** für die **Art der baulichen Nutzung**, nicht auch für die anderen planungsrechtlich möglichen Festlegungen, etwa für das Maß der baulichen Nutzung. Für diese Fragen bleibt es bei der allgemeinen Regel des § 34 I BauGB. Diese gilt auch für die Art der baulichen Nutzung, wenn sich die tatsächliche Bebauung nicht eindeutig in eine Gebietskategorie der Baunutzungsverordnung einordnen läßt.

b) Die Voraussetzungen des § 34 I BauGB im einzelnen

15 Die Entscheidung darüber, ob sich ein Vorhaben in die **„Eigenart der näheren Umgebung einfügt"**, bereitet in der Baurechtspraxis erhebliche Schwierigkeiten.

Die **„nähere Umgebung"** muß mit Blick auf die Funktion des § 34 BauGB als gesetzlichem Planersatz einmal insoweit berücksichtigt werden, als sich die Ausführung des Vorhabens auf die Umgebung auswirken kann und zweitens insoweit, als die Umgebung ihrerseits den bodenrechtlichen Charakter des Baugrundstücks prägt oder doch beeinflußt (BVerwGE 55, 369; 62, 151; 84, 322; st. Rspr.). Ausschlaggebend sind wiederum die Umstände des einzelnen Falles: Bei emissionsträchtigen oder besonders immissionsempfindlichen Vorhaben wird die „prägende" nähere Umgebung i.S.d. § 34 I BauGB ein größeres Gebiet umfassen, bei wenig emittierenden und im Einzelfall wenig immissionsbelasteten Vorhaben, wie z.B. der Errichtung eines Wohnhauses in einem mit Wohnhäusern bebauten Gebiet, kann sich die „nähere Umgebung" praktisch auf die unmittelbare Nachbarschaft beschränken (vgl. etwa BayVGH, NVwZ-RR 1992, 60).

Die **„Eigenart"** der so ermittelten näheren Umgebung beurteilt sich nach den dort tatsächlich vorhandenen baulichen und sonstigen Anlagen. Ob sie baurechtlich genehmigt sind, spielt keine Rolle; genehmigte, aber noch nicht errichtete Vorhaben prägen die Eigenart der näheren Umgebung ebensowenig wie abgebrochene Gebäude. Allerdings ist zur Bestimmung der Eigenart die tatsächliche Bebauung der näheren Umgebung auf das Wesentliche zurückzuführen. Bauliche Anlagen, die rein von der Quantität her die Eigenart der näheren Umgebung nicht zu beeinflussen vermögen, sind ebenso aus der Betrachtung auszusondern, wie Unikate, die zwar quantitativ die Erheblichkeitsschwelle überschreiten, aber nach ihrer Qualität völlig aus dem Rahmen der in der näheren Umgebung anzutreffenden Bebauung herausfallen. Solche „Fremdkörper" sind nur dann in die Betrachtung einzubeziehen, wenn sie ihrerseits trotz ihrer Singularität für die Umgebung tonangebend wirken, also die Eigenart der Umgebung mitbestimmen, wie etwa ein größerer Industriebetrieb in einem im übrigen einheitlich strukturierten Wohngebiet (BVerwGE 84, 322, 326 f.).

Das zentrale Problem bei der Anwendung des § 34 BauGB bildet der Begriff des **„Einfügens"**. Die grundlegenden Entscheidungsmaßstäbe hat das Bundesverwaltungsgericht (BVerwGE 55, 369) an Hand zweier Prüfungsschritte entwickelt. Zunächst ist aus der Eigenart der näheren Umgebung, jeweils getrennt für Nutzungsart, Nutzungsmaß, Bauweise usw. ein **Rahmen** zu ermitteln. Finden sich z. B. in der näheren Umgebung 2-, 3- und 5-geschossige Gebäude, so reicht der Rahmen für die Geschoßzahl (GZ) von 2–5. Im zweiten Schritt ist zu prüfen, ob das Vorhaben im Hinblick auf die jeweilige Festsetzungskategorie den Rahmen einhält. Überschreitet es ihn, liegt dennoch keine Verletzung des Erfordernisses des „Einfügens" vor, wenn das Vorhaben keine **städtebaulichen Spannungen** begründet oder keine bereits vorhandenen Spannungen verstärkt, deren Bewältigung der Planung bedarf. In der grundlegenden Entscheidung spricht das Bundesverwaltungsgericht insoweit davon, § 34 BauGB verlange keine „Einheitlichkeit", sondern „Harmonie". Insofern überschreitet z. B. eine Windenergieanlage den Rahmen, wenn sich in der Umgebung Vergleichbares nicht findet; sie muß aber bei einer aufgelockerten Bebauung grundsätzlich als „harmonisch" angesehen werden, so daß von einem „Einfügen" ausgegangen werden kann. Beeinträchtigt sie im konkreten Fall jedoch, etwa durch ihren Standort, den Nachbarn unzumutbar, verstößt sie gegen das Rücksichtnahmegebot, das Bestandteil des Tatbestandsmerkmals des Einfügens ist (BVerwGE 67, 23, 30 f.). Für den umgekehrten Fall bedeutet dies: Hält sich ein Vorhaben in dem durch die Eigenart der näheren Umgebung vorgegeben Rahmen, fügt es sich regelmäßig ein, es sei denn, es ist „unharmonisch" (führt zu konkreten städtebaulichen Spannungen) oder verstößt gegen das Rücksichtnahmegebot. Damit erlangt das Rücksichtnahmegebot im unbeplanten Innenbereich eine ähnliche Bedeutung wie § 15 BauNVO im Planbereich. Es kann ein Vorhaben, das den Umgebungsrahmen wahrt und sich nicht als disharmonisch darstellt, dennoch gegenüber seiner unmittelbaren Nachbarschaft als rücksichtslos erscheinen und daher unzulässig sein (vgl. BVerwG, DVBl. 1981, 234; BVerwG, DVBl. 1992, 1101).

Die **übrigen Zulässigkeitsvoraussetzungen** des § 34 I BauGB **16**
bereiten kaum Probleme. Hinsichtlich der Erschließung gelten die obigen Ausführungen (§ 19 Rn. 4). Das Erfordernis gesunder Wohn- und Arbeitsverhältnisse hat neben dem „Einfügen" keine große praktische Bedeutung. Für die Anforderung, daß das Vorhaben das Ortsbild nicht beeinträchtigen darf, können, wie ausgeführt (oben § 18 Rn. 21 ff.), im Hinblick auf Art. 74 I Nr. 18 GG nur städtebauliche, nicht aber bauordnungsrechtliche Gesichtspunkte der Baugestaltung maßgeblich sein. Bei den bauordnungsrechtli-

chen Vorschriften liegt der Akzent auf der Gestaltung des Bauwerks und die Umgebung ist kleiner gedacht, etwa im Sinne des Straßenbildes; dafür sind hier die Anforderungen eng auf die Verunstaltung begrenzt. Maßstab für § 34 I 2, HS 2 BauGB ist dagegen der Ort und das Ortsbild, also zumindest ein größerer Bereich der Gemeinde (BVerwG, DÖV 2000, 1008). Deshalb kann es hier z. B. auf die Farbe des Bauwerks oder auf dessen Form i. d. R. nicht ankommen (OVG Berlin, NVwZ 1982, 255). Der Schutz des Ortsbilds kann die bauliche Nutzbarkeit eines Innenbereichsgrundstücks nicht vollständig beseitigen; soll etwa der Blick auf ein historisches Gebäude freigehalten werden, muß dies über die Bauleitplanung oder das Instrumentarium des Denkmalschutzrechts bestimmt werden (vgl. etwa BVerwG, DVBl. 1981, 234).

3. Weitere, insbesondere naturschutzrechtliche Anforderungen

17 Andere öffentliche Belange des Bodenrechts als diejenigen, die das Gesetz in § 34 I BauGB erwähnt, spielen für die Zulässigkeit von Vorhaben nach dieser Bestimmung i. d. R. **keine Rolle**. Insbesondere können die Darstellungen des **Flächennutzungsplans** Innenbereichsvorhaben weder zulassen noch verbieten (BVerwGE 62, 151). Auch **Ziele der Raumordnung** sind im Rahmen des § 34 BauGB grundsätzlich unerheblich. Natürlich gelten Rechtsvorschriften aus anderen Rechtsbereichen, etwa dem Immissionsschutzrecht, auch im Innenbereich, selbst wenn sie sich u. U. beschränkend auf die Bodennutzung auswirken, wie etwa die Festlegung von Emissionsgrenzwerten. Nach dem Baurechtskompromiß, der mit § 8 a BNatSchG, § 1 a II Nr. 2 u. III BauGB die naturschutzrechtliche Eingriffs- und Ausgleichsproblematik in das Bauplanungsrecht verlagerte, ist jedoch **fraglich, inwieweit** damit die Regelungen des **BNatSchG** und der dieses Rahmengesetz ausfüllende Landesnaturschutzgesetze durch das Bauplanungsrecht verdrängt werden.

Das gilt insbesondere für die Regelungen des förmlichen Gebiets- und Artenschutzes, wie Landschaftsschutzverordnungen und landesrechtliche Regelungen zum Schutz von Biotopen, einschließlich der Spontanbiotope (vgl.

§ 20c BNatSchG). Das Bundesverwaltungsgericht entschied zu der insoweit parallelen Vorläuferregelung, daß diese lediglich für den objektbezogenen allgemeinen Schutz des Naturhaushalts einen „Eingriff" und die entsprechende Ausgleichspflicht ausschließe. Sie beraube aber nicht die speziellen Regelungen des förmlichen Gebiets- und Artenschutzes, wie Landschaftsschutzverordnungen oder landesrechtliche Regelungen zum Schutz von Biotopen, ihrer Wirksamkeit (BVerwG, DÖV 1995, 382 = NVwZ 1995, 601; kritisch dazu *A. Walter*, Vom statischen zum dynamischen Naturschutz, 2000, S. 88f. m. w. N.).

Nach § 8a II 1 Hs. 1 BNatSchG i. d. F. des BauROG 1998 sind die Vorschriften der Eingriffsregelung des § 8 BNatSchG in Gebieten mit Bebauungsplänen nach § 30 BauGB und im Innenbereich nach § 34 BauGB nicht anzuwenden. Der Ausschluß gilt also nur für die objektbezogene Regulierung zum Schutze des Naturhaushalts, nicht aber für den daneben stehenden Gebietsschutz und den Artenschutz als selbständige Schutzverfahren. Die Fiktion, daß ein Vorhaben keinen unzulässigen oder zumindest ausgleichspflichtigen „Eingriff" i. S. v. § 8 BNatSchG darstelle, rechtfertigt sich im Falle des beplanten Innenbereichs (§ 30 BauGB) daraus, daß dem naturschutzrechtlichen Ausgleich nach § 1a II Nr. 2, III BauGB bereits bei der Aufstellung des Bebauungsplans Rechnung getragen wurde. Bei den hier interessierenden Vorhaben im nicht-beplanten Innenbereich aber fehlen naturgemäß diese Möglichkeiten. Um wenigstens bei der Errichtung, also dem im Vergleich zur Änderung oder Nutzungsänderung naturschutzrechtlich bedeutsamsten Vorhaben, vordringliche Belange des Naturschutzes zur Geltung bringen zu können, muß hier die baubehördliche Entscheidung **im Benehmen mit den Naturschutzbehörden** – bei einer Präklusionsfrist von einem Monat – entschieden werden (§ 8a III BNatSchG). Über diese Informationspflicht erlangen die Naturschutzbehörden die Möglichkeit, notfalls mit eigenen rechtlichen Mitteln (z. B. durch Unterschutzstellung als geschützten Landschaftsbestandteil) im Interesse des Naturschutzes einzugreifen (vgl. *Krautzberger*, B/K/L, § 34 Rn. 81).

Ein stärkeres Gewicht kommt der **Europäischen Fauna-Flora-Habitat-Richtlinie** sowie der Europäischen **Vogelschutzrichtlinie** zu, die durch die §§ 19a ff. BNatSchG in nationales Recht umgesetzt wurden. Diese europäischen Verbundsysteme erfreuen sich erhöhter **Schutzbestimmungen mit absoluten Grenzen**. Für die Aufstellung von Bauleitplänen wurde darauf bereits oben (§ 13 Rn. 12) unter Hinweis auf § 1a II Nr. 4 BauGB eingegangen. Für Bauvorhaben nach § 34 BauGB nimmt § 29 III BauGB auf diese besonderen Regelungen Bezug. Sie können, wenn nach einer Verträglichkeitsprüfung eine erhebliche Beeinträchtigung zu befürchten ist, einem Vorhaben u.U. entgegenstehen und es verhindern.

Vergegenwärtigt man sich die oben gegebene Erklärung, daß § 8a BNatSchG auch die Fälle des § 34 BauGB von der Eingriffs- und Ausgleichsregelung freistellt, weil hier die Möglichkeit eines bauplanungsrechtlichen Ausgleichs fehlte, so leuchtet es ein, daß diese Freistellung dann nicht gelten kann, wenn ein im Zusammenhang bebauter Innenbereich durch einen Bebauungsplan (neu) beplant wird und dadurch Eingriffe in Natur und Landschaft zu erwarten sind, weil durch Veränderung der Gestalt oder Nutzung von Grundflächen die Leistungsfähigkeit des Naturhaushalts oder das Landschaftsbild erheblich oder nachhaltig beeinträchtigt werden kann (vgl. § 8 I BNatSchG). Wenn sich das betreffende Landesrecht, wie § 10 I NatSchG BW, so auslegen läßt, daß solche Eingriffe nur im Außenbereich anzunehmen seien, verstößt diese Regelung oder eine entsprechende Auslegung gegen das vorrangige Bundesrecht (BVerwG, DÖV 2001, 250ff.).

4. Nachbarschutz

18 **§ 34 I BauGB** gibt nur partiell einen Nachbarschutz insofern, als der Begriff des „Einfügens" Ausdruck des baurechtlichen **Gebots der Rücksichtnahme** ist. Dieses Prinzip hat in erster Linie nur eine objektiv-rechtliche Bedeutung, gewährt aber, wie oben § 19 Rn. 21 erwähnt, Nachbarschutz, wenn eine bestimmte Schwelle der Beeinträchtigung erreicht wird, nämlich „in qualifizierter und zugleich individualisierter Weise" schutzwürdige Interessen eines Personenkreises verletzt werden, der sich von der Allgemeinheit unterscheidet (dazu grundlegend BVerwGE 52, 122;

BVerwG, NVwZ 1987, 409 = DVBl. 1987, 476; BVerwG, NJW 1994, 1546, 1547). Danach kann ein Nachbar bei qualifizierten Verstößen, die zu unzumutbaren Beeinträchtigungen führen, sich auf die Verletzung dieses Rücksichtnahmegebots berufen. Da § 34 II BauGB eine spezielle Regelung für die „Art der baulichen Nutzung" trifft, ist § 34 I BauGB im wesentlichen nur für das „Maß der baulichen Nutzung" von Bedeutung.

Beispiel: BVerwG, BRS 38 Nr. 186: 11-geschossiges Hochhaus 20 m neben 2-geschossigem Gebäude; Gegenbeispiel: BVerwG, NVwZ 1985, 38: Allgemeine Zunahme von Verkehrslärm; VGH BW, VBlBW 1992, 345.

Die früher z. T. vertretene Meinung, daß § 34 II BauGB trotz seines Verweises auf die „Baugebietsvorschriften" der Baunutzungsverordnung auch für die **„Art der baulichen Nutzung"** keinen Nachbarschutz vermittle, weil dieser nicht an einen Schutzwillen des Gemeinderats anknüpfen könne, ist überholt. Durch die gesetzliche Gleichstellung der faktischen mit der geplanten Bebauung wird von Seiten des Bundesgesetzgebers in diesem Umfange auch ein identischer Nachbarschutz festgelegt (BVerwG, NJW 1994, 1546, 1547). Insoweit kann auf die obigen Ausführungen dazu (§ 19 Rn. 18) verwiesen werden. Danach hat der Nachbar, der im gleichen Gebiet ansässig ist, gegenüber einer ihn benachteiligenden Baugenehmigung einen Rechtsanspruch auf Bewahrung des Gebietstypus. Dagegen kann sich der außergebietliche Nachbar lediglich auf das Rücksichtnahmegebot in § 15 I 2 BauNVO berufen, muß also eine „erhebliche Beeinträchtigung" geltend machen (dazu *Gaentzsch*, NVwZ 2000, 993, 999 m. w. N.).

Prüfungstechnisch ist § 34 II BauGB als lex specialis vor der allgemeinen Regelung des § 34 I BauGB zu erörtern.

Innenbereichssatzungen nach **§ 34 IV BauGB** gewähren unter den gleichen Voraussetzungen Nachbarschutz wie die Festsetzungen eines Bebauungsplans (dazu oben § 19 Rn. 17 ff.).

Literatur: *Stich*, Die Schaffung von Bauland und seiner Bebauung nach heutigem Recht – Eine praxisbezogene Problemskizze, ZfBR 1994, 258; *Jeand'Heur*, Gibt es Satzungen mit nur „deklaratorischem" Gehalt? Zugleich ein Beitrag zur Auslegung von § 34 IV Nr. 1 BauGB, NVwZ 1995, 1174; *A. Walter*, Vom statischen zum dynamischen Naturschutz, 2000.

§ 21. Vorhaben im Außenbereich

Übersicht

1. Grundbegriffe und Tatbestände des § 35 BauGB (Überblick)

a) Außenbereich

1 Schon wenige Jahre nach der weitgehenden Freigabe der Bautätigkeit im Liberalismus begannen die Staaten in Deutschland damit, das Bauen im Außenbereich einzuschränken, um die Belastung der Gemeinden mit immer neuen Erschließungs- und Infrastrukturmaßnahmen zu begrenzen und eine Zersiedelung der Landschaft zu vermeiden. § 35 BauGB führt diese Regelung nach mehrfachen Erweiterungen und Ergänzungen fort.

2 Der Außenbereich wird negativ definiert. Es fallen darunter alle Gebiete, die weder im räumlichen Geltungsbereich eines qualifizierten Bebauungsplans (§ 30 I BauGB) oder eines vorhabenbezogenen Bebauungsplans (§§ 30 II; 12 BauGB) noch innerhalb der im Zusammenhang bebauten Ortsteile (§ 34 BauGB) liegen.

Dadurch wird die Ausschließlichkeit der drei Planbereichskategorien gewährleistet. In Anbetracht dieser Begriffsbestimmung lassen sich dem vom Baugesetzbuch geprägten Begriff des „Außenbereichs" keine bestimmten Vorstellungsbilder, etwa der „freien Natur", der „Stadtferne" oder der „Einsamkeit" zuordnen. Mit Außenbereich i. S. v. § 35 BauGB wird vielmehr die Gesamtheit der nicht von den §§ 30 I, II und 34 BauGB erfaßten Flächen bestimmt (vgl. BVerwGE 41, 227, 232f.). An der Zuordnung zum Außenbereich ändert sich auch nichts, wenn ein einfacher Bebauungsplan vorliegt; allerdings geht dieser, wie § 30 III BauGB klarstellt, mit seinen Festsetzungen den allgemeinen Maßstäben des § 35 BauGB vor.

b) Privilegierte und nicht-privilegierte Vorhaben

Die wichtigste Weichenstellung für Vorhaben im Außenbereich 3
treffen § 35 I und II BauGB. Sie unterscheiden zwischen im einzelnen näher bestimmten sog. privilegierten Vorhaben und den „sonstigen", also den nicht-privilegierten Vorhaben. Die **„privilegierten" Vorhaben** sind unter der Voraussetzung einer gesicherten „ausreichenden" Erschließung im Außenbereich zulässig, wenn öffentliche Belange nicht „entgegenstehen". Die **„nicht-privilegierten" Vorhaben** können dagegen nur „im Einzelfall" und nur dann zugelassen werden, wenn ihre Ausführung öffentliche Belange nicht „beeinträchtigt". Vor allem die letztere Formulierung zeigt, daß die Aussicht auf Verwirklichung bei den privilegierten Vorhaben wesentlich größer sein muß als bei denen nach § 35 II BauGB. Sie sind, anders formuliert, nur unzulässig, wenn öffentliche Belange **„entgegenstehen"**, wenn sie diesen also geradezu widersprechen; dagegen sind die „sonstigen Vorhaben" bereits unzulässig, wenn sie diese Belange lediglich **„beeinträchtigen"**, also negativ berühren. Diese Vorzugsstellung der privilegierten Vorhaben folgt auch aus ihrer Zweckbestimmung. Sie lassen sich, etwa als land- oder forstwirtschaftliche Betriebe oder als umweltgefährdende Anlagen, im allgemeinen nur im Außenbereich verwirklichen. Allerdings ergibt sich auf Grund dieser Regelung nach neuerer Rechtsprechung kein Anspruch darauf, in der privilegierten Nutzung nicht durch

das Bauvorhaben eines anderen behelligt zu werden. Denn § 35 I BauGB stellt keinen gleichsam vom Gesetzgeber geplanten Baugebietstypus dar, auf dessen Erhaltung der einzelne aus dem Gedanken der Opfer- und Nutzungsgemeinschaft heraus ein subjektives Recht hätte. Vielmehr kann der Außenbereich durch die Bauleitplanung grundsätzlich noch auf die verschiedensten Gebietstypen festgelegt werden. M.a.W.: Der Privilegierte vermag mit seiner Grundstücksnutzung nicht die Art der baulichen Nutzung der Nachbargrundstücke zu bestimmen. Das hat zur Folge, daß er sich lediglich gegen unzumutbare Störungen als Verletzung des in § 35 III Nr. 3 BauGB verankerten Rücksichtnahmegebots zur Wehr setzen kann (BVerwG, DÖV 2000, 81; NVwZ-RR 2001, 82).

In der Entscheidung des Bundesverwaltungsgerichts (DÖV 2000, 81) ging es um die Klage des Inhabers eines Gartenbaubetriebs im Außenbereich, mit der er sich gegen die Erteilung einer Baugenehmigung zur Errichtung eines Einfamilienhauses in seiner unmittelbaren Nähe wandte. Er befürchtete, daß er durch dieses Bauvorhaben zu kostspieligen emissionsreduzierenden Maßnahmen, wenn nicht sogar zur Einstellung seiner Holz-Feuerungsanlage genötigt werde. Die Klage wurde in allen Instanzen abgewiesen, weil ihm gegenüber dem Bauvorhaben allenfalls ein Recht wegen Verletzung des „Rücksichtnahmegebots" zustehen könne. Dies sei vorliegend jedoch mangels einer ihn schwer und unerträglich treffenden Belastung nicht der Fall. Die damit getroffene Grundaussage, daß der Außenbereichsprivilegierte sich gegen eine herannahende Wohnbebauung nur dann wehren könne, wenn diese gegen das Rücksichtnahmegebot verstoße, hat das Gericht wenig später (BVerwG, NVwZ-RR 2001, 82) erneut bestätigt. Hier wurde die Klage von Inhabern einer landwirtschaftlichen Nebenerwerbsstelle gegen die Genehmigung eines Wohnhauses im Außenbereich abgewiesen. Die Kläger sahen sich durch das Vorhaben in ihrem landwirtschaftlichen Betrieb, insbesondere in dessen – allerdings erst vage geplanten – Erweiterung um einen Schweinestall für 300 Mastschweine behindert. Das Gericht betonte erneut, daß § 35 I BauGB keine „Gebietsausweisung" darstelle, wie die Festlegung eines Gebietstypus der BauNVO. Er begründe daher auch keinen Gebietserhaltungsanspruch. Insofern könne sich der Außenbereichsprivilegierte nur auf eine Verletzung des Rücksichtnahmegebots berufen, die hier aber nicht vorliege.

Mit diesen Entscheidungen hat sich das Bundesverwaltungsgericht jetzt wohl **endgültig von der Ansicht losgesagt**, die es relativ früh (BVerwGE 28, 148, 150) zu § 35 I BauGB – bzw. seiner gleichlautenden Vorgängerregelung – entwickelt hatte. Danach sollte in dieser Bestimmung eine „generelle Planung" des Gesetzgebers zu sehen sein, mit der er die privilegierten Vorhaben in einer dem § 30 BauGB nahekommenden Weise grundsätzlich in den Außenbereich verwiesen habe, während die sonstigen, also die nicht-privilegierten Vorhaben nach § 35 II BauGB praktisch einem Bauverbot unterlägen. Dementsprechend wurde vielfach **§ 35 I BauGB als Ersatzplan** des Gesetzgebers von dem **„Planersatz"** des § 34 BauGB unterschieden (dazu *Sendler*, BBauBl. 1968, 12, 13). Einen ersten Abstrich an dieser Lehre machte das Gericht dann in BVerwGE 68, 311, 314f., als es erkannte, daß § 35 I BauGB im Unterschied zu den Regelungen des Innenbereichs in § 30 BauGB keine Entscheidung über den konkreten Standort der privilegierten Vorhaben im Außenbereich getroffen habe. Deswegen seien die Vorhaben nicht grundsätzlich an jedem beliebigen Standort zulässig, sondern unterständen insbesondere auch in dieser Frage der Prüfung, ob öffentliche Belange entgegenstehen, so daß auch sie an diesen Belangen scheitern könnten (dazu *Taegen*, BK, § 35 Rn. 8). Konsequent hat das Gericht nunmehr (DÖV 2000, 81 und NVwZ-RR 2001, 82) entschieden, daß der Außenbereich i. S. v. § 35 I BauGB kein Baugebietstypus sei. Daher könne der Eigentümer eines dort befindlichen landwirtschaftlichen oder sonstigen privilegierten Betriebs seine Anfechtungsklage gegen die Genehmigung eines benachbarten Wohngebäudes nicht auf einen angeblichen Anspruch auf Gebietserhaltung stützen, sondern allenfalls auf die Mißachtung des allgemeinen in § 35 III Nr. 3 BauGB enthaltenen Rücksichtnahmegebots (dazu auch unten Rn. 30 und oben § 18 Rn. 6).

c) Teilprivilegierte oder „begünstigte" Vorhaben – Sicherung des Begünstigungszwecks

Zur Gewährleistung eines begrenzten baulichen Bestandsschutzes 4
lockert **§ 35 IV BauGB** das prinzipielle Bauverbot für Nutzungsänderungen, Ersatzbauten und Erweiterungen bei nicht-privilegierten Vorhaben in bestimmten Fällen auf und erleichtert damit die Genehmigungsfähigkeit dieser **„teilprivilegierten"** oder **„begünstigten" Vorhaben**. Das gilt vor allem angesichts des Strukturwandels in der Landwirtschaft für Nutzungsänderungen bei landwirtschaftlichen

Gebäuden, für den Ersatzbau aus Modernisierungsgründen, den alsbaldigen Wiederaufbau zerstörter Gebäude, die Änderung oder Nutzungsänderung landschaftsprägender Gebäude, die Erweiterung von Gebäuden und auch von Betrieben, letzteres zur Standortsicherung.

Die Teilprivilegierung des Nutzungswandels im landwirtschaftlichen Sektor, des Ersatzbaus aus Modernisierungsgründen, des Wiederaufbaus und der Erweiterung von Gebäuden und Betrieben im Außenbereich (§ 35 IV BauGB) darf nicht zu einer Zersiedelung der Landschaft führen. Der Außenbereich muß als natürliche Ressource und als Erholungsraum für die Allgemeinheit geschützt bleiben. Zur **Sicherung des Begünstigungszwecks** sind die Teilprivilegierungen in ihrem Ausmaß und ihrer Zweckbestimmung eng begrenzt. Sie dürfen etwa nicht zur Einrichtung von Ferienwohnungen und Wochenendhäusern genutzt werden. Zur Vermeidung solchen Mißbrauchs soll die Genehmigungsbehörde nach § 35 V BauGB sicherstellen, daß die baulichen und sonstigen Anlagen nach Durchführung des Vorhabens nur in der vorgesehenen Art genutzt werden. Dies läßt sich erreichen z. B. durch Baulasten, sofern sie im Landesrecht vorgesehen sind (vgl. § 71 LBO BW), durch Veräußerungsverbote mit Grundbucheintrag, durch Nebenbestimmungen, insbesondere Auflagen zur Baugenehmigung, oder durch vertragliche Vereinbarungen u. ä. Maßnahmen.

2. Die Vorhaben im einzelnen

a) Die Privilegierungstatbestände

5 Die Regelung für die privilegierten Vorhaben (§ 35 I BauGB) trägt dem Umstand Rechnung, daß bestimmte Anlagen und Nutzungen grundsätzlich nur im Außenbereich möglich oder sinnvoll sind. Das gilt für **land- und forstwirtschaftliche** sowie der gartenbaulichen Erzeugung dienende **Betriebe** (§ 35 I Nr. 1, 2 BauGB), für **außenbereichsorientierte öffentliche Versorgungseinrichtungen**, wie Elektrizitätswerke oder Kläranlagen, sowie **ortsgebundene Betriebe**, wie Steinbrüche oder Kiesgruben (§ 35 I Nr. 3 BauGB), für Anlagen, die **wegen ihrer Anforderungen an die Umgebung**, wie z. B. Aussichtstürme und Wetterstationen, wegen **ihrer Emissionen**, wie z. B. Schweinemästereien, Tierkörperbeseitigungs- und Windenergieanlagen, wegen **ihres Gefahrenpotentials**, wie z. B. Sprengstoffabriken, Sprengstofflager, Kernkraftwerke, oder wegen **ihrer besonderen Zweckbestimmung**, wie z. B. Schießsportanlagen (§ 35 I Nr. 4–6 BauGB) nur im Außenbereich durchgeführt werden sollen.

Besondere Probleme werfen vor allem die Tatbestände des § 35 I Nr. 1 und Nr. 4 BauGB auf:

Nach **§ 35 I Nr. 1 BauGB** ist ein Vorhaben „privilegiert" zu- 6
lässig, wenn es einem **land- oder forstwirtschaftlichen Betrieb dient** und nur einen untergeordneten Teil der Betriebsfläche einnimmt. Konstituierend für diesen Privilegierungstatbestand sind damit drei Merkmale: „Land- bzw. Forstwirtschaft", „Betrieb" und „Dienen".

Den Begriff der **„Landwirtschaft"** in diesem (bauplanungsrechtlichen) Sinne definiert § 201 BauGB. Danach ist Landwirtschaft nicht nur Ackerbau und Viehzucht, sondern auch die Pensionstierhaltung auf überwiegend eigener Futtergrundlage, die gartenbauliche Erzeugung, der Erwerbsobst- und der Weinbau, die berufsmäßige Imkerei und die berufsmäßige Binnenfischerei. Diese Aufzählung ist im Hinblick auf die Formulierung „insbesondere" in § 201 BauGB nicht abschließend (BVerwG, NVwZ 1986, 201, 202). Notwendig ist, mit Ausnahme der Imkerei und der Binnenfischerei, aber immer eine **unmittelbare Bodenertragsnutzung** (BVerwGE 34, 1; BVerwG, NVwZ 1986, 201, 202). Daran fehlt es insbesondere bei Betrieben zur – im Grunde genommen industriellen Fleischerzeugung durch – Massentierhaltung von Hühnern oder Schweinen ohne überwiegend selbsterzeugte Futtergrundlage (BVerwG, NJW 1981, 139); Betriebe dieser Art können jedoch u. U. wegen ihrer Geruchsbelästigung nach § 35 I Nr. 4 BauGB privilegiert sein.

Geht es in diesem Sinne um Landwirtschaft, so muß im Einzelfall weiter ein **„Betrieb"** vorliegen. Notwendig dafür ist, daß die beabsichtigte Bodennutzung nach der Größe der bewirtschafteten Fläche, dem Umfang des Arbeitsanfalls und der Verkehrsüblichkeit sowie im Hinblick auf die persönliche Eignung des Betriebsführers und seine wirtschaftlichen Verhältnisse die Gewähr für eine **ernsthafte**, **nachhaltige** und auf Dauer angelegte, **lebensfähige** Bewirtschaftung bietet (BVerwGE 26, 121). Die bloße „Liebhaberei" oder „Hobbylandwirtschaft" wird deshalb von § 35 I Nr. 1 BauGB nicht erfaßt. Es genügt im Grundsatz jedoch, daß der Betrieb mit **Gewinnerzielungsabsicht** bewirtschaftet wird; ob tatsächlich ein Gewinn erzielt wird, ist nicht ausschlaggebend (BVerwG, NVwZ 1986, 916; BVerwG, BRS 46 Nr. 76). Unter diesen Voraussetzungen sind nicht nur Haupterwerbsbetriebe, sondern auch landwirtschaftliche Nebenerwerbsbetriebe privilegiert (dazu BVerwGE 26, 121). Weiter muß der Betrieb **auf Dauer** angelegt, d. h. „für Generationen" geschaffen sein (dazu und zur notwendigen rechtlichen Sicherung der Betriebsfläche: BVerwGE 41, 138, 143). Das Bundesverwaltungsgericht will so verhindern, daß eine vorübergehende landwirtschaftliche Betätigung nur vorgeschoben wird, um in Wahrheit ein Wohnhaus im Außenbereich zu errichten.

Schließlich sind nur solche Vorhaben nach § 35 I Nr. 1 BauGB privilegiert, die einem land- oder forstwirtschaftlichem Betrieb **„dienen"**. Dafür ist ein **Funktionszusammenhang** zwischen dem Vorhaben und dem Betrieb notwendig; das Vorhaben muß nicht „notwendig", darf aber auch nicht nur „nützlich" sein. Es kommt darauf an, ob ein vernünftiger Landwirt auch und gerade unter Berücksichtigung des Gebots größtmöglicher Schonung des Außenbereichs das Vorhaben mit etwa gleichem Verwendungszweck und mit etwa gleicher Gestaltung und Ausstattung für einen entsprechenden Betrieb errichten würde (BVerwGE 41, 138; zu Ferienwohnungen im Zuge der „Ferien auf dem Bauernhof" vgl. BayVGH, BayVBl 1984, 567; zur Abgrenzung einer „Straußwirtschaft" von einer Gaststätte vgl. VG Karlsruhe, NVwZ 2000, 592ff.). Die Frage, ob sich das Vorhaben dem privilegiert zulässigen Betrieb dienend unterordnet, ist nicht auf Grund einer typisierenden, sondern einer konkreten Betrachtungsweise zu beantworten (BVerwG, DÖV 1999, 32). Die Zuordnung zu dem konkreten Betrieb muß das Vorhaben außerdem äußerlich erkennbar prägen (vgl. auch hierzu i. e. BVerwGE 41, 138).

7 **§ 35 I Nr. 4 BauGB** weicht von allen übrigen Privilegierungstatbeständen ab, indem er das privilegierte Vorhaben nicht benennt, sondern mit den vagen Formulierungen umschreibt, daß es „wegen seiner besonderen Anforderungen an die Umgebung, wegen seiner nachteiligen Wirkung auf die Umgebung oder wegen seiner besonderen Zweckbestimmung im Außenbereich ausgeführt werden soll". Damit bildet er einen weiten **Auffangtatbestand** für alle übrigen Vorhaben, die nach städtebaulichen Anforderungen in den Außenbereich verwiesen werden sollen, ohne diese aber zu präzisieren. Er kann dem „Gebot einer größtmöglichen Schonung des Außenbereichs" (BVerwGE 68, 311, 315; vgl. jetzt auch § 1a I BauGB) nur genügen, wenn er **eng ausgelegt** wird.

Es muß das Vorhaben in der **konkreten Situation** der jeweiligen Gemeinde wegen seiner besonderen Zweckbestimmung im Außenbereich „erforderlich" und nicht nur zweckmäßig oder sinnvoll sein (BVerwGE 67, 33, 36). Schließlich muß das Vorhaben im Außenbereich errichtet werden **„sollen"**, d.h. es muß auf der Grundlage einer wertenden Betrachtungsweise in einer Weise billigenswert sein, die es rechtfertigt, das Vorhaben bevorzugt im Außenbereich zuzulassen (so BVerwG, NVwZ 1984, 169, 170). Daher scheiden vor allem solche Vorhaben aus, deren Bevorzugung sich nach dem Gleichheitssatz nicht rechtfertigen ließe, also etwa Vorhaben zur Erholung einzelner unter Ausschluß der Allgemeinheit (vgl. etwa BVerwGE 48, 109). Daher sind Golf- und Campingplätze vorbehaltlich besonderer Umstände, in aller Regel nicht nach § 35 I Nr. 4 BauGB privilegiert (BVerwGE 48, 109; dazu weiter *Erbguth/Wagner*, BauplanungsR, Rn. 415; *Erbguth/Richard/Zachey*, Umweltverträgliche Freizeitanlagen, Bd. II: Rechtsfragen, S. 21f.). Sie bedürfen dann einer Sondergebietsausweisung nach § 10 BauNVO.

b) Die Rechtsstellung bei nicht-privilegierten Vorhaben

Nicht-privilegierte Vorhaben, d.h. alle nicht in § 35 I BauGB aufgezählten Vorhaben, „können" im Einzelfall zugelassen werden, wenn ihre Ausführung und Benutzung öffentliche Belange „nicht beeinträchtigt". 8

Der Wortlaut, Vorhaben **„können"** im Einzelfall zugelassen werden, deutet an sich auf ein Ermessen der Baugenehmigungsbehörde hin. Ein solches besteht auf Grund einer frühen Entscheidung des Bundesverwaltungsgerichts und nach heute h.M. in Literatur und Rechtsprechung jedoch nicht (BVerwGE 18, 247; vgl. auch BGH, MDR 1981, 652). Angesichts der Baufreiheit als Bestandteil des Eigentumsrechts vertritt das Gericht die Meinung, der Verwaltung könne **kein Ermessen** eingeräumt sein, weil sie sonst den Inhalt des Eigentums bestimmen könne, was nach der Verfassung (Art. 14 I 2 GG) allein dem Gesetzgeber vorbehalten sei.

Der Gesetzgeber hat inzwischen jedoch durch unbestimmte Gesetzesbegriffe die **öffentlichen Belange als Ablehnungsgrund** derart weit und auch nicht abschließend, sondern nur beispielsweise formuliert, daß praktisch immer ein öffentlicher Belang, d.h. ein öffentliches Interesse gefunden werden kann, das durch das Vorhaben negativ berührt wird. Das gilt insbesondere für die im Katalog des § 35 III BauGB in Nr. 1 genannten Darstellungen des Flächennutzungsplans, die die Außenbereiche regelmäßig als land- und forstwirtschaftliche Gebiete darstellen, und für die in Nr. 5 u. 7 genannten Belange, nämlich der Beeinträchtigung der natürlichen Eigenart der Landschaft oder ihrer Aufgabe als Erholungsgebiet und der Befürchtung des Entstehens, der Verfestigung oder Erweiterung einer Splittersiedlung. 9

Hier wird nun bedeutsam, daß bei den nicht privilegierten Vorhaben die Zulässigkeit des Vorhabens nicht erst entfällt, wenn diese öffentlichen Belange – wie bei den privilegierten Fällen – dem Vorhaben „entgegenstehen", sondern bereits wenn sie **„beeinträchtigt"**, d.h. nachteilig tangiert werden. Das kann regelmäßig angenommen werden. Durch die Gesetzesfassung ist damit auch über unbestimmte Tatbestandsmerkmale gewährleistet, daß fast kein 10 nicht-privilegiertes Vorhaben den Voraussetzungen des § 35 II BauGB gerecht wird und damit unter bauplanungsrechtlichen Gesichtspunkten zuzulassen ist.

Auch die Formulierung in § 35 II BauGB, daß nicht-privilegierte Vorhaben lediglich „im Einzelfall" zugelassen werden können, zeigt den Ausnahmecharakter einer Bebauung im Außenbereich.

c) Teilprivilegierte oder „begünstigte" Vorhaben und ihre Erweiterung durch die Außenbereichssatzung

11 Die breite Anwendbarkeit der öffentlichen Belange als Ablehnungsgrund für nicht-privilegierte Vorhaben hat weitreichende Folgen. Sie schließt regelmäßig den **Nutzungswandel** aus. Dadurch wird der gegenwärtige Strukturwandel in der Landwirtschaft erheblich erschwert; werden z.B. Bauernhöfe im Außenbereich nicht mehr bewirtschaftet, ist dann ihre Wohnnutzung bereits als Nutzungsänderung nach § 35 II BauGB unzulässig, so daß die Gebäude leerstehen und letztlich verfallen müßten. Weiter ist nach dieser Regelung der **Wiederaufbau** von Gebäuden, die durch Naturereignisse zerstört wurden, grundsätzlich unzulässig. Modernisierungen müssen u. U. kostspielig und weniger effektiv an alter Bausubstanz durchgeführt werden, anstatt das Bauwerk abzubrechen und schöner, besser und preiswerter neu zu bauen; schließlich ist nicht jedes alte Gebäude erhaltenswert. Weiter stößt der **Umbau** an alter, landschaftsprägender und erhaltenswürdiger Bausubstanz als bauliche Änderung und u. U. als Nutzungsänderung ebenfalls auf die Genehmigungshindernisse für die nicht-privilegierten Vorhaben im Außenbereich.

12 Zur **Gewährleistung eines begrenzten Bestandsschutzes** läßt **§ 35 IV BauGB** in den angeführten Problemfällen unter engen Voraussetzungen bestimmte bauliche Maßnahmen zu. Er schließt nämlich aus, daß solchen Vorhaben die praktisch immer einwendbaren öffentlichen Belange des Widerspruchs zu Darstellungen des Flächennutzungsplans oder eines Landschaftsplans (vgl. § 6 BNatSchG), der Beeinträchtigung der natürlichen Eigenart der Landschaft oder der Befürchtung des Entstehens, der Verfestigung oder Erweiterung einer Splittersiedlung entgegengehalten werden.

Alle übrigen öffentlichen Belange bleiben jedoch zu prüfen. Damit wird die Möglichkeit der Genehmigung solcher Maßnahmen zwar nicht grundsätzlich gewährleistet, aber wesentlich erhöht. Insofern kann von einer **„Teilprivilegierung“ oder „Begünstigung“** dieser Vorhaben gesprochen werden, die sonst nach § 35 II u. III BauGB unzulässig wären.

Die Teilprivilegierung gilt nach **§ 35 IV Nr. 1 BauGB** für die **Änderung der bisherigen Nutzung** eines nach § 35 I Nr. 1 BauGB privilegierten Gebäudes, sofern – neben weiteren, im Gesetz detailliert aufgezählten Voraussetzungen – die äußere Gestalt des Gebäudes im wesentlichen gewahrt bleibt. **13**

Nach **§ 35 IV Nr. 2 BauGB** kann ein rechtmäßig errichtetes Wohngebäude statt einer nur inadäquaten Modernisierung abgerissen und an gleicher Stelle ein gleichartiges Wohngebäude neu errichtet werden, wenn Tatsachen die Annahme rechtfertigen, daß der **„Ersatzbau“** für den Eigenbedarf des bisherigen Eigentümers oder seiner Familie genutzt wird. Die **„Gleichartigkeit“ des Neubaus** verlangt keine Identität mit dem Altbau, sondern nur eine Vergleichbarkeit nach Standort, Bauvolumen und Funktion; insofern sind auch geringfügige Erweiterungen zulässig (§ 35 IV 2 BauGB; vgl. auch BVerwGE 58, 124, 130; 61, 290; BVerwG, NVwZ 1991, 1076). Um zu verhindern, daß alte, baufällige Gebäude zum Bau moderner Wohngebäude aufgekauft werden, verlangt das Gesetz weiter, daß der Eigentümer das abzureißende Haus bereits längere Zeit selbst genutzt hat (dazu instruktiv BVerwGE 62, 32). Dem Sinn der Vorschrift entsprechend muß das Wohngebäude dem ständigen Wohnen, also als **„Dauerwohnung“**, und nicht für Freizeitzwecke als Wochenend- oder Ferienwohnung dienen (vgl. BVerwG, NJW 1982, 2512).

Durch § 35 IV Nr. 2d, 2. Hs. BauGB wird der Fall der Erbfolge einbezogen.

§ 35 IV Nr. 3 BauGB begünstigt den **Wiederaufbau** zerstörter Gebäude, sofern er „alsbald“, d. h. i. d. R. innerhalb von 1–2 Jahren eingeleitet wird und das Gebäude zulässigerweise, d. h. in Übereinstimmung mit dem materiellen Bebauungsrecht oder – bei materieller Illegalität – auf Grund einer Baugenehmigung (BVerwGE 107, 264, 266) errichtet worden war.

§ 35 IV Nr. 4 BauGB erleichtert die **Änderung oder Nutzungsänderung erhaltenswerter**, die Kulturlandschaft prägender **Gebäude**, wie Burgen, Türme, Fachwerkhäuser, Wind- und Wassermühlen (*Söfker*, E/Z/B, § 35 Rn. 143).

§ 35 IV Nr. 5 BauGB erleichtert die angemessene **Erweiterung von Wohngebäuden**.

§ 35 IV Nr. 6 BauGB begünstigt die angemessene **Erweiterung eines bestehenden Gewerbebetriebs** und dient damit der Standortsicherung. Allerdings erlaubt er nicht, durch aufeinanderfolgende, jeweils angemessene Erweiterungen eine insgesamt unangemessene Vergrößerung des Betriebes zu erreichen (BVerwG, NVwZ-RR 1993, 176).

14 Die nach § 35 IV BauGB begünstigten Vorhaben sind in einer flächensparenden, die Bodenversiegelung auf das notwendige Maß begrenzenden und den Außenbereich schonenden Weise auszuführen (§ 35 V 1 BauGB). Die Gemeinde hat auch hier nach § 36 I BauGB ihr Einverständnis zu erklären. Als weiteres Erfordernis kann zusätzlich nach § 36 I 4 BauGB durch Landesrecht die Zustimmung der höheren Verwaltungsbehörde vorgesehen werden. Um den Mißbrauch der Teilprivilegierung zu verhindern, stehen der Baugenehmigungsbehörde, wie oben bereits erwähnt, nach § 35 V 2, 3 BauGB besondere Sicherungsmaßnahmen zur Verfügung.

15 Durch eine **„Außenbereichssatzung"** gemäß § 35 VI BauGB kann die Gemeinde für im Außenbereich bereits vorhandene Splittersiedlungen mit einer Wohnbebauung von einigem Gewicht vorsehen, daß dort generell die genannten Teilprivilegierungen für Wohngebäude sowie für kleine Handwerks- und Gewerbebetriebe gelten sollen. Die Außenbereichssatzung stellt damit das Gegenstück zur Innenbereichssatzung nach § 34 IV BauGB dar (dazu oben § 20 Rn. 6ff.) Im Unterschied zu dieser sind die bebauten Flächen im Flächennutzungsplan nicht als Baufläche, sondern als landwirtschaftliche oder forstwirtschaftliche Flächen dargestellt. Ferner schafft die Außenbereichssatzung nicht wie die Entwicklungssatzung nach § 34 IV Nr. 2 BauGB eine prinzipielle Bebaubarkeit nach den Regeln für den unbeplanten Innenbereich, sondern schaltet nur einzelne öffentliche Belange als potentielle Hinderungsgründe für die Zulässigkeit aus. Trotz des Widerspruchs zu den Darstellungen des Flächennutzungsplans und trotz der Entstehung oder Verfestigung einer Splittersiedlung muß die Satzung mit einer „geordneten städtebaulichen Entwicklung" vereinbar sein (§ 35 VI 4 BauGB). Für ihren Erlaß gilt das Verfahren nach § 13 Nr. 2 u. 3 BauGB entsprechend (vgl. § 35 VI 5 BauGB).

3. Die weiteren Zulässigkeitskriterien: Öffentliche (städtebauliche) Belange – Fachgesetzliche Anforderungen – Naturschutzrechtliche Eingriffsregelung – Erschließung

Überblick: Im Außenbereich sind **privilegierte Vorhaben** grundsätzlich zulässig, wenn eine „ausreichende" Erschließung gesichert ist und öffentliche (städtebauliche) Belange nicht „entgegenstehen"; eine bloße Beeinträchtigung öffentlicher Belange schadet nicht. **Nicht-privilegierte Vorhaben** sind bei „gesicherter" Erschließung nur „im Einzelfall" zulässig und nur, wenn sie öffentliche Belange nicht einmal „beeinträchtigen". Den **teilprivilegierten** oder **begünstigten Vorhaben** dürfen bestimmte, regelmäßig vorliegende öffentliche Belange nicht entgegengehalten werden; i. ü. sind sie aber ebenfalls nur zulässig, wenn sie die verbleibenden öffentlichen Belange nicht beeinträchtigen. 16

Neben diesen allgemeinen städtebaulichen Zulässigkeitsvoraussetzungen (Abschn. a) sind u. U. weitere fachgesetzliche Anforderungen zu prüfen, sofern dafür keine spezielle Fachbehörde zuständig ist (Abschn. b). Weiter ist die naturschutzrechtliche Eingriffsregelung zu beachten (Abschn. c). Schließlich müssen die Anforderungen an die Erschließung gewährleistet sein (Abschn. d). Diese Voraussetzungen sind im folgenden näher zu erörtern.

Über die Zulässigkeit des Vorhabens entscheidet die für die Baugenehmigung zuständige Baurechtsbehörde im Einvernehmen mit der Gemeinde, das diese aber nur bei Rechtsverstößen verweigern darf (§ 36 I, II BauGB; dazu näher oben § 19 Rn. 15).

a) Öffentliche (städtebauliche) Belange

Die in § 35 BauGB angesprochenen öffentlichen Belange müssen, wie alle Begriffe des Bauplanungsrechts, schon wegen der begrenzten Gesetzgebungskompetenz des Bundes (Art. 74 I Nr. 18 GG) eine bodenrechtliche oder städtebauliche Relevanz haben (vgl. oben § 18 Rn. 21). Sie sind also öffentliche „städtebauliche" Belange. Indikatoren dafür sind die Planungsleitlinien in § 1 V 17

BauGB. Städtebauliche Belange können durch das konkrete Vorhaben als solches, aber auch allein durch den geplanten Standort tangiert werden.

18 Unter die **städtebaulich relevanten „öffentlichen Belange"** fallen alle Gesichtspunkte, die für das Bauen im Außenbereich rechtserheblich sein können. § 35 III BauGB gibt dafür nur Beispiele. Er gilt trotz seiner Formulierung einer **„Beeinträchtigung"** öffentlicher Belange, die auf die **nicht-privilegierten** Vorhaben des § 35 II BauGB hinzuweisen scheint, nach allgemeiner Meinung sowohl für die in § 35 II BauGB angesprochenen Vorhaben als auch für die nach § 35 I BauGB privilegierten; schließlich ist der Unterschied zwischen den beiden Absätzen nur ein gradueller (dazu *Brügelmann/Dürr*, § 35 Rn. 66; *Hoppe*, H/G, § 8 Rn. 86 m.w.N.). Allerdings ist zu beachten, daß öffentliche Belange, wie dargelegt, die Zulässigkeit eines **privilegierten** Vorhabens nur ausschließen, wenn sie ihm **„entgegenstehen"**.

Insofern wirkt sich die Privilegierung dieser Vorhaben „in ihrem stärkeren Durchsetzungsvermögen gegenüber den von ihnen berührten öffentlichen Belangen aus". Sie verleiht diesen Vorhaben eine grundsätzlich stärkere Stellung, deren Ausmaß von der Art des Vorhabens und der darauf anwendbaren Privilegierungsvorschrift abhängt. Daher ist nach Ansicht des Bundesverwaltungsgerichts (DÖV 1979, 905, 907; BVerwGE 68, 311, 313) für das jeweilige Vorhaben in seiner konkreten Situation eine „Abwägung" der privaten Interessen mit den öffentlichen Belangen vorzunehmen. Weniger mißverständlich formuliert: Die Privilegierung ist bei der inhaltlichen Konkretisierung des einzelnen öffentlichen Belangs mit zu berücksichtigen. Z.B. kann der „Schutz der Eigenart der Landschaft" an der einen Stelle von solchem Gewicht sein, daß selbst privilegierte Vorhaben nicht ausgeführt werden dürfen, während er u.U. an einer anderen Stelle so unbedeutend ist, daß selbst einzelne „sonstige Vorhaben" nicht daran scheitern müssen (BVerwG, DÖV 1979, 905; *Gelzer/Birk*, Rn. 1336f., zur Abwägung auch *Brügelmann/Dürr*, § 35 Rn. 66 jew. m.w.N.). Insofern darf diese „Abwägung" nur als widerspruchsfreie Interpretation der sich im Einzelfall gegenüberstehenden Positionen verstanden werden. Dabei wird die im Gesetz zum Ausdruck kommende allgemeine Wertung nachvollzogen und für den Einzelfall konkretisiert. Als **„nachvollziehende Abwägung"** ist sie **streng von** der gestaltenden oder **„planerischen Abwägung"** im Sinne des Abwägungsgebots (§ 1 VI BauGB) zu **unterscheiden**. Letztere erlaubt es, Vor- und Nachteile in einer – dem Baugenehmigungsverfahren grundsätzlich fremden – kompensatorischen Weise gegeneinander abzuwägen. Die „nachvollziehende Abwägung" dagegen gestattet nicht, über einen gegebenen Verstoß gegen öffentliche Belange wegen irgendwelcher Vorzüge des

Vorhabens „abwägend" hinwegzugehen, also eine Kompensation vorzunehmen (BVerwGE 42, 8, 14; 55, 369, 383; 77, 300; 85, 348; VGH BW, VBlBW 2000, 395, 396). Deshalb unterliegt sie auch als Vorgang rechtlicher Subsumtion voll der gerichtlichen Überprüfung. Zur Vermeidung von Verwechslungen sollte man bei dieser „bipolaren Gewichtung" den Ausdruck „Abwägung" **besser nicht gebrauchen** und etwa von einer „kontextbedingten (systematischen) Tatbestandsinterpretation" sprechen.

Die im Einzelfall schwierige Unterscheidung zwischen einer (wertenden) systematischen Rechtskonkretisierung und einer (kompensatorischen) planerischen Abwägung läßt sich am **Beispiel** eines Baugesuchs für die **Errichtung eines Windparks** auf einer exponierten Höhenlage im Außenbereich verdeutlichen (vgl. VGH BW, VBlBW 2000, 395 = NVwZ 2000, 1063):

Windkraftanlagen sind nach § 35 I Nr. 6 BauGB bevorrechtigt zulässig. Gleichwohl sind sie nicht genehmigungsfähig, wenn sie dem öffentlichen Belang entgegenstehen, daß Vorhaben die natürliche Eigenart der Landschaft oder das Landschaftsbild nicht verunstalten dürfen (§ 35 III Nr. 5 BauGB). Gemäß § 8a II 2 BNatSchG bzw. der entsprechenden naturschutzrechtlichen Landesregelung (z.B. §§ 10, 11 NatSchG BW) ist hier auch die naturschutzrechtliche Eingriffsregelung zu beachten. Danach liegt ein Eingriff in Natur und Landschaft vor, wenn die Anlage das Landschaftsbild erheblich beeinträchtigt. Das ist regelmäßig der Fall, wenn das Vorhaben als Fremdkörper erscheint und einen negativ prägenden Einfluß auf das Landschaftsbild hat. Diese Aussage läßt sich trotz der Neuartigkeit und Gewöhnungsbedürftigkeit von Windkraftanlagen angesichts ihrer Privilegierung in § 35 I Nr. 6 BauGB nicht ohne weiteres treffen. Indessen ergibt sich im vorliegenden Fall einer unbebauten, exponierten Höhenlage in einer reizenden Landschaft, daß die Anlage als Fremdkörper in Erscheinung tritt und einen negativ prägenden Einfluß auf das Landschaftsbild hat. Dieser Eingriff ist nicht „vermeidbar". Denn „Vermeidbarkeit" i.S.d. § 8 III BNatSchG ist nicht als naturwissenschaftlicher Kausalzusammenhang zu verstehen, sondern betrifft die Frage, ob bei Verwirklichung des Vorhabens an der vorgesehenen Stelle erhebliche Beeinträchtigungen in Natur und Landschaft vermieden werden oder zumindest vermieden werden können. Beides ist bei der projektierten Windkraftanlage zu verneinen. Der Eingriff ist auch nicht dadurch auszugleichen i.S.v. § 8 III BNatSchG (bzw. der entsprechenden landesrechtlichen Vorschrift), daß in dem betroffenen Landschaftsraum ein Zustand geschaffen wird, der in gleicher Art, mit gleichen Funktionen und ohne Preisgabe wesentlicher Faktoren des optischen Beziehungsgefüges den vor dem Eingriff vorhandenen Zustand in weitest möglicher Annäherung fortführt. Alle diese Erwägungen sind „nachvollziehende Abwägungen" bzw. aus dem Gesamtzusammenhang gewonnene Rechtskonkretisierungen; sie unterliegen damit als Gesetzesanwendung voll der richterlichen Nachprüfung. Ist damit von einem vermeidbaren und auch nicht ausgleichbaren Eingriff auszugehen, kann die Anlage nach § 8 III BNatSchG bzw. der landesrechtlichen Parallelbestimmung dennoch zugelassen werden, wenn „bei der Abwägung" die Belange der Natur und Landschaft gegenüber anderen Belangen, etwa Zielsetzungen der Raumordnung und Landesplanung, nachrangig erscheinen. Dies ist auch nach dem Wortlaut des Naturschutzgesetzes eine echte, planerische Abwägung. Sie ist nicht nur wie die bauplanerische Abwägung nach § 1 VI BauGB, sondern zur Vermeidung von Widersprüchen in deren Rahmen vorzunehmen.

19 § 35 III BauGB definiert den Begriff der öffentlichen (städtebaulichen) Belange nicht, sondern beschreibt ihn lediglich mit zahlreichen Beispielen. Auf **die wichtigsten** davon sowie auf nicht genannte, aber häufig praktizierte **„öffentliche Belange"** soll im folgenden kurz eingegangen werden:

(1) Da § 35 I BauGB (entgegen der früher in BVerwGE 28, 148 vertretenen Ansicht) keinen gesetzlichen Ersatzplan darstellt, der privilegierte Vorhaben allesamt in den Außenbereich verweist, sondern diese lediglich beim Fehlen eines Bebauungsplans allgemein im Außenbereich zuläßt, ohne eine konkrete Standortentscheidung zu treffen (s. oben Rn. 3 und § 18 Rn. 4, 6), müßten an **sich standortbezogene Aussagen** in Plänen, wie dem Flächennutzungsplan, als öffentliche Belange einem **privilegierten Vorhaben** an einem „anderweitig verplanten" Standort entgegenstehen können (BVerwGE 68, 311, 315f.; BVerwG, DÖV 1998, 927). Von einer solchen konkreten, einem privilegierten Vorhaben entgegenstehenden Standortbindung kann jedoch **nur bei** einer sachlich und räumlich konkreten Darstellung im Flächennutzungsplan ausgegangen werden (**„qualifizierte Standortzuweisung"**). Unbeachtlich sind allgemeine Aussagen, wie die pauschale Darstellung von Flächen für die Land- und Forstwirtschaft, denn sie weist dem Außenbereich nur die ihm nach dem Gesetz ohnehin in erster Linie zukommende Funktion zu (BVerwGE 68, 311, 315).

Von einer derartigen qualifizierten Standortplanung kann etwa ausgegangen werden, wenn im Flächennutzungsplan Standorte zum Abbau von Bodenschätzen (Tonerde, Kies etc.) oder als Sondergebiete für Windenergieparks im Außenbereich dargestellt sind, die im Sinne einer „Konzentration" die einzigen Standorte im Gemeindegebiet für derartige Vorhaben kennzeichnen und andere Flächen für diesen Zweck damit ausschließen (vgl. dazu jetzt auch § 35 III 3 BauGB). Die Darstellung von Flächen für die Landwirtschaft erhält dadurch dann ebenfalls eine qualifizierte Standortzuweisung, jedenfalls insoweit, als diese Nutzung Vorrang vor der Nutzung der Fläche für Abgrabung haben soll (BVerwGE 77, 300, 303f.). Im übrigen ist vornehmlich aus dem Erläuterungsbericht zum Flächennutzungsplan (§ 5 V BauGB) zu entnehmen, ob bei der Darstellung von land- und forstwirtschaftlichen Flächen eine qualifizierte

Standortplanung oder lediglich ein Verweis auf die übliche Außenbereichsfunktion beabsichtigt ist.

Hinsichtlich der Zulässigkeit der **nicht privilegierten Außenbereichsvorhaben** sind die Anforderungen an präzise Standortfestlegungen nicht so hoch anzusetzen. Hier müssen die Darstellungen des Flächennutzungsplans grundsätzlich berücksichtigt werden, es **genügt** also die **pauschale Darstellung** von „Flächen für die Landwirtschaft" als öffentlicher Belang, der durch das Vorhaben beeinträchtigt werden kann (BVerwG, BRS 42 Nr. 80 = BBauBl. 1984, 438; *Taegen*, BK, § 35 Rn. 60; *Krautzberger*, B/K/L, § 35 Rn. 51).

(2) Die Voraussetzungen einer qualifizierten Standortzuweisung gelten entsprechend für die **Ziele der Raumordnung** (§§ 3 Nr. 2; 4 I; 7 I 3 ROG), denen nach § 35 III 2 BauGB privilegierte und nicht privilegierte Vorhaben „nicht widersprechen dürfen". Sie können zu Lasten des einzelnen Vorhabens im Außenbereich nur geltend gemacht werden, wenn sie **„sachlich und räumlich hinreichend konkret** für die Beurteilung eines Einzelvorhabens sind" (BVerwG, NJW 1984, 1367; dazu *Krautzberger*, B/K/L, § 35 Rn. 72). 20

Das stimmt im Ergebnis mit der oben (§ 12 Rn. 11) zu § 1 IV BauGB getroffenen Aussage überein, daß „Ziele der Raumordnung" eine rechtliche Verbindlichkeit nur haben können, wenn sie „räumlich und sachlich" hinreichend bestimmt sind.

Gegenüber privilegierten Vorhaben können die Ziele der Raumordnung als öffentliche Belange jedoch dann nicht vorgebracht werden, wenn diese Vorhaben selbst nach einer entsprechenden Abwägung als Ziele der Raumordnung in diese Pläne aufgenommen wurden (§ 35 III S. 2 HS. 2 BauGB).

Zu (1) und (2): Von einer entgegenstehenden qualifizierten Standortzuweisung kann nach § 35 III 3 BauGB „in der Regel" auch ausgegangen werden, wenn in einem Flächennutzungsplan oder in einem Raumordnungsplan an anderer Stelle eine konkrete Standortausweisung erfolgt ist. Das gilt allerdings nicht für die land- und forstwirtschaftliche Nutzung (§ 35 III S. 3 HS. 1 BauGB).

Eine Beeinträchtigung öffentlicher Belange ist weiter nach § 35 III Nr. 3 BauGB anzunehmen, wenn das Vorhaben **„schädliche Umwelteinwirkungen"** hervorrufen kann oder ihnen aus- 21 gesetzt wird. Für den Begriff der „schädlichen Umwelteinwirkung" findet sich eine Definition in § 3 I BImSchG. Danach hat der betroffene Nachbar nach dem Schutzprinzip in § 5 I Nr. 1 bzw. § 22 I Nr. 1 u. 2 BImSchG ein Abwehrrecht bei erheblichen „Nachteilen", ja sogar schon bei erheblichen „Belästigungen" (dazu auch BVerwGE 68, 58, 60).

Neben diese gesetzliche Regelung stellte das Bundesverwaltungsgericht lange Zeit das baurechtliche Gebot der Rücksichtnahme für privilegierte und nicht-privilegierte Vorhaben als einen „nicht speziell benannten öffentlichen Belang" (BVerwGE 28, 268, 274; 52, 122, 125; NVwZ 1994, 687). Für diesen bestand, wie in der Vorauflage (§ 21 Rn. 24) im einzelnen dargelegt ist, wenig Anlaß, weil die Anwendung des baurechtlichen Rücksichtnahmegebots an strengere Voraussetzungen gebunden ist, insbesondere wird eine bloße „Belästigung", selbst wenn sie „erheblich" ist, i.a. nicht davon erfaßt. Insofern blieb neben dem immissionsschutzrechtlichen Schutzprinzip für die Anwendung des baurechtlichen Rücksichtnahmegebots eigentlich nur Raum in den kaum vorstellbaren Fällen, daß die Beeinträchtigung nicht von einer anlagenradizierten Emission ausgeht, sondern ausschließlich eine verhaltensradizierte Störung darstellt.

Neuerdings versteht das Bundesverwaltungsgericht § 35 III Nr. 3 BauGB als Ausdruck des baurechtlichen Rücksichtnahmegebots, verortet diesen Grundsatz also direkt in dieser Regelung (so BVerwG zur heranrückenden Wohnbebauung an einen Gartenbaubetrieb: DÖV 2000, 81; und an einen u. U. um eine Schweinemästerei erweiterungswilligen landwirtschaftlichen Betrieb: NVwZ-RR 2001, 82). Ob damit die immissionsschutzrechtlichen Schutzprinzipien auf eine „qualifizierte und individualisierte Rücksichtslosigkeit" (vgl. oben § 18 Rn. 29) reduziert werden sollen, ist noch offen. Rechtlich zulässig wäre eine solche Interpretation des § 35 III Nr. 3 BauGB, da es hier um die Bestimmung eines städtebaulichen Belangs geht. Allerdings hat die Baugenehmigungsbehörde neben den baurechtlichen Belangen auch auf die Erfüllung weiterer fachgesetzlicher Anforderungen, etwa nach dem Bundesimmissionsschutzgesetz, zu achten, soweit dafür nicht die Zuständigkeit einer besonderen Fachbehörde vorgesehen ist. Dann bestünden bei diesem Ansatz zwei sich nur teilweise deckende Schutzbereiche, deren Verhältnis zueinander noch zu bestimmen wäre (dazu noch unten Rn. 28 ff.).

(4) Die übrigen in § 35 III genannten öffentlichen Belange bedürfen keiner besonderen Erörterung. Die Erwähnung der Belange: **„Gefährdung der Wasserwirtschaft“** (Nr. 6), **„Naturschutz“**, **„Landschaftspflege“**, **„Bodenschutz“** und **„Denkmalschutz“** (Nr. 5) gibt diesen bundesrechtlich einen eigenständigen Regelungswert; sie haben rechtliche Bedeutung unbeschadet entsprechender landesrechtlicher Schutzbestimmungen und können daher auch dann „entgegenstehen“ oder „beeinträchtigt“ werden, wenn Gebiete nicht förmlich unter Wasser-, Natur- oder Landschaftsschutz gestellt sind (BVerwG, DVBl. 1969, 261 u. DÖV 1973, 203). Besteht für das betreffende Gebiet eine Landschaftsschutzverordnung oder gar eine Naturschutzverordnung, sind auch privilegierte Vorhaben nur zuzulassen, wenn sie nach diesen Rechtsvorschriften zulässig sind (BVerwG, DVBl. 1983, 895; NVwZ 1985, 42 u. NVwZ 1986, 203). Entsprechende Grundsätze gelten für den ebenfalls in Nr. 5 erwähnten Denkmalschutz. Und der weiter in Nr. 5 aufgeführten natürlichen **Eigenart der Landschaft** widersprechen alle Anlagen, die nach Lage, Gestaltung und Benutzung der betreffenden Landschaft wesensfremd sind, sich ihr also nicht organisch einfügen (BVerwG, DVBl. 1972, 685 u. NVwZ 1985, 747). 22

Bei den privilegierten Vorhaben ist allerdings bei der Gewichtung der privaten und öffentlichen Belange immer zu berücksichtigen, daß diese Vorhaben vom Gesetzgeber prinzipiell für den Außenbereich vorgesehen wurden. Nicht zu vermeidende Beeinträchtigungen der natürlichen Eigenart der Landschaft, z.B. bei Kraftwerken oder bei Abgrabungen, schlagen daher zugunsten der privilegierten Vorhaben zu Buche; das gilt insbesondere, wenn eine Rekultivierung verlangt werden kann (vgl. BVerwG, ZfBR 1983, 199; *Krautzberger*, B/K/L, § 35 Rn. 61).

Ungeachtet der Pflicht, diese Belange des Natur- und Landschaftsschutzes zu beachten, ist weiter auf jedes Außenbereichsvorhaben die naturschutzrechtliche Eingriffs- und Ausgleichsregelung des § 8 BNatSchG bzw. des diesbezüglichen Landesnaturschutzgesetzes anzuwenden; darauf wird unten in Abschnitt c) eingegangen.

Eine Zersiedelung durch das Entstehen einer **Splittersiedlung** 23
dürfte bei privilegierten Vorhaben selten in Betracht kommen. Umso **größere Bedeutung** hat der Begriff **für** die „sonstigen“,

also die **nicht privilegierten Vorhaben.** Unter den Begriff der Splittersiedlung können alle Anlagen fallen, die zum – u.U. auch nur gelegentlichen – Aufenthalt von Menschen bestimmt sind (BVerwGE 54, 73; BVerwG, BauR 1976, 344 u. NVwZ 1989, 667). Bereits die erste Errichtung eines Wohngebäudes berechtigt zur Befürchtung des Entstehens einer solchen Siedlung, weil andere sich im Hinblick auf den Gleichheitssatz (Art. 3 I GG) darauf berufen können. Jedenfalls geht eine Vorbildwirkung davon aus (vgl. BVerwG, NJW 1984, 1576). Ausnahmsweise kann ein Vorhaben dennoch zulässig sein, wenn sich eine Streusiedlung, z.B. eine weiträumige Bebauung einer größeren Fläche mit einzelstehenden Gebäuden (also ohne Bebauungszusammenhang i.S.v. § 34 BauGB), im Außenbereich als organische, herkömmliche Siedlungsform darstellt und daher nicht als „Zersiedelung" gewertet werden kann (BVerwGE 18, 242; 27, 137, 140; 54, 73; BVerwG, BauR 1977, 398; dazu näher *Krautzberger*, B/K/L, § 35 Rn. 67f.).

24 (4) Neben den in § 35 III BauGB „insbesondere", d.h. beispielhaft aufgezählten öffentlichen Belangen werden häufig noch als **unbenannte Belange** das „Planungserfordernis", bzw. die „Planungsbedürftigkeit" oder „Planungspflicht", ferner z.T. auch noch das baurechtliche Gebot der Rücksichtnahme und schließlich das Gebot der Berücksichtigung überörtlicher Fachplanungen geltend gemacht.

Fraglich ist, ob als nicht speziell benannter öffentlicher Belang einem größeren Vorhaben im Außenbereich die Erforderlichkeit einer Planung (sog. **„Planungserfordernis"**) entgegengehalten werden kann. Dabei gilt es zwischen der „Außenkoordination", d.h. der Einordnung des Vorhabens in die Umgebung, und der „Binnenkoordination", d.h. der Zuordnung der verschiedenen Teile des Gesamtvorhabens zueinander u.ä. zu unterscheiden. Das Bundesverwaltungsgericht hat ein Planungserfordernis wegen einer notwendigen Außenkoordination weder für die Vorhaben nach § 35 I BauGB noch für die nach § 35 II BauGB als öffentlicher Belang anerkannt (BVerwG, ZfBR 1983, 196 u. ZfBR 1983, 284; entsprechend BVerwG, NVwZ 1991, 64), weil § 35 I BauGB derartige Vorhaben generell in den Außenbereich verweise und die Außenkoordination im Genehmigungsverfahren, etwa bei der Prüfung schädlicher Umwelteinwirkungen, zu gewährleisten sei. Das Planungserfordernis für die Binnenkoordination hat das Bundesverwaltungsgericht indessen, bisher allerdings nur für die nicht privilegierten Vorhaben, angenommen, wenn zur Koordination der im Gebiet des Vorhabens potentiell betroffenen

Interessen eine Bauleitplanung erforderlich sei (BVerwG, NJW 1977, 1978; *Krautzberger*, B/K/L, § 35 Rn. 70); das wurde bejaht im Fall eines Campingplatzes (BVerwGE 48, 109, 117), einer Hochhausbebauung bei einer ausgedehnten Baulücke von 19000 qm (BVerwGE 41, 227), verneint bei einer Windenergieanlage wegen Geringfügigkeit und damit fehlenden Bedürfnisses an Binnenkoordination (BVerwGE 67, 33, 37).

Das baurechtliche **Gebot der Rücksichtnahme** galt lange Zeit als nicht speziell benannter öffentlicher Belang i. S. v. § 35 III BauGB für die privilegierten und die nicht privilegierten Vorhaben (BVerwGE 28, 268, 274; 52, 122, 125; BVerwG, NVwZ 1994, 687). Wie oben in Rn. 21 dargelegt, sieht es neuerdings die höchstrichterliche Rechtsprechung in § 35 III Nr. 3 BauGB verankert. Für die Auswirkungen dieser neuen Rechtsprechung wird auf die dortigen Ausführungen verwiesen.

Schließlich können einem Vorhaben als öffentlicher Belang neben den bereits der „Raumordnung" zuzuordnenden Gesamtplanungen (vgl. § 35 III 2 BauGB) noch **überörtliche Fachplanungen** entgegengesetzt werden. Voraussetzung ist, daß die Planung, etwa eine Straßenplanung, bereits hinreichend konkretisiert und verfestigt ist (BVerwGE 34, 146; BVerwG, UPR 1985, 292).

b) Zwingende fachgesetzliche Zulässigkeitsvoraussetzungen

Zu den allgemeinen bauplanungsrechtlichen Anforderungen **25** können besondere, in Fachgesetzen normierte Zulässigkeitsvoraussetzungen hinzukommen. Sind für deren Prüfung besondere Fachbehörden zuständig, muß das Placet dieser Stellen zu demjenigen der Baugenehmigungsbehörde hinzukommen. Dabei ist strittig und letztlich nach Landesrecht zu beurteilen, ob die Baugenehmigung erst als „Schlußpunkt" nach Vorliegen aller anderen Genehmigungen erteilt werden darf oder ob sie separat, also unabhängig von dem Vorliegen der anderen Genehmigungen, ausgesprochen werden kann (dazu unten § 28 Rn. 12 ff.). Vielfach besteht jedoch für die Prüfung einzelner fachgesetzlicher Anforderungen keine Zuständigkeit einer besonderen Behörde; dann hat die Baurechtsbehörde in der Baugenehmigung auch darüber mitzuentscheiden, daß diese öffentlich-rechtlichen Vorschriften dem Vorhaben nicht entgegenstehen (vgl. z. B. § 58 I 1 LBO BW).

Eine umfassende Prüfungs- und Entscheidungskompetenz auch über Vorschriften, für die an sich spezielle Behörden zuständig sind, kommt in Planfeststellungsverfahren der Planfeststellungsbehörde zu. Eine solche Planfeststellung ist z. B. für Fernstraßen,

Flughäfen, Abfallbeseitigungsanlagen, Fischzuchtteiche und andere raumbeanspruchende Anlagen erforderlich. Wegen der mit der Planfeststellung verbundenen Konzentrationswirkung wird die rechtliche Zulässigkeit des Vorhabens hinsichtlich aller von dieser Anlage berührten Belange festgestellt. Daneben sind andere behördliche Entscheidungen nach Bundes- oder Landesrecht nicht mehr erforderlich (vgl. § 75 I VwVfG; zum ganzen oben § 2 Rn. 2ff.). Das hat zur Folge, daß in diesen Fällen die weiteren Zulässigkeitsvoraussetzungen aus dem jeweiligen Fachgesetz, etwa dem Straßen-, Luftverkehrs-, Wasser- oder Kreislaufwirtschafts- und Abfallgesetz mit zu prüfen sind.

Verweisen solche Fachgesetze ergänzend für die Frage der Zulässigkeit allgemein auf die Berücksichtigung „öffentlicher Belange" oder auf das „Wohl der Allgemeinheit" u. ä. Klauseln, ist darunter nicht jedes öffentliche Interesse, sondern nur ein Belang aus dem spezifischen Gegenstandsbereich des Gesetzes zu verstehen (vgl. BVerwGE 55, 220, 229ff.; 85, 348, 351).

c) Die naturschutzrechtliche Eingriffs- und Ausgleichsregelung

26 Stehen bauplanungsrechtliche und eventuell einschlägige fachgesetzliche Regelungen einem Vorhaben im Außenbereich nicht entgegen, ist weiter zu prüfen, ob das Vorhaben im bauplanungsrechtlichen Außenbereich den Erfordernissen der naturschutzrechtlichen Eingriffs- und Ausgleichsregelung gerecht wird. Gleiches gilt für Bebauungspläne, soweit sie eine Planfeststellung ersetzen, wie es z.B. § 17 III FStrG vorsieht. Dies ist notwendig, weil in beiden Fällen den Anforderungen der naturschutzrechtlichen Eingriffs- und Ausgleichsregelung nicht – wie im Baurechtskompromiß angestrebt – bereits durch eine vorgängige Bauleitplanung Rechnung getragen werden konnte. Insofern bleibt in diesen Fällen die naturschutzrechtliche Eingriffsregelung unberührt (vgl. § 8a II 2 BNatSchG). Diese bemißt sich im einzelnen nach dem jeweiligen landesrechtlichen Naturschutzgesetz, erfährt aber ihre inhaltliche Ausrichtung und entsprechende Auslegung durch die

gerade in dieser Frage bereits recht präzisen Rahmenregelungen in § 8 BNatSchG.

Das gilt insbesondere für die Frage, was als Eingriff zu gelten hat und unter welchen Voraussetzungen ein solcher Eingriff als ausgeglichen anzusehen ist. Der Bundesgesetzgeber hat den Ländern in dieser Beziehung lediglich in § 8 VIII BNatSchG einen geringen Spielraum eingeräumt. Sie können den bundesrechtlichen Begriff des „Eingriffs" in Natur und Landschaft, der eine erhebliche oder nachhaltige Beeinträchtigung des Naturhaushaltes oder des Landschaftsbildes voraussetzt, für bestimmte Fälle, die „regelmäßig" diese Folgen nicht haben, generell verneinen oder wenn sie „regelmäßig" zu diesen erheblichen oder nachhaltigen Beeinträchtigungen führen, generell als „Eingriffsakte" qualifizieren. Auf diese Weise vermögen sie die Notwendigkeit einer schwierigen Wertung im Einzelfall auszuschalten. Daneben bleibt ein Spielraum für die Regelung von „Ersatzmaßnahmen" bei nicht ausgleichbaren oder vorrangigen Eingriffen (BVerwGE 85, 348). Diese sind nur im Rahmen des bauplanungsrechtlichen Ausgleichs eines Eingriffs in Natur und Landschaft nach dem Baurechtskompromiß durch § 200 a BauGB entfallen.

Zur naturschutzrechtlichen Eingriffs- und Ausgleichsregelung im einzelnen s. oben § 6 Rn. 40 ff.; zu Fallaufbau und Einordnung der Eingriffsregelung bei § 35 I BauGB s. Beispiel, Einrichtung eines Windparks, oben Rn. 18.

d) Erschließung

Als weitere Voraussetzung für die Zulässigkeit eines Außen- 27
bereichsvorhabens muß die Erschließung gesichert sein. Für die **privilegierten Vorhaben** verlangt das Gesetz nur eine **„ausreichende"** Erschließung, stellt also lediglich Mindestanforderungen auf. Sie ergeben sich aus den jeweiligen Gegebenheiten und Bedürfnissen und können sich auf die Erreichbarkeit über einen (öffentlichen) Weg, die Wasserversorgung und die Abwasserbeseitigung beschränken. Bei den **nicht-privilegierten Vorhaben**, insbesondere den Wohnbauten, genügen die für landwirtschaftliche Betriebe ausreichenden Erschließungsmaßnahmen i. a. nicht (vgl. BVerwG, NVwZ 1991, 1076; *Krautzberger*, B/K/L, § 35 Rn. 41). Im Gesetzestext fehlt daher der bei den Erschließungsanforderungen für die privilegierten Vorhaben verwendete Zusatz einer „ausreichenden" Erschließung. Aber auch hier gelten geringere Anforderungen an die Erschließung als für den Innenbereich; denn diese sind im Außenbereich nahezu allein durch die erforderliche Anbindung des konkreten Vorhabens bestimmt, während im In-

nenbereich zusätzliche städtebauliche und nachbarschaftliche Gesichtspunkte mitberücksichtigt werden müssen. Das gilt für die verkehrsmäßige Erschließung wie für die Wasserversorgung und Abwasserentsorgung, die im Außenbereich, etwa durch Brunnen und eigene Sickergrube, erfolgen kann.

Umstritten ist, ob die Gemeinde verpflichtet ist, das Erschließungsangebot eines Bauwilligen anzunehmen. Für privilegierte Vorhaben wird eine solche Verpflichtung grundsätzlich angenommen, da nur so dem Gesetzeszweck, diese Vorhaben in den Außenbereich zu verweisen, entsprochen werden kann. Eine Ablehnung wird nur bei einem unzumutbaren Angebot, etwa wegen zu hoher Unterhaltskosten der Gemeinde oder wegen Unzuverlässigkeit des Bauherrn, für zulässig gehalten (BVerwG, BRS 44 Nr. 75 = DVBl. 1986, 186 = NVwZ 1986, 38). Bei nicht privilegierten Vorhaben dagegen verneint das Bundesverwaltungsgericht eine entsprechende Verpflichtung der Gemeinde (BVerwGE 74, 19 = DÖV 1986, 699), weil ein Rechtsanspruch auf Erschließung ausdrücklich ausgeschlossen sei (vgl. jetzt § 123 III BauGB) und daher eine Pflicht zur Annahme eines Erschließungsangebots nur in solchen Ausnahmefällen in Betracht komme, in denen sonst eine vom Gesetz eingeräumte Rechtsposition vereitelt würde.

4. Nachbarschutz

28 Auch wenn in Übereinstimmung mit der neuen Rechtsprechung § 35 I BauGB nicht länger als eine gesetzliche Ersatzplanung, sondern lediglich als Planersatz verstanden werden kann (vgl. oben Rn. 3 und § 18 Rn. 6), behält die Aussage ihre Gültigkeit, daß privilegierte Vorhaben prinzipiell in den Außenbereich gehören und nicht-privilegierte nach § 35 II BauGB von ihm grundsätzlich fernzuhalten sind. Für das Nachbarrechtsverhältnis ergeben sich in diesem Zusammenhang vor allem zwei Fragen, zum einen diejenige nach den Rechten eines Nachbarn gegen die Genehmigung störender privilegierter Vorhaben und zum anderen diejenige nach den Rechten des Privilegierten gegen eine heranrückende Bebauung, die ihn mit seinem Betrieb zu einem „Störer“ werden läßt.

29 Gegen die **Genehmigung** eines in der Nähe einer Wohnbebauung zu errichtenden, nach § 35 I BauGB **privilegierten Vorhabens** können sich die Nachbarn bei einer unzumutbaren

Beeinträchtigung wegen Verletzung des baurechtlichen Gebots der Rücksichtnahme zur Wehr setzen, wenn in einer „qualifizierten und zugleich individualisierten Weise" auf ihre schutzwürdigen Interessen keine Rücksicht genommen wird. Ob die Gerichte die Maßstäbe dafür noch dem z. T. über das baurechtliche Rücksichtnahmegebot hinausgehenden § 3 I BImSchG entnehmen werden (vgl. BVerwGE 52, 122, 126f.) ist zweifelhaft, da auch diejenigen, die nach §§ 30, 34 oder 35 BauGB gebaut haben, ihrerseits dem Rücksichtnahmegebot (§ 15 I 2 BauNVO oder § 34 I oder § 35 III Nr. 3 BauGB) unterliegen (vgl. BVerwGE 109, 314 = NVwZ 2000, 1050 m. w. N.: Wohnhausbau in Sportplatznähe). Insofern erlaubt das baurechtliche Rücksichtnahmegebot u. U. eine stärkere auf den Einzelfall bezogene Interessenabwägung als das mehr generalisierende Immissionsschutzrecht, auch wenn es zunehmend in einer entsprechenden einzelfallbezogenen Weise interpretiert wird (vgl. *Jarass*, BImSchG, 4. Aufl. 1999, § 3 Rn. 9ff., 30ff.; restriktiver *Landmann/Rohmer*, BImSchG, §§ 3, 22 Rn. 18).

In der Praxis noch bedeutsamer ist die Rechtsstellung **der Eigentümer privilegierter Betriebe**. Ein häufiger Problemfall ist die Ausdehnung der Wohnbebauung, die sog. **„heranrückende Wohnbebauung"**, so daß im Außenbereich errichtete Betriebe in die Nähe der Wohnbebauung geraten und dann mit erheblichen Einschränkungen u. U. bis zu einer Betriebsstillegung rechnen müssen. Ein typisches Beispiel bieten die sog. **Schweinemästerfälle**, die im Polizeirecht unter dem Stichwort des „latenten Störers" lange Zeit einen zentralen Schwerpunkt der Erörterung bildeten, heute aber weitgehend je nach Betriebsgröße (vgl. Anhang 4. BImSchV Nr. 7) nach §§ 5, 17ff. oder §§ 22, 24, 25 BImSchG zu lösen sind. Abgesehen von den darauf gestützten einschränkenden Anordnungen werden solche Betriebe auch von der Möglichkeit einer späteren Erweiterung ausgeschlossen. Um diese Konsequenzen zu vermeiden, müssen die Eigentümer entweder gegen die Ausweisung der nahegelegenen Wohngrundstücke in einem Bebauungsplan oder gegen deren Baugenehmigungen vorgehen: 30

Beschließt die Gemeinde in einem **Bebauungsplan** die **Ausdehnung der Wohnbebauung** in Richtung auf einen, etwa mit einem landwirtschaftlichen Betrieb, Außenbereichsprivilegierten, wird dieser zunächst im Wege eines Normenkontrollverfahrens die Nichtigerklärung des Bebauungsplans anstreben (vgl. § 47 I, II, V VwGO). Nach der bis vor kurzem praktizierten Lehre über die planähnliche Funktion des § 35 I BauGB als „Ersatzplan" hatte der privilegierte Grundstückseigentümer ein subjektives Recht auf die Nutzung seines Grundstücks, die derjenigen eines Grundeigentümers auf Grund eines Bebauungsplans nahekommen sollte (sog. Recht der Außenprivilegierung). Demgemäß konnte er verlangen, daß bei Aufstellen des Bebauungsplans die Beeinträchtigung dieses Rechts nach § 1 VI BauGB abgewogen wurde. Nach der neuen höchstrichterlichen Rechtsprechung hat der Privilegierte im Außenbereich zwar keine subjektiv-rechtliche Rechtsstellung aus § 35 I BauGB, aber nach (wieder) h.M. gemäß § 1 VI BauGB ein subjektives Recht darauf, daß die Gemeinde auch sein „privates Interesse" auf Beibehaltung seiner jetzigen Nutzungsmöglichkeiten in die Abwägung einbezieht. Insofern ergeben sich im Rechtsschutz gegenüber Bebauungsplänen keine wesentlichen Änderungen zur seitherigen Rechtspraxis. Das zwingt die Gemeinde, so weit wie möglich, etwa durch die Planung von Übergangszonen, dafür zu sorgen, daß beide Nutzungsmöglichkeiten sich miteinander vertragen. Andernfalls ist die Abwägung regelmäßig fehlerhaft und der Bebauungsplan deshalb unwirksam oder nichtig (vgl. § 215 a BauGB).

Gegen die **Genehmigung eines Wohngebäudes** hatte der Privilegierte nach der jetzt aufgegebenen Lehre von § 35 I BauGB als Ersatzplan grundsätzlich ein subjektives Recht auf eine nicht beeinträchtigte Nutzung seines Grundstücks. Dieses berechtigte ihn zur Erhebung der Anfechtungsklage.

Vgl. z.B. BVerwG, DVBl. 1971, 746: Klage eines (jetzt) nach § 35 Nr. 4 BauGB privilegierten Kraftfutterwerks gegen die Zulassung eines Wohngebäudes in seiner Nähe; OVG Münster, NVwZ 1988, 377: Klage eines Schweinemästers gegen herannahende Wohnbebauung.

Angesichts der (oben Rn. 3 dargelegten) neuen Rechtsprechung des Bundesverwaltungsgerichts, wonach § 35 I BauGB lediglich – wie § 34 BauGB – einen Planersatz darstellt, kann sich der Privilegierte nunmehr nur auf das nach Ansicht des Bundesverwaltungsgerichts in § 35 III Nr. 3 BauGB verankerte baurechtliche Rücksichtnahmegebot berufen. Dieses gibt ihm lediglich ein Abwehrrecht, soweit er in „qualifizierter und zugleich individualisierter Weise rücksichtslos beeinträchtigt wird".

Nach diesem Maßstab läßt sich in den oben genannten Fällen (BVerwG, DVBl. 1971, 746; OVG Münster, NVwZ 1988, 377) ein subjektives Abwehrrecht nicht ohne weiteres annehmen. Zwar muß etwa ein nach dem BImSchG nicht-genehmigungsbedürftiger, bauplanungsrechtlich privilegierter Betrieb angesichts einer heranrückenden Wohnbebauung nach §§ 22 I 1 Nr. 1 und 2, 24 BImSchG mit geräusch- oder geruchsdämmenden Auflagen rechnen, aber eine Verletzung des Rücksichtnahmegebots durch die heranrückende Wohnbebauung könnte nur angenommen werden, wenn diese Maßnahmen unzumutbar, also etwa existenzgefährdend wären. Demgemäß hat (wie oben Rn. 3 gezeigt) das Bundesverwaltungsgericht (DÖV 2000, 81) dem Besitzer eines Gartenbaubetriebs ein Recht zu einer Abwehrklage gegen eine heranrückende Wohnbebauung nur dann zugesprochen, wenn die Feuerungsanlage für das Gewächshaus trotz Einhaltung der vorgeschriebenen Emissionsgrenzwerte auf Grund der konkreten örtlichen Verhältnisse zu einer erheblichen Belästigung der Nachbarschaft führen könne. Und einem Landwirt, der sich ohne konkrete Notwendigkeit und mit nur vagen Planungen gegenüber einer heranrückenden Wohnbebauung letztlich nur die Möglichkeit für die Erweiterung seines Betriebes um eine Schweinemästerei offenhalten wollte, hielt das Gericht entgegen, daß der Außenbereich keinen Gebietstypus darstelle und er somit aus § 35 I BauGB auch keinen Anspruch auf Gebietserhaltung habe (NVwZ-RR 2001, 82). Anders wäre die Rechtslage möglicherweise zu beurteilen, wenn die Aufnahme einer Schweinemästerei konkret geplant worden und für den wirtschaftlichen Bestand des Betriebes dringend notwendig wäre, denn hier käme dann u. U. das (baurechtliche) Rücksichtnahmegebot zur Anwendung.

Zu beachten ist, daß § 35 I BauGB jetzt allein im Hinblick auf das in **31** § 35 III Nr. 3 BauGB verkörperte Rücksichtnahmegebot nur insoweit eine nachbarschützende Funktion i. S. eines subjektiv öffentlichen Rechtes hat, als die privilegierte Nutzung beeinträchtigt wird. So ist die Klage eines jagdausübungsberechtigten Landwirts gegen eine nach § 35 II BauGB rechtswidrig genehmigte Erweiterung eines Wohnhauses im Außenbereich nicht auf Grund von § 35 I BauGB, sondern wegen Beeinträchtigung des nach Art. 14 I GG geschützten Jagdrechts zulässig (OVG Lüneburg, BauR 1988, 321).

Für die „sonstigen Vorhaben", d. h. für die **nicht-privilegierten Vorhaben** i. S. v. § 35 II BauGB, aber auch für die hierzu zu **32** zählenden begünstigten („teilprivilegierten") Vorhaben nach § 35 IV BauGB kommt eine Klage der Nachbarn gegen eine Baugenehmigung nach den gleichen Grundsätzen in Betracht. Allerdings sind die **Anforderungen**, die sich aus dem Rücksichtnahmegebot ergeben, **bei § 35 I und § 35 II BauGB unterschiedlich** zu beurteilen. Welche Beeinträchtigungen im konkreten Fall noch „zumutbar" sind, hängt in großem Maße von den Einzelheiten der jeweiligen Situation ab.

Literatur: *Sendler*, Zulässigkeit von Bauvorhaben – Die §§ 29–34 des Baugesetzbuches, BBauBl. 1968, 12; *Friauf*, „Latente Störung", Rechtswirkungen der Bauerlaubnis und vorbeugende Nachbarklage, DVBl. 1971, 713; *Bartlsperger*, Subjektives öffentliches Recht und störungspräventive Baunachbarklage, DVBl. 1971, 723; *Weyreuther*, Bauen im Außenbereich, 1979; *Fislake*, Das Ermessen in § 35 Abs. 2 BauGB, ZfBR 1988, 166; *Ortloff*, Ermessen in § 35 II BauGB – Hat das Gesetz doch recht?, NVwZ 1988, 320; *Guldi*, Die angemessene Erweiterung eines Gewerbebetriebs im Außenbereich, NVwZ 1996, 849; *Runkel*, Steuerung von Vorhaben der Windenergienutzung im Außenbereich durch Raumordnungspläne, DVBl. 1997, 275; *Stich*, Schaffung von Bauland und Baurecht im Innen- und Außenbereich der Gemeinden nach dem geltenden Städtebaurecht, UPR 1997, 121; *Gaentzsch*, Zur Entwicklung des Bauplanungsrechts i. d. Rechtsprechung des BVerwG, NVwZ 2000, 993.

§ 22. Die Zulässigkeit von Vorhaben und die Nutzung baulicher Anlagen kraft Bestandsschutzes

Übersicht

1. Der Bestandsschutz als Abwehrrecht und als Grundlage baulicher Maßnahmen
2. Vom verfassungsrechtlichen zum gesetzlichen Bestandsschutz
3. Die Kriterien des bislang maßgeblichen verfassungsrechtlichen Bestandsschutzes
4. Der gesetzliche Bestandsschutz
   a) Eingriffsbefugnisse – Passiver Bestandsschutz
   b) Erhaltung, Ausbau, Erweiterung – Aktiver Bestandsschutz
5. Fallbeispiel (Bauherrenklagen)

1. Der Bestandsschutz als Abwehrrecht und als Grundlage baulicher Maßnahmen

1 Der Bestandsschutz gibt Antwort auf die Frage, ob und inwieweit ein Bauwerk, das ursprünglich in Einklang mit dem geltenden Baurecht errichtet worden war, weiterhin bestehen, genutzt und in seinem Bestand unterhalten werden darf, auch wenn dies nach dem inzwischen zur Geltung gelangten Baurecht nicht mehr zulässig

wäre (vgl. BVerwGE 47, 126, 128 m.w.N.). Die damit angesprochene Konfliktlösung zwischen der Maßgeblichkeit des früheren und des inzwischen anderslautenden Rechts hat zwei Dimensionen. Zum einen betrifft sie die Fortführung der bisherigen Nutzung des baulichen Bestandes, also ein eventuelles Abwehrrecht, insbesondere gegen bauordnungsrechtliche Maßnahmen zur Durchsetzung des neuen Rechts, etwa eine Nutzungsuntersagung oder gar eine Abbruchsverfügung (sog. **„passiver Bestandsschutz“**). Zum anderen geht es um die Zulässigkeit, die notwendigen baulichen Maßnahmen zur Erhaltung und zur zeitgemäßen Nutzung des Bauwerks durchzuführen. Das betrifft die Instandhaltung, aber auch die Modernisierung zur zeitgerechten Fortführung der Nutzung, etwa durch Umbau, Ausbau oder Errichtung von Nebengebäuden (etwa Garagen), u.U. auch den Ersatzbau nach Zerstörung oder eine Nutzungsänderung (sog. **„aktiver Bestandsschutz“**). Die zweite Dimension betrifft in erster Linie bauplanungsrechtliche Fragen, etwa nach der Zulässigkeit von Vorhaben innerhalb des räumlichen Geltungsbereichs eines Bebauungsplans (§ 30 BauGB) oder innerhalb eines im Zusammenhang bebauten Ortsteils (§ 34 BauGB) wie auch im Außenbereich (§ 35 BauGB). Da die bauplanungsrechtlichen Zulässigkeitsanforderungen den bauordnungsrechtlichen Durchsetzungsbefugnissen vorgehen, wird der Bestandsschutz an dieser Stelle behandelt.

2. Vom verfassungsrechtlichen zum gesetzlichen Bestandsschutz

Die verwaltungsgerichtliche Rechtsprechung hat lange Zeit den 2
Bestandsschutz als verfassungsrechtliche Gewährleistung direkt aus dem verfassungsrechtlichen Eigentumsschutz in Art. 14 I GG abgeleitet. Das enthob die Gerichte nicht nur der Notwendigkeit einer exakten gesetzlichen Subsumtion, sondern ermöglichte auch eine Ausdehnung über gesetzliche Gewährleistungen hinaus. Diese so entwickelte sog. „verfassungsrechtliche Bestandsschutzlehre“ ist seit der Naßauskiesungsentscheidung des Bundesverfassungsgerichts im Jahre 1981 (BVerfGE 58, 300) fragwürdig geworden. Das Gericht hat darin und immer wieder in zahlreichen nachfolgen-

den Entscheidungen betont, daß nach Art. 14 I GG „Inhalt und Schranken“ des Eigentums durch die Gesetze bestimmt würden, darüber hinausgehende Ansprüche könnten daher nicht unmittelbar dieser verfassungsrechtlichen Bestimmung entnommen werden.

3 Die Ausführungen des Bundesverfassungsgerichts sollten nicht so verstanden werden, daß nach Art. 14 I GG Inhalt und Schranken „allein“ durch die Gesetze bestimmt würden. Vielmehr muß sich ihre Verfassungsmäßigkeit gerade vor der Gewährleistung des Art. 14 I GG bewähren. Darüber hat das Bundesverfassungsgericht zu wachen. Es verweist dafür zu Recht auf die Grundsätze der Verhältnismäßigkeit und der Wesensgehaltsgarantie. Allerdings geben diese Prinzipien nur einen Maßstab ab, wenn man – entgegen der Rechtsprechungspraxis des Gerichts – von einer ideell unbegrenzten Eigentumsfreiheit ausgeht, in die dann jede gesetzliche Eigentumsdefinition – wie das Wort Definition schon sagt – „begrenzend“ eingreift. Denn nur so läßt sich „messen“, ob der Eingriff für das jeweilige Gemeinwohlziel „geeignet“, „erforderlich“ und „angemessen“ ist. Dabei sind die ersten beiden Voraussetzungen eindeutig bestimmbar; lediglich das Kriterium der Angemessenheit ist, wenn es zu seiner Prüfung überhaupt noch kommt, eine Abwägung unter Billigkeitsgesichtspunkten – vergleichbar dem Grundsatz von Treu und Glauben im bürgerlichen Recht. Geht man nicht von einer ideell unbegrenzten Eigentumsfreiheit aus, bezeichnet das Verhältnismäßigkeitsprinzip lediglich ein allgemeines Abwägungsgebot, ohne dafür Maßstäbe zu liefern. Weiter scheitert in diesem Fall selbst die „Wesensgehaltsgarantie“ gegenüber einer „Salamitaktik“ (dazu näher oben § 1 Rn. 21).

Diese Einwände schließen jedoch nicht die dem Wortlaut des Art. 14 GG folgende Ansicht des Bundesverfassungsgerichts aus, daß sich der konkrete Eigentumsinhalt als Ausgleich zwischen der Eigentumsfreiheit einerseits und der Sozialpflichtigkeit des Eigentums andererseits aus der jeweiligen Grenzziehung durch den Gesetzgeber ergibt, solange diese verfassungsmäßig in dem dargelegten Sinne ist.

4 Widerspricht die erforderliche gesetzliche Grenzziehung zwischen Eigentumsfreiheit und Sozialpflichtigkeit des Eigentums der verfassungsrechtlichen Gewährleistung und läßt sich dieses Defizit weder durch Auslegung noch durch Analogie beheben, so steht es nach Ansicht des Bundesverfassungsgerichts den Fachgerichten nicht zu, unter Umgehung des einfachen Rechts unmittelbar auf der Grundlage der Verfassung Ansprüche zu gewähren, die von der Entscheidung des hierzu berufenen Gesetzgebers nicht gedeckt werden. Vielmehr ist bei Vorliegen der Voraussetzungen des Art. 100 GG das Verfahren auszusetzen und das Bundesverfassungsgericht

anzurufen. Nach langem anfänglichen Zögern sind die Fachgerichte, insbesondere auch das Bundesverwaltungsgericht, nunmehr auf diese Ansicht eingeschwenkt (zu den Stufen der Entwicklung vgl. BVerwGE 84, 334; 58, 289, 294; 88, 191, 203; grundsätzlich BVerwGE 106, 228, 234ff.). Damit ist die Rechtsprechung zum **„verfassungs-rechtlichen Bestandsschutz“** grundsätzlich **aufgegeben**.

Offen bleibt die Frage, ob ein direkter Rückgriff auf Art. 14 I GG nicht doch zulässig bleiben muß, wenn überhaupt keine oder soweit keine ausreichenden gesetzlichen Regelungen bestehen, mit denen der Wesensgehalt des Eigentumsrechts im Einzelfall zur Geltung gebracht werden könnte. Für die Bejahung dieser Frage spricht viel (bejahend etwa *Sendler*, WiVerw 1993, 235, 253ff.; *Sieckmann*, NVwZ 1997, 853; *Dürr*, VBlBW 2000, 457, 458; ablehnend *Koch/Hendler*, BauR, § 26 Rn. 117ff. jew. m.w.N.). Die Problematik entspricht derjenigen, die oben zum „baurechtlichen Rücksichtnahmegebot“ eingehend behandelt wurde (vgl. oben § 18 Rn. 27f., sowie § 1 Rn. 21). Die Gesetzgebungspraxis hat längst die Unregelbarkeit aller Fälle erkannt und sieht regelmäßig eine ermessensgesteuerte Eingriffsbefugnis und eine entsprechende Dispensklausel für „offenbar nicht beabsichtigte Härten“ vor. Über dieses Ermessen kann gegenüber einem Abbruchgebot und einer Nutzungsuntersagung ein passiver und bei Dispensregelungen u. U. auch ein aktiver eigentumsrechtlich radizierbarer Bestandsschutz zur Wirkung gebracht werden. An einem allein auf Art. 14 I GG gestützten Bestandsschutz würde daher in der Praxis nur selten Bedarf bestehen. Dennoch ist es bedeutsam, daß das Bundesverfassungsgericht erneut einen direkten, „durch Art. 14 I GG bewirkten Bestandsschutz“ für den Fall – allerdings auch nur dafür – annehmen will, daß „der Bestand zu irgendeinem Zeitpunkt genehmigt oder jedenfalls genehmigungsfähig gewesen ist“ (BVerfG, BauR 1996, 235; ferner BVerfG, NVwZ 2001, 424).

3. Die Kriterien des bislang maßgeblichen verfassungsrechtlichen Bestandsschutzes

Die in einer langjährigen Rechtsprechungstradition herausgear- 5
beiteten Grundsätze des verfassungsrechtlichen Bestandsschutzes sind nach wie vor von Bedeutung, sei es für die nach neuester Rechtsprechung des Bundesverfassungsgerichts doch noch anerkannten Fälle eines direkt auf Art. 14 I GG gestützten Bestandsschutzes, weil der Bestand zu irgendeinem Zeitpunkt genehmigt worden oder jedenfalls genehmigungsfähig gewesen ist (BVerfG, NVwZ 2001, 424), sei es zur Auslegung der einschlägigen gesetzlichen Bestimmungen.

6 **Bestandsschutz** kann es nach der **aus** dem **verfassungsrechtlichen Eigentumsschutz** entwickelten Lehre nur geben für rechtmäßig errichtete, in ihrer Substanz noch bestehende Bauwerke. Allerdings genügt eine zur Zeit der Errichtung allein **formelle oder materielle Rechtmäßigkeit**. Denn auch eine zu Unrecht erteilte Baugenehmigung stellt – zumindest bis zu einer eventuell zulässigen Zurücknahme „formell" die Rechtmäßigkeit des Bauwerks verbindlich fest. Ebenso genießt ein Bauwerk Bestandsschutz, wenn es ohne die erforderliche Baugenehmigung errichtet wurde, aber bei Errichtung oder danach für längere Zeit „materiell" rechtmäßig war, so daß es bei einer Antragstellung hätte genehmigt werden müssen.

7 Neben den **passiven Bestandsschutz** mit der Folge, daß gegen das bestehende Bauwerk und seine zweckentsprechende Nutzung nicht etwa mit einer Nutzungsuntersagung oder gar Abbruchsverfügung vorgegangen werden kann, tritt der **„aktive Bestandsschutz"**. Zur Erhaltung der eigentumsrechtlichen Substanz und ihrer sachgemäßen Nutzung sind u. U. auch Maßnahmen zur Reparatur, zur Modernisierung, ja eventuell sogar zur Erweiterung notwendig. Selbst diese Vorhaben sind dann aufgrund des verfassungsrechtlich gewährten Bestandsschutzes rechtlich zulässig, auch wenn sie dem geltenden Gesetzesrecht widersprechen.

Allerdings müssen alle diese Baumaßnahmen der Substanzerhaltung dienen. Das setzt einmal voraus, daß die Anlage in ihrer Substanz noch **vorhanden und funktionsgerecht benutzbar** ist. Abgebrochene oder durch Brand oder Naturkatastrophen zerstörte Gebäude genießen keinen Bestandsschutz; der Bestandsschutz deckt keinen Ersatzbau (BVerwGE 47, 126, 128). Er schützt auch nur die funktionsgerechte Nutzung des baulichen Bestandes und nicht eine (etwa aus wirtschaftlichen Gründen notwendige, baurechtlich relevante) Nutzungsänderung (BVerwGE 47, 185, 188). Zum zweiten dürfen die **Erhaltungs- und Modernisierungsmaßnahmen** nicht erheblich über die reine Erhaltung der Substanz und ihrer funktionsgerechten Nutzung hinausgehen. Unter diesem Gesichtspunkt erscheint die Zulassung eines Nebengebäudes mit drei Garagen auf einer bauplanungsrechtlich festgesetzten

Grünfläche (BVerwGE 72, 362) bedenklich. Dagegen lassen sich zur Substanz- und Funktionserhaltung durchaus Anforderungen an einen modernen Wohnungsbau, etwa die Verlegung sanitärer Anlagen vom Treppenhaus in die Etagenwohnung, rechnen. Alle diese Maßnahmen dürfen jedoch nicht einer Neuerrichtung gleichkommen. Es kann also z.B. eine Feldscheune nicht Schritt für Schritt repariert und modernisiert werden, bis daraus ein Landhaus geworden ist. M.a.W.: Die **Identität** des wiederhergestellten **mit dem ursprünglichen Bauwerk** muß nach Standort, Bauvolumen und Nutzung gewahrt bleiben. Daran fehlt es, wenn etwa der Eingriff in die Bausubstanz so intensiv ist, daß die Standfestigkeit des gesamten Bauwerks berührt und eine statische Nachberechnung des gesamten Gebäudes erforderlich wird, oder wenn die für die Instandsetzung erforderlichen Maßnahmen den Aufwand für einen Neubau erreichen oder gar übersteigen, oder wenn die Bausubstanz ausgetauscht oder das Bauvolumen wesentlich erweitert wird, wie mit dem oben erwähnten Anbau für drei Garagen.

Dieser Substanzschutz wurde von der Rechtsprechung in zwei **8**
Dimensionen noch erweitert: Nach dem Prinzip des **„überwirkenden Bestandsschutzes"** sollen ausnahmsweise auch etwa durch Abbruch oder Naturgewalten zerstörte Teile einer Anlage wieder aufgebaut werden dürfen, wenn sonst die übrigen Teile der bestehenden Anlage „funktionslos" würden. Ein solcher **untrennbarer Funktionszusammenhang** zwischen den vorhandenen und der zu erneuernden Anlage ist z.B. anzunehmen, wenn bei einer Ziegelei der alte, nur noch vorübergehend brauchbare Ofen durch einen neuen, inzwischen etwas größeren, ersetzt wird, weil sonst die dazugehörenden Produktions- und Lagerhallen wertlos würden. Ihr Bestandsschutz wirkt also auf die Ersetzung des Ofens über. Der Bestandsschutz entfällt jedoch, wenn mit dem neuen Ofen die Produktion verdoppelt werden kann, denn Schutzobjekt ist immer nur die funktionsgemäße Nutzung der vorhandenen Substanz. Auch eine aus wirtschaftlichen Gründen notwendige Betriebserweiterung wird daher vorn Bestandsschutz nicht gedeckt (vgl. BVerwGE 50, 49, 56).

9 Die zweite Erweiterung, die sogenannte „eigentumskräftig verfestigte Anspruchsposition“ (vgl. BVerwGE 47, 126), ist schon früher wieder aufgegeben worden (BVerwG, BauR 1991, 51). Sie betraf keinen echten Bestandsschutz, sondern eine einem Grundstück zugebilligte Bebaubarkeit zum Wiederaufbau eines zerstörten Bauwerks, wenn es, wie z.B. ein Ausflugslokal, nach allgemeiner Verkehrsauffassung an dieser Stelle und in dieser Beschaffenheit vermißt würde. Diese Möglichkeit wird heute von § 35 IV, insbesondere Nr. 3 u. 4 BauGB i.S. einer erleichterten Genehmigungsmöglichkeit erfaßt.

4. Der gesetzliche Bestandsschutz

10 Nimmt man mit der neueren Rechtsprechung von dem bisher verfassungsrechtlich hergeleiteten Bestandsschutz Abschied, kann sich ein Bestandsschutz als solcher nur aus den gesetzlichen Regelungen des Bauplanungs- oder Bauordnungsrechts ergeben. Hierzu gehören vor allem die baupolizeilichen Eingriffsbefugnisse und die materiellen bauplanungs- und bauordnungsrechtlichen Zulässigkeitsregelungen.

a) Eingriffsbefugnisse – Passiver Bestandsschutz

11 Paradigmatisch für die bauordnungsrechtlichen Eingriffsbefugnisse ist die in nahezu allen Bundesländern insoweit übereinstimmende Ermächtigung zum Erlaß einer Abbruchverfügung. Danach kann der teilweise oder vollständige Abbruch einer Anlage angeordnet werden, wenn sie im Widerspruch zu öffentlich-rechtlichen Vorschriften errichtet wurde und „wenn nicht auf andere Weise rechtmäßige Zustände hergestellt werden können“ (vgl. z.B. § 65 LBO BW). Ist demnach das Bauwerk ohne Baugenehmigung und somit **formell rechtswidrig, aber** in Überstimmung mit den materiell-rechtlichen Vorschriften, also **materiell rechtmäßig** errichtet worden, greift der gesetzliche Bestandsschutz ein, weil durch eine Baugenehmigung der „rechtmäßige Zustand“ noch herbeigeführt werden kann.

Ändert sich in diesem Fall die materielle Rechtslage nach Errichtung der baulichen Anlage zu Ungunsten des Eigentümers, etwa weil ein neuer Bebauungsplan eine andere Nutzung für dieses Grundstück vorsieht, so ist das Bauwerk nicht nur **formell rechts-**

widrig errichtet, sondern durch die neue Rechtslage auch **materiell nicht mehr zulässig**. Eine Baugenehmigung kann daher wegen der inzwischen veränderten Rechtslage nicht mehr erteilt werden. Scheidet auch die Möglichkeit einer Befreiung (Dispenserteilung) aus, liegen die Voraussetzungen für eine Abbruchverfügung damit dem ersten Anschein nach vor. Jedoch wäre es ein unverhältnismäßiger Eingriff in das geschaffene Eigentum, wollte man den Abbruch eines materiell rechtmäßig errichteten Bauwerks zulassen, nur weil die Baugenehmigung – eine allein der Kontrolle der materiellen Rechtmäßigkeit dienende Erlaubnis – nicht eingeholt worden war. Daher ist die Befugnisnorm zum Abbruch verfassungskonform so auszulegen, daß sie eine materielle Baurechtswidrigkeit im Zeitpunkt der Errichtung voraussetzt (h. M. zum tradierten verfassungsrechtlichen Bestandsschutz vgl. z. B. *Dürr*, Baurecht, Rn. 242; *Grotefels*, H/G, § 15 Rn. 78 ff., 80; *Jäde u. a.*, BayBO 1994, Art. 89 Rn. 51 ff., 65 ff.; *Ortloff*, F/O, S. 168 ff., 175 f.; *Peine*, Öffentliches Baurecht, Rn. 420; *Ruf*, Die neue Bauordnung in BW, § 65 Rn. 2; *Schlotterbeck/v. Arnim*, LBO BW, § 47 Rn. 56 ff., 66, 71; § 65 Rn. 20 jew. m. w. N.; a. A. *Sendler*, WiVerw 1993, 236, 248, 260; *Koch/Hendler*, Baurecht, 2. Aufl., S. 370 f.; jetzt 3. Aufl., § 27 Rn. 26 wird die Annahme einer „Duldung" vorgeschlagen, was der hier vertretenen Ansicht im Ergebnis nahekommt). Der Schutz des Eigentums wäre unverhältnismäßig zurückgesetzt, wollte man diese Gesichtspunkte allein im Rahmen des Ermessens der Bauordnungsbehörde zur Geltung bringen. Das Argument, die Nichtbeachtung der Genehmigungspflicht bedürfe der Sanktion, ist angesichts der geschaffenen Werte nicht geeignet, die Verhältnismäßigkeit einer Beseitigungsanordnung zu begründen. Diesem Anliegen muß über das Ordnungswidrigkeitenrecht entsprochen werden, wie es z. B. in § 75 I Nr. 4 LBO BW vorgesehen ist. Das obiter dictum in BVerwG, NVwZ-RR 1998, 357, 358, daß die Eigentumsgarantie eine formelle und materielle Rechtmäßigkeit voraussetze, damit sich der Eigentümer gegen eine ihm nachteilige Änderung der Rechtslage wehren könne, kann nicht als eine dezidierte abweichende Ansicht des Gerichts in dieser Frage verstanden werden.

Anders ist die Rechtslage zu beurteilen, wenn ein Bauwerk **formell und materiell rechtswidrig errichtet** wurde, danach aber infolge einer Änderung der Rechtslage über einen längeren Zeitraum hinweg materiell rechtmäßig und danach infolge einer weiteren Rechtsänderung erneut materiell rechtswidrig geworden ist. Nach der Lehre vom verfassungsrechtlichen Bestandsschutz ist jeder Bau geschützt, der zu irgendeiner Zeit für einen nicht unerheblichen Zeitraum einmal rechtmäßig geworden war; dementsprechend hatte etwa der VGH BW verkürzt eine Abbruchverfügung nur dann für zulässig erklärt, wenn eine Anlage seit ihrer Fertigstellung „fortdauernd" im Widerspruch zum materiellen Recht stehe und nicht durch eine Baugenehmigung gedeckt sei (VGH BW, NJW 1984, 319; entspr. *Gehrke/Brehsan*, NVwZ 1999, 936). Der Wortlaut der Ermächtigungsnorm für die Anordnung eines Abbruchs läßt dieses Ergebnis interpretativ jedoch nicht zu. Die Regelung stellt eindeutig auf den Zeitpunkt der Errichtung ab. Der gesetzliche Bestandsschutz bleibt hier also hinter dem bislang verfassungsrechtlich begründeten zurück. Allerdings steht der Erlaß der Abbruchverfügung im Ermessen der Baurechtsbehörde. In dessen Rahmen sind die Fragen der Notwendigkeit einer Beseitigung des geschaffenen Eigentums im konkreten Fall im Hinblick auf die formelle und die materielle Rechtswidrigkeit und ihre Folgen zu berücksichtigen.

12 Wird versehentlich für ein materiell rechtswidriges Bauvorhaben eine Baugenehmigung erteilt, ist also das Bauwerk **nur formell rechtmäßig**, sichert die Baugenehmigung dem Eigentümer (und seinem Rechtsnachfolger, vgl. z.B. § 58 II LBO BW) kraft ihrer Feststellungswirkung solange eine formell-rechtlich begründete Eigentümerposition, als sie nicht wirksam zurückgenommen wurde. Eine Rücknahme ist, wenn der Betroffene auf die Rechtmäßigkeit des Verwaltungsakts vertraut hat und in seinem Vertrauen schutzwürdig ist, nach § 48 III VwVfG nur gegen Entschädigung zulässig. Die Entscheidung liegt im Ermessen der Behörde, die dabei auch den Eigentumsschutz mitzuberücksichtigen hat. Insofern ist der Bestandsschutz hinsichtlich des Bauwerks bei nur formell rechtmäßig errichteten Bauwerken geringer als bei allein materiell rechtmäßigen.

Eine besondere Problematik des gesetzlichen Bestandsschutzes gibt es bei den **Anzeige- oder Kenntnisgabeverfahren**, bei denen mit **Ablauf der Wartefrist** für den Beginn der Bauausführung das formelle Bauverbot entfällt (vgl. z.B. §§ 51, 59 V LBO BW). Hier hat der Bauwillige für die materielle Rechtmäßigkeit seines Bauvorhabens selbst einzustehen. 13

Hat er sein Bauwerk **formell und materiell rechtmäßig**, also durch Anzeige und in Übereinstimmung mit den übrigen Bauvorschriften errichtet, kommt ihm der dargelegte gesetzliche Bestandsschutz in gleicher Weise zugute. Werden vor Errichtung wesentliche Baumaßnahmen unzulässig, muß er sein Vorhaben darauf anpassen; im Rahmen des behördlichen Ermessens wird man ihm jedoch Rechtsänderungen nicht entgegenhalten können, die unmittelbar nach Ablauf der mit der Anzeige oder Kenntnisgabe beginnenden Wartefrist eintreten. Ein größeres Problem besteht dann, wenn der **Bebauungsplan**, auf Grund dessen das Bauvorhaben durchgeführt werden soll, sich als **rechtswidrig** erweist. In der Regel werden hier die Unbeachtlichkeitsregeln der §§ 214ff. BauGB eingreifen; handelt es sich aber um beachtliche Fehler, die dem Bürger nicht ohne weiteres erkennbar waren, ist die Eigenart des Bebauungsplans als Vollzugsnorm und damit seine Nähe zum Verwaltungsakt zu beachten; insofern dürfte eine Abbruchverfügung ermessensfehlerhaft sein, wenn der Bauherr auf die Gültigkeit des Planes vertrauen durfte (im Ergebnis zustimmend *Pfaff*, VBlBW 1996, 281, 284; *Jäde/Weinl/Dirnberger*, BayVBl 1994, 321, 325).

Wurde der Bau **ohne** die vorgeschriebene **Anzeige**, aber **materiell rechtmäßig** errichtet, liegt zwar eine formelle Baurechtswidrigkeit vor. Indessen ist diese nicht so gravierend wie das „Bauen ohne Baugenehmigung", zumal die Baurechtsbehörde beim Anzeige- oder Kenntnisgabeverfahren keine Rechtspflicht zur Überprüfung der Rechtmäßigkeit des Vorhabens hat. Kann schon bei einer Mißachtung der Baugenehmigungspflicht der Abbruch des zwar formell rechtswidrigen, materiell aber rechtmäßigen Bauwerks nicht angeordnet werden, muß dies erst recht für ein versäumtes Kenntnisgabeverfahren gelten (i. Erg. übereinstimmend *Schenke*, Bauordnungsrecht, § 9 Rn. 240).

Anders ist die Rechtslage, wenn der Bauherr **formell und materiell rechtswidrig** handelte; hier besteht kein gesetzlicher Anhalt für einen Bestandsschutz.

Keine befriedigende Lösung bestand anfänglich für den Fall, daß der Bauherr seiner **Anzeigepflicht nachkommt**, aber in **Unsicherheit über die Rechtslage** unzutreffend von der Rechtmäßigkeit seines Bauvorhabens ausgeht und die Baubehörde auf seine ordnungsgemäße Anzeige hin nicht reagiert. Nach allgemeiner Meinung ist die Behörde im Anzeige- oder Kenntnisgabeverfahren nicht zur Prüfung der Rechtmäßigkeit des Bauvorhabens verpflichtet, sie kann also für ihre Untätigkeit bei einem **rechtswidrigen Bauvorhaben** nicht belangt werden. Insofern ist bei den häufig auftretenden Zweifelsfällen über die rechtliche Zulässigkeit eines Bauvorhabens das Risiko der Rechtmäßigkeit dem Bauherrn voll aufgebürdet. Er kann dann nur hoffen, daß im negativen Falle die Baubehörde von ihrem Ermessen großzügig zu seinen Gunsten Gebrauch macht, ein Risiko, das etwa bei Wohnhäusern bis zur Grenze des Hochhauses (vgl. § 51 I Nr. 1 LBO BW) unzumutbar erscheint. Angesichts dieser Sachlage wurde **jetzt** weithin nachträglich in die Landesbauordnungen die Zusatzbestimmung eingeführt, daß der Bauherr in solchen Fällen **beantragen** kann, ein **Baugenehmigungsverfahren** durchzuführen (vgl. z. B. § 51 VII LBO BW 2000). Dann kann es im ungünstigsten Falle nur zu der oben skizzierten Lage eines genehmigten rechtswidrigen Bauwerks kommen.

Für **verfahrensfreie Vorhaben** kann auf den Schutz der Feststellungswirkung einer Baugenehmigung (dazu näher unten § 28 Rn. 25) verzichtet werden; die Investitionen sind relativ gering und das Ermessen der Behörde beim Erlaß einer Abbruchsverfügung läßt ihr regelmäßig einen breiten Spielraum, die Bedeutung der Rechtswidrigkeit und die Notwendigkeit ihrer Beseitigung sachgerecht einzuschätzen.

Neben dem Bestand des Bauwerks als solchem umfaßt der passive **Bestandsschutz auch** die Beibehaltung seiner Nutzung ohne Beeinträchtigung durch neue oder geänderte baurechtliche Anforderungen. Ein gesetzliches Recht auf **Fortführung der Nutzung** auch in Widerspruch zu neuen oder geänderten bauplanungsrechtlichen Regelungen ergibt sich aus der Formulierung des **§ 29 BauGB**. Danach ist das jeweils geltende Bauleitplanungsrecht nur auf Änderungen und Nutzungsänderungen der baulichen Anlage anzuwenden, nicht aber auf sonstige „Benutzungen". Hinsichtlich der bauordnungsrechtlichen Bestimmungen enthalten die **Landesbauordnungen** einen gesetzlichen Bestandsschutz durch die Regelung, daß rechtmäßig bestehende Anlagen (nur dann) den neuen Vorschriften angepaßt werden müssen, „wenn Leben oder Gesundheit bedroht sind". Diese Bestimmung ist aus der gefahrenabwehrenden Funktion des Polizeirechts ohne weiteres verständlich. Bei wesentlichen Änderungen kann auch für die unmittelbar davon berührten Teile der Anlage eine Anpassung gefordert werden (vgl. § 76 I u. II LBO BW). Auch dagegen bestanden schon unter der Geltung des verfassungsrechtlichen Bestandsschutzes keine Bedenken.

b) Erhaltungs-, Ausbau- und Erweiterungsansprüche – aktiver Bestandsschutz

14 Zur Erhaltung der Effektivität des baulichen Eigentums sind u. U. Maßnahmen der Instandhaltung, Änderung oder Nutzungs-

änderung erforderlich. Sollen sie nicht durch neue Bauvorschriften behindert werden, bedarf es eines Bestandsschutzes für solche „Aktivitäten". In bauplanungsrechtlicher Hinsicht wird hier wiederum § 29 BauGB, insbesondere für folgende Fallgestaltungen relevant:

Liegt nach der Gesetzeslage ein bestandsgeschütztes Bauwerk vor, sind **Instandhaltungsmaßnahmen** bauplanungsrechtlich zulässig, auch wenn sie der jetzt geltenden Rechtslage nicht entsprechen. Das ergibt sich aus § 29 BauGB, der die bauplanungsrechtlichen Regelungen nur für die Errichtung, Änderung oder Nutzungsänderung zur Anwendung bringt. Der Begriff der Änderung ist schon nach der gesetzlichen Vorschrift nur im bauplanungsrechtlichen Sinne zu verstehen, d. h. er kann nur eine Änderung der Substanz der baulichen Anlage betreffen, die geeignet ist, „das Bedürfnis nach einer ihre Zulässigkeit regelnden verbindlichen Bauleitplanung hervorzurufen" („bodenrechtliche" oder „städtebauliche Relevanz"; BVerwGE 44, 59; BVerwG, NVwZ 1994, 1010 – Dachgaube; BVerwG, NVwZ 1996, 265 – Tanzschiff im Konstanzer Hafen). Regelmäßig aber berührt eine Instandhaltung weder Art noch Maß der baulichen Nutzung oder sonstige nach § 1 V BauGB beachtliche Belange (im Ergebnis übereinstimmend: BVerwG, NVwZ-RR, 1998, 357, 358; *Brügelmann/Dürr*, § 29 Rn. 22; *Krautzberger*, in: E/Z/B, § 29 Rn. 38f.; a. A. *Löhr*, B/K/L, § 29 Rn. 18). Diese Auslegung entspricht auch allein dem verfassungsrechtlichen Schutz des rechtmäßig geschaffenen Eigentums. 15

Ob **Modernisierungen**, wie z. B. ein Verblendmauerwerk zum Wärmeschutz, bereits unter die in § 29 BauGB erwähnte „Änderung" fallen, hängt von der jeweiligen Ausgestaltung der Modernisierungsmaßnahme ab. Solange die Identität des Bauwerks nach Standort, Art, Maß und Nutzung gewahrt bleibt, ist eine „Änderung" regelmäßig nicht anzunehmen. 16

Nebengebäude, insbesondere Garagen, werden in Zukunft kaum noch allein mit dem Bestandsschutz zu rechtfertigen sein (vgl. BVerwG, DÖV 1998, 600 – unter Aufgabe von BVerwGE 72, 362, 364). Ebenso ist der **An- und Ausbau** nicht mehr allein mit dem eigentumsrechtlichen Bestandsschutz zu rechtfertigen. 17

Solche Maßnahmen fallen unter den Begriff der Errichtung oder Änderung baulicher Anlagen und sind daher nach § 29 BauGB den bauplanungsrechtlichen Vorschriften unterworfen.

Einen abgeschwächten Bestandsschutz gewährt § 35 IV BauGB vor allem im Hinblick auf den Strukturwandel in der Landwirtschaft für notwendige **Nutzungsänderungen**, weiter für den kostengünstigeren **Ersatzbau** und für die vielfach angestrebten **Erweiterungen** von Wohngebäuden und gewerblichen Betrieben. Dem Gegenstand nach wurde mit dieser Regelung der gesetzliche Eigentumsschutz im Vergleich zu dem traditionellen verfassungsrechtlich abgeleiteten Bestandsschutz sogar erweitert (vgl. oben § 21 Rn. 12ff.), in der Intensität allerdings erheblich abgeschwächt. Verfassungsrechtliche Bedenken bestehen dagegen jedoch nicht.

18 Ob **neue bauordnungsrechtliche Anforderungen** gegenüber bereits bestehenden baulichen Anlagen zur Anwendung kommen, ist nach den einschlägigen Bestimmungen der jeweiligen Landesbauordnung zu beurteilen. Dabei muß beachtet werden, daß bauordnungsrechtliche Regelungen nicht wie die bauplanungsrechtlichen Festsetzungen nur ein auf einen zukünftigen Zustand gerichtetes Aktionsprogramm enthalten, sondern unmittelbare Verhaltensvorschriften treffen. Doch gilt auch hier ein gesetzlicher Bestandsschutz. So sind z.B., wie erwähnt, nach § 76 I LBO BW andere als nach bisherigem Recht gestellte Anforderungen auf rechtmäßig bestehende Anlagen nur anzuwenden, wenn „Leben oder Gesundheit" bedroht sind. Andere Landesbauordnungen ermächtigen zu weitergehenden Eingriffen, indem sie z.B. Vorschriften zur Abwehr von Gefahren für die natürlichen Lebensgrundlagen miteinbeziehen (vgl. z.B. § 99 IV LBO Ns). Diese sind dann im Hinblick auf den verfassungsrechtlichen Eigentumsschutz verfassungskonform so zu interpretieren, daß sie auf schwerwiegende Gefahren begrenzt werden.

19 Im übrigen müssen die **Dispensermächtigungen** in ihren Voraussetzungen auch im Hinblick auf den Eigentumsschutz interpretiert werden. So hat z.B. das Bundesverwaltungsgericht anläßlich einer Nutzungsänderung bei einem rechtmäßig errichteten Altbau neuere bauordnungsrechtliche Abstandsvorschriften als Ausgestal-

tung des Eigentumsrechtes verstanden und die übliche Dispensvoraussetzung einer „offenbar nicht beabsichtigten Härte" entgegen der bislang geübten Praxis auch im Interesse des eigentumsrechtlichen Bestandsschutzes neu ausgelegt; sie diene nicht nur der sachgerechten Verfolgung des vom Gesetzgeber verfolgten Programms, sondern auch der von ihm grundsätzlich zu beachtenden Eigentümerinteressen (BVerwGE 88, 191, 195, 199).

5. Fallbeispiel (Bauherrenklagen)

Sachverhalt

Die Ärztin E ist Erbin eines Grundstücks im unbeplanten Außenbereich der Stadt K, die mit ihren 70 000 Einwohnern die zuständige untere Baurechtsbehörde ist. Das Grundstück diente früher einem landwirtschaftlichen Vollerwerbsbetrieb und ist Teil einer Ansammlung von neun Wohnhäusern, die von der übrigen Bebauung des Ortsteils D-Dorf deutlich abgesetzt ist. Auf dem Anwesen befindet sich seit alters ein Wohnhaus, von dem aus die Eltern der E ihren Hof betrieben hatten. Im hohen Alter hatten sie im Jahre 1990 die bäuerliche Arbeit aufgeben müssen und auch Teile ihres Ackerbodens verkauft. Nach dem Tod ihres Vaters im Frühjahr 1996 hatte die E ihre Mutter zu sich genommen und gepflegt, das Wohnhaus stand seitdem leer. Früher war auf dem Flurstück eine Scheune vorhanden, in der Maschinen und Traktoren untergebracht waren. Diese war nach der Einstellung des landwirtschaftlichen Betriebs als Garage genutzt und im Frühjahr 1995 durch Sturmeinwirkung so stark beschädigt worden, daß sie abgerissen werden mußte. Die betonierte Grundfläche wurde dann weiterhin als Stellplatz benutzt. Die E zieht im Herbst 1997 mit ihrer Familie in das Wohnhaus der Eltern ein und beantragt im Herbst 1998 eine Baugenehmigung für die Errichtung einer Doppelgarage auf dem Fundament des ehemaligen Scheunengebäudes. Die Stadt K lehnt mit Schreiben vom 10. 10. 1998 die Erteilung der Genehmigung mit der Begründung ab, das nichtprivilegierte 20

Außenbereichsvorhaben beeinträchtige öffentliche Belange. Das Vorhaben stehe in Widerspruch zu den Darstellungen des Flächennutzungsplans als Fläche für die Landwirtschaft und beeinträchtige die natürliche Eigenart der Landschaft. Die Garage lasse außerdem die Verfestigung einer Splittersiedlung befürchten und verunstalte das Landschaftsbild (was zutrifft). E legt erfolglos Widerspruch ein. Sie ist der Ansicht, unter den heutigen Verhältnissen sei es den Bewohnern von zulässigerweise im Außenbereich errichteten Wohnhäusern nicht zumutbar, ihre Kraftfahrzeuge ungeschützt der Witterung und dem Zugriff von Autodieben auszusetzen. Hätte eine Klage Aussicht auf Erfolg?

Abwandlung (vor der Lösung dieser Variante sollten unten die §§ 28 und 29 durchgearbeitet werden)

Das alte Bauernhaus wird noch vor dem Einzug der E grundlegend renoviert, insbesondere werden Dachstuhl, Fachwerk und Verputz erneuert sowie eine Zentralheizung und wärmedämmende Fenster eingebaut. Von außen macht es nun wieder den Eindruck eines gepflegten Bauernhauses. Lediglich für den neuen Dachstuhl waren statische Neuberechnungen und die Verstärkung der Dachkonstruktion erforderlich, da E schwerere Ziegel verwendet hat. Irgendwelche Genehmigungen hat E für diese Maßnahmen nicht eingeholt. Im Dachgeschoß richtet sie sich eine Arztpraxis ein. Hierfür hatte sie bereits vor ihrem Einzug, auf ihren Antrag hin, „ausnahmsweise" eine Baugenehmigung erhalten, „um die ärztliche Versorgung der umliegenden Dörfer sicherzustellen". Als die Behörde von den baulichen Änderungen Kenntnis erlangt, ordnet sie am 1. 4. 1998 deren Beseitigung an. Gleichzeitig untersagt sie der E die Nutzung des Wohnhauses zum Zwecke freiberuflicher Arbeit, da diese den Feststellungen des Flächennutzungsplanes widerspreche und durch den zusätzlichen Verkehr sowie durch die auf den umliegenden Wiesen parkenden Autos der Besucher die Umwelt belastet und in ihrem Erholungswert beeinträchtigt werde, was man beim Erlaß der Genehmigung fälschlich nicht berücksichtigt habe. Beiden Bescheide ging eine ordnungsgemäße Anhörung der E voraus, die nach erfolglosem Widerspruchsverfahren Klage erhebt. Ist diese begründet?

Lösungsskizze:

Ausgangsfall (Baugenehmigung für die Doppelgarage)

I. Verwaltungsrechtsweg und Zulässigkeit der Klage

Die in Frage stehenden Streitigkeiten sind solche des öffentli- 21
chen Baurechts, so daß der Verwaltungsrechtsweg nach § 40 VwGO eröffnet ist. Es handelt sich um eine Verpflichtungsklage gemäß § 42 I 2. Alt. VwGO auf Erlaß einer Baugenehmigung. E ist nach § 42 II VwGO klagebefugt, da ihr als Eigentümerin auf Grund der einschlägigen baurechtlichen Normen möglicherweise ein Anspruch auf Erteilung der Baugenehmigung zusteht (z.B. § 58 I LBO BW). Ein Vorverfahren wurde durchgeführt, die E müßte im Rahmen der Monatsfrist des § 74 II VwGO die Klage einreichen.

II. Begründetheit

Die Verpflichtungsklage ist begründet, wenn der ablehnende Bescheid rechtswidrig und die Klägerin dadurch in ihren Rechten verletzt ist (§ 113 V VwGO). Dies trifft zu, wenn die E gegenüber der beklagten Stadt K einen Anspruch auf Erteilung der Baugenehmigung hat.

(I.) Passivlegitimation und formell-rechtliche Voraussetzungen

Zuständig für die Genehmigung baulicher Maßnahmen ist nach den landesrechtlichen Vorschriften die untere Baurechtsbehörde (z.B. §§ 48 I, 46 I Nr. 3, II LBO BW, 13 I Nr. 1 LVG BW), deren Rechtsträger gemäß § 78 I Nr. 1 VwGO richtiger Beklagter ist. Somit ist die Gemeinde K passivlegitimiert.

(II.) Materiell-rechtliche Voraussetzungen für einen Rechtsanspruch auf Erteilung der Baugenehmigung

Voraussetzung für einen Anspruch ist nach den jeweiligen Regelungen (bspw. § 58 I LBO BW), daß das Vorhaben genehmigungspflichtig ist und nicht gegen die einschlägigen öffentlichrechtlichen Vorschriften verstößt. Der Bau einer Doppelgarage ist baurechtlich als Errichtung einer baulichen Anlage zu qualifizieren (etwa nach §§ 49 I, 2 I LBO BW), die wegen ihres Umfanges nicht verfahrensfrei ist (vgl. z.B. § 50 LBO BW). Da im Außenbereich i.a. auch die Vorschriften über Genehmigungsfreistellungs- oder Anzeige- bzw. Kenntnisgabeverfahren keine Anwendung finden (vgl. z.B. § 51 II LBO BW), bedarf die Anlage einer Baugenehmigung. Diese ist zu erteilen, wenn das Vorhaben den öffentlich-rechtlichen Vorschriften nicht widerspricht. Problematisch ist hier nur die bauplanungsrechtliche Zulässigkeit. Die §§ 29ff. BauGB sind anwendbar, da die Doppelgarage planungsrechtlich relevant ist. Im Außenbereich ist sie als nicht privilegiertes Vorhaben unzulässig, wenn sie öffentliche Belange beeinträchtigt, d.h. negativ berührt (§ 35 II BauGB).

1. Beeinträchtigung öffentlicher Belange im Sinne des § 35 II, III BauGB

22 Der Flächennutzungsplan weist dem betroffenen Grundstück die Funktion einer landwirtschaftlichen Fläche zu. Die Nutzung als Wohnhaus mit Nebeneinrichtungen (Garage) widerspricht diesen – hinreichend konkreten – Bestimmungen, § 35 III 1 Nr. 1 BauGB. Die Nutzung der betonierten Fläche als Garage hat keinen Bodenverbrauch zur Folge, so daß das Vorhaben keine Auswirkungen auf Belange des Bodenschutzes (Nr. 5) hat. Die natürliche Eigenart der Landschaft (Nr. 5) umschreibt den Schutz des Außenbereichs vor wesensfremder Nutzung und erheblicher ästhetischer Beeinträchtigung. Das Landschaftsbild (Nr. 5) wird verunstaltet, wenn das Vorhaben den Gesamteindruck der Landschaft erheblich stört. Beides ist hier laut Sachverhalt der Fall. Weiterhin könnte die Garage unter dem Gesichtspunkt der Verfestigung einer Splittersiedlung (Nr. 7) unzulässig sein. Hierunter versteht man die zusammenhanglose oder jedenfalls unorganische Streubebauung des Außenbereichs durch Anlagen die zum – evtl. nur gelegentlichen – Aufenthalt von Menschen bestimmt sind. Diese wird „erweitert", wenn sie räumlich in den Außenbereich hinein ausgedehnt wird, bzw. „verfestigt", wenn Lücken im bisherigen Baubestand aufgefüllt werden und dieser dadurch vergrößert wird (*Krautzberger*, B/K/L,

§ 35 Rn. 67 f.). Durch den Bau der Doppelgarage innerhalb einer Ansammlung von Häusern im Außenbereich entsteht die Gefahr der Erweiterung bzw. Verfestigung einer Splittersiedlung (BVerwG, DÖV 1998, 600, 601). Die Doppelgarage beeinträchtigt somit öffentliche Belange i. S. d. § 35 III 1 Nr. 1, 5, 7, II BauGB. Die E könnte aber durch die Regelungen des § 35 IV 1 BauGB teilprivilegiert (bzw. „begünstigt") sein. Dann bräuchte sie sich die Beeinträchtigung dieser öffentlichen Belange nicht entgegenhalten lassen, sofern ihr Vorhaben im übrigen „außenbereichsverträglich" ist.

2. Teilprivilegierung („Begünstigung") gemäß § 35 IV BauGB?

Die Nutzungsänderung in § 35 IV 1 Nr. 1 BauGB umschreibt den Wechsel von einer bisher ausgeübten zu einer neuen, andersartigen Nutzung. Voraussetzung ist aber stets die Ingebrauchnahme einer bestehenden Bausubstanz, die hier gerade nicht mehr existiert, da die Scheune nach dem Sturm vollends abgerissen werden mußte. In Betracht käme allerdings die Variante der Neuerrichtung eines zerstörten „gleichartigen Gebäudes" (Nr. 3). Die Scheune mit dem Unterstellplatz für landwirtschaftliche Traktoren und Anhänger stellte ein privilegiertes, im Außenbereich zulässigerweise errichtetes Bauwerk dar, das im Jahre 1995 durch Naturereignisse zerstört worden war. Fraglich ist, ob E die Neuerrichtung eines „gleichartigen" Gebäudes beabsichtigt. Bis zum Jahre 1990 hatte das Gebäude ausschließlich landwirtschaftlichen Zwecken gedient, also eine anderweitige Funktion erfüllt. Im Zeitraum von 1990 bis 1995 wurde es von den Eltern der E als Garage für ihre privaten Pkw benutzt, was zwar nicht baurechtlich genehmigt, aber nach Maßgabe des § 35 IV 1 Nr. 1 BauGB (a. F.), dem der heutige § 35 IV 1 Nr. 1 BauGB entspricht, bauplanungsrechtlich zulässig war. Damit handelt es sich hier um die Neuerrichtung eines „gleichartigen" neuen Gebäudes. Fraglich ist jedoch, ob der Wiederaufbau im Jahre 1998 als „alsbaldige" Neuerrichtung verstanden werden kann. Dies ist dann der Fall, wenn er sich zeitlich so eng an das vorherige Bestehen des zerstörten Bauwerks anschließt, daß er in der durch die Umgebung, die auch nachwirkend noch von diesem geprägt wird, nicht als etwas fremdartiges Neues, sondern noch als

Ersatz und Fortführung des zerstörten Gebäudes erscheint. Nach Ablauf von zwei Jahren soll dabei in der Regel davon auszugehen sein, daß sich die Verkehrsauffassung auf den Wandel der Grundstückssituation eingestellt hat, sofern der Bauherr nicht das Gegenteil beweisen kann (BVerwG NJW 1982, 400, 401). Somit fehlt es am Tatbestandsmerkmal der „alsbaldigen Wiederherstellung", das Vorhaben ist nicht nach Maßgabe des § 34 IV 1 Nr. 3 BauGB teilprivilegiert. § 35 IV 1 Nr. 5 BauGB ist tatbestandlich ebenfalls nicht erfüllt. Von der „Erweiterung" eines Wohngebäudes kann jedenfalls dann keine Rede mehr sein, wenn ein zweites Bauwerk – vom Wohngebäude räumlich abgesetzt – als eigenständige bauliche Anlage errichtet wird. Die Errichtung der Doppelgarage verstößt gegen die Vorschriften des Bauplanungsrechts, weil sie öffentliche Belange im Sinne des § 35 II, III BauGB beeinträchtigt und dies nicht nach § 35 IV BauGB ausnahmsweise unerheblich ist.

3. Anspruch auf Grund des verfassungsrechtlichen Bestandsschutzes?

23 Der E könnte aber ein Anspruch auf Erteilung der Baugenehmigung aus dem Rechtsinstitut des verfassungsrechtlichen Bestandsschutzes zustehen; Art. 14 I GG würde dann als übergeordnetes Recht die gesetzliche Regelung des § 35 BauGB modifizieren.

a) Der Bestandsschutz wurde bislang als verfassungsrechtlicher Grundsatz unmittelbar aus Art. 14 GG hergeleitet. Er gewährleistet das Recht, „daß ein seinerzeit im Einklang mit dem damals geltenden Baurecht errichtetes Bauwerk weiterhin so unterhalten und genutzt wird, wie es seinerzeit errichtet wurde, auch wenn es nach dem inzwischen zur Geltung gelangten Baurecht nicht mehr zulässig wäre". Entscheidend ist, daß das Vorhaben zu irgendeinem Zeitpunkt formell oder materiell rechtmäßig war. Der so verstandene Bestandsschutz hat zum einen die Funktion, dem Eigentümer ein Abwehrrecht gegen baupolizeiliche Verfügungen zu geben. Weiterhin hat der Bauherr bei genehmigungspflichtigen Maßnahmen einen Anspruch auf Erteilung einer Baugenehmigung, weil dem Vorhaben aufgrund des (dem einfachen Recht übergeordneten) verfassungsrechtlichen Bestandsschutzes keine „öffentlichrechtlichen Vorschriften entgegenstehen".

Danach hätte die E trotz der entgegenstehenden Regelung des § 35 BauGB einen Anspruch auf Erteilung der Baugenehmigung für die Doppelgarage, wenn die *Garage* vom Bestandsschutz aus Art. 14 GG erfaßt wäre. Geschützt ist hiernach aber grundsätzlich nur der vorhandene Bestand in seiner bisherigen Nutzung, welche allerdings zeitgemäßen Erfordernissen angepaßt werden darf. Die Scheune hat somit durch ihren Abbruch auch nach der Lehre vom verfassungsrechtlichen Bestandsschutz jegliche Bestandsschutzrechte verloren. Die Errichtung der Garage könnte jedoch – unabhängig vom ursprünglichen Bestehen des Scheunengebäudes – als Modernisierungsmaßnahme vom *Bestandsschutz des Bauernhauses* umfaßt sein. Das Bauernhaus war ursprünglich bauplanungsrechtlich nach § 35 I BauGB zulässig. Mit Aufgabe der landwirtschaftlichen Nutzung wurde es „entprivilegiert“, die anschließende Wohnnutzung war jedoch durch § 35 IV 1 Nr. 1 BauGB legitimiert und genoß somit ebenfalls Bestandsschutz. Dieser umfaßt nach der Lehre vom verfassungsunmittelbaren Bestandsschutz auch Modernisierungsmaßnahmen, die der Erhaltung oder zeitgemäßen Nutzung des vorhandenen und geschützten Bestandes dienen, sofern dabei die Identität des ursprünglichen Bauwerks gewahrt bleibt. Die Errichtung von Garagen wurde bislang als typisches Beispiel für die zeitgemäße Nutzung eines Wohnhauses angesehen (BVerwGE 72, 362). Somit ergibt sich nach der bisherigen Bestandsschutzdogmatik ein Anspruch der E auf Genehmigung der Baumaßnahme gemäß Art. 14 I GG.

b) Die Heranziehung des Art. 14 I GG zur Begründung eines über die Regelung des § 35 IV BauGB hinausgehenden Bestandsschutzes ist jedoch mit dem Eigentumsverständnis, wie es das BVerfG seit seiner Naßauskiesungsentscheidung entwickelt hat, nicht zu vereinbaren. Der Umfang des Schutzes der Eigentumsgarantie ergibt sich nach dieser „neuen“ Eigentumsdogmatik aus der Bestimmung von Inhalt und Schranken des Eigentums, die nach Art. 14 I 2 GG allein dem Gesetzgeber vorbehalten ist. Auch die Baufreiheit, die vom Schutzbereich des Eigentumsgrundrechts umfaßt ist, wird nur nach Maßgabe des einfachen Rechts gewährleistet (BVerfGE 95, 64, 82). Dem hat sich nun auch das BVerwG angeschlossen, indem es – unter ausdrücklicher Aufgabe seiner bisherigen Bestandsschutzrechtsprechung – festgestellt hat, daß es einen Anspruch auf Zulassung eines Vorhabens aus eigentumsrechtlichem Bestandsschutz außerhalb der gesetzlichen Regelungen nicht geben könne (BVerwG, BVerwGE 100, 228, 234f. = DÖV 1998, 600, 602 m.w.N.). Der Gesetzgeber hat in § 35 BauGB für Vorhaben im Außenbereich eine Inhalts- und Schrankenbestimmung im Sinne des Art. 14 I 2 GG getroffen. Sind die in dieser Vorschrift genannten Tatbestandsvoraussetzungen nicht erfüllt, so scheidet Art. 14 I 1 GG als Grundlage für einen Zulassungsanspruch von vornherein aus.

Mit den Worten des BVerwG (BVerwGE 106, 228, 234f. = DÖV 1998, 600, 602): Der Gesetzgeber ist bei seiner Aufgabe, Inhalt und Schranken des Eigentums zu bestimmen, durch verfassungsrechtliche Vorgaben gebunden. Er hat einerseits dem durch Art. 14 I 1 GG gewährleisteten Privateigentum Rechnung zu tragen, das in seinem rechtlichen Gehalt vor allem durch die grundsätzliche Verfügungsbefugnis und das Merkmal der Privatnützigkeit gekennzeichnet ist. Andererseits muß er auf die in Art. 14 II GG angesprochenen Belange des Gemeinwohls Rücksicht nehmen. Im Falle von Interessenkollisionen ist es die Aufgabe der gesetzlichen Regelungen, einen gerechten Ausgleich zu schaffen, wobei insbesondere der Gleichheitssatz und das Verhältnismäßigkeitsprinzip zu beachten sind. Weist eine gesetzliche Regelung vor dem Hintergrund der Anforderungen des Art. 14 I 1 GG Defizite auf, die sich weder durch Auslegung noch im Wege der Analogie beheben lassen, so ist es den Fachgerichten verwehrt, unter Umgehung des einfachen Rechts unmittelbar auf der Grundlage der Verfassung Ansprüche zu gewähren, die von der Entscheidung des hierzu berufenen Gesetzgebers nicht gedeckt werden. Vielmehr ist bei Vorliegen der Voraussetzungen des Art. 100 I GG das Verfahren auszusetzen und die Entscheidung des Bundesverfassungsgerichts einzuholen. Art. 14 I 1 GG fungiert in diesem Zusammenhang ausschließlich als verfassungsrechtlicher Prüfungsmaßstab, an dem das einfache Recht zu messen ist, nicht aber als eigenständige Anspruchsgrundlage, die sich als Mittel dafür benutzen läßt, die Inhalts- und Schrankenbestimmung des Gesetzgebers fachgerichtlich anzureichern.

c) Fraglich ist lediglich, ob die Regelung des § 35 IV BauGB ausreichend ist, um den Vorgaben des Verhältnismäßigkeitsprinzips Rechnung zu tragen, ob also die Eigentümerinteressen mit den öffentlichen Belangen angemessen abgewogen wurden. Dies ist im Hinblick auf die bodenrechtliche und naturschutzrechtliche Bedeutung des den § 35 BauGB tragenden Leitgedankens der größtmöglichen Schonung des Außenbereichs zu bejahen (ebenso BVerwG, a. a. O.). Der Eigentümer kann seinen Pkw auch auf einem nicht überdachten Stellplatz parken. Hierdurch wird weder seine Verfügungsbefugnis angetastet noch die Privatnützigkeit des Eigentums in Frage gestellt. Im Verhältnis zum Wohngebäude stellt eine Garage eine bloße Nebenanlage dar, die zwar nützlich ist und den Wohnkomfort mittelbar erhöht, von der aber nicht abhängt, ob der Hauptnutzungszweck in angemessener Weise erreicht werden kann. Das verständliche Anliegen der Eigentümer, ihre Wohnqualität zusätzlich mit einem Garagenbauwerk aufzuwerten, kann im Rahmen der Interessenabwägung zurückgestellt werden, wenn wichtige öffentliche Belange entgegenstehen. § 35 IV genügt den Anforderungen des Übermaßverbotes (im Fall der Unverhältnismäßigkeit müßte das Verwaltungsgericht von einer Verfassungswidrigkeit der Norm ausgehen und diese nach Art. 100 GG dem BVerfG vorlegen, die Verpflichtungsklage der E wäre zwischenzeitlich ausgesetzt).

Ergebnis: Die Doppelgarage ist nach § 35 II, III BauGB bauplanungsrechtlich nicht genehmigungsfähig, die E hat somit keinen Anspruch auf Erteilung einer Baugenehmigung. Die (zulässige) Verpflichtungsklage ist unbegründet.

Abwandlung (Klage gegen die Beseitigungsanordnung und die Nutzungsuntersagung)

I. Verwaltungsrechtsweg und Zulässigkeit der Klage

Die in Frage stehenden Klagebegehren richten sich gegen die hoheitliche Anordnung der Beseitigung der baulichen Maßnahmen und gegen die Untersagung der Nutzung einer Etage des Gebäudes als Arztpraxis. Diese Anordnungen gründen sich auf das Baupolizeirecht, sind somit öffentlich-rechtlicher Art. Der Verwaltungsrechtsweg ist daher nach § 40 VwGO eröffnet. Die Anordnungen stellen Verwaltungsakte dar, so daß hiergegen die Anfechtungsklage statthaft ist. E ist klagebefugt (§ 42 II VwGO), da sie als Adressat der beiden Verfügungen unmittelbar davon betroffen ist. Zu Zweifeln am Vorliegen der übrigen Sachurteilsvoraussetzungen gibt der Sachverhalt keinen Anlaß. (Die Klagebegehren können nach § 44 VwGO in einer Klage zusammen verfolgt werden (§ 44 VwGO, „objektive Klagehäufung"). Danach ist jedes Klagebegehren für sich auf seine Zulässigkeit und Begründetheit zu prüfen; da die Frage der Zulässigkeit keinerlei Probleme aufwirft, wird sie für beide Klagebegehren zusammen behandelt). 24

II. Begründetheit

Die Anfechtungsklage ist begründet, insoweit die Verwaltungsakte rechtswidrig sind und dadurch die Klägerin in ihren Rechten verletzt ist.

(I.) Passivlegitimation und formell-rechtliche Voraussetzungen

Als untere Baurechtsbehörde ist die Stadt K für den Erlaß der bauordnungsrechtlichen Anordnungen zuständig und daher passiv legitimiert. Zur Annahme von Verfahrens- oder Formfehlern beim Erlaß der Anordnungen gibt der Sachverhalt keinen Anlaß. Problematisch ist allein die materielle Rechtmäßigkeit der baupolizeilichen Maßnahmen.

(II.) Materielle Rechtmäßigkeit der Anordnungen

A. Beseitigung der Instandhaltungs- und Modernisierungsmaßnahmen

25 Nach den bauordnungsrechtlichen Regelungen (z.B. §§ 65 S. 1; 2 XII Nr. 2 LBO BW) kann die Baurechtsbehörde die Beseitigung baulicher Maßnahmen verlangen, wenn diese im Widerspruch zu öffentlichen Vorschriften vorgenommen („errichtet") wurden und nicht auf andere Weise rechtmäßige Zustände hergestellt werden können. Damit stellt sich die Frage, ob die baulichen Maßnahmen gegen formelle oder materielle öffentlich-rechtliche Vorschriften verstoßen haben.

a) Errichtung und Abbruch, aber auch andere in den Landesbauordnungen genannte Maßnahmen an baulichen und sonstigen in den Landesbauordnungen aufgeführten Anlagen und Einrichtungen sind *formell rechtswidrig*, wenn zu ihrer ordnungsgemäßen Durchführung eine baurechtliche Genehmigung erforderlich ist. Von dem grundsätzlichen Gebot, eine Baugenehmigung einzuholen (vgl. z.B. 49 I LBO BW) machen die Landesbauordnungen für unwesentliche Maßnahmen eine Ausnahme. So bedarf (z.B. nach 50 I LBO BW i.V.m. dem dazugehörigen Anhang) keiner Baugenehmigung die Erneuerung des Verputzes (vgl. Anhang Nr. 16), die Öffnung von Außenwänden, und dann erst recht allein die Auswechslung des Fensterglases (Anhang Nr. 15), der Einbau einer Zentralheizung, inklusive eventueller Leitungen (vgl. Anhang Nr. 19, 23, 25). Ebenso sind nach den Landesbauordnungen reine Instandhaltungsarbeiten, also die Beseitigung von Mängeln, die durch Abnutzung, Alterung bzw. Witterungseinflüsse entstanden sind, verfahrensfrei (vgl. z.B. § 50 IV LBO BW; dazu *Sauter*, LBO BW, § 50 Rn. 220). Ihr Ziel ist die Wiederherstellung des einwandfreien Zustands der Anlage bzw. die Erhaltung des vorhandenen Bestands und bestimmungsgemäßen Gebrauchs, solange dessen Konstruktion, äußere Gestalt und Identität gewahrt bleibt. Hierunter fällt u.a. die Erneuerung beschädigter Mauerteile von bis zu einem Drittel der Bausubstanz bzw. hier des maroden Fachwerks und die Anbringung eines neuen Daches, sofern hierdurch keine statische Neuberechnungen erforderlich werden (*Ruf*, LBO BW, § 50 Rn. 6 m.w.N.). Damit ist die Erneuerung des Fachwerks verfahrensfrei, während die Dacherneuerung wegen der Erforderlichkeit statischer Neuberechnungen und der Verstärkung der Dachkonstruktion als Veränderung der baulichen Anlage mangels Genehmigung formell rechtswidrig erfolgte.

b) Die Maßnahmen, auch die verfahrensfreien Vorhaben (vgl. z.B. § 50 V LBO BW), dürfen nicht im Widerspruch zu *materiellrechtlichen Vorschriften* stehen. Auf einen verfassungsrechtlichen Bestandsschutz, der im Rahmen der Identitätswahrung die Erhaltung und zeitgemäße Nutzung der Bausubstanz gewährleistet, kann sich E, wie bereits oben dargelegt, nicht mehr berufen. Insofern entscheiden allein die gesetzlichen Vorschriften über die Zulässigkeit der Reparatur- und Modernisierungsmaßnahmen. Gemäß § 29 I BauGB findet das Bauplanungsrecht nur auf die Errichtung, Änderung oder Nutzungsänderung baulicher Anlagen Anwendung. Dabei sind diese Begriffe im bauplanungsrechtlichem Sinne zu verstehen, d.h. die Maßnahmen müssen von städtebaulicher Relevanz sein. Dies ist der Fall, wenn sie geeignet sind, „das Bedürfnis nach einer ihre Zulässigkeit regelnden verbindlichen Bauleitplanung hervorzurufen", weil Art bzw. Maß der baulichen Nutzung verändert oder sonstige nach § 1 V BauGB beachtliche Belange berührt werden. Damit scheiden die erwähnten Instandhaltungsmaßnahmen von vornherein aus. Sie stellen schon nach dem Sprachgebrauch keine Änderung der baulichen Anlage dar. Wollte man sie dennoch als solche einordnen, fehlt ihnen jedenfalls die städtebauliche Relevanz, da die Identität des Hauses, insbesondere nach Art und Umfang, nicht verändert wird. Anderes gilt lediglich für die Reparatur des Dachstuhls, für den neue statische Berechnungen erforderlich wurden. Indessen wurde dadurch weder das Aussehen noch das Volumen des nutzbaren Raumes entscheidend verändert, so daß auch hierfür die städtebauliche Relevanz entfällt. Damit findet das Bauplanungsrecht auf sie keine Anwendung (ebenso bspw. BayObLG, BauR 1995, 368ff.; VGH BW, NVwZ-RR 1994, 313f.). Da bauordnungsrechtlich keine Bedenken bestehen, waren die Maßnahmen materiell rechtmäßig.

c) Die – nur formelle – Rechtswidrigkeit der Dachreparatur kann dadurch beseitigt werden, daß die E einen Antrag auf Erteilung einer Baugenehmigung stellt, auf die sie einen Anspruch hat. Damit lassen sich auf „andere Art und Weise" rechtmäßige Zustände herstellen (Verhältnismäßigkeitsprinzip). Die nur formelle Rechtswidrigkeit kann eine Beseitigung baulicher Anlagen bzw. Maßnahmen nicht rechtfertigen (vgl. § 65 S. 1 LBO BW).

B. Untersagung der Nutzung als Arztpraxis

26 Nach den Vorschriften des Baupolizeirechts (z.B. § 65 S. 2 LBO BW) darf die Baurechtsbehörde die Nutzung einer Anlage untersagen, wenn diese im Widerspruch zu (formellen oder materiellen) öffentlich-rechtlichen Vorschriften erfolgt. Hier könnte die Nutzung als Arztpraxis gegen das materielle Bauplanungsrecht verstoßen. Die erteilte Baugenehmigung stellt jedoch verbindlich die Rechtmäßigkeit der Nutzung fest. Der Behörde bleibt insoweit nur die Möglichkeit der Aufhebung, §§ 43 II, 48, 49 LVwVfG. Mit dem Bescheid vom 1. 4. 1998 hat die Behörde (konkludent) ihren Willen zur Aufhebung dieser baurechtlichen Genehmigung ausgedrückt. Eine Auslegung des Klageantrags (§ 88 VwGO) ergibt dementsprechend, daß E sich mit ihrer Anfechtungsklage auch gegen diesen Aufhebungsbescheid richtet, mit dessen Beseitigung die ursprüngliche Genehmigung wieder aufleben (vgl. § 43 II LVwVfG) und damit die Nutzungsuntersagung rechtswidrig würde. Fraglich ist demnach, ob die Aufhebung der Genehmigung rechtmäßig war. Die Voraussetzungen für den Widerruf eines rechtmäßigen, begünstigenden VA (§ 49 II LVwVfG) sind nicht erfüllt, wohingegen die Rücknahme eines rechtswidrigen, begünstigenden VA, der keine Geld- oder teilbare Sachleistung gewährt, innerhalb der Jahresfrist gegen evtl. Entschädigung durchaus möglich wäre (§ 48 I, III, IV LVwVfG). Damit stellt sich die Frage, ob die genehmigte Nutzungsänderung des Dachgeschosses rechtmäßig, insbesondere bauplanungsrechtlich zulässig war.

Bei der Einrichtung einer Arztpraxis handelt es sich um ein nicht privilegiertes Vorhaben i.S.d. § 35 II BauGB. Durch den Besuchsverkehr werden die Straßen, Wege und Wiesen im Außenbereich in erhöhtem Maße beansprucht, was den Erholungswert der Landschaft schmälert, wohl aber noch nicht den Grad der nach § 35 III 1 Nr. 5 BauGB erforderlichen Beeinträchtigung erreicht. Allerdings widerspricht die Nutzung den Darstellungen des Flächennutzungsplans (Nr. 1). Dies könnte jedoch nach § 35 IV 1 Nr. 1 BauGB unerheblich sein. Fraglich ist, ob diese Norm nur den erstmaligen Nutzungswandel (vom Bauernhof zum Wohnhaus) begünstigt, oder ob auch die spätere Nutzungsänderung (vom Wohnhaus zur Arztpraxis) nach dieser Vorschrift teilprivilegiert sein kann. Der Verweis auf ein „Gebäude im Sinne des Absatzes 1 Nr. 1" legt nahe, daß nur der (erstmalige) Nutzungswandel eines bisher land- oder forstwirtschaftlichen Betriebes gemeint ist. Dies entspricht auch dem Sinn und Zweck der Norm, den Strukturwandel der Landwirtschaft zu erleichtern. Zwar dürfen zwischen der Aufgabe der privilegierten Nutzung und dem Beginn der neuen Nutzung nach der nun ausdrücklichen Regelung (Ziff. c) bis zu sieben Jahre liegen. Voraussetzung ist aber, daß die zwischenzeitliche Nutzung als Provisorium gemeint war, also nicht bereits eine endgültige „Entwidmung" und Nutzungsänderung erfolgt war (*Krautzberger*, B/K/L, § 35 Rn 82, 84). Diese war aber mit der Aufgabe der Landwirtschaft durch die Eltern von E eingetreten. Damit bleibt festzuhalten: § 35 IV 1 Nr. 1 BauGB kommt E nicht zugute, die Nutzungsänderung verstößt gegen das Bauplanungsrecht. Im Bereich des § 35 II BauGB ist eine Abwägung der beeinträchtigten öffentlichen Belange und der Vorteile der Nutzung für die Allgemeinheit unzulässig; auch sind die Befreiungsregelungen des § 31 auf Vorhaben im Außenbereich nicht anwendbar. Damit war die 1997 erteilte Baugenehmigung rechtswidrig und konnte gemäß § 48 I, III VwVfG zurückgenommen werden. Die Jahresfrist des Absatzes 4 war noch nicht abgelaufen. Die Rücknahme setzt aber neben dem Vorliegen der Anforderungen des § 48 voraus, daß die Behörde ihr Rücknahmeermessen ordnungsgemäß ausgeübt hat. Dabei muß sie im Rahmen des § 48 III VwVfG berücksichtigen, daß E den Umzug und die Praxisverlegung in das elterliche Haus nicht vorgenommen hätte, wenn ihr die Einrichtung einer Praxis nicht gestattet worden wäre, und daß die Stadt der Begünstigten u. U. ihren Vertrauensschaden ersetzen muß. Dies hat die Stadt K allem Anschein nach versäumt, so daß die (konkludente) Rücknahme der Genehmigung wegen eines Ermessensfehlers rechtswidrig ist, wenn die Stadt nicht mit der Behauptung, sie habe diese Fragen durchaus berücksichtigt, ihre Erwägungen präzisiert und ergänzt und eine entsprechende Begründung nachschiebt (§ 114 S. 2 VwGO). Ist dies nicht der Fall, wird das Gericht die Rücknahme aufheben. Dann lebt die ursprüngliche Genehmigung wieder auf und steht dem bauaufsichtlichen Eingreifen entgegen, die Nutzungsuntersagung ist dann rechtswidrig.

Ergebnis: Die Instandhaltungs- und Modernisierungsmaßnahmen des Bauernhauses sind schon aufgrund der einfach-gesetzlichen Regelungen rechtmäßig, so daß die Voraussetzungen für eine Beseitigungsanordnung nicht vorliegen. Die Nutzungsuntersagung ist rechtswidrig, wenn der Ermessensfehler bei der Rücknahme der Praxisgenehmigung nicht noch im verwaltungsgerichtlichen Prozeß behoben wird. Beide Anordnungen stellen als belastende Verwaltungsakte ungerechtfertigte Eingriffe in Art. 14 GG (Wohngebäude) und Art. 12 GG (Arztpraxis) dar. Die Anfechtungsklagen sind also begründet.

Allerdings ist die Stadt K hierdurch nicht gehindert, die Genehmigung für die Arztpraxis (innerhalb der Jahresfrist) mit erneuter Ermessensentscheidung ordnungsgemäß zurückzunehmen. Dies kann z. B. während des gerichtlichen Verfahrens und mit Wirkung für die Vergangenheit geschehen. Sollte E die Arztpraxis dessen ungeachtet weiter betreiben, kann K eine Nutzungsuntersagung aussprechen. Dies galt auch nach bisheriger Dogmatik: Bestandsschutz genoß ein formell rechtmäßiges Vorhaben nur im Rahmen der einschlägigen Aufhebungsregelungen. Damit ergeben sich im Hinblick auf die Dogmatik vom verfassungsrechtlichen Bestandsschutz in diesem Fall nur unterschiedliche Ergebnisse hinsichtlich des Baus der Garage, wenn man sie als bodenrechtlich relevante Modernisierungsmaßnahme einordnen kann. Im übrigen führt die Anwendung des einfachen Rechts – lediglich auf komplizierterem Wege – zu den selben Ergebnissen.

Literatur: *Schulze-Fielitz*, Bestandsschutz im Verwaltungsrecht, Die Verwaltung, 1987, 307 ff.; *Stettner*, Der Schutz privater Investitionen gegen nachträglich verschärfende Gesetzgebung, BayVBl 1991, 550 ff.; *Sarnighausen*, Abschied vom Bestandsschutz im öffentlichen Baurecht?, DÖV 1993, 758 ff.; *Sendler*, Bestandsschutz im Wirtschaftsleben, WiVerw 1993, 235 ff.; *Wahl*, Abschied von den „Ansprüchen aus Art. 14 GG" in: Bender/Breuer/Ossenbühl/Sendler (Hrsg.), FS Redeker 1993, 245 ff.; *Jäde/Weinl/Dirnberger*, Schwerpunkte des neuen Bauordnungsrechts, BayVBl 1994, 321 ff.; 325; *Wickel*, Verfassungsunmittelbarer oder einfachgesetzlicher Bestandsschutz im Baurecht?, BauR 1994, 557 ff.; *Mampel*, Ver(de)reguliert: Einige Überlegungen zum Baugenehmigungs-Freistellungsverfahren, NVwZ 1996, 1160 ff.; *Pfaff*, Die neue Landesbauordnung für Baden-Württemberg – Ein Fehlgriff des Gesetzgebers?, VBlBW 1996, 281 ff., 284; *Sieckmann*, Eigentumsgarantie und baurechtlicher Bestandsschutz, NVwZ 1997, 853 ff.; *Uechtritz*, Grenzen des baurechtlichen Bestandsschutzes bei Nutzungsunterbrechungen, DVBl. 1997, 347 ff.; *Gehrke/Brehsan*, Genießt der baurtl. Bestandsschutz noch Bestandsschutz? NVwZ 1999, 932.

D. Sicherung der Bauleitplanung und der Planverwirklichung

§ 23. Überblick und Systematisierung

Übersicht

1. Die Sicherungsinstrumente

Das Baugesetzbuch enthält an verschiedenen Stellen vor allem im Hinblick auf den Bebauungsplan zahlreiche Instrumente, die in unterschiedlicher Weise der „Sicherung der Bauleitplanung“ i. S. des Planungsvorgangs und der Planverwirklichung dienen. Sie lassen sich näher in drei Kategorien einteilen: die **Sicherung des Planungsvorgangs**, die **Vorbereitung (und Erleichterung) der Planverwirklichung** und schließlich die (zwangsweise) **Durchsetzung der Planverwirklichung** durch städtebauliche Gebote. Diese Kategorien sind nicht scharf voneinander zu trennen; sie erleichtern jedoch die systematische Erfassung der Instrumente nach ihren Hauptfunktionen. 1

a) Sicherung des Planungsvorgangs

2 Zum Kreis der den **Planungsvorgang** sichernden Maßnahmen gehören die im zweiten Teil des Baugesetzbuchs unter der Überschrift „Sicherung der Bauleitplanung" geregelten Instrumente: die Veränderungssperre (§§ 14ff. BauGB), die Zurückstellung von Baugesuchen (§ 15 BauGB) und die Teilungsgenehmigung (§§ 19f. BauGB). Sie werden im folgenden § 24 dargestellt. Der später eingeführte Genehmigungsvorbehalt für die Begründung von Wohnungseigentum in Fremdenverkehrsgebieten (§ 22 BauGB) dient eher der Erhaltung einer Stadtfunktion. Er wurde daher bereits bei den ergänzenden Planungsinstrumenten (oben § 7 Rn. 29) abgehandelt.

b) Vorbereitung der Planverwirklichung

3 Die Instrumente für die **Vorbereitung (und Erleichterung) der Planverwirklichung** lassen sich weiter unterteilen in bauplanungsrechtliche Maßnahmen zur Vorbereitung (vorwiegend) **gemeindeeigener Planverwirklichung** und (vorwiegend) **privater Planverwirklichung (Baureifmachung)**. Damit hat es folgende Bewandtnis: Wie oben (§ 8 Rn. 7f.) dargelegt, begründet der Bebauungsplan als Prozeßnorm bzw. Aktionsprogramm grundsätzlich keine Pflicht zur sofortigen Verwirklichung seiner Festsetzungen; er will vielmehr lediglich das zukünftige Baugeschehen lenken. Es liegt jedoch im öffentlichen Interesse, daß er irgendwann, in nicht allzu ferner Zukunft, reale Gestalt annimmt. Dazu bedarf es einmal der Investitionen der öffentlichen Hand, die z.B. öffentliche Gebäude errichtet und die Infrastruktur herstellt. Ihre Durchführung wird erleichtert durch die – ebenfalls im zweiten Teil des Baugesetzbuchs aufgeführten – gesetzlichen Vorkaufsrechte der Gemeinde (§§ 24ff. BauGB), aber auch durch die – an anderer Stelle geregelte - Enteignung (§§ 85ff. BauGB). Weiter bedarf es zur Planverwirklichung der Investitionen der privaten Eigentümer, die ihre Grundstücke bebauen oder einer sonstigen Nutzung zuführen. Diese Investitionstätigkeit kann auf verschiedene Weise gefördert werden, etwa durch finanzielle Zuschüsse seitens der öffentlichen

Hand, durch steuerliche Vergünstigungen, durch Beratungen und vieles andere mehr. Das Baugesetzbuch hält seinerseits eine Vielzahl speziell planungsrechtlicher Instrumente bereit, die die Verwirklichung des Plans vorbereiten und erleichtern sollen. Dazu dienen die Maßnahmen zur Erschließung der Baugrundstücke (§§ 123ff. BauGB) und zur Bodenordnung durch Umlegung oder Grenzregelung (§§ 45ff. u. §§ 80ff. BauGB). Durch sie werden die Grundstücke erst bebaubar oder „baureif" gemacht. Die Maßnahmen zur Baureifmachung kommen auch den Gemeinden zur Planverwirklichung bei entsprechenden Bauprojekten zugute, wie umgekehrt die Vorkaufsrechte und die Enteignung u.U. auch zu einer privaten Planverwirklichung eingesetzt werden können. Insofern gibt die hier getroffene Unterteilung der „Regelungen zur Vorbereitung der Planverwirklichung" nur Schwerpunkte im Anwendungsbereich wieder. Die Instrumente zur Vorbereitung (vorwiegend) gemeindeeigener Planverwirklichung werden in § 25, diejenigen zur (vorwiegend) privaten Planverwirklichung in § 26 dargestellt.

c) Anordnung und Durchsetzung der Planverwirklichung

Danach werden (in § 27) die Instrumente zur Anordnung und **4** **Durchsetzung der Planverwirklichung** in Form der städtebaulichen Gebote erörtert, wie z.B. das Baugebot, das Modernisierungs- und Instandsetzungsgebot, das Pflanzgebot und das Rückbau- oder Entsiegelungsgebot (§§ 175ff. BauGB); letzteres ist von dem bauordnungsrechtlichen Abbruchgebot zu unterscheiden (dazu unten § 29 Rn. 6ff.).

2. Beschränkung auf die Grundzüge

Die Regelungen und Rechtsgrundsätze für die genannten Instrumentarien haben sich in der Praxis der Verwaltung und der Gerichte z.T. zu komplizierten Spezialmaterien entwickelt. Das Erschließungs- und das Erschließungsbeitragsrecht (§§ 123ff., 127ff. BauGB) bilden dafür das eindrucksvollste Beispiel; dazu sei etwa auf das Werk von *Driehaus*, Erschließungs- und Ausbaubeiträge **5** verwiesen. Im Rahmen dieser Darstellung kann es nur darum gehen, die Grundzüge dieser Sachgebiete herauszuarbeiten und hier und da einzelne wichtige und paradigmatische Probleme herauszugreifen. Mehr ist für einen Einblick in diese Sachmaterien auch nicht erforderlich. Mit diesen Grundlagen läßt sich an Hand der Kommentarliteratur den Einzelfragen für einen konkreten Sachverhalt nachgehen. Ausgeklammert bleibt das Erschließungsbeitragsrecht, das zum Recht der Kommunalabgaben gehört, 1994 in Art. 74 I Nr. 18 GG, der Gesetzgebungskompetenz des Bundes für das Bodenrecht, gestrichen wurde und nach Art. 125a GG nur noch übergangsweise fortgilt.

§ 24. Die Sicherung des Planungsvorgangs

Veränderungssperre – Baugesuchrückstellung – Teilungsgenehmigung

Übersicht

1. Die Veränderungssperre

a) Zweck

Eine städtebauliche Planung erfordert i.d.R. viel Zeit. In der Planungsphase sollen auf den Grundstücken möglichst keine Veränderungen vorgenommen werden; denn sie könnten den Festsetzungen des späteren Bebauungsplans zuwiderlaufen und dann die Plandurchführung erschweren, weil sie z. B. Enteignungen mit hohen Entschädigungsleistungen auslösen würden. Damit die planende Instanz möglichst frei von der Berücksichtigung solcher Hindernisse entscheiden kann, sollen bauliche und andere Veränderungen auf einem Grundstück während der Planungsphase verhindert werden. Dazu bietet das Baugesetzbuch vor allem die Sicherungsinstrumente der Veränderungssperre (§§ 14 ff. BauGB) und der Zurückstellung von (einzelnen) Baugesuchen (§ 15 BauGB) an. Voraussetzungen und Probleme dieser beiden Sicherungsinstrumente sind an Hand der umfassenderen Veränderungssperre zu erörtern. 1

b) Voraussetzungen

Die Veränderungssperre wird von der Gemeinde als Satzung beschlossen (§ 16 I BauGB). Das erfolgt grundsätzlich nach den allgemeinen Regelungen in der Gemeindeordnung des jeweiligen Bundeslandes. Daneben bedarf es für einen wirksamen Satzungsbeschluß nach § 14 I BauGB noch zweier weiterer Voraussetzungen: 2

(1) Die Gemeinde muß zuerst einen Beschluß über die Aufstellung eines Bebauungsplans fassen (§§ 14, 2 I 2 BauGB).

Dem Planaufstellungsbeschluß ist der Beschluß, einen Bebauungsplan ändern, ergänzen oder aufheben zu wollen, gleichgestellt (§ 2 IV BauGB). Der Aufstellungsbeschluß kann in derselben Sitzung erfolgen wie der Satzungsbeschluß zur Veränderungssperre; deren Bekanntmachung (§ 16 II BauGB) muß jedoch zeitlich nach Bekanntmachung des Aufstellungsbeschlusses (§ 2 I 2 BauGB) erfolgen (BVerwG, BauR 1989, 432; VGH BW VBlBW 1998, 310).

(2) Die Veränderungssperre muß zur Sicherung der Planung „erforderlich" sein.

An dieser Voraussetzung fehlt es, wenn die Sperre zur Sicherung einer Planung dienen soll, die sich in ihrem Inhalt noch in keiner Weise absehen läßt (BGHZ 58, 124, 128; BVerwGE 51, 121, 128). Es reicht jedoch aus, daß „die Planung einen Stand erreicht, der ein Mindestmaß dessen erkennen läßt, was Inhalt des zu erwartenden Bebauungsplanes sein soll" (BVerwG a. a. O.). Die Erforderlichkeit einer Veränderungssperre entfällt nicht schon dadurch, daß die beabsichtigten Festsetzungen im Bebauungsplan unzulässig sind; dies gilt aber nur, sofern sich die Planungsabsicht der Gemeinde über rechtlich zulässige Regelungen realisieren läßt (VGH BW, ZfBR 1989, 172). M. a. W.: Als Sicherungsmittel ungeeignet ist eine Veränderungssperre nur dann, „wenn sich das aus dem Aufstellungsbeschluß ersichtliche Planungsziel im Wege planerischer Festsetzung nicht erreichen läßt, wenn der beabsichtigte Bauleitplan einer positiven Planungskonzeption entbehrt und der Förderung von Zielen dient, für deren Verwirklichung die Planungsinstrumente des Baugesetzbuchs nicht bestimmt sind, oder wenn rechtliche Mängel schlechterdings nicht behebbar sind" (BVerwG, DÖV 1994, 385).

c) Inhalt und Wirkung

3 Mit der Veränderungssperre kann die Gemeinde jede (erhebliche) wertsteigernde Maßnahme im künftigen Planbereich oder einem Teil davon verbieten, insbesondere die Errichtung oder Beseitigung baulicher Anlagen, Verbesserungen daran, z. B. Fassadenverkleidungen, oder Maßnahmen an Grund und Boden als solchem, wie z. B. Aufschüttungen (§ 14 I Nr. 1 u. 2 BauGB). Dementsprechend sind beantragte Genehmigungen zu versagen und genehmigungsfreie Vorhaben zu untersagen; ihre Durchführung ist einzustellen. Die Baugenehmigungsbehörde „kann" allerdings eine Ausnahme zulassen, aber nur im Einvernehmen mit der Gemeinde, d. h. mit deren Zustimmung (§ 14 II BauGB); Voraussetzung dafür ist, daß überwiegende öffentliche Interessen nicht entgegenstehen. Dies trifft vor allem dann zu, wenn das Vorhaben die Verwirklichung des beabsichtigten Bebauungsplanes nicht stört.

d) „Bestandsschutz"-Regelung

4 Von der Veränderungssperre werden Unterhaltungsarbeiten und die Fortführung einer bisher – zumindest materiell rechtmäßig

(VGH BW, VBlBW 1999, 218) – ausgeübten Nutzung nicht berührt, weiter aber auch Vorhaben, die vor ihrem Inkrafttreten baurechtlich genehmigt worden oder auf Grund eines anderen baurechtlichen Verfahrens zulässig sind (§ 14 III BauGB).

Einfachgesetzlichen baurechtlichen Bestandsschutz gegenüber einer Veränderungssperre genießen also nicht nur baurechtlich genehmigte, sondern auch solche Vorhaben, die „auf Grund eines anderen baurechtlichen Verfahrens zulässig sind", also ein **Anzeige-, Kenntnisgabe- oder Genehmigungsfreistellungsverfahren** durchlaufen haben (ebenso *Krautzberger*, B/K/L, § 14 Rn. 21; *Finkelnburg*, F/O, Bd. 1, S. 209; ebenso für das Kenntnisgabeverfahren in Baden-Württemberg, sogar bevor § 14 III BauGB den jetzigen Verweis auf ein anderes baurechtliches Verfahren enthielt, VGH BW, VBlBW 1997, 141–143; a. A. *Erbguth/Wagner*, Rn. 313; differenzierend *Jäde*, in: Jäde/Dirnberger/Weiß, BauGB, § 14 Rn. 37f., der nur dem Anzeige- bzw. Kenntnisgabeverfahren, nicht jedoch dem Genehmigungsfreistellungsverfahren zubilligen will, daß sie von der Veränderungssperre nicht berührt werden). Durch Gesetz nicht geklärt ist in diesem Zusammenhang, über welchen Zeitraum sich die – sich aus diesen Verfahrensarten ergebende – Zulässigkeit gegenüber einer Veränderungssperre durchsetzt. Während eine Baugenehmigung nur eine begrenzte Gültigkeitsdauer hat (vgl. § 62 LBO BW: 3 Jahre), ist die Zulässigkeit des Vorhabens in den anderen Verfahren zeitlich nicht beschränkt. Dort wird durch Fristablauf das formelle Bauverbot automatisch und zeitlich unbefristet aufgehoben. Da die durch die vereinfachten Verfahren eingeräumte Rechtsposition jedenfalls nicht größer sein soll als die durch eine förmliche Baugenehmigung, muß die Verfallsfrist für die Baugenehmigung erst Recht auch für diese Fälle analog gelten.

Für die erforderliche Baugenehmigung genügt auch ein **Bauvorbescheid**, soweit er nach Landesrecht einen vorweggenommenen Teil der Baugenehmigung und nicht nur eine unter der clausula rebus sic stantibus, also dem Vorbehalt gleichbleibender Rechtslage stehende Zusicherung nach § 38 III VwVfG darstellt (BVerwGE 69, 1). Hat die Baurechtsbehörde daher in einer sogenannten Bebauungsgenehmigung über die planungsrechtliche Zulässigkeit des Bauvorhabens entschieden, so darf die Baugenehmigung bei einem späteren Erlaß einer Veränderungssperre nicht mehr unter Hinweis auf diese Veränderungssperre abgelehnt werden. Das gilt nach BayVGH (BayVBl 2000, 314 m. abl. Anm. *Jäde*) allerdings nur, wenn der Vorbescheid die bauplanungsrechtliche Zulässigkeit „abschließend (einschließlich der Sicherung der Erschließung) feststellt".

Eine dem Bestandsschutz ähnliche Wirkung kann im Einzelfall dadurch entstehen, daß ein **Folgenbeseitigungsanspruch** das Ermessen für die Erteilung einer Ausnahme nach § 14 II BauGB auf Null reduziert und damit einen Anspruch darauf bewirkt. Wird etwa vor Erlaß der Veränderungssperre ein Antrag auf Erteilung einer Baugenehmigung rechtswidrig abgelehnt und anschließend eine Veränderungssperre wirksam erlassen, so entfaltet diese grundsätzlich ihre Wirkung auch gegenüber demjenigen, dessen Bauantrag zu Unrecht abgelehnt wurde. Über die Ausnahmeklausel des § 14 II BauGB kann dem Folgenbeseitigungsanspruch jedoch Rechnung getragen werden, sofern das Vorhaben nicht überragenden öffentlichen Belangen der Gemeinde entgegensteht (vgl. BVerwG, NJW 1968, 2350).

e) Geltungsdauer

5 Eine Veränderungssperre hat für die betroffenen Eigentümer eine sehr einschneidende Wirkung, etwa durch steigende Investitionskosten und entgangenen Gewinn. Deshalb kann eine Veränderungssperre zunächst nur für **zwei Jahre** verhängt werden (§ 17 BauGB). Sie tritt automatisch außer Kraft, wenn sie nicht vorher durch die Gemeinde um ein weiteres Jahr verlängert wird. Eine solche **Verlängerung** ist zulässig (vgl. § 17 I 3 BauGB), sofern die Voraussetzungen für den Erlaß der Veränderungssperre weiterhin vorliegen; sie ist wie der erstmalige Erlaß ebenfalls in der Form einer Satzung (§ 16 I BauGB) zu beschließen. Danach ist eine zweite Verlängerung um ein weiteres Jahr nur zulässig, wenn „besondere Umstände es erfordern" und die nach dem jeweiligen Landesrecht zuständige Behörde ihre Zustimmung erteilt (§ 17 II BauGB). „Besondere Umstände" liegen vor, wenn eine ungewöhnliche Sachlage eine besonders zeitintensive Planung rechtfertigt. Allerdings kann sich eine Gemeinde auf solche Umstände nur berufen, wenn sie die Ungewöhnlichkeit nicht selbst zu vertreten hat (BVerwGE 51, 121, 139).

6 Nach einer insgesamt 4 Jahre dauernden Veränderungssperre besteht für die Gemeinde die Möglichkeit, eine Veränderungssperre mit Zustimmung der höheren Verwaltungsbehörde (vgl. z.B. für BW § 1 I DVO BauGB v. 25.8.87) **erneut** zu **beschließen** (§ 17 III BauGB), dann aber nur gegen eine angemessene **Entschädigung** der Betroffenen für dadurch entstandene Vermögensnachteile (§ 18 BauGB).

Entgegen dem Wortlaut des § 17 III BauGB kann ein entsprechender Beschluß schon zu einem Zeitpunkt gefaßt werden, in dem die vorangehende Veränderungssperre noch in Kraft ist. Nach der Rechtsprechung des Bundesverwaltungsgerichts hat die Gemeinde sogar die Wahl, ob sie eine Veränderungssperre (nach § 17 I 3 oder § 17 II BauGB) verlängert oder ob sie eine erneute Veränderungssperre (gemäß § 17 III BauGB) beschließt (BVerwGE 51, 121, 133ff.). Allerdings kann die Erneuerung einer Veränderungssperre materiell unter keinen anderen Voraussetzungen stehen, als sie für eine entsprechende Verlängerung gelten würden. Eine die zweite Verlängerung ersetzende Erneuerung ist daher – trotz des unterschiedlichen Wortlauts von § 17 II u. III BauGB – nur statthaft, wenn „besondere Umstände" sie erforderlich machen (BVerwG, a.a.O., S. 136f. m.w.N.).

f) Anrechnung einer förmlichen oder faktischen Zurückstellung („Bausperre")

Wurde vor Erlaß einer Veränderungssperre ein Baugesuch nach § 15 I BauGB zurückgestellt (dazu näher unten Rn. 11), ist die Dauer der Zurückstellung auf die Geltungsfrist der Veränderungssperre anzurechnen (§ 17 I 2 BauGB). Daher kann es möglich sein, daß eine Satzung über die Veränderungssperre nicht gegenüber allen Normadressaten gleich lang in Kraft ist. 7

Über den Wortlaut des § 17 I 2 BauGB hinaus ist auch der durch eine „faktische Zurückstellung", etwa infolge zögerlicher Bearbeitung oder rechtswidriger Ablehnung, verlorene Zeitraum anzurechnen, da die Wirkung für den Baubewerber die gleiche wie bei einer förmlichen Zurückstellung ist (vgl. BGHZ 78, 152, 158 a.E.). Der anrechenbare Zeitraum beginnt bei der faktischen Zurückstellung ab dem Zeitpunkt, an dem bei ordnungsgemäßem Verwaltungshandeln der Bescheid zugegangen wäre (*Dürr/Seiler*, Baurecht für die neuen Länder, Rn. 156).

g) Entschädigung bei förmlichen und faktischen Veränderungssperren

Wie erwähnt, ist nach dem Baugesetzbuch eine Veränderungssperre bis zur Dauer von 4 Jahren als zulässige Inhaltsbestimmung des Eigentums entschädigungslos hinzunehmen. Erst danach gewährt § 18 BauGB einen Entschädigungsanspruch gegenüber der Gemeinde. **Voraussetzung** dafür ist allerdings, daß der Betroffene während der Zeit der Veränderungssperre **willens und in der Lage** war, das betroffene Grundstück in planungsrechtlich zulässiger Weise zu bebauen oder daß er es durch Veräußerung einer baulichen Nutzung hat zuführen wollen und können (vgl. BGHZ 58, 124, 129). Deshalb entfällt der 8

Entschädigungsanspruch bei einem nicht privilegierten Außenbereichsgrundstück, das wegen eines künftigen Straßenbaus in eine über 4 Jahre hinaus dauernde Veränderungssperre einbezogen war, weil seine Bebauung nach § 35 II BauGB nicht zugelassen worden wäre (BGHZ 78, 152, 156).

9 Ist eine Veränderungssperre materiell rechtswidrig und daher nichtig, wirkt sie aber dennoch faktisch (**„faktische Veränderungssperre"**), löst sie (ohne eine nachfolgende wirksame Veränderungssperre) nach der Rechtsprechung des BGH unabhängig von ihrer Dauer einen Entschädigungsanspruch wegen **enteignungsgleichen Eingriffs** aus (BGHZ 73, 161, 181 f.; BGH, BauR 1981, 254; NVwZ 1982, 329). Daran hält das Gericht auch nach dem Naßauskiesungsbeschluß des Bundesverfassungsgerichts (BVerfGE 58, 300) unter Bezugnahme auf den Allgemeinen Aufopferungsanspruch fest (BGHZ 90, 17, 31 – Einstw. Sicherstellung von Schutzgebieten; 92, 34, 36 – Wohnbebauung neben landwirtschaftlichem Betrieb; NVwZ 1992, 1119 – faktische Bausperre). Allerdings kann ein solcher Anspruch nach dem vom Bundesverfassungsgericht hervorgehobenen Grundsatz vom **Vorrang des primären (Abwehr-) Rechtsschutzes** vor dem sekundären (Entschädigungs-)Rechtsschutz nur zur Geltung kommen, wenn ein Rechtsmittel gegen die Eigentumsbeeinträchtigung versagte. Der BGH trägt diesem Grundsatz im Ergebnis über die Heranziehung des § 254 BGB (mitwirkendes Verschulden) Rechnung. Danach ergibt sich für den Betroffenen die Obliegenheit, rechtliche Schritte zur Schadensabwendung oder Schadensminimierung gegen die ihn unmittelbar belastende Verwaltungsmaßnahme einzuleiten (BGHZ 90, 17, 32). Unterläßt er eine zumutbare verwaltungsgerichtliche Klage, so kann er seinen Schaden in dem zivilrechtlichen (vgl. § 40 II 1 VwGO) Entschädigungsprozeß nach § 254 BGB nicht mit Ursachen begründen, die er durch die Anfechtung hätte vermeiden können (zum Ganzen *Battis*, B/K/L, § 18 Rn. 3 m. zahlr. Nachw.). Hält man einen auf den gewohnheitsrechtlichen Aufopferungsanspruch gestützten „enteignungsgleichen Eingriff" auf Grund der Rechtsprechung des Bundesverfassungsgerichts nicht mehr für vertretbar (vgl. *Schmaltz*, NVwZ 1995, 259), kommt eine analoge Anwendung des § 18 BauGB im Wege des „Erst-Recht-Schlusses" in Betracht.

h) Rechtsschutzfragen

10 Da die Veränderungssperre als Satzung zu erlassen ist, kann gegen sie von dem **betroffenen Eigentümer** ein Normenkontrollverfahren nach § 47 I Nr. 1 VwGO angestrengt werden. Tritt sie während des Verfahrens außer Kraft, kann die Feststellung der Rechtswidrigkeit und Ungültigkeit beantragt werden, weil diese eine präjudizielle Wirkung für eine Verpflichtungsklage auf Erteilung der Baugenehmigung und für Entschädigungs- oder Schadensersatzansprüche haben kann (BVerwG, NJW 1984, 881). Daneben kommt eine inzidente Überprüfung der Zulässigkeit der Veränderungssperre im Rahmen einer Verpflichtungs- oder Anfechtungsklage gegenüber der Entscheidung der Baurechtsbehörde, etwa in einem Baugenehmigungsverfahren, in Betracht. Da die Veränderungssperre allein der Sicherung der städtebaulichen Planung, also

allein öffentlichen Interessen zu dienen bestimmt ist, hat sie **keine drittschützende Wirkung**. Ein Nachbar kann die Erteilung einer Baugenehmigung also nicht schon deswegen anfechten, weil eine Veränderungssperre vorliegt (vgl. BVerwG, ZfBR 1989, 79).

2. Die Zurückstellung von Baugesuchen

Geht es nicht darum, ein ganzes Gebiet von Veränderungen freizuhalten, sondern nur ein einzelnes Grundstück, oder ist eine beschlossene Veränderungssperre noch nicht in Kraft getreten, kann eine entsprechende Wirkung auch durch die „Zurückstellung von Baugesuchen" (§ 15 BauGB) erreicht werden. Danach hat die Baurechtsbehörde auf Antrag der Gemeinde die Entscheidung über die Zulässigkeit von Vorhaben im Einzelfall für einen Zeitraum bis zu 12 Monaten auszusetzen, wenn zu befürchten ist, daß die Durchführung der Planung durch das Vorhaben unmöglich gemacht oder wesentlich erschwert werden würde. Auf die Frist sind sog. „faktische Zurückstellungen", d.h. Zeiten, die durch verzögernde Behandlung des Bauantrags oder durch dessen rechtswidrige Ablehnung verstreichen, anzurechnen (vgl. VGH BW, VBlBW 1985, 185). Dem Bürger gegenüber stellt sich die Zurückstellung seines Baugesuchs als ein Verwaltungsakt dar, gegen den er mit Widerspruch und Verpflichtungsklage vorgehen kann; für eine isolierte Anfechtungsklage besteht kein Rechtsschutzbedürfnis, wenn es sich um ein genehmigungspflichtiges Vorhaben handelt (VGH BW, VBlBW 1999, 216). 11

Wird kein Baugenehmigungsverfahren durchgeführt, was wegen der voranschreitenden Deregulierung zunehmend der Fall sein wird, kann die Gemeinde bei der Baurechtsbehörde eine vorläufige Untersagung des (genehmigungsfreien) Vorhabens beantragen. Das Landesrecht muß dafür Fristen vorsehen. Diese Bestimmung steht im Zusammenhang mit § 36 I 3 BauGB; danach haben die Länder bei Vorhaben im qualifiziert beplanten Bereich, auf den sich die Freistellungen von der Genehmigungspflicht regelmäßig beschränken, sicherzustellen, daß die Gemeinden rechtzeitig informiert werden, um noch über die Sicherungsmaßnahmen nach §§ 14, 15 BauGB entscheiden zu können. Die vorläufige Untersagung steht der Zurückstellung eines Baugesuchs gleich (vgl. § 15 I 2, 3 BauGB).

3. Die Teilungsgenehmigung

a) Voraussetzungen

12 Die Gemeinde kann nach § 19 I BauGB im Geltungsbereich von Bebauungsplänen i. S. d. § 30 I u. III BauGB durch Satzung vorsehen, daß ein Eigentümer, der ein größeres Grundstück in mehrere kleine Einzelgrundstücke „parzellieren" will, zur Wirksamkeit der privatrechtlichen Teilungserklärung einer Genehmigung bedarf. Allerdings können die Landesregierungen durch Rechtsverordnung für das ganze Landesgebiet oder auch nur für Teile davon Satzungen dieser Art untersagen (§ 19 V BauGB). Der Erlaß der Rechtsverordnung ist an keine materiellen Voraussetzungen gebunden.

Maßstäbe für die Erforderlichkeit einer Satzung über die Notwendigkeit einer Genehmigung für eine Teilungserklärung enthält das BauGB nicht. Insofern muß die Satzung auch nicht begründet werden. Sie kann die Genehmigungspflicht sowohl für bestehende, für konkret geplante als auch für zukünftige Bebauungspläne vorsehen. Das BVerwG (NVwZ 1994, 1099) hat die rechtsstaatlichen Bedenken, die im Hinblick auf den Bestimmtheitsgrundsatz gegen eine dynamische Verweisung auf den „jeweiligen räumlichen Geltungsbereich der Bebauungspläne" bestehen (dazu OVG Lüneburg, NuR 1992, 439; OLG Hamm, UPR 1994, 34), nicht geteilt.

Die Genehmigung wird durch die Gemeinde erteilt (§ 19 III 1 BauGB). Einzelheiten über Fristen und die fiktive Teilungsgenehmigung nach fruchtlosem Fristablauf regelt § 19 III 2–5 BauGB. Die Genehmigung ist zu versagen, wenn die Teilung oder die mit ihr bezweckte Nutzung mit den Festsetzungen des Bebauungsplans nicht vereinbar wäre (§ 20 I BauGB). Da es sich bei dieser Bestimmung um eine Einschränkung der Eigentumsfreiheit handelt, besteht ein Rechtsanspruch auf Erteilung der Genehmigung, wenn die Versagungsgründe nicht vorliegen.

b) Zweck der Teilungsgenehmigung

13 Die Teilungsgenehmigung als öffentlich-rechtliche Beschränkung eines rein privatrechtlichen Vorgangs dient der Sicherung der Verwirklichung des Bebauungsplans.

Durch das Erfordernis der Teilungsgenehmigung sollen vorrangig städtebaulich unerwünschte, d. h. mit der städtebaulichen Steuerung durch Bebauungsplan unvereinbare Parzellierungen der Baugrundstücke verhindert werden (BVerwGE 18, 242). Hat z. B. der Bebauungsplan für ein größeres Grundstück eine einheitliche Bebauung mit einem Häuserblock vorgesehen, dann soll der Eigentümer nicht durch eine Teilung des Grundstücks in drei Grundstücke und ihren Verkauf an verschiedene Interessenten die geplante einheitliche Bebauung, etwa durch den dadurch erzielten Druck auf die Erteilung entsprechender Befreiungen (§ 31 II BauGB), zu unterlaufen suchen.

Infolge des Sicherungszwecks der Teilungsgenehmigung für die Verwirklichung des Bebauungsplanes kann ihre Versagung nicht auf bauordnungsrechtliche Verstöße gestützt werden (vgl. aber die insoweit fragliche Entscheidung in BVerwGE 61, 128). Bauordnungsrechtliche Fragen sind aber in der u. U. zusätzlich notwendigen **bauordnungsrechtlichen Teilungsgenehmigung** (z. B. § 8 LBO BW) zu berücksichtigen.

Die früher mit der Teilungsgenehmigung verbundene planungsrechtliche Vorwegbeurteilung, die den Käufer des Grundstücksteils davor schützte, ein nicht bebaubares Grundstück zu erwerben (§ 21 BauGB a. F.), ist mit dem BauROG 1998 ersatzlos weggefallen. Damit entfaltet die Teilungsgenehmigung im Hinblick auf eine zukünftige Baugenehmigung keine Bindungswirkung mehr. Gegen die Erteilung einer Teilungsgenehmigung besteht folglich auch keine Klagemöglichkeit des Nachbarn mehr (*Krautzberger*, B/K/L, § 20 Rn. 4).

c) Gewährleistung des Genehmigungserfordernisses: Grundbucheintrag, Zeugnis und Negativattest

Eine genehmigungsbedürftige Teilung darf erst in das Grundbuch eingetragen werden, wenn der Genehmigungsbescheid vorgelegt ist (**„Grundbuchsperre“**). Vorher hat das Grundbuchamt die Eintragung zu verweigern. Das Grundbuchamt prüft lediglich, ob eine Teilungsgenehmigung erforderlich ist, nicht jedoch die materielle Rechtmäßigkeit eines solchen Bescheids. Um einer Meinungsverschiedenheit vorzubeugen, kann sich einer der Beteiligten von der Baugenehmigungsbehörde ein Zeugnis ausstellen lassen, daß eine Teilungsgenehmigung nicht erforderlich ist (**„Negativattest“**) oder daß eine erforderliche Teilungsgenehmigung als erteilt gilt (§ 20 II BauGB; dazu BVerwGE 31, 22). Die Eintragung einer genehmigungspflichtigen Teilung ohne Genehmigung macht das Grundbuch unrichtig; die Genehmigungsbehörde kann nach § 20 III BauGB das Grundbuchamt um die Eintragung eines Widerspruchs ersuchen. 14

Literatur: *Ortloff*, Zur Bindungswirkung des baurechtlichen Vorbescheids bei nachfolgender Änderung der Sach- oder Rechtslage, NVwZ 1983, 705; *Schmaltz*, Anmerkung zu BVerwG (DVBl. 1984, 1126 = NJW 1985, 1354), DVBl. 1984, 1128; *Weidemann*, Widerruf einer Bebauungsgenehmigung nach Erlaß einer Veränderungssperre, BauR 1987, 9; *Bielenberg*, Die Besonderheiten des Städtebaurechts nach dem Einigungsvertrag im Gebiet der neuen Länder, DVBl. 1990, 1314; *Schenke*, Veränderungssperre und Zurückstellung des Baugesuchs als Mittel zur Sicherung der Bauleitplanung, WiVerw 1994, 253.

§ 25. Instrumente zur Vorbereitung (vorwiegend) gemeindeeigener Planverwirklichung – Vorkaufsrechte – Enteignung

Übersicht

1. Gesetzliche Vorkaufsrechte der Gemeinde
   a) Allgemeines und besonderes Vorkaufsrecht
   b) Die Funktionen der gemeindlichen Vorkaufsrechte
   c) Grenzen der Vorkaufsrechte
   d) Verfahren und Rechtsschutz
2. Die städtebauliche Enteignung
   a) Verfassungsrechtliche Anforderungen
   b) Die gesetzlichen Zulässigkeitsanforderungen (Enteignungszwecke) im Überblick
   c) Die Enteignungszwecke im einzelnen (§ 85 BauGB)
      aa) Die (streng) planakzessorische Enteignung (§ 85 I Nr. 1 BauGB)
         (1) Alternative Enteignungszwecke
         (2) Problematik einer streng planakzessorischen Enteignung – Das Boxberg-Urteil des BVerfG
      bb) Enteignung von Grundstücken im unbeplanten Innenbereich (§ 85 I Nr. 2 BauGB)
      cc) Enteignung zur Beschaffung von Ersatzland oder Ersatzrechten (§ 85 I Nr. 3 u. 4 BauGB)
      dd) Enteignung nach Baugebot und zur Erhaltung einer baulichen Anlage (§ 85 I Nr. 5 u. 6 BauGB)
   d) Die baugesetzlichen Entschädigungsregelungen (§§ 93–103 BauGB)
   e) Enteignungsverfahren (§§ 104–122 BauGB) und Rechtsschutz vor den Baulandgerichten (§§ 217 ff. BauGB)

1. Gesetzliche Vorkaufsrechte der Gemeinde

a) Allgemeines und besonderes Vorkaufsrecht

Die Gemeinde hat kraft Gesetzes weitgehend ein Vorkaufsrecht an den Grundstücken im Gemeindegebiet (**„Allgemeines Vorkaufsrecht“**, § 24 I BauGB). Es dient dazu, die Voraussetzungen für die Planverwirklichung zu schaffen. Wird z.B. ein Grundstück verkauft, auf dem nach dem Bebauungsplan ein Rathaus oder eine sonstige Einrichtung für öffentliche Zwecke errichtet werden soll, kann die Gemeinde kraft Gesetzes verlangen, daß sie das Grundstück zu den gleichen, u.U. sogar zu günstigeren Bedingungen erwirbt. Die Abwicklung des ausgeübten Vorkaufsrechts erfolgt nach den Regeln des Bürgerlichen Gesetzbuchs (vgl. § 28 II BauGB i.V.m. §§ 504, 505 II, 506–509, 512 BGB). 1

Das allgemeine Vorkaufsrecht der Gemeinde besteht nach § 24 I Nr. 1–4 BauGB an Grundstücken, die für öffentliche (städtebauliche) Zwecke oder den naturschutzrechtlichen Ausgleich genutzt werden sollen, ferner an allen Grundstücken in einem Umlegungsgebiet, in einem förmlich festgelegten Sanierungsgebiet und städtebaulichen Entwicklungsbereich, im Geltungsbereich einer Erhaltungssatzung, sowie an unbebauten Außenbereichsgrundstücken, die im Flächennutzungsplan als Wohnbauflächen dargestellt sind, und an unbebauten Innenbereichsgrundstücken, die vorwiegend mit Wohngebäuden bebaut werden können. Da die Gemeinde über die Festlegung solcher Gebiete weithin selbst entscheidet und dabei einen erheblichen Entscheidungsspielraum hat, kann sie in großem Maße den Umfang dieses gesetzlichen Vorkaufsrechts selbst bestimmen.

Daneben sieht das Baugesetzbuch noch ein **besonderes Vorkaufsrecht** vor. Dieses besteht im Unterschied zum allgemeinen Vorkaufsrecht nicht schon kraft Gesetzes, sondern kann durch eine spezielle Satzung für sonstige unbebaute Grundstücke im Geltungsbereich eines Bebauungsplans sowie für Gebiete, in denen die Gemeinde städtebauliche Maßnahmen in Betracht zieht, begründet werden (§ 25 BauGB – **„Satzungsvorkaufsrecht“**). 2

b) Die Funktionen der gemeindlichen Vorkaufsrechte

Die weitreichenden Vorkaufsrechte der Gemeinde dienen erstens der Vorbereitung einer unmittelbaren Planverwirklichung, 3 also dazu, die einzelnen Grundstücke der im Bebauungsplan vorgesehenen Nutzung zuzuführen. Das gilt nach § 24 I Nr. 1 BauGB zunächst einmal für alle Flächen, für die nach dem Bebauungsplan eine **Nutzung zu öffentlichen Zwecken** vorgesehen ist, seien es Rathäuser, Schulen, Verkehrs-, Grün-, Gemeinbedarfs-, Versorgungs-, Entsorgungs- u. ä. Flächen, seien es Flächen für den naturschutzrechtlichen Ausgleich.

Maßgeblich ist der öffentliche Zweck der Einrichtung, nicht deren Rechtsträger; daher können diese Vorkaufsrechte nach § 27a I BauGB auch zu Gunsten eines zur Zweckerfüllung geeigneten Dritten ausgeübt werden. Eine weitere Privilegierung erhalten diese Vorkaufsrechte auch dadurch, daß der Käufer ihre Ausübung nicht wie sonst abwenden kann, indem er sich zur Erfüllung des mit dem Vorkaufsrecht verfolgten Zwecks verpflichtet (§ 27 II BauGB) und daß der von der Gemeinde zu zahlende „Kaufpreis" auf die i. d. R. erheblich niedrigere Enteignungsentschädigung reduziert wird, sofern in diesem Falle auch eine Enteignung zulässig wäre (vgl. § 28 IV BauGB). Angesichts der Weite des Begriffs einer „Nutzung für öffentliche Zwecke" ist **umstritten, inwieweit** dieses Vorkaufsrecht von der Gemeinde auch **zu** einer gezielten **Bodenpolitik** eingesetzt werden kann, etwa um sich Grundstücke zu verschaffen für städtebauliche Zwecke, z. B. als Austausch- oder Ersatzland, oder für sozialpolitische Maßnahmen, z. B. den Bau von Sozialwohnungen. Gegen eine derart breite Anwendung (vgl. dazu *Schrödter*, § 24 Rn. 5a, 28ff.; BK § 24 Rn. 14) sprechen die im folgenden aufgeführten Vorkaufsrechte:

Beim allgemeinen Vorkaufsrecht in Umlegungsgebieten (§ 24 I Nr. 2 BauGB) oder beim besonderen Vorkaufsrecht nach § 25 I Nr. 2 BauGB steht der Zweck, Ersatzland für eine Realentschädigung oder ein Austauschgrundstück zu erhalten, im Vordergrund. Das Vorkaufsrecht in Sanierungs- und Entwicklungsgebieten (§ 24 I Nr. 3 BauGB) dagegen mag mehr der zügigen Durchführung großflächiger Maßnahmen dienen, und das Vorkaufsrecht im Geltungsbereich einer Erhaltungssatzung (§ 24 I Nr. 4 i. V. m. § 172 BauGB) eine städtebaulich verankerte Sozialpolitik bezwecken.

c) Grenzen der Vorkaufsrechte

4 Gegen den Mißbrauch der Vorkaufsrechte sieht das Baugesetzbuch (in §§ 24 III, 25 II BauGB) lediglich folgende Voraussetzungen für ihre Ausübung vor:

Das allgemeine und das besondere Vorkaufsrecht dürfen nur ausgeübt werden, wenn das **Wohl der Allgemeinheit** dies **„rechtfertigt"**. Damit werden hier geringere Anforderungen gestellt als bei der Enteignung, die nur im Falle ihrer „Erforderlichkeit" für das allgemeine Wohl durchgeführt werden darf (vgl. BVerwG, NJW 1990, 2703). Es genügt, wenn der Erwerb des Grundstücks im konkreten Fall zu den im Gesetz gebilligten boden- und eigentumspolitischen sowie städtebaulichen Zwecken erfolgt (vgl. BayVGH, BayVBl 1986, 181; dazu *Krautzberger*, B/K/L, § 24 Rn. 20). Da es somit entscheidend auf den konkreten Verwendungszweck ankommt, verlangt das Gesetz ferner, daß der Verwendungszweck des Grundstücks anzugeben ist. Von dieser Anforderung kann nur beim besonderen Vorkaufsrecht abgewichen werden, wenn der Verwendungszweck im Zeitpunkt der Ausübung noch nicht benannt werden kann (§§ 24 III 2, 25 II 2 BauGB).

Damit sind die **Grenzen** für die Ausübung der Vorkaufsrechte **sehr weit** und nur sehr vage gezogen. Belange des Wohls der Allgemeinheit lassen sich bei den vielfältigen Zwecken des Baugesetzbuchs leicht finden; die Anforderung, daß die Ausübung des Vorkaufsrechts durch das Wohl der Allgemeinheit gerechtfertigt sein müsse, vermag daher praktisch nur die Ausübung des Vorkaufsrechts aus rein privaten Interessen, etwa im Interesse eines Gemeindebediensteten, auszuschließen. Auch ein legitimer Verwendungszweck kann leicht gefunden werden, zumal das Baugesetzbuch auch den Erwerb von Grundstükken als Ausgleichsflächen für zu erwartende Eingriffe in Natur und Landschaft (§ 1a III BauGB) sowie als Austausch- oder Ersatzland, insbesondere zum Zwecke der Entschädigung, rechtfertigt und diese z. B. zur Ausübung der Umlegung gemäß § 59 V BauGB auch in einem anderen Umlegungsgebiet in der Gemeinde beschafft werden können (dazu *Krautzberger*, B/K/L, § 24 Rn. 23). Dabei ist es nicht erforderlich, daß der spätere Gebrauch des Austauschgrundstücks bereits festliegt. Insofern vermag die Vorschrift, einen konkreten Verwendungszweck anzugeben, allenfalls die Ausübung des Vorkaufsrechts zu Vorratszwecken oder zum „Hamstern" von Grundstücken zu verhindern (dazu BGH, DVBl. 1975, 487; BayVGH, BayVBl 1986, 181). Außerdem bestehen keine Kontrollen über die Verwendung und keine Sanktion bei einer anderweitigen Verwendung.

Lediglich wenn die Gemeinde nach § 28 III 1 BauGB den Verkehrswert **5** anstelle des zwischen den Vertragsparteien vereinbarten Kaufpreises zahlt, ist eine Sanktion vorgesehen für den Fall, daß die Gemeinde das Grundstück nicht innerhalb einer angemessenen Frist dem mit der Ausübung des Vorkaufsrechts verfolgten Zweck zuführt: Es entfällt die Kaufpreisreduktion („Preislimitierung"); die Gemeinde muß dann – wie bei Vorkaufsrechten üblich –

den im Kaufvertrag vereinbarten Preis in voller Höhe bezahlen (§ 28 III 7 BauGB).

6 Die in weitem Maße zulässige Ausübung der gemeindlichen **Vorkaufsrechte** ist nur in wenigen eng begrenzten Fällen eindeutig **ausgeschlossen**, wie z.B. bei Grundstücksgeschäften innerhalb der Familie (dazu § 26 BauGB). Weiter kann der Käufer des Grundstücks nach § 27 I BauGB die **Ausübung** des Vorkaufsrechts **abwenden**, wenn die Verwendung des Grundstücks mit ausreichender Sicherheit nach den Festsetzungen des Bebauungsplans oder den Entwicklungszielen der Gemeinde bestimmt oder bestimmbar ist und der Käufer sich verpflichtet und in der Lage ist, das Grundstück dementsprechend innerhalb einer angemessenen Frist zu nutzen. Auch hierfür ist die in §§ 24 III u. 25 II BauGB grundsätzlich geforderte Angabe des Verwendungszwecks bedeutsam. Die **Abwendungserklärung** muß innerhalb der Frist zur Ausübung des Vorkaufsrechts von zwei Monaten nach Mitteilung des Kaufvertrags erfolgen (§§ 27 I 1, 28 II 1 BauGB). Ferner besteht das Abwendungsrecht nicht bei den wichtigen Vorkaufsrechten nach § 24 I Nr. 1 BauGB und für bestimmte Grundstücke im Umlegungsgebiet (§ 27 II BauGB).

7 Angesichts dieser Rechtslage bildet die eigentliche Barriere gegen einen übermäßigen Gebrauch des Vorkaufsrechts lediglich der Kaufpreis und die Finanznot der Gemeinden. Schließlich muß die vorkaufsberechtigte Gemeinde den Kaufvertrag grundsätzlich zu denselben Bedingungen erfüllen wie der ursprüngliche Käufer.

8 Allerdings hat die Gemeinde mit dem BauROG 1998 grundsätzlich die Möglichkeit erhalten, durch Verwaltungsakt festzulegen, daß sie anstelle des von den Vertragsparteien vereinbarten Kaufpreises nur den Verkehrswert des Grundstücks zu zahlen hat (§ 28 III 1 BauGB). Ein solches Recht zur **„Preislimitierung"** war bereits 1976 eingeführt, dann aber nicht in das BauGB 1987 übernommen worden. Es ist jetzt in § 28 III BauGB durch bestimmte Voraussetzungen und Gegenrechte begrenzt.

Danach ist es nur zulässig, wenn der vereinbarte Kaufpreis den Verkehrswert in einer dem Rechtsverkehr erkennbaren Weise „deutlich" überschreitet. Außerdem kann der Verkäufer dann innerhalb eines Monats vom Vertrag zurücktreten. Im übrigen muß die Gemeinde den ursprünglich vereinbarten Kaufpreis bezahlen, wenn sie das Grundstück nicht innerhalb einer angemessenen Frist dem mit der Ausübung des Vorkaufsrechts verfolgten Zweck zugeführt hat (§ 28 III 7 BauGB).

Bei den Vorkaufsrechten nach § 24 I Nr. 1 BauGB für Grundstücke, die nach dem Bebauungsplan für öffentliche Zwecke (z.B. Rathaus) oder für Flächen oder Maßnahmen zum naturschutzrechtlichen Ausgleich (vgl. § 1a BauGB) genutzt werden sollen und deswegen, falls erforderlich, auch enteignet werden könnten, „muß", d.h. ist die Gemeinde sogar verpflichtet, den Kaufpreis auf die Höhe einer Enteignungsentschädigung zu reduzieren (§ 28 IV BauGB; *Krautzberger*, B/K/L § 28 Rn. 16). Die verfassungsrechtliche Zulässigkeit dieser Verpflichtung ist allerdings angesichts des bei Enteignungen vorrangig gebotenen freihändigen Erwerbs fragwürdig.

d) Verfahren und Rechtsschutz

Verfahrensfragen bei der Ausübung des Vorkaufsrechts und bei **9** der zivilrechtlichen, insbesondere auch der grundbuchrechtlichen Abwicklung regelt § 28 I BauGB. Das Vorkaufsrecht wird durch **Verwaltungsakt** mit Rechtsbehelfsbelehrung (§ 211 BauGB), also nicht lediglich durch eine verwaltungsrechtliche Willenserklärung ausgeübt; es kann nur binnen einer Frist von zwei Monaten nach Mitteilung des Kaufvertrags ausgesprochen werden (§ 28 II BauGB). Der Verwaltungsakt ist im Verwaltungsrechtsweg mit Widerspruch und Anfechtungsklage sowohl für den Verkäufer wie für den Käufer des Grundstücks anfechtbar. Geht es (nur) um die Höhe des nach § 28 III oder nach § 28 IV i.V.m. § 95 BauGB limitierten Grundstückspreises, sind die Kammern für Baulandsachen bei den Landgerichten zuständig; die Anfechtung erfolgt hier durch Antrag auf gerichtliche Entscheidung (vgl. § 217 I BauGB).

2. Die städtebauliche Enteignung

a) Verfassungsrechtliche Anforderungen

Als ultima ratio kann zum Zwecke der Verwirklichung der Be- **10** bauungspläne und anderer Anforderungen an eine geordnete städtebauliche Entwicklung auch das Mittel der Enteignung eingesetzt werden. Nach Art. 14 III GG ist eine Enteignung nur zum **Wohle der Allgemeinheit** zulässig. Sie darf nur unmittelbar durch Gesetz (**„Legalenteignung“**) oder auf Grund eines Gesetzes (**„Administrativenteignung“**) erfolgen, das zugleich Art und Ausmaß der Entschädigung regelt (**„Junktimklausel“**). Das Gesetz muß ein förmliches Gesetz sein; denn „allein dem parlamentarisch-demokratischen Gesetzgeber ist ... vorbehalten, die eine Enteignung legitimierenden Gemeinwohlaufgaben zu bestimmen“; allein er hat „festzulegen, für welche Vorhaben, unter welchen Voraussetzungen und für welche Zwecke eine Enteignung zulässig ist“ („Gesetzmäßigkeit der Enteignung“, BVerfGE 56, 249, 261 – Dürkheimer Gondelbahn; **74, 264, 285 – Teststrecke Boxberg**).

11 Die Enteignung ist weiter im Einzelfall nur zulässig, wenn das Wohl der Allgemeinheit sie erfordert; sie muß ferner zur Erreichung des Gemeinwohlzieles geeignet, erforderlich und verhältnismäßig i. e. S. sein („Verhältnismäßigkeitsprinzip“; vgl. BVerfGE 58, 300; 70, 199). Im Hinblick auf diese konkrete Gemeinwohlerforderlichkeit sind Enteignungen, die einem generellen Enteignungszweck entsprechen, aber im Einzelfall aus fiskalischen Gründen oder zur Förderung privater Interessen durchgeführt werden, grundsätzlich nicht zulässig (BVerfGE 38, 175, 180; vgl. auch Sondervotum *Böhmer*, BVerfGE 56, 266, 284 ff.). Allerdings können Gemeinwohlbelange auch von Privaten oder in privatrechtlicher Organisationsform wahrgenommen werden (z. B. Elektrizitätsversorgungsunternehmen) und damit eine **Enteignung zugunsten Privater** rechtfertigen. Durch „differenzierte materiell- und verfahrensrechtliche Regelungen“ ist sicherzustellen, „daß den Grundsätzen der Verhältnismäßigkeit und der Gleichheit vor dem Gesetz ... Rechnung getragen und insbesondere die Erforderlichkeit der Enteignung sorgfältig geprüft wird“ (BVerfGE 74, 264, 286). Entfällt der Enteignungszweck nachträglich, hat der Eigentümer einen Anspruch auf **„Rückenteignung“** bzw. „Rückübereignung“ (BVerfGE 38, 175, 179 ff.; BVerwG, NVwZ 1987, 49; *v. Mutius*, VerwArch 66 (1975), 283 ff.). Schließlich ist die Entschädigung unter gerechter Abwägung der Interessen der Allgemeinheit und der Beteiligten zu bestimmen. Die Verfassung erlaubt keine bloß nominelle Entschädigung, verlangt aber auch nicht die Entschädigung zum vollen Verkehrswert (BVerfGE 24, 367, 421; 46, 268, 285; BGHZ 60, 337, 340; 67, 190, 192).

Die **Anforderungen der Verfassung** werden weiter in den §§ 85 ff. BauGB für die Administrativenteignung im Bauplanungsrecht präzisiert. Die §§ 85–92 BauGB regeln die Zulässigkeit, die

§§ 93–103 BauGB die Entschädigung und die §§ 104–122 BauGB das Enteignungsverfahren.

Zahlreiche dieser Vorschriften gelten auch für andere Instrumente des Baugesetzbuchs, so die Veräußerungspflicht bei den Vorkaufsrechten (§ 89 I Nr. 1 BauGB) und vor allem die Entschädigungsregelungen bei der Veränderungssperre (§ 18 I 2 BauGB), den Vorkaufsrechten (§ 28 IV 1 BauGB) und der Umlegung (§ 59 II 2 BauGB). 12

b) Die gesetzlichen Zulässigkeitsanforderungen (Enteignungszwecke) im Überblick

Die Gemeinwohlbelange, d.h. die zulässigen **Enteignungszwecke**, konkretisiert das Gesetz in **§ 85 BauGB**. Sie betreffen allesamt städtebauliche Zwecke. Das ist schon durch die begrenzte Gesetzgebungskompetenz des Bundes und die Ausrichtung des Baugesetzbuches bedingt. 13

Die städtebaulichen Zwecke ergeben sich aus den Zielangaben und Planungsleitlinien in § 1 V BauGB; indessen berechtigt die Absicht, einen dieser Belange zu verwirklichen, noch nicht zur Enteignung (vgl. BVerfGE 74, 264, 287 ff.); vielmehr bedarf es dazu weiterer parlamentsgesetzlicher Präzisierungen. Einen ersten Schritt dazu bilden die Enteignungszwecke des § 85 BauGB, deren Aufzählung – schon wegen des Parlamentsvorbehalts – abschließend ist.

Werden mit der Enteignung **andere** als die in § 85 BauGB aufgeführten **Zwecke** verfolgt, wie z.B. die Erhaltung eines Kulturdenkmals (vgl. BGH, NVwZ 1988, 963; DÖV 1989, 452), die Errichtung eines Bürgerhauses (BVerwG, ZfBR 1987, 288) oder einer Energieversorgungsleitung (§ 11 EnWG, dazu BVerwGE 66, 133; 72, 365; BVerfGE 66, 248), muß auf **andere**, u.U. landesrechtliche **Enteignungsgrundlagen** zurückgegriffen werden. Die Enteignungsgründe des Baugesetzbuchs schließen einen solchen Rückgriff nicht aus (vgl. § 85 II BauGB). Sie können auch mit anderen konkurrieren; dann dürften Grundlage und Verfahren der Enteignung danach zu bestimmen sein, wo der Schwerpunkt liegt (vgl. *Zimmer*, BayVBl 1984, 327; *Gaentzsch*, § 85 Rn. 3).

Ein nach § 85 I BauGB generell zulässiger Enteignungszweck genügt nach den Anforderungen der Verfassung für die Zulässigkeit einer Enteignung jedoch noch nicht; er muß vielmehr auch 14 hic et nunc, also im konkreten Einzelfall und zum gegenwärtigen Zeitpunkt, eine Enteignung erforderlich machen (vgl. bereits BVerwGE 3, 332, 334; BGH, NJW 1976, 1266). Dieser **Bezug zum Einzelfall** wird über § 87 I BauGB geleistet. Er verlangt zunächst die „Gemeinwohlerforderlichkeit" im konkreten Einzelfall. Sie verbietet, wie erwähnt, Enteignungen aus rein fiskalischen Gründen oder allein privaten Interessen, schließt aber eine **Enteignung zugunsten Privater** nicht aus, wenn gewährleistet ist, daß diese die Gemeinwohlaufgabe dauerhaft erfüllen werden (BVerfGE 56, 249, 261 – Dürkheimer-Gondelbahn; 66, 248 – Hochspannungsleitung für priv. Energieversorgungsunternehmen nach § 11 EnWG; 74, 264, 286 – Boxberg; vgl. auch BGH, NJW 1989, 216 – Waldorfschule; dazu *Gramlich*, NVwZ 1990, 32). Weiter verlangt § 87 I BauGB im Hinblick auf das Verhältnismäßigkeitsgebot, daß die Enteignung zur Verwirklichung des konkret gegebenen Enteignungszwecks unbedingt erforderlich ist, der Enteignungszweck also nicht auf eine andere zumutbare Weise erreicht werden kann. Insofern bezieht sich das Erforderlichkeitskriterium sowohl auf den Gemeinwohlzweck wie das Mittel im Einzelfall. Zu letzterem gehört auch die Anforderung des § 87 II BauGB, wonach derjenige, der eine Enteignung beantragt, sich zuvor ernsthaft bemüht haben muß, das Grundstück zu angemessenen Bedingungen freihändig zu erwerben.

Bei „zwingenden städtebaulichen Gründen" erleichtert § 88 BauGB das Enteignungsverfahren, indem es von dem sonst in Fällen des § 100 I, III BauGB erforderlichen Nachweis des Angebots von Ersatzland und der Glaubhaftmachung des Verwendungszwecks absieht. Weitere Regelungen in § 87 III BauGB sollen sicherstellen, daß eine Enteignung zugunsten Privater nur zur Verfolgung von Gemeinwohlzwecken erfolgt.

c) Die Enteignungszwecke im einzelnen (§ 85 BauGB)

aa) Die (streng) planakzessorische Enteignung (§ 85 I Nr. 1 BauGB)

15 Nach § 85 I Nr. 1 BauGB kann ein Grundstück enteignet werden, um es **entsprechend den Festsetzungen des Bebauungsplans zu nutzen** oder eine solche Nutzung vorzubereiten (sog. (streng) planakzessorische Enteignung).

(1) Alternative Enteignungszwecke

Bei der ***ersten Alternative*** ist vor allem an Grundstücke zu denken, die nach den Festsetzungen des Bebauungsplans für einen öffentlichen Zweck, also etwa als Gemeinbedarfsflächen (Schule, Rathaus, Sportanlage) ausgewiesen sind. 16

Den Antrag auf Enteignung kann unter den obengenannten Voraussetzungen auch hier ein Privater stellen. Meistens kommt es schon deshalb nicht so weit, weil der Eigentümer auf Grund der bauplanungsrechtlichen Ausweisung mit seinem Grundstück ohnehin nicht mehr viel anfangen kann (vgl. § 32 BauGB) und daher von sich aus von der Gemeinde die Übernahme seines Grundstücks nach §§ 40 II, 43 BauGB verlangen wird (oben § 17 Rn. 12f.).

Die ***zweite Alternative*** betrifft eine Enteignung zur Vorbereitung der im Bebauungsplan vorgesehenen Nutzung. Im Unterschied zur ersten soll hier der Enteignungsbegünstigte das Grundstück nicht zur plangemäßen Nutzung auf Dauer erhalten, sondern nur dazu, es in rechtlicher oder tatsächlicher Hinsicht (z.B. durch Grundstücksteilung oder Zusammenlegung einerseits oder durch Planierung, Rodung oder Beseitigung verrotteter baulicher Anlagen und Leitungen andererseits) „baureif" zu machen, also die plangemäße Nutzung vorzubereiten. Dementsprechend besteht für den Enteignungsbegünstigten, also die Gemeinde oder einen Sanierungsträger (§ 87 III 1 u. 3 BauGB), die Pflicht, das Grundstück danach weiter zu veräußern (§§ 89 I 1 Nr. 2, 159 III BauGB; **„Transitorische Enteignung"** oder „Durchgangsenteignung" mit anschließender Privatisierung; zur Verfassungsmäßigkeit vgl. BVerfGE 74, 264, 291f. – Teststrecke Boxberg; *Battis*, B/K/L, Vorb. §§ 85–122 Rn. 10). 17

(2) Problematik einer streng planakzessorischen Enteignung – Das Boxberg-Urteil des BVerfG

Die Enteignung nach § 85 I Nr. 1 BauGB soll der Verwirklichung der einzelnen Festsetzungen des Bebauungsplans dienen. Im Unterschied zu den übrigen Enteignungszwecken des § 85 I BauGB ist sie daher streng planakzessorisch (*Runkel*, E/Z/B, § 85 Rn. 14ff.; *Battis*, B/K/L, § 85 Rn. 2ff.; *Breuer*, in: Schrödter, § 85 Rn. 25). Darin liegt die besondere Problematik dieser Bestimmung. Sie wurde in ihrer vollen Tragweite in der **Boxberg-Entscheidung** (BVerfGE 74, 264) deutlich. 18

Vereinfacht ging es um folgenden Sachverhalt: Durch Bebauungsplan war ein Sondergebiet für den Bau einer Teststrecke der Firma Daimler Benz AG ausgewiesen worden. Einige wenige Grundstückseigentümer weigerten sich, ihre Grundstücke für diesen Zweck zu veräußern. Letztlich entschloß sich die Behörde, die benötigten Grundstücke im Wege der städtebaulichen Flurbereinigung (vgl. § 190 BauGB) zu beschaffen. Dieses Verfahren erlaubt, den Landverlust auf mehrere Eigentümer bzw. letztlich auf die Daimler Benz AG zu verteilen, die inzwischen die meisten Grundstücke erworben hatte. Das Bundesverfassungsgericht hielt die mit diesem Verfahren verbundene Enteignung der widersprechenden Grundstückseigentümer für unzulässig. Die hier bestehende rechtliche Problematik setzte das Bundesverfassungsgericht mit einer direkten Enteignung zugunsten der Firma nach § 85 I Nr. 1, 1. Alt. BauGB gleich, da allein die Fa. Daimler Benz AG willens und in der Lage war, das Grundstück plangemäß zu nutzen (BVerfG a. a. O., S. 292). Im folgenden wird daher der Einfachheit halber von einer direkten Enteignung zugunsten der Firma ausgegangen; die Frage, ob die städtebauliche Flurbereinigung im Unterschied zur allgemeinen Flurbereinigung und zur Umlegung wirklich eine Enteignung darstellt, kann dadurch ausgeklammert bleiben (dazu *Breuer*, in: Schrödter, § 45 Rn. 23).

19 Wie erwähnt, verlangt das Postulat der Gesetzmäßigkeit der Enteignung eine **parlamentsgesetzliche** Bestimmung der Gemeinwohlaufgabe, die eine Enteignung legitimieren soll. Das Gesetz muß also festlegen, für welche Vorhaben unter welchen Voraussetzungen und für welche Zwecke eine Enteignung zulässig sein soll (BVerfGE 56, 249, 261; 74, 264, 285). Die Frage ist, ob die in § 85 I Nr. 1 BauGB vorgesehene **planakzessorische** Enteignung diesen Anforderungen gerecht wird.

Der Bundesgesetzgeber hat nach Art. 74 I Nr. 14 GG eine Kompetenz zur Bestimmung der Zulässigkeit einer Enteignung auf den in den Art. 73 u. 74 GG aufgeführten Sachgebieten, also in unserem Zusammenhang vor allem für die städtebauliche Planung, aber z. B. nicht für die Regelung von Bergbahnen und damit auch nicht für damit verbundene Enteignungsfragen; die Verwaltung kann sich daher zur Durchsetzung eines entsprechenden Bauvorhabens nur auf das für den betreffenden Sachbereich erlassene Enteignungsgesetz, also etwa das landesrechtliche Eisenbahnrecht, stützen (BVerfGE 56, 249, 263 ff.). Ob der Bund (nach Art. 74 I Nr. 14 i. V. m. Nr. 11 od. 18 GG) eine Gesetzgebungskompetenz für die Regelung einer Enteignung zur Verbesserung der regionalen Wirtschaftsstruktur und zur Schaffung von Arbeitsplätzen und Begünstigung von Privaten hat, ist noch nicht abschließend geklärt, kann aber hier dahingestellt bleiben.

Nach Ansicht des BVerfG kann jedenfalls § 85 I Nr. 1 BauGB nicht als Rechtsgrundlage für eine Enteignung zum Bau einer firmeneigenen Teststrecke angesehen werden. Denn er verweise auf die inhaltliche Bestimmung durch den Bebauungsplan. Bebauungspläne aber seien als Satzung nicht geeignet, die erforderliche parlamentsgesetzliche Entscheidung zu ersetzen. Weiter gingen in die Abwägung bei der Bauleitplanung lediglich die in § 1 V BauGB aufgeführten öffentlichen Belange ein; diese stellten aber nicht ohne weiteres die eine Enteignung legitimierenden Allgemeinwohlbelange dar. Zudem könne die Gemeinde kraft ihres Selbstverwaltungsrechts nicht anstelle des parlamentarischen Gesetzgebers die Gemeinwohlbelange für eine Enteignung definieren (BVerfGE 74, 264, 288).

Die Entscheidung hat zu verschiedenen Interpretationen und zur **Ungewißheit** geführt, ob die planakzessorische Enteignung nach § 85 I Nr. 1 BauGB generell verfassungsrechtlich unzulässig sei, oder ob nach dieser Vorschrift nur Festsetzungen in Bebauungsplänen mit unmittelbarer städtebaulicher Relevanz enteignungsrechtlich durchsetzbar seien, nicht aber solche mit einer primär nicht bodenrechtlichen Zweckrichtung, oder ob das Urteil in einem engeren, fallbezogenen Sinne zu verstehen sei und keine allgemeine Bedeutung habe (zum Ganzen *Breuer*, in: Schrödter, § 85 Rn. 19–35 m. zahlr. w.N.). Weithin sieht die Literatur, entgegen der Bedenken des BVerfG, die verfassungsrechtlichen Anforderungen bei der planakzessorischen Enteignung für erfüllt an.

Dafür findet sich im wesentlichen folgende Begründung: Die Enteignung beruhe auf einem **Drei-Stufen-Modell der Gemeinwohlkonkretisierung**: Der parlamentarische Gesetzgeber gebe in § 85 I Nr. 1 BauGB i.V.m. den formell- und materiellrechtlichen Bindungen der Bauleitplanung rahmenartige Tatbestände vor. Diese würden auf der zweiten Stufe durch den Bebauungsplan konkretisiert. Auf der dritten Stufe, dem Enteignungsverfahren, gelte das nach §§ 87, 88 BauGB und dem Übermaßverbot qualifizierte, konkret-individuell durchgreifende Gemeinwohlerfordernis. Die tatbestandliche Weite des § 85 I Nr. 1 BauGB und der dreistufige Modus der Gemeinwohlkonkretisierung stellten sich als sachgerecht und auch i.S. der nach Art. 14 III 2 GG gebotenen Gesetzmäßigkeit als hinreichend bestimmt dar. Allerdings reiche der Umstand, daß im Bebauungsplan eine bestimmte Nutzung festgesetzt sei, für eine Enteignung nicht aus. Die in § 1 V BauGB genannten öffentlichen Belange hätten nur planungsrechtliche und als solche nicht schon eine enteignungsrechtliche Bedeutung. Insofern müßten weitere städtebauliche Gründe hinzukommen, die die Enteignung eines bestimmten Grundstücks im gegenwärtigen Zeitpunkt erforderten (vgl. auch BGHZ 68, 100, 102; 105, 94, 97). Dies aber sei keine Frage einer gesetzlichen Präzisierung des Enteignungszwecks i.S.v. § 85 I Nr. 1 BauGB, sondern der Konkretisierung im Einzelfall nach § 87 I BauGB (*Breuer*, in: Schrödter, § 85 Rn. 22; *Runkel*, E/Z/B, § 85 Rn. 34; *Battis*, B/K/L, Vorb. §§ 85–122 Rn. 10, § 85 Rn. 2; *Brügelmann/Reisnecker*, § 85 Rn. 16; *Gaentzsch*, § 85 Rn. 2, § 87 Rn. 4; vgl. auch BGHZ 105, 94, 97 in Auseinandersetzung mit BVerfGE 74, 264; zum Ganzen auch *Brugger*, ZfBR 1987, 60ff.; *Dolde*, FS Sendler, 1991, S. 225, 231ff.).

Folgt man dieser Ansicht, besteht die verfassungsrechtlich geforderte parlamentsgesetzliche Festlegung des Enteignungszwecks allerdings lediglich darin, dem **Bebauungsplan eine „Blankovollmacht"** zur inhaltlichen Bestimmung des Enteignungszwecks zu erteilen.

Durch die Vorgabe von Planungszielen, Planungsleitlinien und Verfahrensvorschriften im BauGB werden jedoch die Planfestsetzungen und damit die Enteignungszwecke – etwa für bestimmte Vorhaben auf Grund von Sondergebietsausweisungen, vorhabenbezogenen Bebauungsplänen, ferner für städtebaulichen Denkmalschutz, umweltrechtliche Schutzflächen u.ä. – in ihrem konkreten Inhalt nicht vorherbestimmt und nicht vorherbestimmbar. Das bedarf angesichts der dargelegten Weite des Entscheidungsspielraums bei der Abwägung und der Breite der Festsetzungsmöglichkeiten keiner näheren Begründung. Gewiß ergibt sich „ein zulässiger Enteignungszweck nicht allein aus der Festsetzung eines wirksamen Bebauungsplans", dieser konkretisiert „das Allgemeinwohl erst auf einer ersten Stufe, auf die im Enteignungsverfahren eine weitere Konkretisierung" folgt, die „das Gemeinwohl mit Hilfe des enteignungsrechtlichen Erforderlichkeitsprinzips auf den Einzelfall ausrichtet" (*Battis*, B/K/L, § 85 Rn. 2; *Breuer*, in: Schrödter, § 85 Rn. 33). Aber die *inhaltliche* Bestimmung des Enteignungszwecks erfolgt bei dieser Handhabung des § 85 I 1 BauGB durch den Bebauungsplan. Ohne ihn gibt es den betreffenden Enteignungszweck nicht. Die nachfolgende Konkretisierungsstufe über die Enteignungserforderlichkeit im konkreten Fall (§ 87 I BauGB) kann jeden Tag auf Grund der tatsächlichen Bedürfnisse und Notwendigkeiten erreicht werden bzw. wird bei konkreten Projektvorhaben bereits mit der Planaufstellung vorliegen.

20 Die Möglichkeit der inhaltlichen Bestimmung des Enteignungszwecks durch den Bebauungsplan geht nicht nur im Hinblick auf die Gestaltungsfreiheit im Rahmen des Abwägungsgebots, sondern auch nach dem Gegenstand der Regelung sehr weit, zumal das Bauleitplanungsrecht inzwischen von der eigentlichen Bauplanung zu einer **umfassenden Bodennutzungsregelung** erweitert wurde, also auch Regelungen des Umweltschutzes, des Natur- und Landschaftsschutzes, insbesondere zur Erhaltung eines ökologischen Gleichgewichts und des Landschaftsbildes, des Verkehrs, der Substanzerhaltung i. S. eines städtebaulichen Denkmalschutzes u. v. a.m. umfaßt (dazu oben § 6 Rn. 23). Insofern ist dem BVerfG zuzustimmen, daß bei der herkömmlichen Auslegung des § 85 I Nr. 1 BauGB es **letztlich die Gemeinde** ist, die „kraft ihres Selbstverwaltungsrechts" mit einer „Satzung" den **Enteignungszweck (inhaltlich) festlegt**. Daß dies mit den verfassungsrechtlichen Anforderungen nicht zu vereinbaren ist, hat das BVerfG in der erwähnten Boxbergentscheidung (BVerfGE 74, 264, 285) zutreffend herausgearbeitet. § 85 I Nr. 1 BauGB kann daher verfassungsrechtlich nur Bestand haben, wenn es gelingt, ihm durch eine verfassungskonforme restriktive Auslegung zumindest eine inhaltliche Begrenzung und damit eine **Bestimmbarkeit** beizulegen. Das ist angesichts der Komplexität dieser Problemlage nicht ad hoc mit einer klaren definitorischen Abgrenzung zu erreichen, sondern muß tentativ **an Hand von Fallgruppen** allmählich herausgebildet werden. Maßgebliche Gesichtspunkte dafür sind, in welchem Grade die Enteignungszwecke inhaltlich der Gemeinde vorgegeben sind und in welchem Maße sie von ihr durch die Bauleitplanung selbst gebildet werden. Bei **generellen Gebietsausweisungen**, etwa nach § 9 I Nr. 1 BauGB i. V. m. §§ 2–9 BauNVO, ergibt sich der Enteignungszweck noch nicht aus den das Plangebiet ordnenden Ausweisungen des Bebauungsplans; hier müssen besondere Umstände, konkrete Sachlagen und städtebauliche Planverwirklichungsbelange hinzukommen, um einen Enteignungszweck zu begründen. Derartige städtebauliche Zwecke wird man als von § 85 I Nr. 1 BauGB umfaßt ansehen können. Hier vermag auch die Enteignungserforderlichkeit im konkreten Fall, hic et nunc, eine eigenständige Konkretisierungsstufe abzugeben. **Anders** ist es dagegen bei **Sondergebietsausweisungen** für bestimmte Projekte; hier verbleibt für eine eigenständige Konkretisierungsfunktion im Einzelfall regelmäßig kein Raum. Umso mehr bedürfte es dann eines Enteignungsgrundes aus anderen parlamentsgesetzlichen Tatbeständen. Handelt es sich gar um ein Projekt, das als privates Wirtschaftsunternehmen nur mittelbar, durch Schaffung von Arbeitsplätzen, öffentlichen Belangen dient, bedarf es – in Übereinstimmung mit dem BVerfG – auf jeden Fall eines besonderen, parlamentsgesetzlich anerkannten Enteignungsgrundes. Ganz in diesem Sinne verlangt § 12 BauGB beim Prototyp der Projektplanung, dem „Vorhaben- und Erschließungsplan" für den vorhabenbezogenen Bebauungsplan auch, daß der Vorhabenträger zur Durchführung bereit und „in der Lage ist", also keiner Hilfe durch eine Enteignung bedarf.

21 Ähnliche Probleme können sich jetzt im Hinblick auf die Festsetzung naturschutzrechtlicher Ausgleichsmaßnahmen i. S. v. § 1 a BauGB ergeben. Das BVerwG v. 23. 8. 1996, NVwZ 1997, 486 ff. = DVBl. 1997, 68 ff. hat anläßlich einer Planfeststellung für eine Straße die **Enteignung** eines Grundstücks **für den naturschutzrechtlichen Ausgleich** auf Grund des Planfeststellungsbeschlusses grundsätzlich für zulässig erklärt, weil es sich hierbei um eine gesetzlich vorgesehene Folgemaßnahme handle, die für den Straßenbau „notwendig" sei, sofern nicht die Festlegung einer entsprechenden Nutzungsbestimmung für das Grundstück allein ausreiche. Entsprechend wird man für eine derartige Festsetzung durch den Bebauungsplan den zur Enteignung erforderlichen Gemeinwohlbelang aus dem gesetzlichen Gebot zur städtebaulichen Planung (§ 1 III BauGB) und zum naturschutzrechtlichen Ausgleich (§ 8 a BNatSchG, § 1 a BauGB) begründen können. Insofern kann die Tatsache, daß die Belastung der von dem Ausgleich Betroffenen nicht nur dem Interesse des Städtebaus, sondern auch demjenigen der Eigentümer der bebauungsfähigen Grundstücke zugute kommt, wohl außer Betracht bleiben. Schwieriger ist die Frage der konkreten Erforderlichkeit für das betreffende Grundstück, da oft mehrere Grundstücke gleichermaßen zum Ausgleich geeignet sein werden; hier liegt es dann im planerischen Ermessen der Gemeinde festzulegen, wen das Opfer der Ausgleichsmaßnahme trifft. In der Regel wird eine Enteignung nicht erforderlich sein, da die entsprechende Nutzungsfestsetzung, etwa nach § 9 I Nr. 20, 23–25 BauGB, grundsätzlich als Inhaltsbestimmung des Eigentums gilt, für die allenfalls nach § 40 II BauGB u. U. die Übernahme des Grundstücks oder nach § 41 II BauGB eine Entschädigung in Betracht kommt (dazu näher *Brohm*, FS Hoppe, 2000, 511, 518 ff.).

bb) Enteignungen von Grundstücken im unbeplanten Innenbereich (§ 85 I Nr. 2 BauGB)

22 Eine Enteignung ist auch ohne Vorliegen eines Bebauungsplans zulässig, vor allem um **Baulücken** innerhalb eines im Zusammenhang bebauten Ortsteils zu schließen. Auf diese Weise soll erreicht werden, daß die Gemeinden nicht neues Bauland ausweisen und erschließen müssen und dabei Grund und Boden „verbrauchen"

und in Infrastruktureinrichtungen investieren, bevor nicht die vorhandenen baulichen Möglichkeiten ausgenutzt sind.

Im Unterschied zu den Voraussetzungen des § 85 I Nr. 1 BauGB kann eine Enteignung nach § 85 I Nr. 2 BauGB nur zur „baulichen" Nutzung erfolgen, nicht auch zu anderen Zwecken. Es ist aber auch hier eine transitorische Enteignung zulässig, allerdings nicht schon zur „Vorbereitung" der baulichen Nutzung; daraus folgt, daß die Vorschrift sich nur auf baureife, d. h. erschlossene Grundstücke und Grundstücksteile (i. S. v. § 133 I BauGB) bezieht (*Breuer*, in: Schrödter, § 85 Rn. 38; *Berkemann*, BK, § 85 Rn. 50; *Runkel*, E/Z/B, § 85 Rn. 135 f.).

cc) Enteignung zur Beschaffung von Ersatzland oder Ersatzrechten (§ 85 I Nr. 3 u. 4 BauGB)

Eine Enteignung ist weiter zugelassen, um Ersatzland oder neue **23**
Rechte als Entschädigung für eine Grundstücksenteignung oder den Entzug von Rechten zu erhalten. Im Außenbereich können Grundstücke zur Beschaffung von Ersatzland allerdings nur enteignet werden, wenn sie land- oder forstwirtschaftlich genutzt werden sollen (§ 90 III BauGB).

Regelmäßig wird der durch eine Enteignung eingetretene Verlust in Geld entschädigt (§ 99 BauGB). Oft vermag aber eine Geldentschädigung kein Äquivalent für den Eigentumsentzug darzustellen, z. B. wenn im Zuge einer Straßenerweiterung ein Tankstellenbesitzer zugleich mit seinem Grundstück auch seine wirtschaftliche Existenz verliert, weil ihm niemand für noch soviel Geld ein geeignetes Grundstück für eine Betriebsverlegung verkauft. In solchen Fällen kann nach §§ 100, 101 BauGB der Eigentümer eine (Teil-) Entschädigung in geeignetem Ersatzland oder in der Gewährung anderer Rechte verlangen, sofern der Enteignungsbegünstigte über geeignete Grundstücke selbst verfügt oder diese freihändig zu angemessenen Bedingungen erwerben oder – notfalls – durch Enteignung nach § 90 BauGB beschaffen kann. Auf diese Weise kann das Opfer für die Allgemeinheit demjenigen auferlegt werden, der am wenigsten hart davon betroffen wird.

dd) Enteignung nach Baugebot und zur Erhaltung einer baulichen Anlage (§ 85 I Nr. 5 u. 6 BauGB)

Im Rahmen der städtebaulichen Gebote kann zur unmittelbaren **24**
Planverwirklichung u. U. ein Baugebot (§ 176 BauGB, dazu unten § 27 Rn. 5 ff.) erlassen werden. Wird dieses nicht befolgt, stehen der Verwaltung die üblichen Verwaltungszwangsmittel zur Verfügung. Diese sind jedoch bei einem Baugebot nur selten praktikabel,

da das Baugebot nur die Bebauung, nicht aber die konkrete Bauausführung (Nutzungsart, Maß, Gestaltung des Gebäudes) regeln kann, weshalb z.B. eine Ersatzvornahme kaum durchführbar ist. Das Baugesetzbuch sieht daher die Möglichkeit der Enteignung vor. Allerdings kann diese nach dem in § 87 BauGB konkretisierten Verhältnismäßigkeitsprinzip nicht ohne weiteres als Sanktion für die Nichterfüllung der Verpflichtung aus dem Baugebot eingesetzt werden. Es ist immer zu prüfen, ob zur Verwirklichung des städtebaulichen Zwecks ein Baugebot und dessen Vollstreckung (etwa durch Zwangsgeld) als milderes Mittel geeignet und ausreichend ist (BVerwG, DVBl. 1990, 576, 580f.; DVBl. 1990, 583, 584; *Brügelmann/Reisnecker*, § 85 Rn. 39; *Berkemann*, BK, § 85 Rn. 49; *Breuer*, in: Schrödter, § 85 Rn. 44ff.). Entsprechend ist die Erhaltung einer baulichen Anlage unter den in § 172 Nr. 1–3 BauGB genannten Voraussetzungen ein zulässiger Enteignungszweck.

d) Die baugesetzlichen Entschädigungsregelungen (§§ 93–103 BauGB)

25 Ist eine Enteignung rechtlich zulässig, so daß sie der Betroffene vor Gericht nicht anfechten kann, muß ihm nach Art. 14 III GG eine **angemessene Entschädigung** gewährt werden. Sie ist nach Art und Höhe durch Gesetz „unter gerechter Abwägung der Interessen der Allgemeinheit und der Beteiligten" zu bestimmen. Grundsätzlich erfolgt sie in **Geld** (§ 99 BauGB), in den Fällen der §§ 100, 101 BauGB ist jetzt auf Antrag auch eine Entschädigung durch **Ersatzland** oder durch Gewährung **anderer Rechte**, soweit möglich, vorgesehen. Bei einer Entschädigung in Geld muß hinsichtlich der Höhe zwischen „Entschädigung" und „Schadensersatz" i.S.v. § 249 BGB unterschieden werden. Die Entschädigung umfaßt nur den eigentlichen „Substanzverlust", nicht aber einen weitergehenden Schaden in Folge der Enteignung, i.d.R. also nicht etwa den Ersatz des entgangenen Gewinns oder entgangener Nutzungen (BGHZ 37, 269, 278).

26 Das BVerfG hat bereits im **„Hamburger Deich-Urteil"** und danach immer wieder betont, daß angesichts der Unvermehrbarkeit von Grund und Boden die Interessen der Allgemeinheit beim Boden in stärkerem Maße berück-

sichtigt werden könnten als bei anderen Eigentumsobjekten; der Gesetzgeber könne daher für den Substanzverlust den vollen Ersatz, aber auch eine darunter liegende Entschädigung vorsehen (BVerfGE 24, 367, 421; 46, 268, 285; a.A. z.B. *Leisner*, NJW 1992, 1409). Der BGH räumte dies zwar ein (BGHZ 59, 250, 254; 60, 337, 340; vgl. auch BGHZ 67, 190, 192ff.), hielt aber mit einem großen Teil der Lehre grundsätzlich an seiner „Ersatzkauflehre" oder „Wiederbeschaffungslehre" fest. Danach ist die Höhe der Entschädigung so zu bemessen, daß der Enteignete imstande ist, sich ein entsprechendes Ersatzgrundstück zu beschaffen (BGHZ 66, 173, 177; zum Ganzen vgl. *Schmidt-Aßmann*, E/Z/B, § 93 Rn. 17ff.; *Battis*, B/K/L, § 93 Rn. 2ff.). Dieses „Prinzip der **Verkehrswertentschädigung**" ist in das Baugesetzbuch eingegangen und damit als Gesetzesrecht verbindlich (§§ 95, 194 BauGB). Allerdings bedeutet „Verkehrswert" in diesem Zusammenhang nicht jeder auf dem Markt zu erzielende Preis. Vielmehr ist der Marktpreis zur Vermeidung spekulativ überhöhter Entschädigungssummen unter Berücksichtigung der in § 95 II BauGB aufgeführten Faktoren sowie nach den allgemeinen Kriterien des § 194 BauGB („gewöhnlicher Geschäftsverkehr") festzusetzen. Detaillierte Regelungen über die Wertermittlung enthalten die §§ 192ff. BauGB und die auf Grund von § 199 BauGB erlassene WertermittlungsVO vom 6. 12. 1988 (BGBl. I S. 2209).

e) Enteignungsverfahren (§§ 104–122 BauGB) und Rechtsschutz vor den Baulandgerichten (§§ 217ff. BauGB)

Das bei einer Enteignung zu beachtende Enteignungsverfahren 27
ist in den §§ 104ff. BauGB geregelt. Besonders zu erwähnen ist hierzu lediglich, daß die Enteignungsbehörde (§ 104 BauGB) auf eine gütliche Einigung hinzuwirken hat (§ 110 BauGB). Sie kann (nach Maßgabe des § 116 BauGB) eine vorzeitige Besitzeinweisung anordnen. Das Verfahren endet mit einem Enteignungsbeschluß, der auf Grund mündlicher Verhandlung ergeht und zugleich Art und Höhe der Entschädigung festsetzt (§§ 112, 113 BauGB).

Der Enteignungsbeschluß kann durch Antrag auf gerichtliche 28
Entscheidung vor den Baulandgerichten angefochten werden (§ 217 BauGB).

Die Baulandkammern wurden insbesondere eingerichtet, weil nach Art. 14 III 4 GG die „ordentlichen Gerichte" über die Höhe der Enteignungsentschädigung zu befinden haben, während über die Zulässigkeit der Enteignung nach den allgemeinen Rechtswegregeln (§ 40 VwGO) die Verwaltungsgerichte entscheiden. Angesichts der Wechselbeziehung zwischen beiden Fragen wurden zur Vermeidung dieser Zweigleisigkeit die Baulandkammern mit zwei Zivil- und einem Verwaltungsrichter und die Senate mit drei Zivil- und zwei Verwaltungsrichtern besetzt, so daß ihnen als Zivilgerichte auch die Entscheidung der öffentlich-rechtlichen Frage zugewiesen werden konnte.

Nach § 217 BauGB sind die Baulandgerichte für hoheitliche Entscheidungen in Enteignungsverfahren, in Verfahren der Bodenordnung und in zahlreichen weiteren dort aufgeführten Einzelfällen zuständig (dazu näher *H. Schrödter*, in: Schrödter, § 217 Rn. 1–21). Die Aufzählung in § 217 BauGB ist abschließend; für andere Streitverfahren bleibt es bei den allgemeinen Zuständigkeitsregelungen.

Literatur: *Schmidt-Aßmann*, Grundfragen des Städtebaurechts, Göttingen 1972; *Bielenberg*, Ist die Bemessung der Enteignungsentschädigung nach dem Verkehrswert im Bundesbaugesetz verfassungswidrig?, DVBl. 1974, 113; *Opfermann*, Die Enteignungsentschädigung nach dem Grundgesetz, Berlin 1974, Diss.; *Schmidt-Aßmann*, Zur Dogmengeschichte und jüngeren Entwicklung der Enteignungsentschädigung, in: Festschrift für Werner Weber, Berlin 1974, S. 589 ff.; *v. Mutius*, Eigentumsgarantie und Anspruch auf Rückübereignung bei Nichtverwirklichung des Enteignungszwecks, VerwArch 66 (1975), 283; *Frey*, Die Verfassungsmäßigkeit der transitorischen Enteignung, Berlin 1983; *Zimmer*, Konkurrenzprobleme bei Enteignungsgesetzen, BayVBl 1984, 327; *Brugger*, Verfassungswidrigkeit der planakzessorischen Enteignung nach § 85 Abs. 1 Nr. 1 u. § 87 BBauG (= BauGB)?, ZfBR 1987, 60; *Gramlich*, Realförderung privater Schulen und eigentumsrechtliche Bestandsgarantie, NVwZ 1990, 32; *Dolde*, Städtebauliche Enteignung und planerische Abwägung, in: Festschrift für Horst Sendler zum Abschied aus seinem Amt, München 1991, S. 225 ff.; *Leisner*, Die Höhe der Enteignungsentschädigung. Unterschreitung des Verkehrswertes?, NJW 1992, 1409; *Hoppe*, Probleme des verfassungsgerichtlichen Rechtsschutzes der kommunalen Selbstverwaltung, DVBl. 1995, 179; *Brohm*, Die naturschutzrechtliche Eingriffs- und Ausgleichsregelung, FS Hoppe, 2000, 511 ff.

§ 26. Instrumente zur Vorbereitung (vorwiegend) privater Planverwirklichung („Baureifmachung")

Erschließung/NatSchRL Ausgleichskosten/Bodenordnung

Übersicht

1. Die Erschließung

a) Begriff, Funktion und Einteilung

aa) Praktische Bedeutung

Grundstücke bedürfen zu ihrer Bebauung und Nutzung mit Wohn- und gewerblichen Vorhaben vielfältiger Infrastruktureinrichtungen. Sie müssen im Hinblick auf den *Verkehr* an das allgemeine Straßennetz, ggf. auch an das Netz des öffentlichen Personennahverkehrs angeschlossen sein. In *technischer* Hinsicht sind die Versorgung mit Energie (Strom, Gas), Wasser, Telefon sowie die Entsorgung des Abwassers und der Abfälle erforderlich. In *sozialer* Hinsicht schließlich bedarf es u. U. der Grünanlagen, Spielplätze, Lärmschutzeinrichtungen, Schulen, Kindergärten und Freizeitein- 1 richtungen (zur allerdings nicht trennscharfen Unterscheidung zwischen verkehrsmäßiger, technischer und sozialer Erschließung vgl. *Löhr*, B/K/L, Vorb. §§ 123–135 Rn. 1). Diese keineswegs abschließende Aufzählung von Anlagen und Einrichtungen zur Erschließung eines Baugebiets zeigt, daß den Regelungen über die Erschließung und vor allem über deren Finanzierung erhebliche praktische Bedeutung zukommt. Das Rechtsgebiet hat sich zu einer außerordentlich ausdifferenzierten und komplizierten Spezialmaterie entwickelt. Die folgende Darstellung beschränkt sich auf die Herausarbeitung der Grundzüge, soweit sie zur sachgerechten Verortung der Einzelfragen unbedingt notwendig sind. Zu klären sind insbesondere der Begriff und die Einteilung der Erschließungsanlagen, die Pflicht der Gemeinde zu ihrer Herstellung und Unterhaltung, die Finanzierung der Erschließung und die Zulässigkeit von städtebaulichen Verträgen über die Herstellung und/oder die Finanzierung der Erschließung durch Private. Für Einzelheiten ist auf die umfangreiche Kommentarliteratur und das einschlägige Spezialschrifttum zu verweisen.

bb) Der gebiets- und der grundstücksbezogene Erschließungsbegriff

2 Das BauGB definiert den Begriff der Erschließung nicht, es zählt nur in verschiedenen Bestimmungen einzelne Erschließungsanlagen auf.

So regeln etwa § 1 V Nr. 3 u. 8, § 5 II Nr. 2–4 und § 9 I Nr. 4, 5, 11, 15, 22 BauGB die planungsrechtliche Festlegung von Flächen für die verkehrsmäßige, technische und soziale Erschließung, § 55 II BauGB die Ausscheidung dieser Flächen aus der Umlegungsmasse und schließlich § 127 BauGB einzelne Erschließungsanlagen, für die nach dem BauGB Erschließungsbeiträge erhoben werden können.

3 Diese Zurückhaltung des Baugesetzbuchs ist nicht darauf zurückzuführen, daß der Begriff der Erschließung keiner gesetzlichen Präzisierung mehr bedürfte. Vielmehr vermag der **Bund** auf Grund seiner **Gesetzgebungskompetenz** für das **Bodenrecht** (Art. 74 I Nr. 18 GG) nur einen sehr begrenzten Ausschnitt des Erschließungsrechts zu regeln. Alle anderen Fragen der Erschließung fallen in die Regelungskompetenz der Länder und sind vornehmlich im

Rahmen der gemeindlichen Aufgaben zur Daseinsvorsorge geregelt. Im Zuge der Verfassungsänderung nach der Wiedervereinigung wurde 1994 in Art. 74 I Nr. 18 GG dem Bund sogar die Regelungskompetenz für das gesamte **Erschließungsbeitragsrecht entzogen**, so daß in Zukunft auch die in den §§ 127–135 BauGB geregelte Materie durch das Kommunalabgabenrecht der Länder abgelöst werden wird; im Augenblick gelten diese Bestimmungen als Bundesrecht noch fort, können jedoch durch Landesrecht ersetzt werden (Art. 125a I GG). Im übrigen wird es auch in Zukunft bei der bundesgesetzlichen Regelung der Erschließung bleiben, soweit sie als „Bodenrecht" die zur „Baureifmachung der Grundflächen erforderlichen Maßnahmen" betrifft.

Das Baugesetzbuch verwendet den **Begriff der „Erschließung" nicht einheitlich**: In den Vorschriften über die planungsrechtliche Zulässigkeit von Bauvorhaben verlangt es, daß „die Erschließung" (§§ 30, 34 BauGB) oder zumindest eine „ausreichende Erschließung" (§ 35 BauGB) gesichert ist. Da es in diesen Vorschriften um die Steuerung der Bodennutzung des einzelnen Grundstücks geht, ist damit, wie oben (§ 19 Rn. 4; § 21 Rn. 27) ausgeführt, die **grundstücksbezogene Erschließung** gemeint. 4

Es soll gesichert sein, daß das zu genehmigende Vorhaben ohne nachteilige Folgen für die Benutzer und die Allgemeinheit genutzt werden kann. Dazu ist mindestens der Anschluß des Baugrundstücks an das öffentliche Verkehrsnetz, seine Versorgung mit Energie und Wasser sowie die Entsorgung der Abwässer notwendig (vgl. oben § 19 Rn. 4 und *Löhr*, B/K/L, § 30 Rn. 16).

Über diesen grundstücksbezogenen Erschließungsbegriff geht das in den §§ 123ff. BauGB geregelte Erschließungsrecht weit hinaus. Deutlich wird dies in § 123 II BauGB, der von den „Erfordernissen der Bebauung und des Verkehrs" spricht. Außerdem weist das Gesetz in § 123 I BauGB „die Erschließung" allgemein den Gemeinden als deren (weisungsfreie Pflicht-)Aufgabe zu. Beides zeigt, daß hier die auf das Baugebiet als ganzes gerichtete und damit **gebietsbezogene Erschließung** gemeint ist. Dazu gehören alle Anlagen und Einrichtungen, die ermöglichen, daß die Baugebiete in baurechtlich zulässiger Weise genutzt werden können. Aus dem Kreis der oben bei der verkehrsmäßigen, technischen und sozialen

Erschließung beispielhaft aufgeführten Anlagen und Einrichtungen zählen dazu die zur Baureifmachung der Grundstücke erforderlichen öffentlichen Straßen, Wege und Plätze, die Einrichtungen der örtlichen Energie- und Wasserversorgung sowie der Abwasser- und Abfallbeseitigung und ggf. die Anlage von Kinderspielplätzen bzw. Grünanlagen und von Schutzeinrichtungen gegen schädliche Umwelteinflüsse, wie z. B. Lärmschutzwälle (vgl. etwa *H. Schrödter*, in: Schrödter, § 123 Rn. 7; *Löhr*, B/K/L, Vorb. §§ 123–135 Rn. 3).

cc) Die Einteilung der Erschließungsanlagen

5 Die vielfältigen Erschließungsanlagen lassen sich rechtlich, nach den Bestimmungen im Baugesetzbuch und im Kommunalabgabenrecht der Länder, in drei Gruppen einteilen:

Die erste Gruppe bilden die **Erschließungsanlagen i. S. d. §§ 123–126 BauGB**. Hierzu gehören alle Erschließungseinrichtungen, die der Bund auf Grund seiner Gesetzgebungskompetenz für das „Bodenrecht" (Art. 74 I Nr. 18 GG) regeln kann, also „alle zur Baureifmachung der Grundflächen erforderlichen Maßnahmen", gleichgültig, ob sie über (Erschließungs-)Beiträge finanzierbar sind oder nicht; so vor allem die öffentlichen Straßen, Wege und Plätze, die Anlagen zur Versorgung mit Wasser und Energie und zur Beseitigung der Abwässer und Abfälle, aber ggf. auch Kinderspielplätze, Grünanlagen und Schutzeinrichtungen, wie z. B. Lärmschutzwälle.

6 Die zweite Gruppe, die sog. **„beitragsfähigen Erschließungsanlagen"**, umfaßt einen Teil der zur ersten Gruppe gehörenden Anlagen, nämlich solche, die zur Baureifmachung der Grundstücke erforderlich sind *und* zu deren Finanzierung die Gemeinde Beiträge erheben darf und muß. Sie lassen sich nach dem noch geltenden Gesetzesrecht in zwei Untergruppen gliedern: Einmal diejenigen Anlagen, die noch nach Bundesrecht beitragsfähig sind; sie sind in § 127 II BauGB abschließend aufgezählt; dazu gehören beispielsweise Anbaustraßen (§ 127 II Nr. 1 BauGB) und Umweltschutzeinrichtungen, wie etwa Lärmschutzwälle (§ 127 II Nr. 5 BauGB). Zur zweiten Untergruppe zählen alle anderen zur Baureifmachung erforderlichen Erschließungsanlagen (§ 127 IV BauGB); für sie dür-

fen Beiträge auf der Grundlage der landesrechtlichen Kommunalabgabengesetze (vgl. z.B. § 10 KAG BW) erhoben werden. Dabei handelt es sich vor allem um die Einrichtungen der gemeindlichen Wasserversorgung und der Abwasserentsorgung (vgl. § 127 IV 2 BauGB), also um Wasserwerke, Wasserleitungsnetze, Kanalisationsleitungen und Kläranlagen. Hinzukommen nach Maßgabe des Landesrechts ggf. weitere Anlagen, für die sog. „Ausbaubeiträge" erhoben werden können, wie etwa Wirtschaftswege oder selbständige Kinderspielplätze (vgl. etwa § 8 KAG NW).

Die beiden ersten Gruppen, die Erschließungsanlagen nach den §§ 123–126 BauGB und die beitragsfähigen Erschließungsanlagen, verhalten sich demnach zueinander wie „zwei ineinanderliegende Kreise": Beitragspflichtig ist nur ein Teil der Erschließungsanlagen i. S. d. §§ 123–126 BauGB, und zwar nach dem BauGB die in § 127 BauGB genannten Einrichtungen und nach Landesrecht die in den Kommunalabgabengesetzen erfaßten Einrichtungen. Nicht darunter fallen daher z. B. Straßen, die als Verbindungsstraßen zwischen Gemeinden weder zu den Anbau- noch zu den Sammelstraßen (i. S. v. § 127 II Nr. 1 u. 3 BauGB) zählen und für die auch keine Beiträge nach Landesrecht (vgl. etwa § 10 KAG BW) erhoben werden können.

Die dritte Gruppe der Erschließungsanlagen umfaßt Infrastruktureinrichtungen im weiteren Sinne, die sog. **„Folgeeinrichtungen"**. Sie dienen der Daseinsvorsorge in einem bestimmten Gebiet, sind aber weder zur Baureifmachung der Grundstücke erforderlich noch durch (nach Bundes- oder Landesrecht zu erhebende) Beiträge finanzierbar. Dazu gehören etwa Kindergärten, Schulen, Altenheime, Einrichtungen des Öffentlichen Personennahverkehrs, Sport- und Freizeiteinrichtungen. Ihre Finanzierung ist vielfach Gegenstand sog. „Folgekostenverträge", auf die unten noch näher einzugehen ist. 7

b) Die Erschließung als Aufgabe der Gemeinde

aa) Die gemeindliche Erschließungslast

Nach § 123 I BauGB ist die Vornahme der Erschließung Aufgabe der Gemeinde. Ähnlich wie bei dem straßenrechtlichen Begriff der Straßenbaulast spricht man daher von der **„Erschließungslast"** der Gemeinde. Den Grundstückseigentümer treffen im 8 wesentlichen nur Duldungspflichten, etwa hinsichtlich der Anbringung von Haltevorrichtungen für die Straßenbeleuchtung u. dgl. (vgl. § 126 BauGB). Insofern gehört auch die in § 123 BauGB angesprochene Erschließung i. S. d. „Baureifmachung der Grundstücke" zum Bereich der gemeindlichen Selbstverwaltung (Art. 28 II GG); manche sprechen deshalb in Parallele zur „Planungshoheit" auch von einer „Erschließungshoheit" der Gemeinde (*Löhr*, B/K/L, § 123 Rn. 11). Allerdings ist die Gemeinde in der Entscheidung, ob, wie und wann sie diese Aufgabe erfüllen will, nicht völlig frei. Denn die Erschließung ist für eine sozialgerechte Nutzung des Baugebiets durch die Gebietsbewohner und die Allgemeinheit notwendig; das macht diese Aufgabe der Gemeinde zugleich zu einer ihr obliegenden „Pflicht", „jedenfalls in einem weiteren, eine gewisse Entscheidungsfreiheit hinsichtlich des ‚Ob', ‚Wie' und ‚Wann' nicht ausschließenden Sinne" (BVerwGE 64, 186, 188; *Weyreuther*, DVBl. 1970, 3, 4), also einer „weisungsfreien Pflichtaufgabe".

9 Eine **Erschließungspflicht** hinsichtlich der Frage des „Ob" besteht – ähnlich wie bei der Planungshoheit nach § 1 III BauGB (vgl. oben § 12 Rn. 5) – immer nur dann, wenn die Erschließung im öffentlichen Interesse erforderlich und im Rahmen einer ordnungsgemäßen Haushaltsführung möglich ist (BVerwGE 32, 37, 40). Der Erschließungspflicht der Gemeinde korrespondiert jedoch – wie bei der Planungspflicht der Gemeinde nach § 1 III BauGB (vgl. § 2 III BauGB) – **grundsätzlich kein Anspruch des Bürgers** auf Herstellung der Erschließungsanlagen. Das Gesetz stellt dies in § 123 III BauGB ausdrücklich klar. Die Rechtsprechung nimmt dennoch an, daß sich die Erschließungslast der Gemeinde bei einem bestimmten vorausgegangenen (Fehl-)Verhalten ausnahmsweise zu einer aktuellen, vom Bürger einklagbaren Erschließungspflicht verdichten kann (std. Rspr., vgl. BVerwG, NJW 1975, 402 = BRS 37 Nr. 5, S. 12; BVerwGE 64, 186; 88, 166; BVerwG, NVwZ 1991, 1107; DVBl. 1993, 669). Das ist etwa der Fall, wenn die Gemeinde auf die Erschließungsanlage eine Vorausleistung erhebt, es aber innerhalb eines Zeitraums von 6 Jahren unterläßt, die Straße in einen Zustand zu versetzen, der eine funktionsgerechte Nutzbarkeit des Grundstücks gewährleistet (BVerwGE 64, 186; vgl. auch BVerwGE 88, 166).

10 Für das „Wie" der Erschließung zieht vor allem § 123 II BauGB, wonach die Erschließungsanlagen „entsprechend den Erfordernissen der Bebauung und des Verkehrs" kostengünstig hergestellt werden sollen, inhaltlich einen Rahmen; weitere Präzisierungen ergeben sich aus der Beschreibung der nach § 127 II BauGB

beitragspflichtigen Erschließungsanlagen (vgl. im einzelnen *Löhr*, B/K/L, § 123 Rn. 11; zu den Mindestanforderungen der Verkehrserschließung BVerwGE 64, 186, 195 f.).

bb) Erschließungspflicht Dritter

Die Gemeinden trifft die Erschließungslast nur, soweit diese nicht einem Dritten kraft anderer gesetzlicher Vorschrift oder auf Grund öffentlich-rechtlicher Verpflichtung zugewiesen ist (§ 123 I BauGB). 11

Gesetzliche Zuweisungen finden sich vor allem in den straßenrechtlichen Regelungen über die (Straßen-)Baulast. So ist etwa nach § 5 I, II FStrG grundsätzlich der Bund Träger der Straßenbaulast für die Ortsdurchfahrten von Bundesstraßen in Gemeinden unter 80 000 Einwohnern. Ähnliche Regelungen gelten nach Landesrecht für Kreisstraßen (vgl. etwa § 43 StrG BW; zu weiteren Regelungen *Löhr*, B/K/L, § 123 Rn. 2). Die Erschließungslast kann einem anderen kraft **„öffentlich-rechtlicher Verpflichtung"** obliegen, wenn sie ihm durch Verwaltungsakt oder Vertrag übertragen wurde. Für ersteres kommen vor allem **Planfeststellungsbeschlüsse** nach den Fachplanungsgesetzen in Betracht. Von den **Verträgen**, die die **Erschließungslast** eines Dritten begründen, müssen diejenigen unterschieden werden, die wie der Erschließungsvertrag (nach § 124 BauGB) die Erschließungslast bei der Gemeinde belassen und nur die tatsächliche Durchführung der Erschließung auf andere übertragen. Auf die vertraglichen Möglichkeiten wird im Anschluß an die Erörterung der gemeindlichen Erschließung (unten Rn. 20 ff.) einzugehen sein.

cc) Die Planbindung („Planakzessorietät") der Erschließung

Die Rechtmäßigkeit der Herstellung von Erschließungsanlagen ist in verschiedener Weise an das Vorliegen eines rechtswirksamen Bebauungsplanes gebunden (vgl. BVerwG, ZfBR 1990, 102 f.). Um die Steuerungsfunktion des Bebauungsplanes für die Entwicklung der Bodennutzung zu sichern, aber auch die Grundstückseigentümer vor überzogenen Erschließungen zu schützen, verlangt § 125 I BauGB jedenfalls für die vom Bundesgesetzgeber geregelten Erschließungsanlagen i. S. v. § 127 II BauGB – und damit insbesondere für die Straßen –, daß die Erschließungsanlagen nur hergestellt werden dürfen, wenn ein rechtlich wirksamer Bebauungsplan vorliegt (**„erschließungsrechtlicher Planvorbehalt"** oder „erschließungsrechtliches Planerfordernis"). Entsprechend den sich aus dem Bebauungsplan ergebenden Erfordernissen der Be- 12 bauung und des Verkehrs sollen die Erschließungsanlagen hergestellt werden (§ 123 II BauGB); nur in diesem Umfang ist der Erschließungsaufwand beitragsfähig (§ 129 I 1 BauGB).

Dieser erschließungsrechtliche Planvorbehalt wird allerdings in § 125 II BauGB erheblich gelockert. Danach können Erschließungsanlagen auch ohne Bebauungsplan und planungsrechtliche Festsetzung rechtmäßig hergestellt werden, wenn sie den Anforderungen des § 1 IV–VI BauGB entsprechen. Sie müssen also den Zielen der Raumordnung angepaßt sein und auf einer fehlerfreien bauplanungsrechtlichen Abwägung beruhen; letzteres schließt die Berücksichtigung der Vermeidung bzw. des Ausgleichs naturschutzrechtlicher Eingriffe ein. Die Zustimmung der höheren Verwaltungsbehörde ist nicht mehr erforderlich.

13 Von dem erschließungsrechtlichen Planvorbehalt ist der **„planungsrechtliche Planvorbehalt"** zu unterscheiden. Setzt der Bebauungsplan (als materielles Gesetz) bestimmte Erschließungsanlagen fest, ist die Gemeinde bei der Erschließung an diese Vorgaben nach dem Gesetzmäßigkeitsprinzip („Vorrang des Gesetzes") gebunden. § 125 III BauGB (als formelles Gesetz) lockert diese planungsrechtliche Bindung an den Bebauungsplan mit einer § 31 II BauGB vergleichbaren Formulierung auf: Die Gemeinde darf von den Festsetzungen des Bebauungsplans z. B. abweichen, wenn die Abweichung mit den Grundzügen der Planung vereinbar ist und die Grundstückseigentümer dadurch weder mit einer höheren Erschließungsbeitragspflicht belastet noch in ihrer Grundstücksnutzung wesentlich beeinträchtigt werden.

Diese Lockerung der gesetzlichen Bindung der Verwaltung hat aber nur Bedeutung für die wenigen Erschließungsanlagen, die in einem Bebauungsplan verbindlich festgesetzt sind und nach der abschließenden Regelung des § 9 BauGB im Bebauungsplan auch verbindlich festgesetzt werden können, wie z. B. die Verkehrsflächen nach § 9 I Nr. 11 BauGB. Zahlreiche Erschließungsanlagen sind jedoch als mögliche bauplanungsrechtliche Festsetzungen in § 9 BauGB nicht aufgeführt, z. B. die Befestigung von Schutzstreifen oder Anlagen der technischen Erschließung (Energie- und Wasserversorgung, Abwasserbeseitigung). Sind solche Erschließungsmaßnahmen im Bebauungsplan verzeichnet, liegt keine rechtlich verbindliche Festsetzung vor, sondern nur ein „nachrichtlicher Vermerk", an den die gemeindliche Verwaltung planungsrechtlich nicht gebunden ist. Erschließungsrechtlich ergeben sich hier für die Erschließung nur die erwähnten Grenzen aus § 123 II BauGB.

Die Planbindung des § 125 BauGB hat nicht nur Bedeutung für die Rechtmäßigkeit der Erschließung, sondern auch ganz erheblich für das Erschließungsbeitragsrecht. Nur für rechtmäßig hergestellte Erschließungsanlagen können die Grundstückseigentümer zu Beiträgen herangezogen werden; die Rechtswirksamkeit des Bebauungsplans ist daher ggf. inzident zu prüfen. 14

dd) Die Unterhaltung der Erschließungsanlagen

Die Erschließungslast betrifft nur die erstmalige Herstellung der Erschließungsanlagen (BVerwGE 64, 186, 188). Alle weiteren Folgemaßnahmen, insbesondere auch die Unterhaltung der Erschließungsanlagen, fallen daher nicht mehr darunter. Sie richten sich nach den landesrechtlichen Vorschriften (§ 123 IV BauGB). 15

c) Die Finanzierung der Erschließung

aa) Allgemeine Grundsätze

Die Erschließung eines Baugebiets, vor allem der Bau der (Erschließungs-)Straßen und noch mehr die Herstellung der Wasserversorgungs- und -entsorgungseinrichtungen, verschlingt Millionensummen. Diese Investitionen kommen zum einen den Grundstückseigentümern im Baugebiet zugute, deren Grundstücke dadurch erst rechtlich und faktisch bebaubar und nutzbar werden. Zum anderen dienen sie auch den Interessen der Allgemeinheit an einer sozialgerechten Nutzung der Grundstücke, etwa an einer umweltschonenden Entsorgung der Abwässer der Grundstücke und ihrer leichten Erreichbarkeit für Feuerwehr und Rettungsfahrzeuge. Das rechtfertigt es, die Erschließung sowohl aus (besonderen) Abgaben der Grundstückseigentümer als auch aus Steuermitteln zu finanzieren. Das klassische Instrument für die „Eigentümerfinanzierung" ist der **(Erschließungs-)Beitrag**; denn Beiträge sind nach dem allgemeinen Abgabenrecht die Gegenleistung oder das Entgelt für die Bereitstellung einer besonderen Leistung des öffentlichen Gemeinwesens. 16

Neben dieser „Entgeltfunktion" verfolgt die Beitragspflichtigkeit der Erschließung auch bodenpolitische Ziele. Zum einen soll die Gemeinde durch die Beiträge der Grundstückseigentümer dazu befähigt werden, die Erschließung als wichtige Voraussetzung der Planverwirklichung auszuführen, zum anderen sollen die Abgaben die Grundstückseigentümer zum Bebauen der Grundstücke oder zur Veräußerung an Bauwillige drängen; auf diese Weise läßt sich ein „Angebotsdruck" auf den Grundstücksmarkt erzeugen.

17 Die Beitragspflicht der Grundstückseigentümer ist, wie erwähnt, z. T. (noch) bundesrechtlich in den §§ 127–135 BauGB (vor allem für die verkehrsmäßige Erschließung und die Immissionsschutzanlagen), im übrigen im Kommunalabgabenrecht der Länder (z. B. § 10 KAG BW) geregelt. Ortsspezifische Konkretisierungen enthalten die **Abgabensatzungen** der Gemeinden (Erschließungsbeitrags-, Wasserversorgungsbeitrags-, Entwässerungsbeitragssatzungen). Sie bilden die konkrete rechtliche Grundlage für die Erhebung der Kommunalabgaben und bestimmen im einzelnen insbesondere den Kreis der Abgabenschuldner sowie Gegenstand, Maßstab, Beitragssatz, Entstehung und Fälligkeit der Beiträge (vgl. § 132 BauGB und z. B. § 2 KAG BW).

18 Da die Beitragssatzungen die Kernregelungen zur Höhe des Beitrags und zum Verteilungsmaßstab enthalten, sind sie entsprechend häufig zentraler Gegenstand gerichtlicher Auseinandersetzungen, etwa bei der Inzidentprüfung der Satzung im Zuge einer Anfechtungsklage gegen einen Beitragsbescheid, seltener im Rahmen einer Normenkontrollklage nach § 47 I Nr. 2 VwGO. Verfassungsrechtlicher Prüfungsmaßstab sind die aus Art. 3 I GG und dem Verhältnismäßigkeitsgebot abgeleiteten Grundsätze der **„Lastengleichheit"** und des „Äquivalenzprinzips" (dazu BVerfG, NJW 1979, 1345; BVerwG, KStZ 1986, 72 u. KStZ 1987, 11). Das **Äquivalenzprinzip** besagt, daß zwischen der Höhe des „Entgelts" und dem Wert der besonders erbrachten öffentlichen Leistung kein Mißverhältnis bestehen darf. Es ist zu unterscheiden von dem **Kostendeckungsprinzip**, das die Erhebung der Gegenleistung durch den tatsächlichen Kostenaufwand der Verwaltung begrenzt, also „Gewinnspannen" ausschließt. Dem Kostendeckungsgrundsatz wird kein verfassungsrechtlicher Rang zuerkannt (vgl. BVerwG, KStZ 1984, 11, 12); er gilt nur bei einer ausdrücklichen gesetzlichen Regelung (vgl. z. B. § 10 I KAG BW). Eine Darstellung dieses Zweigs des „Kommunalabgabenrechts" muß hier unterbleiben – vgl. i. e. *Gern*, Kommunalrecht BW, Rn. 573 ff.

bb) Vertragliche (Folge-)Kostenregelungen für nicht-beitragsfähige Erschließungsanlagen

19 Infrastruktureinrichtungen i. w. S., wie etwa Kindergärten, Schulen, Altersheime, Sport- und Freizeiteinrichtungen, lassen sich nicht über Beiträge der Grundstückseigentümer finanzieren, obgleich sie

die Gemeinde als Folge neuer Ansiedlungen belasten und den Wert der Grundstücke heben. Die Gemeinden versuchen daher im Wege sog. **„Folgekostenverträge“** diese Aufwendungen ganz oder teilweise auf Interessenten an der bauplanungsrechtlichen Ausweisung und Erschließung von Baugebieten abzuwälzen. Der einschlägige Vertragstypus war bislang allein Gegenstand des Richterrechts. Er ist nunmehr im Rahmen einer umfassenden Neuregelung des städtebaulichen Vertrags in enger Anlehnung an die bisherige Rechtsprechung in § 11 I Nr. 3 BauGB näher geregelt worden (dazu unten Rn. 25 und oben § 7 Rn. 13ff.). Angesichts der zunehmenden Bedeutung des städtebaulichen Vertrags auch für das Erschließungsrecht, ist hier näher darauf einzugehen (allg. zum städtebaulichen Vertrag siehe oben § 7 Rn. 6ff.).

d) Erschließungsbezogene Verträge

aa) Überblick

20 Liegt die Erschließungslast, wie in der Regel, bei der Gemeinde (s. oben Rn. 8, 11), kann sie sich durch den Abschluß entsprechender Verträge auf verschiedene Weise bei der Erschließung in technischer und finanzieller Hinsicht der Hilfe Privater bedienen. Keiner besonderen Erörterung bedürfen Verträge über die Ausführung bestimmter Erschließungsarbeiten, etwa den Bau einer Straße. Sie sind als fiskalische Hilfsgeschäfte allein nach Privatrecht zu beurteilen und werden i. d. R. als Werkverträge (§ 631 BGB) abgeschlossen. Von größerem Interesse ist im vorliegenden Zusammenhang der **Erschließungsvertrag** (§ 124 BauGB), der die Erschließung insgesamt, d. h. die Herstellung der Erschließungsanlagen und deren Finanzierung betrifft, ferner der **Folgekostenvertrag** (§ 11 I Nr. 3 BauGB), der lediglich die Finanzierung der Infrastruktureinrichtungen i. w. S. erfaßt und schließlich der **Durchführungsvertrag** im Rahmen des Vorhaben- und Erschließungsplans, der hinsichtlich der Erschließung den Typus des Erschließungs- und Folgekostenvertrags in sich zu vereinen vermag.

bb) Der Erschließungsvertrag (§ 124 BauGB)

21 Nach § 124 I BauGB kann die Gemeinde die Erschließung, d.h. die Herstellung der Erschließungsanlagen und die Durchführung der Finanzierung, durch Vertrag auf einen Dritten, den „Erschließungsunternehmer" zur selbständigen Erledigung übertragen. Möglicher Vertragsgegenstand sind (nach Bundes- oder Landesrecht) beitragsfähige sowie nicht-beitragsfähige Erschließungsanlagen.

Letzteres wurde festgelegt in Reaktion auf BVerwGE 89, 7; danach sollten dem Erschließungsunternehmer nur die nach dem Gesetz beitragsfähigen Erschließungskosten auferlegt werden können, so daß weitergehende Vertragsbestimmungen nichtig seien (§ 59 I VwVfG i.V.m. § 134 BGB). Jetzt können die Kosten für alle Erschließungsanlagen i.S.v. § 123 II BauGB abgewälzt werden, so daß neben den nach § 127 II BauGB beitragspflichtigen Anlagen auch etwa die Anlagen zur Energie- und Wasserversorgung, Abwasserbeseitigung, Müllabfuhr und entgegen § 128 III BauGB auch die Brücken und Tunnels erfaßt werden. Ob die Formulierung des Gesetzes auch die Infrastrukturmaßnahmen i.w.S., wie Schulen, Altersheime u.ä., einbeziehen soll, ist zweifelhaft. Indessen könnte die Übernahme der Kosten für diese Anlagen unter den Voraussetzungen des § 11 I Nr. 3 BauGB in selbständigen Folgekostenverträgen vereinbart werden; es steht dann nichts im Wege, sie auch in den Erschließungsvertrag aufzunehmen.

22 Der **Erschließungsunternehmer**, etwa eine Bauträgergesellschaft, erstellt dann die Erschließungsanlagen auf eigene Kosten, wobei jetzt auch der Eigenanteil der Gemeinde von 10% eliminiert werden kann (vgl. § 124 II 3 i.V.m. § 129 I 3 BauGB). Demgemäß überträgt er anschließend die Grundstücke der Erschließungsanlagen regelmäßig unentgeltlich auf die Gemeinde und refinanziert sich durch den Verkauf der (jetzt) „baureifen" oder sogar von ihm bebauten Grundstücke mit entsprechenden Preisaufschlägen. Zur Erhebung von Erschließungsbeiträgen ist er nicht befugt; er wird durch den Vertrag nicht zu einem „beliehenen Unternehmer".

23 Der Erschließungsvertrag ändert auch nichts an der gesetzlich festgelegten (§ 123 I BauGB) **Erschließungslast der Gemeinde**. Insofern bleibt die Verantwortung für die Erschließung bei der Gemeinde. Hält der Erschließungsunternehmer den Vertrag nicht ein oder kann er, etwa wegen Konkurses, die Erschließung nicht oder nicht vollständig vornehmen, muß die Gemeinde sie (weiter) durchführen; wegen der Kosten hat sich die Gemeinde in erster Linie an den Erschließungsunternehmer zu halten; bleibt sie hier erfolglos, kann sie

nach den oben dargelegten Bestimmungen die von ihr aufgewendeten Erschließungskosten als Erschließungsbeiträge von den Grundstückseigentümern einfordern; eine eventuelle Doppelbelastung der Grundstückseigentümer fällt (nach BVerwGE 70, 247, 258f.) in deren Risikosphäre.

An inhaltlichen Anforderungen an die Leistungsvereinbarungen nennt § 124 III 1 BauGB das **Angemessenheitsgebot**, das dem Verhältnismäßigkeitsprinzip entspricht. Danach müssen die Erschließungsanlagen wie auch die Kosten nach Art und Umfang für die Bebauung und den Verkehr (vgl. § 123 II BauGB) erforderlich sein. Umfangreichere Erschließungsmaßnahmen können nicht verlangt werden, wären also „unangemessen". Für die Beurteilung der Angemessenheit der Kosten kann ein Vergleich mit den notwendigen Aufwendungen der Gemeinde bei einer Eigenausführung dienlich sein. Weiter müssen die vereinbarten Leistungen in einem sachlichen Zusammenhang mit der Erschließung stehen (**„Koppelungsverbot"**). Daran würde es etwa fehlen, wenn überörtlichen Bedürfnissen dienende Grünanlagen auf Kosten des Erschließungsunternehmers hergestellt werden sollten. Im Grunde genommen werden mit dieser Spezialregelung die allgemeinen Anforderungen des § 56 VwVfG an öffentlich-rechtliche Austauschverträge bekräftigt und präzisiert. 24

cc) Der Folgekostenvertrag

Inhalt des Folgekostenvertrags ist die vollständige oder teilweise Übernahme kommunaler Aufwendungen für Einrichtungen als Folge neuer Wohn- oder Gewerbegebiete, die über die unmittelbar zur Erschließung erforderlichen beitragsfähigen Anlagen hinausgehen, wie z.B. Schulen, Altersheime, Feuerwehr, Abfallentsorgung u.ä. Im Unterschied zum Erschließungsvertrag betrifft der Folgekostenvertrag nicht die technische Durchführung der Erschließung, sondern **beschränkt sich auf** Vereinbarungen über die **Finanzierung** (vgl. BVerwGE 42, 331; 90, 310). Vielfach wird die Aufstellung eines Bebauungsplans, die Erteilung einer Baugenehmigung oder die Erteilung des gemeindlichen Einvernehmens nach § 36 BauGB mit der Zahlung dieser „Folgekosten" verknüpft. Nach § 11 I Nr. 3 BauGB kann über die „klassischen" 25

Folgelasten hinaus etwa auch die Übernahme der Kosten und der sonstigen Aufwendungen der Gemeinde für städtebauliche Planungen, andere städtebauliche Maßnahmen, Gemeinbedarfseinrichtungen sowie die Bereitstellung erforderlicher Grundstücke vereinbart werden. Im Hinblick auf die Regelungen über den Erschließungsbeitrag und den Zweck des Folgekostenvertrags werden davon aber nur „nicht-beitragspflichtige" Anlagen und Einrichtungen erfaßt.

26 Im Rückgriff auf von der Rechtsprechung erarbeitete Grundsätze konkretisiert § 11 BauGB die allgemeinen **Zulässigkeitsvoraussetzungen** für den Inhalt öffentlich-rechtlicher Austauschverträge (§ 56 I u. II VwVfG) weiter:

(1) Die Kosten und Aufwendungen sowie die Planungen, städtebaulichen Maßnahmen, Anlagen und Einrichtungen müssen Voraussetzung oder Folge des vom Bauwilligen geplanten Vorhabens sein (§ 11 I Nr. 3 BauGB).

Dieser Grundsatz der **„unmittelbaren Kausalität"** (dazu BVerwGE 90, 310) wurde bereits in die vorangehende Bestimmung des § 6 III 3 BauGB-MaßnG aufgenommen unter Zurückweisung einer Bundesratsinitiative, die einen „sachlichen Zusammenhang" genügen lassen wollte (BT-Drs. 12/4208 Ziff. 16). Damit sollte sichergestellt werden, daß die Gemeinde nur solche Folgekosten abwälzt, die durch das jeweilige Vorhaben konkret und in angemessenem zeitlichen Zusammenhang verursacht werden und deshalb diesem zurechenbar sind. Die Folgekosten sollen den Charakter eines **„Aufwendungsersatzes"** behalten und nicht zu einer Art allgemeiner (Zuzugs-)„Abgabe" werden. Geboten ist deshalb, die vereinbarten Beträge in bestimmter Höhe den Folgemaßnahmen im Vertrag zuzuordnen (zu Besonderheiten der bayerischen Rechtsprechung vgl. BayVGH, BayVBl 1980, 719 und BVerwGE 90, 310).

(2) Die vertraglich vereinbarten Leistungen müssen den gesamten Umständen nach **angemessen** sein (§ 11 II 1 BauGB). Sie dürfen also bei wirtschaftlicher Betrachtung nicht in einem Mißverhältnis zu dem Vorhaben des Bauwilligen stehen und – ggf. unter Berücksichtigung planbedingter Wertzuwächse – zu keinen unzumutbaren Belastungen führen.

(3) Die Vereinbarung einer vom Bauwilligen zu erbringenden Leistung ist **unzulässig**, wenn er auch ohne sie einen **Anspruch auf Erteilung** der Genehmigung hätte und sie auch nicht als

Nebenbestimmung gefordert werden könnte (vgl. § 11 II 2 BauGB und allgemein § 56 II VwVfG).

Wie für alle städtebaulichen Verträge gilt auch für den Abschluß von Folgekostenverträgen das allgemeine Vertragsrecht (§ 62 VwVfG), ergänzt durch die speziellen Anforderungen des § 11 BauGB. Entsprechend der allgemeinen Regelung in § 57 VwVfG bedarf auch der städtebauliche Vertrag der Schriftform, soweit nicht durch Gesetz eine andere Form vorgeschrieben ist. In Betracht kommt hier, wie bei den Erschließungsverträgen, die notarielle Beurkundung (§ 313 BGB), wenn in dem Vertrag (auch) Grundstücksübereignungen vorgesehen sind.

dd) Der Durchführungsvertrag beim Vorhaben- und Erschließungsplan

Wie bereits oben (§ 7 Rn. 26) dargelegt, werden im Durchfüh- **27**
rungsvertrag zum Vorhaben- und Erschließungsplan nicht nur die Verpflichtungen zur termingerechten Durchführung des Vorhabens und der Erschließungsanlagen, sondern auch die Übernahme der Kosten für die Erschließung geregelt. § 12 BauGB enthält gegenüber dem Erschließungsrecht des Baugesetzbuches wie auch der Regelung des Folgekostenvertrags in § 11 I Nr. 3 BauGB eine abschließende Sonderregelung für ein Einzelprojekt (vgl. *Krautzberger*, B/K/L, § 12 Rn. 21).

Zulässiger Gegenstand der Kostenübernahme-Vereinbarung sind grundsätzlich alle Erschließungsanlagen, die i. S. v. § 123 II BauGB zu einer funktionsgerechten Nutzung des Vorhabens im Plangebiet erforderlich sind; das sind nicht nur die in § 127 II BauGB aufgeführten beitragspflichtigen Anlagen zur verkehrsmäßigen Erschließung und zum Immissionsschutz, sondern etwa auch Einrichtungen für die Energie- und Wasserversorgung sowie Abwasseranlagen u. ä. Entsprechendes gilt für die Kosten der naturschutzrechtlichen Ausgleichsmaßnahmen. Da alle diese Fragen der vertraglichen Regelung überlassen bleiben, finden die §§ 127–135 c BauGB keine Anwendung (§ 12 III 2, 2. Hs. BauGB). Daher kann etwa auch der Eigenanteil der Gemeinde von mindestens 10% der beitragsfähigen Erschließungskosten (§ 129 I 3 BauGB) entfallen. Weitergehend als beim Erschließungsvertrag i. S. v. § 124 BauGB können auch die Planungskosten dem Vorhaben- und Erschließungsträger überantwortet werden. Diese fallen ihm jedoch als Auftraggeber für die Anfertigung der wichtigsten Pläne i. d. R. ohnehin zu. Bei der Einführung dieser Regelungen ging der Gesetzgeber davon aus, daß der Investor regelmäßig die vollen Kosten und nur in atypischen Fällen lediglich einen Teil davon übernehmen solle (vgl. BT-Drs. 12/3944 S. 11). Angesichts der angespannten Finanzlage der Gemeinden werden sie dieser Vorstellung soweit wie möglich auch nachkommen.

2. Naturschutzrechtliche Ausgleichsmaßnahmen – Durchführung und Finanzierung (§§ 135 a ff. BauGB)

a) Festsetzung im Eingriffs- oder im Ausgleichsbebauungsplan

28 Seit der Integration der Eingriffsregelung des § 8 BNatSchG in die Bauleitplanung sind für die rechtliche Zulässigkeit der geplanten Grundstücksnutzung neben der Erschließung grundsätzlich auch Maßnahmen erforderlich, um die durch die vorgesehene Nutzung eintretenden Eingriffe in Natur und Landschaft zu kompensieren (dazu oben § 6 Rn. 40ff.).

In der Abwägung über den Bebauungsplan, der die Nutzungsmöglichkeiten festsetzt, muß daher die Gemeinde auch über die Kompensationsmaßnahmen entscheiden (§ 1a II Nr. 2 BauGB). Diese können im „Eingriffsbebauungsplan“ auf dem Eingriffsgrundstück selbst oder an anderer Stelle des gleichen Bebauungsplans, aber auch in einem speziellen „Ausgleichsbebauungsplan“ separat für sich festgesetzt werden (§ 9 Ia BauGB). Die Gemeinde kann sogar Flächen heranziehen, die in einem zeitlich vorausgehenden Bebauungsplan als Ausgleichsflächen „auf Vorrat“ festgelegt wurden („Öko-Konto“, vgl. § 9 Ia, § 135a II 2 BauGB; dazu oben § 6 Rn. 41).

b) Durchführungs- und Kostentragungspflicht

29 Nach dem „Verursacherprinzip“ ist der jeweilige Vorhabenträger verpflichtet, die Ausgleichsmaßnahmen durchzuführen. Das gilt nach § 135a I BauGB jedenfalls für diejenigen Ausgleichsmaßnahmen, die an der Stelle des Eingriffs festgesetzt werden. Sind die Maßnahmen nach dem Bebauungsplan dagegen an „anderer Stelle“ durchzuführen, ist dem Vorhabenträger die Erfüllung der sich auf das Verursacherprinzip stützenden Umsetzungspflicht regelmäßig schon mangels entsprechender Rechte an dem Ausgleichsgrundstück rechtlich unmöglich. Aus diesem Grund sieht § 135a II BauGB vor, daß ihr die Gemeinde „anstelle und auf Kosten“ der Vorhabenträger oder der Eigentümer nachkommen und die erforderlichen Grundstücke bereitstellen soll (§ 135a II BauGB). Neben zahlreichen anderen Möglichkeiten erfolgt dies in der Praxis meistens über eine „Sammel-Ausgleichsmaßnahme“, d.h. die Überpla-

nung eines größeren Gebiets für Ausgleichsmaßnahmen (dazu und zu weiteren Möglichkeiten siehe oben § 6 Rn. 42).

Die Kosten für die Herstellung der Ausgleichsmaßnahmen hat der Vorhabenträger oder der Eigentümer für die seinem Objekt oder Eigentum zugeordneten Maßnahmen zu tragen und daher der Gemeinde die diesbezüglichen Auslagen zu erstatten. Voraussetzung für diese Kostenerstattungspflicht ist, daß

(1) die Ausgleichsmaßnahmen in einem **gültigen Bebauungsplan oder** in einer **Ergänzungssatzung** (vgl. § 34 IV 1 Nr. 1 i.V.m. § 34 IV 5 BauGB)
(2) an **„anderer Stelle"** als auf dem Eingriffsgrundstück festgesetzt (§§ 135a II 1, 9 I a 1 BauGB) und
(3) im (Eingriffs-)Bebauungsplan **den Grundstücken**, auf denen die Eingriffe erwartet werden, **zugeordnet** sind (§§ 135a II 1, 9 I a 2 BauGB).
(4) Ferner müssen die Grundstücke, auf denen die Eingriffe zu erwarten sind, **baulich oder gewerblich nutzbar** (§ 135a III 1 BauGB) und
(5) die **Ausgleichsmaßnahmen hergestellt** sein (§ 135a III 3 BauGB).

Die Zuordnung der Ausgleichsflächen gemäß § 9 I a 2 BauGB entscheidet also über die Frage, ob und auf wen die Gemeinde die Kosten dafür abwälzen kann. Schon aus diesem Grund wird auf diese Zuordnung im Bebauungsplan nur in den Ausnahmefällen verzichtet werden, in denen die Ausgleichsmaßnahmen und deren Finanzierung auf andere Weise, etwa durch städtebaulichen Vertrag mit dem Betroffenen, gewährleistet sind.

§ 135a II 2 BauGB stellt klar, daß auch bei zeitlicher Entkoppelung von Ausgleich und Eingriff (dazu oben § 6 Rn. 41) eine Kostenfestsetzung zulässig ist. Ein Bebauungsplan, der – im Hinblick auf Eingriffsregelungen in späteren Bebauungsplänen – Ausgleichsmaßnahmen „auf Vorrat" festsetzt („Öko-Konto"), kann also von der Gemeinde umgesetzt werden, bevor feststeht, welche Eingriffe mit diesen Maßnahmen kompensiert werden sollen. Die bereits vorhandenen Ausgleichsmaßnahmen kann die Gemeinde in dem nachfolgenden „Eingriffsbebauungsplan" mit den begünstigten Grundstücken verknüpfen und damit die Kosten auf den jeweils betroffenen Eigentümer abwälzen.

c) Verteilung und Erhebung der Kosten

Die Erstattungspflicht entsteht mit der Herstellung der Aus- **30**
gleichsmaßnahmen durch die Gemeinde. Der Betrag ruht als öf-

fentliche Last auf dem Grundstück. Er kann als öffentlich-rechtlicher Kostenerstattungsanspruch durch Verwaltungsakt geltend gemacht werden, sobald das „Eingriffsgrundstück" baulich oder gewerblich genutzt werden „darf"; auf die tatsächliche Nutzung kommt es also nicht an (§ 135a II BauGB). Die landesrechtlichen Vorschriften über kommunale Beiträge, einschließlich der Billigkeitsregelungen, sind entsprechend anwendbar (§ 135a IV BauGB); allerdings wird dadurch der öffentlich-rechtliche Kostenerstattungsanspruch nicht zum „Beitrag". Er zählt daher nicht zu den „Abgaben" und „Kosten" i.S.v. § 80 II Nr. 1 VwGO, gegenüber deren Anforderung die aufschiebende Wirkung von Widerspruch und Anfechtungsklage entfällt. Damit die Last der Vorfinanzierung den Gemeinden nicht auch durch solche Rechtsbehelfe u.U. über Jahre hinweg aufgebürdet wird, sieht § 212a II BauGB den Wegfall der aufschiebenden Wirkung auch für diese Fälle vor.

Bedeutsam ist, wie der **Kostenerstattungsbetrag** für den einzelnen Vorhabenträger oder Eigentümer berechnet wird. Da es sich bei den von der Gemeinde „anstelle" der Vorhabenträger und der Eigentümer geleisteten Ausgleichsmaßnahmen und den Ausgleichsflächen i.d.R. um „Sammel-Ausgleichsmaßnahmen und -flächen" handelt, kann die Kostenlast auf alle Begünstigten angemessen verteilt werden. M.a.W.: Das im Umweltrecht geltende **Verursacherprinzip** wird **modifiziert**; zu Recht werden alle durch den Bebauungsplan Begünstigten zusammen als Verursacher der umweltrechtlichen Eingriffe und damit auch als Kostenverursacher angesehen. Auf sie müssen die Kosten gerecht verteilt werden. Dabei kommt es nicht allein darauf an, welchen Umweltschaden die Bebauung des jeweiligen Grundstücks verursacht, sondern auch auf den Vorteil und die Nutzungsmöglichkeiten, die dem einzelnen durch den Bebauungsplan eröffnet werden. Insofern bilden alle Planbetroffenen gleichsam eine **Gewinn- und Verlustgemeinschaft**.

Daher ist Verteilungsmaßstab nach § 135b BauGB nicht nur die – für den individuell verengten umweltrechtlichen Verursacherbegriff ausschlaggebende – **Schwere des** zu erwartenden **Eingriffs**, vielmehr treten gleichrangig daneben die Verteilungsmaßstäbe der **überbaubaren Grundstücksfläche** (vgl. § 30 I BauGB), der **zu-**

lässigen Grundfläche (vgl. § 19 II BauNVO) und der zu **erwartenden Versiegelung**. Je nach der konkreten Situation des Plangebiets kann die Gemeinde für eine sachgerechte Kostenverteilung einen dieser Maßstäbe zugrundelegen oder einzelne oder alle miteinander verbinden. Das ist für das Planungsrecht außerordentlich bedeutsam.

Zum Beispiel kann ein Bebauungsplan für ein Grundstück, auf dem sich ein Feuchtbiotop befindet, lediglich ein Einfamilienhaus mit großen Gärten vor und hinter dem Hause vorsehen, während er die Bebauung eines nahegelegenen Grundstücks mit einem großen Warenhaus zuläßt. In diesem Fall kann nicht nach dem herkömmlichen „Verursacherprinzip" dem Eigentümer des Wohngrundstückes die ganze Last des Ausgleichs für den Biotop auferlegt werden, während der Eigentümer, auf dessen Grundstück das Geschäftshaus errichtet werden darf, mit wesentlich geringeren Kosten belastet wird. Schließlich hat er von der Baugebietsausweisung insgesamt einen wesentlich größeren Vorteil.

Insofern müssen bei der Kostenverteilung auch die anderen drei Verteilungsgesichtspunkte, u. U. sogar vorrangig, berücksichtigt werden.

Die Gemeinde kann die Grundsätze für die Ausgestaltung der Ausgleichsmaßnahmen, den Umfang der Kostenerstattung, die Art der Kostenermittlung, die Verteilung der Kosten, die Voraussetzungen für die Anforderungen von Vorauszahlungen und die Fälligkeit des Kostenerstattungsbetrages durch Satzung festlegen (§ 135 c BauGB).

Besondere Probleme können sich aus dem **Nebeneinander von Erschließungsbeitrag** und **Kostenerstattung für Ausgleichsmaßnahmen** ergeben. 31
So können Parkanlagen und Grünflächen nach § 127 II Nr. 4 BauGB zu den Erschließungsanlagen gehören und zugleich Maßnahmen zum Ausgleich i. S. v. § 135 a I BauGB sein. Daneben sollen auch Flächen für den Ausgleich von Anbaustraßen (§ 127 II Nr. 1 BauGB) zu den nach § 9 I a BauGB zuordnungsfähigen Flächen zählen (*Birk*, VBlBW, 1998, 81). Sind die genannten Ausgleichsflächen zugeordnet, so gehen die spezielleren Regelungen über die Kostenerstattung für Ausgleichsmaßnahmen den allgemeinen Regelungen für Erschließungsmaßnahmen vor. Sind die Flächen dagegen – obwohl sie im Bebauungsplan als Ausgleichsmaßnahmen qualifiziert werden – nicht zugeordnet, so stellt sich insbesondere für festgesetzte Parkanlagen und Grünflächen die Frage, ob sie dann wieder als Erschließungsmaßnahmen abgerechnet werden können. Dies ist im Ergebnis zu verneinen (a. A. *Steinfort*, VerwArch 86 (1995), S. 107, 115 f., der von einer „Doppelfunktion" der Flächen ausgeht und eine

anteilsmäßige Abrechnung vorschlägt). Sobald Flächen eine Ausgleichsfunktion erfüllen, unterliegen sie dem speziellen Regelregime über die Ausgleichsflächen. Die Gemeinde hat also nicht die Wahl, ob sie Ausgleichsflächen, die zugleich Grünflächen i. S. d. § 127 II Nr. 4 BauGB sind, nach § 9 I a BauGB zuordnet und nach §§ 135 a–135 c BauGB abrechnet, oder nicht zuordnet und dann später über Erschließungsbeiträge (§§ 127 ff. BauGB) abrechnet (dazu näher *Birk*, VBlBW 1998, 81, 84 f.).

3. Maßnahmen der Bodenordnung – Umlegung und Grenzregelung (§§ 45–84 BauGB)

32 Das Schwergewicht der Planverwirklichung liegt nach wie vor bei den einzelnen Grundstückseigentümern oder sonstwie Verfügungsberechtigten. Die Gemeinde kann dafür Hilfestellungen geben. In planungsrechtlicher Hinsicht sind dies vor allem die Maßnahmen der Bodenordnung, d. h. die Umlegung und die Grenzregelung.

a) Funktion und verfassungsrechtliche Einordnung

33 Die Umlegung und Grenzregelung dienen einer **Neugestaltung der Grundstücke**. Deren Notwendigkeit ergibt sich daraus, daß bei der Planung von Straßen, Plätzen, Gebäuden und anderen städtebaulichen Maßnahmen der Planer nicht an die zufälligen Eigentumsgrenzen gebunden sein kann. Er muß etwa die Baulinien und die Nutzungsbestimmungen für die einzelnen Grundstücke in erster Linie an den Bedürfnissen der städtebaulichen Ordnung ausrichten und nicht an der ungeordneten Form der einzelnen Grundstücke. Diese sind dann vielmehr den bauplanungsrechtlichen Festlegungen anzupassen, damit etwa zu kleine Grundstücke oder solche mit schräg verlaufenden Grundstücksgrenzen oder von der geplanten Straßenführung durchschnittene Grundstücke einen nach Lage, Form und Größe für die bauliche oder sonstige Nutzung zweckmäßigen Zuschnitt erhalten. Das zentrale Instrument zur Umgestaltung der Grundstückszuschnitte bildet die **Umlegung (§§ 45 ff. BauGB)**; für kleinere Grenzkorrekturen steht die **Grenzregelung (§§ 80 ff. BauGB)** zur Verfügung. Die grundsätzlichen Überlegungen zur Umlegung gelten entsprechend auch für die Grenzregelung.

Die Umlegung setzt nicht unbedingt einen **Bebauungsplan** voraus. Unter bestimmten Umständen kann sie auch in einem **im Zusammenhang bebauten** unbeplanten **Ortsteil** eingesetzt werden, um die Grundstücke so zu gestalten, daß sie der Eigenart der näheren Umgebung entsprechend genutzt werden können (§ 45 I BauGB). Insofern dient die Umlegung nicht mehr ausschließlich der vorbereitenden Planverwirklichung.

Im Hinblick auf ihre Funktion, den Eigentümern zu plangemäß nutzbaren Grundstücken zu verhelfen, wird die städtebauliche Umlegung in ständiger Rechtsprechung und von einer gefestigten Rechtsdogmatik **nicht** als **Enteignung** qualifiziert, sondern – in einer wirtschaftlichen Betrachtungsweise – als Institut des Grundstückstauschs im Rahmen der Inhalts- und Schrankenbestimmung des Eigentums angesehen (Nachweise bei *Breuer*, in: Schrödter, § 45 Rn. 5ff., 20; dazu BVerwG, NJW 1990, 2399; BGH, DVBl. 1991, 437, 438f.; BVerfG v. 22. 5. 2001, NVwZ 2001, 1023; *Depenheuer*, in: v. Mangoldt/Klein/Starck, GG, 4. Aufl. 1999, Art. 14 Rn. 332; *Papier*, M/D, Art. 14 Rn. 573ff.). Demgemäß ist die Umlegung auch ohne ausdrückliche gesetzliche Regelung geprägt von den Prinzipien einer intensiven Beteiligung der betroffenen Eigentümer bzw. einer Kooperation zwischen ihnen und der Gemeinde oder einem Umlegungsausschuß, ferner von den auf dem Gedanken der Solidargemeinschaft beruhenden Prinzipien der Gleichbehandlung und Gleichbelastung der Eigentümer und schließlich von den Grundprinzipien der (wertmäßigen) Bestandserhaltung und -verbesserung. Den Eigentümern wird nicht im Fremdinteresse ein Grundstück entzogen, sondern – wirtschaftlich gesehen – im Rahmen eines Tausches ein Grundstück in städtebaulich nutzbarem Zuschnitt verschafft. Daher wird auch das aus der Umlegungsmasse in plangemäßem Zuschnitt zurückerhaltene Grundstück juristisch als Surrogat qualifiziert, so daß z.B. dingliche Rechte an ihm aufrechterhalten bleiben (zum Ganzen *Löhr*, B/K/L, Vorb. §§ 45–84; *Breuer*, in: Schrödter, § 45 Rn. 21ff.).

Gleichwohl darf nicht übersehen werden, daß mit der gesetzlichen Umlegung oder Grenzregelung in die Dispositionsfreiheit der Eigentümer eingegriffen wird. Sie ist daher nur zulässig, wenn sie im konkreten Fall „erforderlich" ist. Daraus ergibt sich rechtlich ein Vorrang der freiwilligen Umlegung oder Grenzregelung.

b) Die Umlegung

34 Angesichts des Eigeninteresses der Grundstückseigentümer an einer dem Bebauungsplan entsprechenden Neuordnung ihrer Grundstücke wird häufig, vor allem in Baden-Württemberg, anstelle der gesetzlich geregelten Umlegung auch eine **freiwillige Umlegung** auf der Basis eines i. d. R. einheitlichen (öffentlich-rechtlichen) Vertrags der Grundstückseigentümer eines Baugebiets untereinander und mit der Gemeinde praktiziert (dazu BGH, NJW 1981, 2124; BVerwG, NJW 1985, 989; *Löhr*, B/K/L, § 46 Rn. 5 m. w. N.). Auf diese Weise strebt man vor allem an, den bei der gesetzlichen Umlegung in § 58 I BauGB als Vorteilsausgleich vorgesehenen Flächenabzug bis zu 30% zu vermeiden. Allerdings muß auch in einem Umlegungsvertrag gewährleistet sein, daß die nach § 55 II BauGB bei der gesetzlichen Umlegung auszuscheidenden Verkehrs- und Grünflächen sowie die nach § 1a III BauGB erforderlichen naturschutzrechtlichen Ausgleichsflächen bereitgestellt werden. Anders kann die Gemeinde nicht mitwirken. Auch sonst wird sich die freiwillige Umlegung sachnotwendig an den Gegenständen der gesetzlich geregelten Umlegung orientieren; um sie geht es im folgenden.

Das Verfahren der **(gesetzlichen) Umlegung** läßt sich in drei Abschnitte einteilen: Die Anordnung und Einleitung der Umlegung, das Verteilungsverfahren und schließlich die Aufstellung des Umlegungsplans und die Bekanntmachung seiner Unanfechtbarkeit.

aa) Anordnung und Einleitung des Umlegungsverfahrens

Die Umlegung wird von der Gemeinde „angeordnet". Ihre „Durchführung" kann dann auch Umlegungsausschüssen der Gemeinde mit selbständigen Entscheidungsbefugnissen oder anderen Behörden (z. B. der Flurbereinigungsbehörde) übertragen werden. Maßgeblich dafür ist das Landesrecht (§ 46 II BauGB). Das Gesetz spricht daher generell von der für die Umlegung zuständigen „Umlegungsstelle". Die Gemeinde hat das Umlegungsverfahren anzuordnen, „wenn und sobald" dies zur Verwirklichung eines Bebauungsplans erforderlich ist. In Gebieten unter dem Regime des § 34 BauGB stellt die Umlegung keine Pflichtaufgabe der Gemeinde dar, steht also ganz in ihrem Ermessen.

Das Verfahren wird eingeleitet durch den förmlichen Umlegungsbeschluß. Er bezeichnet das Umlegungsgebiet und führt die darin befindlichen Grundstücke im einzelnen auf. Rechtlich stellt er einen Verwaltungsakt dar, der ortsüblich bekanntzumachen ist (§§ 47, 50 BauGB), und nach dem Recht des jeweiligen Bundeslandes (§ 212 BauGB) i.d.R. durch Widerspruch und dann gemäß § 217 BauGB durch Antrag auf gerichtliche Entscheidung angefochten werden kann. Widerspruch und Antrag auf gerichtliche Entscheidung haben aufschiebende Wirkung, § 212a BauGB gilt hierfür nicht.

Mit der Bekanntmachung des Umlegungsbeschlusses tritt u.a. eine Verfügungs- und Veränderungssperre in Kraft (§ 51 BauGB). Weiter werden die Grundbuchämter benachrichtigt und haben einen Umlegungsvermerk ins Grundbuch einzutragen (§ 54 BauGB). Schließlich unterliegen die Grundstücke dem Vorkaufsrecht der Gemeinde (§ 24 I Nr. 2 BauGB). Die Umlegungsstelle fertigt eine Bestandskarte der Grundstücke nach ihrer Lage und Form an und ein Bestandsverzeichnis, aus dem sich die Eigentümer, die Grundstücksbezeichnungen und die Grundstücksbelastungen ergeben. Sie sind notwendig, um festzustellen, in welchem Umfange und mit welchen Rechten die einzelnen Grundstückseigentümer an der Umlegung beteiligt sind.

bb) Verteilung der Grundstücke und Verteilungsmaßstäbe

In der Umlegung werden alle Grundstücke im Umlegungsgebiet 35
gleichsam „in einen Topf geworfen“, d.h. nach ihrer Fläche rechnerisch zu einer Masse, der sogenannten **Umlegungsmasse**, vereinigt (§ 55 I BauGB).

Aus der Umlegungsmasse werden zunächst die Flächen ausgeschieden, die im Bebauungsplan innerhalb des Umlegungsgebietes als Verkehrs- und Grünflächen sowie als Flächen für Anlagen zum Schutz gegen schädliche Umwelteinwirkungen und für im einzelnen bestimmte naturschutzrechtliche Ausgleichsflächen festgesetzt sind (§ 55 II BauGB).

Naturschutzrechtliche Ausgleichsflächen können vorweg ausgeschieden werden, wenn sie als Ausgleich für die in § 55 II 1 Nr. 1 u. 2 BauGB genannten Anlagen, wie etwa örtliche Verkehrsflächen, Lärmschutzwälle und Regenüberlaufbecken, dienen (vgl. § 55 II 2 BauGB). Dies kann zu einem erheblichen Flächenverlust der Eigentümer führen, da für 1 m² Straßenfläche bis zu 10 m² Ausgleichsfläche erforderlich werden können (dazu *Kuschnerus*, NVwZ 1996, 235, 236).

Ausgleichsflächen für die vorgesehenen *Bauflächen* („bauflächenbedingte Flächen“) werden vorweg ausgeschieden, wenn sie als „Grünflächen“ in einem örtlichen Verbund mit den Eingriffen stehen (vgl. § 55 II 3 BauGB). Andere bauflächenbedingte Ausgleichsflächen werden den jeweiligen Eigentümern aus der Verteilungsmasse zugeteilt (§ 59 I BauGB), wobei zur Sicherstellung der Ausgleichsfunktion Reallasten und Dienstbarkeiten genutzt werden können. Die Belastung der Grundstücke mit der naturschutzrechtlichen Kompensationspflicht wird bereits bei der Bewertung des eingebrachten Grundstücks in Ansatz gebracht (§ 57 S. 2 BauGB; sog. „gedämpfter Rohbaulandpreis"; dazu insgesamt *Stang*, in: Schrödter, § 55 Rn. 7b, c; § 59 Rn. 11 unter Hinweis insbesondere auf *Schmidt-Aßmann*, Städtebauliche Umlegung, naturschutzrechtliche Eingriffsregelung und Flächenbeiträge, 1997).

Eine Entschädigung wird für den Vorwegabzug nicht geleistet; der Abzug dieser Flächen erfolgt als Vorteilsausgleich; außerdem wird damit auch die Gemeinde (oder der sonstige Erschließungsträger) für u. U. von ihr eingeworfene Flächen abgefunden (§ 55 III BauGB).

Flächen für den überörtlichen Verkehr, sonstige Gemeinbedarfsflächen, z. B. für Rathäuser, Bäder, Sportanlagen etc., sowie die dafür erforderlichen Ausgleichsflächen können ausgeschieden und dem Bedarfs- oder Erschließungsträger zugewiesen werden, wenn dieser geeignetes Ersatzland in die Umlegungsmasse einbringt (§ 55 V BauGB).

Die verbleibende Masse bildet die **„Verteilungsmasse"**. Sie bezeichnet somit die Summe aller privat nutzbaren Zuteilungsgrundstücke. Aus der Verteilungsmasse erhält der einzelne Grundstückseigentümer eine der Quote und dem Wert des eingebrachten Grundstücks entsprechende Zuteilung. Für diese Zuteilung gibt es **zwei Berechnungsarten**: Die eine geht vom Verhältnis der Flächen, die andere vom Verhältnis der Werte aus. Sind alle Beteiligten einverstanden, kann die Verteilungsmasse auch nach einem anderen Maßstab aufgeteilt werden (§ 56 BauGB).

36 Bei der **flächenmäßigen Berechnung** (§ 58 BauGB) erfolgt die Verteilung nach dem Anteil der eingebrachten Flächen abzüglich des Anteils an den Erschließungsanlagen (§ 55 II BauGB) und eines darüber hinausgehenden Wertzuwachses, der aber in erstmalig erschlossenen Gebieten nicht mehr als 30%, in anderen Gebieten nicht mehr als 10% der eingeworfenen Fläche betragen darf (§ 58 I BauGB). Ist es im Hinblick auf die Festsetzungen im Bebauungsplan und auf andere baurechtliche Vorschriften nicht möglich, einem Eigentümer einen derart berechneten Anteil zuzuteilen, etwa weil das dem Bebauungsplan entsprechende Grundstück etwas kleiner ist als seine Einwurfsquote, findet ein Ausgleich in Geld statt. Handelt es sich dabei nicht um einen nur unwesentlichen Spitzenausgleich, stellt der Wegfall seines Anteils einen Eingriff dar, der nach den Regeln des Enteignungsrechts zu entschädigen ist (§ 59 II BauGB). Soweit ein Eigentümer kein Grundstück aus der Verteilungsmasse erhalten kann, etwa weil das eingeworfene Grundstück zu klein war, ist er dafür „abzufinden". Diese Abfindung ist ebenfalls eine Entschädigung für einen Eigentumsentzug (§ 59 V BauGB; im einzelnen vgl. *Stang*, in: Schrödter, § 59 Rn. 22 ff.; *Breuer*, ebd., § 45 Rn. 28).

Bei der **Verteilung nach Werten** wird die Verteilungsmasse in dem Verhältnis verteilt, den der Wert des eingeworfenen Grundstücks im Zeitpunkt des Umlegungsbeschlusses hatte. Der Wert des zuzuteilenden Grundstücks bemißt sich wiederum nach dem Zeitpunkt des Umlegungsbeschlusses. Für die Zuteilung und Abfindung ist auch hier die zentrale Vorschrift des § 59 BauGB maßgeblich.

cc) Erstellung des Umlegungsplans

Auf der Grundlage dieser Berechnungen wird der Umlegungsplan, bestehend aus der Umlegungskarte und dem Umlegungsverzeichnis (§§ 67, 68 BauGB) unter Beteiligung der Betroffenen erstellt und beschlossen. Der Beschluß stellt einen **Verwaltungsakt** dar und ist den Betroffenen bekanntzumachen. Sobald die – durch die am spätesten erfolgte Zustellung in Lauf gesetzte – Rechtsmittelfrist abgelaufen ist oder der Umlegungsplan durch Rechtsmittelverzicht oder rechtskräftige gerichtliche Entscheidung unanfechtbar geworden ist, wird dieser Zeitpunkt ortsüblich bekanntgemacht (§ 71 BauGB). Damit tritt der im Umlegungsbeschluß vorgesehene neue Rechtszustand ein. Gleichzeitig sind die neuen Eigentümer in den Besitz der zugeteilten Grundstücke einzuweisen. Die öffentlichen Bücher, etwa das Grundbuch, sind entsprechend zu berichtigen (§§ 72, 74 BauGB). **37**

c) Die Grenzregelung

Wie erwähnt, stellt die Grenzregelung eine der Umlegung entsprechende Maßnahme in verkleinerter Dimension dar. Sie dient dazu, einzelne Grundstücke und Grundstücksteile zur Herbeiführung einer ordnungsgemäßen Bebauung durch Grenzkorrekturen neu zu gestalten. Insofern ersetzt sie die Umlegung in begrenzten Einzelfällen durch ein vereinfachtes Verfahren. Dieses ist auf einige wesentliche Grundsätze des Umlegungsverfahrens beschränkt. Sie sind in den §§ 80–84 BauGB festgelegt. **38**

Literatur: *Weyreuther*, Der rechtliche Zusammenhang von Erschließung, Erschließungssicherung und Erschließungsbeitrag, DVBl. 1974, 3; *Otte*, „Freiwillige Umlegung“ als Umlegungsvertrag, ZfBR 1984, 211; *Bielenberg*, Rechtsprechung zum Bodenordnungsrecht, ZfBR 1995, 5; *Steinfort*, Die Umsetzung der naturschutzrechtlichen Eingriffsregelung, VerwArch 86 (1995), 107; *Heide*, Städtebaulicher Vertrag und Umlegung – Weiterentwicklung des „Stuttgarter Modells“, BWGZ 1996, 187; *Stang*, Vereinbarungen zur Lastenübernahme im Zusammenhang mit der Aufstellung von Bebauungsplänen im Rahmen von Baulandumlegungen, BauR 1996, 209; *Kuschnerus*, Die naturschutzrechtliche Eingriffsregelung, NVwZ 1996, 235; *Birk*, Die Kostenerstattung bei naturschutzrechtlichen Eingriffsregelungen unter besonderer Berücksichtigung des Erschließungsbeitragsrechts, VBlBW 1998, 81; *Driehaus*, Erschließungs- und Ausbaubeiträge, 6. Aufl. 2001.

§ 27. Maßnahmen zur (zwangsweisen) Planverwirklichung: Städtebauliche Gebote

Übersicht

1. Grundlagen

a) Die städtebaulichen Gebote (vorwiegend) als Planverwirklichungsgebote

1 Die voranstehend behandelten Maßnahmen zur Sicherung der Planverwirklichung erschöpfen sich im Hinblick auf die Grundeigentümer und sonstigen Verfügungsberechtigten in der Funktion, ihnen die Investitionstätigkeit zu erleichtern. Die Planverwirklichungsgebote gehen weiter. Sie sind aus dem Gedanken der **Ent-**

wicklungsplanung erwachsen, wonach die Gemeinde die städtebauliche Entwicklung selbst in die Hand nehmen soll. Indessen setzen sie keine grundsätzliche Entscheidung der Gemeinde für die Aufstellung eines umfassenden Entwicklungsplans voraus, sondern lassen sich auch von Fall zu Fall einsetzen.

Bislang wurde von ihnen wohl aus politischen Gründen wenig Gebrauch gemacht. Angesichts der jetzt in § 1 a I BauGB normierten Bodenschutzklausel, der finanziellen Notlage der Gemeinden und der gegenwärtigen Engpässe auf dem Wohnungsmarkt können sie jedoch zunehmend an Bedeutung gewinnen.

Als Planverwirklichungsmaßnahmen nennt das Gesetz das Bau- 2
gebot (§ 176 BauGB), das Modernisierungs- und Instandsetzungsgebot (§ 177 BauGB), das Pflanzgebot entsprechend einer im Bebauungsplan festgelegten Bepflanzung (§ 178 BauGB) und das Rückbau- und Entsiegelungsgebot (§ 179 BauGB). Hinzuweisen ist weiter auf die Befugnis der Gemeinde, Miet- und Pachtverhältnisse aufzuheben (§§ 182ff. BauGB); sie wird in verschiedenen Zusammenhängen zur Planverwirklichung bedeutsam und ist wohl deshalb nicht bei den „städtebaulichen Geboten" geregelt. Nicht alle städtebaulichen Gebote setzen einen Bebauungsplan voraus. Das Baulücken-Baugebot und das Modernisierungs- und Instandsetzungsgebot kann auch außerhalb von Bebauungsplan-Gebieten angeordnet werden (§§ 176 II, 177 BauGB). Insofern dienen die städtebaulichen Gebote nicht ausschließlich, aber doch vorwiegend der Planverwirklichung im strengen Sinne. Deshalb wird auch ihre frühere Bezeichnung als „Planverwirklichungsgebote" zunehmend durch den Terminus der „städtebaulichen Gebote" verdrängt. An der systematischen Einordnung ändert sich dadurch jedoch nichts. Sie orientiert sich an den Hauptzwecken dieser Instrumente.

Ein Nutzungsgebot kennt das Baugesetzbuch nicht mehr. Daher kann eine 3
bauplanungswidrige Nutzung, etwa ein Verstoß gegen eine festgesetzte Wohnnutzung der Obergeschosse in City-Gebäuden, nur bauordnungsrechtlich untersagt (vgl. z.B. § 65 S. 2 LBO BW), nicht aber positiv die Vermietung angeordnet werden, wenn nicht in der betreffenden Stadt ein besonderes „Zweckentfremdungsrecht" gilt.

b) Gemeinsame Voraussetzungen

4 Da es sich bei den Planverwirklichungsgeboten um weitreichende Eingriffe handelt, sieht das Gesetz dafür einheitlich einige bedeutsame Voraussetzungen vor:

(1) Die Gemeinde hat eine **Erörterungs- und Beratungspflicht** (§ 175 I BauGB).

Diese geht weiter als die in § 28 VwVfG vorgeschriebene Anhörung vor Erlaß eines belastenden Verwaltungsaktes. Sie ist auch umfassender als die in § 25 VwVfG vorgesehene Beratungs- und Auskunftspflicht. Die Gemeinde soll hier im Sinne eines kooperativen Verwaltungshandelns versuchen, mit den Betroffenen eine einvernehmliche Regelung zu erzielen, so daß das städtebauliche Gebot nur als eine ultima ratio erscheint. Diese Konsequenz ist schon kraft Verfassungsrechts durch das Verhältnismäßigkeitsprinzip geboten. Zu dieser umfänglichen Beratung gehören auch Hinweise auf Finanzierungsmöglichkeiten sowie Vorschläge für die bauliche Durchführung.

Da es bei der Anordnung eines städtebaulichen Gebots nur um die Planverwirklichung geht, muß dem Betroffenen die Art der Ausführung weitgehend überlassen bleiben bzw. bei einer präzisen Anordnung eine „Ersetzungsbefugnis" eingeräumt werden, sofern mit seinem Vorschlag der Zweck ebenso gut erreicht wird (dazu auch BVerwGE 84, 335, 342; *Krautzberger*, B/K/L, § 175 Rn. 3, 4).

(2) Weiter ist der Erlaß eines städtebaulichen Gebots nur zulässig, wenn die alsbaldige Durchführung der Maßnahme **aus städtebaulichen Gründen erforderlich** ist (§ 175 II BauGB). Die **„städtebaulichen"**, d.h. bodenrechtlichen **Gründe**, ergeben sich aus den Zielangaben und Planungsleitlinien in § 1 V BauGB. Von einer **Erforderlichkeit** kann bei § 175 II BauGB allerdings nur ausgegangen werden, wenn die dafür angeführten städtebaulichen Gründe in ihrem Gewicht und ihrer Dringlichkeit über diejenigen hinausgehen, die den Bebauungsplan selbst tragen. Sonst könnte ein Planverwirklichungsgebot sogleich zu jeder Planfestsetzung erlassen werden. Das widerspräche dem Grundprinzip der städtebaulichen Planung als Auffangplanung und würde gegen das Übermaßverbot verstoßen (vgl. oben § 1 Rn. 13ff.). Ein **„besonderes" städtebauliches Interesse** an der Planverwirklichung ist etwa anzunehmen, wenn „bodenrechtliche Spannungen" vorliegen, denen gegenüber die Belange der betroffenen Eigentümer hintanzustellen

sind. Andere öffentliche Interessen stellen keinen städtebaulichen Grund dar. Durch die ausdrückliche Bestimmung des § 175 II 2. Hs. BauGB ist hier allerdings auch ein „dringender Wohnbedarf der Bevölkerung" zu einem städtebaulichen Grund geworden (dazu *Krautzberger*, B/K/L, § 175 Rn. 5f.).

Das besondere städtebauliche Interesse muß ferner eine **„alsbaldige Durchführung"** erfordern, d.h. der normale Prozeß der Planverwirklichung darf nicht abgewartet werden können, etwa weil Baulücken zur geordneten städtebaulichen Entwicklung, zur Beseitigung eines verunstaltenden Ortsbildes oder im Rahmen von Sanierungs- und Entwicklungsmaßnahmen geschlossen werden sollen.

Weitere Anforderungen ergeben sich aus den Tatbeständen der einzelnen städtebaulichen Gebote.

2. Das Baugebot (§ 176 BauGB)

a) Voraussetzungen

Das Baugebot unterliegt folgenden Voraussetzungen: 5

(1) Es kann erlassen werden zur Bebauung eines Grundstücks (§ 176 I Nr. 1 BauGB), zur Anpassung eines Gebäudes an die städtebaulich vorgesehene Ordnung (§ 176 I Nr. 2 BauGB) wie auch zu einer im Bebauungsplan festgesetzten nicht-baulichen Nutzung (§ 176 VI BauGB).

(2) Es gilt im Geltungsbereich eines Bebauungsplans (§ 176 I, VI BauGB), weitgehend aber auch innerhalb im Zusammenhang bebauter Ortsteile (§ 176 II BauGB); allerdings liegt dort der Schwerpunkt auf dem Bebauungsgebot, insbesondere zum Schließen von Baulücken; ein Anpassungsgebot kommt hier nicht in Betracht.

(3) Wie bei allen städtebaulichen Geboten setzt auch der Erlaß eines Baugebots eine substantielle Erörterung und Beratung, also letztlich den erfolglosen Versuch, das städtebauliche Ziel im Wege wechselseitiger Kooperation zu erreichen, voraus (§ 175 I BauGB). Die weiter notwendige städtebauliche Erforderlichkeit einer alsbaldigen Durchführung (§ 175 II BauGB), also ein über die Planverwirklichung als solche hinausgehendes besonderes städtebauliches Interesse, kann etwa angenommen werden, wenn es um die Schließung von Baulücken oder um die bessere Nutzung der vorhandenen Infrastruktur geht.

(4) Weiter darf die Durchführung für „einen Eigentümer" nicht wirtschaftlich unzumutbar sein (§ 176 III BauGB). Indem das Gesetz auf „einen Eigentümer" und nicht auf den betroffenen Eigentümer verweist, wird deutlich,

daß eine subjektive wirtschaftliche Unzumutbarkeit nicht ausreicht. Liegt sie vor, hat der Eigentümer lediglich einen Anspruch auf Übernahme seines Grundstücks durch die Gemeinde gegen eine Enteignungsentschädigung (§§ 176 IV, 43, 85 BauGB). Nur eine objektive wirtschaftliche Unzumutbarkeit macht ein Baugebot unzulässig. Zu ihrer Beurteilung ist auf die wirtschaftlichen Verhältnisse „eines (Durchschnitts-)Eigentümers" abzustellen.

(5) Schließlich muß das Baugebot, wie alle Verwaltungsakte, für den Betroffenen auch rechtlich durchführbar sein; er darf also nicht etwa durch das Baurecht gehindert sein, es „selbst, d. h. in eigener Verantwortung" zu verwirklichen (dazu BVerwG, DÖV 1991, 890 und unten Rn. 8).

b) Spezielle Probleme

Über diese gesetzlichen Voraussetzungen hinaus ergeben sich Probleme für den Erlaß eines Baugebots aus allgemeinen rechtlichen Grundsätzen:

6 aa) Die Aufnahme einer baulichen Tätigkeit setzt regelmäßig die Erteilung einer Baugenehmigung voraus. Dementsprechend gibt § 176 VII BauGB der Gemeinde das Recht, zusammen mit dem Baugebot den Eigentümer zu verpflichten, innerhalb einer angemessenen Frist den für die bauliche Nutzung notwendigen Bauantrag bei der Baugenehmigungsbehörde zu stellen (**„Bauantragsgebot"**).

Allerdings kann die Gemeinde damit nicht verhindern, daß er einen Antrag auf Genehmigung eines rechtlich unzulässigen und daher nicht genehmigungsfähigen Vorhabens stellt (*Cholewa/Dyong*, BauGB, § 176 Anm. 4). Indessen müßte in einem solchen Vorgehen eine Mißachtung des Bauantragsgebots gesehen werden, das nach landesrechtlichem Vollstreckungsrecht mit Zwangsgeld und danach u. U. durch Einleitung eines Enteignungsverfahrens noch vor Ablauf der für die Durchführung des Vorhabens gesetzten Frist durchgeführt werden könnte (vgl. § 176 VIII BauGB).

7 bb) Das Baugebot unterliegt als Verwaltungsakt nach allgemeinen Grundsätzen dem **Bestimmtheitsgebot** (§ 37 I VwVfG). Im Regelfalle gibt das Baurecht dem Eigentümer jedoch nur einen rechtlichen Rahmen vor, den er in eigener Gestaltungsfreiheit auszufüllen vermag. Insofern müßte ein dem Bestimmtheitsgebot entsprechendes Baugebot ihn in dieser Baufreiheit unzulässig einengen. Entgegen unterschiedlicher Meinungen der unteren Verwaltungsgerichte hat das Bundesverwaltungsgericht (BVerwGE 84,

335, 338, 340) betont, es genüge für die Bestimmtheit eines Baugebots, den Eigentümer zu verpflichten, innerhalb einer angemessenen Frist die notwendige Maßnahme für eine im Rahmen des Bebauungsplans zulässige Bebauung seines Grundstücks zu ergreifen. Die damit auferlegte Handlungspflicht werde nach Erlaß des Baugebots im Baugenehmigungsverfahren konkretisiert. Diese Lösung verhilft dem Baugebot zur Wirksamkeit unter weitestgehender Wahrung der Entscheidungsfreiheit des Eigentümers.

cc) Voraussetzung für ein Baugebot ist allerdings, daß der **Eigentümer rechtlich imstande** ist, diesem nachzukommen; er muß rechtlich in der Lage sein, die angesonnene Handlung, etwa die Errichtung einer Anlage, „selbst zu verwirklichen". Das Vorliegen dieser Voraussetzung verneinte das Bundesverwaltungsgericht bei einem gemeinschaftlichen Baugebot, das nur von den einzelnen Adressaten gemeinsam verwirklicht werden konnte (BVerwG, DÖV 1991, 890, 891 = DVBl. 1991, 817 = NVwZ 1992, 162 = JZ 1992, 90 m. Anm. Battis). 8

Eine Gemeinde hatte mehreren Eigentümern nebeneinander liegender Grundstücke die Aufstockung ihrer Gebäude auf eine vier- bis fünfgeschossige Bebauung zur Anpassung an die angrenzenden Geschäftshäuser aufgegeben. Diese Aufstockung konnte nur im Rahmen einer zusammenhängenden Bebauung dieser Grundstücke erfolgen. Das Gericht meinte, ein **gemeinschaftliches Baugebot** könne nur einzelne Baugebote zum Zwecke einer besseren Koordinierung zusammenfassen; es müsse dabei aber die Verantwortlichkeit jedes einzelnen Grundstückseigentümers wahren. Könnte es sich an einen Grundstückseigentümer richten, der erst im Zusammenwirken mit anderen das Ziel des Baugebots erreichen könne, hinge seine Erfüllung nicht mehr allein von dessen eigenem Willen ab. Das Baugebot käme dann einer bodenordnenden Regelung nahe, die die Bebaubarkeit des Grundstücks erst herstelle. Die für die Bebauung erforderlichen bodenordnenden Maßnahmen seien jedoch über die Umlegung und Grenzregelung, notfalls auch über eine Enteignung (vgl. §§ 85 I Nr. 1 u. 2 i.V.m. 87 III BauGB), nicht aber über ein Baugebot zu erreichen. 9

dd) Im Hinblick auf die Baufreiheit und den regelmäßig durch das Baurecht eingeräumten Entscheidungsspielraum des Eigentümers kann zur **Vollstreckung** eines Baugebots keine Ersatzvornahme in Betracht kommen. Es bleibt lediglich die Möglichkeit, ein Zwangsgeld zu verhängen. Kommt der Eigentümer dem Bau- 10 gebot auch nach der Verhängung des Zwangsgeldes nicht nach, sieht das Gesetz als ultima ratio die Möglichkeit einer Enteignung vor (§ 176 VIII i.V.m. § 85 I Nr. 5 BauGB).

11 Die **„Anschlußenteignung"** ist aber nur zulässig, wenn außer einem rechtmäßigen Baugebot auch die Voraussetzungen des § 87 I BauGB (unbedingte Erforderlichkeit zum Wohl der Allgemeinheit) vorliegen. Die Enteignung ist keine reine „Sanktion" für die Mißachtung des Baugebots. Bei einem (bestandskräftigen) Baugebot hat die Enteignungsbehörde nach § 176 IX BauGB kraft gesetzlicher Vermutung davon auszugehen, daß die Rechtmäßigkeitsvoraussetzungen des Baugebots vorliegen („Feststellungswirkung des Verwaltungsakts"). Nach § 87 III 2 BauGB kann in diesem Falle die Enteignung auch unmittelbar zugunsten eines bauwilligen Dritten erfolgen (dazu auch oben § 25 Rn. 24).

3. Das Modernisierungs- und Instandsetzungsgebot (§ 177 BauGB)

12 Inhaltlich steht das Modernisierungs- und Instandsetzungsgebot dem Baugebot nahe. Unter „Modernisierung" versteht das Gesetz die Beseitigung von Mißständen (dazu näher: § 177 I, II BauGB); „Instandsetzung" bedeutet die Behebung von Mängeln (dazu im einzelnen § 177 I, III BauGB).

Neben den für alle städtebaulichen Gebote geltenden Voraussetzungen verlangt das Gesetz weiter, daß die „Modernisierung oder Instandsetzung **möglich**" ist. Unter dieser Voraussetzung ist nach Wortlaut und Sinn der Bestimmung wiederum eine „objektive Möglichkeit" zu verstehen; sie ist insbesondere gegeben, wenn die erforderlichen Bauarbeiten technisch machbar und baurechtlich zulässig sind. Käme es auf die subjektive (persönliche oder finanzielle) Leistungsfähigkeit des Grundstückseigentümers an, müßte seine Handlungsunfähigkeit die Beseitigung noch sanierbarer Bausubstanz rechtfertigen können; denn Modernisierungsgebot und Rückbaugebot ergänzen sich wechselseitig: Was nicht modernisierbar ist, kann (nach § 179 I Nr. 2 BauGB) beseitigt werden (BVerwG, DVBl. 1991, 1160 = NVwZ 1992, 164; ferner HessVGH, BBauBl. 1994, 630).

Demgemäß hat das Bundesverwaltungsgericht (a.a.O.) den Einwand eines betroffenen Grundeigentümers, die Modernisierung seines Anwesens sei ihm wegen hohen Alters und angegriffener Gesundheit sowie aus finanziellen Gründen nicht zumutbar, zurückgewiesen.

Nach § 177 IV BauGB hat der Eigentümer die Kosten der Modernisierung nur insoweit zu tragen, als er die sich daraus ergebenden Kapitalkosten aus der baulichen Anlage „nachhaltig" erzielen kann (§ 177 V BauGB). Er wird durch die Modernisierung also nicht stärker belastet als er Vorteile aus der Sanierung seines Gebäudes zu ziehen vermag. Im Unterschied zum Baugebot hat die Gemeinde die darüber hinausgehenden Kosten zu erstatten. Gibt sie ihm keine Vorschußzahlung, muß er alles vorfinanzieren. Ist er dazu nicht imstande, könnte die Verwaltung die Verwaltungsvollstreckung einleiten. Indessen wäre die Erhebung eines Zwangsgeldes ermessensfehlerhaft; es bleibt dann nur die Ersatzvornahme, bei der die Gemeinde dann notfalls doch vorzuleisten hat.

4. Das Pflanzgebot (§ 178 BauGB)

Der Durchsetzung von Bepflanzungsfestsetzungen im Bebauungsplan (§ 9 I Nr. 25 BauGB) dient das Pflanzgebot nach § 178 BauGB. Kommt der Eigentümer ihm nicht nach, kann es nach dem landesrechtlichen Verwaltungsvollstreckungsgesetz am besten i.d.R. durch Ersatzvornahme durchgesetzt werden. Ein Entschädigungsanspruch des Eigentümers kommt nur unter den engen Voraussetzungen des Planungsschadensrechts (§ 41 II BauGB) in Betracht. 13

5. Das Rückbau- und Entsiegelungsgebot (§ 179 BauGB)

Durch das BauROG 1998 wurde das bisher in § 179 BauGB geregelte (planungsrechtliche) Abbruchgebot durch ein „Rückbau- und Entsiegelungsgebot" ersetzt. Mit der Umbenennung des Abbruchgebots in ein Rückbaugebot sollte klargestellt werden, daß ein solches Gebot nicht nur die vollständige, sondern auch die teilweise Beseitigung zum Inhalt haben kann. Materielle Änderungen wurden mit dieser Neufassung jedoch nicht bezweckt (vgl. *Krautzberger*, B/K/L, § 179 Rn. 1). Die Erweiterung des Rückbaugebots auf ein allgemeines Entsiegelungsgebot dient der Möglichkeit, dauerhaft nicht mehr genutzte Flächen, bei denen der Boden durch Bebauung oder Versiegelung in seiner Leistungsfähigkeit beeinträchtigt ist, wieder voll nutzbar oder leistungsfähig zu machen. Auf diese „sonstige Wiedernutzbarkeit" finden nach § 179 I 2 BauGB die Vorschriften über das Rückbaugebot uneingeschränkt Anwendung. 14

Die Umbenennung des planungsrechtlichen Abbruchgebots in Rückbaugebot hat den Vorteil, daß nunmehr auch von der Bezeichnung her die Gefahr einer Verwechslung mit dem bauordnungsrechtlichen Abbruchgebot in den Landesbauordnungen (z.B. § 65 LBO BW) gebannt sein dürfte. Beide Beseitigungsgebote haben eine unterschiedliche Funktion und daher auch verschiedene Voraussetzungen. Das bauordnungsrechtliche Abbruchgebot dient einem polizeirechtlichen Zweck, der Beseitigung rechtswidriger Zustände; das Rückbaugebot dagegen bezweckt die Verwirklichung des Bebauungsplans. Wegen dieses ganz anderen Anordnungszwecks kann der Eigentümer oder sonstige Nutzungsberechtigte beim Rückbaugebot auch eine Entschädigung oder die Übernahme seines Eigentums von der Gemeinde verlangen (§ 179 III BauGB), während er den Aufwand und den Schaden auf Grund einer bauordnungsrechtlichen Abbruchverfügung grundsätzlich selbst zu tragen hat, weil er für den rechtmäßigen Zustand seines Eigentums schon nach allgemeinen polizeirechtlichen Grundsätzen verantwortlich ist.

Das Rückbaugebot kann erlassen werden, erstens, wenn eine bauliche Anlage nicht den Festsetzungen des Bebauungsplans entspricht und ihm auch nicht angepaßt werden kann (§ 179 I 1 Nr. 1 BauGB – **Planverwirklichungsrückbau**) und zweitens, wenn sie Mißstände oder Mängel aufweist, die durch eine Modernisierung oder Instandsetzung nicht behoben werden können (§ 179 I 1 Nr. 2 BauGB – **Sanierungsrückbau**).

Die Bezeichnung „Rückbaugebot" ist nicht ganz korrekt. Es geht, wie § 179 BauGB klar zum Ausdruck bringt, nicht um die Verpflichtung des Eigentümers, einen Rückbau selbst durchzuführen, sondern um die Auferlegung einer Duldungspflicht, also um eine Verfügung, den Rückbau zu dulden. Daher kann bei einer Weigerung die Zwangsvollstreckung des Rückbaugebots auch nicht in einer Ersatzvornahme liegen, sondern nur in der Möglichkeit, ein Zwangsgeld zu verhängen oder den unmittelbaren Zwang anzuwenden. Entsprechendes gilt für das Entsiegelungsgebot.

6. Aufhebung von Miet- und Pachtverhältnissen (§§ 182 ff. BauGB)

15 Modernisierungsgebote und Rückbau- oder Entsiegelungsgebote können vom Eigentümer nicht erfüllt werden, wenn und solange er durch Miet- oder Pachtverträge zu einer ungestörten Ge-

brauchsüberlassung verpflichtet ist. Bei Wohnungen sind Kündigungen heute angesichts umfangreicher Mieterschutzbestimmungen überhaupt kaum mehr möglich, jedenfalls auf Jahre hinaus ausgeschlossen. Nach allgemeinen verwaltungsrechtlichen Grundsätzen sind in solchen Fällen daher Modernisierungs- oder Rückbaugebote als Verwaltungsakte auf rechtlich Unmögliches gerichtet und daher nicht vollstreckbar. Die Planverwirklichungsgebote werden deswegen ergänzt durch ein Recht der Gemeinde, Miet- und Pachtverhältnisse mit einer Mindestfrist von 6 Monaten zu kündigen (§ 182 I BauGB); dieses Recht besteht unabhängig von etwaigen zivilrechtlichen Kündigungsrechten (Hess. VGH, NZM 1999, 325 = BBauBl. 1999, 97). Derartige Anordnungen entziehen dem Mieter oder Pächter ein obligatorisches Recht, das ebenso wie dingliche Rechte unter den Eigentumsschutz des Art. 14 I GG fällt (vgl. auch BVerfGE 89, 1). Deshalb haben Mieter und Pächter einen Rechtsanspruch auf angemessene Entschädigung in Geld, wenn ihnen durch die vorzeitige Beendigung des Rechtsverhältnisses Vermögensnachteile entstehen (§ 185 BauGB).

Dem Recht der Gemeinde, Miet- und Pachtverhältnisse aufzuheben, entspricht ihre Pflicht, die sozialen Härten eines solchen Vorgehens in einem Sozialplan zu bedenken und Ausgleichsmaßnahmen vorzusehen. Wie erwähnt, hat ein solcher Sozialplan allerdings nur verwaltungsinterne Bedeutung und keine Außenwirkung. Die betroffenen Bürger erhalten daraus keine Rechtsansprüche (§§ 180f. BauGB).

7. Ansprüche Dritter auf Erlaß städtebaulicher Gebote?

Am Erlaß eines städtebaulichen Gebots kann auch ein Dritter 16
interessiert sein, ein Nachbar, der durch den Bau eines Hauses vom Straßenlärm abgeschirmt oder durch den Rückbau eine bessere Aussicht bzw. durch die Bepflanzung einen schöneren Anblick erhalten möchte, ein Mieter, der auf diese Weise eine Modernisierung seiner Wohnung anstrebt. Hier stellt sich dann die Frage, ob er einen, ggf. durch Verpflichtungsklage durchsetzbaren, Anspruch gegenüber der Gemeinde auf Erlaß eines entsprechenden städte-

baulichen Gebotes hat. Das Bundesverwaltungsgericht (DÖV 1993, 249) hat diese Frage im Zusammenhang mit einer Rückbauverfügung prinzipiell verneint, aber offen gelassen, ob sich im Einzelfall aus bauplanerischen Festsetzungen etwas anderes ergeben könne.

17 Ein subjektives Recht des „Nachbarn" auf sachgerechte Ausübung des Ermessens, das sich u. U. auf Null reduzieren kann, setzt voraus, daß die Behörde bei der Ermessensausübung nicht nur das öffentliche Interesse und das private Interesse des betroffenen Eigentümers, sondern auch die Interessen des jeweiligen Nachbarn zu beachten hat. Das läßt sich grundsätzlich weder aus dem Wortlaut noch aus dem Sinn und Zweck der Ermächtigungsnorm für das jeweilige städtebauliche Gebot entnehmen (vgl. dazu auch § 175 II BauGB). Wenn das Bundesverwaltungsgericht es noch offen läßt, ob für ein streng planakzessorisches städtebauliches Gebot, also eine Planverwirklichung i. e. S., wie z. B. beim Planverwirklichungsrückbau (§ 179 I 1 Nr. 1 BauGB), ein subjektives Recht des Nachbarn in Betracht komme, wenn die zu verwirklichende Festsetzung im Bebauungsplan zumindest auch seinem Interesse dienen solle, hat dabei offensichtlich die Parallele zum subjektiven Recht auf sachgerechte Ermessensausübung beim Einschreiten der Polizei Pate gestanden (dazu BVerwGE 11, 95). Indessen geht es im Polizeirecht um die Beseitigung rechtswidriger Zustände, während es im Bauplanungsrecht um die Verwirklichung des Plans geht; sie kann grundsätzlich nur im städtebaulichen Interesse gerechtfertigt sein (vgl. oben § 8 Rn. 18).

Literatur: *Stüer*, Baugebot nach § 176 BauGB – Ein „stumpfes Schwert"?, DÖV 1988, 337; *Runkel*, Das Baugebot nach der jüngsten Rechtsprechung des BVerwG und dem Maßnahmengesetz zum Baugesetzbuch, ZfBR 1990, 163; *Stich*, Wiedernutzung brachliegender Gewerbe-, Industrie- und Verkehrsflächen, WiVerw 1990, 163; *Battis*, Zur inhaltlichen Ausgestaltung und zur Vollstreckbarkeit eines Baugebots sowie zu dessen Verhältnis zu einem sich anschließenden Enteignungsverfahren, JZ 1991, 243; *Mick*, Rechtliche Möglichkeiten ästhetischer Bau- und Sachgestaltung im unverplanten Innenbereich, DÖV 1991, 623; *Ortloff*, Die Entwicklung des Baurechts, NVwZ 1992, 224; *Selmer*, Inhaltliche Bestimmtheit und Durchsetzung eines Baugebots, JuS 1991, 82; *Battis*, Zur Abgrenzung des gemeinschaftlichen Baugebots, JZ 1996, 92.

IV. Teil. Gewährleistung des Baurechts durch die Verwaltungsbehörden – die Vollzugsregelungen des Bauordnungsrechts

§ 28. Baugenehmigung und Baugenehmigungsverfahren

Übersicht

1. Die Baugenehmigungspflicht

a) Die prinzipielle Maßgeblichkeit des Landesrechts

Für die Einhaltung der baurechtlichen Vorschriften, d.h. der 1
materiellen Anforderungen des Bauordnungsrechts (oben II. Teil) und der Zulässigkeitsvoraussetzungen des Bauplanungsrechts (oben

III. Teil, insbes. Abschn. C) sowie weiterer Anforderungen an die Grundstücksnutzung in anderen öffentlich-rechtlichen Bestimmungen, haben die Baurechtsbehörden zu sorgen. Das geschieht weithin durch (polizeiliche) Gefahrenvorsorge in Form der Baugenehmigung, notfalls auch durch repressive Ordnungsmaßnahmen, wie Baueinstellung oder Abrißverfügung.

Da die Länder die Gesetzgebungskompetenz für das Baupolizei- oder Bauordnungsrecht haben, sind Baugenehmigung und Baugenehmigungsverfahren in den „Landesbauordnungen" geregelt. Der Bund hat zur Kontrolle, daß die Vorschriften des Baugesetzbuchs und der darauf beruhenden Bauleitpläne der Gemeinden eingehalten werden, kein besonderes Baugenehmigungsverfahren eingeführt. Insofern wird die Einhaltung aller baurechtlichen Vorschriften nur in dem einheitlichen Baugenehmigungsverfahren nach den Bestimmungen der jeweils maßgeblichen Landesbauordnung überprüft.

2 Vielfach sind für die Errichtung eines Gebäudes oder einer anderen baulichen Anlage noch zahlreiche **weitere Genehmigungen** erforderlich, etwa gewerberechtliche, wasserrechtliche, naturschutzrechtliche u.a. Um eine Vielzahl von Genehmigungsverfahren zu vermeiden, ist in einzelnen Gesetzen mit der Erteilung einer Genehmigung eine „Konzentrationswirkung" verbunden. Es wird dann mit der einen Genehmigung zugleich über die weiteren noch erforderlichen Genehmigungen mitentschieden. Das ist z.B. bei Anlagegenehmigungen nach dem Bundesimmissionsschutzgesetz der Fall. Eine solche Anlagegenehmigung ersetzt nahezu alle anderen erforderlichen Genehmigungen, z.B. auch eine Baugenehmigung (§§ 6, 13 BImSchG).

b) Genehmigungspflicht und Freistellungen

3 Grundsätzlich bedürfen sowohl die Errichtung als auch der Abbruch baulicher Anlagen einer Baugenehmigung. Gleiches gilt für den Umbau, aber auch die bloße Nutzungsänderung (z.B. Umwandlung eines Kinos in eine Diskothek) und weitere Verrichtungen (Art. 62 BayBO; § 63 BO NW; § 62 SächsBO). Soweit diese Fälle nicht im Grundtatbestand über die Genehmigungspflicht aufgeführt sind, ergibt sich die Gleichstellung aus der Definitionsnorm am Anfang der Landesbauordnung (vgl. z.B. § 2 XII LBO BW).

Ausgenommen von der Genehmigungspflicht sind zunächst untergeordnete oder unbedeutende Anlagen und unbedeutende Verrichtungen, die in den Landesbauordnungen regelmäßig im Anschluß an die Regelung der Genehmigungspflicht in einem umfangreichen Ausnahmekatalog **„genehmigungsfreier Vorhaben"** (vgl. z.B. § 63 HBO; ThürBO; SächsBO; § 50 I LBO BW: „Verfahrensfreiheit") und **genehmigungsfreier Verrichtungen** aufgeführt sind (vgl. z.B. § 50 II–IV LBO BW; Art. 63 IV, V BayBO; § 65 II, III BO NW; § 63a II–IV SächsBO). Natürlich müssen auch diese genehmigungsfreien Vorhaben den öffentlich-rechtlichen Vorschriften entsprechen, was i.a. sogar ausdrücklich klargestellt wird (vgl. z.B. § 50 V LBO BW); sie unterliegen nur nicht der präventiven Kontrolle über die der Bauausführung vorangehende Baugenehmigung. 4

Unter den **genehmigungsfreien Anlagen** und Einrichtungen sind von größerer praktischer Bedeutung die „Geschirrhütten" für Gartengeräte, Einfriedungen bestimmter Art und bestimmte Werbeanlagen. Die abschließende Wirkung der Aufzählung der genehmigungsfreien Anlagen wird i.d.R. aufgehoben durch eine als Auffangtatbestand konzipierte Generalklausel über die Freistellung aller übrigen „untergeordneten oder unbedeutenden Anlagen" (vgl. z.B. Nr. 72 des Anhangs zu § 50 I LBO BW). „Untergeordnet" bezeichnet die Nebenfunktion solcher Anlagen (z.B. Terrassen, Hundezwinger, Teppichstangen, Gerätehütten, einfache Badestege), „unbedeutend" bezieht sich auf die Funktion im Gesamtzusammenhang der Anlage. Nicht darunter fallen z.B. Tennisplätze oder Garagen.

Von den i.d.R. **genehmigungsfreien Verrichtungen** sind hervorzuheben: **„Instandhaltungsarbeiten"**, die aber nur angenommen werden können, wenn sie den Bestand der Anlage und den bisherigen Nutzungszweck wahren, sowie **„unwesentliche Änderungen"**, für deren Annahme erforderlich ist, daß sie weder das Äußere der Anlage verändern noch im Innern (der Anlage) zu erheblichen, etwa die Statik berührenden Änderungen führen (dazu etwa BVerwG, BRS 28 Nr. 252; ZfBR 1981, 90). Umbauten in Wohngebäuden sind vielfach auch bei wesentlichen Änderungen genehmigungsfrei (vgl. z.B. Nr. 18 des Anhangs zu § 50 I LBO BW). Wichtig ist, daß die in der Praxis häufigen **Nutzungsänderungen** nur unter bestimmten, landesrechtlich verschiedenen Voraussetzungen genehmigungsfrei sind, z.B. nach § 50 II LBO BW, wenn für die neue Nutzung keine anderen oder weitergehenden Anforderungen gelten als für die bisherige Nutzung oder wenn durch die neue Nutzung zusätzlicher Wohnraum in Wohngebäuden geringer Höhe im Innenbereich geschaffen wird. So kann z.B. die Umnutzung von Abstellräumen in Gewerberäume genehmigungsbedürftig sein, weil für die neue Nutzung die besonderen Vorschriften über Aufenthaltsräume gelten (vgl. z.B. §§ 34ff. LBO 5

BW), und die Umnutzung einer Buchhandlung in ein Café bedarf schon deshalb einer Baugenehmigung, weil dadurch umfangreichere Stellplatzpflichten eintreten (vgl. z.B. § 37 II LBO BW); „weitergehende Anforderungen" können sich also auch aus einer Anwendung derselben Vorschrift ergeben. Das ist gerade bei der Stellplatzpflicht häufig der Fall.

Der **Abbruch** von Anlagen und Einrichtungen ist weithin von der Genehmigungspflicht freigestellt, so z.B. nach § 50 III Nr. 2 LBO BW bei Gebäuden bis zu 300 cbm umbauten Raumes, ausgenommen notwendige Garagen.

6 Über diese eher „traditionellen" Freistellungen hinaus wird die grundsätzliche Genehmigungspflichtigkeit des „Baugeschehens" – im Zuge der gegenwärtigen Deregulierungsbemühungen vor allem durch die jüngsten Bauordnungen – immer weiter eingeschränkt. Die Bedeutung der Baugenehmigung als Voraussetzung für das Bauen nimmt damit erheblich ab. So gehen die Bauordnungen zahlreicher Bundesländer dazu über, traditionell genehmigungspflichtige Anlagen lediglich einem **Anzeige-** bzw. **„Kenntnisgabeverfahren"** (§ 51 LBO BW) oder einem **„Genehmigungsfreistellungsverfahren"** (Art. 64 BayBO) zu unterwerfen (dazu näher oben § 4 Rn. 14).

Bislang gilt das zwar meist nur für Wohnbauvorhaben bestimmter Größenordnungen, die im Geltungsbereich eines (qualifizierten) Bebauungsplans (teilweise auch im Innenbereich nach § 34 BauGB) verwirklicht werden sollen (vgl. etwa § 69 BO Bbg; § 62b SächsBO; § 74 LBO SH; § 62b ThürBO); es ist aber davon auszugehen, daß bald – wie etwa in § 51 I Nr. 2–6 LBO BW, Art. 64 I BayBO – auch andere Anlagen oder Verrichtungen, wie etwa landwirtschaftliche Betriebsgebäude, kleinere gewerbliche Lager- oder Produktionsgebäude, von der Baugenehmigungspflicht freigestellt werden, zumal die Bauordnungen Verordnungsermächtigungen für weitere Freistellungen aufweisen (vgl. etwa Art. 90 VI 1 Nr. 1 BayBO; § 88 IV 1 Nr. 1 BO Bbg; § 86 I Nr. 5 HBO; § 85 IV 1 Nr. 1 BO M-V; § 82 IV 1 Nr. 1 SächsBO; § 86 II 1 Nr. 1 BO LSA; § 91 IV 1 Nr. 1 LBO SH). Man erhofft sich vom Abbau der Baugenehmigungspflicht einen Beitrag zur allgemeinen Beschleunigung der Bautätigkeit insbesondere auf dem Feld des Wohnungsbaues. Dieser Gedanke läßt sich im Zuge der allgemeinen Diskussion um den „Wirtschaftsstandort Deutschland" aber auch auf andere Vorhaben übertragen. Schließlich können mit dem Abbau der Baugenehmigungspflicht auch staatliche Aufgaben privatisiert werden, etwa indem man die Möglichkeit schafft, die Verantwortung für die Rechtmäßigkeit des Baugeschehens auf den Entwurfsverfasser zu übertragen (vgl. Art. 90 X 2 i.V.m. Art. 66 BayBO oder auch § 73 IV Nr. 3 LBO BW zur Übertragung von Aufgaben auf Sachverständige).

Auf dieser die Bedeutung der Baugenehmigung demontierenden „Freistellungslinie" liegt auch die zunehmende Einführung **„vereinfachter Geneh-**

migungsverfahren“ (dazu oben § 4 Rn. 14). Zwar bleiben die hiervon erfaßten Anlagen und Verrichtungen baugenehmigungspflichtig, jedoch wird der Prüfungsumfang der Baurechtsbehörden und damit die Rechtswirkung der Baugenehmigung sachlich beschränkt und meist auf das Bauplanungsrecht und auf die wichtigsten „nichttechnischen“ Vorschriften des Bauordnungsrechts verengt (vgl. Art. 73 BayBO; § 67 HBO; § 63 BO M-V; § 62 a SächsBO; § 66 BO LSA; § 75 LBO SH; § 62 a ThürBO).

Durch die beschriebene Erweiterung des Kreises genehmigungsfreier Vorhaben können sich **ernste Probleme** für die Kontrollfunktion der Baugenehmigung ergeben.

Die allgemeine Tendenz zur Entwertung der Baugenehmigung muß insgesamt kritisch gesehen werden. Gerade auf dem Feld des Baugeschehens, das mit erheblichem Gefahrenpotential behaftet ist, erscheint eine präventive Kontrolle unumgänglich. Für ein nachträgliches Einschreiten gegen illegale bauliche Anlagen steht i. d. R. nur die Abbruchsanordnung zur Verfügung. Sie hat aber angesichts der durch den Bau geschaffenen Wertsubstanzen vor den Gerichten nur selten Bestand. Insofern wird die Einhaltung des Bau- und Umweltrechts beim Wegfall einer präventiven Kontrolle in hohem Maße gefährdet. Ob dadurch der erhoffte Beschleunigungseffekt eintreten wird, ist zudem fraglich (vgl. dazu auch *Ortloff*, NVwZ 1995, 115; *Jäde*, NVwZ 1995, 672).

Vorhaben des Bundes, der Länder und vielfach auch anderer **Gebietskörperschaften des öffentlichen Rechts** bedürfen nach den Landesbauordnungen regelmäßig keiner Baugenehmigung, wenn Entwurf und Bauüberwachung geeigneten Fachkräften übertragen wurden. Stattdessen bedarf es einer **Zustimmung** der Baurechtsbehörde; sie wird ohne Überprüfung der bautechnischen Fragen erteilt (vgl. etwa § 70 II LBO BW; § 75 SächsBO). Sonderregelungen finden sich schließlich für Vorhaben zur Landesverteidigung (vgl. etwa § 70 III LBO BW). 7

2. Die Baugenehmigung als Kontrollerlaubnis

a) Baugenehmigung und Baufreiheit

Das Erfordernis einer Baugenehmigung dient der vorweggenommenen und für die Behörde auch leichter durchführbaren Kontrolle, ob das beabsichtigte Vorhaben den öffentlich-rechtlichen Vorschriften entspricht. Das Bauverbot, das durch die Baugenehmigung beseitigt wird, soll das Vorhaben als solches nicht prinzipiell unter- 8 binden, sondern nur die präventive Kontrolle gewährleisten. Es schränkt also lediglich formell die Baufreiheit des Eigentümers ein; dieser hat einen Rechtsanspruch auf Erteilung der Baugenehmigung, wenn sein Vorhaben nicht gegen öffentlich-rechtliche Bestimmungen verstößt.

Juristisch spricht man bei dieser Konstruktion von einem **„präventiven Verbot mit Erlaubnisvorbehalt"**; neuerdings bürgert sich dafür auch der Ausdruck „Kontrollerlaubnis" ein. Vom präventiven Verbot mit Erlaubnisvorbehalt ist, wie oben (§ 5 Rn. 31) dargelegt, das **„repressive Verbot mit Erlaubnisvorbehalt"** zu unterscheiden. Hier soll prinzipiell das Vorhaben untersagt werden; der Erlaubnisvorbehalt dient hier lediglich dazu, in Ausnahmefällen, etwa bei einer nicht beabsichtigten Härte (vgl. § 31 II BauGB), eine Abweichung vom gesetzlichen Verbot durch Erteilung einer „Befreiung" (oder eines „Dispenses") zu gestatten.

b) Prüfungsumfang – Weitere Genehmigungserfordernisse

aa) Öffentlich-rechtliche Vorschriften ohne andere Genehmigungszuständigkeit

9 Die Baugenehmigungsbehörde überprüft, ob das beantragte Vorhaben mit öffentlich-rechtlichen Vorschriften übereinstimmt. Das sind zunächst die **baurechtlichen Bestimmungen**. Dabei empfiehlt es sich, zuerst die **bauplanungsrechtliche** Zulässigkeit des Vorhabens und dann die bauordnungsrechtliche zu erörtern; denn die bauplanungsrechtlichen Regelungen sind „flächenbezogen", geben also Auskunft, ob eine entsprechende Nutzung von Grund und Boden (etwa zur Bebauung) überhaupt gestattet ist. Nur wenn dies zutrifft, hat es Sinn, die **bauordnungsrechtlichen** Voraussetzungen zu untersuchen, die „objektbezogen" die Ausführung des konkreten Vorhabens betreffen. Allerdings kann, wie bereits oben ausgeführt wurde, der Prüfungsumfang der Baurechtsbehörden bei den in jüngster Zeit vermehrt eingeführten sog. „vereinfachten Genehmigungsverfahren" auf einen Ausschnitt der baurechtlichen Vorschriften begrenzt sein.

10 Neben den baurechtlichen Vorschriften hat die Baugenehmigungsbehörde weiter auch alle **anderen öffentlich-rechtlichen Vorschriften** zu prüfen, die für das Vorhaben relevant sein können, sofern für diese Vorschriften keine besondere (Genehmigungs-)

Zuständigkeit einer anderen Behörde besteht (so z. B. ausdrücklich § 58 I LBO BW; vgl. auch BVerwG, DVBl. 1986, 1273).

Zum Beispiel ist im Baugenehmigungsverfahren auch die Einhaltung der Immissionsschutzvorschriften bei nicht genehmigungsbedürftigen Anlagen (§§ 22 ff. BImSchG) zu prüfen. Ebenso können auch strafrechtliche Normen in Betracht kommen, wenn ihre Verletzung zwangsläufig mit der Benutzung der Anlage verbunden ist. So ist nach § 180 a I Nr. 2 StGB die gewerbsmäßige, über die Unterkunfts- und die Aufenthaltsgewährung hinausgehende Förderung der Prostitution strafbar. Die Baurechtsbehörde kann daher den Einbau und Gebrauch eines Whirl Pools im Bordell untersagen; dann muß auch präventiv bereits die Erteilung einer entsprechenden Baugenehmigung versagt werden können (vgl. VGH BW, NVwZ 1997, 601 f.; offen gelassen in VGH BW, NVwZ 2000, 1068, 1069; *Sauter*, § 58 Rn. 56). Bei der Erteilung einer Sondernutzung an Sachen im Gemeingebrauch, etwa Straßen, lehnt allerdings die überwiegende Meinung – zu Unrecht – eine entsprechende Ansicht ab und verpflichtet die zuständige Behörde u. U. sogar zur „Beihilfe“ an einer Straftat!

Die Baurechtsbehörde kontrolliert grundsätzlich nicht, ob das Vorhaben auch nach Privatrecht zulässig ist, also ob private Rechte, z. B. eine Grunddienstbarkeit oder Reallast, dem Bau entgegenstehen. Insofern ergeht die Baugenehmigung seit jeher **„unbeschadet privater Rechte Dritter“** (z. B. § 58 III LBO BW). **11**

Ist offensichtlich oder bestehen erhebliche Zweifel, daß ein Bauvorhaben wegen entgegenstehender privater Rechte nicht durchführbar ist, kann man der Baugenehmigungsbehörde nicht zumuten, eine komplizierte öffentlichrechtliche Prüfung durchzuführen. Diese setzt ein dem Rechtsschutzinteresse beim Verwaltungsgerichtsverfahren vergleichbares **„Sachbescheidungsinteresse“** für das Baugenehmigungsverfahren voraus (BVerwGE 42, 115; 50, 282; VGH BW, NVwZ-RR 1991, 600 = BRS 50 Nr. 161; *Ortloff*, F/O, Bd. II, S. 124). Die Baurechtsbehörde kann daher verlangen, daß der Bauherr den Nachweis einer privatrechtlichen Dispositionsbefugnis erbringt; für den Fall, daß der Antragsteller nicht Grundstückseigentümer ist, ist das teilweise ausdrücklich geregelt (vgl. z. B. § 69 II 3 BO NW). Fehlt die privatrechtliche Befugnis zur Durchführung des Vorhabens offensichtlich, „kann“ die Baurechtsbehörde mangels Sachbescheidungsinteresses die Erteilung der Baugenehmigung verweigern; sie ist dazu jedoch nicht verpflichtet.

bb) Das Verhältnis der Baugenehmigung zu anderen erforderlichen Genehmigungen

Sind neben der Baugenehmigung weitere Genehmigungen anderer Behörden erforderlich, stehen diese grundsätzlich getrennt nebeneinander (BVerwGE 74, 315). **12**

Zum **Beispiel** ist für die Einrichtung einer Gaststätte im Wege der Nutzungsänderung eine Baugenehmigung und eine **Gaststättenerlaubnis** erforderlich. Hier entscheiden die beiden zuständigen Behörden grundsätzlich unabhängig voneinander über das Vorliegen der von ihnen zu prüfenden gesetzlichen Voraussetzungen.

13 Für das Verhältnis der einzelnen Genehmigungen zueinander galt bislang die **„Schlußpunkttheorie"**, wonach die Bauerlaubnis erst erteilt werden durfte, wenn das Vorhaben alle rechtlichen Anforderungen erfüllte. Soweit also neben der Baugenehmigung noch weitere Gestattungen anderer Fachbehörden erforderlich sind, sollte die Baugenehmigung als „Schlußpunkt" des gesamten Verfahrens erst erteilt werden dürfen, wenn diese vorlagen (vgl. z. B. OVG Münster, BauR 1992, 610, 611 f.; *Ortloff*, F/O, Bd. II, S. 100 m. w. N.). Im Hinblick auf das spezielle Landesrecht, das für die Erteilung der Baugenehmigung ausdrücklich allein auf die „von der Baurechtsbehörde" zu prüfenden Vorschriften verweist, wird vom VGH BW (NVwZ-RR 1991, 140 u. 284) und vom BayVGH (DÖV 1993, 765) das **„Separationsmodell"** vertreten; danach kann die Baugenehmigung unabhängig von dem Vorliegen weiterer erforderlicher Genehmigungen erteilt werden, wenn die von der Baurechtsbehörde zu prüfenden Voraussetzungen vorliegen. Nach einer weiteren Ansicht, der sog. **„modifizierten Schlußpunkttheorie"**, soll jedoch die Baugenehmigung unter der aufschiebenden Bedingung erteilt werden können, daß die noch ausstehenden weiteren Gestattungen erteilt werden (SächsOVG, SächsVBl. 1995, 265; OVG Greifswald, LKV 1998, 460 = BRS 59 Nr. 143; *Ortloff*, F/O, Bd. II, S. 101; *ders.*, NVwZ 1999, 955, 957). Das Bundesverwaltungsgericht hat nach einem mißverstandenen Leitsatz (BVerwG, NVwZ-RR 1995, 66) inzwischen klargestellt, daß die Schlußpunkttheorie jedenfalls bundesrechtlich nicht zwingend vorgegeben sei; das Verhältnis der verschiedenen Genehmigungen zueinander ergebe sich vielmehr allein aus dem Landesrecht (BVerwGE 99, 351). Der mit der Verringerung des Prüfungsumfanges verbundene Abschied vom „Universalitätsanspruch" der Baugenehmigung (dazu *Jäde*, ZfBR 1996, 241) hat auch in anderen Bundesländern die frühere gesetzlich angeordnete Schlußpunkttheorie relativiert (vgl. § 70 II HBO). Die weitere Entwicklung bleibt abzuwarten.

14 Sind für die Erteilung einer anderen Genehmigung Fragen zu prüfen, die auch Gegenstand des Baugenehmigungsverfahrens waren, bindet die **Feststellungwirkung** der Baugenehmigung insoweit die anderen Behörden. Bejaht z. B. eine Baugenehmigung die Vereinbarkeit der Gaststätte mit der Umgebung, ist eine abweichende Beurteilung in der gaststättenrechtlichen Entscheidung nicht mehr zulässig (BVerwGE 80, 258).

15 Umgekehrt kann eine Baugenehmigung nicht erteilt werden, wenn nach den Vorschriften anderer Rechtsgebiete eine baurechtliche Nutzung ohne besondere Zulassung der zuständigen Behörde verboten ist (**„spezialgesetzliches Bauverbot"**). So besteht z. B. längs der Bundesstraßen außerhalb der Ortsdurchfahrten bis zu 20 m ein Anbauverbot, von dem aber die Landesstraßenbehörde Befreiung erteilen kann (§ 9 I, VIII FStrG). Diese muß der Genehmigungsbehörde vorliegen, bevor sie das Bauvorhaben genehmigt (zum ganzen *Gaentzsch*, NJW 1986, 2787; *Ortloff*, NJW 1987, 1665; *Dürr*, Rn. 218 ff.).

Zur Vereinfachung wird bisweilen einer einzelnen Genehmigung kraft Gesetzes eine **Konzentrationswirkung** zuerkannt, d. h. sie ersetzt weitere in anderen Gesetzen vorgesehene Genehmigungsverfahren und Genehmigungen (vgl. oben § 2 Rn. 4). So prüfen Bau- und Immissionsschutzbehörde bei den nach § 4 BImSchG genehmigungspflichtigen Betriebsanlagen (im Unterschied zu den oben erwähnten einzelnen nicht-genehmigungsbedürftigen Anlagen) nicht, wie üblich, jeweils die in ihren Sachbereich fallenden Vorschriften, sondern die Immissionsschutzbehörde entscheidet wegen der in § 13 BImSchG angeordneten Konzentrationswirkung zugleich auch über die baurechtliche Zulässigkeit des Vorhabens. 16

c) Ausnahme und Dispens

Häufig entspricht ein Vorhaben nicht in jeder Hinsicht den vielfältigen und differenzierten Vorschriften des von der Baugenehmigungsbehörde zu prüfenden öffentlichen Rechts. Dann hat die Behörde zu erwägen, ob sie von den entsprechenden Bestimmungen abweichen, d. h. insbesondere eine Ausnahme oder Befreiung erteilen kann. Eines besonderen Antrags bedarf es dazu nicht; er ist konkludent im Bauantrag mitenthalten. Ist für das betreffende Bauvorhaben jedoch keine Baugenehmigung erforderlich, muß ein besonderer Ausnahme- oder Dispensantrag gestellt werden (so sogar ausdrücklich § 56 VI LBO BW). Fehlen spezielle Regelungen, kommen die oben (§ 19 Rn. 5 ff.) bereits behandelten **generellen Ausnahme- und Befreiungsregelungen** in Betracht (vgl. § 31 I, II BauGB für Abweichungen von planungsrechtlichen Regelungen. Damit stimmen die entsprechenden Regelungen in den Landesbauordnungen für Abweichungen von bauordnungsrechtlichen Vorschriften inhaltlich weitgehend überein, z. B. § 56 17

LBO BW; Art. 70 BayBO; § 73 BO NW; § 68 SächsBO). Im Interesse der Rechtsklarheit müssen Abweichungen, Ausnahmen und Befreiungen von der Behörde grundsätzlich ausdrücklich ausgesprochen werden (vgl. z.B. § 58 I 3 LBO BW).

18 Die Erteilung von Ausnahmen und Befreiungen steht grundsätzlich im Ermessen der Genehmigungsbehörde; denn das materielle Baurecht will derartige bauliche Vorhaben grundsätzlich nicht zulassen. Es soll also von einem repressiven Verbot abgewichen werden, was nur durch die besonderen Umstände des Einzelfalles ausnahmsweise gerechtfertigt werden kann. Zur Anpassung der Gesetze an die Besonderheiten des Einzelfalles bedarf es eines Ermessens der Verwaltungsbehörde, die allein die Besonderheiten des konkreten Falles ermitteln und beurteilen kann.

d) Nebenbestimmungen und modifizierende „Auflage" bzw. Genehmigung

19 Da auf die Erteilung einer Baugenehmigung für ein dem öffentlichen Recht entsprechendes Vorhaben ein Rechtsanspruch besteht, darf sie nach allgemeinen Rechtsgrundsätzen nur mit Nebenbestimmungen (Auflagen, Bedingungen, Befristungen, Widerrufsvorbehalt) versehen werden, wenn diese durch besondere Rechtsvorschrift zugelassen sind oder sicherstellen sollen, daß die gesetzlichen Vorschriften erfüllt werden (§ 36 I VwVfG). Stehen daher einem beabsichtigten Vorhaben lediglich in einigen Einzelheiten öffentlich-rechtliche Vorschriften entgegen und vermag die Baubehörde davon nicht zu dispensieren, darf sie den Bauantrag dennoch nicht gleich ablehnen, wenn sich der Versagungsgrund durch eine Auflage oder Bedingung beseitigen läßt (VGH BW, BRS 22 Nr. 143 = VBlBW 1983, 110).

20 Eine **Auflage** enthält nach der herkömmlichen verwaltungsrechtlichen Dogmatik eine eigene Sachregelung, die zum Inhalt des (Haupt-)Verwaltungsakts hinzukommt. Sie stellt selbst einen Verwaltungsakt dar und ist daher selbständig vollstreckbar und anfechtbar. Im Unterschied dazu enthält eine **Bedingung** keine eigene Sachregelung, sondern begrenzt (wie die Befristung) lediglich die Hauptregelung; sie ist damit ein integrierter oder unselbständiger Bestandteil des (Haupt-)Verwaltungsakts. Daher kann sie nach traditioneller Lehre nur zusammen mit diesem vollstreckt und angefochten werden. Der Antragsteller muß sie entweder akzeptieren oder eine Verpflichtungsklage auf unbedingte Genehmigung erheben (BVerwGE 29, 261, 265; 35, 145, 154). Diese Lehre ist nach heute anerkannter Ansicht insofern zu modifizieren, als ein

Verwaltungsakt – und damit auch eine Bedingung als wesentlicher Bestandteil – auch nur teilweise angefochten werden kann, soweit er objektiv teilbar ist, d.h. der verbleibende rechtmäßige Teil noch einen Sinn behält und nicht in seinem Regelungsgehalt verändert wird (BVerwGE 55, 136; 78, 114; 81, 185).

In neuerer Zeit kreierte das Bundesverwaltungsgericht noch die **21** sog. **„modifizierende Auflage"**. Sie soll zwischen beiden Kategorien liegen, indem eine die Genehmigung einschränkende Bestimmung zwar wie eine Auflage selbständig vollstreckbar, aber dennoch wie eine Bedingung wesentlich mit dem Inhalt des Hauptverwaltungsakts verbunden und daher nicht selbständig anfechtbar sein soll (vgl. BVerwG, DÖV 1974, 380; ferner *Weyreuther*, DVBl. 1969, 295ff. und DVBl. 1984, 365ff.).

Ausgangsfall war die baurechtliche Genehmigung eines Transportbetonwerks u.a. mit der Maßgabe, einen bestimmten Lärmpegel nicht zu überschreiten. Würde man diese Bestimmung als Auflage qualifizieren, könnte der Unternehmer durch Einlegung eines Rechtsmittels infolge der aufschiebenden Wirkung die Anlage bis zur rechtskräftigen Entscheidung ohne immissionsschutzrechtliche Beschränkung betreiben; bei Annahme einer Bedingung aber müßte, sobald der festgesetzte Lärmpegel überschritten wird, die Genehmigung der gesamten Anlage entfallen. Das eine würde nicht den Interessen der Behörde, das andere nicht denen des Unternehmers gerecht. Das Gericht nahm daher eine **„modifizierende Auflage"** an, die in Bezug auf den Antragsgegenstand eine qualitative Änderung bewirke. Die einschränkende Bestimmung des Lärmpegels sei wie eine Auflage selbständig vollstreckbar, aber dennoch wie eine Bedingung wesentlich mit dem Hauptverwaltungsakt der Genehmigung verbunden und daher nicht selbständig anfechtbar. Weitere Beispiele dieser Kategorie bilden Baugenehmigungen mit der Auflage, statt des vorgesehenen Flachdachs ein Satteldach (VGH BW, BRS 28 Nr. 113) oder statt der vorgesehenen Stärke der Außenmauer eine Brandmauer zu errichten (BayVGH, DVBl. 1974, 136) oder die Fenster zum Nachbarhaus statt mit Fensterglas mit undurchsichtigem Glas zu versehen (OVG Lüneburg, BRS 42 Nr. 177).

Gegen die neue Qualifizierung wurde überwiegend **eingewendet,** in allen diesen Fällen gehe es von vornherein gar nicht um Nebenbestimmungen, sondern um eine Inhaltsbestimmung des (Haupt-)Verwaltungsakts, eine Modifizierung des Bauantrags bzw. der darauf erteilten Baugenehmigung; der Antragsteller erhalte im Vergleich zu seinem Antrag ein **„minus"** bzw. ein **„aliud"** (vgl. *Erichsen*, Allg. VWR, § 14 Rn. 8; *Kopp/Ramsauer*, VwVfG, 7. Aufl. 2000, § 36 Rn. 7; *H.J. Schneider*, Nebenbestimmungen und Verwaltungsprozeß, 1981; *Maurer*, VWR, § 12 Rn. 16; *Hufen*, VwPrR, 4. Auflage 2000, § 14 Rn. 60).

Das Gericht präzisierte (in BVerwGE 69, 37, 39) nunmehr seine **22** Ansicht als **„modifizierende Genehmigung"** und damit als ein aliud, d.h. als eine teilweise oder vollständige Ablehnung der beantragten Genehmigung verbunden mit einem „Angebot" in Form einer inhaltlich anderen Genehmigung (BVerwGE 69, 37). Das Rechtsmittel dagegen ist daher die Verpflichtungsklage auf ungeteilte bzw. unveränderte Genehmigung (BayVGH, BayVBl 1985, 150).

23 Die Einführung einer „modifizierenden Auflage" hat zunächst erhebliche Unsicherheiten und Schwierigkeiten hervorgerufen (vgl. *Hufen*, VwPrR, 4. Aufl. 2000, § 14 Rn. 60; *Erichsen*, Allg. VWR § 12 Rn. 8; *Maurer*, VWR, § 12 Rn. 16; *Dürr*, BauR, Rn. 222, jew. m.w.N.). Im Grunde genommen müssen **zwei Fallgruppen** unterschieden werden: Die einfache „modifizierende Genehmigung" und die „Genehmigung mit modifizierter Auflage".

Die **„modifizierende Genehmigung"** besteht in einer gegenüber dem Genehmigungsantrag inhaltlichen Einschränkung der Genehmigung (z.B. Genehmigung eines dreigeschossigen statt des beantragten viergeschossigen Bauwerks). Wird sie von dem Bauherrn nicht eingehalten, liegt ein Schwarzbau vor. Diese Rechtsfolge entspricht der Nichteinhaltung einer Bedingung, nur bleibt die Genehmigung in ihrem eingeschränkten Inhalt „als Offerte der Verwaltung" erhalten. Eine Zwangsvollstreckung auf Einhaltung der Einschränkung kommt hier mangels eines vollstreckbaren Verwaltungsakts nicht in Betracht; es gibt nur die inhaltlich modifizierte „Genehmigungsofferte".

Anders ist es bei der **„Genehmigung mit modifizierter Auflage"**. Eine Genehmigung kann nach dem Willen der Behörde auch mit einer „modifizierten Auflage" erteilt werden. Diese kommt in Abweichung von der überkommenen Auffassung zur Auflage nicht als eigenständige Sachentscheidung zum Hauptverwaltungsakt hinzu, sondern bildet einen wesentlichen Bestandteil seines Inhalts. Der bekannte Satz: Die „Bedingung suspendiert, aber zwingt nicht; die Auflage zwingt, aber suspendiert nicht" (*Savigny*), wird insofern modifiziert, als die Auflage hier, wie die Bedingung, suspendiert, aber ihren zwingenden Charakter, die Vollstreckbarkeit, bewahrt: Hält der Bauherr sich nicht an die „modifizierte Auflage", dann baut er ohne Baugenehmigung. Die Behörde hat daher die herkömmlichen Eingriffsbefugnisse gegen Schwarzbauten (Baueinstellung, Nutzungsuntersagung, Abbruchverfügung); sie kann sich aber auch auf die „Auflage" berufen und deren Vollstreckung betreiben, also, etwa im Falle der Transportbetonanlage, den Einbau der lärmdämpfenden Einrichtungen im Wege der Ersatzvornahme androhen und durchführen lassen. Eine besondere Verfügung, gegen die innerhalb der Rechtsbehelfsfrist vorgegangen werden könnte, ist dazu nicht mehr erforderlich. In dieser Kombination hat die Genehmigung mit modifizierter Auflage eine Funktion, die den besonderen Bedürfnissen der Praxis entgegenkommt. Das gilt allerdings nur, wenn man ihre Vollstreckbarkeit anerkennt (anders z.B. *Schenke*, Bauordnungsrecht, in: Achterberg/Püttner/Würtenberger, BesVWR, § 9 Rn. 140; *Stelkens*, in: Stelkens/Bonk/Sachs, VwVfG, 1998, § 36 Rn. 51, 55), sonst besteht zur Bedingung kein wesentlicher Unterschied und zur Einführung dieser neuen dogmatischen Konstruktion kein Anlaß. Dieser Weiterentwicklung der Rechtsdogmatik steht § 36 VwVfG nicht entgegen. Er definiert die Nebenbestimmungen nicht abschließend und schließt auch nicht eine Kombination aus (zweifelnd *Ehlers*,

VerwArch 67 (1976), 369, 381). So könnte im Ausgangsfall die Behörde die Lärmschutzeinrichtungen als Auflage und – um ihre wesentliche Bedeutung für die Baugenehmigung zu unterstreichen – zugleich als Bedingung formulieren. Nichts anderes als diese Kombination stellt aber die Genehmigung mit modifizierter Auflage dar.

Hinsichtlich der Anfechtbarkeit sind die Neuerungen nicht so gravierend. Es gibt jetzt Auflagen, die nicht selbständig anfechtbar sind. Umgekehrt ist heute bereits anerkannt, daß Bedingungen u. U. selbständig angefochten werden können. Die Anfechtbarkeit richtet sich also nicht mehr nach der formalen Einordnung der Nebenbestimmung. Es kommt vielmehr materiell darauf an, daß der Verwaltungsakt objektiv teilbar ist, d. h. der verbleibende rechtmäßige Teil noch einen eigenen Sinn behält und nicht in seinem Regelungsgehalt verändert wird (BVerwGE 55, 136; 81, 185; 78, 114; OVG Münster, NJW 1993, 488).

Für die **klausurmäßige Bearbeitung** ergeben sich daraus mit Blick auf die Dogmatik zur Teilanfechtung von Verwaltungsakten folgende Prüfungsschritte: Ob eine Nebenbestimmung oder eine modifizierende Genehmigung vorliegt, ist eine untergeordnete Frage. **Für die (Teil-)Anfechtbarkeit** ist **entscheidend**, ob die (Neben- oder Zusatz-)Bestimmung einen wesentlichen oder einen **abtrennbaren Bestandteil des Hauptverwaltungsakts** darstellt. Ist sie nicht abtrennbar, bleibt nur die Verpflichtungsklage auf uneingeschränkte Genehmigung. Ist sie abtrennbar, kann die Belastung gesondert angefochten werden. **Für die Vollstreckung** ist zu prüfen, ob eine **Auflage** einerseits **oder** eine **Bedingung bzw. inhaltliche Einschränkung** andererseits gewollt war. Die Auflage ist stets selbständig vollstreckbar; die Bedingungen und inhaltliche Begrenzungen des Hauptverwaltungsaktes dagegen nie.

e) Nachträgliche Anordnungen

Angesichts der Schnellebigkeit der Zeit, des Entstehens und der Erkenntnis neuer Gefahren, sind vor allem präventive Genehmigungen oft ergänzungsbedürftig. Wie das Immissionsschutzrecht (vgl. § 17 BImSchG) sehen daher z. T. auch die Landesbauordnungen (vgl. § 58 VI LBO BW; § 70 IX SächsBO) die Möglichkeit vor, daß auch nach Erteilung der Baugenehmigungen noch (Sicherheits-)Anforderungen gestellt werden können. Allerdings sind diese zusätzlichen Auflagen nur in besonderen Fällen zulässig, etwa bei Gefahren für Leben und Gesundheit oder bei im Zeitpunkt der Genehmigung nicht vorhersehbaren Gefahren oder erheblichen Nachteilen oder Belästigungen für die Allgemeinheit oder die Benutzer der Anlage. 24

Dabei muß das Verhältnismäßigkeitsprinzip gewahrt werden. Aus ihm ergibt sich u. a., daß der Aufwand zur Erfüllung der Anordnung nicht außer Verhältnis zu dem damit angestrebten Erfolg stehen darf. Anderenfalls kommt nur ein Widerruf gegen Entschädigung in Betracht (§ 49 II Nr. 3 oder 5, VI VwVfG).

3. Rechtswirkungen der Baugenehmigung

a) Feststellungs- und Verfügungsfunktion

25 Die Baugenehmigung erfüllt im wesentlichen zwei Funktionen: Sie stellt zum einen verbindlich fest, daß der Herstellung des Vorhabens und seiner beabsichtigten Nutzung – u.U. nach Erteilung einer Ausnahme oder eines Dispenses – keine öffentlich-rechtlichen Vorschriften entgegenstehen (**„feststellender Teil"** der Baugenehmigung). Gleichzeitig hebt sie das „präventive Bauverbot" auf und erlaubt so dem Bauherrn die Herstellung und Nutzung des Vorhabens (**„verfügender Teil"** der Baugenehmigung). Insofern ist die Baugenehmigung ein konstitutiv „feststellender" und zugleich ein die materielle Rechtslage verändernder „gestaltender Verwaltungsakt" (dazu BVerwGE 48, 242; *Ortloff*, NJW 1987, 1665; zu weiteren Differenzierungen: *ders.*, F/O, Bd. II, S. 119f., 125f.).

26 Als Verwaltungsakt ist die Baugenehmigung, von wenigen Ausnahmen abgesehen (vgl. § 44 VwVfG), auch dann rechtlich wirksam, wenn sie rechtsfehlerhaft erlassen wurde. Solange sie wirksam ist, insbesondere ihre Geltungsdauer nicht abgelaufen und sie nicht widerrufen oder zurückgenommen ist (vgl. §§ 48, 49 VwVfG), sichert sie kraft ihrer feststellenden und verfügenden Wirkung das Recht zu bauen, selbst wenn sich zwischenzeitlich das Baurecht geändert hat und das Vorhaben nicht mehr genehmigungsfähig wäre. Insofern vermittelt sie einen **Bestandsschutz** (dazu oben § 22 Rn. 12). Nach Ausnutzung der Baugenehmigung verliert der verfügende Teil seine Funktion, die Baugenehmigung ist insoweit „verbraucht"; ihre Feststellungsfunktion bleibt jedoch zugunsten des Bauwerks und seiner Nutzung erhalten (§ 43 II VwVfG); daher kann gegen eine bauliche Anlage und deren bestimmungsgemäße Nutzung keine Abbruchverfügung oder Nutzungsuntersagung ergehen, solange die Baugenehmigung nicht aufgehoben oder auf andere Weise unwirksam geworden ist.

Die Reichweite der Feststellungswirkung ergibt sich aus der jeweiligen Baugenehmigung. Sie ist insbesondere in der Frage der genehmigten Nutzung nicht immer eindeutig. Dann bedarf es der Auslegung an Hand der Formulierung in der Baugenehmigung (etwa: „für ein Einfamilienhaus“) und vor allem an Hand der (mit einem Genehmigungsvermerk versehenen) Bauvorlagen, die der Bauherr mit dem Bauantrag als dessen Bestandteil eingereicht hat (vgl. z. B. § 2 VerfahrensVO LBO BW).

b) Geltungsdauer und Geltungsumfang

Die baurechtlichen Vorschriften und die dafür relevanten tatsächlichen Verhältnisse ändern sich oft sehr rasch. Deshalb wird das Gebrauchmachen von der Baugenehmigung oder ihre „Ausnutzung“ nach den Landesbauordnungen befristet: Die Baugenehmigung erlischt, wenn nicht innerhalb einer bestimmten **Frist** (meistens von zwei oder drei Jahren) nach Erteilung der Genehmigung mit der Bauausführung begonnen wurde (z. B. § 62 LBO BW: drei Jahre). 27

Wird die Vollziehbarkeit der Baugenehmigung durch Widerspruch oder Anfechtungsklage eines Nachbarn „suspendiert“ (vgl. § 80 I 2 VwGO), beginnt sie mit dem Eintritt der Bestandskraft der Baugenehmigung von neuem zu laufen (VGH BW, BRS 36 Nr. 172).

Da die Baugenehmigung nicht personen-, sondern objektbezogen ist, gilt sie für und (hinsichtlich evtl. belastender Nebenbestimmungen) gegen einen **Rechtsnachfolger** des Bauherrn (vgl. etwa § 58 II LBO BW; Art. 60 II 3 BayBO; § 75 II BO NW; § 70 II SächsBO) und des von ihrem Inhalt betroffenen Nachbarn (ausdrücklich z. B. § 75 VI NBO). Wird ein Nachbar durch eine rechtswidrig erteilte Baugenehmigung in seinen Rechten betroffen, muß er dagegen innerhalb der Widerspruchs- oder Klagefrist vorgehen. Dabei kann es grundsätzlich nur um die Geltendmachung von subjektiven öffentlichen Rechten gehen; schließlich wird die Baugenehmigung „unbeschadet (besonderer) privater Rechte Dritter“, wie z. B. Grunddienstbarkeiten oder Reallasten, erteilt (vgl. § 58 III LBO BW). 28

4. Besondere Arten von Baugenehmigungen, insbesondere Bauvorbescheid und Teilbaugenehmigung

a) Bauvorbescheid

Um sich evtl. unnötige Arbeit und Kosten für ein Baugesuch mit den erforderlichen Unterlagen zu ersparen, kann der Bauwilli- 29 ge bereits vor der Durchführung des Baugenehmigungsverfahrens durch eine Bauvoranfrage eine verbindliche Entscheidung der Baugenehmigungsbehörde über einzelne das Bauvorhaben betreffende Fragen erhalten, z.B. ob sein Grundstück überhaupt oder in dem von ihm beabsichtigten Umfang bebaut werden darf. In einem gleichsam „gestuften" Genehmigungsverfahren entscheidet die Behörde dann vorab über solche bauplanungs- oder bauordnungsrechtliche Zweifelsfälle in einem „Bauvorbescheid". Dieser steht – begrenzt auf die gestellten Rechtsfragen – bezüglich Verfahren und Feststellungswirkung einer Baugenehmigung gleich (vgl. z.B. § 57 LBO BW). Der Terminologie des Bundesverwaltungsgerichts folgend spricht man daher bei einem Bauvorbescheid über planungsrechtliche Fragen von einer **„Bebauungsgenehmigung"** (vgl. BVerwGE 48, 242; 68, 241; 69, 1; 70, 227).

Eine dem verfügenden Teil der Baugenehmigung entsprechende Funktion kann dem Bauvorbescheid nicht zukommen, da er wegen seiner Begrenzung auf einzelne Rechtsfragen des Bauvorhabens das präventive Bauverbot nicht aufzuheben vermag. Indem der Bauvorbescheid hinsichtlich der gestellten Fragen verbindlich feststellt, daß keine von der Baurechtsbehörde zu prüfenden öffentlich-rechtlichen Vorschriften entgegenstehen, regelt er vorweg einen Ausschnitt aus dem feststellenden Teil der Baugenehmigung; er ist damit ebenfalls als Verwaltungsakt zu qualifizieren. Wie bei der Baugenehmigung wird die Wirksamkeit der Feststellung von einer späteren Änderung des Baurechts nicht berührt (grundlegend BVerwGE 69, 1; dazu *Ortloff*, F/O, Bd. II, S. 139 m. zahlr. w. N.; *Dürr*, Rn. 238). Wegen dieser (partiellen) Gleichstellung des Bauvorbescheids mit der Baugenehmigung hat der einzelne auch trotz der Formulierung im Gesetz, es „könne" ein Bauvorbescheid erteilt werden, in Analogie zur Baugenehmigung (vgl. z.B. § 58 LBO BW) einen Rechtsanspruch auf seine Erteilung.

30 Eine Bindung der Baugenehmigungsbehörde kann außerdem durch eine Zusicherung oder durch einen Vertrag auf Erteilung einer Baugenehmigung herbeigeführt werden. Allerdings entfällt dann die Bindungswirkung bei einer entscheidenden Änderung der Sach- oder Rechtslage (vgl. § 38 III bzw. § 60 VwVfG). Der Bauvorbescheid dagegen setzt sich wie die Baugenehmigung gegenüber nachfolgenden Änderungen der Rechtslage durch (vgl. auch § 14 III

BauGB); hier kann lediglich ein fristgerechter Widerruf nach §§ 49 II Nr. 4, 48 IV VwVfG in Betracht kommen; er verpflichtet zur Leistung einer Entschädigung (§ 49 VI VwVfG).

b) Teilbaugenehmigung

Die Teilbaugenehmigung betrifft einen abgrenzbaren baulichen Teil einer Gesamtanlage, z.B. eine Werkstätte, ein Lagerhaus, aber auch einzelne Bauabschnitte, eine Baugrube etc. (vgl. z.B. § 61 LBO BW), und stellt eine (vollständige) Baugenehmigung für dieses Teilobjekt dar. Sie ergeht also nach einer Prüfung aller für die Baugenehmigungsbehörde für dieses Teilobjekt entscheidungserheblichen öffentlich-rechtlichen Vorschriften. Voraussetzung ist, daß bereits die grundsätzliche Zulässigkeit des Gesamtvorhabens als hinreichend sicher prognostiziert werden kann und nur Einzelfragen noch weiterer Abklärung bedürfen. Die Teilbaugenehmigung ermöglicht damit, bei langwierigen Genehmigungsverfahren abschnittsweise vorzugehen, und dient der Verfahrensbeschleunigung. Da die Geeignetheit eines solchen Vorgehens vom Einzelfall abhängt, wird hier die „Kann-Formulierung“ des Gesetzes (im Unterschied zur entsprechenden Formulierung beim Bauvorbescheid) als Ermessensregelung interpretiert. 31

Nicht einfach zu beantwortende Fragen ergeben sich, wenn die Behörde nach erteilter Teilbaugenehmigung (doch) keine Baugenehmigung für das Gesamtvorhaben erteilen will, der Bauherr aber auf die mit der Teilbaugenehmigung ausgesprochene **„positive Gesamtprognose“** vertraut hat. Die Problematik ähnelt derjenigen bei der Erteilung immissionsschutzrechtlicher Teilgenehmigungen oder Vorbescheide (vgl. §§ 8, 9 BImSchG) hinsichtlich der „Bindungswirkung des vorläufigen positiven Gesamturteils“; dazu regelt § 8 S. 2 BImSchG, daß die Bindungswirkung der vorläufigen Gesamtbeurteilung entfällt, wenn eine Änderung der Sach- oder Rechtslage oder Einzelprüfungen im Rahmen späterer Teilgenehmigungen zu einer von der vorläufigen Gesamtbeurteilung abweichenden Beurteilung führen. Insofern wird die Bindungswirkung grundsätzlich bejaht, jedoch durch eine umfangreiche clausula rebus sic stantibus relativiert. 32

c) Weitere Sonderformen

Weitere Besonderheiten bestehen für bauliche Anlagen, die, wie z.B. Fertighäuser, in derselben Ausführung an mehreren Stellen errichtet werden sollen. Dafür kann allgemein eine Genehmigung, die sog. **„Typengenehmigung“** (vgl. 33

z. B. § 68 LBO BW) erteilt werden. Sie macht zwar die Baugenehmigung für das konkrete Bauvorhaben nicht entbehrlich; ähnlich wie beim Bauvorbescheid werden dabei aber die in der Typengenehmigung behandelten Fragen nicht mehr geprüft (vgl. z. B. § 68 III 4 LBO BW; dazu auch *Schenke*, Bauordnungsrecht, in: Achterberg/Püttner/Würtenberger, BesVWR, § 9 Rn. 176). Eine ähnliche Regelung gilt für **„fliegende Bauten"**, wie z. B. Wanderzirkusse, Verkaufs- oder Schießstände auf Jahrmärkten, Tribünen oder Bauten für Wanderausstellungen, die in der Absicht der Ortsveränderung wiederholt aufgestellt und abgebaut werden. Derartige „fliegende Bauten" bedürfen, bevor sie erstmals aufgestellt werden, einer „Ausführungsgenehmigung", die nur befristet erteilt wird. Vor ihrer Inbetriebnahme am jeweiligen Aufstellungsort ist dann die zuständige Baurechtsbehörde unter Vorlage eines Prüfbuches davon zu unterrichten (vgl. z. B. § 69 LBO BW). Für diese Sonderfälle gelten weithin auch besondere, vom allgemeinen Baugenehmigungsverfahren abweichende Verfahrensregelungen.

5. Das Baugenehmigungsverfahren

34 Da das Baugenehmigungsverfahren nur der Überprüfung dient, ob das einzelne bauliche Vorhaben den öffentlich-rechtlichen, insbesondere den planungs- und bauordnungsrechtlichen Regelungen entspricht, wird die Baugenehmigungsbehörde mit einer wesentlich einfacheren Entscheidungssituation konfrontiert als die Planungsinstanzen. Zwar kann die bauliche Anlage in ihren Auswirkungen auch die privaten Nachbarn und die Aufgabenbereiche anderer Behörden tangieren. Daher sind diese im Baugenehmigungsverfahren hinzuzuziehen; das geschieht jedoch in einem wesentlich begrenzteren Umfange als etwa bei der Aufstellung eines Bauleitplans.

35 Ein **Antrag auf Baugenehmigung** ist schriftlich bei der Gemeinde einzureichen. Ihm sind alle für die Beurteilung des Bauvorhabens erforderlichen Unterlagen (**„Bauvorlagen"**) beizufügen. Die Landesbauordnungen regeln im einzelnen, wer die Bauvorlage verfassen und unterschreiben muß; regelmäßig ist das ein Architekt (vgl. z. B. §§ 52, 43 III Nr. 1 LBO BW).

Zu den Bauvorlagen gehören grundsätzlich ein Lageplan, die Bauzeichnungen mit Grundrissen, Schnitten und Ansichten der baulichen Anlagen im Maßstab 1 : 100, die Baubeschreibung, der Standsicherheitsnachweis und andere bautechnische Nachweise sowie die Darstellung der Grundstücksentwässerung (vgl. etwa § 2 I VerfahrensVO LBO BW).

Ist die Gemeinde Baurechtsbehörde kann sie den Bauantrag selbst weiterbearbeiten. Anderenfalls muß sie ihn unverzüglich an die Baurechtsbehörde weiterleiten und hat für sich lediglich eine Ausfertigung zurückzubehalten. In Baden-Württemberg gilt für die Weiterleitung eine Frist von drei Arbeitstagen (§ 53 I LBO BW).

Eine Ausfertigung hat die Gemeinde deshalb zurückzubehalten, weil sie in jedem Falle die Anhörung der an das Baugrundstück angrenzenden Nachbarn, die sogenannte **„Nachbarverständigung"**, „Nachbaranhörung" oder **„Angrenzeranhörung"**, durchführen muß. Die Regelungen der Landesbauordnungen dazu divergieren in Einzelheiten stark. In den Grundzügen gilt etwa folgendes: Die Gemeinde hat die Eigentümer angrenzender Grundstücke von dem Bauantrag zu benachrichtigen. Diese können dann innerhalb einer bestimmten Frist (z.B. von 2 Wochen) Einwendungen gegen das Bauvorhaben vorbringen. Sie sind der Baurechtsbehörde zuzuleiten, damit sie sie bei ihrer Entscheidung über die Baugenehmigung berücksichtigen kann (vgl. § 55 LBO BW). **36**

In der Praxis wird im Rahmen der „Angrenzeranhörung" der Kreis der Nachbarn weiter gezogen als die Landesbauordnungen es im allgemeinen vorsehen. Ein Rechtsmittel gegen die Baugenehmigung kann nämlich jeder einlegen, der von den Auswirkungen des geplanten Bauwerks in seinem subjektiven öffentlichen Recht verletzt wird. Eine solche Verletzung kann auch bei weiter entfernt liegenden Grundstückseigentümern eintreten. Der Begriff des Nachbarn geht im gerichtlichen Rechtsschutzverfahren also wesentlich weiter als im Baugenehmigungsverfahren. Es ist daher sinnvoll, die potentiellen Kläger bereits in diesem Verfahren zu hören. Hier können dann oft ihre Bedenken einvernehmlich ausgeräumt werden, etwa durch eine begrenzte Änderung des Bauantrags. Fraglich ist, ob diese über die Angrenzer hinausgehende Anhörung nicht auch aus rechtsstaatlichen Gründen und gemäß § 13 II LVwVfG zumindest bei der Erteilung einer Befreiung oder Ausnahme wegen deren rechtsgestaltender Wirkung für den Nachbarn rechtlich geboten ist (dazu *Ortloff*, F/O, Bd. II, S. 251).

Äußert sich ein Nachbar in diesem Anhörungsverfahren nicht oder nicht innerhalb der vorgesehenen Frist, verliert er dadurch weder sein materielles Nachbarrecht noch die Befugnis, gegen die Baugenehmigung mit Rechtsbehelfen vorzugehen. Die Regelungen der Landesbauordnungen über seine Anhörung betreffen (im Unterschied etwa zu § 10 III BImSchG) nur seine verfahrensrechtliche Anhörung im Baugenehmigungsverfahren, treffen also nur eine **„formelle"**, aber keine **„materielle Präklusion"**. Aller- **37** dings kann der Gesetzgeber, wie neuerdings in Baden-Württemberg, eine solche damit verbinden.

Nach § 55 II 2 LBO BW werden die vom Bauantrag durch Zustellung benachrichtigten Angrenzer mit „allen" Einwendungen (also auch im widerspruchs- und verwaltungsgerichtlichen Verfahren) ausgeschlossen, die sie im Rahmen dieser Nachbarverständigung nicht fristgemäß geltend gemacht haben (materielle Präklusion). Allerdings setzt diese Präklusion voraus, daß die vom Bauherrn eingereichten Bauvorlagen eine mögliche Betroffenheit der Nachbarn nach Art und Ausmaß hinreichend genau erkennen lassen (VGH BW, VBlBW 1998, 380). Sind die Bauvorlagen unvollständig, hat die Baurechtsbehörde dem Bauherrn unverzüglich mitzuteilen, welche Ergänzungen erforderlich sind (§ 54 I 2 LBO BW). Erst danach kann eine ordnungsgemäße „Angrenzerverständigung" mit Präklusionswirkung durchgeführt werden.

Ist die Gemeinde nicht Baurechtsbehörde, reicht sie dieser auch ihre eigene Stellungnahme zu dem Bauvorhaben ein.

38 Die Baugenehmigungsbehörde verständigt ihrerseits die Behörden, deren Aufgabenbereich von dem Baugesuch berührt werden und setzt ihnen eine angemessene Frist zur Stellungnahme (**„Behördenanhörung"**, vgl. z.B. § 53 II, 54 III LBO BW).

Äußern sie sich nicht fristgemäß, kann die Baurechtsbehörde davon ausgehen, daß Bedenken gegen das Bauvorhaben nicht bestehen (§ 54 III 2 LBO BW). Bei Behörden, die kraft Gesetzes dem Bauantrag zustimmen müssen, wird die Zustimmung gesetzlich fingiert, wenn sie nicht innerhalb von zwei Monaten verweigert wird (vgl. § 54 III 3 LBO BW). Liegt kein qualifizierter Bebauungsplan vor oder soll in der Baugenehmigung von den Festsetzungen eines Bebauungsplans abgewichen werden, muß die Gemeinde der Erteilung der Baugenehmigung zustimmen (§ 36 I BauGB). Denn durch das Bauvorhaben können ihre Planungsmöglichkeiten eingeschränkt werden. Ist die Gemeinde, wie meistens, selbst Baugenehmigungsbehörde, dann erfolgt diese Zustimmung intern, also innerhalb der Gemeindeverwaltung (dazu im einzelnen oben § 18 Rn. 9ff., 13).

39 Nach dem Abschluß von Angrenzer- und Behördenanhörung (und ggf. nach Herstellung des Einvernehmens der Gemeinde nach § 36 BauGB) entscheidet die Baurechtsbehörde über den Bauantrag. § 54 IV LBO BW sieht hierfür Entscheidungsfristen vor. Maßgebend ist die **Sach- und Rechtslage im Zeitpunkt ihrer Entscheidung**, so daß sich Rechtsänderungen nach Stellung des Bauantrags sowohl zugunsten als auch zu Lasten des Bauherrn auswirken können.

Die Baugenehmigung wird schriftlich erteilt, etwaige **Ausnahmen** und **Befreiungen** sind ausdrücklich auszusprechen (vgl. z.B. § 58 I 2 LBO BW). Vielfach fügt die Baurechtsbehörde der Baugenehmigung auch Nebenbestimmungen bei. Dafür gelten die allgemeinen Regelungen in § 36 LVwVfG, sofern nicht die Landesbauordnungen einzelne besondere Vorschriften enthalten (etwa daß Behelfsbauten nur befristet oder widerruflich genehmigt werden dürfen, vgl. § 58 IV LBO BW). Einer **Begründung** bedarf die Baugenehmigung regelmäßig nur insoweit, als von nachbarschützenden Vorschriften abgewichen wird und der Nachbar Einwendungen erhoben hat (vgl. etwa § 58 I LBO BW). Die Baugenehmigung wird dem Bauherrn und den Angrenzern, deren Einwendungen gegen das Vorhaben nicht entsprochen wurde, zugestellt. 40

Mit der Baugenehmigung ist das präventive Bauverbot aufgehoben. Allerdings darf der Bauherr mit der Ausführung des genehmigungspflichtigen Vorhabens erst beginnen, wenn ihm (außerdem) der sog. **Baufreigabeschein** („roter Punkt") erteilt worden ist (dazu unten § 29 Rn. 4).

Literatur: *Savigny*, System des heutigen Römischen Rechts, Bd. III, 1840, 231; *Weyreuther*, Über „Baubedingungen", DVBl. 1969, 295; *Ehlers*, Verwaltungsrechtsdogmatik und modifizierende Auflage, VerwArch, Bd. 67 (1976), 369; *Schneider, H.J.*, Nebenbestimmungen und Verwaltungsprozeß, 1981; *Weyreuther*, Modifizierende Auflage, DVBl. 1984, 365; *Gaentzsch*, Konkurrenz paralleler Anlagegenehmigungen, NJW 1986, 2787; *Ortloff*, Inhalt und Bindungswirkungen der Baugenehmigung, NJW 1987, 1665; *Rumpel*, Zur Verwendung von Genehmigungsinhaltsbestimmungen und Auflagen, BayVBl 1987, 577; *Erbguth*, Das Gebot einer materiellen Abgrenzung zwischen Grundsätzen und Zielen der Raumordnung, LKV 1994, 89; *Selmer*, Rechtsprechungsübersicht – Erteilung einer Baugenehmigung bei Ausstehen einer anderen Gestattung, JuS 1994, 441; JuS 1996, 467; *Jäde*, Nochmals: Abschied von der Baugenehmigung – Beginn beschleunigten Bauens?, NVwZ 1995, 672; *Jäde*, Verfahrensfragen der neuen Landesbauordnungen, UPR 1995, 81; *Ortloff*, Abschied von der Baugenehmigung – Beginn beschleunigten Bauens?, NVwZ 1995, 112; *Erbguth*, Das bauordnungsrechtliche Genehmigungsfreistellungsverfahren, BayVBl 1996, 65; *Ortloff*, Die Entwicklung des Bauordnungsrechts, NVwZ 2000, 750; NVwZ 2001, 997 ff.

§ 29. Instrumente zur Durchsetzung des Baurechts – Aufsichts- und Eingriffsbefugnisse

Übersicht

1. Überblick

1 Die Aufgaben und Befugnisse der Bauaufsichtsbehörden sind in den Landesbauordnungen in einer der polizeilichen Generalklausel nachgebildeten bauordnungsrechtlichen Generalklausel umfassend definiert. Danach ist Aufgabe der Baurechtsbehörden, darauf zu achten, daß die baurechtlichen Vorschriften sowie die anderen öffentlich-rechtlichen Vorschriften über die Errichtung, die Unterhaltung und den Abbruch von Anlagen eingehalten und die auf Grund dieser Vorschriften erlassenen Anordnungen befolgt werden (vgl. z.B. § 47 I 1 LBO BW; § 60 II 1 SächsBO; § 61 I 1 BO NW; Art. 60 II 1 BayBO). Im Anschluß an diese „Aufgabennorm" gibt die Landesbauordnung die „Befugnis", zur Wahrnehmung dieser Aufgaben diejenigen Maßnahmen zu treffen, die nach pflichtgemäßem Ermessen erforderlich sind (vgl. z.B. § 47 I 2 LBO BW; § 60 II 2 SächsBO; § 61 I 2 BO NW; Art. 60 II 2 BayBO). Daneben verfügen die Baurechtsbehörden über ein differenziertes spezielles Vorsorge-, Überwachungs- und Durchsetzungsinstrumentarium. Zu den wichtigsten präventiven Instrumenten zählen die Baugenehmigung und ihre vielfältigen Sonderformen, die bereits oben (§ 28) erörtert wurden.

2 Auf die Erteilung der Baugenehmigung folgen die **Bauüberwachung** und die **Bauabnahme**. Erlangt die Baurechtsbehörde dabei oder sonstwie Kenntnis von Rechtsverstößen, kann sie gegenüber dem Bauherrn und weiter – je nach Verantwortungsbereich – auch gegenüber den übrigen am Bau Beteiligten – dem Planverfasser, dem Bauunternehmer und dem Bauleiter (dazu bereits oben § 4 Rn. 18 und z.B. §§ 43–45 LBO BW) – entsprechende Anordnungen treffen.

Stellt sich z.B. heraus, daß eine genehmigungspflichtige Anlage oder Einrichtung ohne Genehmigung errichtet oder abgebrochen wurde oder daß von der erteilten Genehmigung abgewichen wurde, so handeln sowohl der Bauherr als auch der Unternehmer und Bauleiter ordnungswidrig (vgl. § 75 I Nr. 8 LBO BW); dieses Verhalten kann mit einem **Bußgeld** geahndet werden. Daneben enthalten einzelne Landesbauordnungen die Regelung, daß in diesen Fällen von der Bauaufsichtsbehörde von Amts wegen ein Baugenehmigungsverfahren durchzuführen ist (vgl. z.B. § 62 IX BO Berl) oder daß der Bauherr verpflichtet werden kann, einen Bauantrag zu stellen (vgl. z.B. Art. 82 S. 3 BayBO). Weiter geben die Landesbauordnungen zahlreiche spezielle Eingriffsbefugnisse, die als lex specialis der polizeilichen Generalklausel vorgehen.

Neben der **bauordnungsrechtlichen Generalklausel** als allgemeiner Aufgaben- und Befugnisnorm (z.B. § 47 I 2 LBO BW) kommt zunächst als lex specialis, etwa beim Fehlen einer Baugenehmigung, die **Anordnung zur Einstellung** der Bau- und Abbrucharbeiten dazu (vgl. z.B. § 64 LBO BW; Art. 81 BayBO; § 76 SächsBO). Widerspricht die Anlage selbst oder ihre Nutzung öffentlich-rechtlichen Vorschriften, kann weiter eine **Abbruchsanordnung** oder **Nutzungsuntersagung** erlassen werden (vgl. z.B. § 65 LBO BW; Art. 82 BayBO; § 77 SächsBO). 3

Lediglich in Nordrhein-Westfalen fehlen solche besonderen Eingriffsermächtigungen. Dort stehen den Baurechtsbehörden insoweit die Befugnisse des allgemeinen Polizei- bzw. Ordnungsrechts zu (vgl. § 61 I 2 BO NW i.V.m. § 14 OBG NW). Sie werden entsprechend den nachfolgend dargelegten baurechtlichen Sonderbestimmungen und Rechtsgrundsätzen ausgelegt und angewendet.

2. Die Bauüberwachung

Mit der Erteilung der Baugenehmigung ist die Kontrolle über die Einhaltung der öffentlich-rechtlichen Vorschriften bei einem konkreten baulichen Vorhaben nicht abgeschlossen. Sind mit der Baugenehmigung bestimmte Auflagen verbunden worden, müssen diese u.U. erst erfüllt sein, bevor mit dem Bau begonnen werden kann. Erst dann erhält der Bauherr einen **„Baufreigabeschein"** (vgl. z.B. § 59 I LBO BW). Dieser besteht in einem „roten Punkt", besser einer roten Kreisfläche auf weißem Grund. Dieses Zeichen wird an der Baustelle angebracht, um allen kundzutun, daß hier rechtmäßig gebaut wird. Allerdings verläßt sich die Baurechtsbehörde nicht allein auf dieses Zeichen. Sie hat (z.B. nach § 66 LBO BW) die Aufgabe und die Ermächtigung, während der 4

Bauzeit die Ordnungsmäßigkeit der Bauausführung und die Sicherheit am Bau zu überwachen. Dazu räumen die verschiedenen Landesbauordnungen den Bauaufsichtsbehörden und ihren Beauftragten besondere Rechte ein, wie z.B. das Recht, die Baustelle und Betriebsstätte zu betreten, in die für die Bauausführung wesentlichen Unterlagen Einsicht zu nehmen (vgl. § 66 III LBO BW; § 81 IV BO NW; Art. 78 VI BayBO; § 78 III SächsBO) oder, auch gegen den Willen des Betroffenen, Wohnungen zu betreten (vgl. § 47 III LBO BW; Art. 83 BayBO; § 61 VI BO NW; § 60 IV SächsBO). Diese Rechte können notfalls mit Verwaltungszwang nach dem Verwaltungsvollstreckungsgesetz des Landes durchgesetzt werden.

Der bauaufsichtlichen Kontrolle dient weiter die **Bauabnahme**, die vielfach auch unter der Bezeichnung **„Bauzustandsbesichtigung"** (vgl. § 84 BO Bbg; § 82 BO NW; § 79 SächsBO) durchgeführt wird. Bei genehmigungspflichtigen Vorhaben kann in der Baugenehmigung die Abnahme bestimmter Bauteile oder Bauarbeiten und der baulichen Anlage nach ihrer Fertigstellung vorgeschrieben werden (§ 67 I LBO BW). Eine Rohbauabnahme dient vor allem der Überwachung der Ausführung der tragenden Teile, der Dachkonstruktion, Schornsteine, Brandwände und Treppen. Eine Schlußabnahme nach Abschluß der Bauarbeiten dient der Endkontrolle hinsichtlich der Einhaltung der öffentlich-rechtlichen Vorschriften bei Ausführung der Bauarbeiten. Teils kann die Baurechtsbehörde unter bestimmten Voraussetzungen verlangen, daß die bauliche Anlage erst nach einer Schlußabnahme in Gebrauch genommen wird (§ 67 IV 2 LBO BW), teils ist der Bauherr lediglich verpflichtet, kurz vor Fertigstellung des Bauwerks der Baubehörde dies anzuzeigen. Nach Ablauf einer bestimmten Frist darf dann das Gebäude genutzt werden, auch wenn die Behörde keine Bauzustandsbesichtigung durchgeführt hat (vgl. § 82 BO NW).

Außer der Überwachung genehmigungsbedürftiger Bauvorhaben obliegt den Bauaufsichtsbehörden nach den allgemeinen Aufgaben- und Befugnisnormen (z.B. § 47 I bzw. als lex specialis § 66 LBO BW) auch die **generelle Überwachung** des Baugeschehens, des Zustandes und der Nutzung baulicher Anlagen, die keiner Genehmigungspflicht unterliegen.

3. Eingriffsbefugnisse

a) Die Baueinstellung (Stillegungsverfügung)

5 Werden Anlagen im Widerspruch zu öffentlich-rechtlichen Vorschriften errichtet oder abgebrochen, so braucht die Bauaufsichts-

behörde nicht zuzuwarten, bis die Errichtung oder der Abbruch vollendet ist. Die meisten Bauordnungen erlauben den Baurechtsbehörden, die **Einstellung der Bauarbeiten** anzuordnen, einen „Baustop" zu verfügen (vgl. § 64 LBO BW). Aus der Zielsetzung der Baueinstellung – die präventive Prüfung des Vorhabens im Genehmigungs- oder Anzeigeverfahren und die Verhinderung vollendeter Tatsachen – ergibt sich, daß für die Baueinstellung die **„formelle Baurechtswidrigkeit"**, die in der Verletzung der Genehmigungsvorschriften liegt, genügt; auf die „materielle Baurechtswidrigkeit" kommt es (im Unterschied zur nachfolgend behandelten Abbruchverfügung) nicht an; auch ein nach materiellem Baurecht zulässiges Vorhaben kann eingestellt werden, wenn die erforderliche Baugenehmigung fehlt.

Die Baurechtsbehörde „kann" die Einstellung verfügen, die Entscheidung liegt also in ihrem pflichtgemäßen **Ermessen** (vgl. § 64 LBO BW). Dieses verlangt jedoch grundsätzlich, daß die Fortführung unzulässiger Bauarbeiten verhindert wird. Ein Nicht-Einschreiten ist im Hinblick auf das Verhältnismäßigkeitsprinzip lediglich angezeigt bei geringfügigen Abweichungen, die voraussichtlich nachträglich genehmigt werden.

Hält sich der Bauherr nicht an den „Baustop", stellen die Bauordnungen den Behörden **besondere Vollstreckungsmittel** zur Verfügung. Sie können insbesondere die Baustelle versiegeln und die an der Baustelle vorhandenen Baustoffe, Bauteile und Baugeräte in amtlichen Gewahrsam nehmen, also beschlagnahmen (vgl. etwa § 64 II LBO BW; Art. 81 II BayBO; § 76 II SächsBO). Da es sich insoweit um Maßnahmen zur Vollstreckung einer Baueinstellungsverfügung (als Grundverfügung) handelt, müssen die allgemeinen Vollstreckungsvoraussetzungen erfüllt sein. Insbesondere hat die Baueinstellung vollziehbar zu sein (vgl. etwa § 2 LVwVG BW; anders wohl OVG Saarland, BRS 24 Nr. 203).

b) Die Abbruchverfügung

aa) Formelle und materielle Baurechtswidrigkeit

Mit der Anordnung, eine rechtswidrige bauliche Anlage abzu- **6**
brechen, greift die Baurechtsbehörde besonders intensiv in die Rechtsstellung des Bauherrn ein. Fast alle Bauordnungen sehen daher für derartige Eingriffe eine **besondere Rechtsgrundlage** vor (§ 65 LBO BW; Art. 82 BayBO; § 77 SächsBO).

Soweit solche Spezialregelungen fehlen, muß auf die allgemeinen polizei- oder ordnungsrechtlichen Befugnisnormen zurückgegriffen werden. Sie führen nach den allgemeinen Rechtsgrundsätzen zu keinen anderen Ergebnissen; die bauordnungsrechtlichen Spezialregelungen haben diese Rechtsgrundsätze lediglich ausdrücklich in den gesetzlichen Tatbestand aufgenommen. So könnten die Baurechtsbehörden den Abbruch einer rechtswidrigen baulichen Anlage bereits nach der allgemeinen polizei- oder ordnungsrechtlichen Generalklausel anordnen. Besteht die Rechtswidrigkeit der baulichen Anlage aber allein darin, daß keine Baugenehmigung vorliegt („formelle Baurechtswidrigkeit"), wäre eine Abbruchsanordnung ein unverhältnismäßiger Eingriff in das Eigentum, weil sogleich die (Wieder-)Errichtung genehmigt werden müßte. Daher ist Voraussetzung für eine Abbruchverfügung grundsätzlich auch eine „materielle Rechtswidrigkeit". Das bringen bauordnungsrechtliche Ermächtigungen zum Ausdruck.

7 Danach kann der (teilweise oder vollständige) Abbruch einer Anlage, die im Widerspruch zu öffentlich-rechtlichen Vorschriften errichtet wurde, angeordnet werden, „wenn nicht **auf andere Weise rechtmäßige Zustände** hergestellt werden können". Fehlt es lediglich an der Baugenehmigung, ist die Anlage also materiell rechtmäßig, kann dies durch eine nachträgliche Erteilung der Baugenehmigung, eine sogenannte Nachtragsbaugenehmigung, geschehen. Allerdings gehen die bauordnungsrechtlichen Anforderungen für den Erlaß einer Abbruchverfügung über diesen Fall hinaus. Verstößt die bauliche Anlage gegen materiell-rechtliche Vorschriften, kann dieser Verstoß aber durch eine nachträgliche Befreiung, etwa einen Dispens nach § 31 II BauGB, oder durch Nebenbestimmungen, etwa Auflagen zur Baugenehmigung, beseitigt werden, so ist die Anordnung eines Abbruchs ebenfalls unzulässig. Auch diese Regelung konkretisiert lediglich das Verhältnismäßigkeitsgebot.

Die Frage, ob der rechtmäßige Zustand durch Erteilung einer Nachtragsbaugenehmigung, u. U. unter Erteilung von Befreiungen, hergestellt werden kann, muß die Baurechtsbehörde von Amts wegen prüfen; ggf. kann sie dem Bauherrn, gestützt auf die bauordnungsrechtliche Generalermächtigung (z. B. § 47 I 2 LBO BW), aufgeben, ein entsprechendes **„Nachtragsbaugesuch"** einzureichen. Von der Pflicht zur Prüfung, ob die Behebung der Baurechtswidrigkeit möglich ist, ist die Baurechtsbehörde nach überwiegender Auffassung auch durch eine frühere bestandskräftige Ablehnung eines entsprechenden Bauantrages nicht entbunden (BVerwGE 48, 271; dazu eingehend *Krebs*, VerwArch 67 (1976), 411). Das ist konsequent, wenn man mit dem Bundesverwaltungsgericht (aaO S. 274 m. w. N.) annimmt, daß auch eine bestandskräftige Ablehnung eines Bauantrags die Behörde – angesichts der verfassungsrechtlich gewährleisteten Baufreiheit – nicht von der Pflicht zur materiellen

Prüfung eines erneuten Bauantrags befreit (kritisch dazu *Kopp*, DVBl. 1983, 392, 398; *Schenke*, Bauordnungsrecht, in: Achterberg/Püttner/Würtenberger, BesVWR, § 9 Rn. 242 m. w. N.).

Eine Abbruchsanordnung ist damit nur zulässig bei einer materiellen Baurechtswidrigkeit, die sich nicht auf andere Weise (durch Nachtragsbaugenehmigung, Dispens u. ä.) beseitigen läßt.

Die materielle Baurechtswidrigkeit genügt jedoch für eine Ab- **8**
bruchverfügung allein auch nicht; vorliegen muß grundsätzlich auch eine formelle Baurechtswidrigkeit. Denn ist eine Baugenehmigung erteilt, kann wegen ihrer oben (§ 28 Rn. 25ff.) dargelegten Feststellungswirkung, daß die bauliche Anlage nicht gegen das öffentliche Recht verstoße, eine in Wirklichkeit bestehende materielle Baurechtswidrigkeit nicht berücksichtigt werden. Nur wenn keine Baugenehmigung die bauliche Anlage deckt, etwa weil die Anlage genehmigungsfrei ist (dazu VGH BW, BauR 1991, 75) oder die Baugenehmigung nicht eingehalten wurde, reicht eine materielle Baurechtswidrigkeit für den Erlaß einer Abbruchsanordnung aus. Daraus ergibt sich die Voraussetzung einer **formellen und materiellen Baurechtswidrigkeit**.

bb) Die Bedeutung des Bestandsschutzes

Das Erfordernis materieller Rechtswidrigkeit wäre an sich auch **9**
erfüllt, wenn eine bauliche Anlage zunächst rechtmäßig war, aber infolge einer Änderung der baurechtlichen Regelungen, also etwa infolge einer Bebauungsplanänderung, nicht mehr zulässig wäre. Dieses Ergebnis wäre jedoch mit dem Grundsatz des Bestandsschutzes nach den bereits erwähnten Regelungen nicht zu vereinbaren. Deshalb verlangen die Abbruchsermächtigungen in den Landesbauordnungen, daß die Anlage im Widerspruch zu öffentlich-rechtlichen Vorschriften errichtet wurde. Eine Abbruchverfügung ist also nur zulässig, wenn die materielle Baurechtswidrigkeit bei der Errichtung vorlag, nicht jedoch, wenn sie später eintrat (dazu i. e. oben § 22 Rn. 11).

cc) Das Entscheidungsermessen

Ist der Tatbestand der Abbruchsermächtigung erfüllt, entscheidet **10**
die Behörde über den Erlaß der Anordnung – wie grundsätzlich

bei jeder polizei- oder ordnungsrechtlichen Verfügung – nach Ermessen. Für die Ausübung des Ermessens gelten die allgemeinen Grundsätze (vgl. § 40 VwVfG), insbesondere sind die Grundrechte und der Grundsatz der Verhältnismäßigkeit zu beachten.

11 Besondere Probleme wirft dabei der **Gleichbehandlungsgrundsatz** (Art. 3 I GG) auf. Erläßt die Behörde bei mehreren „Schwarzbauten" nur gegen einige Bauherren eine Abbruchverfügung, können sich die Betroffenen dagegen grundsätzlich nicht mit dem Hinweis zur Wehr setzen, andere hätten sich auch nicht an das Recht gehalten und gegen sie werde nicht vorgegangen. Es gilt nach wie vor der Grundsatz: **„Keine Gleichheit im Unrecht"**. Allerdings enthält Art. 3 I GG ein allgemeines **Willkürverbot**; die Behörden dürfen auch gegenüber Rechtsverletzern nicht willkürlich handeln. Daher ist das Gleichbehandungsgebot verletzt, wenn bei Rechtsverletzungen die Behörde willkürlich lediglich den einen oder anderen herausgreift. Dagegen ist es unter dem Gesichtspunkt des Gleichheitssatzes zulässig, nicht gegen alle „Schwarzbauten" gleichzeitig vorzugehen, sondern etwa nach Alter oder Auffälligkeit der Anlage zu differenzieren. Die Behörden müssen also ihrem Vorgehen ein sachlich gerechtfertigtes System zugrundelegen (vgl. etwa BVerwG, NVwZ 1988, 144; NVwZ-RR 1992, 360; BRS 57 Nr. 248; VGH BW, BRS 28 Nr. 164; NJW 1989, 603; NVwZ-RR 1997, 456f.; OVG Münster, BRS 40 Nr. 239; HessVGH, NVwZ 1986, 683; dazu *Rechenbach*, NVwZ 1987, 383; HessVGH, NVwZ-RR 1992, 346).

12 Der **Verhältnismäßigkeitsgrundsatz** kann ein behördliches Einschreiten ggf. dann als ermessensfehlerhaft ausschließen, wenn die Anlage nur geringfügig gegen materielles öffentliches Recht verstößt und andererseits durch den Abriß großer wirtschaftlicher Schaden entstünde (vgl. etwa OVG Lüneburg, BRS 40 Nr. 226). Letzteres allein läßt sich aber Abbruchverfügungen bei „Schwarzbauten" regelmäßig nicht mit Erfolg entgegenhalten. Der Bauherr, der seine Anlage ohne Baugenehmigung errichtet, handelt insoweit „auf eigenes Risiko"; anderenfalls würde man zum ungenehmigten Bauen geradezu einladen (vgl. etwa VGH BW, VBlBW 1982, 199; BayVGH, BRS 36 Nr. 215).

13 Im Regelfall kann die Baurechtsbehörde ihre Aufgabe nur erfüllen, wenn sie bei „Schwarzbauten" den Abbruch auch anordnet und durchsetzt. Im Einzelfall kann sich ihr Ermessen auf Null, d.h. zu einer **Pflicht auf Einschreiten**, reduzieren. Das kommt insbesondere dann in Betracht, wenn die Baugenehmigung von einem Nachbarn erfolgreich angefochten wird, der Bau jedoch auf Grund einer Anordnung ihrer sofortigen Vollziehung inzwischen errichtet wurde; das ergibt sich schon aus seinem Folgenbeseitigungsanspruch. Entsprechendes muß aber auch angenommen werden, wenn der Nachbar erfolgreich gegen ein genehmigungsfreies Vorhaben geklagt hat.

14 Umgekehrt kann nach einer sehr umstrittenen Meinung in besonderen Fallgestaltungen die Behörde ihre Befugnis, nach pflichtgemäßem Ermessen gegen rechtswidrige Anlagen mit Abbruchverfügungen vorzugehen, in entsprechender Anwendung des § 242 BGB „verwirken". Notwendig dafür ist nach dieser Meinung, daß die Behörde trotz Kenntnis von der rechtswidrigen Anlage

lange Zeit, regelmäßig mehrere Jahre lang, nichts unternimmt („Zeitmoment" der Verwirkung) und daß sie weiter durch entsprechendes Verhalten beim Bauherrn außerdem den Eindruck erweckt, gegen die Anlage nicht (mehr) einschreiten zu wollen („Umstandsmoment"); bloßes Untätigbleiben der Behörde allein genügt nach allgemeiner Meinung nicht. Teilweise wird weiter verlangt, daß der Bauherr sein Vertrauen auch betätigt und etwa Investitionen in das Bauwerk vorgenommen hat, die bei dessen Abbruch verloren wären (dazu VGH BW, BRS 32 Nr. 186; BRS 39 Nr. 61 u. Nr. 144; BRS 40 Nr. 228). Nach zutreffender Ansicht (BayVGH, BRS 22 Nr. 210; BayVBl 1996, 634; *Ortloff*, F/O, Bd. II, S. 186 m. w. N.) scheidet eine **„Verwirkung"** indessen aus, weil es bei dieser Eingriffsbefugnis um eine im öffentlichen Interesse wahrzunehmende Kompetenz und nicht um ein verwirkbares subjektives Recht geht. Eine ausdrückliche oder konkludente Zusage oder Zusicherung (§ 38 VwVfG) vermag das Ermessen nur für eine Übergangszeit rechtmäßig zu binden; ein endgültiger Verzicht auf die Durchsetzung des Rechts verstößt gegen das Gesetzmäßigkeitsprinzip (dazu *Hermes/Wieland*, 1988; a. A. *Randelzhofer/Wilke*, 1981). Eine lange Zeit unterbliebene Maßnahme kann allerdings ein Indiz dafür sein, daß die Durchsetzung des Rechts im konkreten Fall nicht notwendig und deshalb unverhältnismäßig ist.

c) Die Nutzungsuntersagungsverfügung

Steht nicht die Anlage selbst, sondern nur ihre Nutzung (etwa zu **15**
Wohnzwecken) in Widerspruch zu öffentlich-rechtlichen Vorschriften, so genügt eine Verfügung, die diese Nutzung untersagt; eine Abbruchverfügung würde in einem solchen Falle gegen das Verhältnismäßigkeitsgebot verstoßen. Auch für eine Nutzungsuntersagung findet sich in den meisten Bauordnungen eine besondere Rechtsgrundlage (vgl. § 65 S. 2 LBO BW; Art. 82 S. 2 BayBO; § 77 S. 2 SächsBO). Im wesentlichen gelten für die Nutzungsuntersagungsverfügung die für die Abbruchverfügung dargestellten Rechtsgrundsätze entsprechend. Allerdings soll es nicht darauf ankommen, daß durch die Nutzung eine baurechtliche Norm verletzt wird; eine spezifische „Baurechtswidrigkeit" wird also nicht verlangt. Eine Nutzungsuntersagung kann daher auch ergehen, wenn die Nutzung einer Bestimmung des Strafgesetzbuches widerspricht (VGH BW, NVwZ 1997, 601 – Whirlpool im Bordell, § 180a I Nr. 2 StGB) oder sonst gegen eine öffentlich-rechtliche Vorschrift verstößt (vgl. VGH Kassel, NVwZ-RR 2000, 494 – Verletzung naturschutzrechtlicher Vorschriften – unter Abweichung von seiner früheren Rspr. in NuR 1987, 84 u. DVBl. 1995, 524. Zur paralle-

len Problematik bei der Baugenehmigung s. oben § 28 Rn. 10). Erforderlich für eine Nutzungsuntersagung ist also, daß die Nutzung formell rechtswidrig, also nicht durch eine wirksame Baugenehmigung erlaubt ist, was ggf. durch Auslegung der Baugenehmigung ermittelt werden muß. Ob die Nutzung auch materiell rechtswidrig sein muß, ist umstritten; jedenfalls darf sie keinen Bestandsschutz genießen.

16 Zahlreiche Gerichte lassen eine **formelle Rechtswidrigkeit genügen** (z. B. BayVGH, BayVBl. 1988, 436 sowie BRS 38 Nr. 208; VGH Kassel, NuR 1986, 256; BauR 1987, 192; BRS 38 Nr. 78; BRS 57 Nr. 255; OVG Saarlouis, DÖV 1985, 247; BRS 49 Nr. 217; jetzt auch OVG RhPf., BauR 1997, 103). Andere verlangen eine formelle und materielle Rechtswidrigkeit (z. B. VGH BW, VBlBW 1985, 457; VBlBW 1996, 300; NVwZ 1997, 601 f.; *Battis*, Baurecht, § 7 IV 2b; *Ortloff*, F/O, Bd. II, S. 197). Allerdings fordern diejenigen, die bereits eine formelle Rechtswidrigkeit für ausreichend halten, daß die materielle Rechtswidrigkeit im Rahmen des Ermessens und der Verhältnismäßigkeitsprüfung mitberücksichtigt wird. Je offensichtlicher die Nutzung materiell rechtmäßig sei, desto weniger könne sie allein wegen formeller Rechtswidrigkeit untersagt werden. Daher sind die praktischen Auswirkungen dieser Meinungsverschiedenheit auf Zweifelsfälle über die materielle Rechtslage beschränkt. Die im Gegensatz zur Abbruchverfügung unterschiedliche Auffassung über die Erfordernisse bei der Nutzungsuntersagung beruht darauf, daß bei letzterer kein Eingriff in die Substanz der Anlage erfolgt; die Anordnung kann jederzeit rückgängig gemacht werden, hat also nicht die gleiche Eingriffsintensität wie eine Abbruchverfügung. Bedarf die abschließende Klärung materiell-rechtlicher Fragen noch weiterer Ermittlungen und könnte die Nutzungsuntersagung solange nicht erfolgen, würde die auf vorbeugende Rechtskontrolle gerichtete Erforderlichkeit einer Baugenehmigung unnötig in ihrer Wirksamkeit eingeschränkt, eine spätere Herstellung der rechtmäßigen Nutzung wegen vollendeter Tatsachen zumindest erschwert und ein Anreiz zu weiteren Verstößen ähnlicher Art geschaffen. Weder der Wortlaut der gesetzlichen Ermächtigung noch allgemeine Rechtsgrundsätze stehen einer Nutzungsuntersagung in diesen Fällen angesichts ihrer reparablen Auswirkung entgegen, so daß dieser Meinung der Vorzug zu geben ist.

d) Die bauordnungsrechtliche Generalklausel

17 Die der Generalklausel des allgemeinen Polizei- oder Ordnungsrechts nachgebildete spezielle bauordnungsrechtliche Generalklausel der Landesbauordnungen erlaubt den Baurechtsbehörden, zur Wahrnehmung ihrer Aufgaben der Bauaufsicht diejenigen Maßnahmen zu ergreifen, die nach pflichtgemäßem Ermessen erforderlich

sind (vgl. z.B. § 47 I 2 LBO BW; Art. 60 II 2 BayBO; § 61 I 2 BO NW; § 60 II 2 SächsBO). Auf Grund der weiten Fassung dieser Eingriffsbefugnis (Generalermächtigung) sind neben der Beschränkung auf den Aufgabenbereich der Verhältnismäßigkeitsgrundsatz und das Gleichheitsgebot strikt zu beachten. Wie bei der Generalklausel des allgemeinen Polizei- oder Ordnungsrechts sind nur die zur Wahrnehmung der Aufgabe „erforderlichen" Maßnahmen zulässig, d. h. diese müssen geeignet sein, den rechtswidrigen Zustand zu beheben, und sie müssen den geringstmöglichen Eingriff darstellen. Im Hinblick auf das zweite Erfordernis kommt dem Betroffenen eine **„Ersetzungsbefugnis"** zu, d. h. er kann statt des baupolizeilich angeordneten Mittels ein anderes anbieten, das denselben Zweck erfüllt. Angesichts der dargestellten zahlreichen speziellen Eingriffsbefugnisse des Bauordnungsrechts kommt die bauordnungsrechtliche Generalermächtigung nur selten und überwiegend nur in weniger bedeutsamen Fallgestaltungen zur Anwendung.

Zum Beispiel kann die Baurechtsbehörde auf Grund der bauordnungsrechtlichen Generalklausel dem Bauherrn eines genehmigungspflichtigen, aber ohne Genehmigung errichteten Bauwerks („Schwarzbau") aufgeben, prüfungsfähige Bauvorlagen einzureichen, damit ggf. noch nachträglich eine Baugenehmigung erteilt werden kann (VGH Kassel, BauR 1983, 241). Soll ein Bauwerk beseitigt werden, das an sich rechtmäßig errichtet ist, aber wegen mangelhafter Unterhaltung später rechtswidrig (etwa zur baufälligen „Ruine") wurde, greift ebenfalls die Generalermächtigung ein; denn die Spezialermächtigung für den Erlaß einer Abbruchverfügung (etwa § 65 LBO BW) setzt voraus, daß das zu beseitigende Vorhaben rechtswidrig „errichtet wurde", also von Anfang an rechtswidrig war und nicht erst später rechtswidrig und zu einer polizeilichen Gefahr geworden ist (VGH BW, VBlBW 1988, 111). Auch die Verpflichtung, ein noch nicht vollendetes Bauwerk zu beseitigen oder Bauteile, die etwa nach dem Abbruch einer baulichen Anlage auf dem Grundstück herumliegen, zu entfernen („Aufräumungsverfügung"), kann nur auf die Generalermächtigung gestützt werden; die Spezialermächtigung für Abbruchverfügungen bezieht sich nur auf vollendete Anlagen, erfaßt also diese Fälle nicht (vgl. VGH BW, BWVPr 1984, 257). Soll einem Bauherrn schließlich nur die Verkleinerung und der damit verbundene Umbau eines Bauwerks, nicht dessen (Teil-)Abbruch aufgegeben werden, ist ebenfalls die Generalermächtigung einschlägig; denn solche Verfügungen verpflichten den Bauherrn keineswegs nur zum teilweisen Abbruch einer baulichen Anlage, dessen Anordnung auf die Ermächtigung für Abbruchverfügungen zu stützen wäre, vielmehr muß er auch den verbleibenden Rest des Bauwerks in einen ordnungsgemäßen Zustand versetzen. 18

4. Ergänzungen durch das allgemeine Polizeirecht und das Verwaltungsverfahrensrecht

19 Die Aufgaben der Bauaufsicht und das Instrumentarium zu ihrer Erfüllung stellen, wie erwähnt, **„besonderes Polizeirecht"** dar. Als spezielle Regelungen verdrängen sie für ihren Regelungsbereich das allgemeine Polizei- oder Ordnungsrecht, im übrigen bleibt dieses aber ergänzend anwendbar.

So sind etwa die Vorschriften über die polizeirechtliche Verantwortlichkeit der „Störer" nicht anzuwenden, soweit die Bauordnungen selbst regeln, wer Adressat bestimmter Eingriffsakte sein soll; das gilt z.B. für Überwachungsmaßnahmen, die sich auf die Ordnungsgemäßheit der Bauausführung und die Tauglichkeit der Gerüste beziehen (vgl. z.B. § 66 II LBO BW). Als Verantwortliche in diesem Bereich der Bauaufsicht benennen die Bauordnungen „die am Bau Beteiligten" (vgl. z.B. § 66 I LBO BW), also Bauherr, Planverfasser, Bauunternehmer und Bauleiter, letztere jeweils für ihren Verantwortungsbereich (vgl. etwa §§ 42ff. LBO BW; im einzelnen dazu oben § 4 Rn. 18). Soweit die Bauordnungen allerdings ihr Instrumentarium nur lückenhaft normieren, ist zur Schließung dieser Lücken auf das **allgemeine Polizeirecht** zurückzugreifen. Das gilt insbesondere für die Frage, an wen Baueinstellungsverfügungen, Abbruchverfügungen und Nutzungsuntersagungen zu richten sind. Hierfür gelten ergänzend die Bestimmungen über die polizeirechtliche Verantwortlichkeit der allgemeinen Polizei- und Ordnungsgesetze (vgl. etwa §§ 6ff. PolG BW).

Finden sich im Einzelfall mehrere Verantwortliche, muß die Baurechtsbehörde nach pflichtgemäßem Ermessen darüber entscheiden, gegen wen sie ihre Maßnahmen richtet. Leitlinie für diese „Störerauswahl" ist, wie allgemein im Recht der Gefahrenabwehr, der Grundsatz der „Effektivität der Gefahrenabwehr" und in diesem Rahmen der Vorrang der Handlungshaftung vor der Zustandshaftung (allgemein zur Einschränkung der Zustandsverantwortlichkeit im Hinblick auf Art. 14 I GG am Beispiel der Altlasten: BVerwG, DÖV 1991, 428).

20 In diesem Zusammenhang stellt sich häufig die Frage, ob eine bauaufsichtsrechtliche Verfügung auch gegen einen **Rechtsnachfolger** wirkt oder ob sie gegen diesen neu erlassen werden muß. Die überwiegende Auffassung stellt auf die Grundstücksbezogenheit der Anordnung ab und verneint daher die im öffentlichen Recht gewöhnlich anzunehmende „höchstpersönliche" Verpflichtung auf Grund öffentlich-rechtlicher Verfügungen. Insofern wirken bauaufsichtliche Verfügungen auch für und gegen Gesamt- wie Einzelrechtsnachfolger. Das entspricht auch der gesetzlich (vgl. z.B. § 58 II LBO BW) anerkannten dinglichen Wirkung einer Bau-

genehmigung (zur Nachfolgefähigkeit bauaufsichtsrechtlicher Verfügungen vgl. BVerwG, BRS 24 Nr. 193; OVG Koblenz, NVwZ 1985, 431; VGH BW, NJW 1977, 861; NJW 1979, 1565; BayVGH, BRS 35 Nr. 214; kritisch mit Blick auf die Notwendigkeit eines Nachfolgetatbestandes etwa *Würtenberger/Heckmann/Riggert*, Polizeirecht in Baden-Württemberg, 4. Aufl. 1999, Rn. 311 ff. vgl. auch *Ortloff*, JuS 1981, 574 sowie HessVGH, NuR 1986, 126). Einzelne Bauordnungen enthalten besondere Nachfolgeregelungen (vgl. etwa § 89 II 3 NBO), andere haben mittlerweile generell eine dingliche Wirkung für bauaufsichtliche Genehmigungen und sonstige Maßnahmen geregelt (z. B. Art. 60 II 3 BayBO).

Weiter werden die Regelungen der Bauordnungen durch die allgemeinen Bestimmungen der **Landesverwaltungsverfahrensgesetze** ergänzt, die wesentliche Teile des Allgemeinen Verwaltungsrechts enthalten.

So müssen etwa Abbruchverfügungen oder Nutzungsuntersagungen ausreichend bestimmt sein (vgl. § 37 I VwVfG). Regelmäßig werden sie schriftlich erlassen und müssen dann eine Begründung enthalten, die auch die Gesichtspunkte erkennen läßt, von denen die Behörde bei der Ausübung ihres Ermessens ausgegangen ist (vgl. § 39 I VwVfG).

5. Die Vollstreckung bauordnungsrechtlicher Verfügungen

Für die Durchsetzung bauaufsichtsrechtlicher Eingriffsakte im **21**
Wege des Verwaltungszwangs gelten die allgemeinen Verwaltungsvollstreckungsgesetze der Länder. So ist regelmäßig Voraussetzung der Vollstreckung, daß die Grundverfügung entweder bestandskräftig ist oder die aufschiebende Wirkung eines Rechtsbehelfs entfällt, insbesondere weil ihre sofortige Vollziehbarkeit nach § 80 II Nr. 4 VwGO angeordnet wurde (vgl. z. B. § 2 LVwVG BW). Letzteres dürfte bei Abbruchverfügungen nur in Ausnahmefällen zulässig sein, da mit der Beseitigung des Gebäudes vollendete Tatsachen geschaffen werden; bei Nutzungsuntersagungen dagegen kann die sofortige Vollziehung schon eher angeordnet werden. Zwangsmittel zur Durchsetzung von Abbruch- bzw. Nutzungsuntersagungsver-

fügungen werden in aller Regel die Ersatzvornahme bzw. das Zwangsgeld sein.

22 Besondere Probleme ergeben sich dann, wenn die Anlage etwa im **Miteigentum mehrerer Personen** steht. Es genügt dann nicht, nur gegen einen Miteigentümer eine Abbruchverfügung zu erlassen, denn diesem wäre ihre Erfüllung rechtlich unmöglich, weil er dabei die privaten Rechte der anderen Miteigentümer verletzten müßte. Zwar führt eine solche rechtliche Unmöglichkeit nach neuerer Rechtsprechung nicht zur Rechtswidrigkeit der Abbruchverfügung, sie hindert aber deren Vollstreckung (BVerwG, BRS 25 Nr. 205; VGH BW, BRS 25 Nr. 206; OVG Münster, NJW 1985, 2491). Dieses Vollstreckungshindernis kann die Behörde dadurch ausräumen, daß sie an die anderen Miteigentümer gleichlautende Abbruchverfügungen oder sog. „Duldungsverfügungen" erläßt. Letztere geben den Miteigentümern auf, den Abbruch der Anlage zu dulden. Man kann diese **Duldungsverfügungen**, auch in Ländern mit Spezialermächtigungen für Abbruchverfügungen, auf die bauordnungsrechtliche Generalklausel stützen (VGH BW, BRS 38 Nr. 206).

Literatur: *Martens*, Rechtsnachfolge und Bestandsschutz im Bauordnungsrecht – BVerwG, NJW 1971, 1624; JuS 1972, 190; *Krebs*, Bindungswirkung abgelehnter Baugenehmigungen, VerwArch 67 (1976), 411; *Ortloff*, Baurechtliche Abrißverfügung und Rechtsnachfolge, JuS 1981, 574; *Randelzhofer/Wilke*, Die Duldung als Form flexiblen Verwaltungshandelns – Dargestellt an einem Fall des Wasserrechts, 1981; *Kopp*, Die Bestandskraft von Verwaltungsakten, DVBl. 1983, 392; *Bracher*, Die bauaufsichtliche Zusage der Duldung formell und materiell rechtswidriger baulicher Anlagen, ZfBR 1987, 127; *Rechenbach*, Verfassungsanspruch auf „Gleichbehandlung im Unrecht"?, NVwZ 1987, 383; *Hermes/Wieland*, Die staatliche Duldung rechtswidrigen Verhaltens – dogmatische Folgen behördlicher Untätigkeit im Umwelt- und Steuerrecht, 1988; *Jäde*, „Schwarzbau" und Bauaufsicht – Grundprobleme von Beseitigungsanordnung, Nutzungsuntersagung und Baueinstellung, ThürVBl. 1993, 82; *Ortloff*, Die Entwicklung des Bauordnungsrechts, NVwZ 2001, 997 ff.

§ 30. Rechtsschutz des Bauherrn und des Nachbarn gegen Einzelentscheidungen im Baurecht

Übersicht

1. Rechtsschutzmöglichkeiten des Bauherrn: Baurechtliche Besonderheiten
   a) Verpflichtungsbegehren
   b) Anfechtungsklage
   c) Vorläufiger Rechtsschutz
2. Rechtsschutz des Nachbarn bei genehmigungspflichtigen und genehmigungsfreien Vorhaben

1. Rechtsschutzmöglichkeiten des Bauherrn: Baurechtliche Besonderheiten

Rechtsschutzprobleme bei baurechtlichen Einzelentscheidungen gibt es im wesentlichen in zwei Konstellationen: Zum einen in der **bipolaren Beziehung** zwischen Bauherrn und Baubehörde, beispielsweise Klagen auf Erteilung einer Baugenehmigung oder gegen eine behördliche Auflage (siehe oben § 28 Rn. 19ff.) oder Begehren auf vorläufigen Rechtsschutz gegen eine behördliche Anordnung. Zum anderen müssen gerade im Baurecht auch **dreipolige** Rechtsstreitigkeiten bewältigt werden, etwa wenn der Nachbar gegen die Baubehörde auf Aufhebung einer dem Bauherrn erteilten Baugenehmigung klagt oder sogar die Beseitigung eines bereits errichteten Bauwerks begehrt. Zunächst sollen die Rechtsschutzmöglichkeiten des Bauherrn erörtert werden. 1

a) Verpflichtungsbegehren

Gegen die rechtswidrige Versagung einer **Baugenehmigung** hat der Bauwillige die Möglichkeit des Widerspruchs und danach der Verpflichtungsklage (§§ 68, 42 VwGO; vgl. auch Fallbeispiel § 22 Rn. 21). Besondere, im Baurecht begründete Probleme ergeben sich hierbei kaum. Sein subjektives Recht auf Erteilung der Baugenehmigung folgt aus der Baufreiheit in ihrer gesetzlichen Konkretisierung in der Landesbauordnung, wonach die Bauge- 2 nehmigung zu erteilen ist, wenn dem Vorhaben keine von der Baurechtsbehörde zu prüfenden öffentlich-rechtlichen Vorschriften entgegenstehen (vgl. z.B. § 58 I LBO BW). Soweit die Gemeinde nicht zugleich Baurechtsbehörde ist und die Baugenehmigung nur im Einvernehmen mit ihr erteilt werden kann (§ 36 BauGB), ist die Gemeinde notwendig beizuladen (§ 65 II VwGO).

Die Nachbarn, die Einwendungen gegen den Bauantrag erhoben haben, müssen nicht notwendig beigeladen werden, da sie nach Ansicht der Gerichte nicht schon durch das Verpflichtungsurteil, sondern erst durch die daraufhin erteilte Baugenehmigung in ihren Rechten beeinträchtigt werden (BVerwG, DVBl. 1974, 767f.; VGH BW, NJW 1977, 1308; vgl. auch *Ortloff*, F/O, Bd. II, S. 266). Dennoch empfiehlt sich ihre Beiladung nach § 65 I VwGO, nicht zuletzt zu dem Zweck, sie u.U. in einen Prozeßvergleich einbinden zu können.

Maßgeblicher Zeitpunkt für die Beurteilung eines Rechtsanspruchs auf Erteilung der Baugenehmigung ist, wie generell bei Verpflichtungsklagen, die Sach- und Rechtslage bei der letzten mündlichen Verhandlung.

3 Mit einer Verurteilung zur Erteilung der Baugenehmigung hat der Bauwillige den Rechtsstreit allerdings noch nicht abschließend gewonnen. Die Gemeinde kann nämlich die Aufstellung eines Änderungsbebauungsplanes beschließen und zu dessen Sicherung eine **Veränderungssperre** (§ 14 BauGB) erlassen. Dadurch ändert sich die Sach- und Rechtslage und die im Urteil konkretisierte Verpflichtung der Baugenehmigungsbehörde entfällt (BVerwG, NVwZ 1985, 563; VGH BW, VBlBW 1985, 185, 186). Allerdings kann der Betroffene sowohl die Veränderungssperre als auch später den Bebauungsplan im Wege der Normenkontrolle auf seine Rechtmäßigkeit hin überprüfen lassen (vgl. § 47 VwGO; dazu oben § 16).

b) Anfechtungsklage

4 Gegen einen bauaufsichtsrechtlichen Eingriffsakt, etwa eine **Abbruchverfügung** der Baurechtsbehörde, steht dem Betroffenen nach erfolglosem Widerspruch die Anfechtungsklage zur Verfügung (vgl. dazu Fallbeispiel oben § 22 Rn. 24). Sein subjektives Abwehrrecht ergibt sich aus den baurechtlichen Regelungen bzw. direkt aus den Grundrechten, insbesondere der Baufreiheit (Art. 14 I GG) oder zumindest der Allgemeinen Handlungsfreiheit (Art. 2 I GG). Daran bestehen beim Adressaten eines baurechtlichen Eingriffsaktes keine

Zweifel („Adressatentheorie“, vgl. BVerwG, NJW 1988, 2752, 2753).

Maßgeblicher Zeitpunkt für die Beurteilung der Begründetheit ist, wie generell bei Anfechtungsklagen, grundsätzlich die Sach- und Rechtslage im Zeitpunkt der letzten Verwaltungsentscheidung (Widerspruchsentscheid). Im Baurecht ergibt sich jedoch die bei den Voraussetzungen für die Abbruchverfügung erörterte Besonderheit, daß es widersprüchlich wäre, einen Eingriff, etwa einen Abbruch der baulichen Anlage, für rechtmäßig zu erklären, wenn danach einem Bauantrag auf (Wieder-)Herstellung stattgegeben werden müßte. Daher ist auch im Verwaltungsprozeß eine später erfolgte **Änderung der Sach- und Rechtslage zugunsten des Klägers** zu berücksichtigen. Lediglich eine spätere Verschlechterung der Rechtslage bleibt unbeachtlich (vgl. bereits BVerwGE 5, 351; BVerwG, BauR 1986, 195; dazu näher *Ortloff*, F/O, Bd. II, S. 268; *Dürr*, Rn. 300ff., 304). 5

c) Vorläufiger Rechtsschutz

Der vorläufige Rechtsschutz des Bauherrn richtet sich nach dem Hauptsacheverfahren (vgl. § 123 V VwGO): 6

Bei einer **Anfechtungsklage** des Bauherrn gegen bauaufsichtsrechtliche Eingriffsakte, etwa eine Abbruchverfügung, hat i.d.R. schon der Widerspruch aufschiebende Wirkung (§ 80 I VwGO). Nur wenn der angegriffene Verwaltungsakt nach § 80 II Nr. 4 VwGO für sofort vollziehbar erklärt wurde, muß der Bauherr als Adressat der jetzt vollziehbaren Anordnung, die Wiederherstellung der aufschiebenden Wirkung nach § 80 IV oder V VwGO beantragen. Der Antrag ist begründet, wenn sein Aufschub- bzw. Suspensivinteresse das Interesse an der sofortigen Vollziehbarkeit überwiegt. Dafür kommt es entscheidend auf die Vorläufigkeit oder Endgültigkeit der Maßnahme und auf die Erfolgsaussichten im Hauptverfahren nach der gegenwärtig anzunehmenden Sachlage an.

Zu den Möglichkeiten des Bauherrn bei einer Anfechtungsklage des Nachbarn gegen die Baugenehmigung s. unten (Rn. 21).

Bei einem **Verpflichtungsbegehren** des Bauherrn kommt eine einstweilige Anordnung nach § 123 VwGO in Betracht. Ein Antrag auf Erteilung der Baugenehmigung auf dem Wege der einstweiligen Anordnung hat allerdings regelmäßig keinen Erfolg, weil im Rahmen des vorläufigen Rechtsschutzes die Endentscheidung grundsätzlich nicht vorweggenommen werden darf.

2. Rechtsschutz des Nachbarn bei genehmigungspflichtigen und genehmigungsfreien Vorhaben

a) Allgemeine Voraussetzungen – Materieller Nachbarbegriff

7 Größere Schwierigkeiten ergeben sich bei dreipoligen Rechtsbeziehungen, etwa wenn bauliche Vorhaben Dritte, insbesondere Eigentümer benachbarter Grundstücke, in ihren Rechten beeinträchtigen.

Der Rechtsschutz des Nachbarn im Baurecht hat geradezu paradigmatische Bedeutung für den Rechtsschutz von „Drittbetroffenen", insbesondere bei Verwaltungsakten mit Doppelwirkung erlangt; Beispiele bieten umweltschutzrechtliche Genehmigungen von Anlagen nach dem Bundesimmissionsschutz-Gesetz, dem Atomgesetz oder dem Abfallgesetz sowie wirtschaftsverwaltungsrechtliche Genehmigungen, etwa nach dem Gaststättengesetz oder der Gewerbeordnung.

Rechtsschutz gegen einzelne Eingriffsakte, die subjektiv-öffentliche Rechte des Nachbarn verletzen, erfolgt vor den Verwaltungsgerichten. Daneben kann sich der Nachbar für die Geltendmachung zivilrechtlicher Unterlassungs- oder Beseitigungsansprüche an die Zivilgerichte wenden (zur Zweigleisigkeit des Nachbarrechts und zu den Besonderheiten eines Hoheitsträgers als Nachbar vgl. unten § 31).

8 **Subjektiv-öffentliche Rechte des Nachbarn** ergeben sich zunächst aus den Normen des einfachen Rechts, sofern sie nachbarschützend, d. h. nicht nur den öffentlichen, städtebaulichen Interessen, sondern auch den Interessen des Nachbarn zu dienen bestimmt sind. Das ist vor allem im Bauplanungsrecht oft nicht leicht zu entscheiden. Die Rechtsprechung hat dazu eine differenzierte Kasuistik entwickelt, deren Kenntnis in Grundzügen unerläßlich ist. Deshalb wurde oben bei der Erörterung der einzelnen Vorschriften jeweils auch der Schutzzweck angesprochen. Allgemeine Interpretationshilfen bieten der Gedanke der **Opfer- und Nutzungsgemeinschaft** oder „bau- und bodenrechtlichen Schicksalsgemeinschaft" i. S. eines „Austauschverhältnisses" (dazu

oben § 18 Rn. 26; § 19 Rn. 18), weiter bei unzumutbaren Beeinträchtigungen der Nachbarinteressen das (baurechtliche) **Rücksichtnahmegebot** (s. oben § 18 Rn. 27, 29ff.; § 19 Rn. 16, 21ff.). Unter Umständen kann sich der Drittbetroffene auch direkt auf seine **Grundrechte** berufen, wenn er darin „schwer und unerträglich" beeinträchtigt wird (s. oben § 18 Rn. 29; § 19 Rn. 21). Auf die Eigentümerposition kann sich auch derjenige berufen, der ein (meist nur kleines) Grundstück lediglich zu dem Zweck erworben hat, um eine Klagebefugnis gegen die Genehmigung oder Planfeststellung bestimmter Vorhaben, z. B. von Kernkraftwerken oder Fernstraßen, zu erhalten. Seine geringere (persönliche) Betroffenheit kann jedoch im Rahmen einer Abwägungsentscheidung berücksichtigt werden (BVerwG, NVwZ 1991, 781).

Nachbar ist nicht nur der „Angrenzer", wie bei der Nachbar- 9
verständigung oder Nachbaranhörung nach den Landesbauordnungen („formeller Nachbarbegriff"), sondern jeder, der in der durch die Rechtsnorm geschützten Position von dem Vorhaben beeinträchtigt wird („materieller Nachbarbegriff"; vgl. bereits BVerwGE 28, 131, 134). Da sich die bauplanungsrechtlichen Bodennutzungsregelungen und die bauordnungsrechtlichen Anforderungen auf das Grundstück beziehen, sind im Baurecht nach überwiegender Meinung grundsätzlich nur **Eigentümer** oder dinglich Berechtigte an benachbarten Grundstücken, **nicht** aber **Pächter**, **Mieter** oder Arbeitnehmer klagebefugt (BVerwG, NJW 1989, 2766; DVBl. 1998, 899 = NVwZ 1998, 956; anders ist u. U. die Rechtsstellung von Mieter und Pächter im Normenkontrollverfahren gegen einen Bebauungsplan (vgl. § 47 II VwGO) angesichts § 1 VI BauGB, dazu VGH BW, VBl BW 1998, 307).

Das Bundesverwaltungsgericht (DVBl. 1998, 899) hat an dieser Ansicht festgehalten, obwohl das Bundesverfassungsgericht (NJW 1993, 2035, 2039 = BVerfGE 89, 1, 8) das Recht des **Mieters** von Wohnungen mit demjenigen eines Erbbauberechtigten verglichen und dem Eigentumsschutz unterstellt hat. Ausschlaggebend dafür war, daß sich der nachbarschützende Gehalt bauplanungsrechtlicher Vorschriften wegen der Grundstücksbezogenheit des Bauplanungsrechts auf die Eigentümer der Nachbargrundstücke beschränke und nicht auch obligatorisch zur Grundstücksnutzung Berechtigte erfasse. Der Mieter oder Pächter könne sich an seinen Vermieter halten. **Anders** sieht das Gericht (BVerwG 105, 178, 183) die Rechtslage, **wenn** ein **Grundstück** (in der Folge der enteignungsrechtlichen Vorwirkung des Planfeststellungsbeschlusses) für den **Straßenbau** oder die dazu erforderlichen **naturschutzrechtlichen Ausgleichsmaßnahmen** in Anspruch **genommen wird**; denn hierdurch werde auch das zum Eigentum zählende obligatorische Recht vernichtet. Ob hierin ein substantieller oder nur ein gradueller Unterschied liegt, ist fraglich. Immerhin hat die Ansicht des Bundesverwaltungsgerichts den Vorzug, daß sich der Pächter nicht gegen eine bauplanungsrechtliche Maßnahme vor Gericht wenden kann, die dem Eigentümer des Grundstücks vielleicht sehr gelegen kommt. Ein weiterer Zweifel an einer absoluten Verneinung einer subjektiv-rechtlichen Schutzfunktion bauplanungsrechtlicher Vorschriften für Mieter und Pächter ergibt sich aus der zunehmenden Hereinnahme des **Umweltschutzes** in das Baurecht. Dieser enthält oft nicht ausschließlich objektbezogene, sondern zumindest auch personenbezogene Schutznormen. Schützen sie etwa Gesundheit oder körperliche Unversehrtheit vor Gefahren durch Lärm, Abgase oder andere Immissionen, muß ihre Verletzung durch eine Baugenehmigung oder eine Bauausführung auch von Mietern, Pächtern und Arbeitnehmern gerichtlich geltend gemacht werden können; schließlich gestalten diese Normen deren Grundrecht aus Art. 2 II GG aus. Unmittelbar auf **Art. 2 II GG** können sie sich berufen, insoweit eine einfachgesetzliche Präzisierung fehlt. Da es sich aber um eine lediglich mittelbare Beeinträchtigung handelt, muß diese, wie dargelegt, bei einem direkten Rückgriff auf das Grundrecht „schwer und **unerträglich**" sein (vgl. *Steinberg*, Nachbarrecht, Rn. 47; *Hufen*, VwPrR, § 14 Rn. 112; *Löhr*, B/K/L, § 31 Rn. 85f.; 95 m. zahlr. w. N.). Liegt die **Beeinträchtigung nicht im** Bereich des **bauplanungsrechtlichen Nachbarschutzes**, können, auch nach Ansicht des BVerwG, Pächter oder **Mieter** auf jeden Fall nach diesen anderen Vorschriften, etwa §§ 22, 24 BImSchG, einen **Abwehranspruch** haben.

b) Widerspruch und Anfechtungsklage

aa) Gegenstand

10 Gegen eine rechtswidrige **Baugenehmigung**, deren Verwirklichung den Nachbarn in seinen Rechten beeinträchtigt, kann er Widerspruch einlegen und bei Erfolglosigkeit Anfechtungsklage gegen die Baugenehmigung und den Widerspruchsbescheid (§ 79 I Nr. 1 VwGO) erheben (BVerwGE 22, 130; std. Rspr.). Nach § 212a BauGB haben Widerspruch und Anfechtungsklage des Drittbetroffenen jedoch keine aufschiebende Wirkung (vgl. § 80 II Nr. 3 VwGO), so daß dem vorläufigen Rechtsschutz (§§ 80a, 80 V VwGO, dazu unten Rn. 21) besondere Bedeutung zukommt.

11 Zu den mit der Anfechtungsklage angreifbaren Bescheiden zählt neben der Baugenehmigung etwa auch ein **Bauvorbescheid**. Da der Bauvorbescheid einen Ausschnitt aus dem feststellenden Teil der Baugenehmigung regelt (dazu BVerwGE 69, 1 u. oben § 28 Rn. 29), muß der Nachbar dagegen vorgehen, sonst kann er gegen die spätere Baugenehmigung keine Einwendungen mehr geltend

machen, über die im Bauvorbescheidsverfahren bestandskräftig entschieden wurde (dazu *Schenke*, VwPrR, Rn. 502g). Für Widerspruch und Anfechtungsklage gegen einen Bauvorbescheid gilt § 212a BauGB nicht; sie haben daher aufschiebende Wirkung (*Battis*, B/K/L, § 212a Rn. 2; a. A. Ns OVG, DÖV 2000, 518f.).

Wird eine **Baugenehmigung vor Bestandskraft des Bauvorbescheids** erteilt, etwa während der Nachbarklage gegen den Bauvorbescheid, muß die Behörde auch den Gegenstand des Bauvorbescheids nochmals prüfen. Sie kann nicht, wie bei der sog. „wiederholenden Verfügung", einfach auf das durch den Bauvorbescheid bereits Geprüfte und Entschiedene verweisen. Denn die Baugenehmigung ist zu erteilen, wenn keine öffentlich-rechtlichen Vorschriften entgegenstehen (z. B. § 58 I LBO BW), und dazu ist alles zu prüfen, was noch nicht bestandskräftig entschieden ist. Daher bezieht sich eine Anfechtungsklage gegen eine Baugenehmigung auch auf die in einem noch nicht bestandskräftigen Bauvorbescheid entschiedenen Fragen (BVerwG, BauR 1984, 164; *Dürr*, JuS 1984, 770). Der Bauvorbescheid wird durch die nachfolgende Baugenehmigung jedoch nicht gegenstandslos; er bleibt vielmehr deren „Grundlage". Das Verfahren gegen den Bauvorbescheid ist deshalb auch nicht als „erledigt" einzustellen (dazu BVerwG, NVwZ 1995, 894). Den Bedenken von *Schenke*, Bauordnungsrecht, in: Achterberg/Püttner/Würtenberger, BesVWR, § 9 Rn. 168ff. ist damit weitgehend Rechnung getragen. 12

Eine **Verpflichtungsklage** kommt für den Nachbarn nur in Sonderfällen in Betracht (vgl. BVerwGE 49, 244: Verpflichtungsklage auf Rücknahme einer Baugenehmigung), insbesondere wenn er die Baugenehmigung als solche gar nicht beseitigen, sondern nur die Beifügung etwa einer Auflage, erreichen will.

bb) Widerspruchs- und Klagebefugnis

Da der Nachbar nicht Adressat des Verwaltungsaktes der Baugenehmigung ist, können die Widerspruchsbefugnis (analog § 42 II VwGO) und die Klagebefugnis (§ 42 II VwGO) fraglich sein. Für die Zulässigkeit des Rechtsmittels genügt es, wenn er „behauptet und vernünftigerweise behaupten kann", daß er durch den Verwaltungsakt in eigenen subjektiven Rechten verletzt sei („Möglichkeitstheorie" – vgl. BVerwGE 18, 154; BVerwG, NVwZ 1990, 262). Ob ihm das behauptete Recht tatsächlich zusteht, ob also die Rechtsnorm tatsächlich nachbarschützend ist, und ob er darin auch tatsächlich verletzt ist, spielt für die Zulässigkeit des Widerspruchs und der Anfechtungsklage keine Rolle und wird erst im Rahmen der Begründetheit geprüft. 13

cc) Fristen

14 Die Widerspruchsfrist beträgt beim Widerspruch einen Monat ab Bekanntgabe des Verwaltungsaktes an den Beschwerten (§ 70 I VwGO), die Klagefrist einen Monat ab Zustellung des Widerspruchsbescheids (§ 74 I VwGO). Allerdings ist die Klage nur zulässig, wenn auch die Widerspruchsfrist eingehalten wurde.

15 Eine Besonderheit ergibt sich für die Klage des Nachbarn gegen die Erteilung einer Baugenehmigung, wenn die Ausgangs- bzw. Widerspruchsbehörde den Ablauf der Widerspruchsfrist nicht beachtet oder die Wiedereinsetzung in den vorherigen Stand rechtsfehlerhaft gewährt (vgl. §§ 70 II, 60 I–IV VwGO). In einem bipolaren Rechtsverhältnis kann die entscheidende Behörde dies ohne weiteres tun, da die Widerspruchsfristen in diesen Fällen allein Interessen der Verwaltung dienen. Anders ist es im Falle der Nachbarklage. Hier dienen die Fristenregelungen zumindest auch dem Vertrauen des Bauherrn auf den Bestand seiner Rechtsposition. Mit Ablauf der Widerspruchsfrist darf der Bauherr von der Bestandskraft seiner Baugenehmigung ausgehen. Durch die **Nichtbeachtung des Fristablaufes** bzw. durch eine unberechtigte Wiedereinsetzung würde die Behörde in diese Rechtsposition des Bauherrn eingreifen und ihm die bereits erlangte Rechtsposition entziehen. Aus diesem Grund darf ein Gericht über die Nichtbeachtung des Fristablaufs bzw. die rechtsfehlerhafte Wiedereinsetzung in diesem Fall nicht hinweggehen.

16 Oft wird die Erteilung einer Baugenehmigung dem Nachbarn nicht bekanntgegeben. Das ist vor allem der Fall, wenn er kein Angrenzer ist und sich an der Nachbaranhörung („Nachbarverständigung") nicht beteiligt hat. Die Widerspruchsfrist beginnt dann nicht zu laufen. Daran ändert sich auch dann nichts, wenn der Nachbar auf privatem Wege von der Baugenehmigung Kenntnis erlangt hat, denn eine „Bekanntgabe" i. S. v. § 41 VwVfG setzt eine behördlich veranlaßte Eröffnung voraus. Dennoch kann nicht zugelassen werden, daß der Nachbar sehenden Auges die Errichtung des Bauwerks verfolgt und danach die Baugenehmigung – u. U. erfolgreich – anficht. Ausgehend von dem Grundsatz von Treu und Glauben (§ 242 BGB), der auch das nachbarliche Gemeinschaftsverhältnis zwischen Bauherrn und Nachbarn beherrscht, muß sich der Nachbar ab dem Zeitpunkt, in dem er zuverlässige Kenntnis von der Baugenehmigung erlangt hat oder hätte erlangen können, so behandeln lassen, als sei ihm die Baugenehmigung bekanntgegeben worden (BVerwGE 44, 294, 296 ff.; 78, 85). Das bedeutet, daß der

Nachbar regelmäßig innerhalb der Jahresfrist des § 58 II VwGO (vgl. § 70 II VwGO) **Widerspruch** einlegen muß. Danach hat er sein Recht **„verwirkt"**.

Der Nachbar kann allerdings im Einzelfall den Nachweis führen, daß sein später eingelegter Widerspruch auf Grund besonderer Umstände nicht treuwidrig ist. Umgekehrt soll der Nachbar sein Widerspruchsrecht auf Grund besonderer Umstände des Einzelfalls auch schon vor Ablauf der Jahresfrist des § 58 II VwGO verlieren können (BVerwGE 78, 85, 88 f.). Das zeigt, daß es in diesen Fällen nicht um eine eigentliche Fristberechnung geht, sondern um die **Verwirkung von Verfahrensrechten**: Die Frist des § 58 II VwGO gibt nur einen Maßstab, mit dem man das für die Verwirkung des Verfahrensrechts „Widerspruch" maßgebliche „Zeitmoment" bestimmen kann (vgl. zu den Voraussetzungen der Verwirkung allgemein: VGH BW, VBlBW 1988, 143 u. 1990, 15).

dd) Begründetheit: Rechtswidrigkeit und (subjektive) Rechtsverletzung

Widerspruch und Anfechtungsklage sind nach § 113 I 1 VwGO, 17
der für den Widerspruch analog gilt, nur dann begründet, wenn erstens die Baugenehmigung objektiv rechtswidrig ist und zweitens das subjektive Recht des Nachbarn verletzt wird. Bei einem Verstoß gegen Normen, die nicht nachbarschützend sind, muß also die Klage des Nachbarn kostenpflichtig (§ 154 I VwGO) abgewiesen werden, selbst wenn die Baugenehmigung rechtswidrig ist.

Eine Nachbarklage ist weiter abzuweisen, wenn der Nachbar 18
rechtswirksam auf sein subjektiv öffentliches Recht verzichtet hat. Davon kann i. d. R. jedoch nur bei einer entsprechend eindeutigen Erklärung ausgegangen werden.

Es genügt keinesfalls allein, daß der Nachbar bei der Angrenzeranhörung keine Einwendungen erhoben hat, es sei denn, die Landesbauordnung bestimmt ausdrücklich eine „materielle Präklusion", wie jetzt § 55 II 2 LBO BW. Auch im Unterschreiben der Bauvorlagen wird man wohl nur eine Bestätigung der Kenntnisnahme sehen dürfen. Nach Maßgabe besonderer Umstände des Einzelfalles kann der Nachbar dadurch aber auch den Willen, auf Nachbarrechte zu verzichten, ausdrücken (OVG Münster, BauR 1984, 622, 623; zu Einzelheiten vgl. auch VGH BW, BRS 27 Nr. 164).

ee) Maßgeblicher Zeitpunkt für die Beurteilung der Rechtmäßigkeit

Nach der Rechtsprechung ist maßgeblicher Zeitpunkt für die 19
Beurteilung der Begründetheit grundsätzlich die Sach- und Rechtslage im Zeitpunkt des Erlasses der Baugenehmigung und nicht, wie üblich, des Widerspruchsbescheids; spätere Rechtsänderungen zum

Nachteil des Bauherrn, etwa durch einen neuen Bebauungsplan, bleiben also außer Betracht. Dagegen werden Verbesserungen seiner Rechtslage berücksichtigt.

Für die Anfechtungsklage ist nach allgemeinen Grundsätzen die Sach- und Rechtslage im Zeitpunkt der letzten Verwaltungsentscheidung, also der Widerspruchsentscheidung, maßgeblich, denn das Verfahren vor der Widerspruchsbehörde bildet zusammen mit dem Verfahren vor der Ausgangsbehörde eine Einheit („Einheit des Verwaltungsverfahrens", vgl. § 79 I VwGO). Insofern kommt schon danach eine Rechtsänderung zugunsten des Bauherrn diesem zugute. Für den Fall einer Rechtsänderung zu seinem Nachteil hat das Bundesverwaltungsgericht jedoch entschieden, daß es *zugunsten des Bauherrn* allein auf die Sach- und Rechtslage beim Wirksamwerden der Baugenehmigung (vgl. § 43 I VwVfG) ankomme, weil im Rahmen des Bodenrechts die dem Bauherrn einmal eingeräumte Rechtsposition grundsätzlich nur gegen Entschädigung entzogen werden dürfe (BVerwG, DÖV 1970, 135; NJW 1979, 995; vgl. auch VGH BW, VBlBW 1989, 343). Diese vor allem am Vertrauensschutz orientierte Rechtsprechung stimmt mit den Grundsätzen der Plangewährleistung überein, die bei besonderen, individuellen Zusagen im Einzelfall, nicht jedoch bei generellen begünstigenden Regelungen anerkannt ist (dazu oben § 17 Rn. 1ff.).

c) Folgenbeseitigungsanspruch nach erfolgreicher Nachbarklage

20 Wird die Baugenehmigung im Widerspruchs- oder im Anfechtungsverfahren aufgehoben, ist aber die bauliche Anlage, etwa wegen der sofortigen Vollziehbarkeit der Baugenehmigung (vgl. § 212a I BauGB, § 80 II Nr. 3 VwGO), bereits errichtet, stellt sich die weitere Frage, ob der Nachbar auch die Beseitigung des Bauwerks durchsetzen kann. Ein Folgenbeseitigungsanspruch des Nachbarn reicht dafür allein nicht aus. Er gibt der Baurechtsbehörde keine Rechtsgrundlage für eine entsprechende Abbruchverfügung. Diese findet sich aber, wie dargelegt, regelmäßig in den Landesbauordnungen (vgl. z.B. § 65 LBO BW). Das der Behörde dabei zustehende **Ermessen reduziert** sich i.d.R. wegen des Folgenbeseitigungsanspruchs des Nachbarn auf Null; die Behörde muß also z.B. den Abbruch der baulichen Anlage verfügen (kritisch dazu OVG Münster, NJW 1984, 883, weil bei einem Schwarzbau – bei dem mangels eines rechtswidrigen behördlichen Eingriffs kein Folgenbeseitigungsanspruch besteht – nach überwiegender Meinung eine Ermessensreduktion auf Null und damit eine Pflicht zum Einschrei-

ten nur anzunehmen ist, wenn eine Gefahr für ein wichtiges Rechtsgut des Nachbarn oder erhebliche Verstöße gegen nachbarschützende Normen vorliegen. Indessen könnte dieser „Widerspruch" allenfalls den umgekehrten Schluß rechtfertigen; dazu unten Rn. 24; *Schenke*, Bauordnungsrecht, in: Achterberg/Püttner/Würtenberger, BesVWR, § 9 Rn. 255f.; zur vergleichbaren Problematik im Allgemeinen Polizeirecht: VGH BW, NJW 1990, 2270).

Dennoch werden in der Praxis nur selten bereits errichtete Gebäude nach erfolgreicher Nachbarklage wieder beseitigt, weil die Behörden davor zurückschrecken, derartige Vermögenswerte zu vernichten. Aus diesem Grunde hat in der Verwaltungspraxis der vorläufige Rechtsschutz des Nachbarn eine besondere Bedeutung.

d) Vorläufiger Rechtsschutz

Da Widerspruch und Anfechtungsklage des Nachbarn gegen die **21**
Baugenehmigung gemäß § 212a BauGB, § 80 II Nr. 3 VwGO keine aufschiebende Wirkung haben, ist der Nachbar hauptsächlich auf den vorläufigen Rechtsschutz verwiesen. Er kann bei der Behörde oder beim Verwaltungsgericht die Aussetzung der Vollziehung beantragen (vgl. §§ 80a I Nr. 2 oder 80a III VwGO).

Ob der Aussetzungsantrag beim Gericht erst zulässig ist, wenn die Behörde zuvor einen entsprechenden Antrag ganz oder teilweise abgelehnt hat, ist strittig. Dafür spricht die Verweisung in § 80a III 2 auf § 80 VI VwGO. Die Gegenansicht beruft sich darauf, daß § 80 VI VwGO sich nur auf öffentliche Abgaben bezieht.

Hat der Nachbar bei der Behörde mit seinem Aussetzungsantrag nach § 80a I Nr. 2 VwGO Erfolg, so kann der Bauherr nach § 80a III 2. Var. VwGO vorgehen und die gerichtliche Aufhebung der Vollziehungsaussetzung beantragen. Wenn der Nachbar dagegen bei Gericht (nach § 80a III 3. Var. i.V.m. § 80a I Nr. 2 VwGO) erfolgreich ist, so bleibt dem Bauherrn nur der Änderungsantrag nach § 80 VII VwGO oder die Beschwerde (§§ 146ff. VwGO). Die Dauer der aufschiebenden Wirkung wird durch § 80b VwGO zeitlich begrenzt; das OVG kann aber ihre Fortdauer anordnen (§ 80b II VwGO).

22 Mißachtet der Bauherr eine vom Nachbarn erreichte Vollziehungsaussetzung und beginnt mit dem Bau (sog. faktische Vollziehung), so ist umstritten, wie der Nachbar vorgehen muß. Teilweise wird ein Vorgehen nach § 123 VwGO für statthaft gehalten, da die Behörde zum Einschreiten gebracht werden solle (vgl. etwa OVG Saarland, BauR 1992, 608; OVG Münster, NVwZ 1991, 1001; VGH BW, VBlBW 1991, 219, aufgegeben 1995 in ESVGH 46, 29ff.). Die überwiegende Meinung hält diese Ansicht nicht für vereinbar mit § 123 V VwGO, der für den vorläufigen Rechtsschutz bei Anfechtungsklagen ausschließlich auf die §§ 80, 80a VwGO verweise. Diese betreffen allerdings die Anordnung der aufschiebenden Wirkung oder gar die Aufhebung der Vollziehung gegenüber einer Behörde (§ 80 V VwGO). Vorliegend geht es jedoch um den faktischen Vollzug des Bauherrn, den das Gericht nicht direkt in Pflicht nehmen kann. Daher muß nach dieser Ansicht die Behörde analog §§ 80a III 1, 3. Alt. i.V.m. § 80a I Nr. 2, 2. Alt. VwGO verpflichtet werden, gegenüber dem Bauherrn eine auf Unterlassung der Vollziehung, d.h. auf Einstellung der Bauarbeiten gerichtete Anordnung zu erlassen (dazu *Schenke*, VwPrR, 7. A. 2000, Rn. 1015ff.; *Kopp/Schenke*, VwGO, § 80 Rn. 181 m. zahlr. w. N. auch aus der Rechtsprechung).

23 Mit der zunehmenden **Freistellung** bestimmter Bauvorhaben **von der Genehmigungspflicht** hat sich die Rechtsschutzlage des Nachbarn in diesen Fällen verändert. Ihm verbleibt nur eine Verpflichtungsklage auf Einschreiten der Bauaufsichtsbehörde, etwa auf Erlaß einer Baueinstellungsverfügung. Allerdings kommt dieser Rechtsschutz im allgemeinen zu spät. Um die Schaffung vollendeter Tatsachen zu verhindern, muß er versuchen, über eine einstweilige Anordnung (nach § 123 VwGO) die Behörde zum Erlaß einer Baueinstellungsverfügung zu zwingen. Beide Rechtsschutzformen werfen materiell-rechtliche Probleme auf, die im folgenden zu erörtern sind.

3. Nachbarklage auf Einschreiten gegen den (privaten) Bauherrn

24 Führt ein privater Bauherr ein genehmigungsbedürftiges, aber nicht genehmigtes, oder ein genehmigungs- bzw. „verfahrensfreies"

Vorhaben durch, das gegen nachbarschützende Normen des materiellen Rechts verstößt, hat der Nachbar die Möglichkeit, ein Einschreiten mit bauaufsichtlichen Mitteln, etwa den Erlaß einer **Baueinstellungsverfügung** (vgl. z.B. § 64 LBO BW), zu beantragen. Gegen die Ablehnung kann er zunächst Widerspruch einlegen und bei dessen Erfolglosigkeit Verpflichtungsklage erheben (§§ 68, 42 I VwGO). Entsprechendes gilt für Klagen des Nachbarn auf **Nutzungsuntersagung** einer ohne Genehmigung genutzten oder auf Erlaß einer Abbruchverfügung einer seit ihrer Errichtung baurechtswidrigen und nicht durch eine Baugenehmigung gedeckten Anlage (vgl. z.B. § 65 LBO BW). Auf Besonderheiten bei einem hoheitlich tätigen Bauherrn wird unten (§ 31 Rn. 10ff.) eingegangen.

Die Entscheidung über ein bauaufsichtliches Einschreiten steht allerdings grundsätzlich im **Ermessen** der Baurechtsbehörde. Daher kann der Nachbar prinzipiell nur ein subjektives Recht darauf haben, daß die Baubehörde ihr Ermessen auch ihm gegenüber fehlerfrei ausübt. Ein solches subjektiv-öffentliches Recht auf fehlerfreie Ermessensausübung wiederum ist nur gegeben, wenn das Vorhaben gegen nachbarschützende Vorschriften des öffentlichen Rechts verstößt, denn nur dann ist die in erster Linie objektivrechtliche polizeiliche Befugnisnorm zugleich auch den Interessen des Nachbarn zu dienen bestimmt (vgl. etwa BVerwGE 11, 95). In Extremfällen kann das Handlungsermessen der Baurechtsbehörde auf Null schrumpfen, so daß ein Anspruch des Nachbarn auf ein bestimmtes Einschreiten besteht. Das ist nach überwiegender Meinung anzunehmen, wenn ohne bauaufsichtliches Einschreiten eine schwere Gefahr für ein wichtiges Rechtsgut des Nachbarn oder erhebliche Verstöße gegen nachbarschützende Normen vorliegen (dazu BVerwG, NJW 1961, 793; VGH BW, BRS 33 Nr. 159; BauR 1979, 222; VBlBW 1992, 148, 149; *Degenhart*, NJW 1996, 1433, 1436; *Becker*, in: Simon, BayBO, Stand 2000, Art. 82, Rn. 480).

Nach a.A. soll bereits eine „spürbare" Beeinträchtigung ausreichen, so daß bei Verletzung nachbarschützender Normen regelmäßig ein Anspruch auf Einschreiten bestehe (OVG Münster, BauR 1990, 341, 342; BauR 1994, 746, 749; OVG Saarl., NVwZ 1983, 685). Indessen setzt sich damit diese Ansicht über die eindeutige gesetzliche Ermessensregelung und die dafür anerkannten Ermessensgrundsätze hinweg.

Bei **genehmigungsfreien Bauvorhaben** neigt die Rechtsprechung z. T. dazu, dem Nachbarn als Kompensation für den Wegfall des auch seine Belange mitberücksichtigenden Baugenehmigungsverfahrens einen Anspruch auf behördliches Einschreiten bereits dann zu geben, wenn nachbarschützende Normen mißachtet werden und die **nachbarlichen Belange mehr als nur geringfügig** berührt sind (VGH BW, NVwZ-RR 1995, 490, 491; DÖV 1997, 1056; BayVGH, NVwZ 1997, 923; OVG Bautzen, NVwZ 1997, 992). Das hat allerdings zur Folge, daß der Nachbar sich bei einem genehmigungsfreien, also formell rechtmäßigen Vorhaben besser stellt als bei einem formell rechtswidrigen, d. h. einem Schwarzbau. Zum Teil wird deshalb gefordert, daß umgekehrt bei genehmigungsfreien Vorhaben erschwerende Anforderungen gestellt werden müßten. Mit der Verabschiedung der Behörde aus der Präventivkontrolle müsse ein gradueller Rückzug der repressiven Kontrolle einhergehen (*Schmaltz*, NdsVBl. 1995, 241, 247). Diese Ansicht mag der Intention der neuen Gesetze entsprechen, stößt sich aber an der verfassungsrechtlichen Gewährleistung eines effektiven Rechtsschutzes durch Art. 19 IV GG. Da die Baurechtsbehörde auch diese Komponente bei ihrer Ermessensentscheidung mitzuberücksichtigen hat, ist der Ansicht zuzustimmen, daß sich das Ermessen bereits auf eine Pflicht zu behördlichem Einschreiten reduziert, wenn nachbarschützende Belange „mehr als nur geringfügig" negativ berührt sind. Um den Widerspruch zu den höheren Anforderungen an die Rechtsgutverletzung für einen Anspruch auf Erlaß einer Abbruchverfügung gegenüber einem Schwarzbau zu vermeiden (vgl. oben Rn. 20), wird z. T. gefordert, im Hinblick auf Art. 3 I GG auch dafür die Anforderungen an die Schwere der Rechtsgutverletzung herabzusetzen (*Borges*, DÖV 1997, 900, 902; *Mampel*, UPR 1997, 267 f.); diese Ansicht dürfte jedoch angesichts der unterschiedlichen Rechtslagen kaum Anklang finden können.

In den Fällen einer **Ermessensreduktion auf Null** spricht das Gericht die **Verpflichtung** der Behörde aus, die beantragte Maßnahme vorzunehmen. **Im übrigen** kann nur ein **„Bescheidungsurteil"** ergehen, das die Behörde verpflichtet, den Antrag des Nachbarn auf bauaufsichtliches Einschreiten unter Beachtung der

Rechtsauffassung des Gerichts erneut zu bescheiden (§ 113 V 2 VwGO).

Als **vorläufiger Rechtsschutz** kommt in diesen Fällen eine einstweilige Anordnung in Betracht (vgl. § 123 VwGO). Sie kann jedoch nur in Ausnahmefällen erlassen werden, weil der Erlaß der bauaufsichtlichen Maßnahme regelmäßig im Ermessen der Behörde steht und die einstweilige Anordnung grundsätzlich nicht die Endentscheidung vorwegnehmen darf. Im Hauptsacheverfahren könnte der Nachbar i. d. R. nur ein Bescheidungsurteil erstreiten; eine auf Erlaß einer bauordnungsrechtlichen Verfügung gerichtete einstweilige Anordnung würde dann sogar den Entscheidungsrahmen des Hauptsacheverfahrens überschreiten. Das wird im Hinblick auf Art. 19 IV GG in seltenen Fällen ausnahmsweise zugelassen, insbesondere wenn eine bestimmte Regelung zur Gewährung eines effektiven Rechtsschutzes schlechterdings notwendig ist und ein hoher Grad an Wahrscheinlichkeit für einen Erfolg auch in der Hauptsache spricht (vgl. BVerfG, NJW 1989, 827; BVerwGE 63, 110, 111; w. N. bei *Kopp/Schenke*, VwGO, § 123 Rn. 13ff.). Im Hinblick auf das Gebot effektiven Rechtsschutzes (Art. 19 IV GG) wird man bei genehmigungsfreien Bauvorhaben – entsprechend der oben dargelegten Tendenz in der Rechtsprechung – auch die Anforderungen an den Grad der Wahrscheinlichkeit zu reduzieren haben, auch wenn dies dem vom Gesetzgeber angestrebten Beschleunigungseffekt etwas entgegenwirkt. **25**

4. Nachbarklage gegen Vorhaben öffentlich-rechtlicher Körperschaften

Vorhaben des Bundes, eines Landes und neuerdings vielfach auch der Gemeinde u. a. Körperschaften des öffentlichen Rechts, bedürfen nach den Landesbauordnungen unter bestimmten Voraussetzungen keiner Baugenehmigung (vgl. z. B. § 70 I LBO BW). Wären sie jedoch als Vorhaben privater Bauherren genehmigungspflichtig, ist dafür nach Maßgabe des Landesrechts die „Zustimmung" der zuständigen Behörde erforderlich. Ist diese Zustimmung ein Rechtsakt zwischen zwei verschiedenen Körperschaften, etwa dem Bund oder Land einerseits und der Baurechtsbehörde der Gemeinde andererseits, dann ist sie als Verwaltungsakt zu qualifizieren und kann wie eine Baugenehmigung vom Nachbarn nach den dargelegten Grundsätzen angefochten werden. Ist sie jedoch **26** etwa für ein Vorhaben des Landes von einer Landesbehörde, etwa dem Landratsamt als unterer Baurechtsbehörde, zu erteilen, liegt ein Verwaltungsinternum vor; denn die erlassende Behörde und der Adressat der Anordnung sind Organe desselben Rechtsträgers (vgl. OVG Hamburg, BauR 1982, 260). Aus Rechtsschutzgründen wird die Zustimmung dennoch im Außenverhältnis zum Nachbarn als Verwaltungsakt behandelt, so daß dem Nachbarn ebenfalls die gleichen Rechtsbehelfe dagegen zustehen (so etwa *Sauter*, § 70 Rn. 13). Insofern ergeben sich für die Anfechtungsklage des Nachbarn keine wesentlichen Besonderheiten.

Werden Anlagen öffentlich-rechtlicher Körperschaften ohne Baugenehmigung bzw. Zustimmung errichtet und betrieben, kann bei einer fiskalischen Tätigkeit der davon beeinträchtigte Nachbar die oben beschriebenen bauordnungsrechtlichen Eingriffsmaßnahmen verlangen. Anders ist die Rechtslage jedoch, wenn es sich um die Ausübung hoheitlicher Funktionen handelt. Hier wird letztlich das allgemeine Problem des „Hoheitsträgers als Störer" relevant. Dieses wird in größerem Zusammenhang unten (§ 31 Rn. 10ff.) erörtert.

5. Fallbeispiel (Nachbarklagen)

Sachverhalt

27 Schreinermeister A gehört ein mit einer entsprechenden Baugenehmigung errichtetes Wohnhaus im nicht beplanten Innenbereich einer Kleinstadt in Baden-Württemberg. Das Grundstück liegt in einer ruhigen Wohngegend; in der näheren und weiteren Nachbarschaft finden sich nur Wohngebäude, kleinere Krämerläden und eine kleine Druckerei. Der rückwärtige Grundstücksbereich ist – wie in der gesamten Nachbarschaft – unbebaute Gartenfläche. A möchte sein Eigentum wirtschaftlicher nutzen als bisher. Er beantragt bei der Baurechtsbehörde der Stadt eine Baugenehmigung für die Einrichtung eines „Spielautomatensalons" in den Erdgeschoßräumen seines Hauses, der abends und an Wochenenden geöffnet sein soll. Diese erhält er im November unter einer „Ausnahmegewährung nach § 31 I BauGB". Gleichzeitig mit der Einrichtung des Spielsalons baut er auf dem rückwärtigen Teil seines Grundstücks einen Schuppen und richtet sich dort eine Werkstatt mit Bandsäge, Schleifmaschine und anderen Gerätschaften ein. Hierfür hat er keine Baugenehmigung.

Der Eigentümer des angrenzenden Grundstücks N, dessen Wohnhaus nur 12 m von der Werkstatt entfernt steht, und der am Baugenehmigungsverfahren für den Spielautomatensalon nicht beteiligt worden war, beantragt alsbald bei der Stadt, die Belästigungen durch lärmende Besucher des Spielsalons und durch den Betrieb der Werkstatt abzustellen. Da er keine Antwort erhält, legt er schließlich Mitte Mai des nächsten Jahres beim Regierungspräsidium Widerspruch gegen die Baugenehmigung für den „Spielsalon" ein. Darüber ist noch zu entscheiden. Im Oktober erhebt N außerdem Klage auf Beseitigung der störenden Werkstatt, weil bisher immer noch nichts geschehen sei.

Lösungsskizze:

A. Widerspruch gegen die Baugenehmigung für den „Spielsalon"

I. Zulässigkeit des Widerspruchs

Insoweit ist nur fraglich, ob N (analog § 42 II VwGO) widerspruchsbefugt ist und ob er die Widerspruchsfrist (§ 70 VwGO) eingehalten hat. **28**

1. Widerspruchsbefugnis

N ist (als „Nicht-Adressat") nur widerspruchsbefugt, wenn er geltend machen kann, durch die Baugenehmigung des A möglicherweise in eigenen (subjektiven) Rechten verletzt zu sein („Möglichkeitstheorie"). Da er nicht Adressat eines belastenden Verwaltungsaktes ist, kann seine Widerspruchbefugnis nicht schon aus Art. 2 I GG hergeleitet werden. Erforderlich ist vielmehr, daß er die Verletzung einer Norm geltend machen kann, die nicht nur dem Schutz der Allgemeinheit, sondern (zumindest) auch seinem eigenen Schutz zu dienen bestimmt ist (Schutznormtheorie). Als Grundlage für die bauplanungsrechtliche Zulässigkeit des „Spielsalons" kommt hier für die Nutzungsart § 34 II BauGB i. V. m. § 4 BauNVO in Betracht. Nach der im Sachverhalt beschriebenen Bebauung entspricht die Eigenart der näheren Umgebung des Baugrundstücks einem „Allgemeinen Wohngebiet" i. S. v. § 4 BauNVO. Aus dem Gedanken des wechselseitigen Austauschverhältnisses bei einer „Opfer- und Nutzungsgemeinschaft" bzw. einer „bau- und bodenrechtlichen Schicksalsgemeinschaft" sind Festsetzungen in einem Bebauungsplan über die Art der baulichen Nutzung grundsätzlich auch

„dem Interesse des Nachbarn zu dienen bestimmt"; insofern hat er einen Anspruch auf Bewahrung des Gebietstypus. Hier liegt zwar kein Bebauungsplan vor. Indem aber der Gesetzgeber in § 34 II BauGB die geplanten Baugebiete den faktischen i. S. der BauNVO für die Art der baulichen Nutzung gleichstellt, legt er zugleich einen identischen Nachbarschutz fest. Es ist daher möglich, d. h. es kann keinesfalls „offensichtlich" und „eindeutig" von der Hand gewiesen werden, daß die Baugenehmigung bei einem Verstoß gegen die Bestimmung des § 34 II BauGB i. V. m. § 4 BauNVO den N in seinen Rechten verletzt.

Die Nutzungsänderung bedarf auch landesrechtlich der Baugenehmigung, da durch die stärkere Frequentierung zumindest zusätzliche Toiletten und Stellplätze notwendig werden (vgl. §§ 49 I, 2 XII Nr. 1, 50 II Nr. 1, 36 I, 37 II LBO BW). Diese Vorschriften sind jedoch nicht (zumindest auch) im Interesse des N erlassen. Insofern scheiden sie bei der weiteren Prüfung aus.

2. Widerspruchsfrist

Die Monatsfrist des § 70 I VwGO ist mangels Bekanntgabe der Baugenehmigung an N nicht in Lauf gesetzt worden. Um das für den Bauherrn untragbare Ergebnis zu vermeiden, daß in diesen Fällen noch nach Jahren Widerspruch eingelegt werden kann, muß sich der Nachbar von dem Zeitpunkt ab, in dem er zuverlässig Kenntnis von der Baugenehmigung erlangt hat oder hätte erlangen können, nach Treu und Glauben (vgl. § 242 BGB) so behandeln lassen, als sei ihm die Baugenehmigung amtlich (i. S. v. § 41 VwVfG) bekanntgegeben worden. Das bedeutet, daß sich die Zulässigkeit des Widerspruchs (mangels Rechtsbehelfsbelehrung) ab diesem Zeitpunkt im wesentlichen nach der in §§ 70 II, 58 II VwGO geregelten Jahresfrist richtet und danach der Nachbar sein Recht auf Widerspruch „verwirkt" hat. Diese Frist ist hier nicht verstrichen.

Der Widerspruch ist damit zulässig.

II. Begründetheit des Widerspruchs

29 Der Widerspruch des N ist analog § 113 I 1 VwGO begründet, wenn die Baugenehmigung des A rechtswidrig ist und subjektive Rechte des N verletzt sind.

(I.) Verletzung formellen Rechts

1. Die Gemeinde ist untere Baurechtsbehörde (vgl. § 46 II Nr. 1, III LBO BW) und damit (nach § 48 I LBO BW) sachlich zuständig.

2. Daß N als Nachbar im Baugenehmigungsverfahren nicht gehört worden ist (vgl. § 55 LBO BW) schadet nicht, weil die Widerspruchsbehörde dies mit heilender Wirkung (vgl. § 45 I Nr. 3 VwVfG) – jetzt nach § 45 II LVwVfG (soweit es bereits dem VwVfG angepaßt wurde) sogar bis zum Abschluß eines eventuellen Gerichtsverfahrens – nachholen kann.

(II.) Materielle Rechtswidrigkeit

1. Materiell könnte die Baugenehmigung gegen § 34 II BauGB i.V.m. § 4 BauNVO verstoßen. **30**

a) Gemäß § 29 I BauGB ist § 34 II BauGB anwendbar, wenn es sich bei der „Umnutzung" von Wohnräumen in einen „Spielsalon" um eine für die Belange des Bodenrechts (§ 1 V BauGB) relevante „Funktionsänderung" und damit um ein „Nutzungsänderungsvorhaben" im (bundesrechtlichen) Sinne des § 29 I BauGB handelt. Das ist anzunehmen, weil städtebauliche, bodenrechtliche Belange insbesondere durch die Erhöhung der Besucherfrequenz und die dadurch verursachte Lärmbelästigung betroffen sind.

b) Die Eigenart der „näheren Umgebung" i.S.d. § 34 II BauGB entspricht hier einem allgemeinen Wohngebiet nach § 4 BauNVO. Zu dieser – für die Zulässigkeit der Nutzungsart somit maßgebenden – Vorschrift steht der Spielsalon in Widerspruch. Denn er ist planungsrechtlich als „Vergnügungsstätte" (vgl. §§ 4a III Nr. 2; 6 II Nr. 8, III; 7 II Nr. 2; 8 III Nr. 3 BauNVO) einzustufen, die im Katalog der im allgemeinen Wohngebiet zulässigen Nutzungen nicht vorkommt. Als ausnahmsweise zulässiger „sonstiger Gewerbebetrieb" i.S.v. § 4 III Nr. 2 BauNVO kann der Salon angesichts der abschließenden Regelung über „Vergnügungsstätten" in den genannten Bestimmungen nicht eingestuft werden. Die Baurechtsbehörde hat daher dem A zu Unrecht eine Ausnahmenutzung gemäß §§ 34 II, 31 I BauGB und § 4 III Nr. 2 BauNVO erlaubt. Eine Umdeutung in einen Dispens nach § 31 II BauGB scheidet aus, da Ausnahmen und Befreiungen in der Baugenehmigung ausdrücklich auszusprechen sind (vgl. § 58 I 3 LBO BW) und die Behörde auch ausdrücklich von einer „Ausnahme" ausging. Außerdem wären die Voraussetzungen des § 31 II Nr. 1–3 BauGB nicht gegeben.

31 2. Verletzung subjektiver Rechte des N

§ 31 I BauGB, der hier gemäß § 34 II 2. Hs BauGB entsprechend gilt, vermittelt Nachbarschutz, wenn die Vorschrift, von der eine Ausnahme erteilt wird, ihrerseits nachbarschützend ist. Hier kommt es deshalb auf den nachbarschützenden Charakter des § 34 II BauGB i. V. m. § 4 BauNVO an, der nach Maßgabe der Interessentheorie bzw. baurechtsspezifischer Kriterien zu ermitteln ist. § 34 II BauGB stellt die Grundeigentümer des „faktischen Baugebiets" denjenigen gleich, die bei einer bauplanungsmäßigen Festsetzung des Baugebiets sich in einer in einem „Austauschverhältnis" stehenden „bau- und bodenrechtlichen Schicksalsgemeinschaft" befinden. Er ist damit nachbarschützend. Die Baugenehmigung verletzt also auch subjektive Rechte des N.

Der Widerspruch ist somit begründet.

Anmerkung: Setzt A nach Aufhebung der Genehmigung für die Nutzungsänderung den Betrieb des Spielsalons fort, kann N beantragen, dem A diese Nutzung zu untersagen (vgl. § 65 S. 2 LBO BW). Die Räume werden im Widerspruch zu öffentlich-rechtlichen Vorschriften (§ 34 II BauGB i. V. m. § 4 III Nr. 2 BauNVO) genutzt; insofern ist die Behörde zu einem solchen Einschreiten grundsätzlich befugt (vgl. § 65 S. 2 LBO BW). Allerdings liegt diese Entscheidung in ihrem Ermessen. Da N wegen der rechtswidrig erteilten Baugenehmigung einen Folgenbeseitigungsanspruch hat, ist dieses Ermessen jedoch prinzipiell, d. h. wenn keine schwerwiegenden Gründe entgegenstehen, auf Null reduziert. Insofern hat N grundsätzlich einen Rechtsanspruch auf Erlaß einer solchen Verfügung. Diesen kann er notfalls nach erfolglosem Antrag und Widerspruch im Wege der Verpflichtungsklage durchsetzen. – Während des Widerspruchsverfahrens könnte N (angesichts § 212a BauGB) die aufschiebende Wirkung nach §§ 80 IV, 80a I Nr. 2 oder §§ 80 V, 80a III 2 VwGO und zur Sicherung seines Rechts die einstweilige Einstellung des Spielbetriebs nach § 80a III 1, I Nr. 2 VwGO anstreben (dazu *Schoch*, S/SA/P, § 80a Rn. 38ff.).

B. Klage auf Erlaß einer Abbruchverfügung hinsichtlich der Schreinerwerkstatt

I. Zulässigkeit der Klage

32 Hier ist nur fraglich, ob N nach § 42 II VwGO klagebefugt ist und ob er nicht vor Klageerhebung Widerspruch hätte einlegen müssen.

1. Klagebefugnis

N könnte einen Anspruch auf Erlaß einer Abbruchsanordnung (vgl. § 65 S. 1 LBO BW) haben, wenn die Anlage im Widerspruch zu öffentlich-rechtlichen Vorschriften errichtet wurde, die auch den Interessen des Nachbarn zu dienen bestimmt sind. Das ist, wie bereits ausgeführt, bei Verstößen gegen § 34 II BauGB i. V. m. § 4 BauNVO bzw. gegen § 34 I BauGB i. V. m. dem darin ausgeprägten, ggf. Nachbarschutz gewährenden, baurechtlichen Rücksichtnahmegebot der Fall. Beides kann hier in Betracht kommen (Möglichkeitstheorie).

2. Widerspruchsverfahren

Weil die Stadt den Antrag des N auf behördliches Einschreiten ohne zureichenden Grund seit März, also in angemessener Frist, nicht beschieden hat, ist die Klage als Untätigkeitsklage nach § 75 VwGO ohne vorheriges Widerspruchsverfahren zulässig.

II. Begründetheit der Klage

Die Klage ist gemäß § 113 V 1 VwGO begründet, wenn die Unterlassung des begehrten Verwaltungsakts, hier einer Abbruchverfügung, rechtswidrig ist und der N dadurch in seinen Rechten verletzt wird; das ist der Fall, wenn N einen Anspruch auf Erlaß des Verwaltungsakts oder auf erneute ermessensfehlerfreie Entscheidung der Baurechtsbehörde hat. Dieser könnte sich aus § 65 S. 1 LBO BW ergeben. Da § 65 LBO BW für sich allein aber keine subjektiven Rechte vermittelt, müssen zusätzlich subjektive (Nachbar)Rechte des N aus anderen (etwa bauplanungsrechtlichen) Vorschriften verletzt sein. 33

1. Voraussetzungen für den Erlaß der Abbruchverfügung 34

Nach § 65 S. 1 LBO BW kann der Abbruch einer Anlage, die im Widerspruch zu öffentlich-rechtlichen Vorschriften errichtet wurde, angeordnet werden, wenn nicht auf andere Weise rechtmäßige Zustände hergestellt werden können.

a) Eine wirksame Baugenehmigung für den Schuppen existiert nicht. Da er nicht (nach §§ 50, 51 LBO BW) von der allgemeinen Genehmigungspflicht (gem. § 49 LBO BW) freigestellt ist, ist der Bau seit seiner Errichtung formell rechtswidrig.

b) Materiell kommt ein Verstoß gegen (den nach § 29 I BauGB anzuwendenden) § 34 BauGB in Frage.

aa) Die zulässige Nutzungsart richtet sich (wiederum) nach § 34 II BauGB i. V. m. § 4 BauNVO. Diese Vorschriften sind verletzt. Schreinerwerkstätten mit Bandsägen etc. sind ihrer Art nach im allgemeinen Wohngebiet nicht zulässig; sie können auch nicht ausnahmsweise nach §§ 34 II, 31 I BauGB i. V. m. § 4 III Nr. 2 BauNVO zugelassen werden, weil sie mit Blick auf ihre Geräuschemissionen keine „nicht störenden" Gewerbebetriebe i. S. d. § 4 III Nr. 2 BauNVO darstellen. Allerdings wäre es unverhältnismäßig, allein deswegen den Abbruch des Schuppens anzuordnen, da eine andere Nutzung, etwa als Lagerraum, nach § 4 II BauNVO durchaus zulässig wäre. Insofern rechtfertigt die vorliegende materielle Rechtswidrigkeit lediglich eine Nutzungsuntersagung des Werkstattbetriebs in dem Schuppen.

bb) Mit Blick auf die überbaubare Grundstücksfläche kommt angesichts des in der maßgeblichen Umgebung freigehaltenen rückwärtigen Grundstücksbereichs die Verletzung einer „faktischen" (rückwärtigen) Baugrenze in Betracht. Hierfür gilt § 34 II BauGB mit seinem Verweis auf die BauNVO nicht; denn er beschränkt sich auf die „Art" der baulichen Nutzung. Daher bleibt es bei der Anwendung der allgemeinen Regelung des § 34 I BauGB. Maßgeblich ist deshalb, ob sich das Vorhaben des A – bezogen auf die überbaubare Grundstücksfläche – in die Eigenart der näheren Umgebung einfügt. Das ist nicht der Fall. Denn der „Rahmen", den die Grundstücke der näheren (die Nutzung des Baugrundstücks „prägenden") Umgebung insoweit bilden, umfaßt ausschließlich im rückwärtigen Bereich nicht überbaute Grundflächen. Diesen Rahmen verläßt das Vorhaben des A. Daß es sich dennoch i. S. d. § 34 I BauGB „einfügen" könnte, weil es keine nur durch Bauleitplanung zu bewältigende bodenrechtliche Spannungen in das Gebiet hineintragen würde (dazu BVerwGE 55, 369, 386), läßt sich nach Sachlage nicht annehmen. Insofern fügt sich der Schuppen nicht in die Eigenart der näheren Umgebung ein. Diese Rechtswidrigkeit kann nur durch einen Abbruch des Schuppens beseitigt werden.

2. Verletzung von Nachbarrechten des N 35

a) Soweit das Vorhaben gegen § 34 II BauGB i.V.m. § 4 BauNVO verstößt, sind Rechte des N verletzt (dazu bereits oben).

b) Umstritten ist, ob auch § 34 I BauGB dem Nachbarn ein subjektives öffentliches Recht einräumt. Die Rechtsprechung lehnt dies einheitlich ab. Nachbarschutz gewährt § 34 I BauGB danach nur insoweit, als im Begriff des „Einfügens" das „baurechtliche Rücksichtnahmegebot" enthalten ist, das seinerseits (nur) unter besonderen Voraussetzungen Nachbarschutz vermittelt. Vorliegend kommt es deshalb darauf an, ob das Vorhaben des A dem N gegenüber wegen des Standorts im rückwärtigen Garten- und Ruhebereich „baurechtlich rücksichtslos" ist und ob das Rücksichtnahmegebot – das selbst regelmäßig nur objektiv-rechtliche Bedeutung hat – dem N insoweit ausnahmsweise Nachbarschutz gibt.

aa) Das Rücksichtnahmegebot verlangt eine Berücksichtigung der Belange aller betroffenen Personen; es will einen Ausgleich zwischen den Belangen des Bauherrn und den Belangen der Nachbarschaft bewirken. Maßstab ist das Kriterium der Zumutbarkeit, d.h. das Rücksichtnahmegebot ist verletzt, wenn der Nachbar einer im Hinblick auf die jeweilige Situation nicht mehr zumutbaren Beeinträchtigung ausgesetzt ist. Hier kommt zum Zuge, daß der durch die Gartenfläche gebildete Grünstreifen beseitigt und daher der Erholungswert im Gartenbereich („Außenwohnbereich") erheblich gemindert ist, zumal nur noch 12 m zwischen dem Schuppen und dem Wohnhaus liegen. Angesichts der die gesamte Nachbarschaft kennzeichnenden Gartenanlage ist der Wegfall des Gartens vor dem Grundstück des N (wohl) nicht mehr zumutbar. (Allerdings wäre hier auch eine andere Ansicht vertretbar, zumal die Gerichte zögern, eine Verpflichtung zu einer Abbruchsanordnung auszusprechen).

bb) Nachbarschutz vermittelt das baurechtliche Rücksichtnahmegebot dann, wenn in qualifizierter und zugleich individualisierter Weise auf schutzwürdige Interessen eines erkennbar abgegrenzten (bzw. von der Allgemeinheit unterscheidbaren) Kreises Dritter Rücksicht zu nehmen ist, d.h. für den Bauherrn darf nicht zweifelhaft sein, auf wen er Rücksicht zu nehmen hat, etwa weil die

Umstände des Einzelfalles dies handgreiflich ergeben. Auch diese Anforderungen wird man hier nach Sachlage, vor allem angesichts der geringen Entfernung zwischen Werkstatt und Wohnhaus des N, bejahen können.

Das Vorhaben des A verletzt damit auch subjektive Nachbarrechte des N. Diesem steht ein Anspruch auf rechtsfehlerfreie Ermessensentscheidung über seinen Antrag auf behördliches Einschreiten zu. Nach den vorliegenden Angaben kann nicht davon ausgegangen werden, daß dieses Ermessen sich nur auf eine einzige ermessensfehlerfreie Entscheidung, nämlich den Abbruch, reduziert hat. Das Gericht wird daher die Stadt durch Bescheidungsurteil verpflichten, über den Antrag des N nach Maßgabe der Ausführungen des Gerichts zu den einschlägigen Ermessensgesichtspunkten zu entscheiden (§ 113 V 2 VwGO).

Literatur: *Brohm*, Rechtsschutz im Bauplanungsrecht, 1959; *Breuer*, Baurechtlicher Nachbarschutz, DVBl. 1983, 431; *Dürr*, Rechtsnatur und Bindungswirkung des Bauvorbescheides (BVerwG, NJW 1984, 1473), JuS 1984, 770; *Dürr*, Das Gebot der Rücksichtnahme – Eine Generalklausel des Nachbarschutzes im öffentlichen Baurecht, NVwZ 1985, 719; *Steinberg*, Das Nachbarrecht der öffentlichen Anlagen, 1988; *Schwarzer*, Nachbarschutz im öffentlichen Baurecht, UPR 1989, 201; *Stelkens*, Das Gesetz zur Neuregelung des verwaltungsgerichtlichen Verfahrens (4. VwGO-ÄndG) – das Ende einer Reform?, NVwZ 1991, 209; *Hörtnagl/Stratz*, Die Neuregelung des vorläufigen Rechtsschutzes durch das 4. VwGO-Änderungsgesetz, VBlBW 1991, 326; *Schoch*, Der vorläufige Rechtsschutz im 4. VwGO-Änderungsgesetz, NVwZ 1991, 1121; *Sarnighausen*, Zum Nachbaranspruch auf baubehördliches Einschreiten, NJW 1993, 1623; *Mampel*, Aktuelle Entwicklungen im öffentlichen Baunachbarrecht, DVBl. 1994, 1053; *Mampel*, Der Mieter ist nicht Nachbar, UPR 1994, 8; *Schmidt-Preuß*, Nachbarschutz des „Mieter-Eigentümers", NJW 1995, 27; *Degenhart*, Genehmigungsfreies Bauen und Rechtsschutz des Nachbarn, NJW 1996, 1433; *Uechtritz*, Nachbarrechtsschutz bei der Errichtung von Wohngebäuden im Freistellungs-, Anzeige- und vereinfachten Verfahren, NVwZ 1996, 640; *Borges*, Der Nachbarrechtsschutz im Freistellungsverfahren, DÖV 1997, 900; *Mampel*, Baulicher Drittschutz nach der Deregulierung, UPR 1997, 267; *Schoch*, *Schmidt-Aßmann*, *Pietzner*, VwGO, Kommentar, Stand 1998, zit. S/SA/P.

V. Teil. Kollision von Nutzungsinteressen und Ausgleichsansprüche

§ 31. Öffentliches und privates Nachbarrecht

Übersicht

1. Das Nebeneinander von privatrechtlichem und öffentlich-rechtlichem Nachbarrecht

Eine Grundstücksnutzung kann vielfache Auswirkungen auf 1
Nachbargrundstücke haben. Der Bauherr will seine Baufreiheit und die Nutzung seines Grundstücks maximieren; der Nachbar

möchte sich und sein Eigentum vor den dabei entstehenden Emissionen schützen. Dieser Gegensatz zwischen dem Entfaltungsinteresse des einen und dem Bewahrungsinteresse des anderen zeigt sich bei der Errichtung und dem Betrieb von Gewerbeanlagen, von Verkehrswegen, aber auch zwischen einzelnen Nachbarn in einem Wohngebiet. Der Ausgleich dieser Interessenkollision erfolgt im Nachbarrecht durch die gesetzliche Ausgestaltung des Eigentumsrechts. Dabei wirken privates und öffentliches Recht zusammen (vgl. BVerfGE 58, 300, 335f. – Naßauskiesung). Ursprünglich war dieser Ausgleich weitgehend dem Privatrecht überlassen. Das BGB enthält ein gut differenziertes System in § 1004 I, II i.V.m. § 906 I, II BGB. In neuerer Zeit ist der Anteil des öffentlichen Rechts an der Ausgestaltung des Nachbarrechts, insbesondere durch das Bauplanungsrecht und das Umweltschutzrecht, erheblich angestiegen. Diese Entwicklung wurde vor allem auch dadurch gefördert, daß diese Vorschriften in zunehmendem Maße nicht nur als objektives, dem öffentlichen Interesse dienendes Recht angesehen werden, sondern auch als subjektive Berechtigung der Nachbarn. Erst dadurch wurde die Nachbarklage im Baurecht und Immissionsschutzrecht zulässig. Die ausgreifende Entfaltung des öffentlichen Planungs- und Umweltrechts hat schließlich dazu geführt, daß eine komplizierte **Gemengelage privatrechtlicher und öffentlich-rechtlicher Regelungen zur Ordnung nachbarschaftlicher Immissionskonflikte** entstanden ist. Zum besseren Verständnis sind zunächst die Grundlagen des öffentlich-rechtlichen nachbarlichen Interessenausgleichs darzustellen und danach die Wirksamkeit beider Zweige und ihr Verhältnis zueinander zu erörtern.

2. Grundlagen des öffentlichen Nachbarrechts

a) Hauptrechtsquellen

2 Spezielle öffentlich-rechtliche „Nachbarrechtsgesetze“ gibt es nicht. Das materielle **öffentliche Nachbarrecht** findet seine **Grundlage** in den allgemeinen baurechtlichen und immissionsschutzrechtlichen Regelungen, wie dem Baugesetzbuch, der BauNVO und dem BImSchG. Insofern überschneidet es sich im Bau-

recht mit der oben erörterten allgemeinen Nachbarklage. Im Hinblick auf Klagemöglichkeiten des Nachbarn muß geklärt werden, ob und unter welchen Voraussetzungen einzelne Vorschriften dem „Nachbarn" oder „Drittbetroffenen" subjektiv-öffentliche Rechte geben, also „nachbarschützend" sind. Das ist immer dann anzunehmen, wenn sie nicht nur im öffentlichen Interesse erlassen sind, sondern „zumindest auch dem Interesse des einzelnen zu dienen bestimmt sind". Im einzelnen wurde dies bei der Erörterung der wichtigsten Vorschriften, wie etwa der §§ 30–35 BauGB, bereits dargelegt (vgl. oben § 18 Rn. 25f.; § 19 Rn. 17).

b) Begriff des Nachbarn

„Nachbar" in diesem Sinne ist jeder, der durch Emissionen in seinen Rechten betroffen wird. Insofern wird der **Begriff** des Nachbarn zum einen definiert mit den faktischen Kriterien (1) des **Einwirkungsbereichs**, etwa einer Anlage, und (2) des zeitlichen Gesichtspunkts einer gewissen **Dauerhaftigkeit der Beziehung** des Nachbarn zu der emittierenden Anlage; ein Besucher des Nachbargrundstücks ist noch kein Nachbar in diesem Sinne. Begriffsbestimmend ist zum anderen aber auch der **Schutzbereich der** jeweiligen öffentlich-rechtlichen **Norm**, insbesondere der Normen des Baurechts und des Umweltrechts. Diese können den Schutzbereich und damit auch den Radius der Betroffenheit, d.h. den Kreis der Nachbarn, unterschiedlich bestimmen. 3

Im **Baurecht** gehen, wie bereits ausgeführt, die Rechtsprechung und ein großer Teil der Literatur davon aus, daß dieses Recht prinzipiell grundstücksbezogen sei und daher nur die Rechtsstellung der Grundstückseigentümer und der am Grundstück dinglich Berechtigten regle. Vom Baurecht betroffene oder geschützte Nachbarn können danach nur dinglich, nicht aber schuldrechtlich Berechtigte sein (dazu und zur Problematik dieser Auffassung oben § 30 Rn. 9).

Im **Umweltrecht**, insbesondere im Immissionsschutzrecht, dagegen bezieht sich der personelle Schutzbereich eindeutig auf alle, die den Immissionen auf eine gewisse Dauer ausgesetzt sind, also auch Mieter, Pächter oder Arbeitnehmer. Diese sind im immissionsschutzrechtlichen Sinne daher auch alle „Nachbarn" des emittierenden Grundstücks.

3. Rechtsbeziehungen des Nachbarn bei privater Nachbarschaft

a) Dreipolige öffentlich-rechtliche Rechtsbeziehung zwischen Nachbarn und Verwaltungsbehörde

4 Angesichts der angestiegenen Bedeutung des Raumplanungs- und des Umweltrechts treten zu den Rechtsverhältnissen zwischen privaten Nachbarn regelmäßig noch **Rechtsbeziehungen zu Verwaltungsbehörden** hinzu, die über die Einhaltung der öffentlich-rechtlichen Vorschriften wachen. So bedürfen zahlreiche Vorhaben einer präventiv ansetzenden **Genehmigung**, im Baurecht einer Baugenehmigung, im Immissionsschutzrecht bei „Großemittenten" einer Anlagengenehmigung (§ 4 BImSchG). Außerdem haben die Verwaltungsbehörden regelmäßig **Eingriffsbefugnisse**, um die Einhaltung des öffentlichen Rechts zu gewährleisten, im Baurecht etwa die Baueinstellung, Abbruchsanordnung und Nutzungsuntersagung (vgl. z.B. §§ 64, 65 LBO BW) und im Immissionsschutzrecht die Untersagung, Stillegung und Beseitigung genehmigungsbedürftiger Anlagen oder die Anordnung von Schutzmaßnahmen oder der Betriebseinstellung nicht genehmigungsbedürftiger Anlagen (vgl. §§ 20, 24, 25 BImSchG). Mit der Anerkennung subjektiver öffentlicher Rechte des Nachbarn bei zahlreichen Vorschriften kann er derartige Genehmigungen anfechten, wenn sie die ihn schützenden öffentlich-rechtlichen Normen verletzen. Ebenso ist inzwischen im Polizei- oder Ordnungsrecht anerkannt, daß die polizeiliche Generalklausel und andere öffentlich-rechtliche Eingriffsnormen dann „zumindest auch seinen Interessen zu dienen bestimmt sind", wenn gegen öffentlich-rechtliche Normen verstoßen wird, die ihrerseits dem Nachbarn ein subjektiv-öffentliches Recht einräumen. Der **Nachbar** kann daher auch in diesen Fällen **auf ein Einschreiten** der Verwaltungsbehörde **klagen**. Allerdings stellen die Eingriffsbefugnisse das Vorgehen der Behörde regelmäßig in deren **Er-**

messen; insofern besteht für den Nachbarn lediglich ein Anspruch auf eine ermessensfehlerfreie Entscheidung der Behörde. Dieser verdichtet sich nur dann zu einem Anspruch auf Einschreiten, wenn alle anderen Entscheidungen ermessensfehlerhaft wären, das Ermessen also auf Null reduziert ist (im einzelnen s. oben § 30 Rn. 24f.).

b) Zweipolige privatrechtliche Rechtsbeziehung zwischen privaten Nachbarn – Ihre Mitprägung durch das öffentliche Recht

aa) Das zweipolige privatrechtliche Nachbarschaftsverhältnis

Neben den genannten **dreipoligen öffentlich-rechtlichen Nachbarschaftsverhältnissen**, die sich aus dem Rechtsanspruch des Nachbarn gegenüber der Verwaltungsbehörde ergeben, besteht ein **direktes Nachbarschaftsverhältnis** zwischen den privaten Nachbarn. Dieses beurteilt sich nach **Privatrecht**. Nach **§§ 1004 I, II, 906 I, II BGB** muß der Nachbar **unwesentliche Einwirkungen dulden. Wesentliche** Einwirkungen, die **nicht ortsüblich** sind, kann er unbeschränkt **abwehren, ortsübliche** Einwirkungen aber nur insoweit, als sie mit zumutbarem wirtschaftlichem Aufwand verhindert werden können. Insofern ergibt sich ein mittelbarer Zwang für den Emittenten, **zumutbare Schutzvorkehrungen** zugunsten des Nachbarn zu ergreifen. Sind solche aber **nicht möglich**, hat der betroffene Nachbar die Immissionen (bei ortsüblicher Nutzung) hinzunehmen und kann lediglich einen **Ausgleichsanspruch** in Geld geltend machen, sofern die Einwirkung eine ortsübliche Benutzung seines Grundstücks oder dessen Ertrag über das zumutbare Maß hinaus beeinträchtigt. 5

Die Frage ist, inwieweit **öffentlich-rechtliche Regelungen** diese unbestimmten **Rechtsbegriffe mitzuprägen** vermögen.

bb) Die Frage der „wesentlichen Beeinträchtigung"

Der unbestimmte Rechtsbegriff der **„wesentlichen Beeinträchtigung" i. S. v. § 906 I BGB** wird nach der Rechtsprechung der obersten Bundesgerichte entscheidend durch die für das 6 öffentliche Nachbarrecht maßgebende Erheblichkeitsschwelle des § 3 BImSchG bestimmt (vgl. BGHZ 111, 63; 70, 102 u. BVerwGE 79, 254, 258). In diesem Sinne hat inzwischen auch der Gesetzgeber in **§ 906 I 2 u. 3 BGB** klargestellt, daß eine unwesentliche Beeinträchtigung i.S.d. § 906 I BGB in der Regel dann vorliegt, wenn „die in Gesetzen und Rechtsverordnungen festgelegten **Grenz- oder Richtwerte** von den nach diesen Vorschriften ermittelten und bewerteten Einwirkungen nicht überschritten" werden. Gleichgestellt sind Werte in allgemeinen Verwaltungsvorschriften, die nach § 48 BImSchG erlassen werden und den Stand der Technik wiedergeben. Damit ist der bisher in der Rechtsprechung praktizierte „Harmoniestandard" auch gesetzlich festgeschrieben. Zu Beachten ist jedoch, daß derartige Beeinträchtigungen nur „in der Regel" als unwesentlich gelten, also im Einzelfall, etwa wenn immissionsbedingte Schäden eintreten (BGH, NJW 1999, 1029), dennoch „wesentlich" sein können. Umgekehrt ist eine Überschreitung dieser Richtwerte nicht schon ohne weiteres wesentlich (vgl. *Palandt/Bassenge*, BGB, 60. Aufl. 2001, § 906 Rn. 23, 23a).

cc) Ortsüblichkeit der Beeinträchtigung als faktischer und normativer Begriff

7 Wesentliche Beeinträchtigungen, die nicht mit wirtschaftlich zumutbaren Maßnahmen verhindert werden können, muß der Nachbar hinnehmen, wenn sie ortsüblich sind. Nach der Rechtsprechung der Zivilgerichte (vgl. die Nachw. b. *Palandt/Bassenge*, § 906, Rn. 24ff.) bestimmt sich die **Ortsüblichkeit i.S.v. § 906 II BGB** allein nach den tatsächlichen Verhältnissen. Der BGH bejahte deshalb einen Abwehranspruch des Nachbarn auf Einstellung des Betriebs einer Tennisanlage, die im Bebauungsplan festgesetzt und übrigens auch von der Baurechtsbehörde genehmigt worden war (BGH, NJW 1983, 751, 752). Wäre diese Ansicht zutreffend, könnten hoheitliche Planentscheidungen über die Bodennutzung mit Hilfe des Zivilrechts unterlaufen werden. Das widerspricht Sinn und Zweck des öffentlichen Rechts als Sonderrecht der Verwaltung zur Gewährleistung des Gemeinwohls. Entweder muß man daher den unbestimmten Rechtsbegriff der Ortsüblichkeit unter

Heranziehung öffentlich-rechtlicher Bestimmungen, wie den Festsetzungen in einem Bebauungsplan, normativ ausfüllen oder in den bauplanungsrechtlichen Festsetzungen einen selbständigen Duldungstitel i. S. v. 1004 II BGB (neben § 906 II BGB) sehen.

dd) Einfluß von Genehmigungen und Planfeststellungen auf das privatrechtliche Nachbarschaftsverhältnis

Auch öffentlich-rechtliche Einzelakte können Einfluß auf das privatrechtliche Nachbarschaftsverhältnis haben. Die Erteilung einer nach dem BImSchG erforderlichen **Anlagengenehmigung** oder einer **Bewilligung** zur Gewässerbenutzung nach dem Wasserhaushaltsgesetz sowie eine **Planfeststellung** haben zur Folge, daß privatrechtliche Abwehransprüche auf Einstellung des Betriebs nicht mehr geltend gemacht werden können. Insoweit verdrängt also das öffentliche Recht privatrechtliche Nachbaransprüche (§§ 4, 14 BImSchG; §§ 8, 11 WHG; § 75 II VwVfG). 8

Einer **Baugenehmigung** wird eine solche Wirkung auf das privatrechtliche Nachbarrechtsverhältnis nicht zugesprochen. Das ergibt sich zum einen aus dem Gegenschluß aus den gerade genannten Sonderregelungen und zum anderen aus der bauordnungsrechtlichen Bestimmung (vgl. § 58 III LBO BW), wonach Baugenehmigungen „unbeschadet privater Rechte Dritter erteilt" werden. 9

Allerdings ist auch hier zu differenzieren. Es ist anerkannt, daß der Nachbar Abwehrrechte analog § 1004 BGB aus § 823 II BGB i. V. m. einem öffentlich-rechtlichen, etwa baurechtlichen Schutzgesetz geltend machen kann. Dann wird die **öffentlich-rechtliche Schutzbestimmung** zum entscheidenden Tatbestandsmerkmal des privatrechtlichen Abwehranspruchs. Da die Baugenehmigung jedoch feststellt, daß dem Vorhaben öffentlich-rechtliche Vorschriften nicht entgegenstehen, also auch nicht diese öffentlich-rechtliche Schutzbestimmung, muß dies auch hier beachtet werden. Insofern gestaltet auch sie die privatrechtlichen Rechtsbeziehungen (vgl. BVerwGE 50, 282, 290). Solange die Baugenehmigung wirksam ist, kann daher ein solcher Nachbaranspruch nicht geltend gemacht werden. Nach Ansicht des BGH soll allerdings eine Baugenehmigung im Nachbarrechtsverhältnis grundsätzlich nur beachtlich sein, wenn sie durch ein rechtskräftiges verwaltungsgerichtliches Urteil bestätigt wurde oder wenn die Baurechtsbehörde von der Einhaltung des Schutzgesetzes befreit und damit eine besondere Nachbarrechtsordnung im Einzelfall errichtet hat (so BGH, DVBl. 1971, 744; BGH, NJW 1959, 2013, 2014; vgl. ferner *Grotefels*, H/G, § 17 Rn. 23; *Rüfner*, DVBl. 1963, 609 ff.; *Schwerdtfeger*, NVwZ 1983,

199, 201). Durch diese Ansicht wird jedoch auf dem Umweg über das private Nachbarrecht die öffentlich-rechtliche Rechtsposition des Bauherrn, die ihm aus der Feststellungswirkung der Baugenehmigung erwächst, erheblich entwertet und damit das Entfaltungsinteresse des Investors gegenüber dem Bewahrungsinteresse des Nachbarn unverhältnismäßig zurückgesetzt (dazu *Breuer*, DVBl. 1983, 431, 438; *Dolderer*, DVBl. 1998, 19).

Im umgekehrten Fall wird vom BGH dagegen eine Bindungswirkung der Baugenehmigung grundsätzlich anerkannt. Hält ein Investor eine in einer Baugenehmigung enthaltene Auflage nicht ein, die auf der Grundlage eines Schutzgesetzes erlassen wurde, soll nach der zivilgerichtlichen Rechtsprechung der Nachbar die Einhaltung dieser Auflage im Zivilprozeß unmittelbar gegenüber dem Störer durchsetzen können. Der Nachbar ist also nicht auf die Klage gegen die Baurechtsbehörde auf Einschreiten (dazu oben, § 30, Rn. 24) beschränkt. Er kann die Einhaltung dieser Auflage selbst dann vor den Zivilgerichten durchsetzen, wenn die Voraussetzungen des § 906 BGB im konkreten Fall nicht vorliegen, wenn es also noch gar nicht zu einer konkreten Beeinträchtigung gekommen ist (BGHZ 122, 1; BGH, NJW 1997, 55). Während bei einer Klage auf Durchsetzung der Auflage der Kläger nur dann Erfolg hat, wenn das Ermessen der Behörde auf Null reduziert ist, diese also i. d. R. zwischen dem Entfaltungsinteresse des Investors und dem Bewahrungsinteresse des Nachbarn abwägen kann, besteht im Zivilprozeß diese Möglichkeit nicht.

4. Rechtsbeziehungen des Nachbarn bei öffentlich-rechtlichen Emissionen

a) Dreipolige Rechtsbeziehungen und ihre Problematik

10 Handelt eine öffentlich-rechtliche Körperschaft fiskalisch, bestimmen sich die nachbarrechtlichen Beziehungen nach den dargestellten Regelungen privater Nachbarschaft. Dagegen bedarf ihre Rechtsstellung bei der Wahrnehmung **hoheitlicher Funktionen** der besonderen Erörterung. Auch in den Fällen, in denen der emittierende Nachbar Hoheitsträger ist und in dieser Funktion tätig wird, bestehen grundsätzlich dreipolige Rechtsbeziehungen. Bedarf er für sein Vorhaben einer Baugenehmigung, z. B. für bestimmte gemeindliche Freizeiteinrichtungen, wie Sportplätze, oder einer immissionsschutzrechtlichen Anlagegenehmigung, wie z. B. für kommunale Müllverbrennungsanlagen, kann der dadurch in seinen subjektiv-öffentlichen Rechten verletzte Nachbar dagegen mit Widerspruch und Anfechtungsklage vorgehen. Sind die Vorhaben nach der jeweiligen Landesbauordnung – wie Bauvorhaben des Bundes, der Länder und neuerdings vielfach auch der Gemeinden (vgl. § 70 LBO BW) – lediglich zustimmungspflichtig, gilt nichts anderes; denn die Zustimmung der Baurechtsbehörde ersetzt lediglich die Baugenehmigung.

Unterläßt der Nachbar die Anfechtungsklage und wird die **Baugenehmigung** bestandskräftig, so kommt ihre Feststellung, daß öffentlich-rechtliche Vorschriften dem Vorhaben nicht entgegenstehen, zur Wirkung. Da das zweipolige (direkte) Nachbarrechtsverhältnis wegen der durch hoheitliche Tätigkeit verursachten Emissionen ebenfalls dem öffentlichen Recht unterliegt, können auch die sich daraus ergebenden Unterlassungsansprüche nicht mehr geltend gemacht werden (vgl. die Hinweise in VGH BW, VBlBW 1988, 433, 434). Das gilt freilich nur insoweit, als die Nutzung sich im Rahmen der Genehmigung hält; nicht genehmigte Nutzungen, wie z. B. Motorradrennen auf einem als kommunaler Sportplatz genehmigten Gelände, können nach wie vor abgewehrt werden (vgl. BVerwG, NVwZ 1990, 858; OVG Berl., NVwZ-RR 1994, 141).

Besteht für das Vorhaben keine Genehmigungspflicht, wie z. B. **11**
nach § 50 I LBO BW i. V. m. Nr. 51 des dazugehörigen Anhangs für (kommunale) „Bolzplätze", oder wird von dem Vorhabenträger keine Genehmigung oder Zustimmung eingeholt, stellt sich die Frage, ob der private Nachbar ein **Einschreiten der Baurechtsbehörde** verlangen kann. Im Unterschied zu den entsprechenden Ausführungen oben zum Nachbarschaftsverhältnis zwischen Privaten müßte hier die Baurechtsbehörde mit ihren Eingriffsbefugnissen gegen einen Hoheitsträger vorgehen. Das wirft die aus dem allgemeinen Polizei- bzw. Ordnungsrecht bekannte Problematik des **„Hoheitsträgers als Störer"** auf: Grundsätzlich kann eine Polizei- oder Ordnungsbehörde keine Verfügungen gegenüber einem Hoheitsträger erlassen, der in Erfüllung seiner Kompetenzen handelt. Sonst würde sie mit Hilfe des Polizeirechts über die Kompetenz und den Kompetenzumfang des anderen Hoheitsträgers entscheiden. Dementsprechend kann auch die Baurechtsbehörde grundsätzlich keine bauordnungsrechtliche Verfügung, etwa auf Betriebseinstellung, gegen einen Hoheitsträger erlassen, der in Erfüllung seiner öffentlich-rechtlichen Aufgaben Emissionen verursacht (vgl. dazu OVG NW, NJW 1984, 1982, 1985; VGH Kassel, NVwZ 1997, 305; anders: VGH BW, VBlBW 1983, 25; auch *Dürr*, NVwZ 1982, 296, 297). Das gilt allgemein, also auch für Vorhaben von Hoheits-

trägern, die lediglich einer Zustimmung der Baurechtsbehörde unterworfen sind und die man deshalb als der Überwachungskompetenz der Baurechtsverwaltung entzogen einstufen könnte (anders: *Dürr*, Rn. 285 a.E.). Es verbleibt dem Nachbarn aber eine allgemeine Leistungsklage in Form der Unterlassungsklage (vgl. etwa BVerwGE 79, 254 – Feuerwehrsirene; BayVGH, NVwZ 1989, 269 – Kinderspielplatz; BVerwG NVwZ 1996, 1001 – Wertstoffhof; instruktiv VGH BW, VBlBW 2000, 483 – Bürger-, Jugendhaus).

Insofern kommen in diesen Fällen nur Rechtsansprüche auf Grund des zweipoligen, direkten Nachbarschaftsverhältnisses in Betracht. Diese unterliegen im Unterschied zur privaten Nachbarschaft dem öffentlichen Recht.

b) Die zweipoligen (direkten) öffentlich-rechtlichen Nachbarschaftsbeziehungen bei öffentlich-rechtlichen Emittenten

aa) Die öffentlich-rechtliche Rechtsgrundlage

12 Dem öffentlichen Recht unterliegen alle Emissionen, die in einem „öffentlich-rechtlichen **Planungs- und Funktionszusammenhang**" stehen, der es ausschließt, sie und den in ihnen (etwa) liegenden Eingriff unabhängig von diesem Zusammenhang begreifen und bewerten zu wollen. Das gilt etwa für kommunale Kirmesveranstaltungen, Kinderspielplätze, Müllplätze, Parkanlagen oder (öffentliche) Straßen (vgl. BVerwG, DÖV 1974, 132f.; VGH BW, BauR 1987, 414; BayVGH, NVwZ 1989, 269; BayVGH, NVwZ-RR 1989, 532; VG Münster, NJW 1989, 1820). Insofern bedarf der Nachbar für seine Ansprüche einer **öffentlich-rechtlichen Rechtsgrundlage**. Das öffentliche Recht gewährt – ähnlich wie das Privatrecht gegenüber Angriffen aus dem privaten Bereich – ebenfalls Abwehr- und (Folgen-)Beseitigungsansprüche. Sie finden ihre Grundlage in dem jeweils angegriffenen Rechtsgut und seinem öffentlich-rechtlichen Schutz. Soweit es sich bei diesem Rechtsgut um das Eigentum handelt, sind es Abwehransprüche gegen rechtswidrige Beeinträchtigungen auf Grund des verfassungsrechtlich

gewährleisteten Eigentumsrechtes. Teilweise wird dieser Abwehranspruch in **Analogie zu § 1004 BGB** begründet, teilweise als **Folgenbeseitigungsanspruch** qualifiziert, teilweise direkt aus dem **Grundrecht** hergeleitet. Allen diesen drei Ansätzen liegt gemeinsam zugrunde, daß rechtswidrige Beeinträchtigungen eines absoluten Rechtes Abwehransprüche zum Schutze dieses Rechtes auslösen; ob man diese mit einer Analogie zu § 1004 BGB oder über einen speziellen öffentlich-rechtlichen Abwehranspruch in Form des Folgenbeseitigungsanspruchs herleitet, hat keine praktische Bedeutung. Die Anspruchsvoraussetzungen sind jeweils die gleichen. Wie § 1004 BGB im Privatrecht, ist der Folgenbeseitigungsanspruch im öffentlichen Recht ein Reaktionsanspruch auf die Verletzung des Eigentumsrechts oder eines anderen grundrechtlich geschützten Rechtsguts. Eine solche liegt vor, wenn die Beeinträchtigung die Sozialadäquanz oder Ortsüblichkeit überschreitet. (Zur Sozialadäquanz von Sportplätzen, Jugendhäusern vgl. BVerwG, NVwZ 1992, 1779; von Altglascontainern bzw. Wertstoffhöfen vgl. BVerwG, NVwZ 1996, 1001; BayVGH, NVwZ 1996, 1031; VGH BW, VBlBW 2000, 483).

Wie erwähnt, verdrängt das öffentliche Recht das Privatrecht nur soweit, wie die öffentlich-rechtliche Widmung reicht. **Außerhalb des „Planungs- und Funktionszusammenhangs"** kommt das privatrechtliche Nachbarschaftsverhältnis wieder zur Geltung. Setzt z. B. eine Gemeinde nach einer „Waldstadt-Konzeption" in einem Bebauungsplan Flächen für Wald fest (§ 9 I Nr. 18b BauGB) und läßt sie dort Bäume wachsen, deren Schattenwurf ein Nachbargrundstück des gemeindlichen Waldgrundstücks beeinträchtigt, liegen keine öffentlich-rechtlich zu beurteilenden Einwirkungen vor. Die Tatsache, daß die Bäume auf Grund einer Ausweisung im Bebauungsplan dort wachsen, gibt ihrem Schatten keinen öffentlich-rechtlichen Charakter. Es fehlt dafür an dem notwendigen unmittelbaren „Planungs- und Funktionszusammenhang". Der Nachbar hat hier keine öffentlich-rechtlichen Abwehrrechte; möglich bleiben nur privatrechtliche Abwehransprüche, etwa nach den (privatrechtlichen) landesrechtlichen Nachbarrechtsgesetzen. Ein Anspruch aus § 1004 BGB besteht nicht, weil damit keine sog. „negativen Einwirkungen" abgewehrt werden können, die lediglich „natürliche Vorteile und Zuführungen", wie etwa Licht, vom Nachbargrundstück abhalten (dazu VGH BW, VBlBW 1996, 194; BGH, NJW 1992, 2569, 2570; *Palandt-Bassenge*, BGB, § 903 Rn. 9f.).

bb) Baurechtliche Nachbarschaftsregelungen

Da Inhalt und Schranken des Eigentumsrechts am konkreten Grundstück durch die Gesetze, insbesondere durch das Baupla- **13** nungsrecht und andere baurechtliche Nachbarschaftsregelungen, bestimmt werden, kann der aus der Eigentumsverletzung resultierende **Folgenbeseitigungsanspruch** nur insoweit in Betracht kommen, als die Emissionen das konkret durch die Gesetze ausgestaltete Eigentumsrecht beeinträchtigen. Maßgeblich sind dafür also vor allem die **Festsetzungen im Bebauungsplan** i. V. m. den Regelungen der BauNVO.

14 Ein Problem ergibt sich, wenn der Bebauungsplan nach § 29 BauGB auf ein Vorhaben gar nicht anzuwenden ist, etwa wenn ein im Bebauungsplan ausgewiesener Festplatz ohne jede Bautätigkeit betrieben wird, also eine bauliche Anlage i. S. v. § 29 BauGB nicht vorliegt. Auch in diesen Fällen prägt der Bebauungsplan als Satzung den Inhalt des Nachbarrechtsverhältnisses mit. Nach anerkannter Rechtsprechung bestimmen schon u. a. „faktische" Vorbelastungen auf Grund der **Situationsgebundenheit des Grundeigentums** die Zumutbarkeit der zu duldenden Einwirkungen (BVerwGE 50, 49; 52, 122). Gleiches gilt auch für die planbedingten, also **„normativen" Vorbelastungen**. Daneben können sich Beschränkungen des Eigentumsrechts am konkreten Grundstück auch aus anderen rechtlichen Vorschriften ergeben. So folgt etwa die Zumutbarkeit von Kinderspielplätzen und den damit verbundenen öffentlichen Emissionen in Wohngebieten aus der in einzelnen Landesbauordnungen vorgesehenen Pflicht zur Anlegung von Kinderspielplätzen bei der Errichtung von Gebäuden mit mehr als zwei Wohnungen (z. B. § 9 II LBO BW), entsprechenden Regelungen in den Kindergartengesetzen einzelner Länder oder etwa in §§ 3 u. 4 BauNVO, wonach „Anlagen für gesundheitliche und sportliche Zwecke der Bewohner" in reinen und allgemeinen Wohngebieten zugelassen werden können.

cc) Immissionsschutzrechtliche Regelungen

15 Weitere Zumutbarkeitsschwellen, innerhalb deren der Grundrechtseingriff (Art. 14 I GG; Art. 2 II GG) gerechtfertigt ist und daher ein Folgenbeseitigungsanspruch entfällt, können den **Regelungen des Bundesimmissionsschutzgesetzes** entnommen werden. Diese Bestimmungen gelten zwar unmittelbar nur für das „dreipolige" Verhältnis der Immissionsschutzbehörde zu dem (privatrechtlich oder hoheitlich handelnden) Betreiber einerseits und für das Verhältnis der Behörde zu dem Drittbetroffenen (Nachbarn) andererseits. Aber die hier festgelegten **Maßstäbe** lassen sich entsprechend auf das zweipolige, direkte Nachbarschaftsverhältnis übertragen. Danach hat der Nachbar Beeinträchtigungen unterhalb der Gefahrenschwelle für Leben und Gesundheit analog § 22 I BImSchG im Rahmen der Verhältnismäßigkeit hinzunehmen. Bei weitergehenden Gefahren für Leben und Gesundheit „soll", d. h. muß im Regelfalle der Betrieb ganz oder teilweise eingestellt werden (vgl. § 25 II BImSchG; dazu BVerwGE 79, 254, 257; 81, 208, 210f.).

5. Konkurrenzen – Die Doppelspurigkeit des Nachbarschutzes

Das öffentliche Baunachbarrecht geht von einer Zweigleisigkeit des Nachbarschutzes aus. Der in seiner Grundstücksnutzung beeinträchtigte Nachbar kann seine Rechtspositionen geltend machen zum einen im dreipoligen Nachbarschaftsverhältnis durch Anfechtungsklage gegen eine erteilte Genehmigung und u. U. durch eine Nachbarverpflichtungsklage auf Einschreiten der Bauaufsichtsbehörde. Er kann zum anderen aber auch direkt auf Grund des zweipoligen Nachbarrechtsverhältnisses gegen den Emittenten vorgehen, bei einem privaten Emittenten nach den privatrechtlichen Nachbarschaftsregelungen der §§ 1004, 906 BGB, bei einer hoheitlich verursachten Emission auf Grund des öffentlich-rechtlichen Nachbarschaftsverhältnisses unter Berufung auf den Folgenbeseitigungsanspruch bei rechtswidrigen Eigentums- oder Gesundheitsbeeinträchtigungen. 16

Angesichts der direkten Klagemöglichkeit im zweipoligen Nachbarschaftsverhältnis ist die Frage aufgeworfen worden, ob für eine Klage im dreipoligen noch ein Rechtsschutzinteresse bestehe (*Schmaltz*, Ns Städtetag 1995, 124; w. Nachw. bei *Blümel*, FS Boujong 1996, 521, 528 Fn. 18). Indessen bestehen zwischen dem dreipoligen öffentlich-rechtlichen Nachbarrecht und dem zweipoligen privatrechtlichen – bzw. bei hoheitlich bedingten Emissionen öffentlich-rechtlichen – Nachbarrecht grundsätzliche Unterschiede. In Abweichung von der direkten Nachbarklage ermöglicht die Anfechtungsklage gegen eine erteilte Baugenehmigung Gerichtsschutz bereits vor Eintritt der Störungen. Ferner gilt zumindest im Unterschied zur direkten privatrechtlichen Nachbarklage der Untersuchungsgrundsatz; und außerdem ist das Kostenrisiko geringer. Andererseits stehen die Eingriffsbefugnisse der Bauaufsichtsbehörde regelmäßig in deren Ermessen, so daß in diesen Fällen eine direkte Nachbarklage u. U. erfolgversprechender ist. Im Interesse eines umfassenden Rechtsschutzes muß daher an der Doppelspurigkeit des

Nachbarschutzes und der Wahlmöglichkeit des Nachbarn festgehalten werden (*Simon*, BayVBl 1994, 332, 336f.; *Blümel*, FS Boujong, S. 528).

Literatur: *Bartlsperger*, Das Dilemma des baulichen Nachbarrechts, VerwArch 60 (1969), 35; *Schapp*, Das Verhältnis von privatem und öffentlichem Nachbarrecht, 1978; *Breuer*, Baurechtlicher Nachbarschutz, DVBl. 1983, 431; *Schwerdtfeger*, Baurechtlicher Drittschutz und Parlamentsvorbehalt, NVwZ 1983, 199; *Johlen*, Bauplanungsrecht und privatrechtlicher Immissionsschutz, BauR 1984, 134; *Papier*, Sportstätten und Umwelt, UPR 1985, 73; *Gaentzsch*, Sportanlagen im Wohnbereich, UPR 1985, 201; *Kleinlein*, Das System des Nachbarrechts, 1987; *Peine*, Öffentliches und privates Nachbarrecht, JuS 1987, 169; *Gerlach*, Grundstrukturen des privaten Umweltrechts im Spannungsverhältnis zum öffentlichen Recht, JZ 1988, 161; *Wahl*, Rechtsschutz in der Fachplanung, NVwZ 1990, 923; *Hagen*, Privates Immissionsschutzrecht und öffentliches Baurecht, NVwZ 1991, 817; *Dürr*, Probleme der Nachbarklage gegen einen Kinderspielplatz, NVwZ 1992, 296; *Steinberg*, Fachplanung – Das Recht der Fachplanung unter Berücksichtigung des Nachbarschutzes und der Umweltverträglichkeitsprüfung, 1993; *Simon*, Die neue Bayerische Bauordnung aus der Sicht der Praxis, BayVBl 1994, 332; *Blümel*, in: Festschrift für Boujong (1996), S. 521; *Dehner*, Nachbarrecht, Stand Juni 1996, Bd. I u. II; *Dolderer*, Das Verhältnis des öffentlichen zum privaten Nachbarrecht, DVBl. 1998, 19; *Palandt/Bassenge*, BGB, 60. Aufl. 2001, § 903 Rn. 9f.; § 906 Rn. 16ff.

§ 32. Ausgleichsansprüche des Nachbarn

Übersicht

1. Privatrechtliche und öffentlich-rechtliche Ausgleichsansprüche

1 Muß der Nachbar eine wesentliche Beeinträchtigung seiner Grundstücksnutzung durch Immissionen hinnehmen, weil wirtschaftlich zumutbare Schutzvorkehrungen nicht ausreichen, die Emission aber ortsüblich ist, kann er auf Grund des privatrechtlichen Nachbarrechtsverhältnisses einen angemessenen Ausgleich in Geld verlangen, wenn die Beeinträchtigung über das zumutbare

Maß hinausgeht (§ 906 II 2 BGB). Diese Konfliktregelung hat das öffentliche Recht weithin entsprechend übernommen. Dabei ist wiederum zu unterscheiden, ob ein Nachbarschaftsverhältnis zwischen Privaten besteht oder ob der Emittent hoheitlich handelt. Das soll unter Außerachtlassung zahlreicher noch ungeklärter Streitfragen im Hinblick auf den anlagenbezogenen und den verkehrsbezogenen Immissionsschutz und das Planfeststellungsrecht verdeutlicht werden.

2. Rechtsbeziehungen zwischen privaten Nachbarn nach dem anlagenbezogenen Immissionsschutzrecht

Gegen die Erteilung der Genehmigung für eine nach § 4 BImSchG 2
genehmigungsbedürftige Anlage eines „Großemittenten" kann der Nachbar Anfechtungsklage erheben. Ist die Genehmigung unanfechtbar geworden, vermag der Nachbar nur noch auf Grund eines besonderen privatrechtlichen Titels, etwa einer entsprechenden Grunddienstbarkeit, die Einstellung des Betriebes zu verlangen. Ein Anspruch auf Betriebseinstellung auf Grund des allgemeinen (privatrechtlichen) Nachbarschaftsverhältnisses ist ausgeschlossen (§ 14 S. 1 BImSchG). Der Nachbar kann mangels eines besonderen privatrechtlichen Titels lediglich Schutzvorkehrungen gegen die Emissionen verlangen, soweit diese nach dem Stand der Technik durchführbar und wirtschaftlich vertretbar sind (§ 14 S. 1, 2. Hs u. S. 2 BImSchG). Ist dies nicht der Fall, gibt das Gesetz dem Nachbarn einen verschuldensunabhängigen Schadensersatzanspruch in § 14 S. 2 BImSchG. Dieser **„nachbarrechtliche Aufopferungsanspruch"** tritt als Surrogat an die Stelle des ausgeschlossenen Anspruchs auf Schutzvorkehrungen nach § 14 S. 1, 2. Hs BImSchG. Damit teilt er dessen Rechtsnatur. Obgleich sich der Ausgleichsanspruch im Bundes-Immissionsschutz-Gesetz, also einem dem öffentlichen Recht zuzuordnenden Gesetz befindet, ist er dennoch **privatrechtlicher** Natur. Denn der Anspruch aus § 14 S. 2 BImSchG ist nichts anderes als ein inhaltlich veränderter privatnachbarrechtlicher Abwehranspruch (dazu etwa auch BGH, NJW 1988, 478; *Palandt/Bassenge*, BGB, § 906 Rn. 37).

3. Ansprüche des Nachbarn bei hoheitlich verursachten Emissionen

3 Ähnliche **Ausgleichsansprüche** bestehen bei Emissionen auf Grund hoheitlicher Tätigkeit. Sie sind jedoch **öffentlich-rechtlicher** Natur, da sie ein Surrogat für an sich bestehende öffentlich-rechtliche Pflichten zur Emissionsvermeidung darstellen. Dabei gilt es zwischen **zweckfreien** und **zweckgebundenen** öffentlich-rechtlichen **Ausgleichsansprüchen** zu unterscheiden.

a) Zweckfreie öffentlich-rechtliche Ausgleichsansprüche

4 Nicht zweckgebundene öffentlich-rechtliche Ausgleichsansprüche kennt etwa das Planfeststellungsrecht, das insbesondere für den Bau öffentlicher Straßen gilt. Danach hat die Planfeststellungsbehörde dem Vorhabenträger „Vorkehrungen oder die Errichtung und Unterhaltung von Anlagen aufzuerlegen, die zum Wohl der Allgemeinheit oder zur Vermeidung nachteiliger Wirkungen auf Rechte anderer erforderlich sind". Sind solche **Schutzvorkehrungen**, wie z.B. Lärmschutzwälle, „**untunlich** oder mit dem Vorhaben unvereinbar", so hat der Betroffene Anspruch auf angemessene **Entschädigung in Geld** (§ 74 II 3 VwVfG). Der Ausgleichsanspruch tritt an die Stelle der dem Vorhabenträger sonst obliegenden Pflicht zur Errichtung von Schutzanlagen; er richtet sich deshalb auch gegen den Vorhabenträger und nicht gegen den Staat. Diese Pflicht und das damit korrespondierende subjektive Nachbarrecht auf Schutzvorkehrungen basieren ausschließlich auf den öffentlich-rechtlichen Regelungen des § 74 II 2 VwVfG. Der sie surrogierende Ausgleichsanspruch ist daher ebenfalls öffentlich-rechtlicher Natur. Das erklärt auch die anerkannte Befugnis der Behörde, den Anspruch durch Verwaltungsakt festzusetzen. Von ihr muß diese Festsetzung (als Ergänzung des Planfeststellungsverfahrens) verlangt werden und ihr gegenüber ist dieser Anspruch notfalls im Verwaltungsrechtsweg durchzusetzen (dazu BVerwGE 77, 295; *Wahl*, NVwZ 1990, 923 sowie *Kopp/Raumsauer*, VwVfG, § 74 Rn. 134ff. m.w.N. zum kontroversen Meinungsstand im Schrifttum). Mangels anderweitiger gesetzlicher Regelung kann der Anspruchsbe-

rechtigte mit dem Geldbetrag nach Belieben verfahren. Er braucht ihn insbesondere nicht dazu zu verwenden, seinerseits (passive) Schutzmaßnahmen zu ergreifen, etwa um Lärmbelästigungen durch die planfestgestellte Straße zu verringern. In diesem Sinne handelt es sich um einen **(zweck-)„freien"** Ausgleichsanspruch.

Diese Grundsätze gelten entsprechend für die in § 75 II 4 VwVfG geregelten Ausgleichsansprüche bei nicht voraussehbaren Wirkungen auf das Recht des Nachbarn nach Unanfechtbarkeit der Planfeststellung.

b) Zweckgebundene öffentlich-rechtliche Ausgleichsansprüche

5 Neben den zweckfreien stehen zweckgebundene öffentlich-rechtliche Ausgleichsansprüche des Nachbarn. Die dafür grundlegende Vorschrift findet sich im verkehrsbezogenen Immissionsschutzrecht. **§ 42 BImSchG** gewährt dem Eigentümer eines vom Verkehrslärm einer öffentlichen Straße betroffenen Grundstücks einen Anspruch auf angemessene **Entschädigung** in Geld. Sie ist nach dieser Vorschrift **für Schallschutzmaßnahmen** an den baulichen Anlagen, also etwa für den Einbau besonderer Schallschutzfenster, zu leisten; der begünstigte Nachbar kann also nicht frei darüber verfügen. Es handelt sich um einen **zweckgebundenen** Ausgleichsanspruch.

Insofern verlängert § 42 II BImSchG das Prinzip des Vorrangs präventiver Immissionsabwehr von der Primärebene der Vornahme von Schutzmaßnahmen auf die Sekundärebene des Geldausgleichs. Ist ein aktiver Umweltschutz an der Emissionsquelle unmöglich, soll über die Zweckbindung des Geldausgleichs ein „passiver" Immissionsschutz erreicht werden.

6 **In Anlehnung** an die immissionsschutzrechtlichen Ausgleichsansprüche nach **§ 42 BImSchG** und dessen Vorbild in § 906 II 2 BGB für das privatrechtliche Nachbarschaftsverhältnis sowie der entsprechenden Regelung für das öffentlich-rechtliche Nachbarschaftsverhältnis in **§ 74 II 3 VwVfG** und speziellen Fachgesetzen hat das Bundesverwaltungsgericht einen **allgemeinen öffentlich-rechtlichen Ausgleichsanspruch** für das öffentlich-rechtliche

Nachbarschaftsverhältnis gegenüber dem Betreiber erheblich belästigender Anlagen entwickelt. Er geht auf einen Geldwertausgleich für Maßnahmen des passiven Lärmschutzes. Grundlage dieses Anspruchs ist nach Ansicht des Gerichts ein „allgemeiner Rechtssatz, der das Nachbarschaftsverhältnis zwischen störender und gestörter Nutzung im Falle unangemessen hohen Aufwandes für Maßnahmen der Vermeidung oder Minderung der Immission auf ein zumutbares Maß beherrscht". In Anlehnung an die Zweckbindung des Ausgleichsanspruchs in § 42 BImSchG soll dieser Anspruch nur **zweckgebunden** für einen Ausgleich durch passive Immissionsschutzmaßnahmen bestehen; anderenfalls sei der vom öffentlichen Recht geforderte Immissionsschutz nicht gewährleistet (BVerwGE 79, 254, 262f.; vgl. auch BVerwGE 80, 184, 190f.).

Nach Ansicht des BGH kommt bei unmittelbaren hoheitlichen Eingriffen ein Entschädigungsanspruch unter dem Aspekt des enteignenden Eingriffs in Betracht, über den zu entscheiden er sich für zuständig hält (BGH, NJW 1988, 900; NVwZ 1992, 404). Voraussetzung dafür sei, daß durch den Eingriff (etwa Lärm) die Grundstückssituation nachhaltig verändert werde und dadurch der Eigentümer „schwer und unerträglich" betroffen würde. Der Anspruch sei nicht ausschließlich, sondern nur primär zweckgebunden auf Vorkehrungen bzw. auf Kostenersatz dafür gerichtet. Sei keine Abhilfe möglich, gäbe es auch eine Entschädigung für den Minderwert des Grundstücks.

Literatur: Siehe oben § 31.

VI. Teil. Besondere Formen der Planung und Planverwirklichung („Besonderes Städtebaurecht“)

§ 33. Sanierungs- und Entwicklungsmaßnahmen als Besonderes Städtebaurecht

Übersicht

1. Das herkömmliche „Besondere Städtebaurecht“ als Auffangkategorie
2. Die Entwicklung der Sanierungs- und Entwicklungsmaßnahmen zum heutigen „Besonderen Städtebaurecht“

1. Das herkömmliche „Besondere Städtebaurecht“ als Auffangkategorie

Einen wesentlichen Teil des „Besonderen Städtebaurechts“ im 1
2. Kapitel des Baugesetzbuchs bilden die **Sanierungsmaßnahmen** (§§ 136 ff. BauGB) und die **Entwicklungsmaßnahmen** (§§ 165 ff. BauGB) als ein spezielles Recht für die Stadterneuerung und für die Schaffung neuer Siedlungseinheiten. Sie sind Ausdruck des Prinzips der Entwicklungsplanung, wonach der Staat bzw. die Gemeinde die städtebauliche Entwicklung nicht der Initiative des einzelnen im Rahmen planungsrechtlicher Vorgaben überlassen, sondern selbst in die Hand nehmen soll (s. oben § 1 Rn. 18). Der Begriff der städtebaulichen Entwicklungsmaßnahme i. S. d. §§ 165 ff. BauGB bezeichnet also **nur ein Segment** des planungsrechtlichen Instrumentariums zur Verwirklichung des Prinzips **der Entwicklungsplanung**. Entsprechend ihrer übereinstimmenden Planungsfunktion lassen sich die Sanierungs- wie auch die Entwicklungsmaßnahmen einheitlich kennzeichnen als eine **städtebauliche Gesamtmaßnahme**, die von der öffentlichen Hand veranlaßt, geleitet und unter ihrer Gesamtverantwortung, regelmäßig unter Einsatz erheblicher öffentlicher Mittel, aber auch unter weitgehender Beschränkung der Eigentümerrechte, durchgeführt wird. Daher entsprechen sich auch die

Verfahrens- oder Ablaufstrukturen in beiden Rechtsbereichen weitgehend; lediglich der unterschiedliche städtebauliche Zweck bedingt einzelne Abweichungen.

Sanierungs- und Entwicklungsmaßnahmen waren vom Bundesbaugesetz 1960 bewußt ausgeklammert und einem späteren Gesetz überlassen worden (*Krautzberger*, WiVerw 1993, 85, 86). Sie wurden erstmals durch das Städtebauförderungsgesetz (StBauFG) 1971 als besonderes Städtebaurecht neben dem allgemein geltenden Bundesbaugesetz eingeführt. Bald danach wurden einzelne bodenrechtliche Bestimmungen in das Bundesbaugesetz übernommen. Das BauGB führte schließlich 1987 das besondere Städtebaurecht vollständig mit dem allgemeinen Städtebaurecht zusammen; allerdings wurden die Regelungen über die Entwicklungsplanung zunächst nur für die bereits festgelegten Entwicklungsbereiche beibehalten, bis sie 1993 in fortentwickelter Form mit den §§ 165 ff. BauGB wieder allgemeine Geltung erlangten.

2 Unter der **Bezeichnung „Besonderes Städtebaurecht"** regelt das Baugesetzbuch neben den Sanierungs- und den Entwicklungsmaßnahmen noch die Erhaltungssatzung (§§ 172 ff.), die städtebaulichen Gebote (§§ 175 ff.), den Sozialplan (§ 180) und den Härteausgleich (§ 181), die behördlich verfügte Aufhebung und Verlängerung von Mietverhältnissen im Rahmen der dem Prinzip der Entwicklungsplanung folgenden Maßnahmen (§§ 182 ff.) sowie die städtebaulichen Maßnahmen im Zusammenhang mit Maßnahmen zur Verbesserung der Agrarstruktur, insbesondere durch das Ineinandergreifen von Bauleitplanung und Flurbereinigung (§§ 187 ff.). Die Einordnung dieser Bestimmungen unter dem Titel eines „Besonderen Städtebaurechts" ist nur damit zu erklären, daß historisch das zur Ergänzung des Bundesbaugesetzes vor allem durch das Städtebauförderungsgesetz geschaffene besondere Städtebaurecht **nachträglich in** das allgemeine Städtebaurecht des **heutigen Baugesetzbuches eingefügt** wurde. Indessen gelten diese Bestimmungen allgemein. Insoweit bildet der Begriff des „Besonderen Städtebaurechts" **nur** eine **Auffangkategorie**. Daher wurden sie vorstehend in anderen Zusammenhängen erörtert. Sanierungs- und Entwicklungsmaßnahmen dagegen stellen auch heute materiell ein Sonderrecht dar. Sie kommen nur für besonders schwierige städtebauliche Problemstellungen sachlich, räumlich und zeitlich begrenzt zur Anwendung. Im Hinblick darauf ist ihre Darstellung als „Besonderes Städtebaurecht" auch systematisch begründet.

2. Die Entwicklung der Sanierungs- und Entwicklungsmaßnahmen zum heutigen „Besonderen Städtebaurecht"

Das **Bundesbaugesetz** von **1960** hatte angesichts der kriegszerstörten Städte und eines Fehlbestands von 5 Millionen Wohnungen primär den Aufbau unbebauter oder wenig bebauter bzw. weitgehend zerstörter Stadtteile vor Augen. 3

Eine Wende bahnte sich Ende der sechziger Jahre an, als der wichtigste Aufholbedarf im Wohnungsbau gedeckt war und sich ein allgemeiner Wohlstand ausbreitete. Die einkommensstärkeren Mittelschichten wanderten in immer größerer Zahl in die Randzonen der Städte oder in das Umland ab. Die Städte mußten auf diese Entwicklung reagieren, wenn sie nicht ihre Attraktivität gänzlich verlieren wollten. Es galt, die Bausubstanz in den Innenbereichen zu modernisieren, und das Wohnumfeld zu verbessern, um das Wohnen in der Stadt wieder begehrenswert erscheinen zu lassen.

Das **Städtebauförderungsgesetz** von **1971** eröffnete erstmals den Gemeinden die Möglichkeit, ganze Stadtteile zum Sanierungsgebiet zu erklären und einem verschärften planungsrechtlichen Reglement zu unterstellen. Seitdem können in Sanierungsgebieten sämtliche Grundstücke in einem Zuge modernisiert oder abgebrochen und wiederaufgebaut werden (vgl. §§ 136ff. BauGB). Ein entsprechendes Rechtsregime gilt für die Entwicklungsmaßnahmen zur Schaffung neuer Orte und Ortseile. 4

Diesen Regelungen liegt ein **einseitig rationales und funktionalistisches Denken** zugrunde. Die Entwicklungsmaßnahmen wurden durch das Städtebauförderungsgesetz von 1971 in enger Verknüpfung mit der aufblühenden überörtlichen Planung gesehen, als Maßnahme, durch die „entsprechend den Zielen der Raumordnung" neue Orte geschaffen, vorhandene Orte zu neuen Siedlungseinheiten entwickelt oder neue Ortsteile erweitert werden sollten. Die Sanierungsmaßnahmen entsprangen der Vorstellung, Teile der Stadt, die nicht mehr funktionsgerecht sind, abzureißen und modern wieder aufzubauen. Man dachte wohl daran, in Zukunft einen Stadtteil nach dem anderen niederzulegen und in neuem Glanz wiedererstehen zu lassen, also eine Totalsanierung Stück für Stück, oder besser Fläche für Fläche.

Seit **Mitte der siebziger Jahre** setzte sich die Ansicht durch, daß i.d.R. nicht die Flächenentwicklung und Flächensanierung, sondern primär die **Erhaltung der Bausubstanz** und der ge- 5 wachsenen Strukturen gefördert werden solle. Eine Flächensanierung etwa erschien nur noch angebracht, wenn ein Gebiet in seiner Struktur insgesamt nicht zu billigen und daher eine Umstrukturierung wirklich geboten war. Insofern kann man von einer Entwicklung von der Neuplanung über die Flächensanierung zur Substanzerhaltung sprechen.

Viele Städte gingen demgemäß dazu über, eine Stadterneuerung durch die Modernisierung und Instandsetzung lediglich einzelner Objekte durchzuführen. Dazu bedurfte man nicht des rechtlichen Instrumentariums der Flächensanierung, oft nicht einmal eines Bebauungsplans; man förderte vielmehr mit finanziellen Zuschüssen einzelne Maßnahmen, die gerade vordringlich erschienen und zu deren Mitfinanzierung die Eigentümer bereit waren. „Substanzerhaltung" hieß nunmehr die Losung, und das nicht nur bei Bauwerken von besonderer geschichtlicher und künstlerischer Bedeutung. Auf Grund dieser gewandelten Einstellung zur historisch gewachsenen Umwelt wurden in allen Bundesländern neue, umfassende **Denkmalschutzgesetze** erlassen und die Reichweite des Denkmalschutzes mit Einführung eines Umgebungsschutzes beträchtlich erweitert.

6 1976 übernahm der Bund den Gedanken der Substanzerhaltung auch in das Bauplanungsrecht. Demgemäß finden sich auch heute eine Planungsleitlinie auf Erhaltung städtebaulich bedeutsamer Bausubstanz in § 1 V S. 2 Nr. 5 BauGB und Regelungen über die sog. „Erhaltungssatzung" in den §§ 172f. BauGB. Auf Grund dieser Planungsleitlinie ist bei Ausweisungen und Festlegungen im Bebauungsplan jetzt auch auf die Erhaltung von Ortsteilen, Bauten, Straßen und Plätzen von geschichtlicher, künstlerischer oder städtebaulicher Bedeutung zu achten. Eine Erhaltungssatzung vermag diesem Gesichtspunkt eine noch weitergehende Bedeutung beizumessen (dazu im einzelnen oben § 7 Rn. 30ff.). Im folgenden gilt es daher, nur noch auf die städtebaulichen Maßnahmen vorwiegend zur Flächensanierung (§§ 136ff. BauGB) einzugehen.

7 Entsprechend dem Trend zur Substanzerhaltung glaubte man beim Erlaß des **1987** in Kraft getretenen **Baugesetzbuchs**, in Zukunft auf besondere Entwicklungsmaßnahmen ganz verzichten zu können, weil die Zeit großflächiger Ausweisung neuer Gebiete vorbei sei. Bereits 1990 erfolgte jedoch eine Reaktivierung durch das BauGB-MaßnG und 1993 ihre erneute volle Integration in das Baugesetzbuch. Allerdings sind jetzt die **Entwicklungsmaßnah-**

men als Instrument der Stadtentwicklung ausgestaltet. Das schließt nicht aus, daß damit auch landesplanerische Ziele verfolgt werden, notwendig ist es jedoch nicht. In Zielsetzung und Diskussion sind jetzt die Entwicklungsmaßnahmen nicht nur auf dic Außen-, sondern auch auf eine Innentwicklung ausgerichtet, d.h. es sind über das Entwicklungsrecht auch kleinteiligere Maßnahmen möglich. Das erklärt auch, daß die Entwicklungsmaßnahmen jetzt stärker am Recht der städtebaulichen Sanierungsmaßnahmen orientiert sind (dazu *Gaentzsch*, NVwZ 1991, 921, 922).

Literatur: Siehe § 35.

§ 34. Städtebauliche Sanierungsmaßnahmen

Übersicht

1. Begriff und Voraussetzungen der städtebaulichen Flächensanierung

Städtebauliche Sanierungsmaßnahmen sind Maßnahmen, durch 1
die ein Gebiet zur Behebung städtebaulicher Mißstände wesentlich verbessert oder umgestaltet wird (§ 136 II 1 BauGB). Sie erfolgen nach dem speziellen Sanierungsrecht der §§ 136ff. BauGB, wenn ihre einheitliche Vorbereitung und zügige Durchführung im öffentlichen Interesse liegt (§ 136 I BauGB). Aus dieser Begriffsbestimmung ergeben sich folgende Voraussetzungen:

(1) Erforderlich ist ein **städtebaulicher Mißstand**, zu dessen Behebung ein Gebiet wesentlich verbessert oder umgestaltet werden muß (§ 136 II BauGB). Mit dieser objektivierenden Voraussetzung trägt das Gesetz dem Schutz des Eigentums (Art. 14 GG) und dem Gleichbehandlungsgebot (Art. 3 GG) Rechnung (dazu *Krautzberger*, B/K/L, § 136 Rn. 9).

Städtebauliche Mißstände liegen nach § 136 II BauGB vor, wenn das Gebiet nach seiner vorhandenen Bebauung oder nach seiner sonstigen Beschaffenheit den allgemeinen Anforderungen an gesunde Wohn- und Arbeitsverhältnisse oder an die Sicherheit der in ihm wohnenden oder arbeitenden Menschen nicht entspricht (sog. **Substanzschwäche**, § 136 II 2 Nr. 1 BauGB), oder wenn das Gebiet in der Erfüllung der Aufgaben erheblich beeinträchtigt ist, die ihm nach seiner Lage und Funktion obliegen (sog. **Funktionsschwäche**, § 136 II 2 Nr. 2 BauGB). Die Funktionsschwäche folgt dabei nicht nur der bereits bestehenden Situation, sondern kann sich auch aus der zukünftigen Funktion bzw. Struktur des Gebietes ergeben (BVerwG, NVwZ 1985, 184). Zur Konkretisierung dieser Begriffe führt § 136 III BauGB beispielhaft Kriterien für das Vorliegen einer Substanz- bzw. Funktionsschwäche an. Häufig liegt in demselben Gebiet beides vor (*Bielenberg*, B/K/K, § 136 Rn. 43).

(2) Weiter muß ein **„qualifiziertes öffentliches Interesse"** vorliegen. Es genügt also nicht das für die allgemeinen städtebaulichen Maßnahmen geforderte öffentliche Interesse an einer geordneten städtebaulichen Entwicklung und Substanzerhaltung, vielmehr muß das Wohl der Allgemeinheit gerade eine einheitliche Vorbereitung und zügige Durchführung der Sanierungsmaßnahmen mit den hierfür vorgesehenen intensiven Beschränkungen der Rechte des einzelnen rechtfertigen (§ 136 I BauGB).

Dementsprechend trifft § 136 IV BauGB die programmatische Aussage, daß Sanierungsmaßnahmen dem Wohl der Allgemeinheit dienen. In dieser Bestimmung liegt keine gesetzliche Fiktion, etwa dahingehend, daß eine Enteignung schon wegen ihrer Sanierungsbedingtheit zulässig wäre, sondern eine Anforderung (vgl. *Krautzberger*, B/K/L, § 136 Rn. 27). Sie steht im Zusammenhang mit den allgemeinen Zielsetzungen in § 136 IV 2 Nr. 1–4 BauGB, wonach die städtebauliche Sanierung die Bau- und Siedlungsstruktur im Hinblick auf die sozio-ökonomischen, hygienischen und kulturellen Erfordernisse entwickeln und fördern soll. Trotz der Weite dieser Tatbestände läßt sich aus dieser Regelung folgern, daß Sanierungsmaßnahmen, die keinen Beitrag zur Erreichung dieser Ziele leisten, nicht durch das Sanierungsrecht gedeckt sind (*Bielenberg*, B/K/K, § 136 Rn. 25; a. A. *Peine*, DÖV 1992, 85, 87, der in § 136 IV 2 Nr. 1–4 BauGB keine abschließende Aufzählung der verfolgbaren Ziele sieht und daher auch eine sanierungsrechtliche „Milieuschutzsatzung" für zulässig hält).

(3) Eng verbunden mit dem qualifizierten oder besonderen öffentlichen Interesse ist das **Verhältnismäßigkeitsprinzip**: Zum Erreichen der mit der Sanierung angestrebten Ziele müssen die besonderen Instrumentarien des städtebaulichen Sanierungsrechts erforderlich sein, m. a. W.: Die Ziele dürfen sich nicht oder zumindest nicht so gut auch mit den allgemeinen Instrumenten des Städtebaurechts verwirklichen lassen.

Eine Sanierungssatzung, die diesen Voraussetzungen nicht entspricht, ist rechtswidrig und i. d. R. auch nichtig, da diese Mängel in einem ergänzenden Verfahren nach § 215 a BauGB i. a. nicht zu beheben sein dürften. Damit sind dann auch alle – auf diese Satzung gestützten – belastenden Einzelmaßnahmen rechtswidrig und gerichtlich anfechtbar. Die Wirksamkeit evtl. Bebauungspläne, die auf Grund der Satzung erlassen wurden, bleibt hiervon aber grundsätzlich unberührt, sofern diese nicht ihrerseits (z. B. mangels Erforderlichkeit oder aufgrund von Abwägungsfehlern) an demselben Mangel leiden („Fehleridentität").

2. Sanierungsverfahren und Sanierungsmaßnahmen

Bei der Sanierung unterscheidet das Gesetz zwischen der Vorbereitung (§§ 140 ff. BauGB) und der Durchführung (§§ 146 ff. BauGB).

a) Die Vorbereitung

Die Vorbereitung der Sanierung ist grundsätzlich Aufgabe der 2
Gemeinde (§ 140 BauGB). Dazu gehören zunächst die „vorbereitenden Untersuchungen". Sie sind durchzuführen oder zu veranlassen, um hinreichende Beurteilungsgrundlagen über die Notwendigkeit der Sanierung, die anzustrebenden Ziele und Zwecke sowie die Durchführbarkeit und die nachteiligen Auswirkungen der Sanierung zu gewinnen (§§ 140 Nr. 1, 141 BauGB). Für den Beschluß über die Aufnahme dieser Untersuchung ist bereits eine, wenn auch nur grobe planerische Entscheidung notwendig, die auch die Bestimmung des in Frage stehenden Gebietes ermöglicht. Der Beschluß ist ortsüblich bekanntzumachen (§ 141 III 2 BauGB). Mit ihm beginnt das Sanierungsverfahren. Damit kommen die Vor-

schriften über die Beteiligung und über (Auskunfts-) Pflichten der Betroffenen und der öffentlichen Aufgabenträger (§§ 137–139 BauGB) zur Anwendung. Gleiches gilt für erste Sicherungsmaßnahmen gegen hinderliche Veränderungen, wie die mögliche Zurückstellung von Baugesuchen bzw. die vorläufige Untersagung von baugenehmigungsfreien Vorhaben nach § 15 BauGB (§ 141 IV BauGB). Von den vorbereitenden Untersuchungen kann abgesehen werden, wenn hinreichende Beurteilungsgrundlagen bereits vorliegen.

3 Erscheint der Gemeinde auf Grund dieser Unterlagen eine Sanierung erforderlich, kann sie das Sanierungsgebiet durch eine **„Sanierungssatzung“** förmlich festlegen (§§ 140 I Nr. 2, 142 BauGB). Sie hat dabei auch darüber zu entscheiden, ob für die Sanierung das für den Regelfall vorgesehene Instrumentarium, insbesondere auch die Abschöpfung sanierungsbedingter Wertsteigerungen (§ 154 BauGB) erforderlich ist, oder ob ein weniger eingreifendes **„vereinfachtes Sanierungsverfahren“** ausreicht (§ 142 IV BauGB). Nach dem Verhältnismäßigkeitsprinzip muß letzteres gewählt werden, wenn dadurch die Sanierung voraussichtlich nicht erschwert wird.

Der auch im Gesetz (§ 142 IV BauGB) verwandte Ausdruck **„vereinfachtes Sanierungsverfahren“** ist mißverständlich. Es geht nicht um verschiedene Verfahrensregelungen, sondern darum, daß im Rahmen eines für alle Sanierungen einheitlich geregelten Verfahrens bestimmte Sanierungsinstrumente unterschiedlich zur Anwendung kommen. Auf die reduzierten Möglichkeiten des vereinfachten Sanierungsverfahrens wird bei der weiteren Darstellung des Regelverfahrens jeweils hingewiesen; abschließend erfolgt dann eine kurze zusammenfassende Darstellung.

Die von der Gemeinde beschlossene Sanierungssatzung ist ortsüblich bekanntzumachen (§ 143 I BauGB); eine Anzeige bei der höheren Verwaltungsbehörde ist nicht mehr erforderlich. Die Satzung hat eine ähnliche Wirkung wie die Verfügungs- und Veränderungssperre bei der Umlegung (vgl. § 51 BauGB): Alle baulichen Vorhaben sowie die Beseitigung baulicher Anlagen und sonstige erhebliche oder wesentlich wertsteigernde Veränderungen bedürfen neben einer erforderlichen Baugenehmigung einer zusätzlichen **sanierungsrechtlichen Genehmigung**. Weiter ist diese Genehmigung praktisch auch für alle privatrechtlichen Rechtsgeschäfte erforderlich, die von Einfluß auf Verfügungen über das Grundstück oder auf seine Nutzung sind. Dazu zählen etwa die Teilung des Grundstücks, wobei die sanierungsrechtliche Genehmigung eine evtl. gemäß § 19 I BauGB erforderliche Teilungsgenehmigung ersetzt (vgl. §§ 19 IV Nr. 2, 144 II Nr. 5 BauGB), ferner die Veräußerung eines Grundstücks, die Bestellung von Grundpfandrechten, entsprechende schuldrechtliche Verpflichtungen, aber nach der Rechtsprechung (BVerwG, DÖV 1998, 516) auch die Abtretung als dingliches Erfüllungsgeschäft u. ä. (§ 144 BauGB).

Die Erteilung der sanierungsrechtlichen Genehmigung erfolgt nach den Anforderungen des Bundesrechts unabhängig von der Erteilung einer evtl. Baugenehmigung, allerdings kann der Landesgesetzgeber kraft seiner Regelungskompetenz für das Verwaltungsverfahren auch eine Verknüpfung anordnen (vgl. BVerwGE 99, 351). Die sanierungsrechtliche Genehmigung darf nur versagt werden, wenn andernfalls die Durchführung der Sanierung erheblich erschwert würde oder wenn die geplante Maßnahme den Sanierungszielen widerspricht (§§ 145 II, 140 Nr. 3 BauGB). Eine wesentliche Erschwerung wird in den Fällen des § 153 II BauGB unwiderleglich vermutet (BVerwG, DÖV 1998, 516). Mit Ablauf der Monatsfrist der §§ 145 I, 19 III 5 BauGB tritt eine Genehmigungsfiktion in Kraft. Voraussetzung ist ein schriftlicher Antrag bei der Gemeinde, dieser ist nicht (konkludent) im Antrag auf Erteilung der Baugenehmigung enthalten.

Wird die sanierungsrechtliche Genehmigung versagt, kann der Eigentümer von der Gemeinde die Übernahme des Grundstücks verlangen, wenn und soweit es ihm mit Rücksicht auf die Durchführung der Sanierung wirtschaftlich nicht mehr zumutbar ist, das Grundstück zu behalten (§ 145 V BauGB). Führt die Gemeinde eine Sanierung im vereinfachten Sanierungsverfahren durch, kann sie in der Satzung auch bestimmen, daß die Genehmigungspflicht insgesamt ausgeschlossen wird oder nur in bestimmten Fällen zum Zuge kommt (§ 142 IV BauGB).

Zum Erlaß der Sanierungssatzung ist bereits erforderlich, daß die **4**
Gemeinde sich über die Ziele und Zwecke der Sanierung im klaren ist (§ 140 Nr. 3 BauGB). Sie hat alsbald auch die planungsrechtlichen Voraussetzungen zu ihrer Verwirklichung zu schaffen. Geht es bei der Sanierung nur um Modernisierung oder Instandsetzung, kann sie diese in einem verwaltungsinternen, **informellen „Rahmenplan“** (s. oben § 7 Rn. 4) festschreiben. Sollen Änderungen in der Bebauung, in der Nutzung des Gebiets und/oder in der Erschließung vorgenommen werden, bedarf es nach den allgemeinen Grundsätzen (§ 1 I, III BauGB) entsprechender Festlegungen in einem Bebauungsplan (§ 140 Nr. 4 BauGB).

5 Alle Sanierungsmaßnahmen sind mit den Eigentümern, Mietern, Pächtern und sonstigen Betroffenen möglichst frühzeitig zu erörtern (§§ 140 Nr. 5, 137 BauGB). Diese haben andererseits der Gemeinde oder ihren Beauftragten Auskunft über Tatsachen zu erteilen, deren Kenntnis zur Beurteilung der Sanierungsbedürftigkeit eines Gebietes oder zur Vorbereitung oder Durchführung der Sanierung erforderlich ist (§ 138 BauGB). Dies gilt auch für die Erarbeitung oder Fortschreibung des Sozialplans, etwa im Hinblick auf notwendige Aufhebungen von Miet- und Pachtverhältnissen, Umquartierungen u. a. (§ 140 Nr. 6 BauGB).

Die genannten vorbereitenden Maßnahmen sind mit Ausnahme der vorbereitenden Untersuchungen (§ 140 Nr. 1 BauGB) und einzelner Ordnungs- und Baumaßnahmen (§ 140 Nr. 7 BauGB) zeitlich nicht fixiert; sie sind daher auch keinesfalls mit dem Erlaß der Sanierungssatzung abgeschlossen, sondern erstrecken sich auf alle Phasen der Sanierung, beginnend mit den vorbereitenden Untersuchungen bis zur Aufhebung der Sanierungssatzung nach Abschluß der Sanierung (*Krautzberger*, B/K/L, § 140 Rn. 1).

b) Die Durchführung

6 Die Gemeinde hat weiter dafür zu sorgen, daß die Sanierung zügig durchgeführt wird. Diese Anforderung liegt im städtebaulichen Interesse, dient aber auch dazu, die Beschränkungen für die Eigentümer und sonstige Betroffene in Grenzen zu halten. Für die Durchführung unterscheidet das Gesetz zwischen Ordnungsmaßnahmen und Baumaßnahmen (§ 146 BauGB).

7 (1) Die gemeindliche Verantwortlichkeit für eine zügige Durchführung gilt in erster Linie für die **„Ordnungsmaßnahmen“**, d. h. für die Schaffung der Voraussetzungen zur Durchführung der baulichen Maßnahmen (§§ 146, 147 BauGB).

Dazu gehören zunächst die Maßnahmen der Bodenordnung (§ 147 S. 1 Nr. 1 BauGB). Der Begriff ist hier sehr weit zu verstehen. Er umfaßt nicht nur die Umlegung und Grenzregelung, sondern auch den freihändigen und sonstigen Grunderwerb, etwa auf Grund der Ausübung des Vorkaufsrechtes (§ 24 I S. 1 Nr. 3 BauGB) oder durch Enteignung (§§ 85–122 BauGB). Ferner muß der Umzug von Bewohnern und Betrieben (§ 147 S. 1 Nr. 2 BauGB) sowie die Beschaffung von Unterkünften organisiert werden. Das ist mit Hilfe der rechtlichen Instrumentarien der Aufhebung von Miet- und Pachtverhältnissen (§§ 182f. BauGB), des Sozialplans (§ 180 BauGB) und notfalls der Unterbringung von Obdachlosen nach allgemeinem Polizeirecht zu bewältigen. Schließlich gehört zu den Ordnungsmaßnahmen die Freilegung der Grundstücke (§ 147 S. 1 Nr. 3 BauGB), insbesondere die Beseitigung baulicher Anlagen nach Erwerb oder Enteignung, durch Rückbau- und Entsiegelungsgebot (§ 179 BauGB) oder durch Umlegung (§ 59 VIII BauGB). Weiter hat die Gemeinde für die Herstellung und Änderung von Erschließungsanlagen sowie für sonstige Vorrichtungen zur Durchführung der Baumaßnahmen zu sorgen (§ 147 S. 1 Nr. 4 u. 5 BauGB). Als Ordnungsmaßnahme in diesem Sinne gilt auch die Bereitstellung von Flächen und die Durchführung von Ausgleichsmaßnahmen (§ 1 a III BauGB), soweit diese an anderer Stelle als dem Eingriffsort festgesetzt werden (§ 147 S. 2 BauGB).

Alle diese Maßnahmen sind grundsätzlich von der Gemeinde durchzuführen. Diese kann sie jedoch auf Grund eines Vertrags ganz oder teilweise dem Eigentümer überlassen, wenn die zügige und zweckmäßige Durchführung der Sanierung gewährleistet bleibt (§ 146 III BauGB).

(2) Die **„Baumaßnahmen"**, also die Errichtung von Neu- und Ersatzbauten, die Modernisierung und Instandsetzung, die Verlagerung oder Änderung von Betrieben sowie Maßnahmen zum Ausgleich von Eingriffen in Natur und Landschaft i.S.d. § 1 a III BauGB, die am Ort des Eingriffs durchgeführt werden, sollen primär den Eigentümern überlassen bleiben (§ 148 BauGB). Jedoch trägt auch hier die Gemeinde die Gesamtverantwortung für eine zügige Durchführung. Daher ist sie subsidiär auch verpflichtet, die erforderlichen baulichen Maßnahmen selbst durchzuführen.

Das rechtliche Instrumentarium, dieser Verpflichtung auch gegen den Willen oder das Unvermögen des Eigentümers nachzukommen, sind die städtebaulichen Gebote, insbesondere das Baugebot und notfalls die Enteignung (§ 176 I, VIII BauGB), sowie das Modernisierungsgebot und seine Durchsetzung im Wege der Ersatzvornahme (§ 177 BauGB i.V.m. z.B. § 25 VwVG BW). Die Errichtung und Änderung von Gemeinbedarfs- und Folgeeinrichtungen obliegt jedoch der Gemeinde (§ 148 I S. 1 Nr. 1 BauGB); sie kann diese aber nach § 146 III BauGB auch durch Vertrag den Eigentümern überlassen.

(3) Die Gemeinde hat nach dem Stand der Planung eine Kosten- und **Finanzierungsübersicht** für die Durchführung der Gesamtmaßnahmen aufzustellen. Diese ist mit den Kosten- und Finanzierungsvorstellungen anderer Träger öffentlicher Belange, deren Aufgabenbereich durch die Sanierung berührt wird, abzustimmen und der höheren Verwaltungsbehörde vorzulegen (§ 149 BauGB). In dieser, auch zeitlich fixierbaren Finanzplanung kommt das integrale und das prozedurale (terminierende) Moment des Prinzips der Entwicklungsplanung deutlich zum Ausdruck (dazu oben § 1 Rn. 17).

Zur Finanzierung der Sanierungsmaßnahmen können Städtebauförderungsmittel in Anspruch genommen werden.

8 Grundsätzlich orientiert sich die **Verteilung der Kosten** an der Verteilung der Aufgaben, d.h. Gemeinde und Eigentümer müssen jeweils die von ihnen durchzuführenden Maßnahmen (siehe oben, Rn. 7) bezahlen. Wird die Sanierung im Regelverfahren – und nicht (ausnahmsweise) im vereinfachten Sanierungsverfahren (§ 142 IV BauGB) – durchgeführt, kommen weiter die **„besonderen sanierungsrechtlichen Vorschriften“** (§§ 152–156a BauGB) über die Bemessung von Ausgleichs- und Entschädigungsleistungen und die Preiskontrolle bei Grundstücksveräußerungen zur Anwendung. Sie dienen vor allem der Abschöpfung der ausschließlich sanierungsbedingten Werterhöhungen. Auf diese Weise sollen letztlich die Sanierungsmaßnahmen mitfinanziert werden; Erschließungsbeiträge nach dem Baugesetzbuch fallen dann für die Eigentümer nicht mehr an. Gleiches gilt für die Finanzierung der von der Gemeinde als Ordnungsmaßnahme durchgeführten naturschutzrechtlichen Ausgleichsmaßnahmen, eine zusätzliche Kostenerstattung nach § 135a II, III BauGB entfällt (§ 154 I 2, 3 BauGB).

Die **Eliminierung der sanierungsbedingten Wertsteigerung** ist durch ein lückenloses System von Regelungen gewährleistet: Eigentümern, die ihr Grundstück an die Gemeinde abgeben, sei es durch freihändigen Verkauf auf Grund der Ausübung des Vorkaufsrechts durch die Gemeinde, sei es infolge eines Übernahmeverlangens oder im Wege der Enteignung, wird die sanierungsbedingte Werterhöhung bei der **Berechnung des Kaufpreises oder der Entschädigung** abgezogen (§ 153 I, III BauGB). Eigentümer, die ihr Grundstück an Dritte veräußern oder ein Erbbaurecht daran bestellen, dürfen dafür nur einen Preis verlangen, von dem die sanierungsbedingten Werterhöhungen abgezogen sind, anderenfalls wird die Veräußerung nicht genehmigt (§§ 153 II, 145 II BauGB). Eigentümer, die ihr Grundstück behalten, zahlen nach Abschluß der Sanierungen einen entsprechenden **Ausgleichsbetrag** (§§ 154, 155 BauGB). Für die Berechnung der Zuteilungsquote bei der Umlegung wird das eingeworfene Grundstück ohne die sanierungsbedingte Werterhöhung, das zugeteilte Grundstück aber unter Einbezug dieser Werterhöhung berechnet (§ 153 V BauGB). Grundstücke, die die Gemeinde oder der von ihr beauftragte Sanierungsträger im Zusammenhang mit der Sanierung veräußern, sind unter Einschluß der sanierungsbedingten Wertsteigerungen abzugeben.

(4) Ist die **Sanierung abgeschlossen** oder wird ihre Durchführung abgebrochen, wird die Sanierungssatzung im Wege des Satzungsverfahrens aufgehoben (§ 162 BauGB). Für ein einzelnes Grundstück kann die Gemeinde die Sanierung auch durch einfachen Beschluß für abgeschlossen erklären (§ 163 BauGB). Zusätzlich zu den gesetzlich geregelten Verfahren ist die Sanierung auch dann beendet, wenn die zugrunde liegende Satzung durch die Veränderung

der tatsächlichen Umstände im betreffenden Gebiet ihre Geltung verliert, weil sie durch Gewohnheitsrecht derogiert wird oder aufgrund von Funktionslosigkeit außer Kraft tritt (HessVGH, NVwZ-RR 1994, 635).

Voraussetzung für die Aufhebung der Sanierungssatzung ist, daß die Sanierung entweder durchgeführt worden ist oder sich als undurchführbar erwiesen hat, in engen Grenzen kann die Gemeinde auch aus anderen Gründen ihre Sanierungsabsicht aufgeben (§ 162 BauGB). Ob die Sanierung abgeschlossen ist, orientiert sich an dem jeweiligen Sanierungskonzept zum Zeitpunkt des Satzungsbeschlusses. Da dieses durch die Gemeinde laufend fortentwickelt wird, muß sie insbesondere nicht alle anfänglich geplanten Maßnahmen verwirklicht haben, um eine Sanierung für beendet zu erklären. Für die Entscheidung über den Abschluß des Verfahrens besteht ein weiter Entscheidungsspielraum; er entspricht demjenigen über die förmliche Festlegung der Sanierungssatzung.

Mit dem Abschluß des Sanierungsverfahrens entfallen alle besonderen Rechtsfolgen, die das Gesetz an die förmliche Festlegung des Sanierungsgebietes knüpft. Auf die Rechtswirksamkeit evtl. Bebauungspläne hat dies, wie oben (Rn. 1 a.E.) erläutert, keine Auswirkungen.

c) Besonderheiten des vereinfachten Sanierungsverfahrens

In einer zurückhaltenderen Einstellung zur Flächensanierung **9**
versuchte das Gesetz mit der Ergänzung des „Regelverfahrens" durch das **„vereinfachte Sanierungsverfahren"** (§ 142 IV BauGB) eine größere Abstufung und Variationsbreite von der einfachen Stadterneuerung, bei der behutsam Haus für Haus vorgegangen wird, bis zur kompletten Flächensanierung zu ermöglichen. Dabei geht es, wie erwähnt, nicht um unterschiedliche Verfahrensregelungen, sondern um eine Abstufung der Eingriffsinstrumentarien. Diese erscheint schon im Hinblick auf das Verhältnismäßigkeitsprinzip für Sanierungen kleineren Umfangs geboten. Demgemäß muß die Gemeinde die Anwendung der „besonderen sanierungsrechtlichen Vorschriften" über die Abschöpfung der sanierungsbedingten Bodenwertsteigerung (§§ 152–156a BauGB) ausschließen, wenn sie für die Durchführung der Sanierung nicht erforderlich sind und die Sanierung dadurch voraussichtlich nicht erschwert wird; diese Ent-

scheidung ist ihr nach dem Gesetzeswortlaut zwingend vorgeschrieben, steht also nicht in ihrem Ermessen.

Hat sich die Gemeinde auf das vereinfachte Sanierungsverfahren festgelegt, kann sie über den Ausschluß der Abschöpfungsvorschriften hinaus auch den sanierungsrechtlichen Genehmigungsvorbehalt nach § 144 BauGB entweder insgesamt oder für einzelne Bereiche ausschließen. Damit werden ihr weitere Abstufungen in der Wahl der Eingriffsmittel in die Hand gegeben. Diese Entscheidung liegt nach der Gesetzesformulierung in ihrem Ermessen (so dezidiert *Krautzberger*, B/K/L, § 142 Rn. 40).

d) Sanierung durch private Sanierungsträger

10 Die Gemeinde kann sich nach § 157 BauGB zur Erfüllung ihrer Aufgaben bei der Vorbereitung oder Durchführung der Sanierung eines **privaten „Beauftragten"**, etwa einer größeren Baugesellschaft, bedienen. Die Übertragung der Aufgaben erfolgt in einem öffentlich-rechtlichen Vertrag. In dieser Regelung ist **keine** Ermächtigung zur **Beleihung** zu sehen. Insofern können keine hoheitlich-obrigkeitlichen Befugnisse übertragen werden, wie z. B. der Beschluß der Gemeinde über die Einleitung des Sanierungsverfahrens (§ 141 III BauGB) oder der Erlaß von Verwaltungsakten (*Krautzberger*, B/K/L, § 157 Rn. 4 u. 5). Bestimmte Aufgaben, wie die Durchführung der Ordnungsmaßnahmen, der Erwerb von Grundstücken, die Bewirtschaftung von Sanierungsmitteln, dürfen außerdem nur einem „qualifizierten Beauftragten" anvertraut werden, der als „Sanierungsträger" von der Behörde bestätigt wurde. Voraussetzung dafür ist, daß das Unternehmen nach seinen wirtschaftlichen Verhältnissen dafür geeignet und nicht selbst als Bauunternehmer tätig oder von einem solchen abhängig ist, sich einer sachgerechten Prüfung unterzieht und daß seine leitenden Angestellten die erforderliche geschäftliche Zuverlässigkeit besitzen (§ 158 BauGB). In der Praxis wird weiter unterschieden zwischen dem sog. „Treuhandträger", der ohne eigene wirtschaftliche Interessen im eigenen Namen, aber für Rechnung der Gemeinde tätig wird, und dem „Unternehmensträger" (z. B. eine Wohnungsbaugesellschaft), der die wirtschaftliche Verantwortung und das Risiko der Sanierung trägt (vgl. § 157 II BauGB). Soweit die Vorbereitung oder Durchführung der Sanierung einem für eigene Rechnung tätigen Sanierungsträger übertragen worden ist, erwirbt dieser i. d. R. die Grundstücke im Sanierungsgebiet, um die Modernisierung oder Neubebauung nach einem einheitlichen Konzept abwickeln zu können (vgl. *Schmidt-Eichstaedt*, S. 299).

Literatur: Siehe § 35.

§ 35. Städtebauliche Entwicklungsmaßnahmen

Übersicht

1. Begriff und Gegenstand

Das Entwicklungsmaßnahmenrecht ist wie das Sanierungsrecht 1
ein zeitlich befristetes (vgl. § 169 I Nr. 8 BauGB) und räumlich begrenztes (§ 165 V, VI BauGB) Sonderrecht. Wie dieses setzt seine Einführung eine qualifizierte Gemeinwohlerforderlichkeit voraus und ist in seinem Verfahrensablauf in die Phasen der Vorbereitung, der Bereichsfestlegung durch Satzung und der Durchführung zu gliedern. Die Unterschiede bestehen in Ziel und Gegenstand sowie teilweise in dem bodenrechtlichen (Eingriffs-)Instrumentarium. Letzteres geht beim Entwicklungsmaßnahmenrecht noch weiter. Die Entwicklungsmaßnahme ist das **„bodenrechtlich schärfste Schwert"** (*Runkel*, ZfBR 1991, 91, 93). Daher ist bei gegenständlichen Überschneidungen von Sanierungs- und Entwicklungsmaßnahmenrecht die Entscheidung für das eine oder andere Recht nach dem Verhältnismäßigkeitsprinzip danach zu treffen, welche bodenrechtlichen Instrumente zur Verwirklichung der angestrebten städtebaulichen Ziele erforderlich und ausreichend sind (BT-Drs. 11/6636, S. 27; *Krautzberger*, WiVerw 1993, 85, 96; *Runkel*, ZfBR 1991, 92, 93; *Bielenberg*, in Bielenberg/Koopmann/Krautzberger, Städtebauförderungsrecht, Stand 2000, § 165 Rn. 26).

2 Im Unterschied zur Sanierung, die der Substanzerhaltung durch Erneuerung dient, ist die Entwicklungsmaßnahme auf die Schaffung von etwas „Neuem" ausgerichtet (zur Abgrenzung von Entwicklungs- und Sanierungssatzung vgl. BVerwG, NVwZ 1998, 1298). Dieses kann zum einen als **„Außenentwicklungsmaßnahme"** die erstmalige Entwicklung eines Ortsteils oder anderer Teile der Gemeinde zum Gegenstand haben (§ 165 II, 1. Alt. BauGB), also die klassischen Fälle der Stadterweiterung auf einer bislang nicht baulich genutzten Außenbereichsfläche betreffen.

Hierbei sollen funktionsfähige Bereiche geschaffen werden, in denen eine ordnungsgemäße und zweckentsprechende Versorgung der Bevölkerung mit Gütern und Dienstleistungen sichergestellt ist. Es sollen also i. d. R. keine reinen Wohn- oder Gewerbegebiete entstehen, sondern neue Ortsteile, die in sich bereits wesentliche Teilfunktionen eines Ortes erfüllen.

3 Gegenstand der Entwicklungsmaßnahme kann zum anderen auch die Neuentwicklung eines Ortsteils oder anderer Teile der Gemeinde im Rahmen einer städtebaulichen Neuordnung sein (**„Innenentwicklungsmaßnahme"**, § 165 II, 2. Alt. BauGB).

4 Hierbei geht es um die Neuordnung größerer brachliegender oder minder genutzter innerstädtischer Flächen. Für sie steht somit neben der (Funktionsmängel-)Sanierung (§ 136 II Nr. 2 BauGB) auch die Entwicklungsmaßnahme zur Verfügung. Insofern überschneiden sich hier Sanierungs- und Entwicklungsmaßnahmenrecht. Im allgemeinen kommt die Entwicklungsmaßnahme dann zur Anwendung, wenn es sich um Gebiete handelt, in denen noch größere Freiflächen vorhanden sind, deren Bebauung die Entwicklung des Gebiets insgesamt in eine andere Richtung führen kann. Dagegen sind geschlossen bebaute Gebiete, in denen zur Einleitung einer neuen Entwicklung Abriß und Neubebauung in größerem Umfang nötig werden, in der Regel Sanierungsgebiete (*Gaentzsch*, NVwZ 1991, 921, 924). Allerdings läßt das BVerwG (NVwZ 1998, 1298) auch die Festlegung eines Entwicklungsbereichs für die Neuordnung bereits bebauter Ortslagen „mit dem Ziel der Neustrukturierung" zu. Im übrigen ist bei der **Entscheidung zwischen Innenentwicklungsmaßnahme und Sanierung** nach dem Verhältnismäßigkeitsprinzip auf die Erforderlichkeit der jeweils unterschiedlichen Durchführungsinstrumente abzustellen. Ist der durchgängige Erwerb der Grundstücke durch die Gemeinde (§§ 166 III, 169 III BauGB) grundsätzlich erforderlich, dann kommen die Entwicklungsmaßnahmen, anderenfalls die Sanierungsmaßnahmen, in Betracht (vgl. etwa *Runkel*, ZfBR 1991, 91).

Gemäß § 170 BauGB kann ein im Zusammenhang bebautes Gebiet als sog. **Anpassungsgebiet** förmlich festgelegt werden (dazu *Stich*, WiVerw 1993,

104, 113f.). Dies hat den Zweck, neben dem Entwicklungsrecht ergänzend das Recht der Sanierung gemäß §§ 136ff. BauGB zur Anwendung zu bringen (dazu *Gaentzsch*, NVwZ 1991, 921, 924).

Neben diesen **städtebaulichen** Außen- oder Innenentwicklungszielen der Gemeinde können nach wie vor auch die landesplanerisch angestrebten Entwicklungen des Landesgebiets oder der Region, also **überörtliche Raumplanungsziele**, den Einsatz der Entwicklungsmaßnahmen rechtfertigen (§ 165 II, 2. Alt. BauGB).

2. Voraussetzungen

Im Hinblick auf das einschneidende Instrumentarium ist die städtebauliche Entwicklungsmaßnahme, ähnlich wie die Sanierungsmaßnahme, nur zulässig, wenn ein besonderes oder **„qualifiziertes öffentliches Interesse“** an der „einheitlichen Vorbereitung und zügigen Durchführung“ besteht (§ 165 I BauGB). Diese Grundsätze lassen sich mit folgenden, nicht immer scharf voneinander abgrenzbaren Voraussetzungen präzisieren: 5

(1) Die zur Außen- oder Innenentwicklung vorgesehenen Gemeindeflächen müssen eine *besondere Bedeutung für die raumplanerische Entwicklung*, sei es für die städtebauliche Entwicklung und Ordnung der Gemeinde, sei es für die angestrebte Entwicklung des Landes, haben (§ 165 III 1 Nr. 1, II BauGB).

Die raumplanerische Bedeutung der in Betracht gezogenen Fläche findet i.d.R. ihren Nachweis entweder aus einer vorgedachten städtebaulichen Konzeption (z.B. einem Flächennutzungsplan) oder landesplanerischen Festlegungen, sie kann aber auch aus besonderen örtlichen Gegebenheiten folgen, die eine städtebauliche Nutzung nahelegen (vgl. BT-Drs. 12/4340, S. 14). Die besondere Relevanz für die örtliche Entwicklung kann jedoch nicht schon aus einem Rückgriff auf die allgemeinen städtebaulichen Belange nach § 1 V BauGB oder die Darstellungen in einem Flächennutzungsplan festgestellt werden. Ebenso läßt sich die besondere Bedeutung für die angestrebte Entwicklung des Landes nicht bereits aus landesplanerisch festgelegten Zielen der Raumordnung bestimmen. Derartige Vorgaben allein rechtfertigen noch nicht den Einsatz des einschneidenden Instrumentariums der Entwicklungsmaßnahmen. Es müssen dafür *zusätzliche* Gesichtspunkte, *Ziele und Zwecke*, gegeben sein. Diese überschneiden oder decken sich vielfach mit der weiteren Voraussetzung des qualifizierten öffentlichen Interesses. Hierzu zählen etwa ein erhöhter Bedarf an Wohn- und Arbeitsstätten oder die Wiedernutzung brachliegender Flächen (§ 165 III 1 Nr. 2 BauGB), z.B. die Umnutzung wegen Betriebsumsiedlung oder Stillegung aufgegebenen Fabrikations- oder Bahnhofsgeländes oder bisher militärisch genutzter Flächen („Konversion"). Die Streitfrage, ob auch Gemeinbedarfs- und Folgeeinrichtungen als solche selbständig Gegenstand von städtebaulichen Entwicklungsmaßnahmen sein können (zweifelnd *Degenhart*, DVBl. 1994, 1041, 1048; dafür aber *Krautzberger*, WiVerw 1993, 85, 95), ist durch die Ergänzung des § 165 III 1 Nr. 2 BauGB im positiven Sinn entschieden (vgl. dazu auch BVerwG, NVwZ 2001, 558f.).

In der neugefaßten Bestimmung des § 247 BauGB – „Sonderregelungen für Berlin als Hauptstadt der Bundesrepublik Deutschland" – ist ausdrücklich bestimmt, daß die Entwicklung der Parlaments- und Regierungsbereiche in Berlin den Zielen und Zwecken einer städtebaulichen Entwicklungsmaßnahme i. S. v. § 165 II BauGB entspricht (§ 247 VII BauGB).

(2) Zu verlangen ist weiter ein *qualifiziertes öffentliches Interesse*, d. h. das Wohl der Allgemeinheit muß die einheitliche und zügige Vorbereitung und Durchführung mit Hilfe der Entwicklungsmaßnahmen erfordern (§ 165 III 1 Nr. 2 BauGB). Das Gemeinwohlerfordernis ist schon deshalb unverzichtbare Voraussetzung der Entwicklungsmaßnahme, weil die Gemeinde bzw. der von ihr beauftragte Entwicklungsträger grundsätzlich alle Grundstücke erwirbt und zu diesem Zweck die Enteignung sogar ohne Erlaß eines Bebauungsplans zulässig ist (§ 169 III BauGB; dazu BVerwG, DÖV 1998, 603 und BVerwGE 107, 123, „enteignungsrechtliche Vorwirkungen"; im einzelnen noch unten Rn. 9).

(3) Städtebauliche Entwicklungsmaßnahmen stehen schließlich nach dem Verhältnismäßigkeitsprinzip unter dem Vorbehalt der *Erforderlichkeit* (§ 165 III 1 Nr. 2 BauGB). Die Gemeinden dürfen vom Instrument der Entwicklungsmaßnahme mit seiner intensiven Eingriffswirkung nur dann Gebrauch machen, wenn dies im Interesse einer zügigen Entwicklung wirklich erforderlich ist, d. h. wenn das herkömmliche Instrumentarium des Städtebaurechts, etwa die Umlegung (§§ 45ff. BauGB), der Erlaß von Baugeboten (§ 176 BauGB) oder der Abschluß städtebaulicher Verträge (§§ 165 III 1 Nr. 3, 1. Alt., 11 BauGB) zur Erreichung des Zieles nicht ausreicht (BT-Drs. 12/4340, S. 21; BVerwG, Urt. v. 8. 7. 1998, AZ 4 BN 22/98). Weiterhin fehlt die Erforderlichkeit der Maßnahme, wenn eine geeignete (d. h. im wörtlichen wie im übertragenen Sinn ebenso „nahe liegende") Standortalternative existiert, an der die Maßnahme mit geringerer Eingriffsintensität (insbesondere unter Verzicht auf das

Entwicklungsrecht) durchführbar wäre (vgl. BVerwG, DÖV 1998, 603).

(4) Im Hinblick auf die Schwere des Eingriffs kann die Erforderlichkeit ferner nur bejaht werden, wenn die *zügige Durchführung der Maßnahme* gewährleistet ist (vgl. § 165 III 1 Nr. 4 BauGB). Die Entwicklungsmaßnahme muß spezifische zeitliche Vorteile bieten (dazu *Degenhart*, DVBl. 1994, 1041, 1043). Die voraussichtliche Dauer einer Gesamtmaßnahme bestimmt sich nach der städtebaulichen Situation, ihrem Umfang und ihrer Schwierigkeit und hängt wesentlich von der Finanzierung ab. Erforderlich ist somit eine Prognose zum Zeitpunkt des Satzungsbeschlusses; war diese ordnungsgemäß, hat eine längere Dauer auf die Rechtmäßigkeit der Satzung i. d. R. keinen Einfluß (BGH, NVwZ 1987, 923). Für eine ordnungsgemäße Prognose gilt nach der Rechtsprechung ein Zeitrahmen von 15 bzw. 17 Jahren noch als „absehbar" (vgl. VGH Kassel, BRS 38 Nr. 218; ZfBR 1987, 204).

3. Verfahren und Maßnahmen

a) Parallelen zum Sanierungsrecht

Wie bei der Sanierung läßt sich das bei einer städtebaulichen Ent- 6
wicklungsmaßnahme zu beachtende Verfahren in die Phasen **Vorbereitung**, **Satzungserlaß** und **Durchführung** gliedern. Im einzelnen gilt dafür weitgehend das oben (§ 34 Rn. 2ff.) dargelegte Sanierungsrecht (vgl. §§ 165 IV 2, 169 BauGB). Insofern kann sich die Darstellung hier auf die Grundzüge beschränken:

Die Gemeinden sind – wie bei den Sanierungsmaßnahmen – verpflichtet, die erforderlichen **vorbereitenden Untersuchungen** zur Einführung des Entwicklungsregimes durchzuführen, um die Beurteilungsgrundlagen über die oben dargelegten Festlegungsvoraussetzungen (§ 165 III BauGB) zu gewinnen. Die vorbereitenden Untersuchungen werden durch einen Beschluß der Gemeinde eingeleitet, welcher öffentlich bekanntzumachen ist (§§ 165 IV 2, 141 III BauGB).

Die Bekanntmachung hat in bodenrechtlicher Hinsicht die gleichen Rechtsfolgen wie das Pendant im Sanierungsrecht (Beteiligungsrechte und Mitwirkungspflichten, die Möglichkeit der Zurückstellung von Baugesuchen, vgl. §§ 165 IV 2, 141 IV BauGB). Vor allem aber verfolgt die Bekanntmachung den Zweck, dem Grundstücksmarkt zu signalisieren, daß bei der Ermittlung des für den Grunderwerb maßgeblichen Verkehrswertes nur die durch die allgemeine Wertsteigerung eingetretene Werterhöhung, nicht aber die entwicklungsbedingte, berücksichtigt wird. Davon verspricht man sich eine Beruhigung des Bodenmarktes (*Bunzel/Lunebach*, DÖV 1993, 649, 657).

Sind die Voraussetzungen für die Entwicklungsmaßnahmen gegeben, beschließt die Gemeinde die förmliche Festlegung des Entwicklungsbereichs als Satzung (**„Entwicklungssatzung"**, vgl. § 165 VI 1 BauGB). Aus der Satzung muß sich die räumliche Abgrenzung des Bereichs eindeutig ergeben. Das kann z. B. durch die Angabe der begrenzenden Straßenzüge geschehen (dazu *Krautzberger*, B/K/L, § 165 Rn. 29).

Anders als die Sanierungssatzung bedarf die Entwicklungssatzung der Genehmigung durch die höhere Verwaltungsbehörde (§ 165 VII BauGB). Die Satzung ist zusammen mit der Erteilung der Genehmigung ortsüblich bekanntzumachen.

7 Mit ihrer Rechtsverbindlichkeit treten weitgehend die entsprechenden **Rechtswirkungen** wie bei der Sanierungssatzung ein (§ 169 BauGB), insbesondere die umfangreichen Genehmigungspflichten (§§ 144, 145 BauGB), ferner aber auch die besonderen Vorschriften über die Abschöpfung der durch die Maßnahme bedingten Wertsteigerungen bei der Bemessung von Ausgleichs- und Entschädigungsleistungen sowie bei Kaufpreisen (§ 153 I–III BauGB). Ein „vereinfachtes Verfahren" (entsprechend § 142 IV BauGB) gibt es bei den Entwicklungsmaßnahmen nicht. Daher ist auch der Genehmigungsvorbehalt nach § 144 BauGB uneingeschränkt anzuwenden.

Wie bei der Sanierung hat die Gemeinde die Entwicklungsmaßnahmen vorzubereiten und **durchzuführen**. Sie kann damit auch einen Planungsverband (§ 166 IV BauGB) oder einen privaten Entwicklungsträger (§ 167 BauGB) beauftragen. In Betracht kommt jedoch nur ein im eigenen Namen und für Rechnung der Gemeinde tätiger, d. h. treuhänderischer Entwicklungsträger; den auf eigene Rechnung handelnden Entwicklungsunternehmer läßt das Gesetz nicht zu (§ 167 II BauGB; dazu auch *Stich*, WiVerw 1993, 104, 115 f.). Die Vorbereitungs- und Durchführungsmaßnahmen entsprechen ebenfalls weitgehend denjenigen des Sanierungsrechts; allerdings können die planungsrechtlichen Voraussetzungen angesichts der tiefgreifenden Veränderungen bei Entwicklungsmaßnahmen nur durch einen Bebauungsplan geschaffen werden (§ 166 I 2 BauGB). Nicht anwendbar sind weiter die Vorschriften über die Bodenordnung, also die Umlegung und Grenzregelung (§ 169 II, §§ 45 ff. BauGB). Diese Regelung folgt aus der besonderen Konzeption eines Durchgangserwerbs (einschließlich der transitorischen Enteignung), der die maßgeblichen Grundstücke im Eigentum einer Hand vereinigt.

b) Besonderheiten: Das Konzept des Durchgangserwerbs

Das Gesetz geht davon aus, daß die Gemeinde bzw. der von ihr 8
beauftragte Entwicklungsträger in dem durch die Satzung festgelegten Entwicklungsbereich prinzipiell **alle Grundstücke erwirbt** (§ 166 III BauGB) und sie erst nach der Neuordnung (Parzellierung) und Erschließung an Bauwillige veräußert, soweit sie nicht für öffentliche Zwecke oder als Austauschland von der Gemeinde benötigt werden (**„Durchgangserwerb“**, vgl. § 169 V BauGB). Auf diese Weise lassen sich die Entwicklungsmaßnahmen zügig durchführen. Außerdem wird dadurch verhindert, daß die Grundstückseigentümer nach Abschluß aller Maßnahmen frei entscheiden, ob und wann sie ihr Grundstück bebauen, verkaufen oder unbebaut lassen (dazu *Stich*, WiVerw 1993, 104, 108). Weiter können die Gemeinden bei der Veräußerung der Grundstücke in den Veräußerungsverträgen Regelungen über die Gestaltung der baulichen Anlagen, über soziale Bindungen, etwa zugunsten bestimmter Personengruppen, über Fristen für die Bebauung u. a. treffen (vgl. § 169 VI BauGB; dazu *Bunzel/Lunebach*, DÖV 1993, 649, 650). Hier ergibt sich ein weites Feld für die Anwendung städtebaulicher Verträge i. S. v. § 11 BauGB.

Von dem Erwerb der Grundstücke soll die Gemeinde daher lediglich absehen, wenn entweder Art und Maß der baulichen Nutzung bei der Durchführung der Entwicklungsmaßnahmen nicht geändert werden sollen (§ 166 III 3 Nr. 1 BauGB), oder wenn der Eigentümer in der Lage ist und sich verpflichtet, das Grundstück binnen angemessener Frist entsprechend den Zielen und Zwecken der städtebaulichen Entwicklungsmaßnahme zu nutzen (§ 166 III 3 Nr. 2 BauGB).

Für Grundstücke, die die Gemeinde weder freihändig oder auf 9
Grund eines Übernahmeverlangens (vgl. § 168 BauGB) noch durch Ausübung eines Vorkaufsrechts (§§ 24 I Nr. 3 bzw. 25 I Nr. 2

BauGB) erwerben kann, steht das Mittel der **Enteignung** zur Verfügung. Sie ist im städtebaulichen Entwicklungsbereich auch ohne Bebauungsplan zugunsten der Gemeinde oder des Entwicklungsträgers zulässig; die §§ 85, 87, 88, 89 I–III BauGB sind gemäß § 169 III BauGB nicht anzuwenden. Dadurch wird die Prüfung der Enteignungsvoraussetzungen auf den Zeitpunkt der förmlichen Festlegung des Entwicklungsbereichs vorverlagert, wobei die Großflächigkeit eines Entwicklungsbereichs und häufig auch das Fehlen einer bereits bis ins einzelne gehenden Planungskonzeption nur eine mehr pauschale Prüfung erlauben (BVerwG, NJW 1982, 2787, 2788; OVG NW, DVBl. 1998, 351; BauR 1997, 620; VGH BW, VBlBW 1998, 141).

Hiervon zu unterscheiden ist die spätere enteignungsrechtliche Prüfung im Einzelfall. In ihr sind jedoch die generellen Enteignungsvoraussetzungen als dem Grunde nach gegeben anzunehmen, so daß insoweit nur noch Einzelfragen wie der Enteignungszeitpunkt oder die Höhe der Entschädigung in Betracht kommen (*Runkel*, ZfBR 1991, 91, 94).

10 Die Gemeinde ist verpflichtet, die Grundstücke, die sie zur Durchführung der Entwicklungsmaßnahme freihändig oder auf Grund dieser gesetzlichen Erwerbsmöglichkeiten erlangt hat, nach ihrer Neuordnung und Erschließung „unter Berücksichtigung weiter Kreise der Bevölkerung" und der Ziele und Zwecke der Entwicklungsmaßnahmen an Bauwillige zu veräußern. Dabei sind zunächst die früheren Eigentümer zu berücksichtigen (§ 169 V–VIII BauGB). Durch diesen Vorrang der früheren Eigentümer können verfassungsrechtliche Bedenken gegen dieses Enteignungsregime zurückgestellt werden.

4. Finanzierung

11 Der Erwerb der Grundstücke erfolgt – mit einer gewissen Modifikation für landwirtschaftliche und forstwirtschaftliche Grundstücke (vgl. § 169 IV BauGB) – zum nicht entwicklungsbeeinflußten Anfangswert, ihre Veräußerung nach Durchführung der Entwicklungsmaßnahmen dagegen zum Verkehrswert. Ferner hat derjenige Eigentümer, dessen Grundstück ausnahmsweise nicht erworben wurde, einen die entwicklungsbedingte Werterhöhung abschöpfenden Ausgleichsbetrag an die Gemeinde zu entrichten (§ 166 III 4 BauGB). Insofern ist die Gemeinde weithin in der Lage, aus der **Abschöpfung der Wertsteigerung** nicht nur die Erschließungskosten, sondern auch die Folgekosten (für Schulen, Jugendzentren u.a.) zu bestreiten. Zu beachten ist jedoch, daß die Gemeinde nach dem Wortlaut des § 169 VIII BauGB („zur Finanzierung der Entwicklung") als Wiederverkaufspreis nur den Anfangspreis zuzüglich der von ihr tatsächlich aufgewendeten Kosten ansetzen darf. Ferner muß sie Einnahmen aus der Entwicklungsmaßnahme zur Finanzierung derselben verwenden und evtl. Überschüsse gemäß § 171 I BauGB an die betroffenen Eigentümer verteilen. Eine Abschöpfung des vollen Mehrwertes zur Haushaltssanierung scheidet also aus (so ausdrücklich auch der Ausschußbericht, BT-Drs. 12/4340, S. 22; dazu auch *Leisner*, NVwZ 1993, 935, 939).

Diese Schranke schließt jedoch den Mißbrauch der Entwicklungsmaßnahmen zur Finanzierung überdimensionierter Folgeeinrichtungen nicht aus (vgl. *Degenhart*, DVBl. 1994, 1041, 1042).

Für die Gemeinde hat diese Art der Finanzierung nicht nur Vorteile. Nachteilig wirkt sich aus, daß sie die Maßnahmen vorzufinanzieren hat. Ein Risiko liegt auch in dem nicht immer garantierten kostendeckenden Wertzuwachs der Grundstücke. Vor allem bei der Innenentwicklung können nicht nur die Grunderwerbskosten erheblich sein (*Degenhart*, DVBl. 1994, 1041, 1043), auch das Risiko kostspieliger und unerwarteter Ordnungsmaßnahmen (z.B. auf Grund verseuchter Grundstücke) ist häufig nicht zu kalkulieren. Hier dürfte einer der Hauptanwendungsfälle einer Förderung im Rahmen der von Bund und Ländern ausgeschriebenen Städtebauprogramme liegen (*Krautzberger*, LKV 1992, 84, 85).

Literatur: *Runkel*, Städtebauliche Entwicklungsmaßnahmen nach dem Maßnahmengesetz zum Baugesetzbuch, ZfBR 1991, 91; *Gaentzsch*, Städtebauliche Entwicklungsmaßnahmen nach dem Baugesetzbuch-Maßnahmengesetz, NVwZ 1991, 921; *Peine*, Der Schutz der Wohnbevölkerung vor Verdrängung als Ziel baurechtlicher Satzungen, DÖV 1992, 85; *Krautzberger*, Die städtebauliche Entwicklungsmaßnahme – ein wichtiges baulandpolitisches Instrument der Gemeinden, LKV 1992, 84; *Krautzberger*, Ziele und Voraussetzungen städtebaulicher Entwicklungsmaßnahmen, WiVerw 1993, 85; *Stich*, Die Aufgaben der Gemeinden zur Durchführung förmlicher städtebaulicher Entwicklungsmaßnahmen, WiVerw 1993, 104; *Leisner*, Städtebauliche Entwicklungsmaßnahmen und Eigentum Privater – Zum neuen Investitionserleichterungs- und Wohnbaulandgesetz, NVwZ 1993, 935; *Bunzel/Lunebach*, Die neue städtebauliche Entwicklungsmaßnahme – erste Erfahrungen aus der kommunalen Praxis, DÖV

1993, 649; *Degenhart*, Möglichkeiten und Grenzen der städtebaulichen Entwicklungsmaßnahme neuen Rechts, DVBl. 1994, 1041; *May*, Erhaltung der Zusammensetzung der Wohnbevölkerung in Sanierungsgebieten, DÖV 1994, 862; *Portz*, Baulandmobilisierung durch städtebauliche Entwicklungsmaßnahmen, StG 1994, 424; *Gerstinger*, Fortentwickelte Rechtsgrundlagen für städtebauliche Sanierungs- und Entwicklungsmaßnahmen (BauGB 98), ZfBR 1998, 65 ff.

VII. Teil. Raumordnungs- und Landesplanungsrecht

§ 36. Raumordnung durch den Bund

Übersicht

1. Planungskompetenzen und gesetzliche Grundlagen

a) Kompetenzen des Bundes

Bundesgesetzliche Grundlage der gesamten Raumordnung auf Bundes-, Landes- und Regionalebene ist das Raumordnungsgesetz des Bundes (ROG), das erstmals 1965 erlassen wurde und jetzt in der Neukodifizierung vom 18. 8. 1997 (BGBl. I S. 2081) nach Art. 11 BauROG ab 1. 1. 1998 in Kraft ist. Es stützt sich auf die Rahmengesetzgebungskompetenz des Bundes gem. Art. 75 I Nr. 4 GG. 1

Zur **Gesetzgebungskompetenz des Bundes** auf dem Gebiet der Raumordnung hat das Bundesverfassungsgericht in seinem **Baurechtsgutachten** festgestellt, daß die Gesetzgebungskompetenz des Bundes für die Raumordnung i. S. v. Art. 75 I Nr. 4 GG den Bund zur Regelung eines Rahmens für die überörtliche Raumplanung in den Ländern ermächtige. Da die Raumordnung als eine notwendige Aufgabe des modernen Staates aber nicht an den Grenzen der Länder halt machen könne, müsse es im Bundesstaat auch eine Raumplanung für den Gesamtstaat geben; die Zuständigkeit zu ihrer gesetzlichen Regelung komme nach der Natur der Sache dem Bund als ausschließliche und volle Kompetenz zu (BVerfGE 3, 407, 427 f.). Insofern könnte der Bund auch gesetzliche Regelungen für die Raumordnung des Gesamtstaates, d. h. für die überörtliche Raumplanung in ihren über die Länder hinausgreifenden Zusammenhängen (vgl. BVerfGE 15, 1, 16), treffen. Wegen der Unsicherheit über den Umfang dieser ungeschriebenen Kompetenz kraft Natur der Sache hat der Bund jedoch beim Erlaß des Raumordnungsgesetzes, wie auch bei seiner Neukodifikation, davon keinen Gebrauch gemacht (dazu *Grotefels, H/G*, § 2 Rn. 13).

Mit der Gesetzgebungskompetenz im Bereich der Raumplanung ist noch nicht die Frage nach der **Planungskompetenz** für die Aufstellung von Plänen und Programmen beantwortet. Bis heute ist unklar, ob diese allein der Verwaltung zukommt oder als Gesamtakt von Exekutive und Parlament zumindest auch der Beteiligung des Parlamentes bedarf (vgl. zur Abgrenzung von Gesetzgebungs- und Verwaltungsbefugnissen im Bereich der Planung: *Bielenberg/Erbguth/Runkel*, J 610 Rn. 8; *Stern*, Staatsrecht II, 713ff.; *Böckenförde*, Der Staat 1972, 429; BVerfGE 95, 1, 16). Angesichts der vielfältigen Formen von Planung wird sich dafür auch keine einheitliche Antwort finden lassen. Immerhin ist für rechtlich erhebliche Planungsmaßnahmen auch eine Verwaltungskompetenz zu fordern. Diese liegt gemäß Art. 30, 83 GG grundsätzlich bei den Ländern.

Die Frage, inwieweit der **Bund** auch **Planungskompetenzen** für eine den Gesamtstaat betreffende Raumordnung hat, ist wegen der weitgehenden Wirkungslosigkeit des Bundesraumordnungsprogrammes bisher wenig praktisch geworden. Der nach der Wiedervereinigung erstellte raumordnungspolitische Orientierungsrahmen von 1992 dürfte kaum eine größere Bedeutung erlangen. Nach § 18 I 2 ROG in der seit 1998 geltenden Fassung will der Bund augenblicklich selbst keine Raumordnungspläne erstellen, sondern lediglich Leitbilder der räumlichen Entwicklung des Bundesgebietes in Zusammenarbeit mit den Ländern entwickeln. Insofern ist die Frage nach einer Planungskompetenz des Bundes gegenwärtig allenfalls für einzelne raumbedeutsame Planungen und Maßnahmen des Bundes relevant (vgl. § 5 ROG), kann in Zukunft jedoch auch wieder in vollem Umfange aktuell werden. Entsprechend seiner Gesetzgebungskompetenz wird man auch eine Verwaltungskompetenz des Bundes kraft Natur der Sache anzunehmen haben. Das ist von Bedeutung für planerische Festlegungen, etwa von Standorten mit gesamtstaatlicher Relevanz, wenn sich die Länder nicht in der Lage sehen, die Frage im gegenseitigen Zusammenwirken in einer bundesweit angemessenen Weise zu erledigen, z. B. bei Standorten für nukleare Endlager, für Großanlagen der Energieversorgung oder für Hauptübergänge zu Nachbarstaaten (dazu auch *Erbguth*, Raumordnungs- und Landesplanungsrecht, 1983, Rn. 19f.). Das Bundesverfassungsgericht hat in dem genannten Gutachten eine ungeschriebene Verwaltungskompetenz des Bundes kraft Natur der Sache zur planerischen Konkretisierung der Erfordernisse der Bundesraumordnung angedeutet, aber wohl nicht definitiv bejaht (so auch *Trzaskalik*, Die Verwaltung 1978, 273, 288f.). Indessen sprechen dafür die gleichen Erwägungen wie diejenigen zur Gesetzgebungskompetenz kraft Natur der Sache (für eine Verwaltungskompetenz des Bundes zur Raumordnung: *Forsthoff/Blümel*, S. 85, 149; *Breuer*, VerwArch 69 (1978), 1, 12; *Schmidt-Aßmann*, Innere Kolonisation 1974, 212, 214; *Krautzberger*, DÖV 1992, 911, 912. Dagegen: *Evers,* Das Recht der Raumordnung, 1973, 101f.; *Brenken*, DÖV 1970, 81ff.).

Angesichts der (positivierten) Kompetenzverteilung des Grundgesetzes sind die Länder Hauptträger der **flächenhaften Raumplanung**, d. h. die für die Raumordnung zuständigen Landesbehörden sind für die Aufstellung und Fortschreibung der übergeordneten Raumordnungspläne verantwortlich (vgl. §§ 6 ff. ROG). Dem Bund verbleiben Aufgaben vornehmlich auf dem Gebiet der **Fachplanung**, etwa der Bundesverkehrswegeplanung, aber auch etwa der Wirtschaftsförderung als sonstiger raumbedeutsamer Maßnahme (vgl. § 3 Nr. 6, § 5 ROG). 2

Wegen des verfassungsrechtlichen Verbots einer staatlichen **Mischverwaltung** kommt eine Koordination von Bund und Ländern mit Befugnissen, die über die bloße Beratung hinausgehen, nicht in Betracht (*Trzaskalik*, Die Verwaltung 1978, 273, 277). Außerhalb der Gemeinschaftsaufgaben nach Art. 91 a und 91 b GG verbietet das Grundgesetz praktisch jede Form von Gemeinschaftsorganen des Bundes und der Länder, die bindende raumordnerische Entscheidungen treffen können (dazu auch *Bielenberg/Erbguth/Runkel*, J 610 Rn. 83). In dem aufgezeigten Rahmen hält sich die 1967 gegründete **Ministerkonferenz für Raumordnung (MKRO)**. Sie ist aus dem für die Raumordnung zuständigen Bundesminister und den Landesministern zusammengesetzt und faßt lediglich rechtlich unverbindliche Beschlüsse und Empfehlungen (vgl. dazu jetzt §§ 18 I 2, 19 ROG). 3

b) Die grundlegenden materiellen Vorgaben des Raumordnungsgesetzes

Das seit 1998 geltende Raumordnungsgesetz des Bundes gliedert sich in drei Abschnitte: Allgemeine Vorschriften, Raumordnung in den Ländern, Raumordnung im Bund. Wie bei seinem Vorgänger, dem ROG 1965, liegt seine **hauptsächliche Bedeutung** darin, die **Länder** zu **verpflichten**, eine Raumordnung auf Landesebene durchzuführen und dafür gewisse **einheitliche Strukturen vorzugeben** (§§ 6ff. ROG). Weiter enthält es einige **wenige Bestimmungen** über raumordnerische Maßnahmen auf Bundesebene (§§ 5, 18 ff. ROG). 4

Vor allem verpflichtet es die zuständigen „öffentlichen Stellen“, d. h. die Behörden von Bund, Ländern und Gemeinden, samt der ihrer Aufsicht unterstehenden Körperschaften, Anstalten und Stiftungen des öffentlichen Rechts (§ 3 Nr. 5 ROG), ihre „raumbedeutsamen Planungen und Maßnahmen“ **an** den in § 1 ROG genannten **Leitvorstellungen** der Raumordnung zu **orientieren**, die in § 2 II ROG aufgeführten und nach § 2 III ROG von den Ländern ergänzbaren **„Grundsätze"** der Raumordnung zu **berücksichtigen** (§ 4 II ROG) und die **„Ziele"** der Raumordnung zu **beachten**.

„Raumbedeutsam" sind Planungen und Maßnahmen, durch die entweder Raum in Anspruch genommen wird, wie z. B. für den Straßenbau, oder die räumliche Entwicklung oder Funktion eines Gebietes beeinflußt wird, wie z. B. bei Subventionen zur wirtschaftlichen Entwicklung eines Teilraumes. Alle diese grundlegenden Begriffe werden in der Definitionsnorm des § 3 ROG klar bestimmt.

Als oberstes Ziel oder **Leitvorstellung** nennt § 1 II 1 ROG **„eine nachhaltige Raumentwicklung**, die die sozialen und wirtschaftlichen Ansprüche an den Raum mit seinen ökologischen Funktionen in Einklang bringt und zu einer dauerhaften, großräumig ausgewogenen Ordnung führt".

Diese Handlungsmaxime wird in § 1 II 2 ROG in Teilaspekten verdeutlicht, wie z. B. Gewährleistung der Entfaltung der Persönlichkeit in der Gemeinschaft, Schutz und Entwicklung der natürlichen Lebensgrundlagen, Schaffung von Standortvoraussetzungen für wirtschaftliche Entwicklungen, gleichwertige Lebensverhältnisse in allen Teilräumen, Beseitigung der Ungleichgewichte zwischen alten und neuen Bundesländern, Schaffung der räumlichen Voraussetzungen für den Zusammenhalt in der Europäischen Gemeinschaft und im größeren europäischen Raum.

Weiter sollen sich Entwicklung, Ordnung und Sicherung der Teilräume in die Gegebenheiten und Erfordernisse des Gesamtraumes einfügen und umgekehrt sollen die Entwicklung, Ordnung und Sicherung des Gesamtraumes die Gegebenheiten und Erfordernisse seiner Teilräume berücksichtigen (§ 1 III ROG). Dieses **„Gegenstromprinzip"** ist eines der tragenden Grundprinzipien der Raumplanung; es bringt in der Hervorhebung der wechselseitigen Rücksichtnahme und Beeinflussung das oben dargelegte Prinzip kompetenzieller Rücksichtnahme (vgl. oben § 9 Rn. 6 ff.) besonders zum Ausdruck.

5 Im Sinne dieser Leitvorstellung sind die in § 2 aufgeführten **Grundsätze der Raumordnung** bei der Abwägung und bei Ermessensentscheidungen zu berücksichtigen (§ 4 II ROG). Sie ent-

halten die wichtigsten für den Gesamtraum relevanten räumlichen und fachlichen Belange aus der Sicht des Bundes und können durch eigene Grundsätze der Länder ergänzt werden (§§ 2 II, III ROG).

Die „räumlichen Grundsätze" sind in den Nr. 1–7 aufgeführt. Sie besagen:

1. Die Siedlungs- und Freiraumstruktur, also die herausragenden Elemente der „Raumstruktur" der BRD, sollen untereinander ausgewogen entwickelt werden.
2. Die „Siedlungsstruktur" soll in der für Deutschland typischen dezentralen Form erhalten bleiben und Freiräume durch eine konzentrierte Siedlungstätigkeit sichern.
3. Die „Freiraumstruktur" soll übergreifend, also in zusammenhängenden Freiräumen erhalten und entwickelt werden und so die ihr zukommenden ökologischen, ökonomischen und sozialen Funktionen erfüllen.
4. In Übereinstimmung mit der Siedlungs- und Freiraumstruktur soll die „Infrastruktur" gestaltet werden.
5. In „Verdichtungsräumen" sollen die zentralen Wohn-, Produktions- und Dienstleistungsschwerpunkte gesichert werden.
6. Im Unterschied dazu sollen die „ländlichen Räume" zu einer eigenständigen Bedeutung entwickelt werden.
7. In „strukturschwachen Räumen" sollen die Entwicklungsvoraussetzungen (Ausbildungs- und Erwerbsmöglichkeiten, Umweltbedingungen, Infrastrukturausstattung) bevorzugt verbessert werden.

Die „fachlichen Grundsätze" der Nr. 8–15 betreffen Naturgüter, Wirtschaft, Landwirtschaft, Wohnen, Verkehr, Kultur, Erholung/Freizeit und Sport, und schließlich die Verteidigung.

Ferner ergeben sich aus den Grundsätzen des § 2 II ROG einige Prinzipien der Raumordnung, die durchgängig von grundsätzlicher Bedeutung sind, z. B. das **System zentraler Orte** und **Siedlungs-Entwicklungsachsen** (vgl. § 2 II Nr. 2 ROG), das **Konzept der Verdichtungsräume** (vgl. § 2 II Nr. 2 u. 5 ROG) oder das Modell einer **Freiraumstruktur** i. S. miteinander vernetzter Freiräume. Sie liegen einigen Grundmodellen zugrunde, die heute nahezu alle strukturellen Konzepte der Raumordnungspläne auf Landesebene prägen. Darauf wird im Rahmen der Raumordnungsplanung durch die Länder zurückzukommen sein.

Eine den generell geltenden Grundsätzen entsprechende Bedeutung soll jetzt auch „**sonstigen Erfordernissen** der Raumordnung" zukommen (§§ 3 Nr. 4; 4 III ROG); darunter versteht das Gesetz erst in Aufstellung befindliche Ziele der Raumordnung, sofern sie bereits etwa vom Kabinett beschlossen wurden, oder etwa „raumordnerische Beurteilungen", die als Ergebnis eines Raumordnungsverfahrens festhalten, bei welchen noch zu treffenden Maßnahmen ein Projekt mit den Zielen der Raumordnung übereinstimmt oder wie es mit anderen raumbedeutsamen Maßnahmen unter den Gesichtspunkten der Raumordnung abgestimmt werden kann (vgl. § 15 I ROG und z.B. § 13 LPlG BW).

6 Da die Grundsätze und sonstigen Erfordernisse der Raumordnung nicht zwingend zu beachten, sondern lediglich als Belange oder rechtlich bedeutsame Gesichtspunkte bei der planerischen Abwägung oder einer administrativen Ermessensausübung zu berücksichtigen sind, können sie auf Grund sachlicher Notwendigkeiten in der konkreten Entscheidung gegenüber anderen zurückgestellt werden (§§ 4 II, IV; 7 VII ROG).

Die aus ihnen zu entwickelnden **„Ziele der Raumordnung"** sind dagegen von den Behörden des Bundes, der Länder, der Gemeinden und anderen Planungsstellen bei allen raumbedeutsamen, also raumbeanspruchenden oder raumbeeinflussenden Planungen und Maßnahmen **zu beachten** (§§ 4 I, III, IV; 3 Nr. 5 ROG); die Gemeinden haben sogar ihre Bauleitpläne daran „anzupassen" (§ 1 IV BauGB; dazu oben § 12 Rn. 7ff.).

c) Die Landesplanungsgesetze

7 Gemäß der Verpflichtung auf Grund des Raumordnungsgesetzes 1965 hatten die Bundesländer, mit Ausnahme der Stadtstaaten, Landesplanungsgesetze erlassen. Das Raumordnungsgesetz 1998 sieht gestützt auf Art. 75 I Nr. 4, III GG in § 22 ROG vor, daß diese innerhalb von 4 Jahren ab Inkrafttreten (am 1. 1. 98) an das neue Bundesgesetz angepaßt werden, was weithin unter extensiver Inanspruchnahme angenommener Regelungsspielräume geschah. Da in den Stadtstaaten Berlin, Bremen und Hamburg die Landesplanung funktional auch durch die Flächennutzungsplanung wahrgenommen werden kann, fehlt nach wie vor ein bundesrechtliches Interesse an einer eigenständigen Landesplanung. Das ROG 1998 hat ihnen daher in der „Stadtstaatenklausel" (§ 8 I 2 ROG) dieses Wahlrecht belassen.

2. Planungsrechtliche Grundbegriffe

8 Da die planungsrechtliche Terminologie bereits oben (§ 2 Rn. 23ff.) im Zusammenhang mit der historischen Entwicklung behandelt worden ist und **§ 3 ROG** 1998 jetzt **zahlreiche Begriffe** des Raumordnungsgesetzes in sich

verständlich **definiert**, sollen hier lediglich einige bedeutsame nochmals kurz vergegenwärtigt werden:

Als Oberbegriff umfaßt der Begriff der **Raumplanung** die räumlichen Gesamtplanungen der öffentlichen Hand auf allen Ebenen und Sachgebieten, d. h. sowohl Bundes-, Landes- und Regionalplanung als auch die Stadtplanung. Die h. M. zählt zur Raumplanung weiter auch die raumbezogene **Fachplanung**. Unter **Raumordnung** versteht man demgegenüber vorwiegend nur die überörtliche und überfachliche raumbedeutsame Planung. Es scheiden also die örtliche Bauleitplanung und die raumbezogene Fachplanung aus. Andererseits ist der Begriff der Raumordnung nicht auf die Planung beschränkt. Das ROG versteht ihn als einen für Bund und Länder einheitlichen Oberbegriff, der neben der Planung alle Maßnahmen umfaßt, die mittelbar oder unmittelbar den Raum beeinflussen; es kann sich dabei um Rechtsakte oder tatsächliche Handlungen handeln.

Im Falle der unmittelbaren Raumbeeinflussung spricht das ROG von Maß- **9**
nahmen, durch die Grund und Boden in Anspruch genommen wird (**„raumbeanspruchende Maßnahmen“**), etwa Enteignungen, Straßen-, Kanal- und Wasserstraßenbau. Mittelbare Maßnahmen sind häufig Nebenfolge eines anderen primären öffentlichen Zwecks, z. B. eine raumwirksame öffentliche Investitionspolitik (**„raumwirksame Maßnahmen“**). Beide Begriffe werden unter dem Oberbegriff der **„raumbedeutsamen Maßnahmen“** zusammengefaßt (vgl. § 3 Nr. 6 ROG).

Landesplanung kann man definieren als den Teil der öffentlichen Verwal- **10**
tung in den Bundesländern, der zusammenfassende, überörtliche, übergeordnete, den Grundsätzen der Raumordnung entsprechende Raumordnungspläne (§§ 6, 7 ROG) – nach den Landesplanungsgesetzen vielfach nach wie vor „Landesentwicklungspläne“ oder „Programme und Pläne“ – aufstellt und raumbedeutsame Planungen koordiniert. Zur Landesplanung im so verstandenen Sinn zählen die **hochstufige Landesplanung** für die Gesamtentwicklung des Landes sowie die **Regionalplanung** als Landesplanung für Teilräume des Landes. Die Regionalplanung steht damit systematisch zwischen der hochstufigen Landesplanung und der gemeindlichen Bauleitplanung.

Der bis zur Novellierung des Baugesetzbuchs und des Raumordnungsgeset- **11**
zes gebräuchliche **Doppelbegriff der Raumordnung und Landesplanung**, z. B. in der häufigen Kombination „Ziele der Raumordnung und Landesplanung“, ist von dem seit 1998 geltenden Raumordnungsgesetz **durch** den der **„Raumordnung“ ersetzt** worden. Da „Raumordnung“ den Gesamtraum der Bundesrepublik und seine (überörtlichen) Teilräume bezeichnet, wird davon auch die räumliche Gesamtplanung in den Ländern erfaßt; der Bund betreibt, wie erwähnt, ohnehin keine eigene Raumordnungsplanung (vgl. §§ 1, 6, 18 I 2 ROG). **Neu** eingeführt wurde der Begriff der **„Erfordernisse der Raumordnung“** (§ 3 Nr. 1 ROG). Er umfaßt als Oberbegriff: Ziele, Grundsätze und „sonstige Erfordernisse“ der Raumordnung (§ 3 Nr. 4 ROG), also sogar erst in der Aufstellung befindliche Ziele oder landesplanerische Beurteilungen eines Projektes als Ergebnis eines Raumordnungsverfahrens und entsprechende, im Vorstadium rechtlicher Verbindlichkeit beschlossene Einschätzungen. Letztere

sind vergleichbar mit den jetzt ebenfalls für abwägungserheblich erklärten informellen, aber beschlossenen Fachplanungen (vgl. oben § 2 Rn. 11).

3. Bundesraumordnungsprogramm und Raumordnungspolitischer Orientierungsrahmen

12 1975 wurde von der „Ministerkonferenz für Raumordnung" (MKRO; vgl. § 8 ROG a. F., jetzt § 19 IV ROG 1998) ein Raumordnungsprogramm für die großräumige Entwicklung des Bundesgebiets verabschiedet (BT-Drs. 7/3584). Es dient dem Bestreben, alle raumbedeutsamen Planungen und Maßnahmen der öffentlichen Hand möglichst wirksam nach einem in Konkretisierung der Leitvorstellung und Grundsätze (jetzt §§ 1, 2 ROG) grob skizzierten räumlich-strukturellen Konzept für das gesamte Bundesgebiet einzusetzen.

Das **Bundesraumordnungsprogramm** besitzt keine Rechtsnormqualität, sondern ist eine vertragsähnliche Vereinbarung zwischen der Bundesregierung bzw. dem Bund und den Landesregierungen bzw. den Ländern, in der sich diese verpflichten, darauf hinzuwirken, daß die Planungsträger die darin getroffenen Aussagen beachten (vgl. *Hendler*, JuS 1979, 618, 620; *E/H*, Rn. 90; *Peine*, Baurecht, Rn. 12). Insofern kann man darin eine Form der Zusammenarbeit von Bund und Ländern sehen (*Koch/Hendler*, Baurecht, S. 59; zur „Verbindlichkeit" des Bundesraumordnungsprogramms kraft verwaltungsinterner Bindung, etwa auf Grund eines Kabinettsbeschlusses, vgl. *Buchsbaum*, DÖV 1975, 545 ff.).

Obwohl das Bundesraumordnungsprogramm ursprünglich die regionale Verteilung der raumwirksamen Bundesmittel steuern sollte, ist die rechtliche Wirkung des Programms gering geblieben. Es handelt sich in der Sache um nicht mehr als um eine Orientierungshilfe, eine faktisch, nicht rechtlich bedeutsame Auslegungshilfe (*Peine*, Baurecht, Rn. 64). Verbindliche Ziele der Raumordnung im technischen Sinne (vgl. § 4 I ROG; § 1 IV BauGB) enthält es jedenfalls nicht (*Dörr*, Raumordnungs- und Landesplanungsrecht, in: Achterberg/Püttner/Würtenberger, § 7 Rn. 212).

13 Abzuwarten bleibt, ob sich hieran durch neue Rahmenbedingungen etwas ändern wird. Durch den politischen und ökonomischen Wandel in Osteuropa,

die Wiederherstellung der Deutschen Einheit und die europäische Integration ist nicht nur ein neues gesamtdeutsches räumliches Leitbild entstanden, sondern zugleich der Politikbereich Raumordnung, der seit den späten siebziger Jahren auf Bundesebene wenig Bedeutung hatte, aufgewertet worden (dazu *Krautzberger*, DÖV 1992, 911; *Fürst/Ritter*, Landesentwicklung, S. 72ff.; *Baumheier/Wagner*, VerwArch 83 (1992), 97, 98; vgl. jetzt auch § 18 ROG). Die Raumordnung auf europäischer Ebene hat in den letzten Jahren erheblich an Bedeutung gewonnen. In der Sache ist dagegen die Frage noch weitgehend ungeklärt, wie die Handlungsfelder einer europäischen Raumordnungspolitik im einzelnen aussehen werden (dazu oben § 2 Rn. 21).

Im Hinblick auf die insbesondere durch die Wiedervereinigung 14
und die europäischen Integrationsbemühungen veränderten Rahmenbedingungen hat der Bundestag 1992 in einer Beschlußempfehlung die Bundesregierung aufgefordert, in einem **„Raumordnungspolitischen Orientierungsrahmen"** Zielaussagen des Bundes – jetzt Teilaspekte der „Leitvorstellung der Raumordnung" (vgl. § 1 II 2 ROG) – für eine großräumige Raumordnung festzulegen (BT-Drs. 12/2143, S. 5); dieser ist vom Bundesministerium für Raumordnung, Bauwesen und Städtebau erarbeitet und im November 1992 von der Ministerkonferenz für Raumordnung zustimmend zur Kenntnis genommen worden (BT-Drs. 12/6854, S. 169). Es handelt sich um eine Fortschreibung bzw. Neuformulierung des 1975 erarbeiteten Bundesraumordnungsprogrammes, ohne aber dessen theoretischen Ansatz zu übernehmen (*Baumheier/Wagner*, VerwArch 83 (1992), 97, 106, 110; *Krautzberger*, DÖV 1992, 911).

Zur Konkretisierung der sehr allgemein gehaltenen Aussagen im Raumordnungspolitischen Orientierungsrahmen hat die Ministerkonferenz für Raumordnung den Hauptausschuß beauftragt, Vorschläge für eine Konkretisierung von handlungsorientierten Maßnahmen („Handlungsrahmen") zu erarbeiten.

4. Sonstige Instrumente des Bundes

Nach § 21 ROG erstattet das Bundesamt für Bauwesen und 15
Raumordnung in regelmäßigen, gesetzlich nicht festgelegten Abständen dem für die Raumordnung zuständigen Bundesministerium Berichte zur Vorlage beim Bundestag, vor allem über eine Be-

standsaufnahme der räumlichen Entwicklung des Bundesgebiets und der Entwicklungstendenzen (**Raumordnungsbericht**).

Z. B. die auf Grund der Wiedervereinigung Deutschlands von der Bundesregierung bereits 1991 (BT-Drs. 12/1098) und 1994 (BT-Drs. 12/2143) vorgelegten Raumordnungsberichte oder den Raumordnungsbericht 2000 (BT-Drs. 14/3874).

16 Grundsätzlich können die für die Raumordnung zuständigen Stellen ihre Aufgaben nur erfüllen, wenn sie über die raumrelevanten Entwicklungen im Planungsgebiet rechtzeitig und ausreichend unterrichtet sind. § 19 ROG sieht daher eine umfassende **Mitteilungs- und Auskunftspflicht** der beteiligten Stellen vor. Zugunsten des Bundes sind gemäß § 19 I 1 ROG die „öffentlichen Stellen" (vgl. § 3 Nr. 5 ROG) des Bundes verpflichtet, dem für die Raumordnung zuständigen Bundesministerium die erforderlichen Auskünfte zu geben; § 19 II ROG regelt eine entsprechende Pflicht der Landesbehörden gegenüber dem für die Raumordnung zuständigen Bundesminister.

Ein weiteres Instrument ist die **Koordination** der unterschiedlichen Planungen durch den für die Raumordnung zuständigen Bundesminister (§ 18 I ROG). Diese Vorschrift bringt zum Ausdruck, daß der Bundesminister für Raumordnung berechtigt ist, im Rahmen des Grundgesetzes und der Geschäftsordnung der Bundesregierung in den genannten Bereichen tätig zu werden, und zwar nicht nur gegenüber den „öffentlichen Stellen" (§ 3 Nr. 5 ROG) des Bundes, sondern auch gegenüber den Ländern, soweit dies kompetenzrechtlich möglich ist, vor allem durch gemeinsame Beratungen in der MKRO (§ 19 IV ROG).

Literatur: Allgemein zur Raumordnung (neben den Lehrbüchern und Kommentaren zum Baurecht): *Breuer*, Die hoheitliche raumgestaltende Planung, 1968, 221 ff.; *Brenken*, Aktivierung der Raumordnung, DÖV 1970, 81; *Forsthoff/Blümel*, Raumordnungsrecht und Fachplanungsrecht, 1970; *Schmidt-Aßmann*, Gesetzliche Maßnahmen zur Regelung einer praktikablen Stadtentwicklungsplanung, in: Raumplanung – Entwicklungsplanung, 1972, S. 101 f.; *Boeckenförde*, Planung zwischen Regierung und Parlament, Der Staat 1972, 429; *Blümel*, Raumordnung und kommunale Selbstverwaltung, DVBl. 1973, 436; *Evers*, Das Recht der Raumordnung, 1973; *Buchsbaum*, Das Bundesraumordnungsprogramm und seine Verbindlichkeit, DÖV 1975, 545; *Battis*, Rechtsfragen zum Bundesraumordnungsprogramm, JZ 1976, 73; *Blümel*, Die Standortvorsorgeplanung für Kernkraftwerke und andere umweltrelevante Großvorhaben in der Bundesrepublik Deutschland, DVBl. 1977, 301; *Schmidt-Aßmann*, Fortentwicklung des Rechts im Grenzbereich zwischen Raumordnung und Städtebau, 1977; *Trzaskalik*, Verfassungsrechtliche Probleme einer Bundesraumplanung, Die Verwaltung 1978, 273; *Breuer*, Verfassungsstruktur und Raumordnung, VerwArch 69 (1978), 1; *Hendler*, Zur Einführung: Raumplanungsrecht, JuS 1979, 618; *J. J. Hesse*, Zum Bedeutungsverlust der Raumordnungspolitik und Raumplanung in der Bundesrepublik, in: Raumplanung und Eigentumsordnung, FS Ernst, 1980, S. 201 ff.; *Brohm*, Verwirklichung überörtlicher Planungsziele und Bauleitplanung, DVBl. 1980, 653; *Schmidt-Aßmann*, Die Stellung der Gemeinden in der Raumplanung, VerwArch 71 (1980), 117; *Battis*, Grundzüge des Rechts der Raumordnung und Landesplanung, JA 1981, 313; *Ernst/Hoppe*, Das öffentliche Bau- und Bodenrecht, S. 212 ff.; *Brohm*, Die Planung der Bodennutzung, JuS 1986, 776; *Ronellenfitsch*, Einführung in das Planungsrecht, 1986, S. 1–28, 101–216; *Hoppe*, Das Recht der Raumordnung und Landesplanung in Nordrhein-Westfalen, in: Grimm/Papier, Nordrhein-Westfälisches Staats- und Verwaltungsrecht, 1986; *Brummund*, Der Begriff der raumbedeutsamen Planungen und Maßnahmen i. S. d. § 3 Abs. 1 ROG, DVBl. 1988, 77; *Koch/Hosch*, Baurecht, Raumordnungs- und Landesplanungsrecht, 1988; *Brohm*, Gemeindliche Selbstverwaltung und staatliche Raumplanung, DÖV 1989, 429; *Heigl/Hosch*, Raumordnung und Landesplanung in Bayern, Stand 1991; *Dürr*, Planungsrecht, in: Bretzinger (Hrsg.), Staats- und Verwaltungsrecht für Baden-Württemberg, 1991, S. 471 ff.; *Baumheier/Wagner*, Raumordnung in Deutschland, VerwArch 83 (1992), 97; *Erbguth/Schoeneberg*, Raumordnungs- und Landesplanungsrecht, 2. Aufl. 1992; *Krautzberger*, Orientierungsrahmen für die Raumordnungspolitik in der Bundesrepublik Deutschland, DÖV 1992, 911; *Fürst/Ritter*, Landesentwicklungsplanung und Regionalplanung, 2. Aufl. 1993; *Peine*, Baurecht, Rn. 37–107; *Dörr*, RuL, in: Achterberg/Püttner/Würtenberger, Bes. VWR I, 2000, 544 ff.; *Bielenberg/Erbguth/Runkel*, Raumordnungs- und Landesplanungsrecht des Bundes und der Länder, Bd. 1 u. 2, Stand 2001; *Cholewa* et al., Raumordnung in Bund und Ländern, Bd. 1–3, Stand 2001.

§ 37. Die Landesplanung

Übersicht

1. Hochstufige und regionale Landesplanung

1 Die Länder treffen nach dem Raumordnungsgesetz des Bundes ihre Planungen zentral für das ganze Landesgebiet oder auch für räumliche und sachliche Teilbereiche (§§ 8, 7 I 2 ROG). Nach Maßgabe des § 9 ROG haben Länder mit mehr als einem zentralen Ort oberster Stufe („Oberzentrum") auch eine Regionalplanung zu schaffen. Sie besteht in nahezu allen Flächenländern. Insofern ist regelmäßig zu unterscheiden zwischen der zentral aufgestellten „hochstufigen" Landesplanung, die die Ordnung und Entwicklung des ganzen Landes zum Gegenstand hat, und der auf regionaler Ebene getroffenen „Regionalplanung", die sich auf Teilräume des Landesgebiets bezieht.

Keine Regionalplanung kennt das Saarland, das sich für eine ausschließlich zentrale Landesplanung entschieden hat und auch künftig daran festhalten kann, weil es mit Saarbrücken nur einen zentralen Ort oberster Stufe hat (§ 9 I

ROG). Weiter wird die Landesplanung in den Stadtstaaten Berlin, Bremen und Hamburg auf Grund ihres Wahlrechts nach § 8 I 2 ROG durch den Flächennutzungsplan (§ 5 BauGB) ersetzt.

2. Die „hochstufige" Landesplanung

a) Aufbau und Aufgaben der Landesplanungsbehörden

Für die Erledigung der Aufgaben der Landesplanung, die von Abstimmungs-, Beratungs-, Mitteilungs- und Aufsichtsfunktionen bis zur Aufstellung der (hochstufigen) Landespläne reichen, sehen alle Landesplanungsgesetze sog. Landesplanungs- bzw. Landesraumordnungsbehörden vor. Der Aufbau dieser Behörden ist i. d. R. entsprechend der allgemeinen Verwaltungsstruktur des Landes zwei- oder dreistufig. Allerdings gibt es auch hier Abweichungen. 2

So haben einzelne Länder, die wie die meisten Bundesländer als Flächenstaaten über eine Mittelinstanz (Regierungsbezirk) und damit über einen dreistufigen Verwaltungsaufbau verfügen, in Anbetracht der Zuständigkeiten der Regionalplanung auf eine untere Landesplanungsbehörde verzichtet (vgl. z. B. § 21 LPlG BW).

Die Zuständigkeiten der **obersten Raumordnungsbehörde** nimmt entweder der Ministerpräsident oder der nach Landesrecht für die Raumordnung zuständige Minister (Innenminister, Wirtschaftsminister etc.) wahr. Neben den genannten Beratungs- und Aufsichtsfunktionen (vgl. z. B. § 12 I LPlG BW) obliegt ihr auch die sog. **hochstufige Landesplanung**, d. h. die Erarbeitung eines für das Landesgebiet zusammenfassenden und übergeordneten Raumordnungsplans (§ 8 I 1 ROG), der nach den Landesplanungsgesetzen auch nach ihrer Angleichung an das neue Raumordnungsgesetz (vgl. § 22 ROG) als „Landesentwicklungsplan" oder in Form von Programmen und konkretisierenden Plänen erstellt sein kann. Daneben sind räumliche und sachliche Teilpläne zulässig, z. B. für strukturschwache Räume, unterentwickelte Gebiete oder Verdichtungsräume mit ungesunden Lebensverhältnissen (§ 7 I 2 ROG).

Den **oberen Landesplanungsbehörden** kommen vor allem Abstimmungs-, Beratungs-, Mitteilungs- und Aufsichtsfunktionen zu; teils erfüllen sie außerdem Hilfsaufgaben für die regionalen bzw. bezirklichen Planungsträger im Rahmen der Regional- bzw. Gebietsentwicklungs- oder Bezirksplanung (dazu näher *Erbguth/Schoeneberg*, Rn. 35 f.; *Bielenberg/Erbguth/Runkel*, M 235 Rn. 2 f.). Für die Träger der **Regionalplanung** bestehen besondere Organisationsformen (dazu unten Rn. 17 ff.).

Die **unteren Landesplanungsbehörden**, soweit solche vorhanden sind, üben ebenfalls Mitteilungs- und Aufsichtsfunktionen aus *(Bielenberg/Erbguth/Runkel*, M 225 Rn. 3, 235 Rn. 1 ff.).

b) Hauptinstrumente der Landesplanung

aa) Die Raumordnungspläne

3 Als Instrument rechtlich verbindlicher Planung nennt das Raumordnungsgesetz nur noch die „Raumordnungspläne", den zusammenfassenden und übergeordneten **Raumordnungsplan für das Landesgebiet** (§ 8 I 1 ROG), räumliche sowie sachliche Teilpläne (§ 7 I 2 ROG), sowie die ebenfalls zu den Raumordnungsplänen zählenden **„Regionalpläne"**, die aus dem Raumordnungsplan für das Landesgebiet zu entwickeln sind (§ 9 I, II ROG).

Wie erwähnt, haben die Länder ihren Spielraum bei der Anpassungspflicht an das neue Raumordnungsgesetz (§ 22 ROG) extensiv interpretiert, so daß nicht nur die Bezeichnung der Pläne, sondern auch die in einzelnen Ländern praktizierte Unterscheidung zwischen (Landesentwicklungs-)Programmen und -Plänen beibehalten wurde (vgl. §§ 12, 13 LPlG NW). Dennoch ist mit dem Raumordnungsgesetz 1998 eine stärkere inhaltliche Annäherung gelungen, die an Hand der bundesrechtlichen Terminologie auch die Überschaubarkeit der Darstellung erleichtert.

4 Die Raumordnungspläne haben vor allem die „Grundsätze" der Raumordnung nach Maßgabe der Leitvorstellungen und des Gegenstromprinzips im Wege der Abwägung zu konkretisieren, was regelmäßig durch **„Ziele der Raumordnung"** geschehen wird (§ 7 I, VII ROG).

Als Kerninhalte eines Raumordnungsplans erscheinen Festlegungen zur Siedlungs-, Freiraum- und Infrastruktur. Diese werden in § 7 II ROG aufgeführt und jeweils durch Beispiele erläutert. So können *Siedlungsstrukturen* durch Raumkategorien, wie Vorranggebiete, Eignungsgebiete, und weiter nach dem Zentrale-Orte-Konzept durch die Festlegung von Oberzentren, Mittelzentren und Unterzentren, sowie durch Siedlungsentwicklungsachsen bestimmt werden. Die *Freiraumstruktur* wiederum soll geprägt sein durch übergreifende, also nicht isoliert für sich dastehende, sondern miteinander vernetzte Freiräume, durch Freiraumschutz, wie z. B. regionale Grünzüge und Wasserversorgungsgebiete und durch Freiraumnutzungen, wie Naherholungsgebiete, aber auch die Gewinnung standortgebundener Rohstoffe und die Nutzung regenerativer Energien. Die Freiraumstruktur kann zugleich auch als Ausgleich für *Eingriffe in Natur und Landschaft* an anderer Stelle im Plangebiet festgelegt werden (§ 7 II 2 ROG). Weiter sollen die Raumordnungspläne auch der *Integration von Fachplanungen* hinsichtlich ihrer raumbedeutsamen Aussagen dienen und diese durch Grundsätze und Ziele der Raumordnung sichern. Darauf sind insbesondere die Landschaftsprogramme und Landschaftsrahmenpläne nach dem BNatSchG, die forstlichen Rahmenpläne, die Abfallwirtschaftspläne u. a. angewiesen (vgl. § 7 III ROG).

Welche Festlegungen als „Ziele der Raumordnung“ im einzelnen in den Raumordnungsplänen getroffen werden sollen, muß im Wege der Abwägung der Grundsätze der Raumordnung unter Berücksichtigung der auf dieser Planungsebene bereits erkennbaren öffentlichen und privaten Belange entschieden werden (§ 7 VII ROG).

bb) Grundsätze, sonstige Erfordernisse und Ziele der Raumordnung – Abgrenzung und Bindungswirkungen

Wie oben (§ 36 Rn. 5f.) dargelegt, ist bei der Raumordnung 5
zwischen Grundsätzen und sonstigen Erfordernissen der Raumordnung einerseits und den Zielen der Raumordnung andererseits zu unterscheiden. Die **Grundsätze** sind generell geltende materielle Leitlinien für die öffentlichen Planungsträger des Bundes und der Länder. Als solche enthalten sie grundlegende Aussagen zu typischen raumordnerischen Problemen. Die **sonstigen Erfordernisse** der Raumordnung sind erst in der Aufstellung befindliche Ziele oder Ergebnisse eines für einen konkreten Fall durchgeführten Raumordnungsverfahrens; ihnen soll, sobald sie eine bestimmte, aber noch nicht rechtlich verbindliche Gestalt angenommen haben, bereits eine den Grundsätzen entsprechende rechtliche Relevanz zukommen. Beide sind bei raumbedeutsamen, d. h. raumbeanspruchenden und raumbeeinflussenden Planungen und Maßnahmen in der planerischen Abwägung, also als abwägungsrelevante Belange, oder bei der administrativen Ermessensausübung als Ermessensgesichtspunkte zu berücksichtigen (§§ 3 Nr. 3 u. 4; 4 II ROG). Die **Ziele** der Raumordnung dagegen sind von den öffentlichen Stellen bei ihren raumbedeutsamen Planungen und Maßnahmen als zwingendes Recht zu beachten (§§ 3 Nr. 2 u 4 I ROG). Insofern bestehen also **unterschiedliche Bindungswirkungen**.

Diese rechtlichen Bindungen gelten bei raumbedeutsamen Planungen und Maßnahmen (§ 3 Nr. 6 ROG) für alle **„öffentlichen Stellen“**, also Behörden des Bundes (mit eng begrenzten Ausnahmen im Einzelfall, § 5 ROG), der Länder und der Gemeinden, samt der ihnen zugehörigen rechtlich verselbständigten Verwaltungseinheiten (§§ 3 Nr. 5; 4 I, II ROG), **aber** jetzt u. U. **auch** für (juristische) **Personen des Privatrechts**, **sofern** sie **öffentliche Aufgaben** durchführen und öffentliche Stellen an ihnen beteiligt sind oder die Planungen und Maßnahmen überwiegend mit öffentlichen Mitteln finanziert werden (§ 4 III ROG). Diese Ausdehnung auf Private ist schon angesichts der in der öffentlichen Verwaltung zunehmend formell privatisierten Organisationen notwendig, stellt aber praktisch als Erweiterung der öffentlichen Verwaltung eine Ausnahme und letztlich keine Durchbrechung des Grundsatzes dar, daß die **„Erfordernisse der Raumordnung"**, also „Ziele", „Grundsätze" und „sonstige Erfordernisse" (§ 3 Nr. 1 ROG) grundsätzlich nur im Rahmen des öffentlich-rechtlichen Planungssystems gelten; sie besitzen **keine unmittelbare Rechtsverbindlichkeit für den Bürger**. Diese erhalten sie erst dadurch, daß die Gemeinden ihre Bauleitpläne und damit auch die allgemein verbindlichen Bebauungspläne an die Ziele der Raumordnung „anzupassen" haben (§ 1 IV BauGB, dazu oben § 12 Rn. 7ff.). Insofern bedarf die Verwirklichung überörtlicher Ziele der Raumordnung gegenüber dem Bürger immer erst noch der Umsetzung in einen Bebauungsplan.

In der Gewährleistung der Umsetzung der raumordnungsrechtlichen Ziele in allgemein verbindliches Recht liegt die zentrale Bedeutung des § 1 IV BauGB. Er geht mit der Pflicht zur **„Anpassung"** der Bauleitpläne weiter als § 4 I ROG mit seiner **„Beachtenspflicht"**. „Anpassen" bedeutet nicht nur die Beachtung bei der Aufstellung oder Änderung eines Bebauungsplanes, sondern verpflichtet die Gemeinde auch zur Abänderung bestehender Bebauungspläne, die mit den Zielen der Raumordnung nicht mehr übereinstimmen (dazu oben § 12 Rn. 8).

6 Die mangelnde unmittelbare Verbindlichkeit der Ziele der Raumordnung für den Bürger schließt eine **mittelbare Wirkung** über andere Normen nicht aus. So dürfen privilegierte und nichtprivilegierte raumbedeutsame Vorhaben im Außenbereich den Zielen der Raumordnung nicht widersprechen (§ 35 III 2 BauGB).

7 Die dargelegte bedeutsame **Unterscheidung** zwischen den **„Grundsätzen"** als Leitlinien für die Ermessensausübung und den **„Zielen"** als bindenden Vorgaben kann mangels trennscharfer Kriterien im Einzelfall erhebliche **Schwierigkeiten** bereiten. Die in den Raumordnungsplänen bzw. den bisherigen Landesentwick-

lungsplänen oft für das gesamte Gebiet allgemein formulierten „Ziele" unterscheiden sich sachlich nicht wesentlich von den in § 2 ROG aufgeführten Grundsätzen. § 7 I 3 ROG verlangt jetzt daher, daß die Ziele der Raumordnung als solche gekennzeichnet werden. Zweifelhaft ist aber, ob die Abgrenzung zwischen Grundsatz und Ziel allein mit der entsprechenden Kennzeichnung im Raumordnungsplan getroffen werden kann oder ob es nicht vielmehr auf Inhalt, Zweck und Konkretisierungsgrad der Aussage ankommt. Jedenfalls kann die den Zielen der Raumordnung zukommende Bindung (§ 4 I ROG; § 1 IV BauGB), schon wegen des angesichts der gemeindlichen Planungshoheit verfassungsrechtlich gebotenen Bestimmtheitsgrundsatzes (dazu noch unten Rn. 28ff.) nur bei einer sachlich und räumlich **hinreichenden Konkretisierung** angenommen werden.

Die Voraussetzung für eine Bindung der gemeindlichen Bauleitplanung gemäß § 1 IV BauGB, daß die „Ziele" sachlich und räumlich hinreichend konkretisiert sind, schließt einen „grobmaschigen Rahmen", der Planungsspielräume für die Gemeinde offen läßt, nicht aus (vgl. bereits BVerwGE 6, 342, 346; ferner 68, 319, 321; OVG Lüneburg, DVBl. 1967, 391; VGH BW, BRS 36 Nr. 1; *Krautzberger*, B/K/L, § 1 Rn. 39). Weitergehend, d. h. engmaschiger muß die Konkretisierung für eine Verbindlichkeit im Rahmen der Einzelfallentscheidung nach § 35 II, III BauGB sein (BVerwGE 68, 319, 322f.). Dagegen sind Aussagen etwa des Inhalts, der Außenbereich sei von Bebauung freizuhalten, eine Zersiedlung sei zu verhindern, wertvolle Landschaften seien zu schützen usw. zu allgemein und vermögen daher über § 1 IV BauGB die Planungshoheit der Gemeinde nicht zu beschränken (*W. Schrödter*, in: Schrödter, § 1 Rn. 48).

Im Interesse größerer Flexibilität im Zusammenwirken der ver- **8**
schiedenen Planungsträger sieht § 11 ROG ein **Zielabweichungsverfahren** vor. Es entspricht dem Dispens von Festsetzungen des Bebauungsplanes (§ 31 II BauGB) und ist zulässig, wenn die Abweichung vertretbar ist und die Grundzüge der Planung nicht berührt werden. Liegen diese Voraussetzungen nicht vor, bedarf es für eine Abweichung einer Planänderung.

cc) Strukturelle Konzepte

Aus den in § 2 II ROG angeführten Grundsätzen wurden einige **9**
Grundmodelle entwickelt, die sich in den zentralen Zielsetzungen

nahezu aller Landespläne wiederfinden. Hierher gehören vor allem das Zentrale-Orte-Konzept, das Konzept der Entwicklungsschwerpunkte und Entwicklungsachsen sowie der übergreifenden Freiräume und die Festlegung und Entwicklung von Schwerpunkträumen für besondere, landesweit bedeutsame Funktionen, insbesondere Vorranggebiete zum Schutz von Natur und Landschaft oder für Freizeit und Erholung (vgl. i. e. § 7 II–IV ROG).

Das **Modell der zentralen Orte** sowie dasjenige der Entwicklungsschwerpunkte und -achsen bedarf einer näheren Erläuterung. Nach dem in § 2 II Nr. 2 S. 2 und § 7 II Nr. 1 b ROG angesprochenen Konzept der zentralen Orte soll eine qualitativ hochwertige und quantitativ ausreichende Versorgung der Bevölkerung in zumutbarer Entfernung gewährleistet werden. Zu diesem Zweck ist die bevölkerungsbezogene Infrastruktur (Schulen, Hochschulen, Theater, Akademien, Krankenhäuser, Spezialkliniken, Apotheken, Arztpraxen, Banken, Einzelhandels- und Handwerksbetriebe) an zentralen Orten zu konzentrieren. Dabei ist zwischen der Grundversorgung, dem gehobenen Bedarf und dem hochspezialisierten Bedarf zu unterscheiden. Je spezialisierter und/oder kapitalintensiver die Leistung der Versorgungseinrichtung ist, desto größer ist die Mindestzahl an Inanspruchnahmen, die die Versorgungseinrichtung zu ihrer wirtschaftlichen Existenz benötigt, umso größer muß also der Einzugsbereich sein. Dazu bedarf es Richtwerte für die Mindesteinwohnerzahl in den Verflechtungsbereichen. Aus allen diesen Gesichtspunkten ergibt sich ein drei- bzw. vierstufiges Gliederungsschema mit der generellen Funktionsbestimmung: (**Klein**- und) **Unterzentren** decken die Grundversorgung, **Mittelzentren** den gehobenen Bedarf und **Oberzentren** den hochspezialisierten, sporadischen Bedarf (etwa an Spezialkliniken, Theater- und Opernhäusern, Universitäten u. a.). Oberzentren sind nach dem Landesentwicklungsplan Baden-Württemberg z. B. die Städte Stuttgart, Heilbronn, Mannheim (zusammen mit Ludwigshafen), Heidelberg, Karlsruhe, Pforzheim, Freiburg i. Br., Konstanz, Reutlingen/Tübingen, Ulm (zusammen mit Neu-Ulm) und Ravensburg/Weingarten; die Stadt Villingen/Schwenningen ist zu einem Oberzentrum auszubauen (zum Ganzen vgl. *Wahl*, 1978, Bd. 2, S. 11 ff.; *Erbguth/Schoeneberg*, Rn. 12 m. w. N.; Entschließungen der MKRO v. 8. 12. 1968 (Zentrale Orte und ihre Verflechtungsbereiche) BT-Drs. V/3958, S. 149 und vom 15. 6. 1972 (zentralörtliche Verflechtungsbereiche mittlerer Stufe in der Bundesrepublik Deutschland) BT-Drs. VI, 3793, S. 146, abgedruckt in: *Cholewa/Dyong*, RO, Bd. 2, Bund V 3.1.1 und 3.1.2).

Das **Konzept der Entwicklungsschwerpunkte** (vgl. auch § 7 II Nr. 1 c ROG), das Nordrhein-Westfalen zusätzlich verfolgt, ergänzt und erweitert das Zentrale-Orte-Konzept durch die Standortkonzentration von Wohn- und Arbeitsstätten. Dadurch sollen die auf die Versorgung verengten Funktionen der zentralen Orte durch wirtschaftliche Entwicklungsfunktionen erweitert und die Agglomerationsvorteile dieser Orte auch für die wirtschaftliche Entwicklung genutzt werden (vgl. *Erbguth/Schoeneberg*, Rn. 17 f.). Die weiter vor allem in den süddeutschen Bundesländern festgelegten **Entwicklungsachsen** (vgl. auch § 7 II Nr. 1e ROG) bilden zusammen mit dem Zentrale-Orte-Konzept einen Netzzusammenhang im Sinne eines punkt-achsialen Systems. Es stellt das Grundgerüst der räumlichen Verflechtung und der darauf basierenden angestrebten Entwicklung dar. Durch die Entwicklungsachsen sollen der großräumige Leistungsaustausch und zugleich die Entwicklung und Ordnung der Siedlungsstruktur gefördert werden. Demgemäß sind die Entwicklungsachsen als eine gegliederte, unterschiedlich dichte Folge von Siedlungsbereichen und Orten mit Eigenentwicklung auszubilden, insbesondere auch durch Bündelung leistungsfähiger Verkehrs- und Versorgungsstränge und anderer Infrastruktureinrichtungen (vgl. Landesentwicklungsplan BW, 1983, Begründung zu Plansatz 1.6). Ein entsprechendes Konzept wird jetzt im Bereich der Freiraumplanung durch großräumig übergreifende, also nicht isoliert für sich stehende, sondern miteinander **vernetzte Freiräume** verfolgt (vgl. § 7 II Nr. 2a ROG).

dd) Raumordnungspläne als Gesamt- und fachliche Teilpläne

Die Raumordnungspläne enthalten in erster Linie vielfältige, landesweit zusammenfassende Zielsetzungen und Verwirklichungskonzepte. Ihr Erlaß kann jedoch nach § 7 I 2 ROG auch für räumliche und sachliche Teilbereiche zugelassen werden. Ein Bedarf für ressortübergreifende **räumliche Teilpläne** („Gebietspläne") wird vor allem im Bereich des Umweltrechts gesehen. **Sachliche Teilpläne** („Fachentwicklungspläne"), die beschränkt auf eine oder mehrere einzelne Sachfragen für das gesamte Landesgebiet oder auch begrenzt auf einzelne größere Gebietsteile gelten, erscheinen aus landesplanerischer Sicht erforderlich, etwa zur Reservierung von Gebieten für Naturparks, Landschaftsschutz- und Naturschutzgebiete (dazu jetzt § 7 III ROG), aber auch zur Festlegung von Standorten für Talsperren, Kernkraftwerke und wirtschaftliche Großprojekte (zur **Standortvorsorgeplanung** für Kernkraftwerke vgl. *Blümel*, DVBl. 1977, 301; *Wahl*, DÖV 1981, 597, 600; *Graf Vitzthum/März*, VBlBW 1987, 321ff., 364ff., 404ff.; *Brohm*, DÖV 1989, 429, 433f. u. oben § 12 Rn. 16). 10

In Landesplanungsgesetzen, in denen (im Unterschied etwa zu § 4 LPlG BW) fachliche Entwicklungspläne bzw. jetzt „sachliche (Raumordnungs-)Teilpläne" nicht ausdrücklich geregelt sind, kann man ihre Zulässigkeit aus Sinn und Zweck der Regelungen folgern. Fehlen im Gesetz jegliche Anhaltspunkte dafür, werden in der Praxis bisweilen fachplanerische Aussagen in das gesamtplanerische Instrumentarium eingebunden. Daß letzteres zulässig ist, wird allerdings bisweilen bezweifelt, weil das Raumordnungsgesetz solche Teilpläne als Ausnahme zum landesplanerischen Gesamtplan vorsehe (vgl. § 7 I 2 ROG);

daher müßten sie durch das Landesplanungsgesetz besonders zugelassen werden (dazu näher *Erbguth/Schoeneberg*, Rn. 73f.).

11 Sachliche (Raumordnungs-)Teilpläne der hochstufigen Landesplanung stehen systematisch **zwischen Gesamt- und Fachplanungen**. Sie werden im Verfahren und in der Form der gesamtplanerischen Raumordnungspläne aufgestellt. Insofern besteht kein Unterschied im Verfahren und in der Rechtsform zwischen dem landesplanerischen Gesamtplan und einem Teilplan. Infolge ihrer Integration in die Raumordnung haben sie auch die gleichen Rechtswirkungen wie die gesamtplanerischen Raumordnungspläne. Ihre konkreten fachlichen Festsetzungen stellen „Ziele der Raumordnung" dar. Als solche sind sie für die (in §§ 4 I; 3 Nr. 5 ROG und § 1 IV BauGB genannten) öffentlichen Planungsträger verbindlich, erlangen aber, wie dargelegt, Rechtsverbindlichkeit gegenüber dem Bürger letztlich erst durch die Übernahme und weitere Konkretisierung in den Bebauungsplänen; dadurch unterscheiden sie sich von den rechtsverbindlichen Fachplanungen durch Planfeststellung in der Form eines Verwaltungsaktes und durch Schutzgebietsausweisungen in Form der Rechtsverordnung. Der Sache nach aber handelt es sich auch hier um Fachplanungen.

12 Daraus ergeben sich Grenzen vor allem im Hinblick auf die gemeindliche Planungshoheit, die umso mehr beschränkt wird, je konkreter die Festlegungen in den Raumordnungsplänen auf Landesebene (und den sie weiter konkretisierenden Regionalplänen) getroffen werden. Die Konkretisierungsgrade der „Ziele der Raumordnung" reichen von **„gemeindescharfen"** Bestimmungen, wie z.B. die verschiedenen Zentralitätsstufen für einzelne Gemeinden, über **„bereichsscharfe"** und/oder **„funktionsscharfe"** Bestimmungen, wie etwa die allgemeine Ausweisung von Freiräumen oder Siedlungsräumen, bis zur annähernden oder gar vollständigen **„Parzellenschärfe"**, etwa bei der Festlegung von Flächen für den Abbau oberflächennaher mineraler Rohstoffe oder von Standorten für Talsperren, Kernkraftwerke oder wirtschaftliche Großprojekte. Auf die damit involvierten verfassungsrechtlichen Probleme vom Gesetzesvorbehalt bis zum Gebot kompetenzieller Rücksichtnahme bzw. der Verhältnismäßigkeit und auf die Fragen des Rechtsschutzes wird unten (Rn. 26 ff., 47ff.) noch näher einzugehen sein.

ee) Aufstellungsverfahren und Rechtsformen der Raumordnungspläne

13 Rechtsform und Verfahren zur Aufstellung der Raumordnungspläne sind bundesrechtlich nicht vorgegeben (vgl. § 6 ROG). Vor-

geschrieben ist lediglich, daß bei der Aufstellung von Zielen der Raumordnung diejenigen öffentlichen Stellen und Personen des Privatrechts, für die eine Beachtenspflicht nach § 4 I oder III ROG begründet wird, zu beteiligen sind (§§ 7 V, 9 IV ROG). Das ergibt sich für die in ihrer Planungshoheit durch die Ziele der Raumordnung betroffenen Gemeinden bereits aus Art. 28 II GG. Insofern muß vor der Beschlußfassung jedenfalls ein **Anhörungs- und Beteiligungsverfahren** durchgeführt werden (vgl. §§ 7 V, 9 IV ROG). Alles übrige bleibt der freien Ausgestaltung durch das Landesrecht überlassen. Dementsprechend werden auch in Zukunft die Landesplanungsgesetze im Verfahren und vor allem auch in der Rechtsform der Raumordnungspläne z. T. erheblich voneinander abweichen.

Ziele, die unter **Verletzung zwingender Verfahrensvorschriften** über 14
die Beteiligung und inhaltliche Abstimmung der Pläne zustande gekommen sind, sind an sich unwirksam; denn es handelt sich um wesentliche Verfahrensvorschriften im Sinne der verwaltungsrechtlichen Dogmatik, die bei betroffenen Gemeinden sogar zum Schutze des gemeindlichen Selbstverwaltungsrechts verfassungsrechtlich geboten sind. Aus § 46 VwVfG ergibt sich nichts anderes: Er betrifft nur Verfahrensfehler beim Erlaß von Verwaltungsakten und kann nicht dazu herangezogen werden, die Schwelle für die Qualifizierung als wesentliche Verfahrensregelung bei anderen Rechtsformen und insbesondere bei Planungen heraufzusetzen. Die Landesplanungsgesetze sehen vielfach jedoch die Unbeachtlichkeit der Verfahrensfehler nach Ablauf einer bestimmten Frist vor (z. B. § 7 LPlG BW). Eine sonderrechtliche Rahmenregelung zur „Planerhaltung" enthält § 10 ROG. Sie folgt dem Vorbild der §§ 214 ff. BauGB.

Noch größer als die Verfahrensunterschiede ist die **Vielfalt der** 15
Rechtsformen: Nach einzelnen Landesplanungsgesetzen ist die hochstufige Landesplanung heute „parlamentarisiert", d. h. zumindest ein Teil der Landesplanung wird vom Landtag in Form eines **Gesetzes** festgestellt bzw. für verbindlich erklärt. Damit wird der oben (§ 36 Rn. 1) erwähnten Ansicht Rechnung getragen, daß der Erlaß dieser Pläne wegen ihrer maßgeblichen Bedeutung für die Entwicklung des Landes nicht allein der Verwaltung überlassen werden kann, sondern als Gesamtakt von Verwaltung und Parlament auszugestalten ist (dazu auch *Peine*, Baurecht, Rn. 81).

Das gilt z. B. für das Landesentwicklungsprogramm in Nordrhein-Westfalen (§ 12 S. 1 LPlG NW).

In anderen Ländern werden die Programme oder Pläne durch **Rechtsverordnung** der Landesregierung erlassen, z. T. unter (unterschiedlicher) Beteiligung des Landtags.

Durch Rechtsverordnung werden in Baden-Württemberg die Entwicklungspläne für verbindlich erklärt und in Bayern und Thüringen das Landesentwicklungsprogramm erlassen. In Baden-Württemberg ist der Entwurf des Entwicklungsplans in bestimmten Fällen zuvor dem Parlament zuzuleiten, um ihm Gelegenheit zur Stellungnahme zu geben (§§ 5 II, 6 I LPlG BW), in Bayern werden die im Landesentwicklungsprogramm enthaltenen Ziele als Rechtsverordnung mit Zustimmung des Landtags beschlossen (Art. 14 III LPlG Bay).

Soweit in den Landesplanungsgesetzen lediglich ein **Beschluß der Landesregierung** oder eine sonstige Handlung vorgesehen ist, lassen sich die betreffenden Raumordnungspläne keiner der traditionellen rechtsstaatlichen Kategorien hoheitlichen Handelns zuordnen. Sie werden dann allgemein als (rechtsnormähnliche) „hoheitliche Maßnahme eigener Art" charakterisiert (*Hendler*, JuS 1979, 618, 620; *Peine*, Baurecht, Rn. 87; *Depenbrock/Reiners*, Landesplanungsgesetz NW, Komm. 1985, § 13 Rn. 2; OVG Lüneburg, BRS 23 Nr. 12 = DVBl. 1971, 320; Brem. StGH, NVwZ 1983, 735, 737).

Durch Beschluß der Landesregierung bzw. des zuständigen Ministeriums werden z. B. (i. d. R. unter Beteiligung des Landtags) aufgestellt: In Bayern fachliche Programme und Pläne (Art. 16 III 2 LPlG Bay), in Nordrhein-Westfalen die Landesentwicklungspläne (§ 13 II 3 LPlG NW).

Soweit die Landesplanungsgesetze für die Raumordnungspläne keine Rechtssatzform vorsehen, stellt sich angesichts der Bindung der Gemeinden an die in ihnen enthaltenen Ziele (§ 1 IV BauGB) die Frage, ob diese Form der Regelung mit dem Gesetzesvorbehalt des Art. 28 II GG vereinbar ist (dazu unten Rn. 28 ff.).

3. Die Landesplanung auf regionaler Ebene

a) Aufgaben und Aufbau der Regionalplanung

16 Die Regionalplanung hat die Aufgabe, die Ziele der Landesplanung für die Regionalräume weiter zu konkretisieren. Die **Region** ist im allgemeinen ein Teilraum des Landes in der Größenordnung

zwischen den Landkreisen und den Regierungsbezirken. So hat z.B. Baden-Württemberg vier Regierungsbezirke, aber elf Regionen (vgl. § 22 LPlG BW); in Nordrhein-Westfalen ist Teilraum sogar der Regierungsbezirk (§§ 1 III, 14 I LPlG NW). Im System der räumlichen Gesamtplanung bildet damit die Regionalplanung das Bindeglied zwischen der (hochstufigen) Landesplanung und der gemeindlichen Bauleitplanung. Länder, deren Gebiet zwei und mehr Oberzentren umfaßt, sind verpflichtet, Regionalpläne aufzustellen (§ 9 I ROG).

Entsprechend dieser Funktion der Regionalplanung stellt § 9 IV **17**
ROG den Ländern für deren **Organisation** zwei verschiedene **Grundmodelle** zur Verfügung; die Landesplanung kann erfolgen: durch Zusammenschlüsse von Gemeinden und Gemeindeverbänden (insbesondere den Kreisen) in regionalen Planungsgemeinschaften (**„verbandlich-kommunale Regionalplanung“**) oder durch staatliche Planungsstellen unter Beteiligung der Gemeinden und Gemeindeverbände (**„staatliche Regionalplanung“**). Mit organisatorischen Anforderungen hält sich das Gesetz sehr zurück. Keinem von beiden Modellen wird ein Vorrang eingeräumt und beide stehen nicht völlig getrennt und gegensätzlich einander gegenüber; vielmehr gibt es zahlreiche Verschränkungen, wie schon die Beteiligung der Gemeinden und Gemeindeverbände beim staatlichen Modell zeigt. Insofern ist das **staatliche Modell** auf Kooperation mit den Gemeinden angelegt. Und das **verbandlich-kommunale Modell** muß schon auf Grund der Aufgabe der Regionalplanung als Teil der Raumordnung und Landesplanung gewährleisten, daß über die Bindung an die hochstufigen Landespläne hinaus ein hinreichender Staatseinfluß zur Einordnung der Region in das größere Gefüge des Landes besteht. Das kann durch Weisungsrechte im Rahmen einer Fachaufsicht, durch (fachaufsichtliche) Genehmigungsvorbehalte und andere Mitwirkungsrechte des Staates geschehen. Eine Rechtmäßigkeitskontrolle reicht nach allgemeiner Meinung nur aus, wenn die hochstufige Landesplanung eine entsprechende Anzahl konkreter Ziele für die Regionalplanung bereit hält. Eine Vollkommunalisierung der Regionalplanung ist jedenfalls unzulässig. Darüber besteht heute weitgehend Einigkeit (*Schmidt-Aß-*

mann, Fortentwicklung, S. 50; *Hoppe/Menke*, RuL RhPf., Rn. 761, 769). Insofern ist die Regionalplanung zur Landesplanung zu rechnen und von den kommunalen Planungen in Stadtunion und Stadtregion (vgl. oben § 2 Rn. 13ff.) zu unterscheiden.

18 In dem damit eröffneten breiten Spektrum zwischen den Polen beider Grundmodelle variiert die **Ausgestaltung der Regionalplanung** in den einzelnen Ländern außerordentlich. Angesichts der zahlreichen Verschränkungen und Modifikationen kann ihre **Zuordnung** zu dem einen oder anderen Modell nur unter starken Vereinfachungen vorgenommen werden. Eine sachgerechte Beurteilung des jeweiligen landesrechtlichen Organisationsmodells läßt sich sinnvoll lediglich **nach** dem **jeweiligen Grad staatlichen Einflusses** einerseits und **kommunaler Mitwirkung** andererseits vornehmen. Bedeutsamer als die gewaltsame Zuordnung zu dem einen oder anderen Grundmodell ist ein **Trend**, der sich in der Entwicklung der Regionalplanung in zahlreichen Ländern abzuzeichnen beginnt. Er scheint auf eine **Abkehr von** der **ursprünglichen Idee** einer speziellen und **eigenständigen Planung** für eine durch vielfältige Interdependenzen besonders geprägte Region und auf eine stärkere Eingliederung der Regionalplanung in die überkommenen Verwaltungsräume und Verwaltungsstrukturen bei kooperativer Mitwirkung der Kommunen hinauszulaufen.

19 Das soll an folgenden Beispielen verdeutlicht werden: Die ursprüngliche Idee eines regionalen Planungsraums unter eigenständiger Planungsträgerschaft ist am ehesten noch in Baden-Württemberg, weiter abgeschwächt in Rheinland-Pfalz, Brandenburg sowie anderen neuen Bundesländern und schließlich in Bayern über das **verbandlich-kommunale Modell** verwirklicht.

Baden-Württemberg geht in der „Verselbständigung" der Regionalplanung wohl am weitesten. Die Regionalverbände sind hier Körperschaften des öffentlichen Rechts mit Verbandsversammlung und Verbandsvorsitzendem als Organen. Sie verfügen über einen eigenen Apparat zur Erarbeitung der Regionalpläne. Da Mitglieder des Regionalverbandes nicht die Gemeinden und Kreise, sondern gewählte Einzelpersonen sind, haben die Gemeinden gegenüber den von ihnen entsandten Vertretern kein Weisungsrecht, können also keinen unmittelbaren Einfluß auf die Willensbildung im Verband ausüben. Das macht die Einordnung der Regionalverbände zum verbandlich-kommunalen Modell i.S.v. § 9 IV ROG problematisch (dazu näher *Erbguth/Schoeneberg*, Rn. 105). Die Regionalverbände verwalten ihre Angelegenheiten unter eigener Verantwortung und können die weisungsfreien Aufgaben durch Satzung regeln (§§ 23f. LPlG BW). Die oberste Raumordnungs- und Landesplanungsbehörde (Wirtschaftsministerium) kann im Wege der Fachaufsicht, also auch unter Zweckmäßigkeitsgesichtspunkten, nur Weisungen über den Planungszeitraum und die Form der Regionalpläne erteilen (vgl. §§ 8 V, 35 II LPlG BW). Der Regionalplan wird als Satzung festgestellt (§ 9 VI LPlG BW) und durch Genehmigung der obersten Raumordnungs- und Landesplanungsbehörde für verbindlich erklärt, soweit er Rechtsvorschriften nicht widerspricht und sich „in die angestrebte räumliche Entwicklung des Landes einfügt, wie sie sich aus

Raumordnungsplänen sowie Entscheidungen des Landtags, der Landesregierung und der obersten Landesbehörden ergibt" (§ 10 I 1 LPlG BW). Damit ist eine über die Rechtsaufsicht hinausgehende, der Fachaufsicht angenäherte und nur vage begrenzte Zweckmäßigkeitskontrolle durch die Staatsbehörde gegeben, die die Einordnung der Regionalplanung in das größere Gefüge des Landes ermöglicht. Da diese Entscheidungen der obersten Landesbehörden nach h. M. auch ad hoc getroffen werden können, ist die Einordnung der Regionalplanung in das größere Gefüge der Landesplanung gewährleistet. Der VGH BW, DÖV 1999, 426f., schloß daraus, daß der Landesgesetzgeber die Planungshoheit letztlich dem Lande zugewiesen habe. Er verneinte daher die Klagebefugnis eines Regionalverbandes, der gegen eine Baugenehmigung vorgehen wollte, die seiner Ansicht nach gegen die im Regionalplan enthaltenen Grundsätze der Raumordnung und Landesplanung verstieß. Damit ist die ursprünglich angestrebte „Eigenständigkeit der Regionalplanung" von einer verordneten Kooperation von staatlicher und relativ unabhängiger Planung abgelöst.

Eine mehr kommunalpolitisch orientierte Stellung haben die regionalen Pla- **20**
nungsgemeinschaften in **Brandenburg**. Diese werden gebildet aus den Landräten, Oberbürgermeistern und Bürgermeistern der größeren Städte als Mitgliedern kraft Amtes und gewählten Vertretern aus den Kreistagen und Stadtverordnetenversammlungen (Art. 6 RegBkPlG Bbg). Mit beratender Stimme gehören ihnen weiter an Vertreter der IHK, HdwK, anerkannter Naturschutzverbände u. a. Organisationen. Die Planungsgemeinschaften verfügen über eine eigene Planungsstelle zur planerischen und organisatorischen Vorbereitung und Ausführung ihrer Beschlüsse. Das fördert ihre planerische Eigenständigkeit gegenüber der Landesplanungsbehörde, die den durch Satzungsbeschluß festgestellten Regionalplan im Einvernehmen mit den fachlich zuständigen obersten Landesbehörden durch Genehmigung für verbindlich erklären und im Amtsblatt des Landes veröffentlichen muß. Ähnliche Strukturen der Regionalplanung finden sich in zahlreichen neuen Bundesländern.

Stärker sind die Einwirkungsmöglichkeiten des Staates in **Bayern**. Dort sind die Gemeinden und Landkreise einer Region in regionalen Planungsverbänden zusammengeschlossen, auf die grundsätzlich das Zweckverbandsrecht Anwendung findet (Art. 6 IV 1 LPlG Bay). Sie erfüllen ihre Aufgaben „im übertragenen Wirkungskreis" und unterliegen damit der Rechts- und Fachaufsicht der staatlichen Landesplanung (Art. 6 II a. E. LPlG Bay). Hinzu kommt, daß die Planungsverbände mangels eigenen Personals die Ausarbeitung der Regionalpläne den Regionalplanungsstellen bei den Bezirksregierungen überlassen müssen (Art. 18 I 2; 6 III LPlG Bay) und die Regionalplanung auf Antrag des Planungsverbandes durch die oberste Landesplanungsbehörde im Einvernehmen mit den übrigen Staatsministerien für verbindlich erklärt wird (Art. 18 II LPlG Bay). Dadurch sind die Einwirkungsmöglichkeiten des Staates sehr stark.

Die Organisation der Regionalplanung in **Nordrhein-Westfalen** wird mit **21**
der Zuordnung dieser Regionalplanung zum **„staatlichen Modell"** nur unvollkommen erfaßt. Zum 1. 1. 1976 wurden die drei Landesplanungsgemeinschaften Westfalen, Rheinland und Siedlungsverband Ruhrkohlenbezirk aufgelöst. Dafür wurde in den Regierungsbezirken ein **Bezirksplanungsrat** als kommu-

naler Ausschuß ohne Rechtspersönlichkeit eingerichtet, dessen stimmberechtigte Mitglieder von den kreisfreien Städten und den Kreisen aus den Mitgliedern der Vertretungsorgane gewählt werden; sie sind also keine weisungsabhängigen Vertreter der Kreise und Gemeinden. Weitere Mitglieder mit beratender Stimme kommen aus dem gesellschaftspolitischen Bereich hinzu. Der Bezirksplanungsrat kann der Bezirksplanungsbehörde, einer Abteilung der Bezirksregierung, Weisungen für die Erarbeitung des Gebietsentwicklungsplans erteilen und beschließt dessen Aufstellung (§ 7 I LPlG NW). Da er über keinen Planungsausschuß verfügt, ist er nur in geringem Maße handlungsfähig. Insofern erfolgt die Regionalplanung in diesem Land nicht nur in staatlicher Trägerschaft, sondern auch im Rahmen der überkommenen Verwaltungsräume und Verwaltungsstrukturen, allerdings unter Beteiligung der Kommunen (zum Ganzen *Hoppe*, Raumordnung, in: *Grimm/Papier*, S. 305 ff.; kritisch: *Erbguth/Schoeneberg*, Rn. 105).

Vergleichbare Strukturen weist die Regionalplanung in **Hessen** auf, wenngleich dort die „Regionalversammlungen" inzwischen eine stärkere Eigenständigkeit erhalten haben, als sie der Entscheidung des VGH Kassel, DÖV 1995, 35 f. zugrunde liegt (vgl. *Koch/Hendler*, BauR, § 6 Rn. 34).

22 In **Niedersachsen** (§ 7 NROG) ist die **Regionalplanung** nach der Gebietsreform den **Landkreisen** und **kreisfreien Städten** übertragen worden. Das hat bereits im Hinblick auf die Planung der Landkreise, deren Neugliederung entgegen den ursprünglichen Absichten hinter den raumordnerischen Anforderungen zurückgeblieben ist, zu erheblicher Kritik geführt und wird für die Stadtkreise weithin noch entschiedener als Abkehr von der Idee einer Regionalplanung kritisiert (dazu *Bielenberg/Erbguth/Runkel*, Stand 2001 (Lfg 1983) M 250 Rn. 40, M 260 Rn. 12 jew. m. w. N.).

b) Der Regionalplan: Inhalt, Aufstellung, Rechtsformen und Rechtswirkungen

23 In ihrem **Inhalt** sind die Regionalpläne – für die es ebenfalls weiterhin unterschiedliche Bezeichnungen („regionale Raumordnungsprogramme", „regionale Raumordnungspläne", „Gebietsentwicklungspläne" u. a.) gibt – aus dem Raumordnungsplan für das Landesgebiet zu entwickeln. Dieses Entwicklungsgebot entspricht demjenigen für Bebauungspläne im Hinblick auf die Vorgaben der Flächennutzungspläne (§ 8 II BauGB). Dabei sind nach dem „Gegenstromprinzip" (§ 1 III ROG) auch die Flächennutzungspläne und andere Ergebnisse städtebaulicher Planung in der Abwägung mitzuberücksichtigen (§ 9 II ROG). Schließlich müssen – in Parallele zum bauplanungsrechtlichen Abstimmungsgebot (§ 2 II BauGB) – die Regionalpläne benachbarter Planungsräume aufeinander abgestimmt werden. In dieser Weise konkretisieren die Regionalpläne

den Zentralitätsstatus der Gemeinden als Ober-, Mittel- oder Unterzentren, ergänzen u. U. den Raumordnungsplan für das Landesgebiet durch die (in ihm nicht enthaltene) Festsetzung von Kleinzentren als zentrale Orte der untersten Stufe oder durch die Einfügung nicht ausgewiesener Entwicklungsachsen, weisen zur Aufgliederung der Entwicklungsachsen Siedlungsbereiche, regionale Grünzüge und Grünzäsuren aus, legen freizuhaltende Bereiche für Trassen und Infrastrukturvorhaben fest und bestimmen Bereiche zur Sicherung von Wasser- oder Rohstoffvorkommen (vgl. z. B. § 8 II LPlG BW).

Die Landesplanungsgesetze enthalten z. T. ausführliche Regelungen über das **Aufstellungsverfahren**, insbesondere über die zu beteiligenden Stellen. Soweit die Regionalplanung nicht durch Zusammenschlüsse von Gemeinden und Gemeindeverbänden erfolgt, muß ein „förmliches Verfahren" für die Beteiligung der Gemeinden und Gemeindeverbände oder deren Zusammenschlüsse vorgesehen werden (§ 9 IV ROG); dies gilt – im Unterschied zur Planung auf Landesebene (vgl. § 7 V ROG) - selbst dann, wenn die gemeindliche Anpassungspflicht (§ 1 IV BauGB) nicht zum Zuge kommt. Auf diese Weise soll gewährleistet werden, daß im Hinblick auf das im Gegenstromprinzip zum Ausdruck kommende Gebot zur wechselseitigen Rücksichtnahme und Kooperation die Vorstellungen der Kommunen in die weitgehenden Konkretisierungen der Regionalplanung eingehen können. 24

Die Regionalpläne werden überwiegend nicht in **Rechtssatzform** aufgestellt. Lediglich in Baden-Württemberg (§ 9 VI LPlG BW), Brandenburg (§ 2 VI Reg. BkPlG), Niedersachsen (§ 8 IV 1 NROG) und Sachsen (§ 7 VII SächsLPlG) sind sie durch Satzung festzustellen. In Bayern werden sie von den regionalen Planungsverbänden beschlossen und von der obersten Landesplanungsbehörde im Einvernehmen mit den übrigen Staatsministerien für verbindlich erklärt (Art. 18 LPlG Bay); entsprechendes gilt nach § 16 I LPLG NW; § 13 II i. V. m. § 5 LPlG RhPf; § 7 VI, VII LPlG SaAn; § 13 V LPlG Th; in Hessen bedarf es der Genehmigung der Landesregierung (§ 8 I, II LPlG He). 25

In allen Fällen nicht-rechtssatzförmiger Feststellung werden die Regionalpläne – wie die entsprechenden hochstufigen Landesplanungen – allgemein als **rechtsnormähnliche**, hoheitliche Maßnahmen eigener Art charakterisiert, die sich einer Einordnung in die herkömmlichen Kategorien hoheitlichen Handelns entziehen (vgl. die Nachw. oben Rn. 15). Sie haben die gleichen **Rechtswirkungen** wie diese: „Grundsätze" haben die Kompetenzträger in ihre Ermessenserwägungen einzustellen (§§ 3 Nr. 3; 4 II ROG), „Ziele" sind von ihnen zu beachten (§ 4 I ROG) und speziell die Gemeinden haben ihre Bauleitplanungen ihnen anzupassen (§ 1 IV BauGB). Dem einzelnen gegenüber haben sie keine (unmittelbare) Rechtswirkung, mittelbar können sie sich jedoch über Rechtsnormen, die darauf verweisen (z. B. § 35 III 2, 3 BauGB und § 4 I Nr. 2, III Nr. 2 ROG) auch auf den Bürger auswirken. Ferner sind die sonstigen Instrumente der Landesplanung, die an die Ziele der Raumordnung anknüpfen, auch auf die entsprechenden Festsetzungen in den Regionalplänen anwendbar.

4. Allgemeine Probleme und Grundsätze der (hochstufigen und regionalen) Landesplanung

a) Koordinationsregelungen: Raumordnungsklauseln

26 Die Raumordnungspläne besitzen, wie erwähnt, keine unmittelbare Rechtsverbindlichkeit gegenüber dem Bürger, sondern bedürfen der Umsetzung in einem rechtsverbindlichen Bebauungsplan oder durch rechtsverbindliche Fachplanungen. Beide Fälle sind getrennt zu betrachten: Bei **Konflikten** zwischen den Trägern der **Raumplanung** und der **Fachplanung** sind die Durchsetzungschancen der Raumplanung nur begrenzt.

Zwar sind von den öffentlichen Stellen die Raumordnungsgrundsätze des Bundes zu berücksichtigen (§§ 4 II, 7 VII, 3 Nr. 5 ROG) und die Zielsetzungen sogar zu beachten (§ 4 I ROG). Jedoch gilt diese strikte Bindung an die festgesetzten Ziele der Raumordnung für bestimmte raumbedeutsame Planungen und Maßnahmen öffentlicher Stellen des Bundes (oder für sie tätig werdender Personen des Privatrechts) nur nach Maßgabe des § 5 ROG. Danach sind insbesondere einzelne bedeutsame Fachplanungen (vgl. § 5 I Nr. 3 ROG) an die Zielfestsetzungen in den Raumordnungsplänen nur gebunden, wenn die zuständige Fachplanungsinstanz bei der Aufstellung des Zieles nach § 7 V ROG beteiligt war, über die von ihr vorgebrachten Bedenken in einem Konsensfindungsverfahren keine einvernehmliche Lösung erzielt werden konnte und sie nach Mitteilung der Festsetzung des rechtsverbindlichen Ziels diesem nicht widersprochen hat. Außerdem können die Fachplanungsträger auch noch nachträglich bestimmten Zielfestsetzungen widersprechen, wenn eine veränderte Sachlage ein Abweichen davon erforderlich macht (§ 5 IV ROG); insofern besteht gegen eventuelle Bindungen insbesondere für bedeutsame Fachplanungen des Bundes ein „clausula rebus sic stantibus"-Vorbehalt. Weiter enthalten zahlreiche Fachplanungsgesetze sog. Raumordnungsklauseln, die ergänzende Bestimmungen über eine Verfahrensbeteiligung der Träger der Raumordnung enthalten oder eine materielle Pflicht zur Beachtung der Ziele der Raumordnung begründen (vgl. z. B. § 5 BNatSchG; § 13 II WaStrG; § 29 V 1 KrW-/AbfG; § 36 II WHG). Aber oft geht die Fachplanung dann doch als Sieger aus dem

Konflikt hervor. Schließlich erfolgt die maßgebliche Konkretisierung der Raumordnungsplanung erst auf der Gemeindeebene durch die Bauleitplanung und hierfür gilt § 38 BauGB mit einer markanten Vorrangstellung zugunsten der Fachplanung. Das Gebot der kompetenziellen Rücksichtnahme und seine positiv-rechtliche Ausprägung im Gegenstromprinzip kann dann nur in Extremfällen der Gesamtplanung zum Zuge verhelfen. Weitere verfahrensrechtliche Kooperations- und Koordinationshilfen bieten u. U. noch das Raumordnungsverfahren (vgl. § 15 ROG, dazu gleich unten Rn. 40), die Pflicht zu gemeinsamer Beratung von Bundesregierung und Landesregierung (§ 19 IV ROG) und das Gebot zu gegenseitiger Mitteilung und Auskunft (§ 19 I, II ROG).

In **Konfliktsituationen** der **Raumordnung** mit der **Bauleitplanung** setzt sich nach den allgemeinen Regelungen des § 4 I ROG und der speziellen Regelung der gemeindlichen Anpassungspflicht in § 1 IV BauGB regelmäßig die Raumordnung durch; aber das verfassungsrechtlich gewährleistete Selbstverwaltungsrecht der Gemeinde wirft besondere Probleme für die Reichweite dieser Bindungen auf; sie sind im folgenden näher zu erörtern. 27

b) Rechtsfragen im Verhältnis der Landesplanung zur gemeindlichen Bauleitplanung

aa) (Kompetenzieller) Gesetzesvorbehalt

Im Hinblick auf das Selbstverwaltungsrecht der Gemeinde unterliegen Einschränkungen dem Gesetzesvorbehalt. Sie müssen weiter dem Übermaßverbot oder, richtiger, dem Grundsatz der kompetenziellen Rücksichtnahme genügen und dürfen den Kernbereich des Selbstverwaltungsrechts nicht verletzen; letzterer ist allerdings nur für die Institution, nicht für die einzelne Gemeinde gewährleistet (vgl. oben § 9 Rn. 3ff.). Diese Grundsätze gelten nicht nur für die Verlagerung gemeindlicher Zuständigkeiten auf höhere Instanzen, sondern auch für die Ermächtigung zum Erlaß überörtlicher Planungen, die die gemeindlichen Gestaltungsmöglichkeiten beschränken. Nach der hier entsprechend anzuwendenden Wesentlichkeitstheorie zum Gesetzesvorbehalt ist grundsätzlich zu fordern, daß zumindest die **„wesentlichen Fragen"** in einem **Parlamentsgesetz**, also im Raumordnungsgesetz, im Landesplanungsgesetz oder in einem Fachgesetz geregelt werden; die übrigen Festlegungen können dann in untergesetzlichen (Außen-)Rechtsnormen getroffen werden. 28

Allerdings hat sich die Auffassung durchgesetzt, daß bei Planungsnormen als **Finalprogrammen** die Anforderungen an das Bestimmtheitsgebot nicht so streng gehandhabt werden können wie bei den Konditionalprogrammen der klassischen Gesetze. Es muß angesichts der komplexen Planungssachverhalte genügen, wenn die Planungsgesetze die **Ziele und Mittel** vorgeben, den Weg zum Ziel aber der Selbstprogrammierung durch die planende Instanz überlassen. Mit dieser Einschränkung ist am Vorbehalt des Gesetzes und am Bestimmtheitsgrundsatz festzuhalten.

In der Praxis der Landesplanung fehlt es jedoch häufig an den erforderlichen grundsätzlichen Zielangaben in einem förmlichen zur Planung ermächtigenden Gesetz wie auch an der Rechtsnormqualität der Raumordnungspläne, deren konkretisierte Festsetzungen in dem dargelegten Umfang die Anpassungspflicht der Gemeinde nach § 1 IV BauGB auslösen, und nach anderen Normen, etwa §§ 35 III 2, 36 BauGB, zu beachten sind.

29 Ist die Möglichkeit der Festsetzung bestimmter Ziele nicht in einem Parlamentsgesetz aufgeführt, bestehen erhebliche Bedenken gegen entsprechende konkrete Vorgaben für die Gemeinden durch die Landesplanung. Diese Ansicht wird heute wohl weithin geteilt.

So wurde mangels entsprechender Zielangaben im Landesplanungsgesetz bezweifelt, daß der Kiesabbau in Baden-Württemberg über Festsetzungen der Landesplanung gesteuert werden könne (vgl. *Brohm*, NJW 1980, 857 ff.). Inzwischen wurde in § 8 II Nr. 6 LPlG BW und § 2 II Nr. 9 ROG die Sicherung von Rohstoffvorkommen ausdrücklich aufgenommen.

30 Größere Schwierigkeiten bereitet die **Forderung** einer **rechtssatzmäßigen Regelung**, da in zahlreichen Ländern die **Raumordnungspläne nicht** als **Rechtssätze** erlassen werden.

Insofern verwundert es nicht, daß die Geltung des Gesetzesvorbehalts für die Festsetzungen der Landesplanung überhaupt in Frage gestellt wird. Das geschieht vor allem mit zwei Argumenten. Einmal wird eingewendet, die „Ziele der Raumordnung" gehörten nicht zum Selbstverwaltungsrecht der Gemeinden; daher griffen die Vorschriften über ihre Verbindlichkeit auch nicht in deren Planungshoheit ein. Dabei wird jedoch zu wenig berücksichtigt, daß sich überörtliche und örtliche Planungen auf dieselbe Fläche beziehen. Der Raum, den die überörtliche Planung für sich in Anspruch nimmt, steht für die örtliche Gestaltung nicht mehr zur Verfügung. Darin ist eine Einschränkung der gemeindlichen Planungshoheit zu sehen. Sonst könnten überörtliche Planungen auch nicht an den Voraussetzungen des überwiegenden Gemeinwohlinteresses und des Übermaßverbots geprüft werden, was einhelliger Rechtsprechung entspricht. Weiter wird argumentiert, § 1 IV BauGB, der die Anpassungspflicht konstituiert, erfülle bereits den Gesetzesvorbehalt. Dieser Einwand greift deshalb nicht durch, weil diese Vorschrift eine Blankettnorm ist, die ihrerseits nur mit gesetzlich fixierten Zielen inhaltlich ausgefüllt werden kann (zur Diskussion vgl. im einzelnen *Hendler*, JuS 1979, 618, 620; *Schmidt-Aßmann*, VerwArch 71 (1980), 117, 137 ff.; *Brohm*, DÖV 1989, 429, 438 ff.; *Erbguth/Schoeneberg*, Rn. 81 ff. jew. m. w. N.).

Die Bedenken gegenüber nicht-rechtsnormativen Festsetzungen können nicht allein damit ausgeräumt werden, daß man die Pläne oder die in ihnen enthaltenen Ziele der Raumordnung **für den Rechtsschutz** zu Rechtsnormen erklärt (BayVGH, BayVBl 1982, 726; BayVBl 1996, 81, allerdings betrifft das zuerst genannte Urteil nur einzelne Ziele der Raumordnung; für eine Generalisierung: *Blümel*, Fg. v. Unruh, 1983, S. 265, 303 Fn. 346; *ders.*, Rechtsschutz gegen Raumordnungspläne, VerwArch. 84 (1993), 123 ff.; *Koch/Hendler*, BauR, § 3 Rn. 58, § 9 Rn. 5) oder sie wegen ihrer Charakterisierung als **rechtsnormähnliche Hoheitsakte** sui generis wie Rechtsnormen behandelt (*Löhr*, DVBl. 1980, 13; *Schmidt-Aßmann*, DÖV 1981, 237, 238 f.; *Battis*, Baurecht, § 2 IV 2 a. E.) oder einzelne Anforderungen an Rechtsverordnungen auch bei ihnen für gegeben hält. 31

Angesichts der weitgehend abweichenden Gesetzgebungs- und Verwaltungspraxis sieht eine zunehmende Meinung davon ab, eine **rechtssatzmäßige Festlegung** der konkreten Ziele der Raumordnung und Landesplanung in den Landesentwicklungsplänen und den Regionalplänen zu verlangen. Diese Auffassung **läßt sich** nach den dargelegten allgemeinen verfassungsrechtlichen Grundsätzen **nur vertreten, wenn** die allgemein zulässigen **Ziele und Mittel** ausreichend präzise bereits **in den Planungsgesetzen** des Bundes und der Länder oder sonstigen Rechtsnormen genannt sind, so daß die Pläne der Landesplanung lediglich als die Festlegung des „Wegs zum Ziel" im konkreten Fall erscheinen. Allerdings muß dieser „Weg zum Ziel" nach dem Grundsatz des Gesetzesvorbehalts bei Eingriffen in Individualrechte zumindest in einem untergesetzlichen Rechtssatz geregelt werden, wie es z. B. bei dem auch für den Bürger verbindlichen Bebauungsplan in Form der Satzung geschieht. Diese Anforderungen sind jedoch, wie oben ausgeführt, gegenüber Beschränkungen der gemeindlichen Planungshoheit als einer subjek- 32 tiv-rechtlich gewährleisteten Kompetenz modifizierbar. Denn die für den Individualrechtsbereich entwickelten Grundsätze lassen sich nicht vorbehaltslos auf den Kompetenzbereich übertragen. Im vorliegenden Fall kann in dem parlamentsgesetzlich festgelegten System fortlaufender Zielkonkretisierung über verschiedene Planungsstufen eine **Öffnung des** gemeindlichen **Kompetenzgefüges** für die Regelungen der Raumordnung gesehen werden, so daß im Rahmen der kompetenziellen Rücksichtnahme Regelungen auch in Form der innerhalb der Verwaltungsorganisation üblichen Verwaltungsvorschriften getroffen werden können (dazu oben § 12 Rn. 17).

bb) Überörtliche Gemeinwohlbelange und Grundsatz der kompetenziellen Rücksichtnahme

33 Eine **Einschränkung** der gemeindlichen Planungshoheit darf **nur im Interesse überörtlicher Planungsbedürfnisse** erfolgen. M. a. W.: Die „Ziele der Raumordnung" dürfen sich nicht auf rein städtebauliche, bodenrechtliche Belange der Ortsplanung beziehen.

Das kommt in mehreren höchstrichterlichen Entscheidungen zum Ausdruck (vgl. bereits BVerwGE 6, 342, 346; OVG Lüneburg, BRS 20 Nr. 1 = DÖV 1969, 642; zu negativen Beispielen aus der Verwaltungspraxis vgl. *Folkerts*, DVBl. 1989, 733, 735). Konsequent hat diese Forderung das Bundesverwaltungsgericht auch für Planfeststellungen bei überörtlichen Fachplanungen erhoben. So hat es eine wasserrechtliche Planfeststellung, die der Gemeinde die gesamträumliche materielle Planungskompetenz nach § 38 BauGB nehme, nur für zulässig erachtet, wenn die städtebauliche Steuerungsfunktion der Gemeinde angesichts überörtlicher und damit raumbedeutsamer Bezüge voraussichtlich überfordert würde (BVerwG, DÖV 1988, 835).

34 Aus dem Grundsatz der **kompetenziellen Rücksichtnahme**, der sich in dieser Fallgestaltung im Ergebnis mit den Anforderungen des Verhältnismäßigkeitsprinzips deckt (dazu oben § 9 Rn. 8, 15), ergibt sich weiter, daß überörtliche Festlegungen nach Zahl und Konkretisierungsgrad nur insoweit vorgenommen werden dürfen, als dies zur Verwirklichung des überörtlichen Planungsinteresses erforderlich ist. Daraus folgt insbesondere das geläufige Postulat von der **überörtlichen „Rahmenplanung"**.

Allerdings können sich **u. U. auch funktions- und parzellenscharfe Festlegungen** (dazu oben Rn. 12) als erforderlich erweisen und brauchen dennoch die gemeindliche Gestaltungsfreiheit nicht in ihrem Kernbereich zu beeinträchtigen. So steht die verfassungsrechtliche Zulässigkeit von Planfeststellungen außer Frage. Für einzelne bereichs- und parzellenscharfe Ausweisungen in Gesamtplanungen kann dann nichts anderes gelten. Der Grundsatz der Rahmenplanung ist damit kein absolutes Prinzip. Er verlangt lediglich, daß überörtliche Planungen soweit wie möglich einen Rahmencharakter anzustreben haben, also **tendenziell Rahmenplanung** sein müssen.

cc) Konsequenzen: Selbstverwaltungsfreundliche Interpretation und planungsrechtliche Ersetzungsbefugnis

Großflächige Ausweisungen, wie Freiraum- und Grünzonenplanungen, erhalten auf der Regionalstufe eine Bereichs-, oft sogar eine Parzellenschärfe. Sie können, etwa als regionale Grünzüge oder Siedlungszäsuren, wesentliche Elemente der Gemeindestruktur vorgeben und die Städte an einer weiteren Ausdehnung hindern. Fehlt für derartige Festlegungen ein überwiegendes überörtliches Interesse, sind sie nach dem **Grundsatz (tendenzieller) Rahmenplanung** rechtlich unzulässig. In den anderen Fällen sind ihre Aussagen u. U. durch eine **verfassungskonforme Interpretation** zu relativieren. 35

In funktioneller Hinsicht muß beachtet werden, daß bei **„Vorranggebieten"** die festgelegte Nutzung nicht allein und ausschließlich zulässig ist; andere Nutzungen sind nur ausgeschlossen, soweit sie mit den vorrangigen nicht vereinbar sind (§ 7 IV ROG). Hinsichtlich der gebietlichen Abgrenzung läßt sich im allgemeinen aus dem Prinzip der Erforderlichkeit eine entsprechende Flexibilität erreichen. Denn regelmäßig erfordert die Verwirklichung des überörtlichen Planungsziels nicht, exakt an der **bereichs- oder parzellenscharfen Festlegung** festzuhalten. Ausweisungen dieser Art lassen sich ohne räumliche Abgrenzung nicht sinnvoll darstellen. Insofern ist die räumliche Genauigkeit der Festlegung oft nur eine tatsächliche **Nebenfolge begrenzter Darstellungsmöglichkeit**. 36

Dem Gebot der kompetenziellen Rücksichtnahme, speziell dem Erforderlichkeitsprinzip, kann u. U. in der Weise Rechnung getragen werden, daß man in Festsetzungen, wie etwa einer im konkreten Einzelfall nicht erforderlichen parzellenscharfen Abgrenzung, einen **überschießenden Erklärungsgehalt** ohne Bindungswirkung sieht. Das rechtfertigt es, einzelne konkrete **Festlegungen der Landesplanung**, wie etwa die räumliche Grenzziehung bei Funktionsausweisungen, **als nicht strikt verbindlich gewollt** „verfassungskonform" zu interpretieren. Insoweit besteht dann ein Spiel- 37 raum der Gemeinde zur Modifikation. Sie hat das vorgegebene überörtliche Ziel zu verwirklichen, darf aber im Interesse ihrer eigenen planerischen Konzeption in den Details der Durchführung von den Vorgaben geringfügig abweichen. Dementsprechend hat bereits auch die Rechtsprechung bei derartigen Festlegungen eine geringere Aussageschärfe und damit eine Konkretisierungsfähigkeit durch die gemeindliche Bauleitplanung angenommen. Auch „gemeindescharfe" Funktionsbestimmungen, wie die Zentralitätsfestsetzungen nach dem Zentrale-Orte-Modell sind u. U. geringfügig im Sinne eines Richtliniencharakters in den Randbereichen zu modifizieren (vgl. die Fallösung oben § 16 Rn. 18).

38 So hat der VGH BW (VBlBW 1981, 45 = (sehr gekürzt) DÖV 1981, 269) räumliche Grenzen bei Funktionszuweisungen durch die Landesplanung im Kollisionsfalle mit der gemeindlichen Planung als geringfügig korrigierbar angesehen, solange der damit verfolgte landesplanerische Zweck nicht beeinträchtigt wird. Aus entsprechenden Erwägungen heraus wurde die bauplanungsrechtliche Ausweisung eines Sondergebiets für einen Verbrauchermarkt trotz Einstufung der Gemeinde als Unterzentrum für rechtmäßig erklärt, indem die mit dieser Zentralitätsstufe verbundenen Ausstattungsanforderungen als „anzustrebendes Entwicklungsziel", nicht aber als Obergrenze für die gemeindliche Entwicklung gedeutet wurden. Das Bundesverwaltungsgericht hat derartige Interpretationsspielräume jetzt ausdrücklich ebenfalls anerkannt, allerdings bei (parzellenscharfen) flächenmäßigen Funktionsbestimmungen auch eine nur geringfügige Korrektur für den Randbereich des Vorranggebietes für unzulässig gehalten (BVerwGE 90, 329, 337).

39 **Parzellenscharfe** situations- oder lagebedingte **Standortfestsetzungen**, etwa für Talsperren, Kraftwerke u. ä., sind ihrem Zweck nach regelmäßig keiner Flexibilisierung zugänglich. Sind sie trotz ihres schweren Eingriffs in die gemeindliche Planungshoheit aus überwiegenden überörtlichen Interessen in diesem Umfang und an dieser Stelle notwendig, muß die Gemeinde ihre Bauleitplanung daran anpassen. Eine Milderung der gemeindlichen Umsetzungspflicht kann sich hier u. U. noch aus dem Grundsatz der **planungsrechtlichen Ersetzungsbefugnis** ergeben. Ähnlich wie die polizeipflichtigen Bürger im Hinblick auf das Übermaßverbot eine zur Gefahrenabwehr angeordnete Maßnahme durch ein anderes Mittel, das den polizeilichen Zweck in gleicher Weise erfüllt, ersetzen dürfen, kann auch die Gemeinde im Hinblick auf ihre Planungshoheit und das Gebot kompetenzieller Rücksichtnahme verlangen, daß das landesplanerische Ziel u. U. durch ein gleichwertiges anderes Mittel erfüllt wird (dazu oben § 12 Rn. 27).

Diese **planungsrechtliche Ersetzungsbefugnis** wurde oben am Beispiel des gemeinhin absolut angenommenen Vorrangs der Planfeststellung für Fernstraßen herausgearbeitet. Der Gedanke läßt sich **auf** zahlreiche **parzellenscharfe Ausweisungen** und im Einzelfall **auch auf funktionsscharfe** Zuweisungen übertragen, seien sie im Wege eines Planfeststellungsbeschlusses, einer Schutzgebietsausweisung oder einer landesplanerischen Festsetzung getroffen. Für „lagebedingte Standortplanungen", wie z. B. Talsperren, Kernkraftwerke, Kiesabbau- oder Wasserschutzgebiete, wird sich allerdings infolge ihrer Situationsbedingtheit i. d. R. keine Alternative bieten; hier scheitert die planungsrechtliche Ersetzungsbefugnis dann an den faktischen Gegebenheiten.

5. Sonstige Instrumente der Landesplanung

a) Das Raumordnungsverfahren

Ein wichtiges Koordinationsinstrument bei der Vielfalt der Pla- **40**
nungsträger ist das Raumordnungsverfahren. In ihm sollen nach § 15 ROG raumbedeutsame Planungen und Maßnahmen untereinander und mit den Erfordernissen der Raumordnung abgestimmt werden.

Damit wird die Abstimmungspflicht nach § 14 S. 1 ROG verfahrensrechlich formalisiert und eine Feinsteuerung konkreter Planungen und Maßnahmen bereits auf überörtlicher Ebene ermöglicht. Von der Pflicht, dieses Verfahren einzuführen, sind lediglich die Stadtstaaten Berlin, Bremen und Hamburg nach § 15 VIII ROG ausgenommen.

Für ein solches landesplanerisches Abstimmungsverfahren besteht bei zahlreichen größeren Vorhaben, wie z. B. vor der Genehmigung bzw. Planfeststellung von Fernstraßen, Bundeswasserstraßen, Eisenbahnanlagen, industriellen Großprojekten u. a., ein anerkanntes Bedürfnis. **Durch Rechtsverordnung** der **Bundesregierung** werden **die Vorhaben bestimmt**, für die i. d. R. ein Raumordnungsverfahren durchzuführen ist (§ 17 II ROG). Darin einbezogen sind nicht nur öffentliche Vorhaben des Bundes und der Länder, sondern auch private Projekte. Das Raumordnungsverfahren wird i. d. R. durch die höhere Raumordnungsbehörde (Regierungspräsidium) durchgeführt (vgl. z. B. § 13 LPlG BW). Es ist **stets projektbezogen**. Daher sind z. B. Bebauungspläne der raumordnerischen Beurteilung nur zugänglich, wenn und soweit sie ein ganz bestimmtes Projekt betreffen (vgl. auch *Schmidt-Aßmann*, VBlBW 1986, 2, 3 ff.).

Das Raumordnungsverfahren erstreckt sich auf die Prüfung, ob **41**
raumbedeutsame Planungen oder Maßnahmen mit den Erforder-

nissen der Raumordnung übereinstimmen und wie sie erforderlichenfalls unter den Gesichtspunkten der Raumordnung aufeinander abgestimmt werden können (**„Raumverträglichkeitsprüfung“**); zu den dabei zu beachtenden raumbedeutsamen Grundsätzen gehört auch der Schutz von Natur und Landschaft, einschließlich der Erfordernisse zur Sicherung und Entwicklung der ökologischen Funktionen, des Biotopverbundes und dergleichen (vgl. § 2 II Nr. 8 ROG). Dennoch ist das Raumordnungsverfahren nach § 15 ROG als solches keine „Umweltverträglichkeitsprüfung“ (vgl. oben § 6 Rn. 46ff.). Im Interesse der Verfahrensvereinfachung haben jedoch nahezu alle Länder in ihren Raumordnungs- bzw. Landesplanungsgesetzen die Umweltverträglichkeitsprüfung in das Raumordnungsverfahren miteinbezogen, was § 16 UVPG für eine Bewertung „entsprechend dem Planungsstand des Vorhabens“ anerkennt (vgl. z.B. § 13 III 2 LPlG BW; § 15 II LPlG MeVo; § 18 VIII LPlG RhPf; § 14 III LPlG Sa; § 15 I LPlG LSA). Angesichts der Nähe, die beide Institute hinsichtlich Verfahren und Inhalt inzwischen erreicht haben, ist dies auch durchaus angemessen. Das Raumordnungsverfahren endet regelmäßig mit einer entsprechenden **landesplanerischen „Beurteilung“**, d.h. das Ergebnis ersetzt nicht die Genehmigung oder Planfeststellung durch die zuständige Behörde, sondern ist von dieser lediglich bei ihrer Entscheidung mitzuberücksichtigen (vgl. z. B. § 13 VIII LPlG BW).

Eine Ausnahme besteht in Baden-Württemberg nur für Raumordnungsverfahren für Freileitungen: bei ihnen wird die Genehmigung auf Grund eines Raumordnungsverfahrens mit einer obligatorisch damit verbundenen raumordnerischen UVP erteilt. Die landesplanerische Beurteilung wird damit gegenüber den beteiligten Trägern öffentlicher Belange durch Verwaltungsakt verbindlich festgelegt (vgl. § 14 LPlG BW; dazu BVerwGE 80, 201).

42 Im Raumordnungsverfahren kommt dem Vorgang der Abstimmung im Wege eines **„kooperativen Verwaltungshandelns“**, also dem Ablauf des Verfahrens selbst, eine maßgebliche, wenn nicht die größte Bedeutung zu. Hier werden die Interessen der Planungsträger und der Beteiligten abgeklärt, Modifikationen der Planungskonzeption ausgehandelt und Kompromisse zwischen den verschiedenen beteiligten Interessen geschlossen. Dies zeigt sich im Abschluß des Verfahrens, in der sog. **landesplanerischen Beurteilung**. Sie lautet i. d. R. nicht auf eine Unvereinbarkeit oder eine uneingeschränkte Vereinbarkeit des Projekts, sondern auf eine Vereinbarkeit, wenn bestimmte Voraussetzungen erfüllt werden, also eine Unbedenklichkeit nach „Maßgabe“ bestimmter Auflagen (dazu *Bussek*, Die Wirksamkeit von Raumordnungsverfahren, 1987, S. 30 ff.). Aus diesen Zusätzen ergibt sich deutlich der Kompromiß, unter dem das Ergebnis einer positiven Beurteilung des Projekts zustandekam. Sie zeigen einen Weg auf, wie das einzelne Vorhaben „raumverträglich gemacht“ werden kann.

b) Verwirklichung der Raumordnungspläne – Das Planungsgebot

Da die Ziele der Raumordnung erst über den Bebauungsplan der 43
Gemeinde allgemein verbindlich werden, kann eine Vollzugslücke entstehen, wenn eine Gemeinde ihrer Anpassungspflicht nach § 1 IV BauGB nicht nachkommt, oder die Aufstellung eines Bebauungsplans, also eine „Erstplanung“, zur Umsetzung eines Zieles der Raumordnung nicht vornimmt. Mit Hilfe eines **Planungsgebots**, das mit den städtebaulichen Geboten nach §§ 175 ff. BauGB vergleichbar ist, kann verhindert werden, daß Gemeinden durch Nichtaufstellen von Bauleitplänen die Ziele der Raumordnung unterlaufen. Eine entsprechende Regelung ist letztlich nicht in das Raumordnungsgesetz aufgenommen worden. Stattdessen erwähnt § 13 ROG lediglich einige mehr persuasorische Möglichkeiten zur Verwirklichung der Raumordnungspläne. Die **meisten Bundesländer** haben jedoch inzwischen ein solches Planungsgebot – dem Vorbild von Nordrhein-Westfalen folgend – in ihren Landesplanungsgesetzen oder ergänzenden Regelungen **vorgesehen** (vgl. § 15 a LPlG BW; Art. 12 V PlanVO Bln/Bbg; § 21 II LPlG NW; § 24 LPlG RhPf; § 10 II LPlG Sa; § 16 III LPlG Th).

In Nordrhein-Westfalen war das raumplanerische Planungsgebot eingeführt worden, weil es in diesem am dichtesten besiedelten Bundesland auf Grund der zunehmend strengeren Anforderungen des Umweltschutzes immer schwieriger wurde, größere Flächen für bedeutende Industriegebiete zu sichern. Es ist letztlich die gesetzgeberische Reaktion auf die zunehmend anerkannte Ansicht, daß § 1 IV BauGB den Gemeinden für ihre Bauplanung hinsichtlich der Ziele der Raumordnung zwar eine Beachtens- und Anpassungspflicht, nicht aber eine Erstplanungspflicht auferlegt (dazu oben § 12 Rn. 9 f.). Diese mit dem Wortlaut der Regelung und dem Hinweis auf das verfassungsrechtlich gewährleistete Selbstverwaltungsrecht begründete Negation ist damit hinsichtlich des ersten, nicht aber in Bezug auf den zweiten Einwand behoben. In Anbetracht der verfassungsrechtlichen Vorgaben ist die Zulässigkeit eines Planungsgebots zu beschränken auf die eindeutigen, mit dem Gebot der Bundestreue bzw. der kompetenziellen Rücksichtnahme zu rechtfertigenden Extremfälle. Soweit diese Voraussetzungen (im Unterschied zu § 21 II LPlG NW) in der gesetzlichen Regelung nicht expressis verbis zum Ausdruck kommen, müssen sie durch eine verfassungskonforme Auslegung zur Geltung gebracht werden (dazu auch *Erbguth/Schoeneberg*, Raumordnungs- und Landesplanungsrecht, 2. Aufl. 1992, Rn. 163; *Stern/Burmeister*, Die Verfassungsmäßigkeit eines landesrechtlichen Planungsgebots für Gemeinden, 1975; *Koch/Hendler*, BauR, § 8 Rn. 5f.; *Brohm*, DVBl. 1980, 653, 655 und oben § 12 Rn. 9f.)

c) Landesplanerische Stellungsnahme

44 Will eine Gemeinde ihre Bauleitplanung durchführen, bevor einschlägige Ziele der Raumordnung feststehen, erscheint es zur Vermeidung von Schwierigkeiten im Laufe des Aufstellungsverfahrens oder von späteren Anpassungspflichten (vgl. § 1 IV BauGB) sinnvoll, die Landesplanungsbehörde von der Absicht der Planung zu unterrichten. Die Behörde gibt dann der Gemeinde die beabsichtigten Ziele der Raumordnung bekannt. Es geht dabei vor allem um die Funktionsbestimmung der Gemeinde, ihre Zuordnung zu einer Kategorie der zentralen Orte und die anzustrebende Gemeindegröße (*Grotefels*, H/G, § 4 Rn. 18). Diese Bekanntgabe wird als „landesplanerisches Gutachten" oder „landesplanerische Stellungnahme" bezeichnet. Es ist nur z.T. gesetzlich geregelt, z.B. in § 20 LPlG RhPf.

d) Die landesplanerische Untersagung

45 Aus der gemeindlichen **Bauleitplanung** ist das Problem bekannt, daß während des Planaufstellungsverfahrens Veränderungen im Plangebiet nach Möglichkeit verhindert werden sollen. Das Baugesetzbuch hat hierauf mit den Instrumenten der **Veränderungssperre** und der Zurückstellung von Baugesuchen reagiert (§§ 14, 15 BauGB). Eine **ähnliche Situation** kann im Zusammenhang mit der Festlegung, Änderung oder Ergänzung der Ziele der Raumordnung entstehen. Aus diesem Grund verlangt **§ 12 I Nr. 2 ROG** vorzusehen, daß der für die Raumordnung zuständigen Landesbehörde die Möglichkeit eröffnet wird, beabsichtigte **raumbedeutsame Planungen** und Maßnahmen öffentlicher Stellen oder bestimmter juristischer Personen des Privatrechts für eine bestimmte Zeit, maximal zwei Jahre, zu **untersagen**, wenn zu befürchten ist, daß die Verwirklichung der Ziele unmöglich gemacht oder wesentlich erschwert wird. Die Ausgestaltung der landesplanerischen Untersagung hat in den Landesplanungsgesetzen zu erfolgen (z.B. § 15 LPlG BW). Planungen, denen Ziele der Raumordnung entgegenstehen, können sogar zeitlich unbefristet untersagt werden (vgl. § 12 I Nr. 1 ROG).

§ 12 ROG bietet keine Grundlage dafür, die Baugenehmigungsbehörde anzuweisen, die Erteilung einer nach dem vorhandenen Bebauungsplan zulässigen Baugenehmigung bis zum Erlaß eines Regionalplans und der Anpassung des Bebauungsplans gemäß § 1 IV BauGB auszusetzen (BGHZ 88, 51, 60 verweist insoweit auf die Veränderungssperre gemäß § 14 BauGB). Anderes gilt nach § 12 II ROG allerdings etwa für Außenbereichsvorhaben, für die die Ziele der Raumordnung nach Maßgabe des § 35 III S. 2 BauGB bedeutsam sind. In Nordrhein-Westfalen gibt § 23 LPlG die Möglichkeit, die Zurückstellung der Entscheidung über die Zulässigkeit baulicher Anlagen staatlicherseits anzuweisen (*Steiner*, Raumordnungsrecht, Rn. 82).

Betroffen von der landesplanerischen Untersagung können regelmäßig nur **öffentliche Vorhaben** sein. **Private Rechtsträger** bzw. deren Vorhaben kommen für eine planerische Untersagungsverfügung nur gemäß §§ 12 I; 4 III oder (mittelbar) gemäß § 12 II ROG in Betracht; die Landesplanungsgesetze halten sich bei ihrer gesetzlichen Ausgestaltung – auch hinsichtlich eventueller Entschädigungsansprüche – weitgehend an das Vorbild der Regelung der Veränderungssperre bzw. der Zurückstellung von Baugesuchen nach dem BauGB (so ausdrücklich §§ 40, 22, 23 LPlG NW; inhaltlich entspr. § 15 LPlG BW).

e) Landesplanungsberichte

In den meisten Ländern sind die Landesregierungen verpflichtet, die Landesparlamente über den Stand der Raumordnung und Landesplanung zu unterrichten. In Baden-Württemberg z. B. hat die Landesregierung den Landtag über raumbedeutsame Entwicklungen und Entwicklungstendenzen, vorgesehene Änderungen des Landesentwicklungsplans oder raumbedeutsamer Fachplanungen, Erfordernisse der Raumordnung und Landesplanung und den Stand der Raumordnung und Landesplanung sowie raumbedeutsamer Fachplanungen zu unterrichten (§ 20 I LPlG BW; § 39 LPlG NW). 46

6. Rechtsschutz im Bereich der Landesplanung

a) Rechtsschutzmöglichkeiten Privater

Gegen Programme und Pläne der Landes- wie der Regionalplanung kann **der einzelne** grundsätzlich nicht klagen, da sie ihm gegenüber, wie dargelegt, keine unmittelbare Rechtswirkung haben. Sie sind nur innerhalb des Systems der öffentlich-rechtlichen Pla- 47 nungen verbindlich (vgl. § 4 I ROG; § 1 IV BauGB), haben aber **keine unmittelbare „Außenwirkung"**. Dabei ist es gleichgültig, in welcher Form, ob als förmliches Gesetz, Rechtsverordnung, Satzung oder einfacher Beschluß, sie erlassen werden. Es fehlt grundsätzlich an der nach dem deutschen Rechtsschutzsystem erforderlichen Rechtsbeeinträchtigung des einzelnen Bürgers. Das gilt auch bezüglich der oft bereits sehr konkreten Ausweisungen in einem Regionalplan. Weiter besteht **hier** auch **regelmäßig kein Rechtsschutzinteresse für** einen **vorbeugenden Rechtsschutz**, schon weil nicht absehbar ist, wann die entsprechende Festlegung in eine beeinträchtigende rechtlich verbindliche Regelung umgesetzt werden wird; wann und insbesondere auch auf welchem Wege die Verwirklichung der raumordnerischen Vorstellungen erfolgt, ist völlig ungewiß (ebenso *Peine*, BauR, Rn. 96, 107; vgl. auch *Erbguth/Schoeneberg*, Rn. 179; weitergehend wohl *Runkel*, in: Bielenberg/Runkel/Erbguth, Stand 2001, § 4 Rn. 451 f.; a.A. *Koch/Hendler*, BauR, § 9 Rn. 6, die sogar ein Normenkontrollverfahren für zulässig halten, sofern der Raumordnungsplan nicht in Gesetzesform erlassen wurde). Beeinträchtigt ein „Ziel der Raumordnung" über eine andere Rechtsnorm, also mittelbar, die Rechte eines Privaten, wird z.B. ein Antrag auf Baugenehmigung im Außenbereich allein deswegen abgelehnt, weil das Vorhaben entsprechenden Festsetzungen in der Raumordnung widerspreche (§ 35 III 2 BauGB), kann dieser Verwaltungsakt angefochten bzw. eine Verpflichtungsklage auf Erteilung der Baugenehmigung erhoben werden. Entsprechendes gilt in den Fällen des § 4 IV 3 ROG. In diesem Verfahren ist dann **inzidenter** auch die Rechtmäßigkeit und damit Gültigkeit der Festsetzung dieses Zieles der Raumordnung mitzuberücksichtigen. **Besteht ausnahmsweise** ein **Rechtsschutzinteresse** an einem vorbeugenden Rechtsschutz, dann kann der einzelne eine **Feststellungsklage** erheben, zwar nicht auf Feststellung der Nichtigkeit des betreffenden Landesentwicklungs- oder Regionalplans, sondern auf Feststellung, daß die durch die betreffende planerische Festsetzung über § 35 III 2 BauGB hergestellte Rechtsbeziehung zwischen der Planungsinstanz und dem Betroffenen unwirksam ist.

b) Öffentliche Rechtsträger

Im Gegensatz zu den Privaten haben, wie dargelegt, **die öffentlichen Planungsträger** die „Grundsätze" der Raumordnung als Ermessensrichtlinien zu berücksichtigen und die „Ziele" zu beachten. Weiter können gegen sie u. U. auch andere Maßnahmen der Landesplanung ergriffen werden, wie z. B. die Untersagung raumordnungswidriger Planungen und Maßnahmen (vgl. z. B. § 15 LPlG BW; Art. 24 LPlG Bay). Soweit ihnen ihre Planungskompetenz ausnahmsweise eine subjektiv-rechtliche Rechtsposition vermittelt, können sie durch die Vorgaben und Anordnungen von seiten der Landesplanung in diesen „ihren Rechten" beeinträchtigt sein und dagegen Rechtsschutz beanspruchen. Das ist vor allem bei den Gemeinden kraft ihrer Planungshoheit der Fall. Gegen Einzelakte, die gegenüber Gemeinden in Folge **Beeinträchtigung ihres Selbstverwaltungsrechts** eine „Außenwirkung" haben und daher als Verwaltungsakte zu qualifizieren sind, steht diesen die **Anfechtungsklage** zur Verfügung. Als Verwaltungsakt gegenüber der Gemeinde wird z. B. auch die Allgemeinverbindlicherklärung von Regionalplänen (vgl. z. B. Art. 18 II LPlG Bay) angesehen. Bei einem Rechtsanspruch auf Vornahme eines Verwaltungsakts kommt eine **Verpflichtungsklage** in Betracht (§ 42 I VwGO). Gegen Regelungen in Form eines Parlamentsgesetzes, wie die Festlegung der Ziele in den Raumordnungsplänen einzelner Länder (dazu oben Rn. 15), kann die **kommunale Verfassungsbeschwerde** zum Staatsgerichtshof und subsidiär zum Bundesverfassungsgericht erhoben werden (vgl. Art. 93 I 4b GG), gegenüber Regelungen in Form einer Rechtsverordnung oder Satzung steht eine Normenkontrolle beim Verwaltungsgerichtshof bzw. Oberverwaltungsgericht zur Verfügung, sofern das Landesrecht diese Möglichkeit vorsieht (vgl. § 47 I Nr. 2 VwGO). 48

Ist eine **Normenkontrolle** in dem betreffenden Land zugelassen, dann kann sie auch von einem Kompetenzträger als „Behörde" beantragt werden, ohne daß er behaupten müßte, in seinem Selbstverwaltungsrecht oder einer sonstigen Rechtsposition verletzt zu sein. Voraussetzung für das erforderliche Rechtsschutzinteresse ist allerdings – wie bei der behördlichen Normenkontrollklage gegen Bebauungspläne – daß er von dieser Festsetzung betroffen ist, sie also beachten oder vollziehen muß.

Ist der **Plan** nicht in der Form einer Rechtsverordnung oder Satzung festgestellt worden und daher nach verbreiteter Ansicht als **rechtsnormähnlicher Hoheitsakt sui generis** zu qualifizieren, muß konsequent ein **Normenkontrollverfahren entsprechend** für zulässig gehalten werden (so auch *Battis*, Baurecht, § 2 IV 2; *Löhr*, DVBl. 1980, 13, 19; *Hufen*, VwPrR, § 19 Rn. 19f. m.w.N.). **Folgt man dieser Ansicht nicht** oder hat das Landesrecht die Möglichkeit einer Normenkontrolle nicht eröffnet, bleibt nur die **Inzidentkontrolle**, etwa im Rahmen eines Anfechtungsverfahrens gegen einen Verwaltungsakt, oder die **Feststellungsklage**, daß auf Grund der raumordnerischen Festsetzung eine bestimmte Rechtsbeziehung zwischen der Raumordnungsinstanz und den betroffenen Planungsträgern nicht bestehe. Derartige Klagen setzen voraus, daß der Kläger eine eigene Rechtspersönlichkeit und ein subjektives Recht auf prinzipiell unbeeinträchtigte Kompetenzwahrnehmung besitzt, zumindest muß zur Vermeidung eines unzulässigen „Insichprozesses" eine Organstellung mit eigenen Organrechten gegeben sein (zu letzterem *Hufen*, VwPrR, § 21 Rn. 1–27). Ein Anspruch auf Durchführung eines Raumordnungsverfahrens hat die Gemeinde weder nach den Regelungen in den Landesplanungsgesetzen noch auf Grund ihres Selbstverwaltungsrechts; eine Leistungsklage scheidet insofern in diesem Falle für sie aus.

Literatur: Vgl. die Hinweise zu § 35; ferner: *Breuer*, Die hoheitliche raumgestaltende Planung, 1968; *Wahl*, Rechtsfragen der Landesplanung und Landesentwicklung, Bd. 2, 1978; *Brohm*, Staatliche Straßenplanung und gemeindliche Bauleitplanung, 1979; *Brohm*, Rechtliche Möglichkeiten zur Rohstoffsicherung, NJW 1980, 857; *Löhr*, Gerichtliche Rechtsschutzmöglichkeiten der Gemeinden gegen Regionalpläne, DVBl. 1980, 13; *Erbguth*, Zur Rechtsnatur von Programmen und Plänen der Raumordnung und Landesplanung, DVBl. 1981, 557; *Schmidt-Aßmann*, Rechtsstaatliche Anforderungen an Regionalpläne, DÖV 1981, 237; *Wahl*, Aktuelle Probleme im Verhältnis der Landesplanung zu den Gemeinden, DÖV 1981, 597; *Steinberg*, Verwaltungsgerichtlicher Schutz der kommunalen Planungshoheit gegenüber höherstufigen Planungsentscheidungen, DVBl. 1982, 13; *Blümel*, Wesensgehalt und Schranken der kommunalen Selbstverwaltung, in: v. Mutius (Hrsg.), Selbstverwaltung im Staat der Industriegesellschaft, Fg. v. Unruh, 1983, S. 265; *Weidemann*, Gerichtlicher Rechtsschutz der Gemeinden gegen regionale Raumordnungspläne, 1983; *Weidemann*, Regionale Raumordnungspläne als Gegenstand der verwaltungsgerichtlichen Normenkontrolle, DVBl. 1984, 767; *Depenbrock/Reiners*, Landesplanungsgesetz NW,

1985; *Schmidt-Aßmann*, Aufgaben, Rechtscharakter und Entwicklungstendenzen des Raumordnungsverfahrens, VBlBW 1986, 2; *Hoppe*, Raumordnung und Landesplanung, in: Grimm/Papier, Nordrhein-Westfälisches Staats- und Verwaltungsrecht, 1986, S. 305 ff.; *Graf Vitzthum/März*, Die Standortvorsorgeplanung für Kraftwerke in Baden-Württemberg, VBlBW 1987, 321, 364, 404; *Bussek*, Die Wirksamkeit von Raumordnungsverfahren, 1987; *Brohm*, Gemeindliche Selbstverwaltung und staatliche Raumplanung, DÖV 1989, 429; *Folkerts*, Raumordnungsziele und deren Umsetzungsschwierigkeiten für die Adressaten, DVBl. 1989, 733; *Blümel*, Rechtsschutz gegen Raumordnungspläne, VerwArch 84 (1993), 123 ff.; *Ritter*, Raumpolitik mit „Städtenetzen" oder Regionale Politik der verschiedenen Ebenen, DÖV 1995, 393.

Stichwortverzeichnis

(Die Zahlen verweisen auf die Paragraphen und Randnummern)

Synopse der wichtigsten Vorschriften der Landesbauordnungen

	BaWü	Bay	Berl	Bbg	Brem	Hamb
Anwendungsbereich	1	1	1	1	1	1
Begriffsbestimmungen	2	2	2	2	2	2
Allg. Anford. (Generalklausel)	3	3	3	3	3	3
Bebauung d.Grundst./Erschließung	4	4	4	4	4	4
Zugänge u. Zufahrten auf den Grundstücken	15 III	–	5	5	5	5
Abstandsflächen/Grenzabstände	5–7	6, 7	6	6, 7	6	6, 7
Grundstücksteilung	8	–	7	8	11	8
Nicht überbaute Flächen der bebauten Grundstücke, Kinderspielplätze	9	5, 8	8	9	7, 8	9, 10
Gemeinschaftsanlagen	40	–	9	11	10	50
Gestaltung	11	11	10	12	12	12
Werbeanlagen und Warenautomaten	2 IX, 11	2 I, 11	11, 30	13	13	13
Verkehrssicherheit	16	17	17	19	19	19
Bauprodukte (Baustoffe, Bauteile, Einrichtungen) und Bauarten	17–25	19–27	18–22 c	20–28	20–28	20–23
Aufenthaltsräume	34	45, 47, 48	44, 46	48, 50	46	44
Wohnungen	35	46–48	45, 46	49, 50	47	45
Bäder u. Toilettenräume	36	49, 50	47	51	48	45 V–VII, 46 V, VI
Stellplätze u. Garagen, z. T. Abstellmöglichkeiten für Fahrräder	37	52, 53	48	52	49	48, 49
Bauliche Anlagen u. Räume bes. Art oder Nutzung	38	2 IV 2, 60 III	50	55	52	46, 51
Bauliche Maßnahmen für besondere Personengruppen	39	51	51	56	53	52
(Die am Bau Beteiligten) Grundsatz	41	55	–	57	54	53
Bauherr	42	56	52	58	55	54
Entwurfsverfasser	43	57	52 a	59	56	55
Unternehmer	44	58	52 b	61	57	56
Bauleiter	45	–	53	62	58	57
Bauaufsichtsbehörden	46	59	–	63	60	–
Aufgaben und Befugnisse der Bauaufsichtsbehörden	47	60	54	64	61	58
Zuständigkeit	48	61	–	65	63	–
Genehmigungsbedürftige Vorhaben	49	62	55	66	64	60

Hess	M-V	Nds	NW	RhPf	Saarl	Sa	LSA	SH	Thür
1	1	3	1	1	1	1	1	1	1
2	2	2	2	2	2	2	2	2	2
3	3	1	3	3, 4	3	3	3	3	3
4	4	4, 5, 6	4	6	5	4	4	4	4
5	5	5	5	7	–	5	5	5	5
6, 7	6, 7	7–13	6, 7	8, 9	6–8	6, 7	6, 7	6, 7	6, 7
8	–	94	8	–	9	–	8	8	8
9	8	14	9	10, 11	11	8, 9	9	9, 10	9
11	9	52	11	–	14	–	11	13	11
12	10	53	12	5	4	12	12	14	12
13	53	49	13	52	15	13	13	15	13
19	16	23	19	17	20	19	19	21	19
20–28	17–25	24–28 c	20–28	18–22	25–33	20–25	20–28	23–31	20–25
46, 48	44, 46	43	48	43, 45	45, 47, 48	45, 47	48, 50	51, 53	45, 47
47	45, 46	44	49	44, 45	46–48	46, 47	49, 50	52	46, 47
49	47	45	50	46	49	48	51	54	48
50	48	46–47 b	51	47	50	49	52	55	49
53	51	51	54	50	53	52	55	58	52
54	52	48	55	50	54	53	56	59	53
55	54	61, 62	56	54	55	54	57	60	54
56	55	57	57	55	56	55	58	61	55
57	56	58	58	56	57	56	59	62	56
58	57	59	59	57	59	57	60	63	57
59	58	–	59 a	–	60	58	61	64	–
60	59	63, 64	60	58	62	59	62	65	59
61	60	65, 88	61	59	61	60	63	66	60
60	61	65	62	60	63	61	64	67	61
62	62	68	63	61	64	62	65	68	62

	BaWü	Bay	Berl	Bbg	Brem	Hamb
Genehmigungs-, verfahrensfreie Vorhaben; Genehmigungsfreistellungsverfahren; Kenntnisgabe-, Anzeigeverfahren	50, 51	63–66	56, 56 a	67, 69	65, 66	61
Bauantrag u. Bauvorlagen	52	67	57	68	68	63
Bauvorlageberechtigung	43	68	58	60	70	64
Vereinfachte Genehmigungsverfahren	–	73	60 a	69	67	–
Behandlung des Bauantrags	53, 54	69	60	71	71	63
Abweichungen, Ausnahmen, Befreiungen	56	70	61	72	72	66, 67
Beteiligung der Angrenzer bzw. Nachbarn	55	71	–	73	73	68
Baugenehmigung u. Baubeginn	59, 58	72	62	74	74	69, 70
Geltungsdauer der Baugenehmigung	62	77	64	78	76	71
Ersetzung des gemeindlichen Einvernehmens	–	74	–	90	–	–
Vorbescheid	57	75	59	76, 77	69	65
Teilbaugenehmigung	61	76, 77	63	75	75	69 IV
Typengenehmigung	68	–	65	–	77	72
Fliegende Bauten	69	85	66	79	78	73
Öffentliche Bauherren	70	86	67	80	79	62
Bauüberwachung; Bauzustandsbesichtigung	66, 67	78, 79	71, 72	83, 84	83, 84	77, 78
Baueinstellung	64	81	69	81	81	75
Beseitigungsverfügung und Nutzungsuntersagung	65	82	70	82	82	76
Baulast und Baulastenverzeichnis	71, 72	–	73	–	85	79
Ordnungswidrigkeiten	75	89	75	87	88	80
Rechtsvorschriften und Verwaltungsvorschriften	73	90	76	88	86	81
Örtliche Bauvorschriften	74	91	76	89	87	81
Bestehende Anlagen und Einrichtungen	76	60 V, 6	77	86	89	83

Hess	M-V	Nds	NW	RhPf	Saarl	Sa	LSA	SH	Thür
63	64, 65	69, 69 a	65–67	62, 67	65, 66,	63, 63 a	67	69, 74	62 b, 63
64	66	71	69	63	71	64	68	70	64
57	67	58	70	64	70	65	69	71	65
67	63	–	68	66	67, 68	62 a	66	75	62 a
66	69	73	72	65	72	67	71	73	67
68	70	85, 86	73	69	75	68	72	76	68
69	71	72	74	68	73	69	73	77	69
70	72	75, 78	75	70, 77	77, 81	70	74	78	70
72	74	77	77	74	80	72	76	80	72
–	71 a	–	–	71	–	70 a	–	–	–
65	68	74	71	72	76	66	70	72	66
71	73	76	76	73	78	71	75	79	71
73	75	83	78	75	79	73	77	81	73
74	76	84	79	76	89, 90	74	78	82	74
75	77	70, 82	80	83	69	75	79	83	75
79, 80	81, 82	79–81	81, 82	78	83, 84	78, 79	82, 83	87, 88	78, 79
77	79	89	61 (§ 14 OBG)	80	86, 87	76	81	85	76
78	80	89	61 (§ 14 OBG)	81, 82	88	77, 77 a	81	86	77
81	83	92, 93	83	86	92	80	84	89	80
82	84	91	84	89	95	81	85	90	81
86	85	95	85	87	94	82	86	91	82
87	86	56, 97, 98	86	88	93	83	87	92	83
61 III, 83	87	99	87	85	82	84	88	93	84